中国文化事典

中国文化事典編集委員会［編］

丸善出版

［陝西省］兵馬俑

［北京市］万里の長城

［北京市］故宮

［北京市］京劇

［山西省］五台山

［山西省］雲崗石窟

［上海市］浦東

［上海市］外灘

［浙江省］西湖

［浙江省］杭州市の茶摘みと茶芸

［安徽省］宏村

［福建省］田螺坑土楼群

［山東省］泰山

［江西省］廬山

［江西省］景徳鎮の壺

［河南省］禅宗祖庭少林寺

［河南省］洛陽龍門石窟

［海南省］大東海

［湖北省］武当山古建築群

［湖南省］武陵源

［重慶市−湖北省］長江三峡

［重慶市］カルスト

［貴州省］茘波カルスト−小七孔橋風景区

［四川省］峨眉山

［四川省］黄龍

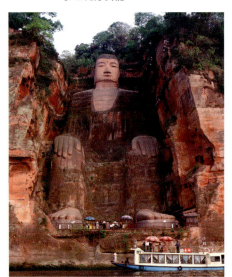

［四川省］楽山大仏

［四川省］成都パンダ繁殖育成研究基地

［写真提供：中国国家観光局大阪駐在事務所］

刊行にあたって

　このたび丸善出版の刊行する文化事典シリーズの，既刊のイギリス・フランス・イタリア・スペイン・日本に次ぐものとして，『中国文化事典』を刊行することとなった．刊行にあたり，本書の編集の趣旨および内容について，若干の紹介・説明をしたいと思うが，ここで一歩歩みを留めて，「文化」という語の意味を一度確認しておきたい．試みに，『広辞苑』（第6版，岩波書店）の「文化」の項を調べてみると，次のような説明がなされている．「①文徳で民衆を教化すること．②世の中が開けて生活が便利になること．③（culture）人間が自然に手を加えて形成してきた物心両面の成果．衣食住をはじめ，技術・学問・芸術・道徳・宗教など（以下略）」．われわれが日常的に用いている「文化」という語は，言うまでもなく上に引いた③にあたり，上記した既刊の各国の『文化事典』も，③の意味での文化についての事典である．ところが，このたび『中国文化事典』を編集するにあたり，数千年にわたる中国の歴史の中で，特に近代以前の文化を考える時，『広辞苑』の③の意味では説明しきれない「文化」の本質があることに気づいた．そこに浮上したのが『広辞苑』の①の説明である．①は，「文化」という中国で生まれた漢語の原義「強大な武力の脅しや厳しい法律・刑罰の戒めにはよらず，君主の仁徳によって民を善導・教化する」という意味に基づくものであろう．「文化」という漢語の原義は，儒教の理念に基づいて行われた近代以前の中国の「政治」そのものにほかならない．

　以下本文においては，『広辞苑』の①の意味で用いる場合には〈文化〉，③の意味で用いる場合には「文化」と表記することにする．

　近代以前の中国においては，学者や詩・文の作者とされる〈文化〉の担い手は，すべて士大夫階級（中央政府および地方の行政府における上・中級官僚）の人々であった．隋代に起こり唐代に定着した中国独自の官吏登用試験の科挙に，必須の重要科目として，作詩・作文が課せられたこともあって，歴代の大学者・大詩人と称される〈文化〉人も，彼らの視野には常に「国家の政治」が入っていたといえる．士大夫階級だけでなく，時には政治の最高位にある皇帝自身が，第一級の〈文化〉人であった．11世紀，北宋第8代の徽宗は書・画の名手として作品を遺している．また，1937年の日中戦争発端の地となった北京南部の永定河に架かる盧溝橋の東岸の袂に，清朝第6代の乾隆帝（学術・詩文に造詣が深かったといわれる）の筆に成る「盧溝暁月」と刻まれた石碑が現存している．現在中国

は多くの名所や由緒ある建物などに,「御筆(ぎょひつ)」とか「宸筆(しんぴつ)」と銘打ったその時々の皇帝の親筆を刻んだ石碑や,建物の名称などを記した匾額(へんがく)が見られる.これらはまさしく中国の〈文化〉遺産にほかならない.

中国では,長期にわたって,宗教を除く〈文化〉は士大夫階級の独占物であった.11世紀北宋の首都汴京(べんけい)(現・河南省開封市(かいほう))において,経済力の発展の中で庶民の生活が向上して,盛り場には語り物や芝居・人形劇など種々の迎香が上演されて人気をよんだことの記録が残っている.これらは中国における〈文化〉とは異質の「文化」の芽生えということができ,これが後の白話(はくわ)(文章語ではない話し言葉)文学の源流とされる.しかしこの場合も,明・清時代に入ってからの白話小説や戯曲の巨篇に昇華するについては,依然としてかなりの学識と教養を身につけた〈文化〉人の手を経なければならなかった.中国において,〈文化〉ではなく,近代的なcultureに相当する「文化」が芽生え,意識されるようになったのは,1840年のアヘン戦争以後,1911年の辛亥(しんがい)革命を経て,国家全体が近代化の歩みを踏み出してからのことである.当時,特にヨーロッパや,明治維新後の日本への留学生が新しい「文化」の担い手となった.

このような中国の長い歴史の中で,〈文化〉から「文化」への変化の過程を見渡すと,その中に「中国〈文化〉」の日本への影響,「日中」の〈文化〉交流の事象が随所に見えてくるのもこの『中国文化事典』の特色の一つであろう.読者諸氏には,このテーマを頭の片隅に置いて,できれば,個々の項目を拾い読みするのではなく,通読して頂きたい.本書は,単なる事項の寄せ集めではなく,中国における〈文化〉と「文化」の流れをつかめるようにと意図して編集・構成したつもりである.とはいうものの,広大な地理的空間と,数千年に及ぶ歴史の中で培われ,発展してきた思想・言語・文学・芸術・生活の実態に迫り,それを解読・紹介するのは極めて困難な作業である.幸いにして,本書の企画・編集にあたっては,現在わが国の中国文化の各分野の第一線に立つ有能な人材を編集委員に得て,その学縁・人脈をたどって,それぞれの分野で優れた見識と豊富な体験をもつ138名の執筆者諸氏のご協力を得た.特に現代中国の生活文化やサブカルチュアなどについて,生々しい実体験に基づく解説を書いてくださったネイティブの研究者諸氏に厚く御礼申し上げる.これら多くの方々の総力を結集してこの『中国文化事典』はここに刊行の運びとなったのである.

また,本書の企画・編集に要した4年に及ぶ歳月を,辛抱強くわれわれの作業を見守りながら支援してくださった,丸善出版企画・編集部の小林秀一郎部長と佐藤日登美両氏に感謝申し上げる.

2017年3月

竹 田 晃

編集委員一覧

編集委員長
竹　田　　　晃　　東京大学名誉教授・明海大学名誉教授

編集幹事
大　木　　　康　　東京大学東洋文化研究所教授

編集委員（五十音順）
板　倉　聖　哲　　東京大学東洋文化研究所教授
市　川　桃　子　　明海大学名誉教授
尾　崎　文　昭　　東京大学名誉教授・東洋文庫研究部研究員
木　村　英　樹　　東京大学名誉教授・追手門学院大学教授
西　本　晃　二　　東京大学名誉教授
林　　　文　孝　　立教大学教授

編集協力（五十音順）
荒　木　達　雄　　中国文学研究者
市　原　靖　久　　東京大学中国語中国文学研究室
遠　藤　星　希　　法政大学専任講師
大　村　和　人　　高崎経済大学准教授
小　寺　　　敦　　東京大学東洋文化研究所准教授
近　藤　一　成　　早稲田大学教授
佐　川　英　治　　東京大学准教授
詹　　　満　江　　杏林大学教授
高　芝　麻　子　　横浜国立大学准教授
潘　　　藝　梅　　早稲田大学非常勤講師
渡　邉　義　浩　　早稲田大学教授

執筆者一覧 (五十音順)

青木　　　隆	日本大学
明木　茂　夫	中京大学
荒木　達　雄	中国文学研究者
新田　元　規	徳島大学
飯田　真　紀	北海道大学
飯塚　　　容	中央大学
井川　義　次	筑波大学
池上　貞　子	跡見学園女子大学
池澤　　　優	東京大学
石川　　　洋	東京大学
石川　英　昭	鹿児島大学名誉教授
石濱　裕美子	早稲田大学
板倉　聖　哲	東京大学
市川　桃　子	明海大学名誉教授
一見　真理子	国立教育政策研究所
伊東　貴　之	国際日本文化研究センター
稲葉　明　子	早稲田大学非常勤講師
稲本　泰　生	京都大学
井上　浩　一	東北大学非常勤講師
井上　　　優	麗澤大学
伊原　　　弘	東洋史学者
上田　　　望	金沢大学
上田　　　信	立教大学
上原　究　一	山梨大学
植松　瑞　希	東京国立博物館
内山　精　也	早稲田大学
内山　直　樹	千葉大学
榎本　泰　子	中央大学
遠藤　星　希	法政大学
王　　　　前	東京大学
大木　　　康	東京大学
大西　克　也	東京大学
大野　公　賀	東洋大学
大村　和　人	高崎経済大学
岡崎　由　美	早稲田大学
緒形　　　康	神戸大学
尾崎　文　昭	東洋文庫
小野　泰　教	学習院大学
垣内　景　子	明治大学
笠井　直　美	名古屋大学
笠嶋　忠　幸	出光美術館
樫尾　季　美	法政大学非常勤講師
片山　　　剛	大阪大学
加藤　国　安	二松学舎大学
加藤　千　恵	立教大学
加藤　　　徹	明治大学
加納　留美子	明海大学非常勤講師
釜谷　武　志	神戸大学
川口　幸　大	東北大学
川越　泰　博	中央大学
川原　秀　城	東京大学名誉教授
川村　佳　男	九州国立博物館
菊池　秀　明	国際基督教大学
菊地　章　太	東洋大学

執筆者一覧

岸本　美緒	お茶の水女子大学
吉川　良和	神奈川大学非常勤講師
木村　春子	中国食文化研究家
木村　英樹	追手門学院大学
呉　　孟晋	京都国立博物館
侯　　蘇寒	現代中国研究家
小島　　毅	東京大学
小曽戸　洋	北里大学客員教授
小寺　　敦	東京大学
近藤　一成	早稲田大学名誉教授
近藤　浩之	北海道大学
佐川　英治	東京大学
佐藤　普美子	駒澤大学
佐藤　正光	東京学芸大学
島津　幸子	立命館大学
下定　雅弘	岡山大学名誉教授
白水　紀子	横浜国立大学
菅　　　豊	東京大学
杉村　博文	大阪大学
妹尾　達彦	中央大学
瀬地山　角	東京大学
瀬戸　　宏	摂南大学
詹　　満江	杏林大学
髙芝　麻子	横浜国立大学
髙橋　　智	慶應義塾大学
髙柳　信夫	学習院大学
竹田　　晃	東京大学名誉教授
竹浪　　遠	京都市立芸術大学
竹村　則行	九州大学名誉教授
田中　健一	大阪大谷大学
田中　智行	徳島大学
谷垣　真理子	東京大学
田村　和彦	福岡大学
檜本　照雄	大阪経済大学名誉教授
張　　　競	明治大学
張　　　欣	法政大学
張　　麗群	日本大学
陳　　継東	青山学院大学
塚本　麿充	東京大学
鶴成　久章	福岡教育大学
中川　正之	神戸大学名誉教授
中島　隆博	東京大学
中　　純子	天理大学
中西　千香	愛知県立大学
中村　　淳	駒澤大学
奈良　行博	大阪芸術大学短期大学部
南條　竹則	作家・翻訳家
西澤　治彦	武蔵大学
西村　真志葉	民俗学者
西村　正男	関西学院大学
西本　　晃二	東京大学名誉教授
根ヶ山　徹	山口大学
長谷部　英一	横浜国立大学
林　　文孝	立教大学
日原　　傳	法政大学
兵頭　　明	後藤学園中医学研究所
廣瀬　玲子	専修大学
福田　一也	中国思想史研究家
藤森　大雅	大東文化大学
船越　達志	名古屋外国語大学

執筆者一覧

船山　　徹　京都大学	村松　弘一　学習院大学
彭　　　丹　法政大学	矢田　尚子　新潟大学
保苅　佳昭　日本大学	山田　正樹　静嘉堂文庫美術館
本間　次彦　明治大学	遊佐　　徹　岡山大学
松下　道信　皇學館大学	楊　　凱栄　東京大学
松原　　朗　専修大学	吉開　将人　北海道大学
松本　　淳　首都大学東京	吉澤　誠一郎　東京大学
松本　秀士　立教大学兼任講師	李　　維涛　東京大学大学院
三上　英司　山形大学	陸　　偉榮　早稲田大学招聘研究員
三澤　真美恵　日本大学	郎　　　潔　松山大学
水口　拓寿　武蔵大学	渡邉　義浩　早稲田大学
村田　雄二郎　東京大学	渡辺　祐子　明治学院大学

目　　次

（見出し語五十音索引は目次の後にあります）

1. 歴史　[編集担当：大木 康]

中国史 ——「中国」観念の形成と展開 ………… 2
歴史書 —— 紀伝体正史の重要性 ………………… 6
官僚制 —— 中華帝国の骨格 ……………………… 8
科挙 —— 官僚の任用制度 ………………………… 10
古代の文明 —— 農耕と城郭都市の起源 ………… 12
伝説の帝王 —— 夏王朝はどこまで史実か ……… 14
殷周の時代 —— まとまりをもった城郭都市
　……………………………………………………… 16
春秋戦国の時代 —— 氏族制から官僚制へ
　……………………………………………………… 18
秦始皇帝の統一 —— 天下一統の内容 …………… 20
項羽と劉邦 —— 四面楚歌される覇王 …………… 22
武帝の時代 —— 前漢の光と影 …………………… 24
司馬遷と『史記』—— 孔子の『春秋』を受
　け継ぐ ……………………………………………… 26
王莽と光武帝 —— 儒教の宗教性を高める ……… 28
曹操・劉備・孫権 ——『三国志』の英雄
　たち ………………………………………………… 30
晋と南北朝時代 —— 中華の多元化と多民
　族社会の形成 ……………………………………… 32
隋の煬帝 —— 中国史の代表的暴君 ……………… 34
唐の高祖と太宗 —— 世界帝国を創った父子
　……………………………………………………… 36
長安の都 —— 8世紀の世界都市 ………………… 38
玄宗と楊貴妃 —— 盛唐中国の繁栄と終焉 ……… 40
趙匡胤の即位 —— 宋王朝の成立 ………………… 42

王安石と蘇軾 —— 北宋士大夫官僚の典型
　……………………………………………………… 44
岳飛と秦檜 —— 愛国と売国と …………………… 46
開封と杭州 —— 宋代の都 ………………………… 48
チンギス・カン —— 伝説と史実のはざま
　……………………………………………………… 50
明の太祖朱元璋 —— 乞食僧より天下人へ
　……………………………………………………… 52
永楽帝の遷都 —— 大都市北京の始まり ………… 54
明から清へ —— 対外危機と新しい文化潮流
　……………………………………………………… 56
乾隆帝 —— 文芸振興と思想統制 ………………… 58
アヘン戦争 —— 揺らいだ帝国の威信 …………… 60
太平天国の乱 —— あるべき中国を求めて … 62
日清戦争と戊戌変法 —— 危機に直面する
　清朝 ………………………………………………… 64
孫文 —— 近代中国・中国革命の顔 ……………… 66
五四運動 —— 革命の導火線，愛国から革命
　へ …………………………………………………… 68
蒋介石 —— 対立の指導者 ………………………… 70
毛沢東 —— 中国人民の最大の指導者 …………… 72
鄧小平 —— 中国の経済発展の立役者 …………… 74
歴史を動かした女性たち —— 則天武后
　・楊貴妃・西太后 ………………………………… 76

◆コラム　中国の世界遺産
　①泰山 ……………………………………………… 80

2. 地理　［編集担当：大木 康］

地形 — 山脈・高原・平原 …… 82
気候 — 東アジアモンスーンによる多様性 … 84
黄河と長江 — 中国文明を育んだ大河 …… 86
五岳 — 中国の名山 …… 88
南船北馬 — 中国の交通 …… 90
大運河 — 南北交通の大動脈 …… 92
世界遺産 — 漢民族から中華民族へ …… 94
地域性 — その風土と文化 …… 96
北京 — 農耕圏と遊牧圏の交わる都 …… 98
天津 — 華北の港町の風景 …… 100
瀋陽とハルビン — 植民地政策と鉄道網 …… 102
上海 — 現代中国社会の縮図 …… 104
南京 — 華麗な歴史・温厚な人々 …… 106
蘇州 — 江南の経済・文化都市 …… 108
杭州 — 西湖に臨む南宋の都 …… 110
広州 — 漢族社会はいつ成立したか …… 112
香港 — 中国と世界との結節点 …… 114
マカオ — ポルトガリダーデの香る街 …… 116
成都 — 文人に愛された古都 …… 118
◆コラム　中国の世界遺産
　②武夷山 …… 120

3. 思想　［編集担当：林 文孝］

神話 — 断片の語るもの …… 122
孔子と孔子像 — 儒家の開祖 …… 124
諸子百家 — 辯による思想闘争 …… 128
儒教 — 中華帝国の支配理念 …… 132
現代の儒教 — 儒教排撃から復興へ …… 134
道家思想 — すべてを超えゆく道の思想 …… 136
道教の歴史 — 永遠の生への願い …… 138
現代の道教 — 福を約束する永遠の宗教 …… 140
仏教の伝来と展開 — 文化の壁を越えて …… 142
チベット仏教 — 諸宗派の歴史とダライラマ …… 144
現代中国仏教 — 清代仏教からの流れ …… 146
民間信仰 — 中国宗教におけるシンクレティズム …… 150
イスラム教の伝来と現状 — 中国内地のムスリム文化史 …… 152
キリスト教の伝来と現状 — 受容と反発の歴史 …… 154
中国伝統思想と西洋との出会い — 儒教と啓蒙 …… 156
西洋近代思想と中国との出会い — その受容の歴史 …… 158
近代思想 — 伝統との関係を中心に …… 160
毛沢東主義 — 中国をかきたてる夢 …… 164
西洋現代思想と現代中国 — 新しい西洋の衝撃 …… 166
本草 — 中国の伝統薬学 …… 168
数学 — 実用の学から経学へ …… 170
天文暦法 — 天と人とを結ぶ学問 …… 172
四大発明 — 中国におけるイノベーション …… 176
医学 — 中国伝統の身体論 …… 178
道 — 語りえぬ真理から現実世界へ …… 180
気・陰陽・五行 — すべては同じひとつ

の気から……182
天・理—世界を支えるもの……186
政治の原理—道徳としての政治……188
人間性と倫理—人は何によって人となるか……190
生命観と孝—儒教の祖先祭祀理論……192
いわゆる現実主義—中国思想の性格規定……194
法治と人治—法の支配は存在するのか……196
書物—歴史・文化を支える原動力……198
蔵書家—智識の宝庫を守り抜いた人たち……200
目録学—学術史としての図書分類……202
図書館—伝統文化の保全と未来への発信……204
学制と学校教育—教育普及の長い歩み……206
受験勉強—受験産業の起源は中国にあり

……208
書院での教育—中国固有の教学システム……210
四書・五経—儒教の経典……212
天の祭祀—天子たるゆえんを示す一大儀式……214
君主の即位—即位式と大喪の礼……216
死の儀礼—孝の実践としての三年の喪……218
祖先祭祀—亡き父祖のための孝養……220
易の占い—数の変化を八卦に象る……222
風水の占い—大地の気を求めて……224
兵法—合理的兵法と呪術的兵法……226
居敬窮理—聖人になるための方法……228
気功—気を用いた健身法……230
現代人の生活と儒教—20世紀から21世紀へ……232
◆コラム　中国の世界遺産
③五台山……234

4. 言語　[編集担当：木村英樹]

中国語の語彙—語の細分化……236
中国語の文法—言語のタイプ……238
漢字—いま・むかし……240
漢字文化論—数と分類の文化……242
中国語と漢字—口頭言語と書記言語……244
料理—メニュー・アラカルト……246
共通語と方言—バイリンガリズム……248
外来語—昨日, 今日, 明日……250
ことば遊び—謎かけ, しりとり, しゃれ言葉……254
ジョーク—理屈と感性のツボ……258
挨拶表現—親しく近しく……260
名前—長幼の序・響き・寓位・男女……262

悪態と褒め言葉—罵りと張合い……264
謝罪と釈明—すぐ謝る日本人……266
外交辞令—公的表現と私的表現……268
話し言葉と書き言葉—聴覚媒体か視覚媒体か……270
メールの中国語—書面語からネット表現まで……272
標語とスローガン—文字言語か音声言語か……274
ことわざと故事成語—字面と文法のルール……276
◆コラム　中国の世界遺産
④福建土楼……278

5. 文学　[編集担当：市川桃子・大木 康・尾崎文昭・竹田 晃・西本晃二]

詩経 — 3,000年前の人々 ……………… 280
楚辞 — 天界の遊行 …………………… 282
漢詩 — 去る者は日に以て疎し ……… 284
陶淵明 — 人はいかに生きるか ……… 286
謝霊運 — 山水の発見 ………………… 288
宮体詩 — 恋愛の変奏曲 ……………… 290
詩論 — 先秦から宋まで ……………… 292
唐代の詩と文 — 人類の偉大な文化遺産
　…………………………………………… 294
李白 — 地上に流された仙人 ………… 296
杜甫 — 安史の大乱を生きる ………… 298
柳宗元 — 逆境に凛として …………… 300
白居易 — 愉悦の人生 ………………… 302
韓愈 — 唱和集団の成立 ……………… 306
李賀 — 黄泉の国から ………………… 308
李商隠 — 絢爛たる悲しみ …………… 310
詩語のイメージ — 詩人の個性 ……… 312
わび・さびの発見 — 美意識の深化 … 314
花信風 — 春の花の便り ……………… 316
日本に来た漢詩 — 日本文化の一翼 … 318
欧州に行った漢詩 — 異なる文化の中で
　…………………………………………… 320
漢詩をつくる — 平仄図式と詩語集の活
　用 ……………………………………… 322
北宋の詩 — 理知と新奇 ……………… 324
蘇軾 — 波瀾万丈の生涯を支えた精神力 … 326
南宋の詩 — 田園詩と民間詩人 ……… 328
陸游 — 郷土をこよなく愛した田園詩人 … 330
宋代の詞 — 酒宴で花開いた叙情歌 … 332
姜夔 — 作詩専業文人の先駆け ……… 334
古楽府 — 社会の底辺からの訴え …… 336
六朝志怪① — 冥界の官僚体制 ……… 338
六朝志怪② — 仏教の影響 …………… 340

世説新語 — 人間観察のリアルなまなざし
　…………………………………………… 342
唐代伝奇① — 記録から物語へ ……… 344
唐代伝奇② — 遊仙窟 ………………… 346
唐代伝奇③ — 「人間」の物語 ……… 348
変文 — 敦煌文献の発見 ……………… 350
白話小説のルーツ — 汴京の市民文化 … 352
元好問と薩都剌 — 金・元時代の漢詩の
　大家 …………………………………… 354
明代の詩と詩論 — 唐詩への復古と性霊
　の発露 ………………………………… 356
三国志演義 — 魏・呉・蜀の英雄叙事詩 … 358
水滸伝 — 梁山泊の豪傑たち ………… 360
西遊記 — 強いか弱いか孫悟空 ……… 362
金瓶梅 — 日常を描いて奇に至る …… 364
三言二拍 — 浮世の万華鏡 …………… 366
隋唐演義と楊家将演義 — 歴史と伝奇
　のはざま ……………………………… 368
金聖歎の文芸批評 — 評点式小説批評の
　完成 …………………………………… 370
清代の詩と詩論 — 詩壇をにぎわした多
　様な流派 ……………………………… 372
聊斎志異 — 怪異小説の極致 ………… 374
紅楼夢 — 中国古典小説の最高峰 …… 376
清末小説 — 日本起点の中国小説群 … 378
魯迅と周作人 — 近代中国の尊厳と恥辱
　…………………………………………… 380
中華民国時期の小説 — 人と社会を映す
　鏡 ……………………………………… 382
中華民国時期の詩と演劇 — 新しい詩
　情と形式の探求 ……………………… 384
自己表現する女性作家たち — 価値観
　の模索 ………………………………… 386

メロドラマと武侠小説—大衆小説の
　展開 …………………………………… 388
社会主義文学—新中国での建設と歩み… 390
1980年以後の文学世界—規範からの
　離脱 …………………………………… 392
ノーベル賞作家—高行健と莫言 ……… 394
◆コラム　中国の世界遺産
　⑤蘇州園林 …………………………… 396

6. 美術　［編集担当：板倉聖哲］

芸術，美術と書画—中国の場合 ……… 398
三希堂—乾隆帝を癒やした極小空間 … 400
故宮博物院—なぜ二つあるのか ……… 402
上海博物館—外観は青銅器風 ………… 404
中国美術収集—欧米美術館のコレク
　ション ………………………………… 406
青銅器—起源・技術・変遷・思想 …… 408
三星堆—目が飛び出た仮面の意味 …… 412
秦始皇帝の兵馬俑—色彩豊かな秦の地
　下軍団 ………………………………… 414
初伝期の仏像—仏教文化受容の様相 … 416
石窟—敦煌莫高窟・龍門石窟・雲岡石窟
　………………………………………… 418
唐都の美—長安における繁栄 ………… 420
ソグド人の美術—東伝と変容 ………… 422
王羲之—真作がないのに書聖 ………… 424
顔真卿—その書，どこが上手いのか … 426
水墨画—その成立過程とは …………… 428
范寛と郭熙—山水画の黄金時代 ……… 430
都を描いた絵画—風俗画の最高傑作「清
　明上河図」…………………………… 432
文人画—日本と中国の共通点と相違点 … 434
墨竹・墨梅—画題としての意味 ……… 436
中国奇人伝—書画家編 ………………… 438
唐寅—噂のたえない風流人 …………… 440
董其昌—大文人の素顔 ………………… 442
郎世寧—西洋風，中国風，画風の展開 … 444
斉白石・呉昌碩—現在の評価 ………… 446
現代美術—市場とオークション ……… 448
正倉院宝物—屏風絵は中国から ……… 450
東山御物—200年前の南宋絵画 ……… 452
切断される絵画—日本における鑑賞空
　間 ……………………………………… 454
墨蹟—禅僧の書が日本で作品になるまで
　………………………………………… 456
雪舟—中国で見たもの ………………… 458
来舶画人—来日した中国画人 ………… 460
呉昌碩との交流—富岡鉄斎と橋本関雪
　………………………………………… 462
吉祥文様—幸せへのあくなき欲求 …… 464
曜変天目—日本趣味の頂点 …………… 466
青磁—モノクロームを求めて ………… 468
染付—東アジアに広がる青花 ………… 470
屈輪文—変容する渦巻き ……………… 472
文房四宝—それぞれの起源 …………… 474
明代家具—その風格 …………………… 476
庭園芸術—自然のミニチュア ………… 478
奇岩—石に世界をみる鑑賞法 ………… 480
民間美術—年画を中心に ……………… 482
漫画—中国動漫文化の展開 …………… 484
盗掘の歴史—略奪をめぐる歴史的背景 … 486
真贋のはざま—複製，倣古，代筆 …… 488
宋の四大家—書のルネサンス ………… 490
帖学派と碑学派—書の理想を求めて … 492

千字文 — 手本中の手本 494
蝋人形 — 見世物と政治的身体 496

◆コラム　中国の世界遺産
　⑥敦煌莫高窟 498

7. 芸能　［編集担当：大木 康］

楽・律・音楽理論 — 音の成り立ちと楽
　の思想 500
楽器 — 世界で類い稀な多種と歴史 502
琴 — 文人に愛された楽器 504
楽譜 — 音を可視化した記号 506
歌曲 — 詩と音楽の関わり 508
民間歌謡 — 為政者を怖れさせる民の歌 ... 510
近現代の西洋音楽 — 民族化の道のり ... 512
近現代ポピュラー音楽史 — メディア
　との関わり 514
蘇州の弾詞 — 江南の伝統芸能 516
広東の木魚書 — 語り・メロディ・版本
　... 518
雑技 — 宮廷の芸能から民間の娯楽へ ... 520
中国演劇の歴史 — 滑稽諷諫から舞台芸
　術へ 522
仮面劇 — 中国のお神楽 526

元の雑劇 — 生彩あふれる人間ドラマ ... 528
元の戯曲 — 関漢卿 530
南戯と伝奇 — 宋元から明へ 532
明の戯曲 — 湯顕祖 534
昆劇の誕生 — 元末に生まれたメロディ ... 536
劇場と舞台 — 箱と装置の変遷 538
俳優 — 宮廷道化師から舞台俳優へ 540
京劇の誕生 — 清代から段階的に成立 ... 542
近代の名優たち — 伝統劇から映画へ ... 544
地方劇 — 愛郷心を育む舞台芸術 546
現代演劇（話劇）— 誕生から今日まで　548
映画 — 中国社会を映しだす鏡 550
テレビドラマ — 経済成長とともに開花
　... 554

◆コラム　中国の世界遺産
　⑦昆劇 556

8. 生活　［編集担当：尾崎文昭］

名前のつけ方 — 子どもの幸福を願って
　... 558
出産と幼児期のお祝い — 命の誕生と
　その固着 560
学歴のもつ意味 — 出世するための通行
　証 562
就活 — 経済成長低速下での800万人の大激
　戦 564

婚活 — 中国結婚事情 566
成人・結婚の儀式 — 大人になる機会 ... 568
健康保険 — 国民皆保険への歩み 570
定年と年金 — 社会主義からの離脱と模索
　... 572
寿礼 — 長寿の祝い 574
葬礼と埋葬 — 現代中国における人生の閉
　じ方 576

目次

死後のイメージ―たましいの行方と葬儀 …… 578
親戚とのつき合い―序列化されるウチとソト …… 580
近隣とのつき合い―やっぱり難しい隣人関係 …… 582
先達・友人とのつき合い―中国社会を生き抜くスキル …… 584
もてなし―礼儀の邦の最上級の礼節 …… 586
面会のルール―企業人・官僚の場合 …… 588
宴会の作法―主人・主客・陪客の役割 …… 590
官とのつき合い―伝統とその変遷 …… 592
宗族・親戚―古代から現在まで …… 594
"自己人"―人間関係をはかる物差し …… 596
"出身"―人間を区別する階級身分 …… 598
プライバシーの境界―中国人の領域感覚 …… 600
ジェンダー―20世紀初頭から現代まで …… 602
セクシャリティ―抑圧と解放の歴史 …… 604
チャイニーズネス―中国人の一体感 …… 606
"鬼"という感覚―「おに」とは異なるもの …… 608
行儀という感覚―集団内の序列秩序 …… 610
時間感覚と空間感覚―世界のとらえ方と言葉 …… 612
季節感―花鳥風月と食べ物 …… 614
干支の感覚―循環的歴史観 …… 616
色の感覚―良い色と悪い色 …… 618
美女の基準―時代とともに変わる美意識 …… 620
自慢―自己アピールの手段 …… 622
贅沢と節約―時代とともに変化する生活意識 …… 624
年中行事―千数百年の歴史をもつ日常風俗 …… 626

祝日と記念日―社会主義的価値観から文化伝統へ …… 628
民俗・民族の祭り―迫害を乗り越える民族アイデンティティ …… 630
貨幣―通貨の変遷にみる中国史 …… 632
服装の歴史―漢服とチャイナドレス …… 634
現代ファッション文化―チャイナドレスから漢服へ …… 636
玉―崇拝と象徴 …… 638
コミュニケーションの道具―手紙から微へ …… 640
住文化―暮らしの秩序 …… 642
伝統的住宅の構造―地域ごとの特色 …… 644
現代の集合住宅―都市生活の事情 …… 646
家具に凝る―モノに込めるさまざまな思い …… 648
トイレ―さまざまな工夫と変化 …… 650
茶―薬用から嗜好へ …… 652
酒―由来・伝説・作法 …… 654
飲酒―酒はコミュニケーションのためにある …… 656
食事の作法―日常のマナーとタブー …… 658
日常食―外食やテイクアウトで簡単に …… 660
基本調味料―独自性、地方色、ユニークな組合せ …… 662
近世伝来の食材―中国が人口超大国になり得た理由 …… 664
肉と魚―食文化を担う豚・羊・鯉・太刀魚 …… 666
医食同源―中国が生んだ養生思想 …… 668
各地の特色料理―広い国土に多様な料理 …… 670
満漢全席―清朝、中華民国時代、現代 …… 674
清真菜―中国のイスラム料理 …… 676
ゲテモノ食い―なぜそれを食べるのか …… 678

中国医学 ― 漢方・鍼灸・推拿 ……… 680
気功と健康・医療 ― ヘルスプロモーション ……… 682
趣味 ― "花鳥魚虫"文化を中心に ……… 684
公園 ― 集い楽しむ憩いの場 ……… 686
ゲームと賭け ― 合法的な娯楽と非合法な賭博 ……… 688
子どもの遊び ― 受け継がれ，変容し，消えゆくもの ……… 690
◆コラム　中国の世界遺産
　⑧南京の雲錦 ……… 692

付　録

【付録1】中国の自然・文化的な遺産一覧 ……… 694
【付録2】写真で見る中国文化紀行 ……… 698
【付録3】中国歴史地図（春秋時代／戦国時代／前漢・後漢時代／三国時代／南北朝時代／唐時代／宋・金時代）……… 709

参考文献 ……… 716
見出し語五十音索引 ……… xv
事項索引 ……… 723
人名索引 ……… 762

見出し語五十音索引

■ あ

挨拶表現　260
悪態と褒め言葉　264
遊び，子どもの　690
アヘン戦争　60

医　学　178
医食同源　668
イスラム教の伝来と現状　152
医療，気功と健康　682
色の感覚　618
いわゆる現実主義　194
飲　酒　656
殷周の時代　16
陰陽・五行，気　182

占い，易の　222
占い，風水の　224
雲錦，南京の　692

映　画　550
永楽帝の遷都　54
易の占い　222
干支の感覚　616
宴会の作法　590
演劇，中華民国時期の詩と　384

王安石と蘇軾　44
王羲之　424
欧州に行った漢詩　320
王莽と光武帝　28
音楽史，近現代ポピュラー　514
音楽理論，楽・律　500

■ か

絵画，切断される　454
絵画，都を描いた　432
外交辞令　268
開封と杭州　48
外来語　250
書き言葉，話し言葉と　270
科　挙　10
歌　曲　508
楽・律・音楽理論　500
郭熙，范寛と　430
学制と学校教育　206
各地の特色料理　670
家具に凝る　648
岳飛と秦檜　46
楽　譜　506
学歴のもつ意味　562
賭け，ゲームと　688
花信風　316
楽　器　502
学校教育，学制と　206
貨　幣　632
仮面劇　526
感覚，色の　618
感覚，干支の　616
感覚，"鬼"という　608
感覚，行儀という　610
漢　詩　284
漢　字　240
漢詩，欧州に行った　320
漢詩，日本に来た　318
漢字，中国語と　244
漢字文化論　242
漢詩をつくる　322

顔真卿　426
官とのつき合い　592
広東の木魚書　518
韓　愈　306
官僚制　8

気・陰陽・五行　182
奇　岩　480
戯曲，元の　530
戯曲，明の　534
気　候　84
気　功　230
気功と健康・医療　682
季節感　614
吉祥文様　464
鬼という感覚　608
記念日，祝日と　628
基本調味料　662
宮体詩　290
教育，書院での　210
姜　夔　334
行儀という感覚　610
京劇の誕生　542
共通語と方言　248
玉　638
居敬窮理　228
キリスト教の伝来と現状　154
儀礼，死の　218
近現代の西洋音楽　512
近現代ポピュラー音楽史　514
金聖歎の文芸批評　370
近世伝来の食材　664
近代思想　160
近代の名優たち　544
金瓶梅　364
近隣とのつき合い　582

空間感覚，時間感覚と　612
屈輪文　472
君主の即位　216

芸術，美術と書画　398
ゲームと賭け　688
劇場と舞台　538
結婚の儀式，成人　568

ゲテモノ食い　678
健康・医療，気功と　682
健康保険　570
元好問と薩都剌　354
玄宗と楊貴妃　40
現代演劇（話劇）　548
現代の集合住宅　646
現代人の生活と儒教　232
現代中国，西洋現代思想と　166
現代中国仏教　146
現代の儒教　134
現代の道教　140
現代美術　448
現代ファッション文化　636
元の戯曲　530
元の雑劇　528
原理，政治の　188
乾隆帝　58

語彙，中国語の　236
孝，生命観と　192
項羽と劉邦　22
公　園　686
黄河と長江　86
孔子像，孔子と　124
孔子と孔子像　124
杭　州　110
広　州　112
杭州，開封と　48
高祖と太宗，唐の　36
光武帝，王莽と　28
紅楼夢　376
五　岳　88
古楽府　336
故宮博物院　402
五行，気・陰陽　182
五経，四書　212
五四運動　68
故事成語，ことわざと　276
呉昌碩，斉白石　446
呉昌碩との交流　462
五台山　234
古代の文明　12
琴　504
ことば遊び　254

子どもの遊び　690
ことわざと故事成語　276
コミュニケーションの道具　640
婚活　566
昆劇　556
昆劇の誕生　536

さ

祭祀，天の　214
西遊記　362
魚，肉と　666
酒　654
雑技　520
雑劇，元の　528
薩都剌，元好問と　354
さびの発見，わび　314
作法，宴会の　590
作法，食事の　658
三希堂　400
三言二拍　366
三国志演義　358
三星堆　412

詞，宋代の　332
詩，南宋の　328
詩，北宋の　324
ジェンダー　602
時間感覚と空間感覚　612
『史記』，司馬遷と　26
詩経　280
自己人　596
死後のイメージ　578
詩語のイメージ　312
自己表現する女性作家たち　386
四書・五経　212
時代，殷周の　16
時代，春秋戦国の　18
時代，武帝の　24
四大家，宋の　490
詩と演劇，中華民国時期の　384
詩と詩論，明代の　356
詩と詩論，清代の　372
詩と文，唐代の　294
死の儀礼　218
司馬遷と『史記』　26

自慢　622
社会主義文学　390
釈明，謝罪と　266
謝罪と釈明　266
謝霊運　288
上海　104
上海博物館　404
就活　564
周作人，魯迅と　380
住文化　642
儒教，現代人の生活と　232
儒教，現代の　134
儒教　132
祝日と記念日　628
朱元璋，明の太祖　52
受験勉強　208
出産と幼児期のお祝い　560
出身　598
趣味　684
寿礼　574
春秋戦国の時代　18
書院での教育　210
蒋介石　70
帖学派と碑学派　492
小説，中華民国時期の　382
正倉院宝物　450
ジョーク　258
書画，芸術，美術と　398
食材，近代伝来の　664
食事の作法　658
諸子百家　128
女性作家たち，自己表現する　386
女性たち，歴史を動かした　76
初伝期の仏像　416
書物　198
詩論　292
詩論，明代の詩と　356
詩論，清代の詩と　372
秦檜，岳飛と　46
真贋のはざま　488
秦始皇帝の統一　20
秦始皇帝の兵馬俑　414
親戚，宗族　594
親戚とのつき合い　580
清代の詩と詩論　372

人治，法治と　196
晋と南北朝時代　32
清へ，明から　56
清末小説　378
瀋陽とハルビン　102
神　話　122

水滸伝　360
隋唐演義と楊家将演義　368
隋の煬帝　34
水墨画　428
数　学　170
スローガン，標語と　274

青　磁　468
政治の原理　188
成人・結婚の儀式　568
清真菜　676
贅沢と節約　624
成　都　118
青銅器　408
斉白石・呉昌碩　446
生命観と孝　192
西洋音楽，近現代の　512
西洋近代思想と中国との出会い　158
西洋現代思想と現代中国　166
世界遺産　80，94，120，234，278，396，498，556，692，694
セクシャリティ　604
世説新語　342
石　窟　418
雪　舟　458
切断される絵画　454
節約，贅沢と　624
千字文　494
先達・友人とのつき合い　584
遷都，永楽帝の　54

蔵書家　200
曹操・劉備・孫権　30
宗族・親戚　594
宋代の詞　332
宋の四大家　490
葬礼と埋葬　576
即位，君主の　216

即位，趙匡胤の　42
ソグド人の美術　422
楚　辞　282
蘇　州　108
蘇州園林　396
蘇州の弾詞　516
蘇　軾　326
蘇軾，王安石と　44
祖先祭祀　220
染　付　470
孫　文　66

■た

大運河　92
泰　山　80
太宗，唐の高祖と　36
太祖朱元璋，明の　52
太平天国の乱　62
道（タオ）　180
弾詞，蘇州の　516

地域性　96
地　形　82
チベット仏教　144
地方劇　546
茶　652
チャイニーズネス　606
中華民国時期の詩と演劇　384
中華民国時期の小説　382
中国医学　680
中国演劇の歴史　522
中国奇人伝　438
中国語，メールの　272
中国語と漢字　244
中国語の語彙　236
中国語の文法　238
中国史　2
中国伝統思想と西洋との出会い　156
中国美術収集　406
出身（チュウシェン）　598
長安の都　38
趙匡胤の即位　42
長江，黄河と　86
チンギス・カン　50

つき合い，官との　592
つき合い，近隣との　582
つき合い，親戚との　580
つき合い，先達・友人との　584
自己人（ヅージィロェン）　596

庭園芸術　478
帝王たち，伝説の　14
定年と年金　572
テレビドラマ　554
天・理　186
伝奇，南戯と　532
天　津　100
伝説の帝王たち　14
伝統的住宅構造　644
天の祭祀　214
天文歴法　172
伝来と展開，イスラム教の　152
伝来と展開，仏教の　142
伝来と展開，キリスト教の　154

トイレ　650
唐　寅　440
統一，秦始皇帝の　20
陶淵明　286
道家思想　136
董其昌　442
道教，現代の　140
道教の歴史　138
道具，コミュニケーションの　640
盗掘の歴史　486
鄧小平　74
唐代伝奇　344, 346, 348
唐代の詩と文　294
唐都の美　420
唐の高祖と太宗　36
特色料理，各地の　670
図書館　204
杜　甫　298
敦煌莫高窟　498

■ な

名　前　262
名前のつけ方　558
南戯と伝奇　532

南　京　106
南京の雲錦　692
南船北馬　90
南宋の詩　328
南北朝時代，晋と　32

肉と魚　666
日常食　660
日清戦争と戊戌変法　64
日本に来た漢詩　318
人間性と倫理　190

年金，定年と　572
年中行事　626

ノーベル賞作家　394

■ は

俳　優　540
白居易　302
白話小説のルーツ　352
話し言葉と書き言葉　270
ハルビン，瀋陽と　102
范寛と郭煕　430

碑学派，帖学派と　492
東山御物　452
美術，ソグド人の　422
美術と，芸術，書画　398
美女の基準　620
標語とスローガン　274

ファッション文化，現代　636
武夷山　120
風水の占い　224
武俠小説，メロドラマと　388
服装の歴史　634
舞台，劇場と　538
仏教の伝来と展開　142
福建土楼　278
武帝の時代　24
プライバシーの境界　600
文学世界，1980年以後の　392
文芸批評，金聖歎の　370
文人画　434

文法，中国語の　238
文房四宝　474
文明，古代の　12

兵馬俑，秦始皇帝の　414
兵法　226
北京　98
変文　350

方言，共通語と　248
法治と人治　196
墨蹟　456
北宋の詩　324
墨竹・墨梅　436
墨梅，墨竹　436
戊戌変法，日清戦争と　64
褒め言葉，悪態と　264
香港　114
本草　168

ま

埋葬，葬礼と　576
マカオ　116
祭り，民俗・民族の　630
漫画　484
満漢全席　674

都，長安の　38
都を描いた絵画　432
明から清へ　56
民間歌謡　510
民間信仰　150
民間美術　482
民俗・民族の祭り　630
明代家具　476
明代の詩と詩論　356
明の戯曲　534
明の太祖朱元璋　52

名優たち，近代の　544
メールの中国語　272
メロドラマと武侠小説　388
面会のルール　588

毛沢東　72

毛沢東主義　164
木魚書，広東の　518
目録学　202
もてなし　586

や

楊家将演義，隋唐演義と　368
楊貴妃，玄宗と　40
幼児期のお祝い，出産と　560
煬帝，隋の　34
曜変天目　466
四大発明　176

ら

来舶画人　460

理，天　186
李賀　308
六朝志怪　338，340
陸游　330
李商隠　310
律・音楽理論，楽　500
李白　296
柳宗元　300
劉邦，項羽と　22
聊斎志異　374
料理　246
倫理，人間性と　190

歴史，儒教の　132
歴史，中国演劇の　522
歴史，道教の　138
歴史，盗掘の　486
歴史，服装の　634
歴史書　6
歴史を動かした女性たち　76

郎世寧　444
蝋人形　490
魯迅と周作人　380

わ

話劇，現代演劇　548
わび・さびの発見　314

1. 歴　　　史

　確実な歴史記録のある時代だけを数えても3,000年以上もの長い時間，そして広大な空間を舞台に繰り広げられた人間のドラマ．それが中国史である．

　「大江東に去り，浪は淘い尽す，千古風流人物」（蘇軾「念奴嬌 赤壁懐古」）といい，「旧時王謝堂前の燕，飛びて入る尋常百姓が家」（劉禹錫「烏衣巷」）といって，かつての英雄，かつての栄華も，いまは跡形もなくなっているではないか，すべての人間の営みも，時間の流れには打ち克つことができない儚いものなのだ，との慨嘆もあろう．しかし，そういってしまうには，あまりに強烈な歴史がこの中国には刻まれている．

　ここでは神話伝説から，歴史のはじまり，そして幾多の王朝の交替を経て，現代に至るまでの中国の歴史を概観する．秦の始皇帝，項羽と劉邦，曹操・劉備・孫権，唐の玄宗皇帝と楊貴妃，チンギス・カン，朱元璋，乾隆帝，孫文，蔣介石，毛沢東……，歴史を動かしてきた，そんな巨人たちを中心に，官僚制や科挙などの制度，歴史書の歴史などについてもみてみたい．
　　　　　　　　　　　　　　　　　　　　　　　　　　　［大木 康］

中国史――「中国」観念の形成と展開

　現在の中華人民共和国では，建国後の民族識別工作の結果，人口の90％以上を占める漢族のほか，漢族と異なる言語や文化をもつ55の少数民族が認定されている．その中には，モンゴル族やチベット族など，歴史上独立の国家を構成したことのある民族も含まれている．これら55の少数民族も国籍上は中国人であり，中華民族の一部とされている．しかし，伝統的な用法では，「中国」「中華」などの語は漢人の文化をもつ人々やその居住する範囲をさし，言語・文化・生業などにおいて漢人と異なるモンゴル人やチベット人などの周辺民族は，「夷狄」「外国」などと称されて「中国」と区別されていた．そこには，「中国」を文明の中心として上に置き，「夷狄」を下にみる価値的上下感覚が存在していた．

　したがって，現在でも，「中国」という語の用法はやや微妙であり，中国政府の公式見解では少数民族も含めた中華民族の一体性が強調される一方，「中国文明」「中国文化」などという場合はもっぱら漢族の文化をさすことが多い．このようなずれは，マジョリティである漢族にとってはあまり気にならないであろうが，マイノリティ（といっても合計すれば1億人を超える）である少数民族にとっては，強く意識されるところであろう．本項では，一般に「中国史」といった場合に見落とされがちなこのようなずれに留意しつつ，歴史の流れを概観する．

●「中国」の意味　伝統的な用法において「中国」は，国（政治的統一体）の名前としてではなく，文明の中心ととらえられた漢人の集団ないしその住む範囲を漠然とさす語として用いられていた．国の名前（国号）とは，「大唐」「大清」など，それぞれの王朝の名称であって，「中国」ではなかった．「中国」という語が国の名前として定着したのは，1911年の辛亥革命によって清朝が倒れ，中華民国が成立して，中華民国およびその後の中華人民共和国の略称として「中国」という語が使われるようになってからである．

　それでは，「中国」（すなわち漢人の住む範囲）を文明の中心とみなす伝統的な用法において，「中国」と「夷狄」とを区別する文明の指標とは何だろうか．大きくみて言語・文字の面と礼儀・風俗の面とに分けることができよう．第一に，言語・文字の面についていうと，言語学者の橋本萬太郎は，「漢民族」とは「漢字を識っている人々，および漢字を識ろうと願っていた人々の集団」である，と述べている（橋本萬太郎編『漢民族と中国社会』民族の世界史5，山川出版社，1983）．その含意は，一つには，漢人という集団のアイデンティティは，血筋によってというよりは習得した文化によっている面が大きいということである．たとえもともとは夷狄の出身であっても，漢字を知り，漢文を書くことができれば，漢

人(中国人)とみなされ得るのである.もう一つは,言語といっても話し言葉ではなく,書き言葉が重要だということである.広い中国には,同じ漢語といってもさまざまな方言があり,華北で話されている言葉と華中・華南で話されている言葉とは,お互いに通じないほどの違いがあった.普通語(北方の言葉をベースにした標準語)が中国のすみずみまで普及したのは,最近のことにすぎない.それにもかかわらず,漢人が言語的一体感を感じることができたのは,エリートが使う文語文の共通性によってであり,また漢字を知らない一般庶民においても,そのような文語文を使いこなせる人々こそ支配層にふさわしいエリートであるという認識が共有されていたからである.

　第二に,礼儀・風俗の面からいうと,周辺民族の特徴を「被髪左衽」(ざんばら髪で衣服を左前に合わせる)など髪型・服装の違いによって示し,中国と区別する用法は,春秋・戦国時代(前770-前221)から存在した.また,例えば漢代の司馬遷の『史記』(前1世紀初めに成立)の匈奴列伝には,遊牧騎馬民族の匈奴について漢の使節が述べた言葉として,「匈奴の風俗は老人を賤しむ」「匈奴の父子は同じテントで寝る.父が死ねばその後妻をめとり,兄弟が死ねばその妻を妻とする」などの語を載せているが,これらは中国の人々が北方遊牧民を蔑視する際の常套的な言い方といえるだろう.尊卑長幼の序や男女の別を守るといった家族道徳は,「中国人であること」の重要な要素をなしており,そうした家族道徳をもたない周辺民族は非文明的とみなされたのである.なお,司馬遷は,漢の使節のこのような匈奴批判をそのまま肯定していたのではなく,むしろ匈奴側に立つ人物の反論を通して,このような匈奴の風俗は,戦争と遊牧を仕事とする彼らの簡素な生活に適した,それなりに合理的なものなのだ,と主張している.

●「中国」観念の発生　では,文明の中心としてのこうした「中国」観念は,いつ頃生まれたのだろうか.まず中国における国家の成立にさかのぼってみよう.

　前6000年頃から黄河や長江の流域で農耕が始まり,それぞれの特色をもつ新石器文化が発達するが,広域的な支配を行う王朝が最初に成立したのは黄河中流域(中原)であった.古代文献には初期王朝として夏・殷・周の三代の王朝をあげるが,夏王朝については,その都と思われる遺跡は存在するものの,確証がない.続く殷・周については,出土した甲骨文字(亀の腹甲や牛などの肩甲骨に刻まれた占いの文字,漢字の源流)や金文(青銅器などに刻まれた文字)と,『史記』などの古代文献とを照らし合わせて,王の系譜や国家の構造について,研究が進められてきた.殷王朝(前1700年頃成立)や周王朝(前1070年頃成立)の支配領域は華北の広い範囲に及んだが,邑(城壁をもつ都市)の連合体として成立したこれらの王朝は,邑を拠点として点と線の支配を行うにとどまり,邑と邑の間の原野には,文化の異なる集団が存在していた.

　「中国」という語がすでに周代に用いられていたことは,周代の金文からも知

られるが，上に述べたような文明の中心としての「中国」観念が形成されるのは，周の支配がゆるみ，多くの国々が互いに争うようになった春秋・戦国時代（前770-前221）のことである．この時代は動乱期であったが，それぞれの国の内部では国家の支配がすみずみに及び，領域内の異文化集団は消滅に向かった．また，諸国家間の交流が進むにつれ，衣食住の文化や儀礼を共有する国々の間で「中国」の意識が形成された．中原からみて周辺部にある長江以南や黄河上流域の国々は，当初は「中国」の範囲に入らない夷狄とみなされていたが，これらの国々でも中原の文化を受け入れ，次第に自らを「中国」の一部と意識するようになった．

　前221年に西方の秦が中国を統一すると，秦王は天下の君主として「皇帝」の称号を創出し（秦始皇帝），君主が直接に官僚を派遣して全土を統治する中央集権的政治制度（郡県制）が確立された．秦の強権的統治に対して反乱が起こり，秦は統一後15年で滅びたが，秦に代わって建国した漢は，短い中断期を除いて約400年続き，その後2,000年あまり続く皇帝政治の基礎を固めた．秦・漢の時代には，統一王朝の直接支配領域を「中国」とよび，その外の領域と対比する用法が一般化した．

●**胡漢の融合**　春秋・戦国時代に成立した「中国」観念は，その後19世紀末に至るまで基本的に持続するが，周辺民族との接触・交流の中で，その内実は歴史的に変化している．例えば言語の面をみても，華北では北方民族の影響を受けて文法や語彙に変化がみられ，また華中南では，先住民族の言語と交じり合うことによって，漢語は大きく変容し，今日につながる諸地域の方言が形成された．

　漢の滅亡（220）後，隋による統一（589）に至る3世紀半は，華北・華中南それぞれで王朝が分立・交代した動乱期であった（魏晋南北朝）．この時期，華北では北方の草原から侵入した鮮卑などの遊牧民族が次々と王朝を建てた．これら北方民族（当時「胡」と称された）と，漢王朝支配下にあった人々（「漢」）は，相互の文化を取り入れ，胡・漢の文化の融合がみられた．漢代に西域経由で流入した仏教が北方民族王朝の保護のもと中国に広まり，またそれまで床に座っていたものが椅子とテーブルを使い始めるといった生活文化の変容も起こってきた．

　中国を再び統一した隋（581-618）・唐（618-907）王朝の宗室は，これら北方民族王朝の支配層の系譜を引いており，隋・唐時代にも，北方・西方文化の影響は強かった．首都の長安には，無数の仏教寺院のほか，ゾロアスター教・ネストリウス派キリスト教・マニ教など西方起源の宗教の寺院も建設され，イラン系の風俗が流行した．魏晋南北朝から隋・唐にかけて，「中国」文化は，周辺民族の文化と交じり合い，より多様な内容をもつものへと変化していったといえる．

●**大きな中国と小さな中国**　隋・唐以後の中国の歴史をみてみると，統一王朝といってもその領域は大小さまざまであり，北方や西方の民族を含んだ多民族的な大きなまとまりがつくられる時期と，周辺民族を排除して漢人を中心としたまと

まりを基礎に王朝が建てられる時期とが，波のように繰り返されていることがわかる．隋・唐は多民族的なまとまりをもつ王朝であったのに対し，唐滅亡後の動乱を経て成立した宋（960-1279）は，漢人中心の小さなまとまりという性格を典型的に示す王朝である．これを周辺民族の側からいえば，唐滅亡後の約3世紀は，北方や西方の民族がそれぞれ独自の文化を打ち出し，遼・金・西夏などの王朝を建てて自立してゆく時期であったといえる．宋代には，儒学の教養を積んだ知識人（士大夫）が科挙を通じて官界に進出し，政治を動かすようになったが，彼らの間には周辺王朝の圧迫への対抗意識から，外来の宗教や学問を排して，漢人文化の独自の特徴を守ろうとする姿勢が強くみられる．

　その後，モンゴル人の建てた元朝（1271-1368），漢人王朝である明朝（1368-1644），満洲人の建てた清朝（1636-1911，中国本土に入ったのは1644）と王朝は交代するが，北方民族の建てた王朝は大きなまとまりを示し，それに比べると漢人王朝は漢人中心で領土も相対的に小さいという特徴がある．なお，北方民族王朝の中でもその統治姿勢には相違があり，元朝に比べて清朝は，満洲やモンゴルの文化を守りつつも，儒教や書画芸術などの漢文化を後援し，『四庫全書』（1782年完成）にみられるように，大規模な文化事業にもより積極的であった．清朝は，満洲・モンゴル・漢・チベット・ウイグルなど，さまざまな文化をもつ集団をゆるやかに包摂して，広大な版図を形成した．

●「中国」のナショナリズム　19世紀に清朝は西洋列強の圧迫に直面し，知識人の間でナショナリズムが高まったが，そこには，必ずしも一致しない二つの方向性があった．一つは，多民族を包含する清朝を解体して，それぞれの民族国家をつくるという方向である．清朝打倒をめざす革命派は当初，「韃虜（満洲人に対する蔑称）」を駆逐して漢人の国家を建設することをめざしており，また清朝の崩壊後，モンゴル・チベットなどそれぞれの地域でも民族国家として独立する動きがみられた．もう一つは，清朝の版図を維持し，多民族国家としてのまとまりを強化しつつ列強に対抗するという方向である．辛亥革命後，中華民国政府が現実に採用し，また中華人民共和国が受け継いだのは，この方向であった．

　しかし，国民の帰属意識をいかにして強めるかという点から，中国文化・中国史を論じようとするとき，中国ナショナリズムは，難しい問題に直面する．中国文化・中国史を漢人の文化・歴史として論じようとすれば，内容は明確だが，そのほかの民族が排除されてしまう．一方で，「中国」をもともと多民族的なまとまりとして論じようとすると，文化の内容は拡散してしまい，また歴史上必ずしも諸民族が政治的に統合されていなかった時期についても，無理に「一つの国」として論じなければならなくなってくる．そのような意味で，中国史をどのように描くかということは，現在の中国が抱える国家統合の問題と密接に結びついているのである．

［岸本美緒］

歴史書──紀伝体正史の重要性

　中国の歴史書には，『資治通鑑』などの編年体（年表形式），『左伝紀事本末』などの紀事本末体（事件別），『通典』などの政書（制度史），『華陽国志』などの地方志（地域史）といったさまざまな種類があるが，最も重要なものは，紀伝体で書かれた正史である．正史という呼称は，『隋書』経籍志に始まり，その時点では，『史記』以前の編年体の史書を「古史」とよぶことに対して使われた呼称であった．10世紀以後，国家によって公認された紀伝体の史書に正史の名が冠せられ，司馬遷の『史記』に始まり，欧陽脩の『五代史記』にいたる歴代17種の紀伝体の歴史書が十七史と位置づけられた．その後，正史は増補され，現在では「二十四史」（あるいは二十五史・二十六史）と総称されている．

　正史の叙述形式である紀伝体は，司馬遷の『史記』に始まり，編年体・紀事本末体とあわせて「史の三体」とよぶ．紀伝体は，天子の伝記や国家の大事を記す本紀，臣下の伝記や諸外国の出来事を記す列伝，地理・法制・経済などの重要な事項をまとめた志（あるいは書），年表・功臣表などの表により構成される．志・表は欠けることもあるが，本紀・列伝は必ず備えられるため，本紀の紀・列伝の伝をとって「紀伝体」とよばれるのである．

●**正史ができるまで**　司馬遷の『史記』や班固の『漢書』など唐以前の正史には，史官の地位にあった一代の学者が，畢生の著作として書いたものが多く，一次史料を使い，優れた史観と一貫した記述を行っているといわれる．『史記』『漢書』『後漢書』『三国志』という前四史の評価が高い理由である．

　これに対して，唐・宋以後に編纂された正史は，国家の支配の正統性を示すため，また文化事業の一貫として執筆されるという性格が強く，多人数による短時間の編纂により，粗漏や不統一を免れないことも多い．唐・宋以降の正史は，朝廷に設けられた歴史編纂所において，皇帝の言行記録である起居注，宰相の政務記録である時政記などを中心に日暦・会要とよばれる公的記録を著すことから始められる．皇帝が崩御すると，それらをあわせて編年体の実録を著し，次にいくつかの実録がまとめられて，紀伝体の国史が書かれる．そして，国家が滅亡すると，次の国家の初めに，前朝の政治の得失と，自らの正統性を明らかにするために，国史をまとめて正史を編纂するのである．欧陽脩個人の著作である『五代史記』（『新五代史』）を除き，『唐書』以降の正史はこのように書かれており，宰相が名目的な編纂者となることを通例とした．

　正史のもととなった起居注とは，皇帝の起居・言行を記した日記体の官庁の記録である．皇帝近侍の官が執筆を掌るが，その官の名もまた起居注という．その

起源は，周代に求められるが，記録に残るものは，後漢の『明帝起居注』が最初となる．これが制度として完備されたのは，隋・唐の頃である．皇帝の起居・言行は，そのまま天下国家の動きとなるため，起居注は広く国家の記録であるとみなされた．したがって，四季の終わりごとにこれを史官に送り，史官はこれを整理して皇帝が崩御するとその皇帝の一代記として，実録を作成したのである．

明は，おおむね起居注を著さなかったが，末期にいたり古制を復活する．清は，これを受けて起居注館を設けている．現在，残っているものは，明末の万暦・泰昌・天啓の三朝と，清の康熙より宣統にいたる九朝の起居注である．しかし，清のそれは，文字どおり皇帝の日常起居を記録するにとどまり，前代までのような国家の記録としての性質はそれほど大きくない．

起居注をまとめた実録は，皇帝一代の編年体の記録である．古く後漢あるいは魏晋南北朝の頃にもつくられたが，体裁の整った時期は唐・宋の頃で，天子の言行を記録した起居注を主材料に，官庁の記録類を加えて編纂された．遼・金・元など非漢民族の国家も，同様に実録の編纂につとめ，清末にいたる．実録は，歴代正史の主要材料となっているので，史料としてきわめて重要なものであるが，元来宮廷の秘録であるため民間での流布を許さず，現在では宋の『太宗皇帝実録』のほか，明・清二代の実録が残っているだけである．ただし，明初以来の実録の主材料は，詔勅（皇帝の命令）・奏文（臣下の報告書）・内外諸臣の記録などで，唐・宋のあり方に比べ，その内容は変質した観がある．

●**正史の研究**　正史は，歴代国家の基本資料となるものであるため，多くの研究が行われた．唐の顔師古の『漢書注』をはじめ，前四史には特に優れた数多くの注釈がある．また，銭大昕の『廿二史考異』や王鳴盛の『十七史商榷』など，清の考証学者たちによって，徹底した本文批判も行われている．さらに，表・志を欠く正史については，その増補が細かく試みられ，それらは『二十五史補編』（開明書局，1936）として集成されている．

南北朝以前の史料は，正史によってのみ伝わっているものが多いことに対して，宋より以降は，印刷技術の普及により多くの一次史料が残り，正史の価値は相対的に下落する．しかし，中国の史学を研究する者にとって，正史が第一の材料であることは間違いなく，中華人民共和国でも句読点をうった活字組の標点本「二十四史」を刊行している．2,000年もの長い期間にわたって，中国歴代の各国家の史実を詳しく知ることができるのは，正史の存在によるところが大きい．歴史を何よりも重視した中国の特質がここに凝縮している．　　　　　　［渡邉義浩］

📖 参考文献
[1] 稲葉一郎『中国の歴史思想―紀伝体考』中国学芸叢書7，創文社，1999
[2] 竹内康浩『「正史」はいかに書かれてきたか―中国の歴史書を読み解く』あじあブックス，2002

官僚制——中華帝国の骨格

中国は古くから非常に発達した官僚制をもっており，「官僚」という言葉もすでに戦国の頃に著された『国語』にみえる．中国では「官」は「爵」とならび称される支配体制の柱であり，爵位が封建制に由来する世襲的な地位であるのに対して，官職は原則として辞令によって任命され，その職能において信任されるほかは，その地位を占めることができないポストであった．このような意味での官僚制は，春秋戦国時代（前722-前221）を通じて整備され，秦の始皇帝によって国家体制の中心にすえられた．

●**皇帝の出現と官僚制**　分業的な職掌をもつ原初的な官僚制はすでに殷王朝にも存在していたが，その職務は特定の氏族集団によって世襲されていた．しかし春秋末の孔子の集団では個人的な能力に基づく官僚候補が育成されていた．これは氏族のよるところの諸都市が次第に統合されて，領域国家が形成されていく時代の趨勢に応じたものであった．官につくものは士・農・工・商のうちの士にあたり，礼（儀礼）・楽（音楽）・射（弓矢を射る技能）・御（馬車の操縦）・書（書写・作文）・数（数学）の教養を身に

図1　清朝の官服　服の色やさまざまな文様や装飾品の意匠によって官僚としての地位が可視化された．図は一品の文官の服装で胸には仙鶴の図案が施されている［張競瓊・曹喆『看得見的中国服装史』中華書局，2012］

つける代わりに，俸禄が支給されて生活が保障されるほか，刑罰の減免などさまざまな特権を付与された．法家は官僚に対して主君や職務に忠実であることを厳しく求め，彼らの行動を律する手段として信賞必罰の法制度を整備した．

始皇帝は六国を併合すると郡県制による全国統治を行い，ここに皇帝が官僚を用いて法による直接支配を行うしくみができあがった．ただし，漢の高祖は功臣や宗室に対する封建を復活した．封建はその後も統治のしくみとして残るが，特権的な地位やそれに見合う収入が与えられるだけで，実態は官僚制による統治が貫徹されることが多かった．

●**中国官僚制の基本構造**　秦漢時代（前221-220）の官僚のランクは秩石によって示されていたが，曹魏が九品官人法を施行して以降は，九品を下位とし一品を最上とするランクに秩序づけられるのが一般的である．官僚の人事を左右するのは最終的には皇帝の意思であるが，官僚制に備わる自立した人事制度もあり，通常は考課

とよばれる勤務評定により大過なく務めればある程度の昇進が見込まれた．上位の品に上るほど多くの特権が付与され，一族が広くその恩恵にあずかることができた．官僚はすべて皇帝に仕えるのであるが，すべての官僚を皇帝が直接束ねることはできないので部局化されており，通常は皇帝の下に宰相が置かれ，宰相が中央と地方の官僚組織を統轄した．一方，宰相を経ないで直接皇帝や皇室のために奉仕する官僚組織も存在した．前者を外朝といい，後者を内朝という．前漢時代（前202-後8）の内朝の財政規模は外朝のそれをはるかにしのぐものであった．後漢時代（25-220）に財政は外朝の機構に一本化されたが，皇帝の権力が絶大であるために皇帝の側近くに仕える内朝の権力は肥大化する傾向にあった．中国史上しばしば宦官が絶大な権力をふるうのはこのためである．また内朝の機構が発展して外朝の機構となることもあった．尚書は前漢時代には皇帝のそば近くで詔勅などの文書を扱う役所であったが，文書行政の発達とともに行政機構を統括するようになり，尚書の長官が宰相を兼ねるようになった．唐代（618-907）では尚書省に吏・戸・礼・兵・刑・工の六部が置かれ，枢要な行政の全般をとりしきった．明代（1368-1644）以降は宰相を置かず，皇帝が直接六部を統括するようになった．

　地方統治の基本をなすのは県である．しかし，広大な全土を支配するため，より広域的な上級行政機構を置くのが通例であった．その際，漢代の州のように，一定の区域を巡視する監察機構がやがて行政機構に発展する例がしばしばみられる．官僚の規模は中央と地方を合わせて数万人にすぎず，実際の現場の仕事は無給の下級役人である胥吏が当事者から手数料をとり，労役により役所に奉仕する役人を使って行った．地方長官は中央から派遣され一定の任期があり，地元との癒着を回避するため本籍地では任用しない原則であった．しかし特別に本籍地で任用されることがあれば，故郷に錦を飾る名誉とされた．中央の権力が十分に及ばない地域では地元の酋長を代々長官に任じて間接的な統治を行う場合もあった．唐の羈縻州長官や元・明・清の土司はその代表的なものである．また外国の国王に名目的な長官の職を与えることは，中国を中心とした外交の秩序を維持するための重要な手段であった．

●**中国官僚制の特質**　このように中国の官僚制はそのしくみからみても，科挙などの選抜制度からみても高度に発達していたが，ドイツの社会学者マックス・ウェーバーは，中国の官僚制は近代ヨーロッパの官僚制とは異なり，職業人としての高度な専門性や合理性を欠いた家産官僚制であったとしている．ただ，仮に近代ヨーロッパの官僚制とは異質であったとしても，中国では中国なりに「士大夫」と称される官人層が儒教的な社会分業の思想に基づいて専門的統治集団を形成していたことは重要である．前近代中国の官僚は儒教を実践する士大夫として道徳の模範たるとともに，膨大な知識に基づく知的労働によって皇帝を助け，中国の統治を支えたのである．

[佐川英治]

科挙——官僚の任用制度

科挙とは，科目による選挙という意味である．旧時代の中国では官僚の任用制度のことを「選挙」とよんだ．科挙はその選挙制度の一つである．古代中国において人材を選んで任用することがいつの時期に始まったかを正確に知ることは難しい．ただ，先秦時代（前221より以前）には，官位は世襲制が原則であり，それ以外の手段で能力のある人材を抜擢する場合にも，君主の特別な恩恵による任用か軍功などの殊勲に基づくものであった．

●**推薦による任用のはじまり**——**郷挙里選** 漢代になると，朝廷は天変地異など国家に重要な問題が生じた際には，臨時に詔勅を下して賢良・方正などの名目で地方から人材を推挙させた．そして，前漢の武帝（前156-前87）の時代に，郡・国の長官に孝廉（孝悌，廉潔の意）の名目で，さらに，州の刺史に茂才（秀才）

図1 明代の試験場の様子［『明状元図考』1607］

の名目で任地の下級役人や庶民の中からふさわしい人材を察挙（審査して推挙）させて以降，定期的に定員を定めて官僚を任用する制度が整えられていった．前漢・後漢を通じて行われたこれらの制度は，地方長官に郷里における人物評価に基づいて人材を推薦させたことから「郷挙里選」とよばれる．

●**貴族社会を支えた制度**——**九品官人法** 魏の文帝（187-226）は王朝を建てるにあたり，後漢の官僚の既得権益を排除したうえで必要な人材を任用しようとした．その際の資格審査を目的に導入したのが九品官人法（九品中正制度ともいう）である．この制度は，地方の郡に中正という官を置き，中正官は管轄する郡内の人物の才徳を調査して，一品から九品にいたる等級（郷品とよばれた）を定めて中央に推薦し，朝廷はその推薦書（状とよばれた）に基づいて官位を与えるというものであった．しかし，中正官には地方の有力者が任命されるのが普通であり，地方豪族の子弟に高い郷品を付与するのが常態化し，いわゆる「上品に寒門無く，下品に勢族無し」（『晋書』巻45「劉毅伝」）という状況が生じた．九品官人法は王朝によって制度に相違はあるが，南北朝時代を通じて用いられ，特に南朝（六朝）においてはその貴族制度の全盛期をもたらす根本的な要因となった．

●**試験による任用のはじまり**——**隋・唐** 南北朝の分裂を統一した隋の文帝（541-604）は才能本位の選抜試験によって官僚を任用する制度を創始した．世

に名高い科挙の制度である．ただ，隋の科挙には不明の点が多くその正確な開始時期にも諸説ある（なお，正史に「選挙志」がみられるのは『新唐書』からである）．隋の制度を受け継いだ唐では，秀才，明経，進士，明法，明書，明算などの科目を設けた．当初は秀才科が最も重んじられたが，やがて詩賦を主な試験内容とする進士科が最も重視されるようになった．試験による任用といっても，唐代（618-907）の科挙では，受験生が試験に先だって試験官に自作の詩文を届けて目をかけてもらう事前運動（行巻とよばれた）が公然と行われた．さらに，科挙に合格しても実際に任官するためには，貴族が実権を握っていた吏部が行う身（風貌）・言（弁説）・書（書法）・判（作文）の選考を通過する必要があったことから，門閥貴族の影響力を抜本的に除き去ることはできなかった．

● **皇帝が官僚の任用権を掌握——宋** 五代の混乱期を経て，宋代（960-1279）になると科挙は一段と整備が進み，実力による競争試験の骨格がほぼ整えられた．解試（地方試験，元以降は郷試），省試（都での統一試験，元以降は会試），殿試（皇帝による最終試験，不合格者を出さない）の三段階制，3年に一度の実施，科目の一本化（進士科のみ），経義・詩賦・論策の重視，糊名（受験生の答案の氏名を封印），謄録（答案を別人が転写したうえで審査）などである．特に重要なのは，太宗の開宝8（975）年に殿試が制度化されたことである．これによって皇帝が最終合格者を決定するかたちになり，科挙を通して皇帝に直接任用された官僚の組織が，皇帝の専制政治に奉仕する体制が確立した．

● **究極の試験制度とその終焉——元・明・清** 元は当初科挙を行わなかったが，漢民族の強い願いもあって，仁宗の皇慶2（1313）年に再開した．合格定員や試験の難易度で，蒙古人・色目人と漢人・南人を差別したが，経典の標準解釈に朱子学を採用するなど重要な改革も行った．明は元の科挙を改善し制度をさらに進化させた．明代の科挙の特色は，学校制度が完全に科挙に包摂され，原則として監生（国立大学の学生）か生員（地方官学の学生）でなければ受験が許されなくなった点である．それに伴い，学籍を付与するための試験として童試が整備された．また，挙人（郷試の合格者），監生，生員などの学位は終生の資格として認められ，挙人や監生になるとそのまま官僚となる道もあった．清は明の制度を踏襲するが，競争率の激化による不正防止のため，考えつく限りの試験事務や受験規則を追加し，究極の試験制度をつくりあげた．ところが，清末の危機的状況の中で，八股文（対句を多用する複雑な形式の文体）の技巧や限られた教養の学力のみを試験する制度では，時代の難局を乗り切るのに必要な人材を任用することはできず，科挙は光緒30（1904）年の試験を最後に廃止された． ［鶴成久章］

📖 **参考文献**
[1] 宮崎市定『科挙』宮崎市定全集15，岩波書店，1993
[2] 村上哲見『科挙の話—試験制度と文人官僚』講談社学術文庫，2000

古代の文明——農耕と城郭都市の起源

　少し以前までは世界の古代文明といえば，四大文明，そしてその一つとして黄河文明がとり上げられるのが常であった．しかし今日では四大文明の概念そのものが相対化される傾向にあり，現代中国の領域内の古代文明については，黄河文明以外に長江流域の長江文明・その上流域の四川文明など，地域単位でとり上げられるようになった．その背景として，西欧中心・黄河文明中心史観への反省や，地域意識の高まりなどがある．とにかく太古の農耕文明が東部ユーラシア地域でも発達したこと自体は間違いない．この文明は地域によって区分けされる．その分類は研究者によってばらつきがあるが，華北（黄河流域）・華中（長江流域）・河南・北方（東北・内蒙古）の地理区分にだいたい対応しており，例えば長江下流域というように，大きな地理区分の内部でさらに細かく分けられることも多い．

●**農耕の起源**　今からおよそ1万3,000年前，新生代第四紀更新世から完新世への移行期に，最終氷期が終了して気候が温暖化した．それに伴い，マンモスなどの大型獣が絶滅して，人類の狩猟対象がシカなど小型の動物に変化した．石器も変化したが，磨製石器の出現すなわち新石器時代ではないことが明らかとなり，そこで農耕の出現が着目されている．英国人考古学者のゴードン・チャイルドはこれを「新石器革命」とよび，農耕により人類が定住化し，人口が急増して人類社会に大きな変化が生じたと考えた．しかし，ことはそう単純ではなく，定住化＝農耕開始とは限らない．現在では定住化の方を先とする説が有力である．

　華北ではアワ・キビ，華中ではイネが最初の栽培穀物である．華南はこの時期も狩猟・採集が継続した．アワ・キビの栽培植物化には不明な点が多く，アワは黄河中・下流域，キビは黄河上流域や遼寧省で多く出土しており，年代の上限は前6000年程度である．有名な遺跡としては，前4000年にさかのぼる仰韶文化期の半坡遺跡・姜寨遺跡（いずれも陝西省）などがある．稲については，雲南・アッサム起源説が長く支持されていたが，近年，稲のプラントオパール（珪酸体）における野生稲と栽培稲の違いに着目した研究により，長江中流域起源説が有力となった．栽培稲の出現年代もかなりさかのぼり，遺跡としては前5000年の河姆渡遺跡（浙江省，図1），前7000年紀の彭頭山遺跡（湖南省）などがあり，最近では稲作の起源を前8000年より前とする説もある．ただし，古い年代の稲についてはそれが栽培稲であることを疑問視し，稲作の始まりをもう少し新しく考える学説もある．なお，小麦は西北地域からの伝来と想定され，早いものでは前3000年以降の新石器時代後期の遺跡から出土している．

●**城郭都市の出現**　前3000年頃を境として，新石器時代は中期と後期に区分さ

れる．この頃を境として，気候が乾燥・寒冷化していく．新石器時代中期には環濠集落がみられたが，後期に入る前後から集落の周囲を城壁（城郭）で囲った遺跡が現れる．環濠は必ずしも人間集団間の闘争のための建造物ではないが，城壁は明らかにそのためのものである．この時期になると，集落内部に基壇のある住居が現れる．これは後の宮殿や宗廟の前身と考えられている．墓葬などからは社会の階層分化が進んでいることが認められ，祭祀用の玉製品など，威信財を副葬品として備えた首長墓と解釈できる墓も発見されている．この頃の代表的な遺跡として，華北では竜山文化並行期にあたる前3000年紀後半，山東竜山文化期の城子崖遺跡（山東省）や陶寺文化期の陶寺遺跡（山西省），華中では前3000年紀頃，良渚文化期の莫角山遺跡（浙江省）などがある．

図1 河姆渡遺跡（浙江省寧波）

図2 舞踏紋彩陶盆（青海省大通上孫家寨出土，馬家窯文化期）馬家窯文化（前3200-前2000年頃）は渭河上流域における仰韶文化の一類型の流れをくみ，現在の甘粛・青海地区で発展した独特な地域文化の一つ

●土器の出現　更新世から完新世への移行期に，食料源は動物から魚介類・植物へと比重が変化した．これとほぼ同時に，東部ユーラシア各地で土器が出現する．農耕開始がより早いとされる西アジアでの土器の出現は，それが当初は調理具・保存具として必要とされなかったらしいこともあり，前6000年頃にまで下る．つまり東部ユーラシアにおける土器の出現は相当早いことになる．ただし，このことは必ずしも東部ユーラシアの先進性を示すわけではない．その背景として，食料源など，この地域特有の生活環境に起因すると推測されている．

●青銅器の使用開始　西アジアにおける青銅器の出現は前6000年頃である．東部ユーラシアにおける青銅器は，新石器時代中期（前5000-前3000年頃）に出現する．だが新石器時代後期が金石併用期ともよばれるようにその使用は限定的で，青銅器以外の銅器の材料として純銅や砒素・銅の合金も用いられた．本格的な青銅器の使用は，前2000年頃から始まる二里頭文化期を待たねばならない．

［小寺 敦］

📖 参考文献
[1] 宮本一夫『神話から歴史へ―神話時代 夏王朝』中国の歴史1，講談社，2005
[2] 岡村秀典『中国文明 農業と礼制の考古学』京都大学学術出版会，2008

伝説の帝王——夏王朝はどこまで史実か

東部ユーラシアの歴史において伝説時代と歴史時代の境界を決めることは，さほど簡単ではない．今日では伝説時代とされる時代も，かつては多くの人々にとって明白な歴史時代であったし，逆に商（殷）・西周王朝の存在が否定されたり疑われたりすることもあった．夏王朝については，現在もなおその実在をめぐる論争が続いている．本項では，文献記載の五帝以前を明らかな伝説時代とし，これに二里頭文化と同一視されることもある夏も加えて説明する．

図1　黄帝故里（河南省新鄭）
黄帝の生誕地と伝えられる

●**五帝**　五帝を誰にあてるかは，文献によって異なる．例えば『易』繋辞下では，伏羲（太昊）・神農（炎帝）・黄帝・堯・舜を，『世本』『大戴礼記』五帝徳『史記』五帝本紀は，黄帝・顓頊・帝嚳・帝堯・帝舜を，『礼記』月令では，太昊（伏羲）・炎帝（神農）・黄帝・少昊・顓頊を，皇甫謐『帝王世紀』では，少昊・顓頊・帝嚳・堯・舜を五帝とする．『史記』によると，夏の禹まで，君位はその資質のある者が受け継いだことになっている．ただ『史記』は，顓頊は黄帝の孫，帝嚳は黄帝の曾孫，帝堯は帝嚳の子，帝舜は顓頊七世の子孫，夏の禹は顓頊の孫と記しており，父系の血縁関係は設定されている．また『史記』封禅書には，秦が白帝・青帝・黄帝・炎帝を祭っていたことが記されており，漢の高祖がこれに黒帝を加えて五帝としたとある．これは数字に合うように神々を選別する問題でもある．

●**三皇**　三皇は五帝の前に置かれた帝王たちである．三皇も五帝と同様，文献によって人物が一定しない．例えば『史記』秦始皇本紀では，秦の始皇帝のとき，天皇・地皇・泰皇が三人の皇として議論され，『世本』『書』序『帝王世紀』では，伏羲・神農・黄帝が三皇とされる．唐代の司馬貞は『史記』に三皇本紀を補筆し，そこでは伏羲・女媧・神農が設定され，また天皇・地皇・人皇という三人の皇も述べられている．『尚書大伝』では伏羲・神農・燧人が，『白虎通』号ではこれに加えて伏羲・神農・祝融も三皇として議論されている．

●**創造神話**　この世界の創造に関する神話は，世界各地にみられる．中国にも，原初は混沌であり，そこから世界が誕生したとする伝承がある．最初に盤古が生まれ，それが死ぬと日月星辰，東西南北など，この世のさまざまなものに変化し

たとする，いわゆる死体化生型天地創造神話である．盤古ではなく，盤（槃）瓠や后稷である神話もあり，また日本の記紀神話のような原初混沌型や，盤古が天地を彫刻したとする鏤造型など，異なるタイプの創世神話もある．こういった神話はかなり古くさかのぼるものと考えられる．ただし，個別の神話についての年代を議論する場合は，その神話が記された文献の成立年代に注意が必要である．

●二里頭文化と伝説の夏王朝　『史記』によると，帝尭の治世に舜が政治をとり行ったとき，鯀は治水事業に失敗して殺されたが，子の禹がその事業を受け継いで完成させたとされる．やがて禹は帝舜の後継者とされ，帝舜が亡くなると即位して，国号を夏后とし，姒を姓（これは後代の概念．項目「殷周の時代」参照）として夏王朝を開いた．帝禹は会稽（浙江省紹興）で亡くなり，その後を子の啓が継いだ．夏は17君14世続き，暴君として有名な桀のとき，殷の湯に滅ぼされたという．他方，二里頭文化の名のもとである河南省偃師の二里頭遺跡は，新石器時代後期の河南竜山文化の後に位置し，前18〜前16世紀頃のものである．そこでは宮殿ともされる一辺100m四方もある大型建築遺跡などが確認されている．現在では，この二里頭遺跡が示す文化と文献に見える夏王朝とを同一とする研究者が多くなったが，なお異論もある．なぜなら殷墟とは異なり，二里頭遺跡からは文字資料が発見されておらず，伝説の少なくとも一部を史実と立証する決定的な資料を欠いているからである．ただ，殷王朝の前の河南省付近に，宮廷儀礼を備えた王朝が存在したことはまず間違いないとみられている．

●伝説時代の史実性　伝説時代について議論する際に注意すべきは，三皇五帝や夏について記載された文献の内容は，いずれも戦国時代より前にさかのぼることが難しく，その内容に後代の潤色が入っている可能性が高いことである．そうした文献には，三皇五帝にまつわる地名が書かれていることがある．その種の地名を新石器時代の遺跡のいずれかに比定しようとする研究もみられるが，いまだ学問的に十分説得的とはいえない．また近年，骨董市場で発見された遂（または豳など）公盨という西周時代と鑑定された青銅器には，『詩』『書』にあるのとよく似た禹の事蹟に関する銘文がある．だが，その銘文をただちに夏王朝の禹の実在に結びつけることには異論があり，そのうえ，銘文の資料的信頼性を疑問視する研究すらあるのが現状である．また，春秋中期のものとされる秦公簋（1919年出土という）や叔夷鎛（器は現存しない）の銘文には，「夏」「禹」の言葉が見られる．禹は必ずしも夏と結びつかず，さかのぼったとしてもせいぜい西周期までしか確認されていないのである．伝説時代と歴史時代を結びつけることには，依然として慎重さが必要である．

［小寺　敦］

📖 **参考文献**

[1]　伊藤清司『中国の神話・伝説』東方書店，1996
[2]　岡村秀典『夏王朝—中国文明の原像』講談社学術文庫，2007

殷周の時代——まとまりをもった城郭都市

　新石器時代後期になると，城壁を備えた集落が増大した．時間がたつと，このような集落の間にまとまりができはじめ，やがて一定の地域に影響力を及ぼす勢力が出現した．そのはじまりは，現在では二里頭文化と考えられている．続く殷（商）・周王朝はその基礎を受け継ぎ，さらに文字（漢字）を使いはじめた．

図 1　鄭州商城（河南省鄭州）

●殷（商）王朝　清朝の高官である王懿栄とその食客の劉鶚による1899年の甲骨文字の発見はよく知られた逸話であるが，その実情は不確かであり，彼らは最初から骨董商を通して甲骨を求めていたのではないかと考えられている．1928年以降の殷墟（河南省安陽）の発掘作業や，そのほかの遺跡発見により，殷王朝（前16-前11世紀）の実在とそのありさまが次第にわかってきた．殷代前期は二里岡文化，殷代後期は殷墟文化にあたり，殷墟は『史記』殷本紀で盤庚が遷都したとされる場所である．殷代文字資料のほとんどは，その子孫である武丁以降の時代に属し，それより以前のことを知るには，もっぱら文字資料以外に頼らざるを得ない．殷代前期の都城遺跡には，偃師商城（河南省偃師）・鄭州商城（河南省鄭州）があり，ほぼ同時期の大型都城である．偃師商城は二里頭遺跡の近隣にあり，二里頭を制圧した殷が拠点として建設したとも推測されており，湯（成湯）の都「西亳」に比定する研究者もいる．殷代後期の遺跡として殷墟が有名であるが城壁は発見されていない．だが1999年，東西・南北それぞれ2km四方にわたる大規模な城壁をもつ洹北商城が発見され，その年代は殷墟の前，鄭州商城より後とされている．

●邑制国家　邑とは城壁を備えた場所を中心に構成される氏族制的共同体であり，邑制国家（都市国家などともいう）とは邑同士の相互関係に基づく国家である．殷の支配構造は戦国時代の官僚制によるものとは大きく異なり，有力な邑制国家が祭祀儀礼を通して，より小さなそれを統御するものである．殷王が直接支配するのは大（天）邑商のみであり，それ以外の邑へは殷王が出向いて祭祀儀礼による影響力を行使した．殷周王朝の存在は必ずしも絶対的なものではなく，邑制国家はその時々の状況により離合集散した．東部ユーラシアにおいて，秦漢帝国から周・殷・夏，さらに黄河文明へという，正統王朝によって単線的にこの地

域の時代をさかのぼる歴史観は，今日では批判され，見直されている．
●**武王の克殷** 『史記』周本紀によれば，周は后稷の子孫とされる．古公亶父のとき，戎狄に圧迫され，岐山の麓に移動して周を建てた．これは今日の周原（陝西省岐山・扶風）に相当する．その子孫の西伯（文王）が宗周を造営し，子の武王が牧野の戦いで殷の帝辛（紂）に勝利して殷を滅ぼした．周（西周）はもともと殷に服属する周辺の有力な邑制国家の一つであった．克殷（周が殷を滅ぼしたこと）については，『史記』殷本紀などにみられ，妲己への寵愛や「酒池肉林」で有名な紂王暴君説話がある．もちろんこれは西周王朝による克殷を正当化するための潤色である．実際は，帝辛が東方の異民族に遠征した隙をつかれたともされる．
●**西周** 周は殷を軍事的には滅ぼしたが，文字（漢字）や青銅器製作技術など，殷の主要な制度・文化を受け継いだ．制度面では，氏族制に由来する姓に基づく血縁組織を統治の基礎としていたことが特色である．周は姫姓であり，姫姓一族を被征服地の邑制国家の長として封建した．彼らは同姓不婚のタブーをもち，姜姓など異姓の人々と婚姻を代々交わした．克殷後ほどなく武王が亡くなると，幼少の成王の代わりに叔父の周公旦が政治を行った．後になってこの慣習的制度・政治状況は，周代封建制・宗法制，周公旦摂政説・即位説などと称されて潤色が加えられ，特に春秋末以降の儒家によって西周初期は理想化された．
●**文字** 現在確認されている最初の文字（漢字）は，殷代後期の甲骨文字である．甲骨文字は漢字として発達をとげたものであり，その前段階の文字の存在が推測されている．新石器時代の土器などからは文字に似た記号が発見されているが，漢字の条件（形・音・義）は備わっていない．殷代後期になると青銅器に文字（金文）が鋳込まれるようになった．甲骨・青銅器は祭祀に用いられて殷周王権を支えた．当時の文字は甲骨や青銅器で用いられたように，祭祀儀礼と強く結合しており，祭祀儀礼＝政治であった．文字をもつ者はもたない者に対して政治・文化的に有利である．殷は文字知識において圧倒的な優位に立ち，ほかの邑制国家に対して優越な地位を占めることができた．周は殷の文字知識を継承して同様の地位に立った．それら文字記録は『史記』をはじめ，戦国秦漢以降も影響を及ぼした．中国の古代王朝が

図2 卜骨（伝河南省安陽出土，殷武丁期）

しばしば単線的にさかのぼって認識されるのはここにその一因がある．　［小寺 敦］

参考文献
[1] 竺沙雅章監修『中国史―古代』アジアの歴史と文化1，同朋舎，1998
[2] 尾形 勇・平勢隆郎『中華文明の誕生』世界の歴史2，中公文庫，2009

春秋戦国の時代——氏族制から官僚制へ

『史記』周本紀によると，衰えつつあった西周は宣王のとき，一時的に勢力を盛り返したが，その次の幽王は前771年，犬戎に攻め滅ぼされた．翌前770年，その子の平王が東方の洛邑で諸侯に擁立されてから，秦が周を滅ぼす前256年までを東周という．また『春秋』『戦国策』にちなみ，前5世紀頃までを春秋時代，その後，秦が東方六国を攻め滅ぼす前221年までを戦国時代という．

図1　趙王陵2号（河北省）　秦代より古い馬車の模型が出土した

●**春秋時代**　春秋時代の始まりは平王が洛邑で即位した年であるが，その終わり（戦国時代の始まり）は諸説ある．例えば前漢の『史記』六国年表は周の元王元（前475）年，北宋の司馬光『資治通鑑』は韓・魏・趙三氏が正式に諸侯となった前403年とする．ほかに『春秋』により魯の哀公14（前481）年，また韓・魏・趙三氏が晋を分割した前453年などがある．今日では西周・春秋，春秋・戦国の境界に連続性をみるのが一般的であり，春秋・戦国は便宜的な時代区分となっている．

●**覇者**　春秋時代になると周の邑制国家（諸侯）に対する統制力が弱まった．そこでほかの有力な邑制国家がとりまとめ役となったが，周にとって代わる力はなかった．それらは西周以来の周の権威を利用しながら諸侯を招集して会盟をとり行い，影響力を行使した．これが文献で覇者とよばれる存在であり，その中の五人をとり上げて春秋五覇という．斉の桓公・晋の文公はいずれの文献でも共通しており，そのほかは宋の襄公・秦の穆公・楚の荘王・呉王闔閭・呉王夫差・越王句践などから選択される．なお，彼らは覇者と自称したわけではなく，楚・呉・越の君主は王と称していた．

●**社会の変化**　春秋時代中期後半頃になると，鉄器と牛耕の使用が次第に広まった．これにより農業生産力が増大し，従来の氏族制的組織に頼って農耕する必要がなくなった．すると余剰人口が生まれ，都市に流入して商工業の発達をうながした．流入した一部は官僚となり，また兵士ともなった．こうして旧来の族的組織が崩れ，新たに個人的な人間関係による組織ができてくる．それが遊侠である．国家はこのような都市や新開発地を自らの支配下に吸収し，官僚や常備軍を編成して統治を行っていくのである．こうした社会は春秋時代半ば頃までの，血縁を

基盤とする氏族制的結合に基づくものとは本質的に異なっていた．この動きの中，旧来の支配階層の中で没落・上昇する者が増え，諸侯の下の身分であった大夫・士が地位を上昇させることが多くなった．斉の田（陳）氏や晋の韓・魏・趙氏のように，大夫の身分から主君に代わって諸侯となったのがその代表例である．

●**戦国時代** 戦国時代のことを『史記』は「六国（の時）」とよんでいる．六国とは，いわゆる戦国の七雄から秦を除いた，斉・楚・韓・魏・趙・燕のことである．それを漢代以降に戦国時代というようになっていった．

●**郡県制** 春秋時代になると，邑制国家の淘汰が進んでいく．滅ぼされた国は，大夫に采邑として与えられたり県とされたりした．采邑は西周以来の方式で，当初の県はそれとほぼ同じだったが，やがて中央派遣の官僚が統治するようになり，君主権力を支えるものとなった．春秋時代の県は国家権力による住民移動を伴う例がみられ，これは旧来の氏族制的組織を解体するとともに，それまでより大規模な兵力を確保するための軍事動員にも利用された．

●**都市** 戦国時代の都市はその前後の時代より規模が大きく，城壁の一辺1km以上の都市は大量にあった．例えば趙の邯鄲故城は，宮殿区の趙王城とより広い大北城に分かれ，いずれも一辺2〜5km近くある．都市には工房や市があって商業公易の拠点となり，取引きには都市で発行された貨幣が用いられた．その貨幣は国をまたいで通用した．

●**思想集団の出現** 春秋末期，孔丘（孔子）・墨翟（墨子）という思想家に率いられた思想集団が現れた．これ以降，戦国時代にかけて，『孟子』『荀子』『荘子』『孫子』『韓非子』などの思想文献によって今日知られる思想集団が次々に現れた．彼らは戦国王権に自分達を売り込み，官僚として登用されて，その統治を支えていくことになった．それらの思想は互いに影響しあいながら融合・分裂し，文字（漢字）により筆写されて文献として編纂され，世に流布していった．

●**簡牘文献の使用拡大** 簡牘（竹や木でつくられた書写材料）は，殷代からすでに存在していたことが，甲骨文字の冊の字形などから推測されている．だが，その利用が飛躍的に増大したのは戦国時代である．それまで祭祀儀礼の場に使用がとどまっていた文字が，この頃になると思想文献や行政文書を書写するために用いられるようになった．文書行政は国家による統治を効率化する．それを担ったのは，文字知識を有する官僚であり，戦国時代に増大した文字知識所有者は，以後の国家組織を支えていく．考古発掘により発見された包山楚簡・睡虎地秦簡（いずれも湖北省出土）などの簡牘は，戦国時代以降のそうした文献である．

［小寺 敦］

📖 **参考文献**
[1] 竺沙雅章監修『中国史―古代』アジアの歴史と文化1，同朋舎，1998
[2] 尾形 勇・平勢隆郎『中華文明の誕生』世界の歴史2，中公文庫，2009

秦始皇帝の統一 ── 天下一統の内容

秦の始皇帝（前259-前210，皇帝になる前は秦王政）は，俗に史上初の中国王朝の絶対君主として，また分裂していた中国の統一者として，暴君や英雄などとして華々しく描かれることがよくある．しかし多くの場合，このような始皇帝像は実態からかけ離れている．そもそも社会・制度などの諸側面からみて，戦国後期から秦・前漢前半頃までは，時代の連続性を認めるのが普通である．

図1　秦始皇帝陵（酈山陵，陝西省西安）

●**統一前夜**　秦は西周期以来の歴史をもつ嬴姓諸侯であった．戦国時代に入ると孝公が商鞅を登用して変法（政治改革）を断行し，以後，次第に他国より強大となっていった．秦王政即位時には，秦の勢力はすでに東方の六国を圧倒していた．その領域は前漢初期の漢王朝の郡県支配地域に近いものであった．秦王政には，六国を滅ぼして郡県として直接統治するだけではなく，それらを温存し，前漢初期のような間接統治による封建支配を行う方式も可能性としては残されていた．『史記』では，六国滅亡後に郡県・封建のいずれを選択するかの議論がなされ，始皇帝は郡県制を選択したことになっている．

●**統一事業**　始皇帝の事業として，しばしばとり上げられるのが，各種の統一事業であるが，その実態はよくあるイメージと異なる．始皇帝は自分の称号を「王」から「皇帝」に変更した．皇帝の意味としては，「煌煌たる（かがやく）上帝」由来説と三皇五帝由来説が対立している．始皇帝陵（酈山陵）の建設は秦王即位時から始まっていた（図1）．行政制度は郡県制を導入して領域内を36郡に分割し（資料によれば36より多い），それぞれに守・丞・尉・監を置いて行政にあたらせた．従来の「民」という名称を「黔首」に改めたとされるが，戦国時代から黔首という言葉が使われていたことがわかっている．文字の統一は官吏を対象としたもので，小篆に統一したとされるが，実際は六国古文（戦国時代の東方諸国の書体）が滅んだものの，ほかの書体は隷書も含めて戦国時代から引き続き使われ続けた．度量衡，車軌の統一は，占領地において秦の旧制度を統一規格としたものであり，官吏や工人を対象としており，やはり庶民にはあまり縁がなかった．貨幣の統一も限定的で，戦国時代以来のものが各地で使われ続けた．秦の統一貨幣として半両銭が有名だが，これも戦国時代から秦で鋳造され続けたものである．

●**焚書坑儒** 始皇帝が書物を焼いて儒者を穴埋めにしたことは，その暴君ぶりを際立たせるエピソードとしてしばしば語られる．しかし，これも実情はだいぶ異なる．焚書については，あくまでも私的な書物の所蔵・研究を禁止して，国家による学問・思想の統制を図ったものであった．だから儒家経典は秦帝国の管理下に所蔵・研究され続けた．坑儒については，そもそも主要な標的は，始皇帝を詐欺にかけた方士（不老長生を説く人々）たちであり，それが体制批判的な諸生（学者）たちに及んだものであった．

●**始皇帝の巡行** 始皇帝は統一翌年の前220年から10年の間に，5回も領域内を巡行し，最後の第5次巡行で亡くなった．その舞台となったのは，第1次が都の咸陽の西方であった以外は，いずれももとの東方六国の土地である．巡行の際，咸陽には官僚トップの2名中の1名である右丞相がとどまり，もう一人の左丞相は始皇帝につき従ってともに政務を行った．巡行においては，合計7つの刻石が建てられて始皇帝の業績が顕彰され，また泰山封禅をはじめとする祭祀が行われた．これには秦による天下一統を広くアピールする意味があった．

●**対匈奴・百越戦争** 東方六国との戦争が終わると，始皇帝は北の匈奴，南の百越に対する侵攻を開始した．北方は前215年に30万，南方はその翌年に50万の大軍が動員され，大きな犠牲を伴いながらも，それぞれオルドス，華南地方が占領されたが，その犠牲にみあう成果ではなかったらしい．また北方では戦国時代に各国が建造した長城が整備・修築された．都の咸陽から北方へは直道とよばれる軍用道路が建設され，匈奴の軍事的脅威に備えられた．

●**二世皇帝の事業** 始皇帝の子である二世皇帝胡亥は，宦官の趙高の専権を許すなどして，秦帝国を事実上滅ぼした暗君であるとされることが多かった．しかし，最近では秦帝国における二世皇帝の重要性が次第に明らかになりつつある．二世皇帝は父が建てた刻石に追刻し，父を「始皇帝」とよびつつ顕彰することで，自らの権威を高めようとした．始皇帝の存在は，二世皇帝によってクローズアップされたのである．しかし，そうした政策は二世皇帝の権力維持に役立たず，旧六国地域で反乱が続発し，秦帝国は急速に瓦解していくことになった．

●**陳勝・呉広の乱** 始皇帝陵の建設や長城の修築のほか，新宮殿として阿房宮が造営された．こうした大土木事業や軍事活動には刑徒をはじめ，各地から一般人民が徴発された．前209年7月に蜂起した陳勝・呉広とそれに従った農民900人は秦に滅ぼされた楚地域の出身で，こういう徴用された人々だった．彼らは国号を「張楚」とし，反乱自体は短期間で鎮圧されたが，秦滅亡の契機となった．

［小寺 敦］

📖 **参考文献**
[1] 鶴間和幸『ファーストエンペラーの遺産—秦漢帝国』中国の歴史3，講談社，2004
[2] 西嶋定生『秦漢帝国—中国古代帝国の興亡』講談社学術文庫，1997

項羽と劉邦——四面楚歌される覇王

　項羽（前232-前202）は，名は籍，羽は字である．秦末期，陳勝・呉広の乱に混乱する秦に対して兵を起こし，一時は西楚の覇王と号した．劉邦（？-前195）は，字は季．項羽との戦いを制し，前漢を建国する．廟号は太祖，諡は高皇帝だが，高祖とよぶ．

　項羽は，楚の将軍であった項燕の孫であるが，つとに両親を亡くし，叔父の項梁に養われた．秦末，陳勝・呉広の乱が起きると，項羽は項梁に従って会稽郡守の殷通を破り，項梁が会稽郡守となった．陳勝が敗死すると項梁は，范増の献策に従い，楚の懐王の孫を探し出す．これを王に据え，祖父同様懐王とよんで，反秦の中心勢力となったが，秦将の章邯の奇襲により項梁は戦死する．楚軍は一時的に宋義に握られたが，項羽は宋義を殺して楚軍を統率する．一方，別働隊として秦の首都咸陽をめざした劉邦は，秦を破り，秦王子嬰の降服を受けた．

　咸陽を中心とする関中に入ろうとした項羽は，自らが秦の主力軍を破ったにもかかわらず，劉邦が函谷関を閉じて関中王になろうとしていることに怒り，劉邦を攻め殺そうとする．劉邦は慌てて，項羽の伯父である項伯を通じて弁明の機会を請い，項羽と劉邦は会見を行う．鴻門の会である．范増は，劉邦を殺害するよう項羽に合図を繰り返すが，劉邦は張良と樊噲の働きにより虎口を脱した．

　項羽は咸陽に入ると，子嬰ら秦王一族や官吏4,000人を皆殺しにし，華麗な宮殿を焼き払い，始皇帝の墓を暴いて宝物を持ち出した．本拠地の彭城に戻り，西楚の覇王と称した項羽は，懐王を義帝と祭りあげて辺境に流し，その途上でこれを殺した．前206年，項羽は諸侯に対して封建を行うが，その基準は功績ではなく，項羽との関係の善し悪しに置かれる不公平なものであった．このため，項羽に対する反乱が次々と起きた．漢中王とされていた劉邦も立ちあがる．

●**楚漢戦争**　前205年，項羽は反乱を次々と鎮圧したが，続発する抵抗のため東奔西走を余儀なくされていた．しかも，項羽は，城を落とすたびに，その民を皆殺しにする蛮行を繰り返したため，その支配は安定しない．項羽が，斉の抵抗に手を焼くと，その隙に乗じた劉邦は，進軍途中で各地の王たちを帰順させ，征服しながら，56万と号する連合軍を率いて，項羽の本拠地である彭城をめざす．彭城が陥落すると，劉邦軍の軍律は乱れ，宴会と略奪が連日続いた．項羽は，精兵3万のみを率いて彭城へ戻ると，劉邦たちを散々に打ち破る．これを彭城の戦いという．

　前204年，何とか逃げ出した劉邦は，滎陽（現・河南省滎陽市）に籠城すると，別動隊として韓信を派遣し，魏・趙を攻めさせ，項羽を背後から牽制した．項羽は，かまわず滎陽を攻め，補給路を破壊して，劉邦を追い詰める．劉邦は，陳平

の離間の計により，項羽と謀臣の范増とのあいだを裂くことに成功する．それでも，項羽の猛攻を防ぐことはできず，将軍の紀信を偽の劉邦に仕立てて項羽に降伏させ，その隙を狙って西へ脱出した．これを滎陽の戦いという．

関中に戻った劉邦は，蕭何の用意した兵士と物資で体勢を立て直す．滎陽には戻らず南の宛に向かい，項羽を引きつける一方で，彭越に後方を攪乱させた．項羽が彭越を攻め戻る隙に，成皋に入るが，ここも項羽に落とされる．成皋の戦いに敗れた劉邦は，御者の夏侯嬰のみを供として修武に赴き，陣中で寝ていた韓信から軍隊を取り上げて自らの軍とし，さらに韓信に斉を攻めることを命じた．すでに，魏を下し，背水の陣で趙を破っていた韓信は，さらに斉を破り，楚から20万の軍で救援に来た龍且を打ち破る．ただ，斉を攻める際に手違いがあり，斉に漢との同盟を説きに行った酈食其は，斉に殺されている．

前203年，劉邦は対陣中，項羽軍から矢を射られて大怪我をする．張良は劉邦を無理に立たせて軍中を回らせ，兵士の動揺を収めた．一方，彭越の後方攪乱により，楚軍の食料も少なくなっていた．ともに疲弊した漢の劉邦と楚の項羽は，天下を二分することを定め，両軍を引き上げることにした．

●四面楚歌　項羽は東へ引き上げ，劉邦も西へ引き上げようとしていたが，張良と陳平は退却する項羽の軍を攻めるよう進言する．劉邦はこれに従って楚軍を後ろから襲ったが敗北した．これに先立って，韓信と彭越に軍を出すよう使者を送ったが，二人が来なかったためである．劉邦が恩賞を約束しなかったため，二人が来ないことを張良に指摘された劉邦は，韓信を斉王とし，彭越を梁王とする約束をした．果たして二人は軍を率いて加勢し，兵力で圧倒した漢軍は，楚軍を垓下へと追い詰める．垓下の戦いである．

楚軍を包囲した漢軍から楚の歌が聞こえると（四面楚歌），楚軍のほとんどが降伏したと考えた項羽は勝利を諦め，残った800騎を率いて脱出した．途中，湿地帯に迷い込んだ項羽は，数千騎の漢軍に追いつかれ，ついに意を決して戦いを挑む．28に減った騎兵を4隊に分けた項羽は，漢軍に切り込み，大将一人を切り伏せると，山の東側に部下を集結させ，再び切り込んで100人もの兵を斬った．この間，項羽が失ったのは2騎のみであったという．

項羽が烏江にいたると，渡し場の亭長は船を準備しており，江東へ逃げるよう進言する．項羽は，それを断ると，愛馬の騅を亭長に与え，漢軍を迎え撃った．項羽は，旧知の呂馬童を敵軍の中に見つけると，「手柄をやろう」と言って，自らの首をはねた．項羽の死体を奪いあい多くの死者を出した結果，呂馬童ら5人が項羽の首と両手足を分けあい，褒賞の1万戸を五分して受けたという（以上，『史記』項羽本紀・高祖本紀による）．

[渡邉義浩]

📖 **参考文献**
[1] 藤田勝久『項羽と劉邦の時代―秦漢帝国興亡史』講談社選書メチエ，2006

武帝の時代──前漢の光と影

　武帝は，前漢の第7代皇帝（在位前141–前87）で，名は徹．初代皇帝劉邦の曾孫にあたる．父は景帝で，生母は王氏．その即位は，太皇太后の竇氏の意向が強く働いていたため，即位当初は竇氏が実権を握った．

　武帝は，黄老思想を尊重する竇氏に対抗して儒者を登用したが，竇氏の死後は儒者だけを尊重することはなかった．その政治は，法家の色彩を強く帯び，法律を厳格に適用する張湯などの酷吏が活躍した．

　董仲舒の献策により，儒家以外の百家を退け，太学に五経博士を置いたとする『漢書』の記述は，董仲舒を顕彰するための曲筆である．董仲舒は，天人相関説により国家支配を儒教により正統化する基礎を確立したが，政治的にその主張が用いられることはなかった．儒教が，国家のあらゆる側面を規定する国教となるには，王莽期を経て後漢の章帝期を待たなければならない．

●**中央集権国家の樹立**　父の景帝が呉楚七国の乱(前154)を平定したことを受け，武帝は諸侯王や列侯の勢力削減を進めた．諸侯王には，推恩令により，封地を分割して子弟を列侯とすることを認めて，領地を縮小させた．さらに淮南王の劉安や常山王の劉賜を謀反を口実に滅ぼした．列侯には，宗廟の祭祀に用いる酎酒・黄金の献上を定めた酎金律を厳格に適用し，一挙に106人を廃絶した．

　また，諸侯王が封建されていた国に対して，郡守と同様の権限をもつ国相を派遣することで，中央直轄の郡県と変わりなく支配した．ここに，封建制と郡県制を併用した漢初の郡国制は，事実上の郡県制へと移行する．さらに，天下を13州に分け，州ごとに刺史を派遣して，管轄下の郡守と国相を監察させた．

　このような政治制度の中央集権化に加えて，理念的にも漢家が一つの天下であることを示した．天子が，時空の支配者であることを表わすため，元号を初めて定めた．太初元(前104)年には，漢を土徳と定め，制度・文物は五により規格し，暦を改めて司馬遷らが作成した太初暦を用い，正月を歳首とした．

　こうした中央集権化政策と，父の景帝，祖父の文帝の安定した統治により生み出されていた国富とを利用して，武帝は対外的に積極策を展開していく．

●**漢帝国の拡大**　漢は，劉邦が白登山の戦いで冒頓単于に敗れてより，北方遊牧民族である匈奴に対して屈辱的な外交を強いられてきた．武帝は，匈奴に恨みをもつという西方の大国，大月氏国との同盟をめざして，張騫を派遣することから，対匈奴政策を始めた．張騫は，十数年の歳月をかけて大月氏国を往復，同盟は成らなかったが，これにより西域の事情が明らかになった．

　一方，武帝は，張騫の帰国を待たず，衛皇后の弟である衛青を車騎将軍として

匈奴を討伐させる．幼少から匈奴と境を接する北方で羊の放牧の仕事をし，匈奴の生活や文化に詳しかった衛青は，匈奴を破って大きな功績をあげた．さらに，衛青の甥の霍去病は，匈奴の本拠地を落とし，匈奴を莫北に追い払った．この結果，武帝は，河西回廊に武威・張掖・酒泉・敦煌の河西四郡を置き，西域との交通路を確保した．劉邦にすら成し遂げられなかった匈奴打倒を達成した武帝は，泰山に天を祀る封禅の儀礼を行い，自らの功績を天に報告した．

霍去病が病死して，戦況が悪化すると，武帝は戦馬の劣勢を補うため，李広利に大宛（フェルガナ）を討伐させた．二度にわたる大遠征により，大宛より多数の汗血馬を得たが，ここにいたって財政は破綻する．

それでも，武帝は，南方では夜郎（貴州省），南越（ベトナム），東方では衛氏朝鮮（北朝鮮）を征服し，南方に南海郡など南海九郡，東方に楽浪郡など朝鮮四郡を設置して領土を拡張した．

●**経済政策による格差の拡大**　外征に要した莫大な軍事費により破綻した財政の再建のため，武帝は農業を振興する．白渠などの水利工事を進め，関中の農地を拡大し，干害を防止した．また，代田法を普及させて穀粟の増収を図り，民力の回復に努めた．一方，商人に対しては財産税を課し，土地所有を禁止した．それでも，たび重なる外征，建章宮や明光宮の建設，宮廷の奢侈などにより財政難は止まらない．

そこで，武帝は商人出身の桑弘羊の立案した，均輸法・平準法および塩・鉄の専売政策を採用する．均輸法は，均輸官を郡国に置き，特産物を税として徴収して不足地に転売するもので，物資の流通・物価の安定をめざした．平準法は，国家が物資を貯蔵し，物価の高騰時には販売し，低落時には購入する物価安定策で，いずれも財政難打開とともに，物価の安定・商人の抑圧・農民の保護をも目的としていた．これに対して，塩・鉄の専売は，生活必需品を国家の統制下におき，貧富の差に関係なく等しく負担を強いる課税である．このほか武帝は，貨幣の改鋳し，売官売爵までをも行って財政の改善に努めた．

これらの経済政策の中では，農民保護の側面をもたない塩・鉄専売が最も施行しやすかった．これにより，郷里社会の貧富の差は拡大，商人の土地への投機が進み，豪族とよばれる大土地所有者が大きな力をもつにいたる．

こうして武帝の治世末期には，民は疲弊し，各地で農民反乱が起こった．社会不安と宮廷の権力争いとが結び付いて巫蠱の獄が起こり，衛皇后と戻太子は自殺する．武帝自身は神仙思想に傾き，太子の殺害と過去の征伐を後悔したが，武帝の死後，漢は大きく傾いていく．

［渡邉義浩］

📖 参考文献
[1] 吉川幸次郎『漢の武帝』改版，岩波新書，1986
[2] 西嶋定生『秦漢帝国—中国古代帝国の興亡』講談社学術文庫，1997

司馬遷と『史記』——孔子の『春秋』を受け継ぐ

　『史記』は，前漢の時代に司馬遷が著した中国最初の通史で，黄帝から前漢武帝期までを扱う．有史以来の主な国家の編年史を本紀12巻とし，政治史を中心とする歴史過程の大綱を表現する．その歴史過程の認識をより正確にするために，系図および年表を10巻の表に示す．そして，儀礼・制度・音楽・天文・暦法・祭祀・治水・経済の分野史を8巻の書に著し，諸侯の国々の歴史を30巻の世家に書く．最後に，多くの人物の伝記を70巻の列伝に叙述した．あわせて130巻．司馬遷は，これを『太史公書』と名づけた．『史記』とよばれるのは，後漢の霊帝期（2世紀後半）以降のことである．

●『史記』の成立と体裁　『史記』の制作は，父の司馬談に始まる．司馬遷は，太史令になると，太初元（前104）年，父を受け継ぎ執筆に着手した．太史令の職掌は，天文・暦法のほか，文章・歴史を掌ることにあり，執筆は職務の一環であった．司馬遷が太史令を罷免されたのは，匈奴に降服した将軍李陵を弁護したためである．司馬遷は，『史記』が未完であったため，死刑を免れるため宮刑を受けた．やがて武帝は，李陵が死力を尽くしたことを知り，後悔する．このため，司馬遷は，受刑の後，太始元（前96）年に中書令となり，執筆を再開する．完成は，征和2（前91）年，13年に及ぶ執筆期間であった．

　1972年に発掘された馬王堆漢墓の三号墓より出土した帛書『戦国縦横家書』は，楚漢の際までに記された戦国故事27篇の輯本である．『史記』の戦国史料は，9割以上がこうした先行する文字資料を素材とする．また，諸官の記録の中では，太常に関する儀礼（太史令は太常の属官），太史令などの天文・暦・紀年資料・系譜と，博士の書籍を利用することが多い．これに対して，丞相・御史大夫や廷尉（裁判を扱う）・大司農（財政を扱う）の文書・記録の利用は少ない．このほか一部には漢代の伝承が利用され，これは聞き書きにあたる．

　素材を収集した後は，それを取捨選択して，独自の史観により『史記』を編纂した．従来，『史記』は，宮刑を受けた司馬遷の発憤による創作の要素が多いといわれてきた．いわゆる「発憤著書」説である．また，口承と語り物の利用や，旅行による取材を重視する，『史記』の文学性を強調する見解も多かった．しかし，出土資料の研究により，司馬遷の創作部分は少なく，先行する文字資料を基本に書籍を編集して『史記』を作成していることが解明された．また，『史記』が，司馬談の執筆部分，司馬遷が太史令のときの執筆部分，李陵事件後の執筆部分に三分されることも明らかとなった結果，これまでいわれてきた『史記』の特徴も，それぞれの部分に応じて説明されなければならなくなっている．

●『史記』の特徴と執筆理由　司馬遷は，李陵事件以降，本紀の叙述時代を延長し，上は春秋時代からさかのぼって五帝まで，下は漢の武帝までを扱い，通史を完成させた．そこには，古代における理想的な帝王，また無道な帝王を描き，それを武帝に提示しようとする意図があった．李陵事件を機に編集方針が大きく変わり，武帝への諫戒の書としての性格をもつにいたった．これに対して，李陵事件以前に編集された漢初の本紀は，その多くが明君として描かれ，賛美の言葉が連ねられている．李陵事件以前の『史記』は，漢を賛美する史書であったと考えてよい．

　列伝では，李陵事件以前は，個人の成功と失敗が，その個人の学術・才能・性格に起因するという見方をしていた．これに対して，李陵事件以降は，君主により不当な罪に問われ，あるいは死し，あるいは隠忍して逆境を生き抜いている個人を深い同情の眼で見つめる．従来は，この部分に『史記』の特徴を集約し，「発憤著書」説が主張されていた．それは決して誤りではないが，『史記』のすべてを説明できるものではなく，李陵事件以降の部分に，それがみられるのである．

　また，『史記』の表現が文学性を帯びるのは，銀雀山竹簡『孫子』のエピソードがそのまま孫子列伝に引用されるように，利用した説話そのものに物語性がみられる場合と，司馬遷が興亡の原理を説明しようとする編集方針に起因する場合とがある．『史記』の文学性は，そのまま司馬遷という著者の文学性に直接は結びつかず，『史記』が材料とした資料の来源を考えなければならない．

　『漢書』芸文志が，『太史公書』を春秋家に分類するように，この時代は，いまだ「史」が独立した地位を学術上に占めていなかった．そうした中で著された『史記』は，武帝本紀を獲麟で終わらせていたという．董仲舒より春秋公羊学を受けている司馬遷が，獲麟で筆をおいたのであれば，司馬遷は，漢の滅亡を予感し，孔子の『春秋』と同様に乱を収めるための法を描いた『太史公書』を後王に残そうとしたことになる．司馬遷の『史記』執筆の思想的な背景は春秋公羊学にあり，その執筆目的は春秋の微言により武帝を批判することにあった．

　こうした司馬遷の思想的な背景と著作の目的は，「天道是か非か」という伯夷列伝の問いかけとなって表現される．義人である伯夷と叔斉が，餓死という惨めな死を遂げることに対して，天道に投げかけた疑問である．この言葉には，司馬遷自身が，李陵の弁護という正しい行いをしながらも，宮刑という屈辱的な刑罰を受けたことに対しての悲痛な思いが根底にある．

　司馬遷は，自らを『春秋』を著した孔子になぞらえ，自分の筆により，そのままでは消えてゆく運命にある高義の士の名を後世に伝えようと『史記』を著した．それが，春秋家に分類される『史記』の本質である．　　　　　　　　　［渡邉義浩］

参考文献
[1]　佐藤武敏『司馬遷の研究』汲古叢書，1997
[2]　藤田勝久『司馬遷の旅―『史記』の古跡をたどる』中公新書，2003

王莽と光武帝——儒教の宗教性を高める

　王莽は，新の初代皇帝（在位 8-23），前漢元帝の王皇后の庶母弟である王曼の子，字は巨君．光武帝は，後漢の初代皇帝劉秀（在位 25-57），前漢の高祖劉邦の九世孫，字は文叔，廟号は世祖．ともに儒教，なかでも宗教色の強い讖緯思想を国家の正統化に利用したところに共通点をもつ．

　讖緯とは，経書（儒教経典）の解釈に仮託した予言的な学説をいう．讖とは詭って隠語をつくり，あらかじめ吉凶を決することで，一種の未来記，予言説である．緯とは，経書を解説・敷衍したものをいう．讖と緯は，もともと別のものであるが，実際には共存し，緯書は多く讖の要素を含んでいるため，一括して讖緯とよび，その表現する思想を讖緯思想とよぶ．孔子の教えは経書だけでは理解できない．孔子が著した緯書によって，初めて教えは完成する．こう唱えて緯書を偽作した者は，儒者として本格的に権力のための儒教経義を考え始めた董仲舒の流れを汲む，春秋公羊学者たちを中心とする．

●王莽の符命　王莽は，外戚として成帝期に勢力を伸ばし，哀帝期に一時的に失脚したものの，平帝期には娘を皇后に立て，政権を掌握した．平帝が崩御すると，讖緯説の予言を利用して 2 歳の孺子嬰を皇太子とし，自らは仮皇帝と称し摂政を行った．王莽が信仰した緯書は，天が善政を称えて鳳凰や龍を出現させるといった瑞祥を伴うため，特に符命とよばれる．

　もちろん，王莽の革命は，符命だけに依拠したわけではない．『春秋左氏伝』など古文学（孔子旧宅の壁中や民間から発見された秦以前の経書に使われていた古い文字「古文」で書かれていた経書を修める学問．当時に使用されていた今文の経書を修める今文学派が漢の官学）の経義に基づき，漢堯後説や王莽舜後説などを論理的に構築することと，相互に補完しあっている．それでも，居摂 3（8）年，「摂皇帝 当に真と為るべし」という符命が現れ，哀章が「金匱図」と「金策書」を奉ることで，王莽は真天子の位に即き，国号を新と定めた．

　王莽による儒教を利用した簒奪に，儒者の多くが反対しなかった理由は，王莽が儒教を保護して，儒教的な国家祭祀を完成したことにある．儒教において，君主は，天子として天地を祀り，皇帝として宗廟を祀る．天は首都の南の郊外で，地は北の郊外で祀るため，これを郊祀とよぶ．王莽は，正月に南郊で天子が親祭して天を祀り，冬至に南郊で天を祀り夏至に北郊で地を祀ることは，役人に代行して行わせる（有司摂事とよぶ）という，儒教的な天地祭祀の基本をつくりあげた．これは中国の古典的国制として 20 世紀の清末まで続けられた．北京の天壇はその跡地である．また，皇帝の先祖は宗廟で祀るが，昭穆制に基づく漢の七廟

を定めた者も王莽であった．

　王莽は，即位以降も次々と符命を利用する一方で，経書では『周礼』に基づく政策を展開した．こうした符命政治に対しては，桓譚など批判的な儒者も存在したが，多くは王莽の政治を称えた．前漢を代表する文人の揚雄が，「劇秦美新論」を著し，王莽の政治を賛美したのも，この頃である．讖緯思想は，それほどまでに社会に受容されていたのである．

　王莽の台頭は，豪族の大土地所有により高まる社会不安を背景としていた．そこで王莽は，『周礼』に記された周の土地制度を規範に，耕地を王田，奴婢を私属と称して売買を禁止する王田制を発布した．また，貨幣を改鋳するなど新政策を次々と打ち出した．しかし，王莽の政策は，儒教の理想時代である周の制度を『周礼』を典拠に復興しようとするもので，当時の現実とは合わなかった．貨幣のたび重なる改鋳は経済を混乱させ，王田制は豪族の利益を損なって，大きな反発を受けた．また，外交でも，儒教の中華思想に基づき，匈奴や高句麗の王号を取り上げ，「降奴服于」「下句麗侯」という称号を押しつけ離反を招いた．こうして赤眉の乱を契機に，新は建国後わずか15年で滅亡する．

● **光武帝の緯書**　後漢の建国者光武帝もまた，讖緯思想を重視した．なかでも図讖とよばれる河図・洛書（龍・亀が背負って示したという聖なる図）に自らの正統性を置いた．

　ただし，若き日の劉秀は，「劉秀，まさに天子となるべし」という図讖を戯事として否定する合理主義者であり，王莽のように儒教に心酔する神秘主義者ではなかった．ところが，政権を確立すると，図讖を積極的に利用し，同じく図讖により正統性を主張していた蜀の公孫述の解釈を否定し，滅亡させる．そして，長安遊学の同級生であった彊華が持参した『河図赤伏符』を群臣に「受命の符」（天命を受けた証拠の符瑞）として奉らせることにより，即位したのである．

　光武帝は，自らが南陽郡の豪族出身でありながら，即位後，豪族を弾圧して大土地所有の制限を試みている．王莽に王田制と類似した政策である．それが失敗に終わると，光武帝は，郷挙里選とよばれる官僚登用制度を孝廉という科目により運用することで，豪族を儒教の習得に向かわせ，その郷里社会への規制力を後漢のために発揮させることにした．また，太学に五経博士を揃えるなど制度的に儒教一尊を確立するだけではなく，官僚にも豪族にも儒教を浸透させた．

　やがて，第3代の章帝のときに，後漢国家の儒教経義を定める白虎観会議が開かれ，国家を正統化する理論を備えた儒教が，具体的な統治の場でも用いられるようになっていく．王莽・光武帝による儒教の尊崇を要因として，章帝期に漢は儒教国家を確立し，儒教の国教化を成し遂げたのである．　　　　　［渡邉義浩］

📖 **参考文献**
[1]　渡邉義浩『王莽―改革者の孤独』あじあブックス，2012

曹操・劉備・孫権――『三国志』の英雄たち

曹操（155-220）・劉備（161-223, 在位 221-223）・孫権（182-252, 在位 229-252）は言わずと知れた三国志の英雄である．黄巾の乱後の群雄割拠のさなか，曹操は漢の献帝をあやつりながら華北を制して魏王に上りつめ，漢から魏への禅譲革命に道をつけた．劉備は関羽や張飛らと各地を転戦しながら蜀（四川）に入り，魏に対抗する独自の勢力を築いて漢の皇帝に即位した．孫権は父の孫堅，兄の孫策が長江

図1　曹操の魏王国の都鄴城の三台遺跡 ［筆者撮影］

中下流域に築いた勢力基盤を継承し，呉の皇帝に即位して魏の南進をはばんだ．晋の陳寿は『三国志』を著し，魏を正統としながらも，蜀と呉にもそれに匹敵する国家や文化が存在したことを示した．

● 曹操――漢帝国を終焉に導いた改革者　曹操の字は孟徳，また一名を吉利，幼時の呼び名を阿瞞という．祖父の曹騰は四代の皇帝に仕えた宦官で，皇后の侍従長たる大長秋の地位に上りつめた．後漢の皇后の権力はとても強く，大長秋は大臣級の職務であった．曹操の父の嵩は曹騰の養子であり，本姓を夏侯氏とする説もある．若いときの曹操は学問よりも任侠放蕩を好む青年で，20歳のとき孝廉に推挙されて官界を歩み始める．黄巾の乱の鎮圧で一躍勇名を馳せ，以後朝廷の主導権をめぐって繰り返されるクーデターの中で頭角を現していく．曹操は袁紹のもとから自立し，兗州を基盤に黄巾軍をとり込んで勢力を拡充する．長安から逃れた献帝を迎えた曹操は，天下に号令する大義名分を得，200年に官渡の戦いで袁紹を破って中原を平定する．208年の赤壁の戦いでは孫権と劉備の連合軍に敗れたが，関中の諸軍閥を平定して華北の統一を実現し，その大功をもって216年に魏王に封ぜられ，鄴（現・河北省臨漳県）を都とする魏王国の君主となった．220年に亡くなるが，その年のうちに子の曹丕が漢の献帝の禅譲を受けて皇帝となり，曹操は魏の太祖，武帝となった．

　曹操は終生漢臣としての立場を貫いたが，すでに時代に合わなくなっていた漢帝国の建前を棄て，大胆に後の時代の先例となる制度をつくった．兵民一致の建前を棄てて兵戸制を創設したこと，人頭税を基本とした徴税制度から貧富の格差を前提とした戸調制へ移行したこと，豪族の荘園に対抗し流民を収容するための

屯田制(典農部屯田)を創設したこと，たとえ徳行がなくても才能があるものに出仕を呼びかけた求賢令を発したことなどである．これらの諸改革を通じて，曹操は漢帝国を終焉に導いたのである．簒奪者の非難を浴びて長く道義的に貶められてきた曹操は，進歩を重視する近代的な歴史観においては，毛沢東から称揚されるなど，にわかに脚光を浴びる存在となった．日本では曹操の諸改革を中国史の古代から中世への画期に位置づける学問的な見方もある．文学が政治や歌謡から自立して独自の芸術ジャンルとなりつつあった時代に，曹操は詩人としても先導者の役割を果たした．2009年に発掘された河南省安陽市の西高穴二号墓は曹操の高陵と考えられる．

●**劉備——大義名分の獲得者** 劉備の字は玄徳，涿郡涿県(現・河北省涿県)の人である．前漢景帝の子の中山王劉勝の末裔を名乗るが，詳しくは不明である．地方豪族の出身で，祖父は県令となっている．読書は好まず，遊びとおしゃれが好きな青年であった．公孫瓚，陶謙，呂布，曹操，袁紹，劉表といった群雄のもとを転々としつつ，流民集団の糾合を繰り返して勢力を拡大していった．その姿は後漢末や西晋崩壊後に流民集団を率いた塢主と重なるところがある．劉備が成都に入って益州を領したのが214年．曹操から漢中を奪って漢中王を称したのが219年．220年に曹丕が皇帝となった時点で，劉氏で残った最大勢力が劉備の勢力であり，221年に漢の再興を大義名分として皇帝に即位した．劉備は呉との戦いに敗れて223年に亡くなるが，後を託された丞相の諸葛亮は呉との同盟を回復して魏につけいる隙を与えず，この大義名分に殉じて死んだ．諸葛亮は曹操とは対照的な忠臣として後世の評価を受けることになる．

●**孫権——江南世界の開拓者** 孫権の字は仲謀，呉郡富春(現・浙江省富陽市)の人で，一家は地方豪族であったが，父の孫堅が後漢末の混乱の中で軍功をあげていって頭角を現した．孫権が不慮の死を遂げた兄孫策の跡を継いだのは200年のことであり，それ以後曹操の南下を防ぎつつ，地道に長江以南の開発に力を注いだ．221年に魏の文帝曹丕から呉王に封ぜられるが，222年には独自の年号を立てて魏から自立した．ただし，皇帝に即位したのはそれから7年後の229年であり，三国の中でとりわけ遅い．孫権は今の南京の地に都を築いて建業と名づけ江南社会の中心地に育てあげた．また広州を設置して南海交易に乗り出し，扶南などと交渉をもった．1996年に湖南省長沙市で発見された10万枚以上に上る竹簡や木牘は，孫権の時代のものであり，出土地にちなんで「長沙走馬楼呉簡」と名づけられ，呉の統治の実態を研究する貴重な資料となっている． [佐川英治]

📖 参考文献
[1] 高島俊男『三国志きらめく群像』ちくま文庫，2000
[2] 渡邉義浩『三国志研究入門』日外アソシエーツ，2007
[3] 石井仁『魏の武帝曹操』新人物文庫，2010

晋と南北朝時代
——中華の多元化と多民族社会の形成

　263年，各地の蜀征伐の部隊から戦勝報告が届く中，大将軍司馬昭は魏の元帝から晋公に封ぜられ，翌年蜀平定の功によって晋王に封ぜられた．265年に司馬昭が亡くなると，子の司馬炎は魏の禅譲を受けて皇帝に即位し，晋朝を樹立した．武帝司馬炎は280年に呉の孫皓を下し，中国を再統一した．しかし300年頃には皇族の内紛に始まる八王の乱とよばれる内戦状態におちいった．304年には巴族の李雄が四川で自立して成都王を称し，匈奴の劉淵も山西で自立して漢王を称して五胡十六国時代の始まりを告げた．311年に劉淵の子の劉聡のもと，劉曜らが洛陽に攻め込み晋の皇帝を捕らえて平陽へ連行した事件を永嘉の乱といい，317年，皇族司馬睿（元帝）はやむなく呉の都であった建康で即位して晋を再興した．晋は南中国でなお100年余りの命脈を保ち，洗練された貴族文化を育んだが，420年に軍人の劉裕が建国した宋にとって代わられた．一方，北中国では北魏の太武帝が439年に北涼を滅ぼして華北の全域を支配下に治めた．ここに南北二つの王朝が拮抗する形勢となり，589年に隋が南朝の陳を滅ぼして中国を再統一するまで南北朝時代が続いた．

●**晋王朝と五胡十六国**　一世紀半に及ぶ晋朝の歴史のうち，洛陽に都を置いていた時代を西晋といい，建康に都を置いていた時代を東晋という．西晋は中国を統一したといっても掌握した人口は1,600万人ほどであり，およそ5,000万人あった後漢の人口の3分の1ほどにすぎなかった．少なからぬ人々が部曲，佃客，衣食客などとよばれて各地の豪族のもとに隷属し，豪族の大土地所有を支えていた．各地に暮らす異民族もこれら隷属民の来源の一つであった．八王の乱の頃には江統が『徙戎論』を著し，関中の人口百余万人のうち異民族が半ばを占める状況に警鐘を鳴らした．劉淵は曹操が五部に分けて内地に置いた匈奴の部族の首領の家に生まれ，後に後趙を建国する石勒も現在の山西省中部に暮らす羯族の部落長の家に生まれている．

　晋は永嘉の乱で華北を失ったが，晋朝を奉じる勢力はまだ多く，元帝は前涼の張寔や前燕の慕容廆からも支持されて皇帝に即位した．しかし，前秦の苻堅は前燕や前涼，北魏の前身である代を滅ぼして376年に華北を統一し，さらにその勢いで東晋をも滅ぼそうとした．東晋は382年に淝水の戦いで辛くも勝利するが，華北に対する影響力を失い，政治も不安定になっていく．399年に五斗米道（天師道）の指導者の孫恩が海上から攻め入って会稽を襲うと，これに呼応して江南の各地で反乱が起こり，その勢力は数十万人に膨らんだ．402年には荊州の軍閥の桓玄が建康に入城し，翌年皇帝に即位した．劉裕らはただちに挙兵して桓玄を

倒すが，この混乱に乗じて蜂起した孫恩の妹婿の盧循が広州を占拠するなど，東晋の権威はますます低下していった．孫恩の乱の鎮圧や桓玄の討伐で功績をあげた軍人の劉裕は，409年から北伐を開始し，前秦滅亡後に興った山東の南燕や河南・関中を支配する後秦を滅ぼした．一時洛陽や長安を奪還するなどの功績をあげた劉裕は419年に宋王に封じられ，420年に皇帝に即位して宋の初代皇帝武帝となった．これにより晋はついに滅んだ．

●**南北朝時代** 前秦滅亡後に代を復興した鮮卑の拓跋部の王である珪は，まもなく魏王と改称し，鮮卑慕容部の後燕を破ると，398年都を盛楽から平城に遷して皇帝に即位した．北魏の初代皇帝となった道武帝珪は，付き従う部族に対して部族解散を行い，皇帝が部族民を直接支配するようにした．道武帝の孫の太武帝は423年に即位すると自ら積極的に遠征を行い，わずか15年ほどの間に，北には柔然を追い払い，東には北燕，西には夏，さらには河西回廊を支配する北涼を滅ぼして華北の敵対勢力を一掃した．そして新天師道の寇謙之を迎え入れて道教を国教にすえ，中国史上最初の仏教弾圧を行った．450年宋の文帝は北魏に対して大規模な北伐を敢行するが，かえって太武帝の南伐を招いて強大な軍事力を見せつけられる結果となった．

466年に宋で皇位の継承をめぐって晋安王劉子勛の乱が起こると，北魏はこの機に乗じて淮水以北の地を併合した．北魏の文明太后は幼い孝文帝に代わって摂政し，三長制と均田制を創設して豪族支配下の民衆を戸籍につけ，兵役徴発や租税収入の基盤を拡充した．孝文帝は親政を開始すると朝廷に残る鮮卑の遺制を大胆に中国的に改める漢化政策を断行し，494年には洛陽へ遷都して南伐を繰り返した．すでに南朝では479年に北魏の南下を食い止めるのに功績があった軍人の蕭道成が宋の禅譲を受けて斉を建国していた．斉は孝文帝の南伐をしのぐものの，国内の政治は次第に混乱を増していき，重要な軍事拠点であった襄陽で挙兵した同族の蕭衍が502年に建康に入城し，梁を建国した．

孝文帝の死後，北魏の南伐が徐々に減っていくと，北魏の都の洛陽と梁の都の建康は繁栄を極め，多くの仏寺が建てられた．とりわけ半世紀近くに及んだ梁の武帝蕭衍の治世は南朝で最も安定した時代となり，昭明太子の『文選』などに代表される中国文化の精粋を生み出した．しかし，523年に起こった六鎮の乱は534年に北魏を分裂に導き，その余波は548年の侯景の乱となって梁をも崩壊に導いた．6世紀の後半には，北斉と北周と陳が鼎立する状況となったが，577年には北周が北斉を滅ぼした．このときすでに四川や長江以北の地も北朝の領土となっており，陳の支配する地域はごく狭いものとなっていた．581年に隋は北周にとって代わり，その8年後に陳は隋に滅ぼされた．　　　　　　　　［佐川英治］

📖 **参考文献**
[1] 川本芳昭『中華の崩壊と拡大―魏晋南北朝』中国の歴史5，講談社，2005

隋の煬帝——中国史の代表的暴君

　煬帝（569-618，在位604-618）は，姓は楊，諱は広という．隋の高祖文帝楊堅の第二子である．569年に北周で生まれ，581年に文帝が隋を建てると数え年の13歳で晋王となった．20歳で陳征伐軍の総司令官となり，32歳で兄の楊勇に代わって皇太子となった．36歳で皇帝に即位し，東都洛陽城の建設，大運河の開鑿などの大事業を行うが，三度の高句麗遠征を試みた治世の後半には各地で反乱が相継いだ．616年に中原を去って江都（現・江蘇省揚州市）に避難するが，618年に部下に殺され50歳の生涯を終えた．稀代の暴君とされ，その奢侈や淫乱，残酷さを伝える多くの逸話を残す．

●**隋の建国**　楊氏は弘農郡華陰県の人で後漢の太尉楊震の末裔を名乗る．『隋書』によれば，煬帝の7代前の祖先のときに北魏六鎮の一つである武川鎮（現・蒙古自治区武川県）に移り，代々武川鎮で暮らすようになった．北魏で六鎮の乱が起こると，煬帝の祖父の楊忠は郷里を離れ，同じ武川鎮出身の宇文泰による西魏の建国に参画した．宇文泰の子孫が皇帝となった北周では随国公の地位に上り，楊忠が亡くなると父の楊堅が後を継いだ．北周の武帝は皇太子贇のために楊堅の長女を娶らせ，贇が即位すると長女は皇后となった．宣帝贇の死後，楊堅は大丞相となり，幼い静帝に代わって摂政して隋王の位に進み，翌年皇帝に即位した．

　北周から隋への交替に際しては，いくつかの改革が行われた．一つは北周で行われていた『周礼』を模した官僚制度を廃止して旧来の制度を踏襲した．もう一つは西魏の時代から北魏の孝文帝時代に漢族風に改めていた姓を鮮卑姓に戻させたり，漢族にも鮮卑姓を与えたりしていたが，これを廃止した．さらに北周の武帝による宗教弾圧の方針を転換し，とりわけ仏法興隆の姿勢を明確にした．

　文帝の4人の息子の母親はみな独孤皇后である．皇后の父の独孤信もまた武川鎮の出身で，皇后の姉は北周の明帝の皇后であった．4人の兄弟のうち長男の楊勇が皇太子であったが，楊広は陳平定の総司令官として功績をあげただけでなく，その後の江南の統治でもおおいに成功をおさめた．楊広は天台山の僧の智顗から菩薩戒を授かるなど仏教に深く帰依し，仏教信仰に篤い文帝夫妻を喜ばせた．文帝夫妻は次第に楊広を可愛がるようになり，ついに文帝は楊勇を退位させて楊広を皇太子とした．文帝は死の間際に後悔して楊勇を皇帝にしようとしたが楊広に察知されて殺された，という話が『隋書』などに伝わる．ただし，これは真実か疑わしいところがある．しかし，煬帝のスキャンダルは伝奇小説の格好の材料となり，明代には『隋煬帝艶史』なる歴史小説を生んだ．

●**煬帝の治世**　文帝は長安と黄河を水路で結ぶ広通渠を築いた（図1）．また淮

水と長江を結ぶ山陽瀆を改修した．煬帝はこれを継承して江南と中原と河北を運河と都市で結ぶ壮大な国土計画を構想した．煬帝は604年に即位すると東都洛陽城の建設に着手し，文帝が長安に築いた大興城と並ぶ規模の都城をつくった．同時に黄河と淮水を結ぶ通済渠をつくり，邗溝（山陽瀆）を拡張するとともに運河に沿道を築いて御道と名づ

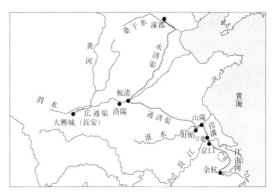

図1　隋の大運河（渠）

けた．これによって長安と江都を水路で結び，その間に四十余所の離宮を配置した．608年には汴州近くの黄河の北岸から北上して涿郡に通じる永済渠を築いた．倭が小野妹子らを隋に派遣したのはこの前年のことであり，高句麗遠征の緊張が次第に高まりつつある時期であった．610年には京口から余杭に通ずる江南河を築き，駅や宮殿を列置して会稽まで巡行できるようにした．この間即位からわずか6年であり，ほかにも豪華な龍舟をしつらえた江都への巡行，東突厥の啓民可汗に威力を見せつけるための北巡，吐谷渾に対する遠征を行った．煬帝は人力や租税を確保するため，609年に大索貌閱とよばれる厳しい戸口調査を行った．この年の人口はおよそ891万戸，4,602万人に達し，ほぼ漢代の水準を回復した．

　煬帝は611年に高句麗征伐の詔を下した．そして612年1月に100万の軍勢でもって第一次高句麗遠征に出た．しかし，戦線は膠着し7月には帰還した．613年4月に第二次高句麗遠征に出るが，6月に重臣の楊玄感が反乱を起こしたため撤退した．614年2月の第三次高句麗遠征では兵士の逃亡が相継ぎ，8月に撤退した．615年8月には北巡中のところを啓民可汗の子の始畢可汗に襲われて雁門で一時包囲された．613年以降，群盗や反乱集団の蜂起は年々その数を増し，ついに制御不能な状態となった．616年に煬帝は江都に巡行して反乱の収束を待ったが，翌年には李密が洛陽の洛口倉を占拠して最大勢力となり，李淵が長安に入って煬帝の孫の恭帝を擁立した．煬帝に従う軍人たちは中原への帰還を望み，618年3月煬帝は側近の宇文化及らにより絞殺された．その報せを得た李淵は同年5月に恭帝から禅譲を受けるかたちをとって唐を建国し，隋は滅びた．何かと醜聞の多い煬帝であるが，隋代を代表する詩人としての評価は高い．煬帝の墓は2013年に江蘇省の楊州市内で発見された．　　　　　　　　　　　　　　　［佐川英治］

参考文献
[1]　宮崎市定『隋の煬帝』中公文庫BIBLIO，2003

唐の高祖と太宗——世界帝国を創った父子

唐の高祖と太宗は親子2代でもって大唐帝国を築きあげた創業者である（図1）．唐の高祖（566-635，在位618-626）は隋末の混乱のさなか，618年に皇帝に即位し，国内の敵対勢力を平定するとともに唐前半期の基礎となる制度を整備した．太宗（598-649，在位626-649）は隋末の群雄との戦いで活躍し，玄武門の変で兄弟を倒して皇帝に即位した．東突厥や高昌を滅ぼして版図を広げ，「貞観の治」とよばれる安定した治世を実現した．

図1　太宗の眠る昭陵．山麓には生前に太宗に仕えた多くの臣下の陪葬墓がある［小尾孝夫撮影］

●**唐の高祖——静かな創業者**　唐の高祖の姓は李，諱は淵である．西涼の武昭王李暠の末裔を名乗る．祖父の李虎は北周の宇文泰や隋の煬帝の祖父楊忠と同じく武川鎮の出身であり，北周のとき唐国公に追封された．父の李昞の妻すなわち高祖の母は煬帝の母独孤皇后の姉であり，李淵と煬帝とは母方のいとこ同士であった．そのため高祖も煬帝から信用され，隋末の混乱期には太原留守という重要な役職についていた．高祖は子の李世民らのすすめによって長安に入り，煬帝の孫を擁立した．次いで江都にいた煬帝の死を聞くと，自ら即位して唐朝を建てた．このように北周，隋，唐の皇帝の家はいずれも武川鎮から出ており，支配者層の中にも武川鎮出身者が多かった．そのため今日ではこれらの集団を武川鎮軍閥とよんだり，あるいは隋や唐前半期の朝廷で枢要な地位を占めた北周系の人々を関隴集団とよんだりしている．高祖は隋末の混乱の中で隋王朝を見限った隋の官僚たちの支持によって即位したこともあり，その人物像にほかの王朝の創業者のような英雄ぶりはみられない．高祖の政治の方針はおおむね隋文帝の開皇年間の政治に戻ることであって，そうした方針のもとで律令を施行し，三省六部制とよばれる中央官制や均田制を整備した．

●**唐の太宗——熟慮と果断の名君**　高祖が唐朝を建てた際，唐朝の支配が及んだのは長安周辺のわずかな地域であり，各地に群雄が争っていた．このとき高祖には比較的年長の息子に皇太子李建成，秦王李世民，斉王李元吉がおり，この後この三人が唐朝の国内平定に活躍する．なかでも最も活躍したのは李世民であり，唐朝最大の敵である洛陽の王世充と戦い，これを降した．李世民は次第に李建成，李元吉と争うようになり，ついに626年クーデターを起こし，宮城の北門の玄武

門において二人を殺した．高祖は迫られて李世民に譲位し，李世民が皇帝となった．即位直後の李世民をおそった危機は，東突厥の頡利可汗が百万の軍勢を率いて長安城の目前まで迫ってきたことであり，李世民は渭水にかかる便橋で頡利可汗と盟約を交わしてこの危機を乗りこえた．

●**貞観の治**　太宗李世民の治世は貞観を年号とした．この時代，国内の治安はおおいに回復し，食糧の値段が下がって，死刑になる犯罪者が減り，人々は戸締まりをしなくても安心して暮らせるようになった．この治世を「貞観の治」という．もっともこの時代に唐朝が掌握した戸数は 300 万戸にも満たなかった．太宗は 630 年東突厥の弱体化に乗じて軍を派遣して頡利可汗を捕らえ東突厥を滅ぼすと，突厥の支配下にあった君長らを羈縻州の長官に任じ，君長らは太宗に「天可汗」の尊号をおくった．そこで太宗は遊牧世界と中国の一体化をめざして参天可汗道を開くとともに，唐に降伏した君長やその子弟を禁衛や遠征に用いて活躍させた．636 年には唐の常備軍の制度として府兵制を整備し，638 年には先祖に関わりなく唐の官爵の高下をもって家格の上下を定めた『氏族志』を編纂させた．640 年には高昌を滅ぼして西州を置き，安西都護府を設置して西域の支配に乗り出す一方，641 年にはソンツェン・ガンポの求めに応じて文成公主を吐蕃に嫁がせた．645 年太宗は 6 か月間にわたって高句麗に遠征した．しかし遼東半島より先に進むことができず，帰途に病を得て帰った．その後も二度にわたって遠征軍を派遣したが，戦果を得ることはなかった．

太宗は一流の文化人でもあり，特に王羲之の書をこよなく愛した．また史官に命じ，高祖の時代からの懸案であった南北朝および隋代の国史の編纂を完成させた．宗教では仏教と道教に偏らない姿勢をとったが，637 年には老子李耳が李氏の祖先であることを理由に，道教を仏教の上に位置づける決定を下すことで，仏・道両派の争いに終止符を打とうとした．

●**『貞観政要』――帝王学の教科書**　『貞観政要』は 709 年に呉兢が太宗の孫の中宗に，太宗をみならうことで太平の世を取り戻すことを願って献上した本である．内容は政治をめぐる太宗と臣下とのやりとりをまとめたもので，この中で太宗は辛抱強く臣下の言葉に耳を傾けている．本書は儒教倫理に基づく実践的政治学の本として中国の皇帝に読み継がれただけでなく，契丹族の遼や女真族の金でもそれぞれの言語に翻訳して読まれた．朝鮮でも刊行され，高麗や李氏朝鮮王朝の王に読まれたことが知られている．日本でも平安時代の天皇から明治天皇，大正天皇に至るまで多くの天皇に進講された．北条政子や徳川家康も愛読者であり，江戸時代には各藩の藩校の教科書に採用された．

［佐川英治］

📖 **参考文献**
[1] 布目潮渢『つくられた暴君と明君―隋の煬帝と唐の太宗』清水新書，1984
[2] 布目潮渢『「貞観政要」の政治学』同時代ライブラリー，1997

長安の都——8世紀の世界都市

　長安の歴史と文化は，遊牧地域と農耕地域の境域に立地した自然環境によって育まれた．異なる生態環境を貫く交通の要衝という長安の立地環境が，長安を，馬や毛皮に代表される遊牧・狩猟地域の物産と，絹織物などの手工芸品や穀物に代表される農耕地域の物産の集散地にさせ，商業活動を管理・防衛し税を再分配するための政治・軍事の中核地の一つにさせたのである．長安は，シルクロードの国際都市として政権の所在地となることを運命づけられた境界都市である．

●**九朝の都**　長安は，前漢から唐に至る約1,100年間に九つの王朝の都となった．すなわち，前漢，新，五胡十六国時代の前趙・前秦・後秦，西魏，北周，隋，唐である．長安の近くには，西周の都の鎬京や秦の都の咸陽も立地している．長安のように多数の王朝の都となった場所は，長安のほかには北京だけである．長安は，中国文明が生まれ成長した中核地の一つといえよう．

　長安が都として最も繁栄した時期は，前漢と隋唐の時期である．前漢の長安は，天子－皇帝の宮殿を核とする中国の都の原型をつくり，後代の都に大きな影響を与えた．隋唐の長安は，4～7世紀における遊牧民の移動に伴う大きな変動を踏まえ，漢の長安とは異なる建築形態と文化構造をもつ都として新たに創造された．漢長安と隋唐長安の最大の違いは，仏教の有無である．4, 5世紀以後，中国大陸に仏教が普及することで，都市の建築に仏教寺院が不可欠となり，隋唐長安は，100以上の大伽藍が存在する仏教の都となった．仏法のもとでの個人救済を説き鎮護国家をとなえる仏教に対抗し，中国の民間宗教は道教として体系化され，儒教は個人修養を重視して王権理論をさらに錬磨させていった．このような儒仏道三教の活動は，中国外部から伝播したゾロアスター教（祆教）やネストリウス派キリスト教（景教），マニ教（摩尼教）のいわゆる三夷教の宗教活動とあいまって，長安を多文化に彩られたユーラシア大陸屈指の国際都市にしていく．

●**長安の視覚的復原**　唐長安の都市社会を復原しようとするとき，8世紀前半の長安の都市社会を描写する韋述『両京新記』（710年頃完成）と，『両京新記』などに基づき唐長安の都市空間を図化した呂大防「長安図」（1080年完成の石碑）が基本資料となる．図1は，この2種類の資料に関連情報を加えて描いた8世紀半ばの長安の概念図である．

●**長安から北京へ**　10世紀以後になると長安は，二度と中国の統一王朝の都になり得ず，中国を代表する都は，同じ遊牧地域と農耕地域の境域に立地する北京に移った．その理由は，大きく三つある．第一に，長安が海に面しておらず，9世紀以後にユーラシア大陸で生じた陸路から海路への幹線交通路の転換に対応で

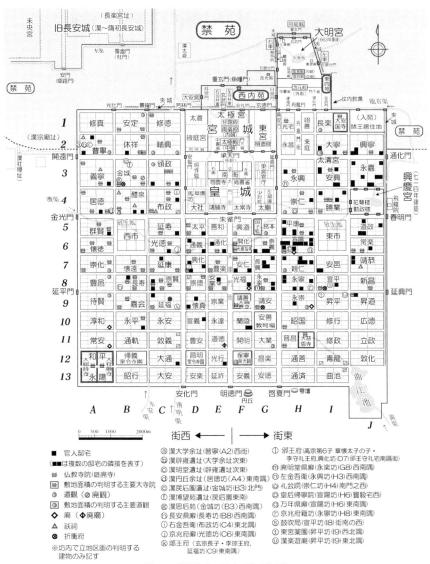

図1 8世紀前半の長安 ［筆者作図］

きなかったこと，第二に，ユーラシア大陸東部における遊牧・狩猟民の主勢力の拠点が西北から東北に移動して，軍事最前線から長安が遠ざかったこと，第三に，長安が内陸部に位置していたために，主要穀倉地帯に成長した長江下流域との水路・海路による連結が困難となったことによる．　　　　　　　　　　　［妹尾達彦］

玄宗と楊貴妃——盛唐中国の繁栄と終焉

　玄宗（685-762）と楊貴妃（719-756）は，唐の開元・天宝時代の皇帝，またその愛妃として実在した．二人は盛唐の繁栄の象徴であるが，楊貴妃は安禄山の乱の渦中に殺され，玄宗も数年後に崩ずる．とともに盛唐の精華は一挙にしぼむ．

●**開元・天宝時代と安禄山の乱**　開元（713-741）・天宝（742-756）期の44年間を統治した玄宗皇帝の政治評価は，開元の明君，天宝の暗君として明確に区別される．

　開元期は，29歳で即位した玄宗が，太宗の貞観の治にならい，姚崇や宋璟の両宰相の諫言によく耳を傾け，人材の登用や制度改革を断行し，国家の繁栄を築いた．ただその晩期は，李林甫や高力士の重用により，盛世の歯車が狂い始める．

　天宝期は玄宗57～72歳．開元の熱意が失せたように，玄宗は政務を李林甫や楊国忠（楊貴妃の従兄）に委ね，ついに安禄山の乱を招く．皇帝たる玄宗の責任は免れないが，補佐した李林甫や楊国忠の器は開元の姚崇や宋璟に比べようもない．

　ソグド人の父と突厥系の母をもち，漢民族と異なる環境で育った安禄山（705-757）は「人情を測るのがうまく」（『新唐書』巻225），見事に玄宗や楊貴妃の歓心を買い，天宝3載（744），平盧・范陽・河東節度使を兼任する．しかし楊国忠とは仲が悪く，ついに謀反するにいたる．安禄山は一時は長安を占領するが，息子の安慶緒に殺される．突厥系の胡人である史思明も次いで反乱したが，同じく息子の史長義に殺される．実力重視の唐朝にあって，異民族は国家の中枢において活躍したが，国家の命運を揺るがす元凶ともなった．

●**楊貴妃と玄宗**　楊貴妃（719-756）は字は玉環．生地や家系は不詳．「太真外伝」は蜀（四川）の生まれとする．弘農華陰の名族楊氏の出身とするのは，貴妃となって以後の仮託である．17歳で玄宗の第18子である寿王李瑁の妃となる．時に武恵妃を亡くした玄宗の目に止まり，強制離婚後に出家して「太真」と号する．天宝4載（745），貴妃の位を得る．これらの履歴には宦官高力士の意図が強く関わる．「太真（楊貴妃）は豊満な肉体で歌舞がうまく，音楽に通じ，頭の回転が早かった」（『旧唐書』巻51）．楊貴妃寵愛の結果，一族がみる間に出世し，わが世の春を謳歌するが，安禄山の乱の渦中，恨みを買った楊貴妃一族は惨殺される．楊貴妃自身は政治に関与していないが，民衆の怒りがついに爆発した．

　天宝15載（756）年6月，楊貴妃は安禄山軍の長安入京を避けて四川の成都に脱出したが，西郊の馬嵬において近衛兵が反乱し，高力士が首を絞めて殺す（『旧唐書』巻51）．時に38歳．史書はこのように記すが，文学作品では貴妃の首吊

りや服毒自殺，また兵士が馬蹄に掛けてひき殺したなど，多様に描かれる．

安禄山の乱が終息した後，玄宗は四川から帰京するが，時の粛宗（玄宗の第3子李亨）に疎まれ，宝応元（762）年，幽閉状態のまま78歳で生涯を閉じる．

盛唐の詩人杜甫（712-770）は，安禄山の乱後の広徳2（764）年，流浪先の四川成都で，開元時代を追憶して次のように詠む．

憶う昔　開元全盛の日　小さき邑も
猶お万家の室を蔵す（「憶昔」）

このときに杜甫が追憶した開元は，すでに過去の全盛であった．その後の中国文学史文化史において，盛唐の開元天宝時代は史上稀にみる栄華を極めた時代として回顧される．それゆえ，玄宗と楊貴妃のロマンや馬嵬での惨殺は一層の尾ひれがついて人々に喧伝された．こうして絶世の美女としての楊貴妃像が定着する（図1）．

図1　玄宗楊貴妃宴遊図（現代の鼻煙壺内絵）

●**玄宗・楊貴妃物語の展開とその意義**　以後の玄宗・楊貴妃物語の典型となった作品は，白居易（772-846）の「長恨歌」と陳鴻（生没年不詳）の「長恨歌伝」である．楊貴妃没後50年の元和元（806）年に詠まれた2作品は，近い過去に発生した二人の故事を情感を込めて描く．

南宋には楊貴妃の架空のライバル梅妃をヒロインにした「梅妃伝」がつくられる．元・白樸の《梧桐雨》は玄宗が亡き楊貴妃を夢見る場面で幕を閉じる元曲作品である．明・呉世美《驚鴻記》は「梅妃伝」を敷衍して梅妃をヒロインとした万暦刊の明曲である．清代では孫郁『天宝曲史』を経て，洪昇の『長生殿』が，それまでの玄宗・楊貴妃故事を愛情の主題下に集大成させた作品として名高い．

さらには近現代の魯迅（1881-1936）にも劇本《楊貴妃》の未刊腹稿があった．

中国や朝鮮，日本において，玄宗と楊貴妃の故事は盛唐への憧憬とともに人々に追憶されて今日にいたる．日本へは平安時代に白居易『白氏文集』に収める「長恨歌」「長恨歌伝」を通して伝わった．

玄宗と楊貴妃の故事は，日本では純愛物語の要素が強いが，中国では，さらに楊貴妃を傾国の魔女として批判的にみる要素が加わる．　　　　　　　［竹村則行］

📖 **参考文献**
[1] 竹村則行『楊貴妃文学史研究』研文出版，2003
[2] 氣賀澤保規『絢爛たる世界帝国—隋唐帝国』中国の歴史6，講談社，2005

趙匡胤の即位──宋王朝の成立

　武人の家柄に生まれた趙匡胤（927-976，在位960-976）は，後周2代世宗（柴栄）の対北漢戦争で功績をあげ，南唐征戦においても活躍した（図1）．顕徳6（959）年，契丹・北漢への遠征中に世宗が39歳で急逝すると，7歳の恭帝（柴宗訓）が即位した．翌年，契丹・北漢軍の南下に対応するため近衛軍長官として開封から出兵したが，約20km郊外の陳橋駅で幼帝の統治を不安に感じた部下によって皇帝に推戴された（陳橋の変）．後周の皇族や官僚，城民に危害を加えないことを軍に誓わせてから，急遽，開封に軍を返した趙匡胤は恭帝から禅譲（位を譲られること）を受け，ここに宋王朝が始まった．陳橋の変は，弟の匡義（光義に改名，太宗）や腹心の趙普らが仕組んだクーデターといわれ，契丹・北漢が南下したという事実もなかった．ただ後周側の抵抗はほとんどなく，無血クーデターに近い王朝交替であった．

図1　宋太祖（趙匡胤）像［The collection of National Palace Museum］

●**文治体制を整えた宋王朝**　宋が後周に続く中原王朝6代目とならず，北宋150年と南宋150年，計300年余，秦以後の中国史上，前漢・後漢の400年余に次ぐ長期王朝となったことは，太祖趙匡胤の建国方針によるところが大きい．研究者が「君主独裁中央集権官僚支配」とよぶ体制である．君主独裁とは皇帝が気ままに振る舞うという意味ではなく，すべての最終決定権が制度上皇帝一人にあることをいう．中央集権は，どの中国王朝でも議論となる封建制（地方分権）か州県制（中央集権）かという選択肢の問題とともに，宋朝の場合は唐末以降の藩鎮節度使による軍閥割拠の戦乱をどのように終息させるかという，切迫した課題への対応であった．官僚支配とは，高級文臣官僚が中央政府を構成し，彼らが300の州，1,200の県の知事や属僚の人事権をにぎり，中央・地方を一元的に統治するシステムをいう．皇帝の代理である官僚の中核は，能力主義に基づく科挙によって選ばれた文臣が担い，軍政も文官が行う．もちろんこれらすべてが太祖一代で実現したわけではない．天下統一は次の太宗のときであり，また科挙制度が整うのは50年余り後になる．それも官僚総数からみれば，科挙出身者は4割ほどにとどまった．しかしエリートとして政治の中枢を牛耳るのはやはり科挙出身者であり，彼らに自分は皇帝その人に選ばれたという意識を植えつける殿試は，太祖

が創設した．体制の現実がどのようであったかは別問題として，宋の国家制度が太祖の意図に沿うかたちで整えられていったことはみてとれる．

　趙匡胤には，その言動をめぐり数々の逸話が残されている．現代の研究者は，それらの大部分は史実ではないと考えるが，逸話が宋代に流布していたことは事実であり，これらはいわば宋人の同時代認識でもあった．ここでは三つの逸話をとり上げよう．

●杯酒釈兵権（盃を酌み交わしながら指揮権を取り上げる）　皇帝即位の翌建隆2（961）年7月，太祖はもと後周禁軍の有力将軍を招いて宴会を催した．その席で，自分と同様，その部下たちによるクーデターの可能性を示唆した．翌朝，全員が辞表を出し，難なく兵権を回収したという話である．創業の皇帝と建国の功臣の関係は，どの王朝でも大問題であった．漢の劉邦，明の朱元璋は功臣の大量粛清で皇帝権力の安泰を図った．しかし対照的に趙匡胤は平和裡に軍事力を取り上げることに成功したことを，この逸話は物語る．皇帝の禁軍（国軍）掌握，地方藩鎮を徐々に中央派遣の文官に代えた重文軽武政策の端緒である．

●燭影斧声（蝋燭の光に映った斧の影と叫び声）　太祖崩御にまつわる逸話である．開宝9（976）年10月19日（旧暦）の雪の夜，弟の光義は病床に伏す太祖を見舞った．二人きりになった太宗が退室した翌朝未明，すでに崩じていた太祖が発見された．宦官は，深夜，寝室に出入りする太宗の蝋燭の影を遠くから認め，太祖が柱斧（飾り物の水晶でできた斧．諸説ある）で雪を挿し「うまくやれ」との太祖の叫びを聞いたという．ここで強く示唆される太宗弑逆説は，後の司馬光の記述や，酒豪であった太祖の肥満体型の肖像画から脳卒中という宮崎市定説で否定されるが，千古疑案（永遠の謎）といわれるように真相は不明である．この逸話は，唐の太宗李世民が皇太子であった長兄を殺害し，父の高祖李淵に代わって即位した玄武門の変を宋人に連想させたに違いない．創業皇帝が皇位をいかに順調に2代目に継承させるか，歴代王朝が必ず直面する深刻な問題も，宋では単なる噂話レベルにとどまったともいい得る．

●太祖誓碑（太祖遺訓の石碑）　即位の3年目，太祖は宗廟の奥に一室を設け一碑を立てた．そこには3行の誓いの言葉が刻まれていた．「一，後周柴氏の子孫は罪を犯しても刑罰を科してはならない．一，士大夫および上書する者を殺してはならない．一，これに背く子孫には必ず天罰がくだる」．北宋の皇帝は即位と宗廟の祭時に，必ず文字の読めない宦官一人だけを伴い室内に入り誓碑を読まねばならなかった．靖康の変で金軍によって宮城が荒らされ，衆目にさらされた誓碑は，人々に宋の士大夫優遇策を思い出させたという．

　これら三つの逸話は，当時の人々が彼らの言葉で宋王朝の君主独裁中央集権文臣官僚支配体制を表現したものといえるであろう．実際，宋一代を通じ言論を理由に誅殺された士大夫官僚は思い浮かばない．

［近藤一成］

王安石と蘇軾——北宋士大夫官僚の典型

　王安石（1021-86），江西撫州臨川県の人．字は介甫．生涯「臨川王安石」と記すが，終焉の地である金陵（江陵，現・南京）に縁が深い．地方官を歴任していた父の益は，安石19歳のとき江寧副知事在任中に没した．3年後，4位の好成績で科挙に合格すると，多くの弟妹を抱え家計の苦しい家族を支えるために出費が少なく比較的収入もよい地方官を続けた．この間，農村の実情を詳しくみたことが，後の新法政策立案に影響を与える．

●**新法改革の実施**　1067年，改革の必要を痛感する神宗によって翰林学士に抜擢された安石は，朝野あげての歓迎のなか中央政府に入り，副宰相，宰相へと進みながら次々と新法を実施していった．しかし新法第2弾の青苗法をめぐり，それが政府の農民への金貸しであり天子の徳治に反するとか，現場では利息目当ての強制貸付が横行しているなどの反対論が噴出し，古典解釈から現状分析に至る大論争が起こった．この間，神宗の支持を唯一のよりどころに新法を強行する安石の下から，蘇軾の弟轍を含む若手官僚や長老の支持者が離れていった．新法・旧法の争いは，安石の強引な手法とともに，10項目

図1　蘇軾像（元，趙孟頫画）
[The collection of National Palace Museum]

以上からなる新法が富国強兵と農村経済の抜本的建て直しを計る相互に緊密に関連した総合政策であることを，旧法党官僚が理解できなかったことから起こったが，新法側でも安石以外にわかっていた者はいなかった．結局，安石が中央で新法を推進した期間は熙寧年間の5年半ほどであり，神宗自らが新法を実施した元豊年間は，金陵で半ば隠棲生活を送った．その後，新たに即位した哲宗の祖母宣仁太皇太后政権の新法廃止の報を聞きながら，安石は世を去った．墓は金陵にある．

　一方，蘇軾（1037-1101）は，四川眉州眉山県の人．字は子瞻，号は東坡．父の洵は，兄・義兄の科挙合格に刺激され受験するも失敗し，軾・弟の轍を同行して開封で受験させ，兄弟は1057年，ともに合格を果たした．その後二人は，父への服喪で帰郷した1066年を最後に，生涯眉山に帰ることはなかった．

　軾は，二度の流謫など新旧両党派の争いに翻弄され続けた一生を送った．最初はつくった詩が皇帝を誹謗しているとして御史台に弾劾され，長江中流の黄州に5年間配流された．神宗没後の旧法党政権下で復権し，中央高官と地方長官の任

を交互に繰り返したが，哲宗親政の新法党政権誕生によって今度は海南島にまで流された．徽宗が即位して向皇太后が垂簾聴政すると本土回帰が許され，家族のいる常州に至る直前に没した．兄弟の墓は，河南の汝州にある．

●**新旧両党派と安石・軾** 新法を推進する安石にとって一番厄介な存在は，旧法党領袖と目された司馬光ではなく，16歳年下の蘇軾であった．猟官運動に走る父洵を安石が評価しなかったことから蘇氏との仲は初めからよくなかった．加えて安石が新法に先駆けて行った科挙改革において，軾の有力な反論は神宗の決心を揺るがせ，安石の懸命な説得でどうにか実施にこぎつけたことが新法派の軾への警戒心を増加させた．毎日，食事をしながら上奏文を読む神宗の箸をもつ手が止まると，周りの宦官は「軾の上奏だ」とつぶやいたという逸話が残るほどその文章は巧で神宗の心をつかんでいたのである．

安石は，軾を中央政府に抜擢しようとする人事案をことごとく拒否した．軾もたびたび婉曲，直接に新法批判を述べたが，司馬光が宰相となり新法のすべてを廃止したときに，募役法をやめ，農民が苦しむ強制割り当てである差役法の復活に反対するなど，新法を全面的に否定していたわけではなかった．

●**個性きわだつ宋代士大夫** 安石と軾の政策上の違いは，二人の性格の違いも大いに関係していよう．拗ねもの宰相とよばれた安石は強烈な個性の持ち主で，その頑固さは周囲を辟易させた．賞花釣魚宴を催した仁宗は，安石がテーブルに置かれていた釣り餌を菓子と間違えて口にし，結局，一皿食べつくした話を聞くと，気がついたら止めればよいのに全部食べるとは人の情にあらずと不快に思ったという．その強情さは異常な集中力と併存していた．菓子をつまみながら読書をする習慣の安石は，夢中になると皿が空になっても指を噛み続け，血が出るまで気がつかなかったという．王安石の学問を王学といい，日々の研鑽の大成である王学は，批判派といえども一目置かざるを得なかった．

蘇軾は正反対に闊達な自由人であった．行雲流水が彼の信条であり，見るもの聞くことすべてに詩情があふれ出し，無防備なその言動はしばしば立場を危うくした．そのような軾の周りにはつねに支える女性がいた．最初の妻王氏，若くして没した後に迎えたその従妹の王氏，側室朝雲は後妻没後の嶺南行に従った．彼の政治的危機を救ったのは決まって皇后や太后の皇室女性であった．堅物で妻が用意した妾を返した安石との一番の違いかもしれない．

王安石は新法政治家として名を残し，蘇軾は大詩人・文人書家として知られる．しかし安石は経学者，詩人でもあり，宋代を代表するその詩は高く評価される．蘇軾はその公的な立場は官僚であり，内政・外交にわたる政策は強い影響力をもった．宋代の士大夫は，政治，文化など社会のあらゆる面での指導者として期待され，その期待どおり百花繚乱のごとく出現した人材の中にあって，安石と軾はその典型として人々に長く記憶されている．

［近藤一成］

岳飛と秦檜——愛国と売国と

中国の人々にとって尽忠報国・民族英雄の岳飛 (1103-42) と売国奸人・民族罪人の秦檜 (1090-1155)，この二人ほど敬愛と憎悪を現在に至るまで受け続ける組合せはないであろう．杭州西湖のほとりの岳王廟を訪れ，墓域への門をくぐれば，後ろ手を縛られ，岳飛・雲父子の墳墓に向って鉄柵の中で跪く秦檜夫妻の像が目に飛び込んでくる．人々は，ここで二人への愛憎の念を新たにする．

図1　秦檜像［筆者撮影］

●紹興和議　新興の金と同盟して遼を滅ぼそうと謀った宋は，たび重なる背信行為に怒った金軍によって滅ぼされた（靖康の変）．靖康2 (1127) 年，上皇徽宗と欽宗ら皇族と官僚らは北に拉致され，その一行の中に主戦論を主張していた御史中丞の秦檜もいた．たまたま都開封を離れていた康王趙構（高宗）は急遽即位して南宋を復興したが，南下する金軍に追われ，長江を渡り，一時は明州から海上に逃避する．最悪の時期をしのぎ，越州（紹興）に戻っていた高宗の前に，北から逃げ帰ったという秦檜が現れた (1130)．妻を伴い従者まで連れて帰国した秦檜に対し，人々は金の指図を受けて送り込まれたのではないかと疑った．はたして宰相となった秦檜は，金で関係の深かった撻懶が権力を握ったことを知ると講和路線を推し進め，それは生母と北で没した父徽宗の亡骸の返還を切望する高宗の意向とも合致し，紹興9 (1139) 年，主戦論者を排して宋金和議にこぎつけた．ところが頼みの撻懶が失脚処刑されると，金では対宋強硬派が台頭し，和議を破棄して軍を南に進め，南宋との全面戦争となった．

北宋の国軍は靖康の変で崩壊しており，この間，金軍に抗したのは郷土防衛に立ち上がった各地の義軍や群盗を集めて軍閥化した地方武装勢力，それらを政府が御前諸軍として公認した官軍であった．その中で岳飛の率いる岳家軍は，規律の厳しさ，連戦連勝の強さできわだっていた．河南の小作人の子であった岳飛は早くから軍事的才能を発揮し，戦略上の重要地点である襄陽の奪回に決定的な役割を果たして，荊湖南北・襄陽路制置使，神武後軍都統制に任ぜられる．これは中国中央部の軍事権を一手に任されたことを意味し，岳飛が駐屯した長江中流の鄂州は，張俊軍の建康（現・南京），韓世忠軍の鎮江とともに長江三大防衛拠点の一つになった．

紹興10（1140）年，金軍の南下に対し，岳飛は部下を河南，陝西各地に派遣する一方，自身は宗弼を主将とする金の主力軍を郾城，潁昌（許州）で破り，退却する宗弼を追って開封に20kmばかりの朱仙鎮に至った．このとき史上名高い「一日に十二の金牌を奉ず」という事態が起こる．淮水以北を放棄して金と講和することを決意した秦檜は，全軍に撤兵の指示を出す．しかし岳飛が進軍に固執することを見越し，岳家軍を孤立させ，一日に12通もの軍事飛脚で撤兵をうながしたのである．ここに至り岳飛は，やむなく兵を引いた．

●岳飛獄死　紹興11（1141）年，講和策を進める秦檜は，韓世忠，張俊，岳飛の兵権回収に踏みきる．韓，張を軍政の最高位である枢密使，岳を副使に任命し，中央政府高官に祭り上げることで指揮下の軍隊と切り離したのである．さらに金の宗弼から，金軍が最も恐れる岳飛を除くことが講和の条件であると示され，その殺害を謀った．岳飛に恨みを抱く張俊を利用し，謀反の罪を捏造して息子雲と飛の有力武将張憲を斬刑に処し，また10月から2ヵ月にわたる取り調べに潔白を主張し続け，証拠も上がらない中，12月29日，命令に反して軍を進めなかった罪で飛に死を賜った．その措置に納得しない韓世忠に対し，秦檜は，証拠は「莫須有」（あるかも知れない）と答えたという．この3字は後世フレームアップ（事件の捏造）を意味する用語となる．こうして南宋は，金に臣を称し，淮水を国境として毎年銀と絹を各25万両匹贈ることで講和を結んだ．岳飛らの名誉回復は次の孝宗の時代に行われる．史料は岳飛の死をすべて秦檜の姦計に帰しているが，最終的に「岳飛特賜死」の詔を降したのは高宗であり，紹興25（1155）年の秦檜死後も冤罪が晴らされることはなかった．紹興和議の時点で，北に拉致された高宗の兄欽宗が存命であったにもかかわらず，その帰還を交渉議題から意図的に外したことなど，高宗が自らの即位の正統性に自信をもてず，対金戦争の幕引きを急いだという見方もなされている．

●和議の歴史的位置づけ　『宋史』巻365の「岳飛伝」は，岳家軍の活躍で南宋の華北回復が目前であったのに，秦檜がその勢いをつぶしたという文脈で書かれている．しかし10世紀から14世紀の東アジア史は，北方の遊牧国家など中国以外の王朝の力が徐々に大きくなる過程である．北宋時代は現在の北京を含む燕雲十六州が契丹の遼の支配下にあり，その西はチベット系タングートの西夏が押さえ，12世紀から13世紀は淮水以北が女真の金，以南は南宋が統治する南北朝時代，やがてモンゴルが中国のすべてを支配するという，その流れの一コマが紹興和議ということになる．とすれば宋・金ともに全国を統一する力がない状況の中で，南北朝体制を選択した秦檜の判断は妥当であったという評価も可能であろう．

［近藤一成］

参考文献

[1] 小島毅『中国思想と宗教の奔流—宋朝』中国の歴史7，講談社，2005

開封と杭州――宋代の都

　開封は河南省開封市，杭州は浙江省杭州市で，いずれも中国史上に一大画期をなした宋（北宋960-1127，南宋1127-1279）の首都である．開封は五代十国の混乱を収拾した北宋の都で，杭州は北宋が金の攻撃によって華北を失い移した都である．

●**新たな時代の都**　開封は五代の諸王朝の帝都として形を整えていった．当時なお全国統一が図られていなかったゆえであるが，諸王朝が華北の水路の要衝に位置した開封を重視したためである．開封は大運河をはじめとする水運の要衝にあった．大運河は隋による開通以来稼働し続けたように誤解されているが，隋末から唐初までは動乱で稼働していない．唐末から宋の統一までも同様で，地方政権の乱立によって大運河の統一運営はできていない．北宋によって大運河の再整備と運営が進むが，北宋が滅亡し華北の金の立国によってまた断絶する．開封の繁栄は大運河の稼働と深い関係にある．

　開封は三重の城壁をもっていたが，多くの施設は内城に集中していた．城内には多くの運河が引き込まれ，繁華街や重要建築物・官衙とかかわっていた．その様子は『事林広記』所収の地図にも示唆的に描かれている（図1）．

　開封が最も繁栄したのは徽宗（在位1101-25）の時代である．事実上，北宋最後の皇帝となった徽宗は治世のゆるみから，北方に起きた金に滅ぼされ虜囚の憂き目をみる．だが，その治世を通じて開封は稀有の繁栄をみせた．その失われた繁栄を孟元老の『東京夢華録』がつづる．『東京夢華録』とほぼ同時代を描いた張択端の「清明上河図」がある．場所について諸論あるが，開封東部の汴河にかかる虹橋を描いていることはほぼ確定している．この絵から当時の豊かな文化と生活がうかがえる．のちの明代の記録も繁栄している様子を伝えるが，かつての輝きはない．

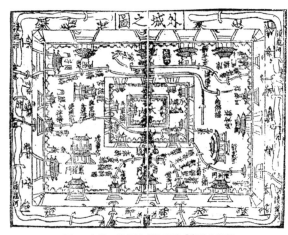

図1　宋代の開封図［陳元靚『事林広記』］

●**水生都市杭州** 水都杭州は,華北を追われた北宋がたどり着いた場所である.臨時の都という意味をこめて行在,臨安などとよばれた.杭州の歴史も古い.唐代の文人たちあこがれの都市で,白居易は,かつて杭州・蘇州に任官したいと思っていた.いま,その望みをかなえて生活を楽しんでいると述懐している.杭州は五代十国の一つであった呉越の銭氏によって大きく拡張され南宋時の姿を確立した.西に風光明媚でしられる西湖,東に銭塘江を配置し,その狭い空間に南北に縦長の都城を設営した(図2).ただ,都城の南に宮殿を置いた結果,歴代の都城が中心や北に宮城や皇城を置くのと異なった.

杭州に歴代帝都にみられるような街をつらぬく直線的大街はなかった.だが,都市を支えるのは水路である.水生植物とにる.ゆえにわたしは水生都市という.南北分断によって大運河の全国的運営はできなくなったが,江南は水路や海路などの開発によって潤っていた.西湖一帯はその繁栄を象徴する場となり,行楽地・高級住宅街として栄えた.

繁栄を支えたのは江南の諸産品と海外交易の利であった.江南に点在する諸都市も交易で栄え,利益は杭州に集積された.13世紀に中国を旅したマルコ・ポーロは,杭州にいたる運河沿いの都市の繁栄とゆたかさに驚いている.君臨するのは皇帝と官僚たちだが,この繁栄は庶民たちで,それを象徴するのが運河沿いに立ち並ぶ倉庫群だった.北南両宋ともに帝都は稀代の繁栄をみせたが,開封は基本的には衰退し,臨安は南宋滅亡後も繁栄を続け現在にいたっている. 〔伊原 弘〕

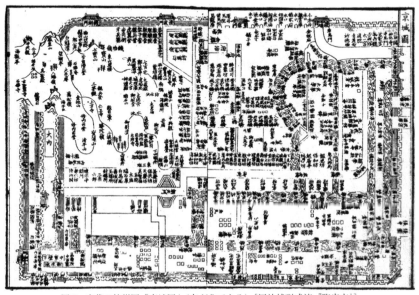

図2 宋代の杭州図「京城図」(右が北である)〔同治補刊咸淳『臨安志』〕

チンギス・カン ── 伝説と史実のはざま

　チンギス・カンは，モンゴル帝国の創始者．在位1206〜27年．没年は1227年．なぜか史料によって享年が異なる．生年については，没年と享年から逆算した1154，55，62年などの諸説がある．英雄あるいは残虐非道と両極端なイメージで語られるが，不明な部分や混乱も少なくない．以下，混乱を整理しつつ史実を中心に記す．

●**名前と称号**　本名はテムジン．トルコ語・モンゴル語のテムル（鉄の意）に関係する．鍛冶職人を意味するテムルチンに由来するという説もあるが，根拠は両者の音が近いというだけである．ただその類似性から，チンギス・カンはもと鍛冶職人であったという噂が当時からあったことは，13世紀中頃に仏王ルイ9世の使節としてモンゴル宮廷を訪れたルブルクの旅行記などからもわかる．

　チンギス・カンとは，称号である．チンギスは「強固」の意．カンは「王」を意味し，当時のモンゴル高原では部族長クラスが称した．テムジンが覇者となった際，差別化を図ってチンギスという語を冠したのであろう．なおチンギスをジンギスと記す例もみるが，トルコ語・ペルシア語史料に影響された英語や仏語の表記に由来するもの．カンをハンと記す例，ハーンやカアンとする例もみる．前者の原綴りはqan，後者はqaγanで，語源も異なるまったく別の単語．それぞれ時代とともに発音が変化した．5〜9世紀ではカン，カガン，12〜13世紀はカン，カアン，それ以降はハン，ハーン．当時の発音がわかっている以上，チンギス・カンとするのがよい．第2代皇帝となったオゴデイが，北魏・柔然・突厥・ウイグルなど過去の遊牧国家で用いられた称号カアンを復活させた．父に遠慮した第3代グユクがカンと称したのを除いて，以後皇帝はカアン，各地の王たちはカンと厳密な区別が認められる．ただチンギス・カンについては，例えば1305年，イル・カン国の当主オルジェイトゥが仏王フィリップ4世に宛てた手紙でチンギス・カアンと記すなど，初代の皇帝であったことを反映してか，カアンに変化していく．漢籍では，成吉思汗，成吉思皇帝と記される．また中国世界を併呑した第5代皇帝クビライが大都（現・北京）に太廟を造営する際，太祖という廟号を追贈した（1266）．なお現代モンゴルでは，チンギス・ハーンとしか言わない．

●**出自と前半生**　モンゴル部キヤト族ボルジギン氏の出身．12世紀前半に初めてモンゴル部を統一したとされるカブル・カンの曾孫にあたる．ただ祖父バルタンも父イェスゲイもバートル（勇士）を称し，カンではなかった．血筋のうえでは，傍系である．13歳のときに，父が死去．金朝の強い影響下にあった高原で，中小の遊牧集団が乱立し興亡を繰り広げる中，残された母子一族がどのように生

き残り，台頭していったのか．史実として認められるのはまず，1203年にケレイト部のオン・カンを倒し高原の東半分を制圧したこと．つまりそれまでの事蹟については，その直前にカンすなわち族長に推戴されていたこと（第一次即位）などを除くと，確かなことはほぼ不明である．当初その兵力は騎馬兵100人程度であったようだが，この頃には4,600人を数えた．翌年，高原西部にナイマン部を破り，遊牧勢力を統一する．840年にウイグルが崩壊して以後，約350年ぶりのことであった．わずか2年で覇業を遂げたテムジンは，1206年，オノン河畔で開かれた有力者会議クリルタイで，チンギス・カンの称号を得る（第二次即位）．この年をもって，モンゴル帝国が成立したとされる．

●**帝国の創業**　モンゴル高原で唯一の王となったチンギス・カンは，部族・氏族の存在をある程度温存しつつ，全遊牧民を95の千人隊（千戸）という組織に再編成した(つまり兵力は9万5,000人)．同時に子弟に千人隊の一部を割り当てて，高原の東西に配置する．特にアルタイ山脈に権益地を設定された三子ジョチ，チャガタイ，オゴデイ，そして高原中央に配された末子トルイとその子孫らは，その後の帝国の拡大と経営に大きな役割を果たしていくことになる．こうして国家としての体制を整えると「大モンゴル国」（イェケ・モンゴル・ウルス）と称し，1211年から金朝遠征を開始．18年にはカラ・キタイ（西遼）を破り，翌年から中央アジアのホラズム・シャー朝へ遠征．25年にモンゴル高原にいったん帰還，翌年から西夏征伐に向かう．その途中，六盤山の山麓で死去した．死因は不明．遺骸はモンゴル高原に運ばれたが，墓所はまだ発見されていない．戦いに明け暮れた生涯だったといえる．

●**チンギス・カンの実像**　都市攻撃の際には無血開城を理想とし，インフラ・人的資源を極力確保することに努めた．商業や宗教に対しても寛容な理解を示す．ウイグル文字と印章を採用して，のちの文書行政を準備した．一方，敵対勢力には情け容赦なく，規律を守ることに厳しかった．こうした方針が後裔に受け継がれ，巨大な帝国が築かれる．南宋の使者などの話を総合すると，背が高く，頑丈な体で，額(ひたい)は広く，猫のような目で，まばらな長い白ひげをはやしていたという．現今，チンギス・カンを題材とした小説や一般書にはその一生を活写するものが多いが，そのほとんどが『モンゴル秘史（元朝秘史）』に依拠する．しかし明初に現存するかたちになった本書には，数多くの意図的な改変・脚色が確認される．根本史料として期待されるのは，イル・カン国の宰相ラシード・アッディーンがペルシア語で編んだ『ジャーミー・アッタワーリーフ（集史）』．世界各地に伝わる写本の校訂作業が，現在進行中である．考古学分野からのアプローチも，盛んになってきている．その実像の全体が明らかになるのは，これからである．　　　　［中村　淳］

参考文献
[1] 白石典之編『チンギス・カンとその時代』勉誠出版，2015
[2] 杉山正明『遊牧民から見た世界史 増補版』日本経済新聞出版社，2011

明の太祖朱元璋——乞食僧より天下人へ

　1368年，南京を首都として明朝が成立した．これは，歴代王朝の中で江南から興って中国全土を統一した唯一の王朝であった．江南地方は唐末から開発が進み，経済的文化的に中国最大の先進地帯になった．明朝を創業した朱元璋は，江南の要地集慶（現・南京）を奪い，応天と改名し本拠地にしたことが，諸勢力を破り天下統一を成し遂げる最大要因となった．

●**乞食僧から地方政権の頭目へ**　朱元璋は元・天暦元（1328）年9月18日，濠州（安徽省鳳陽）で生まれた．父は朱五四，母は陳氏．貧農の家に生まれた朱元璋は，両親を疫病で亡くして以後，皇覚寺の見習い僧になったが，やがて托鉢の旅に出て，各地を遊歴した．苦労の多い乞食の行脚であったが，その一方では見聞を広め，知識を獲得する絶好の機会になった．

　朱元璋にとって転機となったのは，行脚から濠州に戻り，そこで元朝末期，各地で起きた反乱軍の一系統をなす紅巾軍に参加したことである．もともと人的物的基盤をもたなかった朱元璋は，郷里で仲間を募り，同郷集団としての固い結束と鉄の規律で，集団の維持・発展を図った．軍糧にも事欠く濠州に見切りをつけ，集慶に本拠地を置き，周辺の経済的文化的先進地を攻略して傘下に収めていった．それによって同郷集団から開かれた地方政権へ発展していき，江南地方の地主・知識人の積極的な支援を受けるようになった．劉基や宋濂ら浙東学派の朱子学者たちが参画すると，朱元璋は彼らの影響を受けて，儒教理念に基づく国家建設を押し出していった．

●**天下取りに挑む**　至正20（1360）年前後になると，紅巾軍の活動が退潮期を迎え，代わって各地に群雄が割拠し，大都（現・北京）を首都とする元朝の統治が及ばない地域では，群雄間で生き残りをかけた熾烈な戦いが展開された．当時大きな勢力を有していたのは，朱元璋のほかには，陳友諒と張士誠であった．長江に沿って，上流に陳友諒の漢国（湖北・湖南・江西・西安徽），中流に朱元璋の呉国（安徽・西南江蘇），下流に張士誠の周国（江蘇・浙江）が並立する形勢となった．

　以後，朱元璋と陳友諒の間では，数々の死闘が繰り返されるが，至正23（1363）年，鄱陽湖湖上における一大決戦の結果，朱元璋が勝利し，その余勢を駆って，張士誠の本拠地平江（江蘇省蘇州）に攻め込んで倒し，最大のライバル二人の排除に成功した．

　朱元璋が明王朝の樹立を宣言したのは，張士誠を滅ぼした翌年（1368）のことであった．洪武という年号をたて応天を南京として首都とした．以後，一世一元制が採用されたので，洪武帝（在位1368-98），あるいは廟号の太祖の名でよばれる．

●**血塗られた君主独裁体制強化への道**　とはいえ，大都には依然として元朝が存在していた．洪武元（1368）年8月，大将軍徐達率いる明の北伐軍は大都を陥れて，順帝を追い出した．順帝はなお上都開平府にとどまっていたが，明軍は軍をさらに進めて上都開平を屠って，再び順帝を北走せしめた．上都を出奔した順帝は，洪武3（1370）年4月，病死した．

　かくして名実ともに中国の新しい統治者になった太祖は，皇帝権の強化をめざして，官僚・武人の権限を分散させ，すべての権力を皇帝個人に一極集中化して，宋代に成立した皇帝独裁体制を比類なきまで強化した．その実現過程においては，空印の案・胡惟庸の獄・郭桓の案・李善長の獄・藍玉の獄の五つの事件を捏造し，弾圧の嵐の中で改革が遂行された．弾圧の口火になった洪武9（1376）年の空印の案では地方官の会計報告の不手際を口実にし，王朝成立以前から居座る地方官を処罰の対象とし，多くの官僚を排除した．また，洪武13（1380）年の胡惟庸の獄とよばれる事件では，中書省丞相（宰相）胡惟庸が謀反計画の廉で逮捕処刑された．その党派とみなされた官僚・地主ら1万5,000人も，それに連座して粛清された．

●**予期せぬ事態**　疑獄事件を契機に中央・地方にまたがる革新的な機構改革や刷新を断行し，着々と強力な専制体制を築き上げた太祖の宿願は，真の統一王朝へと脱皮することであった．南京は政治・経済・文化の三位一体を備えた都になったが，あまりにも南に偏在しており，華北を見捨てた江南政権になりかねなかった．太祖は，真の統一王朝に発展するためには，江南を離れて，それに相応しい古都へ遷都する必要があると考えた．皇太子朱標が，その遷都事業を主宰したが，洪武25（1392）年4月，遷都候補の一つである西安（長安を改名）巡察から帰京すると発病し急死した．

　この予期せぬ出来事で，遷都事業は頓挫した．それよりも太祖が懊悩したのは，後継者問題であった．すでに齢65歳に達していた太祖は，諸子の中から選ぶことも一時考えたが，5か月間の逡巡の後，結局は皇太子の息子朱允炆を皇太孫に指名した．太祖はこのわずか15歳の皇太孫（後の建文帝）の将来を見据えて，数々の疑獄事件をくぐり抜けて生き残った功臣・官僚達に対して弾圧を加えた．皇太子死去の翌年に起きた藍玉の獄がそれである．その一方，各地に分封した諸子に対しては宗室の強固な藩屏にするために縛りを緩めた．皇帝への集権化と諸王分封という分権化，この不均衡は，太祖が71年の生涯を閉じた，わずか1年余り後には北平（北京）に分封された燕王（永楽帝）の挙兵による足かけ4年にわたる内乱を惹起した．靖難の役である．最後は燕王軍が首都南京を陥落させることで終止符が打たれた．太祖が皇位を託した建文帝の時代はわずか4年にして終わった．　［川越泰博］

📖 **参考文献**
[1]　檀上寛『明の太祖朱元璋』中国歴史人物選9，白帝社，1994

永楽帝の遷都──大都市北京の始まり

　毎年500万以上の人々が国内外から参観に訪れる故宮博物院は，首都北京の中心に位置し，太和殿をはじめとする多くの建物が威風堂々たる威圧感をもって聳立している．ここは，明清時代の紫禁城であった．1368年に成立した明朝は，最初南京を都と定めたが，第3代皇帝の永楽帝のとき，南京から北京に遷都した．それが，北京が今日世界有数の都市となるきっかけとなったが，北京に都を遷すにあたっては20年近くに及ぶ歳月を要した．

●**北京遷都の歴史的背景**　北京は南京から1,000kmも北方に離れている．一度南京に定まった都をその北京に遷すことになったのには，複雑な政治的軍事的事情が絡んでいた．

　貧農出身の朱元璋（太祖，洪武帝）が陳友諒や張士誠など強力なライバルを倒して，南京において即位したのは1368年，すなわち元の至正28年のことである．建国と同時に，太祖は北方の大都（後の北京）に存在する元朝を駆逐するために，大将軍徐達らに北伐軍を率いさせ，元朝の征討に向かわせた．明軍が大都に迫ると，順帝は一部にあった籠城論を抑えて早々と都を放棄し，北のモンゴリアに逃れた．太祖は元朝によって拡大された中華世界の大部分を継承して，漢唐両朝を上回る版図を形成するに至った．元朝が瓦解した後，大都は北平府と改称され，洪武3（1370）年には太祖の第四子の朱棣が燕王として封じられた．

　燕王は後の永楽帝である．この分封は明のいわゆる封建制度に基づくもので，太祖は建国後，長子以外の息子たちを王に封じて地方に王府を建てる制度を設けた．諸王の王府への之国（就藩）は，胡惟庸の獄が起きた洪武13（1380）年に始まり，以後，成人に達したものから順次北辺や内地の要衝の地に之国させ，洪武年間には25人の諸王が分封された．こうして経済的先進地の江南に政治の中心を置き，軍事的要地の北辺・内地に諸王を配置する南京京師体制が確立した．

　ところが，太祖の後を継いだ建文帝（在位1398-1402）は，文官重視による中央集権化を進め，その一方で分封諸王制は漢代の呉楚七国の乱のような諸王の叛乱を誘発する懸念があることから，諸王削藩（廃藩）の方針をとった．その結果，開封の周王（燕王の同母弟）を皮切りに五王の削藩が決行され，次は自分の番だと考えた燕王は，天帝の命を奉じて建文帝の難儀つまり側近の奸臣を靖めることを大義名分に建文元（1399）年，北平において挙兵した．靖難の役の始まりである．

　足かけ4年に及ぶ本戦役は，本来藩屏としての役割を果たすべき燕王軍が勝利し，燕王は即位した．永楽帝（在位1402-24）である．彼は旧建文官僚たちに順

逆を問い，服さない者は誅殺した．特に方孝孺とその一族・弟子に対する殺戮は悪名高い．永楽帝は江南に支持基盤がなく，世論も冷たいので燕王時代を過ごした北平に都を遷し，太祖とは逆に北から真の統一王朝に飛躍しようとした．

●**遷都の推進，揺らぎ，そして定都化**　永楽元（1403）年，永楽帝は南京（京師）と北京（行在）との両京体制を創始した．これ以後，北京城の営建に20年近い歳月が費やされた．この間，各種工匠や軍士・民丁は，全国から徴集され，大木の伐採と運搬，煉瓦焼造など建築資材の調達は，四川・湖広・江西・浙江・山西・福建に及んだ．46万人規模で北京地域への移民政策も行われた．遷都推進の役割を担った官庁の北京行部は北京行政の最高機関であり，実質的には省クラスの行政単位であったが，その長官には尚書・侍郎があてられ，六部と等しかった．

しかし，初期段階での遷都事業は燕王時代の功臣たちの支持しか得られず，永楽帝と旧藩邸時代からの一握りの側近たちとの間で決定され，北京行部はそれを施行するだけであった．それに不満を表明した北京行部尚書雒僉は誅殺され，言論統制が強められた．営建批判を封じ込めて推進された遷都事業は，永楽19（1421）年正月，真新しい宮殿で朝賀の式が盛大に行われ遷都が実現した．

ところが，その数か月後の4月8日，完成したばかりの奉天殿が落雷によって焼失した．天譴というべき事態に，遷都反対論が公然と出され，遷都したばかりの北京の地位が揺らぎ始めた．最も過激に北京の不便を言い，南京帰還を求めた吏部主事の蕭儀は，永楽帝の逆鱗に触れて投獄され，その2年後獄死した．被災は宮廷内にも動揺をきたし，火災から10日経った4月17日における皇帝の誕生日（万寿聖節）の祝賀行事は中止になった．そのような動揺の中，永楽帝はモンゴル親征からの回鑾（帰還）途中，発病して楡木川で崩御した．

新たに皇位を継いだ洪熙帝（在位1424-25）は，即位早々南京への還都を決定した．北京遷都からわずか4年後の洪熙元（1424）年3月のことである．南京生活が長かった洪熙帝は，北京に馴染めなかったこともその要因の一つであるが，南人（淮河以南の出身者）官僚の強力な巻き返しの結果でもあった．南海遠征で活躍した鄭和は南京守備太監に任じられ，南京還都に向けて，南京宮殿の修築などの工事を行い，洪熙帝を迎え入れる準備を着々と進めた．すべての準備が整い，いよいよ還都という段階になって，洪熙帝が急死した．これによって，還都計画は，次いで即位した宣徳帝（在位1425-35）によって反古にされ，そのまま北京は首都であり続けた．ただ，行在の呼称はそのまま残り，正統6（1441）年11月になってこの呼称がとれ，ここに名実ともに首都として不動の位置を獲得した．

［川越泰博］

📖 **参考文献**
[1]　新宮 学『北京遷都の研究—近世中国の首都移転』汲古叢書，2004

明から清へ─── 対外危機と新しい文化潮流

　明代（1368-1644）後期は，今日の歴史学においては，一般に中国史上有数の発展期とみなされている．それは，16世紀から17世紀にかけて，近代への発展を予感させるようなさまざまな現象が集中的に出現するからである．
　例えば，都市の繁栄と長距離商業の活発化，農村手工業の成長といった経済面での新動向に加えて，出版業の隆盛に伴う情報量の急激な拡大，専制政治に対する批判の高まり，陳腐な道徳を批判して庶民の真情を重視しようとする考え方など，思想上・文化上の新潮流も，この時期に一斉に現れてきた．
　ところが，当時の社会に生きた知識人はおおむね，この時代を，混乱と不安に満ちた衰世ととらえていた．重税のもと農民が貧困化し，田畑を捨てて逃亡する人々が増えていること，一方で，都市に住む金持ちは金を湯水のように使って贅沢を競っていること．目上の者を敬うといった人間関係の規範が崩れ，弱肉強食の世の中になっていること．刹那的で軽薄な気風が広まり，奇をてらった風俗が流行すること──こうした指摘は，当時の文献において枚挙に暇がない．このような変化は，どのようにして起こってきたのだろうか．

●**北虜南倭**　明代後期の社会の変化は，明朝が直面した対外危機と時期を同じくして起こってきた．この対外危機は，北虜南倭，すなわち，北方のモンゴルと南方の倭寇（日本の海賊）という語で表わされる．16世紀半ば，北方のモンゴル勢力は，貿易の利益を求めて明に圧力をかけ，しばしば長城を越えて農耕地帯に侵入していた．それを防ぐため，明は大軍を北方辺境に駐屯させていたが，その軍費を調達するため，中国の内地で重い税をかけざるを得なかった．当時，税の大きな部分が銀で支払われるようになっていたが，中国国内では銀の産出が少なく，税を課される農民は銀の入手に苦しんだ．
　一方で，16世紀半ばは，日本で銀の生産が急速に拡大した時期であった．銀の不足した中国内地に日本の銀が流れ込むのは必然の勢いであったが，当時明朝は民間の海上貿易を禁止していたため，日本と中国の貿易は日本人と中国人が共同で営む密貿易にならざるを得なかった．取締りを逃れるため，密貿易船は武器を備え，貿易のかたわら中国の沿岸を略奪した．これが倭寇である．したがって，北方戦線が緊張するほど軍費が増大して国内の銀が不足し，銀が不足すると密貿易が増えて倭寇の活動も活発化する．このように，北虜と南倭の脅威は相互に関連しつつ，時期を同じくして強まり，明の財政をさらに圧迫した．

●**都市と農村**　増税圧力のもと，税の主な負担者である農村の人々は，生計を維持するために，生糸や綿織物生産といった副業に従事するようになる．特に生糸

は，銀の対価として日本やアメリカ大陸など，世界に輸出された．それでも生活できない人々は，農地を捨てて都市に流入した．当時，都市には，財政規模の拡大につれて蓄財のチャンスを手にした官僚や軍人，特権商人などが住み，芝居や妓館（遊郭），郊外での遊楽など都市の提供するさまざまなサービスを享受して贅沢な生活を送っていた．都市に流入した貧民は，富裕な家の召使いとなったり，役所の下働きとなったりするほか，これらのサービス業に従事して日銭を稼いだ．一見華やかな都市の繁栄のもとで，貧富の差は拡大し，人々は，他人を蹴落としても自分がのし上がろうとする激しい生存競争に巻き込まれた．当時の知識人からみて，このような状況は嘆かわしい衰世の表徴ととらえられた．

　しかし同時に，明末の新しい思想を生み出していったのはこうした危機感であったともいえる．中央政府による税の厳しい取立てや，それに伴う中央集権強化の動きは，それに対抗し，専制政治を批判して地方の世論を重視すべきだとする東林派知識人（東林書院を中心とする運動であったため，このようによばれる）の主張が生まれるきっかけとなった．また，人々の欲望と行動を古臭い道徳的規範で外から抑えることはできないという観察は，人間だれでもが生まれながらにもっている自然の感情（例えば，赤ん坊が母親を慕う心）の中に本物の道徳性を見出してゆこうとする陽明学の主張が流行する背景をなした．

●清朝の中国占領と新たな秩序化　1570年前後に明朝がモンゴルとの交易を再開し，海上貿易の禁止を緩和すると，北虜南倭の圧力はやや弱まった．しかし北方では，モンゴルに代わって遼東（現・中国東北地方）の女真人（後の満洲人）の勢力が強まった．特産品をもたないモンゴルと異なり，遼東では，薬用人参や毛皮などの特産物があったが，中国沿岸で商業が活発化してくるに伴い，その交易の利権をめぐって女真諸部族の間では激しい抗争が行われていた．明朝がその争いに介入し，軍費が投下されたことも，この地域での交易が活発化する要因となった．抗争の中で頭角を現したヌルハチは女真を統一して1616年に後金国をたて，また彼を継いだホンタイジは満洲（女真）人のみならず配下の漢人・モンゴル人の協力のもと，1636年に清王朝を成立させて，明朝と対抗した．

　1620年代に中国北西部の貧困地域で発生した農民反乱が全国的に広がり，反乱軍が1644年北京を占領して明朝が倒れると，清軍は明朝を助けるとの口実のもと，中国の領内に入り，翌年にかけて中国のほぼ全土を掌握した．その後も清朝に反抗する軍事行動は続き，清朝の支配が安定したのは1680年代になってからのことであった．もともと北方民族であった清朝の統治下では，明代には絶えず続いていた北方での戦争はなくなり，徴税の圧力はゆるんだ．それに伴い，明末社会を特色づけていた厳しい社会的緊張が緩和され，政治的・思想的論争も沈静化していった．清朝治下の社会の安定を清朝の弾圧に帰する見解もあるが，このような国際関係の変化も重要な要因といえよう．

［岸本美緒］

乾隆帝──文芸振興と思想統制

　清朝の盛期をつくり上げた名君として常に並び称されるのは，第4代の康熙帝（在位1661-1722），第5代の雍正帝（在位1722-35），および第6代の乾隆帝（在位1735-95）である．康熙帝は8歳で即位し，三藩の乱や鄭氏の反清抗争といった危機的事態を乗り切って清朝の支配を安定させた功労者で，儒学の深い素養をもつと同時に武芸も達者，西洋の宣教師から当時の先端的な自然科学も学んでいるという文武両道の人物であった．続く雍正帝の治世は13年と短く，軍事方面での華々しい功績という点でも両皇帝に及ばないが，明確なポリシーのもと政務に精励し，官僚群を掌握して税制・財政など諸方面の改革を推進したその能力と断固たる性格は，定評のあるところである．乾隆帝の治世は，康熙・雍正両皇帝の時代に固められた基盤の上に乗って，清朝が最盛期を迎えた時期であった．

●**乾隆の「盛世」**　領土の面でいえば，乾隆年間の半ばに，清朝の長年の宿敵であったジュンガルが平定されて東トルキスタンが清朝の支配下に入り，乾隆帝はこの新領土を「新疆」と名づけた．清朝の領土はこのときに最大となった．現在の中華人民共和国の領土と比較してみると，19世紀以降，沿海州など東北の北部や新疆の極西部がロシア領となり，外モンゴルが独立し，また台湾が中華人民共和国の支配の外にあるほかは，ほぼ重なり合う．

　内政面では，康熙帝の施政方針が「寛」であり，雍正帝の施政方針が「厳」であったといわれるのに対し，乾隆帝は「寛厳相済」（寛大さと厳格さの調和）をモットーとした．乾隆帝の治世は，貿易を通じて順調に流れ込む銀に支えられて，好景気の時代であった．その結果，国庫も豊かになり，対外戦争や巡幸などのイベントも，余裕をもって行うことができた．質素を旨とした康熙帝・雍正帝に比べ，乾隆帝は派手好きであったが，それが民衆の怨嗟の的となることはあまりなかったのである．

　このような好況のもとで，18世紀に中国の人口は，1億数千万人から約3億人へとほぼ倍増した．それまで未開発であった華中南の山間部には移住民が流れ込み，開墾が進められた．しかしそのような開発は，土壌流出などの環境破壊をまねき，乾隆年間の末期には開発の行きづまりが感じられていた．生存の危機に直面した移住民の間には，宗教結社などの助け合いのネットワークが広がった．中国内地の湖北・四川の山間部で白蓮教の反乱が勃発するのは，乾隆帝が在位60年を機に息子の嘉慶帝に譲位して間もなくのことであった．10年近く続いたこの反乱によって，従来豊かな蓄積のあった清朝の財政は一挙に窮乏化した．

●**『四庫全書』と禁書**　乾隆帝の文化事業のうち，最も有名なものは，『四庫全書』

の編纂であろう．この編纂事業は，1772〜82年の10年をかけて行われ，紀昀をはじめとして，当代の一流学者が編纂に加わった．収録された書籍は3,461種，約8万巻で，そのほか本文は収録されなかったが目録には載せられたもの（「存目書籍」）が約9万4,000巻あった．収録された書籍については，それぞれ7部の写本がつくられ，宮中のほか，各地の蔵書閣（図書館）に収蔵された．これらの書籍は，経（儒教経典）・史（歴史・地理・法律など）・子（儒教以外の思想・宗教，科学技術など）・集（詩文）の4部に分類されているので，四庫全書という．清朝の大規模な編纂事業としては，それまでにも康熙帝時代の『古今図書集成』があるが，これは主題に沿って内容を切り離して整理しているため，原典を見るためにはもとの書物を探さなくてはならない．そのため，あらゆる重要書物について，原典自体を収録する叢書（シリーズ）をつくろうとしたのである．

『四庫全書』の編纂に際しては，地方官に命じ，全国から書物が集められた．それは「千古以来の文献の隆盛を顕彰するため」（乾隆帝の語）とされていたが，同時に，全国から集めた書物のなかに清朝を誹謗する内容がないかどうかチェックする機能をも果たした．収集された書物のうち，禁止・焼却を命じられた書籍は2,000種以上に上るといわれる．

●**乾隆帝の文化生活**　乾隆帝は文化人をもって自任しており，儒学のみならず，文芸，書画骨董などの多様な分野で，歴代王朝の諸皇帝を凌駕する高尚な趣味をもつことを示そうとした．詩についていえば，60年の在位期間中につくった詩は4万首あまり，臣下の代作もあったかもしれないが，平均して毎日2首つくっていたことになる．書道にも自信があり，ことあるごとに字を書いたので，彼の書は，宮中のほか名勝古跡や寺廟など，いたる所に見ることができる．絵画については，自ら描くことはあまりなかったが，数十名の宮廷絵師を抱え（その中には，イタリア人のカスティリオーネなど，外国人も含まれていた），また宮中に所蔵されている絵画の鑑定・整理にも力を入れた．それらの絵画に付された乾隆帝の題跋も数多い．そのほか，青銅器・古硯・陶磁器・琺瑯・漆器・玉器などの骨董品の鑑賞も乾隆帝の文化生活の重要な一部であった．現在，北京および台北の故宮博物院に収蔵されている工芸品の多くが，乾隆期のコレクションに係るものである．乾隆帝は，居住していた養心殿の一角に「三希堂」と名づけた小さな書斎をつくり，そこにお気に入りの骨董を並べ，また書画を眺めて楽しんだ．

これらの趣味は，長い歴史をもつ漢人文化の粋を極めようとする乾隆帝の関心を示している．一方で乾隆帝は，満洲人がその言語や文化を捨てて漢化することを批判し，武芸の伝統を称揚するほか，モンゴル人の信仰するチベット仏教をも尊重し，多数の仏寺を建設した．『四庫全書』が収集・保存と統制・管理の二つの目的をもっていたように，漢人の文化に対する乾隆帝の態度も，愛着一辺倒ではなかったというべきだろう．

［岸本美緒］

アヘン戦争――揺らいだ帝国の威信

　1997年に中国へ返還された香港の歴史博物館には，アヘン戦争の英雄といわれる林則徐の像が置かれている（図1）．それはこの戦争が屈辱に満ちた中国近代史の出発点として，鮮烈な記憶を残していることを示している．

図1　香港の林則徐像

●**広東システムとアヘン交易**　英国の中国貿易は，17世紀に紅茶の需要が高まって輸入超過が続いた．紅茶は上流階級の嗜好品だったが，18世紀には庶民に普及した．だが紅茶の取引きは広東システムとよばれる変則的な朝貢貿易体制によって管理されていた．開港地は広州1港に限られ，広東十三行の特許商人が交易を独占した．これに不満な英国はマカートニーを北京へ送り，自由貿易を要求したが拒否された．このとき彼は中国を「大きな図体にものをいわせたボロボロの戦闘艦」と酷評したが，それは半世紀後に現実のものとなった．

　産業革命によって国内の資金需要が高まった英国は，貿易赤字解消の切り札としてインド産アヘンに目をつけた．アヘンは17世紀にポルトガルが中国へ持ち込んだが，東インド会社は交易が中止になることを防ぐため，ライセンスを与えた民間商人（地方貿易商人）にアヘンの販売を請け負わせた．アヘン交易は拡大し，1838年に4万箱まで急増した．その結果中国は銀が流出し，大幅な輸入超過へ転落した．

　それではアヘンはなぜ中国で急速に広まったのだろうか？　中国は日本に比べて社会階層の流動性が高かった．特に官僚の道をめざす士大夫は，科挙試験の厳しい競争にさらされた．加えて当時は清朝の支配が行き詰まり，人々は精神的重圧に苦しんでいた．こうした社会の歪みこそアヘン吸飲が広がった原因とみられる．日本も日中戦争期に里見甫が陸軍特務機関の依頼を受け，満洲産アヘンを転売して関東軍の戦費を調達した．

●**林則徐の登場と中英の開戦**　アヘン交易による銀の海外流出は，中国国内に大きな影響を与えた．銀と銅銭の交換レートが高騰すると，租税を銀で納めていた庶民にとっては事実上の増税となり，彼らの生計を圧迫した．税収が減少する中，清朝ではアヘン交易の合法化をめぐり論争が行われたが，ここで登場したのが厳禁論者の林則徐であった．彼は社会の改革をめざす公羊学派のリーダーであったが，1939年に欽差大臣として広東へ派遣され，アヘン2万箱を没収して廃棄処

分にした.

このとき林則徐が英国国王へ宛てた手紙は,「おのれの利益のみを求めて,他人の害を顧みぬ所業は天理の許さざるところ」と述べてアヘン交易を批判した.これに対する英国政府の開戦決定は広東体制の打破を掲げ,アヘン交易については言及しなかった.英国議会は保守党の政治家グラッドストーンの反対動議をわずかな差でしりぞけ,艦隊を中国へ派遣した.

英国艦隊は防備の強化された広東を避けて北上し,1840年8月に天津沖へ到達した.動揺した道光帝は林則徐を罷免し,琦善に交渉を行わせたが決裂した.1841年に広州近郊のエリートが組織した平英団は英国軍に抵抗したが,翌年英国艦隊が長江をさかのぼって南京に迫ると,清朝は敗北を認めて和平交渉に入った.

●**南京条約の締結と日本への影響** 1842年に結ばれた南京条約は,広州,アモイ,上海など5港の開港,香港島の割譲,賠償金の支払いなどを定めた.開港直後の香港は「アヘン商人と海賊のたまり場」といわれたが,1850年代に広東の動乱を避ける人々が流入して発展した.また虎門寨追加条約によって上海に外国人居留地である租界が誕生し,こちらも貿易港として成長した.

ところで,アヘン戦争は清朝にとって痛手だったのだろうか? 短期的にみれば答えはNOであり,清朝は南京条約を朝貢体制の部分的修正とみなした.期待された貿易額も伸びず,もくろみの外れた英国は1856年に第二次アヘン戦争を起こして再度清朝に譲歩を迫った.

むしろアヘン戦争の結果に敏感に反応したのは,鎖国体制下の日本であった.1842年に江戸幕府は異国船打払令を廃止し,高島秋帆の西洋流砲術を採用して海防を強化させた.1851年には林則徐が集めた情報に基づく地理・海防書である魏源の『海国図志』が長崎へもたらされた.幕末の志士たちは争ってこれを読み,「夷の長技をもって夷を制す」という思想に大きな影響を受けた.また彼らはそれまで崇敬の対象であった儒教文化を「紙上の空論」と批判した.

このようにみると,アヘン戦争がもたらした最大の結果とは中国の地位が揺らいだことに求められる.それは列強による中国進出の足がかりとなっただけでなく,17世紀に清朝が成立して以来,相対化されつつあった東アジアにおける中国の威信を失墜させた.現在,大国化した中国で強硬なナショナリズムが唱えられる背景には,この戦争で失った世界帝国としての求心力を取り戻したいという思いがあるといえよう.

[菊池秀明]

参考文献
[1] 茂木敏夫『変容する近代東アジアの国際秩序』世界史リブレット,1997
[2] 新村容子『アヘン貿易論争—イギリスと中国』汲古叢書,2000
[3] 井上裕正『清代アヘン政策史の研究』京都大学学術出版会,2003

太平天国の乱 ── あるべき中国を求めて

　一冊のパンフレットとの出会いが，中国全土を揺るがす動乱を生んだ．太平天国はキリスト教の影響を受けながら，太古の中国への回帰をめざす復古主義的な宗教，社会運動だった．太平天国は新王朝の樹立をめざしたが，既成宗教に対する厳しい批判は激しい内戦を生んだ．

　近年，太平天国は邪教（カルト宗教）による破壊的な運動とみなされることが多い．だが毛沢東による暴力革命の是非をめぐって議論が続く中国では，この運動への評価も定まっていない．

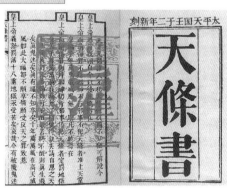

図1　十戒に基づいてつくられた太平天国の宗教書

●**洪秀全の幻想とキリスト教受容**　洪秀全は広東生まれの客家人（漢族の後発移民）で，差別の中で「自分たちは由緒正しい漢人の末裔」という屈折したアイデンティティをもっていた．1837年に彼は科挙に失敗して熱病に倒れると，天上に昇って老人から地上を救えと命じられる夢を見た．当時は夢で閻魔と会う物語が語られており，洪秀全はこの土俗的な神秘体験をキリスト教と結びつけた．

　洪秀全がキリスト教を受容したきっかけは，プロテスタントの伝道書『勧世良言』だった．彼はこの本を読み，夢で出会った老人こそはキリスト教の神ヤハウエであったと確信した．洪秀全がこのように考えた理由は，宣教師たちがヤハウエの訳語として中国の古典から「上帝」の語を借用したことにあった．このため洪秀全は上帝が太古の中国で信仰されていた神であり，腐敗した社会を立て直すために上帝の教え（キリスト教）に立ち返るべきだと主張したのである．

●**偶像破壊運動と金田蜂起**　上帝教を創設した洪秀全は，1847年にモーセの十戒に基づいて廟の神像を打ち壊す偶像破壊運動を始めた（図1）．この上帝会の活動は庇護を求めていた下層民の爆発的な改宗を生んだ．また有力者との政治的対立が深まると，楊秀清らはシャーマニズム（天父，天兄下凡）を行い，洪秀全が「天下万国の真の主」であると宣言した．そして上帝会は清朝の打倒をめざし，1850年に会衆を広西の金田村へ集めて清軍との戦闘が始まった．

　永安州で新王朝の基礎を固めた太平天国は北上を開始し，1853年には長江下流域の重要都市である南京を占領した．途中太平軍は厳格な軍規によって将兵を

統率し，清軍に比べて暴行や掠奪が少ないことで人々の支持を集めた．一方太平軍は宗教的な敵を排撃し，偶像崇拝者とみなされた清朝官員とその家族を殺した．南京では2万人を超える旗人が犠牲になった．

● **天京事変と太平天国の滅亡**　南京に都をおいた太平天国は，耕地と財産の公有制をうたった天朝田畝制度など復古主義的な政策を打ち出したが，実行されなかった．太平軍は北京攻略を試み，天津郊外まで到達したが敗北した．また長江中流域では曾国藩の創設した義勇軍である湘軍の反攻に苦しんだ．さらに1856年に内部分裂である天京事変が発生すると太平天国の勢いは衰えた．

ヨーロッパ諸国は初め太平天国を「中国の市民戦争」とよんで期待したが，やがてその復古主義的傾向を知ると距離を置いた．そして北京条約で清朝から多くの利権を獲得すると，上海への進出を試みた太平軍を撃退し，常勝軍を組織して太平天国の鎮圧に協力した．1864年に南京は陥落し，太平天国は滅亡した．

● **文化的視点から見た太平天国**　上帝教はキリスト教を基礎としたが，異文化を野蛮と批判し，その文明化を使命と考えた宣教師の姿勢に影響を受けた．特に偶像破壊運動にみられた宗教的な不寛容さは，儒教知識人が反発しただけでなく，ヨーロッパ人の評価も分かれた．ある宣教師は「聖書は偶像を拝むなとは言ったが，壊せとは言っていない」と述べて太平天国の虐殺行為を批判した．また太平天国を異端視する見解に対して，ヨーロッパのキリスト教史も多分に血生ぐさいものであり，過激な偶像破壊を理由に彼らを非難するのはおかしいという反論が生まれた．さらに太平天国を体験したある儒教知識人は，偶像破壊について「後世にきっと評価されるだろう」と肯定的に評価している．

太平天国はすべての人間を上帝の子とみなす教義に基づき，互いに「兄弟」と呼び合うなど平等主義を掲げていた．だが辺境の下層民出身だった彼らは豊かな江南の人々の習慣や発想を理解できず，纏足をした江南の女性たちに纏足をやめ，自分たちと同じように労働するように強要した．やがて挙兵以来の参加者である「老兄弟」の特権階級化が進むと，これに不満な「新兄弟」が離反する現象をまねいた．清朝はこれを見逃さず，長江流域出身者の投降を勧めて広西出身者の孤立化を図った．

太平天国は大規模な出版事業を行った．それは宗教書から政策提言など多岐にわたり，香港滞在の経験をもつ洪仁玕の『資政新篇』は交通の整備や銀行の設立を訴えた中国初の近代化計画書であった．また人々を集め，口頭で自分たちの主張を伝える"講道理"が行われた．彼らの著作も俗語や口語的表現が多く，太平天国の庶民的な性格がよく表れている．

［菊池秀明］

参考文献
[1]　菊池秀明『太平天国にみる異文化受容』世界史リブレット，2003
[2]　菊池秀明『金田から南京へ――太平天国初期史研究』汲古叢書，2013

日清戦争と戊戌変法――危機に直面する清朝

　第二次アヘン戦争（アロー戦争）が1860年に終わると，清朝は英国などとの協調のもとに貿易を拡大して税収を確保するとともに，太平天国など各地の反乱を鎮圧していった．曽国藩・李鴻章・左宗棠ら地方大官は軍需品の工場を設け，新規の軍事技術の導入に努めた．1880年代の清朝はベトナムをめぐってフランスと戦った．これは清朝の体制が一定の安定を得て，近隣諸国での覇権を争った事例とみることができる．

●**朝鮮をめぐる日清の対決**　1884年，清朝の軍事力がフランスとの戦争に向けられたのを好機として，朝鮮の急進的な開化派は日本公使館の支持を得ながら甲申政変を起こした．袁世凱の率いる清軍がこれを鎮定したが，朝鮮に関心を強める日本もソウルに派兵した．このとき，両国は交渉の結果ひとまず撤兵したものの，袁世凱は朝鮮に駐在して，その内政外交に介入し続けた．

　1894年，朝鮮で宗教結社である東学を中核とする反乱が起こると，日清両国は朝鮮に派兵した．この反乱は朝鮮政府によって収束させられたものの，日本は朝鮮政府に改革を進めさせることを口実として介入を強め，清軍と対立した．

　これより先，李鴻章は北洋海軍の建設に尽力しており，特にドイツから購入した定遠・鎮遠の二隻の主力艦は日本からも手ごわい敵とみられていた．しかし，李鴻章は清側の軍事力が劣勢と考え，日本との開戦には慎重だった．他方で日本の外相陸奥宗光は戦争を企図しており，清朝官僚の間でも主戦論が声高に唱えられていた．いよいよ交戦が始まると陸海ともに日本の勝利が続いた．例えば両国の艦隊が激突した黄海海戦では，日本が大勝を収め，制海権を手にした．続いて日本軍は北洋海軍の根拠地だった旅順と威海衛を占領した．

　こうして，敗北を認めざるを得なくなった清朝側を代表して李鴻章が山口県下関に渡り，日本との講和交渉を行った．その結果，1895年4月に調印された下関条約では，①朝鮮の独立，②遼東半島・台湾と澎湖諸島の日本への割譲，③賠償金の支払いなどが定められた．

　李鴻章は列強の干渉を望み，講和交渉の内容を各国に知らせていた．これを受けて，ロシア・ドイツ・フランスは日本が遼東半島を得ることに反対したので，日本はこれを清朝に返した．

●**康有為の変法構想**　下関条約の講和条件に対して，清朝の官僚の一部は強く反発した．講和に反対する上奏が次々と朝廷に寄せられ，李鴻章の責任を追及する意見も強まった．たまたま，この頃，北京で会試（科挙の一段階）が行われることになっていて多くの挙人が都に集まっていた．挙人たちも講和反対の意見を表

明しようとした．康有為も，そのような挙人の一人であり，この活動に参画することで名を知られるようになっていった．なお康有為は試験にも成功して，進士の地位を得た．

康有為は広東省の読書人の家に生まれ，科挙の勉強を始めたものの，それに飽き足らず，さまざまな思想に触れて自ら模索した．漢訳された自然科学の書物も，康有為に強い刺激を与えた．

康有為は儒学に対して独創的な解釈を加えていった．孔子は「自分は過去の制度を受け継いでいる」と称しているが，実は制度を創造した偉大な人物であるという孔子改制の説である．そうだとすれば，時代の必要に応じて制度を改めることも孔子の意図にかなうことになる．こうして，康有為は，大胆な儒教解釈によって，変法（制度改革）を正当化する論理を提示しようとした．

日清戦争の後，康有為とその弟子の梁啓超らは，「学会」とよばれた団体をつくって改革を志向する人士を結集したり，自分たちの改革構想を宣伝する雑誌を刊行したりすることで，新しい政治運動の様式をつくり上げていった．その過程で多くの官僚などの支持を得ることができたものの，他方で康有為らを非難・攻撃する保守派の姿勢も強まった．しかも，改革の必要性を認める官僚・士大夫の中にも，康有為の独特な儒教解釈は受け入れ難いと感じる者が少なくなかった．

1896年，上海で雑誌『時務報』が創刊され，梁啓超がその主筆となった．この雑誌に梁啓超は「変法通議」という一連の論文を発表し，改革の方向性を示そうとした．1897年末から梁啓超は湖南省に移って，長沙の時務学堂という教育機関で改革を強く唱えた．

●**戊戌変法とその挫折** 康有為は変法の構想を光緒帝に上書しようと努め，光緒帝もそれに関心をもつようになった．1898年4月，康有為は北京において保国会を設けることで，対外的危機感の強まる中で改革の機運を盛り上げようとした．ついに6月，光緒帝は改革を進める基本方針を示し，康有為を召見した．これ以降，主に康有為の提案に基づいて次々に皇帝から命令が下された．この年の干支に基づいて，戊戌変法という．

その構想としては，①中央政府に制度局を設けて改革を主導する，②科挙の内容を改め，最高学府として京師大学堂を設けるといったことが含まれていた（なお，京師大学堂は現在の北京大学の起源となる）．これは，既存の官制や文教のあり方を大きく変える要素を含んでいて，官界からの強い反発を招いた．そこでさまざまな改革の命令は，必ずしも積極的に実施されなかった．

そのような状況を背景として，西太后らは軍事力を掌握したうえで光緒帝を幽閉した．康有為と梁啓超は難を逃れて亡命することができたが，彼らの一派とみなされた6人は処刑された．こうして，戊戌変法は，頓挫することになったのである．

［吉澤誠一郎］

孫文——近代中国・中国革命の顔

　孫文を表現するのに革命家という以上にふさわしい言葉はないだろう．1925年に「革命未だ成功せず」という言葉を残して死去し，孫文の革命家としての活動は終わる．しかし，その後の中国を動かしていった国民党と共産党がともに孫文の後継者を自任し，それぞれの進める革命を孫文の未完の革命を継承，発展，完成させるものとして意味づけたことで，死後もなお革命家孫文は大きな存在であり続けた．

●革命家孫文の歩み　孫文は1866年，広東省香山県の農家に生まれた．号は逸仙，中山．中国では一般的に孫中山とよばれる．1879年，兄を追ってハワイに渡り同地の学校で学ぶ．その後香港で医学を学び，1892年，マカオで医師として開業するが，やがて当時中国を支配していた満洲族の清王朝を打倒し漢民族の中国を回復する革命を志し，1894年にハワイで革命結社，興中会を設立する．翌95年には香港に興中会を設立し，広州での武装蜂起を計画するが失敗し，日本に亡命．その後も中国での武装蜂起を計画するがいずれも失敗に終わる．その間，ロンドンで清国公使館に監禁されるという事件が起き，釈放後この経験を *Kidnapped in London*（『倫敦被難記』）として発表したことで欧米でも革命家として広く知られるようになる．1905年，各地の革命団体を合同し中国革命同盟会を東京で結成し，その総理となる．1911年，武昌での武装蜂起をきっかけに辛亥革命が起きると，外遊先から帰国した孫文は臨時大総統に選出され，1912年1月1日，南京で中華民国設立を宣言する．しかし，清朝の実力者袁世凱が北京など北方を押さえており，革命側には中国を統一するだけの力はなく，また列強が権益維持のため袁世凱を支持したこともあり，孫文は清朝皇帝（宣統帝溥儀）退位と共和制賛成を条件に和議を結び臨時大総統の地位を袁世凱に譲る．この後袁世凱の独裁に対し孫文らは第二革命を起こすが，失敗，再び日本に亡命する．以後軍閥が割拠，混戦する状況で孫文は，時には軍閥の力を借り，革命の実現，民国回復をめざした．1920年代にはロシア革命，五四運動，中国共産党設立という内外の新たな状況を受け，「連ソ容共，労農扶助」を唱え，ソ連，共産党に接近する．1923年国民党を改組，共産党との国共合作を行い，あわせて黄埔軍官学校を設立して自前の国民革命軍による北伐，中国統一をめざした．しかし，肝臓癌のため1925年，北伐完成を見ることなく北京で客死した．

●共和制実現と民主主義　孫文の革命・政治思想は「三民主義」とよばれる．すなわち，民族主義，民権主義，民生主義である．このうち民権主義は具体的には共和制実現であるが，長く専制政治下にあった中国の民衆を「無知蒙昧，遠い先

を見通すことができない」(「興中会章程」)とみなす孫文にとって共和制は先覚者が主導して段階を踏んで実現されるべきものであった．また，中国の民衆は散沙（ばらばらの砂）であり，革命とは個人を自由にするのではなく，国家を自由にするものであるとも言っている．こうした孫文の考え方は，民主主義本来の考え方とは異質なものだろう．近代中国において喫緊の課題は19世紀以来の国家的，民族的危機を克服するため中国をいかに強国化するかであり，当時の政治構想，社会構想の基底にあるのも，ほとんどの場合，そうした問題意識であった．孫文も例外ではなく，その民権主義，共和制構想もこうした近代中国固有の歴史的文脈において理解する必要がある．

●**歴史的存在としての孫文**　孫文は国民党・中華民国（台湾）と共産党・中華人民共和国の双方で高く評価され崇敬の対象となっている．孫文が中国近代において大きな存在であったことは間違いないが，彼が実際に何をしたのかという事実を積み上げていっても，その同時代的，歴史的存在の大きさには届かない．例えば，彼が清末に計画，実行した武装蜂起はことごとく失敗に終わっているし，辛亥革命にしても，革命勃発時海外滞在中だったという事実が示すように，武昌蜂起から各省独立，清朝崩壊へと展開していく一連の動きの中で孫文が果たした役割は大きくない．辛亥革命といってまず頭に浮かぶ人物は孫文かもしれないが，辛亥革命を孫文による革命とはいえない．にもかかわらず辛亥革命で誕生した中華民国の臨時大総統に選出されるのが孫文なのである．

　中国近代において孫文という存在は，一人の人間という以上に，一つの現象として考えるべきなのだろう．孫文を理解するというのは，孫文個人の行動や思想という一人の人間としての身の丈を測るとともに，孫文がその身の丈をはるかに越えた存在となっていく過程や仕組みを理解することである．そしてそれが革命の世紀であった20世紀の中国を理解することにもつながる．

●**孫文と日本**　革命家孫文にとって日本は重要な存在であった．日本の明治維新・近代化は孫文に大きな刺激を与えたし，日本は亡命などで中国を離れた彼の主要な活動の場でもあった．犬養毅，宮崎滔天，頭山満ら多くの日本人と親交を結び，支援も受けていた．孫文に共感し，親近感を抱く日本人は多い．しかし，その孫文が中国・アジアへの侵略を進める日本に厳しい目を向けていたことも忘れてはならない．孫文と，彼を支援した日本人同志にしても多分に同床異夢であったことは否定できない．孫文との近さより，むしろ隔たりやずれを認識し，理解することが重要であろう．

[石川洋]

📖 **参考文献**
[1] 孫文著，深町英夫訳『孫文革命文集』岩波文庫，2011
[2] 横山宏章『素顔の孫文——国父になった大ぼら吹き』岩波書店，2014

五四運動——革命の導火線，愛国から革命へ

　1919年5月4日北京大学の学生を中心に3,000人もの群衆が北京の天安門前に集まった．第一次世界大戦の戦後処理を話し合うパリ講和会議で山東権益に関する中国の要求が認められなかったことに対する抗議活動を行うためである．

●第一次世界大戦と日本の中国進出　1914年第一次世界大戦の勃発によって中国で西洋列強の勢力が低下したのに乗じて，日本は中国進出を激化させた．まず，ドイツに宣戦布告しドイツの租借地であった膠州湾・青島から山東半島全体までを占領し，1915年には南満洲，山東権益の獲得などを内容とする対華21か条要求を袁世凱政府に提出し，最後通牒を突きつけることでその大部分を認めさせた（要求に屈した5月7日を中国では国恥日とよぶ）．1919年大戦終結後のパリ講和会議に中国は戦勝国の一員として参加し山東権益の回収，21か条要求の無効などを求めたが，その要求は五大国（英米仏伊日）が主導する会議で却けられ，中国では失望と不満が噴きあがった．

●五四運動　1919年5月4日北京での抗議行動に参加した学生たちは抗議文を手渡すため各国大使館に立ち寄った後，親日派とされる交通総長曹汝霖邸に向かい，邸宅を焼き討ちした．曹汝霖は逃れたが，居あわせた駐日公使章宗祥が暴行され負傷する（五四事件）．官憲は学生らを逮捕し鎮静を図ったが，抗議運動は北京から天津，上海，南京など各地に広がり，学生，知識人だけではなく労働者や商人も加わり，全国的反日抗議運動に発展した．その結果中国代表団はベルサイユ条約調印を拒否せざるを得なくなった．この一連の反日抗議運動を五四運動という．なお，山東権益は1922年の日中間の「山東懸案解決に関する条約」によって中国に返還されることになる．

　五四運動は中国では「五四愛国運動」ともよばれるが，この愛国の契機となったのは日本の侵略であり，愛国と反日とが抱合せになる状況はこの後抗日戦争（日中戦争）以降も続いていく．

●新文化運動　日本が21か条要求を中国に提出した1915年に上海で雑誌『青年雑誌』（後に『新青年』と改題）が創刊された．創刊者の陳独秀は中国の伝統文明，特に儒教を激しく批判し，デモクラシーとサイエンスに基づく新しい文明，思想の創出を訴えた．これに胡適，魯迅，李大釗らが呼応し，思想，道徳，文学などさまざまな領域において中国の旧弊を批判し文化の革新を求める運動が展開された．これを新文化運動という．そこに加わった人々の主義，主張はさまざまであり，組織された統一的運動というより，中国伝統文明批判を共通傾向として活発に展開された多様な言論活動・思想運動の総称である．

新文化運動の文化とは政治とは別のものとしてある文化ではなく，政治も含め中国のあり方すべてに関わるものとしての文化である．19世紀以来の中国の危機的状況が辛亥革命という政治革命によって克服されるどころか，さらに深刻化する状況で，その根本的原因は儒教など中国伝統文明にあるという認識に基づく新文化運動の主張は，文化の改革で完結するものではなく，政治も含めた中国の総体的改革を求めるものであった．例えば白話（口語）使用による文学革命や漢字廃止の文字改良も，文語文や漢字が一部階層によって独占的に使用されることがもたらす中国の倫理，精神構造，社会構造への批判であり，文学や文字の改革で終わるものではなかった．この時期ロシア革命の影響を受け変革思想としてのマルクス主義への関心が高まっていくが，マルクス主義受容から中国共産党設立（1921）へという動きを主導したのは陳独秀や李大釗ら新文化運動の知識人であった．こうした政治的な展開も狭義の文化に局限されない新文化運動の問題意識からすれば不思議ではない．

　五四運動の発火点となった北京大学は，学長の蔡元培をはじめ陳独秀，胡適，李大釗らが教員として在籍する新文化運動の拠点であり，また目的や思想，意識の面でも共有されるものが多い．五四運動は狭義では1919年の山東権益回収問題に端を発した一連の抗議運動をさすが，より広く，新文化運動もあわせて，1910年代半ばから20年代初頭にかけての時期（五四時期）に展開した中国の変革に向けた新しい大きな動きとしてとらえる必要がある．

●**五四運動の評価と記憶**　中国では五四運動は単なる山東権益回収運動ではなく，反帝国反封建主義の革命運動とされ，近代史の画期となる重要な出来事として高く評価されている．それは日本でも同様だったが，近年，中国近代史を共産党の革命勝利に至る過程としてみる革命史観が見直される中で，五四運動の重要性や意義は相対化されてきている．しかし，五四運動が歴史上重要な出来事であったことは間違いないし，また，歴史学的評価とは別に，中国（人）の歴史，記憶，意識の中に五四運動は記念碑的出来事として存在している．例えば1989年の第二次天安門事件において政府側，デモ側の双方で5月4日という日が強く意識され緊張が高まったように，折に触れ五四運動の記憶は呼び起こされる．また民族主義，（時として暴力を伴う）大衆運動，愛国，民主，伝統文明とその変革といった五四運動・新文化運動の問題は，かたちや意味を変えながらも今なお今日的問題であり続けている．中国を考え理解するうえで，歴史的事実として五四運動が何であったかを知ることはもちろん，五四運動が中国においてどのように語られ，記憶され，想起されるのかをみていくことも重要である．　　　　　　［石川　洋］

📖 **参考文献**
［1］ラナ・ミッター著，吉澤誠一郎訳『五四運動の残響—20世紀中国と近代世界』岩波書店，2012

蒋介石──対立の指導者

　1920年代軍閥が割拠，混戦する中国で，孫文の後継者として権力の座についた蒋介石（1887-1975）がまずめざしたのは，孫文の遺志を継ぎ分裂状態の中国を統一することであった．この目標は1928年の北伐完成により一応達成されたが，その過程で国民党と共産党の対立が生まれ，それは中華民国（台湾）と中華人民共和国という中国の分裂をもたらし，さらに世界的東西対立に組み込まれていく．蒋介石は常に分裂と対立の中にあった．

●**国民党・中華民国の指導者への道**　蒋介石は1887年に中国浙江省奉化県に生まれた．介石は字で名は中正．1906年に保定陸軍軍官学校に入学し，翌年日本に留学し，東京振武学校で学んだ．日本滞在中に，孫文らが結成した革命団体，中国革命同盟会に加わり，以後その軍事的能力によって頭角を現していく．辛亥革命後の袁世凱独裁，軍閥割拠という状況を打破し中国統一を実現すべく1924年孫文が中国共産党（およびその背後のソ連，コミンテルン）との提携，すなわち国共合作を成立させると，蒋介石は，中国統一に必要な自前の軍隊育成のため設立された黄埔軍官学校の校長に就任する．1925年の孫文死後，汪兆銘らライバルに勝って孫文の後継者となり，北伐を宣言，中国統一に向け軍事行動を開始する．1928年の北京入城で北伐は完成するが，この間1927年の上海クーデターで共産党を排除，弾圧し，共産党との対立は決定的となる．（南京）国民政府主席に就任した蒋介石はこの後，国共（共産党との内戦），日中（日本との戦争）という二つの大きな対立の中で中国を経営していく．張学良が蒋介石を監禁し内戦停止を要求した1936年の西安事件により（第二次）国共合作が成立するが，一時的協調にすぎず，やがて抗日戦争後を見据え両者の対立は深まり，抗日戦争終了後国共内戦が再開し，敗れた蒋介石は1949年に台湾に逃れ，以後1975年の死まで中華民国総統として中華人民共和国と対峙することになる．

●**蒋介石と抗日戦争**　共産党側のいわゆる革命史観では，蒋介石は「安内攘外」（国内を統一・安定させた後外敵を駆逐する）を主張し抗日・救国よりも反共を優先し，共産党こそが抗日戦争を主導し勝利に導いたとされ，それが通説になっていた．だが，共産党の歴史解釈はともかくも，それが歴史的事実とされるのは蒋介石にしてみれば心外だろう．蒋介石が重視したのは外交である．抗日は中国の自由と平等の回復を至上課題とする国際的外交戦略の中に位置づけられ，中国が単独で武力だけで日本と戦うのではなく，国際社会の中で外交という無形の戦争を活用して日本と戦い，最終的に勝利するとされた．安内，すなわち国内の統一と安定を重視したのは，それが軍事，外交を行うための前提条件と考えたからで

ある．蒋介石と毛沢東・共産党との違いは，抗日戦略構想の違いであって，抗日に積極的か消極的かという違いではない．蒋介石が反共主義者であることは間違いないが，反共にかまけて抗日救国をなおざりにしたわけではない．第一次世界大戦後，戦勝国として参加したパリ講和会議では二つの全権席数しか与えられない三等国であり，山東権益回復などの要求を五大国（英米仏伊日）主導の会議で拒絶された中国が，第二次世界大戦では米英ソと並ぶ連合国四大国の一員としてカイロ宣言やポツダム宣言に名を連ね，戦後は五大国として国際連合常任理事国になった．この間の中国を指導したのは毛沢東・共産党ではなく，蒋介石・国民党である．抗日戦争だけではなく，1920年代以降の中国，そしてアジア，世界情勢を理解するためにも，蒋介石の果たした役割をいま一度実証的に検証してみる必要がある．

●**蒋介石と日本**　蒋介石と日本との関係は深い．日本に留学し日本陸軍勤務の経験もある蒋介石は日本語も堪能で日本についての理解も深く，日本人に対しては肯定的なイメージをもっていた．孫文に派遣され訪問したソ連での経験が彼をソ連嫌いにしたのとは対照的である．1945年，終戦時に蒋介石はいわゆる以徳報怨演説を行い日本人に対する報復を禁じたが，そこには中国の敵は日本の軍閥であって，日本の民衆ではないという考え方がある．これは現在にいたる中国の公式見解でもある．その評価，好悪は別にして蒋介石の存在が日本の戦後処理に与えた影響は大きい．余談だが，1938年に蒋介石は中国空軍機による日本本土空襲を企図，実行している．米国軍による本土空襲（1942年のドーリットル空襲）の4年前のことである．ただし中国空軍機が空襲先の九州で投下したのは爆弾ではなく，反戦広告ビラであった．

●**蒋介石の評価**　蒋介石の評価もまた分裂と対立の中にある．政治家の評価は評者の立場や政治状況に左右されやすいが，蒋介石の場合それが著しい．革命史観では毛沢東や共産党の「光」を際立たせるための「闇」の役割を負わされるが，それとは逆の見方もある．その毀誉褒貶の大きさは，蒋介石の存在の大きさと彼を取り巻く対立の深さを示している．蒋介石評価の振幅や変化は見る側によるところも大きい．激動期の中国で長く権力の座にあった蒋介石という矛盾を含んだ複雑で大きな存在のすべてを視野におさめられる視点も，またそれを評価する唯一絶対の尺度もない．「蒋介石日記」など新資料の公開が進む今，これまでつくり上げられてきた蒋介石のイメージや評価からいったん離れ，改めてそれぞれの歴史状況における彼の振舞いとその意味を一つひとつ実証的に検証していくことが必要であろう．

[石川 洋]

参考文献
[1] 家近亮子『蒋介石の外交戦略と日中戦争』岩波書店，2012

毛沢東――中国人民の最大の指導者

毛沢東（1893-1976）は，中国共産党の指導者として，近現代中国の歩みに最も大きな影響を与えた人物である．

現在でも，歴史関係の書籍においてはもちろん，天安門に掲げられた巨大な肖像画や，人民元に描かれた図柄，そして観光地で売られているグッズなど，いたるところで彼の姿を目にすることができる．毛沢東は，いわば中華人民共和国の顔となっているのである．彼はどのような過程を経てこうした存在になっていったのだろうか．

図1　延安での毛沢東（1946）
〔野村浩一『毛沢東』人類の知的遺産76．講談社，1978〕

●**農民の力量の発見**　毛沢東は，1893年に湖南省湘潭県の富農の家に生まれた．彼は幼少時，農作業の手伝いに精を出す一方，経書や『水滸伝』などの歴史小説，そして『盛世危言』などの経世書を好んで読み，中国の改革に関心を示すようになる．続いて東山書院，湘郷中学で学ぶとともに，1911年の辛亥革命の際には志願兵になるなど社会活動も行った．1914年には湖南省立第四師範学校に入学，教員で倫理学者の楊昌済の影響を受け，また社会改革をめざす新民学会を組織した．卒業後は北京大学図書館助理として働き，李大釗のもとでマルクス主義文献読書会に参加，以後1919年の五四運動や陳独秀の影響のもとマルクス主義に傾倒し，1921年，中国共産党創立大会に参加した．

毛沢東が共産党の主導権を確立していく過程で特徴的なのは，1927年3月「湖南農民運動考察報告」などにみられるように，人口の大多数を占める農民の力量を重視したことである．同年第一次国共合作分裂後は，土地改革と農民の武装化によるゲリラ戦法に基づきつつ，湖南・江西・福建一帯に広大な根拠地を築いたが，毛沢東のこうした方法は，党中央から消極的として厳しく批判され，1931年から1933年にかけ一時は党と軍における実権を失うことになる．

しかし，蒋介石ら国民党による根拠地攻撃を避けて1934年に開始された長征，日中戦争，国共内戦の中で，遵義会議や延安整風運動を通じて主導権を掌握していき，1945年には党規約に「毛沢東思想」が明記されるまでに至った．

●**毛沢東と人民**　毛沢東は，1949年の中華人民共和国成立後，数年のうちに社会主義化を推し進める方向へ傾斜し，百花斉放・百家争鳴を経て1957年に反右

派闘争を発動し，共産党に不満を抱く知識人を弾圧した．さらに翌年，大躍進を実行し，急速な工業化や農業集団化をめざしたが，その試みは失敗し，多くの餓死者を出した．毛沢東は大躍進失敗の後，混乱した行財政の調整をめざす劉少奇や鄧小平と溝を深め，ソ連，アメリカとの関係悪化の中で国際的な孤立感も高まり，さらなる階級闘争の必要性を主張，1966年に文化大革命を発動した．文化大革命には，毛沢東側の林彪や江青らによって紅衛兵も動員され，社会各層が巻き込まれることとなり，中国の政治，経済，文化に甚大なる被害が及んだ．晩年毛沢東は，アメリカとの接近や日本との国交正常化など中国の秩序構築に一定の役割を果たすも，文化大革命の混乱を完全に収拾できないまま，1976年に死去した．

　農村の実態への鋭い観察や的確な戦況把握により日中戦争，国共内戦を乗り切った毛沢東が，人民共和国建国後，一転して非現実的な社会主義化に突進した理由については，平時の国家建設に向かない彼の個性や，前述の米ソをめぐる国際関係の影響など，さまざまな解釈があり得る．いずれにせよ，毛沢東の発動した政治闘争が，常に全人民を巻き込むかたちで行われたことからは，彼と人民との深い相互関係がうかがえるのである．

●**実践と矛盾の中で生きる人民**　毛沢東の思想を貫くのは，実践の重視，そしてあらゆる事物に矛盾を見出す発想である（「実践論」「矛盾論」）．

　毛沢東は，人民が実践に身を投じ，その中で理論をくみ取り，さらに実践にて検証するという過程を重視する．興味深いのは，実践をしようとする能動性を重視し，その性質が全人民に備わっているとする発想である．またすべての事物に矛盾が内在するという発想は，弱者が強者に不断に立ち向かい，地位の逆転を図るという構図を人民に提供した．一方で，常に矛盾の一極に置かれた人民は，その緊張感ゆえに結局，矛盾を最も見抜く存在である毛沢東へ追従するしかなかったとする研究もある．このように，毛沢東の発想は正負さまざまな意味で人民の心をつかみ，人民たちを日中戦争勝利の原動力にも，大躍進・文化大革命の要因にもさせ得たのである．

●**現在の中国人民と毛沢東**　毛沢東の没後の評価については，1981年，11期六中全会の「歴史決議」における「功績第一，誤り第二」が有名で，また1993年，生誕100周年に際しては彼に関する多くの文献が出版された．近年では，貧富の格差により弱者となった人々の間で，毛沢東の公平・平等思想への回帰を望む声が聞かれる．彼は現在においても中国人民の心の中に根強く生き続けているのである．

〔小野泰教〕

📖 **参考文献**
[1]　西　順蔵編『原典中国近代思想史―毛澤東思想の形成と発展』第5冊，岩波書店，1976
[2]　野村浩一『毛沢東』人類の知的遺産76，講談社，1978

鄧小平——中国の経済発展の立役者

　中国が2010年にGDP（国内総生産）で世界第2位に到達したことは，多くの日本人を驚かせたが，そうした経済発展の起点となったのは，鄧小平（1904-97）が1978年から実施した改革開放とよばれる一連の政策であった．鄧小平はどのような個性をもった政治家だったのか，またいかなる歩みを経てこうした政策の実施に至ったのであろうか．

図1　鄧小平の南巡講話（1992）
〔天児慧『巨龍の胎動―毛沢東VS鄧小平』中国の歴史11, 講談社, 2004〕

●毛沢東農民革命の忠実なる実践者

　1904年，四川省広安県で生まれた鄧小平は，中学卒業後，働きかつ学ぶことをめざす勤工倹学運動に参加，1920年にフランスへ渡る．1924年には該地で中国共産党に入党．この間，生涯親交の深かった周恩来に出会う．その後，共産主義運動の取締りを避けてモスクワへ逃亡し，1927年に帰国．帰国後は，馮玉祥のもとで国民革命を戦い，国共分裂後は共産党中央で秘書業務に従事．1929年から1930年にかけて根拠地建設のため広西省に派遣され，百色蜂起，竜州蜂起を指導して左右江ソビエトを建設，ゲリラ活動を行った．1931年には江西ソビエトに入り毛沢東と合流し，農村の実態に即した農民革命の方法を支持した．こうした態度が，当時毛沢東と対立していた党中央から批判され，1933年初めての失脚を味わうも，長征に参加して復活，日中戦争，国共内戦期には，百団大戦，上党戦役，淮海戦役といった戦闘で目覚ましい活躍をした．

●毛沢東との分岐，生産力の重視　中華人民共和国成立後，鄧小平は中央に抜擢され，高崗・饒漱石事件の解決などを通じて，1956年，共産党中央委員会総書記に登りつめた．そして毛沢東の意思どおり，1957年の反右派闘争や翌年の大躍進において主導的な働きをした．また共産主義運動のあり方をめぐり，ソ連と論争を繰り広げた．しかしながら大躍進が失敗に終わると，彼らの間には分岐が生じ始めた．鄧小平は大躍進失敗による損失を回復するため，農業生産の向上を第一目標とした．イデオロギーに関係なく生産こそを重視するこうした発想は，鄧小平が用いたたとえにより「白猫黒猫論」という名で人口に膾炙している．しかし，鄧小平の方針に批判的な毛沢東により，文化大革命中，一切の職務を剥奪され，二度目の失脚，1969年から江西省新建県に幽閉を余儀なくされた．

1973年いったんは復活し，周恩来との密接な関係のもとで中国の再編に取り組むが，1976年，四人組との対立や周恩来の死去により三度目の失脚．同年の毛沢東の死と四人組の失脚後，1977年に復活，華国鋒との対決を経て，1982年，鄧小平・趙紫陽・胡耀邦による政治体制の完成により主導権を確立した．

●**改革開放と天安門事件** 鄧小平は三度目の復活以降，経済発展を第一目標とする大胆な政策を展開した．農村においては家庭請負生産責任制や農村工業化を進め，都市においては経済特区の設置と外資の導入，企業の自主権の拡大，計画経済から商品経済への転換などを行った．また台湾・香港の平和的統一と相互の活発な交流をめざし，社会主義と資本主義とを併存させる一国二制度を提唱した．一方，経済にも影響する政治面での改革については，当初，党内人事や行政のあり方に対する一定の改革をめざすも，党内外から生じた極度の民主化要求には断固反対した．こうした姿勢は，胡耀邦・趙紫陽との対立を生み，1989年の第二次天安門事件につながった．民主化を要求する学生運動を武力で弾圧したこの事件は，西側諸国からの強い反発を招いたが，アジア外交の重視や国内の経済回復に徹する姿勢によって，改革開放の継続への支障を最小限に抑えた．晩年の1992年には南方の都市開発を視察し講話を行った．この講話は後に南巡講話とよばれ，改革開放加速の要因となった．こうした鄧小平の経済政策の成果と課題は，続く江沢民政権へと引き継がれていったのである．

●**経済発展の思想，先富論** 鄧小平の生涯で一貫しているのは，中国人民を団結させ，その生活水準を向上させることへの強い執念である．どちらかといえば政治を経済より優先する政治家が多かった中国史上において，彼のように，人間の経済的欲求を率直に政策目標に掲げた政治家は珍しい．

鄧小平と同時代の毛沢東を比較してみても，例えば，マルクス主義について，毛沢東はそれを政治闘争による人民の自己変革の理論として受容したのに対し，鄧小平は何より生産力を向上させるための理論ととらえた．経済発展を阻害する政治闘争は極力避けられなければならなかったのである．経済を最優先した鄧小平の発展プランは先富論とよばれ，富む可能性のある人や地域をまず豊かにしようとするものである．そしてその過程で生じる経済格差の是正のためにも，社会主義の原則である労働に応じた分配が必要だと述べる（鄧小平『現代中国の基本問題について』外文出版，1987）．こうしたプランの論理性や実現可能性についてはさまざまな評価があり得ようが，ともあれ，それは鄧小平以後，近年の胡錦濤政権，習近平政権に至るまで，未完の課題として取り組まれ続けている．

［小野泰教］

📖 **参考文献**
[1] 矢吹 晋『鄧小平』講談社学術文庫，2003
[2] 寒山 碧著，伊藤 潔訳編『鄧小平伝』中公新書，1988

歴史を動かした女性たち
── 則天武后・楊貴妃・西太后

　中国の歴史において，前漢の呂后や北魏の馮大后のように，権勢をふるった女性は少なくない．しかし，皇帝になった女性はたった一人だけである．

●**則天武后の出身**　則天武后は唐の武徳 7（624）年，并州の文水に生まれた．父親の武士彠は地元の材木商で，交友が広い．隋の末年，後に唐の初代皇帝になった李淵（在位 618-626）は軍隊を率いてその地を経由したとき，彼の家に宿泊していた．それが縁で，武士彠は後に李淵の反乱軍に加わった．唐王朝が樹立した後，工部尚書など重要な官職を歴任した．

　昔の女性は正式の姓名がなく，実家の姓に「氏」をつけて称された．則天武后は武という家に生まれたから，武氏と呼ばれていた．後述のように，則天武后は死後に与えられた称号である．行文の便のため，以下，則天武后という．高級官僚の家に生まれた則天武后は良好な教育を受け，容姿が抜群である．2代目の皇帝である唐の太宗がその噂を聞きつけ，貞観 11（637）年，まだ 14歳の彼女を側室にし，才人という称号を与えた．12年後の貞観 23（649）年，太宗が亡くなると，彼女はほかの側室とともに出家した．

　皇位を継承した高宗はまだ太子のときによく宮内に伺っていたが，則天武后の美貌を見て一目惚れした．即位すると，さっそく出家先の寺を訪ね，ほどなくして宮中に呼び戻した．そのとき，高宗は側室の蕭淑妃を寵愛しており，王皇后は内心面白くなかった．そこで，高宗の前で盛んに則天武后を褒めた．王皇后の策略は功を奏し，まもなく高宗の心は蕭淑妃から離れ，則天武后は側室の中で序列五位の昭儀に昇進した．

●**恐怖政治で権力を掌握**　則天武后は陰謀術策に長けており，けっして昭儀という地位に満足しない．次の目標は王皇后にとって代わることである．だが，王皇后は名門の出身で，朝廷では重臣たちの支持を受けている．そこで，彼女は悪辣な罠を仕掛けた．則天武后は一女を生んだが，ある日，王皇后が見に来た．彼女が帰った後，則天武后はわが子を絞殺し，布団をもとのままにした．しばらくして高宗が来てみると，赤子が死んでいた．女官たちは王皇后が来たばかりだと証言したので，高宗は激怒した．しばらく経った後，王皇后は廃され，32歳の則天武后は念願の皇后になった．

　皇后になると，彼女はすぐ政務に介入し，ほどなくして高宗とともに執務するようになった．高宗はもともと病弱で，661年に大病を患ってから，政務をすべて武后に任せた．だが，権力が則天武后の手に集中しすぎるのをみて不安になり，息子の李賢を皇太子に立てた．則天武后はすかさず口実をつくって，皇太子を流

刑に処した．次に皇太子になった李顕は兄の悲惨な結末をみて，すっかり怖くなり，則天武后の言いなりになった．弘道元（683）年，高宗は崩御し，李顕が即位して中宗となった．則天武后は最初，皇太后として摂政になったが，やがてそれに満足せず，わずか1か月で中宗を廃し，末っ子の李旦を皇位につけた．

　自らが皇帝になるために則天武后が使ったのは恐怖政治という手段である．密告を奨励し，政敵を無情に鎮圧することで，たてつく大臣たちを服従させる．高宗が崩御してから，則天武后が皇帝になるまでの6年の間に，24人の宰相のうち，実に17人が罷免されるか処刑されるはめになった．690年，則天武后は機が熟したとみて正式に皇帝を名乗り，国号を周に改めた．「聖神皇帝」と称し，自ら武曌という名をつけた．齢66歳のときであった．

●**治世の才能を発揮**　政権奪取が成功したのは陰謀術策だけではない．国を治めるにおいて優れた才能を発揮したのも一因だ．彼女が権力を握っている間に経済が発展し，社会も安定していた．対外的には軍事的優勢を保ちつつ，周辺民族と安定した関係を築いた．歴代の男性皇帝に比べてもまったく遜色はない．

　則天武后にとって最後の問題は後継者選びである．彼女の庇護で武の一族は大きな権力を手中にした．本来，実家の男たちに皇位を譲ろうとしたが，李の一族はもと皇族であるだけに，反発や困難が大きい．迷った末に，則天武后は再び李顕を皇太子に立てた．

　長安4（704）年，80歳の武后の病状が悪化し，それを機に政局は急に動き出した．翌年の正月，ついに政変が起きた．反乱軍は玄武門を破り，宮内を急襲した．側近は粛清され，翌日，武后の名義で皇太子の政権復帰が告示された．3日目に帝位が皇太子に禅譲され，中宗が復権した．その年の11月，彼女は82歳の生涯を閉じた．亡くなった後，帝位が取り消され「則天大聖皇后」という称号が与えられた．則天武后と称されたのはそのためである．

●**楊貴妃の生い立ち**　楊貴妃の幼名は玉環，開元7（719）年の生まれで，父親の楊玄琰は地方の小役人であった．幼くして両親が亡くなり，叔父に育てられた．容姿がことのほか麗しいため，17歳のときに，玄宗皇帝の息子・寿王李瑁の妃に選ばれた．

　ところが，玄宗が寵愛していた恵妃が亡くなってから，宮中に気に入る女性がなく，恵妃のことはずっと忘れられない．これを見た側近は，楊玉環を推薦した．玄宗が彼女をひと目見てすっかり魅了されてしまった．接見のとき，彼女は道士の服を身に着け，楊太真という号をもつ女道士であった．寿王の妃はなぜ女道士になったか，そのあたりのことについて史書の記述は曖昧だ．息子の嫁を横取りするための偽装工作なのかもしれない．楊玉環は天性の麗姿のみならず，音律に通暁し，歌舞を得意とする．玄宗に寵愛され，宮中では皇后のように遇されていた．天宝のはじめ，ついに貴妃に封ぜられた．そのとき楊貴妃は23歳で，玄宗

はすでに57歳である．

　中国の歴史によくあることだが，一人の女性が皇帝に寵愛されると，一族はその恩恵を蒙って出世する．楊玉環が貴妃になると，兄の楊銛が鴻臚卿（外務大臣）に任命され，いとこの楊錡は侍御史（侍従長）になった．3人の姉はそれぞれ韓国夫人，虢国夫人，秦国夫人の称号を与えられ，宮中を自由に出入りすることができた．なかでも族兄の楊国忠は唐王朝の命運をにぎる地位についた．

●**権力闘争の犠牲に**　楊国忠は本名楊釗，国忠は玄宗が与えた名前だ．楊貴妃との関係で起用され，宰相まで上りつめたが，激しい政争の中で安禄山と対立するようになった．天宝14（755）年11月，安禄山はついに范陽で反旗を翻し，史思明もすぐに安禄山の軍勢に呼応した．かの有名な安史の乱である．反乱軍が破竹の勢いで都に向かってきたのを見て，玄宗は長安から逃げ出さざるを得なくなった．

　天宝15（756）年6月13日，楊国忠は玄宗とともにひそかに蜀（現・四川省）に向かって出発し，陳玄礼という将校が200人の兵士を率いて守りについた．翌14日，長安の西にある馬嵬というところにたどり着くと，異変が起きた．陳玄礼は玄宗に奏上し，国を救うために，楊国忠を処刑してほしい，と願い出た．玄宗が迷っているうちに，兵隊たちが口実をつくって楊国忠を殺した．続いて楊国忠の子にも，楊貴妃の姉たちにも手を出した．玄宗が自ら杖をついて出てきて，兵士たちの説得にあたったが，彼らは押し黙ったまま，立ち去ろうとしない．高力士を通して聞くと，楊貴妃を処刑せずには安心していられない，との回答が返ってきた．玄宗は最初従わなかったが，側近に説得され，ついに楊貴妃は縊死した．

　後宮の女性として，楊貴妃は直接的にはまつりごとに介入しなかった．だが，もし彼女がいなかったら，楊国忠は宰相として起用されることがなく，安史の乱も起きなかったであろう．

●**西太后の家系**　近代に入って，権力の掌握をめざす女性がまたもや現れた．かの悪名高い西太后である．西太后は道光15（1825）年10月10日に生まれた．葉赫那拉もしくは那拉とよばれており，実家での愛称は蘭児である．出身地については複数の説があり，真相は明らかになっていない．父親は清王朝の中級役人で，中央官庁で文書を扱う仕事をしていた．曾祖父の代から官僚をしていた家系で，中央では人脈が広い．加えて，母方のほうも代々役人をしており，しかも父方よりも地位の高い役職についていた．西太后が後に皇帝の側室に選ばれた理由の一つに，家柄の良さもあげられるであろう．

　アヘン戦争から8年後，道光30（1850）年1月，道光皇帝は内憂外患の中で69歳の生涯を閉じた．皇位を継承した咸豊帝はまだ弱冠20歳で，慣例にしたがって側室選びの行事が行われた．17歳の西太后が参加し，蘭貴人に選ばれた．宮中に入ってから，2歳年下の鈕祜禄が皇后に選ばれ，西太后は10人の后妃の中

で序列三位になった．宮中に入って4年目の咸豊6（1856）年3月，西太后は男の子を生んだ．咸豊帝のたった一人の息子で，後に皇位を継承した同治帝である．男児の出産は西太后の運命をすっかり変えた．彼女は即日，貴妃に昇進し，皇后についで序列二位になった．

　一方，咸豊帝が即位してからも清国は依然として西洋列強の脅威にさらされている．それだけでなく，国内では太平天国の乱が勃発した．旧い官僚はもはや役に立たず，咸豊帝は思い切って王族の粛順（しゅくじゅん）という人を起用した．粛順は冷遇された漢族の官僚を大胆に起用し，大きな成果を収めた．

●**政敵を追放**　アロー戦争（第二次アヘン戦争）の翌年，1861年7月，咸豊帝は31歳の若さで崩御した．6歳の息子は皇位を継承し，生母は皇太后になり，皇太后の住まいが宮中の西の建物にあるので，「西太后」とよばれた．

　咸豊帝の死後，その遺言に従い，粛順など8人の大臣が幼い皇帝の補佐にあたった．西太后は粛順の一派が権力を独占するのを恐れて，賭けに出た．彼女は咸豊帝の弟である恭親王と共謀してクーデターを起こし，粛順の一派を一網打尽にした．こうして西太后は最大の敵を追放した．

　政変の後，恭親王は議政王に任命され，幼い皇帝と皇太后を補佐する役を務めた．だが，まもなく，西太后は恭親王（きょうしんおう）の権力拡大を心配しはじめる．同治4（1865）年，口実をつくって，議政王という肩書を剥奪した．恭親王を追放したことで，彼女は名実ともに権力を手中にした．同治12（1873）年12月，18歳になった同治帝は親政したが，翌年，天然痘であっけなく夭折した．皇子がいないため，西太后は妹の息子で，まだ4歳の載（さい）湉（てん）を後継者に指名した．

●**維新派を弾圧**　光緒15（1889）年2月，19歳になった光緒帝（こうしょてい）は親政した．最初は二人が良好な関係を保っていたが，日清戦争で清国が大敗を喫したのをきっかけに両者が対立するようになった．光緒帝は敗戦を教訓に政治改革を主張する維新派を支持し，一方，西太后は維新に反対する保守派の後ろ盾になった．

　光緒24（1898）年4月23日，光緒帝は維新を断行し，皇帝の名義で次々と政治改革の詔勅を発布した．西太后はしばらく様子見をしていたが，ついに牙をむいた．8月6日，光緒帝が逮捕され，64歳の西太后は再び政権に復帰した．しかし，権力闘争で勝利しても，日々変化する世界の情勢に対応する才識と能力を彼女は持ち合わせていなかった．義和団の乱，8か国連合軍の北京占領，西安への逃亡などを経て，清国はすっかり弱体化した．

　長い軟禁生活の末，光緒帝の病気は悪化した．それを見て，西太后は3歳の溥（ふ）儀を皇太子に指名し，摂政を続けるつもりである．だが，光緒34（1908）年11月22日，彼女は74歳で亡くなった．奇しくも光緒帝の死より1日後のことであった．

［張　競］

中国の世界遺産 ①

泰山（1987年登録／複合遺産）

泰山は，紀元前から漢民族の信仰を集めてきた霊山である．自然の景観と伝統宗教をともに体感できる場所として現在も多くの観光客が訪れる．写真右上は泰山登山道の様子．手前に昇仙坊，奥に南天門が見える．写真右下は泰山天街．所在地は，山東省泰安市　　　　　　　　　　［荒木達雄］

2. 地　　　理

　北は北海道から,南は沖縄まで,日本は南北に長い国土をもっている.しかし,その日本の東西南北を包み込んでしまうくらい大きな面積をもっているのが中国である.
　そこには,山あり,谷あり,川あり,平原あり,砂漠あり,そして海岸ありと,きわめて多彩な地形がある.チベット自治区にあるチョモランマ(エベレスト山)は世界最高峰であるし(ちなみにチョモランマは,チベット語),西には広大なゴビ砂漠,タクラマカン砂漠がある.川をみれば,黄河,長江の二大河が,西から東へ向かって流れている.気候も,北の東北地方では厳冬期であっても,南の海南島では,もはや夏といったくらいの違いがある.そして西部は乾燥,東南部は湿潤である.
　こうしたさまざまな自然条件のもとで暮らしてきた中国各地の人々は,土地ごとの豊かな文化を生み出してきた.その地形,気候,そして主要な都市の様子を探ってみたい. 　　　　　　　　　　　［大木　康］

地形——山脈・高原・平原

　中国の地形は東部を除くと全般に山がちで，山地・丘陵と高原の合計で約70%になる．多くの山脈があり，西部では東西方向，東部では北東-南西方向にのびている．これは，西部はユーラシア大陸とインド亜大陸が約4,000万年前に衝突して以降，南北の圧縮力を受けているのに対し，東部は太平洋およびフィリピン海プレートがユーラシアプレートに沈み込む圧縮力を受けてきたためである．

●**階段状の大地形**　西南部には海抜5,000 mを超えるチベット高原，その東には四川盆地などの低地を挟み，北には内モンゴル高原，黄土高原，南には雲貴高原など1,000〜2,000 m程度の高原状の山地，その東は東経115度以東の低地と，西部で高く東部で低い三つの階段状の大地形を示す（図1）．東北部には中原にあたる華北平原，さらに北方には東北平原が広がり，北緯30度付近を東に流れる長江以南は，南嶺山脈などの山がちな地形となる．チベット高原の北には6,000 m級のクンルン山脈，タクラマカン砂漠のあるタリム盆地，さらに北には7,000 m級の天山山脈が連なり，海面下154 mの中国最低標高地アイディン湖のあるトゥルファン盆地，ジュンガル盆地を挟み，アルタイ山脈，モンゴル高原に至る（図2）．

●**世界の屋根チベット高原とその周辺の地形**　西部のパミール・チベット（中国名は青海西蔵）高原は，平均標高が4,500 mにもなる世界最大の高原で，高標高ゆえに気候も寒冷で，「世界の屋根」「第三の極地」ともよばれ，低緯度にもかかわらず永久凍土がみられる．南西部には新期造山帯でインド亜大陸がユーラシア大陸に衝突して形成された衝突型山脈のヒマラヤ山脈がそびえ，世界最高峰のエベレスト山（中国名は"珠穆朗玛"）をはじめ8,000 m級の山々が連なる．その北のチベット高原上には7,000 m級の山もあるニンチェンタングラ，6,000 m級のタングラ山脈などが東西にのびる．それらの山脈の間にある谷は，ブラマプトラ川，メコン川，長江，黄河など，南アジアから東アジアの大河の源流域となっている．これらの高原上の山脈の山頂部には氷河がみられる．高原の北にあるクンルン山脈，天山山脈，アルタイ山脈は古期造山帯の山脈がインド亜大陸の衝突の影響を受けて隆起した復活型山脈で，山頂部には氷河が発達する．

●**風がつくった黄土高原**　チベット高原の北方にはゴビ砂漠，タクラマカン砂漠などの砂漠が広がり，後者では年平均降水量が50 mm以下ときわめて乾燥している．砂漠周辺の山脈の山頂部の雪氷域から流れ出す河川は，山麓に扇状地を形成し，シルクロードのオアシスとなる．これらの川は細粒物質を砂漠域に運び，砂漠中央部には，風の作用により砂丘などの乾燥地形がつくられている．これらの砂漠地帯の砂は，主に春季の低気圧に伴う砂塵嵐により空中に巻き上げられ，

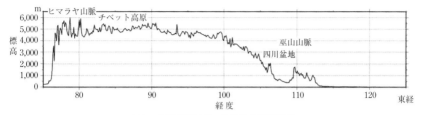

図1 北緯32度に沿った地形の東西断面

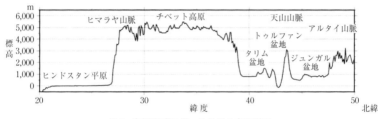

図2 東経89度に沿った地形の南北断面

黄砂となって東方へと運ばれ，中国東部にレス（黄土）として厚く堆積した．黄土は中国の約5％にあたる44万km²ほどの面積を占め，西はタリム盆地周辺から東は東北地方にまで分布する．黄河中流域の黄土高原を中心に，最も厚いところでは200mを超えて堆積している．厚い黄土は多くの細粒物質をもたらし，黄河の土砂運搬量はきわめて多い．

●**長江と黄河が流れる平原** 長江と黄河は，いずれもチベット高原を源流としている．長江は四川盆地の南部を流れ，東部の巫山山脈横断部で巨大なダムがつくられた三峡の大峡谷を抜けた後は，低平な江漢平原に出る．ここでは，洞庭湖，鄱陽湖などの多数の湖が周辺にみられ，きわめて緩い勾配で江南デルタ地帯を形成して黄海に注いでいる．これらの湖は長江の流量調整機能をもっていたが，近年は耕地の拡大によりその数も減少し，洪水激化の一因になっている．黄河は蘭州付近で北流した後，臨河北方で東に，包頭東方で南に流路を変えて黄土高原を横断し，潼関で再度東に流れを変える．函谷関，三門峡の渓谷部を経て洛陽の北方に達し，華北平野に流れ出た後は，世界最大級の扇状地を形成し，渤海に注いでいる．新中国成立前の2,000年余の間に，黄河は華北平野で破堤，氾濫を1,590回も繰り返し，最も北よりを流れたときには天津付近で渤海に，南よりを流れたときには淮河下流の河道を奪って黄海に注いだこともある暴れ川で，「黄河を制するものは天下を制する」といわれるほど，中国の統治にとって重要な河川であった． ［松本 淳］

📖 **参考文献**
[1] 淺川謙次監修，人民中国編集部編『中国の地理』築地書館，1975

気候——東アジアモンスーンによる多様性

　中国はユーラシア大陸東部に位置し，その大陸部はおよそ北緯20度から53度，東経73度から135度の広大な領域を占め，熱帯から寒帯，海洋性から大陸性にいたる多様な気候をもつ．東部では長江の北方に広大な平野が広がる一方，南部には1,000m程度の標高をもつ南嶺山脈があってやや山がちである．東経約100度より西方には，平均標高4,500mに達する世界最大の高地のチベット高原が，東西約2,000km，南北約1,200kmにわたって広がり，その南を画するヒマラヤ山脈には，世界最高峰のエベレスト山（中国名は"珠穆朗玛峰"）をはじめとする8,000m級の山々が連なっている．チベット高原の北方には海面下になるタリム盆地，さらに北方には6,000m級の天山山脈があるなど，地形もきわめて多様で，気候にも大きな影響を与えている．

●**気候の地域性とモンスーン**　年平均気温は一般に南から北に向かって低下し，南部で約24℃，北端部で約−4℃である．気温は標高の影響も受けるため，西部の高標高地では，永久凍土が発達する寒冷地になり，年平均気温は約−8℃以下で，中緯度地域にありながら，ツンドラ気候になっている．年降水量も一般に南方ほど多く，東南部の海岸付近やチベット高原の南東縁付近で2,000mm以上，北方に行くにしたがって減少し，長江付近で約1,000mm，北京以北の東北部では500mm程度である．降水量は東南部を除くと西方に向かっても減少し，チベット高原上とその北部では乾燥気候となる．なかでもチベット高原北方のタリム盆地は最も乾燥し，年平均降水量10mm以下のタクラマカン砂漠となっている．その東方のゴビ砂漠やチベット高原北西部でも，年平均降水量は50mm程度である．降水は主に温帯低気圧やそれに伴う前線，梅雨前線，台風などの熱帯低気圧によってもたらされ，大半の地域で暖候期に降雨が集中している．

　ユーラシア大陸の東南部では，冬と夏とで卓越風向が逆転し，夏に降水が多くなるモンスーン（季節風）気候が発達し，中国東部の大部分が東アジアモンスーンの影響を強く受ける．冬（11〜4月）は大陸中北部に発達するシベリア高気圧からの寒冷な北寄りの風が卓越し，降水量は全般に少なく乾燥し，夏（5〜10月）は太平洋やインド洋からの南寄りの風が卓越して，多くの地域で降水量が多くなる．初夏には梅雨前線帯が中緯度偏西風下で発達し，東アジアモンスーンによる夏の降水の主要な原因となる．東アジアモンスーンは，熱帯の大気循環システムの季節変化によって夏の雨季がもたらされる熱帯アジアのモンスーンとは異なる原因によって生じる雨季で，世界的に特異な亜熱帯モンスーン気候となっている．

●**中国の季節変化**　冬は北部では温帯低気圧による降雪があるが，降雪量は多く

ない．南部にも温帯低気圧や前線による降水が時々あるものの，降水量はあまり多くない．平野部の平均的な降雪限界は北緯25度付近にあり，これより南方では冬でも通常は降雨になる．四川盆地などチベット高原東方の内陸部では，濃い霧や層雲に覆われ，降水量，日照時間ともに少ない．地表付近には逆転層が発達するため，大気汚染が深刻になる．3月になると長江より南側の地域では，温帯低気圧に伴う降水が増加し，"連陰雨"とよばれる雨季となる．長江以南の地域ではこの時期の降雨が最も多い．また北部では低気圧の通過に伴って，西方の砂漠域から黄砂がしばしばもたらされる．

5月中頃になると，華南地方から台湾，沖縄，小笠原付近に梅雨前線帯が形成されはじめ，台湾では"梅雨（メイユイ）"，沖縄では梅雨（ばいう）とよばれる雨季となる．大陸の華南地方でも同じ前線帯の影響を受けて雨季となるが，大陸部ではこの時期の降雨は梅雨とはよばない．6月上中旬頃に梅雨前線帯は，長江流域付近に北上し，大陸部ではこの時期を"梅雨"とよび，おおむね日本の本州中部における梅雨と対応している．7月中旬になると，前線帯はさらに北上するとともに不明瞭になって"梅雨"は明け，暑い夏の季節となる．華北地方の雨季はこの頃から8月いっぱいにあたっており，"梅雨"に比べると降水量も降雨日数も少なくなる．他方，華南地方では，この時期には台風などの熱帯低気圧の影響が強くなり，第二の雨季を迎え10月上旬まで続く．9月には東アジアの前線帯は秋雨前線帯となって南下をし始めるものの，その影響は中国より東方で大きく，大陸部では雨季にならない．秋は四川盆地などの一部の地域を除くと全般に降水量が少なく晴天が卓越し，秋高気爽（しゅうこうきそう）あるいは秋爽（しゅうそう）とよばれる快適な季節となる．

●**気候変動とその影響**　国土の大部分で，夏の比較的短い期間のみに降雨が集中する中国では，東アジアモンスーンの変調による降雨変動の影響が大きく，長江流域での梅雨前線活動が活発な年には，中下流部で大洪水となることがある．また黄河も降雨が多い年にはしばしば洪水氾濫を起こし，歴史的にもその流路を大きく変えた．他方で梅雨前線活動が不活発な年には干ばつになる．

紀元後の歴史時代の気候変動としては，0～100年，300～630年，1050～1550年，1580～1720年頃が比較的冷涼な時代であった．西方からの遊牧民の侵入は，0～50年，300～600年，1100～1300年，1650～1750年に多く，ほぼすべてが寒冷期に相当している．このうち最後の寒冷期は，世界的にも「小氷期」といわれる寒冷期であった．他方，唐代は「中世の温暖期」といわれる温暖期にあたっており，人口が増加し，アラビアなどとの国政的な交易も発展して，周辺地域にも影響を与えた文化が花開いた．このように中国の気候は，長期的には大きな変動があり，王朝の交代に影響したともいわれている．

［松本　淳］

📖 **参考文献**
[1] 吉野正敏『歴史に気候を読む』学生社，2006

黄河と長江——中国文明を育んだ大河

　中国の領域内を流れる河川を，長さで5位までのランクをあげると，長江（6,300km，ナイル川・アマゾン川に次ぐ世界第3位），黄河（5,464km），アムール川中下流部の黒竜江（3,420km，アムール川全体では4,368km），珠江（2,197km）およびメコン川上流部の瀾滄江（2,153km，メコン川全体では4,023km）である．中国の文明を育むうえで，決定的な役割を果たした河川が，黄河と長江である．

　黄河文明の揺籃期，その世界の広がりの中で認識された河川は，「氵」の漢字1字で表された．黄河と長江はそれぞれ「河」と「江」とよばれる．その他に黄河支流の渭・汾・洛，中国を南北に分ける気候区分線と重なる淮，長江の支流である漢などがあげられる．その後，地理認識が拡大し緻密になると，河川ごとに漢字をつくることが困難となり，華北では海河・桑乾河などのように「河」を，華南では閩江・珠江などのように「江」を付すことで河川の名を書き分けるようになった．「河」と「江」は，中国の河川の一般名となったことからも，中国を代表する河川とみなすことができる．

●**交差するまなざし**　『詩経』は，黄河文明を継承した周代（前1027-前256）に歌われていた歌謡を，漢代（前206-220）にまとめた詩編である．そこに「漢広」という歌が収められている．「南に喬木あり，休むべからず．漢に游女あり，求むべからず．漢の広し，泳ぐべからず，江の永し，方すべからず」と歌いあげる（白川静注『詩経国風』東洋文庫，1990）．周人は黄河流域に住む．一方，詩の舞台は「漢」すなわち漢江と，「江」すなわち長江とが合流する現在の武漢あたりと想像される．

　黄河流域ではアワなどの畑作を基盤とする文化が生まれ，発展した．他方，長江流域では水田稲作に基づく文化が生まれた．それぞれの文化は，『詩経』にみられるように，互いに交錯しながら中国の文明をかたちづくってきたのである．二つの大河の源流は，青海省玉樹チベット族自治州を中心とする江河源区とよばれる狭い範囲に位置する．そこから黄河は東に，長江は南へと流れ下る．

●**黄河が文明を鍛えた**　チベット高原を東に流れた黄河は蘭州で北に転じ，寧夏の銀川平原に入る．銀川平原は黄河からの灌漑により，豊かな農業が可能であった．西夏王朝も，こうした沃野の生産力に支えられていたのである．

　黄河が東へと屈曲する河套平原は，草原の遊牧民が漢族の心臓部に侵攻するルートとなった．明代後期にモンゴル系のオルドス部がこの地域を占拠したために，オルドスともよばれる．遊牧騎馬軍団は，黄河が結氷した冬に河を越えた．

　黄河の結氷は，別の点で試練を与えた．湾曲する黄河では，オルドスあたりで河川が凍結している時期に，南に位置する上流の銀川平原で解氷が始まることが

珍しくない．上流から流れてきた河水が，オルドスの氷塊により流れを妨げられ，春先の洪水"凌汛"となるのである（西野広祥『「馬と黄河と長城」の中国史—興亡の歴史を新たな視点から探る』PHP 文庫，2002）．

オルドスを越えた黄河は，黄土高原を南下する．この高原は西方の砂漠から風で運ばれてきた砂より小さなシルトが，ところによっては200m も堆積することで形成された．黄土は乾燥していれば硬く，版築（板の囲いの中に黄土を入れて突き固める方法）により建造物の素材ともなる．しかし，水が浸み込むと粥のように溶けてしまう．高原が樹林や草原に覆われていれば，黄土の流失は少ない．農耕が進み，植皮が剥ぎ取られると，降雨のたびに土壌流出（水土流失）が進む．戦国時代（前403-前221）以降，黄土高原で漢族が開墾を広げるにしたがい，黄河に流出する黄砂の量が増大し，河水は黄色く変化したともいわれている．

黄土高原を抜けた黄河は，東流して三門峡を通過，鄭州の北に位置する花園口に至る．行く手には，華北平原が広がる．水流が緩やかになり，黄土高原で溜め込んでいた黄砂を堆積させ，黄河は土砂を天然の堤防とする天井川へと姿を変える．自然堤防が決壊すると，黄河は大きく流路を変える．黄河下流の流路が南北に大きく変化するのは，そのためである．黄河が決壊するたびに大洪水が発生する．日中戦争のさなかの1938年，中国国民党軍が日本軍の進撃を止めるために花園口で黄河を決壊させたことで生じた洪水は，数十万人もの犠牲者を出した．

●**長江が文化を育てた**　長江源流の通天河は巴塘河口からその名を金沙江と改め，チベット高原から流れ下る．支流の雅礱江・岷江なども，チベット高原から流れ下る．これらの河川が形成する山地渓谷には，横断山脈と称される起伏に富んだ地形が連なり，その多様な生態環境に応じ，チベット族・ナシ族・リス族・イ族などが固有の文化を形成してきた．

金沙江は岷江を合わせたところから，長江とよばれるようになる．四川盆地を潤した長江は，三国志にゆかりの白帝城から宜昌までの全長約200km の三峡へと入る．この三峡の出口にあたる三斗坪鎮に，2009年，長江を扼する巨大ダムが竣工した．ダム建設に伴い，多くの文化遺産が破壊されるとともに，百数十万人もの住民の強制移住が行われた．

長江と漢江との合流地点に成立した漢口（武漢三鎮の一つ）は，長江下流の江南，上流の四川盆地，漢江上流の漢中盆地，さらに長江と連なる洞庭湖に注ぐ湘江・沅江を通じて湖南や貴川とも結ばれ，清代には交易の拠点として繁栄した．

最下流部には肥沃なデルタが広がり，蘇州を中心に江南文化が花開いた．なお「揚子江」は，19世紀に西欧人が誤解から用いはじめた呼称である．　　　［上田 信］

📖 参考文献
[1] 上田 信『森と緑の中国史—エコロジカル・ヒストリーの試み』岩波書店，1998
[2] 上田 信『大河失調—直面する環境リスク』叢書中国的問題群9，岩波書店，2010

五岳——中国の名山

　　五岳は，五嶽と表記される場合もある．中国のそれぞれ東・西・南・北・中央に位置するとされた，五つの神聖な山のことであり，古くから国家祭祀や民間信仰の対象となった．五岳に対して国家祭祀を行うことは，『周礼』大宗伯や『礼記』王制篇といった儒教経典（礼経）に規定があり，また実際にそれが行われた記録としては，前漢の宣帝期（前74-前49）に，五岳に対する定期的な国家祭祀が行われるようになったことが，『漢書』郊祀志にみえる．

●**五岳のラインナップとその変動**　『漢書』郊祀志にあげられた五岳のラインナップは，東岳＝泰山（現・山東省にある），西岳＝華山（現・陝西省にある），南岳＝霍山（現・安徽省にある），北岳＝恒山（現・河北省にある），中岳＝嵩山（現・河南省にある）であり，これは『爾雅』釈山篇の記載とも共通する．後漢前期の班固（32-92）が，朝廷の招集した儒学会議の成果を記した『白虎通義』（別称，『白虎通』）にも，やはり同じラインナップがあげられている．しかし，後漢末期の鄭玄（127-200）は『周礼』大宗伯に注釈した際に，霍山よりもさらに南に位置する衡山（現・湖南省にある）を南岳にあて，後世にはこちらのラインナップの方が一般的となった．

●**封禅の場としての泰山**　五岳の中でも泰山は，五岳という枠組が形成される以前から，天子が封禅（天下の太平が達成されたことを天地に告げ，感謝を献げる儀式）を行う場として，特別視される山であった．秦の始皇帝（在位前221-前210）や前漢の武帝（在位前141-前87）がここで封禅を行い，五岳に対する国家祭祀が定例化した後も，後漢の光武帝（在位25-57），唐の高宗（在位649-683）および玄宗（在位712-756），北宋の真宗（在位997-1022）が，泰山に赴いて封禅を挙行した．

●**民間信仰の対象としての泰山**　泰山は民間信仰においても，五岳の中で特に人々の関心を惹く山であり続けた．後漢の応劭（生没年未詳）が著した『風俗通義』（別称，『風俗通』）や西晋の張華（232-300）が著した『博物志』など数多くの文献に，泰山が人の寿命を管理する山として，また死者の魂が集まって来る山として描かれている．そうした中にあって，冥界のありかとしての泰山を支配する神として泰山府君が信仰されるようになった．

●**郊祀に従祀された五岳**　中国全土を統治した王朝の場合，上述の秦の始皇帝や前漢の武帝などによる封禅の実施をはじめとして，君主自身が五岳を構成する山々において祭祀を行うことや，あるいは中央や地方の官僚を現地に派遣して，君主に代わって儀式を行わせることが可能であった．しかし，複数の王朝が中国

を分割する時代を迎えると,一つの王朝の統治領域に,必ずしも五岳すべてが含まれないという事態が生じることになる.

そうした際にとられた対応方法として,例えば三国時代の呉で行われたように,領内の山々を五岳のうちの山に見立て,そこで祭祀を実施することもあった.しかし,むしろ後漢(これは統一王朝だが)に始まる,都の傍らで郊祀を行うにあたり,天や地に従祀されるおびただしい神々の列に,太陽や月や星々に加えて,五岳を構成する山々を加えるという方法が,分裂時代の諸王朝では多く採用された.この場合には,五岳それぞれの神位(位牌)を設け,天や地の神位を取り囲むように並べたのである.東晋,南朝の梁,北朝の北魏・北斉に,こうした事例をみることができる.郊祀の場に五岳を従祀することは,隋が中国を再統一した後にも継続された.

●**道教神として称号を与えられた五岳の神**　五岳は,儒教的な国家祭祀に取り込まれただけでなく,やがて道教における神々の体系にも組み込まれ,国家から称号を与えられることになった.唐の玄宗は茅山派の道士司馬承禎の願いを受け入れ,五岳の神のそれぞれにまず「真君」の神号を,次いで「王」の称号を与えたのであり,また北宋の真宗は,これらに与えられた称号を更に「帝」クラスへ引き上げた(この二人の君主がどちらも泰山で封禅を行ったことは,注意に値するだろう).

引き続き,元もこれらに帝号を与えたが,明の太祖(在位1368-98)が行った朱子学の影響が強い礼制改革により,五岳の神に対して国家が認定する称号から道教色や帝王の地位が削られ,それぞれ「東嶽泰山之神」「西嶽華山之神」「南嶽衡山之神」「北嶽恒山之神」「中嶽嵩山之神」とのみよばれることになった.しかし,道教や民間信仰の世界において,これらの神々がたちまちに帝号を失うことにはつながらず,特に泰山の神は東岳大帝として,現在に至るまで人々の信仰を集めており,東岳大帝を祀る東岳廟は,北京をはじめとして,中国各地に遍く分布している.なお,道教の護符の一つとして,五岳の形を象ったとされる五岳真形図が知られている(図1).これは山に入る時に携行されたもので,また住居の中に置いても禍を避けることができるとされた.　　　　　　　[水口拓寿]

図1　五岳真形図[明,章潢撰『圖書編』文淵閣四庫全書本]

📖 **参考文献**
[1] 吉川忠夫「五岳と祭祀」,市川浩他編『ゼロ・ビットの世界』現代哲学の冒険15,岩波書店,1991

南船北馬——中国の交通

　中国の地理を表す言葉として有名なものの一つに，南船北馬がある．中国大陸北部は陸路を馬で移動することが多く，南部は河川や湖沼を船で移動することが多いことを意味し，早くは前漢（前206-8）の『淮南子』に「胡人便於馬，越人便於舟」（胡人＝西北の異民族は馬に乗るのがうまく，越人＝南方の異民族は船に乗るのがうまい）との言葉がみえる．また，中国史上最大規模の版図をほこった元の世祖・フビライを讃える趙孟頫の詩に「東海西山壯帝居，南船北馬聚皇都」（東方の海，西方の山がみな帝都を盛り立て，南方の船，北方の馬がみな皇都に集まる）と，簡潔にかつての地理概念を表した句がある．

●**全国交通網**　歴代王朝は迅速に全国に命令を行き届かせ，また軍隊を送り込めるよう交通網の確立に力を注いだ．秦王朝（前221-前207）の政策（全国の道路を整備するため車の轍の規格を統一する政策）に始まり，各王朝とも都を中心とする街道を整備した．このとき人夫・馬の交代，休憩・宿泊，通行者の管理などのために街道沿いにつくられた施設が「郵」「駅」である．漢代には通常速度の文書伝達を担う施設を「郵」，高速度の伝達業務をも担当するものを「駅」と称した．駅の制度は代々引き継がれ，唐代には水路陸路あわせ全国で1,600個所以上の駅が設けられていた．宋代には最も速いもので一日に500里（およそ281km）の伝達速度を誇り，運送中は途中で人にぶつかって死なせてもおとがめなしであったという．しかしこうした高速の通信は公文書のみで，一般の通信は連絡したい先へ向かう旅行者に文書や品物を託して持って行ってもらうしかなかった．

●**民間人の交通**　唐代頃まで広い範囲を移動するのは，戦乱や飢饉の時期を除けば，仕官のために都へ上り，また各地に任官していく官僚や，そのブレーンとなる知識人階層がほとんどであった．その後，交通網の整備に加え，貨幣経済の浸透などの要因で物流が盛んになると，商人，物流業者なども盛んに各地を移動するようになる．隋代以降急速に発展した運河も交通を容易

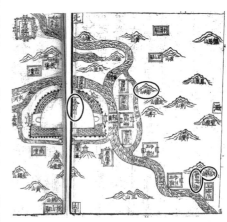

図1　徐州周辺の地図　南東に房村駅，呂梁山，東に彭城山が見える［『中国方志叢書 華中地方 江蘇省徐州府志』成文出版社，1970］

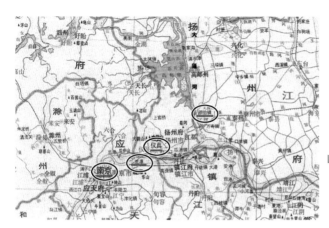

図2 明代の江蘇,安徽の地図 歌の中の地名が長江,運河沿いに見える〔『中国歴史地図集 明・元時期』地図出版社,1975〕

にした.明代には多くの百科事典が発行されているが,そこにはこうした人々のために全国の地理,街道,移動ルートなどの解説を掲載しているものも多い.以下に引くのは南京から北京までの道のりを歌にしたものの一部(地名には下線を附した)とそれに対応する地域の地図(図1,図2)である.ここでは長江と大運河をつたって北上する方法が歌われている.

「両京路程歌」(『三台万用正宗』巻二)
　　兩京相去幾千程,我今逐一爲歌唱,付與諸公作記行,南京百出<u>龍江</u>馹,舟到<u>龍潭</u>同一日,過卻<u>儀真</u>問<u>廣陵</u>,<u>邵伯孟城</u>相繼覓,從茲界首問<u>安平</u>,<u>淮陰</u>乃是馹之名,前途<u>清口桃源</u>渡,<u>古城</u>馹下舟暫停,<u>鍾吾</u>直河<u>下丕</u>轉,<u>新安房村</u>離不遠,仰望高高是<u>呂梁</u>,水勢如奔真個險,<u>彭城</u>漸漸到夾溝……高人道及<u>河西務</u>,莫言<u>和合</u>與<u>通津</u>,此去<u>金臺</u>不多路,已曰馹名四十六,江水灣灣盤轉曲,諸公於此馹之名,一路往來宜熟記.

　　(訳)二都の間の遠い道のり,一つひとつを歌いあげ,みなさまの旅にご提供,みな南京は龍江駅から,船で龍潭(現・江蘇省南京市)まで一日,儀真(現・儀征市)を過ぎれば廣陵(現・揚州市)到着(ここまで長江.ここで運河に入り北上する),続いて邵伯・孟城(現・揚州市)たずね,次なる地区(揚州府から淮安府へ入る)のはじめは安平,淮陰とはこれ宿場のなまえ,すすめば清口桃源の渡し(現・宿遷市泗陽県),古城駅(現・宿遷市)にて船しばし泊め,鍾吾(現・宿遷の古称)より運河をまっすぐ下丕(現・睢寧県)にて曲がる,新安房村(現・徐州市)遠からず,仰ぎて見るは呂梁の頂,流れのはげしさまさしく難所,彭城(徐州の古称)よりは河もせばまり……船頭,河西務(天津市.北運河沿いの町)させば,和合・通津(天津市)言うに及ばず,金台(北京の異称)までもいくばくならず,旅立つ日より四十六次,川の流れはぐにゃぐにゃと,みなさまここにて駅の名を,よくよく覚えておかれませ.
　　　　　　　　　　　　　　　　　　　　　　　　　　　　　　〔荒木達雄〕

大運河——南北交通の大動脈

中国大陸を流れる大河，海河・黄河・淮河・長江・銭塘江はいずれもおおむね西から東に流れている．かつて中国人は世界は西から東に向けて傾いていると思ったほどである．それゆえ南北方向の交通は基本的に陸路にたよることとなり，大量の物資を運搬するには不向きであった．この問題を解決するべく人工の水路を掘る考えは早くからあった．

図1 北京の什刹海 元代に大運河の終着点であった積水潭の名残といわれる

●**各地域の運河** 中国が多くの国に分かれていた春秋戦国時代（前722-前221），運河は主に軍事目的で建設された．呉（現・江蘇省）は太湖と長江をつなぐ胥河や長江と淮河をつなぐ邗溝（図2）を，魏（河南省・山西省）は黄河から淮河へ至る鴻溝を，それぞれ建設した．大規模なものとしては，秦が嶺南（広東省）に進出するため前214年に完成させた全長33kmに及ぶ霊渠がある．中国全土を支配した漢王朝も従来の運河の改修，拡張，長安と関東（函谷関の東側の地域）をつなぐ渭渠の建設などの事業を行ったが，運河の建設が真に国家の重大事業となり，大規模に進められるのは隋の時代になってからであった．

●**京杭運河の完成まで** 漢代（前206-後8）までは黄河流域は肥沃な土地で農業生産効率が高く，食糧の需要を満たすことができた．しかし漢末の戦乱から三国時代，南北朝時代を経て，戦争と移民とによる農地の荒廃，灌漑効率の低下，農業人口の減少などの要因で北方の農業生産量は激減した．これに対し，北方からの移民による農業技術の向上などもあり，豊かな水源を有する南方の農業が発展した．再び全土を統一した隋王朝は政治・軍事の中心である北方と農業・経済の中心である南方をつなぐ必要に迫られた．なかでも都の洛陽を維持するには南方の食糧を大量かつ迅速に運送することが不可欠であった．そこで進められたのが南北を縦貫する運河の建設であった．開鑿された主要な運河には永済渠（黄河から河北涿郡），漢代の運河を改修した通済渠（洛陽から黄河．汴河ともいう．唐代には広済渠と称された），邗溝を改修した山陽瀆（江蘇省淮安県から淮河を経て長江），江南河（江蘇省丹徒県から長江を経て銭塘江）があり，運河と天然の河川，湖沼を利用して江南の食糧・物資を北方へ運搬できるようになった．その総距離は2,700kmを超える．隋王朝は長安，江都（現・揚州）を副都としていたが，煬帝は運河を利用して江都に行幸し，最期はその行宮で暗殺されている．

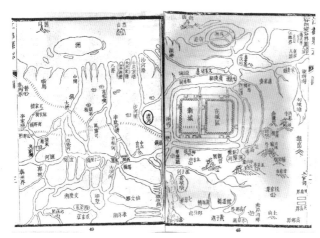

図2 清代の江都（揚州）の絵図 上が南. 新城の左側に見える"漕河"がかつての邗溝［『中国方志叢書 華中地方 江蘇省 江都県志』成文出版社］

隋王朝は短命に終わったが，続く唐王朝の繁栄は隋の建設した運河に支えられた．都・長安は人口が増加し続け，南方の食糧・物資なしでは需要を満たせなかった．唐代前期には長安までの輸送状況が悪く食糧不足に陥りやすかったため，歴代皇帝はたびたび副都である洛陽に行幸した．しかし玄宗皇帝のとき，輸送制度の改革が成功して長安まで十分な物資が届くようになり，以後玄宗は長安にとどまった．食糧の輸送力は唐代初期の約35倍にまで高まり，長安には食料のほか各地の産物が集まり空前の繁栄期を迎え，運河沿いの杭州，揚州，鎮江，無錫などは商業都市，工業都市として繁栄し，現在にまで至っている．

唐滅亡後の分裂期を経て中国を統一した宋王朝は都を洛陽より東の，運河の要衝に近い汴梁（開封）に置き，運河による輸送をさらに重視し，南方の経済で北方を支える体制を確立した．この時期，「蘇湖熟すれば天下足る」「蘇常熟すれば天下足る」など，南方の農業生産だけで全中国をまかなっているという意味の俗諺までが生まれた．北宋末の皇帝・徽宗が南方の奇花異石を大量に運ばせたこと（花石綱）は運河の輸送力の高さを物語るが，これが必需品の輸送の妨げとなり，北宋衰退の一因となった．

元・明・清三代の王朝は主に既存の運河の改修，拡張により輸送力を高めた．最も重要な拡張は，元が大都（現・北京）に都を置いたことに伴う，南方から開封・洛陽方面へ迂回せずに大都へ至る新たな運河の建設である．この済州河，会通河（衛河），通恵河の開鑿をもって現・京杭大運河のすべてが完成した．

現在，黄河流域は深刻な水不足に陥っている．大運河の江蘇省徐州以南は現在も年間約5,500万 t の輸送量を誇るが，北側は水量不足や泥の堆積などが原因で大型の船が通行できない箇所が多く，かつての輸送の大動脈としての地位を失っている．

［荒木達雄］

世界遺産——漢民族から中華民族へ

ユネスコの「世界の文化遺産及び自然遺産の保護に関する条約」に基づく狭義の世界遺産には，1987年の万里の長城など文化遺産5件，複合遺産の登録1件以来，2013年の新疆の天山（自然遺産），紅河ハニ棚田群（文化遺産）まで，あわせて自然遺産10件，文化遺産31件，複合遺産4件が登録されている．

このほか，狭義の世界遺産には含まれない無形文化遺産に28件，世界の記憶（世界記憶遺産）に9件が登録されている（付録1「中国の自然・文化的遺産一覧」参照）．

●**中国の国定史蹟**　中華人民共和国国家旅遊局は全国各地の旅遊景区（観光地）にA級からAAAAA級までの5段階の等級をつけており，世界遺産登録されている45件中，27件が最高のAAAAA級の評価を得ている（認定範囲が完全に一致しないものも含む）．

図1　黄山（安徽省）[筆者撮影]

このAAAAA級は，世界遺産よりも認定難度が高いともいわれている．AAAAA級の認定は2007年に初めて行われたため，そのほとんどが世界遺産登録より後のことであり，国内でのAAAAA級認定が先になされ，その後世界遺産登録にいたったものは，2013年には，杭州西湖の文化的景観（AAAAA級認定2007→世界遺産登録2011年．ただし，その認定区域・対象は完全には一致しない）および新疆の天山（同2007→2013年）の2件のみである．このほか，四川のジャイアントパンダ保護区に含まれる臥龍地区，蜂桶寨地区，小金四姑娘山地区がそれぞれ国家級自然保護区に指定されている．

●**世界遺産と国家戦略**　登録リストの中では，最初に登録された1987年の万里の長城，秦始皇

図2　漢代の万里の長城（甘粛省）　土で築かれた2,000年前の長城[筆者撮影]

陵など，漢民族の文化を代表するものが圧倒的多数を占めており，少数民族の文化に関わるものはラサのポタラ宮（チベット族），高句麗の都城と古墳，ハニ棚田群（ハニ族）のみである（少数民族の多数居住する地域に属するものとしては，九寨溝，黄龍をはじめ，自然遺産に登録されているものの多くが該当する）。高句麗に関しては，北朝鮮が領内の高句麗遺跡の登録をめざしていたところへ中国が吉林省の高句麗遺跡の登録を申請し，2004年の同時登録に至ったという経緯がある．この背景には2002年以降，「東北工程」とよばれる歴史研究プロジェクトの中で本格的に主張された「高句麗は中国古代民族のひとつ扶余族のたてた中国の地方政権であった」との説があり，高句麗を広い意味での漢民族文化の一部として申請したものと思われる．

図3　孔子廟大成殿　孔子の出身地（山東省・曲阜）[筆者撮影]

図4　蘇州の庭園（滄浪亭）[筆者撮影]

また，清王朝は満洲族の建てた王朝であるが，明・清と併称されていることから，漢民族的王朝文化を継承するものとして申請したとみなせよう．雲崗石窟をつくった北魏も北方騎馬民族による王朝であるが，事情は同様とみられる．ポルトガル統治時期の建築物などが評価されたマカオは45件の中では特に異質なものといえ，これまでの文化遺産，複合遺産の申請は漢民族の文化を伝えることが主眼にあったとみてよい．

しかし，2008年北京オリンピックの際のスピーチで当時の胡錦濤国家主席が「中華民族」に言及し，2013年に就任した習近平国家主席も2013年の就任演説の中で「中華民族の復興」と述べたように，近年は国家の方針として漢民族と中国国内のすべての少数民族を統合した中華民族という概念が強調されている．これと軌を一にして，無形文化遺産，世界の記憶（記憶遺産）では少数民族の文化が続々と推薦・提案され，登録されている．世界遺産でも今後，中華民族の文化として少数民族の文化に関わる申請件数が増えることが予想される．　[荒木達雄]

地域性——その風土と文化

世界最大の人口とアジア最大の面積を有する中国の国土は，高い山脈と広大な平原，そして高原，盆地，丘陵などが連なり，内陸西方深奥部から東方沿岸地帯へと傾斜している．多様な地形は複雑な気候を生み，沿海部の東南は雨量が多いが，海から離れ西北へ移るにつれて降水量は減る．気温は南から北へ，熱帯，亜熱帯，暖温帯，中温帯，寒温帯と変わって

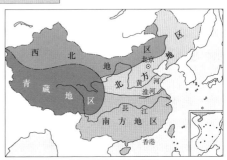

図1　中国の四大地区

ゆく．このような自然風土の中に，言語・風俗習慣の異なる56の民族が生活している．

　地域の差異は文化・経済の面に現れる．司馬遷（前145 ? - ? ）は，『史記』の中で中国全土を山西，山東，江南，龍門碣石北の四つに分けて産業を考察した（「貨殖列伝」）．この山西，山東は現在の行政区とは異なる．太行山脈を境界に西が山西，東が山東．山西は現在の陝西，山西，四川を含み，当時は農業とともに牧畜業も発達した地域である．山東は河南，河北，山東を含む黄河中下流域の平野で，秦漢時代は穀物産地として豊かな地域だった．江南は稲作農業を主とする長江中下流域とその南で，当時は開発が遅れ，原始林に覆われる辺地が多く残っていた．龍門碣石北は北方の遊牧民族の地域だった．風土の異なるそれぞれの地域が，山河を天然の境界として複雑に入り組む．中国の地域区分は歴史とともに変遷し，現在は4直轄市，23省（台湾を含む），5自治区，2特別行政区の合計34の行政区割を，3大地域，6軍区，6大地域などという．行政，軍事，経済政策など目的ごとに異なった区分が用いられる．本項では，地理的要素に基づく区域地理（『中華人民共和国年鑑2012』新華社）に準拠し，北方，南方，西北，青蔵の4地区に大別する（図1）．

●**北方と南方**　中国大陸は秦嶺・淮河を境に北南に分かれる．秦嶺・淮河より北を「北方」とよび，主に黄河の中下流域をさす．中華文明の発祥地で天下の中央部にあったことから「中原」と名づけられた．秦嶺・淮河より南は「南方」とよばれ，主に長江の中下流域をさす．南方をさらに区分して，珠江流域の広東・広西や福建は「華南」，湖北・湖南は「中南」，江西・江蘇・安徽・浙江などは「江南」ともよばれる．秦嶺・淮河を境とする中国の北方と南方の自然風土ははな

はだしく異なる．北方は小麦・玉蜀黍（トウモロコシ）・大豆などが主な旱地農業，南方は水稲を主とする水田農業．北方は黄土高原・華北平原，そして南方は盆地・丘陵・平原が入りまじる．北方は冬季結氷する寒冷乾燥地帯が多く，南方は冬でも山々が緑と靄に覆われ，河川が迂回交錯する湿潤地帯が多い．

　自然風土の違いは文化の違いをもたらす．文学でいうと，北の『詩経』と南の『楚辞』がある．『詩経』のからりとして明るい文風は「桃の夭夭たる，妁妁たる其の華」（「桃夭」）に代表される．しっとりとして陰翳の富む『楚辞』の文風は「幽篁に処して終に天を見ず」（「九歌・山鬼」）に現れている．また，北の音楽はたくましくて意気昂揚であるが，南の音楽は柔らかくて余韻を楽しむ．北の建築は雄大だが，南の庭園は小さくて精巧を極める．

　現在は，江蘇・浙江などの江南や広東・深圳などの華南が経済の先頭を走るが，かつてこれらの地域は「南蛮」とよばれる未開地だった．中華民族最初の王朝である夏・商・周はすべて北方の黄河流域・中原に興った．異風の南北文化が大融合し始めたのは魏晋時代である．317年，洛陽を都にした西晋が滅び，司馬一族は江南の建業（南京）に移り東晋を建てる．北方の王侯貴族は先進文化をもって長江を渡り，会稽（紹興）に移り住んだ．江南は北方中原のようにどこまでも一望できる平野はないが，豊かな水の流れや曲折する野の道が目に優しい．初めて出会った南方風土に感嘆して自然美を謳う漢詩の一大流派・山水詩は，ここに誕生した．未開地だった南方の経済文化は次第に発展し，宋代には北方を追い越した．このように発展段階の異なった北と南が，現在はともに中国の重心である．全土面積のほぼ20％と25％しか占めない北方・南方両地区に，北方約40％，南方約55％，合わせて95％の人口が集中している．

●西北と青蔵　「西北」は大興安嶺山脈・陰山山脈・賀蘭山脈を境に「北方」と分かれ，崑崙山脈，祁連山脈を境に「青蔵」と分かれる．西北は寧夏，新疆，甘粛を含み高原と盆地が多い．海から遠く離れた内陸で降水量が少なく干ばつが多い．砂漠に点在するオアシスに灌漑農業がある．シルクロードや敦煌の文化は西北の乾燥した空気の中に生まれた．青蔵は世界の屋根とよばれる海抜4,000 m以上の青蔵高原にあり，チベット自治区と青海を含む．風土の特徴は「高」と「寒」である．西北・青蔵いずれも中国の主要な牧畜地帯である．西北が約30％，青蔵が約25％，合わせて55％の面積を占める両地区が，人口では西北が4％，青蔵はわずか1％を占めるにすぎない．四大地区の地域格差はあまりにも大きい．

　中国の文化は，この多様な自然風土と長い歴史の中から形成されてきた．自然風土が違えば物産が異なり，物産が違えば生活習慣が異なり，生活習慣が違えば人の気風も異なる．気風が違えば文化も異なる．中国の文化は，多様な地域の多彩な民俗習慣が長い歳月の中で融合し，互いに作用し，日々変容しながら形成されてきた多元的な文化である．その変容は今も続いている．　　　　　　　　　［彭丹］

北京──農耕圏と遊牧圏の交わる都

中華人民共和国の首都．行政区画としては省と同格の四つの直轄市の一つにあたり（ほかに上海・天津・重慶），明清代の北京城内に相当する東城区・西城区を中心に，16の市轄区からなる（2017年3月現在）．それらを合わせた面積は約1万6,800 m²で，四国よりやや小さい程度．ただし，山地がその6割ほどを占めるので，人口は市中心部周辺に密集している．

近年は中国の経済成長を背景に急速な勢いで発展を続けており，今世紀初頭に1,400万人に満たなかった常住人口は，2010年代初めには2,000万人を突破した．それに伴って市中心部への通勤圏も大きく拡大し，六環路（第6環状線）の全線開通や地下鉄の大幅な路線拡大などのインフラ整備が急速に進んでいる．

●**地理・気候** 華北平原の西北端に位置し，南以外の三方を山に囲まれている．市中心部は北緯39度54分で，同じく盆地に位置する日本の盛岡市（同39度42分）と大差ないが，大陸性気候のため，冬はより寒く，夏はより暑い．一方，雪が降ることは少なく，その頻度は近年では東京とそう変わらない．夏から秋口にかけての一時期を除けば雨もめったに降らない．春には内陸の砂漠地帯から黄砂がもたらされ，ひどい日には目も開けていられないほどの状態となる．

●**歴史** 北緯40度付近は北の遊牧圏と南の農耕圏の交わる境界地帯であり，その南端にある北京の地は，軍事的にも経済的にも重要な拠点であった．古くは「薊（けい）」とよばれ，戦国時代には燕の都，漢代には幽州の治所が置かれた．隋代の608年に大運河が通じ，その北の起点となる．

唐代には北方の奚や契丹などの遊牧民族に対する備えのためにこの地に幽州節度使（けいどし）（後の范陽節度使）が設けられ，その管内には多くの羈縻州（きびじゅう）（唐に服属した非漢族の集住地）が置かれた．ソグドと突厥の血を引く范陽節度使安禄山（あんろくざん）がそうした非漢族の軍事力を背景に起こしたのが安史の乱（755-63）で，乱の終息後は唐の実効支配は及ばなくなった．

936年に五代の後晋がこの地を含む燕雲十六州（えんうん）を契丹（遼）に割譲した．遼は農耕圏支配の拠点としてこの地を重視し，南京（後の燕京）析津府（せきしんふ）（なんけい）を置いて四つある副都の一つとした．遼と北宋を立て続けに滅ぼし華北全域を支配した女真族の金は，1153年に上京会寧府（じょうけいかいねい）（黒竜江省哈爾浜市（ハルピン））からこの地に遷都（せんと）し，中都大興府（だいこうふ）と称した．

1215年にはモンゴルの手に落ち，燕京大興府と改称された．1271年にクビライ・カアン（在位1260-94）が国号を大元と改めると，燕京のすぐ東北に建設されていた新しい都城が大都と名づけられ，夏季の首都たるモンゴル高原南部の上都と

並ぶ冬季の首都となった.

　1368年に大都を陥落させた明は，当初は現在の南京を首都としてこの地は北平府と称していたが，永楽帝（在位1402-24）の時代にまず副都に定めて北京と改称し，1421年には正規の首都とした．これ以降，中華民国が南京を首都とした1927年から中華人民共和国が成立した1949年10月1日までの間を除いて，北京は首都であり続けている.

図1　徳勝門［筆者撮影］

●**内城と外城**　永楽帝が造営した紫禁城（現・故宮博物院）を中心に置く明初以来の城壁は，おおむね現在の二環路（第2環状線）およびその下を走る地下鉄2号線に沿って建っていた．2号線の駅名に「〇〇門」が多いのはそのためだが，現在も残る城門は前門（正陽門）と徳勝門のみである．明代後期には城壁の南隣に広がるやや横長な下町地帯を取り囲む城壁も設けられ，従来からある城壁の内側が内城，新たな城壁の内側が外城とよばれるようになった．清代以降もこれが受け継がれ，中華人民共和国では1958年より長らく明清代の内城の東半分を東城区，西半分を西城区，外城の東半分を崇文区，西半分を宣武区としていたが，崇文区・宣武区は2010年にそれぞれ東城区・西城区に吸収合併された．

●**PekingとBeijing**　日本では伝統的に北京を「ペキン」と読みならわしている．英語でも1980年代中頃まではもっぱらPekingと書いて「ピーキン」と発音していたし，ほかの西洋各国語も多くがPekingを自国語風の表記と発音にしたもので北京をよんでいた．しかし，中国側の要望もあり，現在は英語を含め，Beijingと表記して「ベイジン」と発音する言語が増えている（ただし，北京大学Peking Universityや北京原人 Peking Manなど引き続きPekingを用いる語もあるし，北京首都国際空港のIATA空港コードもPEKのままである）．これは現代中国語（普通話）における発音と，そのピンイン表記Běijīngに従ったものだ．

　Běijīngの発音を便宜的にカナで表す際は，主に3通りの表記が行われている．まず，便宜的に無気音は濁音で，有気音は清音（または半濁音）で表して両者を区別する流派ならベイジンと書く．一方，無気音も有気音も両方とも清音（または半濁音）で表す流派ならペイチンと書く．そして，理屈にこだわるより耳で聞いた音に近い表記をめざす場合は，人によってはベイチンと書く．

　いずれにしても，Běijīngは中国北方方言（普通話の基礎となった北京語を含む）の17世紀から18世紀にかけての発音体系の変化によって生じた発音で，明から清にかけて知識人層の共通語であった南京官話（マンダリン）では「ペキン」に近い発音をしていた．それが大航海時代後期の西洋や江戸時代の日本に伝わって定着したのがPekingやペキンであると考えられる．

［上原究一］

天津——華北の港町の風景

現在の天津市は，省と同格の直轄市である．渤海湾に注ぐ海河沿いに市街地が広がっている．北京から高速鉄道（2008 年開業）に乗れば，40 分足らずで到着する．このように北京と近接し深い関係を保ちながらも，天津は北京とはまったく異なる独自の風格を備えている．それは，渤海湾に臨むという海洋との関係によって，歴史の中で育まれてきた個性である．

図1　天津天后宮での跪拝［筆者撮影］

●**河と海によって育まれた歴史**　天津の歴史は，その中心部を流れる海河と不可分の関係にある．今日では護岸工事がなされ，巨大な観覧車が河をまたぐように設置されている．この河に釣り糸を垂れる市民も多い．海河は冬の寒さが厳しいと凍りつくので，かつてはスケートをしている人々の姿も見られた．

天津の起源は，普通は，1404 年の天津衛設置にあるとみなされている．天津衛とは，明代初期の衛所制の中で設けられた防衛拠点である．清代には天津府が置かれ，塩の専売を担う官庁も天津に移動してきた．

天津は，独特の立地ゆえに発展を遂げることになった．江南地域から現物の税として集められた米は，19 世紀前半までは大運河によって北に運ばれ，最終的には北京に近い通州に到着した．この大運河と渤海湾に注ぐ海河の交わる地点が天津である．大運河による国家的物流だけでなく，付随するかたちで交易が発展し，また華北の平原を流れる河川の多くが天津近辺に集まってきていることから，おおいに商業が発展した．清代（1644–1912）になると，福建・台湾からも砂糖などを積んだ民船が天津に至った．天津の城は，そろばんに比喩されるような長方形をしていたが，その城壁を出て少しだけ北側または東側に行った所に河があって，そのあたりが繁華な地区となっていた．

天津の海洋的性格を示すのが，城壁の東門から出て河に近い場所に設けられた天后宮である．天后とは，福建に起源する女神（媽祖）が王朝から得た称号である．もともとは航海の安全の神だったが，女性の守り神へと神格が広がり，その祭りは天津では最大の規模を誇っていた．今日，天后宮は天津民俗博物館という名称になってはいるが，依然として地元の人々にとって大切な信仰の場である．

他方で，馬やラクダを利用して北京方面やさらに山西・モンゴル方面への交易を行う人々も少なくなかった．ムスリムである回民も多くこのような陸上交易に携わっていて，天津府城の西北角のあたりに集住していた．

●**近代の天津**　1860年，清朝は英国などと条約を結び，天津が外国との貿易に対して開かれることになった．外国貿易は渤海湾から海河をさかのぼってくる船が担うことから，外国人のための租界が海河沿いに設定された．イギリス租界のあたりを，もとの村落名称から紫竹林とよぶ．

　紫竹林と天津府城の間には，低湿な地区が広がっていた．それゆえ，19世紀末までの天津は，二つの都市空間に分かれていたとみてよい．その後，次第に各国の租界が設置されていった．1900年，義和団の人々が租界を包囲・攻撃したので，8か国の多国籍軍が天津を占領して軍政を敷き，天津府城の城壁は撤去された．さらに新しくいくつかの租界が設定された．結局のところ天津に租界を設けたのは，英国，フランス，米国，ドイツ，ロシア，日本，オーストリア＝ハンガリー，イタリア，ベルギーの9か国に及んだ（ただし，米国租界は，英国租界に合併された）．

　1902年に軍政は終わり，租界以外の施政権が清朝の側に返された後，次第に二つの都市域はつながっていった．1906年にベルギー系の会社が天津に路面電車を走らせたが，その路線は城壁の跡地につくられた大通りを一周するだけでなく，各国租界を結びつけていた．民国に入り政情不安定の中，比較的生活環境が良くて安全が保たれる租界は，ますます発展し，多くの中国人もここに住んだ．民国時期の軍人・政治家の多くは天津租界に広壮な屋敷をもっていたのである．

　1923年に紫禁城を逐われたもと皇帝の溥儀も，その一人だった．溥儀が天津の日本租界に移った当初に住んだのは，張園という洋館である．彼の自伝によれば「張園にある程度住みついてみると，この環境は北京の紫禁城よりもずっと快適な気がした」という（愛新覚羅溥儀『わが半生』1997）．彼は宮中の作法に縛られない自由さを手に入れ，外国貴族の服装をして，英国人のクラブに出入した．

　租界と華界（中国政府の統治区域）との間には，行政的な区別だけでなく，都市景観のうえでも相当な違いがあった．景観の相違は，共産党政権が成立した後でも大きくは変化しなかった．旧租界地区には各国の特色をもつ建築が見られ，旧城内には1990年代まで華北の都市に典型的な胡同の建築が残っていた．今日では旧城地区はほとんど近代ビルに建て替えられているが，20世紀末までは二重都市の名残はかなり明瞭だった．

　中華人民共和国の成立後，租界の建築はさまざまに転用された．今日では，かつて租界だった地域は，特別の風致地区として保存の対象となっている．全国の旧租界のうちでも，昔の建築が特によく保存されていて，その独特の雰囲気が多くの来訪者を魅了している．

〔吉澤誠一郎〕

瀋陽とハルビン——植民地政策と鉄道網

　瀋陽は中華人民共和国遼寧省の省都（省人民政府の所在地），ハルビンは黒龍江省の省都である．瀋陽は，1616年満洲族のヌルハチが後金（清朝の前身）を建国した後，1625年に国都となった．清朝が中国を統一し，都を北京に置いた後も，副都として機能した．いわば中国東北地方の古都であり，後金時代の故宮（いわゆる瀋陽故宮）や，東陵（清の初代皇帝ヌルハチの墓陵），北陵（清の第二代皇帝ホンタイジと皇后の墓陵）などの歴史遺産が残る．

　一方，ハルビンは，帝政末期のロシアの南下政策に伴い建設された新興都市である．聖ソフィア大聖堂に代表されるロシア正教や，カトリック，プロテスタントの教会が立ち並び，ロシア風のエキゾチックな街並みで知られる．

　このように都市の成り立ちは異なるが，両市はともに近代極東における各国の国家戦略が交錯する火種の地として，歴史の波を乗り越えてきた．

●**近代極東における地政学上の要衝**　日清戦争（1894-95）後，ロシア帝国は下関条約への三国干渉の見返りとして，露清同盟密約によって中東鉄道の敷設権，経営権，土地用収権を獲得した．ウラジオストクから満洲北部に至るこの鉄道敷設の拠点として建設されたのがハルビンである．すなわち，ハルビンは実質的なロシア帝国の植民都市として，ロシア式のインフラ整備と生活環境を有して誕生し，国際交易都市の位置づけを得た．鉄道敷設，旅順の獲得，遼東半島への勢力拡大と猛進を続けるロシアは，中国東北部の権益を巡って日本と対立し，1904年日露戦争に至る．1905年，奉天会戦を経て日本が奉天（瀋陽）を占領し，次いで日本海軍がロシアのバルチック艦隊を破ることによって日露戦争は終結する．日露戦争後，満洲南部は日本の勢力下に入った．1909年，ロシア帝国蔵相と満洲・朝鮮問題について会談すべくハルビン入りした枢密院議長伊藤博文が，ハルビン駅で大韓帝国の民族主義活動家安重根に暗殺された事件は，当時の極東の抱える葛藤が顕在化したものといえる．

　一方瀋陽はその後，張作霖や張学良を代表とする奉天系軍閥の拠点となる．張作霖は，日本の関東軍の後押しを得て勢力を拡張するが，次第に関東軍の意向に従わなくなり，1928年，

図1　奉天駅（現・瀋陽駅）[『南満洲写真大観』大空社, 2008]

奉天郊外で乗っていた列車もろとも爆殺された．軍閥を介した間接統治を捨て，傀儡国家による間接統治を企図した関東軍は，1931年奉天近郊の柳条湖で勃発した満洲事変を発端に満洲全土を占領し，満洲国の独立に至る．このように瀋陽とハルビンは地政学的に満洲南部と北部の拠点都市として，ナショナリズムと植民地政策がせめぎ合う歴史の舞台となってきた．

図2　哈爾賓[『満鉄写真帳』大空社，2008]

●**中国東北鉄道網の背骨**　ロシア帝国の植民地南下政策が中東鉄道から始まったように，日本の中国東北地方進出も鉄道の敷設権，経営権の獲得と関わっていた．1906年に設立された半官半民の南満洲鉄道株式会社（通称，満鉄）は，日露戦争後のポーツマス条約でまず中東鉄道の南部支線を獲得し，1935年にはソ連から中東鉄道を売却され，満洲鉄道網を手中に収めた．満鉄は，鉄道経営のみならず，沿線都市のインフラ－電気事業や鉱山開発，製鉄業，農林牧畜，港湾管理，ホテル経営，航空会社などの多様な事業を進めた．満鉄が開発し，満鉄のシンボルとなった特急アジア号が走る幹線，大連－奉天－新京（長春）－ハルビンのルートは，その地理的形状からみてもまさに当時の満洲鉄道網の背骨であり，頸椎に位置するハルビンと腰椎に位置する奉天は，旅客物資の集散する巨大なターミナル駅であった．この位置づけは現在に至る．

●**ディアスポラの都市**　ロシア帝国の国家戦略で形成されたハルビンには，多数のロシア人が移住した．1917年，ロシア革命によりソビエト連邦が成立すると，ロシアからの亡命者が激増する．ロシア革命により故国を失った彼らは，加えてホスト国のめまぐるしい政変（清朝－中華民国－満洲国　中華人民共和国）に遭遇する中で，「ハルビンツィ」（ハルビンロシア人）という新たな在外ロシア人のアイデンティティを形成するに至る．

　一方，日本の傀儡国家満洲国の成立によって，日本からの移民が奨励され，多数の日本人がハルビン，新京，奉天，大連などに移住したが，日本の敗戦による引きあげの後も，中国残留孤児や残留婦人の問題が戦後の長きにわたって残されることとなった．

[岡崎由美]

📖 **参考文献**
[1]　植民地文化学会『「満洲国」とは何だったのか―日中共同研究』小学館，2008
[2]　生田美智子編『満洲の中のロシア―境界の流動性と人的ネットワーク』成文社，2012

上海——現代中国社会の縮図

　上海は長江が東シナ海に注ぐところに位置し，宋代（960-1279）以降の水運・海運の発達とともに交通の要地として繁栄した．特にアヘン戦争（1840-42）以降，欧米列強の自由貿易の拠点とされたことで，商工業や金融業が発展して世界有数の大都市となった．

●租界の建設　現在に至る街の構造の基盤となったのは，欧米列強が自国民の居留地として設置した租界である．街を貫く黄浦江の西岸には，英国租界（1845），米国租界（1848），仏国租界（1849）が次々につくられ，各国の貿易商人や，上海周辺部からの中国人移民・難民なども吸収して街の中心部を形成した（英・米両租界は1863年に合併して共同租界となる）．租界では外国人が行政権・警察権などをもち，欧米本国の政治・社会制度や風俗・習慣をそのままもち込んだため，中国の他の都市とは異なる独特の文化が生まれた．今日に残る外灘の西洋建築群は1920～30年代に建てられたもので，往時の繁栄を象徴している．

　上海の人口は1930年に300万人を突破してロンドン，ニューヨーク，東京，ベルリン，パリに次いで世界第6位となり，外国人の数は最も多いときで15万人，国籍は58に及んだ．日本人も19世紀末から共同租界の虹口地区に日本人街を形成し，その数は最も多いときで10万人に達した．太平洋戦争中，租界は日本軍に支配されたが，第二次世界大戦終結により主権が中華民国（蔣介石政権）に返還され，100年に及ぶ外国人の支配は終わりを告げた．

●上海モダン　外国の租界として発展した上海は，中国人からみれば主権喪失の象徴であったが，反面中国国内の政治的混乱が及びにくく，安定的な経済活動ができるというメリットがあった．また中国側の警察権が及ばないため，辛亥革命期の革命派や，日中戦争期の左翼活動家ら反体制の人々にとって重要な活動拠点となった．貿易や商工業で発展した街として，とりわけ人・物・金の往来が盛んであり，外国の文物・思想の強い影響のもと，中国近代文化の揺籃となった．

　後に「上海モダン」とよばれる独特な文化の担い手となったのは，進取の気性に富んだ商人や，欧米・日本への留学経験がある知識人，そして会社や工場に勤めて給料をもらう都市中間層である．衣食住に西洋的な要素が多く取り入れられ，通信やメディアの発達により不特定多数の人が同じニュースや小説を読むようになる．映画を見ること，ダンスやスポーツを楽しむことなど余暇の過ごし方にも大きな変化があり，伝統的な農村社会とはまったく異なるライフスタイルが出現した．

　こうした都市文化の繁栄は日中戦争の影響を受けながらも，1949年の中華人

民共和国建国まではおおむね維持された.

●**建国後の曲折** 社会主義政権下では上海の都市文化は資本主義の害毒とされ，東西冷戦の激化や私営企業の国有化などにより外国人も姿を消した．文化大革命期には，1930年代上海の文芸界で活躍した人々が激しい批判を受けた．文革が終了し改革・開放政策が始まってからも，上海にはなかなか時代の波が及ばず，深圳や広州など華南の諸都市の発展に取り残されるかたちになった．

しかし1992年，鄧小平の南巡講話を契機として上海の大規模な再開発が始まり，特に黄浦江東岸の浦東地区はテレビ塔や超高層ビルが林立する未来的な景観へと変貌を遂げた．上海はアジアの金融センターとして，また巨大な空港や港湾を擁する物流の中心として，かつての栄光を取り戻すかのようにめざましい発展を続けている．

●**今日の課題** 今日の上海は首都北京と拮抗する南方の大都市であり，「官」が力をもつ北京に対し「民」の自由度が高く，外資の導入にも積極的であるといわれる．歴史的に外国の文物・思想を柔軟に受け入れる土地柄であり，租界という特殊な環境で日中戦争の直接的な被害を受けることが少なかったため，日本に対する市民の感情もほかの地域とは異なる部分があるとされる．2010年には上海で都市をテーマとした万国博覧会が開かれ，2008年の北京オリンピックとあわせて，中国の国際的地位の向上を市民に強く意識させた．

しかし21世紀の中国において都市化のモデルとしての役割を期待されているにもかかわらず，市中心部（旧租界地区）の過密状態が著しく，住宅事情の悪さや狭い道路に自動車があふれることなど，環境・衛生に重大な影響を及ぼす事態が多く発生している．賃金水準が全国でもトップクラスであるため，中間層の消費行動は日本ともあまり変わらなくなっているが，大気汚染や水・食品の安全問題など，急速な発展の副作用ともいうべき問題が山積しており，暮らしの質は必ずしも高くない．農民工（出稼ぎ労働者）などの流動人口が多いことも，社会の不安定化につながると懸念されている．2015年末の時点で上海戸籍常住人口約1,433万人に対し，外来常住人口は約981万人もいる（上海市統計局HPより）．街の大規模開発に労働力は不可欠であるが，都市戸籍をもたず生活上さまざまな制約に縛られる人々の不満が増大することは避けられない．

経済発展がもたらす格差の問題は，都市と農村の間にだけ存在するのではなく，一つの都市の中のさまざまな階層の間で先鋭化する．海外の高級ブランドに身を包み外車を乗り回す人々と，租界時代の老朽化したアパートで台所やトイレを数世帯で共有して暮らす人々が，まさに隣り合っているのが上海という街の特徴であり，今日の中国社会の縮図であるといえよう． ［榎本泰子］

📖 **参考文献**

[1] 榎本泰子『上海―多国籍都市の百年』中公新書，2009

南京——華麗な歴史・温厚な人々

　南京，略称は寧．金陵，建業，建康，江寧などの別称がある．江蘇省の省都で，華東地区に位置する．南朝・斉の詩人謝朓が彼の「入朝曲」に，当時の南京について詠じた「江南佳麗地，金陵帝王州」（江南は佳麗の地，金陵は帝王の州）との詩句は広く知れわたり，1,500年後の現在に至っても，南京について話をするとき，しばしば引用される．

●**帝王州の歴史**　北京，西安，洛陽と並び，中国の「四大古都」の一つに数えられる南京，その都市史の発端は，遥か春秋時代（前772-前468）にさかのぼる．「臥薪嘗胆」の故事で知られる越王の勾践が呉国を滅ぼして間もなく，前472年に，越国の大臣である范蠡という人物が現在の秦淮河の南岸に越城を築く，それによって始まった南京の都市史は，今日に至るまで，2,500年近くに上る．長江の天険を恃み，鍾山をはじめとする山々に守られ，豊かな穀倉地帯——江南地方の平野を経済基盤に据えた南京，かの諸葛孔明もその地勢をみて，「帝王の宅」であると絶賛した．それゆえ，三国の呉，東晋，南朝の宋・斉・梁・陳，「六朝」とよばれるこの六つの王朝はいずれも都を南京に置いた．また，南唐，明の前期，太平天国および中華民国の時期も，南京は首都として機能していた．政治の中心地としての南京は，文化の中心地でもあり，多くの文化人・知識人はここで生活・活動し，劉勰の『文心雕龍』，鍾嶸の『詩品』，蕭統の『文選』，李煜の詞，王安石の詩文，袁枚の詩文などなど，数え切れないほどの素晴らしい作品がこの地から誕生した．「六朝古都」「十朝都会」との美名，六朝の陵墓石刻・南唐二陵・明代の城壁・明孝陵・太平天国の天王府遺跡・民国の総統府・中山陵など，南京に多く残る歴史遺跡の所々，文学史・文化史に残る名作の数々，これらは，みな，南京の悠久で輝かしい歴史を物語っている．古都の数千年の歴史文化の継承者として，南京人が高い誇りを身に染みるほどもっていることが推測できる．

●**大根のイメージ**　面白いことに，今の南京人の世人に与える印象は，その華々しい「佳麗の地」「帝王の州」の都市のイメージとは裏腹に，非常に控え目である．南京人は，時々，周辺都市の住民に"大蘿卜"［大きい大根］というあだ名でよばれる．もともと少しからかう意味合いも含まれているかもしれないが，闊達な南京人はそれを用いて自嘲したり，時には自慢したりして，甘んじて受け止めている．中国における大根のイメージは，その地味で保守的で時には拙くみえる反面，おっとりとした，温和な一面もある．後者は，南京人の性格の一番大きな特徴をうまくとらえている．

　"多大事啊"［大したことではない］，南京人のこの口癖は，2009年に公開され

たある南京を舞台とした映画のタイトルとして使われるほどよく知られている．何事にも，落ち着いて平常心で接する南京人の処世態度がこの言葉から読み取れる．この態度は時に，経済の発展が最も重要視される時期において「向上心がない」と批判されることもある．南京の経済は全国からみれば好調であるが，経済発展の特に激しい長江デルタ域において，その GDP は江蘇省の省都でありながら，上海はもとより，ここ数年同じ江蘇省の蘇州，無錫の後塵を拝している．それは，南京人のゆったりとした性格と関わりがあるとの声もあるが，怒らず，焦らず，従容と我が道を進む南京人には，心の余裕を感じざるを得ない．

●**王朝の興亡**　前述のとおり，古都の輝かしい歴史と文化の継承者として，南京人は高い誇りをもっている．しかし，「六朝古都」「十朝都会」の美名の裏には，南京における王朝更迭の頻繁さがうかがえる．歴史の偶然なのか，必然なのか，南京に都を置いた王朝の多くは短命に終り，三国の呉をはじめ，多くの王朝が南京を都として選び，隆盛しては，またすぐ消えていく．王朝の興亡，歴史の変遷を経験し続けたこの都市の住民として，南京人は盛衰興廃の道理について深く理解している．このことが南京人の心の奥に余裕をつくり，何事にも平常心をもって淡淡と受け止めることにつながっているのであろう．

●**文化の融合**　南京人の温和は，人との接し方にもよく現れる．長江デルタ域の大都市である南京には，全国各地から南京に仕事を求めに来る人が年々増え続けている．がしかし，南京人が地域差別的な発言をすることはあまり耳にすることがない．中国において南京は温厚で，包容力のある都市としてイメージがある．

　南京人の排外的ではない性格は南京の歴史をみることで理解がしやすい．1,700 年前，西晋が匈奴に滅ぼされ，戦乱を避け，北方からの移民が長江をわたり，南京にたどり着き，東晋を建てた．1,700 年の間，長江の南岸に位置する南京は，絶えず，北方から南下する移民を受け入れてきた．また，長江の南岸に位置する南京は，周辺の江淮文化の影響も受けやすい．南京の文化の形成過程は，江南の呉文化と移民のもたらした中原文化，および江淮文化との融合の過程でもある．江南文化を中心に据えながら，中原文化と江淮文化を常に取り入れてきた南京は，開放的で，包容力の高い文化を形成し，それは南京人のおっとりとした性格の由来となったのであろう．

●**南京の方言**　南京における文化の融合はその土地の方言も特徴づけている．西晋の崩壊に伴い，中原から南京に移住した大量の移民が中原の雅言をもたらした．中原雅言と当地の呉方言との融合は，今日のいわゆる「南京官話」とよばれる南京語の原型をつくりあげた．その後，歴史の変遷とともに，北方文化・呉文化・江淮文化の融合が進み，南京語も常に変化を遂げていった．中国の歴史において，南京官話は長期にわたり官吏の間で公用語として使われ，いわゆる標準語としての地位を有していたため，遠く日本にまで影響を及ぼした．　　　　　　　　［郎　潔］

蘇州——江南の経済・文化都市

　蘇州は，長江下流のデルタ地帯，長江南側の江南地域に位置する都市であり，現在の行政区画では，江蘇省に属する．春秋時代（前722-前469），呉王闔閭の命を受けた伍子胥（ごししょ）がこの地に都市を建設したのが，前514年のこととされるから，2,500年以上もの歴史を有する古都である．江南地域は魚米の郷として，自然条件に恵まれた広大で肥沃な土地から収穫される物産に富んだ土地である．その江南地方における重要な集散地の一つが，ほかならぬ蘇州であった．

　隋の時代，煬帝が建設した，中国の南北交通の大動脈である大運河が蘇州を通ったことにより，中国全土にわたる物資流通のターミナルとしての蘇州の地位が決定的になった．江南地方にあって，南京・杭州がどちらかといえば政治的都市であったのに対し，蘇州は経済的都市として発展した．江南地方では水路が発達し，豊かな物資が船で運ばれる．蘇州の町の中にも縦横に水路が走っている．「東洋のベニス」とよばれるゆえんである．

　12世紀の初め，女真族の金によって都汴京（べんけい）（開封）を攻め落とされると，宋は都を杭州に移す．これ以後を南宋（1129-1279）というが，この頃には華南の経済的優位はもはや決定的になっており，この状況は現在まで続いているといえるだろう．「江浙熟すれば天下足る」というのは南宋の頃の言葉であって，江蘇，浙江の江南地方の富が天下を支えていたことがわかる．また蘇州，杭州について「上有天堂，下有蘇杭」（天に天堂あり，地に蘇杭あり）ともしばしばいわれるが，この言葉もこの頃に生まれたとされる．

　蘇州は宋から元，そして明（1368-1644）へと発展を続けるが，明の中頃からは，もともと蘇州の特産品であった絹織物工業がより大規模に行われるようになる．日本で着物のことを呉服というのも，絹織物が蘇州（呉）から来たということを物語っている．さらに明末になると，より庶民的な布地である木綿の生産も盛んになり，全国規模の生産地として経済都市としての蘇州はさらなる発展の段階を迎える．蘇州は，近代に入って，新開地の上海にその位置を奪われるものの，それ以前にあっては江南第一，そして中国第一の繁栄を誇った大都市であった．現在はまた工業が発達し，市区の人口は500万人を超えている．

●蘇州の文化　経済的な繁栄を背景にして，蘇州には文化の花が花開いた．中国では筆記試験による高等文官試験である科挙が行われたが，蘇州出身者に，その最終段階の合格者である進士（しんし），さらにトップ合格者である状元（じょうげん）が多くあったことは，その教育水準の高さを物語っている．だが，蘇州の文化はまた，経済都市という性格を反映した独特のものでもあった．15世紀の終わりから16世紀の初め

にかけて蘇州で活躍した文化人には，沈周(1427-1509)，そしていわゆる「呉中四才」と称される祝允明(1460-1526)，唐寅(1470-1523)，文徴明(1470-1559)，徐禎卿(1479-1511)たちがある．彼らの名は，今日ではいずれも書画の世界で最も名高いが，彼らに共通するのはいずれも市隠としての性格である．市隠とは，科挙に応ぜぬ，あるいは役人になったことはあっても，それを辞めて仕官せず，郷里で生活するもののことである．彼らは，詩文書画を売ることによって生活する一種の芸術家でもあった．

仕官をしない，すなわち皇帝を頂点とする権力機構に身を置かないということは，またしたがって，彼らに一種の反抗精神，反俗精神をもたせることになった．奇行に満ちた生活ぶりは，とりわけ祝允明と唐寅において顕著である．ほかにも，短篇白話小説集『三言』で知られる明末の戯曲小説作家馮夢龍(1574-1646)，明末清初の文学評論で知られる金聖嘆(1610?-61)も蘇州の人である．近代にも，顧頡剛，葉聖陶などの著名人を多く輩出している．

●**蘇州の名勝** 蘇州には，長い歴史を背景にしたさまざまな名勝を見ることができる．以下，その一部を紹介する．

虎丘：蘇州城の西北．春秋時代，呉王夫差が埋葬されたことに由来する．北宋時代の961年に建てられた虎丘塔がある．

また，蘇州には，城内に多くの名園が残されている．町の中の必ずしも広くはない空間を十分に利用すべく，それらの多くは，パノラマ式の回遊庭園である．

滄浪亭：蘇州で現在残る最も古い庭園．唐代の末期につくられ，北宋の蘇舜欽によって改築された(図1)．

獅子林：元代の末期に造営された．太湖石がふんだんに用いられ，迷路のように回廊がめぐっている．

拙政園：蘇州でも最大の庭園であり，留園とともに中国四大名園の一つに数えられる．明代の高級官僚だった王献臣が造営した．

留園：明代に創建され，清代に改築された．

図1 滄浪亭［筆者撮影］

このほか，蘇州城外の西方には，寒山寺がある．唐代に建立された名刹であり，唐の詩人張継の「楓橋夜泊」詩の「姑蘇城外寒山寺，夜半の鐘声 客船に到る」の句で知られる．　　　　　　　　　　　　　　　　　　　　　［大木康］

📖 **参考文献**
[1] 村上哲見『蘇州・杭州物語―天に天堂 地に蘇杭』集英社，1987

杭州――西湖に臨む南宋の都

　杭州は現在浙江省の省都であるが，その昔五代十国の一つ，呉越国の都であり，さらに12世紀から13世紀にかけては宋王朝（南宋）の都であった．中国には北の黄河と南の長江の二つの大河が流れている．古くは黄河の流域がその文明の中心であり，長安，洛陽など，漢代，唐代の都はいずれも黄河とその支流に沿って置かれていた．しかし，次第に気候温暖な長江流域の開発が進み，とりわけ長江下流の江南地方が，経済的優位を占めるようになってくる．隋の時代に黄河と長江を結ぶ大運河の掘削が始められたのも，北の政権を維持するために，南からの物資の輸送が不可欠になっていたことを物語っている．その大運河の南の終点がこの杭州だったのである．

　宋王朝は，はじめ黄河流域の汴京（開封）に都を置いていたが，北から攻めてきた金によって都が陥落，その後杭州に都を移した．あくまで仮の都であったから行在とよばれた．後にこの町を訪れたマルコ・ポーロが『東方見聞録』において，この町を Khinzai（キンザイ）と表記しているのは，行在の音をローマ字表記したものである．やがて臨時の都の意味で，臨安と称されるようになるが，南方の政治経済の中心として，杭州の町は繁栄をみせる．宋代にあってすでに人口は100万人を超えていたという．

●**杭州を訪れた文人たち**　杭州の町は，その西側にある西湖と切り離しては考えられない．水の美しさ，周囲の翠の山の美しさ，湖畔に咲き誇る桃の花……．西湖の美しさはまずはその自然の美しさにある．そして，唐の白居易（楽天，772-846）や宋の蘇軾（東坡，1036-1101）がその地の地方官を務め，築造にあたったとされる白堤，蘇堤など，この地を訪れた数多くの文人墨客の遺跡が，錦上さらに花を添える．自然美と詩趣，そして歴史とがあいまったところに，永遠に人を引きつけて止まない杭州，西湖の魅力がある．

　杭州に遊んだ著名な文人の一人に唐の白居易がある．白居易は822年から824年に至るまでの3年間，この地の地方長官（杭州刺史）としてあった．北方人だった白居易は水と緑に富んだこの南の杭州の町が気に入ったようで，杭州西湖を詠じた数多くの詩を残している．山に囲まれた西湖は，そこに流れ込む川が運んでくる土砂によって，年々浅くなっていた．そこで堤を設けて，土砂をせき止める工事が何度かにわたって行われている．白居易は杭州刺史在任中に堤の築造を行ったとされ，それがその名をとってよばれる白堤である．白居易は，西湖の景観を守った第一の功労者でもあった．

　西湖の西側に湖の南北を真っ直ぐにのびる長い堤がある．これが宋代の文人蘇

軾がつくった蘇堤である．蘇東坡は四川の生まれであるが，やはりこの杭州の地を好み，生涯の間に二度も杭州の地方官として滞在し，数多くの詩をつくっている．蘇軾もまた在任中に，流れ込む土砂から西湖を救うために，白居易にならって堤を造る土木工事を起こしている．それが蘇堤である．

図1　西湖［筆者撮影］

西湖の北寄りの湖水の中に，こんもりと木の茂った小島がある（実際は陸続きなので，半島といった方が正確だが）．これが孤山である．孤山には，清の時代に編纂された『四庫全書』の1セットが収められた文瀾閣があり，現在は浙江省図書館になっている．孤山は，宋の時代の隠逸詩人，林逋が住んだ場所として知られている．林逋は生涯妻を娶らず，庭に梅を植え，鶴を飼って楽しんだ．その林逋の墓が現在でもこの孤山にある．

●**西湖十景**　杭州の西湖は浅い湖である．平均水深は1.5m，最も深いところでも2.8mという．その西湖の中には，小瀛州，湖心亭，阮公墩の三つの中の島があり，やはり名勝になっている．

杭州・西湖の風景は，中国の人々の美意識の結晶といえ，その西湖の名勝を選んだ西湖十景がある．その一つに数えられるのが「断橋残雪」である．断橋は，白堤が杭州の町寄りの岸と接するところにある石の橋．もとは橋がなく，白堤がここで途切れていたために「断橋」と名づけられたという．西湖十景の中には「蘇堤春暁」「平湖秋月」など，それぞれの名所を訪れるのにふさわしい季節や時間を示したものもある．断橋の場合，冬の終わり頃，うっすら雪をかぶった景色が最も美しいとされている．

西湖の南岸に，湖に面して小高い丘，夕照山がある．その夕照山の上に，かつて雷峰塔という名の塔が建っていた．この塔は10世紀頃，五代十国の一つであった呉越国の王，銭俶がその妃のために建てた塔で，淨慈寺という寺の一角にあった．西湖十景の一つに「雷峰夕照」があり，夕日を背にした雷峰塔が美しいとされていた．塔は1924年に突然倒壊してしまったが，近年また再建された．

「天に天堂あり，地に蘇杭あり」といわれる杭州は，古来彼の国の人々に特別な憧れを抱かせてきた都市の一つである．いや，中国ばかりではない．かつての東アジアすべての国の人々にとって，杭州は特別な土地であった．上野の不忍池も，江戸時代の詩人たちの目から見れば，憧れの西湖にほかならなかったのである．

［大木康］

📖 **参考文献**

[1]　村上哲見『蘇州・杭州物語—天に天堂 地に蘇杭』集英社，1987

広州——漢族社会はいつ成立したか

　広州は広東省の省都で，略称は穂，古名は番禺，三国時代の226年に呉が州名を広州としたのが，名称の始まりである．広州という地名がさす歴史上の地理的範囲は，城壁で囲まれた広州城をさす狭義の場合と，広州城の外側も含めてさす広義の場合とがある．広州の歴史・文化を知るには後背地を含め，広義の広州をとり上げる必要がある．例えば，明清時代の広州城は南海県と番禺県という二つの県の県城であったから，この2県にわたるような広義の広州については「広州付近」と記すことにする．

●**歴史と主要な住民**　現在の広東省に住む人の大部分は漢族である．広東省の漢族は広府人・潮州人・客家人に大別できる．そして広府人（日本では広東人とよぶ）が広州付近の主要な住民である．広府人が日常的に話す広州話（粤語ともいい，日本では広東語という）は，香港映画でブルース・リーやジャッキー・チェンが話す言葉であり，北京や上海の人が聞いても理解できない．それでは広府人はいつから主要な住民となったのか．まずは広州付近と広府人の歴史を概観しよう．

　前221年に秦の始皇帝が天下を統一したとき，今の福建省・広東省・ベトナム北部には，百越や越人などとよばれる多種多様な非漢族の社会（越人社会）が存在しており，天下の外にあった．その後，前214年の始皇帝による越人社会の征服，秦末に広州を国都とする南越国（前203-前111）の独立と続いた後，前111年に漢の武帝が南越国を征服する．始皇帝や武帝による征服後，北方の受刑者などを移住させる植民事業が始まり，移住民は平地で稲作に従事していく．一方，越人のうち峒獠とよばれる人々も平地で稲作をしていたので，生業と生活空間を共通にする移住民との融合が徐々に進んでいく．唐代には土人とよばれる混血の人々がいたことが新旧唐書に記されている．時代が下るにつれて移民や土人は増えていくが，五代に広州を国都として独立した南漢国（909-971）でも，住民の多くは峒獠であった．そして南漢国が併合された宋代以降も，住民の多くはやはり峒獠と土人という状況であった．

　明代中期の15世紀に土人の一部と峒獠が反乱を起こすが，明

図1　南越国の王宮・官署の復原模型［南越王宮博物館，筆者撮影］

朝および反乱に加わらなかった土人によって鎮圧される．その結果，広州付近は鎮圧する側に立った土人たちが主要な住民となる．そして彼らは，自分たちの祖先は漢族が誕生した中原から広東省北部の珠璣巷を経て広州方面に移住してきたという言説（珠璣巷伝説）を受容していく．つまり，峒獠と北方からの移民との混血であった土人が，アイデンティティの面では自らを漢族と位置づけたわけである．かくして登場した漢族が広府人である．そのため，その言葉や文化には峒獠の影響が残っている．

●**外国との窓口** 唐代に海上貿易を管理する市舶司が設置され，アラビア商人らの寄留地として蕃坊も設けられて貿易港として発展し，北宋時代には中国最大の貿易港となった．清代の1685年には貿易を管理する粤海関が置かれ，官許商人の十三公行を介して貿易を統制し，1757年からは西洋との貿易が許される唯一の港となった．近代にはアヘン密貿易，そしてアヘン戦争の舞台となる．中華人民共和国以降は，春と秋に中国輸出商品交易会（俗に広州交易会）が開かれ，改革開放以前における輸出商談の貴重な機会を提供した．また対外貿易港という土地柄から外国の文化や思想に接する機会が多く，19世紀末からは孫文らによる革命運動が盛んになり，1924～27年の第一次国共合作が推進される中心地となった．北伐で活躍する中国国民党軍の士官を養成した黄埔軍官学校，毛沢東が所長を務めた農民運動講習所など革命運動関連の旧跡も多い．

●**民俗** 20世紀前半までの広州付近では，花嫁は結婚後の約3年間を生家で過ごし，第一子の妊娠を機会に夫家に住み始めるのが一般的であった．これは「不落夫家」とよばれ，広西のチワン族（越人の一種）などにも同じ慣習がみられる．また19世紀後半から20世紀前半に広州付近の農村で養蚕・製糸業が興隆したときには，終生独身を誓う自梳女とよばれる女性たちが現れた．これも越人の遺風に関係あるかもしれない．中華人民共和国になると都市では火葬が普及したが，広州付近の農村では沖縄や東南アジアでみられる洗骨葬が一般的であった．ただし2000年頃には農村でも土葬が禁止され，現在は火葬となっている．広州付近の水域には，漁業・水運業を生業とする水上生活民として蛋民がいたが，中華人民共和国になってから生活の中心を陸上に移す政策が進められている．

●**改革開放** 広州付近は華僑の故郷として知られる．華僑・華人は130余りの国・地域に106万人，香港・マカオの同胞が約88万人いる．改革開放の初期には香港・華僑資本を吸引して改革開放の牽引役を担った．そして1993年には日本企業ホンダとの合弁でオートバイ産業の育成が図られ，1998年以降はホンダやトヨタとの合弁を進めて乗用車産業の育成が進められている． ［片山 剛］

📖 **参考文献**
[1] 片山 剛「近世・近代 広東珠江デルタの由緒言説について」歴史学研究会編『由緒の比較史』青木書店，2010

香港――中国と世界との結節点

南中国の小さな漁村であった香港は，中国近代史の幕開けとともに世界史の舞台に登場した．香港には中華帝国の一部であった時代，英国統治下の時代，返還後の中華人民共和国特別行政区の時代（1997年7月1日～）がある．1941年12月25日から45年8月15日まで，香港は日本軍政下に置かれた．香港の面積は1,104km^{2}で東京都の半分．人口は732万人（2015年末推計値）で，横浜市（日本で人口最多の市）の2倍弱．人口の大部分は中国系である．

●**英領植民地から特別行政区へ**　英領植民地は3段階を経て形成された．南京条約（1842年，アヘン戦争の終結条約）で香港島が割譲され，北京条約（1860年，アロー戦争〈1856-60〉の終結条約）で対岸の九龍半島の先端部が割譲された．

図1　香港島は坂とビルの街
［筆者撮影］

さらに1898年，フランスの広州湾租借に対抗して，英国は九龍半島の基底部と200以上の島々ならびに付近の海面を99年間租借した．現在も香港は香港島，九龍，新界の3地区に分かれる．

新界が租借された時，清朝には余力はなく，香港回収はその後にもち越された．第二次世界大戦後，冷戦構造の中で中国大陸との交流は制限された．中国大陸で文化大革命が収束した後，香港返還問題は1970年代末に浮上した．この間に香港では，広東語が共通語となり，中学以上で英語教育が優勢となるなど，香港大の社会統合が進み，返還に際しては，一国二制度が採用された．なお，返還前，最後の総督パッテンの政治制度改革案は中英関係を緊張させた．

返還後，香港は国防と外交を除く高度の自治を享受し，50年間現行制度を維持する．自由港であり，公用語は中国語と英語，通貨は香港ドルである．最終審は，返還前は英国の枢密院司法委員会が担ったが，返還後は香港の終審法院が担う．ただし，返還後の香港の小憲法にあたる「基本法」の解釈権は全国人民代表大会常務委員会がもち，基本法解釈は2014年末までに3回実施された．

●**中国史の一部**　香港には歴史建造物や遺跡は少ないが，目を凝らせば，香港が中華帝国の版図の一部であった足跡が見えてくる．1955年，公共団地の建設中，九龍の深水埗の李鄭屋で後漢（25-220）時代の墓が見つかった．旧啓徳空港近くの宋王台は南方に落ちのびた南宋の最後の幼帝二人が休息をとった場所とされる．すでに唐代より香港は海上交通の要衝となり，屯門周辺には軍隊が駐屯した．

1898年の租借時，新界には鄧氏（錦田），文氏（元朗），廖氏・侯氏（上水），彭氏（粉嶺）の五つの有力宗族が存在し，マーケットタウンを掌握した．
　英国は華人の慣習には干渉せず，香港は1971年まで妻妾制度が存続した．太平清醮のような伝統的な祭りが今なお行われている．

●**中華と世界の結節点**　植民地とはいうものの，香港はシンガポールと同じく点としての存在であった．マレー半島のように，英国にとって魅力ある天然資源も，単一作物を栽培する広大な土地も香港にはなかった．しかし，香港という世界は香港で完結しなかった．香港起点のネットワークは中国内地にとどまらず，東南アジアや北米，オセアニアを中国と結んだ．
　1860年の北京条約以後，中国人の海外渡航が可能になり，香港経由で人々が海外へと移動し，それに重なって，華僑送金のネットワークが形成された．当時の移民は出稼ぎ的な性格が強く，本国の留守家族に生活費を送金した．送金業者は華僑送金を金銀やその他の商品に投資して利益を確保した．
　第二次世界大戦後，冷戦構造が波及し中国が国際的に孤立すると，仲介者として香港の存在は貴重なものとなった．例えば，中国と国交関係がなくても，香港を経由することで中国産品の輸入ができた．1970年代末に中国が改革・開放政策に公式に舵を切ると，東南アジアの華人資本や台湾資本は，香港にいったん投資して企業を立ち上げ，その香港企業が対中投資するかたちをとった．

●**香港という空間**　英領植民地であったことから，香港は中国内地とは異なる自由を享受した．1989年の天安門事件の際，香港の民主派は北京の民主化運動を支持し，その後も毎年6月4日に追悼集会が開催された．法輪功関係者（中国内地では非合法な宗教団体）も返還後も活動を継続している．2009年には，趙紫陽（1989年の天安門事件で失脚）の回想録が香港で出版された．こうした背景には，国際社会に向けての香港の情報発信力があるだろう．国際金融センターとして交通・通信インフラが整備されており，歴史をさかのぼれば，香港は英語を介して西洋の新しい学問にふれる場所であった．国父・孫文も香港と縁があった．
　また，1980年代以降，香港では住民の政治参加が大幅に緩和された．返還後，普通の選挙の全面的導入が強く要求され，2014年9月に学生主体の市街地占拠運動（雨傘革命）が起きた．なお，戦後の香港は共産党と国民党双方の政治的主張から距離をおいた．香港映画や金庸らの武俠小説，香港ポップスなどの香港の文化産品は，戦後の台湾や東南アジアで人気を博した．　　　　　　［谷垣真理子］

📖 **参考文献**
［1］浜下武志『香港―アジアのネットワーク都市』ちくま新書，1996
［2］谷垣真理子・塩出浩和・容應萸編『変容する華南と華人ネットワークの現在』風響社，2014
［3］沢田ゆかり編『植民地香港の構造変化』アジア経済研究所，1997

マカオ──ポルトガリダーデの香る街

マカオは香港と双子都市のように扱われるが，両者は双子とは思えないほど異なる．マカオにポルトガル人が居住を許されたのは，英国の香港島領有より3世紀ほど早い．1999年12月20日より中華人民共和国特別行政区．マカオの面積は30.3km^{2}で東京都世田谷区の半分．マカオ半島およびタイパ島，コロアネ島より構成されるが，埋め立てによりタイパ島とコロアネ島は現在陸続き．人口は64.7万人（2015年末）で千葉県船橋市を上回る．人口の大部分は中国系である．

●**大航海時代のマカオ** マカオは明代には濠鏡澳，香山澳とよばれ，清代になって澳門の名が用いられた．ポルトガルは1513年に中国に初来航，明の海賊討伐を援助したことによって1557年マカオへの定住を許された．マカオはゴア・マラッ

図1 聖ポール天主堂跡
［筆者撮影］

カとともに，大航海時代のアジアにおけるポルトガルの貿易拠点であった．また，聖ポール天主堂跡からうかがえるように，マカオはキリスト教布教の一大拠点であった．ポルトガルは日本と縁が深く，日本から銀を輸入した対日貿易では，莫大な収益をあげた．天正遣欧少年使節はマカオに寄港し，キリシタン弾圧の中で日本人信者がマカオに逃れた．1639年江戸幕府がポルトガル船の来航を禁止し，1641年にオランダがマラッカを占領すると，ゴアとマカオを結ぶルートは断絶した．1757年，清朝がヨーロッパとの交易を広州に限定する（広東システム）と，外国人は広州に年間を通じて居住できなかったので，マカオはヨーロッパ人の常住拠点としてにぎわいをみせた．

ポルトガルのマカオ領有は意外なほど遅い．ポルトガルはアヘン戦争後の1844年にマカオの自由港化を宣言し，1849年に1557年以来の地租の支払いを中止した．1887年の葡清条約では，ポルトガルのマカオ領有権が確認された．もっとも，この頃，マカオの貿易港としての重要性は低下していた．マカオの港は水深が浅く，大型船の接岸に適さなかった．

●**マカオ返還への道のり** 戦後，二度マカオ返還が実現する機会があった．最初は1966年の一二三事件である．タイパ島の親中国系小学校の校舎増築問題に端を発し，親中国系住民とマカオ政府の間で衝突が起き，死傷者が出た．マカオ政

府は事態を収拾できず，以後，中国はマカオを実質的に掌握したといわれる．もう一つが，1979年の中葡国交樹立時であった．英国と対照的に，ポルトガルはマカオ返還を提起した．しかし，中葡条約で，両国はマカオの主権は中国，統治権はポルトガルにあることを相互に認めたにとどまった．

　マカオ返還が実現しなかったのは，香港の将来が当時未確定であったことによる．それを裏づけるように，1984年に香港の将来像が確定すると，中葡両国はマカオ返還作業に取り組んだ．中英関係とは対照的に中葡間では交渉は円滑に進んだ．返還前に問題であったのは，マカオの民主化ではなく，治安の悪化であった（返還後改善）．マカオは返還後，香港と同じく一国二制度が施行された．大きな変化は，何鴻燊によるカジノ営業権の独占の終了であった．自由入札によりアメリカ資本や香港資本マカオのカジノ業に参入し，2006年にはマカオは売上高でラスベガスを抜き，世界最大のカジノ都市となった．

●マカオという空間　ポルトガル領であったため，マカオは香港と同じく反体制派の活動空間となり，中国大陸で反乱や内戦があった際の避難地となった．第二次世界大戦中，ポルトガルが中立国であったため，マカオは日本軍による占領を免れた．戦時中，日本はマカオで対中和平工作などの政治的策略を行ったが，戦後は旧ソ連や北朝鮮がマカオを情報収集基地として利用した．また，マカオは自治の経験では香港に先行していた．1974年にポルトガル本国でカーネーション革命が起きると，海外植民地放棄の方針が出された．1976年，マカオは一定の自治権を有する，ポルトガル行政下の海外地域となった．

　また，キリスト教の一大布教拠点であったことから，宣教師はヨーロッパ人が常住できるマカオで中国語を学び，中国での布教に備えた．宣教師は布教の入り口として教育と医療に力を入れたが，そこでは，英語を学び，西洋の学問を学ぼうとする中国人の姿がみられた．広東システムのもとでは，英語を習得した人々がヨーロッパ商人と中国商人を仲介する買弁となった．中国人で初めて米国イエール大学に入学した容閎も，マカオのモリソンスクールで学んだ．

　ポルトガルとの4世紀を超える接触の歴史を象徴する存在がマカエンセであろう．マカエンセはマカオ生まれでポルトガル人の子孫という出自（多くは混血）をもち，ポルトガルとの深い文化的・精神的なつながり（ポルトガリダーデ）を有する．ポルトガル語を母語とし，返還前のマカオでは公務員や警察官，弁護士，法務官などの職業に就いてきた．ポルトガルのマカオにおける足跡は，世界遺産に指定された教会や南欧風の建造物だけではない．　　　　［谷垣真理子］

📖 **参考文献**
[1] 内藤理佳『ポルトガルがマカオに残した記憶と遺産—「マカエンセ」という人々』SUP上智大学出版，2014
[2] 塩出浩和『可能性としてのマカオ—曖昧都市の位相』亜紀書房，1999

成都——文人に愛された古都

　成都は，四川省の省都である．人口 1,466 万人（成都統計年鑑 2015）．四川盆地の西北部，成都平原の中央に位置する．古い歴史と文化をもち，人口や工業生産量では中央直轄市の重慶に及ばないものの，現在も西南中国の経済，文化の中心であり続けている．錦官城，芙蓉城などの美称がある．

●**成都の歴史**　古代，蜀国がこの地を統治したと伝えられ，中国西南部で最も早く開発された地区であり，優に 2,300 年を超える長い歴史をもつ．成都の名称の由来については，「一年で邑を成し，二年で都を成す」（『太平寰宇記』）という言葉にちなむとする説をはじめとして諸説があるが，古代から呼称が変わっていない，中国でも珍しい都市である．前316 年，蜀国は戦国時代の秦によって併合されて蜀郡となり，張儀らが秦の都咸陽を手本に成都城を建設した．またこの時期から秦の移民によって中原地区の新しい文化や製鉄技術などがもたらされる．秦の太守李冰は，都江堰を中心に大規模な水利工事を行い，「水旱は人に従い，飢饉を知らず，時に荒れたる年無く，天下これを天府と謂う」と評された，豊かな成都平野の基礎を築いたことで有名である．前漢の元封 5（前106）年，益州が置かれ，成都県が蜀郡の治所となる．前漢時代，成都では錦織の産業が発達し，錦官という役所が置かれたことから，成都を「錦官城」ともよぶ．またこの時代，司馬相如，揚雄，王褒など文学史に輝かしい名を残す文人を輩出している．三国時代，劉備がこの地に蜀漢政権を樹立し，成都に都を置く．

　蜀漢滅亡後，晋は益州蜀郡の治所に改める．隋唐時代，成都は引き続き経済発展を遂げ，文化の繁栄期を迎える．唐代では揚州に次いで天下第二の都会と称され，また四大名城（長安，揚州，成都，敦煌）の第 3 位に位置づけられていた．安史の乱に際しては，玄宗皇帝は成都に落ち延び，蜀郡を成都府に改め，一時期，南京と号した．唐代，成都には李白，杜甫，王勃，高適，岑参，薛濤，李商隠など有名な文学者が一時期，滞在していたことがあり，なかでも安史の乱を避けてこの地に 4 年余り滞在した詩聖杜甫とその草堂はよく知られている．宋元明三代にわたって成都はますます発展し，四川のみならず中国西南地区の政治，経済，軍事，文化の中心となっていく．益州路，成都府路，成都路，布政使司など行政区画については頻繁に変更が加えられるが，治所は一貫して成都に置かれた．清の順治 3（1646）年，四川布政使司が四川省に改められ，四川省という名が歴史上，初めて登場する．1928 年に国民政府は成都市を設けて四川省の省会とした．1952 年，川西行署区が廃止されて四川省が復活し，以来四川省の省都となって現在にいたる．

●**成都の文化人たち** 賦とよばれる文学の大成者,司馬相如(前179-前117)は,字を長卿,成都の生まれである.若い時分に長安に留学し官職を得たものの,宮仕えが肌に合わず辞職し故郷に戻る.その後,臨邛の富豪卓王孫の娘,文君と恋仲になって結婚する.文学に理解のある武帝が即位し,相如のつくった「子虚の賦」がたまたま武帝の目にとまって都に召し出される.「上林の賦」など賦の傑作を献じて宮廷文学者としての地位を確立し,富と名声を手にした相如は,彼の浪漫的な駆け落ち物語とともに長く人々の記憶に残ることとなった.

漢代の成都出身の文学者としては,もう一人,揚雄(前53-後18)がいる.字は子雲,司馬相如の後を継いで宮廷文人として活躍し,「甘泉の賦」などをつくるが,後に賦の効用に限界を感じて創作をやめ,著述に専念した.著に『易経』になぞらえてつくった『太玄』,『論語』を模した『法言』がある.三国志の英雄,諸葛亮は,字を孔明といい,山東の人で成都の生まれではない.劉備に三顧の礼によって迎えられた諸葛亮(孔明)は,天下三分の計を献じて,劉備に益州を支配下に置くよう勧め,劉備の腹心として三国鼎立の大立て者となる.丞相として蜀国で善政を敷いた孔明は,その悲劇的な死も相まって,死後も民から慕われ,成都に彼を祀る武侯祠が建てられて今日も香華が絶えない.その死から500年後,戦乱を避け,家族を連れて杜甫がこの地に移住してくる.杜甫は成都の浣花渓のほとりに草堂を編み,「蜀相」「春夜喜雨」など佳篇を多く残した.河南省出身の杜甫は,安史の乱以降,故郷を離れ漂泊の生活を余儀なくされるが,草堂で暮らした3年7か月は,杜甫の後半生においてかけがえのない平和な時間であった.

●**成都の民俗文化** 成都は長きにわたって中国の木版印刷の中心地の一つであり,その書籍は,後世,蜀本とよばれ珍重された.1953年に成都の唐代の墓から発見された成都府成都県龍池坊の卞氏が印刷した『陀羅尼経咒』は7世紀半ばのものと考えられ,当時すでにこの地で木版印刷が行われていたことがわかる.また,成都は古来より宗教とも関わりが深い.後漢順帝の時代,張道陵が五斗米道の開祖となり,成都大邑の鶴鳴山で教えを広めたのが中国の道教の始まりとされている.

仏教の伝来も早く,後漢末には成都に伝わっていた.唐代では仏教が篤く信仰され,建元寺,昭覚寺など多くの仏教寺院が創建されている.成都は飲食文化にもみるべきものが多く,中国四大料理の一つ,四川料理(川菜)は成都が本場である.四川料理は舌がしびれるような辛さを特徴としており,代表的なものとしては,清代同治年間に成都で大衆料理として発明された麻婆豆腐がある.成都の人々は古来より喫茶を好み,清末には成都に454軒もの茶館があった.茶館は社交場としての性格をもち,商談や芸能鑑賞などさまざまな活動が行われていたが,"茶博士"とよばれるボーイに湯を注がせ,主にジャスミン茶を楽しむ喫茶の文化は今日まで受け継がれてきている.

[上田 望]

中国の世界遺産 ②

武夷山（1999年登録／複合遺産）

山水の織りなす景勝で有名な武夷山．温暖な気候と高い湿度を生かし古くから茶の栽培が行われてきた．切り立った岩山の麓から中腹にかけて茶畑がつくられている．朱子学の開祖・朱熹が講述を行った地でもある．所在地は，江西省と福建省の境界　　　　　　　　　　　[荒木達雄]

3. 思　　　想

　中国の思想として，読者にとってなじみ深いのは，孔子や老子などの古代思想であろう．だが，それらのいわば源流を，現在の中国文化と一足飛びにつなげるわけにはいかない．伝統思想のどのような展開の先に現在の中国文化があるのか．儒・仏・道三教という伝統的な枠組みに即してみても，それぞれの分厚い伝統のうえでそれぞれの現在を見通すことが必要である．

　また，中国思想といっても決して源流からの一本道ではなく，さまざまな他者との出会いを経てきている．そして，西洋思想という強力な他者との葛藤を繰り広げたものとして，近現代の思想をとらえることができるだろう．

　さらに，中国の思想の具体的な様相を把握するために，科学技術を含む多様な分野やテーマに即しての思考の展開，思想を含めた知の伝達に関わる教育や出版などのあり方，そして，礼や占いや修養といった，さまざまな実践に溶け込んで思想が生きてきた姿などに注目してみた．

[林 文孝]

神話——断片の語るもの

　原始，人は自然界を畏怖と憧憬の心でとらえていた．この世はどうして始まり，人間はどこから来たのか．これは大きな疑問である．そこで天地開闢の神話が生まれた．太陽と月の運行は不思議な現象であった．そこで，太陽にはカラスが，月にはカエルやウサギが棲むという神話が生まれた．人々が拠り所とした河は，時に氾濫して命を奪う脅威でもあった．そこで治水の神話が生まれた．

　古代，諸民族が闘争，融合，追放などを繰り返していたために，各民族がもっていた神話は，失われたり複雑にからみ合ったりして，現在，その体系的な姿を知ることは難しい．しかし，神話の断片が，『楚辞』(項目「楚辞」参照)の「天問」や古代の地理書である『山海経』のような古い文献，壁画，少数民族の伝説などに伝えられており，我々はそこから神話の世界を垣間見ることができる．

●**天地開闢**　天地は渾沌としていてまだ分かれていず，鶏の卵のような形をしていた．その中に盤古が生まれた．1万8,000年の後，澄んだ陽は天となり，濁った陰が地となった．天は日ごとに高く，地は日ごとに厚くなり，盤古も変化して天の神，地の聖となっていった(『太平御覧』に引く『三五歴紀』)．

●**太陽とカラス**　東南の海の向こうに羲和の国があり，そこで帝俊の妻である羲和が10の太陽を生んだ(『山海経』大荒南経)．羲和は後に太陽の御者となるが，遡れば太陽の母であった．さて，海の東方にある黒歯国には熱水が沸き立つ湯谷があり，その中に扶桑の大木があった．9個の太陽はその下枝に止まり，1個だけが上の枝に止まっていた(『山海経』海外東経)．空をめぐる太陽は1日1個ずつで，1旬(10日間)するとまた初めの太陽が出る．ところがあるとき，10の太陽が一斉に現れてあらゆるものを照らし出した(『荘子』逍遥遊)．これは大事件であったので，いくつかの文献がこれについて記している．10の太陽が一斉に出てくると，地上では穀物が焼け焦げ，草木も枯れて，民衆の食べる物がなくなり，さらには猰貐・鑿歯といった恐ろしげな物が侵犯して来るようになった．そこで，時の帝であった堯は配下の羿に太陽を射落とさせ，悪者を征伐させた(『淮南子』本経訓)．羿が太陽を射ると，なぜかカラスの羽が飛び散った(『楚辞』「天問」)．九つの太陽の中にいたカラスが皆死に，その羽が降ってきたのであった(「天問」王逸注が引く『淮南子』)．太陽に住んでいたカラスは「踆烏」すなわち三本脚のカラスとされる(『淮南子』精神訓，高誘注)．画像石(漢以降の墓の石刻壁画)を見ると，太陽の中にカラスがいたり，カラスの腹が円く膨れて太陽になっていたり，カラスそのものが扶桑の木に止まっていたりする．

　なぜカラスが太陽にいたのかについて，神話は語っていないが，そもそも鳥は

生成のシンボルであった．天地開闢のとき，天地は鶏の卵のようなものの中にあったし，前11世紀半ばまで存続していたという殷王朝の始祖契は，天から命じられた玄鳥が地上に降りて生まれた者であった（『詩経』商頌「玄鳥」）．

●**月とヒキガエルとウサギ**　太陽を生んだ羲和はまた，遠い西の果ての日月山という山で，月を12個生んだ（『山海経』大荒西経）．さて，先の神話で太陽を射落とした羿は，西王母に不死の薬をもらった．ところが羿の妻，恒娥（またの名嫦娥）はその薬をこっそり盗んで飲み，羿を地上に残し空に昇って月の精となった（『淮南子』覧冥訓）．月にはヒキガエル（蟾蜍）がいるという（『淮南子』精神訓）が，その恒娥がヒキガエルに変身したという話もある．画像石を見ると，月いっぱいにヒキガエルが貼りついている図像がある．欠けてなくなる月はまた再生する．春になると地中から現れるカエルが，再生の象徴として重ね合わされたのかもしれない．画像石にはまた，臼で薬を搗くウサギがヒキガエルとともに西王母に仕えている図像が見られる．ヒキガエルに引かれたか，ウサギも月に入り，やはり杵を持って薬を搗いている．「月の光は何の徳によって死んではまた育っていくのか，月の腹にいる兎は何が欲しいのか」（『楚辞』「天問」）．

●**神話の継承**　上述した天地開闢の項の，渾沌としていた天地について，『荘子』（項目「諸子百家」参照）は次の話をあげる．「人にはみな七竅（七つの穴）があって見たり食べたりできるのに，中央の帝である渾沌には，目も鼻も口もなかった．そこで南海と北海の帝は毎日一つずつ，渾沌に穴を繋けてあげた．七日目に，渾沌は死んだ」（『荘子』応帝王）．ここで神話は，秩序を与えることによって死ぬものもあるのだ，という教訓的な寓話となっている．

　夔という一本足の神の話がある．その夔について孔子は「夔は足が一本なのではなく，「一で足りる」すなわち夔一人で充分だ，という意味だ」と述べたという（『韓非子』外儲説）．このような合理化を経て，神話の神々は，三皇五帝という古代の聖王の系譜として再構築され，後世の人々の規範となっていった．

　歴史からみると，羿が猰貐や鑿歯といった悪者を討伐した神話は，あるいは当時の民族の闘争を勝利者の側からみた歴史を語っているのかもしれない．文字による記録がない時代にも，民族の抗争と統合は行われていた．それが，神々の闘争というかたちで伝えられていた可能性があるという．

　文学の分野では，神話は後世の詩や小説に幻想的な発想を与えた．

　古代，さまざまな民族がそれぞれ豊かな神話の世界をもっていた．これは当時の人々が信じ敬い祀った神々であった．その神が祀られなくなってから後も，神話の断片は思想書や歴史書，文学の中に入って長く継承されてきた．　［市川桃子］

📖 **参考文献**
[1]　白川 静『中国古代の文化』講談社学術文庫，1979
[2]　白川 静『中国の神話』中公文庫 BIBLIO，2003

孔子と孔子像──儒家の開祖

孔子は儒家の開祖とされる思想家・教育者．子は敬称で，名は丘，字は仲尼．死後の追贈称号として，宣尼父・文宣王・至聖先師などもある．

●『史記』が描く孔子　孔子の伝記としては『史記』孔子世家が有名で，現在も彼の評伝で利用されることが多い．それによると，孔子は魯の襄公22（前551）年，両親が野合して生まれた．野合という語の解釈については古来諸説あるが，要するに母が父の正妻ではなかったことを表現している．父は叔梁紇といい，殷の系譜を引く宋の貴族の子孫で，母は顔氏の出身であった．『史記』にやや遅れて成立したと考えられる『礼記』檀弓篇には，母の名を徴在とする記載があり，後世，孔子の伝記ではこれを合わせて，両親の名を叔梁紇と顔徴在とする．叔梁紇は『春秋左氏伝』に名の見える人物．ただし，『史記』の成立は孔子没後約400年のことであり，以下の記載も含めて史実かどうか定かではない．孔子自身の

図1　孔子（文徴明画）

名については，「生まれつき頭頂部が陥没し，その周囲が丘陵状になっていたので丘と名付けた」とする（魏の王粛の作とされる『孔子家語』では，漢代の別の伝承に基づいて母親が尼山に祷って孔子を生んだからだとする）．

孔子は長じて魯国の官吏となり，昇進して大司寇（法務大臣）にいたった．三桓氏（魯の桓公の次男以下三兄弟を祖とする三つの氏族）が国政を代々襲断してきた状況を正し，魯公に本来の権威・権力を取り戻させようとした．そのため三桓氏と対立し，結局，魯を離れてほかの諸侯の間を遊説して回ること10年以上に及んだ．この間，彼を慕う者たちが弟子として扈従した．晩年，再び魯に戻って後進の教育に務め，古記録である詩や書を編集し，儀礼や音楽を整備し，易の解説を著し，魯の年代記『春秋』に手を加えた．嫡男の孔鯉や愛弟子の顔回・仲由（子路）に先立たれ，獲麟事件（後述）も生じた．そして，哀公16（前479）年に死去した．

●孔子の神格化　『史記』の後，孔子の神格化が進み，伝承に神秘的要素が付加されていく．前漢末から後漢初頭に活躍した桓譚の『新論』は，「（母の）顔徴（顔徴在のこと）は黒帝に感じて孔子を生んだ」とする．当時つくられた緯書の一つ

『春秋演孔図』には，この黒帝感生に加えて「頭の形が尼山に似ていたのでそれにちなんだ名をつけた．胸には『制作定世符』という字があった」と見える．制作定世は，礼楽を制作して天下を安定させるという意味で，孔子が黒帝の子としてこの使命を果たすべき天命を受けた子であったことをいっている．黒帝とは五行に対応する五つの天帝の一つで，水徳にあたる．前漢末には五行相生説によって，王朝への配当で殷は水徳とされていたから，孔子が殷の王家の血を継いでいることを示す伝承としてこの時期に創作されたのであろう．

　獲麟事件も春秋学において強調されるようになる．『春秋』の経文は哀公14（前481）年の「西狩獲麟」（魯の西の郊外で麒麟を捕獲した）という記事で終わっている（春秋三伝のうち『春秋左氏伝』だけは経文をその2年後の哀公16（前479）年の「孔丘卒（孔丘が死んだ）」で終えている）．この事件は『史記』孔子世家にも引かれている話柄で，漢代における孔子像では重要な要素だった．

　麒麟は天下太平を寿いで現れる瑞獣である．誰もその正体を知る者がないなか，孔子だけが一見して麒麟だとわかり，その首を抱いて深く嘆いた．それは麒麟が乱世のさなかに魯の西郊で捕獲されたことが，孔子にとって不遇な我が身を重ね合わせて受け取れたからであり，同時に，孔子がこれにより自分の生前には太平の世を望み得ないと悟ったからだとされた．『春秋』の筆削作業も獲麟と結びつけて説かれる．すなわち，本来は王だけに許されるとみなされていた史書編纂を孔子が行ったことの正統性を瑞獣麒麟の登場に帰し，それによって孔子は王の位には即けなかったものの精神的には王者であったとみなす．孔子は『春秋』で未来の実際の王者（春秋公羊学においては漢王朝をさすとされる）に向けてメッセージを発していたとの解釈がなされる．なお，『春秋公羊伝』と『春秋穀梁伝』は孔子の生年を襄公21（前552）年とする．

　また，『論語』子罕篇に載る「子曰く，鳳鳥至らず，河図を出さず，吾已んぬるかな」という文言も，瑞鳥たる鳳凰や瑞祥たる河図（黄河から現れる龍馬がもたらすとされる図）が訪れないことから，天から与えられた使命たる天下太平の実現を自分が果たせないことを嘆いたものと解された．こうして，孔子は乱世を救うべく生まれたのにそうできなかった人物として造形されていく．『荘子』天道篇に見える「玄聖素王」という語が用いられ，孔子には王となる天命・資質があったのに実現しなかったとみなされた．政治に携わることができなかった代わりに孔子が編纂して遺したのが経書であり，よって，経書の文言を正しく解釈し，孔子の真意を把握して政治に活かすならば天下太平が実現すると思念され，経学が確立することになる．

●**孔子の呼称とその像**　孔子の呼称については，前漢平帝が宣尼父とし，孔子の功績を「宣」（正しい教えを世に広める）と表現した．その後，唐玄宗の開元20（732）年には文宣王と，王号を贈られるにいたる．当時，唐の皇帝たちは同じ李

姓であるところから老子の子孫を称しており，老子には玄元皇帝という皇帝号を贈っていた．したがって，格としては老子より下ることになるが，玄聖素王たる孔子に王号を授与することで孔子に対する崇敬の意を表したといえる．

　孔子を祀ることは古くから行われ，漢の高祖も曲阜に立ち寄った際に行っているが，後には都にそのための恒常的な施設が設けられた．唐では当初その主神を周公旦とするか孔子とするかで論争があり，制度上も変転があったが，結局，孔子を先聖，顔回を先師とし，これに孔子の弟子たちや後世の経学者を陪席で祀る（配享・従祀）という形態が確立する．孔子に文宣王の称号を与えたのも，この流れに沿ったものだった．

　唐代には孔子をはじめとする儒者たちは塑像・図画によって表現され，祭祀対象となっていた．宋・元などもこのやり方を踏襲していたが，明の嘉靖9（1530）年にはこれが改められて神主（位牌）に字を書いたものとなる．あわせて孔子の称号も，この時点での王号「大成至聖文宣王」から「至聖先師孔子」に変更された．これは朱子学の教義において，ほかの過去の偉人と同じ扱いで孔子に王号を贈るのは適切ではないとしてきたことが制度上実現したものだった．なお，大成は『孟子』が孔子の業績を評して，至聖は『史記』孔子世家で司馬遷が孔子を讃えて用いた表現である．

　嘉靖改革の後，孔子は王としてではなく，もっぱら師として祀られることになった．康熙4（1665）年，清聖祖（康熙帝）は北京の孔子廟に万世師表と揮毫した扁額を掲げた．ここに，孔子は玄聖素王と表象された時代から，末永く師と仰がれる人物へと変貌を遂げる．すでに宋代以降，緯書が権威を失っており，孔子を黒帝の子であるとするたぐいの言説は効力をなくしていたことも関与している．嘉靖改制以後，神主を用いる新方式は朝鮮・越南・琉球・日本にも広まった．

　孔子の生涯を一連の絵で表現することもすでに漢代には行われており，画像石の中には，孔子が洛陽に老子を訪問して礼について教えを請うたという孔子世家などが伝える事績を記したものが遺っている．明代になると孔子聖蹟図とよばれる，説明文を付した書籍が製作され，孔子の生涯を視覚的に伝える教材として普及した．

●**清代以降の孔子伝記研究**　清代には考証学が盛行して実証的な孔子研究が進み，江永『郷党図考』・崔述『洙泗考信録』など多くの成果を生んだ．それらは漢代にかけて成立した書籍の孔子伝承を網羅し，その信憑性を一つひとつ検討して取捨選択を行うことで，孔子の生涯の真相に迫ろうと試みている．ただ，彼らも儒者であったから孔子を聖人として信仰していたので，記録の採否判断には彼ら自身の立場が反映し，その信仰上の観点から彼らにとって荒唐無稽と思われた話柄を事実無根として斥ける作業がなされた．

　それまで孔子は彼以前に実在していた夏殷周三代の理想的な政治秩序の回復を

説いた復古主義の人物とみなされてきたが，康有為は光緒23（1897）年に『孔子改制考』を刊行し，儒家思想そのものが孔子によって創造されたと主張した．康有為も孔子を崇敬する立場であったが，三代の治が孔子による架空のものということになると，その歴史的正統性は逆に失われることにもなる．

1919年に出版された胡適の『中国哲学史大綱』は，ついに孔子を単なる儒家の開祖として諸子百家の他の思想家と対等に扱い，中国における学術的な思想史研究の先駆けとなった．時を同じくして生じた新文化運動では「打倒孔家店」が叫ばれ，孔子は中国の歴史に損害を与えた人物として糾弾された．毛沢東も封建思想の象徴として孔子を批判しており，特に文化大革命では批林批孔運動を起こして儒教を論難し，孔子廟の神主や祭器を破壊した．一方，これに対抗する意味合いもあって，台湾に逃れた蔣介石は孔子の思想を顕彰し続けた．21世紀になって大陸でも孔子再評価が進み，2014年には習近平が孔子生誕2,565周年の国際学術シンポジウムに出席して演説し，儒家思想は中華民族の重要なエネルギーだと評するにいたっている．

●**日本の孔子伝記研究**　日本では上述の胡適より早く，西洋哲学史研究の手法を導入した研究が開始され，明治37（1904）年には蟹江義丸『孔子研究』などいくつもの研究書が出版された．蟹江は主として『史記』孔子世家に基づきながら孔子の伝記を再構成し，一人の哲学者としてその教説を分析している．

昭和13（1938）年に出版された和辻哲郎『孔子』は，孔子を釈迦・ソクラテス・イエスと並べて「四聖」としたうえで，孔子を「人類の教師」と評する．孔子の言及している「天」は人格神・主宰神としての信仰対象ではなく，孔子にとって人倫の道こそが重大だったとする．孔子の教説を倫理道徳の面から評価することは，当時の国民精神文化運動に資する結果となった．

一方，昭和47（1972）年の白川静『孔子伝』は，文献が伝える諸伝承を総合したうえで，孔子の出自について，母は無名の巫女であり，当時卑賤視されていた巫祝社会の出身だとする．そのことが後年の思想教説を特徴づけ，またその限界として，孔子が徳を天に基づけて主張していながらも政治思想として組織することがなかった原因だと指摘する．漢代の文献に書かれている内容をもとにして従来の見方を覆す孔子像を提起したといえよう．

以上のように，孔子という人物像をどう描くかということ自体が，紹介者の思想的立場や学術的位置を示すものとなっている．近年，先秦時代の墓から出土する文献に基づく研究が進展しており，将来，新たな孔子像が描かれることも予想される．

［小島　毅］

📖 **参考文献**
[1] 加地伸行『孔子画伝――聖蹟図にみる孔子流浪の生涯と教え』集英社，1991
[2] 浅野裕一『孔子神話――宗教としての儒教の形成』岩波書店，1997

諸子百家——辯による思想闘争

　諸子百家とは春秋・戦国時代の学術思想の学派の総称．春秋末期から戦国末期にいたるまでの数多くの思想家，学派，またそれらの著作をさす．

　『漢書』芸文志に「戦国縦衡，真偽分れ争ひ，諸子の言，紛然として殽乱す」とあるように，「諸子」とは数多くの先生，学者の意である．現行の戦国時代の書物に個人の自著はなく，ある先生の学説を学ぶ弟子たちがその説を伝え，さらに発展させて，先生の名のもとに門弟や末流が最終的にそれらをまとめ，その全体が『〜子』とよばれた（『孟子』『荘子』『墨子』『韓子』『管子』など）．

　「百家」の言い方は，戦国末期の『荘子』天下篇の「百家の学」「百家衆技」や『荀子』解蔽篇の「今諸侯は政を異にし，百家は説を異にすれば，則ち必ず或いは是にして或いは非，或いは治にして或いは乱なり」にみえる．ほとんど諸子と同じ意味で，数多くの先生ごとに家を構え門を張り弟子を養成し，一家の言説を成したから「百家」とよぶ．つなげて「諸子百家」という語は『史記』賈誼伝の「頗る諸子百家の書に通ず」にみえる．ただし，「六家」（『史記』太史公自序），「十家」（『漢書』芸文志）とくくるときの儒家・道家・陰陽家などの「家」は前漢以降に同じ思想傾向の諸子をグループ化するためにつくられた概念であり，戦国時代にはまだそのような分類も概念もなかった．

●**戦国時代に優勢だった墨家思想**　『孟子』滕文公下篇に「聖王作らず，諸侯放恣し，処士横議し，楊朱・墨翟の言，天下に盈つ．天下の言，楊に帰せざれば，則ち墨に帰す」とあるように，戦国中期に天下に満ちていた優勢な言説は楊子（楊朱）と墨子（墨翟）の言であった．また，『韓非子』顕学篇に「世の顕学は儒・墨なり．儒の至る所は孔丘なり．墨の至る所は墨翟なり．……故に孔墨の後，儒は分かれて八と為り，墨は離れて三と為り，取舎相反して同じからず，而も皆自ら真の孔墨と謂ふ」とあるように，戦国末期，世の中で著名な学派は儒と墨であり，儒は孔子没後に8派に，墨は墨翟没後に3派に，分裂して対立し，各派が自らの正統性（真の孔子，真の墨翟）を主張した．戦国時代に確実に学派や集団を形成していたといえるのは儒家と墨家だけであり，さらに戦国中後期全体を通じて顕著な優勢を維持していたのは墨家の思想であったことを忘れてはならない．

●**「辯」をなす諸子**　諸子は基本的に戦国の国家分立を条件として生まれ，特に戦国中期においては，国家の分立状況を維持する立場で立論し，「辯（＝弁）」を駆使した．例えば『孟子』滕文公下篇には「公都子曰く，外人（世人）皆夫子辯を好むと称す．敢て問ふ何ぞや，と．孟子曰く，……豈に辯を好まんや，予已むを得ざるなり．能く言いて楊墨を距ぐ者は，聖人の徒なり，と」とあり，対立す

る思想を言論活動で打倒しようとする孟子の意志が表れている．『孟子』の中には孟子とほかの思想家との論争「辯」の実態が数多く記録されている．『墨子』小取篇では「夫れ辯なる者は，将以て是非の分を明らかにし，治乱の紀を審らかにし，同異の処を明らかにし，名実之理を察し，利害を処し，嫌疑を決す」などと「辯」の意義および実行法を説き，『墨子』経説下篇に「辯なる者は，或るものこれを是と謂い，或るものこれを非と謂い，当なる者勝つなり」とあるように，主張の正当な方が論争に勝利すると認識されていた．このように，墨者や孟軻（孟子）・慎到・田駢・恵施・公孫龍など，多くの思想家たちが相互に論争を挑み合った（関口 順「釈名辯―「名家」と「辯者」の間」『埼玉大学紀要 教養学部』29, 169-187頁, 1993）．また，「辯」を戦国外交に利用して張儀や陳軫や蘇秦などが活躍し「辯」の勝敗が外交成果をも左右し，一方で「治めずして議論す」と伝えられた有名な斉の稷下の学も，この時期だからこそ興隆し得た．

『荘子』天下篇に「卵に毛有り，鶏は三足……」など21箇条の命題を示し，「辯者，此を以て恵施と相応じ，終身窮まり無し．桓団・公孫龍は辯者の徒にして，人の心を飾り，人の意を易え，能く人の口に勝つも，人の心を服す能わず．辯者の囿なり」とあるように「辯者」と評される公孫龍らは，例えば『公孫龍子』に見える「白馬非馬」という命題を掲げ，相互に是非を応酬し，最後に「白馬非馬」を一方の勝利かつ正しい結論とする．この対論の手続きは，『墨子』経説下篇の定義とも合致するし，論争に勝って己の正当性を主張する孟子の態度とも矛盾しない．ただし，恵施も含め「辯」をなす「辯者」は，いわば論争「辯」そのものを研究し原理的技術的に追求した人々で，実際的常識的正しさから，抽象化された論理的形式的正しさへ偏執していき，戦国後期には厳しい非難を受けることになる．例えば，鄒衍は趙の平原君の面前で公孫龍の「辯」を激しく批判したし，『韓非子』外儲説左上篇には「兒説は宋人にして，辯を善くする者なり．『白馬非馬』を持つや，斉の稷下の辯者を服す．白馬に乗りて関を過ぐれば，則ち白馬の賦を顧せらる．故に虚辞に籍れば，則ち能く一国に勝つも，実を考え形を按ずれば，一人をも謾く能はず」のような「辯を善くする者」への揶揄が見える．さらに恵施の論敵の荘周にいたっては，『荘子』斉物論篇に「既に我と若と辯ぜしむるに，若の我に勝ち，我の若に勝たざれば，若果たして是にして，我果たして非なるか．……我と若と相知る能わざるなり．……故にこれを無竟に寓す」とあるなど，「辯」の本質的価値を根底から否定するような論（いわば「辯」による「辯」の否定）を展開し，「辯」の是非勝敗の世界を超えた境地に真を委ねようとする．

ところが，荀子・韓非・黄老派，そして後期の墨者などの戦国後期の思想家たちは，戦国分立よりも帝王をいただく天下統一の構想へ向かっていくため，「辯」はもはや対論を意味せず，一方通行の辯説・辯論になる．例えば『荀子』正名篇に「故に明君はその分を知りて与に辨（辯）ぜざるなり」とあるように，「正しい」

ことは「辯」ずるまでもなく「明君」たる王者の理念として自明であり決まっている．秦の始皇帝によって天下統一が実現され，漢の高祖によってそれが継承されたとき，戦国諸子の存立の基盤は消失していた．彼らが説得対象とした戦国君主はもう存在していなかった．

●**諸子百家の分類・整理**　諸子の思想内容を分析し整理することは，戦国末期から盛んになり，『荀子』非十二子篇では，它囂・魏牟，陳仲・史鰌，墨翟・宋鈃，慎到・田駢，恵施・鄧析，子思・孟子と6派に分けてそれぞれを批判し，『呂氏春秋』不二篇では，老子・孔子・墨子・関尹・列子・陳駢（田駢）・楊朱・孫臏・王廖・兒良の十子についてそれぞれ中心理念を簡潔に評論する．漢初の成立と考えられる『荘子』天下篇では「天下多く一察を得て以て自ら好しとす．……道術将に天下に裂かれんとす」というように，百家の淵源を，古えの「道術」が分裂して，各子がその一面だけを会得し主張したことにあるとみて，墨翟・禽滑釐，宋鈃・尹文，彭蒙・田駢・慎到，関尹・老耼，荘周，恵施・桓団・公孫龍の思想内容を分析する．前漢，淮南王劉安が賓客・学者たちに編纂させた『淮南子』要略は，「太公の謀」「儒者の学」「節材薄葬閒服（墨者の学）」「管子の書」「晏子の諫」「縦横脩短」「刑名の書」「商鞅の法」の八つの政治思想をあげる中国思想史論であり，ある特定の条件に制約された八思想を相対化したうえで，『淮南子』の説く道家を中心とする思想の絶対性を主張する．

　先秦以来の諸子の思想を六家として整理し，諸子をグループ化する概念として「家」に特定の名称を与え，それぞれの特質や問題点を総括したのが，司馬遷の父，談の「六家要指」（『史記』太史公自序）である．最初に「易大伝に，天下は致を一にして慮を百にし，帰を同じくして塗を殊にす，と．夫れ陰陽・儒・墨・名・法・道徳は，此れ務めて治を為す者なり．直だ従りて言う所の異なる路，省不省有るのみ」と，六家は同じ目的ながらその手段が異なるだけだという趣旨の序文があり，続いて「陰陽」「儒者」「墨者」「法家」「名家」の五家それぞれの長所短所を論じてから「道家は……陰陽の大順に因り，儒墨の善を采り，名法の要を撮る」といい，五家の長所も含み唯一完全無欠な「道家」を称揚する．

　しかし，前漢の武帝は儒学に独尊的地位を与え，諸子百家を排斥した．六経（『易』

表1　『六家要指』による各家の特徴

陰　陽	短所：人を取日や方位で拘束し畏れさせる．長所：四季の巡り（天地自然）の秩序を守る．
儒　者	短所：六経の経伝が千万を数え，労多くて功少ない．長所：人倫秩序の維持に優れる．
墨　者	短所：過酷で教義を遵奉しがたい．長所：質実剛健な節約主義．
法　家	短所：厳正すぎて恩徳がない．長所：君臣の職分を明らかにする．
名　家	短所：論理の専行で人の心の真実を失う．長所：名と実の関係を探究．
道　家	「陰陽」の天地自然の秩序により，「儒」「墨」の善い所を取り入れ，「名」「法」の要所を摂取し，すべてに対応でき，省力で実行しやすく，功が多い．

『書』『詩』『礼』『楽』『春秋』)・孔子の学と，諸子の学とのあいだに国家的権威による歴然たる区別が生じた．前漢末に劉向・劉歆が宮中所蔵の書籍を校勘したとき，「経伝」(六経)と「諸子」の書とは明確に部門分けされた．劉向が『別録』を，劉歆が『七略』をまとめたが，班固の『漢書』芸文志は『七略』の要所をとって，輯略以外の六部門の枠組をそのまま受け継いだ．聖人の書である六経およびその補助文献である『論語』『孝経』などを六芸略とし，『孟子』などの儒家をはじめとした思想文献を諸子略として，儒家・道家・陰陽家・法家・名家・墨家・縦横家・雑家・農家・小説家の十家に区分するが，小説家を外した九家を主要なものとした（九流十家）．

●**新出土資料と思想史の見直し**　『漢書』芸文志以降ほぼ固定してしまった諸子百家などの思想史が見直されるきっかけとなった重要な出土文献として，1972年，山東省臨沂で発掘の銀雀山漢墓竹簡（『孫子兵法』『孫臏兵法』『尉繚子』『六韜』など）により二つの『孫子』が解明され，1973年，湖南省長沙で発掘の馬王堆漢墓帛書（『周易』『老子』『黄帝四経』『五行』『戦国縦横家書』『春秋事語』『五星占』『陰陽五行』など）により劉向校書以前の儒家・道家・陰陽家などの文献，および経典の経や伝（経の解説）の成立事情などが解明され，1975年，湖北省雲夢で発掘の睡虎地秦墓竹簡（『編年記』『秦律十八種』『効律』『法律答問』『為吏之道』『日書』など）により秦における法家思想の実践（法治）の情況が解明されている．その後，さらに重大な新資料の発見が相次ぎ，特に1993年，湖北省荊門で発掘された郭店楚墓竹簡（『老子』『太一生水』『緇衣』『性自命出』『唐虞之道』『窮達以時』『五行』『六徳』など）により戦国中期に『老子』と一緒に多くの儒家思想文献が読まれていたことが解明された．1994年，上海博物館が香港の骨董市から購入し収集した上海博物館蔵戦国楚竹書（『孔子詩論』『緇衣』『性情論』『民之父母』『容成氏』『周易』『恆先』『昭王毀室』『曹沫之陳』『鬼神之明』『荘王既成』『武王践阼』『凡物流形』など）には，戦国時代の『詩』『礼記』『易』に関連する儒家系さらには道家系・墨家・兵学などのまだ知られざる大量の思想文献が含まれている．

　例えば，馬王堆帛書と郭店楚簡の『五行』が『荀子』非十二子篇に「(子思・孟子が) 往旧を案じ説を造り，これを五行と謂う」とある「五行」の実態を明らかにし，『窮達以時』の「天人に分有り」が荀子の「天人の分」思想の独創性を疑わせ，『六徳』は「六経」の考え方が戦国時代にすでに成立していたことを証明するなど，いまや出土文献が思想史の見直しを迫っている．　　　　　［近藤浩之］

📖 **参考文献**
[1] 湯浅邦弘『諸子百家―儒家・墨家・道家・法家・兵家』中公新書，1989
[2] 関口順『儒学のかたち』東洋叢書，2003
[3] 浅野裕一・湯浅邦弘編『諸子百家「再発見」―掘り起こされる古代中国思想』岩波書店，2004
[4] 池田知久編『郭店楚簡儒教研究』汲古書院，2003

儒教——中華帝国の支配理念

　前5世紀初頭，春秋時代の孔子（孔丘）によって創唱された教説に基づく学術・思想の体系で，春秋戦国（先秦）時代の諸子百家の首位に位置する学派としては「儒家」と呼称して，道家や墨家・法家などと並称される．後にいわゆる三教の一つとして，仏教・道教に対しては「儒教」と称されるのが一般的だが，その学問的な側面や教学的な性格などを強調する際には通常，「儒学」ともよばれる．

●**儒教の淵源と原始儒家の思想**　元来，儒とは，巫祝に由来する集団で，祭祀や儀礼に習熟し，殷・周時代の宮廷の師傅や祭司，民間の宗族などの祭礼や儀式を司った人々と推察される．その語義も柔弱や迂遠などのニュアンスを含み，古くはむしろ蔑称であった可能性も高い．なお，儒教はもとより，三教における教という概念は，欧米由来の宗教学など近代の学術的な見地からは，宗教とみなされるのが普通であるが，むしろ日常の生活全般を規定する包括的な教説なり，習俗や社会文化の総体を表示するものと考えられる．確かに祖先祭祀や天への畏敬の念など，儒教の裡に宗教的ともいえる心情や信念を見出すことは容易ではあるが，儒教が宗教か否かといった議論自体は，宗教の定義次第でもあり，多くの場合，比較の対象として，概して一神教をモデルとした西洋的な宗教概念を想定しており，説得的な定論を見出すことは困難である．また儒教か儒学か，という区別も曖昧で，多くの場合，混用されるが，現代中国で儒学という表現が好まれたり，江戸・徳川期に関して，儒学という呼称が多く用いられたりするのは，その非宗教性や世俗的な合理主義の側面を強調するがゆえである．

　孔子は，道徳的な情操の涵養とともに，伝統的な秩序の復活や再構築をめざしたが，いわば前者が内面的な徳目としての「仁」として表象され，後者の「礼」はまた，同時にその客観的な表現としても思念された（『論語』顔淵篇の「克己復礼」）．この両者は，自己修養の上でも，いわば車の両輪のごとく相まって観念されたが，やがて孔子の学統にあっては，内面的・主観的な道徳を重視する曾子学派と外的・客観的な礼に基づく規制を重んじる子游・子夏らの系統とに分岐したと考えられ，その後，人間の本性（＝性）に関する学説とも結びついて，前者が戦国中期の孟子の性善説，後者が戦国末期の荀子の性悪説となって，それぞれ結実するなど，相応の議論の幅や振幅をもって，推移していくことになる．その他，儒教を特徴づける基本的な教義として，尚古主義的な理想主義や徳治主義に基づく王道政治論，五倫五常（父子・君臣・夫婦・長幼・朋友のあるべきあり方）や三綱五常（君臣・父子・夫婦の基本的人間関係と仁・義・礼・智・信という基本的な道徳）に代表される人倫の重視，「修己治人」（己を修めて人を治む）の政

治理念，世俗的な名分主義や合理主義，「天」の尊重とも連動した天人相関や天人合一などの思想があげられる．

●**儒教の成立と展開** 秦漢帝国の時期になると，ようやく統一国家や王朝の統治理念を模索する動きが顕著になり，法家思想を採用した始皇帝の秦に対して，漢王朝では，儒家思想に依拠した礼教的な文化や制度，郊祀や宗廟の祭祀などが重視されるようになる．ここに，先秦時代の儒家思想とは一線を画した，より制度化した儒教の出現を見たといえる．なお，かつては武帝の治世下において，董仲舒の献策により，儒教が国教化された（班固『漢書』などの記述）と考えられていたが，むしろ儒教が王朝の国家理念や正統教学，体制イデオロギーに発展的に変容したと考えるのが，より実情に即していよう．近年では，最終的に王朝体制のいわば儒教国家化が完成をみるのは，後漢時代のことであり，『漢書』の記述は，それを回顧的に前漢まで遡って再定義したものとの見解もある．また，この頃までには，前漢期の劉向・劉歆父子らの整理作業を経て，儒教の基本的な伝世文献が完成されていく．このうち，特に基本的な重要文献を「経書」とよび，儒教の最も枢要な古典籍として，古の聖賢によって記述されたものと信じられて，いわば聖典としての大きな規範力と拘束力とを兼ね具えることになる（いわゆる「四書五経」のほか，『周礼』『儀礼』『礼記』の三礼，『春秋』の三伝（左氏伝・公羊伝・穀梁伝），さらに『孝経』『爾雅』を加えて，十三経とする数え方もある）．その学術的・文献学的な考究の営為こそが，経学にほかならない．なお，経学においては，今文や古文といったテキストによる学派的な対立もみられた．

　総じて，漢代の儒教は，天人相関説や陰陽五行説などと結びついて，神秘主義的な色彩が顕著であったが，同時に，鄭玄らによって，経書に関する訓詁注疏の学が確立され，隋・唐時代の義疏学へと展開をみる．六朝（魏晋南北朝）時代には，老荘思想の流行とも相まって，玄学的な傾向を強め，また，道教・仏教に凌駕されていたが，宋代に入って，新興の官僚・士大夫層の支持を得た広義の新儒教がようやく勃興する．やがて南宋の朱熹（朱子，1130-1200）によって集大成された朱子学は，壮大な世界観と形而上学，斬新な経書解釈の体系を生み出して，近世期以降の新たな枠組みを切り拓き，東アジアの周辺諸国にも多大な影響を及ぼした．元・明・清の三代を通じて，朱子学による経書解釈が科挙試験の際の標準となり，陽明学や清朝考証学など朱子学に批判的な思潮が擡頭しても，その正統教学としての地位は揺るがなかったが，王朝体制の崩壊とともに，永く伝統中国に君臨した儒教の命脈もまた，おおむね終焉を迎えた．　　　　［伊東貴之］

📖 **参考文献**
[1] 戸川芳郎・蜂屋邦夫・溝口雄三『儒教史』世界宗教史叢書10，山川出版社，1987
[2] 土田健次郎『儒教入門』東京大学出版会，2011
[3] 加地伸行『儒教とは何か』中公新書，1990

現代の儒教——儒教排撃から復興へ

中国における現代の儒教を考える際に，まず儒教という名称に注意を払いたい．現代中国では儒教よりも儒学や儒家が用いられる．儒教という名称が近代的な概念である宗教に結びつくことを避ける意図があるためだ．つまり，儒学や儒家は宗教ではなく，道徳であり，哲学であり，教育であると考えようとしているのである．

●**排撃される儒教**　歴史的に考えてみれば，前近代において儒教は仏教や道教と並ぶ「教え」であった．それがキリスト教と民主主義そして科学を中核とする西洋近代と接触した際に，自らをどう定義し直すかが重要な問題となった．

康有為（こうゆうい）（1858-1927）は儒教の宗教化をめざし，清末民初において孔教（こうきょう）を唱えた．その名が示すように，それはキリストという救い主に対応する人格として孔子を祭りあげ，キリスト教の会会と同様の組織を孔教会として整備しようとした．しかし，孔教を国教化しようとまでしたこともあって，この運動は袁世凱（えんせいがい）に受け入れられず，結局，儒教を宗教化するというアイデア自体が勢いを失っていった．

図1　中国人民大学内に2001年に設置された孔子像［筆者撮影］

その後，儒教は中国の後進性の象徴として批判されるようになる．1919年に始まった五四新文化運動において「孔家店を打て」と叫ばれたが，それは，民主主義と科学としての西洋近代への接続のためには，伝統的な文化遺産とりわけ儒教から，自らを切断する必要があると考えたのである．こうした儒教排撃は中華民国期だけでなく中華人民共和国が誕生して以降も継承され続けた．儒教は近代的な宗教でないだけでなく，文化の後進性を象徴する前近代の帝国イデオロギー，もしくは民間のレベルにおける迷信を支えるものとして，厳しく批判されたのだ．

●**復興する儒教**　こうした儒教批判の流れが変化したのは改革開放後である．中国共産党の正統性が揺らいだことと，台湾，香港，シンガポールさらには米国における海外新儒家の議論が大陸に入ったことで，儒教は再び息を吹き返した．とはいえ，前近代の儒教がそのまま復興したわけではまったくない．いわゆる儒教復興とは，近代を経たうえで，近代の諸制度にふさわしい仕方で再発明・再解釈された儒教の復興である．

こうした近代的な儒教の必要性は，共産党支配から逃れて海外に移り住んだ新

儒家たちが唱え続けていた．彼らは「文化保守主義者」とよばれるが，前近代の儒教に戻れと主張したわけではない．その逆に，彼らは西洋近代の諸価値を基本的に肯定したうえで，それを抽象的な理念としてではなく，人々のあいだに根差したものとして受け入れるためには，伝統的な文化基盤に訴え，それを変形しながら用いるほかないと考えたのである．その際，儒教は最も重要な文化基盤としてとらえられ，それを民主主義と科学にどう接続するかが論じられた．

例えば新儒家を代表する牟宗三（ぼうそうさん）（1909-95）は，民主主義と科学を新外王（しんがいおう）すなわち新しい価値に基づく制度ととらえ，それに従来の内聖（ないせい）すなわち聖人になるという内面に関わる儒教の宗教的実践をどう結びつけるのかを考え続けた．結果的にその間に直接の通路を打ち立てられなかったにしても，西洋近代が一方で強調する民主主義と科学が，他方の宗教意識さらにはそれが世俗化された道徳意識によって支えられていることの重要性を理解していたのである．同様のことは，同じく新儒家である唐君毅（とうくんき）（1909-78）にもあてはまり，民主主義と科学という普遍に接続するために，儒教を一方で近代的な道徳に再編するとともに，儒教の宗教性を保存しようとした．

とはいえ，難しいのは，こうした近代的に再発明された儒教，すなわち宗教的要素を残しながらも，近代的な道徳・哲学・教育として再編されたはずの儒教（儒学）が，ややもすれば権威主義的な政治体制と補完関係に陥るということである．それは新儒家の拠点であった台湾において，蔣介石による戒厳令下の中華文化復興運動と，おそらくは意に反してであろうが，重なり合って見られる危険があったことに象徴される．同じ困難は今日の中国大陸においてもつきまとっていて，陳明（ちんめい）（1962-）のように儒学ではなく儒教という語を用いたうえで，米国の社会学者であるロバート・ベラーが論じる公民宗教（市民宗教）として儒教をとらえて，市民的な公共空間を支える基礎を確立しようという場合にも，一直線に民主主義に向かうわけにはいかないのである．

●**民間儒教の可能性**　それでも，いわゆる儒教復興が興味深いのは，それが国家の正統性の補完に止まらない側面を有しているからである．とりわけ，民間における儒教運動は，国家とは別の次元で，市民的な公共空間を再構築することに少なからず関わっている．それはかつての民間の教育機関である書院の復興によく現れていて，大学や地方の孔子廟に付設された書院もしくはそれに類した教育機関おいて，小さいながらも市民的な公共空間が形成されようとしている．それは，国家につながりやすい公民宗教というよりはむしろ，弱さを有した市民的精神性をめざしているといったほうが適切だろう．たとえそれが，たえず国家によって意味を奪われる可能性を残しているとしてもである．　　　　　　　　　［中島隆博］

参考文献
[1] 中島隆博『共生のプラクシス―国家と宗教』東京大学出版会，2011

道家思想──すべてを超えゆく道の思想

前漢（前206-後8）の歴史家・司馬遷の『史記』では，道家の祖とされる老子は次のように描かれる。老子，姓は李，名は耳，字は聃。楚の人で周の蔵書室の役人であった。かつて孔子が老子に礼について尋ねたとき，老子は，宝物を持っている人があたかも何も持っていないかのように振る舞うように，君子の徳を備えた人物はむしろ愚者のようにみえるものだとして，孔子の抱えるさまざまな欲望や思念を取り去るよう諭した。孔子は退出してから弟子たちに，老子はつかまえることができない龍のような人物だと評した。その後，周の衰亡を予見した老子は周を立ち去ろうとし，その際，関所の役人であった尹喜（関尹子）に5,000言からなる書を授けた。これが現在の『老子』という書物であるとされる。

老子〔『列仙全伝』〕

●**道家の人々**　ところでこの老子は実在しなかったという見方がある。伝記には孔子よりも老子を上に位置づけようという作為が働いていると考えられることから，仮に老子と目される人物がいたにせよ，むしろ彼を尊崇する人々により当時主流を占める儒家思想への対抗意識からこの伝記がつくりあげられた側面が大きいというのである。もっとも1973年，湖南省長沙市の馬王堆漢墓から前漢初頭のものと考えられる帛書『老子』が発見されたため，この時期にはほぼ現在の通行本と似た書物が完成していたとみられる。

道家に数えられる人々としては老子や尹喜の他に，『荘子』の著者とされ，宋国蒙の漆園の役人であったという荘周（荘子）や貴虚主義とされる列禦寇（列子），徹底した為我主義を説いた楊朱といった人物があげられる。楊朱は，たとえ世界の利益となろうとも自分のためにならないなら一本の毛すら抜くことを拒んだといわれる。なお当時，道家という呼称はなく，『漢書』芸文志で彼らを道家とまとめたことに始まる。

●**道家思想の内容**　道家の代表的な考え方に万物斉同を説く斉物論がある。『荘子』斉物論篇では，まず儒家や墨家がそれぞれ自説を正しいとして互いに非難しあっていることを取り上げ，善悪などの価値観はそもそも相対的なものであるとする。またあるものは別の何かがあってはじめて成り立つ相対的なものだとして，あらゆる事物についても差異はないといい，最終的には有と無，存在と非存在の

両者にまで議論は及び，すべては斉同であるとする．ここでは恵施などの中国古代論理学派ともいわれる名家の議論の影響を受けつつ，儒家や墨家といった先行する諸思想を超克するかたちで価値観や事物の差異，そして存在といったあらゆる束縛にとらわれない絶対的な自由の境地がめざされているのである．一方，こうした有無に関する議論は無から万物が生まれたという生成論へとつながり，万物の根源として道が措定された．またこうして有に対して無，有為に対して無為の優位を説くようになった．例えばこの世で最も弱い存在であるはずの赤子こそは，道家思想において逆に「無為にして為さざるなき」道の象徴であった．このほかにも男性的なあり方より女性的なあり方や，より低いところへ流れつつも，万物を受け入れる水といった柔弱なものの方が道に近い存在であると説く．このように道家思想は一般的な通念と逆転した思考をもつ．

●**その後の道家思想**　春秋戦国時代（前722-前221），こうした道家思想を奉じる人々が儒家・墨家のような大きな集団をつくりだすことはなかったものの，他の思想に対するアンチテーゼとして一定の影響力をもった．また苛酷な法治主義をとった秦が滅亡すると，その反動で前漢の当初には老子や黄帝に仮託した黄老道とよばれる政治思想が流行した．武帝期（在位 前141-前87），儒教が国教化されるとその流れはひとまず頓挫するが，その後は神仙思想などを交えつつやがて道教へとつながっていく．

　後漢が滅亡すると，それまでの中心的なイデオロギーとしての儒家思想の位置は動揺し，『老子』『荘子』に『易』を加えた三玄の学が起こり，いわゆる竹林の七賢による清談が流行した．またこの頃，仏教では無や道など多くの道家の言葉を使って教義を解釈する格義仏教が行われ，道家思想は中国における仏教の受容にあたって大きな役割を果たした．その後も『老子』や『荘子』に対する尊崇の度合いは増していき，道教内部だけでなく，儒教や仏教，また日本など海外でも幅広く受容され，多くの注釈書が著された．

●**今に生きる道家思想**　現在日本で使われる故事成語の中には，道家思想に基づくものがいくつかみられる．大局を理解せず，目先の利害にとらわれた卑小なあり方をさす「朝三暮四」もその一つである．これはもともと狙公という人物が，自分が飼っている猿にトチの実を朝に三つ，夕方に四つ与えたところ，少ないと怒り出したため，朝四つ，夕方三つ与えたところ，猿は満足したという話．これは『荘子』斉物論篇や『列子』黄帝篇にみえるもので，儒家などの諸思想が説く善悪や規範にとらわれる人々を，トチの実に執着する猿に例え，その卑小さを笑う話であった．何ものにもとらわれない自由の境地をめざす道家思想は，孔子が感嘆したとおり，決してつかまえられることのない龍のようにすべての価値観のわきをすり抜ける．人々がさまざまな社会的規範や価値観にとらわれる限り，道家思想はこれからも参照される存在であり続けていくに違いない．　　　［松下道信］

道教の歴史——永遠の生への願い

道教は中国では儒教・仏教と並ぶ三教の一つとされ、またいわゆる中国固有の宗教とも称される。一般に道教の淵源とみなされるのは、春秋戦国期（前722-前221）に展開した老子や荘子などのいわゆる道家とよばれる人々である。彼ら自身は教団を組織する考えはもっていなかったと思われるが、その思想は前漢（前202-後8）に流行した黄老道を経て、やがて神仙思想などを交えつつ展開することとなった。こうしたなか、後漢末になると直接的な道教教団の起源とみなされる太平道と五斗米道が登場する。

●**道教教団の成立** 太平道は干吉（于吉とも）が『太平清領書』を感得して符水により民衆を救済し、信望を集めたことに始まる。その後、黄老道を信奉していた張角は干吉の『太平清領書』を手に入れ、中平元年（184）年、黄巾の乱を起こした。

図1　張陵〔『列仙全伝』〕

一方、五斗米道はこの太平道にやや遅れて登場した。開祖の張陵（張道陵とも）は沛の人で、もと太学の学生で五経に通暁していたが、やがて道を志すようになり、蜀の鶴鳴山で老子から諸術を伝えられた後、二十四治をつくって民衆を統治したという。『後漢書』張魯伝では、彼は符書をつくって民衆を惑わし、また道を授ける際、人々から五斗の米を供出させたことから米賊とよばれたと伝える。張陵の孫にあたる張魯は漢中を支配し、曹操に下るが、以降、その子孫は代々天師を名乗ったため天師道と称された。書聖とされる王羲之および、彼の一族も信徒であったとされる。また北魏には寇謙之が現れ、老子から『雲中音誦新科之誡』および張陵と同じ天師の位を授かったといい、天師道の改革を行った。寇謙之は太武帝（在位423-452）の尊崇を受け、一時期、道教は国教とされた。

この天師道のほかにも六朝期（222-589）には西晋の女性修行者・魏華存に始まり、梁の陶弘景により大成された上清派や、霊宝経という一連の経典を尊崇する霊宝派の存在が知られる。また隋唐にかけては重玄派とよばれる学派が展開した。なお道教教団が形成された時期は本格的な仏教受容の頃に相当し、両者のあいだには密接な影響関係がみられる。例えば、仏教では格義仏教とよばれる道家思想による解釈が行われたのに対し、道教も大乗思想などの思想や神像の作成な

ど仏教からさまざまな影響を受けた．

●**錬丹術の隆盛**　ところで道教を代表する独自の思想の一つに不老不死がある．これは道家の養生思想や，また燕や斉の方士が秦の始皇帝に不死の仙人を吹聴したことに始まるもので，その後，直接，金丹とよばれる不死の霊薬の錬成をめざす錬丹術へと展開した．一例をあげれば，西晋の葛洪はその著『抱朴子』の中で黄金のもつ永遠性を称賛し，さまざまな仙薬の製法を列挙している．しかし金丹を錬成する際には水銀を始めとする鉱石薬が使用されたため，広範な薬禍をもたらすことになった．

こうしたなか，錬丹術で説かれる金丹の錬成とは，実はすべて修行者の体内の比喩であるとする考え方が登場した．修行者は自分の身体を炉鼎と

図2　王嘉[『列仙全伝』]

みなし，精気を薬材として修行者の体内で金丹の錬成をめざしたのである．これは一種の瞑想法といえるもので，内なる錬丹術，すなわち内丹とよばれ，他方，従来の錬丹術は外丹とよばれることとなった．内丹は金丹と禅宗の説く悟りとの関係などの議論を深めていき，やがて内丹を教義の中心に据える全真教が登場した．

●**全真教の登場**　唐から宋にかけ隆盛した禅宗に呼応するかたちで，南宋，儒教では朱子学が朱熹により大成されるが，これと前後して道教でも大きな変革が起きた．金の王嘉（道号は重陽）による全真教の登場である．王嘉は金の科挙に失敗するなど鬱屈した生活を送っていたが，ある日，異人（八仙の一人，呂洞賓およびその弟子の劉海蟾とされる）と邂逅し，道を志すようになった．その後，王嘉は苛烈な修行に明け暮れ，やがて多くの信徒を獲得した．特に弟子の丘処機はチンギス・カン（在位1206-27）から中国における道教の全権を与えられ，ここにいたって全真教は全盛を極めた．だが憲宗期（在位1251-59）に行われた道仏論争において禅宗を中心とする仏教側に全真教は敗北し，教勢の後退を余儀なくされた．元代，天師道は正一道と名を改めていたが，全真教は正一道と並び，その後も明清代を通じて勢力を保ち続け，現在にいたるまで道教は正一・全真の二大流派を中心に展開することになった．

●**日本との関わり**　道教は儒教や仏教と違って体系的に日本に受容されなかったこともあり，日本人にとっていささか馴染みが薄い存在といえるかもしれない．だが七福神の福禄寿や寿老人が道教で祀られる南極老人星君と関係し，また密教や修験道で使われる九字が『抱朴子』登渉篇にみえる呪文に基づくなど，断片的ながらも我々の身近にその影響をみることができる．

[松下道信]

現代の道教——福を約束する永遠の宗教

道教は中国で生まれ発展し，現在も伝統を受け継ぐかたちで組織的活動を続ける中国固有の宗教である．近代化の中，特に文化大革命で大きな損失を被ったが，新憲法のもと1983年から信仰の自由を取り戻し，新しい枠組みの中で宗教活動を再開させた．近年，経済発展につれて市民経済にゆとりが出てくると，道教にも大衆の関心が高まり始めた．学術研究の方面でも，道教の膨大な数の経典を収録した『道蔵』の文献研

図1　茅山乾元観玉皇殿での参拝風景［筆者撮影］

究，宗教儀礼，神像や絵画，建築，民間信仰など，個別研究が深められている．

では以下に，現代中国のどこに道教がみられるか，家庭生活，地域社会，文化遺産，宗教施設などから，その主要部分のみを紹介することにしよう．

●家庭生活　家庭生活といっても中国人の生活形態は決して一様ではない．しかし，旧暦年中行事となると，都会でも農村でも旧時代の信仰文化が顔を出す．その中，旧暦正月の春節行事を例にみてみると，福招きや魔除けの願いが込められた飾り物（門神や年画）に道教関連の神々が登場する．門扉に貼り付ける門神に秦瓊・胡敬徳の二枚ものや天官（天・地・水三官の一神），三星（福星・禄星・寿星），財神としての関帝などがあるが，現世利益の任は道教系の神が一手に引き受けた格好になっている．このように節句ごとの伝統行事には道教系の神が露出度を高めてくるのである．道教の教団教義からすると，とりとめのない信心であり縁起担ぎにすぎないのだろうが，これらの神々が道教に関係することは事実である．

●地域社会　地域社会にも道教の神が関係する．地域ごとに人気の高い神が異なっていて，それが郷土の守り神となっている．福建は媽祖，広東は真武，江西北部は許真君（許遜），山西・陝西両地域の南部は関帝，華北地域は娘娘などと，郷土にまつわる特定の神を祀っている．かつて商業活動などで遠出する者はこれらの神を持ち歩き，拠点となる出先に同郷者のための会館を建ててこれらの神を祭壇に祀った．新中国の社会主義体制のもと，特定地域の商人組合は存在しなくなったが，郷土を離れて祀られた媽祖や関帝の祠殿が，現在も各地に福建商人や

山西商人の活動足跡として残る．この種の地域神信仰は，教団がつくりだしたものではなく，道教の古い教典にもその神名がないことが多い．民間信仰で知名度をあげたことから，後世に格上げされて道教神になった経緯があるからである．

●**文化** 文化遺産として近年，とみに注目を浴びているものにユネスコの世界遺産に登録された名勝旧跡がある．泰山（山東省），武当山（湖北省），武夷山（福建省），青城山（四川省），廬山（江西省）などの道教名山が，歴史の古さ，建築プランの壮大さ，優れた自然景観などが評価され，早くに登録されている．しかし登録を機に，山道の拡幅やホテルの乱立など観光開発が急速に進み，旧時代の雅趣がすっかり失われてテーマパーク化してしまったのが惜しまれる．

●**宗教** 道教の宗教施設は，観，宮，廟などとよばれ，多くが信者の寄付と宗教活動による収益を基盤として活動する．そこでは旧来の戒律に基づいて道教の僧である道士，尼である道姑が独自の装束で修行生活を送る．その主なもの21個所については，1982年に国から重点施設として指定を受けているが，総数は定かではない．概数ながら一説に，全国の活動地点は1,600か所余り，専従の宗教者は2万6,000人余りとされている．教派の発祥由来がある重要な宗教地の分布を大雑把にいうと，禁欲修養型で出家主義の全真派は黄河沿いに広がり，念呪救済型で在家主義の正一派は長江沿いに広がる．全真派は開祖の王重陽が活動を始めた重陽観（陝西省・戸〈旧表記は鄠〉県），教祖の一人呂洞賓の墓所である永楽宮（山西省・芮城），龍門派の開祖である丘処機の墓所でもある白雲観（北京）を最重要聖地と見なして尊び，道教の最高神である三清を主神として祀る．正一派は龍虎山（江西省・鷹潭），閣皁山（同・樟樹）と茅山（江蘇省・句容）などが活動の中心となっていて，それぞれの派の開祖である張道陵や三茅真君などを本尊として祀る．そのほか，活躍が目立つのは蘇州・玄妙観（江蘇省・蘇州），白雲観および城隍廟（上海）の伝統的儀礼音楽で，その楽団演奏は海外公演でも賞讃を得ている．またこれら主要な宗教施設には，しばしば省や市単位で組織される道教協会の本部事務所が置かれる．各協会では宗教組織や運営の統括を行い，研究活動をして機関誌も発刊する．その最高機関は北京の白雲観に置かれる中国道教協会（機関誌『中国道教』を刊行）である．

中国では冠婚葬祭に絡む儀式はより盛大にしたいという要望が強く，邪気払い，福招き，死者供養などの祭礼（＝道場）を道士に依頼する件数も増加し始めた．教団側もこういった状況に対応して，営利を目的とする不正道士の出現を防ぐべく，講習会を開くなどして道士育成制度の整備を図っている．また，福祉，修学支援，医療などの慈善活動に力を入れるとともに，道士の専門性をいかした文化講座（武術，剣術，伝統楽器，書画，養生など）を開催するなどしてイメージアップを図り，市民との距離を縮める努力もしている．かくして道教は，帰属意識の強化と伝統文化の継承に貢献しているのである．　　　　　　［奈良行博］

仏教の伝来と展開——文化の壁を越えて

　前近代の中国で最も長期にわたって質量ともに最大の影響を中国に与えた外来文化は仏教であった．その仏教の伝来と展開を知るには，仏教初伝の伝説，仏典漢訳が始まった時代，仏教の中国的変容の特徴に区別すると理解しやすい．まず，仏教はいつ頃中国に伝わったのだろう．実はこの問いを問うのはたやすいが，答えるのが難しい．答えは仏教伝来の定義と関わるし，何よりも最初期の状況を記す文献や文物が乏しいという資料制約も大きく影響する．

●**初伝の時期**　一般に広く知られている初伝伝説は後漢の明帝の逸話である．ある夜，明帝が金色に輝きながら飛ぶ不思議な人の夢を見たのを契機に，探索のために使者が西域に派遣され，洛陽で，史上初の漢訳経典『四十二章経』が生まれたという．その年代を永平10（67）年と記す文献も多い．確かにこの伝説は有名である．しかしこれが本当に初伝を示しているかどうかは疑問である．むしろ帝室による仏教公認の最初とみる方が自然ともいえる．『四十二章経』の現存本に関する限り，成立は後漢でなく，5世紀初頭以後という説もある．

　同じ明帝の時代，初伝伝説より以前に仏教が伝来していたことを示す記録も別にある．永平8（65）年，楚王英すなわち劉英が「黄老の微言を誦し，浮屠（ブッダの古い音写語）の仁祠を尚」んだという話である（袁宏『後漢紀』孝明皇帝紀，范曄『後漢書』楚王英伝）．したがって永平10年よりも前から中国に仏教信仰があったのは確かである．実際，東晋の釈道安や梁の僧祐など，仏教史に詳しい学僧たちのなかには，仏教伝来を前漢とする者もいる（『高僧伝』道安伝，『出三蔵記集』胡漢訳経文字音義同異記）．

●**漢訳経典**　要するに，仏教初伝の時期や初の漢訳経典はさまざまな伝承とからみ合い，仏教の伝来は後漢の明帝より前であった可能性が高い．そして明帝の頃になると，仏教は帝室にとっても無視できないほどの影響をもつようになった．さらに約100年後の頃，経典の漢訳事業が盛んになったのは間違いない．後漢の桓帝（在位146-167）の頃に安世高が，桓帝と霊帝（在位168-189）の頃に支婁迦讖が出て，ともに洛陽で訳経活動を行い，多くの漢訳経典が世に定着した．その後，仏教は洛陽以外にも拡大し，三国時代になると，康僧会によって，呉の建鄴（建康，現・江蘇省南京）にも伝えられた．

●**仏教の中国化**　その後の中国的展開には大きく分けて二つの面があった．一つは仏教文献の漢訳や身体的儀礼の実践を通じてインド仏教を忠実に継承した面であり，もう一つはインドとは区別すべき中国独自の展開（中国的変容，仏教の中国化）という面である．

仏教の中国化（sinification of Buddhism）という視点はとても大事である．極端に聞こえるかもしれないが，インドで発生した仏教の思想や文化を，インド本来の言語や論理で表現するのでなく，漢語の語彙や論理で言い表したり思考したりした瞬間から，仏教は中国的に変容し始めたとすらいえる．インドのサンスクリット語（梵語）が屈折語であって，いわゆる格変化が複雑で，名詞・形容詞・動詞の単数形・双数形・複数形が文法的に区別され，動詞の能動態と受動態もはっきり区別されるのに対し，中国の古典漢語の場合は格変化がなく，単数・複数も，能動・受動も明確に区別しない場合が多い．インドと中国の言語で言い表される内容やニュアンスに相違が生じたのは当然であった．

仏教の中国化はさまざまな姿で現れた．感覚的に把捉可能な事物の次元だけでなく，抽象的思考が関わるような目に見えないところでも起こった．可視的な中国化とは，例えば僧侶の衣を黒（黒衣，緇衣）とすることである．インドには混合色（袈裟）はあったが衣の色は黒ではなかった．五重塔のように仏塔の本体部分を重層的な屋根からなる建築とする様式も，土饅頭の形のストゥーパとは顕著に異なる東アジア的な発展形態である．観音菩薩や弥勒菩薩などの造形にも，女性的な観音，豊満な弥勒など，著しい変容が生まれた．このほか，仏典を漢訳する際に「塔」「魔」「梵」「僧」などの漢字を新たに作成して原語の音写に用いたことや，偽経（漢訳経典を模した偽作経典）を作成したことも中国特有の現象である．

概念や思考レベルの中国化は教理学の面に多くの例を見出せる．例えば釈迦牟尼の生涯の教化活動を整合的に秩序づけようとする教相判釈の説は中国における新解釈を示している．中国では単一の部派（宗派）の伝承としては説明できないような多種多様な経典が漢訳されたため，それらを否定せずにうまく秩序づける必要があった．儒教・道教・仏教の三教交渉という観点から仏教を位置づけたことも中国的な宗教事情を反映している．体（本体，原理）と用（作用，現象）を対比する思考形式によってこの世の存在や現象を説明することも，中国的特徴である．さらには「理」「機」「真」「経」「聖」などの漢語特有の含意を伴う漢字を用いて教理学の根幹を構築したことも，インドにはあり得ない仏教の新たな様相を生み出した．科文（シノプシス，要約文）を作成することで内容を構造分析する注釈学もインド仏教との相違点である．漢語を基盤とする思考法や論理はすべて何らかのかたちで中国的変容と関わる．仏教の中国化は，インド語仏典を漢語に訳した瞬間から始まっていたのである．

［船山 徹］

参考文献

［1］Ch'en, Kenneth K.S. *The Chinese Transformation of Buddhism*. Princeton University Press, 1973.
［2］Sharf, Robert H. *Coming to Terms with Chinese Buddhism*. University of Hawaii Press, 2002, pp.77–133, Chinese Buddhism and the Cosmology of Sympathetic Resonance.

チベット仏教——諸宗派の歴史とダライラマ

『王統明示鑑』などの伝統的なチベットの歴史書によると，チベット仏教は7世紀，ソンツェン・ガムポ王の時代にチベットに導入されたといわれている．王は13歳で即位した後，チベットを統一し，ネパールからティツュン妃を娶りインド文化を，中国から文成公主を娶り中国文化をチベットに導入したとされ，チベットの都ラサは両妃が建てたトゥルナン寺とラモチェ寺を中核に形成された．ソンツェン・ガムポ王から5代目のティソン・デツェン王（khri srong lde btsan, 在位754-797）は，仏教を国教とし，チベット初の僧院サムエを建立した．ここにはチベット人初の僧伽が形成され，サンスクリット語の仏典がチベット語へと翻訳された．9世紀にはこのサムエにおいてインド仏教と禅仏教が討論を行い，前者が勝利した結果，チベットにおけるインド仏教の優位が確定したといわれている．

王室の保護を受けて栄えた仏教も9世紀末に古代王朝が東西に分裂すると衰退の途についた．しかし，西チベットの王イェーシェー・ウーが自らの命と引き換えにインドから招請したヴィクラマシーラ僧院の学頭アティシャ（982-1054）によって11世紀に仏教は再び復興の途についた．

アティシャは平易な言葉で仏教を説き，正しい動機をもって仏教を志すこと，戒律を守ること，顕教の学習を終えた後に，その内容を意識の上に実現するべく密教の瞑想修行を行うことなどを示した．アティシャが主著『悟りに向かう道を照らす灯火』（lam sgron）で示したこの修行階梯は，以後次々と現れる諸宗派に採用された．

アティシャ以後，チベットには数々の宗派が現れたが，現在にまで続く四大宗派はニンマ派，カギュ派，サキャ派，ゲルク派の四つである．ニンマ派が古代王朝時代の聖典を発掘するなどして古代王朝時代の密教の聖典や修行法を継承すると主張するほかは，みな11世紀以後のインドで行われていた仏教の思想や実践修行を起源としている．

●**転生相続制の始まり**　クンチョク・ゲルポ（1034-1102）が開いたサキャ派は，創建当時から現在に至るまで本山のサキャ寺の座主をクンチョク・ゲルポの末裔が継承している．サキャパンディタ（1182-1251）が座主の際に同派に顕教の伝統が取り入れられ，座主が戒律を護る僧となったため，以後座主位は子ではなく伯父から甥へと継承されることとなった．サキャパンディタと甥のパクパはモンゴル宮廷において布教に成功し，サキャ派は元朝の後援を受けてチベットを支配した．

カギュ派は密教修行を重視する宗派であり多数の支派を生んだが，なかでも有力な支派カルマ・カギュ派においては，チベット仏教を特徴づける転生相続制が生まれた．同派においても初期は開祖の弟子カルマパクシ（1204-83）の血筋が本山ツゥルプ大僧院の座主の地位についていたが，やがてカルマパクシの転生者が宗派内で大きな権力を有するようになり，転生相続制が採用されるようになった．具体的には，ある高僧が亡くなると，その遺言や占いやシャーマンのお告げに従って，死んだ高僧の転生者を探しあて，その高僧の座を継承させるシステムである．選ばれた幼児に宗派の重鎮が集中的に英才教育を施すことにより，宗派の伝統が安定的に継承されるようになったため，転生相続制は多くの宗派に取り入れられて一世を風靡した．

●ダライラマの登場　14世紀に東北チベットに生を受けたツォンカパ（1357-1419）によって創始されたゲルク派は，現在チベットの最大宗派を形成している．ツォンカパはさまざまな宗派の師についた後，39歳で隠遁生活に入り，仏教の顕教・密教のあらゆる思想を中観帰謬論証派の思想から体系化し，一人の人間が仏の境地を得るまでの過程の中にそれぞれ位置づけていった．初期ゲルク派の最高位はツォンカパが生前に建立した唯一の僧院ガンデン大僧院の座主の位であり，現在に至るまで同派の最高の学僧が継承している．ゲルク派を特徴づけるのはシステム化された僧院生活である．僧院に入門した僧はまず論理学を身につけ仏教思想の命題の一つひとつをディベートを通じて身につけ，優秀な場合は15年ほどで顕教博士（ゲシェ）の学位を得て，後進の指導にあたりながら，また密教の修行に進みながら僧院内の位階を登る．ある時点で学問を断念した僧は，僧院内の雑用係についたり，僧院の経営などに携わり，宗派を裏から支えることとなる．

　このようにゲルク派は基本的に学僧が力をもつ宗派であったが，16世紀に，後にダライラマ3世と呼ばれる転生僧がモンゴル布教に成功すると，転生僧ダライラマの政治力は宗派内で格段に増した．

　ダライラマ5世（1617-82）が1642年にモンゴル人の後援を受けて，チベットを統一した後は，ダライラマの権威はゲルク派内を越えてチベットの各地域，さらにはモンゴル人や満洲人や中国人にも及ぶようになった．17世紀にチベットを訪れたカプチン派の修道士デジデリはダライラマがチベットの聖俗のトップに君臨していること，王はダライラマの言葉に従う行政官にすぎないことを記録している．

　しかし，20世紀に入り1917年にロシア，1924年にモンゴル，1949年に中国に社会主義政権が樹立されると，チベット仏教は壊滅した．ダライラマ14世と各宗派の主宰者は1959年にインドに亡命した結果，チベット仏教の伝統は現在はインドのチベット人居留地で維持されている．　　　　　　　　　　［石濱裕美子］

現代中国仏教――清代仏教からの流れ

現代の中国仏教は清代仏教を基礎として，これを変革しながら近代的なあり方を模索してきた．清初において，出家のための試験制度が廃止されて仏教界の知識構造が解体し，僧徒の素質の低下を招き，優れた指導者を生み出せなくなった．チベット仏教を基準として，儀礼に欠かせない「呪文」を改訳したことも従来の伝統の否定につながり，その実施の過程で南北仏教の相違を拡大させた．

また，『禅門日誦』と『禅門仏事』の出現によって寺院の日課が統一的になったが，仏教者の知識範囲を狭めた面もある．これらの変化は清末ではすべて負の遺産とみなされ，是正する動きが現れた．

●**清末民国期の仏教変革** 清末においては優れた僧侶が出現しない一方で，在家の居士が仏教界の主役と

図1 楊文会（1837-1911），清末仏教の代表者
[『新仏教』第12巻12号，1911年12月1日]

なった．在家者の楊文会は清末の仏教復興に最も貢献した人物である（図1）．仏典の出版と普及，仏教学校の設立，ダルマパーラ・南條文雄・キリスト教の宣教師らとの国際的な交流，清末の改革的な思想家との深い関係などから，楊文会は近代仏教復興の父ともよばれた．楊文会が成し遂げた最大の仕事とは，清代仏教の負の遺産を清算し，中国仏教の本流に戻り，中国仏教復興の理論体系を構築しようとしたことである．これが馬鳴宗である．馬鳴宗は唐宋に存在したさまざまな宗派的な教義体系を蘇らせ，真の釈尊の教えへの回帰をめざした．この復古と総合の志向は近代中国仏教の方向性を明示した．

しかし，楊文会は居士の身分であり，寺院を主導とする仏教界全体を動かすことはできなかった．仏教界変革の大任を担ったのが，楊文会の新式仏教学校で学んだ僧侶の太虚である．彼は早くから革命的な思想に共感し，仏教の改革志向も

強かった．1916年に著された『整理僧伽制度論(せいりそうぎゃせいどろん)』は彼の生涯の方向性を決定づけている．この中国仏教界を風靡した改革綱領というべきものは強い抵抗を受けながら，その内容を充実させた．彼は世界仏教連合会を創設し，仏教の普遍性と世界化を訴えて，世界の仏教者と連携を図り，日本，ヨーロッパ，東南アジアでも反響をよんだ．これは国内で停滞した改革を補うための戦略でもあった．太虚は人生仏教と人間浄土(じんかんじょうど)という社会参画志向の強い理論を打ち出した．それは来世の幸福を求めるよりも，仏教の教えに基づいて，今の社会を改良し，人類を進歩させ，世界を改善することを説いている．これらの思想は現在も継承されている．

●**社会主義期の仏教改造** 1949年，内戦に勝利した共産党は中華人民共和国を樹立し，中華民国政権は台湾に逃れた．これに伴い中国仏教は二つの道に別れた．

中華人民共和国では当初，「宗教は人民のアヘンだ」というマルクス主義の理論に基づき，仏教は革命の対象となった．新たに誕生した憲法には「信仰の自由」の尊重が記されたが，実際には寺院の破壊と財産の没収がなされた．1950年6月から実施された土地改革は宗教に対して大きな影響を与えた．この土地改革法によって，寺院・教会の所有地，財産や寺院・教会自体が接収されたり，不当に占拠されたりした．接収された寺院は学校・産院・兵営・兵器庫，政府機関として使用された．また，各地の寺院では，一般僧尼による上層僧侶に対する階級闘争が行われ，それに耐えられず自ら命を絶った禅師(ぜんじ)・和尚(おしょう)もでた．さらに，僧尼は農耕・工業等労働によって自活することが求められた．その結果，当時僧尼で寺庵を去った者は非常に多かった．人民政府は1951年から僧道尼姑の還俗結婚を奨励し，これによって結婚した者も少なくなかった．その中で，労働自立の寺院も現れ，政府はそれを模範寺院とし，これこそ百丈懐海(ひゃくじょうえかい)（唐代の禅僧）の「一日不作(にちふさ)・一日不食(いちにちふしょく)」にあたるもの，新中国の革新仏教であるとした．

1952年11月，この行き過ぎた政策を修正するために，北京にチベット系仏教も含めた仏教各派を連合する中国仏教協会の組織が発足し，1953年6月，正式に成立した．会長には太虚と対立してきた保守派の重鎮，円瑛(えんえい)法師が選ばれたが，3か月後に病死し，ついで内モンゴル代表の喜饒嘉錯(シェーラブギャムツォ)が会長となった．太虚がめざした統一的な中国仏教会はこのような形で政府の管理下に置かれ，仏教界を結束して，政府の宗教政策を円滑に実施するとともに，少数民族政策の一翼も担った．

中国仏教協会の機関誌『現代仏教』も同年に創刊され，政府の仏教政策を伝達し，仏教の改革を促進すると同時に，各国の仏教組織と関係を結び，新中国の外交に寄与する目的もあった．この機関誌の責任者，巨賛(きょさん)法師はこの時期に最も活躍した僧侶であった．彼はかつて太虚に学び，仏教の近代的な改革を積極的に支持した．彼は，新中国の成立を仏教改革の好機ととらえ，仏教徒の生産活動の推進，寺院儀礼の廃止，仏教の学術化，迷信の排除などの提案をし，賛同者には後

に会長になった在家者の趙樸初もいた．しかし，1966年に文化大革命が始まり，仏教などあらゆる宗教が迫害され，すべての僧侶が還俗させられ，多くの寺院も再び破壊，占拠された．中国仏教協会の活動も停止した．

●改革開放期の仏教復興　1976年，毛沢東の死に伴い，10年間の文化大革命が終息した．2年後，鄧小平の登場によって，中国は改革開放の時代を迎えた．従来の宗教政策も見直され，仏教の古跡と文物が国家の文化遺産として保護され，国際関係と観光事業に役に立つものと認定された．こうして多くの僧侶が戻り，寺院の修復，組織の再建，人材の養成，慈善機構の設立と活動の展開，国際交流などの事業が行われた．1980年，宗教開放が宣言されたことにより，中国仏教協会の活動が再開された．その指導のもとで，没収された土地の返却運動，仏教の経典と書籍の出版が行われ，北京に新しい中国仏学院を開設したのと同時に，地方でも多く設立された．その会長には異例にも在家者の趙樸初が就任した．共産党と深い関係をもつ彼は，仏教の保護に大きく貢献した．

現在，中国南部の福建省厦門市にある南普陀寺のめざましい発展が，多くの研究者に注目されている．その復興過程には，現在にいたる中国仏教の歩みが凝縮されている．

南普陀寺の発展には1980年代以来，四つの復興過程が観察される．第一は寺の開放と修復，そして没収された土地の返却交渉である．第二は僧侶と尼僧の教育の復活である．南普陀寺で太虚が創設した閩南仏学院が復興された．成績優秀な卒業生は，学院の教師や寺院の運営組織の幹部となったり，重要な寺の住職をつとめたり，海外の寺に派遣されたりした．第三は寺の財源の確保と管理運営である．自力更生という政府の宗教政策によって，寺の維持，管理，経営，僧侶の生活などに必要な経費を自ら調達しなければならない．そのため，菜食食堂，境内の写真店，土産物売場などの企業が寺の中に設置された．また，寺の拝観料，教本・経文の売り上げ，賽銭，儀礼料金および住職への直接献金といった寺の宗教活動による収入もある．寺院はこのように活発な経済活動を行っている．第四は寺独自の管理機構の整備である．南普陀寺の場合，仏教協会が境内に設置され，寺には六つの部門（維那，庫房，衣鉢，法務，企業，教務）が設けられ，各部署の責任者の僧侶が方丈によって任命される．

これらの各段階からみられる寺院復興の重要課題は次の三つに収斂される．すなわち，第一は経済的自律（自立と自己管理），第二は人材養成，第三は仏教組織の再編成と活性化である．特に，第三の仏教組織と関連して，寺院に設置されている信徒（居士）の協会である居士林の存在が特徴的である．居士林は仏教活動が寺院内に限定されている僧侶とは異なり，自由に信者の家庭を訪問し，社会福祉や信仰に関する活動を行えるため，彼らの社会的意義は大きいと指摘されている．また，1996年に南普陀寺で南普陀慈善基金会が設立され，仏教の社会事

業面における画期的な出来事となった.

　改革開放政策のもとで，中国経済は著しい発展を遂げ，中国社会全体に大きな変化をもたらしている．市場経済の波の中で，仏教にもさまざまな変化が生じている．まず，仏教寺院が静寂さを失い，観光施設に変わりつつあることである．具体的に言えば，経懺行事（葬式を執り行い，お経を唱えること）の盛行，サービス企業の設立，占いの復活などである．次に，寺院が僧侶によって私有化されるという現象が広がっている．また，投資対象となった寺院も現れた．そこで，経済的に自立した寺院がいかに仏教人材を養成し，仏法を広め，社会の慈善事業に力を注ぐかということは中国仏教の存続と将来に関わる重大事だと指摘されている．

●**人間仏教の現実と未来**　こうした中国仏教寺院の変化について，中国仏教は人間仏教という理論によって説明している．1979年以後の中国の改革開放路線によって，中国仏教界は中国社会での存続の正当性を説明できる理論構築を迫られた．すなわち，社会主義という国家体制への適応と仏教全体を統括できる思想が求められたのである．そのため，1980年に中国仏教協会の会長に就任した趙樸初は人間仏教，人間浄土という太虚の考えを改めて提起した．またその中で，中国仏教には農禅一致（農業と座禅をともに重視する），学術研究の重視，国際友好交流の重視という三つの伝統があるともまとめられた．

　これは当時，長い間の無神論教育によって仏教などの宗教が迷信として非難されていた雰囲気の中で，仏教に対する偏見を改めて，仏教のイメージを一新し，また中国仏教の各宗派で結束し，仏教のあるべき姿と方向性を明らかにするために重要な役割を果たし，同時に中国仏教界の指導的なイデオロギーとなった．この理論はまだ十全に体系化されたとはいえないが，三つの基幹となる考え方が明示されている．第一は利他的な菩薩行の提唱である．これによって仏教と社会との接点が明らかにされた．第二に仏教者の修行の基本的な内容が提示された．第三に仏教の社会的な抱負，つまり「世間を浄化して人間浄土を建設する」という目標が明確に掲げられた．これら三つの考え方は社会主義の国家体制に対して，仏教は有害なものでなく，むしろ重要な役割を果たすことができると表明すると同時に，仏教内の各宗派に対しては，人間仏教は一つの独立した仏教ではなく，それぞれの利害を超越した共有すべき理念として認識することを求めた．

　政府と仏教界の間に立つ仏教協会は両者のパイプ役を担うものの，仏教界全体を統合し，より主体的に行動することは大きく制約されている．市場経済が急激に進展し，世俗化の波が仏教のあり方を揺るがしている中で，台湾で進められている人間仏教や太虚の人生仏教が改めて脚光を浴びている．仏教の社会進出が規制されていることもあり，個人の生活や道徳における仏教の寄与が重視されている．これからの中国仏教の方向性はまだ模索のさなかにある．　　　　　　［陳　継東］

民間信仰──中国宗教におけるシンクレティズム

　中国の村には昔から人々を見守ってきた土地の神の祠がある．その隣に一族の御霊屋がある．儒教でいう祖廟である．これらが村落社会の中に共存し，ともに村人たちから頼みにされている．そうしたいくつもの宗教伝統に連なるものが重なり合い，時には所属さえ定めがたい．混在し習合（シンクレティズム）にまみれている．それこそが中国宗教の現実の姿にほかならない．

●**宗教にあらざるか**　本来，宗教とはどのような形態を備えたものか．そこには創始者がいる．神の有無が定められている．それを支える教義がある．聖典が集成されている．教義に沿って儀式が実践される．儀式を担う教団が組織されている．聖職者の活動が規定されている．信徒の信仰生活の規範が確立されている．こうしたもろもろの要素を総体として備えているのが，宗教の社会的な実体であろう．成立宗教というよび方もある．厳密にいえば，これらを備えていなければ成立宗教とはみなさない．民間信仰などとよばれる．

　民間信仰は成立宗教の要件を満たしていない．それはいつとはなく民間で発生したものである．創始者とよぶべき人はいない．源はどこまでさかのぼるか決めがたい．教えの内容は雑然としている．神々の範囲も聖典の枠組も曖昧である．迷信に満ちている．呪術をからめている．しかし庶民にとっては身近である．日々の願望に密着している．生活に根をおろしている．そうした信仰現象を大雑把にさして民間信仰とよぶ．

●**御利益さえあれば**　民間信仰は人々の生活の中で育まれてきた．日常的であるからこそ幅が広い．長い年月の間に蓄積され，複雑極まりない様相を示している．それを分類し記述することは至難である．こうした作業は宗教学者よりもむしろ民俗学者が手がけてきた．しかし，どこからが民俗でどこからが宗教かは観察する側の区別でしかない．神学の頂から日々の習慣の裾野まで，色彩は徐々に変わっていくにしても，どこもかしこも混ざり合っている．境目を設けるのはあくまでも観察者である．

　ただし宗教によってはそれを奉じる主体の側であえて境目を設ける場合もある．儒教はその傾向が強く，道教はその傾向が著しく弱い．道教と民間信仰の間には隔てがないかのごとくである．それを信じている人々が両者を区別などしていない．外来の宗教でさえ取り入れるべきものは取り入れる．御利益があれば信仰するのである．神も仏も隔てる必要などない．いささかのわだかまりもなく，けじめもない．しかし，そこには懐の深さがあり，豊かさがある．

●**生活につながる信仰**　媽祖という女神がいる．中国南部の沿岸地方を中心に信

仰されている航海の神である．10世紀北宋の実在の女性に対する崇拝が起原とされ，その短い生涯は伝説に彩られていた．肉親の海難を予言して巫女(みこ)として知られるようになり，灯火を掲げて遭難者を助けたという．もとは福建(ふっけん)省の漁民や船乗りの信仰だったが，やがて台湾や沖縄でも崇拝されるようになった．海の仕事をなりわいとする土地では現在も媽祖が祀られている．

図1　福建省湄洲島の媽祖聖誕祭［奈良行博撮影］

　西日本にも古くから福建人が渡来していた．彼らは航海の守り神として媽祖の像を船に載せて来た．無事に港に着くと女神像をそこに置き，新しい像を船に載せて帰路につく．そのため長崎のいくつかの寺に媽祖堂があり女神像が祀られている．近年は横浜の中華街にも媽祖廟が建てられた．

　彼らの故郷は海の近くまで山が迫っており，耕地が乏しい．家族を食べさせていくためには稼ぎに出るしかない．波濤(はとう)を越えていく人々は媽祖の像をたずさえた．望郷の思いがその信仰をいっそう強いものとしたのだろう．媽祖信仰が生活の中でなくてはかなわぬものとなったのである．

●**多様性を許容する風土**　儒教と仏教と道教の関わりについては，三教交渉史(さんきょうこうしょうし)という術語が用意されている．しかし歴史の中で三教が常に独立の主体として交渉してきたとは限らない．民間の次元ではそれが顕著である．ほとんどの局面で儒仏道が融合しきっている．時代によっては，キリスト教やイスラムまで入りこんでいる．シンクレティズムにまみれたそれを常態と考えたほうが，よほど現実に即しているのではないか．

　中国宗教史の裾野は三教交渉史という枠組からはみ出すところが大きい．媽祖のような民間諸神の崇拝や聖地の参拝，死霊観や葬送墓制，まじないや呪いが人々の暮らしを取り巻いている．そこでは個々別々の宗教の根底にある，この世ならぬものへの恐れや憧れが，この世の願いと溶け合っている．

　一人の人間，一つの社会が複数の宗教に関わることは可能である．多様性が許容されているのである．これが東アジアの宗教の特質であり，そして西アジアの宗教との決定的な相違であろう．

［菊地章太］

参考文献
[1] 奈良行博『現代中国の道教―庶民に生きる信心文化』阿吽社，2014
[2] 二階堂善弘，『アジアの民間信仰と文化交渉』関西大学出版部，2012
[3] 菊地章太『道教の世界』講談社選書メチエ，2012

イスラム教の伝来と現状
——中国内地のムスリム文化史

　中国にイスラムを伝えたのは，隋の開皇年間（581-601）にムハンマドの命を受けて隋の皇帝に謁見したサアド・ワッカースであると，中国内地のムスリム（イスラム教徒）たちは伝統的に信じてきた．例えば，いつの頃からか，広州にある正体不明の古いイスラム聖者廟に葬られているのがサアド・ワッカースであると伝えられ，現在も多くの観光客を集めている．しかし，以上のような史実は存在しない．もっとも早い確実な記録は，『旧唐書』高宗紀の永徽2（651）年の条にみられる「大食国が使節を遣わして朝貢した」との記述である．この大食国の王は，正統カリフ3代目のウスマーンである．カリフの朝貢使節派遣が，初めての伝来であるとは限らないが，だいたい唐代の初め頃にイスラムが中国に伝来したと考えてよい．

●**中国ムスリムの中国化**　唐代と宋代を通じて，多くのアラブ・ペルシャの商人が中国と盛んに往来し，代々中国に居を構えたものもあった．南宋の末年に登用され，泉州の港の提挙市舶として外国貿易を司り，元朝にも仕えた蒲寿庚はそのもっとも著名な人物である．彼らの中には，中国の学問の教養を身につけ，科挙に合格して地方に赴任する者もいたが，大部分は長安のような大都会や，広州のような貿易港の番坊と呼ばれる居留地に主たる生活の場を限定されていた．

　元代になると，モンゴル支配下の中国に西方から多くのペルシャ・アラビア人がやって来た．元朝は，前代までと異なり，貿易商としてだけでなく，優秀な技術者・官僚・軍人として彼らを統治機構の中に積極的に迎え入れた．そのため，西方ムスリムが中国全土にわたって漢人と混住する状況が現出した．現在，中国内地のムスリムは，各省に広く分布している．中国内地の各地で西方ムスリムが清真寺（モスク）を中心とするコミュニティを営むようになったのは，この頃であると考えられる．元朝に代わり中国を統一した明朝は，民間の外国貿易を禁じ，鎖国政策をとったので，西方から中国に流入する西方ムスリムは激減した．そのため，中国の内地ムスリムは，西方世界との連絡を絶たれ，漢人との通婚が進み，漢人社会との接触も増え，中国化が急速に進行した．よく知られているように，中国の内地ムスリムは，信仰を固く守り礼拝などではアラビア語を用いるが，日常生活ではもっぱら漢語を話し，顔つきも衣服も漢人と見分けがつかず，彼らの清真寺も外見からは道教や仏教の寺院と見分けがつかない．このように顕著な中国的特徴を帯びるようになったのは明代の後期からであると考えられる．

●**中国ムスリムのルネサンス**　以上のような急速な中国化は，当然のことながら明代後期の中国内地のムスリムの間に文化的危機意識をもたらした．この頃出現

した陝西省咸陽の人，胡登洲（？-1597）は，アラビア・ペルシャ語およびイスラムに関する教育（経堂教育）を始めた人である．歴史上に名のある明清のムスリム学者はすべて，経堂教育の出身者である．現在もなお，中国内地ムスリムのコミュニティには，コミュニティの核である清真寺に子弟を集めて経堂教育を施す習慣があり，彼らの文化的伝統を再生産するうえで大きな役割を担っている．例えば，清真寺の長としてコミュニティに招致されるアホンは，中国イスラム協会によって運営され，近代的な教学体系を擁するイスラム経学院の出身者が務めるケースもあるが，現在でも伝統的な経堂教育の出身者が務めるケースが珍しくない．また，経堂教育の対象は男性に限らない．清代中期から女性のための清真女寺がつくられ始め，教育の場としても現代にいたるまで機能してきたことは，中国特有のムスリマ（女性イスラム教徒）文化として特筆に価する．

近年の研究によると，経堂教育では，地理的に近いイラン・中央アジアで著された書物が用いられることが多かったので，アラビア語文献一辺倒でなく，ペルシャ語文献が比較的よく読まれていたようである．また，アラビア・ペルシャ語文化圏から隔絶した中国で熱心に推進されたためか，テキストとして世界初のペルシャ語の本格的な文法書（山東省済寧で活躍した常志美（1610-70）による『風』『探求の道』）が編まれるなど，中国独自の成果もみられる．

明末清初になると，中国ムスリムは自分たちの思想を漢文で著すようになった．南京で活動した張中と王岱輿がその嚆矢である．張中は，中国にやって来たインド人スーフィー阿世格に師事し，阿世格の語る教えを注釈するものとして『帰真総義』を著した．天文学者の家系に生れた王岱輿も，ペルシャのスーフィズム風の生成論や修養論を朱子学の用語で語る『正教真詮』『清真大学』などを著した．中国ムスリム思想の頂点に位置するのが，南京の人，劉智（1670-？）である．劉智の主著『天方性理』は，王岱輿風に朱子学などの中国伝統思想の用語を用いつつ，朱子学的な世界認識とイスラムの世界認識をともに可能にするような高次の普遍をめざして著述された驚くべき高度な内容をもっている．

●**回族とその他のムスリム少数民族**　中国内地のムスリムは，共和国成立後，少数民族として認定され，回族と称するようになった．中国にはイスラムを信仰する民族が回族と合せて10あり，合計で約2,300万の人口がある．このうち回族は，現在約1,000万の人口を擁している．回族と同様，中国国内にのみ分布するムスリム少数民族には，トンシャン族，サラール族，バオアン族がある．これら以外に，国境を接する外国にも分布するものが6あり，このうち約1,000万の人口規模をもつウイグル族が最大で，ほかにカザフ族，クルグズ族，ウズベク族，タタール族，タジク族がある．

［青木隆］

📖 **参考文献**

[1] 中西竜也『中華と対話するイスラーム』京都大学出版会，2013

キリスト教の伝来と現状
———受容と反発の歴史

　中国のキリスト教は，635年のネストリウス派キリスト教（景教）の伝来にさかのぼる．その後，元代にはカトリック宣教師が中国に入ったが，修道会が宣教師を派遣する本格的かつ組織的な中国人への布教活動は，16世紀末，イエズス会宣教師マテオ・リッチ（1552-1610）の来華によって実現した．しかし17世紀末に孔子崇拝をめぐって生じた典礼問題が発端となり，1724年には教会の閉鎖と中国人信徒の棄教を命じる勅令が発布され，以後カトリックは1世紀以上にわたる冬の時代を迎えることになる．

●モリソンから義和団まで　カトリックが禁教下に置かれてしばらくの後，プロテスタント諸国の海外伝道熱が高まり，18世紀末から19世紀にかけて海外伝道会が次々結成された．そのうちロンドン伝道会が，1807年に中国最初のプロテスタント宣教師ロバート・モリソンを派遣した．

　宣教師が中国に足を踏み入れることができたのは，アヘン戦争の末，1842年に南京条約が締結されてからである．布教活動が開港場に限定された南京条約体制下の時期を経て，アロー号戦争によって天津・北京条約が結ばれると，宣教師たちは条約に規定された内地旅行権を行使し，中国全土に布教を拡大した．しかし不平等条約の庇護のもとに行われた宣教活動は，時に現地住民の反発を招き，大規模な教会襲撃事件（教案）も頻発するようになる．地方政府レベルで事態の収拾がつかない場合は，列強が軍事示威の手段を行使することもあった．

　アロー戦争前後，伝道の停滞に悩む宣教師たちは，キリスト教に接触して「拝上帝教」を創始した洪秀全が1853年に南京に建国した太平天国に大きな関心を寄せるが，キリスト教とはかけ離れた内実が明らかになると，その期待は一気に冷え込み，太平天国も1864年に崩壊した．以後19世紀後半まで，宣教師の派遣と伝道資金の投入に比してキリスト教への改宗率は必ずしも増加しなかったが，伝道の一環としての医療，教育，福祉事業や，ティモシー・リチャードなど一部宣教師の洋務・変法運動への関わりは，中国の近代化を促進する役割を果たした．

　反キリスト教のうねりは1900年の義和団事件でピークに達するが，8か国連合軍によって義和団が鎮圧され，義和団を支持した清朝が敗北，巨額の賠償金を課せられ弱体化すると，キリスト教伝道は逆に年ごとに進展し，とりわけ高等教育の分野で目覚ましい発展を遂げた．さらに19世紀末からの課題であったキリスト教の土着化（本色化）が活発に議論されるようになっていった．

●民国期から文化大革命まで　1912年に中華民国が成立し，臨時約法で信教の自由が保障され，キリスト教はさらに教勢を伸ばした．1922年に上海で開催さ

れた全国基督教大会では，中国人による自養，自治，自伝の教会建設（三自原則）が掲げられ，誠静怡，呉雷川，王治心，徐宝謙，趙紫宸などの牧師，神学者によって「中国の神学」が模索されていった．同じ時期，マルクス主義知識人・学生を主な担い手とする反キリスト教運動，さらにミッション・スクールの欧米支配を否定する教育権回収運動が起き，ナショナリズムが高揚する中，キリスト教界は帝国主義支配の象徴として激しい批判にさらされるが，1927年，中国人自身の超教派の教会である中華基督教会が建設され，本色化が具体化した．

　1920年代後半以降の比較的順調な教勢の伸びは，日中戦争の勃発によって途絶し，教会は日本の侵略によって甚大な影響を被った．1945年の日本の敗戦，国共内戦，人民共和国成立を経て，1950年，呉耀宗ら40名のキリスト教指導者が連名で「三自原則を堅持し，帝国主義国との関係を絶ち，愛国愛教をめざす」という内容の宣言を発表，1954年には中国基督教三自愛国運動委員会が成立した．カトリック側も1957年に中国天主教愛国会を結成，キリスト教の活動全般を管理した．日本の敗戦後，再び中国に戻っていた欧米人宣教師たちは，この間次々に帰国を命ぜられた．

　1966年に始まる文化大革命では，それまでかろうじて認められていたキリスト教の活動が一切禁じられ，教会施設の多くは紅衛兵運動によって荒らされ，多数のキリスト教指導者，教会人が激しい迫害に遭った．その被害の実態はいまだ明らかにされていない．

●**改革開放から現代まで**　文化大革命が収束すると，1979年，上海で十数年ぶりに礼拝が復活，翌年には中国基督教協会が成立し，同組織と三自愛国運動委員会とが，党の指導のもと，プロテスタント教会の諸活動を管理することになった．これら二つの両会による指導形態は現在も続いている．カトリック教会も同様に，中国天主教主教団と中国天主教愛国会の2組織によって管理されている．両会の傘下に置かれているいわゆる公認教会の会員数は，公式発表でプロテスタントが2,300万人，カトリックがおよそ500万人といわれる．目下の大きな問題は，聖職者の絶対的な不足で，北京，南京など各地の神学校では，聖職者の速成養成も取り入れられている．

　一方，一般に「家の教会」とよばれる非公認教会も膨大な数が存在している．家の教会は時折摘発の対象ともなるが，その法的基準は曖昧である．2014年来，浙江省では当局による教会の十字架撤去が相次いでいるが，こうした取締りの厳しさは地域差が大きく，かなり自由に運営されているところもある．家の教会自体も公認教会に反発し純粋な信仰を追求するものから，限りなく異端に近いものまでさまざまであり，決して一様にとらえることはできない．

　公認教会と家の教会の信者数を合わせると中国のキリスト教人口は1億人に達するという試算もあるが，正確な数はわかっていない．　　　　　　［渡辺祐子］

中国伝統思想と西洋との出会い
――儒教と啓蒙

　16〜18世紀，マテオ・リッチ，ミケーレ・ルッジェリやその他のキリスト教イエズス会宣教師が中国布教を推進した．リッチはストア哲学などの西洋哲学と儒教との類似をみて四書五経などを暗記・利用して，教理書『天主実義』(1603)を完成し多くの信者を獲得した．また，イエズス会士マルティノ・マルティニは，『中国史』(1658)で，漢字のシステム，儒教古典，とりわけ陰・陽，64の象徴(シンボル)「卦象」によって世界の生成展開を説く『易経』，孔子や孟子，理想的世界観を説く『大学』などの情報について言及した．こうした情報はゴットリープ・シュピツェルの『中国文芸論』(1660)に取り入れられヨーロッパに流布した．さらに，イエズス会士プロスペロ・イントルチェッタは『中庸』『論語』のラテン語全訳を刊行している．

●**中国哲学研究の成果**　フィリップ・クプレをリーダーとし，フランス国王のルイ14世に支援されたイエズス会士らは，中国哲学情報書『中国の哲学者孔子』(1687)に，『大学』『中庸』『論語』の改訂訳を収録した．彼らは翻訳の枠組みとして，明代の大政治家で文教行政の長でもあった張居正の注釈『四書直解』(1573)を採用した（なお張居正の注釈は朱子学の概念・体系を継承し，宋・元・明代の間に発展・展開した宋明理学をも踏まえ合理的・整合的な人間観宇宙観を説く）．中国哲学概説では，「道」(Ratio，理由・根拠・理性)を原理とする老子や道教，「空」を原理とする仏教についても言及している．同書はパリ王立図書館から刊行されるや，広くヨーロッパ全土に流布し，翌1688年からオランダで匿名の仏訳英訳が出版され，イギリスの理神論者や，フランスの百科全書派にも中国哲学情報として流入した．読者のうちには後述のライプニッツ，ヴォルフや，カントの友人で，ドイツの思想家・文学者であったヘルダーもおり，彼は著書『アドラステア』で，『中庸』のイントルチェッタ訳，クプレ訳や，後にふれるノエル訳をも参照しつつ，ドイツ語に翻訳していた．またドイツ観念論の哲学者ヘーゲルも中国哲学評価の情報源としていた．

●**本格的なヨーロッパへの朱子の紹介**　ベルギーのイエズス会士フランソワ・ノエル(1651-1729)は1711年に『中華帝国の六古典』を著し，中国哲学について解説した．本書は，『孟子』（人間本性とその善なる性質「性善説」，王者・国家に対する人民の至上性，道徳的に頽廃し人民を虐げる君主の放逐・誅殺さえ許す「革命論」を含む）のラテン語全訳を含めた四書の全訳を行った．さらに中国で初等教育に用いられた『孝経』『小学』をも全訳・紹介した．それは張居正，朱子の注釈を直接踏まえるものであった．

●**理性の時代・啓蒙主義展開期における中国哲学の受容** ここでは宣教師らの複数の翻訳を通じて,中国哲学に強い反応を示したヨーロッパの代表的な二人の知識人についてみてみたい.

　近代ヨーロッパの大哲学者ゴットフリート・ライプニッツ(1646-1716)はハノーファーの蔵書館にクプレ書写本を含む中国関係書籍を50冊も保管していた.彼は20歳代の研究者としての初期の論文『結合法論』(1666)執筆前後にシュピツェル『中国文芸論』の易・漢字論に接していた.そこにはライプニッツ哲学の重要語彙モナド(monade)の語も見られる —— ただしそれは中国の計算手段(computandi modum)算盤の珠のことだが,『中国文芸論』の記述にはルッジェリの『大学』訳とマルティニの『大学』訳の2種類の抄訳もあった.その後,ルイ14世時代の王立図書館長メルシゼデク・テヴノー『不思議な多くの旅行記集成』(1672)のイントルチェッタ訳『中庸』を目にした.さらには『中国の哲学者孔子』を実見し,『論語』子罕篇の一文を仏語に訳してもいた.ライプニッツはその研究の発端から形成期にかけて,有機的世界観・合理的世界観という点でその哲学と類比的な中国哲学に触れていた.ここから間接的・潜在的にせよライプニッツに中国哲学の影響があった蓋然性は高いといえる.

　ドイツ初期啓蒙主義の代表的哲学者クリスチャン・ヴォルフ(1679-1754)は,1721年,ハレ大学学長退任講演で「中国人の実践哲学に関する講演」を行う.彼はノエル訳を踏まえ,中国哲学は世界で最古の哲学であり,人民の福祉の実現に死ぬまで奮闘した哲人孔子は,キリストにも比肩できる人物であるとして中国哲学全般を絶賛していた.これに激怒したプロイセン王フリードリッヒ・ヴィルヘルム1世から絞首刑を突きつけられ,ヴォルフは亡命を余儀なくされたが,当時のヨーロッパ知識人はヴォルフに同情し,ロシアのピョートル大帝は支援を申し入れる.ヴォルフは1726年には,『中国の哲学者孔子』をも参考に『中国人の実践哲学に関する講演』を公刊し,立論の正しさを論証しようとした.

　1740年,ヴォルフ哲学に関心をもったプロイセンのフリードリッヒ2世大王は,彼をハレに呼び戻した.それ以降,彼の哲学とそのドイツ語の術語はカントへといたるドイツ哲学の主流を形成し,またラテン語訳,フランス語訳などによってヨーロッパ世界に広く流布し,ヴォルフの体系は『百科全書』の「哲学」の分類法に採用されることともなった.なおヴォルフの体系は博士論文『普遍的実践哲学』が拡充・展開されたものだが,その内容は先行する『中国の哲学者孔子』の『大学』の訳文と,構造面でも語彙の面でも類似していることを付言しておきたい.

[井川義次]

📖 参考文献
[1] 堀池信夫『中国哲学とヨーロッパの哲学者』上・下,明治書院,1996・2002
[2] 井川義次『宋学の西遷—近代啓蒙への道』人文書院,2009

西洋近代思想と中国との出会い
——その受容の歴史

　中国に初めて西洋の思想・学術をまとまったかたちでもたらしたのは明末清初に中国を訪れたイエズス会の宣教師である．ただ，彼らが関わった中国語書籍には，キリスト教以外の天文・地理・数学などに関するものはあるが，近代思想とよべるような内容は基本的に含まれていない．

　アヘン戦争（1840-42）で清は敗れるが，一部の中国知識人が近代西洋に目を向けはじめたのもこの頃からである．1839年，アヘン密輸問題解決のために広州に派遣された林則徐（1785-1850）は，伝統的華夷観の持ち主だったが，有能な行政官僚として，英字新聞の記事や英文の世界地理書を翻訳させるなど，海外情報の収集に努めた．魏源（1794-1857）は林から託された材料に大幅な増補を加えて『海国図志』（50巻本，1842．60巻本，1847．100巻本，1852）を著した．この書は地理書であると同時に，アヘン戦争敗戦を受けての政策提言の書でもあり，特に「夷の長技（西洋の軍事技術など）をもって夷を制す」という発想は，後の洋務運動の方向性を先取りしている．同時期に刊行された西洋に関連する書として，梁廷枏（1796-1861）『海国四説』（1846），徐継畬（1795-1873）『瀛寰志略』などもある．西洋諸国を夷狄視することが一般的だった当時において，これらの書では，米国初代大統領ジョージ・ワシントンや世襲によらない大統領制が，堯・舜のような中国古代の聖人やその政治に類似すると指摘されていることは興味深い．

　第二次アヘン戦争（1856-60）後，西洋の軍事技術などを導入して清の体制強化をはかる動き（洋務運動）が開始された．一部に夷狄である西洋の事物の導入への反発はあったものの，洋務運動期には，上海の江南製造局翻訳館などの機関やプロテスタントの宣教師らの出版事業によって西学（西洋の諸学）が中国知識人に一定程度受容された．当時の西学の内容は自然科学が中心だったが，自然科学の新知識は，後に康有為（1858-1927）が「電」を「仁」「魂」に結びつけて論じ，譚嗣同（1865-98）が"以太"（エーテル）をキー概念として急進的改革論を展開するなど，中国人の思想的想像力をおおいに刺激した．

●**西洋近代思想の流入と「経由地」としての日本**　1895年の日清戦争の敗北以後，近代中国思想史は大きな転換点を迎える．西洋思想との関連でいえば，厳復（1854-1921）の『天演論』（トマス・ヘンリ・ハクスリー，*Evolution and Ethics*〈1894〉の訳書）が一つの画期となる．この書は，西洋近代の思想書の本格的な翻訳としてはほぼ最初のものであった．厳は科挙エリートではなく，洋務運動期に設立された福州船政学堂出身で，1877〜79年にはイギリスに留学した．ハーバート・スペンサーの社会進化論に傾倒していた厳は，スペンサーの学説も踏まえ，訳文

と案語（コメント）を通して，自然界から人間社会のあり方までを物競（生存競争）と天択（自然淘汰）によって説明する進化論を紹介した．国家間の激しい競争の中で亡国の危機に直面していた当時の中国知識人にとって，進化論は強い説得力をもつ理論であり，彼らに広く受け入れられ，以後長らく，政治的立場の違いを超えて彼らの思考を規定する共通の枠組となった．進化論を含めた西洋近代思想の普及において厳復以上の役割を果たしたのが梁啓超（1873-1929）である．1896年に創刊された『時務報』主筆として改革運動の旗手となった梁啓超は，1898年の戊戌変法が失敗すると日本に亡命した．彼は大量の日本書を読破し，その情報をベースに，自身の見解も交え，『清議報』（1898-1901）や『新民叢報』（1902-07）で，進化論のみでなく，アリストテレスからジャン・ジャック・ルソー，イマヌエル・カント，ジェレミ・ベンサムまで幅広く西洋思想を紹介した．また，梁は西洋の思想的諸概念の訳語については日本製のものを多く採用した．20世紀初頭の日本留学ブームもあって，以後の中国では，中国古典を踏まえて考案された厳復の訳語ではなく，日本製の訳語が多く定着していった．

●**西洋近代思想の浸透と多様化**　西洋近代思想の浸透に伴い中国の伝統思想も西洋的価値観に基づいて評価されるようになった．まだ華夷意識が強かった日清戦争以前には，西洋の議会制度や学校制度にならった改革を主張した鄭観応（1842-1922）の議論のように，西洋の事物をプラスに評価する場合，「聖人の精神」などの儒教的価値との類似性を根拠とすることが多かった．しかし，厳復や梁啓超たちは，逆に儒教や諸子百家の思想を進化論に基づく西洋的な価値基準から評価するようになった（もちろん，章炳麟〈1869-1936〉のように西洋的価値基準に反発する者もいた）．ただし，厳復や梁啓超の場合，伝統の中から真に価値あるものを見出すことを主眼としており，必ずしも伝統否定をめざすものではなかった．それに対し，1910年代後半の新文化運動では，陳独秀（1879-1942）や胡適（1891-1962）らが，「民主と科学」という西洋近代思想の立場から，儒教を中心とする中国の伝統を時代遅れなものとして全面的に否定した．

さらに，ロシア革命などの影響から陳独秀や李大釗（1889-1927）らが傾倒したマルクス主義が1920年代には多くの若者の心をとらえる一方，マルクス主義に対抗するリベラルな思想（胡適のプラグマティズムなど）も一定の支持を得た．他方で，第一次世界大戦を西洋の科学万能・物質中心主義の破産とみなし，中国思想を再評価する動きも生じ，アンリ・ベルクソンらの西洋の思想家の発言が西洋近代批判の根拠として援用される（梁啓超ら）など，多様な西洋思想が導入された．同時に，梁漱溟（1893-1988）の『東西文化及其哲学』（1921）のように，西洋思想との対比を通して中国思想の独自性を主張する試みも現れた．　　　　　　　　　［高柳信夫］

📖 **参考文献**

[1] 山室信一『思想課題としてのアジア――基軸・連鎖・投企』岩波書店，2001

近代思想——伝統との関係を中心に

　康熙・雍正・乾隆の3代にわたり繁栄を誇った清朝でも，人口の急増による土地不足などを背景に，18世紀末以降，白蓮教徒の反乱（1796-1805）などにみられるように，さまざまな社会矛盾が表面化した．それに対し，当時の学術の主流であった考証学は，専門的な文献研究に没頭し，社会問題に十分対応できなかった．そのため，経世致用（政治実践上の有用性）をめざし，朱子学や公羊学を思想的基盤とする官僚・知識人の活動が目立つようになる．アヘン戦争開戦前後にイギリスと相対した林則徐（1785-1850）や，『海国図志』を著した魏源（1794-1857），太平天国鎮圧に活躍し，洋務運動の緒を開いた曾国藩（1811-72）などもこうした系譜に連なる人物である．彼らはいずれも中国と西洋の交流史の中で重要な役割をはたしたが，彼らにとって西洋への対応は，あくまで儒教的な経世致用の実現にあたっての多くの課題のなかの一つとして位置づけられていたことには留意する必要がある．

●**世界像の転換**　アヘン戦争（1840-42）は中国が近代に入る画期とされることが多いが，それは後の歴史からみた遡及的な判断で，当時，それが日本の黒船来航のような衝撃を広く中国知識人に与えたわけではない．もちろん，中華である清が夷狄のイギリスに敗れたことは大きな事件ではあったが，華夷思想は，理屈のうえでは，軍事力などの「力」ではなく，儒教道徳を中心とした「文明」を基準としたものであるため，この敗戦は思考枠組における大きな変更を迫るものではなかった．もちろん，魏源などは西洋の軍事技術の導入などの政策提言を行っているが，それは個別的な事例である．

　だが，太平天国の反乱のさなかに起こった第二次アヘン戦争（1856-60）後には，洋務（本来は西洋への対応に関する事務の意．後には西洋の科学技術や制度の導入に関わる事項を広くさす）が重要な政治課題となり，いわゆる洋務運動が開始された．初期の洋務運動の主眼は西洋の軍事技術の導入による清朝の体制強化に置かれていたが，日清戦争までに，その範囲は自然科学や工業技術へと広がり，西洋の学校・議院などの社会制度の導入を主張する議論も現れた．その際，西洋の制度の導入を正当化するために，「西洋の学校や議院は中国古代の聖人の政治の精神に一致する」というロジック（附会論）が多く用いられた．また，各国の政体を権力の所在を基準として，君主（専制君主制）・君民共主（立憲君主制）・民主（共和制）に分類したうえで，君民共主が最も権力のバランスがよいとして議院の設置を求める議論もなされた．なお，この政体分類の図式は，変法運動期のオピニオンリーダーであった梁啓超（1873-1929）が，1898年の戊戌政変後に

日本に亡命して以降，立憲か専制（非立憲）かの区別こそ政体分類においては最も重要だと強調するまで広く使用された．

また，洋務運動期に実際に西洋人と頻繁に接触した者や西洋を訪れた者の中には，西洋人は従来の夷狄と異なり，彼らの社会は儒教的な基準からみても評価できると考える者も現れ（郭嵩燾〈1818-91〉など），西洋＝夷狄との見方に一部変化が生じた．これと並行して，当時の世界情勢の変化は，秦漢帝国の成立に匹敵する大変革であり（王韜，1827-96），世界では，「華夷隔絶の天下」から「中外聯属の天下」へ（薛福成，1838-94）という全世界的一体化が進行しつつあると認識されるようにもなった．さらに，新しい世界の特徴の一つは，そこで各国による激しい商戦（経済戦争）が展開されていることであり（鄭観応，1842-1922），中国もこの競争に勝利するために富強を実現せねばならず，そのためには，西洋の科学技術のみでなく，学校・議院などの導入を含んだ制度改革が不可欠だという考えも一定程度浸透した．そして，こうした主張は，「農」が「本」，「商」は「末」という伝統的な経済政策上の建前の転換を迫るものでもあった．

しかし，これらの論者においても，三綱五常に代表される社会的上下関係を基本とした儒教道徳の優位性は疑われていなかった．したがって，華夷の観念が道徳を基礎とした文明を中核としている以上，ギリギリの線で中国と西洋の間の華夷的上下関係は保たれていた．ところが，日清戦争後に改革運動を組織し，1898年の戊戌変法を主導した康有為（1858-1927）は，その一線を越えた．康は公羊学に基づく異端的儒教解釈により，世界は，拠乱世→升平世（小康）→太平世（大同）の三段階で進化発展するという三世説を唱えると同時に，中国では偽造された儒教経典が蔓延したために進化が停止してしまったとした．さらに，三綱五常的な従来の儒教道徳は升平世までのためのものにすぎず，太平世には平等に基づく新たな道徳が適用されるとも主張した．そして，康の図式によれば，当時の時点では中国よりも西洋の方が進化した段階にあることになり，中国と西洋の間で，華夷の逆転ともいえる事態が生じることとなった．

●格致から科学へ　前述のように，洋務運動期にも，一部の人士が西洋の学校制度や議会制度の導入など，社会の根幹に関わる改革を主張したが，それはあくまで議論のレベルでのことであり，実際の政策となったわけではない．

この時期に現実となった動きのうち，思想面に関わるものとしては，西学（西洋の学問）の導入がある．江南製造局翻訳館（1868年開館）をはじめとする出版機構が設立され，数多くの西学書が翻訳・出版された．その内容は多岐にわたり，一部に社会科学関係のものもあるが，大半は自然科学書である．

当時，中国では，こうした諸科学は「格致」と総称されることが多かった．格致は『大学』の「格物致知」に基づくが，西洋の諸科学が格致と表現されていたということは，中国の既存の諸学と西洋の科学の間に一種の類似性・同質性が認

められていたことをも意味する．

　しかし，日清戦争以降には，厳復（1854-1921）のように，西洋の格致は中国の従来の知とはまったく異質なものだとする考えが登場する．厳は，西洋の格致は厳密な方法に基づいて導き出された体系的な学知であるのに対して，中国の学問は個別的な知識の集積でしかなく，たとえ両者に一部共通する内容があったとしても，それは質的に異なるものだと指摘し，中国の富強の実現には，西洋的な格致の徹底的な導入こそが肝要だと主張した．

　そして，西洋の格致と中国の旧来の格致との質的相異の意識が高まるのに並行するように，20世紀の初頭以降，日本から導入された「科学」が，西洋のscienceに相当する語彙として，格致に代わって頻用されるようになった．

　同時に，日清戦争以前の議論では「儒教的価値観から西洋を評価する」（例えば，前述の附会論など）のが主流であったのに対して，厳復以降は「西洋的な科学の観点から中国の諸事物を評価する」という，価値判断の基準の転換が進行した．そして，「価値判断の基準としての西洋科学」として広く中国知識人に共有されたのが進化論であった．

●**進化論の流行**　中国における進化論の流行は，1898年に正式に出版された厳復の『天演論』（トマス・ヘンリ・ハクスリー，*Evolution and Ethics*〈1894〉の訳書）の発表を一つの画期とするが，厳復にとって，進化論は生物学の理論にとどまるものではなく（彼の議論の重点はチャールズ・ダーウィンの生物進化論よりもスペンサー流の社会進化論にあった），天体，生物から人間の心理，社会までを説明する格致（科学）の総合理論であった．また，日本亡命後の梁啓超も，進化論的な立場（彼の場合も重点は社会進化論にある）から膨大な論説を執筆した．

　人間の世界に生存競争と自然淘汰の原理を適用する社会進化論は，19世紀末から20世紀初頭にかけて，列強による瓜分（分割）の危機に直面していた中国の状況を実感に沿ったかたちで説明し得るものであったため，多くの中国知識人に受容された．そして，厳しい生存競争が展開する国際社会の中で生き残るために，中国を近代国家へ再編することが彼らにとっての最大の課題となった．なお，1900年代は，清朝の立憲君主制化をめざす立憲派と，満洲族である清朝の排除と共和国の建設を志向する革命派が対立した時期とされるが，それは主に「国家としての中国」の構成員や政治体制をめぐる政治上の対立であり，章炳麟（1869-1936）のような例外はあるものの，前述の社会進化論的思考は，基本的に両派に共通する前提であった．

　社会進化論では，社会内部での利己的な個人間の自由競争が重視される場合もあるが，国家間の競争に主たる関心が向けられた中国では，国家の構成員たる国民の結束の強化に重点が置かれ，個人の利己性が第一義的に優先されることは少なかった．しかし，「義利の弁」を強調し，個人の利己性を否定的にみる朱子学

などとは異なり，進化論的立場をとる以上，個人の利己性を否定することは難しい．そこで，「一見利己性と両立しない道徳的な行動こそ，社会を強化し，真の意味での自己利益を最大化する」（厳復），「個人は『小我』にすぎず，有機体としての国家こそが『大我』であり，個人は真の『我』の利益のために行動すべきである」（梁啓超）などのかたちで，個人の利己性とその抑制による国家の結束の強化の間の折り合いがつけられることとなった．

●**伝統の再評価**　儒教的価値観の拘束を離れ，科学（より具体的には進化論）が主たる価値判断の基準とされるようになると，中国の過去の文化的遺産の再評価も進められた．実は，すでにそれ以前に，考証学の研究の進展とともに，儒教以外の諸子百家の文献が，資料的な価値も含めて注目されつつあり，仏教も，康有為や譚嗣同（1865-98）らにみられるように，1890年代には一種の流行を迎えていた．梁啓超は，これらの流れを承けつつ，「中国学術思想変遷の大勢を論ず」（1902年連載開始）などで儒教的道統意識にとらわれない中国学術思想史叙述を試み，従来異端とされてきた墨翟や楊朱の思想にも肯定的な部分を見出すなど，新たな見方を示した．また，1905年の『国粋学報』の創刊のように，日本の国粋主義の影響を受けつつ，儒教に限定されない中国の過去の文化遺産を国粋として国家的・民族的アイデンティティの中核としようとする動きも出てきた．

ただ，これらの試みは，旧来の儒教への批判を含むものではあったが，中国の伝統を全面的に否定したものではない．しかし，辛亥革命が袁世凱（1859-1916）の独裁によって挫折すると，この挫折を中国人の精神構造の問題としてとらえ，「民主と科学」（この「民主」は政治上のみでなく，社会のあらゆる領域において，独立した個人間の対等な関係をめざすもの）の立場から，儒教を中心とした中国の伝統を徹底的に否定する言論が，1910年代後半から雑誌『新青年』を中心に展開された．その先頭に立ったのが陳独秀（1879-1942）であるが，彼は間もなく「民主と科学」の総合理論としてマルクス主義を受容し，中国共産党の初期のリーダーとして活躍した．なお，マルクス主義は，1920年代には中国思想界で大きな影響力をもつことになるが，初期の段階では，李大釗（1889-1927）にもみられるように，社会進化論の発展型の一種とイメージされることがあった．また，胡適（1891-1962）も「民主と科学」による伝統批判の代表的論客であったが，政治的にはマルクス主義とは一線を画するリベラルな立場をとった．

他方で，同時期には，第一次世界大戦の惨禍を西洋文明の科学万能・物質中心主義の破綻とみなし，中国の伝統の中に独自の価値を見出す者も現れ（梁啓超など．初期の新儒家もこの流れと関わりがある），彼らと伝統否定論者の間でさまざまな論争が展開されていった．　　　　　　　　　　　　　　　［高柳信夫］

📖 **参考文献**

[1]　並木頼寿ほか編『新編原典中国近代思想史』特に1〜4巻，岩波書店，2010〜11

毛沢東主義——中国をかきたてる夢

　1960年代の学生運動華やかなりし頃，西側先進諸国には，毛沢東主義を標榜し，「造反有理」(反乱は正しい) を叫ぶ若者が巷に溢れた．当時の中国はAA諸国の独立を主導する世界革命の旗手であった．「造反有理」というスローガンは，1926年3月に毛沢東が書いた湖南農民運動に関する独創的な調査報告書からとられたものである．しかし，毛沢東主義という言葉を発明したのは毛沢東自身でも中国共産党でもない．それは，毛沢東と同郷の旧友，任卓宣 (1896-1990) であった．

●**毛沢東主義の命名者は国民党のイデオローグである**　任卓宣は元共産党員．1927年に国民党に逮捕され銃殺刑に処せられるが，奇跡的に死を免れ，国民党員となった数奇な運命の持ち主である．1941年，葉青のペンネームを用い，『抗戦与文化』という国民党系の雑誌で，毛沢東の唱える新民主主義論を「毛沢東主義」と命名した．新民主主義革命とは，プロレタリアートの農民が民主革命から社会主義革命を一貫して指導する革命である．葉青は，そうした考えが，太平天国にみられるような中国型農民主義の典型であると非難した．延安の共産党はこの葉青の非難に激しく反論した．翌年2月18日，共産党機関紙『解放日報』に，国民党左派出身の共産党員で毛沢東の秘書を務める張如心 (1908-76) が，毛沢東主義を弁護する文章を書き，毛沢東の絶対化と神格化への端緒を開いた．

　延安では整風運動が展開されていた．ソ連留学生グループの指導部が批判にさらされ，農村から都市を包囲する毛沢東の戦略をマルクス主義の中国化と讃え，中国革命の基本方針とする流れが定着しつつあった．ただ，自らの考えに「主義」を冠することがモスクワの疑念を招くのを毛沢東は憂慮した．1943年4月22日，彼は「毛沢東主義」の使用を禁じた．代わって「毛沢東思想」を唱えたのは王稼祥 (1906-74) であったが，ソ連留学生グループの一人として「誤った路線」を代表する彼は，その提唱者には相応しくなかった．同年7月6日，党内序列2位の劉少奇 (1898-1969) が，マルクス・レーニン主義と中国革命の現実を結合させた産物である毛沢東思想の創始者となった．「主義」ではなく「思想」を標榜することは，思想改造を革命の最重点に置く毛沢東の自負とも見合っていた．

●**世界革命から科学的世界観へ**　1956年6月から10月にかけ，ポーランドとハンガリーの民主化運動をソ連は武力で鎮圧した．毛沢東は，1956年のソ連共産党第20回大会がスターリン批判を行った後，スターリンがかつて有した権威が消失したことに，事件の原因を求めた．1956年11月の8期中央委員会第2回全国代表大会で，毛沢東は言った．「個人崇拝が一概に悪いのではない．正確な個人崇拝が存在するのだ」と．それを受け，劉少奇は国際共産主義運動に果たして

きた役割を再確認する意味で毛沢東主義への回帰を主張した．果たして，1958年から始まる大躍進が，毛沢東主義を世界革命の中心へと押しあげる．東風が西風を圧倒した．1968年のフランス五月革命は，毛沢東主義の極北であった．だが，中国本土において，毛沢東主義はむしろ擬似宗教として猛威を振った．

　1969年10月20日から翌年2月にかけて，中南海（ちゅうなんかい）の政府機能が完全に停止した．ダマンスキー島事件を受け，ソ連の核攻撃を避けるため，中共指導者たちが一斉に北京を離れたからである．毛沢東は対米外交を推進することで社会主義陣営内部の危機を突破しようとした．1970年1月20日，ワルシャワ米中大使級会談が再開された．それは毛沢東主義が世界革命の主張から撤退することを意味した．毛沢東の死後，鄧小平（とうしょうへい）（1904-97）を中心とする新指導部は，そうした撤退路線をさらに徹底させた．1943年の毛沢東思想の原点とは，「実践」を「真理」を検証する唯一の手段と考えるところにある．社会的実践の裏づけをもたない真理は，たとえ毛沢東本人の提唱になるものであっても拒否すべきである．この真理基準論争を経て，1978年12月以後，現代中国は，文化大革命を支えてきた世界革命論と正式に決別し，改革開放政策へと舵を切る．今や，毛沢東主義は新時代の科学的世界観を代表する思想となる．新時代の知識人は米国や日本帰りの留学生にリードされ，価値判断の根拠はグローバル・スタンダードに置かれる．

●**情動化される毛沢東主義**　しかし，この新啓蒙運動は，1989年6月の民主化運動の挫折で無残にも敗北した．鄧小平が南巡講話でさらなる開放政策を唱え，中国経済の驚異的な成長が始まっても，政治改革の諸課題は慎重に回避された．胡錦濤（こきんとう）（1942-）政権の和諧社会（わかい）から，習近平（しゅうきんぺい）（1953-）政権の中華民族の夢にいたるまで，毛沢東主義は時代に応じて絶えずその内実を更新させてきたが，思想改造という1943年当時の含意からは遠ざかるばかりであった．それに比例するかのように，毛沢東主義の情動化が始まった．1990年代初期，《紅太陽》（ホンタイヤン）がポップ・ミュージックとして大流行し，毛沢東熱（フィーバー）を現出した．2000年にはチェ・ゲバラを題材にした革命現代歌劇が1年にわたるロングランを記録した．他方で，知識人は1960年代の欧米の反体制運動に毛沢東が与えた啓示に注目し，確信的な毛沢東主義者となって帰国する．彼らは新左派と総称され，各界で指導的な役割を演じている．2012年，収賄・横領・職権乱用罪で党を除名されたもと重慶市党委書記，薄熙来（はくきらい）（1949-）を擁護する大衆運動が，毛沢東の肖像を掲げてなされたのは記憶に新しい．社会の貧富の格差を是正し，マイノリティに配慮したての姿勢が，「反乱は正しい」と喝破し，農民運動を指導した1926年の若き毛沢東に重なるからであろう．毛沢東主義は，依然として現代中国を挑発してやまない．　　　　［緒形 康］

📖 参考文献
[1] 緒形 康『危機のディスクール――中国革命 1926-1929』新評論，1995
[2] 銭 理群『毛沢東と中国――ある知識人による中華人民共和国史』上・下，青土社，2012

西洋現代思想と現代中国
―― 新しい西洋の衝撃

　1949年以降の中国では，西洋現代思想は長い間ブルジョアのイデオロギーとして批判され続けていたが，それを一変させたのは，1970年代末からの改革開放であった．10年も続いた文化大革命は国民経済を崩壊の寸前まで破壊してしまい，それを変えるために始まったのが改革開放で，これと連動するかたちで，思想文化の新しい時代を迎えたのである．

　最初に紹介されたのはサルトルやカミュのフランス実存主義であった．文化大革命など過酷な政治キャンペーンによって，人間の尊厳が地に落とされた苦い経験をしたのが背景である．これに続き，大規模な外国の思想文化を紹介する文化熱（1985-89）の時期がある．

●**文化熱あるいは新啓蒙の時代（1985-89）**　この時期に，鎖国時代に禁じられていた先進国の思想文化が，翻訳や研究を通して怒涛のように中国に上陸した．ニーチェ，ヴェーバー，フロイト，ハイデガーらの著書が一気に訳され，共時的に中国の思想世界に現れて，大勢の読書子を魅了した．ニーチェは長年正統なイデオローグたちに批判されていたが，この時期に彼の代表作がいくつも新訳され，本格的なニーチェ研究書も出ており，汚名返上が行われた．ニーチェを高く評価したヴェーバーはプロテスタンティズムの倫理が資本主義の発展に寄与したと主張することで有名であるが，中国ではなかなか資本主義が発展できなかったのはいったいどこに原因があるのか，この角度からヴェーバーへの関心が向けられた．

　フロイトの紹介は文字どおり衝撃的であった．性の問題は，1949年以降の中国では基本的にタブーだったからである．『精神分析入門』を翻訳した高名な心理学者が半世紀ぶりにその改訂版を出したとき，フランス通信社は，「中国の開放時代の本当の象徴」と記事で称えた．フロイトの主著の翻訳は飛ぶように売れ，彼によって性の問題の啓蒙がなされたといえる．

　この時期に紹介された現代思想の巨匠の中で，ハイデガーは最も多くの読者をひきつけた一人である．ハイデガー研究は彼の中国人の弟子によって1949年以降も細々と続けられ，断片的な翻訳も出たが，この時期に待望の『存在と時間』の中国語訳が広く世間に迎えられ，初版10万部がすべて売れたそうである．ハイデガー研究においては，彼とマルクスとの共通点が有力な研究者によって指摘され，同時に老子や荘子（項目「道家思想」参照）との思想上の共通点も言及されて，親近感をもって受容されたという面もある．

　1980年代の最も重要なキーワードは近代化で，それを促進するような思潮は当然おおいに紹介されたが，同時に近代化を反省する思潮もそれなりに注目され

た.例えば,アドルノやマルクーゼのようなフランクフルト学派の思想家,キリスト教神学や科学哲学など,ほかにもさまざまな思潮が紹介された.

●**百花繚乱の外国思想――現象学,フランス思想および政治哲学** 1992年の鄧小平の南巡講話によって,中国経済が高度成長期に入った後も,現代思想紹介の勢いは衰えをみせず,むしろ百花繚乱の様相を呈している.前の時代と違い,この時期には知識人の分裂や転向が生じた.共通の目標を失った文化創造の主体である知識人はそれぞれの関心に基づき,さらに輪をかけて多様な外国の思想文化の紹介と研究に力を注ぎ,西洋の古典文化にまでさかのぼる学者も出てきた.その中で,現象学が一大分野となり,フッサールやハイデガーだけでなく,マックス・シェーラーやガダマーら代表的な現象学者もよく知られる存在となった.現象学の方法論は中国思想の伝統に欠けるもので,そのために現象学が盛んに研究されるようになったといわれている.まさに現象学と中国の思想伝統との興味深い出会いといえる.

フランス思想はもう一つの重要な流れであり,レーモン・アロン,メルロ=ポンティ,レヴィ=ストロース,ポール・リクールだけでなく,ロラン・バルトやフーコーらポスト構造主義の世代も大いに読まれている.晦渋で有名なデリダでさえ中国で多くのファンを獲得している.1999年にリクールが訪中し,その数年後デリダとハーバーマスが相次いで中国を訪問したおかげで,中国と世界の思想世界との距離を見事に縮めたことは特筆すべきであろう.

21世紀に入った後,特に目立つ分野は政治哲学である.世界の代表的な流派がほとんど中国に紹介され,過渡期の中国がどこに向かうべきかという現実的な問題関心と連動するかたちで,より興味深い一面を見せている.ハイエク,ポパー,バーリン,ロールズなどリベラリズムを代表する諸家が本格的に研究されるようになり,彼らの正義や個人の自由の問題や全体主義の反省に関する思考は,中国で強い共鳴を得ている.その一方で,リベラリズムの「敵」あるいは批判者の思想も中国に登場し始めた.その中で最も有名なのはカール・シュミットとレオ・シュトラウスである.たった十数年で,シュミットとシュトラウスの代表的な作品が続々と中国語で読めるようになり,中国のシュトラウス学派まで誕生した.紹介者の話によると,シュミットとシュトラウスの作品を手がかりにすれば,西洋思想の最も内奥への理解を導けるそうだ.

四半世紀以上にわたり,中国でさまざまな現代思想が受容されてきた.全体的にはまだ消化の段階にあり,本格的な中国発の現代思想の開花はまだ先のことであろうが,その準備は着々と進んでいる. [王前]

📖 **参考文献**
[1] 王前『中国が読んだ現代思想――サルトルからデリダ,シュミット,ロールズまで』講談社選書メチエ,2011

本草――中国の伝統薬学

　中国や日本などの漢字文化圏における伝統薬物学を本草という．あるいは和漢方（生薬）そのものや，それについて記述した書籍をいう場合もある．広義には，天然物学，物産学，博物学も意味する．本草でいう薬とは，病気の治療薬のみでなく，人間や物に対して作用するあらゆる物質を包含するためである．「本草」の語は『漢書』（郊祀志・平帝紀・楼護伝）が初出で，薬は草木に由来するものが多数を占めるからという．本草の創始者は，伝説上の帝王の神農で，「百草を嘗め」てその効用を定めたとされる．

●**本草の三品分類**　中国最古の本草書『神農本草経』（紀元頃の成立か，図1）は，365種の天然物（鉱物・植物・動物）を効用によって，上・中・下の3品（上・中・下薬ともいう）に分類し収蔵している．①上品薬は養命薬（精神・肉体をともに養う）で，無毒で副作用がなく，長期服用・大量摂取してもよい．身体が軽快になり，元気を益し，老化防止・長寿作用がある．②中品薬は養性薬（体力増進の滋養強壮薬）で，無毒・有毒のものがあるから要注意．病気を予防し，虚弱な身体を強くする．③下品薬は治療薬（病気の治療薬）で，有毒であるから長期服用してはならない．邪気を駆除し，胸腹の病巣（しこり）を破壊する．すなわち，好ましい上ランクの薬とは，健康増進ないしは疾病予防的に作用するものであり，現代西洋医学でいう病気の治療薬は下ランクに置かれている．この三品分類法は以後歴代の本草書に敷衍され，中国薬物学の基本概念となった．『神農本草経』収載薬物の具体的な例をあげると，上品薬には霊芝・茯苓・朮・地黄・人参などが，中品薬には当帰・黄芩・黄連・芍薬・薑・葛根・麻黄などが，下品薬には大黄・巴豆・附子・半夏・杏仁・桃仁などが含まれており，そこに記された薬効は，現在なお生薬学の成分や薬理研究上で参考にされている．

●**薬物の配合変化――薬剤処方の創製**　本草学では，薬物の複合（配合）も重視される．薬物には三品分類に伴う君・臣・佐使の役割があり，複合の割合には一定の規律があるという．また，薬物を組み合わせると必ず薬効が変化するという七情（単行・相須・相使・相反・相悪・相殺・相畏）の配合原則がある（相反と相悪は禁忌）．この法則によって中国医学（漢方）では単味の薬物は処方の一素材であり，実際の治療は複合薬剤で行う臨床処方学が発達した．素材の薬物には薬効を調整するための加工が施されることもある．これを修治あるいは炮炙などという．処方においては薬効，用途により，丸・酸・湯・酒漬・膏煎といった剤型も考案されていた．『傷寒論』をはじめとする歴代医方書の薬剤処方は，この知識をもとに成り立っている．例えば今日でも風邪などの治療によく用いられ

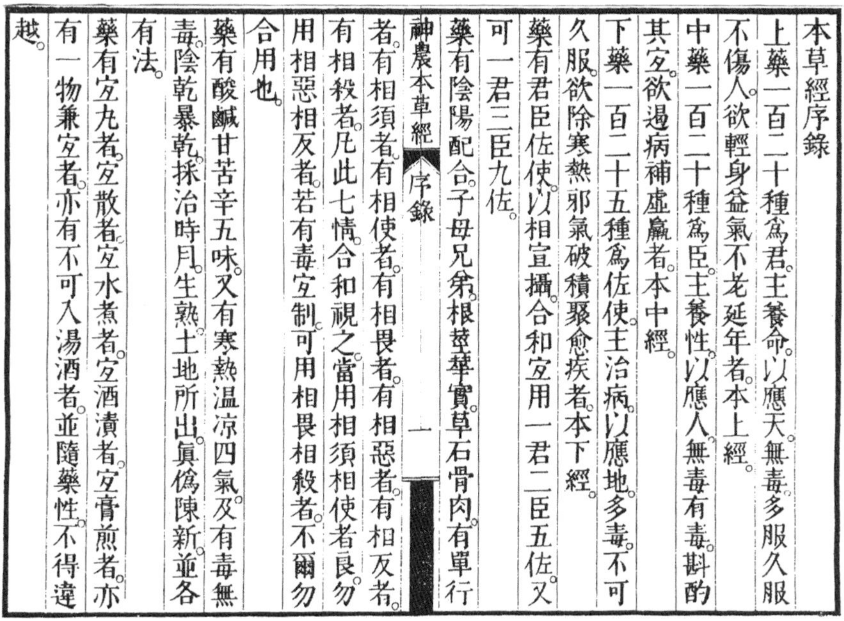

本草經序錄

上藥一百二十種爲君。主養命。以應天。無毒。多服久服不傷人。欲輕身益氣不老延年者。本上經。

中藥一百二十種爲臣。主養性。以應人。無毒有毒。斟酌其宜。欲遏病補虛羸者。本中經。

下藥一百二十五種爲佐使。主治病。以應地。多毒。不可久服。欲除寒熱邪氣破積聚愈疾者。本下經。

藥有君臣佐使。以相宣攝。合和宜用一君二臣五佐。又可一君三臣九佐。

藥有陰陽配合。子母兄弟。根莖華實。草石骨肉。有單行者。有相須者。有相使者。有相畏者。有相惡者。有相反者。有相殺者。凡此七情。合和視之。當用相須相使者良。勿用相惡相反者。若有毒宜制。可用相畏相殺者。不爾勿合用也。

藥有酸鹹甘苦辛五味。又有寒熱溫涼四氣。及有毒無毒。陰乾暴乾。採治時月。生熟。土地所出。眞僞陳新。並各有法。

藥有宜丸者。宜散者。宜水煮者。宜酒漬者。宜膏煎者。亦有一物兼宜者。亦有不可入湯酒者。並隨藥性。不得違越。

神農本草經　序錄　一

図1　『神農本草経』（序録前半部分）［森立之復元本，1854］

る葛根湯は『傷寒論』に収載される煎じ薬で，葛根・麻黄・桂枝・芍薬・甘草・生薑・大棗の7種の植物薬から構成され，分量も調剤法も厳密に決められており，西洋の薬理学では説明しがたいほどの効果を現すことがある．

●中国本草書の変遷　漢代に『神農本草経』が編纂されて以降，それを補う目的で，後漢末には新たに365種の薬物を加えた『名医別録』，続いて梁代には陶弘景の『本草経集注』（500年頃，730種収載），唐代には国定の『新修本草』（659年，830種），宋代には国定の『開宝本草』（974年，984種）『嘉祐本草』（1061年，1,084種），『証類本草』（1108年，1,774種），明代には国定の『本草品彙精要』（1505年，1,815種），李時珍の『本草綱目』（1590年，1,892種）などの本草書がつくられた．これら一連の本草書の編纂過程では，それ以前の本草書の文章には原則として手を加えることなく，新注はその後に追加するという形式がとられた．『嘉祐本草』以前の本草書の大部分はすでに失われたが，現存する『証類本草』（『大観本草』『政和本草』）によって，『神農本草経』以来の旧本草の内容は推知することが可能である．

［小曽戸 洋］

📖 参考文献

［1］ 岡西為人『本草概説』東洋医学選書，1977
［2］ 小曽戸 洋『漢方の歴史―中国・日本の伝統医学』あじあブックス，1999

数学──実用の学から経学へ

　数学のもつ際立った特徴といえば，それは形式的・必然的・演繹的な推論の展開において生じる，普遍的な性格である．数学はいかなるタイプであれ，時代や言語などの厳しい文化拘束を受けつつも，ある面，その性格をもって文化拘束からいとも簡単に抜け出してしまう．中国数学の歴史的研究の課題は，中国文明に即して，その普遍と文化拘束の奇妙な混淆を明らかにするところにある．

●**先秦数学──算学前史**　中国数学の総体的な特徴は，「算学」の一語をもって言い尽くすことができる．算学の直接の意味は，計算に使用する器具に由来する．何十本かの細長い竹製の棒「算」，別名「算籌」を使う計算術，「算籌の数学」ということである．算籌の数学は略して「籌算」ともいう．一方，竹製の算はその上に文字（漢字）を書き記すことができ，書写に用いられたとき「簡策」とよばれた．盛算の器（中）を右手（又）にもつ「史」が，まさにその書記と計算をつかさどる官吏である．計算の器具と書写の材料の兼用は，人文学と数学の本質的な親和性をよく示している．数学と人文学の親和性が揺らぎ始めるのは，紙の普及以降のことである．

　先秦期（前221年以前），「九九」が考案され，算籌による記数計算法が確立した．当時，諸子百家は百花繚乱の状態にあり，儒家は「暦数」など社会制度上の整備を試み，墨家は幾何学など工人的実学を重んじた．だが墨家思想を根底におく幾何学や論証数学などは，漢以降にはほとんど発展をみせていない．

●**漢唐数学──籌算（言語代数）**　漢代（前202-後220）には，数学は『周礼』九数の末流と位置づけられ，儒林の実学として整備された．『九章算術』がその代表である．『九章算術』は伝統算学の集大成ととらえるべき言語代数学書であり，計算術は記号ではなく言語（漢文）で書かれた．中国古代数学体系（算学）の成立を示す重要な標識である．後世の中国近隣諸国の数学は，そのアルゴリズム重視の数学書によって発展の方向を決定された．

　魏末晋初の劉徽は，『九章算術』の直角三角形の相似法を発展させ，「重差術」の例題と注釈をつくった．注釈は亡んだが，例題は『海島算経』として現存する．晋南北朝期の数学書には『孫子算経』『夏侯陽算経』『張丘建算経』『綴術』があり，等差級数や不定方程式の解法などを発展させた．

●**宋元数学──籌算（略号代数）**　算籌を計算器具とした伝統数学は，漢唐千年のゆるやかな発展のもと，言語代数の性格の強い，王朝公認の『十部算経』すなわち『周髀算経』『九章算術』『海島算経』『孫子算経』『夏侯陽算経』『張丘建算経』『綴術』『五曹算経』『五経算術』『緝古算経』として集大成されたが，宋元期には

また飛躍的な発展を遂げ，言語代数のレベルを一挙に突破し，略号代数的な記号法（天元術と四元術）・高次方程式の数値解法（立成釈鎖法と増乗開方法）・連立1次合同式の解法（大衍術）・級数の求和法（垛積術）などに目覚ましい成果をあげた．当時の算学を称して略号代数とよぶのは，数理展開には記号が常用されるが，言語代数的な性格も強く残っており，記号化が徹底しておらず，記号代数としては不十分なところがあるからである．宋元の主要な算学書には，秦九韶の『数書九章』(1247)，李冶の『測円海鏡』(1248)，朱世傑の『算学啓蒙』(1299)『四元玉鑑』(1303)，楊輝の『楊輝算法』(1274-75)などがある．

●**明の数学** —— **珠算** 明代(1368-1644)には，算盤による珠算が栄えた．だが明中期には，珠算と実用主義の全盛にしたがって宋元数学の高度な成果は忘れられ，過去の偉大な籌算書の多くが亡失に瀕した．籌算は忘却のかなたに去り，『算学啓蒙』『楊輝算法』の存在も中国から消えた．

当時の珠算書を代表するのは，程大位の『直指算法統宗』(1592)である．

●**清の数学** —— **筆算** 明末にイエズス会宣教師によって西欧の科学革命前後の新旧数学が伝えられ，中国数学に深刻な影響を与えた．最も影響が深い数学書には利瑪竇（マテオ・リッチ）口訳・徐光啓筆受の『幾何原本』がある．清中葉になると，中西両数学の基礎のもとに，算学も独自の発達を遂げた．古算書の復原に加えて，三角関数の級数展開や方程論の研究などがその代表的なところである．

清代数学で特に強調すべきは，筆算（演繹法）を修得してアルゴリズムの検証を行い，推論の確実性を一挙に増し内容のレベルを大きく高めたこと，および戴震以降，経学者の10分の9が天文数学をあわせて研究し，段玉裁以降，『九章算術』『周髀算経』を経書と位置づけたことである．後者は元明の学（朱子学）が数学を小学の学科すなわち初等教育のそれと低く評価し，学問研究の対象としなかったのとは大きく異なっている．時代精神は移ろい，時代は中世から近世へと大きく歩を進めたのである． ［川原秀城］

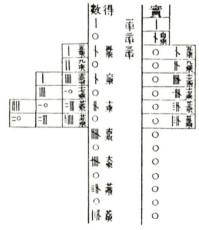

開方式は半径rと通弦cに対して，
$$\sqrt{r^2 - \frac{1}{4}c^2} = r - \frac{1}{2^3}\frac{c^2}{r} - \frac{1}{2^7}\frac{c^4}{r^3} - \cdots$$
を意味している．

図1　開方式［項名達『象数一原』巻2］

📖 **参考文献**

[1] 薮内清『中国の数学』岩波新書，1974
[2] 銭宝琮編，川原秀城訳『中国数学史』みすず書房，1990

天文暦法──天と人とを結ぶ学問

　中国における伝統的な天文学は，大きく天文と暦法の二つの分野に分けることができる．もちろんこの両者は密接に関わっているのであるが，歴代の正史の多くが天文志と暦志の双方を設けているように，中国人の意識としても一応区別のある分野であった．

　さらに天文にしても，天体論に関するものと天文現象をもとにさまざまな占いを行う天文占に関するものがあり，暦法にしても，日月五惑星の運行を計算する暦法とその計算をもとに作成された毎年のカレンダーに付された暦占という分野に大きく分かれる．すべてが科学的というわけではないが，その内容は非常に豊かであり，中国を中心とした東アジア地域の政治や文化に与えた影響も大きいといえよう．

●**天体論**について　中国には古くから素朴な天体論として天円地方という考え方があった．これは天は上にあり円形をしており，地は下にあり四角形（方形）をしているというものである．これは日常的な経験から自然と発想されるものであろう．しかしこれだけでは天文学とはいえない．天体の動きを数値として処理する必要がある．それを行ったのが『周髀算経』である．

　『周髀算経』は周代から漢代初期にかけて編纂されたものと思われるが，この書に載る天体論を蓋天説という．蓋天説では天円地方の考えに基づいて，数値的な処理をしている．それは三平方の定理と比例計算を駆使することにより，さまざまな距離を算出するというものである．さらに太陽の現実の見え方を説明することに特徴がある．太陽は円運動をしているのであるが，その半径が季節により変化するというもので，夏至が最も半径が小さく，冬至が最も半径が大きくなるように設定されている．これによってなぜ夏至の太陽が高く見え，冬至の太陽が低く見えるのかを説明している．また光が届く距離を設定することで，なぜ夏至の昼が長く冬至の昼が短いのかも説明している．これは現代から見ると正しい天体観ではないのであるが，当時の天円地方という概念と実際の太陽の見え方を数値的に処理しようとしたことは注目すべきであろう．

　この蓋天説に対して，漢代初期に新たな天体論が現れた．それが渾天説である．渾天説とは天球説であり，天は球形をしており，天の北極と南極を結ぶ線を軸として回転しているというものである．それによって太陽や星の動きを説明している．これは合理的な考え方であり，現代においても初級の天文学教育においては仮想の天球を設けて天体の動きを説明することが行われている．蓋天説に比べれば渾天説の方がはるかに優れているのであるが，渾天説は容易に受け入れられな

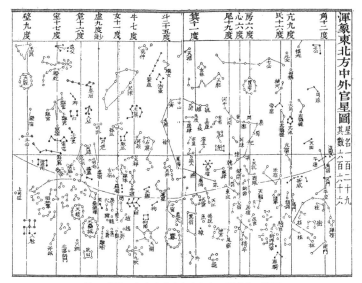

図1　現在のおとめ座からうお座に相当する星図
［蘇頌（北宋）『新儀象法要』］

かったようである．それは古代中国人にとっては，天は上にあり地は下にあるという意識が非常に強かったのであるが，渾天説では天の半分が地面の下にきてしまう．大地の下に天があるということに対する抵抗感は非常に強かった．

しかし天体モデルとしては渾天説の方が優れているので，漢代から六朝時代の論争を経て，唐代以降は基本的に渾天説が受け入れられることとなる．

●**天文占について**　古代中国においては，「天命」という言葉があるように，天がこの世界に対して決定をしたり警告を発したりするという意識が強かった．

天文とは，そもそも天に現れた文様という意味であり，単に現代的な天文現象だけではなく気象現象も含まれている．通常とは異なる現象が起きた場合，それが何を意味しているのかを判断するのが天文占なのである．これは誰にでもできるものではなく，特殊な知識が必要なのであるが，それが王権とは独立した組織としてあるのではなく，王朝の官僚組織内の一機関として組み込まれていることに中国の特徴があると思われる．

では具体的にどのように天文占を行ったのであろうか．その一例として『後漢書』天文志の光武帝の建武31（55）年の記述をみてみたい．

「31年7月戊午の日，火星が鬼宿（星座名，四角形をしている）の一度にあり，鬼宿の中に入り，尸星（鬼宿の中にある．プレセペ星団）の南半度に移動し，さらに軒轅大星（獅子座のレグルス）に近付いた．また星宿（星座名）に客星（彗

星）が現れ，その尾は2尺（腕を伸ばし親指と人差し指を広げた長さを天の1尺とした）ほどであり，西南に移動し，明くる年の2月22日に，鬼宿の東北6尺ほどのところで消滅した．113日間見えた．火星は凶や衰を意味し，鬼宿や尸星は死亡を意味する．火星がこの鬼宿や尸星に接近することは大喪を意味する．軒轅(こうえん)は後宮を意味する．星宿は周の地（皇帝の居所）である．客星が七星(しちせい)にいるのは，この地で死喪(しそう)があることを意味する．その後2年にして，光武帝が崩御した」．

以上が具体的な例であるが，その特徴は占いの方法が3段階に分かれていることである．まず実際の天文現象で，ここでは火星が鬼宿から軒轅大星まで移動したことと，客星が星宿から鬼宿まで移動したことであり，これは純粋な天体現象である．第2段階はそれぞれの天体の意味を考慮することである．「火星は凶や衰を意味し，鬼宿や尸星は死亡を意味する」とあるのがそれである．第3段階はそれらを組み合わせて最終的な判断をすることである．この場合は「火星がこの鬼宿や尸星に接近することは大喪(たいそう)を意味する」というものである．実際の天体現象から，それぞれの星や星座の意味するもの，さらにそれらの組合せから将来を占うというのが中国における天文占である．また占う内容も，個人の運命ではなく，社会的に重要な事態を占うということも特徴である．

前述したように，これらを占うのは官僚である．日本においても律令制度を導入した際に，このような官僚組織を創設したのであるが，それが陰陽寮(おんみょうりょう)である．この陰陽寮は江戸時代まで継続することとなる．有名な安倍晴明(あべのせいめい)は，陰陽寮の天文博士となるのであるが，安倍晴明の最も重要な仕事は，上記のように天体を観察して将来起こるであろう重要な事件を予見することであった．

●**暦法思想について**　農業国でありまた四季がある中国においては，季節の変化を正確に把握し，播種(はしゅ)や刈り取りの時期を決定する必要があった．恒常的な季節変化を把握するための暦が重要視されたゆえんである．

中国の暦法の特徴は，1年間の太陽の動き（一回帰年）と月の満ち欠けによる1か月（一朔望月(さくぼうげつ)）を組み合わせることであり，これを太陰太陽暦といい，すでに殷代に使用されていたようである．

周代（前1027－前249）になると，一回帰年が365日と4分の1日（$365\frac{1}{4}$日）であるとされ，さらにその日数を24等分した二十四節気が制定されたが，これは現在でも使われているものである．さらに漏刻(ろうこく)という水時計が考案され1日を12刻とされ，現代的な表現をすれば天球の赤道・黄道付近の星座を28個（二十八宿(にじゅうはっしゅく)）設定して，太陽・月の運行や，天文現象が起きた箇所を数値的に表せるようにした．このように周代は中国の天文学が非常に発展した時期であった．

しかし周代は中央の周王朝の権力が長く続いたのではなく，いわゆる春秋戦国時代（前722－前221）には地方の有力な勢力が覇権を争う時代であった．このように周王朝の権力が衰退し，新たな王朝の出現が現実的になったときに，王朝

交代を正当化する思想や，王朝交代後の対処に関する思想が盛んに唱えられた．後者の代表的なものが受命改制思想である．これは天命を受けて新たな王朝を樹立した場合は，新王朝の成立を人々に知らせるために，すべての制度を改めるというものである．その中に改正朔というものがある．「正」とは正月のことであり，「朔」とはついたちのことであり，つまり正朔とは 1 月 1 日，1 年の初めの日である．年初を変更することで新王朝の成立を知らせようという思想である．

さらに三正説というものも唱えられた．これは夏王朝・殷王朝・周王朝で，年初が異なっていたというものである．これは暦法の計算の起点である冬至の日が含まれる月を，夏王朝では 11 月とし（夏正），殷王朝では 12 月とし（殷正），周王朝では正月とした（周正）とする．もちろんこれは歴史的な事実ではないが，このシステムが循環すると考え，周王朝を引き継ぐ新王朝は，夏正を採用するというものである．そして漢代に太初暦を採用した際に，冬至を 11 月に設定するという夏正のシステムを採用して以降，夏正はほぼすべての王朝で用いられ，日本においても明治時代初期まで採用されてきた．

それは実際に年初を変更することは困難であるためであり，夏正は変えずに，新たな天体運行の計算法を作成して改暦をしたり，それまで使用されていた暦法の名称を変更して表向き改暦したように装ったりした．受命改制思想のもとでの改暦が盛んであったのは，漢代から六朝時代であるが，新たな暦法を作成しなければならないという意識が，中国古代の天文学発展に与えた影響は非常に大きい．

●暦占について　暦法は天体，特に太陽と月の位置計算法であり，これは専門家にしか理解できない．この暦法をもとにして毎年のカレンダーが作成されるのであるが，太陰太陽暦においては，何月が大の月で何月が小の月であるのか，閏月があるのかなどは，太陽と月の位置計算によって決まるので，一般庶民はもとより皇帝ですらカレンダーを見るまでわからない．カレンダーがもつ重要性は現代よりも大きかったといえる．しかもこのカレンダーには，大小月・閏月・二十四節気などの天文学的な情報だけではなく，暦占という占いも記載されている．これはまずその年の方角占いが載っており，さらに 1 年間各日の占い事項が掲載されている．もちろんこれには科学的な根拠はないのであるが，人々の生活の指針となっていたようである．

このようなカレンダーは，日本においても作成されたが，それは陰陽寮の職務とされていた．江戸時代となり印刷術が発展すると，大量に印刷され庶民の間に流行した．明治時代になり，グレゴリオ暦が採用されると，暦占は迷信であるとして廃止されるが，現代においても日めくりカレンダーなどには暦占の名残がみられる．

中国の天文・暦法は，単に科学的のみならず，思想的・政治的・文化的な要素を豊富にもっている．

［長谷部英一］

四大発明――中国におけるイノベーション

　中国における四大発明とは，製紙技術・印刷術・羅針盤・火薬である．これは20世紀になって英国人の中国科学史研究者であるジョセフ・ニーダムが提唱したものである．

●**製紙技術**　紙が普及する以前の秦漢期における主要な書写材料は，竹簡・木簡であった．これは竹や木を薄く細長く削ったものを紐でつなぎ合わせたものである．これらは考古学的な出土物として，多数の実例が発見されている．一方，紙は一般的には後漢の蔡倫（50？-121？）が作成したものとされている．しかし前漢時代の遺跡からも紙と思われるものが発見されており，後漢時代に製紙技術に大きな改良が施されたと考えるのが妥当であろう．後漢から南北朝においては，竹簡・木簡と紙が併用されたようであるが，徐々に紙の使用が主流となった．『晋書』文苑伝には，晋の左思が『三都賦』をつくったところ，それが評判となり，人々が書き写したため「洛陽の紙価を高からしめ」たという記述がある（原文「洛陽為之紙貴」）．紙が普及していったことを示す逸話である．

●**印刷術**　印刷術が普及するまでは，書物の伝達は筆写によるしかなかった．この場合は，誤写や必要部分のみの筆写，自己の意見の書き込みなどが生じる．しかし，印刷であれば同一のものが大量に作成される．これは情報伝達にとっては革命的なことである．印刷術は中唐期（766-835）には出現したようであるが，それは版画と同じ要領で，板に左右を反転させて文字を彫る彫板印刷であり，その主要な内容は仏典や暦などであった．彫板印刷が急速に発展するのは宋代（960-1279）であり，王朝の命令で経書・史書・医学書などが大量に出版された．また出版技術の発展は，上述の製紙技術の発展をもうながすこととなった．

　印刷術が思想史に与えた影響の一例として中国医学をあげる．宋王朝は医学を重要視したため中国医学の古典の出版を積極的に行った．それまで医者であっても入手困難であった医書を読むことができるようになったのである．そのため一部の医者の間では，中国医学の理論である『黄帝内経』系の医書，中国の薬物学である「本草」系の医薬書，実際の治療法である『傷寒論』を中心とした方書を総合的に再解釈するという風潮が生まれ，次の時代の金元医学の誕生という中国医学史上の大改革につながるのである．印刷術の発展は，単に便利になったという以上に，中国の思想・歴史・文化に多大な影響をもたらしたのであった．

　また北宋・沈括『夢渓筆談』によると，畢昇という人物が活字印刷を創始したとある．活字印刷とは一文字ごとに判子のように作成し，それを並べて印刷するというものである．西洋ではこの活字印刷が発展したのであるが，それは西洋の

文字が30字ほどであることに起因するのであろう．中国では数万字の漢字があるうえ，頻繁に使用される漢字やその書物で一度しか用いられない漢字があるなど，活字印刷に不向きであったようで普及しなかった．

●**羅針盤について**　磁石が鉄を引きつけるということは，古くから知られていた．例えば『呂氏春秋』精通には「慈石，鉄を召す」という記述がある．

しかし磁石が南北をさすという指極性が認識された時期についてははっきりしない．後漢・王充の『論衡』是応篇に「司南の杓，これを地に投ずれば，その柢，南を指す」という記述があり，この「司南の杓」が磁石だとする説もあるが定かではない．また古典に出てくる「指南車」が磁石の指極性を応用したものではないかという説もあるが，現在ではこれは歯車を用いたものではないかと考えられている．

磁石の指極性が文献に記述されるのは北宋時代からである．北宋・曾公亮の『武経総要』には，魚の形にした鉄片を加熱し，それを水中に浸すとその魚が北を向くとある．これは人工的に磁性を帯びさせる方法である．同じく北宋・沈括『夢渓筆談』には人工的に磁性を帯びさせた方位磁針の使用法として，「水に浮かべる」「爪の上に置く」「茶碗のふちに置く」「糸で吊り下げる」という方法があげられており，方位磁針の使用がかなり普及してきたことがわかる．これを航海に応用した記述としては北宋末の朱彧『萍州可談』に「舟師，地理を識る．夜は則ち星を観，昼は則ち日を観，陰晦なれば（暗ければ）指南針を観る」とある．この「指南針」が後に羅針盤として発展していくのである．羅針盤はヨーロッパの大航海時代を支えた技術の一つであり，その重要性ははかり知れない．

●**火薬**　火薬の起源についてははっきりしない．一般的には道教の煉丹術が大きな影響を及ぼしているとされる．煉丹術とは不老不死の薬を作成することである．初期の煉丹は朱砂（硫化水銀）を中心とした単純なもので，それを何度も火にかけて不老不死の薬をつくるというものである．しかし時代が下るにつれその作成法は複雑化し，さまざまな物質が加えられるようになった．その中には硝石・硫黄・木炭など，後の黒色火薬の原料となるものも含まれている．これらを火にかけることで，偶然の発火や小規模な爆発が起きたと思われる．しかしこれは不老不死の薬を作成するうえでの現象であり，火薬の開発を目的としたものではない．火薬作成を目的とした研究がいつ始まったかは不明であるが，火薬が実践的に用いられたのは戦争においてである．北宋末の『武経総要』には，三種の火薬の調合法が記述されている．また『宋史』や『金史』には実際に火薬を使用した武器である「火砲」の記述があり，その威力は非常に大きかったようである．

火薬は娯楽においてもおおいに活用された．それが花火である．明代末に中国に来た宣教師マテオ・リッチは，南京で見た花火を，世界で最も見事なものであると賞賛している．そうして，花火の技術は世界中に広がった．　　　［長谷部英一］

医学——中国伝統の身体論

　日本の医療の一端を支える鍼灸・漢方薬は，中国より伝えられた伝統医学に由来する．中国伝統医学は早くより『素問』『霊枢』の二書を経典と位置づけて，発展の歴史をたどってきており，現在もなお二書は重視される．今日，中国各地に設置されている伝統医学の単科大学である中医薬大学でも，必修講読の書である．成書年には諸説あり，先秦から後漢頃とされる．これら二書に対する『黄帝内経』という総称は，著者が伝説時代の黄帝に仮託されたことによるが，黄帝が歴代の名医に教えを請う問答形式により，諸論説が収録される．

　それら論説は，今日いうところの解剖・生理・病理・診断・治療・衛生などの観点で網羅され，生命現象に関するさまざまな要素が，気という独特の概念でとらえられている．気は大きくは天地を構成するあらゆる静的・動的要素に由来し，陰・陽に分類され，身体という有限の生命現象は，それら陰・陽の気の平衡のもとに成り立っているとされる．

●**解剖生理学的記述**　『黄帝内経』には解剖による身体構造の計量的記述があり，経脈・絡脈・経筋・皮部を身体内の主な気の経路区分とする．そのうち最も重視されるのが，手部・足部それぞれに三陰三陽の類別で論じられる十二の経脈であり，主要な気穴（経穴のことで，いわゆるツボ）を結び，いずれかの臓腑（本来は蔵府）に通じながら，気を大循環させるという（図1, 2）．しかし，そうした気の経路は，必ずしも西洋を起源とする今日の解剖学の技法によって，具体的構造を見出すことはできない．西洋独自の解剖学の歴史の中で，形態学的に見出されてきた血

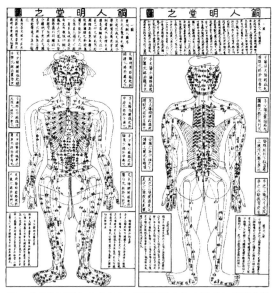

図1　『黄帝内経』にみる身体　三陰三陽の十二経脈に，陰陽を調整するとされる督脈・任脈を加えた十四経脈と，それら経脈上の気穴が描かれる［楊継州『銅人明堂之図』(1601)の復刻版『銅人針灸入門法要』学苑出版社, 2010］

管系・神経系とは明らかに異なり，目視可能な特定の身体内の構造に限定されない，何らかの一連の生理的機構をさすものと理解される．

経脈の通じる先にあるとされる臓腑についても同様である．伝統医学の歴史上では臓腑の形

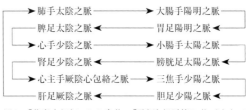

図2 『黄帝内経』にみる身体 『霊枢』経脈篇に基づく十二の経脈の順路

状が描かれるが，その微細構造は主な論点とせず，身体に起こるある一定範囲の生理的機構として，藏象という概念により臓腑が論じられる．特に五臓（肝・心・脾・肺・腎）については藏象と結びつけて，思惟・情緒の主宰と位置づけられる．十二経脈上に定義される臓腑と，それらに対する陰陽・五行（木火土金水）の割り当ては，藏象を抽象的に示している．十二経脈上では，肺−大腸，脾−胃，心−小腸，腎−膀胱，心主包絡−三焦，肝−胆の臓−腑間に陰−陽の関係が備わり，肝・心・脾・肺・腎の五臓には，順に木・火・土・金・水を象徴する性質が備わるとされ，それぞれに相生・相剋の関係が論じられる．

●**栄養生理学的記述と養生** 『黄帝内経』では生命現象の要素が，機能の異なる種々の気の概念によって論じられる．その基幹として，祖先から後代へと受け継がれ，身体そのものの核心となる先天性の気と，呼吸と飲食により日々補われるべき要素をさす後天性の気があげられる．それらは身体を構成するとともに，身体内を循環する気の主な要素とされる．

飲食により胃・脾をはじめとする一連の消化吸収作用が起こる過程で主に得られる気には，特に営気と衛気とよばれるものがある．営気は主に脈内をめぐることで全身を養い，衛気は主に脈外をめぐることでさまざまな病因から身体を守るとされる．飲食により身体内に起こる生体防御作用が古くより論じられてきたことは，現代科学でも着目されるところである．一方で，食物由来の気は生命現象の根源であると同時に，身体に成り立つ気の陰陽平衡を乱し，臓腑というある特定の身体機能を消耗させる不可避な要因ととらえられており，食物に備わる気についても，陰陽・五行の属性と臓腑に対する正負の作用が論じられる．こうした食養（食による養生）についての論説は，後の伝統医学の歴史で，食治・食療（食による療養）として展開される．

身体は経脈を主軸として，大地の恵みを受けながら，自然界の規則的な気の運動に支配された存在で，それに従った徳のある生活を守ることが『黄帝内経』にみる養生論である．鍼灸・漢方薬・食物等による医術が論じられる中で，病因となり得るあらゆる行動を戒め，病を未然に防ぐことが「医」の本質として重んじられる．

［松本秀士］

道──語りえぬ真理から現実世界へ

「道は猶ほ道路のごとし」(『中庸』鄭玄注) というように，道はもともと路をさす言葉であった．しかし，それによらなくては進みゆくことができぬものということから方法，また適切なあり方や規範という意味へと転じ，最終的に究極のあり方として真理へと語義は転じていった．なお，道を英語で Tao (タオ) というのは現代中国語による発音に基づく．

●儒家による道　『論語』には「朝に道を聞けば,夕に死すとも可なり」(里仁篇) と語り，道を強く求める孔子の姿が記されている．弟子の曾参はこの孔子の説く道を忠恕，つまり内なるまごころと他人への思いやりであると解釈している．その一方でやはり弟子の子貢は孔子から人の性と天道に関する言葉は聞くことができなかったとも述べており，孔子の希求した道が天上の道ではなく，あくまで日常の人倫世界にとどまるものであったことがうかがわれる．すなわち春秋戦国時代 (前722－前221) における儒家の説く道とは仁義や忠恕といった徳目の実践を通した先王の道であり，それは孔子が理想とする，周 (前1027－前249) を開いた文王・武王や周公らにより築かれた礼文化を実現することであった．

●道家による道　儒家はほかの諸思想に先駆けて展開したが，こうした儒家の道の見方に対して，それを批判する形で墨家や法家などさまざまな立場の人々が自説を展開した．なかでもその最も鋭い批判者が老子や荘子といったいわゆる道家の人々であった (項目「道家思想」参照)．例えば『荘子』斉物論篇では儒家や墨家などで説かれる道徳的な規範の相対性を鋭く突き，道はそれらを超越する絶対的なものとしてとらえられている．そこでは事物や観念の区別，さらに最終的には存在と非存在さえ超越する境地が道とされ，その道が欠落したところに存在するのが我々の世界だという．

また，こうした存在・非存在にまつわる議論はやがて生成論へと展開した．道は万物が生み出される根源と考えられるようになり，生成論的思考の中心に据えられることになった．『老子』では天地に先立ってとこしえに存在し，知覚を超越した神秘的なものとして道の実体がとらえられている．またその絶対性から「道の道とすべきは常の道にあらず」(第1章) というように，真理は言明された瞬間に限定され，永遠ならざるものになってしまうとして，それは言葉で言い表されることができないとされた．こうして道に関する議論を深めた彼らは『漢書』では道家の名前でまとめられ，やがてそれは道教へと発展していくことになる．

●『易』と太極図　本来占いの書であったと思われる『易』は，秦の焚書坑儒の弾圧をかいくぐり，漢代には儒家の経典の一つに数えられるようになった．陰と

陽の組合せによって万物の消長を説明しようとする『易』は道家の影響を受けつつ成立したとされ，人間中心的なあり方をとる儒家思想に形而上的な色彩を添えることとなった．そこでは「一陰一陽これを道という」（繋辞上伝）というように陰陽のあり方が道とされ，儒家においても万物の根源とされる太極から始まり，陰陽二原理による万物の生成が説かれるようになった．

　後世，儒教や道教では道を基盤とする生成論を説くようになるが，その際，それは『易』を中心に理論化された．なかでもこれを極めて体系的に論述したものが北宋の周敦頤による「太極図説」である．これは太極図（図1）とその解説からなる．伝説では太極図はもともと無極図または先天図に基づくものとされ，五代の道士・陳摶から种放，穆修を経て周敦頤に伝授されたという．太極図説は無極・太極から始まり，陰陽二気，五行，そしてそれらが万物を生み出す過程，あるいはそれらの相互関係を体系的に説明したもので，同時に儒教の修養論にもなっている．なお作者は不詳ながら，これと先後していわゆる古太極図（図2）が制作された．これはまた「陰陽魚太極図」ともよばれる．韓国の国旗である太極旗をはじめ，現在一般に太極図として流通するのはむしろこれに基づくものの方が多い．

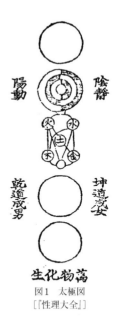

図1　太極図
[『性理大全』]

●**道と現実世界**　南宋の朱熹（1130-1200）は理気二元論を説き，朱子学を大成した．彼は道と現象世界の関係について，太極図説を踏まえ，道を理として等置し，陰陽二気や五行による万物の生成を説いたが，清の儒者・王夫之や戴震，また日本でも江戸時代，反朱子学的あり方をとった儒者，伊藤仁斎・東涯父子などはそうした朱子学的枠組みは道仏二教の思惟に染まるものだと厳しく批判した．彼らは現前に広がるこのあり方こそが即座に道そのものだとする立場から，理と気，道と現象を二分し道や理を現実に先行する存在として措定することを否定したのである．ここにいたってそもそも路をさす語であった道は，実践的な倫理規範から形而上的な真実在を経て，最終的に現実世界そのものへと解体されたといえよう．

図2　古太極図[『六書本義』]

[松下道信]

気・陰陽・五行
──すべては同じひとつの気から

　中国古代に生まれた「気」の概念は，陰陽・五行として理論化され，中国の科学・哲学・倫理・宗教などが共有する普遍的なものとなり，宇宙の生成，自然の循環，人間社会や統治のあり方，人体のしくみなど，あらゆる現象を説明する原理となり，さまざまな占いにも応用されている．

●**気（气・氣）**　「気（气・氣）」は，思想概念としては，人間と自然を成り立たせる生命・物質の活動源（動的エネルギー）と考えられる．しかし，殷周の甲骨文や金文資料には「氣」字はなくて「气」字（「乞」も同形の字）があるのみで「乞い求める」意であり，思想概念の意味とは無関係である．後漢の許慎の字典『説文解字』（西暦100年完成，親字9,353字）にいたると「气」と「氣」の2字がおさまり，「气」は「雲気なり」，「氣」は「客に饋る芻米なり」とある．

　自然界における活動源ともなる「雲気」の気は，『左伝』昭公元（前541）年に「天に六気あり，降りて五味を生じ，発れて五色となり，……六気は，陰・陽・風・雨・晦・明，分かちて四時に，序でて五節となる」といい，昭公5（前537）年には「天の明に則り，地の性に因れば，其の六気を生じ，其の五行を用い，気は五味となり，発れて五色となり，……」という．ただし，これらの気概念は春秋期のものではなく，戦国期に整えられたものだろう．

　身体に充満する生命の原動力としての気氣は，『左伝』昭公10（前532）年の「凡そ血気あるものは皆，争心あり」や『論語』季氏篇の「血気」の話にもみえ，『孫子』軍争篇の「三軍には気を奪うべし，将軍には心を奪うべし．この故に朝気は鋭く，昼気は惰り，暮気は帰す．善く兵を用うる者は，その鋭気を避け，その惰帰を撃つ．此れ気を治むる者なり」や，『孟子』公孫丑上篇の「気は体の充なり」「我よく吾が浩然の気を養う」，告子上篇の「平旦の気（夜明けの清明な気）」「夜気を存せよ」というくだりに展開するので，春秋末期から戦国中期のものだろう．『荘子』知北遊篇に「人の生まるるや，気の聚まるなり．聚まれば則ち生を為し，散ずれば則ち死を為す．……故に万物は一なり．……故に曰く，天下を通じて一気のみ」と見え，人の生死を気の聚散で説明するが，万物も同様だと考えている．『荀子』王制篇にも「水火は気有りて生無し．草木は生有りて知無し．禽獣は知有りて義無し．人は気有り生有り知有り，亦且つ義有り．故に最も天下の貴たるなり」とあって気を万物共通の構成要素とするし，礼論篇に「血気有るの属は必ず知有り」とあって血気を知慮の源と考える．また修身篇には「治気養生」（気を治めて生命を養う）とあり，戦国中期（あるいは後期？）の郭店楚墓竹簡『性自命出』には「喜怒哀悲の気は性なり」とある．養生論としては，『老子』

に「気を専らにし柔を致めて能く嬰児たらんか」,『荘子』達生篇に「純気」「その性を壹らにし,その気を養う」「忿滀の気……上らず下らず,身に中り心に当たれば,則ち病を為す」とあり,大宗師篇には人間の病気は「陰陽の気の沴う有り」と説く.道家の気論は,当初,気を道の下位概念に置く道気二元論的な傾向をもっていたが,漢代における元気説の成立や,魏晋の玄学による万物の自生自化の論などを経て,宇宙の生成,万物の消長,人間の生死など,この世界の森羅万象をすべて気によって一元的に把握しようとする気一元論への傾向を強め,やがて六朝時代の道教の中で,道＝気＝神の教理を生み出した.しかし宋元期には,南宋の朱熹(1130-1200)が「天地の間には理有り気有り.理なる者は形而上の道なり,物を生ずるの本なり.気なる者は形而下の器なり,物を生ずるの具なり」(「黄道夫に答ふる書」)というなど,理気二元論が盛んになる.

●陰陽 「陽」の本義は「昜」から知られ,その意は日光である.「陰」の本義は「霒」から知られ,その意は雲が日を覆うこと.「陽」「陰」は元来,日光が照ることと照らないことをさす.引伸して地理的位置の南と北をさす.また一日の循環は日光の出没(昼と夜)によって決まり,一年の循環は日光の多少によって春夏秋冬の変化が生じる.『左伝』昭公元年では陰・陽・風・雨・晦・明を天の六気といい,昭公 4(前538)年では「陰陽風雨」といい,『管子』幼官篇・四時篇では春に燥気,夏に陽気,秋に湿気,冬に陰気,また春の気を風,夏の気を陽,秋の気を陰,冬の気を寒というなど,陰陽が明確に季節の気候要因になっている.これらは戦国初期から中期頃の思想であろう.『荘子』則陽篇には「天地なる者は形の大なる者なり,陰陽なる者は気の大なる者なり」とあり,戦国末期の『呂氏春秋』知分篇では「人・物なる者は陰陽の化なり,陰陽なる者は天に造られて成る者なり」とし,大楽篇ではさらに道を太一と命名して,太一→両儀→陰陽→万物という生成論を提示する.この生成論の祖型と考えられるのが,郭店楚簡『太一生水』に見られる太一→水→天地→神明→陰陽→四時→倉熱→湿燥→歳である.

一方,孟子よりやや後の鄒衍らから「深く陰陽の消息(運動変化)を観」(『史記』孟子荀卿列傳),宇宙自然や人事を陰陽二気に還元して説明するようになる.気の二側面を表す陰陽は,その交合によって万物がつくられ(生成),その消長によって気候や季節が形成される(変化).対立する二元でありながら互いに引きあい補いあい,循環と交代を繰り返し,万物の生成・消滅を司る.なお,『易』の卦爻辞には思想概念の陰陽はみえない(中孚卦九二「鶴鳴在陰」は「かげ」の意),彖・象・文言伝にはわずかにみえ,繋辞伝と説卦伝にようやく「一陰一陽を之れ道と謂う」「陰陽測られざるを之れ神と謂う」「天の道を立てて曰く,陰と陽と」などと陰陽説の影響が顕著にみえる.

●五行 「五行」は水火木金土(『尚書』洪範篇にみえる生成序列)をさし,「行」は「行るもの」を意味する.『左伝』襄公 27(前546)年「天は五材を生じ,民

は並にこれを用い，一を廃すれば可ならず，誰よ能く兵を去らん」によれば，基礎生産財・生活必需物質である五材（金木水火土）が兵器の素材であり，兵家の『孫子』虚実や『墨子』経下篇の「五行に常勝無し」を見ると，素材ごとに必ず一長一短あり，同一素材の兵器のみでは常勝できない．その原則が，木は土に勝ち，金は木に勝ち，火は金に勝ち，水は火に勝つという相勝関係の序列を生じたようだ．また，鄒衍は五行説（五行転移，五行終始）も主張し，『呂氏春秋』応同篇には土（黄帝）→木（夏禹）→金（殷湯王）→火（周文王）→水（秦始皇）という相勝の原則（相剋説）がみえる．戦国中期とされる『楚帛書』では十二月令を3か月ごとに方形四辺に分記し，中央に「青木・赤木・黄木・白木・墨木之精」とあり，すでに時節・方位・五色が結合していた．四季四方の四に中央を加えた基本数五は，五行の受容を可能にする．『呂氏春秋』十二紀には春に木，夏に火，秋に金，冬に水という四季の盛徳に従う時令の五行説がみえる．そして，秦から漢へ政治的安定にむかう時期には，木→火→土→金→水という相生説（『管子』五行篇，『漢書』五行志など）が生まれる．なお，秦始皇期の睡虎地秦簡『日書』乙種（974/2簡-977/2簡）には「(甲乙木，木勝土．)丙丁火，火勝金．戊己土，土勝水．庚辛金，金勝木．壬癸水，水勝火」とあり，十干（甲乙丙丁）に対応した相生説の順で，相勝の原則（相剋説）が説かれている（図1）．

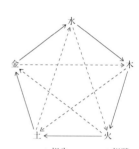

――→：相生，‐‐‐→：相勝

図1　五行相生・相勝の関係図

●**陰陽と五行の結びつき**　すでに鄒衍あたりから陰陽の気と五行の徳の「消息」を結びつけるようだが，「天地の気，合して一と為り，分かれて陰陽と為り，判かれて四時と為り，列して五行と為る」（『春秋繁露』五行相生篇）と，陰陽五行思想を全面的に採用したのは前漢の董仲舒であって，その天人相関による休祥災異の根拠を陰陽と五行の原理に求めた．また，漢初の馬王堆帛書（前168年埋葬）『周易』要篇に「易に天道有り，而して『日月生(星)辰』を以て尽く称す可からず，故にこれを為すに陰陽を以てす．地道有りて，『水火金土木』を以て尽く称す可からず，故にこれを律するに柔剛を以てす．……四時の変有りて，『万物』を以て尽く称す可からず，故にこれを為すに八卦を以てす」とあるように，八卦に四季の気候変化の森羅万象を配当することを契機に，陰陽と五行の原理も『易』の中に包摂され，術数・象数を展開する漢易の学が盛んになる．先秦から隋まで展開した諸説を集めて整理した隋の蕭吉『五行大義』では「夫れ五行は，蓋し造化の根源，人倫の資始にして，……陰陽に本づく」と説き，五行説とそれに基づく占いの原理や理論の「大義を略説」（序文）していて，太一→天地→五行→八卦の生成論がみえる（論九宮数篇）など，複雑多端な陰陽五行説を最も要領よく

記してあるため，日本では陰陽生必読の教科書とされる（『続日本紀』天平宝字元（757）年11月癸未の勅）など重用され多くの鈔本がある．しかし，中国では五行書があまりにも多かったせいか夙に散逸した．

●**宋明清における気**　中国哲学（宋学）の存在論は，一気から陰陽が生じ，陰陽から五行が生じ，陰陽と五行が「妙合して凝り」（周敦頤「太極図説」），万物を生じる，という生成論のかたちをとる．その場合，陰陽・五行はいずれも，古代ギリシア哲学の四元素のような実体ではなく，あくまでも気の性質と運動（作用）をあらわす概念であり，一方，世界の始源としての一気は，陰陽・五行の作用を行う本体として理論的に導き出された概念である．また，気の思想の根底にはひとつの世界観，すなわち天地万物の本質を「生」ないし「生生」（『易』繋辞上伝），生命と生産の働きにあるとみる生命的自然観がある．人と万物を貫くこの生の働きを「生意」とよび，それが孔子の説いた「仁」であるとして，「万物一体の仁」の思想を唱えたのは北宋の程顥（明道）であり，明の王守仁（陽明）はそれを継承し，その根底にある万物一体の気を「蓋し天地万物は，人と原是れ一体にして，……風雨露雷，日月星辰，禽獣草木，山川土石は，人と原ただ一体なり．……只だ此の一気を同じうするが為に，故に能く通ずるのみ」と説く．一般に哲学的なことにほとんど触れない清代の考証学者の中で，戴震（東原）は例外的な一人で，その哲学理論の最大の特色がまさに「気の哲学」であり，明代中期以来の気の哲学の系譜を受け継いで理論的に完成したといえる．戴震は自然界を「気化流行，生生して息まざる」（気が休みなくめぐり動き，物を生じ，生じた物がその生命を持続してゆく）（『孟子字義疏証』第十六・三十二条など）ものとし，たえず運動流行することを気の本質的な性格とみて，自然の運動そのものに価値を認めかつ生命を尊重する．朱子学が気の運動の根拠として理を考え，動くことよりも静を重視し（主静説），生命や自然よりも価値の高い存在（理，道など）を強調するのとは対照をなす．すべてが物および形につながる気の世界であって，物や形を超えた理の世界は戴震にはない．「一陰一陽をこれ道と謂う」（『易』繋辞上伝）を，朱熹が程頤（伊川）の説により「一陰一陽する所以の者が道だ」として「所以」の語を補うのに対して，戴震は「一陰一陽」つまり「気化流行」がまさしく「道」で，「所以」という語を補う余地などないとする（『孟子字義疏証』第十七条）．要するに，気は陰陽・五行のことであり，これが宇宙に遍満し巡り動き，万物の形成がかたちづくられる．理や道は，気のある状態に名付けた名称にすぎない．

［近藤浩之］

📖 **参考文献**
[1]　小野沢精一ほか編『気の思想―中国における自然観と人間観の展開』東京大学出版会，1978
[2]　戸川芳郎「気一元論」『気の世界』東京大学出版会，2003
[3]　山田慶兒『気の自然像』岩波書店，2002

天・理——世界を支えるもの

　周王朝（前1027-前256）の時代には，この世界には，それにふさわしい秩序が本来的に存在していて，しかも，そのような秩序の実現には人力を超えたある力が決定的に影響していると広く認知されていた．その力が「天」である．天が，世界に対して決定的な力を行使し得ること，その位置する場が空間的な天に重ね合わされること，この二つの性格は殷代（前17世紀-前1027）に信仰された上帝とも共通する．一方で，両者の間には大きな違いもある．

　天も上帝も，基本的には現存する王朝を肯定する．ただし，天が現存する王朝に対し肯定するのは，その統治自体ではない．その統治の正統性である．天の権能は，統治の正統性を保証するところに認められるからである．つまり，天が保証できるのは，殷に代わって周が新たに統治することの正統性であり，現行の統治が天命に合致している限りでの，その統治の正統性までである．現存する王朝が統治を行っているという事実によって，その統治の持続が保証されるわけではない．天は，統治の正統性に関係づけられることによって，特定の王朝から切り離し得る，独自の公共的性格を有するようになったのである．これは上帝には認められない性格である．周代以降の時代にも，この世界の秩序の本源として「天」の名が継承されていった背景には，統治の正統性に関する考え方のこのような構造的変化があった．

●**天と人の関係性に対する理解の諸相**　周王朝の統治の実効性が次第に失われていく周代後半に入ると，天の観念に対しても反省や補足，さらには，部分的な修正が加えられるようになっていく．その焦点は人の関係性であった．天は，どのような意味で人力を超えた決定的な影響を世界に及ぼしているのか．このことが，あらためて問われたのである．

　『論語』には，天の生みだす秩序の規則性を「天何をか言うや，四時行われ，百物生ず」（陽貨）と形容したうえで，その無言の秩序に対する信認を「我を知る者はそれ天か」（憲問）と述べる孔子の姿が記録されている．後の孟子になると，その発言はより具体的である．天命に基づく王朝交代は500年サイクルになされる（『孟子』公孫丑下）としたうえで，王朝交代にも関わる王位の継承に際して，天命は，事実上，民衆によって代行される（同万章上）と指摘される．その傍証として引かれるのが，『書経』の一節，「天の視るは我が民の視るにより，天の聴くは我が民の聴くによる」である．人は天命を授けられた王（天子）として，天を代行するだけではなく，天命の帰趨を明らかにする，民衆の動向を通じても，天を代行する．天と人との関係は円環的，循環的に結びつけられるのである．

戦国時代末期から，漢代にかけても，天人間の関係性をめぐっては，独自の思索が展開されていく．荀子は，「天人之分」の図式を導入することで，人が責任をもって管轄できる領分を確定し，統治の対象を限定したうえで，政治的な資源をそこに集中的に投下すべきことを主張した．司馬遷は，『史記』の執筆に際して，「天道是か，非か」と記すことで，人の道徳的規準が，天と恒常的に齟齬する可能性を示唆している．司馬遷と同時代の董仲舒は，それとは対照的に，天命を負託された王がその責務を果たすことと，天の管轄する，宇宙および自然の領域での調和の実現が，緊密に連動していることを皇帝に進言している．

●**天理と自然の結合** 後漢（25-220）の王充は，董仲舒説の徹底した批判者として知られる．彼が用いた方法は，天を匿名化することであった．道家的な「自然」や「無為」の観念を，天に結びつけたのである．このような発想の延長上に，「天理の自然」という表現が登場する．晋の郭象による，『荘子』注釈においてである．天理は『荘子』本文にも用例のある表現で，「物事のすじめ」という意味での「理」に「天」を組み合わせることで，その本来性が強調されている．その本来性をさらに補強するために，郭象は「天」の同義語といってもいい「自然」を後続させたのである．本来性を強調された，このような意味での「理」の用法は，仏教的な文脈に即して考えるなら，事象を表す「事」と仏教的真理を表す「理」の相即的対応関係においてもみて取れるだろう．それを「天理」と表現するかどうかはともかく，この世界に本来的な「物事のすじめ」が世界の背後で世界を支えているという観念は，儒教の枠外では次第に共有されつつあったのである．

●**朱子学の登場とその影響** 朱子がめざしたのは，儒教的な立場から世界を全体的に語る言葉を獲得することであった．その中に「天理」も含まれる．「天理」または「理」が，この世界に存在する本来的，かつ，公共的な「すじめ」を代表する．それに相即的，かつ，従属的に対応する「気」が，この世界に生起するあらゆる事物と事象を代表する．両者を組み合わせることで天と人の間に起こり得るすべての関係性を網羅しようとしたのである．そこには，家族関係を中心とする儒教倫理から，天子としての責務や君臣関係，さらには人間世界を取り巻く自然環境も人間世界に並行し，照応する外部世界として含まれるだろう．朱子のいう「理一分殊」とは，理が気に相即しつつ，普遍から個別にいたるまでのあらゆる局面に展開して，この世界を覆い尽くしていることなのである．

「天理」を基軸とする，いわゆる朱子学的な枠組みは，明代中期以降には，絶えず批判にさらされていく．例えば，王陽明は「理一分殊」の全体性を拒絶するだろうし，清の戴震であれば理の本来性を拒絶するだろう．他方で，清末にいたっても進化が「天演」と訳され，国際法が「万国公法」と訳されるあたりに，「天理」の公共性や普遍性の観念の影響をみることもできる．さらに「公理」と姿を変えれば，その影響は近代的な革命思想にまで及ぶだろう．　　　　　　　　　［本間次彦］

政治の原理——道徳としての政治

　中華帝国，すなわち伝統中国の王朝国家は，基本的には，儒教に根拠づけつつ，政治を主導する原理や理念を標榜した．また，周辺の国や地域にも，それは波及して，濃淡の違いはあるものの，広く前近代の東アジア文化圏において，政治社会を領導する一つの大きな範型(はんけい)を提供した．

●**中華帝国の正統思想——儒教の本質**　総じて儒教の思想は，すぐれて道徳主義的な基調を帯びた政治主義に基づいている．元来，儒家は，孔子(こうきゅう)(孔丘)自身の事例に顕著なように，礼楽(れいがく)の制作者に擬された周公(しゅうこう)，延いては周王朝を理想化するなど，伝統的な秩序の再構築をめざす尚古主義的な理想を保持していた．やがて遠く上古において，幻視された理想の君主である堯・舜・禹から，夏・殷・周の各王朝に至る，いわゆる「唐虞三代(とうぐさんだい)」「三代」などと呼称される理想的な黄金時代，すなわち「聖王」「聖人」「先王」などとよばれる優れた君主が統治した，模範的な時代が実在したとの観念が生み出され，復古主義的な色彩をさらに濃厚なものにした．しかるに，こうした思惟それ自体は，必ずしも既存の秩序の維持や体制翼賛に陥るとは限らず，当該の歴史的な文脈のいかんや個別の思想家の主張によっては，むしろ復古的な理想主義に基づく改革論や体制批判さえ生み出すなど，歴史上，かなりの振幅がみられるのも事実である．

　また，儒教では，老荘思想や道教・仏教の反世俗的・出世間(しゅっせけん)的な非政治主義・反文明主義などに対して，政治主義とともに，人倫(じんりん)主義を標榜し，いわゆる「五倫五常(りんごじょう)」(父子・君臣・夫婦・長幼・朋友のそれぞれあるべき道)や「三綱五常(さんこうごじょう)」(君臣・父子・夫婦の基本的人間関係に加えて，基本的な道徳としての仁・義・礼・智・信)を人間の存在の条件と考えた．そのうえで，孝悌(こうてい)道徳や家族愛の精神に基づいた，宗族結合の論理と政治社会の倫理とを結びつけたところに特徴があり，この点が，政治と道徳との連続性や一致の大きな論拠ともなっている．加えて，原始儒家の存立形態とも相まって，ある種の政教一致的なありよう，あるいは，祖先祭祀なども考慮に入れるなら，理念的には，祭政教が三位一体的に連環したありようさえ示している．

●**儒教の倫理道徳と政治思想**　なお，儒教の倫理道徳の根幹としては，他者への思いやりの感情に依拠した「仁」を内面的に涵養(かんよう)することが説かれるが，これと対をなして重視される，人倫道徳を親疎などの差別相のもとに，客観的に外在化させた「礼」は，例えば『論語』顔淵篇(がんえん)において「克己復礼(こっきふくれい)」と説かれるような場合(この字句それ自体の解釈には，時代や思想家によって，相応の異同もあるものの)，いわば「仁」の客観的な表現とも考え得るし，さらには，後の朱熹(しゅき)(朱

子，1130-1200）によって，「礼は天理の節文，人事の儀則」（『論語集注』学而篇）などと説かれる際には，「礼」は「天理」の地上における具体的な顕現として，政治社会の美しいすじめと観念されている．その他，今日では，儒教は一般に「忠孝」などの封建道徳を唱道するものとの印象が強いが，人間にとって「天性」とされる父子関係の絶対性とは異なり，「君臣」の場合には，後の「名分」論の展開の中で，相応の振幅はあるものの，原則的には多く「義合」と解されるように，むしろ後天的かつ双務的な関係であるとされた．

　儒教の政治思想は，当然の帰結として，道徳に基づく政治，すなわち「徳治」主義を要求して，力による政治はもとより，法家思想の説く「法治」とも多くの対立面をもつ．次いで，王道政治の理想に加えて，いわゆる天人相関説や天人合一の思想など「天」観念とも結びつくかたちで，「天命」を承けた「天子」が（中華世界とその延長としての）「天下」を統治すべきとする有徳者支配の言説を生み出し，翻ってこれが，『尚書（書経）』や『孟子』の説く天下的世界観や易姓革命論へと展開していく．かくして，超越的な「天」と地上の君主権との結合は，君主や統治者の権威づけや権能の強化に資すると同時に，逆に政権批判の原理や論拠をも提供し，不徳や失政がみられた際には，容赦なく王朝交替が正当化され得ることから，彼らの専横な行動や恣意を制約したり，掣肘する機能をも果たした．例えば，元来は異民族であった後の清朝が，よく政治的な正統性原理を宣揚し得たのは，こうした観念や信憑を介して，中華思想（華夷思想）を逆説的に活用したからにほかならない．

　他方，個人に即してみるとき，儒教の政治思想は，『大学』の八条目に端的に表現されている「修己治人（己を修めて人を治む）」（正確には「格物・致知・誠意・正心・修身・斉家・治国・平天下」）の理想に集約され，やはり道徳と政治との連続不可分が標榜されている（自己の心や身体と万民，天下国家との連続的な一体性も重要である）．仁の心を涵養し，経書の学習や礼の実践・履行を通じて，人格を陶冶した君子が庶民を教化し，風俗を善導して，国家社会を統治すべきとの理念は，第一義的には，有徳者に擬せられた君主とその臣僚，すなわち為政者としての士や士大夫を想定したものではあるが，決して人民を埒外に置いたものではなく，やはり『孟子』尽心篇の「民を尊しと為す」ような，民本主義的，ないしは人民主義的な伝統はきわめて根強く，それがさまざまに変奏しつつも，伝統中国のすべての時代を通じて，多くの科挙官僚の念頭にあったであろうこともまた，紛れもない事実である．

［伊東貴之］

参考文献
[1] 土田健次郎『儒教入門』東京大学出版会，2011
[2] 関口順『儒教のかたち』東洋叢書，東京大学出版会，2003
[3] 渡辺浩『日本政治思想史—十七〜十九世紀』東京大学出版会，2010

人間性と倫理——人は何によって人となるか

　個々の人間が社会に先行して存在する，あるいは，社会と独立に存在するという発想は，儒教には一切含まれない．人はすでに社会を形成していて，その社会の中に個々の人間は生まれる．儒教の思考はここから始まる．生まれながらに，人は社会的関係の中に所定の位置を与えられ，その位置に対応する所定の役割を担う．人は人である限り，この社会的関係から逃れられないのである．儒教的に考えれば，その点こそが人の人たるゆえんであり，禽獣などとは区別される人の特権性である．

　儒教が，その教えの根幹として強調する「三綱五常」は，三つの非対称的関係（三綱）＝君臣・父子・夫婦が，社会的関係における中核であること，五つの徳目（五常）＝仁義礼智信が，社会的関係を円滑に維持するための基本道徳であることをさしている．それは，人が人であるために守らなければならない道であり，人である以上，誰でもが行えるはずの道なのである．

●**人間本性論の登場**　人としての道が，自然に行われている正常時には，それについて議論する必要もない．儒教をめぐる議論は，正しい実践が失われたと意識されるときに始まるだろう．その議論は，今や，自らの正しさを社会に想起させ，社会を説得しなければならない．そこに登場してきたのが，やがて孟子と荀子を両極とすることになる独特の人間本性論である．

　『論語』陽貨篇には「性，相い近し．習えば，相い遠し」という一節が収録されている．人の本性に大きな違いはないこと．人の間に大きな違いを生み出すのは，その後の習慣であること．孔子が述べたとされるのはここまでである．

●**性善説**　孟子は初めて明確な人間本性論を提示した．彼によれば，性は善である．ただし，この性善には，一定の留保が付されてもいる．それは，人はすべて生まれながらにして善である，といっているわけではない．人はその本性にとって自然な習慣を通じて，自らを養成するとき，人としての道を自覚的に行う主体となる．孟子がいう性善はこの意味である．人としての道を行う善なる主体となるためには，習慣を通じて自らを養成しなければならない．ただし，その養成自体は本性に含まれる自然な展開力に即してなされる．本性の自然から，人としての道にいたるこの養成の過程は，一切の強制（矯正）と無縁なのである．

　この立場から，人間本性に関わる他の見解を，孟子は次々に斥けていく（『孟子』告子上）．斥けられた諸見解は，人間本性に関する当時の理論的なバリエーションを示すものでもある．登場順に列挙してみよう．①仁義は，性に対する強制（矯正）である．②性には，善も不善もない．③生まれつきが，性である．④食や色

への欲が, 性である. ⑤性は, 善もなせるし, 不善もなせる. ⑥性の善なる者もいれば, 不善なる者もいる. ここに, バリエーションは尽くされているかのようである. ただし, 性は不善である, 悪であるという可能性が残されている.

●**性悪説**　荀子が描くのは, 性悪から始まる人としての道へのルートである. 彼によれば, 人はその性向に身をまかせている限り, 私利私欲に流れて自らの社会的な地位や役割を見失い, ひいては社会全体を混乱に導く危険性を有している. その意味で性悪なのである. そのような本性は, すでに悪であるのだから, 直接的には矯正不能である. 社会的な秩序を確立するためには, 人々の心ではなく, その行動を標的にして, 外から矯正する力が不可欠とされることになる. 聖人の制作になる「礼」がそれである. 礼の強制力によって, 人は初めて, 本性にとっては不自然ながら, 社会全体にとっては本来的な行動を実現する主体となる. 聖人の枠組みによる矯正が, 社会化された主体を生み出すのである.

●**朱子による人間本性論の統合とその余波**　儒教的な文脈の中では, 人間本性をめぐる議論は, 唐代にいたるまで, これ以上には展開されない. 他方で, 仏教理論の中では, すべての人とすべての生物に (場合によっては, 無生物にまで), 悟りへの可能性を認める仏性の考え方が広く受け入れられつつあった.

北宋時代の新展開も含めたそれ以前の議論を前史として, 南宋・朱子の人間本性をめぐる理論構成は登場する. それは, 性を重層的に把握することにより, 前史的な議論をほぼすべて統合するものであった. すべての人に普遍的に共通する基層部は「本然の性」と名づけられ, 性善説の枠組みを忠実に継承する. 他方で, 身体を構成する気を通じての個別的な偏差を許容する表層部は「気質の性」と名づけられる. このレベルでは, 不善や過度の欲望の可能性まで含めて, 人にとって可能なことのすべてが想定される. 性善説以外のバリエーションは, 性悪説も含め, このレベルにすべて吸収される. そのとき, 人がなすべきは「気質の性」の現状を「本然の性」へと変革していくことである. そのような自己変革は, 人が人であるために不可欠だとされる. 同時に, それは気という媒体の個別的な歪みを矯正して, 人が本来の自己へと回帰していく過程ともなるはずであった.

その後, 人間本性をめぐっての議論は, この朱子の理論構成の周囲になされていく. 朱子に批判的な立場からは, 「気質の性」と「本然の性」を事実上一本化することで, 主体の自己変革の契機を, 社会に向けて直接的に開放することを主張する者 (明の王陽明), 性の二重性自体を拒絶して, 「気質の性」に内包される社会的な連関への志向性を基礎に, 人としての道を新たに構想すべきことを提唱する者 (清の戴震) も現れた. 他方で, 朱子の影響力の大きさも見逃せない. 1940 年代前半以降繰り返された, 中国共産党の整風運動がその例である. 批判, 自己批判を通じて, 自らを変革し, 自らを社会主義的主体として形成していく. それが, 20 世紀版の自己変革プログラムであった.

［本間次彦］

生命観と孝——儒教の祖先祭祀理論

　一般に，生命に関する感覚は，包括的な世界観の中に位置づけられて意味をもつが，古代中国における生命観も例外ではない．

●**殷周時代の生命観**　古代中国において中心になる宗教行為は祖先祭祀であったが，それは最高神である「天」（帝）の信仰と密接な関係を有していた．西周・春秋時代の金文や『書』『詩』では，死者が「厳として上に在り」「帝の左右に在り」「天に在り」のような天上他界的な文言が頻出し，また後世の編纂ではあるが，『儀礼』少牢饋食礼には，「天」の生命力を祖先が豊作と長寿というかたちでもたらすという嘏辞（祝福の言葉）が記録されている．これは祖先が死後，天に昇り，最高神のもとにあることで，その力にあずかり，それを地上に降すことができるという感覚のもとに生まれた表現であると思われる．また，儒教教典である『礼記』では，祀られる祖先は太祖と直近数世代（何世代であるかは，身分により異なる）とされるが，最も古い文字記録である殷代の甲骨文でも重要な祖先は始祖と直近の数世代である．祖先は死後数世代の間，個別的な存在として祭祀を受けるが，やがて始祖に代表される一族の全体的な生命の中に溶解していき，それは最高神「天」の下に統御されていると考えられたのであろう．

　殷周時代の祖先崇拝の背景には大規模な父系親族集団（後世，宗族とよばれる）が存在し，それが貴族社会の基盤となっていた．親族集団の紐帯と秩序を維持するうえで，祖先祭祀は不可欠であった．親族集団の権威と秩序は祖先の力として象徴され，それに従う規範は「孝」とよばれ，ひいては「孝」は祖先祭祀を意味した．親族間では「孝」は尊属に対する従順を意味したが，それは祖先に対する敬虔さをも意味した．祖先としての死者の存在は親族集団により保証され，親族集団の繁栄は祖先の恩寵に支えられるという相互関係の中で，生命観は集団と不可分だったのである．その中で人は死後，祖先となり，子孫に祀られることで死を超える存在になることが可能であった．

●**戦国時代の変化と儒家の孝**　しかし，以上のような構造は戦国時代の社会変容の中で解体し，消滅に向かう．親族紐帯の重要性は強固に残存はしたものの，祖先崇拝を中核とする宗教構造から，「天」とそれ以外の人格神，個人の修養と自覚，そして陰陽と五行に基づく世界観へ変容していった．楚国の卜筮祭祷簡（定期的に，もしくは災いが起こったときに占い師に占わせ，災禍を祓う儀礼を行った記録）や『日書』（日取りの吉凶を占うマニュアル）は，祖先祭祀は祖父母までに限定されるようになり，逆に傍系や母方の死者を祀る例が増えていったことを示している．祖先祭祀は継続して行われたものの，親族集団の紐帯と秩序を表明す

るよりは，近親死者の供養を中心とするものになっていったのである．

　その中で儒家は，古い「孝」という概念に新しい意味を加えることで，それを新しい社会状況に適応するものに変えていった．儒教の教説の基本は，親族道徳を親族関係を越えて拡大することにより，普遍的な道徳性に転化するというものであったため，親子関係における「孝」は道徳全般の基礎とみなされた．孟子は「孝」に愛情と敬意の要素が内包されており，親子間の愛情を拡大すれば人間愛（仁）に，親族間の敬意を拡大すれば社会的な正しさ（義）に，自然に転化し得るとした．しかし，すべての儒家思想家が孟子と同様に考えたわけではない．家族内の愛情と社会的な倫理はレベルが違う問題であるので，荀子のように人間の自然な感情は外在的な規範により規制される必要があると考える思想家もいた．戦国儒家の「孝」に関する議論は，生得的な家族の愛情と秩序（前述のように，それは祖先崇拝の観念と連続するものであった）が，いかに普遍的な倫理と秩序をもたらすのか，論理構築を行うものであったといえる．

　例えば，『礼記』祭義篇では親は存在の根源であり，自分の身体は「親の遺体」であって，したがって自己の存在を含めたあらゆるものに敬意が必要であると論じる．戦国時代末（前3世紀前半頃）に編纂された『孝経』では，「孝」における愛情と敬意の要素は相補的であり，後者を拡大することにより，君主に対する忠が成立すると論じている．戦国時代の儒家は，もともとの祖先崇拝において祖先として象徴されていた親族集団の権威や秩序を，社会全体の秩序，あるいは人間存在を存立せしめている摂理にまで抽象化したわけである．それは，人は死んでも祖先として永続できるとする祖先崇拝の論理を利用するものであったが，『礼記』中庸篇が「夫れ孝は善く人の志を継ぎ，善く人の事を述べる者なり」というように，そこでの祖先は死者の霊魂というよりは，死者の人格，功績であり，その記憶を通して人間は死を超える永遠性を獲得することができることになった．

　祖先祭祀に関する儒家の理論は，必ずしも「孝」のみをいうものではなく，祭祀の社会的・心理的機能をも論じるものもあったが，前漢（前202-後8）末期から後漢（25-220）時代にかけ次第に儒教の地位が上昇し，社会的な影響力を強めていく中で，それは祖先崇拝を論理づけ正当化したといえるであろう．後漢時代に流行した墓碑には，生前，いかに高潔な人格を達成しても，人は死によって滅びる，ゆえに死者の記憶を石に刻むことで永遠化するという趣旨を述べている．霊魂としての死者の実在を必ずしも信じなかった儒教は，死者は生きている者の記憶として存在すると考えたのであり，祭祀は記憶を伝承し，表示する場として存在したといえよう．

[池澤 優]

参考文献
[1] 加地伸行『儒教とは何か』中公新書，1990
[2] 池澤 優『「孝」思想の宗教学的研究』東京大学出版会，2002

いわゆる現実主義──中国思想の性格規定

本項でとり上げる現実主義は，中国文化の内部で用いられる固有の意味をもった概念ではなく，中国文化，特に思想について外部から特徴を把握し性格づける際に愛用されてきたキーワードである．「いわゆる」と称するゆえんである．こうした性格規定はいつも両義的な意味をもつ．それがある程度対象について言い当てているかぎり便利な反面，安易なレッテル貼りに終わりがちでもある．この両面に注意しつつ現実主義として指摘されてきた思想文化の諸特徴を確認する．

●**吉川幸次郎の論点**　日本の読者への中国文化紹介において吉川幸次郎が果した役割は大きく，現実主義の指摘は吉川自身が自負した論点であった．ただし，必ずしも現実主義という言葉を用いるとは限らない．初期の『支那人の古典とその生活』(1944, 図1)では「感覚への信頼」という表現を用いており，該書の「改版の序」(1964)では「現実の尊重」と述べた．中国人の精神は感覚の対象となる現実世界を信頼しており，その反面として，死後の生活や天地万物の成立以前といった感覚を超えたものには冷淡である．空想を飛翔させる小説は振るわない．理性によってとらえられる統一的，形而上的な真理よりも，具体的な事物の多様性こそが重んじられる．したがって，中国人にとって生活の規範となる完全なものは，地上にあり，過去にある．超越的な神ではなく，人間の中の最も傑出した存在である聖人こそが規範を提供すると考えられ，また，過去の人間生活である歴史が，先例の提供源として尊重されることになる．こうしたかたちで吉川は，聖人が残したと考えられる古典「五経」を先例中の先例として，そこに生活を準拠させようとする中国の伝統的知識人の態度が，中国人固有の精神に根ざしていることを説明しようとした．

●**現実主義の諸相**　その後の論者は中国思想のどのような側面に現実主義を見出しているだろうか．新書版の著作を例にしよう．加地伸行『中国人の論理学』(中公新書，1977)によれば，中国人の現実主義は概念語中心の中国語の特性に由来する．「名実一致」すなわち概念内容の充実を追求する思考様式から，即物的な

図1　吉川幸次郎『支那人の古典とその生活』表紙〔岩波書店, 1964年版〕

生活態度が生み出され，また，古典の内容に完全な調和を読み取ろうとする経学的思考が生み出されたとされる．金谷治『中国思想を考える』(中公新書，1993) の場合，対立する両端を踏まえて，そのいずれをも切り捨てることなく現実的，実践的な解決を図る中庸の発想に現実主義の典型的な表れをみている．串田久治『儒教の知恵』(中公新書，2003) では，「経」と「権」，つまり原理原則と臨機応変の措置とを使い分け，現実の状況を無視せずに理想の実現と両立させようとした発想に「儒教の現実主義」が見出される．

　吉川を含めて，これらの論者のいう現実主義がすべて一つの像を結ぶわけではなく，内的不整合をもつ場合さえあるだろう．例えば，現実的なものの感性的性格を強調するならば，それを尊重する立場は理性主義と対立するが，現実主義を神秘主義と対立させるときには現実主義はむしろ理性的な立場となるはずである．しかし，現実世界と区別された超越的，理念的なものに価値を置く西洋文化に対して，そうしたものに訴えることなく価値の実現を追求する態度が中国思想の基調をなすことは確かである．

●**現実主義の価値と陥穽**　こうした把握は，ヘーゲルや津田左右吉による中国文化理解とも通じるところがあり，彼らのもとではそれが中国の後進性や停滞性に結びつけられていた．吉川らの功績は，一元的な価値観のもとに先進・後進をあげつらう文化理解ではなく，より多元的な文化理解のもとに現実主義を理解しようとしたことである．そればかりでなく，現実主義こそは今後の世界でより有効な思考の枠組みを生み出すのではないかとの期待さえもたれよう．なぜなら，超越的な理念に依拠する発想に対しては，価値相対化の趨勢の中で根本的な疑問が向けられつつあるからである．人間が生きる条件とは常に現実的なものであり，それを尊重する現実主義の重要性は強調するに余りある．

　ただし，中国的な現実主義の陥りがちな陥穽に目を向けること，中国的な現実主義を見出そうとする視線そのものの危険性を自覚することもまた同時に重要である．吉川の指摘する中国的伝統の弱点の一つは，異質の生活への興味を冷淡にし，その摂取を困難にしたことにある．要するに，現実として尊重される範囲が中国的な価値観であらかじめ枠づけられてしまうのである．とすると，現実の認識自体に実は抽象的な理念が介在していることになろう．

　これは，中国的な思考としての現実主義を見出す態度の問題点にもつながる．現実主義といっても，その現実の中に抽象的なものや超越的なものはやはり浸透し，混淆しているのである．その浸透と混淆の具体的態様にこそ目を向けるべきであって，その視点からみれば現実主義というレッテルは粗大すぎるであろう．

[林　文孝]

📖 **参考文献**

[1] 吉川幸次郎『吉川幸次郎全集』第 2 巻，筑摩書房，1968

法治と人治──法の支配は存在するのか

　中国の法思想は，おおむね古代の儒家と法家の思想に集約できる．両者の法思想を簡潔に示せば，次のとおりである．

　儒家の法思想は，社会統治の制度的根幹に古来の慣習法に由来する「礼」を置く，礼による統治である礼治の主張に始まるが，他方における「法」の存在によって，その倫理化が重視され，倫理による統治を建前とする徳治の主張ともなり，また倫理的に至高の存在である聖人による統治の主張から，人による統治である人治としても理解されることになる．他方，法家の法思想は，社会統治の制度的根幹に力による強制を伴う規範である「法（律）」を置いた，法（律）による統治である法治を主張したものである．この法治は，通常は人治の対概念としてとり上げられるが，正確には，法および法制度の違いとしてみれば礼治に対応し，支配の方法の違いとしてみれば徳治に対応し，支配または統治の根本要因（あるいは主体）の違いとしてみれば人治に対応するものである．両者の法思想の特質についていえば，儒家の法思想は，理想主義的，超法律（自然法，高次の法）論的，あるいは合意主義的な傾向をもつものであるといえるし，法家の法思想は，現実主義的，法律至上主義的，または法道具主義的な傾向をもつものであるといえる．したがって，両者の法思想は対立する側面が強調されるが，しかし以下に記すとおり，それが連続するものでもあることを見落としてはならない．

●**法治と礼治**　法家のいう法治とは，まずは以法治国，すなわち支配者（法家でいえば，民の統治者である君主，およびその臣下）は何を行うにも法によらなければならないという「法による支配」を核心とする，法至上の観念である．しかし，そこには，君主には決してしてはならないことがある，という理解は含まれていない．また，法家は法を度量衡に比して理解し，その客観性，中立性，したがってその形式性を主張することから，その法治を形式的合法性すなわち形式的に法に合致することと理解することもできる．さらに，法家は法を治政のための道具とみなすことから，その法治は，道具としての法を操る君主が法の上位に立つ，君主至上という観念ともなる．

　儒家が主張した礼とは，古来の慣習法を理想化したものであり，そこには過去を理想とする理想主義が存在している．礼治とは，法家のいう法を礼に置き換えた「法による支配」の一種であり，この点では法家の法治に近い概念である．しかし，この礼は，その法の高次に位置する一種の自然法として儒家によって理解される．そこから礼治に君主権力を抑制する契機を見出すことができる．なぜなら，現実の君主は，その治国に際して倫理的に正しい法である礼を実現すること

を求められ，その結果，法を掌る君主の権限を制約する根源として礼が存在しているという共通の理解（合意）が君主および臣民の間にもたれるなら，その君主権は倫理的な制約に服すことになるからである．礼治が徳治であることの実践的な意味は，まさにこれである．ここには，先の「法による支配」から西洋では区別される「法の支配」という観念に重なる一面をみることができる．

●**法治と人治の連続**　礼治と法治とは，ともに「法による支配」であり，決して相容れないものではない．一方で，儒家の礼治は，それが徳治に重なるものであるため権力抑制という観念にも重なることは前述のとおりであるが，この礼を掌握し徳治を実行するのは理想的統治者である聖人であることから，聖人が礼の上位に立つ聖人至上へとつながる．すなわち，これが，聖人による統治，儒家の理想主義的人治である．他方で，法家の法治の主張も，理論的には，決して君主による恣意的な法の運用を容認しているわけではないが，法家の主張の根幹には，前述のとおり，君主至上という観念が存在している．こちらは，現実の統治者である君主による統治であり，したがって法家の現実主義的人治といえよう．

　儒家の礼治の主張は聖人至上につながり，法家の法治の主張も君主至上という観念を本来的に内包していることから，対立すると思われている両者の主張の本質はともに「人による支配」であることが明らかになる．このことが儒家と法家の思想を融合させ，帝制期を通じてその統治の根幹として採用された礼法併用論の生成を可能にしたと考えられる．そして，そこに通奏低音として流れているのは，我々の社会には人（聖人，君主）を超えるものは存在しないという，「人の優位」の観念である．

●**現代中国の依法治国**　新中国成立後は，法は，国家を制限するものではなく，国家権力に仕えるものである，という法の道具主義的理解を基本とする法治が重視された．それは儒家思想を封建思想として排除する機能を果たした．現代中国では，改革開放以降は儒家思想の一定程度の復権がなされた．天安門事件以後，幹部による恣意的統治すなわち人治による腐敗に対抗する手段として採用された依法治国という政策は，法による統治である法治として理解できる．この政策も，法の道具主義的理解を根幹としており，前述のとおり，その道具としての法が人（すなわち，指導部や幹部）による操作を必要とすることから，人による統治である人治に連続することになる．すなわち，現代中国にも，西洋の「法の支配」という観念は存在せず，「法による支配」である法治が，さらにその根底には現実主義的人治が，したがって「人による支配」が存在しているにすぎない．このことが，現代中国におけるさまざまな腐敗を生み出す温床になっている．結局，法思想の場面では，依法治国政策をとる現代中国にも「人の優位」の観念が存在し続けているといえよう．

［石川英昭］

書物──歴史・文化を支える原動力

　2008年，北京オリンピックの開幕式を華々しく飾ったデモンストレーションは，中国の書物の歴史をデザインしたものであった．大陸の中央（中原）に位置した古代中国の王朝は，常に周辺民族の進出に悩まされていた．しかし，その民族が進出してくると必ず漢民族の文化に同化してしまう．その文化こそは書物を中心とした文字文化であった．歴代の皇帝は書物によって権威を保ち，最後の皇帝溥儀（清朝宣統帝，在位1908-11）が，宮殿（紫禁城）を追われるときに復辟を期して持ち出した三種の神器は，書物・絵画・玉器であった．王朝が他の王朝に取って代わるとき，まず押さえなければならないものは，書物であった．漢の将軍蕭何（？-前193）が劉邦（在位 前206-前195）の功臣として秦の都咸陽に攻め入ったとき真っ先に制圧したのが宮殿の図籍であった．中国人にとって，いかに書物が大きな位置を占め，かつ力を発揮するものであるかが理解されるのである．その根底には，先人の経験や智恵は現代に通じるものであって，大切なのは古代人と対話することなのだという意識がある．

●**文字から書物へ**　さて，こうした意義ある文化の財産・書物は，三つの大きな革新を経て今日にいたっている．文字・紙そして印刷技術の発明である．古代の人々はそれぞれの意思を伝達するときに，最も手近で使われる縄を用いて結び目をつくり，その変化によって情報交換を行った．それが結縄文字といわれるものであった．そこから絵文字が発明され，現在の漢字へと発展した．そして動物の骨や石，青銅器などの金属にそれらを刻んだ．それが後に甲骨文字・金石文として発掘されることとなる．しかし，現代にもデスクトップ型とノート型のパソコンが使い分けられるように，持ち運びに便利なようにと竹や布に記すようになった．一枚一枚の竹片を火で炙り（殺青），1枚を1行として組み合わせ，簾のように紐で固定する．これが竹簡であり，材料が木であれば木簡とよばれる．この組み合わせのひとまとまりを「策」「冊」という．布に記したものは帛書である．これらは，いくつかのまとまりをくるくると巻いて保存したので「巻」という．

●**紙の流行から印刷へ**　さらに，後漢の時代に蔡倫は紙の製法を実用化した（項目「四大発明」参照）．今日の化学製法とは違い植物繊維を利用した手漉きのものであった．紙は豊富な植物を必要とするため，後に書物は紙の原料の多い地域，四川省・浙江省・福建省の三大地域を中心として生産されるようになる．紙が容易に手に入ると書物の量は急激に増加した．手書きの写本（鈔本・抄本）文化が全盛期を迎え，唐時代の唐写本はこの大きな革新の産物であった．そして，同じものを複数部つくろう，と智恵を働かせ，印鑑や拓本の技術からヒントを得て，

木版に字を刻みそれに紙をあてて墨で刷り続け，同じ頁を何部も作成する方法にたどり着いた．これが木版印刷で，唐・五代の頃には実用化された．以後，清時代末期（20世紀初頭）にいたるまで書物の主たる生産方法となった．

●**写本と刊本**　もちろん，写本技術が亡んだわけではなく，むしろ書写本は有力な蔵書家や宮廷の中で普及を目的としない美しさや稀少さを目的とする嗜好本として独自の発展を遂げる．明時代（1368-1644）の永楽6（1408）年に完成した1万冊の『永楽大典』，清時代乾隆47（1782）年の3万6,000冊『四庫全書』などは宮廷写本文化の極致である．しかし，唐・五代の頃，写本から印刷本に移行する際にテキストはグローバルな校訂作業を経ることとなり，その内容は大きく変化をきたしたものも少なくない．したがって，中国の書物は写本文化と印刷文化という2本の柱をもつ宇宙空間であるといえる．宋時代（960-1279）に最高レベルに達した書物は宋版といわれ，それ以後の書物の基準となった．非営利の役所や富裕な家塾が出版にあたり，美しい字体に上質の紙，校訂の行き届いた内容と三拍子揃って書物の王様とよばれている．前述の3地域で，それぞれ蜀・浙・建本と略称され価値を競い合った．明時代は皇室の出版（経廠本・藩府本）に見るべきものがあるが，民間書肆の活躍は福建省・南京を中心とした江南地域に発展し，戯曲・小説，またそれらに絵を附した出版物は目を見張るものがある．

●**美しさを求めて**　こうした気運は，木版印刷から派生した活字印刷の運用やカラー印刷の多色刷りをも生んだ．もともと活字印刷術は古く北宋の頃，畢昇（？-1051）が発明したといわれるが，印刷されたものは見つかっていない．明時代無錫の華氏（蘭雪堂）などの活字本が最も古いものである．カラー印刷は，浮世絵のように同じ大きさの版木を何枚もつくり，何度も重ね刷りするもの（套版印刷），違った大きさの版木を絵の中のそれぞれの箇所に刷り込むもの（餖版水印）があり，有名な『十竹斎書画譜』などはその技術の最高傑作である．

●**実用性を求めて**　中国の書物は保存と美を兼ね備えなければならない．巻物が冊子となり現在普通にみられる古典籍の姿は糸で右方を綴じるので線（糸）装書とよばれる．そのほかに仏典に用いられた経折装，背を糊づけする包背装（宋代に用いられたものは各葉の折り目の方を糊づけするので胡蝶装という）などが考案された．20世紀以降は西洋式の洋装本が主流となってゆくが，それは鉛活字による活版印刷とともに近代の書物文化の形として定着してゆく．現在では，一般の読者にも読みやすくするために標点という句読点を用いた出版が中心となり，また電子図書が勢いを増し，古代人との会話も，パソコンの画面上であらゆる古典もすぐに探し出せるかたちで行われる時代となった．

［髙橋 智］

📖 **参考文献**
[1] 米山寅太郎『図説中国印刷史』汲古選書，2005
[2] 井上 進『中国出版文化史—書物世界と知の風景』名古屋大学出版会，2002

蔵書家——智識の宝庫を守り抜いた人たち

　中国では，書物が文化の大きな柱である．その主役である蔵書家の数も歴史上多く，文化史に占めるその意義は大きい．『歴代蔵書家辞典』（1991）には3,400人余りの人物が収載されている．蔵書家に関する研究は，清の葉昌熾（1849-1917）『蔵書紀事詩』に始まる．本書は歴代の蔵書家の特性を詩に詠み込んだものである．中国人にとって蔵書家は単なる収蔵家ではなく，文学における詩人，芸術における絵師のような存在であった．

●**蔵書家と書物**　そもそも中国の蔵書は古代の宮廷に始まったが，例えば『荘子』天下篇の中に「恵施多方，其書五車」（恵施は学問が幅広く，蔵書は車5台分もあった）と記されるように，紀元前から民間の蔵書家もあった．その後，紙や印刷術の発明がさらに書物の量と質を変えた．宋・元時代（10～14世紀）には出版技術が最高潮に達し，形式・内容ともに充実した書物文化を形成した．そして明時代（14～17世紀）後期になると蔵書家たちは競って宋・元時代の書物を集めることになる．宋版（宋時代の出版物）を手に入れるためには手段を選ばなかった．

　しかし，「読書は難しい．蔵書はもっと難しい．これを保存して伝えるのはさらに難しい」といわれるように，蔵書を子孫3代もちこたえることは容易ではないとされ，収集したものもやがては散じてゆく．そして名家から散じたものを再び追い求める蔵書家が現われ，書物は蔵書家によって命をつないでいった．誰の蔵書が誰に受け継がれ，継がれ継がれてどこに保管されているのか．蔵書家の歴史はこうした書物聚散の歴史と重なる．

●**蔵書家と出版，蔵書目録**　『蔵書紀事詩』には約1,000人が収載されている．その巻頭にあげられる五代・蜀の母昭裔は，官に上る前，『文選』など古典の代表作品を読みたくて人に借りようとしたが遂げられず，後に高官に出世したときにこの思いに報いてこれらを出版して天下に広めた．蔵書家は出版事業とも不可分の存在であった．宋の陳振孫（1183-1261？）は，自らの蔵書をもとに『直斎書録解題』を作成，当時存在したテキストを目録によって後世に伝えるという大きな貢献をなした．こうして蔵書家は自蔵本の目録を編むことにこのうえない誇りを抱くようになった．

●**蔵書家と善本**　明時代，浙江寧波の范氏天一閣のように地方文献などを数世代にわたって収集網羅した特色ある蔵書家が出る一方，その後半から清時代にかけて（16世紀後半～17世紀），江蘇省の常熟は善本収集家が輩出し，蔵書の故郷との異名をもつほどになった．文人としても著名であった銭謙益（1582-1664），

汲古閣の名で一世を風靡した毛晋（1599-1659）は，その双璧であった．この時代，民間に流布した宋・元時代の善本はほとんどこの二人に帰したといっても過言ではない．この頃から，大蔵書家の目標は宋版の捜索に向けられた．銭氏は，絳雲楼という書庫をもち70以上もの大書架を備えた．しかし電気もない当時，蝋燭の火をたよりに書庫で出納をしていたある日，その火が紙に引火して火災となり，蔵書の大部分を焼失した．焼け残ったものは，一族の銭曾（1629-1701）に譲った．銭曾は述古堂という書庫に貯え，蔵書目録『読書敏求記』を記した．未公開であったので，当時浙江省の著名な学者であった朱彝尊（1629-1709，書庫の名は曝書亭）が，この目録見たさに銭曾の使用人に賄賂を渡して持ち出させたという逸話もある．述古堂の蔵書も銭曾亡き後，散逸する．毛晋は，宋本といえば，1冊でも1頁でも切れ端でも桁外れの高額で購入し，書肆にとってはまさに上客であった．その蔵書をもとに「汲古閣本」と称される優れたテキストを校訂出版した．また，今の写真技術に劣らぬ原本を模写する技術を完成，原本と見間違うほどの敷き写し本を多数作成した．これを毛鈔（鈔は手書きの意）といい，蔵書家の間では宝とされた．その蔵書も子の代にいたり散逸する．そして，銭・毛二家の書が清朝の初め，季振宜（1630-？）・徐乾学（1631-94）に引き継がれ，さらにそれが散じて一部は乾隆帝の膝下に収められた．

●**清時代の大蔵書家**　清時代中期になると蘇州に黄丕烈（1763-1825）が現れ，銭曽や毛晋から散じたものを再び収集した．『読書敏求記』所載のものをもう一度集めて再現すると豪語した．書庫を士礼居と称し，宋本を100種集めて百宋一廛（宋版百種が屋敷にある）と自称した．収集の記録を記した『士礼居蔵書題跋記』は書物への愛情と情熱が込められた名著として尊ばれる．現在，黄氏の収集書はみな国宝となっている．黄丕烈の書が散じると，今度は黄氏の書を集め直そうとする時代が来る．清時代末期，こうした機運から四大蔵書家が活躍した．山東聊城の楊氏海源閣，常熟の瞿氏鉄琴銅剣楼，浙江湖州の陸氏皕宋楼，杭州の丁氏八千巻楼である．それぞれが黄氏の集めた宋本などを中心に，宋・元・明・清の稀覯本を網羅し，蔵書目録を作成し，蔵書楼を建設して多くの学者を招いて書物文化に貢献した．

　近代になると，張元済（1877-1954，書庫の名は涵芬楼），傅増湘（1872-1950）など有力な蔵書家が輩出した．そしてこれらの蔵書は現在，中国の各図書館や日本の専門図書館に保存され，蔵書家の名とともに顕彰され，また近代図書館の原動力ともなった．書物文化の継承において蔵書家の果たした役割がいかに大きなものであったかを知ることができる．

［髙橋 智］

📖 **参考文献**
[1] 傅 璇琮編『中国蔵書通史』寧波出版社，2001
[2] 任 継愈編『中国蔵書楼』遼寧人民出版社，2001

目録学──学術史としての図書分類

　ある時代の学術体系を知るには、分類の行き届いた図書目録を眺めるのが有効である。とりわけ中国では、歴代の正史にしばしば芸文志または経籍志の名のもとに一篇の目録が収載され（史志目録）、その時代の学術文化を代弁する役割を負ってきた。それらを通時代的に見渡せば学術の展開過程を系統的に追うこともできる。なかには『漢書』芸文志や『隋書』経籍志のように、書名のリスト（書目）に加え各分野の来歴を解説した文章（小序・総序）まで含む周到な目録もある。現在の思想史学のような方法の知られなかった時代において、目録学は実質的に学術変遷史の用をも果たしたのである。目録学が図書目録を研究する学問という文字どおりの意味を超え、諸学の基礎として重視された理由もここにある。

●『七略』と『漢書』芸文志　古来王朝の交替を繰り返した中国では、戦乱により散逸した書物を回復するため、新しく興った王朝は訪書の使者を全国に派遣して収書に努めた。こうして集められた宮中の蔵書をもとに目録が編まれ、それが後に史書に収載される。このパターンの嚆矢をなしたのが、現存最古の図書目録でもある後漢の班固『漢書』芸文志である。

　『漢書』芸文志の前身は前漢末の劉歆が編んだ目録『七略』であり、その『七略』の土台となったのが、劉歆の父劉向が詔を受けて（前26）主導した宮中蔵書の校定整理、そしてその際に劉向（および劉歆）が著した各書の解題である。ちなみに目録学の別名を校讎学ともいうが、校讎とは書物を校定整理することであり、もともと目録作成と切り離すことのできない一連の工程であった。

　『七略』はすでに散逸して伝わらないが、『漢書』芸文志によって考えるに、それは総論である輯略を除き、書物を六芸略（儒家経典）・諸子略（諸子百家）・詩賦略（韻文作品）・兵書略（軍事）・数術略（天文暦法・占術）・方技略（医術）の六つに分類していた。この大枠は校定の当初から決まっており、前三略を劉向が担当したのに対し、後三略は専門技術の類であり、それぞれ専門の官に委ねられた。なお、兵書のみは前漢初から独自に目録作成が行われていた。

　各略はそれぞれさらにいくつかの類に細分される。例えば六芸略は易・書・詩・礼・楽・春秋・論語・孝経・小学の9類からなるが、この序列には小学（識字教育）より孝経・論語そして狭義の六芸へと進む教育階梯や、天道から人事を予言する易と、人事から天意を推測する春秋との補完関係といった、漢代学術の特徴が反映している。また『七略』の輯略は、『漢書』芸文志では分野ごとに分割され、各類・各略の後に小序・総序として挿入された。その学術史的叙述はきわめて価値の高いものである。

●**四部分類と『隋書』経籍志**　西晋以後，『七略』の六部分類に代わって四部分類が主流となる．すなわち今日にいたるまで漢籍の分類に用いられる経・史・子・集である（ただしこの順序に落ち着いたのは東晋からである）．南北朝期の目録は仏経目録を除きすべて亡逸したが，唐初に梁・陳・北斉・北周・隋の五代を対象とする『隋書』経籍志が編纂され，これが四部分類を代表する目録となっている．なお，『隋書』経籍志では道教・仏教の経典が四部の外に附録されている．

　四部分類と『七略』の六部分類とをおおまかに対応させてみると，経部には六芸略，集部には詩賦略が対応し，子部には諸子・兵書・数術・方技のすべてが流入する．史部のみは新たに創設されたものだが，よくみると六芸略春秋類の一部分が独立して増大したかたちになっている．その背景には魏晋期における史学の隆盛があるが，梁の阮孝緒は，『七略』においても，本来六芸略詩類に従属すべき詩賦略が戦国末以来の辞賦の隆盛を承けて独立させられているとし，この間に経学からの諸学の分化という一貫した趨勢を読みとっている（「七録序」）．

●**目録編纂の方法論**　図書目録は基本的に蔵書をベースとしたものであり，過去の著作も散逸しない限りその後の目録に繰り返し著録される．唐の劉知幾(661-721)はこれに異を唱え，断限（時代区分）を重視する立場から，ある時代の目録はその時代の著作のみを著録すべきであるとした（『史通』書志篇）．この種の著作目録の例としては，つとに北斉に『関東風俗伝』墳籍志があったが亡逸し，後に明の黃虞稷『千頃堂書目』（宋～明代）や，それに淵源する『明史』芸文志においてあらためて実現をみた．

　また南宋の鄭樵は，目録にとって重要なのは類例（分類体系）であり，それさえ完全であれば小序・総序・解題の類はかえって無用であるとした（『通志』校讎略）．彼はその主張を『通志』芸文略において実践に移したが，それは時代や存逸状況の制約を受けない，普遍的な総合目録の試みであった．

　これに対し清の章学誠は，目録学の任務は源流（史的系統）を明らかにすることにあるとし，小序・総序の意義を重視した．また同じ書物を異なる部類に重複して著録する互著や，書物の一部分のみを分離して別の部類に著録する別裁などの方法を用いて，分類の硬直化を避けようとした（『校讎通義』）．彼の説は実に学術変遷史としての目録学の意義を発見したものといえる．

　このほか，南宋の私人蔵書目録『郡斎読書志』『直斎書録解題』，元の『文献通考』経籍考，そして浩瀚な清の『四庫全書総目提要』などは，各書の解題を載せ，文献研究にとってごく有用である．また清末には，伝統学術の維持と継承が課題となる中，張之洞『書目答問』のように，むしろ簡潔に必読書の一覧を提供する門径（入門）としての目録が出現した．

〔内山直樹〕

📖 **参考文献**

[1] 余　嘉錫著，古勝隆一ほか訳注『目録学発微――中国文献分類法』東洋文庫，平凡社，2013

図書館——伝統文化の保全と未来への発信

　中国の図書事業の始まりは宮廷を中心としたものであった．中国古代の思想家老子は，周の蔵室を司っていたといわれる．蔵室とは文書や図書を収蔵していたところで，このように図書館の歴史は古い．

●**古代図書館の姿**　秦代（前221-前206）には明堂・金匱・石室とよばれる図書室が設けられ，漢代になると石渠閣・天禄閣・麒麟閣という「閣」になった．また，劉向（前77-前6）・劉歆（？-23）父子が宮廷の図書を整理して『七略』という目録を作製し，図書分類の基礎を築いた．後漢には蘭台・東観・仁寿閣が設けられ，その後，三国・魏（220-265）の文徳殿，隋（589-618）の観文殿・嘉則殿となり「殿」となった．後漢から三国時代・南北朝時代（25-589）は図書の数量が飛躍的に増えた反面，戦乱による消滅もおびただしく，隋代の統一王朝の国家図書館はまさにそれ以後の図書館事業のモデルになったと推測される．宮殿内の書庫には，琉璃でつくられた軸に巻かれた贅沢な巻子本を備え，東都の洛陽の観文殿には甲乙丙丁に分類した書籍が錦の垂れ幕に覆われた書架に整然と並び，西都の長安の嘉則殿には37万巻が並んだという．

●**図書館と書物の校訂**　唐時代（618-907）はこれがさらに拡充され，弘文館・集賢殿に専門書庫を設け，学士という研究員の充実を図り，さまざまに分岐した書物の成立系統をもう一度再整理するために，校訂作業が行われ，すなわち校書郎という官吏が力を発揮していた．図書館事業は，書物文化を保持するために全国の図書を集積する事業から，校訂研究事業へと発展する．しかし玄宗（在位712-756）皇帝の末年，安史の乱によって宮廷の書庫は壊滅的な打撃を受けた．北宋時代（960-1126）になると河南省の開封に都が定められ，新たに崇文院・秘閣・龍図閣などを設け，それまでの写本の時代から印刷本が主軸となる収蔵が始まった．そして巻子本から冊子本へと移行する中，書庫の配置保管にも変化をきたしていった．

●**宮廷図書館の発展**　明時代（1368-1644）の初め，南京に建てられた文淵閣は元時代（1206-1368）の図書を受け継ぎ，都が北京に移ってからも，宮殿紫禁城内に置かれ，『文淵閣書目』を編纂，7,300種類もの図書が収載された．また，特色ある書庫として，皇史宬が宮殿の脇に設けられ，秦代のごとく石室（火災を防ぐための石の書庫）をつくり，実録（皇帝の記録）を納めた．古代における秘書省書庫の意義をもち，ここに記録・文書（現在の檔案）と図書の明確な区別が普遍化されたのである．清時代（1644-1911）にも新たに文淵閣が建設され，乾隆帝（在位1735-96）は古典の大集成『四庫全書』や百科事典『古今図書集成』を

納めた．清朝の紫禁城はどの建物にも書籍が配され，宮殿全体がさながら大図書館のような態を成していた．そして，これが後に故宮博物院図書館に発展する．

●**公共図書館へ**　しかし，こうした伝統的な書庫は皇帝文化の象徴であり，一般の読書人に公開するためのものではなかった．清時代には民間の蔵書家が活躍し，読書人への便を図っていた．また書院とよばれる学塾の蔵書が公共的な意味をもって一般人に提供されていた．清時代末期になると，有志が経費を出し合い，独自に学校を設立したり，蔵書楼（書庫）を設けて図書の公開閲覧に供しようとする動きが活発化してきた．初めての本格的な近代大学の設置をめざした際にも，欧州の図書館にならって，大学に蔵書楼を設けるべきであると考えられた．こうした動きに尽力した学者・政治家，張之洞（1837-1909）は広東に広雅書院を設立し図書館事業を始めていた．浙江省では紹興の徐爾穀が先祖の蔵書をもとにした古越蔵書楼を政府に献呈し公開図書館とした．

そして，いよいよ中国最初の近代図書館である京師図書館の成立へと向かうのである．清光緒31（1905）年に学部が成立し，宣統元（1909）年京師図書館設立の奏請があり，翌年には各省にも一律に図書館を設ける案が出された．1912年には正式に京師図書館が開館し，やがて1929年には国立北平図書館と改称され，北京図書館，現在の中国国家図書館となった．その後，江南図書館から発展した江蘇省立図書館をはじめ，各省図書館，そして，北京大学図書館をはじめとする主要な大学の図書館が開設され，各市・県級の図書館も整備充実された．

●**伝統文化と図書館**　現在の中国の図書館事業は，外国語文献，科学技術文献など多方面の収集とデジタル化をはじめとする最新の情報発信も世界の第一線を邁進し，古典籍にとどまらず現代書のデジタル図書館も実動している．しかし，書物文化を重視する中華民族の本領は，固有の文献，古典籍の保存顕彰にあり，2007年1月19日，中国の国務院は，「中華人民共和国文物保護法」「国務院文化遺産保護強化に関する通達」（2005）に準拠して，古典籍保護に関する意見を，各省・自治区などに対して提出した．その主要な項目によると，古典籍の保護を最重点課題とし，古典籍収蔵の全国的調査を行い，それにより古典籍の総合目録を編纂してさらにデータベース化を図り，また，古典籍保存書庫のあり方を定め，古典籍の修復作業にも力を入れる，というものである．

具体的には全国において古典籍の登記作業を展開し目録化を進め，中国国家図書館がその情報の統一を図る．この登記作業を通じて国際協力も行い，まさに国家プロジェクトとして固有の図書を文化遺産にしようとしているのである．

［髙橋 智］

📖 **参考文献**
[1] 李希泌ほか編『中国古代蔵書与近代図書館史料―春秋至五四前後』中華書局，1982
[2] 楊宝華ほか編『中国省市図書館概況』1919-49，書目文献出版社，1985

学制と学校教育——教育普及の長い歩み

中国における近代学制の導入実施は、清末の「奏定学堂章程」(張之洞起草、1904年公布、5-4-5制．ただしこの直前の1902年に公布後すぐ廃止された「欽定学堂章程」4-3-4制がある)に始まる．これらの章程は、中体西用論に基づき、日本の学制(1872)に学んで起草されている．なお、翌1905年の科挙の正式な廃止と中央教育行政機関（学部）新設により、同年が通常、中国の教育近代化の画期とされている．以後、旧来の書院・私塾などは可能な限り大学堂・中学堂・初等学堂に改組されるとともに、近代学校で教える人材確保のために日本人教習が招聘され中国での師範教育も始動した．

図1　今日の北京師範大学（校訓）
［筆者撮影］

●**幾度も書き改められた学制のプラン**　科挙という試験によるエリート人材選抜から、国民皆学思想に基づく近代的国民形成への転換には、内憂外患にさらされ国内格差の大きな中国では、実に長い歩みが必要だった．国民全体への基礎的な教育の普及が実質的にかなうのは、革命と戦争の時代を経た20世紀の最後の15年と21世紀初頭にかけてのことである．中国の学制は、各時期の国際情勢や国家体制の変革に応じながら幾度も書き改められている．例えば、辛亥革命後の中華民国初期に発布された壬子癸丑学制（1912-13年、4-3-4制）は、各学校段階の教育年限を短縮することで、以前の学制の青写真の不備を補おうとした．ただし、五四期以降の1920年代に展開した新教育運動の中で、米国留学帰国者を中心に同学制の特に中等段階の不備（上級学校への接続の悪さ、職業教育の欠如など）を改める議論が活発になされ、いち早く6-3-3制（「壬戌学制」、1922年）へと転換された．中華人民共和国成立後、国民の8割以上が非識字という現状を克服すべく、旧ソ連をモデルに1951年「学制改革に関する決定」がなされ、社会主義建国期の学制が成立．人民大衆の子女のため5-3-3制が採用され、"普通話"［標準語］と簡体字による教育が行われるようになった．また、旧社会での失学者のための識字と職業訓練を中心とした成人教育（業余・職工教育）が実践された．その後の中国では、特定の国を範とした制度ではなく、中国の独自性を追求する実験が重ねられつつ今日にいたっている．特に文革終結後の改革開放期には、国外留学のネックとなる11年間の初等中等教育は国際標準の12年限へと改められ、現在で

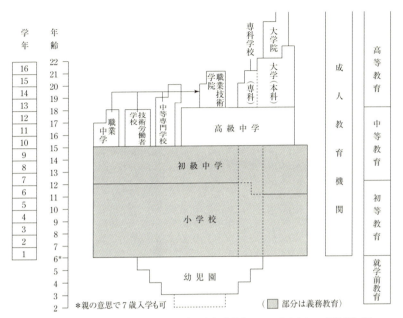

図2　学校系統図［『諸外国の教育改革の動向』文部科学省，2010をもとに一部筆者作成］

は，図2のような6-3-3制を主流に一部，5-4-3制や，9-3制などの類型が存在する．

● **21世紀中国の学校教育の目標（義務教育の基盤強化と量から質へのシフト）**

　中国の国民教育を振り返ると，清末民国期には強迫教育（Compulsory Educationの中訳）といわれ，机上案は存在したが普及は遠く及ばず，社会主義建設期には学校と社会の双方の手段を通して状況は大きく改変したが，法的財政的基盤の弱さからくる課題も多かった．改革開放期の1986年には義務教育が法制化し，無償化も経済発展の中で基本的に実現した（2006）．ユネスコの「万人のための教育」の枠組みの中でも中国は基礎教育の充実につとめ，2014年現在小学校99％，初級中学98％の入学率が達成され，目下は教育格差の是正と就学前教育及び高大の教育の拡大と多様化を重点とし，全体として量から質への転換に注力している．近年のOECD「生徒の学習到達度調査」（PISA 2009・2012）での上海市の15歳の高成績は，一連の改革の先端的成果といえる．　　　　　　　［一見真理子］

📖 **参考文献**

[1] 阿部 洋『中国の近代教育と明治日本』龍溪書舎，2002
[2] 今井 航『中国近代における六・三・三制の導入過程』九州大学出版会，2010
[3] 楠山 研『現代中国初等中等教育の多様化と制度改革』東信堂，2010

受験勉強――受験産業の起源は中国にあり

　官僚を試験によって任用した旧時代の中国では，ある程度の身分の家柄の男子にとって受験勉強は避けては通れない関門であった．そして，その受験対象の試験を科挙と称したから，かつての中国では受験勉強のことを，科挙のための学業の意で「挙業」とよび，また科挙の受験生のことを挙子と称したことから「挙子業」ともよんだ．

●**幼児期の教育**　男の子は数え年の5歳くらいになると文字を教え込まれた．その際のテキストとしては『千字文』『百家姓』『三字経』あるいは『性理字訓』などが多く用いられた．初歩的な識字教育が終わると，『小学』『孝経』を学ばせるのが理想であったが，これらは受験には直接関わらないため省くことも多かった．

図1　清代の試験の様子の復元展示　（校士館，浙江省慈城鎮）［筆者撮影］

　受験勉強は裕福な家では専属の家庭教師を雇って子弟を教育させたが，普通の家では塾に通わせて学ばせた．塾の規模はまちまちで，同族の子弟を集めた数名規模のものから子どもの数が30人を超える村塾まであった．塾の教師の多くは，自身も科挙を受け続けている生員（地方官学の学生）か，高齢などの理由ですでに科挙の受験をあきらめてしまった元受験生などであった．教育の方法は教師によってまったくばらばらで，指導の力量も千差万別であった．塾師の地位は低く，指導に不満があったり，成果があげられない場合には，簡単に換えられた．

●**理想的なカリキュラムの例**　科挙試験において最も重んじられた教養は儒教であった．儒教的教養をマスターしたうえで科挙を受験する目的で編まれたカリキュラムとしては，元の程端礼（1271-1345）の『程氏家塾読書分年日程』が有名である．このカリキュラムでは数え年の8歳から受験のための基礎学習が本格的に始まる．まずは7年かけて当時の受験科目で最も重視された四書，五経（実際の試験では一経を選択）の本文の暗記を中心に据えた学習を行う．そして，15歳以降は，四書と五経に対する国家指定の注釈や性理学関係の書物を学ぶ．この学習を3，4年続けた後，『資治通鑑』をはじめとする史書，唐の韓愈の文章，『楚辞』などを学ぶ．その時点で年齢はおおよそ20～22歳になっている．その後は，

さまざまな受験作文技法の学習に取り組み，それらを修得し終わるとおおよそ22～25歳になっており，そこでやっと科挙を受験するというものであった．このカリキュラムは，元以降の中国において一定の影響力を有した時期もあったが，これを忠実に実践したからといって合格が保証されたわけではなく，科挙の及第のみが目標の受験生は当然もっと効率的な勉強法を選んだ．

●**徹底した暗記の重視**　受験勉強の基本はひたすら書物を暗誦することであった．まず塾師が子どもに一日に文章を100字教え込むとする．教えられた子どもは，一日中壁に向かったりしながら教えられた内容を何度も復唱して暗記する．そして，翌日また塾にやってくると，塾師はまずは前日覚えさせた内容を暗誦させ，それができれば次の100字を教え込むといった具合である．もちろん，子どもの能力によっては一日に数百字，さらには1,000字以上暗記できる者もいた（『程氏日程』では，初めは一日に100～200字，最終的に1,000字を想定している）．例えば，明代（1368-1644）であれば，科挙を受験するためには，四書義，五経義に用いられる八股文（長い対句を多用する試験答案用の文体）や「論」「表」「策」などの独特の文体をマスターせねばならなかった．答案の作成に独創性はほぼ無用で，古典の内容を指定された注釈をふまえて，決められた文体で上手に祖述する能力が試された．

●**受験勉強の低年齢化と受験産業の発達**　科挙の受験生が増え続けたこともあって，明清時代には受験資格を監生（国立大学の学生）や生員といった学籍保持者に限ることとした．これらの学籍を得るためには童試（童子試ともいう）という入学試験を通過する必要があった．童試の受験に年齢制限はなく，また試験の内容は科挙の本試験とおおむね同じであったから，受験勉強の低年齢化が一気に進んだ．それに伴い，受験に関係のない書物は読まない，必要のない教養は学ばないという風潮が広がり，試験に出題されない箇所を墨で塗りつぶした教科書を使う者まで現れた．受験勉強は徹底的に効率を追求するようになり，そのような受験生の需要にこたえるため，試験問題の攻略法に特化した四書，五経の解説書，過去問の模範答案集（「程文」「墨巻」とよばれた），予想問題集，試験作文の指南書などありとあらゆる種類の挙業書（受験参考書）が流通するようになり，受験勉強のスタイルを大きく変えていった．

　中国で生み出された科挙制度は現在も世界中の多くの国々で実施されている選抜試験の元祖である．それゆえ，試験制度が宿命的に内包する弊害についても，中国は真っ先に直面することとなったわけである．

［鶴成久章］

📖 参考文献
[1]　田中謙二「旧支那に於ける児童の学塾生活」『田中謙二著作集』第2巻，汲古書院，2000
[2]　寺田隆信「近世士人の学問と教養」『明代郷紳の研究』京都大学学術出版会，2009

書院での教育──中国固有の教学システム

　書院（精舎と称するものも多い）とは旧時代の中国で発達した私立の教学施設である．宋代（960-1279）以来，興隆と衰退を繰り返しつつも，時に官学を補完しながら独自の役割りを果たした．官学が科挙制度と密接な関係を保ち，実質的な教育機関として機能した時期はごく限られていたこともあり，中国の教育史を考えるうえで書院のもつ意義はきわめ

図1　白鹿洞書院［筆者撮影］

て大きい．なお，かつて中国に建てられた書院の総数は大小含めてのべ7,300以上もあったといわれている．

●**書院教育の理念**　北宋の時代（960-1126）に名峰廬山（江西省）の麓に建てられた白鹿洞書院は当時の四大書院（他に，嵩陽書院，嶽麓書院，睢陽書院）の一つに数えられていたが，南宋の朱熹（1130-1200）が訪れた際にはすっかり廃墟と化していた．由緒ある教学施設の荒廃を憂えた朱熹は，書院の復興のために多方面にわたって尽力をした．なかでも最も精力を傾けたのは学生の教育であり，自ら書院で懇切に学問を講じたのは言うまでもなく，論敵の陸九淵（1139-92）にも講義をしてもらっている．朱熹は書院で学ぶ学生のために白鹿洞書院掲示（白鹿洞書院学規とも）という学問の指針を示す文章を作成しているが，これを読むと彼がめざした真の学問と世の主流であった科挙のための学問（朱熹はこれを俗儒の学とよんだ）との違いがよくわかる．朱熹はまず学問の対象として五教を掲げており，その具体的な内容は父子の間の親，君臣の間の義，夫婦の間の別，長幼の間の序，朋友の間の信であった．そして，それを実現するための方法として，博く学ぶ，審らかに問う，謹んで思う，明らかに弁じる，篤く行うことを述べ，さらに，その際の態度や心構えについても諭している．学ぶことの目的が修己・治人にあることを説いたこの文章は，後世，朱子学者のみならず広く学問に志す者たちに多大な影響を与えた．

●**書院に特徴的な教学活動**　書院における教学の基本は講学である．講学の語は，もともと講習，講説学習を意味したが，書院における講学は一種独特の教学活動のことをいう．すなわち，志を同じくする師弟・朋友が集まり，儒教の経典の解釈，先賢の著作や言行，修己・治人に関する問題，その他学問上の重要なテーマ

を取り上げて，講義・討論を通じて互いに切磋琢磨しながら真の学問を追究する活動のことであった．科挙に直結していた官学は市街地に設けられるのが普通であったのに対し，書院は山水に恵まれた風光明媚な場所に建てられることが多く，同志達は喧噪を離れて寝食をともにしながら幾日も講学に明け暮れることも珍しくなかった．書院における講学活動は朱子学・陽明学の流行とともに発展し続け，明代（1368-1644）末期には一種の社会現象ともいうべき空前の盛況を呈するにいたった．だが，その社会的な影響力の大きさから，しばしば弾圧を受けた．当時の書院講学活動の具体的な様子は，例えば，江蘇省無錫にあった東林書院の活動の記録である『東林書院志』などによって詳しく知ることができる．

●**書院での庶民教育**　講学が隆盛を極めた明末には，元来，読書人階層の教学の場であった書院が，樵，陶工，農夫といった一般民衆にも開放された．自身も庶民出身であった王艮（1483-1540）やその学統に連なる羅汝芳（1515-88）は，読書とは無縁の庶民を相手に孝弟などの倫理道徳や聖人の教えを平易に説いたり，明の太祖の「六諭」（教育勅語）を歌にして覚えさせたりなどして，書院を舞台に庶民の教化に取り組んだ．

●**書院の官学化**　明の滅亡の主な要因が自由な講学活動の蔓延にあったと考えた清の朝廷は，当初は書院の活動を警戒し新設を禁じた．しかし，雍正11（1733）年には皇帝の命により各省の会城（省都）に会城書院を建てさせるとともに，以前からあった書院に対しても運営費などを支給することとした．その一方ですべての書院は所轄官庁の審査と監督を受けることとなり，官憲による規制・監視が書院の活動内容の細部にまで及んだ．宋明以来の講学式の書院や考証学の研究を目的に創設された書院も少なくなかったが，清代の書院で最も栄えたのは科挙の模擬試験や八股文（科挙試験の答案の文体．「制芸」「制義」ともいう）作成のための学習を主な目的とする課芸式の書院であった．山長（書院の長）が経典などに関する独自の講義を行うこともあったが，その基本的な役目は科挙試験のための予備校さながらの受験指導を行うことであった．このような書院における教育は，科挙制度と一体化していた官学の教育とほとんど変わらなかった．

●**書院の廃止**　清末に西洋式の教育の導入を求める声が高まると，光緒27（1901）年には張之洞（1837-1909）らの上奏により，書院は，西洋式の教育を行う大学堂・中学堂・小学堂へと転換されてその歴史の幕を閉じた．しかしながら，「この千年来の中国の教育史は，書院制度の沿革史であると言ってよい」と主張した胡適（1891-1962）をはじめ，その後も中国固有の教学施設としての書院を評価する意見は根強く，書院を名乗る教育機関は近年各地に復活している．　　　　［鶴成久章］

📖 **参考文献**
[1] 林友春『書院教育史』学芸図書，1989
[2] 大久保英子『明清時代書院の研究』国書刊行会，1976

四書・五経──儒教の経典

　四書五経は，代表的な儒教の古典をひとくくりにした呼び方である．今日，儒教の古典といえば必ずあげられるであろう『論語』は，四書に数えられる．ただし『論語』が真っ先に想起され，五経の前に四書を置いて並称するというのは，儒教の古典が出そろった当初からのことではない．宋代（960-1279）に起こった儒教思想の革新を経て，初めて「五経に先んじて四書から学び始める」という古典学習の階梯が確立するのである．

●**五経**　儒教古典の総称として由来が古いのは五経である．「経」は，織物のたて糸を意味し，転じて，すべてを貫く普遍の教えをといた書物（経書）をさす．経書は，元来は6種を数えたとされるが，亡失してしまった『楽』は除いて『易』『書』『詩』『礼』『春秋』を五経と称するようになった．経書の本文に対する注釈の中でも，「伝」とよばれる古典（『易伝』『春秋三伝』など）は「経」に準ずる扱いを受ける．

　『易』（『周易』）を構成しているのは「卦」とよばれる64種の記号である．卦は「爻」とよばれる6本の棒（陰・陽いずれかの属性をもつ）から構成され，卦・爻ごとに，陰・陽の組合せのありように基づいた簡潔な文言（卦辞と爻辞）が付されている．元来『易』は占いの書であったが，自然世界の原理（天地・陰陽）と，道徳秩序との関わりを説明する『易伝』（繋辞伝など）を後から加えることによって，儒教経典としての内容を整えたのであった．

　『書』（『尚書』）は，王朝の交替など重大な政治事件に際して，聖王・賢相が発した宣誓や布告を内容とし，徳治・民本を特徴とする儒家の政治理念が多く盛られている．経書には，漢代（前202-後220）の書体（隷書）で書かれた今文経と，より古い書体で書かれた古文経との相違という重要な問題があるが，『書』にはとりわけ複雑な経緯がある．通行本（唐の公定解釈である『五経正義』本）全63篇のうち，前漢初の時点で伝わっていた「今文尚書」と重なる33篇以外は，漢より後に著されたと目されている（偽古文尚書）．

　『詩』は古代の歌謡集であり，約300篇から成る．その全体は，各地方ごとの歌謡を収める「国風」，朝廷の楽歌を収める「雅」，殷・周の両王朝と魯国の祖先祭祀で用いられた楽歌を内容とする「頌」とに大きく分けられる．『詩』の意義は，「政治・風俗を正す」点に求められ，素朴な民間歌謡であっても，儒教の経典たるにふさわしい教戒が強引に読み取られた．漢代の時点では，『詩』には複数のテキストが並存していたが，その中でも，古文経の『毛詩』のみが，完全なかたちで伝わり，『詩』といえば『毛詩』をさすようになった．

礼の経典には『周礼』『儀礼』『礼記』があり，漢代の時点では「礼経」といえば，このうち『儀礼』をさしていた．唐にいたって『五経正義』が『礼記』を「礼」の代表に選んだことで，以後「五経」という場合の「礼」は，一般には，『礼記』をさすようになった．『礼記』の「記」とは，経に対する解説書を意味しており，『礼記』全篇には，喪葬や祭祀の具体的な実施方式に加えて，礼の意義についての理論的説明を多く含んでいる．

「春秋時代」という時代呼称の由来ともなった『春秋』は，約240年間にわたる魯国の年代記である．『春秋』経の本文は，政治上の事件や異常気象などを簡潔に記述するだけだが，その背後には，孔子の主張が寓されていることが想定された（「微言大義」）．そこで，『春秋』本文に見られる用字の規則性や，関連する史実を手がかりに，孔子が隠微に表現した主張を読み取る注釈（「伝」）が作成された．史実を豊富に伝える『左氏伝』が，最も代表的な『春秋』の伝である．

●**四書中心の古典学習へ**　五経は，概して，倫理・政治の教説を理解しやすいかたちで説いているわけではなく，しかも，多様な内容からなるために統一性を欠いている．五経を中心とした従来の古典学習が難解に傾きがちであるのを解決しようとしたのが，南宋の朱熹（朱子，1130-1200）であった．朱熹は，『礼記』から抜き出した「大学」「中庸」2篇と，『論語』『孟子』とを組み合わせて「四書」とし，これに一貫した見地から注釈（『四書集注』）を加え，四書の学習を，五経に先行する古典学習として位置づけた．

『論語』20篇は，孔子の言行を伝える文献として，もともと，五経の次に位置を占めていた．『論語』の中では，孔子の人となりが，門人たちとの対話を通じて浮かび上がっており，読者は孔子に体現された儒教の理想的人格を感得することができる．『孟子』7篇は，戦国時代の思想家である孟軻（孟子）の主張がまとめられた書であり，性善説や王道政治論が雄弁に説かれている．『孟子』は，唐代までは，思想家群（「諸子」）の一つに数えられるに止まっていたが，朱熹は，唐や北宋における『孟子』顕彰の動向を引き継ぎ，これを経書の位置に引き上げたのであった．

『礼記』大学篇は，「修身から着手して，家・社会へと実践の領域を広げていく」ことが明示的に説かれており，「修己治人」という朱子学の理念が端的に示されている．「中庸篇」には，自然（「天地」）の領域と，人間の道徳・修養の領域との間に架け橋をする上で足がかりとなる記述が盛られており，その内容は，全体として抽象度が高くやや難解である．そこで，朱熹は『大学』『論語』『孟子』の順に読み進み，最後に『中庸』に取り組むよう学習の順序を定めた．

現在，常識化している「四書五経」という呼称は，朱熹によるこうした古典学習の刷新を経て，定着したのであった．朱熹が，四書を中心に置いて，古典学習を取り組みやすく改変したことは，彼の教説が，万人に共通した修養のプログラムを提供するものであったことによく対応しているといえよう．　　　［新田元規］

天の祭祀——天子たるゆえんを示す一大儀式

儒教思想の伝統にあって「天の祭祀」といえば，皇帝が，国都の郊外南に設けた円型の祭壇において天神を奉ずる祭りをさす．現在，北京には，明（1368–1644）と清（1644–1911）の両王朝が郊祀に用いた祭壇が天壇として保存されている．天壇の威容（全3層，高さ約5 m，下層部の直径約60 m）からうかがえるように，天は最高の神格であり，その祭りは皇帝がとり行う諸々の祭祀の中でも，最も高いランクに置かれた．

●**理念と機能** 天を奉じる祭祀は，一般には，祭りを行う場所にちなんで「郊祀」と称される．儒教の古典が説くところによれば，中国王朝の君主が，首都の郊外において天を祭ることは「万物を生み成すおおもと」である天の恩に報じるためであり（『礼記』郊特牲篇），かつ「天の道を明らかにし」（同前），「天の位置を定める」（『礼記』礼運篇）ためである．「天を祭ってその位置を定める」とは，観念の次元にとどまるものではない．郊祀壇には，最上段に天神を据えるほかに，太陽・月・星といった天に関係する無数の神々が，序列に応じて並べられた．「礼が郊で挙行されると，百神は職務を与えられる」（同前）というように，天の祭りは，郊祀壇の上に天神を中心とした世界の秩序を具体化するものであった．

起源への報恩，世界秩序の具体化といった意義づけとはまた別に，今日の観点からは，天の祭りに，統治者である皇帝の正当性を示す象徴機能が読み取られる．儒家の説くところによれば，天は人民を生み成すと，有徳者を選んで，人民の生活を充足させ，かつ文化的な存在たらしめる任務にあたらせる．天の祭りは，君主にとって，統治の受託（受命）を具体化し，天に由来する自身の公権性を天下に示す機会であった．天の祭りに際しては，君主が，自称として「皇帝」号ではなく「天子」号を用いるのも，「天との関係を確認する」という儀礼の趣旨にちなんでのことである．

天の祭祀が，皇帝の統治を説明づける要素のうち，天に由来する公共原理を示しているのは，祖先の祭りが血統原理を象徴していることと，一対の関係にある．ただし，天の祭りにも，公共原理のみではなく「天を祀るときに，その傍らに祖先を一人合わせて祭る」（配侑）という方式をとって，血統原理の織り込みが図られている．天と祖先の祭りを重ね合わせて行い得るのは，起源への報恩という意義において共通しているからであり（『礼記』郊特牲篇），また，祖先を天に合わせて祭ることは，この上ない孝の実践であるとも意義づけられた（『孝経』聖治章）．

●**成立過程** 天に対する尊崇とその具体化である祭天儀礼は，儒教に専有される

わけではない．元来，前漢王朝（前202－後8）で行われていた天の祭祀には，黄老思想などに由来する多様な要素が含まれており，天神の神格と祭祀の場所には度々の変更が見られた．秦の始皇帝や漢の武帝が泰山（山東省）で行った封禅儀礼もまた，皇帝が執り行った天の祭りに数えられ，これは，不老登仙を祈るという呪術めいた性格を帯びていた．

こうした従来の祭天儀礼を改変し，儒教経典の文言に裏づけをとった方式で，天を祀ろうとする動向，いわば天の祭祀の儒教化が進んだのは前漢後期（前1世紀後半）のことである．天の祭祀の儒教化は，学官の設置などと並んで，儒教が体制と一体化する動きの中心に位置していた．

天の祭祀を儒教化する上での眼目は，「郊の祭祀は，これから日が長くなるのを迎えるのであり……南郊に祭場を設けるのは，陽の方角だからである」（『礼記』郊特牲篇）といった文言に準拠して，長安の南郊と北郊にそれぞれ天・地の祭壇を設ける方式へと改める点にあり，最終的には，前漢末期に，「正月に南郊で天と地とを合わせて祭る」という方式で定着を見た．以後，歴代王朝においては，「冬至もしくは正月に，首都南郊に設けた円壇で天を祭る」という方式が踏襲され続けている．

実際のところは，儒教経典の中で，天の祭祀についての記述は体系的ではなく，断片的な記述を組み合わせて祭祀方式を構成するとなると，解釈者ごとに，理解に差異が生じる．具体的には，天神の神格をどう理解するか，配侑する祖先をどのような基準で選定するかといった重要な争点が存在し，後漢の鄭玄，魏の王粛といった学者たちによって，多くの議論が積み重ねられた．

●**式次第** 天の祭祀は一般的には次のような手順で行われた．祭礼の前日までに，皇帝と参列する官僚たちは7日にわたって斎戒を行い，会場を設営する．祭祀の当日，音楽を演奏して天神を迎えたうえで，皇帝が登壇し，壇上の天神と配侑祖を祭る．天神と配侑祖（の位牌）への奉仕は，皇帝自らによる玉・絹の献納，食事の饗応と祝文の奉読，皇帝と高官二人による献杯，という3部からなる．献杯の際には，奉仕者は，一方的に献ずるだけでなく，天神から賜った（とみなした）酒を口にすることになっており，天神に供えた肉片の下賜と合せて，奉仕に対する天神の応酬を擬制するものであった．一連の奉仕を終えると，供え物を壇下で柴に積んで燃やし，煙を立ち昇らせて神の帰還を見送る．天神に対する礼は以上で完了するが，「臣民に対して，天に由来する皇帝の公権性を示す」という意味を持つからには，天の祭祀は，郊祀壇という閉じられた空間の中での儀式だけでは完結しない．盛大な行列（鹵簿）を伴っての宮殿と郊壇との間を往来もまた，天の祭祀の重要な一部を構成していた．

［新田元規］

📖 参考文献

[1] 渡辺信一郎『中国古代の王権と天下秩序―日中比較史の視点から』校倉書房，2003

君主の即位——即位式と大喪の礼

　君主が即位する際，何らかの儀礼的手続きを踏むことで，新たに君位に登る者が適格であることが象徴的に示される．とりわけ，新たに王朝を創始し，初代の皇帝が即位するという場合は，平和裏な政権移譲であれ，武力を用いた政権奪取であれ，一応は臣従していた前王朝にとってかわるだけに，即位の正当性をより積極的に示さなければならないだろう．

　新王朝を興して即位する際に，一般に行われたのは天に対する報告（告代祭天）であった．皇帝（天子）にとっては，「天からの委任」こそが，天下を統治する根拠であるだけに，祭祀の形式をとって天に報告することが必須とされたのである．また，天への報告に先んじて，「天からの委任」が下ったことを示すための儀礼的手続きも設けられている．儒教思想において，天の意志をうかがうための手がかりとされるのは民衆の動向である（『孟子』万章上篇「天は民を介して視聴する」）．そこで，王朝を新たに樹立するにあたっての即位では，「百官と人民（特に有徳の高齢者）による推戴」が，常套的に演出され，天意が新王朝にくみしていることが誇示されたのであった．

●**儒教古典に基づいた即位式の確立**　同一王朝内において先代皇帝を継いで即位する場合について，儀礼的手続きの模範的な先例と目されたのは，西周王朝（前1027−前771）における成王から康王への伝位である．

　五経の一つである『尚書』の「顧命」「康王之誥」2篇は，成王の崩御から康王の即位にいたる過程を次のように記している．成王は危篤状態に陥ると，重臣を集め遺命（顧命）を伝える．成王がいざ崩ずると，康王を成王の寝室に迎えて喪儀を執り行わせ，遺命は文書の形式にして保管しておく．死の8日後にいたって，康王に対し「周の君となり，大法に従い，天下を調和させ，文王・武王の教えを発揚せよ」との遺命を伝え，あわせて玉器を授与する．遺命の伝達を終えると，康王は，全国の諸侯たちと一同に会し，諸侯たちから「先祖の功績を慎んで受け継ぐように」との進言が行われ，これに対して康王が協力を求める答辞を返している．

　『尚書』に見えるこうした儀礼的手続きは，後漢王朝（25−220）にいたって，実際の即位に反映されている．『続漢書』礼儀志に記録された標準的な手続きをみると，『尚書』に準拠することが標榜され，先君の崩御から時をおくことなく，遺体が安置された柩を前にして，「冊命の奉読，玉璽の授与」からなる即位式を行うことになっている（柩前即位）．後漢王朝における個別の事例で確認してみると，皇帝たちの大半は，『尚書』の日取りをさらに短縮して，先君が崩御した

当日に即位しており，これは，前漢において先帝の崩御から新帝の即位まで，20日以上の日数を開けていたのと比べて，顕著な特徴をなす．また，後漢では，「皇帝が即位の直後に，宗廟で祖先に拝謁する」という儀式も，「服喪期間中には祖先を祀らない」という礼の原則に反するものとして，新たに回避されるようになっている．これらの点から，後漢において，儒教の古典に沿った即位の儀礼的手続きが確立されたとみることができる．

なお，『春秋公羊伝』『論語』といった儒教の古典には，崩御の翌年正月や，3年間の服喪を終えた時点に，即位の節目を置いた記述が見えている．にもかかわらず，「先君の崩御から時をおくことなく即位する」という『尚書』の記述が影響力をもったのは，それが，代替わりに伴う空位の期間を短くすることができる点で，歴代王朝にとって，より現実的な即位の日取りを示していたからであろう．

●**即位儀礼の核心としての大喪**　注意する必要があるのは，「先君の遺命の伝達と公示」を中心とする即位式というのは，「即位のための儀礼的手続き」の一部分にすぎないということである．そもそも，礼学の分類において，一般に，即位式は「先帝のための喪葬」（大喪・国恤）の一部であり，歴代正史（項目「歴史書」参照）の「志」においても，「大喪」項から独立して「登極」の項目が立てられたのは，二十四史の最後，『明史』にいたってのことであった．

もう一度，『尚書』の先例に立ち戻ると，康王之誥篇の末尾には，諸侯との会同を終えた後「康王は冕服（祭祀に用いる礼服）を脱いで，また，喪服を着用した」とある．つまり，即位式を済ませると，新帝はすぐさま喪葬儀礼に立ち返らなければならないのであった．伝統時代の通念にあっては，即位式より，むしろ，喪葬こそが，即位の儀礼的手続きの核心に位置している節すらあり，先帝のための喪葬を適切に挙行できない場合には，皇帝としての資質を欠くとみなされ即位の取り消しや（前漢の昌邑王劉賀），皇帝の更迭（南宋の光宗）さえもが正当化された．また，論者によっては，「喪葬の模範的挙行が重要」という観点を極端化させて，「成王の埋葬を終えていない段階である以上，康王の君臣は喪服のまま即位式を行うべきであった」（北宋の蘇軾）と，『尚書』の先例にすら瑕疵を見出している．

公人たる皇帝にとって，父の喪葬を執り行うことは，家族のための私事として軽視されるどころか，むしろ，公的職位に就くうえでの適格性（孝倫理を体現しているか否か）が試される重要な関門となった．大喪のこうした重要性に比べるなら「即位のための儀礼的手続き」の中で，即位式の意義は限られたものである．この点には，儒教思想が即位の儀礼的手続きのあり方を根幹の部分で方向づけていたことがよくあらわれている．

［新田元規］

📖 **参考文献**
[1] 金子修一『中国古代皇帝祭祀の研究』岩波書店，2006

死の儀礼——孝の実践としての三年の喪

　死者を送るための喪葬儀礼は，帝制末期（17〜19世紀）には，全国的にある程度の規格化が果たされており，規格は大筋で，儒教の方式に基づくものであった．以下に論じるのも，共通規格となっていた儒教式の喪葬である．なお，「冠婚葬祭」という総称にみられるように，今日の日本では，死者を送る儀礼を「葬」とするが，中国では，これを「喪」という字で表し，「喪」全体のうち，埋葬の段階を特にさして「葬」とよぶ．

　喪葬は，死者，それも主としては肉親の死者に奉仕する儀礼であり，「孝とは，生時の奉仕と，死後の喪・祭とを，礼にかなったやり方で行うことだ」（『論語』為政篇）と説かれるように，生前における奉養の延長として重要視された．『論語』を典型として，儒教思想では，喪葬を「孝」倫理の実践として意義づけるのが主であり，反面，死後の世界や霊魂のあり方と関わらせて論じることは少ない．

　もっとも，儒教式の喪葬にあっても，死後の霊的存在という観念を欠くわけではない．『儀礼』（戦国時代〈前403-前221〉の成立とされる）に定められた喪葬は，当時の習俗に根ざすであろう「たまよばい」「たまやすめ」といった儀式を含んでいる．また，『礼記』（戦国から秦漢の成立）の中では，魂気（霊魂のうち陽の性質からなる部分），魄気（陰の性質からなる部分）という分類を用いて霊魂のあり方が論じられており（郊特牲篇），後世には，位牌と墓がそれぞれに魂気と魄気の宿り場として役割を分担すると考えられた．

●**五服制と三年の喪**　死者の遺族が，死者を葬りその霊魂を休めるための儀式を進行しつつ，自身の衣食住にも制約を加えて謹慎生活を送ることを，「喪に服する」といい，喪葬儀礼の一半をなす．喪は，着用する衣服，期間の長さに応じて，謹慎の度合いが重いものから順に，斬衰三年，斉衰一年，大功九月，小功五月，緦麻三月の5等級に分けられる（五服制）．5等級のうち，いずれの喪に服するかは，死者との続柄に応じて決まっている．

　父が亡くなった場合には，子は，斬衰服を着用して足かけ3年の長きにわたって喪に服する．斬衰服は，目の粗い麻布でつくられ，布の端が縁縫いをしないまま断ち放しにされている．加工の少ない粗末な素材を用いるのは，あえて平常時から離れた衣服を着ることで，悲しみの痛切さを表現するためである．食・住の制約をみると，死後3か月は，朝夕に粥をすするだけの食事にとどめ（死後三日は食事を絶つ），一周忌までは居室を離れて門内に設置した藁ぶきの小屋で寝起きする．孔子と孟子は，この三年の喪を，身分・時代に関わりなく実践すべき普遍的な儀礼（『論語』陽貨篇，『孟子』滕文公上篇）であるとし，その大切さを強

調している．礼が，父母のための服喪期間を3年と定めているのは「感情をはかって制度を定める」（『礼記』三年問篇）とあるように，服喪者の悲しみをほどよいところに調節し，また，健康や，社会生活とのバランスを取るよう考慮してのことであるとされる．「感情をはかって……」という一文以外にも，古典の中では，喪葬儀礼を素材にして，礼の機能や基礎づけを理論的に説明している文言が多い．これは，喪葬が，礼の発展において中心の位置を占めていたことの表れである．

なお，服喪の等級を示す五服制は，喪葬の時点で意味をもつだけでなく，平時においては，法律用語として用いられた．服喪の等級は，父母が3年の喪，兄弟が1年の喪，従兄弟が9か月の喪……，といった具合に，続柄の遠近に対応している．そのために，法律上，五服が親等を表示するはたらきをもった．

●**喪葬儀礼の手順** 『儀礼』士喪礼篇は，シナリオ形式で喪礼の詳細な手順を定めている．死亡の時点では，まず，屋根にのぼって死者の衣服を振りかざし，死者の復活を祈る．これが「復」とよばれる「たまよばい」の儀式である．「復」を終えると，死が確定したものとして本格的な喪葬に移行する．遺体を床に安置して，歯・髪・爪などの身づくろいを整え，死の翌日には，遺体の衣服を着せかえ（小斂），その翌日，すなわち死亡日を含めて3日目に，遺体を梱包して棺に納め（大斂），安置のために仮に埋葬する（殯）．この状態で3か月にわたって安置し，それから本埋葬を行う．この間，遺体・霊魂に対する一連の取扱いと合わせて，死者を送る側についても，前述した衣・食・住の生活様式と，「踊」（足を踏み鳴らす）や「哭」（声を出して泣き叫ぶ）といった感情表現の強度・頻度とがこと細かに定められている．

三年の喪の場合には，埋葬の後，儀式は以下のように進む．埋葬を終えて帰宅すると，まず「たまやすめ」（虞）を行い，この時点からは，「哭」を行うにも，感情が喚起するごとにではなく，朝夕の決まった時節でしか行わなくなる（卒哭）．後世に流通した朱熹『家礼』の方式に従うと，埋葬を終えてより後は，霊魂の依代として，死亡当日に作成した絹製の魂帛に代わって，木製の位牌（神主）を用い，生時と同じように居室で奉安する．この後，一周忌（13か月），二周忌（25か月）の時点でそれぞれ，小祥・大祥とよばれる節目の祭りを行い，段階的に，喪服を平服に近いものへと着替え，生活上の制限を解除していく．最終的には，死後27か月の時点で，喪明けの祭祀（禫祭）を行い，死者の位牌を，歴代の祖先が祭られている宗廟に安置して喪を終える．これ以後は，死者は祖先の一人として祭祀による奉仕の対象となるのである．

［新田元規］

📖 **参考文献**
[1] ジェイムズ・L・ワトソンほか編，西脇常記ほか訳『中国の死の儀礼』平凡社，1994

祖先祭祀——亡き父祖のための孝養

　儒教の徳目の中で，父祖に慎みの心をもって事える「孝」は特に重んじられた．孝を行うべきは，父祖の在世時に限らない．「孝とは，生時には礼に則って事え，死後には礼に則って喪祭を行うことである」（『論語』為政篇），「生前と同様に死後に事えるのが最高の孝」（『礼記』中庸篇）なのであり，死後も父祖に孝を尽すため，鄭重に祖先を祀ることが求められた．

●**霊魂の存続と親族結合**　儒教の古典をみる限りでは，祖先を祭る意義は，主には，祀る側，すなわち生者の側にとっての倫理的な面に求められている．だが，伝統時代の通念のうえで，祖先祭祀は「死者が霊魂の次元で生き続けることを可能にする」といういわば「生命の存続」の意義をも担っていたとされる．父祖の生命力（血気）を引き継いだ子孫が，祭祀を継続し，父祖の霊魂にはたらきかければ，霊魂はそのつど生命力を付与される．祭祀を行う男子がいなくなることは，霊魂の「無」化，要するに「死」を意味するものである．「後継ぎがいないのは最大の不孝だ」（『孟子』離婁上篇）という文言が切実に受け止められたのは，先祖の（霊魂の次元での）生存に関わってのことであった．

　もう一つ，祖先の祭りの意義としては，親族の構成員の間における共同意識を涵養する点があげられる．祖先の祭りが，親族の結びつきを強める契機となり得るのは，共通の祖先を祀る際には，必然的に，親族が一堂に参集して相互の続柄を確認し，父祖からひとしく「血気」を受け継いでいることを実感できるからである．『礼記』が，「祖を尊ぶ」ことと「一族をまとめる」「族人と親睦する」ことは一連の実践であると述べているのは（大伝篇），祖先祭祀が担った「親族の結合」という意義を端的に表現している．

●**古典に見える祖先祭祀と宋代における新方式の考案**　祖先の祭りの模範的手順は『儀礼』の「特牲饋食礼」「少牢饋食礼」2篇に詳細に定められている．両篇は，それぞれ士，大夫という古代の下級貴族を対象にしており，供え物とする犠牲肉の種別（特牲は豚，少牢は豚・羊）によって等級を表示している．日取りの選定から始まり，来賓の招待，犠牲獣の解体，供物の調理，儀場の設営といった準備を経て，祭りの山場となるのは，供物の奉進と酒の献酬である．「孝なる子孫であるわたくしが，動物ほか諸々のよき供物を，祖先某さまとそのご夫人にお進めいたします．どうかお受けください」と祝文が読みあげられると，祖先役をつとめる「尸」（かたしろ）が入場し，実際に，供物を口にする．食事を終えると，主人とその妻，それに賓客の代表者の計3人が，尸との間で酒杯を酌み交わし，さらには，列席する族人たちに祖先の恵みが広く行きわたるように，酒杯をまわ

し飲む.

　『儀礼』に見えるこうした手順は，煩雑にすぎるきらいがあるため，後世の儒教知識人たちにとっては，大枠では『儀礼』方式に準拠しながらも，より実施しやすい祭祀の方式を新たに考案することが，重要な課題となった．特に，司馬光・朱熹ら宋代（960-1279）の思想家は，この課題に熱心に取り組み，道教・仏教の影響下にあった祭祀の習俗を儒教式に改めることを試みた．朱熹が立案した祭祀方式は，彼が編纂した『家礼』（冠婚喪祭と日常の礼儀作法を定めた手引き書）にまとめられている．

　『家礼』の祭祀方式は，供物の奉進と代表者による献酒を中心とする点で古典方式に沿うが，尸を立てて祖先への饗応を演出することはせず（尸を立てないことは早くから一般化していた），代わりに位牌（神主）を置いてこれに奉仕することを定めている．位牌に食物を供えると，3人の献者が位牌の前に置かれた茅の束に酒を注ぎ，「酒杯を満たし，食物にさじを立てる」という形式で，祖霊の飲食を表現する．『家礼』に従うならば，こうした手順による祖先への奉養は，相当な頻度で励行されなければならない．具体的には，四季ごとに（2・5・8・11月）父から高祖父までの祖先とその夫人を祀り，さらに，立春・清明節・冬至などにも，それぞれの時節に応じた祖先を祀ることになる．

　『家礼』の祭祀方式には，手順や頻度の他に，「実施者の身分に応じた区別の捨象」という重要な特徴がある．古典方式では，祖先一代につき，一つの廟（みたまや）を立てることになっており，「王は七廟，諸侯は五廟，大夫は三廟，上級の士は二廟，下級の士と庶民は廟を設けない」（『礼記』祭法篇）といった具合に，廟の数によって，何代先の祖先までを祀り得るかが表示され，祀り得る祖先の範囲は身分に応じて定められていた．ところが，朱熹は，地位に応じた区別を取り去り，「住居に併設する単一の廟（『家礼』は祠堂とよぶ）において，父から高祖父まで四代の範囲で祖先を祭る」と一律に定めたのである．

　朱熹が身を置いていた宋代は，科挙体制の確立にともなって，科挙と関係する知識人階層が新たに析出された時代にあたる．彼らは，必ずしも官僚身分を獲得できるわけではなく，また，官僚身分を獲得したとしてもその身分は一代限りの不安定なものであった．朱熹が定めた祭式は，「身分の区別」を取り去っている点で，新しい儒教知識人層の身分面の条件に適合していたといえる．また，「身分の区別」を取り去った祭式は，知識人層だけではなく，論理の上では，庶民層をも実践の担い手に包含し得るものであり，「喪葬と祭祀を行えば，民の徳は醇良なものとなる」（『論語』為政篇）という言葉どおりに，祖先祭祀を梃子にした教化の浸透に道を開くものであった．

〔新田元規〕

📖 **参考文献**

[1] 小島 毅『中国近世における礼の言説』東京大学出版会, 1996

易の占い──数の変化を八卦に象る

『周礼』春官・大卜に「三易の法を掌る．一に曰く連山，二に曰く帰蔵，三に曰く周易．その経卦は皆，八．その別は皆，六十有四」とある．「経卦」とは基本となる卦をさし，「別」とはそれを重ねたものをさす．「連山」「帰蔵」の法は伝説のみで，現在まで伝わるのは，ただ「周易」の一種があるだけ．「易」とは，鄭玄の注に「蓍の変易の数を揲え占ふべき者なり」と説く．「周易」（周は代名）は，蓍の変化の数を数えて八卦の象を得，卦象により吉凶を推測するが，奇（陽）と偶（陰）の二画を三重に重ねて八卦（図1）を導き出し，さらに八卦を重ねて六十四卦（図2）を得て占う．

●**卦を求める方法**　『周易』の蓍を揲えて卦を求める方法については，『周易』繋辞上伝によれば，50本の蓍を「大衍の数」となし，その中から1本を取り出して外に置き（太極に象る），蓍の数の変化に参入しないので「その用は四十有九」とし，以後，四営を経て一変の数が得られる．第一営は，49本を任意に左右2つに分ける．第二営は，右の中から1本を取り出して指（小指）に「掛」けて置く．第三営は，左右の蓍をそれぞれ4本ずつ数える．第四営は，左右のそれぞれの余り（一か二か三か四）を指の間に挟んで置く．「奇」とは余りの数をさし，「扐」は指の間のこと（図3）．この四営，すなわち二つに分け，一を掛け，四を

乾 ☰　兌 ☱　離 ☲　震 ☳　巽 ☴　坎 ☵　艮 ☶　坤 ☷

図1　八　卦

上篇	1 乾	2 坤	3 屯	5 需	7 師	9 小畜	11 泰	13 同人	15 謙
			4 蒙	6 訟	8 比	10 履	12 否	14 大有	16 豫
	17 随	19 臨	21 噬嗑	23 剥	25 无妄	27 頤	28 大過	29 坎	30 離
	18 蠱	20 観	22 賁	24 復	26 大畜				
下篇	31 咸	33 遯	35 晋	37 家人	39 蹇	41 損	43 夬	45 萃	47 困
	32 恒	34 大壮	36 明夷	38 睽	40 解	42 益	44 姤	46 升	48 井
	49 革	51 震	53 漸	55 豊	57 巽	59 渙	61 中孚	62 小過	63 既済
	50 鼎	52 艮	54 帰妹	56 旅	58 兌	60 節			64 未済

図2　六十四卦

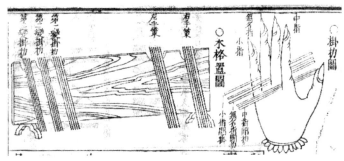

図3　1本を小指に「掛」け左右の余りを薬指・中指「扐」に帰す
[馬場信武『易学啓蒙図説』掛扐図, 1700]

揲え, 奇を扐に帰すること, これを第一変と称する. これが「四営して易を成す」である. 一変の後, 一を掛け奇を扐に帰した数を除く. それから左右の蓍を混ぜ合わせ, 再び四営の順序によって数える. これが第二変である. 二変の後, 再び残った左右の蓍を混ぜ合わせ, 四営の順序によってもう一度数える. これが第三変である. 三変の結果, その全体の余りの数によって, 卦象中の一画(爻という)が得られる. 十八変を経て, 六爻の形象を得, 一卦をなす. これが「十有八変して卦を成す」である(『周易』繋辞上伝).

●**『周易』の起源**　亀甲や獣骨を灼いて生じさせた兆象によって吉凶を判断するのが「卜」, 蓍草を数えることで得られた卦象によって吉凶を判断するのが「筮」である. その起源はどちらも殷代までさかのぼる(卜辞上の数字卦は殷代の筮占の例).『周易』繋辞下伝に「易の興るや, それ中古におけるか, 易を作る者は, それ憂患有るか」, また「易の興るや, それ殷の末世, 周の盛徳に当たるか, 文王と紂との事に当たるか」と殷代の亀卜から周代の筮占(周易)への転換を説く.

●**出土した易占と卜筮併用**　『周易』は, 卦画・卦名・卦辞・爻辞から構成される経部分と, 彖上下伝・象上下伝・文言伝・繋辞上下伝・説卦伝・序卦伝・雑卦伝から構成される伝部分(十翼という)とからなる. 易占の使用を物語る実例として, 戦国中期の卜筮と祭祷に関する記録(卜筮祭祷記録)が出土している. そこには『易』の卦画が記される(『左伝』に見える本卦と之卦のように卦画を並記する)が, 同じ卜問(貞問)で甲骨卜も同時併行で行われており, 卜筮併用の実態が明らかになった.

[近藤浩之]

📖 **参考文献**
[1]　陳偉『包山楚簡初探』武漢大学出版社, 1996
[2]　三浦國雄『(増訂)易経』東洋書院, 2008
[3]　朱伯崑著, 伊東倫厚監訳, 近藤浩之編『易学哲学史』朋友書店, 2009

風水の占い——大地の気を求めて

　風水とは，都城・村落・家屋など人々の生活する施設（陽宅とよばれる）や，死者を安置する施設である墓（陰宅とよばれ，今日では納骨堂も含まれる）を築くにあたって，吉とされるような地形・方位や，造営の時期などをさし示す占術の一つである．伝統的にはむしろ「地理」や「堪輿」とよばれることが多かった．

　なぜ陽宅だけでなく陰宅にも関心を寄せるかといえば，祖先を葬った墓や納骨堂が風水の基準に照らして吉であるか凶であるかにより，子孫たちの禍福が大きく左右されると考えられてきたからである．陰宅についてのこうした考え方は，祖先を子孫たちに恵みをもたらす者とみなして崇拝する中国人の祖先観や，共通の祖先を旗印として多数の家族が団結するという，中国的な親族組織のあり方と，ある程度まで重なり合うものといえよう．

　さて，占いというものには，大きく分けて「もはや定まっている未来をあらかじめうかがい知る」「まだ定まっていない未来を，自身にとって有利な（あるいは他者にとって不利な）方向へ導く」という二つの目的があり得るけれども，風水はおのずから，後者の目的に供せられる占術に分類することができる．

●**吉とされる地形の条件**　ある施設が風水の基準に照らして吉とされるためには，何よりもまず，地中を動き回る「気」をとらえ，それを蓄え込むことができなくてはならない．そのために風水の占いにおいては地形の良否が極めて重視され，具体的には「龍」「穴」「砂」「水」という四つの構成要素に注目して，地形の吟味が行われる（図1）．龍は龍脈ともよばれ，気が地中を流れてゆく道筋である．一般には地表に細く長く連なった山々の姿が，気の流れを可視的に示す標識であるとされる．その起点は，世界の中心にそびえ立つという崑崙山に求められる場合が多く，龍は血管のように分岐を繰り返しながら，大地の隅々にまで気を送り届ける．やがて気は，龍が小さく枝分かれした，一つひとつの末端から地上に湧き出すとされるが，あたかも泉のようなそうした地点が穴とよばれ，陽宅にせよ陰宅にせよ，穴に臨んで造営されることが，吉とされる施設であるための大前提となる．ところが気は，風に吹

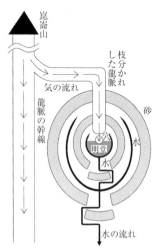

図1　理想的とされる地形の模式図
［水口拓寿『風水思想を儒学する』風響社，2007］

き散らされやすい性質をもつとされたため，穴と陽宅・陰宅を壁のように囲んでくれるものがなければ，湧いて出た気をその場に保っておくことができない．こうした役割を果たす山や丘のことを砂とよぶのであり，それは文字どおりの砂山でなくても構わない．気はまた，地表が水によって区切られると，その向こう側へ漂ってゆけなくなると考えられたため，砂に加えて川や池などが，穴と陽宅・陰宅を取り囲むような地形であれば，気を蓄え込むために一層望ましいとみなされることになった．なお，理想的な地形をもった土地が得られない場合には，地形を人為的に改造して理想に近づけることが容認される．

●**風水に対する士人の態度** 前漢〜後漢（前202−後220）の頃にはすでに，陽宅と陰宅の両方について風水の世界観や技法が形成されていたと推定できるが，特に宋代（960−1279）以降，士人から庶民にいたる幅広い人々の間で，未来を切り開くための占術である風水が，空前の規模で流行するようになった．その背景として，官職世襲の否定に伴って社会階層が流動化したことと，出版文化の成長に伴って風水書籍が大量に流通するようになったことが指摘されている．こうした中にあって，北宋の司馬光（1019−86）は風水を荒唐無稽であると断じただけでなく（この言説は，彼以前の知識人たちにもみられたものである），陰宅に適した土地を得られるまで，あるいは埋葬に適した時期が巡ってくるまで，祖先の遺体を果てしなく自宅に留めておくという風潮の高まりを見とがめ，風水の流行を，人々に不孝の罪を犯させるものとして強く非難した．これに対して南宋の朱熹（1130−1200）や，朱子学の系譜に連なる士人たちは，風水に対してむしろ肯定的な態度を取るようになった．彼らは，気の理論を一つの柱とする自らの世界観の中に，風水というものを積極的に位置づけようとしたのであり，また正しい技法の伝承が絶えてしまった（と彼らが判断した）卜筮（ぼくぜい）に代えて，風水によって墓の場所を選ぶことを承認したのである．朱子学の地位上昇に伴って，士人たちの間で風水を荒唐無稽視したり，その流行に真っ向から反対したりする者は減少していった．ただし，かつて司馬光が非難の対象とした停柩（ていきゅう）の風潮は，元〜明（1276−1644）を経て清代（1644−1912）にいたっても一向に止むことなく，この問題は1,000年近くにわたって，士人たちの悩みの種となり続けた．

●**中国大陸における風水の現在** 中華人民共和国成立後の中国大陸で，風水は迷信として政府の禁止を被った．こうした状況は1990年代から緩和に向かったが，それと入れ替わるように，風水は青山白化（せいざんはっか）と称する環境破壊の原因として，改めて警戒の対象となった．「青い山が白くなる」とは，コンクリート製やタイル貼りの墓が，山肌を覆うように続々とつくられる様子をさす言葉である． ［水口拓寿］

📖 **参考文献**
[1] 渡邊欣雄『風水の社会人類学—中国とその周辺比較』風響社，2001
[2] 水口拓寿『風水思想を儒学する』風響社，2007

兵法──合理的兵法と呪術的兵法

　武田信玄（1521-73）の軍旗「風林火山」で有名な「疾きこと風の如く，徐なること林の如く，侵掠すること火の如く，動かざること山の如し」は，中国兵法の最高峰として名高い『孫子』に由来する言葉である．『孫子』の作者とされる孫武は，春秋時代（前722-前468）末期の呉王闔閭に仕え，闔閭を覇者の地位にまで押し上げた軍師として知られている．周王朝の権威が衰退した春秋時代では，「春秋の五覇」とよばれる5人の覇者が次々と台頭し，周王を補佐するという名目で覇権を争った．さらに戦国時代（前403-前221）に入ると，周王朝の権威は完全に失墜し，各国が領土拡張をめぐって争う戦乱の世となる．こうした時代状況に伴い，戦争形態にもきわめて大きな変化が生じてくる．

●**戦争形態の変化**　春秋時代の戦争は，約束の日時に所定の場所へ両軍が集結し，開戦の合図で戦闘を始めるというもので，その担い手は士（貴族）であった．戦車部隊を主力とするため，両軍が対峙できる平原などが主戦場となり，車上からの射撃や矛・戈による打撃など，戦闘には一定の技能が必要とされた（図1）．兵力は数百人から数万人，勝敗は数時間から数日程度で決し，敗れた場合は，金銭の譲渡や領土の割譲などで講和が結ばれる．その規模は比較的小さく，貴族同士が正面から戦う春秋時代の戦争は，今日のスポーツ的な要素を含むものであった．これに対して戦国時代の戦争は，国家の存亡をかけた総力戦といった様相を呈してくる．主力は戦車から歩兵・騎兵へと移行し，士に加えて民もその重要な担い手となった．

　そして多様な機動性をもつ歩兵や騎兵は，戦車では走行不能な地形も巧みに利用し，多彩な戦術を繰り出すようになる．兵力は数十万から百万，戦闘期間も数年から数十年を要する大規模なものとなり，敗北は国家の滅亡を意味するようになった．春秋時代から戦国時代への転換期に登場した『孫子』の兵法は，こうした歴史的背景と密接な関わりをもつ．

図1　中国古代の戦車
［『五経図彙』］

●**『孫子』の軍事思想**　孫子は，詭道（だまし合い）こそが戦争の本質だと喝破し，自軍は敵の正確な情報を得る一方で，敵には常に偽りの状態を示すことを提唱した．その神出鬼没の作戦行動が「風林火山」の用兵法であり，そこでは戦況に応じた臨機応変の戦術が説かれている．孫子はまた，個々の兵士の戦闘力には期待

せず，全軍が一丸となって力を発揮する「勢(せい)」を重視した．これは，十分な戦闘訓練を受けていない民が軍の主力となっていたためであり，そうした中で最大限の効果を発揮するための方策であった．しかしながら，孫子は決して戦争を奨励していたわけではない．冒頭の（始(し)）計篇には，「戦争は国家の重大事なので，よくよく考えた上で行わねばならない」と記されている．間諜(かんちょう)（スパイ）からの情報をもとに，開戦前に祖先の宗廟(そうびょう)で彼我の戦力分析を行う廟算がそれであり，天候・地理的条件，将軍・兵士の優劣などを比較し，勝利を確信した上で開戦に踏みきる．そしてたとえ自軍が有利な場合でも，孫子は謀略などを駆使して人的・経済的損失を最小限に抑えて勝つことを最上とした．当時は，天文現象や鬼神のお告げなどから勝敗を占う呪術的行為が横行していた．これらを迷信として退ける『孫子』の兵法は，当時においては突出した合理性を備えていたといえる．

●**兵書の総合化** 『孫子』の登場以降，戦国時代を中心に多くの兵書が作成された．『孫子』の兵法を継承・発展させた『呉子(ごし)』『尉繚子(うつりょうし)』，司馬穰苴の編と伝わる『司馬法(しばほう)』，太公望呂尚に仮託された『六韜(りくとう)』『三略(さんりゃく)』などがそれである．そして北方異民族の侵入に悩まされた北宋期（960-1126）には，軍事教育の必要性から，前述の6書に唐代の兵書『李衛公問対(りえいこうもんたい)』（唐の太宗李世民と名将李靖との問答）を加えた「武経七書(ぶけいしちしょ)」が編纂される．これ以後，「武経七書(ぶけいしちしょ)」は中国兵法の中核として継承され，わが国にも伝来して武士の必読書となった．

●**呪術の兵法** 天文現象や鬼神のお告げなどから勝利を予測することを，『孫子』は迷信的行為として強く否定した．しかしながら古代中国では，こうした兵法もかなり強い影響力をもっていた．それは主に陰陽五行思想に基づくことから，「兵陰陽(へいいんよう)」とよばれる（ちなみに，権謀術数を主とする『孫子』『呉子』は「兵権謀(へいけんぼう)」とよばれる）「いつ軍隊を発動すべきか」「どの国と戦うのが有利か」などの軍事上の重要事項を，天文現象や陰陽五行の理論，鬼神のお告げなどで判断しようとするのが兵陰陽の兵法である．例えば陰陽五行思想では，冬は水の属性をもち，水は火に勝つ．火は南の方角をさすので，冬は南方を攻撃するのが有利，という具合である．非科学的にみえるこうした理論も，当時においては最先端の科学であり，それを踏まえた兵陰陽の兵法も広く支持されてきた．

中国の軍事思想は，呪術的兵法を真っ向から否定する『孫子』の思想を中心に展開してきたものの，その陰で兵陰陽の思想は生き続け，その一部は明代の総合的兵書である『武備志(ぶびし)』にも収録されている．『孫子』が否定する兵陰陽の用兵法もまた，中国兵法の一角を担い続けたのである．　　　　　　　［福田一也］

📖 参考文献
[1] 金谷 治『新訂 孫子』岩波文庫，2000
[2] 湯浅邦弘『よみがえる中国の兵法』大修館書店，2003
[3] 浅野裕一『孫子を読む』講談社現代新書，1993

居敬窮理──聖人になるための方法

　中国近世において儒教を再生させた朱子学は,「聖人学んで到るべし」すなわち,誰もが努力することによって聖人になれるということを旗印にした. ここにいう聖人とは, 孔子に象徴されるような人格の完成者であり, 旧来の儒教のいうような文化の作者や聖王ではない. 孔子が70歳の境地として語った「心の欲する所に従いて, 矩を踰えず(世の中の規範から外れない)」(『論語』為政篇) という言葉は, 朱子学のめざす聖人の境地を最も端的に表現している. すなわち, 朱子学のいう聖人とは, 心の実感と世間の規範や秩序とが自然に調和した存在なのであった.

　居敬と窮理は, 朱子学における聖人になるための学問・修養の方法である. 朱子(朱熹, 1130-1200) は, 居敬と窮理とを, 車の両輪のように, 鳥の両翼のように, 互いに他を不可欠とする方法であるとした.

●居敬　居敬(敬に居る)は, あるいは持敬(敬を持す)ともいわれ, 心を「敬」の状態に保つことによって, 意識を覚醒し, 修養への主体性としての心を見失わないための方法である. 経書にも散在する「敬」の字の原義は, つつしむ, うやまう, おそれかしこまる(畏敬)などであるが, この「敬」の字を修養方法として意識的に取り上げたのは北宋の程頤(1033-1107)であり, 朱子はその継承者を自任していた.

　程頤は「敬」を主一無適(心を一つところに集中させて, 他へそれていかないようにする)と定義し, そのための着手点として, 整斉厳粛(容貌や服装を整えて, 立ち居振る舞いを厳粛にする)を強調した.

　程頤を受けて, 朱子は, 自らの修養論を支えるものとして「敬」を再強調する.「敬」とは, 例えば上下関係の下位の者が上位の者に対するときのような(うやまう), あるいは祭祀や賓客の接待などの粗相の許されない厳粛な場面のような(つつしむ), 特定の場面における緊張感を, 日常のあらゆる場面で意図的につくり出そうとする方法である. そして, そのための方法として, 顔つきや服装, あるいは言葉遣いや立ち居振る舞いを意識的に整えることが求められた.

　いわば心の緊張感を高め, 目の前のことがらに意識を集中させるというにすぎない心の修養を, 朱子たちはあえて「敬」と名づける. それは, 特殊ではあるが誰もがイメージできる場面の心の状態をモデルにすることによって, そしてそのために外面や形式を整えるという具体性が求められることによって, 心の修養が陥りがちな独りよがりやごまかし, あるいはとりとめのなさを克服せんとしたからであった.

●**窮理** 窮理は格物窮理ともいい，四書の一つ『大学』の「格物」という言葉を朱子が「事物の理に窮め至る」と解釈したことに由来する．

　朱子学においては，あらゆる物事には「理」があり，それを一つひとつ「窮」めていくことによって，心の機能が十全に発揮され，心の実感と外界の規範や秩序との調和が獲得されるとする．

　ちなみに，明治（1868-1912）の初め日本が西洋の学問を輸入した際に，現在の物理学を当時の人たちは当初「窮理学」とよんでいた．さらにいえば，今日でも一般に用いられる物理学・地理学・倫理学・心理学といった名称の「○理学」という形式は，近代科学というものがそれぞれの対象領域における窮理学と受け止められていたということを物語っている．しかし，物理学が物の「理を窮める」学問であり，心理学は心の「理を窮める」学問であるとしても，今日の我々がそこに想定するものと，朱子学がいう「理を窮める」とは同じではない．朱子学の窮理は，未知の真理の客観的・実証的探求ではないからだ．

　朱子にとって「理」は未知のものではない．「理」はむしろ自明のものであり，ものごとの自然さによって裏打ちされている．したがって，この「理」を「窮める」とは，現実の事物に裏打ちされた「理」の絶対性（どうしてもそうでなければならないということ）を心底思い知ることにほかならない．窮めるべきは，心における実感なのだ．このことは，朱子が窮理の第一義を，経書を読むことに求めたことにも関連する．経書という既成の価値を柔順になぞることを通して，外界の規範や秩序の絶対性を心底実感できたならば，いわば「矩を踰えるようなことは，心は欲しない」という意味において，人は聖人になれるのであった．

●**居敬窮理の有効性**　「聖人学んで到るべし」という旗印にもかかわらず，朱子学以降，朱子自身をも含めて，聖人は現れていない．居敬，窮理は，聖人になるための方法としては無効であったと言わざるを得ない．むしろ朱子にとっては，居敬と窮理が終わらない方法であったことに意味があったのだ．朱子学の真骨頂は，聖人になれることを信じ，自己向上の道を歩み続けることそのものにあったのである．

　この方法の有効性に疑問をもった王陽明（王守仁，1472-1528）は，「聖人学んで到るべし」の前提そのものを否定する．そして，学ぶまでもなく自覚ひとつで誰もが常にすでに聖人であるとして，朱子学を批判したのであった．

　陽明は，朱子学のように外界の事物の「理」を窮めることを否定し，窮理は自らの「心」においてこそ行われるべきであると主張する．そして，格物の「格」を「正す」の意味とし，格物窮理とは自らの心の実感的判断で物事を正していくこととする．このように心に全幅の信頼を寄せた陽明にとっては，朱子が心の主体性を保つために示した居敬という方法は無用となり，陽明は居敬を蛇足としてしりぞけた．

〔垣内景子〕

気功——気を用いた健身法

　気功とは気を用いた健身法である．気は，全宇宙に行き渡って常に流動変化し，凝集したり拡散したりしながらさまざまな相を現し，あらゆる生命のはたらきに参与するものと考えられている．唐（618-907）頃の道教経典『元気論』は，気は人の根本であり，臓腑筋脈は枝葉のようなものだから，もし根本が絶えれば枝葉は枯れるという．生命の根本が気であることを悟った古代の中国人は，なるべく良質な気を自らの身体に取り入れることで，天地万物の営みと同調して病を癒やし，できることなら天地の悠久の寿命をも手に入れたいと願ってきた．

●**今日の気功**　中国において気功という語が一般的に使われるようになったのは，1950年代以降である．1950年代に気功家の劉貴珍が『気功療法実践』という気功療法の専著を上梓し，唐山や北戴河の気功療養院の創立に尽力して，伝統的な気の健身法と伝統医学とを気功医学として蘇えらせた．これがきっかけとなって数多くの気功療養施設と気功書が生まれ，1970年代の全国的な気功ブームにつながった．

　近年出版された気功書を見ると，必ず記されているのは，身体の力をゆるめて精神を落ちつけること，座・立・臥・行などそれぞれの正しい姿勢を取ること，丹田や命門（いずれも下腹部）あるいは治療すべき臓腑を守るように念じること（あるいは意念をどこにも向けないこと），呼吸をして体内の気を煉ることである．これらの要素はいずれも伝統的健身法から受け継がれたものである．気功は，意念のはたらきが中心となって呼吸や身体のはたらきを導くものであるから，有酸素運動のような効果が求められているわけではない．また，身体運動を伴うものもあるが，『呂氏春秋』尽数篇に「流水は腐らず，戸枢は蠹まれず」というように，身体を流れる気が滞らないようにすることが目的であるから，汗が出るくらいを限度に身体を動かせばよいのであって，筋力を鍛える必要はない．

●**気功の源流**　今日の気功の源流にあたる健身法については，いくつかの古文献に意味深長なごく短いことばで語られていて，具体的にどのようなことが行われていたのか，はっきりとはわからない．例えば，戦国時代（前403-前221）の『荘子』刻意篇に見える「吹呴呼吸，吐故納新，熊経鳥伸」（寒温の息を吐く呼吸法を行い，古い気を吐き新しい気を入れ，熊のようにぶらさがり鳥のように伸びをすること），同大宗師篇に見える踵息（喉ではなく踵で行う深い呼吸），前漢の馬王堆三号墓から出土した竹簡『十問』に見える「日月に向かってその精光を吸う」こと（十問）や，房中の相手である女性から「気を吸って脳を充たす」こと（七問），後漢の『昌言』に見える胎食などがあげられる．

後に多くの人々が，身体修養によってそれらの文献を解釈する努力を重ね，より具体的な実践方法として発展させてきた．例えば，日月や五星の気を念じてそれを体内の特定の部位に導き入れる服気法（晋『抱朴子』雑応篇他）は，日月の精光を吸う方法をより追究したものであり，肝なら"嘘"，腎なら"吹"という臓腑によって特定の音を出しながら息を吐く補瀉法（または「六字気訣」，唐『黄庭内景五臓六腑補瀉図』他）は，吹呴呼吸を発展させたものであろう．体内の気をめぐらせる行気法にはいくつかの方法があり，丹田に長寿のシンボルである亀をイメージし，その亀が呼吸をすることで気を四肢の隅々にまで行き渡らせる方法（六朝『老子中経』），丹田の気を背骨沿いに上昇させて脳に汲み上げ，それを口から飲んで再び丹田に戻す周天功（唐末宋初『霊宝畢法』他），母胎の中にいる胎児の呼吸をまねて鼻や口による呼吸を抑制し体内の気を呼吸する胎息（『抱朴子』釈滞篇他），五方の気を飲み五臓に導き入れる（例えば五行の木に配当される東方の気は木の色である青色で同じく木に配当される肝に導かれる）服五牙（または五芽）の法（唐『服気精義論』他）などがある．身体を動かすことで気をめぐらせる方法は「導引」とよばれるが，代表的なものに前漢の馬王堆三号墓から出土した導引図，後漢の華佗がつくったとされる虎・鹿・熊・猿・鳥をまねてストレッチを行う五禽戯（唐？『養性延命録』他），宋代に流行した八段錦などがある．

　これら早期の気功の集大成が内丹（体内の気を不死の丹薬に見立てて体内で煉成する煉丹術）であり，宋元（10–14世紀）に黄金時代を迎える．中でも体内の気を煉成する胎息や周天功が内丹の土台となった．内丹の代表的な経典としては宋の『悟真篇』がある．

●**気功文化の広がり**　気功と医療は当初より緊密に結びついていた．唐の名医孫思邈はそれ以前の気功を受け継ぐばかりでなく，治病を通して新たな功法を開発した．また，日本人になじみのある太極拳は，武術でもあり気功でもある．このほか形意拳や八卦掌などの伝統武術も導引の基礎のうえに発展してきたものである．いずれも筋力やスピードに頼るのではなく，気功によって鍛えた内なる気のちから内勁で敵を撃つ．古くから大地と身体は相応じるものと考えられてきた．人体に気が流れているように，大地にも気が流れている．風水（項目「風水の占い」参照）においては大地の生気の流れを読み取り，それをうまく浴びられる位置に住宅や墓を建て街をつくる．風水の現世利益的な目的は気功とは異なるが，自らを虚にして天地間を流れる見えない生命の源を受け入れる感性は，今後も途絶えることはないだろう．

[加藤千恵]

📖 **参考文献**
[1] 三浦國雄『気の中国文化—気功・養生・風水・易』創元社，1994
[2] 石田秀実『こころとからだ—中国古代における身体の思想』中国書店，1995

現代人の生活と儒教——20世紀から21世紀へ

中国の現代は,いつ始まったか.現代において中国は,地球上のどこからどこまでをさす名称か.これらの問題をめぐって,さまざまな立場から相異なる意見があり得ることを承知しつつ,本項では便宜的に,中華民国が成立した1912年を上限として,中国大陸と台湾の状況について述べる.

●**中華民国統治下の中国大陸** 中華民国の成立にあたり,建国者・孫文(1866-1925)から教育総長に任じられた蔡元培(1868-1940)は,中学校・小学校の授業科目から読経(儒教経典の学習)を除くことを決めた.これは,儒教に含まれる忠君の理念が共和政体に合わず,また尊孔の要素が信教の自由に反するという考えによる決断であった.彼はその後も教育・学術に関する要職を歴任したが,学校教育の改革などを通して儒教を人々の生活から切り離そうとした彼の施政方針は,北洋政府の袁世凱(1859-1916)による一連の尊孔政策や,国民政府の蔣介石(1887-1975)による,儒教道徳を重要な柱とした新生活運動に阻まれ,目標を十分に達成するにはいたらなかった.この時期には,西洋的な国教による国民統合をめざした康有為(1858-1927)が,儒教に基づく孔教を提唱した.彼はキリスト教の教団組織を参考にしながら,全国に教会を設けることや,孔家の当主を総理として迎えることなどを構想したが,しかし彼のそうした活動も,国家や国民を大きく動かす力をもたなかった.

●**日本統治下の台湾** 台湾は,すでに1895年から日本の統治下にあったが,1945年まで半世紀に及んだ日本統治時代には,儒教経典の学習や,儒教思想に基づく行事・生活習慣が禁圧されることは,概して少ないままで推移した(1937年以後の皇民化運動期については,その限りでない).清朝統治時代に各地に創建された孔子廟は,現地の知識人層によって引き続き運営された.台北孔子廟のように,都市再開発のため日本側に撤去されたものが,場所を改めて台湾人により再建された事例もある.この時期の台湾では,「鸞堂」と総称される,中国大陸から伝来したタイプの宗教結社が林立するようになり,人々の信仰を集めたことも特筆に値する.鸞堂の教義や儀式には,道教・仏教・シャーマニズムと並んで,儒教が強い影響を与えている.

●**中国大陸の文化大革命と台湾の中華文化復興運動** 1949年に,蔣介石の率いる中華民国国民政府は台湾に逃れ,中国大陸では,毛沢東(1893-1976)の率いる共産党勢力により中華人民共和国が成立した.中華人民共和国政府は,共産主義に反するものとして儒教に批判的であったが,林彪(1907-71)がその死後に,儒教の信奉者であったと喧伝されたことと関連して,文化大革命期の終盤にあた

る 1974 年からは,「批林批孔(ひりんひこう)」のスローガンのもと,空前規模の孔子批判・儒教否定キャンペーンが人々の生活世界を席巻した.

そうした中で,孔子廟など儒教関連施設に対する暴力的な破壊や凌辱も行われるようになったが,動員されてこれらの行為に参加することも,当時の人々にとって広い意味で「生活の中での儒教との関わり」であったといえるだろう.かつて中国大陸で新生活運動を推進した蔣介石は,毛沢東の開始した文化大革命において,儒教を含む中国の伝統文化が強く否定されたのに対抗するかたちで,台湾で中華文化復興運動に着手した.そこでは,孔子によって最初の集大成をみた「中華文化」が,孫文の三民主義によって再度の集大成に至ったと宣言され,そのゆえに,儒教の顕彰とそれにもとづく文化政策が,三民主義の宣揚とともに中華文化復興運動の主軸となった.

中華民国国民政府は 1970 年に,「我が国に固有の礼俗(れいぞく)」と「現代社会の生活状況」を勘案して「国民礼儀範例(こくみんれいぎはんれい)」を公布した.同年には,蔣介石自身の発案による,孔子廟の儀礼で用いられる礼楽(れいがく)の制定事業も完成し,その特色は「周・宋・明・清の文化の長所を,一つに溶け合わせた」点にあると説明された.儒教に対する態度に関して,あたかも正反対の道を歩んだ文化大革命と中華文化復興運動は,毛沢東と蔣介石の相次ぐ死によって終息(後者は実質的な終息)の時を迎えた.

●**儒教はこれからも生活とともにあるか**　余英時(よえいじ)は今日の儒学を評して,「制度とのつながりを断たれて生命が尽き,もはや游魂(ゆうこん)(亡霊)としてさまようばかりだ」と述べた.また土田健次郎は,「儒教が成りたっていた前提」が近代以後失われていったことを認め,消失に向かったものの具体的内容として,「王者」や「儒者」の存在,儒教経典が学習されるという環境などをあげている.現代人の生活は,このまま不可逆的に儒教や儒学から遠ざかってゆくのかもしれない.しかしその一方で,近年では特に中国大陸において,儒教や孔子が市場経済中の人気商品になるという,興味深い現象が生じるようになった.「国学熱(こくがくねつ)」とよばれる中国古典ブームに乗って,『論語』に関する平易な書籍が続々と刊行され,なかでも于丹(うたん)著『于丹《論語》心得(しんとく)』(中華書局,2006)は,賛否両論を巻き起こしながら大量のセールスを記録した.また「読経班(どっけいはん)」と総称される,台湾で発達した児童〜成人向けの儒教経典・古典文化教室が,近年では中国大陸に進出している.台湾での読経班は,ボランティアにより運営されることが一般的だが,中国大陸では高額の授業料を取ることで,ビジネスとして成り立っている場合が多い.こうした新しい状況が,かつて儒教や儒学を成り立たせた前提や制度を,ある程度まで安定的に代替する可能性もあろう.

［水口拓寿］

📖 参考文献
[1]　竹内実『さまよえる孔子,よみがえる論語』朝日選書,2011
[2]　土田健次郎『儒教入門』東京大学出版会,2011

中国の世界遺産 ③

五台山（2009年登録／文化遺産）

山西省東北部に位置する，五つの山に囲まれた地域．いずれも頂上部分が平らになっているため，五台と称する．唐代以降，文殊菩薩が修行した地と信じられ，全土から修行僧が集まった．日本の平安時代の留学僧・円仁も巡礼に訪れている．数多くの寺院が建立され，その数は最盛期には300を超えたといい，現在も39ヶ寺を数える．写真左は，菩薩頂前の大階段，写真右上は中台の寺院群，写真右下は南台の頂上．所在地は中国山西省東北部の五台県　　　　　[荒木達雄]

4. 言　　　語

　中国には，日本の「国会議事堂前」や「金閣寺前」のように「○○前」と名づけられた駅名やバス停がない．"国家图书馆"［国家図書館］の前にある地下鉄の駅名は"国家图书馆"であり，"人民大学"の前にあるバス停の名称も"人民大学"である．日本語は，現場に立脚し，乗降客の視点を借りて，バス停の位置を「ここは金閣寺の前」ととらえるのに対して，中国語は，巨視的な視点で空間を俯瞰し，"人民大学"に隣接するバス停をも"人民大学"の一部にざっくりと取り込んでしまう．つまりは，対象をとらえる表現者の視点が日中間で異なるということである．

　人が何事かを言語化しようとする際，その何事かをとらえる視点の取り方に，それぞれの言語共同体で共有される慣習化したタイプや傾向といったものがあるなら，それは紛れもなく文化である．

　本章では，言語文化の観点から，言語行為という営みにおける諸々の慣習の観察を通して，中国の人々の世界観，人生観，価値観，道徳観，処世観などの一端を明らかにする．　　　　　　　　　　［木村英樹］

中国語の語彙——語の細分化

同じ「身に着ける」動作でも，上半身か下半身か頭かなど着ける場所によって動詞を使い分けることを選択制限という．日中両国語とも選択制限の強い言語である．しかし，「トランプなどを切る」ことを中国語では"洗牌（シィパイ）"というように両国語で異なる動詞が用いられることが多く，両国語話者の発想や文化の違いを探る手がかりになるが，これは慣用表現辞典などの扱う分野であろう．本項では中国語の語彙の別の側面について述べる．

●**単語とフレーズの連続性**　日本語の「罰金」を現代中国語では"罰款（ファークワン）"という．金銭の意味の「金」が"款"に置き換わるだけで，構造も「動詞＋目的語」（以下VO構造とよぶ）で同じである．日本語では「罰金」以外にVO構造の「罰～」は多くない．アメリカンフットボールの罰則として「罰退」があるが，そう一般的なものではない．しかし現代中国語ではさらに"罰酒（ファージウ）・罰站（ファーヂャン）・罰跪（ファーグゥイ）"などが用いられる．単語とはいえ，多くのVO構造の語は完了を表す"了"や回数表現などをVとOの間に介在させて，"罰了款（ファールァクワン）"のように分離する．それゆえ離合動詞とよばれることがある．語かフレーズかが不明確なのである．朱徳熙（シュトクキ）はさらに一般化して，単語とフレーズ，さらには文までもが同様の原理でつくられることを中国語の特徴としている（中川正之・木村英樹編訳『文法のはなし』光生館，1986）．"罰～"に話を戻せば，先の例"罰酒"は罰ゲームとして酒を飲ませる，"罰站"は罰として（学校などで）立たせる，"罰跪"は罰として跪かせることである．このような語が意味する事態は現代の中国人の共有するところで，辞書に記載されていなくても理解される．しかし，例えば，罰ゲームとして酒の代わりに水を飲ませることを"罰水（ファーシュイ）"，宿題をしてこなかった罰に正座させることを"罰坐（ファーヅゥオ）"というかどうかを中国人に尋ねると答えはさまざまである．言わないとするものから，聞けばわかるが使わないなどなどである．つまりフレーズとして「罰として～をさせる」という意味で理解できないことはないが，一語として熟していないか，認知度にばらつきがみられるということである．

日本語話者にとって「罰として正座させられる」という事態は想定可能なことであるが，中国語話者には「罰として跪かされる」つまり"罰跪"の方がより一般的である．姿勢動詞に限定しても「座る，跪く，頭を下げる」などの行為を日中両国語で表現できたとしても，その行為がもつ社会的，あるいは文化的意味には差があるということである．さらに，シンガポールでは，信号無視，横断歩道以外での横断，路上に唾を吐くなどの行為がことごとく処罰の対象で罰金を科せられ，処罰国家であるという印象を強くもたせられる．日本では体罰問題以来，

「罰」は禁句になりつつある．それに伴う「罰」という語の意味の変化や受け取り方の違いも無視できない．

●並列語　中国語の大きな特徴の一つとして「道路・豊満・学習」などの類義語の並列による単語が多量に存在することがいえる．例えば「倉庫」であれば，いずれもが「ものを収納するトコロ」といった意味であり，類義語として「蔵・庫」も存在する．日本語では「文庫，書庫，車庫」などいくつかが思いつくが，中国語では"宝庫・火薬庫・銀庫・水庫・思想庫・血庫・人乳庫"など枚挙に暇がない．最後の"人乳庫"は母乳が不足している人のために，余った母乳を預けておくところであり，日本語では「血液バンク」のように「バンク」といわれるものに相当する．日本語では「酒」は「酒蔵」に，「血液」はバンクに，貴重なものは「宝庫」にと使い分けられる．中国語の"仓"は"库"に比べて造語力が弱く，新しい語彙に使われることは多くない．なお，"人乳"は中国では，薬用などさまざまな用途があるという．だから母乳ではなく，人乳なのである．母が子どもに与えるものとの限定はないのである．

　以上，「罰」と「庫」の2字についてのみ日中の違いをみたが，語がカバーする範囲や結びつく相手の違いとともに，語が意味するもの，またそれが用いられる社会的背景の違いが読み取れるであろう．

●語の細分化　語彙の問題として必ず引かれるのが以下のようなことだ．「英語には雪（snow）に対してただ一つ（みぞれ〈sleet〉を入れれば二つ）の単語しかないが，エスキモー語にはいくつかある．この理由は明らかであろう．エスキモー人にとっては，いろいろな種類の雪を区別し得ることが非常に重要なのだ（P. トラッドギル著，土田滋訳『言語と社会』岩波新書，1975）．以下，ラップ語のトナカイをさす語や，アラブ遊牧民のラクダをさす語が細分化されていることが述べられる．言語集団の関心のあり方によって語彙の細分化の程度，多寡が決まってくるという指摘は大筋では間違っていないであろう．中国語では「焼いたり煮たり」の料理動詞の細分化が進んでいることは，そういう説明で可能である．しかし，例えば，英語のlifeに相当する語として中国語では"生命・生活・人生・生涯・一生・寿命"など多くの単語が使い分けられるといっても，英語の話者がlifeに関わることに関心が薄いことによるとはいえないであろう．身体をいう中国語も多様で，"身体・体格・体型・人体・肉体；身子・身材・个子・块头"などなどがある．"身体・体格・体型・人体・肉体"は日本語にも存在し，意味　用法もほぼ同様である．"身子"は古風で，"身材"はスタイル・ボディラインを問題にしている．"个子"は身長など縦方向をいい，"块头"は筋骨を問題にする．同じ身体であっても，関心のあり方の違いにより別の語を用いる．なお，最近では"胴体・玉体"も目にする．"胴体"は頭手足を除いた部分という意味では日本語と同様であるが，身体の意味では"玉体"とともにエロティックな表現である．　　　　［中川正之］

中国語の文法――言語のタイプ

　言語の中でも文法は，それ自体として閉ざされたシステムを有しており，文化との関係を述べることには賛否両論がある．また，個人の癖の問題なのか集団つまり文化の違いの問題なのか微妙である．ここでは個人語（idiolect）を考察することにより，それを文化の問題にまで一般化するという「暴挙」をあえて行うことにする．また中国語のように長い歴史をもち，広大な地域に広がっている言語においては，地域によるばらつきが多く，本項も一つの見方にすぎないということを確認しておきたい．

●**比喩**　比喩表現は，何に喩(たと)えるかで文化的な側面が顕著に表れることが多く，言語と文化の関係を語る恰好の材料になる．中国語の地域的ばらつきをも示す例を一つあげておく．

　「夕陽」を"熟透了的大红柿子(シュウトウルラドァダァホンシーヅー)"と比喩することがある．日本語に訳すと「真っ赤に熟した柿」とでもなるであろう．柿が身近な存在である日本人にもわかりやすい．ところが，ここの"柿子"は柿ではなくて，トマトであるとする中国人留学生が少なくない．その論拠の一つは"大红(ダァホン)"［真っ赤］で修飾されるのは柿ではなくトマトだというものであった．筆者は，柿は"柿子"で，トマトは"西红柿"と理解していたのでとまどったし，夕陽を果物に喩えるならやはり熟柿であって，熟れきったトマトではないとの思いから留学生の意見は退(しりぞ)けた．授業後，ネットで検索したり，何人かの中国人に確認したが，トマトだとするものも少なからずいた．どうも中国の南方出身者は柿，北方出身者はトマトと解する傾向があり，北方では柿を食することが少なくなったことも関係があるような印象を受けた．このようなズレは枚挙に暇(いとま)がない．

●**言語類型論**　言語のタイプを考える言語類型論では，中国語は孤立語といわれてきた．これは英語の動詞などの語形変化を中国語がもたないという特徴や，日本語のような格助詞などの成分が乏しい特徴をとらえたものであり，現在でも有用な見方である．孤立語であるということは，一つひとつ語の独立性が強いということでもある．言語学者の沈家煊は多くの著書や論文の中で，中国語では，ある語が動詞なのか名詞なのかという品詞よりも，一音節であるか複音節であるかのほうがより重要な意味をもつことを述べている．そのことと五言絶句や七言律詩などの定型詩が長く文学の中心にあったこととは無縁ではないであろう．

●**「する」言語と「なる」言語**　言語類型論的な見方の一つに，言語を「する」言語と「なる」言語に分けるものがある．英語は「する」言語，日本語は典型的な「なる」言語であるとされる．「する」言語は，森羅万象を動作主が意図的に

行うと把握することを好む言語であり，逆に「なる」言語は，変化として把握することを好む言語であるといえる．日本語では，秋になって木の葉が「赤くなる」のような自然現象はもとより，「衣服が汚れる（汚くなる）」のような自然のなりゆきのみならず「（洗濯して）衣服がきれいになった」のような意図的な動作の結果も「なる」で表現できる．中国語は，基本的には「なる」言語に近いが，「する」言語的な側面ももつ．"树叶红了"［紅葉した］，"衣服脏了"［衣服が汚れた］は変化としてとらえられるが，「衣服がきれいになった」は"衣服洗干净了"のように「洗う」という動詞が必須のものになる．中国語では「動作を言わないと変化が表せない」ことが多いのである（井上優『相席で黙っていられるか』岩波書店，2013）．このような日中語間のズレは変化を表す文のみならず受け身文にもみられる．"小王被小李拽了"［王君は李君に引っぱられた］という中国語は不自然で下線部の動詞"拽"［引っぱる］を"拽倒"［引っぱり倒す］のように結果まで言わなくてはならない（木村英樹『中国語文法の意味と形』白帝社，2012）．このような現象は深いところで変化や受け身のとらえ方の違いを反映したものであろう．

　つまりこの世の事態は，自然に起こったものと，意志をもったものが意図的に行ったものを峻別するか否かである．日本語は，万物に霊の存在を認め，それぞれが自らの意志や定めにしたがって成っていくという宗教観・自然観・人生観にたつ表現が多く，中国語との乖離の一因になっている．さらにいえば，日本語が状況から判断できることでも中国語では言語化しなければならない，という大きな傾向の表れの一つと考えられる．

　中国語には意味上の主語が述語動詞の後ろにくる現象文（以下，VS構造と略す）とよばれる構文がある．日本語に漢語として定着している「降雨（VS）」に対して「地震（SV）」，あるいは「発汗（VS）」に対して「骨折（SV）」の違いからも看取されるであろうが，例えば「雨」は降って初めて雨になるが，「地（面）」は「振（動）」する前から存在している．このように中国語の語順は人間の認知順とかなり並行している．これも中国語の一つの特徴である．

　中国人の会話を聞いていると，物の値段，給料などが話題になることが多い．求人の条件に身長○○cm以上と明記してあることも少なくない．中国人は物の値段や給料の多寡に敏感であるという見方も可能であるが，中国人にとってある物や人物の属性を構成する要件として数量情報がかなり重要なものであると考えることができる．"质量"は物理学用語として日本語と同様に「質量」の意味をもつが，多くは日本語の「質」と同義である．これも中国語の数量のあり方を物語るものといえよう．中国語では，数量表現は名詞相当語であるが，同時に形容詞と同様に述語作用をもつ．"我今年68岁"［私は今年68歳です］のようにbe動詞に相当する"是"は必須ではない．

［中川正之］

漢字──いま・むかし

殷代の前 13 世紀頃，甲骨文字として出現した漢字は，2,000 年ほどの時間をかけて徐々にその形を変え，現在通行している楷書が基本的に完成形に近づいたのは唐代 9 世紀の頃であった．漢字は大きな変容の一方で，実は驚くべき不変性を備えている．まず甲骨文の拓片を一つ見ていただきたい（図 1）．甲骨文字の原文に楷書を添えておいたが，その右行を読み下すと「丁丑（の日に）卜す．殻（占い執行者の名）貞う．翌庚寅（の日に）婦好娩まん．」と読める．殷王武丁の后である婦好が庚寅の日に出産するかどうかを尋ねた占いを記したものである．3,000 年以上前の文字を現在の通行の漢字に改め，しかもそれが文章として読めるというのは，考えてみると大変なことではないか．古さという点ではエジプトの聖刻文字，メソポタミアの楔形文字には及ばないが，持続性という点では空前絶後の文字である．漢字はいかにして強靭な生命力を獲得したのかということが論点として浮かび上がる．

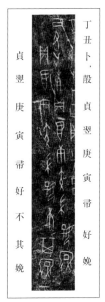

図 1　殷代の甲骨文
[『甲骨文合集』第 1 冊 154, 中華書局, 1977]

●**象形性・多義性の低減と形声文字へのシフト**　図 1 にあげた甲骨文字から三つを選んで論じてみたい．一つは「帚（婦）」である．もとの字形は「𠂉」で，これは「帚」（ほうき）の象形文字と解される．箒がなぜ「婦」を表すのか，その理由は想像するしかないが，それが婦の所持品であることは間違いないだろう．所持品で所持者を表すのは一種のメトニミー（換喩）である．甲骨文字をはじめとする古代の文字にはこのような意味的な連想による転用がしばしばみられ，河野六郎によれば，いわゆる六書の一つで古来謎の多い「転注」とはこのような現象をさす．しかし意味の連想による転用が際限なく行われると混乱をきたす．やがて婦のもう一つの属性である「女」を付けた「婦」（殷代に既に出現）に統一されることになった．意味に基づく転用と対となるのは音による転用である．こちらは六書の一つ「仮借」として知られる．図では「𦐇」がその例である．この字は「翼」の象形文字で，同音の近未来を表わす「翌」に転用されている．次に「𡥈」字は，産道から生まれ出る子を取り上げる様を描いた字で，これが分娩の「娩」（「㝃」とも書く）の本字である．甲骨文字の原字形は継承されず，主体を表す「女」と

発音を表す「免」からなる新たな文字が，後世つくり出されたことになる．意味的属性と発音を表示できる形声文字は造字機能が非常に高く，漢代の頃には漢字の8割を占めるようになったとされる．漢字は象形性と多義性（転注，仮借）とを低減させつつ，言葉との対応関係を次第に機能的にかつ限定的に変えていったことがわかる．それに大きな役割を果たしたのが秦の文字統一であった．

●**秦の文字統一と汎方言性の獲得**　殷代に生まれた漢字は戦国時代（前453-前221）に未曾有の展開を遂げる．殷代の甲骨文字，それに殷周時代に使われた金文（青銅器銘文）は，用途が非常に特殊であった．甲骨文字は国と王室に関わる卜占，金文は周王室から臣下に対する冊命（職務などの任命）や祖先祭祀に関わる内容が中心で，文字化されたのはもっぱらそれらに関わる語彙であった．戦国時代に入ると文書・法律による統治体制の整備，経済・科学技術活動の発展，諸子百家による思索の著述など，文字化を要する語彙が爆発的に拡大し，文字は人間のあらゆる面と関係を結ぶようになった．

しかし春秋時代後半からの分裂の時代に，地域ごとに文字化が行われた結果，言語表記システムとしての漢字は，総体として混乱の時代を迎える．例えば一人称の吾を「吾」字で記すのは戦国後期の秦で確立した表記であるが，楚で使われていたのは「虎」を改造した「虘」字であった．「吾」字は楚にもあったが，一人称には使われない．このような文字遣いの違いは随所にみられる．また「小」「少」を厳密に使い分けるなど，秦の用字は他国に比べて厳密である．用字の違いを，秦の比較的厳密な習慣に合わせたのが文字統一の本質である．秦では官吏間の伝達は口頭ではなく文書によることを義務づけた．中国には方言が多いが，文字遣いが定まっていれば，漢字は方言音の差を超えて伝達を可能にする．文字統一によって汎方言性を獲得したことが，漢字が以後2,000年以上にわたって命脈を保った源泉となったのである．

●**漢字と政治**　我々の使う楷書は，後漢の末期（2世紀末）に姿を現す．楷書は日常書体の隷書をいったん崩した草書や行書を，逆に丁寧に書こうとする動きから生まれた．しかし短命王朝が興亡を繰り返した南北朝時代に字形の規範は形成されるべくもなく，楷書の字体は乱れに乱れた．それが収斂に向かうのは，唐代に科挙が行われる中で経典や答案の字体の規範が問題となり，都長安に開成石経が建立されたのが大きな役目を果たしている．近代化の遅れの一因を漢字に求める動きから現代中国の簡体字が生まれたことも考えあわせるなら，甲骨文字の昔から，明らかに漢字の歴史は政治の動きと常に深く関わってきたのである．

［大西克也］

📖 **参考文献**
[1]　河野六郎『文字論』三省堂，1994
[2]　大西克也，宮本徹『アジアと漢字文化』放送大学教育振興会，2009

漢字文化論――数と分類の文化

漢字は殷代後期，今から3,000年以上前に生まれた．有史以来，中国人は漢字とともに歩み続けた．漢字をもつことによって，中国の文化はどのように形成され，どのような特質をもつにいたったのであろうか．

●数へのこだわり　まず右の図1を見ていただきたい．これは1986年に刊行が始まった中国を代表する字典『漢語大字典』第一巻の奥付である．日本の書籍にはない情報がいろいろ記載されている．“印张”［印張］は総ページ数を判の大きさ（ここでは16開本，A4判に近い）で割ったもの，出版許可番号である“书号”［書号］はあるのにISBNがないとか，あまり読者にとって意味のない情報が多いが，極めつけは「2200千字」という字数であろう．大体どの本にもご丁寧に総字数が記載されている．総字数を記載することにどのような意味があるのか，我々には不思議に感じられる．木版印刷の時代には版木や巻末に字数を記すことがあったが，これは刻工の工賃の目安という実用的な意味があった．しかし本の総字数を数えることはもっと古くから行われている．前漢の司馬遷は『史記』の末尾に「凡百三十篇，五十二萬六千五百字」とわざわざ書き込んだし，後漢の許慎は『説文解字』という字書で，収録字数「九千三百五十三文」はまだしも，解説の文字数まで「凡十三萬三千四百四十一字」と数えている．

汉语大字典
（第一卷）

编　纂：	汉语大字典编辑委员会
出　版：	四川辞书出版社 湖北辞书出版社
发　行：	四川省新华书店 湖北省新华书店
排　版：	四川新华印刷厂
印　刷：	四川新华印刷厂
开　本：	787×1092毫米 1/16　印张 54.5
字　数：	2200千字　插页5页
版　次：	1986年10月第一版
印　次：	1986年10月第1次印刷
书　号：	9458・1
印　数：	00001—60,000册
定　价：	20.00元

図1　『漢語大字典』第一巻の奥付．四川辞書出版社，湖北辞書出版社，1986年10月

中国に行くと数へのこだわりが日本と格段に違うことを感じる．留学生が提出する大学の成績証明には，すべての科目に1点刻みで素点が書かれており，日本のように「優」「良」「可」「不可」で済ませたりはしない．留学中に私の眼鏡を見て“几百度？”と聞かれたときには驚いた．日本でもレンズの度合いは数値化されているが，レンズの処方箋に書かれていれば済むことで，本人が知っている必要はないと思う．それが日常会話にのぼること自体，関心の違いを表している．

中国文化に根づいている数字へのこだわりには，明らかに漢字が影響している．漢字が生まれた殷王朝（前17世紀頃–前11世紀頃）において，文書を扱う「史」とよばれた官僚は，中国文学の研究者・小南一郎によれば，同時に数の技術者でもあった（小南一郎「史の起源とその職能」『東方学』98，東方学会，1999）．文字を記す「策」と計算具の「筭」（算木）はもともと同じものである．文字の成

立には，符号とそれが表す名前（言葉）との規則性の発見が欠かせない．それに，符号と言葉との関係が一意的に決まりやすい数字が一役買ったことは十分に考えられよう．漢字の起源については不明なことも多いが，漢字によって言葉が数量化できることになったことは注目されてよい．

一方で，漢字の発明は後世の史を苦しめることになった．それから約1,000年後，漢代の長城で守備に就いた兵卒や役人が残した膨大な業務記録が出土しているが，恐ろしく几帳面である．東洋学者・藤枝晃（ふじえだあきら）の描写によれば，「食料の配給は，家族の女子や子どもは大人より少量になり，月の大小によって日割り計算で端数までキチンと計算する．現代のお役所でも顔負けするほどの形式主義」（藤枝晃『文字の文化史』岩波書店，1991）であった．秦の始皇帝は，一日に決済する文書（簡牘（かんとく））の量を重さで決めて，終えるまで休息しなかったという．漢字は言葉を数量化するのみならず，人間の仕事を数量化し，事細かに記録する道を開いたのであった．

●**分類へのこだわり**　数量化の次に来るのは分類である．中国人の分類好きは，古代から際立っている．それを最も印象づけるのが，戦国時代（前403-前221）には成立していたとされる五行説（五徳終始説）という世界観であろう．五行説とは，森羅万象を木，火，土，金，水という五つのエレメント（五徳）のどれかに分類し，その運行法則（五行）に基づいて世の中のありとあらゆる動きを説明する考え方である．例えば天下を統一した秦（前221-前206）は，自分たちの王朝を水徳に属すると考え，「水は火に勝つ」という五徳相勝の原理に基づいて，火徳（かとく）の周に取って代わったことを正当化した．水徳は色彩では黒，季節では冬にあたる．そこで衣服は黒を最上とし，一年は冬の最初である10月から始めることにした．ちなみに四季と五徳は一つ勘定が合わない．春は木，夏は火，秋は金で，土がない．そこで一年のうち，季節の変わり目の15日ずつを取って土にあてることにした．これが土用の由来である．

そもそも漢字は表語文字（logogram）といわれ，1字が1語すなわち1音節に相当する．つまり漢字によって分節された言葉は，基本的にスケールが同じということになる．他の言葉や文字との違いが目につきやすい．秦漢時代に子どもに漢字を教えるための教科書として使われた『蒼頡篇（そうけつへん）』では，覚えやすいように意味範疇（はんちゅう）が共通する漢字を集中的に配列した．すると「開閉門閭」のように形の似た字が並ぶことになる．ここから漢字の部首が発明され，後漢の許慎（きょしん）は『説文解字（せつもんかいじ）』という字書をつくり，1万字近い漢字を540の部首のどれかにあてはめた．漢字は本質的に分類への欲求をかき立てる要素を含んでいるのである．孔子は，「君子は和して同ぜず，小人は同じて和せず」などと，正反対の属性をもつ「君子」と「小人」をしばしば対照させて口にした．簡潔で印象的なレッテル貼りに適した漢語と漢字は，分類の文化を発達させた原動力になったと考えられる．　　　［大西克也］

中国語と漢字──口頭言語と書記言語

　中国語と漢字の特質を端的に示す文がある．20世紀を代表する言語学者の一人，趙元任がつくった「施氏食獅史」という物語である．やや長いので，冒頭の部分を原文と読み下しで示す．

　　石室詩士施氏，嗜獅，誓食十獅．氏時時適市視獅．十時，適十獅適市．
　　（石室詩士施氏，獅を嗜み，十獅を食わんと誓う．氏時時市に適きて獅を視る．
　　十時，適ま十獅市に適く．）

　「石室詩士」という号をもち，獅子を食べるのが大好きな施さんが，獅子を10匹食べようと誓った．ときどき市場に行っては獅子を探していたが，ある日の10時，たまたま10匹の獅子が市場にやって来た．実にふざけた文章であるが，現代中国語がわかる読者は，この文がすべて現代中国語で「shi」と発音される字で書かれていることに気づかれたであろう．その後，文章は延々と「shi」を連ね，獅子を食べてみたら実は「石獅」shishi だったと言い，末尾は「試釈是事」shishishishi（このことを説明してください）と結ばれる．声調は異なるとはいえ，全文「shi」からなるこの文章を読んで聞かせても，聞き手が意味を取ることなど到底不可能である．ここに漢字で表記される言語としての中国語の特徴の一端が現れている．聞いてわからないことでも書くとわかる，つまり文字情報と音声との乖離である．言語は音声によって伝達されるから，音声言語に対する文字や意味の優先といってもよいかもしれない．

●**書記言語の優越性**　中国では，古来書記言語が口頭言語より重視されてきた．1975年に湖北省で発掘された睡虎地秦簡は，秦代の下級官吏の墓から出土した戦国末期の文書で，大量の秦の法律が含まれていた．その規定によれば，当時秦では役人が上司に指示を仰ぐ場合，必ず書面によって申し出ることが定められ，口頭や人を介しての申し出は禁止されていた．近年，秦漢時代の行政文書はおびただしい量が出土しており，上級官庁から下級官庁への指示・命令，それに対する回答・報告が事細かに記されている．書面重視の背景に，方言の多様性を看取することは容易であろう．

　後漢・許慎『説文解字』序が「言語異声，文字異形」と述べたように，戦国時代の中国語には，相互理解が困難なほど方言に違いがあった．秦はそのような国々を併呑しつつ統一を進めていったのであり，口頭言語上は意志疎通や統治に差し障りが生じたに違いない．しかし漢字を媒介とすればそれを回避できる．漢字の本質は表語文字であり，1字が1語に対応する．字と語との関係さえ同じであれば，それぞれの方言の音韻体系に応じて発音でき，方言の違いを超えたコミュニケー

ションを可能にする．表1は「人」「短」という語を例として，現在の中国各地でまったく異なる発音であるにもかかわらず，一つの漢字で表記されることを示している．

表1　方言による漢字音の違い

	北京	南昌	広州	厦門
人	zən	ŋin	jɐn	laŋ
短	tuan	tɔn	tyn	te

　このような汎方言性は，秦の文字統一によって獲得されたものである．秦は新たな領土を獲得すると，秦の文字遣いに則った文字の使用を強制した．一例をあげると，戦国時代の楚の国では「短」という語は「耑」という字で表記していた．それを秦に合わせて「短」字の使用を強制したのが文字統一である．「短」字をどのように発音しようと不問にされ，言語レベルの統一は行われなかった．文字統一によって方言を超えた利便性が漢字に付与されたことが，以後2,000年以上の長きにわたって漢字が命脈を保った源泉といってよい．

　しかし秦以来の文書主義は，必然的結果として口頭言語と書記言語の乖離をもたらす．大多数の人々にとって，書記言語は母語である口頭言語とは異なるものであり，話すように書いてはいけない言語が制度として出来上がってきたからである．無論いかなる書記言語も，当初から口頭言語とまったく無関係であったとは考えられない．秦の書記言語にしても，おそらくは都咸陽あたりの方言が基礎になっている可能性があろう．先秦時代の諸子百家の書物は言語の違いが多く，それぞれの成立地域の方言が関与している可能性が指摘されている．『論語』などは相当話し言葉に近いといわれている．しかし秦の統一によって，地方色の豊かな言語，すなわち方言は口頭の世界に押し込められ，書記言語からはいったんは排斥された．口頭言語の文字化は，後漢以後の仏典翻訳や，唐宋以後の白話文学の興隆など，政治とは別の文脈において行われることになる．

●**西洋との対比**　中国語における書記言語の優越性は，西洋における文字のあり方と比べることでより鮮明に浮かび上がる．古代ギリシャでは，口頭言語が書記言語の上に立っていて，文字は音読を実現させる手段としてのみ価値があったと考えられていたという．いかなる強制も免れていることが自由人たる市民の基本条件と考えていたギリシャ人は，読む行為を奴隷の手に委ねていた．文字を読むという行為は，自分の発声器官を使って書き手に奉仕することであったからである．したがって文字教育は最小限必要なだけに限られていたという（ロジェ・シャルティエ他編『読むことの歴史』大修館書店，2000）．古代中国では文字と関係の深い「文」は最高の価値観であり，文字に対する知識こそが士大夫としての教養の出発点であった．伝統的に話し言葉の代用としての地位しか認められなかった西洋に対し，冒頭に掲げた「施氏食獅史」のように，漢字は意味不明な音の羅列に意味を与え，言語を潤色することが可能で，言語と文字との関係は双方向的である．ここに中国における両者の関係の特質を見出すことができる．　［大西克也］

料理──メニュー・アラカルト

中国の食文化は多様である．"南甜北咸，东辣西酸"﹇南は甘く北は塩辛い，山東は生のネギ・ニンニクを好み山西は酢を好む﹈，"四川人不怕辣，贵州人辣不怕，湖南人怕不辣"﹇四川人は辛いのは気にしない，貴州人はいくら辛くても平気，湖南人は辛くないといや﹈，"缴枪不缴醋葫芦"﹇(山西人は敵に)銃を渡しても酢の入った瓢箪は渡さない﹈，"面条像裤带，锅盔像锅盖，油泼辣子一道菜"﹇麺は帯のように幅広く，焼きパンは鍋蓋のように大きい，唐辛子(食べるラー油)もおかずの一つ：陝西八大怪より﹈のように，地域の特色が食で語られることも多い．

●**中国語の料理名** 料理の種類も多様であり，料理名も「食材や料理の種類を表す語」と「料理の特徴(調理法，味付け，形状，外見，調理器具など)を表す語」を組み合わせて料理の内容を表したものが多い．

木耳肉片（ムゥ アル ロォウ ピエン）	キクラゲと肉の薄切り炒め．片：薄切り
醋溜土豆丝（ツゥ リウ トゥ ドウ スー）	ジャガイモの千切りの酸味炒め．醋：酢，溜：炒めた後片栗粉でとろみをつける．丝：千切り
西红柿炒鸡蛋（シィ ホォン シー チャオ ジィ ダン）	トマトと卵の炒め物．トマト入りの卵炒め
芹菜炒百合（チン ツァイ チャオ バイ ホァ）	セロリと百合根の炒め物．セロリをベースとする百合根炒め
葱油饼（ツォン ヨウ ビィン）	ネギパイ．饼：小麦粉などをこねて円盤状にして焼いたもの 油饼：小麦粉に油を加えて練り，平鍋で焼いたもの
西红柿鸡蛋面（シィ ホォン シー ジィ ダン ミエン）	トマトと卵の炒め物をかけた麺
刀削面（ダオ シアオ ミエン）	小麦粉の生地を手にのせて専用の刃物で削った麺
酸辣汤（スワン ラァ タァン）	酸辣：酢の酸味と唐辛子や胡椒の辛味．汤：スープ
蚝油牛肉（ハオ ヨウ ニゥ ロォウ）	牛肉のオイスターソース風味．蚝油：オイスターソース
香酥鸭（シアン スゥ ヤァ）	アヒルの香り揚げ．香酥：表面がサクサクしている状態
拔丝山药（バァ スー シャン ヤオ）	山芋の大学芋風．拔丝：飴状の砂糖がからまっている状態
沙锅白菜（シャァ グゥオ バイ ツァイ）	土鍋を使った白菜鍋．沙锅：土鍋
豆腐脑（ドウ フゥ ナオ）	おぼろ豆腐．豆腐の柔らかい状態を脳にたとえたもの

●**日本語との相違** 日本語は「トマトと卵のスープ」のように助詞を使ったフレーズでも料理名になるが，中国語は"西红柿鸡蛋汤"のような複合語でないと料理名にならない．また，日本語では「ラーメン，チャーハン，焼きそば」が「最もシンプルな(無標の)ラーメン，チャーハン，焼きそば」をさす料理名になるが，中国語の"汤面，炒饭，炒面"は料理の種類であり，メニューに載る料理名は"三鲜汤面﹇五目ラーメン﹈，蛋炒饭﹇卵チャーハン﹈，日式炒面﹇日本風焼きそば﹈"のように修飾語がつく．

「料理」は中国語で"菜"であり，「日本料理，家庭料理，精進料理」も"日本

料理の種類	料理名
チャーハン（日）	チャーハン（無標），五目チャーハン，カレーチャーハン ……
炒饭（中）	蛋炒饭，酱油炒饭，什锦炒饭，咖喱炒饭…

菜（最近は"日本料理"とも），家常菜，素菜"というが，「魚料理，豆腐料理」は"鱼菜，豆腐菜"とはいわず，メニューでは"鱼类，豆腐类"と書かれる．料理のジャンルは"菜"，ジャンルの構成要素は"类"という関係である．

ジャンル	ジャンルの構成要素
日本料理／日本菜	肉料理／肉类，魚料理／鱼类，豆腐料理／豆腐类 ……
家庭料理／家常菜	肉料理／肉类，魚料理／鱼类，豆腐料理／豆腐类 ……

●**人名・地名を含む料理名**　中国では，"李锦记［オイスターソース］，王致和［腐乳］，康师傅［インスタント食品・清涼飲料］，老干妈［調味料］"のように食品のブランド名に人名や呼称が用いられることがあるが，料理名にも，蘇東坡に由来する"东坡肉［豚の角煮］"や"陈麻婆，丁宫保"という愛称に由来する"麻婆豆腐，宫保鸡丁［鶏肉のナッツ炒め］"など人名を用いたものがある．"北京烤鸭［北京ダック］，扬州炒饭［揚州チャーハン］，重庆火锅［重慶鍋］"のように地名が料理名に用いられる場合は，発祥地や本場の地名，あるいは料理の特徴がイメージできる地名が用いられる．日本では近年，ご当地グルメとして佐野ラーメン，横手やきそば，すその水餃子，高岡コロッケのように地名をつけた料理名が次々とつくられているが，中国では料理名に地名が自由につくことはないようである．

●**外国料理のネーミング**　外国料理の名前は，"牛排［ビーフステーキ］，奶油玉米汤［コーンクリームスープ］，牛角包［クロワッサン］，热狗［ホットドッグ］"，"生鱼片［刺身］，饭团［おにぎり］，日本豆腐［卵豆腐］"のように中国語名をつけることも多いが，"沙拉［サラダ］，吐司［トースト］，三明治［サンドイッチ］"のような音訳や"比萨饼［ピザ］，汉堡包［ハンバーガー］，乌冬面［うどん］"のような音訳＋料理の種類の形式もある．日本料理は"寿司，天妇罗，刺身"のように日本語を中国語読みすることも多い．"刺身"は日本料理店で使われていたが，現在では『現代漢語詞典』(第6版，2012)に採録されている．

●**酒・茶のネーミング**　酒・茶の銘柄も日本と中国で感覚が異なる．日本酒の銘柄は白雪，出羽桜，立山，福正宗のように「酒」を含まないのが普通だが，中国の白酒の銘柄は"汾酒，西凤酒，茅台酒，郎酒，董酒，酒鬼酒"のように"酒"がつくことが多い．逆に，日本茶の銘柄は「静岡茶，宇治茶，狭山茶」のように「産地＋茶」のかたちをとるのが普通だが，中国茶の銘柄は"铁观音，碧螺春，君山银针，黄山毛峰"のように銘柄に"茶"がつかないものも多い．　　［井上優］

共通語と方言──バイリンガリズム

　世界で5人に1人が中国語の話者だといわれるが,そのうちの多くが実は共通語と方言のバイリンガルだ.それなら日本語の話者でもたくさんいると思うかもしれないが,中国語は共通語と方言との違い方が日本語の比ではなく,次元が違う.もちろん,北京や東北の方言など共通語との差があまりない方言もあるが,よく知られる広東語,上海語,閩南語(福建省南部の方言)のような方言は共通語しかわからない人には理解不能だし,互いにもまるで違う.共通語とこれらの方言との距離は,一国の言語であるフランス語とイタリア語,スペイン語,ポルトガル語との相互の距離よりも遠い印象だ.

●**通じない方言**　広東語を例に,方言と共通語の違いをみてみよう.まず,何より音韻(発音)の差が大きい.以下は共通語も広東語も同根の語だが,音の対応は容易に見出せない(発音は片仮名で書き,声調は省く).

	日本	北京	学	教	一	二	三
共通語	リーベン	ベイジン	シュエ	ジアオ	イィ	アル	サン
広東語	ヤップーン	バッゲン	ホーッ	ガーウ	ヤッイ	イィ	サーム

次に語彙の差.よく使われる基本的な語は,共通語と広東語では語源が違う.

	彼	これ	どこ	何	見る	食べる	～ない(否定)
共通語	他	這個	哪裡	什麼	看	吃	不
広東語	佢	呢個	邊度	乜嘢	睇	食	唔

　日本語では一部の方言を除いて,方言と共通語の差はここまで大きくない.方言と共通語との間はむしろ連続的で,両者の要素がさまざまな度合いで混入した中間段階がある.相手が同じ方言の話者でなくても,語句の選び方で方言色を薄めれば通じる.しかし,中国語の場合,広東語のような方言と共通語との間には中間段階がない.多少方言色を薄めたところで通じはしない.だから,相手が方言を理解しないとなると,完全に共通語に切り替える.このように,中国語では共通語が,互いに通じない方言を話す人の間で意思疎通を図るための「共通の言葉」として機能する.日本語では共通語はアナウンサーが話すようなきれいで標準的な言葉といった位置づけだが,それとは役割が違うのだ.

●**バイリンガル,マルチリンガルの実態**　バイリンガルな中国語話者たちは,よその方言の話者との意思疎通以外にも,公的な場面で共通語,私的な場面や話題には方言と,同じ方言の話者同士で共通語と方言を使い分けることもある.あまり知られていないが,台湾では公的な場では共通語だが,方言の閩南語も台湾人の郷土意識と深く結びつき,メディアや日常生活でよく使われる.バイリンガル

も多く，会話の中で共通語と閩南語を切り換えることもしばしばだ．

　また，中国語話者にはバイリンガルどころか，マルチリンガルも珍しくない．以前教えた広西チワン族自治区の靖西(せいせい)出身の留学生は，客家の祖母とは客家語，チワン族の母親とはチワン語，漢族の父親とは共通語と，家の中でも三つの言語を使い分けていた．客家語も方言の一種だが共通語とは意思疎通できないし，チワン語にいたっては中国語ではなくタイ語と同系統の言語だ．ほかに近隣一帯で話される桂柳語(けいりゅうご)，さらに高校時代を過ごした広州で話される広東語もできる．現在は日本の会社に勤め，流暢な日本語で同僚と打ち合わせ，英語で商談を進めるというマルチリンガルぶりだ．

　彼女のように，少数民族だったり，家で話す方言が地元の方言と違っていたりする場合や，近隣一帯でまた別の有力方言が普及している場合はマルチリンガルが生じやすい．後者の好例が広東・広西における広東語だ．この地域には客家語や潮州語(ちょうしゅうご)などを母語にする人が大勢いるが，加えて広東語もできる人が多い．華南地方の中心都市，広州・香港の方言である広東語が影響力をもち，地域共通語的な存在だからだ．香港のテレビもよく観る．そして，省外の人と話すときには共通語が欠かせない．こうして自然とトリリンガル（三語話者）になるのだ．

●**共通語の流暢さと方言意識**　反面，方言との差が大きければ，それだけ共通語を身につけるのも大変だ．今日では，都市部に住む教育水準が高い人はたいてい共通語を上手に話すが，それでも地方差がある．広東語を母語とする人はよその方言エリアの人に比べると明らかに共通語が苦手だ．特に香港人の共通語下手は有名である．書き言葉の学習を通じて共通語の文法・語彙はだいたい身につけているが，発音が不得手である．香港に行って共通語が通じなかったという話は，現在でも時々聞く．共通語での意思疎通ができず，英語で話したという中国人もいる．広東語と共通語との距離が大きいからということもあるが，香港では広東語中心で，共通語に触れる機会が少ないのが原因だ．広東省の広東語話者も含めて，総じて広東語を母語とする人は，自分たちの方言に強い愛着があり，広東語が威信の高い方言だと認識している．日本語でも方言に強い愛着と自信をもつ関西弁の母語話者には，共通語が苦手な人が多いが，それとよく似ているのだ．

●**共通語と方言の行く末**　地域によってはまだまだ活力のある方言だが，今後，共通語の普及がさらに進めば，消滅する方言も出てくるだろう．外来者が多い都市の若い世代では，方言よりも共通語の方が母語だという人や，すでに方言ができない人がかなりいる．一方，広東語のような広域で威信が高い方言は根強く残るだろう．上海語，閩南語，客家語も生命力がありそうだ．ただ，どんな有力方言でも，ミクロな視点からみると，共通語の影響で方言の個性が薄まるのは避けられない．発音は容易に変化しないが，語彙や文法では方言独自の言い方が共通語風の言い方に取って代わられていく傾向があるからだ．

［飯田真紀］

外来語——昨日，今日，明日

　中国語にとって外来語とは何か，『外来詞 異文化的使者』（史有為）では，次のように定義している．「抽象的な概念や具体的な事物が外国から中国に入ったときに中国に既成の名前がないので，それに名前をつけなければならない，そうしてつけられた名前を外来語という」．外来語の受け入れ時期については，いろいろな説があるが，ここでは主に大きく三つに分けて紹介しよう．

●**外来語の受け入れ時期**　①漢代から唐代まで（206-907）：この時期は合わせて700年にもわたる．その間に西域（中央アジア）に派遣された張騫（前漢の武帝時代）および仏法を求めるためインドへ向かった三蔵法師（唐代初期）などにより，植物，食べ物，楽器，仏教関係などに関する名称が持ち帰られ，外来語として定着した．例えば，葡萄［ブドウ］，茉莉［ジャスミン］，石榴［ざくろ］，琵琶［びわ］，駱駝［らくだ］，鴉片［あへん］，佛［仏］，達摩［ダマ］，地獄［地獄］，輪回［輪廻］などである．

　②清末から辛亥革命前後まで：清朝末期になって，官僚たちは近代化の必要性を痛感し，西洋の先進的な機械，軍事の技術の導入，いわゆる"中体西用"（日本語の「和魂洋才」と同意）を呼びかける洋務運動を起こした．1911年に清朝が倒れるとともに，西洋の技術だけでなく，文化や思想，物質文明を反映したものが大量に中国に流入し，それに伴い，さまざまな分野の用語が外来語として入ってきた．例えば，沙发［ソファ］，咖啡［コーヒー］，雷达［レーダー］，坦克［戦車］，白兰地［ブランディ］，苏维埃［ソビエト］，阿司匹林［アスピリン］，青霉素［ペニシリン］，卡通［アニメーション］，歇斯底里［ヒステリー］，乌托邦［ユートピア］，德先生［民主］，赛先生［科学］，德律风［電話］などである．

　③改革開放以降（1978-）：中華人民共和国（1949）になってからの中国は，"自力更生"のスローガンのもとで，独自の国づくりを進め，外国の影響を極力排除していた．そのため，外来語もおのずと制限されていた．しかし，1978年に始まる改革開放後，外国との交流が一気に増え，人，モノが行き交い，それと同時に，外来語もこれまでにない規模でさまざまな分野にわたって入ってきた．例えば，基因［遺伝子］，曲奇［クッキー］，寿司［寿司］，刺身［刺身］，脱口秀［トークショー］，粉丝［ファン］，黑客［ハッカー］，因特网［インターネット］，沃尔玛［ウォールマート］，家乐福［カルフール］，全家［ファミリーマート］などである．

●**外来語の仕組み，特徴**　中国語にない概念を表意文字である漢字で表記するためには，いろいろな工夫が施されている．以下主なパターンを紹介しよう（表1）．

表1 外来語の工夫

分類	例	特徴
①音訳によるもの	吐司［トースト］，吉他［ギター］，百事可乐［ペプシコーラ］，可口可乐［コカコーラ］，珈琲［コーヒー］，迪斯科［ディスコ］，脱口秀［トークショー］，克隆［クローン］	外国語の音をそのまま漢字で記したもの．その際，意味も考慮に入れることが多い．例えば名作と言われる可口可乐（コカコーラ）は口によし，楽しむべしという意味である
②意訳によるもの	激光［レーザー］，备忘录［覚書］，蒸气浴［スチームサウナ］，代沟［ジェネレーションギャップ］，连锁店［チェーン店］，热狗［ホットドック］	外国語のもつ意味を中国語に訳したもの
③音訳と意訳の融合によるもの	啤酒［ビール］，高尔夫球［ゴルフ］，打的［タクシーを呼ぶ］，酒吧［バー］，夹克衫［ジャケット］，桑拿浴［サウナ］，摩托车［オートバイ］，星巴克［スターバックス］，冰激凌［アイスクリーム］，比萨饼［ピザ］	外国語を音と意味の両方で表したもの．例えば"啤酒"の"啤"はビールの音訳，"酒"は酒の意味である
④形をそのまま借用するもの	政治，哲学，干部［幹部］，手续［手続］，電話，达人［達人］，超好吃［超おいしい］	・日本語から借用されるものが多い ・同じ漢字を使っているため，そのまま漢字表記しても理解できる ・多くは日本語の漢字がそのまま中国語として使われる造語だが，古い中国語にも存在していた漢字もあるため，外来語という認識のないものも少なくない
	MTV, WTO, UFO, CD, DVD, ATM	英語の頭文字をそのまま使うものも増えている
⑤省略形	世贸［WTO］，超市［スーパーマーケット］，北约［北大西洋条約機構］，奥委会［オリンピック委員会］	・WTOの意味を完全に中国語に訳すと，本来は"世界贸易组织"となるが，省略して"世贸"とする ・スーパーマーケットも全部訳すと"超级市场"となるが，省略して"超市"とする

このように，中国語の外来語はおよそ以上の五つに分けられるが，それ以外に考えられるパターンもある．混合式の省略語として以下のような用語があげられる．例えば，T恤［Tシャツ］，AA制［割り勘］，B超［超音波］，IC卡［ICカード］などである．

●**外来語の創成にみる中国語話者の知恵**　以下，紹介する外来語はいずれも音と意味を最大限に利用した，表意文字ならではの創意と工夫がみられるものばかりである．例えば，"迷你裙"はミニスカートの意味であるが，"迷你"（mǐnǐ）は「あなたを迷わせる」意味でもあり，"裙"（qún）はスカートの意味，この二つの成分をあわせると「あなたを迷わすスカート」という意味にもなり，なかなか言い得て妙である．これはいまだに名作として語り継がれている．またコンピュー

ターが普及するにつれて，"黒客"(hēikè)［ハッカー］という言葉も外来語として定着した．中国語の色の中では「黒」が悪いイメージをもっている．"黒客"とは［悪い客］であり，中国人の色に対するイメージをうまく利用した訳語だといえよう．同じように，音と意味の両方を利用した訳語に"血拼"(xuèpīn)［ショッピング］がある．"血拼"は音としてはショッピングに似ているだけでなく，意味の上でも血がにじみ出るような努力をして買い物に一生懸命な姿を活写している．さらに英語のトークショーから来た"脱口秀"(tuōkǒuxiù)も音と意味の両方を備えた良い訳語である．"脱口"は発音として「トーク」に似ていて，意味のうえでも「口をついて出る」ということを表す．"秀"は音としては「ショー」に似ていて，意味のうえでは「パフォーマンス」を表している．このような音と意味をうまくマッチングさせたものには，外国のアーティストグループを表す外来語もある．例えば，"披头四"［ビートルズ］．"披头"(pītóu)とは「髪をなびかせる」意味であり，"四"はいうまでもなく4人をさしている．つまり，ビートルズは髪をなびかせる四人組みである．また"披头士"(pītóushì)ともいう．この"士"も音が似ているだけでなく，意味としても男子であることを表している．なお，最近"披头四"の代わりにカブト虫の意味で"甲壳虫"(jiǎkèchóng)という名前を使うことも多い．

このような中国語話者の知恵を反映した外来語には英語からのものが多いが，日本語からの外来語にも，面白いものがある．例えば，"扒金库"(pájīnkù)の発音である．音として日本語の［パチンコ］に似ており，意味としても"扒"は盗み取るという意味であり（例えば中国語で泥棒は"扒手"という），"金库"は金庫という意味である．つまり，"扒金库"から［金庫から金を盗み取る］という意味が読み取れる．パチンコは中国にはないが，勝てれば金を金庫から盗み取ったも同然であるという発想であろう．なお"扒金宫"(pājīngōng)という表し方もある．語構成は同じだが，"金库"が"金宫"［金のパレス］に変わり，きんきらきんのパチンコ店のイメージをうまく表現している．こちらも捨てがたい訳語である．

なお，近年日本語からの外来語の中にはそのまま使われるものが増えてきている．例えば"人气，妙杀，必杀技，完败，完胜，攻略，御姐，宅男［オタク］，萝莉［ロリータ］"といった日本語のゲームやアニメ，若者文化を反映するものは少なくない．このような日本語が外来語として，若者の間やインターネット上で飛び交っている．それだけでなく，もともと中国語の古典にあり，現代中国語ではあまり使われなくなったものがまた復活し，使われ始めている．例えば"直面"(zhímiàn)などである．最近では"直面人生"［人生に直面する］のように使われている．昔は，"面对"(miiànduì)が用いられていたが，"直面"を用いると新たな息吹が感じられ，新鮮な感覚が生まれるためだ．これこそが，外来語

のもつ最も効果的な使い方ではなかろうか.

　またいわゆる"両地三岸"[リァンディーサンアン][中国大陸，香港，台湾]間の人，物の行き来がますます盛んになるにつれて，外来語は欧米や日本などから直接に入ってくるだけでなく，香港や台湾などを経由して大陸に入ってくるものもある．例えば，バスという単語は大陸ではもともと"公交车"[ゴンジァオチョァ](gōngjiāochē)と言っていたが，香港の影響により，"巴士"[バァシ](bāshi)と言うようになった．またチーズも大陸では本来は"奶酪"[ナイラオ](nǎilào)と表現していたが，香港で使われる"芝士"[ヂーシ](zhīshì)という言い方が大陸に輸入され，現在ではチーズケーキを"奶酪蛋糕"[ナイラオダンガオ](nǎilào dàngāo)と言うよりも，"芝士蛋糕"[ヂーシーダンガオ](zhīshì dàngāo)というのが普通になってきた．"巴士"などのほかに，嘉年华[ジアニェンホァ](jiāniánhuá)[カーニバル]，"派对"[パイドゥイ](pàiduì)[パーティー]，"贴士"[ティエシ](tiēshì)(英語のtips)(中国では主として注意書きのような意味になる)なども香港経由の外来語である．

●外来語の行く末　中国と国際社会との交流は日に日に盛んになってきている．人や物に限らず，インターネットなどを通じた情報の交流も拡大する一方である．それに伴い，外来語はますます欠かすことができない存在となってきている．外来語はほとんど漢字によって表記されてきたが，外来語の大量かつ急速な流入に伴い，アルファベットでそのまま表記されることも増えている．この勢いはこれからも加速していくことこそあれ，減速することはないだろう．その原因として，インターネットの普及以外では，大学生の増加と英語の普及があげられる．現在中国では，毎年何百万人もの大学生が誕生し，基本的に英語を必修科目として学んでいる．教育熱心な親たちは幼稚園から英語を学ばせることも少なくない．このほか，加速するグローバル化に対応する余裕がなくなっていることも原因である．昔のように，時間をかけてゆっくり吟味しながら訳語を考える余裕がなくなってきているのだ．例えば，iPhone，iPadといった電子機器の名称などはすでにそのまま使われている．それは名詞だけにとどまらず，動詞にも拡大してきている．例えば，英語の"hold"も"我hold不住"[ウォ][ブゥヂュウ][コントロールできない]のように，うまく中国語の中に取り入れられ，若者の間で頻繁に使われている．現に，2012年に出版された『現代漢語詞典』(第6版)には英語のアルファベット(例えば，CPI，GDP，NBA，PKなど)がそのまま外来語として239個も収録され，物議を醸[かも]している．

　中国は外来語がこれまでよりも大量に，スピーディーに流入してくる時代に突入しようとしている．とはいえ，外来語には時代性や不安定性もある．一時的に流行するもの，時代に合わなくなって淘汰されるもの，他の語との競争で敗れ去っていくものなどが出てくるであろう．それは外来語の宿命でもある．　　　　[楊凱栄]

📖 **参考文献**
[1] 史有為『外来词 异文化的使者』上海辞书出版社，2004

ことば遊び────謎かけ，しりとり，しゃれ言葉

　中国にはさまざまなことば遊びがあり，昔から人々に楽しまれてきた．例えば"謎語"[クイズ，なぞなぞ]，"绕口令"[早口言葉]，"结尾令"[しりとり]，"回文"[回文]，"歇后语"[しゃれ言葉]のような種類がある．

●**谜语の成り立ちと遊び方**　中国の"谜语"は2,000年以上の歴史をもち，南北朝時代の文献『文心雕龙』（刘勰）などに出ていた"隠語"[隠語]はその原型をなしていたといわれている．宋時代にさらなる発展をみせ，清朝時代にはすでに成熟期を迎えていた．現在の中国でも人気があり，全国各地でさまざまなイベントが行われている．

　"谜语"は"谜面"[謎かけ]と"谜底"[答え]に分かれる．一方が謎の部分を言い，他方がそれを当て，答えを言うので"猜谜语"[謎あて]ともいう．さらに分野によって①"字谜"[漢字当てクイズ]，②"物谜"[もの当てクイズ]，③"名称谜"[物の名前当てクイズ]，④"灯谜"[灯ろうに書くクイズ]，のように分けられる．

　①"字谜"：漢字当てクイズである．漢字を偏や旁，上下，左右に分けてヒントを出し，その字を当てさせる．例えば，以下．

	谜面 謎かけ	谜底 答え	訳と解説
1	一加一	王	"一加一"を直訳すると「一に一を足す」という意味になる．この謎を解くキーワードとして"加"「足す」が大事である．つまり，「足す」を記号で表すと「+」であり，「一」に「一」を「+」すると「王」という字になる
2	一百减一	白	"一百减一"を直訳すると「百から一を引く」となる．つまり，「百」の上にある「一」をとれば，「白」の字になる

　②"物谜"：物の形，働き，性質などに比喩や暗示などを加え，どんなものであるかを当てさせる．例えば，以下．

	谜面 謎かけ	谜底 答え	訳と解説
1	屋子方方，有门没窗，屋外热烘，屋里冰霜	冰箱 [冷蔵庫]	謎かけの方を直訳すると「部屋は四角い，ドアがあるが，窓はない．部屋の外は暑いが，中は氷のように冷たい」となる．こうした特徴から推測して，答えは「冷蔵庫」となる

	謎面	謎底	訳と解説
2	有面没有口, 有脚没有手, 虽有四只脚, 自己不会走	桌子 [テーブル／机]	謎かけの方を直訳すると「顔（面）はあるが，口がない，脚はあるが，手はない，脚を4本もっているが，自分では歩けない」となる．答えは「テーブル」である

　③"名称謎"：与えられるヒントから地名や人名などを当てさせるクイズである．例えば，

	謎面 謎かけ	謎底 答え	訳と解説
1	金银铜铁	无锡	謎かけの方を直訳すると「金銀銅鉄」の意味となる．地名をあてるクイズ．謎かけの部分は，金属である「金銀銅鉄」を並べているが，その中に欠けているのは同じ金属の「錫」である．錫がないのは中国語では"无锡"［無錫］と言い，無錫は江南省の都市の名前でもある．そこで答えは「無錫」ということになる
2	两个胖子 [二人の太っている人]	合肥	同じく地名を当てるクイズ．「合」は「合わせる」，「肥」は「太っている」という意味．合肥は安徽省の省庁所在都市である

　④"灯謎"：灯籠に書かれている文字を見て当てるクイズである．この催しは特に"元宵节"（ユエンシアオジエ）（中国の伝統的な節句旧暦1月15日）に行われることが多い．この"灯謎"には漢字，もの，さらにことわざなどを当てるクイズが含まれ，ほかのなぞなぞ遊びと違うのは灯籠にヒントが書いてあるところである．

	謎面 謎かけ	謎底 答え	訳と解説
1	一家有四口, 还要养只狗	器	謎かけの方を直訳すると「一家四人，さらに犬を養わなければならない」となる．漢字一字を当てるクイズ．家族構成は「一口，両口」のように数え，4人なら「四口」となる．「四口（4人）に犬」を加え，四つの「口」と「犬」を組み合わせると，「器」という漢字になる
2	铁公鸡	一毛不拔	謎かけの方を直訳すると「鉄の鶏」という意味になる．四字成語を当てるクイズ．「鉄の鶏」は「毛一本も抜けない」から，答えは"一毛不拔"となる．"一毛不拔"は一銭たりとも出そうとしない「ピケチ」のたとえになる

●绕口令の成り立ちと遊び方　もともと"绕口"（ラオコウ）とは「口がうまく回らない」という意味である．"谜语"と同様に古い歴史をもっており，唐代の詩人である温庭筠（ティンユイン）の『李先生別墅望僧舎宝刹作双声詩』の中にすでにその一端がうかがえるといわれている．民間に数多く存在していたものを，清朝の末頃，北京駐在のイタリア人が集めて出版した『北京儿歌』（ベイジンアルグァ）（Baron Gaido Citale, 1896）の中には玲瓏

塔という"儿歌"[アルグァ][わらべ歌]もあった.

"绕口令"は中国語特有の声調や抑揚を多く含んでいるだけでなく，リズム感にも富んでいるため，発音の練習や言葉を明瞭に話すための訓練としても広く使われる．主に声調や有気音（強い呼吸を伴う音）と無気音（強い呼吸を伴わない音），反り舌など調音の特徴や韻の抑揚など微妙な違いをもつ音を利用して行う．以下のように便宜上それぞれの特徴に基づいて分類されている（実際には複数の要素が絡み合って成立するものが多い）．

中国語において，声調は非常に大事であり，それを正確に発音できないと，意味の区別がつかなくなる．次の早口言葉は声調の練習をするためにつくられたものである．中国語の初級テキストによく見られる早口言葉であり，初めて中国語を習う学習者の声調練習によく用いられている．

	中国語	発音	訳
①	妈妈骑马，马慢，妈妈骂马	māma qímǎ, mǎmàn, māma màma.	お母さんが馬に乗り，馬が遅いので，お母さんが馬を叱った
②	大兔子，大肚子，大肚子的大兔子，要咬大兔子的大肚子	dà tùzi, dà dùzi, dà dùzi de dà tùzi, yào yǎo dà tùzi de dà dùzi	大きいウサギ，大きいおなか，大きいおなかの大きいウサギが大きいウサギの大きいおなかを噛もうとする
③	四是四，十是十，十四是十四，四十是四十	sì shì sì, shí shì shí, shísì shì shísì, sìshí shì sìshí	四は四であり，十は十であり，十四は十四であり，四十は四十である

●**结尾令** 「しりとり」のことであり，二人以上の人が言葉のラリーを続ける遊びである．前の人が言った言葉の末字の音を取り，次の人がそれと同じ音で違う言葉を続け，さらに次の人がまたその言葉の最後の音を受けてほかの言葉を続ける，それの繰り返しであり，最後に続けられなくなった人が負けとなる．

	中国語	発音	訳
①	学习－习作－作文－文化－化验	xuéxí – xízuò – zuòwén – wénhuà – huàyàn	学習→習作→作文→文化→化験

●**回文** 異なる単語やフレーズを並べ，前から読んでも，後ろから読んでも，同じ意味をなす文のことである．そもそも"回"とは戻るという意味であり，後ろに"文"[ウェン]を加えていく"回文"は逆さまから読む文章という意味になる．日本語の「山本山」と同じ仕組みである．例えば，次のようなものがある．

	中国語	発音	訳
①	上海自来水来自海上	shànghǎi zìláishuǐ láizi hǎishàng	上海の水道水は海上から来る

一方，"回文"はこのようなフレーズや文章だけでなく，詩のかたちもあり，それを"回文詩"という．例えば，中国宋代の詩人蘇東坡(ソトウバ)による"金山寺"(ジンシャンスー)という"回文詩"が特に有名である．

●歇后语　言葉遊びの一つであり，だじゃれのようなものである．二つの部分から構成され，前半の部分を"引子"(yǐnzi)といい，後半の部分を"注释"(zhùshi)という．最大の特徴は何といっても，その後半に意味の重点があり，前半だけ言えば，後半は言わなくても自ずとわかるということである．そのため，"歇后语"［後ろを休ませる］という名前がつけられたという説もある．もう一つの(修辞的な)特徴としてあげられるのは，難しい理屈を庶民的かつわかりやすくて面白い言葉で，気軽に愉快な気持ちとユーモアを交えながら表現するということである．

	中国語	発音	訳
①	竹篮打水→一场空(ホウランダシュイ)	zhúlán dǎ shuǐ → yìcháng kōng	意味：竹かごで水を汲む 解説：竹で編んだかごで水を汲んでもなんにも得られないことから，無駄な努力というたとえになる
②	和尚打伞→无发无天(モウタクトウ)	héshang dǎ sǎn → wúfǎ wú tiān	意味：坊主が傘をさす．(髪も天もない) 解説："发"(髪)と"法"(法律)は音が同じ．"法"とは「法理」，"天"とは「天理」なので，"无法无天"とは「法理天理もわきまえない無法者」ということになる

この②についてはこんな有名なエピソードがある．アメリカの記者エドガー・スノウが毛沢東(モウタクトウ)を取材したとき，毛沢東が自分の人柄について，"和尚打伞→无发无天"(ホアシャンダアサン ウゥファウゥティエン)を用いて語ったのを聞いて，スノウはこれを"歇后语"とは知らずに「破れ傘をさして世界を行く孤独な修道僧である」という文字通りの意味で解釈した．しかし，毛沢東がこの言葉を用いた真意はあくまでも"歇后语"の後半の意味である「法律も天理もわきまえない」というところにあり，なにものをも恐れない自分の性格をこのように表現したにすぎない．

［楊　凱栄］

📖 参考文献
［1］温 端政著，相原 茂・白井啓介編訳『歇後語のはなし—中国のことば遊び』光生館，1989
［2］相原 茂編著『中国語・なぞなぞの本』東方書店，1990
［3］温 端政主編『常用歇后语辞典（辞海版）精装』上海辞书出版，2014

ジョーク——理屈と感性のツボ

　笑いには，理屈で理解できる笑いと，感性に直接訴える笑いがある．日本の関東と関西をみてもわかるように，笑いのツボは文化によって異なるが，感性に直接訴える笑いは文化を共有していないと理解が難しい．

●**日中の笑いのツボ**　日本では「ばかばかしさ」が笑いの要素になるが，中国ではそうならないことが多い．事例1：漫画『クレヨンしんちゃん』（臼井儀人，双葉社）32巻の一コマ．テレビのスイッチを入れると画面に「奥様 昼メロドラマ　愛の第一関節」という文字が映る．「愛」と「第一関節」の組み合わせが，ばかばかしくておかしい．段薇訳『蜡笔小新』（陝西師範大学出版社）では"午休劇場　愛的第一关节"と直訳されているが，これを中国人に見せてもあまり笑ってくれない．事例2：将棋棋士のインタビューの受け答えはですます調だが，ある中堅棋士が対戦相手の印象を聞かれ，格闘技の選手のような口調で「○○？強いよね．だけど俺は負けないよ」とコメントして話題になった．日本ではこの手のパフォーマンスがファンサービスになり得るが，中国人には棋士にふさわしくない悪ふざけにしか映らない可能性がある．

　逆の例をあげる．"东北人都是活雷锋"（雪村）という歌がある．"老张 [張さん]"が車で中国東北地方に行って事故に遭遇し，相手の運転手は逃亡．そこに一人の東北人が現れ，張を病院に連れて行って助けてくれた．張がお礼に東北人のなじみの店でご馳走をすると，東北人の方がどんどん酒を注文し，酔っぱらって方言まる出しで東北地方の自慢をする，という歌である．歌の最後に東北人が甘えた声で女性店員の"翠花"に方言で"翠花，上酸菜"[翠花，酸菜ちょうだい]と言うセリフが入る（"酸菜"は白菜の古漬け）．郷土自慢の部分がにぎやか（鐘や太鼓も入る）でおもしろいのだが，中国人は最後のセリフを聞いて笑うことが多い．件の東北人と女性店員の関係を想像した人もいる．セリフの方がイメージを喚起しやすいのだろうが，筆者には"翠花，上酸菜"に敏感に反応する感覚はわかりにくい．

●**中国人のジョーク**　一方，しゃれや小話のように理屈で理解できる笑いは，文化が違ってもおもしろさがそれなりに理解できる．中国人のジョークは中国語の特質を生かしたことば遊びの性格が強く，ひねりや風刺もきいておもしろい．

　"有啥吃啥"[あるものを食べる]という表現がある（"啥 shá"は"什么"[何]の方言形）．語順を入れ替えて"吃啥有啥"とすると，文法的には破格だが，"有啥吃啥"との対比で「食べたければ何でもある」となる（文法的には"要啥有啥"[ほしければある]のほうが自然だが，かたちが対称的でなくなる）．

中国老百姓早已从"有啥吃啥"变成"吃啥有啥".［中国の庶民はすでに「何でもあるものを食べる」から「食べたければある」になっている.］
　　　　　　　　　　　　　　　　　　　　（『人民日報』2014年3月9日）
　"有啥吃啥，吃啥有啥"は，複雑な内容を簡潔に表現でき，語順を変えるだけで意味が変わる中国語の特質を生かした言葉遊びの側面をもつが，これが風刺に用いられると，例えば次のようになる．一人っ子政策のなか，農村部で働き手として男児が望まれることへの風刺である.

　出産を控えた妻が夫におそるおそる聞く.
　妻：男の子なら，何をしてくれる？
　夫：お前に何でも食べたいものを食べさせるさ（吃啥有啥）．
　妻：女の子なら？
　夫：何でもあるものを食べるんだな（有啥吃啥）．
　　　　　（相原茂『笑う中国人─毒入り中国ジョーク集』文春新書，2007）
　次も"有啥吃啥，吃啥有啥"を用いたジョークである．

　オフィスで仕事中に母から電話が来た．父と食事に来ていると言う．「何食べるの？（吃啥？）」と聞くと，母は「あるものを食べる（有啥就吃啥）」と言う．私が「吃啥有啥」と言うと，受話器から母が「え？」と笑うのが聞こえた．私は母に一つの小話を教えた．

　中華人民共和国の建国から間もない頃，ある米国人記者が中国の庶民に直接取材をしようとある農村を訪ねた．一人の年輩の農夫が畑を耕しているのが見えた．中国は貧しいと聞いていたが農夫の表情は辛そうに見えない．不思議に思った記者は農夫に尋ねた．「もしもし，何をしているんですか？」農夫はそっけなく「社会主義を建設しているのさ」と答えた．意外な答えに記者は続けて尋ねた．「社会主義とは？」「あるものを食べる（有啥吃啥）ってことさ」これが中国の農民が貧しくとも幸福な理由かと興味深く思った記者はさらに尋ねた．「では共産主義とは？」「食べたければある（吃啥有啥）ってことさ．」

　受話器の向こうで私の話を聞いていた母は，「そうか」と笑って「私たちの食事はやっぱり『社会主義』にするかね」と言った．
　　　　　（エッセイ「父母已老」冒頭部分．『北京日報』2014年4月3日）
　母が"有啥就吃啥"［あるものを食べる］と言ったので，「私」はジョークで"吃啥有啥"と続けたが，母は意味が分からず笑うだけである．「私」は，社会主義（労働に応じて受け取る）と共産主義（必要に応じて受け取る）をそれぞれ"有啥吃啥［あるものを食べる］"，"吃啥有啥［食べたければある］"に喩えた小話を教え，それを聞いた母も「あるものを食べる」を「社会主義」で言い換えたジョークで返している．

　　　　　　　　　　　　　　　　　　　　　　　　　　　　［井上　優］

挨拶表現──親しく近しく

　中国語の挨拶といえば，多くの人が思いいたるのは"你好！"であろう．二人称代名詞の「あなた」を意味する"你"と「良好である，快調である」という意味の形容詞"好"が組み合わさったこの慣用表現は，日本語の「こんにちは」にあたる中国語の挨拶表現の定番として今では広く知れ渡っている．ところが，この"你好！"，日常生活の中で中国人同士が交わす挨拶としては意外にも頻度が低い．朝起きて夜寝るまで，ただの一度も"你好！"を口にせずに何日も何か月も暮らしている中国人は決して少なくない．"你好！"は，フォーマルな場での挨拶や営業上の挨拶，初対面の相手，久々に会う知人などへの改まった挨拶に用いられるのが常であり，「こんにちは」よりもむしろ「ご機嫌いかがですか？」の趣に近い．

　では，普段，職場や学校あるいは隣近所で張さんや李くんはどのような挨拶を交わしているのだろうか．

●「食事済んだ？」　中国語には，日本語の「こんにちは」や「こんばんは」のように，いつでも，どこでも，誰にでも，場面や人間関係のいかんを問わず使うことのできる，いわば全方位的全天候型常套句としての挨拶表現の定番というものが，早朝に交わす"早啊！"［おはよう］を除いては存在しない．日本語話者が好んで用いる「暑いですねぇ」や「よく降るねぇ」のような天候への言及も，中国語では挨拶語として慣用化していない．中国語では，臨機応変に何らかのかたちで相手に言及する，その一言が挨拶として機能する．

　その代表的なパターンの一つが，その時その場の相手の行動を適宜短く問いかけるというものである．食事時なら"吃过了吗？"［もう食事済んだ？］，出勤時なら"上班啦？"［ご出勤ですか？］，書類を抱えて急ぎ足の同僚には"去开会？"［会議に出るの？］，廊下でタバコを吹かしている上司には"休息？"［休憩ですか？］などと問いかける．マーケットで出会った近所の顔見知りになら"买东西？"［お買い物ですか？］といった具合である．述語だけで短く問い，主語の"你"は通常省略される．世界には，アラビア語のように，「あなたに平和が訪れますように」のような，普遍的とも文明的ともいえそうなスケールの大きな挨拶表現を用いる言語もあるが，中国語の挨拶表現は，それに比べれば，はるかに世間的かつ刹那的であり，その点では，日本語の「暑いですねぇ」や「よく降るねぇ」の日常感覚に通じるものがある．

●「王力宏！」　「食事済んだ？」のタイプ以上に，より単純明快に「相手に言及する」という挨拶表現のパターンがある．相手そのものに言及する，つまり，相

手の名前を呼びあげるという行為である．出会った相手が王さんなら"老王！"，李くんなら"小李！"と呼びあげる．「やぁ！」もなければ，"Hi！"もない．ただ名前だけを言う．"王力宏！""李敏！"のようにフルネームで声をかけ合うことも少なくない．日本語では社内のエレベーターに乗り合わせた同僚二人が顔を見合わせ，「鈴木一郎！」「山田花子！」と互いに呼び合うことで挨拶になるという状況は考えにくいが，中国語では至極自然である．

　姓名のうちの「名」を言わずに「姓」だけを言うときは，先の"老王！"や"小李！"のように，親しみを込めた敬称辞の"老〜"や"小〜"を姓の前に添えるか，あるいは敬意度のより高い"〜先生"を姓の後ろに添える．"〜先生"に代わって，"院长"[院長]や"老师"[先生]などの職称が用いられることも多い．中国語では，"王"や"李"のように，姓だけを裸で用いて個人をさすということは，"司马"や"欧阳"のような少数の複姓（二音節からなる姓）を除いてはない．中国語の姓は「族」をくくる名称であり，集合に与えられた「類」名であって，通常，これをもって「個」人をさすことはできない．「林が来た」や「乾が怒ってる」のように，姓だけで個人をさせる日本語とは事情が異なる．"王力宏"や"老李"[李さん]のように，類の中の一構成員に絞り込んで，初めて，特定の個人をさすことが可能になり，それを呼びあげることが挨拶となる．

●「おばさん！」　名前に加えて，親族名称も挨拶表現の重要なリソースとなる．とりわけ子どもの大人に対する挨拶には親族名称が活用される．同年輩の知人の女性に道で出会った母親が，傍らのわが子に，「こんにちは，は？」と挨拶をうながす．日本語の世界では日常よく目にする光景であるが，中国の母親はこのような場合，"喊'阿姨'！"[[おばさん！]とお呼びなさい！]と言う．言われた子どもは，相手の女性にただ一声"阿姨！"と"喊"する．それだけで立派な挨拶になる．"阿姨"は「母方のおば」を意味する親族名称であり，"喊"は「呼びかける，声をかける」という意味の動詞である．仮に，挨拶の相手が自分の父親の知り合いであり，自分の祖父の年齢に近い"王"という名の男性であったとすれば，その人物を"爷爷"[父方の祖父]と見立て，"王爷爷！"と呼びかける．

　中国の子どもは，このように，本来は自分と血縁関係にある親族を表す種々の名称（情況に応じて，"伯伯"[父の兄にあたる伯父]，"叔叔"[父の弟にあたる叔父]，"奶奶"[父方の祖母]，"姥姥"[母方の祖母]など）を適宜選び取り，他人の大人に一声呼びかける．つまり，「ヨソ」の人を「ウチ」の人に見立てる，言い換えれば，本来「疎遠」であるはずの対象を「親しく近い」存在とみなすという，そうした態度を言葉にして表明する．そこに，「敬愛」の念が読み取られ，挨拶としての機能が成立する．「敬して遠ざける」という発想が敬語意識の根底にある日本語とは対照的に，親愛の情が敬愛の念につながるというところに中国語の特徴があると考えられる．

[木村英樹]

名前——長幼の序・響き・寓意・男女

　後に孫文夫人となった宋慶齢(1893-1981)には姉の靄齢，妹の美齢に加え，子文・子良・子安という3人の弟がいた．姉妹の名前は「齢」を共有し，兄弟の名前は「子」を共有しているが，これは一族における世代の別を示す文字で，この文字が表す世代を字輩という．巴金(1904-2005)の小説『家』(1933)に描かれた高氏一族でも男児女児それぞれに字輩があり，主人公の世代の男児は覚字輩，女児は淑字輩であった．一家（家）ではなく一族（家族）が社会の中核としてあり，長幼の序が重んじられた儒教社会において，個々人がどの世代に属するかはきわめて重要な情報であったのである．なお，字輩は男女で共有される場合もある．

　字輩は宋代(960-1279)の頃から普及し始めたといわれ，中華人民共和国成立までは「字輩を含んで2文字」というのが最も一般的な命名の慣習であったが，現在，大陸中国で字輩が顧みられることは少なくなっている．

　人の名前は民族を超えて存在し，かつきわめて伝統的な文化であるが，以下の解説では現代の大陸中国の漢民族の名前に限定する．また，名前は「名」のみをさす場合と「姓」を含めていう場合があるが，以下では「名」のみをさす．

●**名前の字数**　中国人の名前は基本的に漢字1字か2字である．文化大革命(1966-76)以降の状況でいうと，1970年代後半から1980年代は1字の名前（単名）が流行し，1990年代以降は再び2字の名前（双名）が多くなっている．漢字を用いた命名は，呼びやすく，響きが良く，見て美しいという形で，親の子に対する思いが実現するのが理想である．

●**特徴のある1字名**　①辞書にある2字の複合語を意識し，姓と合わせてそれと同音の名前をつける．韓旭・江軍・陳默・蕭勇はそれぞれ含蓄・将軍・沈黙・驍勇（勇猛である）と同音である．②姓を表す漢字を積み重ねてつくられた漢字を名前とする．石磊・金鑫・牛犇・水淼などで，石・金・牛・水が姓，磊・鑫・犇・淼が名である．林森もこれに含めてよいであろう．③姓と同音の字を名とする．方芳とか辛欣などで，晶晶や寧寧のような女児に多い重ね型名の変形である．リフレインによる響きの良さを主眼とする．④母親あるいは父親の姓を名前とする．孫楊という有名な水泳選手がいるが，楊は母親の姓である．中国は夫婦別姓であり，法律上，子どもは父方の姓を名乗ることも母方の姓を名乗ることも可能である．その結果，朱姓の父と楊姓の母の間に生まれた息子が朱姓を名乗り朱楊と登録され，娘が楊姓を名乗り楊朱と登録された例が報告されている．

●**2字名の特徴**　2字名には「……にちなむ」類の名前が多い．春に生まれたの

で春生，北京で生まれたので京生，王姓の父と周姓の母の間に生まれて（王）周生などは素朴な例である．「……生」以外で「……にちなむ」類の名前をつくるのに適するのは，2文字が文法的に「動詞＋目的語」あるいは「並列」の関係にある場合である．

　1997年7月に生まれた子どもに"洗雪耻辱"［シィシュエチーロウ］［恥辱を洗い雪ぐ］から「雪」と「辱」［ロウ］を取って「雪如」という名前がつけられた．1997年7月1日の香港返還にちなんだ命名である．「辱」を「如」で置き換えたのは，「辱」のままでは意味的にも視覚的にも直截的すぎるためである．これは「動詞＋目的語」の例であるが，「動詞＋目的語」が1字で実現する場合がある．北京と西安で別居生活を送る両親の間に生まれ，西安で暮らすことになった子どもがいて「臻」と名づけられた．「臻」を「至＋秦」と分解すれば，1字が2字となって「秦に至る」すなわち「西安に至る」と読めるのである．秦は西安のある陝西省を中心とする地域の古名である．

　「雲鳳」と命名された女児がいる．この女児は水利ダム建設の影響で両親が湖北省西北部の鄖県［ユィン］から東部の団風県［トゥァンフォン］に移住してまもなく生まれたため，水没した故郷と新天地を結ぶ象徴として「雲鳳」と名づけられた．「鄖風」を「雲鳳」に置き換えたのは，女児の名前であることを考慮した結果である．「雲鳳」は本来「鄖風」であり，「鄖」と「風」は文法的に並列関係にある．並列関係を1字で実現した名前に「嬅」［イェ］がある．日本人と中国人の間に生まれたことを記念する一方で，日中両国の架け橋となることを期待された命名である．

●**名前と性別**　二卵性双生児を中国語では俗に龍鳳胎といい，龍は男児を，鳳は女児を表す．龍と鳳は名前に性別を反映させるときの代表字で，時代劇などに登場する龍鳳胎は金龍と金鳳であったりする．性別は主として文字で示される．例えば，発音は同じくコウ（hóng）であっても，「洪」や「宏」は男児に多く，「紅」や「虹」は女児に多い．

　性別が文法に反映する場合もあり，興邦（邦を興す）のような「動詞＋目的語」型の名前は男児に多い．冬梅であれば女児であるが，友梅（〈厳冬に耐えて咲く〉梅を友とする）であれば男児の可能性が高くなる．動目型は理想を追求する姿勢を表しやすく，それが男児名に適合する．その中で招弟や留弟などは動目型であるが女児名で，次に生まれる子は男児（弟）であってほしいという願いが託されている．ただし，「次は弟を」ではなく「次も弟を」と願って男児に招弟や留弟という名前をつけることもある．

　中国人の名前は基本的に性別を反映するものであるが，知識階層は相対的に女児の名前に性別を含めることを回避する傾向がある．姓が李で，名を敏・訥［びん・とつ］という姉妹がいる．古典に通じた親が論語の「君子は言に訥にして行に敏ならんことを欲す」から取った名前であるが，李敏と李訥は兄弟であってもおかしくない．

［杉村博文］

悪態と褒め言葉──罵りと張合い

　中国人のコミュニケーション行動には，「親しみ」を基盤とする行動と「他者との張り合い」を基盤とする行動がある．前者においてはさまざまなかたちで互いの距離を縮めようとし，後者においては自分の立場を守るために最大限の努力をする．

　中国人の張り合い感覚が明確に表れるのは言い争いである．何かのきっかけで言い争いが始まる．何か言われたら必ず言い返す．言われっぱなしではいけない．もともとのきっかけとは関係ない事柄ももち出して言葉の応酬を続け，最後には罵り合いになる．次の罵り合いはまだよい方で，文字にできないような口汚い罵り表現が用いられることも少なくない（もちろん，どこまで口汚い表現を使うかは個人差が大きい）．

　A：像你这样的矮胖子，一辈子都找不到媳妇的吧．［お前みたいなチビでデブは，一生お嫁さんとは縁がねえだろうなあ］
　B：什么？你也不撒泡尿照照自己，就你那营养不良的瘦三样，姑娘见了都会吐的．［何だと，てめえこそ小便して自分の面を映してみろってんだ，その栄養不良のごろつき面じゃ，娘らも願い下げだとよ］

（相原茂『中国語　未知との遭遇』現代書館，2014）

●**中国語の罵り表現**　「言われたら言い返す」を続ける必要上，中国語の罵り表現は種類が豊富であり，その多くは口に出したり文字に書いたりすることがはばかられるものである．辞書に「小説などでは×印で代用することもある」と書いてあったりもする．言う・書くことが憚られるという点では，日本語で言えば「くそっ，ちくしょう」「バカ，アホ」などの罵倒語よりも，卑猥語の感覚に近い（実際，卑猥な内容のものも多い）．

　罵り表現には，①「くそっ，くそったれ，ちくしょう，このやろう」のように，人や状況に対する反発の気持ち（怒り・悔しさなど）を表すもの，②「バカ，アホ，マヌケ」のように，人の無能さや素性の悪さを指摘して侮辱するものなどがある．中国語の①の表現の代表は"他妈的"tāmādeである．"你他妈的！"［このくそったれ］のように相手を罵る場合，"他妈的！我又上当了！"［ちくしょう！またダマされた］のように不本意な状況に対する怒りや悔しさを表す場合のほか，"又他妈的堵车"［くそっ，また渋滞かよ］のように軽い苛立ちの気持ちで用いられることもある．下品な表現だが，口汚さの度合いは他の罵り表現ほどではなく，口癖になっている人もいる．「TMD」というネット用語もある．

　②の表現には，愚鈍なことを表す形容詞"傻，笨，呆，蠢，浑"，それらを用

いた"傻瓜, 傻子, 笨蛋, 呆子, 蠢货, 浑蛋", 言動が異常なことを表す"神経病"［どうかしている］などがある. "傻, 笨"は罵りの程度がさほどきつくなく, 特に"傻"は, 親友にふざけて"傻不傻呀你！"［バカだねえ］と言ったり, 恋人のことを無視できないという気持ちで"你真傻"［もう, バカなんだから］と言ったりする場合にも使える. しかし, 人をけなす表現であることに変わりはなく, 相手の異常な行為を制止しようとして「バカ！やめろ」というような場合には使えない.

●「親しみ」「張り合い」と褒め　中国人の張り合い感覚は, 公的な立場を背負って他者と対峙するときにも表れる. 中国人はある立場を背負うと, その立場にある人物らしくふるまおうと努力し, 他者からその立場にふさわしい扱いを受けないと"面子"をつぶされたと感じる. 公的な場では相手の"面子"を立てることが最も重要であり, 宴会などのスピーチでは社交辞令としての褒めや称賛の言葉が並ぶ. 日本人には大げさに映ることも多い.

> 調査チームを受け入れた村の幹部が「優れた学者先生をお迎えできて実に光栄だ」と言えば, チームの責任者は「すばらしい村の状況を知ることができてうれしい」と返す. ビジネスの交渉の途中で, 一方が「われわれは徐々に共通した認識に向かいつつある」と述べれば, 他方は「これからの交渉は必ずや成功するだろう」と応える. 野球では七回の表裏に応援団がエールを交換するが, 宴会の際のスピーチもこれに似たような機能を果たしている.
> 　　　　　　　　　　　　　（園田茂人『中国人の心理と行動』NHKブックス, 2001）

一方, 身内や親友の間では, 他人行儀な言動を避け, 率直な言葉のやりとりを行う. 日本人は「親しき仲にも礼儀あり」だが, 中国人は"熟不拘礼"（親しければ礼儀にはこだわらない）である. 日本人の褒め言葉が中国人には他人行儀に映ることも多い. 典型は「おいしい（うまい）」である.

　　夫：(妻の料理を見て) お, うまそう. (一口食べて) うん, うまい.
　　妻：(嬉しそうに) よかった.

日本人の「おいしい」は相手を安心させるための一言という面がある. 感謝の気持ちも込めて一言「おいしい」と褒め, 言われた方もその一言で安心する. 一方, 中国人の感覚では, 身内のあいだで褒め言葉や感謝の表現を使うのは他人行儀で不自然である. 親友がつくった物を食べたときも, 日本人はまず「おいしい」と言うが, 中国人は「ちょっとしょっぱい」「こうしたほうがいい」といったことを含め, 自分が感じたことをそのまま言う. 日本人は「中国人の友人にいきなり『しょっぱい』と言われてショックだった」と言い, 中国人は「日本人の友人は『おいしい』としか言ってくれない」と言う.
　　　　　　　　　　　　　　　　　　　　　　　　　　　　　　　　　　［井上　優］

📖 参考文献
[1] 大河内康憲「中国語の悪態, 罵語」『中国語の諸相』白帝社, 1997

謝罪と釈明――すぐ謝る日本人

　悪い方向へ一線を超えること，典型的には法を犯すことが「罪」であり，その「罪」に対して要求される償いが「罰」であるといえる．「謝罪」とは，罪や自らの非を認め謝ることであり，「釈明」とは罪にいたった経過や原因を述べることである．その点では日中両国語では違いはないが，どこに重点を置くのか，誰に対して謝罪や釈明，あるいは感謝の気持ちを言葉で表すのかには大きな違いがある．

●**謝罪**　謝罪について言及したものは非常に多い．山本美智子他の著書『アメリカ暮らし　すぐに使える常識集』（亜紀書房，2001）に，「（アメリカ人は）人ごみでちょっと肩がぶつかっただけで，さも悪かったように謝るのに，重大な局面では謝ろうとしないのはなぜか？」とある．また，交通事故に遭ったような場合，明らかに自分が悪い場合でも「I'm sorry」と言わないことが重要で，どちらに過失があるのかは警察や保険会社が判断する．謝ると過失を認めたとみなされ，保険金請求などの際に不利な立場になるとし，逆に，相手が非を認めて謝罪してきた場合には，その旨を簡単な文書にしてサインしてもらうよう忠告している．

　ドナルド・キーンは司馬遼太郎との対談（『日本人と日本文化』中公新書，1972）で次のように指摘している．

　　泥棒が……（中略）つかまった．いろいろの取調べの結果彼が自白するというような場合，(日本では) 必ず「申し訳ない」とか「とても悪いことをした」とか言うでしょう．（中略）外国の場合犯人はまず否定する．自白しないですね．しまいに自白するとしても，くやしそうにムッとした顔をして，申し訳ないとは絶対に言わないでしょう．

　中国を強い調子で非難し続ける櫻井よし子の著書『異形の大国　中国』（新潮社，2008）のサブタイトルは，「くいず・みとめず・あやまらず」である．

　それに対して日本人は，まず謝る．5代目桂米團治が桂米朝時代の失敗の多さを語り，おかげで詫びるのが上手くなったと「わび状4箇条」を紹介していた（NHKスタジオパーク，2008年11月10日）．①まずは謝る，②言い訳は少しだけ，③反省の気持ちをしっかりと，④最後にもう一度お詫びの言葉．

●**釈明**　日本語では，釈明は言い訳，時には言い逃れをしていると思われる．相原茂は，次のように指摘している（『「感謝」と「謝罪」――はじめて聞く日中"異文化"の話』講談社，2007）．

　　遅刻してきたときの日中行動対照論というのがある．日本人はまず「ごめんなさい．待った？」だ．ともかく第一声は謝る．理由は後からちょっとだけいう．中国人はなぜ遅れたか，まず理由を言う．それもかなり詳しくいう．

日本人はイライラする．言い訳をしているとしか思えない．（中略）
日中はかくてなかなか噛み合わない．中国人は思う．どうして過去の出来事をきちんと検討し，反省しないのか．どうして「ごめんなさい」ですんだと思うのか．あんなにあっさり水に流し，不問に付し，後は未来に顔向けられるのか．わからない．不信感が募る．

●**日本語と中国語の謝罪**　日本人は簡単に謝罪し，中国人は謝罪せず釈明する傾向が強いという指摘をみてきたが，その一つの原因は，謝罪を表す代表的な言葉「すみません」と中国語の"対不起"ドゥイブチィの差であることも見逃してはならない．

日本人は「すみません」を謝罪のみでなく，前を歩く他人が落し物をしたのを教えるようなとき，つまり自分のためでなく相手のためにしかならない時ですら用いる．それは，相手の気持ちや領域に突然踏み込むことを申し訳ないと思っていることと，「すみません」が呼びかけ語として用いられることと無関係ではない．日本語には，呼びかけ専用の感嘆詞が存在しない．「もしもし」は電話や小声で呼びかけるときには使えるが，大きな声で発することはできない．中国語の呼びかけ語の"ei!"や"wei（喂）!"は，日本語の「エイ！」が物を投げたり，値切り倒す客に店主が「エイ！持っていけ」などから連想されるように，大声で発することができる．

中国語の"対不起"は謝罪専用である．中国でも最近は店員に声を掛けるような場合"不好意思"ブハオイィスーが用いられる．その他やや古風ではあるが"得罪了"ドァヅゥイルァ，"失礼了"シーリィルァなども用いられる．中国語でも非を詫びる時には"給您賠不是"ゲイニンペイブシー［心からお詫びします］という表現がある．日中国交回復の折，当時の総理大臣・田中角栄首相が「多大のご迷惑をお掛けしました」と謝罪したのを中国語で"添麻煩"ティェンマァファンとしたため波紋をよんだことがあるが，これは"悪いね"といった程度にとられる可能性が強い表現であることも波紋の一因であっただろう．

●**謝罪と感謝**　個人的な体験ではあるが，以前，中国の公的な機関と合同の行事をしたことがある．中国側のトップがその行事に遅刻し，しかも途中で退席した．日本側の代表者として筆者は「遺憾の意」を伝えた．後日中国側から筆者に「感謝状」なるものが届いた．親しい中国人によると，これが公的機関としての精一杯の「謝罪」だという．日本語の「すみません」が感謝と謝罪の両方を表すこと，「感謝」にも「謝罪」にも「謝」が用いられていることからも，両者は近い関係にあるが，日中間では微妙な違いがあるというのが，長い中国との付き合いの中で抱く実感である．

なお，日本に長く滞在した中国人が日本語の習慣に染まって，肉親や親しい友人にちょっとしたことでも「ありがとう」と言ってしまい，水臭いとか他人行儀だと違和感をもたれることが少なくないという．

謝罪や感謝を言葉で表すのかどうか，日中の文化差は小さくはない．［中川正之］

外交辞令——公的表現と私的表現

　外交という言葉には，国家間規模の大きな付き合いと個人間を中心にした小さな付き合いの意味がある．外交官は前者，外交員は後者であろう．本項では主に後者を扱うが，そもそも中国語ではこの二者を厳密に使い分けない．

●**個人と集団**　中国語でも"祝贺"は大規模な祝いであり，"恭喜"［おめでとう］は個人間で交わされる挨拶といった違いのある表現は存在するが，日本語の「誕生：生誕」，「先祖：祖先」，「習慣：慣習」のような「個人的なこと：偉人・集団に関わること」のような一貫した使い分けは存在しない．国連での演説で「食糧問題」のことを"吃饭问题"［ご飯を食べる問題］と言っても奇異ではない．最近も中国の中央電視台（中国の中央テレビ局）の番組で，「日本は"钓鱼岛"［尖閣列島］を盗んだ」と報じられた．事の真偽は別にしても日本語なら「日本は尖閣列島を不法に占拠した」とでも言うべきところであろう．かつて日本語の堪能な中国の高官が日本政府の閣僚の靖国神社参拝に対して「やめなさいとゲンメイした」と日本語で発言し，「ゲンメイ」が「言明」か「厳命」かどちらなのかとともに「やめなさい」という日常語が話題になった．日本人からすれば「やめなさい」は親が子どもを叱るような感じで政府レベルの発言としては不適切であり，表現として不快感さえ覚えるが，中国人からすれば，むしろ友人としての温かい忠告をしているということになるのであろう（中川正之『漢語からみえる世界と世間』岩波現代文庫，2013）．中国語では，親密さがそのまま敬意につながるが，日本語では「敬して遠ざける」ことが敬意の表現であるという違いがあるといってもよい．しかしこのような問題は個性の違いによるものなのか，所属する集団の価値観，つまり文化の差によるものか，あるいは年代差，地域差などによるものなのか判然としないことも少なくない．

●**謙遜，ねぎらい，とむらい**　著名な中国人言語学者に「お孫さんたちはお元気ですか？」と聞いた折，夫人は「元気です」と答えた後"都是二百五"［みんな250です］とつけ加えた．「みんなお馬鹿さんです」という意味である．欧米人からすれば孫を屈辱していると聞こえるであろうが，我々は，そこに愛しみを感じ取ることができる．「愚妻，愚息」というのも日中両国においては謙譲の美徳であって，妻や息子を侮辱していることにはならない．「中国語がお上手ですね」などと褒められた場合も，"哪里，哪里"［どういたしまして］と謙遜するのも似ている．しかし，以下のような指摘もある．

　相原茂は「おたくのお嬢さんピアノがお上手ですね」と同じマンションの住人に言われたら「すみません，うるさくて」と答えるのが日本人，「そうですか，

どうもお褒めにあずかりまして，でもまだまだです」と答えるのが中国人だとしている（『中国語の学び方』東方書店, 1999）.

井上優は，親しい友人に料理をつくって感想を聞かれた場合，中国人なら「少ししょっぱいと感じたら，それをいう」．逆に，「おいしい」と言われると，うれしい反面，少し大げさな感じもする，と指摘している．いずれもが，中国人の率直さを語る例である（『相席で黙っていられるか―日中言語行動比較論』岩波書店, 2013）.

年長者や目上に対する制約も中国語は日本語ほど強くない．例えば，「ご苦労さま」というねぎらいや「頑張ってください」という励まし，「（教師に向かって）今日の授業はよかったです」のような評価は日本語では目上には使いにくいとされるが，中国語の"辛苦了"［ご苦労さま］などにはそんな制約はない．

また，葬儀でのとむらいも両国でかなり異なる．日本語では「この度は……」と続く言葉をにごしたり，言葉にならないことを態度で示すようなことも多くない．中国語では"请节哀顺变"［どうか過度に悲しまないで変化に順応してください］といった言葉を最後まで明確に伝える．

総じて，中国語においては自分の気持ちをはっきりと言うことが外交辞令になる．それに対して，日本語では相手の気持ちや立場が十分理解できることを表情などで示すことが優先される．「言葉にならない」「言葉を失う」ことが日本語ではより効果的な場合が少なくない．

謝罪に関しても同様で，重要な場面で長く通訳として活躍されたバイリンガルの劉德有の述懐である（神崎多實子・待場裕子編著『中国語通訳トレーニング講座』東方書店, 1997）．要約すると以下のような主旨である．

> 日中の交渉で日本側に重大な手抜かりがあって指摘され，日本側が恐縮し，やや驚いた様子をして「あっ，そうですか．全然知りませんでした．さっそく調べてみます」を"啊—，是吗？"のように訳しても，中国側には日本側が誠意のかけらもなく責任逃れをしていると感じさせるであろう．

とむらいについても同じようなことがいえる．日本の葬儀の席で遺族が悲しみを懸命にこらえている姿は珍しくないが，中国人は号泣する．墓参りも同様である．墓石にとりすがって号泣することも多い．日本人からすれば，儀式の一種と見えないこともない．中国人からすれば，日本人はおめでたい結婚式で涙し，葬儀で涙をこらえるのが奇異に映るらしい．日本人の，特に男性の武士道美学のなごりともいうべき感情の抑制は時には冷淡にさえみえるであろう．

また，日本語は相手に迷惑や負担をかけないことを優先するが，中国語では，相手のために何かをしたことを訴える．お土産を買ってきて差し出す場合，"特地"［わざわざ］買ってきた，と言うのはその顕著な例である． ［中川正之］

話し言葉と書き言葉——聴覚媒体か視覚媒体か

　話し言葉は瞬時に消失する音声を媒体とする言語であり，書き言葉は時を超えて存続する文字を媒体とする言語である．よって，話し言葉は，瞬時記憶の容量と保持時間という脳の生理的制約を受けざるを得ないが，書き言葉はそのような制約を受けない．話し言葉が平明な語彙を使用し，短く単純な構造に仕上げられるのは，そうしなければ，次から次へと入って来る新しい情報を即時に処理しきれないからである．瞬時記憶の容量は数字や単語などであれば7±2個であり，保持時間は5秒から20秒であるといわれている．一方，書き言葉は記憶の容量にも保持時間にも制限されることなく，再確認と再分析を繰り返し行うことができるため，極論すれば，どれだけ長く複雑であってもかまわないし，使用語彙の難しさも問題にならない．以下に中国語の典型的な書き言葉の例をあげる．

　　一个人发觉自己著述中的某些立论不牢固而又要坚持这个立论的时候，或是发现立论不坚实而又提不出新的立论的时候，往往就要用行文的含混来遮掩，以为读者或许比自己更粗心［自らの著述における一部の論旨が堅牢でないことに気づきながらその論旨を堅持しようとするとき，あるいは論旨が堅牢ではないことに気づきながら新たな論を打ち立てられないとき，人は往々にして論旨の展開を曖昧にすることでそれを覆い隠そうとする．読者があるいは自分より粗忽であるかもしれないと考えてのことである．］

　この文は句読点を除くと1文で76字を数え，長さも複雑さも話し言葉では考えられない規模である．これが話し言葉の速度で発せられれば，一度で正確に聞き取るのは容易ではない．

●**文法的視点**　文法の面では，名詞に対する長い修飾語の使用を書き言葉の大きな特徴とすることができる．これは書き言葉にとっても決して望ましいことではないのであるが，上にあげた理由により，話し言葉ではなおのこと避けなければならない．「動詞が目的語に先行する」および「従属節が中心語に先行する」という中国語の基本語順を掛け合わせると，「動詞＋従属節＋目的語（中心語）」という構造が生まれる．

　具体的には次のような例である．

　　他给王老师<u>写</u>了一封很短的，只有两点内容的<u>信</u>［彼は王先生に一通の要点が二つだけの短い手紙を書いた．］

　ここで注意すべきは，従属節の割り込みによって動詞"写"［書く］と目的語"信"［手紙］が遠く隔てられ，"信"が出現するまで"写"が宙ぶらりんの状態に置かれることである．よって，話者／聴者は「動詞を記憶し目的語の出現を待つ」と

「従属節と中心語の関係を処理する」という二つの工程を並行処理しなければならず，情報の即時処理に大きな負担がかかる．次のように表現すれば並行処理を避けられる．

　　他给王老师写了一封信，信写得很短，内容只有两点［彼は王先生に手紙を一通書いた，手紙は（書きが）短かった，要点は２つだけだった］．

　日本語の視点から見ると，このような表現法はいかにも拙いが，中国語としては「動詞＋従属節＋目的語」よりはるかに巧みであり，動詞が目的語に先行するにもかかわらず従属節が中心語に先行するという文法の欠陥を，中心語に対する長い従属節の使用を避けるという語用論で補っている．

●**音声的視点**　音声言語である話し言葉は，音声の休止・長短・強弱・高低・音色などを利用しさまざまな感情の機微を表現できる．よって，書き言葉が話し言葉と同じだけの情報量を確保しようと思えば，そうした音声手段が伝える情報も文字化して表現しなければならない．例えば"高声地"［声高に］，"冷静地"［冷静に］，"感慨地"［感慨を込めて］，"斩钉截铁地"［きっぱりと］などである．"无疑"［疑いもなく］や"也许"［たぶん］のようないわゆる語気副詞も，状況次第で音声手段による代替が可能である．また，文頭や文末に現れる語気助詞の多くは，感情の機微をそのまま文字化したもので，話し言葉に属する．

　　啊，是你呀！［お，君か！］
　　誰？哟，你！可吓死我了！［誰？え，あなた！もーびっくりさせないでよ］
　　她还在？不会吧？［彼女がまだ生きている？そんなはずはないだろう］
　　多好的一个人呐！［なんていい人なの！］
　　有意见就提嘛！［意見があれば出したらいいのに］

●**心理的視点**　書き言葉は，話し言葉とは比べようもないほど正確かつ論理的であろうとし，その反映は主として次の二つの側面にみられる．一つは自らの観察に遺漏のある可能性を恐れ，慎重に断定を避けようとすることで，結果として，断言を避けた表現が多用される．もう一つは，修飾語を用いて概念の規定をより厳密化しようとしたり，接続詞を用いてあり得る選択肢を網羅しようとしたりすることである．それが，書き言葉は一つひとつの文が長いという形で現れる．下の例は，書く心理でもって話せば（直線部），聞いてどうなるか（波線部）をよく物語っている．

　　李明觉得听他的话真费劲，但是，但是的没完，绕来绕去的，心里说，这帮高级知识分子就这德性，有话不痛痛快快说，真叫人没法儿办．［この人の話を聞くのは本当に疲れると李明は思った．しかし，しかしと切りがなく，話があちらに飛びこちらに飛びする．このインテリ達ときたらこのざまなんだ，言いたいことがあっても素直に言おうとしない．どうしようもないわ，本当に］．

　　　　　　　　　　　　　　　　　　　　　　　　　　　［杉村博文］

メールの中国語──書面語からネット表現まで

　Eメールがあまり使われていなかった1990年代初めまでは，手紙などの紙媒体でやり取りをしていた．中国語はひとたび紙の上に書くと，書き言葉（書面語）になる．そして，中国語の話し言葉と書き言葉には，かなりの開きがある．とりわけ，手紙ならではの書面的表現を"书信语"といい，書面語に特化した辞書も出版されている．

　"书信语"では，宛名の敬称や文面の冒頭，最後の締めの挨拶の定型が，対象（目上，同輩，男女の別，職業などの身分）や慶弔の種類（婚姻，出産，長寿，新居落成，転居，開業などの祝いや感謝，哀悼など）により異なる．

　例えば，宛名が学兄や教員の場合，相手を敬し，"〜老师道鉴"となる．また，家族を表すにも区別があり，祖父を表す"祖父"は，他人から言われる場合は"令祖"，自身の祖父を言う場合は"家祖父"となる．さらに，その祖父が亡くなっている場合は，"先祖父""王考""先王父""先祖考"と表現する．また，父子を表す場合も，相手に言う場合は"贤乔梓"と言い，自ら言う場合は"愚父子"となる．

　現在のEメールは，商用など，より正式なものには上記の定型や書面的表現がよく出てくる．友人同士ならば，話し言葉に近い表現になる．例えば「メール拝見しました」は，書面的表現ならば"来函敬悉"や"信悉"となり，口語的表現ならば"来信收到了"となる．

●Eメールからチャット，SNS，コミュニケーションアプリへ　現在はEメールからチャット（QQ）やSNS，ミニブログ（微博），コミュニケーションアプリ（微信，Wechatなど）でのより短い，リアルタイムのやり取りへとシフトしている．

　短文でのやり取りが活発になると，書き言葉的な表現は減り，話し言葉でのやり取りになる．また，音声や動画を送信できるアプリもある．

　同時に，中国語の表現にも新たな変化が出てきた．ネットユーザーの中心が若者であるがゆえに，流行り廃りも早い．そして，新たにつくられる表現は，流行語となり，定着するものもあれば，一方で言葉の乱れとして社会問題として取り上げられることもある．以下では，表現のパターンを大まかに分けて紹介する．

　①省略表現：中国語の発音のローマ字表記は，"拼音"とよぶが，そのピンインの頭文字を取って一つの語を表す．入力の手間を減らすために始まったと思われる．ちょうど英語の"Oh！My God！"を"OMG"と表記するのに似ている．例えば，姉を意味する"姐姐"はピンインで"jiějie"と表記する．この"jiě（姐）"の頭文字を

一つずつとり,"JJ"という省略形になる.このほか,"妹妹"[妹]や"美眉"[美人]は"mèimei"や"měiméi"となり,いずれも"MM"となる.また,"拍马屁"[おべっかを使う]は,ピンインは"pāi mǎpì"となり,省略形は"PMP"となる.例えば,"MM在哪里?"[美人はどこにいる],"激励与PMP(拍马屁)的方法和技巧"[激励とおべっかの方法とその技]のように用いる.

　②諧音語(同音ないし,近い音の異なる意味の語への変換):ネットから生まれた言語表現の一つである.まったく意味の異なる,発音が同じか近い語に置き換えることで,皮肉を込めたり,言葉遊びを楽しんでいる(変換ミスや故意的に変換ミスを起こして使用している).ちょうど日本のネット表現で,「人多すぎ」を「人大杉」と表すのにも似ている.

　例えば,"和谐"(調和のとれた,中国政府の推し進める調和のとれた社会をさす)を"河蟹"[カワガニ]としたり,"同学"[クラスメート]を"童鞋"[児童用くつ]としたり,"喜欢"[好き]を"稀饭"[おかゆ]とするといった具合にである.例えば,"被河蟹了,没办法."[(調和のとれた社会とは合わないので)淘汰されてしまった,仕方ない],"童鞋们,晚安!"[クラスメートのみんな,お休み!]のように文中で用いられる.

　③英語と中国語の混在:"怎样happy起来"[どうやってハッピーになれるの],"hold住"[抑える],"keep住"[確保する]のように混ぜて使う.

　④顔文字:中国語で「顔文字」は,"笑脸符号/表情符号"という.日本語で利用している顔文字,欧米で利用している顔文字(XD:右へ90度回転すると喜んでいるような表情になる)いずれも利用している.

　また,漢字そのものが顔文字になったものに,"囧"(jiǒng)がある.本来,「光明」という意味であまり使用しない文字であった.しかし,2008年あたりから「憂鬱だ,どうしようもない,残念だ,ショックだ」という気持ちを表すために使われるようになった.

　具体的な用法としては,純粋な顔文字としての用法"囧rz"[人がひざまづいた形を表すorzの変形型]から,"太囧了"[とても残念だ]"囧图"[残念な写真,絵]のような形容詞用法,"囧到不能囧了"[もうこれ以上ないくらい残念だ]のような動詞用法まである.そして,この"囧"は今や本や映画のタイトルにまでなるという浸透具合である.

　このほか,中国語や英語の表現が英数字などに置き換えられる例として,拜拜(bāibai)=88(bābā), Thank you=3Q, "加油"[がんばる]=+Uがある.

●**具体的な入力方法**　中国語を入力する際,ピンインによる入力がその多くであるが,スマートフォンでは,手書き入力や音声入力が可能である.　　　[中西千香]

📖**参考文献**
[1]　中西千香『Eメールの中国語』白水社, 2012

標語とスローガン──文字言語か音声言語か

　標語とスローガンを中国語の"标语"と"口号"に対応させれば，両者の基本的な差異は文字言語か音声言語の違いに発している．下の例では「批判するぞ！」「打倒するぞ！」「葬り去るぞ！」を"标语"と呼んでいるが，それは文字で書かれ壁に貼られているから"标语"なのであり，口で叫べば"口号"となる．

　　四周墙壁上，凡是能够贴标语的地方，都被那些"批判"，"打倒"，"埋葬"之类的标语贴满了［四方の壁の標語を貼るところはすべて「批判するぞ！」「打倒するぞ！」「葬り去るぞ！」の類いの標語で埋め尽くされていた．

●**標語とスローガンの差異**　文字言語か音声言語かという標語とスローガンの違いは以下の諸点に反映する．まず，標語は道理を説いて人の心に訴え，それによって行動をうながそうとする傾向が強いが，スローガンは道理を説く余裕をもたず，一方的に自らの立場・信念を主張し，人に同調を訴えて終わる．例えば，"只生一个好！"［子どもは一人がよい］は1980年に始まった，いわゆる「一人っ子政策」の代表的スローガンであるが，主張だけを表現している．それに対し，次の標語は「一人っ子政策」のもとで男児を欲しがる伝統的風潮（女児の堕胎や二人目以降の出産につながる）に対して，一家の跡継ぎであることは女児も男児と変わらないと道理を説いている．"生男生女一样好，女儿也是传后人"［男の子も女の子も同じだよ，娘だって跡継ぎだ］．

　次に，文字言語という特徴から，標語には古代中国語の語彙と文法が使用されることがあるが，スローガンは音声言語であるため，耳で聞いてわかる平明な表現でなければならない．右の標語は食べ残しの浪費をやめようと訴えるもので，大衆食堂の壁に貼られていたものである．"不剩菜，不剩饭"［料理を残さない，ご飯を残さない］，"浪费不以量小而为之，节约不以微小而不为"［少しだからといって浪費に目をつぶらない，少しだからといって節約をばかにしない］と心構えを説くが，現代語の"浪费"［浪費する］と"节约"［節約する］に加えて古代中国語の語彙と文法が用いられている．この対句は五経の一つである『周易』の「繫辞下傳」にある一節を下敷きとして考案されたものであろう．

図1　北京市新街口南大街「慶豊包子舗」［筆者撮影，2013年8月］

善不積,不足以成名.惡不積,不足以滅身.小人以小善為無益而弗為也.以小惡為無傷而弗去也.故,惡積而不可掩,罪大而不可解[善,積まざれば,以て名を成すに足らず.惡,積まざれば,以て身を滅するに足らず.小人は小善を以て益なしと為して為さざるなり.小惡を以て傷るなしと為して去らざるなり.故に,惡,積んで掩うべからず.罪,大にして解くべからず].

また,標語は対句が圧倒的に多く,作者は対句につくれなければ不合格という強迫観念に駆られているような印象さえ受ける.

文明乗車,排队礼让[礼儀を守って乗車し,列に並んで譲り合う].

想移民所想,急移民所急[移民の気に病むところを気に病み,移民の気をもむところで気をもむ].

不到长城非好汉,不吃烤鸭真遗憾[長城に到らずば好漢に非ず,北京ダックを食さずば残念至極].

上の例はそれぞれ公共道徳提唱標語,水利事業移民政策標語,北京観光振興標語であるが,すべて対句に仕上げられている.また,一句は四言・五言・七言が多数を占める.そんな中で右の標語は対句につくらず,七言の一句のみである.自転車を規定の位置に停めるよう,駐輪の道徳を訴えたもので,「決まりを守って駐輪,あなたは最高!」と表現している.一句七言の伝統を受け継いでいるが,新感覚の標語である.もう一歩先を行くのが"今天不剩饭,从我做起,我,是'光盘'."[今日はご飯を残さない,私から始めよう,私は「ぴかぴかのお皿」です]である."不剩菜,不剩饭"と同趣旨の標語であるが,完全に散文化し,本来「光ディスク」を表す"光盘"を「食べ残しのないお皿」に掛ける言葉遊びを採用している.

図2 北京市西城区西长安街「図書大厦」前駐輪場[筆者撮影,2013年8月]

以上述べたような修辞的要求は,スローガンにはそれほど目立たない.

●標語・スローガンと大衆路線　中国の社会は標語とスローガンに溢れている.バスの乗車マナーから国家建設にいたるまで,標語とスローガンが行動の先陣を切っている.これには中国共産党が"走群众路线"[大衆路線を歩む]を伝統としてもっていることが大きな動機づけとしてあげられよう.大衆を動員するには,行動の指針を簡潔で訴求力のある言葉で打ち出せるか否かが重要な条件となる.一方,標語やスローガンを打ち出すことは,すなわち自らの立場を鮮明にすることでもある.そうである以上,打ち出した側は率先垂範してそれを行動に移さなければならない.共産党員に向けたスローガン"为人民服务"(人民のために奉仕する)はそのことを求めている.

[杉村博文]

ことわざと故事成語──字面と文法のルール

　ことわざと故事成語というふうに対立させれば，ことわざには"俗语"[俗語]が対応しよう．ことわざとは，日々の暮らしにおけるさまざまな断片を素朴な言葉で表現した熟語で，形式はさまざまである．一方，故事成語は意味の由来となる故事を圧縮して表現した熟語をさし，4字からなるものが圧倒的に多い．

●**引用の仕方**　ことわざは"俗话说"[俗に……という]を使って導くことが多い．
　　俗话说："吊眼的姑娘难斗"[吊り目の娘は相手にすると手ごわい]．
　表現に口語的なものが多く，内容も日常生活に密着しているため，それが話者自身の言葉ではないことを示す必要があるからであろう．
　また，故事成語は史的文献に出典を有し，使用の歴史も長いため，できあがった形式をむやみに変更することは許されないが，ことわざは同一の内容が字面上あるいは文法的に異なる形式で表現されることがよくある．
　　买得起马就配得起鞍[馬が買えれば[それより安い]鞍をそろえることができる．それなりの経済力はある，の喩え]．
　このことわざは"配得起"を"置得起"あるいは"买得起"とするものがある．さらに，"买得起马就配得起鞍"をベースに"买得起马还能买不起鞍"[馬が買えて鞍が買えないなんてことがありえるか]や"不能买得起马配不起鞍"[馬が買えて鞍が買えないなんてことはあってはならない]のような表現も生まれる．

●**形式的特徴**　口語的であり，形式的にも主語と述語のそろったものや対句になっているものが多いことから，ことわざは全般的に故事成語より字数が多い．
　　天下的乌鸦一般黑[天下のカラスは同じように黒い．悪い奴はどこまで行っても悪い，の喩え]．
　　一任清知府，十万雪花银[清廉な府知事でも一度の任期でキラキラ銀貨が十万両．地方長官の懐には黙っていても賄賂が飛び込んでくる，の喩え]．
　故事成語にも4字を超えるものが散見するが，意味を十全に伝達するうえで4字に圧縮することが難しかったということであろう．
　　不入虎穴焉得虎子[虎穴に入らずんば虎児を得ず．大きな成果を得るには時に大きな危険を冒す必要がある，ことの喩え]．
　　十年树木，百年树人[十年の計は木を育て，百年の計は人を育てる]．

●**"成語"と故事成語**　中国語に"故事成語"という表現は存在せず，単に"成语"[成語]とよばれるが，これは史的文献の中に出典を求めることができる表現を広くさす概念で，故事成語はその一部を構成するにすぎない．例えば"四面楚歌"は故事成語であるが，"四面八方"[まわり，津々浦々]はそれにまつわ

る故事をもたないため，成語ではあっても故事成語とはよべない．なお，故事成語における故事は史実とフィクションの両者を含む．

　基本的に字面のみでその意味を十全に読み取ることができることわざとは異なり，故事成語の意味を知るには，その背景となる故事に関する知識が不可欠である．"臥薪嘗胆"［臥薪嘗胆．夜ごと硬い柴の上に寝，食事のたびに苦い胆をなめる］や"四面楚歌"［楚の軍を取り囲む漢軍の陣地から楚の歌が聞こえてくる］は日本人にとってもなじみの深い故事成語であるが，前者の理解には春秋時代の越王勾践の屈辱を知らねばならず，後者の理解には漢の劉邦との天下争奪にとどめを刺された楚の項羽の窮地を知らなければならない．よって，中国人にとって故事成語は重要な言語学習の対象であり，関係する出版物も多い．

　"刻舟求剣"［舟に刻し剣を求む］は「情勢の変化を顧みず，旧套を墨守する」という意味であるが，渡し舟から長江に剣を落とした旅人が，舟が対岸に着いた後，剣を落としたときに舟べりに刻み着けた印の位置から長江に跳び込み，剣を探そうとしたという話が下敷きになっている．舟の位置は変化しており，水深や水流も関わってくる．それを無視しての探索が愚かであることはいうまでもない．もちろんこれはつくり話であるが，情勢の変化をかえりみず旧套を墨守しようとする主君とそれに反対する家臣がいたとしよう．その場合，家臣はまずこのような愚かさが火を見るよりも明らかなつくり話を主君に聞かせ，主君の口からまったく愚かだと言わせる．その言質をとったうえでおもむろに，「舟に刻して剣を求めることと，あなたさまが今からなさろうとすることに何か相違するところはございますか」と問いただせば，主君はぐうの音も出ず，家臣の首も飛ばなくてすむのである．一種の雄弁術であるが，このような要請のもとに生まれたつくり話に由来する故事成語は少なくない．

●"俗语"と"成语"の文法　文法的にみると，故事成語は述語性をそなえた一つの単語のように使われる．

　　　目前他在公司里备受责难，四面楚歌［今，彼は会社で多方面から非難を受け，四面楚歌（の状態）である］．
　　　在这场辩论里，他陷入了四面楚歌的境地［今回の弁論において，彼は四面楚歌の状況に陥った］．

それに対し，ことわざは話者が自分の観察や主張を補強し，説得力を高めるための根拠として使うことが多い．例えば，丁の例では"五十五，出山虎"を借りて，"你还年轻，正当壮年啊！"という主張の正しさを補強しようとしている．

　　　俗话说："五十五，出山虎."你还年轻，正当壮年啊！［俗に「五十五は山を下りたトラ」と言うぞ．君はまだ若い，まさに男盛りじゃないか］．

［杉村博文］

中国の世界遺産 ④

福建土楼（2008年登録／文化遺産）

福建南西部に見られる集落防衛の目的でつくられた集合住宅．土を主材料とするためこの名がある．戦乱，飢饉などにより中国北部から集団移住してきた漢族（古くから南部にいた漢族と区別して客家（はっか）と称する）によるものが有名だが，客家以外の集落でも土楼がつくられた例がある

［荒木達雄］

5. 文　　　学

　中国文学の歴史は，前5世紀に編まれた『詩経』に始まる．以後19世紀半ばまでに創作された無数の詩・文は，主として文言（古典的文章語）によって記されている．中国古典文学の歴史は，この文言による表現の彫琢と，そこに作者の心情をいかに吐露するかの工夫の歴史であった．

　11世紀に，民間の語りものから発生した白話（話し言葉）で記された文学作品が現れ，その後，白話による小説や戯曲の傑作も生まれた．1840年に始まるアヘン戦争を契機とする中国の社会・文化全般にわたる近代化の潮流の中で，近代文学が生まれた．魯迅の文学がその代表である．さらに1949年の中華人民共和国創建以後は，毛沢東の始動理念のもとに「人民文学」が発生した．

　その後，文化大革命・天安事件を経た現在，文学にたずさわる人々は，「政治」との厳しい緊張関係の中で創作活動を続けており，その中で，高行健・莫言のようなノーベル文学賞受賞作家も現れている．

[竹田晃・市川桃子・大木康・尾崎文昭・西本晃二]

詩経──3,000年前の人々

『詩経』には，中国で現在見られる最も古い歌謡がおよそ300首収められている．それらはおそらく前1100〜前600年頃の歌謡であろうといわれている．今から3,000年前の人々が歌っていた歌を，私たちはいま口ずさむことができる．当時の人々は，果たしてどのようなことを考え，感じ，願っていたのだろうか．『詩経』を開くとき，当時の社会や人々を想像してわくわくするのである．

●願いを込めた歌　『詩経』の全体は風，雅，頌の3部からなる．風は国風，つまり各国の国振りという意味で，この部には当時あった国々で採集した歌謡が収められている．例えば衛の国の歌なら衛風とよばれる．雅の部には宴会の歌が，頌の部には祖先を祭る歌が分類されているといわれるが，それほど明確に分けられているわけではない．次の歌謡は周代（前1046?−前249）の周の国の歌である．結婚する若者を言祝ぐ作品とされる．

桃之夭夭　灼灼其華　之子于帰　宜其室家
桃之夭夭　有蕡其実　之子于帰　宜其家室
桃之夭夭　其葉蓁蓁　之子于帰　宜其家人　　　　　「周南　桃夭」

［桃は若々しく花は燃えるよう．この人が結ばれる．良い家庭であるように
　桃は若々しく，実はたわわ．この人が結ばれる．良い家庭であるように
　桃は若々しく，葉はふさふさ．この人が結ばれる．良い家庭であるように］

まずこの歌の形をみてみよう．1句が4文字の四言詩である．4分の4拍子でゆったりしたリズムの曲だったことだろう．4句で1章，全体は3章からなる．脚韻を踏んでおり，第2句と第4句の最後の文字の母音が同じである．3章の歌詞はほとんど同じで，花，実，葉と，一部単語が入れ替わっている．『詩経』の国風には，このような形の歌が多い．

次に歌詞をみてみよう．前半に植物が歌われることが多い．ここでは桃だが，ほかにも伸びた葛や蔓草，麻や棗などがよく出てくる．この作品の場合は結婚を言祝ぐ歌だから，若々しい桃の花や実は，若者の将来を暗示するのにふさわしい植物に思われる．このように後半の句との関係や比喩的な意味を類推できそうなものもあれば，なぜこの植物が置かれているのかわからないものもある．後半はこの作品の主題が歌われる．若者たちが結ばれて良い家庭をつくることは，その若者たちの幸せばかりではなく，社会にとっても幸せなことであった．「宜」という言葉には，恋人と結ばれる幸せな将来を祈る意味がある．『詩経』の中には願い祈る歌がとても多い．国風には，恋人を求める歌，故郷を慕う歌，農耕に関わる歌が多い．次の歌謡は，徴用された若い兵士が故郷を思う歌の最初の章である．

陟彼岵兮　瞻望父兮　父曰嗟予子
行役夙夜無已　上慎旃哉　猶来無止
　　　　　　　　　　　　「魏風　陟岵　第1章」
［若い兵士がはげ山に登って，父がいる故郷を望む．父は言うだろう．ああ我が子よ，進軍は朝晩止むことが無い．気をつけて，きっと帰っておいで］

この歌謡を読んだフランスの学者，エルベ・サン・ドニ (1823-92) は，その著書『唐代の詩』(1862) の序文で，『詩経』の中に戦争を悲しむ歌謡が多いことに驚いている．古代ヨーロッパに反戦の文学はなかった．

図1　「秦式雙龍紋珮」(春秋晩期)〔養德堂蔵〕

次の歌謡は，少女が若者をからかう歌だといわれている．闊達な恋の歌である．
　山有扶蘇　隰有荷華　不見子都　乃見狂且　「鄭風　山有扶蘇　第1章」
［山には灌木，沢には蓮．素敵な子都さんではなく，お馬鹿さんに会ったわ］

このように，『詩経』には古代の人々の生活や行動，思いや願いが散りばめられている．この本をひもとくと，彼らの世界に触れることができる．

●解釈の歴史　『詩経』は孔子 (前551-前479) が編纂したとされてきた．漢代には儒教が国教とされ，『詩経』が儒教の重要な経典となったので，早い時代から『詩経』の詩歌は儒教の教義として解釈された．例えば最初にあげた「桃夭篇」は，婚姻の正しい時期を示すための歌だと解かれている．漢代の毛亨による毛伝，鄭玄 (127-200) による鄭箋，唐代の孔穎達 (574-648) らによる『毛詩正義』，宋の朱熹 (1130-1200) による『詩集伝』，さらに明代，清代の解釈，それら『詩経』の研究書はおびただしい数に上るが，清代までの解釈はみな儒教の立場から行われたものである．儒教の経典として，各時代の最も優秀な人々が解釈を行っているので，それをみると各時代の思想を知ることができる．そこで，各時代についての詩経学という研究分野も成立している．

『詩経』はかなり早いうちにヨーロッパに紹介された．ヨーロッパの人々は儒教の教義として『詩経』をみるのではなく，古代の歌謡として解釈する立場を取った．マルセル・グラネ (1884-1940) の『中国古代の祭礼と歌謡』(内田智雄訳，東洋文庫，1989) は，農耕社会初期の人々の結婚や労働，祭りや宴会の歌として『詩経』の作品を紹介している．この後，中国では聞一多 (1899-1946) によって言葉を中心とした詩経研究が行われた．

〔市川桃子〕

📖 参考文献
[1] 白川 静『詩経―中国の古代歌謡』中公新書 220，1970
[2] 市川桃子「『詩経』周南・桃夭篇」(『中国古典詩における植物描写の研究』所収) 汲古書院，2007

楚辞——天界の遊行

　楚辞とは本来，戦国時代（前403-前221）に，長江の中流域にあった楚の国で生まれた韻文学のジャンルのことであるが，今日では，楚辞作品を集めた書物としての『楚辞』，あるいはそこに収められた作品をさすことが多い．

　書物としての『楚辞』は，戦国時代から後漢（25-250）にかけてつくられたとされる17篇の楚辞作品（「離騒」「九歌」「天問」「九章」「遠遊」「卜居」「漁父」「九弁」「招魂」「大招」「惜誓」「招隠士」「七諫」「哀時命」「九懐」「九歎」「九思」）に，後漢の王逸が注をつけた『楚辞章句』がもとになっている．

●「離騒」にみえる天界の遊行　『楚辞』の代表的な作品である「離騒」は，374句に及ぶ長編である．前半には，主人公の霊均が，類い稀なる素質と才覚をもちながら人々から疎外され，讒言（人をおとしいれるため事実を曲げて悪くいうこと）によって君主に疎んじられるさまが描かれる．そうした状況にありつつも彼は己の正しさを力説し，さらに伝説上の帝王である舜に対して自らの不運を嘆きつつ涙を流すと，突如として天界への遊行を開始する．そして作品の後半では，霊均が神々に命令を下し，鳳凰や雲・虹を従えて，天界を自由に遊行するさまが詠われる．次にその一部をあげる

　　吾れ羲和をして節を弭め，崦嵫を望みて迫ること勿からしむ．
　　路は曼曼として其れ脩く遠し，吾れ将に上り下りて求め索めんとす．
　　余が馬を咸池に飲ませ，余が轡を扶桑に總ぶ．
　　若木を折りて以て日を払い，聊か逍遥して以て相羊せん．
　　望舒を前にして先駆せしめ，飛廉を後にして奔属せしむ．
　　鸞皇は余が為に先戒し，雷師は余に告ぐるに未だ具わらざるを以てす．
　　吾れ鳳鳥をして飛騰し，之れを継ぐに日夜を以てせしむ．
　　飄風は屯まりて其れ相い離なり，雲霓を帥いて来御す．

　［私は太陽の御者である羲和に速度をゆるめさせ，日が没する崦嵫の山を見ても近づくなと命じた．道は長く遠く続いており，私は天に昇り地に降って，理想の人を探し求めることにした．私の馬に，太陽が沐浴するという咸池の水を飲ませ，私の手綱を，太陽が宿るという扶桑の木につないだ．太陽が宿るという若木の枝を折って，太陽についた水滴を払い，暫く天空を駆けめぐることにした．月の神の望舒を先頭にして走らせ，風の神の飛廉を殿にして従わせた．鸞皇は私のために露払いをし，雷の神の雷師は，私に隊列の補うべき所を報告してきた．私は鳳鳥に，高く飛ぶこと，そしてそれを昼も夜も続けることを命じた．つむじ風が集まり並んで，雲や虹を引き連れて私を迎えに来た］

霊均はさらに，神話伝説に登場する女性たちに求婚しようとして失敗に終わると，再び天界遊行へと旅立ち，鳳凰や龍に引かせた車に乗って天の高みへと昇っていく．ところがその途中，ふと懐かしい故郷を見下ろし，隊列は先に進まなくなる，というところで作品は終わる．こうした天界遊行表現は「離騒」以外の楚辞作品にも多くみられ，『楚辞』を特徴づけるものといえる．

●**屈原と『楚辞』**　古来，楚の屈原という人物が『楚辞』の主な作品の作者・主人公であると考えられ，楚辞作品はそれを前提に解釈されてきた．これは『史記』の「屈原伝」に，以下のようにあることに基づく．

　戦国時代中期，楚の貴族に生まれた屈原は，宰相として懐王(かいおう)に仕え，内政外交で優れた才能を発揮していたが，それを妬(ねた)む上官大夫の讒言に遭い，追放されてしまった．彼が失意の中で詠んだのが「離騒」である．当時，楚は斉と同盟関係を結んでいたが，秦の策略により関係を断ち切る．そして懐王は屈原の制止を無視し，末子の子蘭(しらん)の勧めにしたがって秦に赴いた結果，捕らえられて客死する．懐王の死後，長男の頃襄王(けいじょうおう)が即位し，子蘭は宰相となる．屈原は，懐王の死を招いた子蘭を憎みつつ，頃襄王の悔悟と楚の復興を願い，中央復帰への希望をもち続けていたが，屈原が自分を憎んでいると伝え聞いた子蘭の讒言により，江南に流罪となってしまう．楚の行く末を悲観した屈原は，汨羅(べきら)（湖南省長沙市にある淵）に身を投げて死に，その数十年後，楚は秦に滅ぼされた，という話だ．

　この屈原伝は，確実な資料によったものではなく，「離騒」の主人公を屈原とみなし，彼が憂いと憤(いきどお)りをそこに詠み込んだという解釈に沿って構成されたものと思われる．このことから屈原の実在を疑う意見もあるが，たとえ実在したとしても，彼を「離騒」の作者・主人公とする根拠はなく，そのように解釈すると無理が生じる箇所もある．例えば，屈原がなぜ天界遊行の場面を作品に詠み込んだのかという点について，従来の解釈では，理想の君主や賢臣を求めて奔走するさまを仮託したのだと説明する．しかしそれでは，神々や神獣を従え，神話伝説上の女性たちに求婚する主人公の優越感や高揚感といったものが取りこぼされてしまうであろう．

●**屈原伝説からの脱却**　そこで近年では，文芸批評の方法論の多様化とともに，新たな解釈の可能性が模索されている．その一つが，シャーマニズム論を適用し，楚辞作品の天界遊行を中国古代の巫覡(ふげき)（祈祷や占いを職業とする人）の脱魂(だっこん)（魂が身体を脱して飛翔すること）による呪的飛翔とみる解釈である．しかし今のところ，中国古代の巫覡がそのような呪術を行っていたという確たる証拠が得られないため，この解釈にも疑問の余地は残る．楚辞作品には，今後も新しい視点の導入による研究の余地が多く残されているのである．

［矢田尚子］

📖 **参考文献**
[1]　小南一郎『楚辞』中国詩文選6，筑摩書房，1973

漢詩——去る者は日に以て疎し

　ここで述べる漢詩とは，漢代（前206-後220）の詩という意味である．漢代の詩は，喪失感に満ちているものが多い．死んでしまった人をしのび，生きて別れた人に焦がれ，自分が年老い死んで忘れられていくことを思って打ちひしがれる．まるで，失うことの悲しみと怖さを初めて知った者のように．

　漢の王朝は，春秋戦国時代（前770-前221）という長い戦いの時代の後，始皇帝による短い秦代（前259-前210）を経て，高祖劉邦（前256-前195）が建てた統一国家である．戦乱の時代が終わり，社会がようやく安定して，詩に表われる人々の心も変わっていった．

　詩歌は長い間，集団で楽しむものであった．神に奉納する歌，宴席を盛り上げる歌，気持ちを合わせて働くための歌というふうに．そのために，詩歌には作者の名前がつけられていなかった．漢代になると，次第に個人の感情を歌う歌が書かれ，作者の名前も記されることとなる．そして漢代の末，建安年間（196-220）には曹操（155-220）など多くの詩人によって優れた五言詩がつくられた．このころから，詩歌は集団の歌謡として歌われるばかりではなく，個人の作品として読まれるようになっていく．

●**五言詩の誕生**　最も古い詩集である『詩経』（項目「詩経」参照）は基本的に1句が4文字の四言詩であり，次に現われた『楚辞』（項目「楚辞」参照）は1句が3文字＋1文字＋3文字の七言詩が多かった．この後，中国の詩の主流になる五言詩は，漢代に生まれたといわれているが，その発祥についてはいまだに謎が多い．先に流行していたのは楽府と呼ばれる民歌もしくは民歌風の歌（項目「古楽府」参照）であった．五言詩は，漢代のある時期にこの楽府とともに宴席などで歌われ，相互に影響を受けながら，しかし民歌とは違って，次第に特定の個人の気持を歌うようになり，さらにメロディを失って，文学作品として読まれるようになっていったと考えられる．逆にいえば，五言のリズムは自分の気持を歌うのに適していたのだろう．

●**古楽府「戦城南」**　この時代に書かれた作品をいくつか紹介しよう．古楽府「戦城南」は，ふるさとから離れて戦死した兵士のための鎮魂歌である．「城南に戦い，郭北に死す．（略）水は深く激激，蒲葦は冥冥．梟騎は戦闘して死し，駑馬は徘徊して鳴く」［城郭で囲まれた町の南門のあたりで戦い，町の北まで逃げてきて倒れた．（略）倒れている死者の耳には近くを流れる川の水音が聞こえ，その目には川のほとりに茂る葦や蒲の草の茎が映るばかりである．これまで一緒に戦った軍馬は，いまは乗り手を失って，役に立たない馬となってさまよい鳴いている］

死者の見ているもの，聞いている音，そしてその気持を代弁することが，死者の魂を慰める意味をもっていたという．

●武帝「秋風の辞」　前漢の武帝，劉徹（りゅうてつ）（前141-前87）は，漢の全盛期に強大な権力をもった皇帝であった．武帝「秋風の辞」は，「歓楽極まりて哀情多し．少壮幾時（いくとき）ぞ，老いを奈何（いかん）せん」[歓楽の絶頂で悲しみが押し寄せてくる．若い時代は幾ばくもなく，年老いていくのをどうしようもない]と結ばれる．皇帝として栄耀栄華をおおいに享受していながら，絶え間なく流れ去る時間と，それがもたらす老いと死への恐れから解放されることはなかった．

●「古詩十九首」　後漢（25-220）につくられたとされる「古詩十九首」は，作者名はわからないが，個人の気持を述べる作品群として知られる．その第1首の冒頭に「行き行きて重ねて行き行く，君と生きて別離す，相い去ること万余里，各おの天の一涯に在り．道路は阻（そ）にして且つ長し，会面（かいずく）安んぞ知るべけんや．（略）相い去ること日に已（すで）に遠く，衣帯日に已に緩（ゆる）し」[恋する人はどんどんと遠ざかってしまう．生き別れとなって，この世の果てと果て，一万里も隔たってしまった．間にある道は険しくて遠く，いつまた会えるかわからない．（略）それなのにまだ一日一日と遠ざかっていき，私は次第に痩せていくばかり]とある．これは生き別れの歌である．

　生きていても，遠く隔たって会うことがかなわない辛さに身を焦がす．それならば，自分が死んで忘れられていくことを思えば，その悲しみはいかばかりか．第14首にいう．「去る者は日に以て疎く，生（い）くる者は日に以て親し．郭門を出でて直視すれば，但だ丘と墳（きゅうふん）とを見るのみ．古墓は犂（た）かれて田となり，松柏は摧（くだ）かれて薪となる．白楊悲風多く，蕭蕭（しょうしょう）として人を愁殺す．故の里閭（りりょ）に還（かえ）るを思い，帰らんと欲するも道の因（よ）る無し」[死んだ者は，日に日に忘れられて遠くなっていき，生きている者どうしは日々に親しくなっていく．町の城門から出てまっすぐ見ると，大小の塚が見えるばかりだ．古い墓は鋤で平らにならされて畑となり，墓のしるしに植えた松や柏は切り倒されて薪となる．風に吹かれた白楊の木の悲しい音に，胸が張り裂けんばかりだ．ふるさとに帰りたい．帰りたいのに帰る道がない]これは死んで忘れられることを悲しむ歌である．

　秦の始皇帝は，死後の生活のために壮大な地下の世界を用意した．その頃までは，生と死は同じ地平にあった．しかし，漢代になると，生と死の間には断絶があり，いなくなった者は二度と戻って来ないのだ，ということが理解されるようになった．その人々にとって，この世はなんと失われていくものに満ちていたことか．

　死という概念を得た詩人たちは，これから後さらに多様な概念を獲得していく．

[市川桃子]

📖 参考文献
[1] 柳川順子『漢代五言詩歌史の研究』東洋學叢書，創文社，2013

陶淵明——人はいかに生きるか

　東晋の陶淵明（365-427），字元亮（一説に，名が潜で字が淵明）は，唐以前の時代にあって最も著名な詩人である．しかし，それは今日からみてのことであって，淵明が生きた当時においては，一風変わった詩人，あるいは詩の創作に優れた隠者としてとらえられていた．それは彼の生涯が隠者の生き方の典型であり，かつ彼の作品からうかがえる詩人像が隠者の典型だったからである．

●**陶淵明の人柄**　尋陽郡柴桑（現・江西省九江市）の人で，人生のほとんどをこの地で過ごした．就職と辞職を何度か繰り返した後，最後の職として彭沢県の長官となった．上級の行政単位である郡から査察官が来るにあたって，礼装して会うように部下から言われ，わずかな給与のために小僧に頭を下げられるかと答えて，その日のうちに職を辞したという．辞職の真の理由は不明であるにしても，役人という決まりに縛られる暮らし（生活，立場）を潔しとしない生き方が，このエピソードから伝わってくる．

　訪問者に対しては身分に分け隔てなく，酒をしつらえてもてなし，自分が先に酔うと，眠りたいので帰ってくれたまえ，と遠慮なく言った．また，郡の長官が訪れた際に，醸造中の酒が飲み頃になっていたので，頭に被っていた頭巾を取ってそれで酒を漉し，漉し終わるとまた被ったという．酒好きな面と些事にこだわらない面がうかがえる．礼儀作法に縛られず，自然に生きようとする姿勢が，こうした日常生活の一齣にも現れている．

　自伝的要素の強い作品に「五柳先生伝」がある．出身地も姓も字もわからず，家のそばに5本の柳があったので，それにちなんで五柳と号した人の伝記である．その人物像は次のようである．もの静かで言葉少なく，栄誉や利欲を求めず，読書を好むものの，とことんまで理解しようとはしない．心にかなうことがあれば嬉しくて食事も忘れ，もちろん酒が好きであった．貧賤・富貴といった概念を超えて，酒に酔ってごきげんで詩をつくり，心楽しく生きた．「五柳先生伝」について『宋書』の陶淵明伝は，自らを五柳先生になぞらえたとし，当時の人々はこれを実録と考えたといっている．周囲の人からは自伝にみえるほど二人は酷似していたが，作品そのものはあくまでもフィクションである．むしろ陶淵明は描いた自画像を理想にかかげて，それに近づくように生きたというべきではないか．若い頃に描いた理想的な人物の生き方を，自らトレースしたのである．

●**作品と生き方**　陶淵明は自身を客観的にとらえることに優れていた．「五柳先生伝」以外にも，自らの死後の葬送を想定した「挽歌」詩三首，自らの死を追悼した「自ら祭る文」がある．これらは死んだ自分の姿を想定して，それを別の人

の立場から冷静に，しかもややコミカルに描いたものである．生きている自分を分析した作品もある．「形影神」詩は，形（肉体）と影の問答を受けて神（魂）が両者の議論を解き明かすかたちをとっている．

　死を避けることができないとすれば，酒を飲んで楽しもうという肉体の主張に対し，死が避けられないものであるからこそ，つまり不老不死がかなわないからこそ，生前に善行を立てて死後に名を残そうと影は言う．最後に登場する神は，形と影の主張を否定して言う，「正に宜しく運に委ねて去るべし」「復た独り多く慮ること無かれ」，すなわち，自然の運行に身を任せて生きよう，思いわずらうことのないように，と．

　形の主張は現在の生を楽しもうという快楽主義であり，影の主張は善行を施して死後に仁愛を残そうとする儒家の考えに近い．魂の主張は大いなる運命に任せようとする立場であって，老荘的な考えといえようか．三者のうち魂に軍配があげられているから，淵明としては魂すなわち神の主張に沿っていきたいという姿勢をもっていたのだろう．しかし，形・影の主張が完全に否定されているわけではない．淵明自身が両者の主張に共感し，かつ実践するところがありつつも，最終的には影の主張のように生きたいと望んでいるのではないか．

　これに似た表現は淵明のほかの詩にもみられる．人は誰も死をまぬがれないことに思い至り，「濁酒　且らくは自ら陶しまん．千載は知る所に非ず，聊か以て今朝を永くせん」（「己酉の歳九月九日」詩）というのは，今日を楽しもうという考えであり，「真を衡茅の下で養い，庶わくは善を以て自ら名づけん」（「辛丑の歳七月　赴仮して江陵に還り夜塗口を行きて」詩）は，自然の運行に任せて善事を行うことで，神の主張と影の主張とに重なり合う．

　形・影・神三者の主張の中でも圧倒的に多いのは，やはり神の主張に近いものである．「帰去来の辞」の最後で「聊か化に乗じて以て尽くるに帰し，夫の天命を楽しみて復た笑をか疑わん」と，大自然に任せて天命を楽しもうという．「飲酒」詩其の五では，東の垣根のもとで菊を手折り，悠然として南山を見る，夕暮れの美しい山のたたずまいの中を，鳥たちが帰って行く，そうした中にこそ「真意あり，弁ぜんと欲して已に言を忘る」という．淵明は人里の中に住んでいながら，隠者のような生き方をする．それは心のもち方が世俗を超えているからであり，そうした生き方には言語で表現できない「真意」が存するものである．自然に任せた人間本来の生き方であり，陶淵明はかく生きようとした．そして折々の心の葛藤を詩や文に表現したものが，今日に伝わる彼の作品である．その点において，彼の生き方と作品は重なり合っているといえよう．

［釜谷武志］

📖 参考文献
[1]　松枝茂夫・和田武司訳注『陶淵明全集』上・下，岩波文庫，1990
[2]　一海知義『一海知義著作集1　陶淵明を読む』藤原書店，2009

謝霊運──山水の発見

　宋王朝の創始者劉裕の次子劉義真と謝霊運，顔延之は，いずれ政権を握って皇帝と宰相となることを夢みた（『宋書』「劉義真伝」）．それは150年続いた東晋王朝が劉裕に玉座を譲り，宋王朝という新しい時代の始まったときであった．なかでも，大貴族の謝霊運には経世済民の大きな夢があった．

●**生涯**　謝霊運（385-433）は晋末宋初の時代に生き，中国に脈々と受け継がれる山水文学の祖といわれる詩人である．謝霊運の生まれる2年前，北方の王朝前秦の苻堅が100万の兵を率いて晋に侵攻した．この晋最大の危機を祖父謝玄（343-388）は淝水の戦で打ち破り，その叔父で宰相の謝安（320-385）とともに元勲として称賛を浴びた．そんなときに産声をあげた謝霊運は才能に恵まれ，王献之（項目「王羲之」参照）の姪である母に書を学び，学問に励んで「江左（江南一帯）に逮ぶ者莫し」といわれる人物となる．一方で，祖父と父が相継いで死去し，かつ一人っ子であったため大事にされすぎたせいで，傲慢で短気，派手好きな性格に育ってしまった．清官（清廉潔白な官）の最高位である秘書監（宮中図書を掌る秘書省長官）にまで出世するが政治的には遠ざけられ，その不満から豪華な衣服で身を飾り，規律を無視し，さらには政権を批判して2度左遷され，その挙句に反乱の罪で刑死した．

●**山水の発見**　このような人物がなぜ自然の美を詠じた最初の詩人となったのか．それは晋朝という時代に，北朝との長い戦乱の中で醸成されていった隠逸への憧れと，琴棋書画に代表される貴族趣味が芸術の域にまで達したことによる．老荘思想が流行し，俗世間のしがらみの中で生きるより山水自然の中に身を寄せて自由に生きることが理想とされた．それを実現するのは困難であったが，仏教や道教の僧侶・道士が山中に寺院・道観を建立し始めたこともあり，山水は身近な存在となっていた．また書聖王羲之（303-361）が絶世の書を残したように，顧愷之（349?-410?）や宗炳（375-443）により精彩な絵画や詳細な画論が生まれ，山水を絵画の対象として意識するようになっていたのである．

　一方，謝霊運は幼い頃に災厄を気にかけた家族により高名な道士杜明師のもとで育てられ，また名僧慧遠に心服した．傲慢で社会規範に従わない謝霊運であった反面，旧来の器物を改良したり，若輩や卑賤な者も才能を認め尊重したりと，要するに純粋でありそれを抑制しない人物であった．このような人物だからこそ，劉義真と政権を握る夢に破れ，永嘉郡（現・浙江省温州市）に左遷されたとき，その地で山水を発見した．美しい山水，朝夕に変化する光景，そこに老荘の仙境を感得し，後に仏教の極楽浄土を想見し，そして「理」（自然の法則）を発見する．

●作品　謝霊運の詩は20句前後の長編が多く，おおむね前半に写景，後半に心境を叙述する．自然の壮大な流れに従って生きることこそ，本来の人の生き方だと信じる謝霊運は，その「理」を読者に理解させるために山水を見たままに描きたいと思い，下僕数十人を従え，道無き道を切り拓き山深く分け入った．そこで誰も見たことのない美しい自然を発見し描いたのである．

　山水詩とは，陸地（山）と水辺（水）を対句で交互に描写することに由来する．次の詩句は，永嘉に向かう途中に立ち寄った故郷会稽郡始寧（現・浙江省紹興市）でつくった詩「過始寧墅」（始寧の墅に過ぎる）の写景の部分である．
　　山行窮登頓，水渉尽洄沿　　山行して登頓を窮め，水渉して洄沿を尽くす
　　巌峭嶺稠畳，洲縈渚連綿　　巌は峭しく嶺は稠畳たり，洲は縈りて渚は連綿たり
　山道（山）を登り下り，水路（水）を上り下る．岩（山）は険しく嶺が重なり，洲（水）はめぐり渚が連なる．このような技法を山水表現という．続けて，
　　白雲抱幽石，緑篠媚清漣　　白雲は幽石を抱き，緑篠は清漣に媚ぶ
　白い雲が風を追うように苔蒸した岩を包み，清水の流れに木の枝が媚びるようにしな垂れる．鮮やかな色彩のコントラストと雲水の流動とを同時に表現した．次の詩「登池上楼」（池上の楼に登る）の詩句は永嘉で年を越し，病で臥せりながら見た春の庭の風景である．
　　池塘生春草，園柳変鳴禽　　池塘　春草生じ，園柳　鳴禽変ず
　季節の変化を，池（水）の周囲の草花は生長し，園（山）の柳の鳥の鳴き声も違っている，と表現する．

　「石壁精舎還湖中作」（石壁精舎より湖中に還るの作）詩の全体像をみてみよう．
　　昏旦変気候，山水含清暉　　昏旦に気候変じ，山水　清暉を含む
　　清暉能娯人，遊子憺忘帰　　清暉　能く人を娯ましめ，遊子　憺として帰るを忘る
　　出谷日尚早，入舟陽已微　　谷を出でて日尚お早く，舟に入りて陽已に微なり
　　林壑斂暝色，雲霞収夕霏　　林壑　暝色を斂め，雲霞　夕霏を収む
　　芰荷迭映蔚，蒲稗相因依　　芰荷　迭いに映蔚し，蒲稗　相い因依す
　　披払趨南逕，愉悦偃東扉　　披払して南逕に趨き，愉悦して東扉に偃む
　　慮澹物自軽，意愜理無違　　慮澹にして物自ら軽く，意愜いて理に違う無し
　　寄言摂生客，試用此道推　　言を寄す　摂生の客，試みに此の道を用て推せ
　前半10句は，始寧の山中に謝霊運がつくった仏道修行のための岩屋（精舎）から，家に帰る途中の湖川の風景を描く．出谷（山），入舟（水），林壑（山），雲霞（ここは空），芰荷（水上の浮き草），蒲稗（岸辺に生える草）と山水の対句により展開する．後半は舟をおりて草を払いながら小道を行き，戸口で休む自身の描写．人間本来の純粋な性情を探究した先に，心静かで俗事も気にせず，自然の「理」に適い満足する．そして長寿を求める人よ，この道（方法）を試してみよと読者に呼びかけるのである．

［佐藤正光］

宮体詩——恋愛の変奏曲

　宮体詩とは，南朝梁（502-557）後期，後の簡文帝蕭綱（503-551）が皇太子であった頃に，彼と彼に近しい者たちの主導によって流行した，女性およびそれに関連する事象を題材とした艶詩群をさすとされる．それとほぼ同時期か，やや少し後には宮体詩の代表作とそれらに影響を与えた梁以前の艶詩の傑作を収録したアンソロジー『玉台新詠』が編纂された．

●作品制作の形態　宮体詩には，即興の作，贈答，詠物，題詠や唱和，また過去の作品の模擬が多い．作者たちは視点や構成および表現などに工夫を凝らしたり，いくつかのモチーフを組み合わせたりしながら限られたテーマを多様に発展させ，作品を制作していった．そこには，一つのテーマをもとにしてそのリズムや調性などを変えた曲を次々とつくっていく西洋音楽の変奏曲のような一面もある．伝統的なテーマでも，宮体詩人の手にかかれば新たな作品世界につくりかえられる．

●主題と変奏　一例として，女性が想い人と離れて暮らすことの悲哀をテーマとする典型的な閨怨詩の主題と変奏をみよう．まずは主題として，前漢時代（前206-後8）の詠み人知らずの「古詩十九首」（項目「漢詩」参照）其の十をあげる．

　　迢迢たり　牽牛星，皎皎たり　河漢の女
　　繊繊として素手を擢げ，札札として機杼を弄ぶ
　　終日　章を成さず，泣涕　零つること雨ふるが如し
　　河漢　清く且つ浅し，相去ること復た幾許ぞ
　　盈盈たり　一水の間，脈脈として語るを得ず

第二句目の「河漢の女」は織姫星のことをさす．第四句目の「機杼」は機織り機の一部で，横糸を通す「ひ」をさす．この作品は想い人と会おうとしても会えない女性が，自分たちを七夕で有名な牽牛・織女の故事に重ね合わせ，自分の孤独と想い人への思慕を詠ったという設定のものである．同じ文字を重ねた擬音語や擬態語を多用し，表現は素朴である．

　次は第一変奏として，梁初に没した大詩人，沈約（441-513）の「夜夜の曲」をあげる．

　　河漢は縦に且つ横に，北斗は横に復た直なり
　　星漢　空しく此くの如し，寧ぞ知らんや　心に憶うこと有るを
　　孤灯　曖として明ならず，寒機　暁にも猶お織る
　　零涙　誰に向かいて道わん，鶏鳴　徒らに嘆息す

「河漢」は天の川，「北斗」は北斗七星をさす．前半は夜，想い人の不在を嘆く

主人公を差し置いて天体が無情にも運行することを述べ，後半は彼女が明かりを灯して，鶏が朝を告げるまで独りで機織りすることを描写する．この沈約の作品は，上掲の「古詩」中にみられた天体，機織り，涙，自分の思いを伝える人がいないことなどの要素を継承しつつ表現を洗練させ，灯火や鶏鳴という新たな要素も少し追加してはいる．しかし，大きな変化に乏しく，まとまりに欠ける．

それでは第二変奏，蕭綱の「沈隠侯（沈約）の夜夜の曲に擬す」はどうか．題名にいうごとく，これは上掲の沈約「夜夜の曲」の模擬作品である．

　　藹藹として夜中に霜おくがごとく，何ぞ関せん　暁光に向かうに
　　枕に啼くに常に粉を帯び，身　眠るに床に着せず
　　蘭膏　尽きて更に益し，薫鑪　滅して復た香し
　　但だ問う　愁いの多少を，便ち知る　夜の短長を

［夜中の月光があたりをほの白く照らして霜が降りたかのようだ．時は少しずつ朝に向かっているのかもしれないが，この情景はそれとまったくかかわらずに永遠に続くかのように思える．室内の女性は不在の恋人あるいは夫が恋しくてたまらずに化粧をしてみるが，悲しみがこみ上げてそのまま寝台の枕に突っ伏して泣き崩れてしまう．眠ろうとしても体は寝床に落ち着かない．燭台の蘭香の油がなくなれば継ぎ足し，香炉の香が消えればまたくゆらす．彼女の愁いがどれだけ多いかといえば，この秋の夜長ほどなのだ］

第一句には沈約の前半と同じく天体と関わるモチーフがみられるが，物の輪郭をぼかす霧のように月光が淡い様子を形容する冒頭の「藹藹」は，情景だけでなく，次の第二句と後半部の時間感覚をも表現していると解釈できる．第三・四句は平易な語句を用いて主人公の行動を描写することによって，彼女の心中の不安を浮き彫りにする．第五・六句は第二句を受けて灯油や香を継ぎ足し続けることを述べ，秋の夜長と尽きぬ主人公の愁いを重層的に表現しており，末二句の説得力が増している．感情や行動，状況の持続は宮体詩の作者たちが好んだモチーフの一つであるが，この作品では情景と主人公の心情および独特の主観的な時間感覚が連関し合って，一つの濃密な作品世界を形成している．沈約の作品と比較して蕭綱の作品の構成は緊密で，大きな発展が認められる．

●**評価と意義**　宮体詩はその繊細さゆえに，後世の一部の人々から批判された．しかし，表現や視点，構想などの点において，宮体詩が中国古典詩の世界に新たな地平を切り開いたことを否定することはできない．実際に唐代の艶詩，および唐末五代以降に流行する"詞"という韻文体（項目「宋代の詞」参照）の中には，宮体詩の風格や表現の継承の跡が認められる作品がある．　　　　　　［大村和人］

📖 **参考文献**
［1］石川忠久訳『玉台新詠』中国の古典 25，学習研究社，1986
［2］石川忠久編『中國文学の女性像』汲古書院，1982

詩論——先秦から宋まで

　清末以前の中国で第一級の文学ジャンルといえば詩歌や賦に代表される韻文（韻を踏む文学ジャンル）であり，韻文を論じるということはすなわち文学を論じるということであった．孔子（前552-前479）によって編纂されたといわれる先秦時代の詩集『詩経』（項目「詩経」参照）が，漢代に儒教の基本テキスト群「五経」（項目「四書・五経」参照）の一つに選ばれて以降，詩歌は基本的に儒教の見地から『詩経』所収の歌謡の解釈や評価を通して論じられるようになった．

●**詩歌と社会——儒教の詩論**　儒教は「秩序があり，かつ調和のとれた社会」の実現を目標とし（項目「儒教」参照），詩歌も社会との関係を重視する視点から論じられた．具体的にいえば，作者の「邪（邪念）」無き「思い」から作品は生み出されるべきであって，その作品には作者が属する社会や集団，あるいは時代の精神さえ表れることもあり，逆に作品が社会や集団などに良くも悪くも影響を及ぼし得るとも考えられた．したがって，内容や修辞が均衡を失し，人心を惑わすおそれのある作品の享受や制作は戒められた（以上，『論語』『荀子』『毛詩』大序，『礼記』による）．

　しかし，実際には，儒教で認められていない未婚の男女の恋愛を歌っているような歌謡が『詩経』にみられる．前漢時代の儒者はこのような歌謡をそのまま恋愛詩とは解釈せずに，政治や歴史的事件に対する諷刺を読み取ろうとした．そもそも『詩経』の収録する歌謡は多種多様であるにもかかわらず，漢代の儒者はその性質を，『春秋』と同じく「美」（善を賞讃したもの）と「刺」（悪を諷刺し，改善を促したもの）の二つに大別した．

　重要なのは，この漢代の儒者の『詩経』観が創作作品や他分野の文学に対する規範となり，それ以後の中国文学のあり方をある程度方向づけたことである．

●**内省的な詩論——陸機の「文の賦」**　後漢時代の次の魏晋南北朝時代には内向的かつ抽象的な詩論が登場し，詩論を深化させることになった．

　その一つが，西晋・陸機（261-303）の「文の賦」である．彼はこの作品で賦という長編の韻文のスタイルを用い，さまざまな角度から作品制作の秘訣を探っていく．この作品で特に出色なのは作品制作時の作者の精神の動きを凝った修辞を用いて描写している個所であるが，そこには五経の一つ『易経』の後半部にある形而上学的内容や，老荘思想の基本テキストである『老子』『荘子』（項目「道家思想」参照）に由来する概念や語句が用いられている．このことは，これら3冊の書物に基づいた形而上学的議論を好んだ当時の風潮が影響したと考えられる．

●**体系的著作の出現** もう一つのユニークな詩論は，劉勰（466?-532?）が南朝斉末に完成させたとされる『文心雕龍』である．一般に中国の詩論は，前述の儒教の詩論や，詩歌に関わるさまざまな事象に対する断片的なコメントや記録を寄せ集め，唐宋以降に定着した詩話のように，叙述の方式において体系性に欠ける傾向がある．しかし，『文心雕龍』は著者の序文を入れて50の章から成り，それらは総論，文体論，創作論，修辞論，批評論，文学史論に大別することができ，極めて体系的に書かれている．

　劉勰は総論部の冒頭にあたる「原道」篇において，宇宙の原理を「道」とよび，それが美しい「文」（模様）として万物各々に表れると述べる．万物の霊長である人間における「文」は言葉であって，その結晶が儒教経典であり，優れた文学作品とはそれに則ったものであるとする（「宗経」篇）．この説の核心部も主に『易経』の後半部に由来するが，『文心雕龍』にいたって，文学の根源が儒教経典を媒介として宇宙の存立と不可分であると明確に位置づけられることになった．この思想に立脚して各問題が論じられていくが，その叙述には，各句の文字数と音律を整え，典故や対句を多用する四六駢儷体という華麗で技巧的な文体が用いられている．この書物はそれまでの詩論の集大成であり，構成と思想が体系的である点において中国文学批評史上稀にみる大著である．

●**詩文の選集の編纂** 南朝期には，梁・昭明太子蕭統（501-531）主編の『文選』など，大部の詩文の選集が登場した．選集のコンセプトや作品の選別は編者の思想に影響されることから，詩文の選集の編纂自体も詩論の一形態といえる．『文選』の場合，儒教経典に基づき，深い思索をもった内容は優れた修辞によって表現されるべきだという蕭統の主張に沿った韻文と散文の傑作が採録されている．

●**唐宋時代以降の課題** 魏晋南北朝時代の次の唐宋時代には，作詩人口と作品数が増加した．特に宋代には詩歌創作に携わる人々の階層が多様化し，文学の裾野が広がった．宋代の人々の前にはすでに唐詩の豊かな成果が残されており，そこからさらにどのように詩歌創作を展開していくかが彼らにとっての大きな課題となった．

　北宋時代の黄庭堅（1045-1105）の有名な主張，「点鉄成金」「換骨奪胎」（項目「北宋の詩」参照）もそのような問題意識から生まれたものである．彼とその支持者たちの主張は，北宋の次の南宋時代の人，厳羽によって『滄浪詩話』の中で痛烈に批判された．しかし，どのように詩歌をつくるかという課題は，文学の大衆化がさらに進行する明代にも再び問われることになる（項目「明代の詩と詩論」参照）．

[大村和人]

参考文献
[1] 興膳宏『新版 中国の文学理論』清文堂，2008
[2] 伊藤虎丸・横山伊勢雄編『中国の文学論』汲古書院，1987

唐代の詩と文——人類の偉大な文化遺産

　「詩は唐詩」という評価は，時空を超えて広がった一般的認識である．その繁栄の最大の要因としては，数百年に及ぶ南北朝の対立が解消し，強大な統一帝国が誕生したことが大きい．これにより政治が安定し，かつ過去の伝統を全面的にリフォームし得ることとなった．また版図が拡大し東西の文化交流が盛んとなったこともある．すなわち民族間・国家間の交流が空前の活況を呈したのである．さらに商業資本が盛んとなって土地の売買が行われるようになり，荘園化が進み大量の地主が誕生し，彼らが知識階級へと転じていった点も重要である．
　『全唐詩』に収録される詩人を調べると，門閥貴族出身はきわめて少なく，むしろその大半が中下層地主の知識人で占められており，彼らが唐詩を支えた人的資源だったことがわかる．一見華やかな荘園化だが，裏を返せば農民が土地を失い荘園主の被雇用者となっていったことを意味する．ここに民衆のさまざまな矛盾が胚胎することとなり，現実社会をある意味で豊かに描写する唐代文学の温床を形成していく．苦悩する民衆を間近で見聞し共感することで，現実理解が深まっていったからである．

●**唐詩の繁栄**　次に，唐詩の隆盛を文化面から列挙すると，まず文学的能力で官吏を採用したことがあげられる．まだ科挙に詩を課していなかった神龍年間（705-707）でさえ，文人の間には詩歌でもって積極的に社交を行う干謁制度が浸透していった．さらに詩律の学が整備されたこと，皇帝自ら詩歌を創作し，その唱導もあって多数の人が詩を書いたこと，儒・釈・道の三教が併行して行われ，これらとの縁を有する者が多く，詞藻を深めるのに貢献したこと，経学や諸子学の思想も詩に反映したことに加え，史学が発達し詩人に豊富な史的材料を提供したこと，唐の世の雄渾さが芸術的風格を高めたこと，創作上，教条主義の束縛が薄く，各人が各様の個性を発揮できたことなどが指摘できる．
　洪邁『容斎随筆』巻二「唐詩に諱避無し」には，太宗以来「虚懐，諫を納れる」の伝統が長く続き，言論の禁忌がゆるく，皇帝や顕貴の人にも物が言え，言論によって厳罰に処せられることがあまりなかったと記述される．このような要因が重なって唐詩300年の繁栄が実現したのである．すなわち唐代とは，清新で活発な創造性を発揮するのに適した，類い稀なる環境の整った時代だった．
　こうした気象のもと，次々に新しい領域が開拓されていった．作者の胸底には常に新作への表現欲求が渦を巻いていた．それは初唐から晩唐に至るまで途切れることはなかった．唐の詩人らの抱え込む多様な現実，そしてそれを言語の内に絡め取ろうとする旺盛なエネルギーが湧きあふれていた．彼らの前から開墾すべ

き境界線はどんどん後退していった．その結果，時空間の広がりやアクティブな着想が，唐詩の特徴的な様態となったのである．一般的にみて，唐詩はたとえ現実的な矛盾があったとしても，可能性があればその方向へ気持ちを全開していくという，向日的な感覚を基調とする詩風だったといえる．後世の人々が唐詩を高く仰ぐのも，陽春に伸長した枝先に未来の果実を予見させ得る，その壮健な鋭気にある．唐詩の選集には各々特色があり，『唐詩選』は中晩唐を軽く扱い白居易・杜牧が一首もなく，『三体詩』は李白・杜甫と中晩唐とに傾く．各時期から公平に選録したものとしては『唐詩三百首』がある．

●**古文の再興** 一方，唐の散文についてみると，六朝以来の駢儷体（四字六字を基本とする装飾的な文体）への抵抗は，西魏の宇文泰の命を受けて，蘇綽が『尚書』を模した「大誥」を撰したことに始まるが，初唐はなお駢儷体の余風を強く帯びていた．そうした中，唐代の古文の朝ぼらけが陳子昂の筆先より立ち上る．彼は「修竹篇序」で，「文章の道弊れて五百年」と豪語し，駢儷体以前の漢魏の風骨調にして革新的内実を盛り込んだ文体を主張した．それは唐一代の古文運動に大きな影響を与えることとなり，盛唐の張説をはじめ蕭穎士・李華・賈至・独孤及・元結らに受け継がれていく．そして安史の乱の激動期にあって，「六経の志」（李華「崔沔集序」）により「王道に本づく」（独孤及「李公中集序」）文章をめざすという共通理念が広がった．実践面でも元結が現実生活に取材し，民の苦労を描いたり統治者への諷喩をものにしたりするなど大きな前進を遂げた．さらにその流れは梁粛・権徳輿らを経て，韓愈・柳宗元らの大河へと合流していく．

蘇綽から250年経った貞元・元和年間に，これまでの古文作家中，最も創造力豊かな韓愈が登場してくる．彼はつとめて陳腐な表現を取り去ることを目標に掲げ，古文の伝統の上に斬新な可能性を盛り込んだ散文の新モデルを生み出した．その根底には，六朝よりの仏教隆盛に対する儒学復興の強い思いが横たわっていた．古の聖賢の仁義の道，すなわち「明道」を世に喧伝する手段，それが韓愈の古文だった．一方，柳宗元は儒釈（儒教と仏教）統合を掲げた．が，古文の創作に即してみるならば，二人は韓柳と併称されるにふさわしいほど拮抗した成果を残した．二人の力により，散文の文体と文風の革新は高潮に達したといえる．

唐代古文の史的意義は二つある．一つは駢文に反対したこと，もう一つは儒学を掲げて仏教と道教に反対したことである．中国における文風と言語に関する二大改革の一つがこの唐代の古文運動であった（もう一つは現代の白話運動）．唐詩と比べた場合，唐代の散文は多彩な成果という視点からすればそれには及ばない．とはいえ，唐代古文はおのが唐代を超えて，後の宋代古文に大きな影響を与え，中国散文史上，傑出した文人の輩出に多大な貢献をしたことは特筆すべき事柄である．なお，アンソロジーとしては，清の沈徳潜『唐宋八大家文読本』が広く読まれている．

［加藤国安］

李白──地上に流された仙人

「天我が材を生ず，必ず用有り」（「将進酒」）．天が私をこの地上に生んだのだから，私は必ず有為な人材に違いない，と言い切る．青年李白は天に昇るほどの自信に満ちていた．

李白（701-762）は盛唐の詩人で，杜甫（項目「杜甫」参照）とともに中国文学史上最高の詩人とされる．母が太白（金星）の夢を見たので，名前を白，字を太白としたという．蜀（四川省）で育ち，青年になって故郷を出てから全国を歴遊した．天から才能を与えられた天才とよばれ，また謫仙人（地上に流された仙人）とも詩仙ともよばれる．ほぼ遍歴のうちに人生を終えた李白であるが，その間に3回結婚をし，天宝元（742）年の冬から3年間は翰林供奉として玄宗と楊貴妃のそば近くで詩文をつくった．また詩人の杜甫や高適（？-765）と旅をするなど，さまざまな出会いがあった．

●**作品** 李白の奔放な人生も豪快な性格も魅力的であるが，人々が愛してやまないのは，その珠玉の作品である．「あなたの五臓はみな錦でつくられているのではないか，口を開けばすべて文となる」と賛嘆されたという．それは時に透き通るように美しく，時に走るように爽快で，また流れにのって自然で，さらに哀切である．まず，透明な作品を読んでみよう．

　　玉階生白露　　夜久侵羅襪　　玉階に白露生じ，夜久しく羅襪を侵す
　　却下水精簾　　玲瓏望秋月　　水精の簾を却下して，玲瓏秋月を望む
　　　　　　　　　　　　　　　　　　　　　　　　（李白「玉階怨」）

ある夜の宮女の姿を詠じた作品である．宮殿の入り口にある階段まで出て天子を待っていたが，待ち人が来ないままに玉の階段には夜露が降りて絹の靴下（羅襪）を濡らす．部屋に戻って水晶のすだれをおろし，澄んで輝く秋の月を眺める．李白は透明なもの，輝くもの，冷たい色を好んで描いた．この作品の中では，玉でできた階段も露も水晶のすだれも月光も，みな透明に輝いており，宮女の姿さえも実体が見えず，この世のものではないようにはかない．

次には速度にのって爽快に河を下る作品を読もう．

　　朝辞白帝彩雲間　　朝に辞す　白帝彩雲の間
　　千里江陵一日還　　千里の江陵　一日にして還る
　　両岸猿声啼不尽　　両岸の猿声　啼きて尽きざるに
　　軽舟已過万重山　　軽舟已に過ぐ　万重の山
　　　　　　　　　　　　　　　　　　（李白「早に白帝城を発す」）

長江の上流，三峡とよばれる深い峡谷を何日もかけてさかのぼった．しかし下

りは，三峡のほとり白帝山上の朝焼けに輝く町から船に乗って千里の彼方の江陵の町までたった一日で帰って来た．両岸にいる猿の鳴き声がまだ聞こえているうちに，船は軽々と，いくえにも重なる山々の間を一気に通り抜けてきた．

遍歴を重ねるうちに，やがて李白の時間は尽きていく．次の作品は晩年の，流れるようなフォルムをもつ作品の一部である．

抽刀断水水更流	刀を抽きて水を断てども水更に流れ
挙杯消愁愁更愁	杯を挙げて愁いを消せども愁い更に愁う
人生在世不称意	人生世に在りて意に称わず
明朝散髪弄扁舟	明朝髪を散じて扁舟を弄ばん

（李白「宣州の謝朓楼にて校書叔雲に餞別す」）

川の水を刀で断ち切っても水がさらに流れていくように，時の流れをとどめることはできない．酒を飲んで悲しみをまぎらわしても，悲しみはいっそう押し寄せてくる．この世では人生は思うようにいかない．いっそ明日の朝，髪を解き舟に乗ってどこか遠くに行こうか．

どこか遠く，この世ではないどこか遠いところに行きたい．旅を重ねていた李白には，常にそうした思いがつきまとっていた．「大鵬飛びて八裔に振う，中天に摧けて力済わず」（「臨路の歌」）．伝説のおおとりは天の八方に向かって羽ばたいたが，中空でくだけて飛べなくなってしまった．これは李白の臨終の作とされる．仙界に遊ぼうとしてついに力尽きたのである．

●**日本との関わり** 日本人と李白の関わりは多い．阿倍仲麻呂（698-770）は李白の友人であった．仲麻呂の遭難を聞いて李白がつくった詩がある．

「日本の晁卿帝都を辞し，征帆一片蓬壺を遶る．明月帰らず碧海に沈み，白雲愁色蒼梧に満つ」（「晁卿衡を哭す」）

晁衡は阿倍仲麻呂の中国名．留学生活も長くなり，仲麻呂は長安に別れを告げ，その船は帆を上げて仙山の蓬莱になぞらえられる日本に帰っていった．月は沈んでも翌日にはまた昇ってくると誰もが信じているのに，その夜海に沈んだ月，仲麻呂は，思いがけず帰らぬ人となった．大海原には愁いの色をした白雲が広がっているばかりである．題名にある「哭」は人の死を悼むときに用いられる言葉だが，作中では死を直接表現せずに，透明な悲しみの世界として表現している．

1,000年近くを経て，松尾芭蕉（1644-94）は「奥の細道」の冒頭で「月日は百代の過客にして，行かふ年も又旅人也」という．月日は永遠に旅する旅人のようなものであり，去っては来る年もまた旅人なのである．これは李白の「春夜従弟と桃花園に宴するの序」の冒頭「夫れ天地は万物の逆旅なり．光陰は百代の過客なり」によるものである．この世はすべての物にとって仮の住まい（逆旅）であり，時は永遠を旅する旅人であるという．長い時を隔てて，芭蕉と李白は感懐をともにしている．

［市川桃子］

杜甫——安史の大乱を生きる

　杜甫（712-770）が生きた盛唐とは，玄宗皇帝（在位712-756）の治世のことである．杜甫は奇しくも玄宗即位の年に生まれ，しかも時は近体詩（律詩・絶句など）の形式の完成期にあたっていた．杜甫は，できたての近体詩を背負ってこの世に生を稟け，玄宗の盛唐という輝かしい時代に成長し，そして安史の乱（755-763）の渦中で表舞台から退場する玄宗の後を追うようにその生を閉じる．この偶然でしかない巡り合わせが，杜甫という中国詩上にただ一人の詩人をつくりだした．

●**家系**　杜甫，字は子美．「甫」は卓越した男子．字にある「子」は男子の尊称，「美」は大きな羊を原義として優越を意味し，「子美」によって名の「甫」と釣り合いをとる．杜甫は，前漢にさかのぼる一族の故郷を長安（現・陝西省西安市）の南の杜陵（また少陵）と認識し，中年以降は「杜陵の翁」「少陵の野老」などを自称した．後世，杜少陵と称される．杜甫は，西晋の将軍にして『春秋左氏伝』の注釈者だった杜預の13代の子孫で，祖父には宮廷詩人の杜審言をもつことを誇りとした．もっとも一族は杜甫の代には没落していた．

●**生涯と文学**　杜甫は，唐の副都の洛陽（現・河南省洛陽市）で生まれた．当時の洛陽は，直前の則天武后がここを国都とし，また江南から大運河を運ばれてくる物資の集散地でもあったため，文化的・経済的な繁栄は首都長安を凌駕するほどであった．杜甫はこの華やかな洛陽で少年時代を過ごし，多くの名士と交友を結んだ．また20歳代には呉越（現・江蘇省・浙江省）や斉趙（現・山東省・河北省）を漫遊した．杜甫の放浪癖の萌芽である．30歳の而立の年に洛陽に落ち着き，遠祖の杜預を祭り，楊氏の娘と結婚する．33歳の夏，洛陽で，この年宮廷から放逐されたばかりの盛名赫赫たる李白（当時44歳）と知り合い，1年余り連れ立って斉魯（現・山東省）を漫遊した．李白の奔放で快活な文学との出合いの中で，杜甫は自己の文学への自覚を深めることになる．

　35歳以降，生活の拠点を長安に移して高位の知人や有力者に詩を贈り，引き立てを求めて奔走する．40歳，「三大礼賦」を宮廷の延恩匭（投書函）に奉って玄宗の目にとまり，集賢院で高官たちの面接試験を受けて官吏資格を手に入れ，規定の準備期間を経て44歳で末端の官吏に就任する．しかしその年の冬に安史の乱が勃発し，長安は陥落する．この「長安十年」の不遇な生活の中で，杜甫は社会に蔓延する権力者の不正義と，不正義の下にあえぐ庶民の生活を凝視し，出征兵士の苦痛を描く「兵車行」，楊貴妃一門の横暴を描く「麗人行」などのリアリズムに徹した反骨の諷諭詩（政治批判詩）をつくりだす．

　安史の乱では反乱軍に捕えられ，756年の冬からの半年間は長安に軟禁されて

「国破れて山河在り」で始まる「春望」詩などをつくる．その後，長安を脱出して粛宗の行在所に赴き，左拾遺（従八品下）に抜擢される．官位こそ低いが，皇帝が直接任命する勅授官であり，皇帝に近侍する供奉官として栄達の入口にある美職だった．しかし就任早々に，敗軍の責めを負って宰相を罷免された房琯を弁護して粛宗の逆鱗に触れ，翌年には華州司功参軍に左遷され，それも在任1年で辞官に追い込まれて，家族を伴って長安の西の辺境秦州（現・甘粛省天水市）に赴く．これが後半生の放浪の始まりとなる．

　杜甫は秦州を去って成都に至り，760年，49歳の春に成都府の役人たちの支援によって西郊の浣花渓のほとりに草堂を営む．草堂の敷地は，数百本の松や果樹を植えられるほどの規模があった．この成都時代，近隣の州の長官であった詩人の高適，また成都府長官で西川節度使として着任した友人厳武の援助によって心身ともに安定し，自然の善意に身を委ねて生活の仔細を詠ずる詩に新生面を開く．杜甫は厳武の幕僚となり，厳武の取り成しで朝廷から検校工部員外郎（従六品上）を授けられた．従来は幕僚の形式的肩書きとされてきたが，近年の研究によれば長安で任官を予定された実職の可能性が高い．54歳，杜甫は成都を去って長安に向かう．厳武が急死するのはその前後である．

　杜甫は長安への途上で糖尿病が悪化して，三峡の谷間にある夔州で2年の療養を余儀なくされ，任官の可能性はほぼ閉ざされる．夔州府長官の柏茂琳の援助を得て経済的には安定した．しかし絶望と老病の不安の中で文学は内省化し，また外部世界との交渉が断たれるのと反比例するように創作力は高揚した．自伝的な長篇古詩「壮遊」，彫琢を凝らした七言律詩「秋興八首」などを含んだ430首余りがこの時期につくられた．それは現存する作品約1,450首の3割にあたる．

　57歳の春に夔州を去って最後の旅に登るが，その道は長安をめざすことなく洞庭湖の南へと向かい，「岳陽楼に登る」などの詩をつくり，やがて，そこで最期を迎える．この放浪の中でも杜甫は詩境を開拓し，夔州期の粘着的な作風を去って，沈痛な悲哀を自在で豁達な言葉に寄せることに成功する．杜甫は生涯を通じて自己を超克し，新しい文学をつくり続けた希有な詩人である．

●**後世の評価**　杜甫の生前の評価は，同時代の王維や李白に及ばなかった．しかし半世紀後の韓愈・元稹・白居易らの顕彰を経て，さらに北宋の後期には王安石・蘇軾・黄庭堅らによって古今第一の詩人としての評価が確立され今日に至る．目前の事件を詩によって綴ったために後世，詩史（詩で書かれた歴史）と評され，李白の詩仙に対しては詩聖をもって称された．日本で杜甫が本格的に紹介されるのは鎌倉時代以降で，朱子学の伝来とともに中国での杜甫の高い評価が知られたことによる．芭蕉は杜甫の愛読者であり，「奥の細道」の平泉のくだりに「国破れて山河あり，城春にして草青みたり（杜甫「春望」）と，笠打敷て，時のうつるまで泪を落し侍りぬ．夏草や兵どもが夢の跡」とあるのが有名である．　　　［松原 朗］

柳宗元——逆境に凛として

　柳宗元（773-819）は中唐の政治家，文人．字は子厚．若くして科挙に合格したが，30代前半で政治的挫折を味わい，その後の生涯を不遇の内に過ごすことになる．その挫折感の中で書かれた古文は後世に高く評価され，韓愈，欧陽脩（1007-72），王安石（1021-86），蘇軾（項目「韓愈」「蘇軾」参照）らとともに唐宋八大家の一人に数えられている．

●**生涯**　柳宗元は安史の乱がおさまって間もない773年，長安に生まれたとされる．政治家の家系に生まれ，若い頃から聡明のほまれが高く，793年，21歳という若さで科挙に合格する．同期の合格者に劉禹錫（772-842）がおり，二人は王叔文ら有力者に見出されて，順調にエリートコースを歩む．

図1　柳宗元［『晩笑堂竹荘画伝』］

　805年1月に順宗が即位すると，側近の王叔文らが中心となり，大がかりな政治改革（永貞の革新）を行おうとしたが，同年8月，順宗の病が重くなり太子に譲位したことにより，改革は失敗に終わる．改革に関わった者は左遷され，柳宗元も邵州（現・湖南省邵陽市）の刺史（長官）とされ，さらに永州（現・湖南省永州市）の司馬（刺史の下僚の一つ）に貶せられた．永州司馬を10年もの長きにわたり勤めた後，815年に長安に召喚される．同時に劉禹錫らも召喚されている．だが，柳宗元らは，永貞の革新に関わった罪を許されたわけではなかった．柳宗元は，永州よりさらに遠方の地である柳州（現・広西チワン族自治区柳州市）の刺史に任じられ，劉禹錫も連州（現・広東省連州市）刺史とされ，すぐさままた長安を離れることとなる．柳宗元は柳州刺史であったとき，現地の悪しき慣習である人身売買を取り締まり，奴隷となっていた者を解放するなどさまざまに力を尽くしたが，819年に妻や幼い息子を残して柳州にて47歳で亡くなった．柳宗元の墓誌銘は友人である韓愈が執筆し，劉禹錫が柳宗元の詩文集を編纂した．また遺児柳告は後に科挙に合格したという．

●**柳宗元の詩**　現存する柳宗元の詩は外集を含めても150首ほどと数こそ少ないが，古来，山水詩（自然の美しさを描く詩）の清らかな風格が高く評価され，王維（701?-761?），孟浩然（689-740），韋応物（736-791）とともに「王孟韋柳」と並び称せられている．ことに有名な作品としては「江雪」があげられる．まず

は本文を引こう.

　千山鳥飛絶, 万径人蹤滅. 孤舟蓑笠翁, 独釣寒江雪.
　[千山　鳥飛ぶこと絶え, 万径　人蹤滅す. 孤舟　蓑笠の翁, 独り釣る　寒江の雪]
　永州に左遷されている頃につくられた五言絶句である. どこまでも広がる山並みには鳥の飛ぶ姿も見えず, 道という道に人の足跡は見出せない. そんな雪深い川に浮かぶ一艘の舟, 簑と笠とをかぶった老人が一人, 凍えるような雪の中釣り糸を垂れている. ここには詩人の気持ちは直接的には何一つ語られていない. だが, 左遷された柳宗元の孤独, 挫折感が, この静まり返った清らかな世界の中に昇華されているのではないだろうか.

●**柳宗元の文**　六朝以来, 四六駢儷文（駢文）とよばれる美麗な文体が広く用いられていた. 4字もしくは6字の句を主とし, 対句表現や典拠を多用する文体であり, 韻律を重視した. その定型化された駢文に対し, 駢文が書かれ始める前に用いられていた自由な文体を古文と称する. 柳宗元や韓愈は古文を用いて文を書くこと, また六朝以前の儒家の理念に立ち返ることを提唱し, それによって内容的にはより率直に自らの思いを描き出そうとした. この主張は後世に強く影響を及ぼし, 彼は古文に秀でた唐や宋の文人8人をまとめ称揚する唐宋八大家の一人に数えられている.

　柳宗元の文として日本で最もよく知られているのは「蛇を捕る者の説」であろう. 柳宗元の左遷先の永州には猛毒をもつ蛇がいたが, その蛇は漢方薬になるので, 永州では税の代わりに毒蛇を納めることが認められていた. 柳宗元は毒蛇を献上して税に代えている者に出会い話を聞く. その者の祖父も父も, 献上する毒蛇に嚙まれて死んだのだが, 彼はそれでも重税に苦しむ周囲の村人に比べて自分は恵まれている, だからこれからも毒蛇を捕らえて税にあてるのだという. 柳宗元は「過酷な政治は虎よりも恐ろしいものだ」という孔子の言葉（『礼記』「檀弓下」）を思い出し, 世の為政者にこの事実を知ってほしいと訴えて文を結んでいる. この作品の論旨は明快である. 当時, 唐王朝の財政は苦しく, 人々に課せられた税は非常に重かった. 税の重さをはっきりと批判してはいないものの, この文からは中央政界を追われた柳宗元の, 国を思い, 人々を思う気持ちがしっかりと伝わってくる.

　柳宗元には優れた古文が多いが, 左遷の地である永州や柳州の山水に遊び, その美しさ, 心地よさ, 楽しさをのびのびと描いた山水記も非常に有名である. なかでも永州における八つの名文は「永州八記」とまとめ称せられている.

[高芝麻子]

参考文献
[1]　下定雅弘『柳宗元―逆境を生きぬいた美しき魂』勉誠出版, 2010
[2]　下定雅弘編訳『柳宗元詩選』岩波文庫, 2011

白居易——愉悦の人生

　　白居易（772-846），白が姓，居易が名で，字は楽天．号は香山居士．中唐の官僚で詩人．貞元16（800）年進士科に及第して，天子の諌めの官である翰林学士・左拾遺となったが，江州（現・江西省九江市）に左遷され，のち長安に戻り中書舎人（詔勅作成の責任者）に任ぜられた．杭州・蘇州の刺史（長官）を務めた後，刑部侍郎（刑部は行政省の六部の一，その次官）・河南尹（洛陽を中心とする河南府の長官）などの行政の要職に従事．晩年は長安を去って洛陽で太子付きの閑職を勤め，しばしば香山寺を訪れて仏教に親しんだ．会昌2（842）年，刑部尚書で退官．会昌6年，洛陽履道里の自宅で没した．享年75歳．尚書右僕射を追贈された．『白氏文集』71巻を今日に伝える．

　　白居易の魅力を一言でいえば，彼自身の言葉「人生の実事は是れ歓娯」（「老夫」）に尽きる．人はやがて死ぬ，人生は苦しみと悲しみの連続だ．けれど同時に人生は喜びに満ちている．仕事は大切だ．だが仕事ばかりが人生ではない．女性を愛し，子どもを愛し，友を大切にし，詩と琴と酒と茶を日々楽しみ，雪月花を愛で，鶴や馬を可愛がりなどなど……，幸せはすぐそこに溢れている．白居易の作品を読む私たちは，生きることはこんなにも楽しいのだとため息をついてしまう．そして人間と人生とを広く深く見つめる眼差しを得る．

●兼済と独善　　白居易はこの歓娯＝愉悦を求めて生きる人生観を，江州に左遷された44歳のときに確立した．それは，兼済，独善のいずれもが大切（平たくいえば，人間，仕事の充実もプライベートの喜びも大切だ）という人生観である．兼済（兼ねて済う）とは広く人民を救済するの意で，独善（独り善し）とは，公務を離れたときあるいは不遇のときの自己一身の快適という意味である．

　　兼済，独善は，『孟子』（尽心上）に出る言葉で，『孟子』の独善は自分を認めてくれる主君に恵まれず職を得られないときも，独り人格の修養に努めるという意味である．白居易は，独善の意味を，プライベートの喜びという，『孟子』とは違うものに変えてしまったのである．「丈夫は一生に二つの志有り，兼済と独善とは得て併せ難し」（「秋日張賓客舒著作と同に龍門に遊び酔中狂歌す凡そ二百三十八字」）．仕事もプライベートも大切，兼済と独善の二つを得たい，これが彼の人生の目標となった．

●兼済　　白居易は若いときは天子側近の諌官を務めたが，この時期に，多数の社会問題を扱った詩を書いている．それは『白氏文集』の初め四巻に「諷諭詩」と命名・分類して収められている．その代表作は「秦中吟」10首と「新楽府」50首である．「秦中吟」は，貪吏の不当な徴税（其二「重賦」），朝廷の官僚の贅沢（其

七「軽肥」），富貴の人々が花に大枚を浪費する風潮（其十「買花」）などを鋭く批判している．「新楽府」は，天子および官界の奢侈や民の悲惨な状況などを詠い，為政者がこれを見て，より良い政治を行う助けになるようにつくられた．よく知られたものに，天子の寵愛を得ないままに年老いていく宮女の悲劇を詠じた「上陽白髪人」（其七），炭売りの翁がただ同然の値段で，宦官に炭を持っていかれてしまうことを詠じた「売炭翁」（其三十二），天子が美女に溺れることを戒めた「李夫人」（其三十六）などがある．

　だが，諫官としての活躍の絶頂期，元和5（810）年に母が死亡．3年余り喪に服して中央に戻った白居易は，元和10（815）年宰相武元衡が藩鎮の放った刺客に殺されたとき，一刻も早く賊を逮捕するよう上奏．これが越権行為と咎められて江州に左遷される．

　元和15（820）年，江州への左遷が解かれ都に戻ると，彼は，当時「文士の極任」（文章で立身した者が到達する最高の職務，杜佑『通典』巻21）といわれた中書舎人に任ぜられた．また杭州・蘇州の刺史として，西湖の治水事業をはじめ民の平安のために能う限りの仕事をしている．

　こうして中書舎人まで務めた白居易の目には宰相のポストが見えていた．だが白居易は，62歳のとき，河南尹を辞め太子賓客（太子の侍従）を授けられて以後，75歳で没するまで洛陽に過ごし，長安に戻ることはなかった（図1）．それは第一に，宦官の専横と党争渦巻く，当時の長安の不穏な情勢による．長安で要職に就いていては常に死の危険があったから，彼はそれを避けたのである．だがそれだけではない．宰相職への未練（兼済の志）を抱きながらも洛陽閑居を決めたの

図1　白居易邸宅想像復原図［下定雅弘『白楽天の愉悦』勉誠出版，2006］

は，仕事での喜びを超えるはるかに深く広い愉悦（「独善」の喜び）があることを，よく知っていたからである．

●**独善** 白居易は女性を深く愛した．初恋の女性湘霊を，妻を，そして妓女を．皇帝の絶世の美女への愛を歌った「長恨歌」は世界の文学である．愛の力をこんなにも美しく激しく歌ったのは中国では白居易が初めてである．

音楽が大好きである．琴の名手だった．滅びかけていた《霓裳羽衣曲》の楽譜を探し出して復興している．飲み物は酒・茶が好き，食べ物も筍・白身の魚などが大好物だった．植物は竹を清廉な友として貴び，白い牡丹・蓮の花・桃の花・柳・杏などを恋人のように愛している．動物も，鶴と犬と馬を友だちのように可愛がった．若い頃から最晩年まで，釣りも生活の一齣だった．四季折々の景色の変化に敏感である．「雪月花」は，「雪月花の時最も君を憶う」（「殷協律に寄す」）と，白居易がつくった言葉なのである．

白居易はこうした独善の喜びの多くを，「閑適詩」（すべて五言古詩）と命名・分類して『白氏文集』（巻5-8）に収載した．また，この喜びを大量の五言・七言の律詩と絶句に表現した．

よく知られた律詩の一首をみておこう．元和12（817）年，左遷の地江州で，廬山の草堂が成ったときの満足を詠じた作に，『枕草子』（二九九段）の「かうろほうの雪いかならん」の基づく詩（七言律詩）がある．「日高く睡り足りて猶お起くるに慵し，小閣衾を重ねて寒さを怕れず，遺愛寺の鐘は枕に欹りて聴き，香爐峯の雪は簾を撥げて看る．……心泰かに身寧きは是れ帰処，故郷独り長安に在るのみなる可けんや」（「重ねて題す」其の三）．左遷の境遇でも朝寝の快適と廬山の美景を満喫し，心身の快適な所こそが故郷なのだと，いつも喜びを見つけて前向きに生きていく白居易の人柄と生き方がよく出ている．

●**憂いを少なく歓喜を多く** 白居易にも多くの悲しいことがあった．左遷はその一つだが，何よりも悲しいのは家族の死である．40歳のとき，母が亡くなり，同じ年に3歳の娘が死んでしまう．58歳のとき，待ち望んでいた男子がやっと生まれたのに，この子も3歳で死ぬ．60歳のとき，親友の元稹が亡くなった．晩年，白居易は洛陽に住んだが，長安では官僚の派閥間での争い（牛李の党争）が絶えず，64歳のときには，甘露の変という官僚たちが宦官に殺される事件があり，多くの友人が死んでいる．70歳のとき，洛陽で詩と酒と雪月花の喜びをともにしていた劉禹錫が亡くなる．

白居易自身病いがちで，68歳のときには足と手が不自由になり，琴を弾くこともできなくなる．白居易はこういうさまざまな悲しみを味わいながら，「憂いを少なくして歓喜を多く」（「酒を把る」）するようにいつも心がけて75歳の生涯を閉じた．仕事の充実もプライベートの喜びも大切，彼はこの信念の通りに生き，自分の思いを歌った詩ほぼ3,000首を私たちに遺してくれたのである．

●「長恨歌」と「愛の讃歌」　愉悦の中の愉悦，愛について歌った不朽の名作「長恨歌」（以下「歌」）につき，特にその主題について述べておく．

「歌」は，「漢皇色を重んじて傾国を思い，御宇多年求むれども得ず」［漢の皇帝は色好みで傾国の美女はいないものかと，治世の間ずっと求め続けたが見つからない］と始まり，「天長く地久しきも時有りて尽く．此の恨みは綿綿として絶ゆる期無からん」［天地は永久だといっても無くなるときがある，だがこの痛恨はいつまでもいつまでも尽きるときがないのだ］と結ばれる，皇帝（玄宗のようだが「歌」の中で明言はしていない）の絶世の美女（楊貴妃のようだが「歌」の中で明言はしていない）への愛と，愛する女性を失った痛恨とを歌った全120句の七言の長篇である．

ところで，加藤登紀子（シャンソン歌手，シンガーソングライター）がエディット・ピアフ（フランスの女性歌手，1915-63）の原詩を翻訳した「愛の讃歌」は「もしも空が裂けて大地が崩れ落ちても，私はかまわない，あなたといるなら……」と歌っている．これは「歌」の結句とほぼ同じ思いではないだろうか．加藤登紀子はこうも歌っている．「あなたが言うなら盗みもするわ，あの月さえも．あなたが言うなら国も捨てるわ，友もいらない」．あなたがすべて，世間の道徳などどうでもいい．これも「歌」と同じではないか．「春の宵は苦だ短く日高くして起く，此れ従り君王早に朝せず」（15・16句）．好きになったら政なんかやってられない．「姉妹弟兄皆な土に列せられ，憐れむ可し光彩門戸に生ず」（23・24句）．好きになったら，えこひいきくらい当たり前なのだ．

諷諭主題説（「歌」の主題は玄宗と楊貴妃を諷刺することにあるとする説）の人が，よく「歌」は玄宗を批判しているのだという証拠にあげる句が，実は「愛がすべて」をいうための句なのである．

そう，世間の常識や道徳など，愛の前には全部ふっ飛んでしまう．白居易が歌いたかったのは，愛のこの驚くべき力である．白居易はそれを表現するために，皇帝が主人公であるのはおおいに効果があると考えた．地上では万能の皇帝でも，愛の情熱はコントロールすることができず，愛に人格のすべてをからめ取られてしまう．それを描くことで愛がもつ驚くべき力を歌おうとしたのである．

なお「歌」は，白居易が感傷詩に分類する悲哀の詩で満ちる巻に収められている．その制作動機の一つには，初恋の女性湘霊との別離の悲痛がある．

白居易の愉悦は単なる快楽ではない．悲痛と歓娯とを幾星霜も重ねることで生まれ出てくる，人生の深い味わいがそこにある．それが白居易の人生と文学の愉悦である．

［下定雅弘］

📖 参考文献
[1] 下定雅弘『白楽天の愉悦―生きる叡智の輝き』勉誠出版，2006
[2] 下定雅弘『白居易と柳宗元―混迷の世に生の讃歌を』岩波現代全書，2015

韓愈──唱和集団の成立

「それでは皆さん！ ご唱和お願いいたします」歓送迎会や結婚式でおなじみのフレーズだが，単なる呼びかけの言葉ではない．「唱和」は，場を共有する参加者全員の心が一つになっている事実を，確認するために行われるものである．またそれゆえに，そのかけ声は，一般的にその場の最上位者や代表者がとり行うものである．

●唱和詩とは　もともと，唱和とは，誰かが最初に歌った歌に対してほかの者が声の調子を合わせて歌うことを意味する．これが後には，互いに詩を贈答し合うことや相手の詩歌の韻に合わせて詩をつくることをも意味するようになった．

一見すると，現代の音楽の世界で，尊敬するミュージシャンの楽曲をカバーするトリビュートアルバムにも似ている．しかし，それらのアルバムの多くがカバーで構成されているのに対し，中国古典文芸における唱和詩は，韻やモチーフ，テーマを合わせるが，それぞれが独立した創作である．その点からみれば，1960～70年代に盛んにつくられたメッセージソングとアンサーソングの関係にむしろ近い．さて，韻を合わせる技法を和韻というが，これには唱和したい作品の韻字と同じ韻目に属する文字を使用する依韻，もとの作品と同じ韻字を用いるが使う順番を入れ替えてもかまわない用韻，すべての韻字を同じ順番で踏襲する「次韻」がある．なかでも次韻は作詩上の制約が大きい分，唱和する相手への親愛や共感を強く表現できた．和韻以外にも唱和には，複数の人間がテーマや興趣を共有しながら交替に歌い継ぐ聯句というスタイルの詩がある．互いの言語能力と創造性とが交錯する聯句では，つくり手同士の関係性が如実に表面化する．そのため，互いの力量や志向を認め合う者同士の作品が多い．

●唱和の濫觴　志向や立場を同じくするものたちがグループを形成して詩歌を創作するという活動は，詩の創作が個人の芸術活動として多くの人々に共有される漢代以降，確認できるようになる．例えば，後漢末から三国時代にかけて魏に生まれた，曹操・曹丕・曹植親子と「建安七子」を中心とした「建安文学」集団や，貴族文化が栄えた南朝の一つである斉の竟陵王のサロンに集まった「竟陵の八友」などが，歴史上知られている．しかしこれらの活動は，多くの場合，権力者の周りに集まった文人によって行われており，作品を通じて主義・主張を共有するという，後の唱和集団の活動とは性格が異なっている．

そのような文学サロンに大きな変化が生まれるのは，唐代である．唐朝では，貴族出身の官僚と，試験による人材登用システムである科挙の試験に合格して官僚となった士大夫とのぶつかり合いが，繰り広げられた．この科挙では，設置さ

れていた「科」によってそれぞれ試験科目が違い，最も出世を望みやすい進士科では，詩の創作が求められた．そこで，才能を自負して中央官僚をめざした大勢の若者が，積極的に詩作に取り組んだ．彼らの作品が，それまでの貴族文化が生み出した詩とは異なる特色をもつようになることは必然であった．

●**韓愈と同志たち**　さて，唐帝国を根底から揺るがした安史の乱（755-763）が収束した後の中唐とよばれる時期に，韓愈が登場した．彼は苦学の末に進士科に合格するが，貴族官僚が統括していた任官の試験に3度落第した．そこで，中央官僚の道をいったんは諦め，地方の政治的実権をにぎる軍閥の幕僚となった．彼は，貴族文化が磨き上げた流行の文学スタイルとは異質なオリジナリティを人々に印象づけるため，貴族文化の発生よりも古い時代に模範を置く復古主義をかかげ，古体とよばれるスタイルの詩と文とを次々と発表し，志を同じくする後進の指導を積極的に行った．また彼は，若いうちこそ苦労を重ねたが，後には中央政界で高官になっており，当時の文学者の中では，数少ない成功者の一人であった．

　これらの理由によって彼の周りには文学の才能を依り拠として官僚の世界に入ろうとする人々が集まった．この文学集団を「韓門」とよぶ．このグループには，詩句を磨き上げることに全身全霊をうち込む苦吟派の孟郊や賈島，独自の言語美を構築して「鬼才」とほめたたえられている李賀（項目「李賀」参照），杜甫（項目「杜甫」参照）の社会詩の伝統を受け継ぐ張籍，難解な用語を鏤める皇甫湜など，さまざまな才能の持ち主が集結している．そして，韓愈自身の詩がそうであったように，このグループの人々の文学は「奇険」「怪険」と評される凝縮度の高い硬質な言語により，斬新奇抜な発想を古風なスタイルの詩にのせて歌う点で，みな共通している．

●**文学と政治**　韓愈を中心とした唱和集団は，このような文学的独自性を武器にして自らの存在意義を主張したのであるが，貴族官僚に代表される当時の権力者たちに広く認められたとは，とてもいえない．韓愈自身，世の中の人々になかなか主張を受け入れてもらえない苦しみを「吾，之を唱すれど和する者は誰ぞや」［私が唱っても誰が和してくれるでしょうか］（「与孟東野書」）と，同志であり敬愛する先輩であった孟郊に訴えている．しかし，韓愈グループが唱和を中心に築き上げた文学活動そのものは，ほかの多くの文学者たちにも，受け継がれていった．例えば，韓愈より年の若い白居易（項目「白居易」参照）の周りにも，多くの詩人が集まり，唱和詩や贈答詩を残している．韓愈を旗頭とする唱和集団の形成以後，文壇の傾向は確実に流れを変えていったのである．

　そして，唐に次ぐ宋代以降，政治の中枢から貴族官僚が消滅し，科挙官僚による皇帝を頂点とした中央集権政治が完成したのだが，その中で士大夫たちは自ら信じる文学理論に基づき，文学集団を形成し，数多くの唱和詩をつくり発展させていったのである．

［三上英司］

李賀──黄泉の国から

「長安に男児有り，二十にして心已に朽ちたり」．この印象的な句は，李賀（791-817）の詩「贈陳商（陳商に贈る）」の冒頭にみえる．20歳にしてすでに心の朽ちたこの病弱な詩人は，27歳の若さで身までも朽ち果て，この世を去った．彼の詩風は，晩唐の詩人杜牧が「筆墨の畦逕の間を離絶遠去す［文章の決められた道筋から大きく逸脱している］」（「李賀集の序」）と評するように，題材や表現の面などにおいて，規範をしばしば逸脱する特異なものであり，中国古典文学史上において異彩を放っている．

●**人々の悪意に翻弄された生涯**　李賀は中唐の詩人で，字は長吉．河南府福昌県昌谷（河南省）の生まれである．元和5（810）年，科挙の予備試験を洛陽で受けた後，当時河南府の令（長官）であった韓愈（項目「韓愈」参照）によって進士科に推挙され，同年冬に都の長安に上ったが，彼をライバル視する者たちの妨害を受けた結果，受験を断念せざるを得なくなった．すでに逝去していた父晋粛の「晋」が，進士の「進」と音・義ともに同じであるため，進士科を受けるのは亡き父の諱を犯す行為であると言いがかりをつけられたのである．推挙者である韓愈は「諱の弁」を著して弁護したが，状況は好転せず，李賀は傷心のまま故郷に帰ることになった．翌年，再び長安に上った李賀は，恩情で奉礼郎という職を得た．宮中で執り行われる朝会・祭祀などの雑用をこなす，最下等の官である．その職務は彼にとって単調でつまらぬものであった．元和8（813）年の春に，病気を理由に官を辞して帰郷．その後は洛陽・長安を転々とし，最後は昌谷の実家で27年の短い生涯を終えた．病死と思われるが，詳しい死因は不明である．

●**その詩──幽鬼のうごめく世界**　今日では人並み外れた才能，もしくはその持ち主のことを広く「鬼才」とよぶが，もともとこの呼び名はもっぱら李賀に与えられたものであった（北宋の銭易『南部新書』に「李賀は鬼才の絶たり」とあるのに基づく）．中国語の「鬼」は，日本のいわゆる「オニ」ではなく，幽霊をさす．李賀に「鬼才」の称が冠せられたのは，彼の詩にしばしば幽鬼が描かれるのと決して無関係ではないだろう．「子は怪力乱神を語らず」（『論語』述而篇）という言葉に集約されているように，現実的な実践倫理を重んずる儒教社会においては，怪しげな神々や幽鬼の存在は，まともな士大夫が口にすべきことでないとされ，士大夫の文学である詩においても遠ざけられていたのだが，李賀の詩にはそうした超自然的存在がしばしば姿を現す．一例として，「長平の箭頭の歌」をみてみよう．以下に引くのは，全16句中の第7句から第10句までである．

　　風長日短星蕭蕭　　風は長く　日は短くして　星蕭蕭たり

黒旗雲湿懸空夜　　　黒旗 雲湿いて 空夜に懸かる
　　左魂右魄啼肌痩　　　左魂右魄 肌痩せ啼く
　　酪瓶倒尽将羊炙　　　酪瓶 倒し尽くして 羊炙を将む

　詩題にいう長平とは，戦国時代末に秦の将軍白起が趙の降兵40万人を穴埋めにして殺した地である．李賀はこの古戦場を訪れ，そこで血の跡が残る箭頭（矢じり）を拾い上げる．このような場合，中国の詩人は過去にあった凄惨な事件に思いを馳せ，慨嘆するのが一般的である．だが，李賀のこの詩の場合はそうではない．古戦場ではるか昔に亡くなった兵士たちの霊魂が，時を越えて詩人の眼前に現れてくるのである．拾った矢じりをきっかけとして，戦場にかつてひるがえっていた黒い旗が空に懸かり，痩せた肌をして泣く戦死者の霊が右に左にと浮かび上がる．詩人が乳酪の入った甕を傾けて地に注ぎ，羊のあぶり肉を供えるのは，彼らに対する同情を示し，慰めるためであろう．

　このように李賀の詩に現れる幽鬼は，主に視覚を通してその存在がビビッドにとらえられるところに特色がある．来らぬ恋人を死後もなお待ち続ける女性の亡霊をうたった「蘇小小の歌」や，墓場に鬼火がゆらめく深夜の終南山の情景を描いた「感諷五首」其の三なども，鬼才李賀の代表作とよぶにふさわしい．

●**変化のない生と終わりなき苦しみ**　李賀が幽鬼に対してかくも関心を抱いた理由，それは，死した後も恨みを抱いてさまよい続ける幽鬼と，悲しみを抱きつつ変わらない日々を過ごすばかりの自分との間に，何か通じるものを見出したからではなかろうか．漢代の「古詩十九首」其の十一の「人生は金石に非ず，豈に能く長寿考ならんや［人の生は金石のように堅固ではない，どうして長く生き続けることができるだろう］」という詩句に示されているように，中国人は古来，人の生が変化を免れないことを嘆いてきた．ところが，李賀はしばしば自分の生に変化がないことを悲しむ．李賀の五言絶句「莫種樹（樹を種うる莫れ）」をみてみよう．

　　園中莫種樹　種樹四時愁　　園中に樹を種うる莫れ，樹を種うれば四時愁う
　　独睡南床月　今秋似去秋　　独り睡る 南床の月，今秋 去秋に似たり

　庭になぜ「樹を植えてはならない」のか．それは，去年の秋と似た姿を今年の秋にも呈する樹木が，1年経っても何も変われずにいる自分の姿を映しだす鏡として，それを目にする者に意識させるからである．四季折々に変化をみせつつも，結局一周して同じ状態に回帰する植物に，堂堂めぐりを繰り返している自身の閉塞状況を投影させているのだといってもよい．李賀の幽鬼に対する共鳴は，出口のないトンネルから抜け出せない悲しみを互いに共有しているという認識から生まれているのではないだろうか．

〔遠藤星希〕

📖 参考文献
[1]　荒井 健注『李賀』中国詩人選集14，岩波書店，1959
[2]　黒川洋一編『李賀詩選』岩波文庫，1993

李商隠――絢爛たる悲しみ

　晩唐の詩人李商隠（812-858）は，男性の立場から女性への愛を詠じるという，中国の古典詩には稀な恋愛詩を詠じたことで知られる．それまで男女の愛情を詠じた作といえば，六朝時代より詠じられてきた閨怨詩が典型であった．それは，恋人や夫がそばにいないことを悲しむ女性の気持ちを詠じた作であり，男性詩人が女性の恋心を代弁するというジャンルであった．しかし，李商隠は男性が女性を想う気持ちを詠じている．李商隠が生きた晩唐になると，それまでは稀であった女性の詩人が増えてきた．詩をつくれたり読めたりする女性の存在が，男性から女性への恋心を詠じることを可能にしたといえるだろう．李商隠の恋愛詩は，そうした環境の変化が咲かせた妖艶な花のような存在である．

●**節度使の幕僚を転々とした生涯**　李商隠の本籍は懐州河内（現・河南省沁陽市）だが，実際に生まれたのは懐州獲嘉県（現・河南省獲嘉県）である．生まれた年は元和6（811）年とする説もある．字は義山，号は玉谿生，その典故を多用する詠みぶりから，獺祭魚とよばれる．10歳のときに父を亡くし，18歳のときに最初の庇護者令狐楚と出会う．19歳で初めて科挙の進士科を受けるが落第．27歳でようやく合格したが，その年の冬，令狐楚が亡くなった．翌年，博学宏詞科を受けるが不合格になり，涇原節度使の王茂元の娘と結婚した．31歳で母を亡くし，喪に服す．翌年には王茂元が病死した．その間，秘書省校書郎，弘農県尉などを歴任するが，政界中央での栄達はかなわず，荊州（現・湖北省江陵県），徐州（現・江蘇省徐州市），梓州（現・四川省三台県）などの節度使の幕僚を務め，あちこちを転々とした．

　当時，門閥貴族出身の李徳裕派と科挙及第者出身の牛僧孺派とが争っていて，李商隠は牛僧孺派の令狐楚の庇護を受けながら，李徳裕派の王茂元の婿となったため，二派にまたがって官界を歩いたことを無節操と批判されて不遇だったという説がある．実際にどれだけ二派の党争が李商隠のキャリアに影響したかはわからないが，李商隠が官僚として不遇であったことは事実といえよう．大中12（858）年，江南から鄭州（現・河南省鄭州市）に帰り，47歳で病死した．

●**恋愛詩人としての李商隠**　官僚としては不遇だった李商隠は，公的な立場を意識するよりも私的に女性に寄り添う傾向が強い．秘書省に勤務した頃，「無題」と題して，秘めやかな恋を詠じている．

　　昨夜星辰昨夜風　　昨夜の星辰　昨夜の風
　　画楼西畔桂堂東　　画楼の西畔　桂堂の東
　　身無彩鳳双飛翼　　身に彩鳳双飛の翼無けれど
　　心有霊犀一点通　　心に霊犀の一点通ずる有り

隔座送鉤春酒暖	座を隔てて送鉤すれば　春酒　暖かく
分曹射覆蠟灯紅	曹を分かちて射覆すれば　蠟灯　紅なり
嗟余聴鼓応官去	嗟　余　鼓を聴き　官に応じて去る
走馬蘭台類断蓬	馬を蘭台に走らせ　断蓬に類す

[ある夜の宴の席で，李商隠は意中の女性とのひとときを楽しんだ．その時の星の輝きや風のささやきが今も感じられるようだ．並んで舞い上がる翼はないが，犀の角に両端が通じる筋目があるように，二人の心は密かに通い合う．やがて夜が明け，蘭台すなわち秘書省に出勤しなくてはならない．後ろ髪をひかれながら馬を走らせ職場に向かうのだった]

　この詩は意中の女性に宛てた作かもしれない．李商隠には女性に宛ててつくった詩が多い．唐代後半には薛濤や魚玄機のような女流詩人が現れ，詩を読んだりつくったりする女性が増えてきたのである．

　不如意な恋はいつも幻のように消えて，李商隠の心にいかばかりの痛みと悲しみを与えたことか．後年，この夢見がちな詩人は「錦瑟」という詩の中で，夢とも現とも分たぬ過去の恋の思い出を回想する．

錦瑟無端五十絃	錦瑟　端無くも五十絃
一絃一柱思華年	一絃一柱　華年を思う
荘生暁夢迷蝴蝶	荘生の暁夢　蝴蝶　迷い
望帝春心託杜鵑	望帝の春心　杜鵑に託す
滄海月明珠有涙	滄海　月明らかにして　珠に涙有り
藍田日暖玉生煙	藍田　日暖かにして　玉　煙を生ず
此情可待成追憶	此の情　追憶を成すを待つべけんや
只是当時已惘然	只だ是れ　当時　已に惘然たり

　女性が奏でる瑟は伝説上の五十絃．その音色は追憶をよび起こす．夢に蝶となった荘子は，現実の自分が本当か，夢の中の蝶が本当か，定かではなくなってしまった．道ならぬ恋に苦しんで死んだ蜀の望帝は，その魂がホトトギスとなり，血を吐くように苦しげに鳴く．月夜の海では人魚の流す涙が真珠になり，藍田山に太陽が照ると，仙人が植えた玉から煙が立ちのぼる．過去の恋の記憶は，夢のように不確かで，死後の魂のように余韻をひく．月の満ち欠けに伴って，後からあとから湧く真珠のような涙，太陽に照らされて，煙となって消える玉．過去の恋の記憶は，止めとない涙とはかなく消える煙のイメージである．夢か現か，初めから朦朧としていた恋の感触は，過去・現在・未来のどの時間においても不確かなままである．

[詹　満江]

参考文献
[1] 高橋和巳「詩人の運命」『高橋和巳全集』第16巻，河出書房新社，1980
[2] 川合康三『李商隠詩選』岩波文庫，2008

詩語のイメージ——詩人の個性

　詩に用いる言葉を詩語という．どのような言葉を詩に使ってもよいのだが，詩をつくるのにふさわしい言葉というものがある．そこで漢詩（中国の古典詩）をつくるために，漢字を集めて韻（母音）の順に並べた韻書とよばれる字典がある．また清の康熙帝の命令でつくられた『佩文韻府』など，韻字によって詩語を並べた詩語辞典もある．

　ところで，詩語には由来が古く長い間使われている言葉が多く，その歴史を調べてみると，言葉がどのようにつくられ，人々の精神がどのように言葉に乗せられているのかがわかり，たいそう面白いものである．その一つの例として，「断腸」という詩語について調べてみよう．

●「断腸」の由来　腸が千切れるほど悲しく苦しい様子を「断腸の思い」という．この言葉は5世紀半ばにつくられたエピソード集『世説新語』に載る次のような話が語源だとされている．東晋（317-420）の武将，桓温が船で三峡をさかのぼっていたとき，従者が子猿を捕らえた．母猿が鳴きながら100里あまりを岸伝いについてきて，ようやく船に飛び移り，そのまま息絶えた．その腹を割って見ると，腸がずたずたに断ち切れていたという．

　桓温は4世紀の人であるが，詩語を調査してみると，断腸の由来はもっと古い．『詩経』大雅に「自ら肺腸あり」とあり，これは「私には心中の思いがある」という意味で，「腸」を「思い」とか「志」の意味に使っている．戦国時代（前403-前221）末の宋玉「高唐賦」には「腸が廻り気が傷む」[腸が回って心がいたむ]とある．辛く悲しいときには，腸がお腹の中でぐるぐる回りだすのである．「悲歌」という古辞に「腸中に車輪転ず」[故郷を思うと腸の中で車輪がごろごろと回転する]という句さえある．これらは紀元前からの古い使い方である．

　「腸」が絶たれるというモチーフが現れるのは，漢の張衡「怨詩」で，恋人と離ればなれとなって「我が中腸絶つ」[私の腸は切れた]という．『三国志』で有名な魏の曹操（155-220）は詩人としても優れた人物であるが，「蒿里行」という詩をうたい，戦場の跡を眺めて「生民百に一を遺す，之を念えば人の腸を断つ」[生きているのは百人に一人だけだと思うと断腸の思いである]と，多くの人々が死んでしまった悲しみを述べる．これらの作品はみな，前述した『世説新語』の母猿の話よりも以前のものである．だから，「断腸」という言葉は，この母猿のエピソードよりももっとずっと前からあったことがわかる．また，あまりに辛いときにはお腹が痛む，という身体感覚からこの言葉が生まれて，次第に悲しみを表す概念的な言葉へと変化していった過程も読み取ることができる．

●**詩人の個性** 唐代の詩人たちが，断腸という詩語をどのような場面で，どのような気持ちで使っているのかを調べてみると，同じ時代にあっても人によって使い方がずいぶん違うことがわかる．

盛唐の杜甫(とほ)(項目「杜甫」参照)は「京より奉先県に赴き懐(おも)いを詠ず五百字」で，安史の乱の混乱の中，家族のもとに帰りつくと息子が死んでいたことを知ったと述べる．しかし杜甫が腸を熱くするのは，息子の死そのものではなく，そこから人民の苦しみに思いが至ったときである．同じ詩の中で，次のようにいう．

窮年憂黎元　歎息腸内熱　　窮年黎元(れいげん)を憂え，歎息して腸は内に熱す
[生涯民衆について心配し，ため息をついては腸が煮(に)えくりかえる]

中唐の白居易(はくきょい)(項目「白居易」参照)は，それに対して，家族や友人との別れなど，身近なもの，親しいものに断腸の念を覚える．3歳の息子を亡くしたときの「崔児を哭す」詩に次のような句がある．

悲腸自断非因剣　　悲腸　自ら断たるるは剣に因るに非ず
暗眼加昏不是塵　　暗眼　加(ま)す昏(くら)きは是れ塵(ちり)ならず
[悲しみで腸が千切れてしまうのは剣によるのではない，涙が溢れてはっきりと見えないのは塵によるのではない]

中唐の柳宗元(りゅうそうげん)(項目「柳宗元」参照)は若い頃に南方の僻地(へきち)に左遷され，終生都に復帰することができなかった．「浩初上人(こうしょしょうにん)と同に山を看(み)京華の親故(とも)に寄す」は都にいる親しい人々に寄せた詩である．

海畔尖山似剣鋩　　海畔　尖山(せんざん)は剣の鋩(きっさき)に似て
秋来処処割愁腸　　秋来たりて処処に愁腸を割(さ)く
[鋭くそそりたつ山々を海辺に眺めると，まして今は秋なので，なおさら山々は剣となって私の腸を切りつける]

血のしたたるような望郷の念を描いた句である．

晩唐の温庭筠(おんていいん)(812-870)の作品では，詩人自身の感情ではなく，空想の中で，愁いを抱いた女性が，美しい景色を見て断腸する．腸，というなまなましさは消え，甘く切ない思いだけが残って，一幅の美人画を描き出す．

一点露珠凝冷　波影満池塘　　一点の露珠(ろしゅこ)凝り冷え，波影(はとう)池塘に満つ
緑茎紅艶両相乱　腸断水風涼　　緑茎紅艶(こうえんふた)つながら相乱れ，腸断す水風(すいふう)涼し
[一粒の露が白く凝固して，池に満ちるさざ波となる．蓮の茎は緑に花は紅に乱れて，ああ悲しい，水も風も涼しくて]

「荷葉杯」という詞である．この絵の中で，断腸は，悲しむ美女も悲しむ理由もなく，ただ美意識を喚起するためだけの点景となっている．

[市川桃子]

📖 **参考文献**
[1] 松浦友久『詩語の諸相―唐詩ノート』研文出版，1981
[2] 市川桃子ほか「「腸」表現による中国古典詩の分析」『中唐文学会報』第14号，2007

わび・さびの発見——美意識の深化

　北宋（960-1127）の李綱は「蓮花賦」をつくり，蓮の美を歴史上の6人の美女にたとえて歌う．その中で，咲き初めたつぼみの初々しさ，満開の花が風に揺れるあでやかさに並んで，「風雨に摧残せられ，飄零して紅多し」と，風に吹かれ雨に打たれて衰えていく紅蓮の美しさについても言及している．このように，衰えたものを美しいと感じる意識は，紀元前の作品にはみられない．生き生きとしていた頃の記憶を残しながら消えていくものを愛おしく思い，そこに美しさを感じて歌うようになったのは，紀元後のことである．日本の俳句のわびやさびにも

図1　衰荷

通じる，枯れ衰えたものを美しいと思う美意識について，蓮の描写を追うことでその軌跡をみてみたい．

●**衰えていく美の発見**　紀元前，蓮は，霊草，つまり呪術的な力をもつ植物として描かれていた．散る花が盛衰の比喩とされることは漢代からあったが，蓮が秋の景物として歌われるのは，紀元後400年頃，東晋の時代のことである．陶淵明（項目「陶淵明」参照）は栄枯盛衰の比喩として，栄えたり衰えたりすることは予想できない，昔は春に咲き誇る花であっても，やがては茶色い実（花托）になると歌う．

　　栄華久しくは居り難し　　盛衰量る可からず
　　昔三春の葉と為るも　　今は秋の蓮房と作る　　（東晋・陶淵明「雑詩十二首」）

この時代から，秋の景物の一つとして，蓮に目が向けられるようになった．枯れていく美しさを発見した功績は，斉（479-502）の謝朓（464-499）にある．

　　風は池中の荷を砕き　　霜は江南の蕚を剪る　　（斉・謝朓「治宅」）

「砕く」「剪る」という動詞が秋の冷たく鋭い気配にふさわしい．このとき，作者の心には剪られ砕かれた思いがあったのだろう．景と情とがよく一致している．

　梁代（502-557）には，簡文帝蕭綱（503-551）を中心とする文学集団の作品に，次のように，枯れ衰えた蓮の景を歌う句が多くみられる．

　　池蓮　龍葉を翻し　　霜篠　寒条を生ず　　（梁・簡文帝「秋夜」）
　　［池の蓮は枯れた葉をひるがえし，霜の降りた篠に枝が凍えている］
　　晩荷猶お緑を巻き　　疎蓮久しく紅を落とす　　（梁・徐悱「夏日」）
　　［老いた蓮の葉はまだ緑を捲いている．疎らな蓮の花は長い間色あせている］

齊の謝朓によって発見された衰荷の景は，梁の簡文帝を中心とする文学集団の嗜好に合い，彼らに支持されることによって詩的風景として定着した．唐代（618-907）に入ると，その景色はさらに多様に，さらに深くなっていく．

●衰荷──枯れ衰えた蓮　衰荷という言葉を初めて詩に使ったのは盛唐の杜甫（項目「杜甫」参照）である．

　　独鶴元より渚に依り　衰荷且く空に映ず（唐・杜甫「陪鄭公秋晩北池臨眺」）
　　[川の渚の遥かかなたに連なる空と水の間を秋風が吹き渡る．目に入る生き
　　物といえば，風に吹かれて立ち尽くすただ一羽の鶴がいるばかりだ．その周
　　囲には空を背景に傷み衰えた荷葉が折れ曲がったシルエットをみせている]

静まりゆく季節の中にあって，孤独感のただよう句である．

枯れて乾燥した秋の蓮の葉は，乾いて大きな音を響かせる．雨の音の変化に気づいたのは孟浩然（689-740）である．以来，秋雨に打たれた蓮の音を聞く佳句は多い．

　　燭至りて蛍光滅し　荷枯れて雨滴聞こゆ
　　　　　　　　　　　　　　　　　（唐・孟浩然「初出関旅亭夜坐懷王大校書」）
　　[灯りが届けられて蛍の光が見えなくなり，蓮の葉が枯れて雨だれの音が聞
　　こえるようになった]

長い間，秋の池からは香りが失われていた．ところが韋応物（737-790?）は，人の衣を染めることもできぬほど微かで孤独に漂う残り香を描きとどめ，繊細な感覚によって衰荷の気配を伝えている．

　　衰紅露を受くること多く　余馥人に依ること少なし
　　　　　　　　　　　　　　　　　（唐・韋応物「慈恩寺南池秋荷詠」）
　　[色あせた紅の花に露が降り，残り香は人の衣にもつかない]

これまで，老齢や失意など，作者自身の感情を喚起する景物として衰荷を歌うことが多かったが，晩唐の李商隠（項目「李商隠」参照）は，衰荷そのものを激しく悲しむ．

　　此の花　此の葉　常に相い映ず　翠減じ紅衰えて人を愁殺す
　　　　　　　　　　　　　　　　　　　　　　（唐・李商隠「贈荷花」）
　　[花の濃い紅と葉の濃い緑がいつも照り映えていたのに，緑が褪せ紅が衰え
　　て人を悲しませる]

陽光に照り映えて鮮やかな対比をみせていた花と葉が色あせていくとき，それは何の理由もなく説明もなく，ただそのものとして愁いの景色なのである．

六朝時代（222-589）に入って表れた，わびやさびに通じる美意識が，唐詩で育まれて豊かな感覚となり，宋詩では美の一つとして確実に定着した．　[市川桃子]

📖 **参考文献**

[1] 市川桃子『中国古典詩における植物描写の研究』汲古書院，2007

花信風——春の花の便り

　月の形で日にちを知り，風の感触で季節の移ろいを感じていた時代に，時を違えずに咲く花は，季節が移ることを知らせる徴だった．初めて咲いた一輪の花を見て，人々は新しい季節が始まったことを知り，心を躍らせたことだろう．

　旧暦では，15日を1節気として，1年を24の節気に分けるという暦の区分があった．その二十四節気のうち，冬の末にあたる小寒から春の末の穀雨までの8節気に，1番から24番までの風が割りあてられた．その風が吹くと，それぞれの節気に順番に3種類ずつの花が次々に咲いていく．8節気に3種類の花で，全部で24種類の花が咲く．24の花を咲かせるこの風を，花信風という（表1）．

表1　花信風に割りあてられた花

小寒(陽暦1月6日頃)	(1)梅花	(2)山茶	(3)水仙
大寒(陽暦1月20日頃)	(4)瑞香	(5)蘭花	(6)山礬
立春(陽暦2月4日頃)	(7)迎春	(8)桜桃	(9)望春
雨水(陽暦2月19日頃)	(10)菜花	(11)杏花	(12)李花
啓蟄(陽暦3月5日頃)	(13)桃花	(14)棣棠	(15)薔薇
春分(陽暦3月21日頃)	(16)海棠	(17)梨花	(18)木蘭
清明(陽暦4月5日頃)	(19)桐花	(20)麦花	(21)柳花
穀雨(陽暦4月20日頃)	(22)牡丹	(23)酴醾	(24)楝花

●**梅——春の先がけ**　一番花信風が吹くと咲き始めるのは梅の花である．まだ雪の降るような寒い頃に開く一輪の花は，人々に春の訪れを予感させ，新しい季節への希望をもたらした．冷たい冬の日々を過ごしていた人々は，どれほど梅の開花を待ったことだろう．

　梅は四君子とよばれる四つの植物（松・竹・梅・蘭）の一つで，古代から気品のある木として尊重されてきた．幹や枝の瘦せて清潔なたたずまい，雪を凌いで咲く花の馥郁とした香りが好まれたのである．なかでも宋代（960-1279）の人々は，梅をこよなく愛した．北宋の林逋（967-1028）は，美しい西湖の中にある孤山とよばれる島に住み，梅を植え，鶴を放し飼いにして「梅が妻，鶴が子」と言っていた．その「山園小梅」という詩の次の句が有名である．

　　疎影横斜して水清浅　　暗香浮動して月黄昏
　　[浅く澄んだ水に疎らな枝が斜めに影を落とし，たそがれ時の淡い月光に香りがひっそりとただよう]

●**水仙——波をしのぐ仙女**　三番花信風が吹くと水仙が咲き始める．この花はすっきりとした品のある立ち姿から水仙と名づけられた．北宋の黄庭堅（1045-1105）が友人から水仙50本を贈られてつくった「王充道送水仙花五十枝欣然会心為之作詠」という詩の次の句から，「凌波の仙子」という美しい異名をもつ．

　　凌波の仙子塵を生ずる襪　水上に軽盈として微月に歩む

是れ誰が此の断腸の魂を招き　種えて寒花と作して愁絶を寄す
　[波を凌いで仙女が，足下にかすかな水しぶきを立てながら，水の上を軽々と三日月の光に照らされて歩いてきた．いったい誰がその悲しい魂を招き寄せて，ここに植えて冬の花として愁いを託したのだろうか]

●蘭——香り高い君子　現在では東洋蘭というと，小さな鉢に植えられ大切に育てられるラン科植物を思い浮かべるが，古代，蘭というと，秋の七草に数えられる藤袴の仲間をさしたようだ．藤袴は菊科の植物で，1mほどに育ち，赤紫の小さな花が群れて咲く．その特徴は，何と言っても，清涼な，薄荷のような香りにある．その香りの良さから，古来，高貴な植物とされ，梅とともに四君子の仲間に入っている．

　戦国時代の楚の屈原（項目「楚辞」参照）は，国を愛する文人であったが，その忠義の心が君主に受け入れられず，放逐されて洞庭湖に身を投げたといわれる．その独白形式の「離騒」という作品の中で，彼は誇り高く名乗りを上げ，蘭を身につけていると述べることで，自らの高貴な志の証としている．それ以来，蘭といえば，高潔な君子が連想されるようになった．

●桃——桃源郷　桃の花は古代『詩経』（項目「詩経」参照）の時代から親しまれてきた花で，中国で花といえば桃の花をさす．

　晋の太元年間（376-396）に，一人の漁師が知らない川に入り込んだ．両岸に桃の並木が続き，若草に花びらがこぼれて美しかったので，どこまで並木が続いているのだろうかと船を漕ぎ進むと，並木のはずれに小さな洞窟があった．その洞窟は，人が一人ようやく通れるほど小さいものだったが，中を歩いて行くと突然広々とした美しい田園が開けた．畑には豊かに作物が稔り，池には澄んだ水が蓄えられ，桑や竹が植えられ，縦横にあぜ道が通り，鶏や犬の鳴き声がそこここから聞こえてきた．そこでは古風な身なりの人々が外界のことはまったく知らずに平和に暮らしていた．漁師は帰る道すがら，方々に道しるべをつけておいたが，誰も二度とそこを探しあてることはできなかった（東晋・陶淵明「桃花源記」）．

　この話から，桃の咲く理想郷を桃源郷という．

●牡丹——百花の王　もう晩春の穀雨となった．22番の風に誘われて咲くのは，大輪のあでやかさから百花の王とよばれる牡丹である．牡丹が観賞されるようになったのは唐の開元年間（713-741）からで，次の宋代に入ると洛陽の牡丹が有名になった．現在でも，晩春になると河南省洛陽市で盛んな牡丹祭りが行われる．唐の李白（項目「李白」参照）は，「清平調詞三首」其の二において，世界三大美女の一人とされる楊貴妃のあでやかさを次のように牡丹に擬えている．

　　一枝の紅艶　露　香を凝らす
　　[ひと枝の艶麗な紅の花に露が降りて香りが密度を増した]

[市川桃子]

日本に来た漢詩——日本文化の一翼

　日本はさまざまな文化を中国から受容してきた．漢詩（中国の古典詩）もまたその一つである．遣隋使，遣唐使らは律令や仏典のみならず，白居易（項目「白居易」参照）らさまざまな詩人の詩集を積極的に持ち帰り，それらは日本文化に大きな影響を与えてきた．

●三舟の才　平安時代の貴族たちは漢詩を読むだけでなく，つくってもいた．814年には早くも嵯峨天皇（786-842）の命令によって『凌雲集』という日本漢詩のアンソロジーが編まれ，菅原道真（845-903）という稀代の詩人も生まれている．

　また『大鏡』には，以下のようなエピソードがみえる．藤原道長（966-1028）が大井川で船遊びをしたとき，和歌の船，漢詩の船，管絃の船の3隻を用意した．客人はそれぞれ得意ジャンルの船に乗り込んで，和歌や漢詩，音楽の腕を披露することとなった．そのとき藤原公任（966-1042）について道長は「どの船にお乗りになるだろう」と気にかけ，公任は自ら選んで和歌の船に乗り込んだ．公任はみごとな和歌を詠んで人々を驚嘆させたが，本人は漢詩の船に乗ればよかったと悔やんだという．たくみな漢詩をつくって披露すれば和歌以上に人々に賞賛されただろうに，と嘆いたのである．また時の権力者である道長から和歌，漢詩，音楽すべての素養（三舟の才）を認められ，わざわざどの船に乗るのかと気にかけられたことを公任は誇りに思ったという．

　このエピソードからは漢詩が和歌や音楽と同様に貴族の素養として非常に重視されていたこと，人々が自在にそれをつくり，また楽しんでいたことがうかがい知れる．なお，歌といえば和歌，詩といえば漢詩をさし，和歌には主に恋愛などの個人的な感情を，漢詩には政治的な志を詠うなど，歌と詩の間にはすみ分けがなされていた．

●漢詩づくりの参考書　漢詩は平安時代以降もつくられ続けた．室町時代には京都や鎌倉の五山の僧侶たちが多くの優れた漢詩を残しており，それらは五山文学の中心となっている．また，平安時代において貴族の文化であった漢詩は，江戸，明治の頃には公家のみならず武士や教養ある庶民のたしなむところとなっていた．

　だが，漢詩をつくるのは容易なことではない．そのため『聯珠詩格』（14世紀）や『円機活法』（16世紀）といった漢詩をつくるための参考書が中国から輸入され，返り点（レ点や一二点など）をつけた日本人向けテキストへと姿を変えて繰り返し出版されている．これらは中国では通俗の書物とみなされ，あまり重要視されてこなかったが，日本では明治以降も出版され続け，漢詩をつくる人にとっての

座右の書となっている.

例えば『円機活法』を用いて,春の夜を詠う詩をつくるとしよう.まず「春夜」という項目を開くと,春の夜に関する漢詩や漢文のさまざまな知識が詰め込まれている(図1).梨の花と満月とをともに描く「梨花月」という詩語がある,春の夜のすばらしさを詠みたければ「一刻千金」という表現がある,などと詩語が列挙され,その詩語には解説がついて

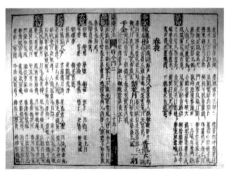

図1 『円機活法』巻二「春夜」の項目

いる.さらに春の夜を描くさまざまな詩人の作品が2句単位でたくさん採録されている.何もないところから句をつくるのは難しい.だがキーワードとなる詩語と,手本となる句があれば,それをもとにアレンジしていくことができる.このように初学者たちが詩をつくる手がかりが満載された『円機活法』をはじめとする漢詩の参考書は,長らく日本での漢詩の実作に活用されてきた.また同時に漢文学の知識を満載した百科事典的な役割をも果たしてきたのである.

●**絶景かな** 中国から伝わった漢詩は日本漢詩を生み出しただけではない.さまざまな文学作品の中に広く影響を与えている.歌舞伎「楼門五三桐」では,春らんまんの京都南禅寺の山門にのぼった石川五右衛門が,あたりを見回して「絶景かな絶景かな,春のながめは値千両とは,小さなたとえ,この五右衛門が目からは万両」と啖呵を切る.この句は,北宋・蘇軾(項目「蘇軾」参照)の「春夜」の冒頭句「春宵一刻値千金」を踏まえている.花の盛り,月の光が降り注ぐ清らかな春の夜は短い時間すらも千金の価値があるとの意味である.江戸時代の大田蜀山人(1749-1823)の狂歌にも「一刻を千金ずつにしめあげて六万両の春のあけぼの」と詠まれるなど,この句は日本人にとっても非常になじみ深いものであった.

●**文語自由詩** 日本の伝統的詩歌は定型詩である.和歌も俳句も漢詩もそれぞれの詩型ごとに文字数が決まっている.だが,漢詩の書き下しには文字数の決まりはない.書き下しとは一種の日本語訳であるが,定型詩である漢詩の訓読は,日本人には文語自由詩として読まれていたことになる.「国破れて山河在り」(唐・杜甫),「十年一剣を磨く」(唐・賈島)など人々によく知られた漢詩のフレーズは,日本では文語自由詩として親しまれてきたのである.

[高芝麻子]

📖 **参考文献**
[1] 石川忠久『日本人の漢詩―風雅の過去へ』大修館書店,2003
[2] 林田愼之助『漢詩のこころ―日本名作選』講談社現代新書,2006

欧州に行った漢詩――異なる文化の中で

　19世紀の半ば，唐詩の翻訳書がフランスで相次いで出版された．エルベ・サン・ドニ著『唐代の詩（*Poèsies de l'Époque des Thang*）』(1862) と，ジュディット・ゴーチェ著『白玉詩書（*Le Livre de Jade*）』(1867) である．これらはヨーロッパで初めての本格的な翻訳唐詩集であり，またヨーロッパの文学界に漢詩（中国の古典詩）のブームを引き起こすきっかけとなった．

　エルベ・サン・ドニ（1823-92）は，東洋学者であり，中国文学に関する当時一流の知識をもっていた．できるだけ原詩に忠実に，また読者が正確に理解できるよう細かい注釈をつけて翻訳をしている．

　5年遅れてジュディット・ゴーチェ（1845-1917）の『白玉詩書』が出版された．ゴーチェはエルベ・サン・ドニの翻訳を参考にしているが，自分でも少し中国語を習ったことがあり，原作を自由に変化させ，また誤読を恐れずにつくり替えている．作品としての評判はエルベ・サン・ドニより高い．

　この二人が参考にしたのは，当時王立図書館にあった『古唐詩合解』『古唐詩合選』『李太白全集』という3種の本で，今はフランス国立図書館に収められている．李白「採蓮曲」の前半をゴーチェがどのように訳しているのか，みてみよう．

若耶谿傍採蓮女	若耶谿のかたわらで蓮の実を摘む少女たちが
笑隔荷花共人語	笑いながら蓮の花ごしにおしゃべりをしている
日照新妝水底明	陽光が美しく化粧をした顔を照らして水底まで明るく
風飄香袂空中挙	風が香りよいたもとをひるがえして袖が空に舞う

（唐・李白「採蓮曲」）

Des jeunes filles se sont approchées de la Rivière;	若い少女たちが川に近づいてくる
elles s'enfoncent dans les touffes de nénuphars.	少女らは睡蓮の茂みに入る
On ne les voit pas, mais on les entend rire,	その姿は見えないが笑い声が聞こえ
et le vent se parfume en traversant leurs vêtements.	香り高い風がその衣(ころも)を通り抜けていく

（ジュディット・ゴーチェ「*Au Bord De La Rivière*（川の岸で）」）

　たけ高く育つ蓮の花はヨーロッパにはないので，その代わりに，水面に浮かぶように花開く睡蓮が使われている．そして，フランスらしく，この後は原作とはやや異なる，一人の乙女の恋の物語が描かれる．

　フランスで上記の本が出版されてから後，ドイツで中国の詩が流行した．その中で，ハンス・ベトケ（1867-1946）が主に上記の2種の詩集を参考にして詩集『中

国の笛(*Die chinesische Flöte*)』(1907)を出版した．ベトケはリリシズムの詩人で，その美しい翻訳詩は当時の文壇に大きな影響を与えた．

　作曲家のグスタフ・マーラー(1860-1911)はベトケの『中国の笛』が出版されると即座に，それに基づいて《大地の歌(*Das Lied von der Erde*)》の作曲に取り組んだ．李白「採蓮曲」の翻案詩は「美について(*Von der Schönheit*)」という題で第四楽章に置かれ，ベトケの詩に新たな言葉や詩句をつけ加えて，作品全体にマーラー自身の主張する意味が加えられている．次にあげるのは，楽譜の冒頭部分と歌詞の一部である．音楽の始まりは，フルートがそっと奏でる高い細かな音で，夏の日差しにきらめく水面が表現されている．そして歌詞には，少女たちが陽光に包まれて輝く純粋でナイーブな姿が描かれている．

[*Mahler, Das Lied von der Erde*，音楽之友社，2001]

Goldne Sonne webt um die Gestalten	黄金色の日差しがその姿を織りなし
Spiegelt sie im blanken Wasser wieder	彼女たちを輝く水面に映しだす
Sonne spiegelt ihre schlanken Glieder	陽は彼女らのほっそりした肢体を映す
Ihre süßen Augen wieder	彼女らの愛らしい眼差しもまた

　　　　　　（グスタフ・マーラー「*Von Der Shönheit*（美について）」）

　マーラーは中国語を理解しなかったし，中国の文化を研究していたわけでもない．また，彼が読んだ李白の詩は，いくつかの翻訳を経たものだった．それでも，彼は李白の詩に込められた，この上ない美への憧憬や，それに届かぬことへの絶望を感得し，独自の作品に昇華させたのであった．

　19世紀後半，日本の浮世絵がヨーロッパの絵画に影響を与えていた頃，唐詩もヨーロッパに紹介された．異国の詩を理解することは難しい．それでも，唐詩がもっている美しく独特な世界は，ヨーロッパの詩人たちに新鮮な発想を与えた．ことにドイツで，マーラーの交響曲をはじめ，クラブント(1890-1928)の詩など，唐詩に触発された新たな芸術作品がつくられたのである．

[市川桃子]

📖 参考文献
[1] 市川桃子『中国古典詩における植物描写の研究』汲古書院，2007

漢詩をつくる──平仄図式と詩語集の活用

　漢詩は大きく古体詩と近体詩の二つに分けられる．近体詩は唐代に成立した詩の様式で，より厳格な規則に従ってつくられた詩をいう．近体詩が成立する以前の詩，および近体詩成立以後であってもその規則に従わない詩は古体詩になる．近体詩は四句からなる絶句と八句からなる律詩が中心で，一句の数は五言と七言が一般である．したがって近体詩の形式は短い順に五言絶句（20字），七言絶句（28字），五言律詩（40字），七言律詩（56字）の四つが主流となる．

　作詩の練習は，まず七言絶句から始めるとよい．最も短い五言絶句は少ない字数で余韻を漂わすことが求められるため，かえって難しい．ある程度力がついてからつくることを推奨する．七言絶句に習熟したら，次の段階として「対句」の稽古をしつつ五言律詩をつくり，その後，七言律詩に進むとよい．

●**七言絶句の平仄図式**　初心者が最初に挑む七言絶句の形式は次の二つの平仄図式に分かれる．参考までに，各図式に従った詩の具体例もあわせて載せる．

```
(A) 平起式              早発白帝城（早に白帝城を発す）李白
△○△●●○◎          朝辞白帝彩雲間      朝に辞す　白帝　彩雲の間
△●○○●●◎          千里江陵一日還      千里の江陵　一日に還る
△●○○○●●          両岸猿声啼不住      両岸の猿声　啼いて住まざるに
△○△●●○◎          軽舟已過万重山      軽舟　已に過ぐ　万重の山
(B) 仄起式              楓橋夜泊（楓橋夜泊）張継
△●○○●●◎          月落烏啼霜満天      月落ち烏啼いて　霜　天に満つ
△○△●●○◎          江楓漁火対愁眠      江楓漁火　愁眠に対す
△○△●○○●          姑蘇城外寒山寺      姑蘇城外の寒山寺
△●○○●●◎          夜半鐘声到客船      夜半の鐘声　客船に到る
```

　注：○は平声，●は仄声を表す記号．△は平声仄声ともに可．○を挟む◐と◑は少なくとも一方を平声にする．◎は平声の韻字．近体詩はふつう平声で押韻する．

　近体詩をつくるうえでは，「平仄を合わせる」ことと「韻を踏む」ことが重要である．それに関して，中国語の音節構造を知っておく必要がある．中国語の漢字音は子音にあたる声母，母音にあたる韻母，高低のアクセントである声調の三つの要素で構成される．平仄は声調の違いによって決まる．近体詩が依拠する当時の声調は平声（平らな調子），上声（上る調子），去声（下がる調子），入声（つまる調子）の四つに分かれていた．平らな調子でない上・去・入声を，「仄声」（仄はかたむくの意）と称する．七言絶句の平仄に関しては，①二四不同・二六対（2字目と4字目の平仄を逆にし，2字目と6字目の平仄を同じにする），②下三連（各

句の下3字を「○○○」や「●●●」にすること）を禁ず，③四字目の孤平（4字目の平字を仄字で挟む「●○●」の配列）を禁ず，④反法（2・4・6字目の平仄を前の句と反対にする）を起・承句と転・結句に適用，粘法（2・4・6字目の平仄を前の句と同じにする）を承・転句に適用，といったことが音の面での詩の美しさを構成する要素として規則化された．これらの規則は先にあげた平仄図式に反映されているので，作詩者はこの図式に平仄を合わせて詩をつくればよい．なお，起句の2字目を平字で始めるものを「平起式」，仄字で始めるものを「仄起式」とよぶ．

●「押韻」の決まり　「押韻」（韻を踏む）とは詩句の定まった位置に同じ韻の文字を使うことをいう．七言絶句は起句・承句・結句の末字で押韻するのを原則とする．近体詩の押韻は13世紀に平水（山西省新絳県）出身の劉淵が定めた「平水韻」による．その「韻目」（韻の種類を表わす見出し）は以下の106種（平声30種〈上平声15・下平声15〉，上声29種，去声30種，入声17種）に分かれる．

	1	2	3	4	5	6	7	8	9	10	11	12	13	14	15	16	17	18	19	20	21	22	23	24	25	26	27	28	29	30
上平声	東	冬	江	支	微	魚	虞	斉	佳	灰	真	文	元	寒	刪															
下平声	先	蕭	肴	豪	歌	麻	陽	庚	青	蒸	尤	侵	覃	塩	咸															
上　声	董	腫	講	紙	尾	語	麌	薺	蟹	賄	軫	吻	阮	旱	潸	銑	篠	巧	皓	哿	馬	養	梗	迥	有	寝	感	琰	豏	
去　声	送	宋	絳	寘	未	御	遇	霽	泰	卦	隊	震	問	願	翰	諫	霰	嘯	効	号	箇	禡	漾	敬	径	宥	沁	勘	豔	陷
入　声	屋	沃	覚	質	物	月	曷	黠	屑	薬	陌	錫	職	緝	合	葉	洽													

李白詩(A)の韻字は「間・還・山」，韻目は「上平声十五刪」である．漢字の韻目や平仄は平水韻を載せる漢和辞典で調べることができる．親字の下に，千は|先|，里は|紙|，帝は|霽|，白は|陌|といった詩韻の記号があり，千は下平声の先韻，里は上声の紙韻，帝は去声の霽韻，白は入声の陌韻であることがわかる．

●詩語集による作詩　絶句は起承転結の構成法でつくるとよい．起句で詠い起こし，承句でそれを承けて内容を発展させ，転句で場面を転換させ，結句で全体をまとめるのである．それを念頭に置きつつ，「詩語集」から言葉を拾って上記の七言絶句の平仄図式にあてはめてゆく．「詩語集」には「○○」「●●」「●○○」「●●◎」「○●●」といった平仄つきの2字，3字の詩語がテーマごと，韻目ごとに集められている．七言の一句は「2字／2字／3字」で構成するのが原則であるので，「夜半／鐘声／到客船」のように組み立ててゆく．作詩に慣れてきたら，詩語集を離れ，漢和辞典などで平仄を確認しつつ自分の言葉で作詩に挑みたい．その頃には漢詩創作の面白さに夢中になっているはずだ．

〔日原　傳〕

📖 **参考文献**
[1]　石川忠久『漢詩を作る』あじあブックス，大修館書店，1998
[2]　石川忠久『石川忠久　漢詩の稽古』大修館書店，2015

北宋の詩——理知と新奇

　10世紀後半に興った宋（北宋, 960-1127）は，軍閥の勢力を削ぎ文官を優遇する，文治政策を徹底させた王朝である．文官の登用試験として，身分を問わず誰もが受験できるという名目で実施されたのが科挙だった．科挙の徹底化によって，それまで権力の中枢にあった貴族に代わって，身分が低くとも有能な知識人たる士大夫が皇帝の下で国政を担うようになったのである．科挙では，詩賦つまり作詩の能力が重視され，豊かな才能をもつ官僚たちの詩は，社会に大きな影響力を及ぼすこととなった．

●**北宋期の詩の展開**　建国期に高官たちが尊んだのは中唐の白居易だが，次第に女性の艶やかな姿や恋心を描く艶詩が流行するようになった．晩唐の李商隠の詩を手本とした彼らの作風は，作品集の名にちなんで「西崑体」とよばれた．

　北宋の最盛期であった仁宗の治世，きらびやかな言葉を並べるだけで現実感に乏しい西崑体への批判が相次ぎ，宋詩に新たな風が吹き込まれた．その代表人物が，古文復興運動を推進した欧陽脩，並びに梅堯臣と蘇舜欽である．彼らは美麗な言葉を避けて簡潔で力強い表現で現実を描くことを目標とし，散文のような詩を意欲的につくった．「散文的な表現で詩をつくる」「詩の中で議論をする」という宋詩特有の気風が，この時期に一気に育まれたのだった．とりわけ欧陽脩は，歴史学や金石学の方面でも業績を残し，また詩や詩人に纏わるエピソードを集めた詩話の創始者としても著名である．さらに後進の育成に努め，王安石や曾鞏，蘇軾など多くの才能を見出しており，まさに北宋中期の文壇の中核だった．

　北宋後期，詩壇は最盛期を迎える．前代を継承し，詩の世界をさらなる高みへ引き上げたのが，蘇軾である．儒教・仏教・道教を総合的に学び独自の哲学を形成した蘇軾は，自由奔放な発想力と鋭敏な言語表現によって数多くの名作をつくり，北宋第一の詩人として名高い．蘇軾を慕って師と仰いだ者は数多く，その中で特に重要なのが黄庭堅である．盛唐の杜甫の詩を尊んだ黄庭堅は，さまざまな文献から集めた故事（古典中のエピソード）を多く使いつつ，風変わりで難解な表現を駆使した詩をつくり，独自の地位を築いた．

　黄庭堅の作品に影響を受けた人々は多く，彼らはやがて「江西詩派」とよばれるようになった．その名は，彼らが杜甫と並んで尊んだ，黄庭堅・陳師道・陳与義の3人が江西出身だったことに由来する．江西詩派は，「換骨奪胎」（使い古された表現を新しいものに変える）と「点鉄成金」（平凡な言葉を優れた表現に練り上げる）をスローガンに掲げ，北宋末期から南宋前期にかけて活躍し，一大ブームを巻き起こした．

●**北宋の詩の特徴**　宋代の詩は唐代の詩と比較されることが多く，吉川幸次郎は「唐詩は酒であり，宋詩は茶である」とたとえた．確かに，ある瞬間に抱いた感情を情熱的に詠う唐詩に比べ，宋詩には対象を多方面から観察して論じるという，理知的な側面がみられる．そうした表現をうながした要因として，当時，知識人階級の間で広く浸透していた，博物学や農学，天文学などの実学的な知識や，あるいは仏教（特に禅宗）の教義の影響は無視できないだろう．

また北宋の詩人たちは，熱心に詩の題材を求めた．極端な例が梅堯臣で，ニワトリや蚊にミミズ，フグなど，詩のテーマになりにくいものを好んで選んだ．このような，どんな対象であっても描写しようとする貪欲な姿勢が，個々の詩人の作品数の増加につながった．一方でそうした創作癖は，本来尊ばれていた詩を俗化し，平坦にさせるという危険性をはらんでいた．

主題の多様化のみならず，彼らは言葉の可能性を追求し，それまでにない新しい表現をめざしていた．その結果，北宋の詩には奇抜な表現が少なくない．例えば，蘇舜欽は月に対して「自ら視れば直に筋脈の見れんと欲し，逃遁する所無く魚龍は憂えん」（中秋の夜呉江亭上にて月に対して前宰の張子野を懐い及び君謨蔡大に寄す）と述べ，そのまばゆい輝きは，皮膚の下の筋や血管まで貫き，水底の魚や龍の隠れ家も暴いてしまうほどだ，と誇張的に描いた．また王安石は，「廬山南に堕ちて書案に当たり，溢水東に来たりて酒卮に入る」（「王逢原を思う三首」其の二）と，雄大な山水の風景の中から特定の空間に焦点をしぼるという斬新な手法で，亡き友とともに勉強し酒を飲んだ場所を回想している．

●**集句と和韻**　詩のつくり方に関しても，北宋には興味深い現象がみられる．

一つは集句である．これは先人の詩から良い句を抜き出し，そうして得た複数の句を組み合わせて新たに一首をつくるというもので，王安石が得意としていた．

もう一つは，和韻である．和韻とは，他人の詩に使われた韻字（句の終わりで韻を踏んでいる字）に従って新たに詩をつくることで，もとの詩とまったく同じ韻字を同じ順序に用いる次韻，順序は前後しつつ同じ韻字を用いる用韻，韻字と同じグループに属する文字を随意に用いる依韻の3種に大別される．唐代に興った和韻は，北宋に至って大量につくられるようになり，自身の技巧の高さを競い合う格好の場となった．そうした知的遊戯の側面とは別に，相手の詩に基づいてつくるという行為は，仲間意識を強める効果も有していた．本来使用する場面が限られていた和韻は，やがて自分の作品や古人の作品に用いる詩人が登場するに至って，活用の幅が一気に拡大していくこととなる．

［加納留美子］

📖 参考文献
[1]　前野直彬『宋詩鑑賞辞典』東京堂出版，1998
[2]　吉川幸次郎『宋詩概説』岩波文庫，2006
[3]　佐藤保『はじめての宋詩』明治書院，2012

蘇軾 —— 波瀾万丈の生涯を支えた精神力

蘇軾（1037-1101），字は子瞻，号は東坡居士．眉州眉山（四川省）の人である．官僚としては過酷な派閥争いに翻弄され続ける人生だったが，苦難のときにも精力的に数多くの作品をつくった．その闊達な心とのびやかな作風は，後世まで大きな影響を及ぼした．

●**波瀾の生涯** 蘇軾は1037年，父・蘇洵（1009-66），母・程氏の下に生まれる．3歳下には弟の蘇轍（1039-1112）がいた．兄弟は幼い頃から勉学に励み，兄22歳，弟19歳のときにそろって科挙に合格という快挙を果たす．このとき試験委員長であった，朝廷の重臣欧陽脩も兄弟の才能を高く評価した．

当時朝廷では，神宗の支持のもとで逼迫する財政を改善させんとする王安石らの新法党と，その性急な対策に反対する旧法党の対立が先鋭化していた．蘇軾もまた新法党が進める科挙制度改革などに反対したため，新法党から執拗な攻撃を受けることになる．ついにはその詩に朝廷誹謗の意ありと訴えられ，あわや死刑の危機に直面する．これが史上稀にみる筆禍事件，いわゆる「烏台詩案」である．

神宗の温情で死刑を免れた蘇軾は，黄州（湖北省）に左遷となった．貧しい田舎暮らしだったが，農作業に励み，現地の民と親しく交流し，また江山風月を楽しんだ．そうした日常の中で思想はより洗練され，「赤壁の賦」「東坡八首」など数多くの傑作が生まれる．開墾した農地にちなんで，自らの号を「東坡居士」と定めたのもこの時期のことだった．

神宗が崩御して旧法党が権柄を握ると，蘇軾も中央に召還されて出世を重ね，礼部尚書（文部科学相に相当）を務めるに至った．しかし再び新法党が政権を取るや，旧法党への報復人事が行われた．なかでも厳しい処罰が下った蘇軾は，初め恵州（広東省）へ左遷され，さらには儋州（海南島）へ流された．

恵州や儋州は，都の置かれた中原とは異なる高温多湿の地で，特に海南島は異民族の黎族が住む文化的差異がはなはだしい土地だった．流罪人の生活は苦難の連続であったが，蘇軾は現地民の教化に尽力し，創作意欲も衰えなかった．東晋の陶淵明の詩に唱和した「和陶詩」とよばれる数々の詩は，この時期を代表する作品群である．

しかし強靭な精神を有する蘇軾も病には勝てず，66歳で生涯を閉じる．罪を許され北へと帰還する途上，常州（江蘇省）でのことであった．その遺骸は郷里まで運ぶことが叶わず，汝州（河南省）に葬られ，今日に至る．

●**その人生観 —— 吾が生は寄するが如きのみ** 蘇軾は自らの作品を評し，「私の文章は尽きることのない泉に似ている．どんなテーマであっても，適切な言葉が

知らないうちに溢れ出てくるのである」と述べている．波瀾万丈な生涯を生きた詩人は，前向きで健康な精神を膨大な数の作品の中で発揮させたのだった．
　例えば蘇軾の詩には，「吾が生は寄するが如きのみ，何者をか禍福と為す」（「王晋卿に和す」）のように，「吾が生は寄するが如きのみ」という語が頻出する．本来，この語は人の儚く短い生への嘆きを意味した．しかし蘇軾はその意味を転換させ，「人生とは境遇がたえまなく変化するものであり，幸いも不幸も一時のものでしかない」ゆえに現状にこだわることを否定し，「だからこそそれぞれの場において楽しみを追求すべきだ」と主張した．蘇軾の代表作「赤壁の賦」にも，同様の人生観がみられる．

●**その作品──優れた観察眼と言語感覚**　蘇軾の作品は，詩に限っても優に2,000首を超える．そのテーマは雄大な自然から日常の些事，友人との唱和など幅広い．そのそれぞれが，優れた観察眼と鋭い言語感覚に支えられた，重厚な思考や奇抜な想像力，機知に富んだユーモアに溢れている．
　例えば「西湖を把りて西子に比せんと欲せば，淡粧濃抹総て相宜し」（「湖上に飲せしが初めは晴れ後は雨ふれり二首」其の二）は，杭州西湖の美しい風景を大胆にも古の美女の化粧姿にたとえた句であり，「春宵一刻値千金，花に清香有りて月に陰有り」（「春夜」）は，冒頭のわずか7字で春の夜のすばらしさを言い尽くしている．さらには，左遷地での暮らしで得られた，細やかな喜びの瞬間を切り出した作品の数々は，読者に深い感動を与えてくれる．

　　雨洗東坡月色清　　雨は東坡を洗って月色清し
　　市人行尽野人行　　市人行き尽くして野人行く
　　莫嫌犖确坡頭路　　犖确たる坡頭の路を嫌うこと莫し
　　自愛鏗然曳杖声　　自ら愛す鏗然たる杖を曳く声を　　　　　（「東坡」）

　［東の丘が雨に洗われ，月の光の清らかな夜．町の人々の姿が絶えた道を，農夫たちが歩いて行く．私は石ころだらけの坂道を厭いはしない．気ままに引きずる杖が石に当たって奏でる音色こそ好ましいものだから］

●**文壇における地位とその影響力**　蘇軾の作品は生前よりきわめて評価が高く，次々と作品集が出版されていた．その文名を慕って弟子入りを求めた者は多く，主な人物には黄庭堅・秦観・張耒・晁補之・陳師道・李廌がいる．いずれも優れた文学者であり，前者4人は「蘇門四学士」，6人を総称しては「蘇門六君子」とよばれる．後世，蘇軾は父と弟とともに，唐宋代を代表する文章家として「唐宋八大家」の一人に入れられた．さらには朝鮮・日本でも多数の愛読者を獲得した。特に日本の鎌倉・室町時代の禅僧たちによって隆盛した，五山文学と深い関わりがあることで知られる．

〔加納留美子〕

📖 **参考文献**
［1］小川環樹・山本和義選訳『蘇東坡詩選』岩波文庫，1975

南宋の詩——田園詩と民間詩人

南宋(1127-1279)約150年間の詩は,南宋の対外関係とほぼ対応するかたちで,3期に区分できる.前期は約35年間,南宋初代皇帝・高宗の時代で,その前半は女真族の金と交戦し,社会は混乱の極にあった.後半は和議が結ばれたが,秦檜による強権政治が行われ,言論が封殺された.中期は第2代孝宗~第4代寧宗の開禧年間の約45年間で,金と相互に使者を送り合い,平和が比較的長期にわたり保たれた時期.後期は,開禧の北伐失敗(1206)前後から,モンゴルによって滅ぼされるまでの約70年間である.

●**前期——民族存亡の秋** 紹興の和議(1141)が結ばれるまで,宋金両軍の交戦が続き,多くの詩人が長江以南の地に移住を余儀なくされた.北宋末期に流行した江西詩派の詩風(杜甫を窮極のモデルと仰ぎ,学識を暗示的にちりばめた古典主義的な詩)がこの時期も流行ったが,家をあげての逃避行や故郷喪失という重い現実が,晦渋で線の細い作品が多かった北宋末と異なり,明快さや力強さを加える結果をもたらした.陳与義(1090-1138,字は去非,号は簡斎)がこの時期の代表的詩人である.

●**中期——中興の繁栄と三大家の田園詩** 楊万里(1124-1206),陸游(1125-1210),范成大(1126-93)の三大家をはじめ,尤袤,蕭徳藻,辛棄疾,朱熹,周必大らの士大夫作家が活躍した時期である.

冷徹な講和論者であった秦檜の亡き後,主戦論が沸き起こり,それとともに国全体に言論風発の自由な空気が生まれた.詩風も北宋の中・後期のような平易闊達さを取り戻し,多様で豊かな詩の世界がつくりだされた.時世を反映して,愛国・憂国の詩が数多くつくられたが,その一方で卑近な日常や長閑な田園風景も多く詠まれた.

楊・陸・范の南宋三大家の田園詩は,四季折々の変化を細やかにとらえ,その一つひとつに無上の愛情を注ぎ込み一篇を構成する.楊万里は,街から遠く隔たった景勝地ではなく,すぐ隣にある,ありふれた自然の中に最高の美が備わっていることを発見している(「百家渡を過ぎる」).

園花落尽路花開	園花(庭の花)落ち尽くして 路花(道ばたの花)開き
白白紅紅各自媒	白白 紅紅 各おの自ら媒う
莫問早行奇絶処	問う莫かれ 奇絶の処に早行するかと
四方八面野香来	四方 八面 野香 来る

陸游は一生の過半を故郷山陰三山(今の浙江省紹興)の中で暮らし,自らが主役となって,田園を歩き,村人と交流し,大量の田園詩を残した(項目「陸游」

参照).范成大も陸游に劣らず故郷の田園に愛情を向けている.范成大は,故郷蘇州(江蘇省蘇州)の西南の郊外,石湖(図1)に臨む田園地帯に別荘を構え,自ら「石湖居士」と号した.61歳のとき,七言絶句の連作によって石湖の四季を克明に詠じている.春夏秋冬を各12首,それに晩春の12首を加え,計60首からなる組詩「四時田園雑興」を制作,中国詩歌史上,最初の定点観測による田園組詩であり,中国田園詩の集大成といわれる.陸游の田園詩にはしばしば己の姿が顔を出すが,この組詩には原則として己の姿は現れない.隣家の視線で村落や田園の日常を細やかに描いたところに特徴がある.

図1　蘇州石湖の春[著者撮影,1989]

梅子金黄杏子肥	梅子(ウメの実)金黄にして杏子肥えたり
麦花雪白菜花稀	麦花 雪白にして 菜花 稀なり
日長籬落無人過	日 長くして 籬落(垣根)人の過ぎる無く
惟有蜻蜓蛺蝶飛	惟だ蜻蜓(トンボ) 蛺蝶(チョウ)の飛ぶ有るのみ

●**後期──江湖詩人の興起**　三大家が死去した後,彼らに代わって詩の新しい潮流をつくったのは,政治の中心にいる士大夫ではなく,民間に身を置く江湖の詩人たちであった.まず,流行の先鞭をつけたのは,徐璣(号霊淵),徐照(字霊暉),翁巻(字霊舒),趙師秀(号霊秀)の4人である.字か号に「霊」の字を含み,ともに永嘉(浙江省温州)の出身なので,「永嘉の四霊」とよばれる.

同じく温州出身の大儒,葉適(1150-1223)が彼らの詩を絶賛して詩選を編み,南宋の都臨安(浙江省杭州)の書肆,陳起がそれを印刷出版して大流行した.彼らは五言律詩や七言絶句など,近体の短詩型を多用し,唐の姚合と賈島の詩風を襲い,学識を詩に盛り込まず,個別の表現にとことん凝り,推敲に推敲を重ねて詩を詠じた.彼らの詩のスタイルは「晩唐体」とよばれる.陳起は四霊詩選の成功に自信を深め,江湖の同時代無名詩人の詩集を陸続と刊行し,その数,現存するものに限っても60種以上,100名を優に超える江湖詩人の詩が刊行されている.彼ら下層知識人の詩が一世を風靡したことは,中国の伝統詩歌がもはや官僚層の専有物ではなくなり,中間層の抒情の具としても用いられ始めたことを示している.

[内山精也]

📖 **参考文献**
[1]　吉川幸次郎『宋詩概説』岩波文庫,2006
[2]　銭鍾書著,宋代詩文研究会訳注『宋詩選注』3・4,東洋文庫,2004・2005

陸游 ── 郷土をこよなく愛した田園詩人

陸游（1125-1210）は，字は務観，放翁と号した．会稽山陰（現・浙江省紹興）の人で，楊万里，范成大と並び，南宋を代表する詩人である．60歳を過ぎたとき，自ら詩集を編み，42歳以前の作をほとんど廃棄して詩集に収めなかった，と述べている．だが，それでも現存詩集『剣南詩稿』85巻には，実に9,000首を超える作品が収められ，唐宋を通じ，群を抜いて多作の詩人である．

29歳のとき，初めて科挙に応じたが，一次試験では首席合格であったものの，翌年の本試験には落第，権臣秦檜の意向によるものという．翌年，秦檜が病死したことが幸いして官途につき，34歳のとき，福州（福建省）属県の書記官として初めて出仕し，以後，80歳で致仕するまで官途を歩んだ．

図1 四川成都杜甫草堂の杜工部祠に，黄庭堅とともに杜甫の傍らに配された陸游像［筆者撮影，2010年］

南宋前期の政治は，主戦派（金と交戦し，いち早い失地の回復を主張する理想主義的官僚）と講和派（和平維持を主張する現実主義的官僚）に二分され，外交を中心に展開されたが，総じて後者が優勢であった．陸游は終始，強硬な主戦論を唱えたため，官僚としての処遇に恵まれず，軍港のある鎮江府（現・江蘇省鎮江）通判（副知事）の1年半（40～41歳）と，前線基地の興元（現・陝西省漢中）に滞在した半年間（48歳）を除くと，持論を実践する余地のない任務ばかりを勤めた官僚人生であった．

著書に，詩集『剣南詩稿』85巻のほか，文集『渭南文集』50巻，随筆『老学庵筆記』10巻，五代十国南唐の史書『南唐書』17巻などがある．また，故郷から任地・夔州（現・重慶市奉節）までの船旅を記した『入蜀記』は，范成大の『呉船録』と並んで，中国旅日記の白眉といわれる．

●愛国，憂国の詩人　陸游が誕生した翌年，女真族の金が南攻を開始し，その翌年（1127），北宋はおよそ150年の歴史を閉じた．以後，淮河を北限とする南半分の国土となった南宋が，陸游の生きた時代である．彼の臨戦体験は，前線基地・興元における半年ほどしかなかったが，同じく主戦論を唱える王炎の幕下にあって，具体的な戦略を講じたり，敵情視察の旅に出たり，士気を鼓舞するための虎狩りに参加したりと，濃密な時間を過ごした．

朝廷の政策転換によって，王炎が召還され，陸游も蜀（四川省）へと配置換え

になったが，失意の蜀中生活5年余りの間，彼はこの体験をしばしば回顧し，激情を高ぶらせて詩に詠じている．江南に戻った後も，折々に夢の中に現れ，歳月とともに消えゆく壮志に火を灯す重要なモチーフとなっている．彼が終生，祖国回復の夢を抱き続けたことは，息子たちに書き残した，次の辞世の句（「児に示す」）に端的に表れている．

　　死去元知万事空　　死し去れば　元より知る　万事　空しと
　　但悲不見九州同　　但だ悲しむ　九州の同じき（天下統一）を見ざるを
　　王師北定中原日　　王師（皇帝の率いる軍隊）北のかた中原を定むるの日
　　家祭無忘告乃翁　　家祭して　忘るる無かれ乃翁（親爺）に告ぐるを

●**情念の人**　陸游の詩には繰り返し用いられる同一の素材や題材が決して少なくない．興元における前線体験が，壮志をほとばしらせるハードな頻出素材だとすると，若くして別れた妻，唐琬との沈園における再会は，纏綿たる柔情が綴られるソフトなそれの代表であった．陸游は20歳の頃，唐琬と結婚したが，新婚生活は3年前後で挫折する．姑が唐琬を嫌ったため離縁せざるを得なかったという．その後，ともに新たな伴侶を得たが，10年後のとある春の日，会稽城内にある沈氏の園遊会において二人は邂逅した．陸游は「錯てり錯てり錯てり」と連呼する詞（「釵頭鳳」）を前妻に贈り，いつわらざる胸のうちを吐露している．その後ほどなく，唐琬は死去した．陸游は後年，しばしば沈園を訪れ，唐琬を偲んでいる．次の詩（「沈園二首」其の一）は75歳のときの作である．

　　城上斜陽画角哀　　城上の斜陽　画角（角笛の音）哀し
　　沈園非復旧池台　　沈園　復た旧池台に非ず
　　傷心橋下春波緑　　傷心す　橋下の春波 緑なり
　　曽是驚鴻照影来　　曽て是れ驚鴻の影を照らし来たれり

●**田園に老いる**　陸游は85年の人生のうち，過半を故郷，山陰三山のわが家で過ごした．三山は会稽城の西の郊外に位置し，近くに鑑湖が広がる水郷地帯である．豊かな自然に包まれながら，四季折々の変化や素朴な農村の日常を大量の詩によって詠じている．「山重水複　道無きかと疑えば，柳暗花明又た一村」（「山西の村に遊ぶ」）は，近在の農村を桃花源さながらの別天地として詠じた名句．

わが国では，江戸時代の後期，陸游の詩は市河寛斎（1749-1820）をはじめとする江湖詩社の詩人によって祖述されたが，その主たる対象は悲憤慷慨の愛国詩ではなく，三山における閑適の日々を詠じた詩篇であった．長閑な境地を細やかな筆致で描く彼の田園詩は，都会暮らしに疲れた江戸市民の心を癒やしたのである．

［内山精也］

📖 参考文献
[1]　村上哲見『陸游―円熟詩人』中国の詩人 その詩と生涯12，集英社，1983
[2]　一海知義編『陸游詩選』岩波文庫，2007

宋代の詞——酒宴で花開いた叙情歌

　詞とは，宋代（北宋960-1127，南宋1127-1279）に全盛期を迎えた歌曲の歌詞である．主に饗宴の際に歌われ，曲子詞，長短句，填詞，詩余ともいう．

●詞の起源——西方音楽の流入　詞の始まりは，だいたい唐の中期頃で，西方音楽流入と密接な関係がある．唐の時代，シルクロードが通じ，西方との交易が盛んになり，西方の音楽が大量に流入した．この西方の音楽は，瞬く間に，中国中に広がり，酒宴で西方の音楽を聴き，それに合う歌詞を書いて歌姫に歌わせる遊びが大流行した．これが，詞の起源とされている．つまり詞は，東西文化融合の産物といえる．宋代に大流行した詞であるが，その旋律はほとんど今に伝わらない．姜夔（項目「姜夔」参照）の17曲の楽譜が残され，復元されているだけである．現代になって，台湾の有名な作曲家の梁弘志が蘇軾（項目「蘇軾」参照）の「水調歌頭」詞に，曲をつけたものがある．テレサ・テンが歌っているので，一度聴いてみてはいかがだろうか．雰囲気をつかめるかもしれない．

●作詞のしかた——替え歌づくり　今日も，世界中に多くの作詞家がおり，日々新しいポピュラーソングがつくられている．ただ，中国の詞は，今のそれとはつくり方がかなり違う．初めは西方から来た音楽にいろいろな歌詞をつけていくというかたちをとった．つまり，同じ旋律の曲に，違った歌詞が数多く存在する．例えば，「富士山」という曲調に，Aさんは海を詠んだ歌詞をつけ，Bさんは美女を詠んだ歌詞をつける，という具合である．つまり，替え歌を次々とつくった，と考えればよい．その後，新曲も次々とつくられ，詞人が創作した曲を特に自度曲という．各曲調の名前を総称して詞牌というが，詞の形式をまとめた『欽定詞譜』という書物によれば，詞牌の種類は826に上るという．

●詞の形式と内容　詞は特定の音楽にのせて歌われた歌詞であるから，曲ごとに形式が異なる．つまり，詞の形式は，曲の数だけある．最短の詞は「竹枝」で14字，最長の詞は「鶯啼序」で240字からなる．初めは短編の作品が中心であった．長篇の詞が現れるのは，北宋中期以降，柳永（987?-1054?）からである．

　詞の内容は繊細な情感を綴り，感傷的で艶麗な内容のものが大半を占める．それは，詞が酒宴でつくられ，歌われたことによる．宴席で興を添えるためにつくられた詞は，おのずと砕けた色っぽいものになる．詞は，濃淡の差こそあれ，艶麗で情感溢れた作品が主流を占め続けた．例えば，宰相まで務めた晏殊（991-1055）は，女性の愛しい人を思う切ない心情を「撼庭秋」詞に詠んだ．以下，その詞の前半部を紹介する．

　　別来音信千里．恨此情難寄．翠紗秋月，梧桐夜雨，幾回無寐．

［別れのあと便りは千里の距離に阻まれる．この思いを届けられないのが辛い．緑の薄絹に映る秋の月，桐に降る夜の雨，何度寝られず朝を迎えたことか］

●**多彩な詞人たち**　宋代の詞は新興の文学であり，未開拓の分野に個性豊かな詞人が次々と現れた．北宋の柳永は色里に頻繁に出入りし，巷間の楽人や妓女と親しく交際した．そのため，民間で流行していた長篇形式の慢詞を積極的に

図1　東坡赤壁（現・湖北省黄岡）［萩原正樹撮影］

取り入れ，口語を用いて詞をつくった．また，蘇軾は，艶麗な作品ばかりではなく史実，役人生活，農村風景，人生観なども積極的に取り上げ，詞の世界を広げた．特に赤壁の戦いを詠んだ「念奴嬌・赤壁懐古」詞は，宋詞の名作として今でも高く評価され，作詞の地は「東坡赤壁」として観光スポットになっている（図1）．

「詞家の正宗」「集大成者」といわれる周邦彦（1056-1121）は，慢詞の形式を受け継ぎながら，内容は典雅な作品につくり変え，「渾厚」（露骨ではなく奥深い）と評された．彼は宮廷の音楽所の長官も務め，音楽の面でも高く評価されている．北宋末から南宋初に女流詞人が現れた．李清照（1084-1155?）である．彼女の詞は格調高く，詞の評論も残しており，文学史に名を残す女性作家の先駆けの一人として有名である．

女真族の完顔氏が建てた金（1115-1234）に国土の北半分を奪われ，南宋の時代になると，憂国の思いを直接的な表現で詠む詞人辛棄疾（1140-1207）が登場する．彼は特異な経歴の持ち主で，金が占領する山東省で生まれ育ったが，金に反抗する義勇軍に加わり，南方に脱出し南宋に仕えた．一方，彼とは対照的な詞人が姜夔である．彼は表現技法に凝り，その詞は「清空」（格調高く透明な美しさ）と評された．また，音楽に精通し，すでに述べたとおり作曲も手がけた．また，彼は生涯官途に就かず，いわば専業の文学者であった．南宋になると，文学を専業とする文人が世に出てくるが，その先駆けが姜夔である．

その後の代表的詞人に，呉文英（1212?-72?），周密（1232-98），王沂孫（1233-93），張炎（1248-1320?）がいる．彼らは慢詞を多くつくり，修辞に意を注ぎ，技法や形式，音韻をより精巧なものにした．ただし，隠喩を多用したため，かなり難解な作品になっている．この中で張炎は，音楽理論と表現理論を展開した『詞源』を著し，詞の評論家としても名高い．蛇足ながら，かの毛沢東（1893-1976）も作詞を好んだ．彼の詞は，日本語に訳されているものも多い．　　　　［保苅佳昭］

📖 **参考文献**
[1]　村上哲見『宋詞の世界　中国近世の抒情歌曲』あじあブックス，大修館書店，2002
[2]　竹内 実『岩波漢詩紀行辞典』岩波書店，2006

姜夔──作詩専業文人の先駆け

姜夔（1155?-1221?）は南宋（1127-1279）の文人である．字は堯章，号は白石道人．番陽（現・江西省鄱陽）の人で，若くして父を失い，姉の嫁ぎ先に身を寄せた．その後，当時官僚文人として有名な蕭徳藻（生卒年不詳）に才能を認められ，彼の兄の娘と結婚している．蕭徳藻は姜夔を「40年間詩をつくってきたが，初めてこのような友人を得た」と褒め，彼を当時の名士，高官に紹介した．それがきっかけで，姜夔の名は世に広まった．彼は一生，官途に就くことはなかった．しかし，庶民と官僚との距離が大きく隔たっていた時代において，その交遊関係は華麗であった．姜夔は，詩詞文書画音楽など広く文学芸術に通じ，『白石道人詩集』『白石道人歌曲』のほか，書論の著『続書譜』『絳帖平』などがある．その中でとりわけ詞（項目「宋代の詞」参照）の作者として知られ，80 余首が伝わっている．

●清空──南宋詞の頂点　姜夔の詞は，情感を湛えながらも流されず，上品で優美な趣を醸し，厳密な句法や形式，音韻でつくられている．南宋末の張炎（1248-1320?）は，その詞の評論書『詞源』の中で，姜夔の詞を「清空」と評し，南宋詞の頂点に位置づけた．それ以後，「姜夔の詞＝清空」という図式ができあがり，今日に至っている．「清空」とは，格調高く，澄み切った美しさ，という意味合いである．それは，「雅」と言い換えられ，姜夔の詞は「雅詞」の代表として世に知られた．詞は，次の元代（1271-1368），明代（1368-1644）になると，やや衰えるが，清代（1662-1911）になって再び流行する．清代初期，浙西詞派という詞のグループが登場するが，その開祖である朱彝尊（1629-1709）は姜夔を最高の詞人として称えた．朱彝尊は当時の文壇の重鎮であり，彼の発言は重きをなし，姜夔の詞は清初に至ってさらに高い評価を得た．

北宋（960-1127）において詞の担い手は主に官僚文人であった．例えば，蘇軾（1036-1101），周邦彦（1056-1121）などである．それが南宋になると，官僚文人のほかに作詞専業文人が現れる．それは，南宋独特の，文学を生業とする人々で，その先駆けが姜夔である．彼は一庶民ながらも，高級官僚と対等に交際した．例えば，楊万里（1127-1206），范成大（1126-93），辛棄疾（1140-1207）ら，錚々たる人物たちである．ただし文学で生計を立てるのは容易ではない．彼の才能を認めた蕭徳藻，南宋きっての名家である張一族の張鎡（1153-1211），張鑑（生卒年不詳）らは，彼の生活の支援者，パトロンであった．

●范成大との交遊　姜夔の華麗な交遊相手の中でも，范成大は別格である．范成大は参知政事（副宰相）まで務めたが，姜夔とは身分を超えてつき合った．その二人のつき合いの様子は，姜夔の詞から垣間みることができる．范成大も音楽が

好きで，造詣が深く，姜夔に詞と曲をつくるよう
しばしば命じた．姜夔の傑作とされる梅を詠った
「暗香」「疏影」の2詞は，ともに范成大に命じられて
作詞作曲したものである．范成大はこの二詞を受
け取ると，たいそう気に入り，何度も口ずさみ，
歌のうまい歌姫に習わせたという．また，二人は音
楽談義もしている．范成大は姜夔に，伝承の途絶え
た琵琶の音楽について語った．その後姜夔は，偶然
にその曲を弾ける楽人に逢い，演奏方法を教わり楽
譜に起こした．それが「酔吟商小品」という詞で
ある．この作品も范成大に贈呈されたに違いない．

最後にもう一首「石湖仙」詞を紹介する（図1）．
この詞は，姜夔が自ら作詞作曲して范成大に贈っ
たバースデープレゼントである．「石湖仙」は，「不
老長寿の范成大先生」という意味．「石湖」は范成
大の号である．これを受け取った范成大は，大いに喜んだに違いない．以下，「石
湖仙」の詞の前半について訓読と大意を紹介する．

図1 「石湖仙」詞．詞の横に付けられた符号が「旁譜」［四部叢刊『白石道人歌曲』］

松江の煙浦，是れ千古の三高，遊行の佳処．須く信ずべし石湖仙，鴟夷の翩然
として引き去るに似るを．浮き雲安くに在らん，我れ自ら愛す緑香紅舞．容与た
り．世間幾度の古今を看る．［松江の煙る浦辺，悠久に名を残す范蠡，張翰，陸
亀蒙を祀る社，遊覧の名所．不老長寿の石湖先生は，間違いなく范蠡のように功
成り名遂げた後，身を翻して此処に隠居された．心は浮き雲，名利に囚われず，
ハスの緑の葉，紅の花を愛す．身も心もゆったりと．俗世間で幾度となく繰り返
される栄枯盛衰を窺い見る］

●**音楽の才能**　姜夔は作詞のみならず，自ら多くの曲をつくり，音楽にも精通し
ていた．彼の詞集『白石道人歌曲』には，彼自身が作詞作曲した「自制曲」（自
作曲）が収録されている．その中の17曲には，詞の横に旁譜（演奏法を注記し
た符号）がつけられている（図1）．詞は音楽にのせて歌われた歌詞であるけれ
ども，当時の音楽はほとんど伝わっていない．現在，この姜夔の旁譜は，当時の
音楽を知るわずかな手がかりとなっている．なお，姜夔は音楽の研究も行ってい
た．慶元2（1197）年，彼はその成果をまとめて『大楽議』と『琴瑟考古図』を
著し，朝廷に献上している．

［保苅佳昭］

📖 参考文献
[1] 明木茂夫『楽は楽なりⅡ』好文出版，2007
[2] 村上哲見『宋詞研究　南宋篇』東洋学叢書，2006
[3] 内山精也編『南宋江湖の詩人たち』アジア遊学180，勉誠出版，2015

古楽府──社会の底辺からの訴え

　古代中国では，知識人の必須の教養の一つとして，調和をその特性とする音楽が重要視された．それは国家のまつりごとにも反映され，朝廷の宗廟の祭礼で演奏される音楽に関することを所管する太楽（たいがく）という役所が設けられていた．前漢第5代の皇帝武帝（ぶてい）（在位前140–前86）は，古来の正統的な宮廷音楽に満足せず，広く民間の歌謡や，西域経略の影響によってもたらされた西域地方の音楽（新声（しんせい）とよばれた）にも強い興味をもった．この西域風の音楽のメロディやリズムは，琵琶や箜篌（くご）（竪琴（たてごと））などの西域原産の楽器とともに漢に輸入された．そして，武帝は音楽を司る秦代以来の楽府（がふ）という役所の機能を拡張させ，宮廷音楽だけではなくこの新声も扱わせた．この新声は，漢の音楽や韻文に大きな影響を与えた．漢代の韻文に現れた五言詩（ごごんし）のリズムは，この新声の影響がその発生の一因になったとも考えられる．このように，楽府は本来役所の名称であったが，やがてここで採集されて文字に定着した歌辞を「楽府」または「楽府詩」とよぶようになり，中国の古典的韻文の一体を示す称となった．そして楽府詩は後には著名な詩人や文人によってもつくられるようになる．

●**庶民的な感情や生活の実相を訴える歌**　漢代から魏・晋時代にかけてつくられたと推測される楽府詩の多くは「古楽府（こがふ）」とよばれる．「古」とは「ふるい」という意に加えて「詠み人知らず」という意も含む．例えば，「戦城南（せんじょうなん）」は，遠く戦場に駆り出されて勇戦空しく戦死した兵士を弔う詩で，戦争の空しさを庶民的な感情で歌っている．また，人の命は薤（かい）（オオニラ）の細い葉に降りた露のようにはかない，露は乾いてもまた降りるが，人の命は死ねば二度と戻らないと嘆く「薤露（かいろ）」，人間は冥界の主宰者に召されると一刻の躊躇（ちゅうちょ）も許されずに連れて行かれる，と悲しみ歌う「蒿里（こうり）」（柩（ひつぎ）を乗せた車を曳きながら歌う挽歌（ばんか）だった）は，2首ともに人生のはかなさを嘆き，人間の死を悲しむ感情の発露で，古楽府の主要なテーマである．

　また古楽府には，中国の古典的韻文の担い手がかなり高度の教養をもつ知識人であった流れの中で，民衆あるいは下級官吏の生活の実情や素朴な感情をむき出しにした作品が多くみられ，中国の韻文史の中に特異な特徴をみせている．妻に先立たれ，幼な児を抱えて途方にくれる男の悲しみを歌う「婦病行」，両親を失い，その身を寄せた兄夫婦に虐待されて泣く孤児の悲しみを歌った「孤児行」，生活に窮して辻斬りに出かけようとする夫と，泣きながら裾にすがって引き留めようとする妻とのやり取りを歌った「東門行」（「行」は，歌謡の一体の名称で，楽府題によく用いられる）などがその例である．

● **古楽府にみえる語り物の特徴**　古楽府の中には，抒情詩を主流とする中国の古典的韻文史の中では，珍しく叙事性に富み，物語詩ともいえる作品がいくつかみえる．「陌上桑」（一名「艶歌羅敷行」）は，桑摘みをしていた美しい人妻羅敷が，権力を笠に着て言い寄る郡の長官に対して，臆する色なく夫の惚気を滔々と述べ立てて長官を撃退する，という健康でユーモラスな筋立てによる詩である．「陌上桑」は当時，序曲と終曲を備えた一種の組曲と思われる大曲という形式で歌われたとされる．

　古楽府の中の物語詩として最たるものは，1句5言，総計350句という長編の「焦仲卿の妻」（一名「孔雀東南飛」）という作品である．この詩は，後漢末の建安年間（196-220）の出来事として展開される．ある地方の小役人焦仲卿の新婚の妻蘭芝は，公務のために留守がちな夫の家を守って嫁としての仕事に励むが，舅・姑の気に入られず，夫の留守の間に実家に追い帰されてしまう．実家の両親は嘆きつつ，新たに県知事の息子との再婚を蘭芝に迫る．夫を愛し続ける蘭芝は親に逆らうこともできずに悶々として日を過ごすが，いよいよ婚礼の前夜になると，家を出て付近の池に身を投げて死んだ．それを聞いた夫の焦仲卿も愛する妻の後を追って，庭の木に縄をかけて縊死した，という家庭悲劇の物語である．この詩の末尾に「後世の人よ，この話を戒めとしてゆめゆめ忘れることのないように」という趣旨の言葉が置かれている．これは，この歌の歌い手が聴衆や勧進元に対して訴えかけた言葉であろう．古楽府の作品の中には，このようにその末尾に詩の内容とは関係のない語句が付け加えられている例がいくつかみられる．これは，古楽府が，聴衆を相手にして語られていたことの証拠の一つと考えられる．

図1　説書俑［北京・故宮博物院蔵］

● **「説書」の存在**　1957年，四川省成都市付近の後漢墓から，「説書俑」とよばれる素焼きの人形が発掘された（図1）．「説書」とは講釈師のことで，この人形は，右手に撥をかざし，左脇に小太鼓を抱えた老人が，笑みを浮かべながら聴衆に語りかけているさまをかたどったもので，漢代に職業的な講釈師が存在し，「陌上桑」や「焦仲卿の妻」のような語り物を語って歩いていたことを証拠づけるものとされる．この説書俑は，現在，北京の故宮博物院に収蔵されている．　　　　　［竹田 晃］

📖 **参考文献**
[1]　伊藤正文・一海知義訳『漢魏六朝詩集』中国古典文学大系，平凡社，1972
[2]　岡村貞雄『古楽府の起源と継承』白帝社，2000
[3]　竹田 晃『中国小説史入門』岩波書店，2002

六朝志怪①——冥界の官僚体制

　『論語』述而篇に「子は怪力乱神を語らず」という言葉がある．孔子（前552-前479）は正常でない霊威や，祖先神以外の怪しげな神については弟子に説くことはしなかった，という趣旨であり，社会における現実的な諸問題に対処すべき知識人の心構えを説く儒家の原則を示した教えとされる．
　しかし実際は，中国においては古くから「怪力乱神」は好んで語られていた．儒家の経典の一つである『春秋左氏伝』にも非業の死を遂げた幽霊の祟りを伝える話があるし，戦国時代（前403-前221）の屈原の作とされる「離騒」（項目「楚辞」参照）には，空想的・神話的な世界が展開されている．さらに下って，前漢末から後漢にかけては，儒教そのものが変質し，特に易学において現実に起こった事件に関する予言的な解釈が流行し，政治にも影響を及ぼし，本来現実的傾向が強かった儒教に神秘的な色彩が加えられるようになった．このような背景のもとで，知識人が怪力乱神を語らぬ建前も大きく崩れ，魏晋南北朝時代（220-589）にかけて，怪異を語り，記す風潮がきわめて盛んになった．

●**志怪書の出現**　魏晋南北朝時代には，詩文・学問を好む有力な貴族を中心にサロンが形成されて活発な文化活動が展開されたが，そこでは怪異に関する話題も取り上げられるようになったと推察される．このような文学集団のさきがけをなすものとして，魏（220-265）の曹操・曹丕・曹植の父子三曹を中心とした集団が現れたが，その中の曹丕の著作として『列異伝』という書物が存在したことが伝えられる．この書は怪力乱神に関する話を集めたものであるが，魏王朝の初代の皇帝（文帝）である曹丕が，このような書物の著者として伝えられていることは，すでに「怪力乱神」を語らぬ建前が崩れていたことを示す証拠といえる．
　その後，六朝時代を通じて，このような怪異を語る書物が数多く出現する．それらを「志怪（怪を志す）書」と称する．志怪書に語られる怪異には，古くから伝えられている民間説話もあれば，その時々の人物や事件にまつわる不可思議なエピソードもある．風神・雨神・雷神・土地神などの神々，不思議な夢，吉兆・凶兆に関する話，山川水陸の精怪の話，異婚，異産の話，動物・植物の怪異の話，異域・外国の珍しい話，孝子・烈婦の至誠の引き起こす奇跡の話などなど，きわめて多彩である．志怪書としては，さまざまな話を網羅した『捜神記』（東晋・干宝，代表的な志怪書とされる）『捜神後記』（東晋・陶潜）『幽明録』（南朝宋・劉義慶）『異苑』（南朝宋・劉敬叔）など，山・川など地理に関する異聞や動植物の怪異を多く集めた『博物志』（西晋・張華）『述異記』（南朝梁・任昉）など，土俗信仰が次第に道教という宗教のかたちに整備されていく過程で生まれ

た仙人・仙術に関する話を集めた『神仙伝』（東晋・葛洪）『神異記』（東晋・王浮）などがあげられる．また六朝時代の後半になると，志怪に仏教の影響が及び，仏教色の濃い志怪書も著されるようになった．

●**泰山の異界と泰山府君**　志怪で語られる話で，数が多く，また興味深いのは，人間の生死・鬼（幽霊）・死後の世界に関するものである．中国では古くから人間の寿命を管理する者がどこかに存在するという考え方があった．六朝志怪では多くの場合，冥界は山東省の名岳泰山にあると想定され，そこには泰山府君という主宰者がいて，人間の寿命も管理しているとされた（図1）．そしてそこには泰山府君を頂点とする官僚体制が敷かれ，そこ

図1　泰山神像［泰山山麓，天貺殿］

で執行される事務は，現世の役人仕事と同様に，賄賂の横行もあり，手抜きや手違いや員数合わせなども行われることなどが面白く語られている．

　この種の話の特徴といえるのは，死後の世界が泰山という実在の場所に想定されていたために，幽界と現世，幽鬼と生きている人間との交流が日常的に起こりがちであることである．志怪に登場する幽霊は概して恐ろしくなく，陰湿な感じのものも少ない．中国の小説などに恐ろしい幽霊が登場するには，もう少し時代が下って，仏教や道教が宗教として整備され，凶悪な邪鬼や復讐の権化のような幽霊を，霊妙な法力で折伏する高僧や有力な道士の力を誇示する話が語られるようになってからのことである．

●**中国における小説の原点**　中国小説史の源流を求めると，「漢人小説」とよばれる一群の物語があるが，それらはすべて後の魏・晋の時代（220-420）の人が漢代の名士の名を借りて書いたものと考えられる．これらのものと並んで中国小説史の原点とされるのが，六朝志怪である．志怪は原則として単純素朴な記録であり，個人の創作作品でもない．しかし，唐の伝奇をはじめとする後代の小説の作品に題材を提供している点からみても，六朝志怪は中国小説史の原点としての位置に立つ．また，例えば清の『聊斎志異』などの巨編に至るまで，中国の古典小説の特徴の一つである「怪異を語る伝統」の原点となっていることも指摘しておきたい．

［竹田　晃］

📖 参考文献

[1]　干 宝著，竹田 晃訳『捜神記』東洋文庫，1964
[2]　劉 義慶・張 文成ほか著，前野直彬・尾上兼英ほか訳『幽明録・遊仙窟他』東洋文庫，1965
[3]　竹田 晃『中国小説史入門』岩波テキストブックス，2002

六朝志怪②──仏教の影響

　中国にいつどのようにして仏教が伝来したのか，確かなことはわからない．現存の資料では，後漢（25-220）の明帝（在位58-75）が蔡愔を西域に派遣して仏典を求めさせた（65）こと，その3年後に攝摩騰と竺法蘭という二人の高僧が仏典を白馬に載せて都洛陽に来て，明帝は彼らのために寺を建てて住まわせたことが記録されている．これが現存する中国最古の仏寺白馬寺であるとされる．二人の僧はここを拠点として仏典の漢訳と布教を行った．これが仏教伝来の始めとされるが，実際には仏教はこれ以前からさまざまな場所に，さまざまなかたちで西方から中国に浸透してきていたと思われる．

●**仏典の漢訳**　攝摩騰・竺法蘭に続いて，後漢末から魏・晋時代（220-420）にかけて安世高・支讖・康巨・厳仏調・維祇難らによって，梵語（サンスクリット）で書かれた仏典が次々と漢語に訳された．『法句教』『正法華経』『結摩詰経』などである．南北両朝（420-589）においてはますます仏教が盛んになり，西域から来た高僧鳩摩羅什（350-409，図1）によって『般若経』『阿弥陀経』『法華経』などが翻訳された．また東晋の法顕はインドに赴いて多数の仏典を持ち帰ってそれらを漢訳したが，彼の訳した経典は特に平易でわかりやすく，多くの人々に読まれたといわれる．こうして南北朝時代には南北両朝にわたり，知識人の間でも民間でも，仏教流行の勢いはすさまじいものであった．

●**志怪への仏教の影響**　劉義慶（403-442）が著した志怪書『幽明録』には，仏教に関する話がかなり多くみえるが，その中に趙泰という男の話がある．南朝宋（420-479）の頃，趙泰は突然心臓が痛くなって息絶えたが，10日後に蘇生した．そして彼は，彼が息絶えていた間に体験した不思議な出来事を家人に語った．気絶した直後，彼は迎えに来た冥吏に引き立てられて大きな城に行った．そこには数千人の男女が列をつくり，順番に府君（役所の長官）に対してそれぞれ生前の行動の善悪を自己申告している．趙泰は，自分は勉学に励んでいてまだ官職にもつかず，別に悪事を働いたことはないと言うと，水官将作という冥府の役職に任命された．彼はやがて水官都督に昇進し，さまざまな地獄を巡察することとなった．彼が巡回した先々では，亡

図1　キジル千仏洞の鳩摩羅什の銅像

者たちがむごたらしい刑を執行されていた．やがて彼は以前亡くなっていた両親と弟が責苦を受けているところに出会って涙を流す．そのうちに彼は開光大舎なる大広間に行く．そこには多くの仏僧を侍らせた身の丈1丈余りもある神々しい真人菩薩がいて，泰山府君がその傍らに控えていた．ここでは，菩薩の恵みによっていったん地獄に落ちた者の中から，仏法を信じて改心した者を救済する手続きが行われていた．さらに趙泰は受変形成へ行く．ここではいわゆる転生輪廻の裁きが行われていて，生前殺人罪を犯した者は短命な蜉蝣に生まれ変わらせられる．盗みを働いた者は豚や羊に生まれ変わって自分の肉で前世の罪の償いをさせられる．淫蕩な者はアヒルや蛇に，人の悪口を言った者は悪声のフクロウに……という具合に手続きが進められ，判決の下った者はそれぞれ新しい姿形に変わって，一方の出口から出ていく．こうして地獄の巡察を終えた趙泰が，長官に「人間はどんな行いをすれば死後に良い報いが得られるのか」と尋ねると，長官は「仏法を信じて精進すれば良い報いを得て罪罰は免れる」と答えた．そこで長官が改めて趙泰の寿命を調べなおすと，まだ30年も残っていた．そこで趙泰はこの世に帰されることになったのだった．蘇生した彼は一念発起して仏法に帰依し，亡くなった父母と弟のために寺に幟や懸蓋を寄進し，『法華経』を念じて冥福を祈った．

　以上の話は，中国に現れた最も古い「地獄めぐり」の話である．この趙泰の話で注目すべきは，冥界に中国固有の泰山府君とインド伝来の菩薩とが並んで（菩薩のほうが上位に立つ）現れていること，前世・現世・来世の三世を視野において，因果応報・転生輪廻という仏教の教理が明確に示されていることである．仏教への帰依を強く勧奨するという点で，この話は従来の志怪における冥界譚とは明らかに異質のものとなっている．

　こうして，5世紀半ばになって，中国固有の志怪の中に，仏教的世界観，仏教の教理が盛り込まれるようになった．そして，もっぱら仏教の信奉を勧めるための話ばかりを集めた志怪書も著されるようになった．『宣験記』(劉義慶)，『冥祥記』(南朝斉・王琰)『冤魂記』(隋・顔之推)，『旌異記』(隋・侯白) などである．晩唐の詩人杜牧 (803-852) が「江南春」という詩の中で「南朝四百八十寺」と歌っているように，この時代にはきわめて多数の仏寺が建てられ，これは異民族統治下の北朝においてもほぼ同様の状況であった．こうした中で，仏教の教理が中国の志怪に大きな影響を及ぼしたのであるが，これは，後世の中国の小説に仏教の教理・世界観が大きな影響を与えた流れの原点とみることができる．　　　　［竹田 晃］

参考文献
[1] 劉義慶・張文成等著, 前野直彬・尾上兼英訳『幽明録・遊仙窟他』東洋文庫, 1965
[2] 澤田瑞穂『仏教と中国文学』国書刊行会, 1975
[3] 竹田晃『中国小説史入門』岩波テキストブックス, 2002

世説新語──人間観察のリアルなまなざし

　後漢末（2世紀末から3世紀初め）から三国・晋・南北朝（220-589）を通じて，知識人の間に人の噂話，人物評，人物のランクづけなどを語り合う気風が流行した．また，人を見る眼，人物を評価する鑑識眼が話題として取り上げられることも多かった．汝南（河南省）の許劭が毎月朔日（旦）に人々を集めて郷里の人物の品評を行ったことは特に有名で，後世，人物評を「月旦」と称するようになったのは，これに由来する．

　このような気風の中から『世説新語』という書が生まれ，そしてこれが六朝時代の志人小説を代表するものとされるようになった．「志人」とは「人を志す」という意味で，「怪を志す」＝「志怪」に対してつくられた語である．『世説新語』の著者である劉義慶は，南朝宋を創立した武帝劉裕の甥の息子で，臨川王に封ぜられた宋の王族である．彼は中央政府で天子の側近としての要職を歴任した後，いったん地方長官となり，再び中央に帰任して病没した．その人となりは地味で名利に恬淡としていた．学問を好み，その幕下には当時の有名な詩人・文人を集めて，活発な文学活動を行うサロンを形成していた．『世説新語』は，そのようなサロンにおける談論や情報交換の産物として書かれたものであろう．劉義慶は，その豊かな学識と広い情報網を利用して，『世説新語』のほかに，志怪書『幽明録』『宣験記』その他の書も著し，活発な文学活動を行った．彼は晩年，熱心な仏教信者となり，あまりに多額な財を寄進したために非難を浴びたとも伝えられる．

●**人物の個性の的確な描写**　『世説新語』に登場する人物は，3〜4世紀の動乱期に生きた実在の知識人たちである．劉義慶はこれらの人物の言行や性癖を，その特徴やパターンによって類別して36の篇目を立ててこの書を構成した．それは，徳行・言語・政事・文学という4篇から始まるが，この冒頭の4篇は，孔子の弟子たちをそれぞれの特徴によって類別したいわゆる「孔門の四科」にちなんだものである．そして以下の篇目は，方正（几帳面）・捷悟（勘のよさ）・容止（容貌・スタイル）・任誕（自由奔放）・倹嗇（けち）・汰侈（贅沢）・惑溺（女色に惑う・愛妻・恐妻）……というように，36篇に及び，人々の言動・行動や性格の特徴的なパターン，興味を引く性癖に焦点を絞り，政治的・社会的に混乱した不安な時代において身を処した知識人たちの感覚・知恵・人間関係などを鮮やかに描き出している．任誕篇にある劉伶（竹林の七賢の一人）の話を例にあげる．劉伶は家の中では常に素裸でいた．訪れた友人が「いくらなんでも無礼ではないか」となじると，劉伶は傲然として「俺は天地を家とし，わが家をパンツとしているのだ．君こそ他人のパンツにずかずか入りこんで無礼千万だ」と言い返した．

●『世説新語』はなぜ小説なのか　『世説新語』に語られる話は，すべて実在の人物に関するエピソードとして紹介されているが，それらは必ずしも100％事実であるかどうかは疑わしい．適当に誇張されたり，あるいはデフォルメして語られている場合があると思われる．しかしその誇張やデフォルメは，決して真実を歪めるものではなく，むしろそれによって人間の個性や精神や，また登場人物が置かれている状況を，より鮮明に浮かび上がらせるのに成功しているといえる．

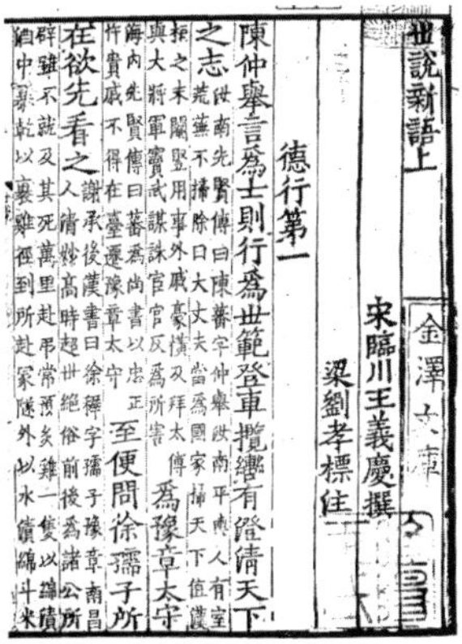
世説新語上
宋臨川王義慶撰
梁劉孝標注
徳行第一
陳仲舉言爲士則行爲世範登車攬轡有澄淸天下之志
爲豫章太守至便問徐孺子所在欲先看之

図1　宋本『世説新語』［前田家尊経閣蔵］

人間の個性を文章で表現する伝統は，中国では古くから主として史伝の叙述として受け継がれてきていた．しかし『世説新語』はそれらの伝統とはまた一風変わった描写法で，典雅な文言（古典的文章語）の中に，当時の俗語を大胆に織り込むなど，独特の文体も効果的で，「志人小説」としての新境地を拓いたものといえる．古来この『世説新語』が，図書の分類においては史伝の書として扱われず，「子部小説家類」の書とされてきたゆえんも，まさにこのあたりの特徴によるのであろう．

●『世説新語』の劉孝標注　『世説新語』のテキストとしては，唐代の写本の一部が伝えられているが，最も古い刊本と推定される南宋時代の上・中・下3巻本は，日本の加賀前田家の尊経閣に伝えられている（図1）．『世説新語』を読むとき，原著と表裏一体の関係をもつものとして高く評価されてきたのが，南朝梁の劉峻（字は孝標）の注である．この注は，原著の語句の解釈に関するものではなく，博引傍証，原著に登場する人物や事件について参考になる文献資料を提示しているのである．それは，本文の記事を補強するものもあり，時には本文の内容に意義や疑問をさしはさむ異説である場合もある．劉孝標が注として引いた500種に及ぶ文献資料の中には，今日すでに散逸してしまったものも数多く含まれており，資料としての価値もきわめて高い．今日我々はこの劉孝標の注を添えることによって『世説新語』をより面白く読むことができるのである．

●志人小説の伝統　『世説新語』の後，これに類する志人の書もいくつか著されたが，いずれも『世説新語』の域には達していない．しかし，例えば白話小説の『儒林外史』（清・呉敬梓）などは人物を語る小説の傑作であり，『世説新語』以降の志人小説の流れの中に位置づけられる作品といえる．　［竹田 晃］

📖 参考文献

［1］日加田 誠『世説新語』上・中・下，新釈漢文大系，明治書院，1975–77

［2］井波律子『中国人の機智 —「世説新語」を中心として』中公新書，1983

唐代伝奇①——記録から物語へ

　3～6世紀の六朝時代を通じて，中国文学の流れの中に，怪異を語り記す風が流行して，数多くの志怪書が著された．これらの志怪書に収められている話は，中国小説史の源流をなすものであるが，その基本的な特徴はいずれも単純素朴な記録性にある．志怪書の撰者はいずれも記録者・編集者であって，創作者ではない．ところが唐代に入り，中国小説史の中に初めて個人の創作といえる作品群が現れた．これらは作者の個人的な意識に基づき，読者の存在を意識して，話の構成や展開に工夫が凝らされた物語としての性格を備えたものである．唐代に発生したこれらの物語を「伝奇」と称する．伝奇が数多くつくられ，また優れた作品として昇華したのは，安史の乱（755-763）以後のいわゆる中唐期であるが，唐王朝創立初期に，伝奇の先駆的作品が2, 3点伝えられている．

●**古鏡の霊妙な能力を語る——古鏡記**　隋から唐にかけて（7世紀初頭）に，王度という実在の人物の名で「古鏡記」という作品が，作者自身の体験を物語るかたちで伝えられている．王度は日ごろから師として尊敬していた侯生という人から，その臨終に形見として一枚の古い鏡を遺られた．そのとき侯生は王度に「この鏡を身につけていればあらゆる邪鬼から身を守れる」と言い残した．やがて王度がこの鏡を持って旅に出ると，途中で泊まった旅館の美人の女中が，この鏡を見て恐れおののいてひれ伏し，自分の正体は狐であり，人をたぶらかした罪で華山の神によって人の世に仮の姿をさらしているのだと告白した．またこの鏡は，日蝕や月蝕が起こるたびに，それに合わせて輝きを失って暗くなるのだった．王度がある地方の県知事に赴任したときには，役所の前庭にある棗の古木に巣食ってさまざまな祟りを引き起こしていた大蛇を，この鏡を使って退治した．こうして数々の不思議な霊力を発揮した鏡は，ある夜王度に別れの言葉を告げ，その後まもなく箱の中で悲しげな音を立てたかと思うと，その音はやがて虎の吠えるような響きになり，箱から消え去った．

●**超人的能力をもつ白猿の話——補江総白猿伝**　六朝末期，梁の将軍欧陽紇は南方征討軍の将として山中深く軍を進めていた．すると地元の人からそのあたりには美女をさらっていく白猿が出没すると聞き，同行していた妻の警備を厳重にしていたが，ある夜その妻が忽然として姿を消した．紇は部下を連れて山深く踏み入って妻の行方を探し，10日余りして切り立った崖の上の竹林の中で数人の女と出会った．女たちの話を聞くと，彼女たちはいずれも白猿にさらわれてここに来ているという．そして紇の妻もここにいるが，今は病気で寝ていると聞き，紇は妻の寝室に入った．ちょうど白猿は留守だったが，妻は驚いて紇にすぐに立ち去るよ

うにすすめた．女たちは，「10日後に，良い酒1石と食用の犬を10頭，さらに麻の布を持って来るように，白猿は酒がまわると自分の身体を絹の布で縛らせ，ひとたび身をふるわせるとその布がぷつんと切れるという力自慢をしてみせるが，麻の布を中に混ぜておけば切れないだろうから」と言った．紇は約束の日に約束の品を用意して白猿の棲家へ行った．紇と部下の兵は，物陰に隠れて外出中の白猿が帰ってくるのを待った．やがて帰ってきた白猿は，林間に放してあった犬を見ると跳びかかって捕らえて食い，酒をしたたかに呑み，やがて酔いが回ると女たちに支えられて寝室に入った．そして自分の身体をベッドに縛りつけさせると，例によって身をふるわせて布を断ち切ろうとしたが，麻を綯り込んだ布はどうしても切れない．白猿がもがいているところへ紇が飛び込み，白猿に斬りつけたが白猿の身体は鋼鉄のようで刀をはね返してしまう．やがてへその下を突くと刃がずぶりと刺さって血が噴き出した．白猿は顔をしかめて口惜しそうに「今，俺は天命で殺される．お前の女房は身ごもっている．どうか生まれてくる子を大切に育ててくれ．きっとその子はお前の一族を繁栄させるから」と言って息絶えた．紇は妻と女たちを連れ帰り，やがて生まれた子を大切に育てた．紇はその後反逆の罪で殺されたが，その子詢は紇の友人の江総に引き取られて難を逃れ，成人してからは唐の太宗に仕え，政治家として，学者として，また書家としておおいに名をあげた．

●**意図的に構想された物語・特定の作者による創作**　「古鏡記」を構成するいくつかの古鏡の霊威に関するエピソードは，その一つひとつは六朝志怪と同様のものである．しかし「古鏡記」はそれらを繋ぎ合わせて単に古鏡の不思議な力を記録するだけでなく，主人公と古鏡の不思議な因縁を軸として，読者に面白く読ませようとする意図的な構想に支えられた，一貫性のある物語になっている．

また補江総白猿伝は，山中の怪物が女をさらうという話は六朝志怪にもみられるが，それをモチーフとして，唐の太宗の名臣欧陽詢の容貌が猿に似ていた事実（このことはほかの文献にも語り伝えられている）をからませて，欧陽詢を揶揄するか，あるいは悪意をもって貶めようとする意図で仕組まれた物語とみることができる．作者の名が不明であるのも，故意に名を伏せたと考えられる．この話のタイトルも，欧陽詢を幼時に預かって育てた江総という人の書いた物語を補うもの，と銘打って，この話に信憑性を与えているのである．また，白猿が欧陽紇に討たれるくだりの描写はきわめて写実的で，六朝志怪にはみられないものである．「古鏡記」と「補江総白猿伝」にはいずれも「作者」が存在し，その作者が読者を意識して構想を仕組んだ話で，単純素朴な記録性を原則とする六朝志怪とは明らかに異なる新しい時代の「作品」とみることができる．　　　　　　〔竹田　晃〕

参考文献
[1]　成瀬哲生『古鏡記・補江総白猿伝・遊仙窟』中国古典小説選4，明治書院，2005
[2]　竹田 晃『中国小説史入門』岩波書店，2002

唐代伝奇②——遊仙窟

　「古鏡記」「補江総白猿伝」とともに，唐代伝奇の先駆的な作品といえるのが『遊仙窟』である．『遊仙窟』の作者張鷟（660-732）は，則天武后（623-705）の頃の人で，『旧唐書』巻147，『新唐書』巻161などに伝記がある．これらの資料によると，鷟は字は文成，浮休と号した．幼時から抜群の才能を発揮し，博覧強記の誉れが高かった．成人して，科挙の中で最高の難関であった進士科に及第した．彼の書いた文章は後輩たちの模範とされた．彼の著書には，科挙の模範答案集『龍筋鳳髄判』，当時の朝野の名士の逸話を集めた『朝野僉載』があるが，彼が若い頃に書いた小説『遊仙窟』が最も有名である．張鷟は才子ではあったが性格が軽薄で，時の宰相に嫌われて官運には恵まれなかったといわれる．

●仙界訪問譚・神婚譚の伝統　『遊仙窟』は，公用で旅に出た作者自身が，黄河上流の山奥で神仙の窟に住む美女と一夜の契りを結ぶという物語であるが，仙境に迷い込むいわゆる「仙界訪問譚」，また神女あるいは仙女が人間の男性と交渉をもついわゆる「神婚譚」，さらにはこの二つの類型が結びついた説話は，古くから中国でも語られていた．例えば，杜蘭香という神女がある男性のもとに現れて医薬の術を伝えた話（『捜神記』），成公智瓊という神女がある男のもとに降ってくるという話（『捜神記』），劉晨・阮肇という二人の男が天台山の山中で道に迷い，神女に出会って夢のような暮らしをした後，家に帰ってみると300年余りもの歳月が経っていたという話（『幽明録』）などは特に有名であり，また陶潜（項目「陶淵明」参照）の「桃花源記」（『捜神後記』）は仙界訪問譚の傑作とされる．

●遊仙窟・陶酔の一夜　勅命を受けて旅に出た「私」は黄河の水源近くまで来たが，切り立った高い岩山に囲まれ，たち籠めた霧の中に泉や石が鮮やかな色を見せ，まことに天上の霊奇，人間の絶勝であった．「私」は土地の古老から，この辺りには神仙の住む窟があり，ここに通うのは鳥だけ，いつも空中に香り豊かな果物や美しい玉の木の枝・仙人の衣が浮かんでいる，と聞いていた．そこで私は3日間精進潔斎してから小舟に乗って谷川をさかのぼった．やがて桃の花の咲き乱れる岸辺で洗濯をしている娘と出会った．その娘に案内されて「私」は小さな家に着いた．その家には崔十娘という美しい未亡人が住んでいると聞き，「私」はその娘を介してまだ見ぬ麗人への思いのたけを読み込んだ詩を十娘に贈り，十娘からは婉曲に拒みながらも，気をもたせるような返しの詩が届けられた．「私」は床に就いたが輾転反側して眠りつけない．そこでさらに手紙を書いて十娘に届けた．ついに十娘が「私」の前に美しい姿を現し，豪華な酒席の用意された奥座敷に通された．その席には十娘と同居している嫂の五嫂も来て，三人で料理に箸

を運び，酒を酌み交わし，軽妙な冗談を交えた会話もはずんだ．詩の応酬もあり，侍女たちの演奏する琵琶のしらべの流れるうちに次第に十娘と「私」の気分も盛り上がっていく．二人の間にはきわどい会話も交わされ，抑えがたい欲望を表す詩も交わされた．やがて二人は寝室に入り，「私」はついに思いを遂げた．夢のような一夜が明けて，二人は惜別の思いを込めた記念の品を贈りあい，後ろ髪を引かれる思いで「私」は再び旅路についた（図1）．――十娘へ

図1　後朝の別れ

の「私」の絶ち難い思いを述べてこの物語は終るが，余韻嫋嫋として，読む者にいつまでも深い趣を感じ続けさせる．

●狭斜での遊びと『遊仙窟』　作者張鷟は，この遊仙の物語を，単純な記録にとどまる志怪とは異なって，六朝以来の美文体である「駢体」（項目「詩論」参照）を基調としながら，その間に大胆に俗語を多用し，また彼の得意とする詩をふんだんに盛り込み，豪華絢爛かつ夢幻的な世界に読者を引き込む．このような特徴をもつこの『遊仙窟』について，これは当時の長安の狭斜（花柳街）での妓女との遊びの様子を下敷きにして書かれたものである，とする解釈が行われている．たしかに，「私」を嫖客，十娘を花魁，この二人の仲をとりもつ五嫂を遣手と見立てると，このような解釈にも十分説得力があると思われる．

●『遊仙窟』の日本への渡来　『遊仙窟』は最初中国では写本のかたちで読まれていたと思われる．それが，文武天皇の慶雲年間（704-708）に日本に渡来し，その後日本でも仏僧の手によって写本がつくられ，当時博士家で考案された漢文訓読法によって広く伝えられるようになった．聖武天皇の天平5（733）年，山上憶良（660-733?）74歳の作という「沈痾自哀文」や，大伴家持（718?-785）が坂上大嬢に贈った歌などに，『遊仙窟』を引用した跡がみられる．山上憶良は張鷟とほぼ同年代の人であるから，このことは『遊仙窟』の成立年代を決める手がかりにもなっている．その後日本ではいくつかの古写本と刊本が伝えられた．一方中国ではこの書が「淫書」扱いをされたこともあって早く滅びてしまった．しかし20世紀になってから里帰りするかたちで陽の目をみることとなり，中国小説史上の貴重な作品として注目されるようになった．　　　　　　[竹田　晃]

参考文献
[1]　八木沢 元『遊仙窟全講』新釈漢文大系，明治書院，1975
[2]　竹田 晃『中国小説史入門』岩波テキストブックス，2002
[3]　成瀬哲生『古鏡記・補江総白猿伝・遊仙窟』中国古典小説選4，明治書院，2005

唐代伝奇③――「人間」の物語

　大唐帝国の首都長安（現・陝西省西安市）は，政治の中心であったばかりでなく，経済・商業の中心でもあった．中国のみならず，当時の世界商業の中心的役割も果たしていた．中央アジア・ペルシャ・アラビアなどとの商業上の交流が盛んに行われ，長安は国際都市としてのにぎわいもみせていた．市民の経済力も向上し，長安にはある種の市民文化が発生する条件も生まれていた．またその長安には「狭斜」とよばれる花柳街があり，その中には貴族や高級官僚の通う妓館もあり，そこで客に接する妓女はかなり高度の教養を身につけていて，新しい都市文化・士人文化の一端を担う役割も果たしていた．長安のこのような状況と文化は，伝奇とよばれる文学を育てる恰好の舞台を提供していたといえる．

●恋愛小説の出現――任氏伝　沈既済（生没年不詳）は，第9代皇帝徳宗の建中年間（780-783）に，左拾遺・史館修撰となり，『建中実録』という朝廷の実録を書き進めていた政界の勢力争いに敗れて失脚した後に伝奇に筆を染め，「任氏伝」「枕中記」という2篇の傑作を遺している．前者は，美しい狐妓（妓女に化けた狐）が無骨な貧乏士人鄭六という男に，最後には一身を投げうってまで情の限りを尽くすという話である．

　男女間の愛情，恋愛をテーマとする文学作品は，中国では韻文の作品としては先例があるが，散文の作品はこれまで存在しなかった．この『任氏伝』は，六朝志怪にもみられる狐妓の女と人間の男との異類通婚をモチーフとしてはいるが，ここに描かれているのは長安の街を舞台とする男女の熱い恋の物語である．主人公の狐妓任氏は，作者沈既済がこの物語の末尾に「ああ，異物の情にも人道あり，暴に遇うも節を失わず，人に徇いて以て死にいたる．今の婦人といえども如かざるものもあらん」と感嘆の言葉を記しているように，主人公の狐妓は，一身を犠牲にして愛する男への節操を守り通し，愛の限りを捧げ尽くした人間の女性にもまさる節婦として描かれている．これは単なる異類通婚の怪異を記す志怪の域を高く超えた新しい恋の物語なのである．

●真の「適」と仮の「適」――思想的命題を追求した枕中記　「任氏伝」の作者沈既済にはもう一つ有名な伝奇作品「枕中記」がある．貧乏農民青年盧生が，邯鄲（現・河北省）の茶店でひと休みしたとき，居合わせた呂翁とよばれる道士から陶製の枕を借りてひと眠りしている間に不思議な夢を見た．彼は名門の娘と結婚し，科挙の進士科にも及第し，官僚として順風満帆の出世街道をのぼりつめて，ついには天子の側近として国家の大政にあずかる身となった．これは盧生が日ごろからあこがれていた「適」（思いのままに生きる）そのものの人生だった．しかし，好

事魔多し,彼は政敵の罠にはめられて失脚し,かろうじて死罪は免れて遠地へ流された.やがてその無実が認められて中央政界に戻り,一族の繁栄を見届けた彼は,齢80を超えて老衰し,天子の厚い見舞いに感激しながら大往生を遂げた.目を覚ました盧生がはっと気づくと,彼は茶店のベンチによこになったままだった.眠りにつくときに茶店の主人が炊きかけていた黍飯はまだ炊きあがっていない.「ああ夢だったのか」と盧生が口走ると,呂翁は笑いながら「人生の楽しみも,ざっとこんなものだ」と言う.盧生はかくして,およそ名誉と恥辱の道,困窮と栄達の運,成功と失敗の理,死と生の実相のすべてを悟ったのであった.この夢の物語は,「邯鄲の夢」「一炊の夢」ともよばれて人口に膾炙することとなった.

●**怪異からの脱却——李娃伝と鶯鶯伝** 有名な詩人白居易(項目「白居易」参照)の実弟白行簡(生没年不詳)は監察御史にまでなった高級官僚であったが,同時に『李娃伝』を書いた伝奇作家でもあった.この作品の主人公にはおそらく実在のモデルが存在していたのであろうが,作品では実名は伏せられている.

　主人公の若者は,早くから才名を謳われ,当時の人々の敬愛を集め,父親にとっても自慢の息子であった.物語の前半では,その世間知らずの良家の「お坊ちゃん」が,花の都長安の花柳街で,格式の高い美貌の妓女李娃の色香に迷い,恋のとりことなって科挙の受験も放棄するに至るその経緯とその心理状態が描かれる.次いで,金の切れ目が縁の切れ目,李娃に捨てられて出世の意欲も名誉も健康もすべてを失い,落ちぶれきった状態に陥る過程が,李娃の養母のしたたかな計算ぶり,当時の社会では賤業とみられていた葬儀組合の親方や仲間が彼に尽くしてくれた厚い人情,また彼の父親の息子に対する愛憎の感情の起伏などを交えつつ,その波乱万丈の半生が巧みに描かれている.後半では,どん底にいた主人公と奇跡的に再会した李娃が,前非を悔いて彼に献身的な愛情を捧げて彼の心身をよみがえらせ,再び人生の栄光の道に導いていくところでこの物語は終わる.

　ほかの伝奇の作品と比べてかなり長いこの「李娃伝」で特筆すべきは,怪異の要素がまったくみられないことである.怪異から脱却した作品が現れたことは,中国小説史上画期的な事象である.また白居易の親友であった元稹(779-833)の作「鶯鶯伝」もまた,怪異の影のない,人間の男女間の純粋な愛を追求した物語である.「李娃伝」はその後,元・明時代に戯曲につくられ,また日本でも江戸時代に「李娃物語」として読まれ,その後翻案作品もつくられた.また,「鶯鶯伝」は元の王実甫によって戯曲の名作「西廂記」に改編された.いずれも原作の唐代伝奇が,文学的に高い水準に達していたことを示す証左といえる. 〔竹田 晃〕

参考文献
[1] 黒田真美子『枕中記・李娃伝・鶯鶯伝他』中国古典小説選5,明治書院,2006
[2] 石田幹之助『長安の春』東洋文庫,1981
[3] 竹田 晃『中国小説史入門』岩波テキストブックス,2002

変文——敦煌文献の発見

　1900年（一説には1899年），前漢以来東西交通の要衝であった中国甘粛省敦煌の莫高窟千仏洞で，偶然の機会から堂守の道士によって，長い間砂に埋もれていたおびただしい数の古い手抄本および壁画が発見された．これらのいわゆる敦煌文献は，仏教関係のものを主とするが，道教・祆教など仏教以外の宗教に関するもの，および政治・社会に関するもの，また西域の言語で書かれた文献も含まれる．

図1　現在の敦煌，莫高窟［筆者撮影，2002年］

　発見された文物は，諸外国の探検家らの入手するところとなり，大英博物館・国立パリ図書館・ロシア科学アカデミー東洋学研究所サンクトペテルブルク支所などに収納され，日本では東洋文庫を中心とするいくつかの機関にマイクロフィルムやフォトコピーのかたちで収められている．

　莫高窟がいつ建造されたかは明確にはわからないが，4世紀中葉という仏教交流の最盛期だったのではないかとする説もある．発見された約4万点に及ぶ手抄本（写本）は唐代（618-907）に書かれたものもあり，壁画も含めて中国文化の研究にとって画期的な意味をもつものであった．20世紀の中国文化研究の中心は敦煌研究にあったともいえる状況が生まれた．

●**変文と俗講僧**　敦煌出土の文献資料のうち文学に関する文献の大部分は，おそらくは中・下級の仏僧によって仏教普及の道具としてつくられ，そして民衆を相手に語られた語り物のテキストである．後漢時代（25-220）に中国にもたらされた仏教は，南北朝を経て唐代に入ると，大都市はもとより，四方の名岳などにも数多くの寺院が建立され，仏教の信仰は朝野に浸透した．

　当時仏教の布教に一定の役割を果たしていたのは，「俗講僧」とよばれる僧侶たちだった．俗講僧は，仏教の教理を身近な物語に託して民衆の教化に努めたが，その際に「変文」とよばれるテキストを用いた．この変文の形式は，「白」と称する俗語を交えた散文の部分と，「唱」と称する七言句を主とする韻文の部分を組み合わせたものであった．変文の「変」の意味については諸説あるが，曼荼羅のような絵画を意味し，変文とはその絵解きの文章とする説が有力である．俗講僧たちはあたかも日本の「紙芝居」のように絵を用い，メロディをつけて唱いな

がら善男善女に仏の教えを伝えたのである．俗講僧の中には美声の者や語りの上手な者もおり，大いに人気を博した者もいたという．

●**大目乾連冥間救母変文**　変文の内容の主たるものは，仏教の教理をわかりやすく説明するもの，経典を平易に解説するものである．なかでも，「維摩詰経変文」は，首尾の欠損しているものが多い敦煌出土の変文の中では，30巻に及ぶまとまったかたちで発見され，唐代の叙事詩として貴重な価値をもっている．また，「大目乾連冥間救母変文」はいわゆる地獄めぐりの話であり，釈迦の高弟目連（目犍連）が，その生前に悪行を重ねて地獄に堕ちた母親を救出しに，諸地獄を次々に訪ねて歩く物語である．飢餓に苦しんでいる母親を探し出して，目連が持参した食べ物を与えようとすると，母親がむさぼり食べようとするその瞬間に，食べ物が火を吹いて灰燼に帰してしまう場面など，地獄の責め苦の恐ろしさが，真に迫って語られる．俗講僧の巧みな語りと，迫力ある絵を観ながら，孝道と慈悲の勧めに引き込まれる善男善女の顔が眼に浮かぶようである．

●**歴史上の名士・民族的英雄を語る**　俗講僧たちはやがて，変文のテーマを仏教の範囲にとどめず，だれでも知っている伝説や歴史上の有名人や，当代の郷土の英雄などを語り物の主題に取り上げて民衆の娯楽に供するようになった．例えば，伝説上の聖天子舜帝を主人公とする「舜子至孝変文」，春秋時代（前770-前221）楚の悲劇の英雄と伝えられる伍員を主人公とする「伍子胥変文」，また前漢（前206-後8）の元帝の宮女王嬙が匈奴との親和政策の犠牲となって匈奴王の妃となった悲劇を語る「王昭君変文」などがその例である．

　さらにまた，おそらくこの変文がつくられた時期に近いと思われる唐の会昌年間（841-846）に活躍した人物を取り上げた変文がある．それは，当時中国地方に侵攻してきた吐蕃（チベット族）との戦いで功績をあげた将軍張義潮を主人公とする「張義潮変文」である．このように俗講僧たちは，歴史上の人物，さらには現代史の英雄をも取り上げて民衆の興味や関心に応えようとした．『全唐詩』にみえる吉師老の「蜀女の昭君変を転ずるを見る」という詩には，蜀の女講釈師が王昭君の画巻を次々に開きながら「王昭君変文」を語っていたことが述べられている．

　このように，変文は俗講僧の手を離れて，職業的な講釈師によってもっぱら民衆への娯楽として語られていたことも証明されている．首尾整わぬ断片的なものが多く，俗字・俗語が駆使されている写本である敦煌文献の解読には困難が伴い，敦煌学の研究にはまだまだ未解明の部分が多いといえる．　　　　　　　　　〔竹田　晃〕

📖 参考文献
［1］　金岡照光『敦煌の文学』大蔵選書，1971
［2］　金岡照光『敦煌の民衆―その生活と思想』評論社，1972
［3］　入矢義高編訳『仏教文学集』中国古典文学大系60，平凡社，1975

白話小説のルーツ——汴京の市民文化

　五代の混乱期（907-960）を経て天下を統一した北宋王朝（960-1127）が首都とした汴京（現・河南省開封市）には，中国文化史の上に新しい状況が生まれた．汴京は，米を中心とする中国南部からの物資が水路を使って運び込まれる商業都市として繁栄し，久しく太平の世が続くうちに市民の経済力は次第に蓄積されて，人々が文化の恩恵に浴し，娯楽を享受する余裕を生じた．

●**汴京の盛り場——瓦子の形成**　宋都汴京の繁栄については『東京夢華録』（南宋，孟元老）などのいわゆる繁昌記によって知ることができるほか，北宋末の画家張択端の筆による「清明上河図」によってもうかがえる（図1）．この絵は，長さ525cm，幅25.5cmの画面の中に，800人を超える人物，100頭に近い家畜の類，建物・車・樹木などが克明かつ細密に，またいきいきと描かれ，当時の汴京の町の活気が迫真の趣をもって，見る者に感動を与える「神品」である．

　『東京夢華録』によれば，汴京には当時「瓦子」とよばれるかなり大規模な盛り場が形成されていた．そこではさまざまな演芸が民衆に提供された．「説話人」とよばれた講釈師の語る語り物の中には「講史」と称する歴史物（主として軍談），「小説」と称する市井の事件を面白く語るものなどがあり，また舞踊や影絵芝居，また「傀儡」と称する操り人形芝居もあった．合生，商謎，説渾話など，いわゆる「お笑い」の類，謎かけの類，二人の掛け合い漫才の類などもあった．小説においては，瓦子で語られていたものに基づくと思われるものとしては，例えば，王安石（1021-86）の新法を批判した「拗相公」や一本気の商人をめぐる女性関係に怪談の要素をまじえた「至誠張主管」などは，汴京の瓦子で説話人の語った「小説」の原型をとどめるものと思われる．

●**民衆に根づいた演芸**　瓦子で演じられた語り物の中で『三国志』のことを語るものは「説三分」とよばれ，それ専門の説話人がいて人気を博していた．北宋の文人蘇軾（項目「蘇軾」参照）の随筆集『東坡志林』に次のようなエピソードがみえる．腕白な子どもに手を焼く親は，子どもの手に小銭を握らせて講談を聞きに行かせる．そこで語られる三国志の話を聞くと，子どもたちは，劉備が負けると口惜しがって涙を流し，曹操が負けたと聞くと喜びはしゃいだ，という．この記事によれば，この頃の説話人の語る『三国志』の話では，すでに魏の曹操を悪玉とし，相手方の蜀漢の劉備やその忠臣諸葛孔明を善玉とし英雄として語る歴史観ができあがっており，民衆にもそれが歓迎されていたことがうかがわれる．そしてこの流れは明代に出現した白話小説の巨編『三国志演義』に導かれると推測される．

図 1　汴京のにぎわい　「清明上河図」（部分）[北京・故宮博物院蔵].

　このような北宋の都汴京における民間演芸の盛行は，南宋の都臨安（現・浙江省杭州市）にも引き継がれていたことが，『都城紀勝』（耐得翁）など臨安の状況を記録した書物によって知られる．それによれば，臨安で語られた語り物の中には，後の『水滸伝』に登場する英雄や豪傑の話が，断片的にまた銘銘伝風に語られていることがわかる．臨安の瓦子で語られた語り物の中には，煙粉，霊怪，伝奇などのいわゆる「小説」の類があり，「銀字児」とよばれた．煙粉は浮名を流した妓女たちの物語，霊怪は怪談，伝奇は市井の珍しい出来事の物語である．

●言葉から文字へ──話本から平話へ　瓦子における説話人の語りには，多少のアドリブ的な部分はあっただろうが，基本的には台本のようなものがあって語られていた．その台本は「話本」とよばれる．北宋・南宋を通じて，話本はその題目が100種あまり伝えられているが，話本のテキスト自体は残っていない．

　しかし，元の初期になって，話本のいくつかが刊行されてそれらが今日に伝えられている．これらの話本の中には，上段が挿絵で下段がその解説になっているという体裁のものがあるが，解説の文章には俗字や当て字が多く用いられ，読書人を対象とした高級な読み物ではなかったことをうかがわせる．このことは，長年にわたって文化を独占していた知識階級つまり支配階級以外の商工業層の市民の中に，この程度の書物を読みこなして楽しむ者が現れていたことを物語っている．また，これらの話本の中で「講史」に属するテキストは「平話」（「評話」とも書く）と称され，五代の興亡を語る『五代史平話』などがあり，また『三国志平話』『大宋宣和遺事』『大唐三蔵取経詩話』の3種はそれぞれ後代の『三国志演義』『水滸伝』『西遊記』という，明代での白話長篇小説の傑作へと昇華するのである．このように，北宋・南宋を通じて，首都の瓦子で説話人によって語られていた語り物が，きたるべき明代の白話小説の黄金時代の源流を成していたのである．

[竹田　晃]

📖 参考文献
[1]　孟　元老著，入矢義高・梅原　郁訳注『東京夢華録──宋代の都市と生活』東洋文庫，1996
[2]　竹田　晃『中国小説史入門』岩波テキストブックス，2002

元好問と薩都剌——金・元時代の漢詩の大家

　北宋を滅ぼし，南宋と対峙した女真族の政権金（1115-1234），金と南宋を滅ぼし，天下統一を遂げたモンゴル族の政権元（1271-1368），はともに漢民族以外の少数民族が政権を握った王朝である．北方民族の遊牧文化と漢民族の農耕文化との衝突が常に起きている一方で，民族間の文化的融合も急速に進んでいた．金朝と元朝において，漢民族の文化的伝統が途絶えることなく発展を続けたこと，また，漢詩や漢文などの漢文学の作者が漢族に限らず，少数民族からも多く現れたことは，文学の領域における民族融合の一つの表れであろう．

●**金朝の詩と元好問**　黒龍江と長白山のあたりで興起した女真族がつくった金は，北宋を滅ぼし，中原を占拠した．それに伴い，女真族内での漢文化の伝播が活発になり，漢詩は，漢族の知識人だけでなく，女真族の貴族や知識人の間でも好まれ，多くの作者を輩出した．1995年に南開大学出版社が出版した『全金詩』には，534人の作品が収録されている．その数多くの詩人の中で，金朝文学の最高峰に位置し，最も影響力をもっていたのは，末期の詩人元好問である．

　元好問（1190-1257），字は裕之，号は遺山．太原の出身で，北魏をつくった鮮卑族の拓跋氏の末裔である．『金史』文芸下によると，元好問は7歳からすでに詩をつくれるようになり，14歳からの6年間は師のもとで儒家の経典や，百家の学説を広く勉強した．学業を終えると，「箕山」や「琴台」などの詩をつくり，時の文壇の盟主たる人物趙秉文から，杜甫に比肩すると称賛されたため，たちまち世間から注目され，一躍有名になった．興定5（1221）年に科挙に及第し，その後博学宏詞科を経て仕途につく．天興元（1232）年，左司都事に任命されたが，間もなく金がモンゴル軍によって滅ぼされた．新王朝になってから，元好問は仕官せず，遺民として著述に専念した．晩年は，金詩の総集『中州集』と金詞の総集『中州楽府』を編纂し，金代文化の保存に大きく貢献した．

　元好問は，詩，詞，文ともに優れているが，彼の作品の中で，最も優れ，高く評価され，金朝文学の代表ともいえるのは，彼の詩作，特に「喪乱詩」とよばれる作品である．乱世を生き抜いた慈悲深い詩人は，政治の腐敗や社会の動乱，戦争の残酷，民衆の苦難を慷慨の詩風で悲歌し，読む者の心を揺り動かし，一代の詩史として金末元初の波乱の時代を記録したのである．

　元好問の詩学思想は，彼の「論詩三十首」からうかがえる．元好問は，杜甫の「戯為六絶句」に倣い，詩の形態で漢魏から宋までの詩人や流派を論じ，淳正で自然な詩風を主張し，華美で内容軽視の形式主義の詩風を批判した．「論詩三十首」は，杜甫の「戯れに六絶句を為る」を嚆矢とする論詩絶句を発揚し，後の清代

(1644-1911)の王士禛と袁枚などにも影響を与え，中国の文学評論史において大変重要な位置を占めている．

●**元代の詩と薩都剌** 1279年，元が南宋を滅ぼし，モンゴル族による中国全土の支配が始まった．それから1368年に元が明によって滅ぼされるまで，その期間はおよそ90年近い．文学の分野において，元曲といった庶民文化が発達し，輝かしい成果を収めた反面，詩文などの伝統文学は，唐宋の隆盛期と比べ，衰退が著しい．だが2013年に中華書局が出版した『全元詩』に収録された詩人の数は5,000人余りに上り，詩作は14万首である．作者・作品の数からみると，詩の創作が盛んに行われたといえよう．元初の儒学家詩人の劉因，中期の「元詩四大家」と称される虞集・楊載・范梈・掲傒斯，後期の王冕，「鉄崖体」とよばれる自由奔放かつ濃艶怪奇な詩風を独創した楊維楨（号は鉄崖）などは有名であり，何篇かの秀作を残した．しかし全体的にいえば，元代の詩は唐詩を模倣した繊弱な作品が多く，評価の高い作品は少ない．芸術的独創性に欠けるとしばしば指摘される．

図1　薩都剌肖［道光十年刻本『古聖賢像略』］

元代後期になって，薩都剌をはじめとする少数民族出身の詩人による漢詩の創作活動が活発になった．例えば，前述の『全元詩』に収録された詩人の出身は，漢族を除けば，モンゴル，吐蕃，大食，回回，康里，乃蛮など，数十を超える民族に上る．彼らの作品は元詩に多様性をもたらした．

薩都剌（生没年不詳），字は天錫．色目人（西域諸国の出身者）という説もあり，モンゴル人という説もある．最近は，色目人で，イスラム系の答失蛮氏（タシマン）の一族の出身であるとの説が有力である．彼は，幼少期は代州の雁門で過ごした．泰定4（1327）年に進士となり，それからは仕官のため，江南江北を踏破した．その晩年については，官を辞めて後，杭州に寄寓したとの説もあり，方国珍の反乱軍の幕僚になったとの説もある．作品集に，『雁門集』14巻，詩余1巻がある．

薩都剌は本来，宮詞をもって名を馳せた．彼の宮詞については楊維楨が，唐代の詩人である王建，張籍にも引けをとらないと高く評価した．『雁門集』には，「居庸関を過ぐ」（『雁門集』巻一）のような，社会の現実を見つめ，民衆の苦難を題材とする作品もある．詩作の中で，彼の詩人としての才能を最もよく表しているのは，各地を転々としているときに書いた数多くの山水詩である．薩都剌の山水詩は，清新流麗な美をもち，芸術性が高く，草原の美しい景色と遊牧民の生活をうたった「上京即事」（『雁門集』巻六）は，その代表的な作品である． ［郎　潔］

参考文献
[1] 吉川幸次郎『元明詩概説』岩波文庫，2006
[2] 鈴木修次『元好問』漢詩大系20，集英社，1965

明代の詩と詩論——唐詩への復古と性霊の発露

洪武元年（1368），朱元璋が南京において明を建国した．それは同時に，明代文学の幕開けでもあった．明代といえば，白話小説が大きく花咲いた時代である．詩に関しては，その成果は往々にして唐の詩や同時代の小説の陰に隠れ，注目を浴びることは少ないといえる．しかし，通俗文学が大流行した明代においても，詩文の伝統は依然重んじられ，おびただしい数の詩がつくられた．

●**明初の詩壇**　新王朝の成立に伴い，明初の詩壇は早くから活気がみなぎり，多くの詩人と詩派で賑わった．『明史』文苑伝に明初の詩人について，「高，楊，張，徐，劉基，袁凱は詩をもって著る」と語る．劉基，字は伯温，開国の功臣でありながら，詩文における才能にも優れ，元末の乱世を題材にした詩作は特に高く評価される．袁凱，字は景文，「白燕」という詩で一躍有名になり，「袁白燕」と称される．

「高，楊，張，徐」とは，高啓，楊基，張羽，徐賁の四人である．彼らはともに呉の地の出身であるから，当時の人は「呉中四傑」と称した．その中で，最も才能が高く，明初の詩壇の第一人者と目されるのは，高啓である．高啓，字は季迪，号は青丘子．翰林院編集を務めたこともあるが，あっさりと辞めてしまった．後に詩をつくって明太祖朱元璋の好色を諷刺したため太祖の逆鱗に触れ，ついに友人の罪に連坐して処刑された．高啓は，その人となりも，奔放な詩風も，李白から強く影響を受けた．「青丘子歌」はその代表的な一作である．

●**台閣体**　台閣とは，内閣と翰林院をさす言葉である．永楽年間（1403-24）から天順（1457-64）までの数十年間は，明の太平盛世であり，当時の詩壇を牛耳っていたのは，楊士奇，楊溥，楊栄のいわゆる「三楊」である．3人はともに台閣の重臣であり，工整典雅でゆったりとした筆調で太平盛世を謳うことを作詩の趣旨とし，台閣体とよばれる詩風を唱えた．しかし，その作品の多くは無気力であり，内容も乏しい，当時の詩壇はその追随者の凡庸な作品で溢れている．

●**茶陵派**　台閣体の流弊を矯正し，詩壇に新風を送ったのは，成化年間（1465-87）に登場した李東陽を代表とする茶陵派である．李東陽，字は賓之，号は西涯，茶陵の出身である（図1）．詩文集に『懐麓堂集』がある．李東陽は詩法と声調を重視し，杜甫の作品を手本にすべきと主張する．彼の詩学における主張は，後の「前七子」と「後七子」に大きな影響を与えた．

図1　李東陽［『三才図会』］

●**前七子・後七子** 憲宗の成化年間(1465-87)から穆宗の隆慶年間(1567-72)までの詩壇において、影響力が最も大きいのは、いわゆる「前七子」と「後七子」である。前七子とは、主に弘治(1488-1505)・正徳(1506-21)年間に活躍していた李夢陽・何景明・王九思・王廷相・康海・辺貢・徐禎卿の7人で、後七子とは、前七子の文学主張を継承し、主に嘉靖(1522-66)・隆慶(1567-72)年間に活躍した李攀龍・王世貞・謝榛・徐中行・梁有誉・呉国倫・宗臣の7人である。彼らは、格調を重視し、「文は必ず秦漢、詩は必ず盛唐」というスローガンを掲げた。

前七子と後七子およびその追随者の創作は、詩壇にまだ残留している台閣体の流弊を一掃し、明詩に新境地を開いた。しかし、彼らの打ち出した復古主義のもとで、模倣・踏襲の気風が明の中期の詩壇に蔓延し、古人の衣冠を被ったような内容の空疎な作品がたくさんつくられた。

●**公安派と竟陵派** 万暦年間(1573-1620)、王陽明の心学と李贄の「童心説」の影響を受け、前七子と後七子の復古主義に対抗して、公安派が「性霊説」を掲げて、詩壇に登場した。公安派の代表人物は、湖北省の公安県出身の袁宗道・袁宏道・袁中道の三兄弟、いわゆる「三袁」である。公安派は、「独抒性霊、不拘格套」[独り性霊を抒べ、格套にこだわらず](袁宏道「叙小修詩」)と、個人の性情を自由に伝えることを唱えた。公安派は、七子派の模擬踏襲の流弊を指摘し、詩壇に新風を吹かせることはできたが、性霊のみ強調した結果として、浅薄な作品も多かった。この問題を解決しようと、詩壇に登場したのは、竟陵派である。

竟陵派は、湖北の竟陵出身の鍾惺と譚元春を代表とする。公安派と同じく、性霊の発露を重視した。しかし、竟陵派のいう性霊は詩人個人の性霊ではなく、古人の詩詞作品の中から得た性霊である。竟陵派は浅薄な詩風を避けるため、幽深孤峭な詩風を唱道する。しかし難字・険韻を過度に使った結果として、わかりづらい作品が多かった。

●**明末の詩壇** 明末、国家存亡の危機に際し、多くの志高き詩人たちは、国を救うに献身的に行動し、時勢の挽回こそできなかったが、力を尽くし、場合によっては、命さえ捧げた。彼らは憂国の念と不屈の志をもち、激動の明末の歴史を記録し、詩壇の空疎な詩風を変え、低迷が続いた明詩の最後に力強い作品でピリオドを打った。陳子龍と夏完淳がその代表的な詩人である。

全体的にみると、明代の詩の作者・作品・流派は多く、詩壇に新しい活路を見出すための努力を重ねてきた。その模索は復古主義に陥ったり、あるいは個人の偏った趣味にふけったりしがちで、成功したとは言いがたいが、後の清代における詩の繁栄につながり、詩の復興に大きく貢献した。 [郎潔]

📖 **参考文献**
[1] 吉川幸次郎『元明詩概説』岩波文庫, 2006

三国志演義──魏・呉・蜀の英雄叙事詩

『三国志演義』(以下『演義』)とは,魏・呉・蜀の三国時代(220-280)の治乱興亡を描く歴史小説.『水滸伝』『西遊記』『金瓶梅』と並び称される四大奇書の一つ.『三国志伝』,『三国志通俗演義』など種々の書名がある. 宋代(960-1279)や元代(1271-1368)に流行した三国志の語り物と陳寿(233-297)の正史『三国志』などの歴史書を基礎として編纂されており, 成立年代についてはいまだ定説がないが, 羅貫中なる人物の手によって明代(1368-1644)に成立したと考えられる. 日本へは江戸時代前期に伝来し, 満洲語訳に続いて世界で2番目に早い翻訳の『通俗三国志』が出版されている.

●『三国志演義』の梗概　後漢末に黄巾の乱が勃発し, 群雄の割拠する時代へと突入する. 霊帝(在位168-189)の死後, 後継者問題をめぐる争いが起こり, 董卓は劉協を献帝として擁立する. 董卓の専横を快く思わない王允は呂布に董卓を殺させる. 袁紹, 袁術, 曹操, 孫堅ら各地の軍閥が死闘を繰り広げる中, 曹操は献帝を手中に収めるとライバルを相次いで討ち滅ぼし, 中原を支配下に置く. 漢の皇室の末裔である劉備は, 桃園の契りを結んだ義兄弟の関羽と張飛, さらには趙雲たちを引き連れ各地を転戦していたが, 三顧の礼をもって諸葛孔明を参謀に招聘し, 以後「天下三分の計」に従って漢の復興をめざす. 劉備は孫権と同盟を結び, 南下してきた曹操軍を赤壁で破り, 四川全域を占領し勢力を拡大するが, 孫権によって関羽を殺される. 曹操が死ぬと, 息子の曹丕は皇帝の位を簒奪して国号を魏とする. 劉備も蜀漢の皇帝となり, 関羽の敵討ちで呉へ親征するが, 敗れて白帝城で病死し, 後事を孔明に託す. その後, 孫権も呉国を建てる. 孔明は雲南征伐によって後顧の憂いを無くし, 前後6回, 北伐を試みるが, 志半ばで五丈原にて病没する. 姜維が孔明の遺志を継いで中原を奪還しようとするが果たせず, 逆に蜀は魏によって滅ぼされる. 曹丕の死後, 司馬炎は魏を簒奪して晋を建てる. 晋が呉を攻め滅ぼし, 三つに分かれた中国は再び統一される.

●『三国志演義』の成立史　宋代に「説三分」とよばれる三国志の講談があったことが『東京夢華録』などに見える. こうした講談を読物にしたのが元の至治年間(1321-23)に福建で出版された『全相三国志平話』である. この書は毎葉上図下文の体裁をとり, その中の「桃園結義」「三戦呂布」「三顧草廬」「借東風」など主だった話柄は現行の『演義』にも受け継がれている. 作者と目される羅貫中は『三国志』や『資治通鑑綱目』などの歴史書を軸に, 巷間に流布する三国志物語を集大成し, 『平話』の10倍の分量になる中国初の長篇章回小説をつくりあげたにもかかわらず, 生卒年や経歴など詳しいことはほとんどわかっていない.

『演義』は白話小説の嚆矢とされるが，文章は平易な文語を主とし，口語表現を時おり交える文白混淆体となっている．原本の手稿は発見されていないが，刊本は明の嘉靖年間（1522-66）以降，版を重ね，12巻本系統の嘉靖元（1522）年張尚徳序『三国志通俗演義』や20巻本系統の嘉靖27（1548）年元峰子序『新刊通俗演義三国志史伝』など多くの異本が存在する．その中で清代（1644-1912）の初期に毛綸・毛宗崗（1632-1709）父子が整理して批評を加え，「四大奇書」「第一才子書」などと銘打たれた，いわゆる毛宗崗本が清代半ばに通行本としての地位を確立し，今日に至る．

●**『三国志演義』の影響** 『演義』はしばしば「七実三虚」と評されるように，史実と虚構のバランスが絶妙とされ，小説というジャンルに軽蔑の念を抱いていた当時の知識人にもよく読まれ，通俗小説の地位の向上をもたらした．その後，『列国志伝』『唐書志伝』『南北宋志伝』など各王朝を題材とする小説が『演義』に範を仰いでつくられ，講史小説という一つのジャンルが形成されるまでになったが，『演義』を超えるものは出ていない．

語り物や演劇の世界では，元代の雑劇のように『演義』とは異質の作品が演じられていたが，『演義』の普及に伴い小説の影響が色濃くなってくる．なかには，明の成化年間（1465-87）に刊行された『成化説唱詞話』の一つで，関羽の息子関索を主人公とする語り物「花関索伝」，清の乾隆年間（1736-95）に筆写された弾詞「三国志玉璽伝」，京劇や崑劇の演目《斬貂蟬》《蘆花蕩》など，古い三国志物語の痕跡や小説に依拠しながらも独自の発展が認められるものもある．

翻って日本では，元禄2（1689）年から元禄5（1692）年にかけて湖南文山が訳した『通俗三国志』が出版されると，これに触発されて黄表紙などの翻案物が生まれ，歌舞伎や人形浄瑠璃，浮世絵の世界でも三国志が題材としてもてはやされた．幕末の天保7（1836）年から天保12（1841）年に刊行された『絵本通俗三国志』は葛飾戴斗二世の挿絵のレベルが高く，昭和中期以降，毛宗崗本を底本とする立間祥介訳や小川環樹訳が登場するまで，活字の洋装本に姿を変えながら出版され続けた．日本での影響において特筆大書すべきは昭和14（1939）年から昭和18（1943）年まで新聞に連載された吉川英治（1892-1962）の小説『三国志』である．独自の歴史観に裏打ちされた本作の反響は大きく，その後の三国志に関連する作品は，横山光輝の漫画『三国志』（1971-86）やNHKの人形劇《三国志》（1982-84）など，吉川『三国志』を意識したものが少なくない．平成以降，小説や漫画，アニメ，コンピューターゲームなどがタイアップする作品が量産され，原作の設定だけを借りたものも多いが，21世紀の三国志文化を世界のどの国よりも豊穣なものにしている．

［上田 望］

📖 **参考文献**
[1] 金 文京『三国志演義の世界』増補版，東方書店，2010

水滸伝──梁山泊の豪傑たち

　『水滸伝』は，明代（1368-1644）に成立した長編白話小説．北宋末，徽宗の時代を舞台に，多様な個性をもつ豪傑たちが暴れまわり，それぞれ紆余曲折を経る．それぞれ星の生まれ変わりとされる108人が「水滸」（水のほとり）梁山泊に集結して大いに官軍を破り，後に首領宋江らの主導で朝廷に帰順して北征南伐に大功を立てるも，その途上で多くの豪傑が戦死・離散．宋江も讒言により悲惨な最期を遂げるまでを描く．物語の前半では，道教の聖地，龍虎山に遣わされた勅使が伏魔殿を開けさせて中に封じ込められていた108の魔王（星）を逃がしてしまったという発端と，史進・魯智深・林冲・武松ら豪傑の活躍が銘々伝風に丁寧に描かれる．例えば，花和尚魯智深の物語は史進が延安府の軍官・魯達と知り合う場面から始まる．魯達は地元の顔役・鄭屠に騙され苦境に陥った旅芸人の親子を助けようと鄭屠を殴って死なせてしまう．逃亡して五台山で出家し智深の法名を授けられたものの，奔放な性格と酒好きゆえ騒ぎを起こしたためいられなくなり，首都・開封の相国寺に向かう．途中，たまたま再会した史進とともに瓦缶寺を占拠していたならず者をやっつけたりし，開封到着後，禁軍（近衛軍）の教頭・林冲と知り合い，この後は林冲中心の物語となる，という具合である．物語中盤からは，豪傑の個別の物語と梁山泊の拡大が絡み合いながら進み，第71回で108人が勢揃いする．天から降った石碣により星の生まれ変わりとわかった後は，梁山泊と官軍の戦い，招安（帰順）への動きとそれに伴う摩擦，帰順後の遼や反乱軍との戦い，と，梁山泊集団全体の動きが中心に描かれることになる．

●**歴史上の宋江**　北宋末の宋江については断片的な記事が各種史料にみえるが，曖昧な記述や相互に不整合な点があるため，その解釈については諸説ある．盗賊宋江が山東河北一帯を横行したとする記述，海州の知事張叔夜が宣和2年（宣和3年とする史料もある）に宋江を破り，投降させたとする記述，江南の方臘の乱（1120～21）の鎮圧に宋江なる人物が参加したとする記述が複数の史料にみえる．さらに，方臘の乱が平定された後の宣和4（1122）年に，方臘征討に参加した将の一人，折可存が「草寇」宋江を捕えたとの記述を含む史料も出土している．

●**『水滸伝』成立と版本**　宋江らの事蹟は伝説となって広まり，語り物や演劇でも取り上げられ，膨らんでいったと考えられる．宋～元代の語り物の演目名として「青面獣」「武行者」「花和尚」などがみえる（『酔翁談録』）ほか，北宋末の歴史を扱い大部分が史書の抄録から成る『大宋宣和遺事』の一節には，36人の豪傑の名簿を含む宋江らの物語がみえる．また，元～明前期の雑劇の演目名に，「梁山泊黒旋風負荊」「燕青射雁」など，後に『水滸伝』の豪傑として知られる名・

あだ名を含むものが多くあり（『録鬼簿』『太和正音譜』『録鬼簿続編』），その中には明後期のテキストが現存するものもある．これらのテキスト，また皇族朱有燉（とん）（1379-1439）作の雑劇，明後期に宮廷で演ぜられたと推定される雑劇の脚本や李開先（1502-68）の伝奇（南曲）『宝剣記』にも，現存の『水滸伝』にはないエピソードや相互に異なる設定が含まれており，さまざまな形態による多様な物語群が流動変化しつつ流伝していたことがわかる．小説『水滸伝』はこうした多様な物語群を基礎として成立した．『水滸伝』の作者として，『水滸伝』に関する早期の記録や，早期の刊本の冒頭にみえる施耐庵（したいあん）・羅貫中（らかんちゅう）の名があげられてきたが，いずれもどんな人物かは不明である．こうした成立の経緯から，彼らは作者というよりはむしろ集大成を行った人物・最終的な写定者とみるべきであろう．

　『水滸伝』の流動・変化は，いったん小説としてまとまった後も続き，白話小説の中でも版本の分化が激しい小説の一つとなっている．さまざまな分類法があるが，文章が削節（簡略化）されていない文繁本と，これを削節して成立したと考えられる文簡本とに大別することが多い．容与堂本（100巻100回，万暦38〈1610〉年序（り））など，文繁本の多くは江南の書肆（出版業者）が出版しており，李贄（字は卓吾）ら著名人の名を冠した批評や美麗な挿図を具えたものも多い．文簡本は，福建の書肆が刊行した上図下文本の流れを汲む系統（現存最古の完本は万暦22年〈1594〉双峰堂刊本）が主流であった．毎頁簡単な絵を上部に，節略した文章を俗字も多用して下部に配し，おそらく文繁本に比べより庶民的な階層をターゲットとしていたと推定される．書肆や編集者が読者を獲得すべく知恵を絞ったと思われ，小説という形態での受容だけとっても読者層が多様だったことがうかがわれる．

●『水滸伝』の受容と影響　『水滸伝』は，誨盗（盗みを奨励する）の書としてたびたび禁書とされながらも実際には多くの版本が流通し，陳忱（ちん）『水滸後伝』・青蓮室主人『後水滸伝』・兪万春（ゆばんしゅん）『結水滸伝（蕩寇志（とうこうし））』などの続編や模倣作も多数生まれ，さまざまな形態で受容されていった．語り物・演劇・民間芸能・年画などを通じ，読み書きができない人々にも広く享受され，豪傑たちの名やあだ名，『水滸伝』中のスローガンなどが盗賊・反乱軍・秘密結社などにも利用された．

　一方，明後期以降の文人による戯曲や批評からは，読書人層にもかなり浸透していたことがうかがわれる．『水滸伝』は朝鮮や日本にも伝わり，原本・和刻本・翻訳（『通俗忠義水滸伝』『新編水滸画伝』など）で多くの読者を獲得し，李氏朝鮮で許筠（きょいん）『洪吉童伝』，日本で山東京伝『忠臣水滸伝』，滝沢馬琴『南総里見八犬伝』などの作品が生まれる契機ともなった．

〔笠井直美〕

📖 **参考文献**

[1]　高島俊男『水滸伝の世界』ちくま文庫，2001
[2]　松村昂・小松謙『図解雑学 水滸伝』ナツメ社，2005

西遊記──強いか弱いか孫悟空

　『西遊記』は明代に集大成された章回小説（主に「回」という単位で章を区切った小説）で，『三国志演義』『水滸伝』『金瓶梅』と並ぶ四大奇書の一つに数えられる．唐初の高僧玄奘三蔵(602-664)が単身インドへ渡り多数の仏典を持ち帰った史実が伝説化されたもので，観音菩薩に導かれた玄奘が，サルの孫悟空，ブタの猪八戒，青黒い顔の沙悟浄という三人の神通力をもつ弟子に守られ，龍が変じた白馬に乗って，金角大王と銀角大王の兄弟や牛魔王一族などあまたの妖怪変化の妨害を中心とする81の厄難を退けながら，天竺国の釈迦如来のもとへ経典を取りに行く西天取経の物語を描く．宋・元・明を通じて語り物や平話，戯曲などさまざまな通俗文芸で多彩な発展を遂げた末に，16世紀後半に白話（口語体）で書かれた全100回の章回小説のかたち（百回本）にまとめられた．

●**作者について**　明代の版本に作者として羅貫中や施耐庵の名が記される『三国志演義』や『水滸伝』と異なり，明代の『西遊記』諸版本には作者の名を記すものはなく，現存最古の百回本の序には作者は不明だと書かれている．清代には金末元初の道士丘処機を作者としてあげる版本が現れたが，その旅行記『長春真人西遊記』を章回小説のことだと誤解したにすぎない．20世紀前半には明代の呉承恩（1500頃-82?）が作者だというのが一度は定説となった．彼に『西遊記』なる著作があったとの記録は確かに残っているが，それも章回小説とは別の作品である可能性が高いとの有力な批判が現れたため，中国では今も賛否相半ばするが，日本では1980年代以降は作者不詳とするのが主流になっている．

　いずれにせよ，『三国志演義』も『水滸伝』も『西遊記』も，異なる時期に異なる人物によって書かれた話同士を繋ぎ合わせたり，誰かの文章に後から別人が大きく手を加えたり，といったことが繰り返し行われた末に明代後期に章回小説として集大成されたうえで，その後も大なり小なりの改変を受けつつ版を重ねてきたものなので，「全篇を通して創作した人物」という意味での作者はそもそも存在し得ない．『西遊記』の作者論争で問題にされているのは，「16世紀後半に百回本の章回小説にまとめた人物」が誰かということだ．対して，『三国志演義』の羅貫中や『水滸伝』の施耐庵（ないし羅貫中）の場合は，「明代後期に章回小説にまとめられた作品の直接の源流となった祖本を，元末明初に整えた人物」という意味で明代以来「作者」と称されてきたと理解すべきである．

●**メインキャラクターの呼称**　玄奘とその三人の弟子は，日本では三蔵法師，孫悟空，猪八戒，沙悟浄とよばれるのが一般的である．しかし，本場中国では，それぞれ唐僧，孫悟空（まれに孫行者），猪八戒，沙僧または沙和尚とよばれるこ

とが多い．中国人と『西遊記』の話をする際は，唐僧や沙僧というのが誰なのかわからないと話がかみ合わないだろう．百回本の設定では「行者」「八戒」「和尚」は三蔵法師が付けた通称で，「悟空」「悟浄」は出家の際に姓とともに与えられた法名である．そして，日本ではさっぱり知られていないが，猪八戒にも「悟能」という法名がちゃんとある．「悟能」（Wùnéng）は「無能」（wúnéng）と声調は異なるものの同音なので，歇後語（しゃれ言葉）の古典的な定番ネタになっており，中国ではよく知られている．

●元祖「味方になると弱い」は孫悟空!?　沙悟浄を河童にするのは日本だけだとか（そもそも河童自体が日本独自の妖怪だ），日本の三蔵法師は美人女優が演じる役だが中国の唐僧は貫禄のある中年男性が演じる役だとか（百回本の唐僧はふくよかな美青年なので，日中どちらも少しずれている），キャラクターのイメージも日本と中国とでは違いがある．しかし，孫悟空は天下無双の強さを誇るというイメージは共通だ．ところが，百回本を読む限り，悟空は意外と苦戦が目立つ．確かに，序盤に天界で大暴れする際は，何十人もの神々を一人で蹴散らすほど強い．しかし，三蔵法師の弟子として妖怪と戦う際には，簡単に勝ってしまっては面白くならないという話の都合もあり，緒戦はほとんど痛み分けか負けで，昔蹴散らした神様やより高位の神仏に助っ人を頼んでようやく勝つことが多い．三蔵法師や神仏たちの視点に立てば，悟空は現代の漫画やゲームによく出てくる「敵の時は強かったのに，味方になったら弱くなる」キャラクターのはしりといえよう．逆に悟空の視点からみれば，しばしば助っ人に来る哪吒太子や二十八宿の星官たちは，「敵の時は弱かったのに，味方になったら頼もしい」という，現代ではあまりお目にかかれないタイプのキャラクターということになる．

　なお，悟空が苦戦するのは妖怪が高位の神仏から盗んで使う宝物の威力によることが多いが，悟空は天界で暴れた際にそうした高位の神仏とはほとんど戦っていない（神仏の中でも別格のお釈迦様には挑んでいるが，ご存知のとおり手のひらから飛び出せずに完敗を喫している）．それに，悟空にはお釈迦様に敗れてから500年間も山の下に閉じ込められていたというハンデもあれば，天界で暴れた際に身に着けていた龍王の宝の武具も，武器の如意金箍棒を除いて没収されている．こうしてみると，意外とつじつまが合うところもある．妖怪に苦戦することで悟空が弱くみえてしまうということもなく，悟空は強キャラとしてのイメージを今も保っている．それが果たして「作者」が意図したものか，それとも何人もの手を経たうえでの偶然の配剤かはわからないが，さすがに400年以上も読み継がれている傑作だけのことはある．

［上原究一］

📖 **参考文献**
[1]　中野美代子『なぜ孫悟空のあたまには輪っかがあるのか?』岩波ジュニア新書，2013
[2]　磯部彰『旅行く孫悟空―東アジアの西遊記』塙書房，2011

金瓶梅――日常を描いて奇に至る

四大奇書とよばれる作品のうち,『三国志演義』『水滸伝』『西遊記』は英雄豪傑や妖怪変化の活躍に満ちている．ところが残る『金瓶梅』に出てくるのは等身大の人物ばかりだ．ページをめくれば，男女の密通や女同士のつばぜり合い，さらには宴会や年中行事の細かい描写が延々と続く．いったい「奇」はどこにあるのか．

『金瓶梅』という題は，潘金蓮，李瓶児，春梅という三人の女性人物から取られている．これら女性陣のお相手をつとめるのが西門慶だ．もともと西門慶と潘金蓮は『水滸伝』の登場人物である．虎殺しの豪傑・武松の兄だが風采のあがらない武大に嫁いだのが潘金蓮で，その浮気相手が西門慶．二人は共謀して武大を病死にみせかけ殺害するが，事は露見し二人は武松によって血祭りに上げられ

図1 『金瓶梅』第9回挿絵〔『新刻繡像批評金瓶梅』北京大学図書館蔵〕

る――という『水滸伝』のエピソードを，二人が生き延びたことにして書き継いだのが『金瓶梅』である．図1は武松が西門慶ではなく別人を酒楼の二階から投げ落とす場面の挿絵で，逃げ出した西門慶が背後に描かれている．実はこの挿絵も，『水滸伝』の同場面の挿絵をパロディとしたものである（もちろん『水滸伝』では西門慶本人が投げ落とされており，酒楼の様子が画面いっぱいに描かれる）．

●成立と版本　『金瓶梅』の書かれた時期には諸説あり，嘉靖年間（1522-66）とも万暦年間（1573-1620）ともいわれる．この小説の存在が文献上初めて確認されるのは万暦20（1592）年頃のこと．それから最初の刊本『新刻金瓶梅詞話』（詞話本，1617）が出るまでの数十年は，文人の間を写本で流通する，入手困難な書物だったようである．作者については多くの候補があげられているが，確実な証拠はみつかっていない．詞話本には「欣欣子」による序があって，その友人「笑笑生」が作者であると記されているが，もちろんどちらも変名である．いずれにせよ，従来の白話長篇小説のような口頭芸能としての前史をもたず，一人の作者によって創作されたと思われる点で，画期的な意味をもつ作品である．

詞話本に続き，冒頭を書き換えたほか全体にスリム化を図った『新刻繡像批評金瓶梅』が現れた．挿絵の刻工名などから崇禎年間（1628-44）の刊行と推定されている．この本文に張竹坡（1670-98）が批評を施した『皐鶴堂批評第一奇

書金瓶梅』(1695) が清代に入って現れ，最も普及した版本となった．

●**舞台と物語** 物語の舞台は清河県（現・河北省）で，『水滸伝』の陽穀県（現・山東省）から変更されている．ただし作中の都市描写には，むしろ明代後期の北京に一致する点が多いことが指摘される．西門慶の暮らしぶりについても，当時の秘密警察・錦衣衛の高官の生活をモデルにしているのではないかとの説がある．

薬種商を営む西門慶には呉月娘という正妻がいるが，潘金蓮のほか孟玉楼や李瓶児を次々に娶って妾とし，潘金蓮の下女だった春梅にも手をつける．作品前半の西門慶は，官職を与えられ商売の手を広げ，李瓶児との間に息子・官哥が生まれるなど，社会的にも家庭的にも上り調子だが，後半に入ると潘金蓮の奸計によって官哥は命を落とし，最愛の李瓶児をも病で失う．ついには西門慶自身も潘金蓮に大量の媚薬を飲まされ絶命し，以後の物語では残された妻妾たちの離散と，多くは悲惨な末路とが描かれる．このように，全篇としてみると西門慶の家の隆盛と凋落とが対称的に配された構成になっている．西門慶が自らの死を招く媚薬を得るのが物語の中間点（全100回中の第49回）なのは，象徴的である．

●**描写と引用** 『金瓶梅』の描写は細かいことで名高い．時代設定は『水滸伝』を引き継ぎ北宋末となっているが，実際には明代の社会風俗が描かれ，当時の飲食物・衣服・家具調度などを知る資料としても高い価値をもつ．人物描写にもすぐれ，特に女性の性格や口吻を描きだす筆致は冴えており，従来の作品に比べ複雑さと陰影に富んだ女性像が描き出される．描写が緻密なだけ物語の進行は遅くなり，中盤では全100回のうち40回をかけて一年間が描かれる（このような進行を，まるで帳簿のようだと揶揄する評も古くからある）．性描写でも有名な作品で，多彩な情況の房事が描かれ，台詞や小道具も生々しい．比喩などによる間接的な描写のほか，分量的にさほど多いわけではないが，局部を露骨に描く箇所もある．

『金瓶梅』は『水滸伝』のほかにも多くの既存作品を素材として活用していて，白話短篇小説や公案小説の筋を取り込んだり，戯曲や宝巻の上演風景を描いたりしている．俗曲を歌わせることで人物の心情を描く手法は，これ以前にみられないといわれる．また，性描写には明代の文言色情小説『如意君伝』の影響も指摘される．

●**奇の内面化** こうして描かれる作品世界は読者を取り込まずにおかない力をもっていて，読者はしばしば好ましからぬ作中人物に感情移入している自らに気づく．血沸き肉躍る活劇ではないにもかかわらず，『金瓶梅』は読者の内面を平静に保ってはくれない．現実と地続きの小説空間に等身大の人物たちを緻密に描き，読者の精神にドラマを起こそうとする構想の斬新さが，『金瓶梅』を奇書たらしめている．『金瓶梅』の「奇」は読者の内面に生起するのである．

［田中智行］

三言二拍——浮世の万華鏡

「三言二拍」は，明末の馮夢龍（1574-1646）の編んだ短編白話小説集「三言」，および凌濛初（1580-1644）の編んだ「二拍」を合わせた総称である．「三言」は，『古今小説』（『喩世明言』），『警世通言』（1624），『醒世恒言』（1627）の3種で，いずれも書名に「言」の文字を含んでいることから「三言」とよばれ，それに次いで生まれた『初刻拍案驚奇』（1628），『二刻拍案驚奇』（1632）は，「拍」の文字を取って「二拍」とよばれる．

これら5種には，それぞれ40篇の短編白話小説が収められ，全部で200篇の物語が収められている（ただし『二刻拍案驚奇』巻40は戯曲なので，正確には199篇の短編小説）．そこに収められた物語は，時代的には古代から明代までの幅広い時間にわたり，内容的にも恋愛物あり，歴史物あり，事件物あり，宗教物ありと広い範囲に及んでいる．それは，さまざまな物語を収めた玉手箱，浮世の万華鏡のようなものである．

その各篇にも，古くから伝えられた話や創作された話など，さまざまな来歴のものが含まれている．なお，「三言二拍」がすべて刊行されてからほどなく，その中から40篇の物語を選んだ選集『今古奇観』が刊行され，中国ではそちらがより広く流通したために，「三言二拍」の原本の方はあまり顧みられなくなってしまった．そして，20世紀に入ってから日本の図書館に所蔵されていた「三言二拍」の原刊本が発見され，中国に逆輸入されたという因縁もある．

「三言二拍」は江戸時代の日本に伝わり，原文に訓点送り仮名，そしてわかりにくい口語の語彙にはその意味を添えて翻刻した岡白駒，澤田一斎らによる『小説三言』などが刊行された．そしてまた「三言」の作品は，都賀庭鐘の『英草紙』，上田秋成の『雨月物語』などの原拠にもなっている．『雨月物語』の「菊花の約」「蛇性の婬」などの話は，いずれも「三言」の話を日本風にアレンジした作品なのである．

●**馮夢龍と凌濛初**　「三言」の編者馮夢龍は，蘇州の人である．軽工業都市，商業都市として，中国随一の繁栄を誇っていた明末当時の蘇州にあって，経済的にも豊かな家庭に生まれ，科挙の受験勉強に励んでいたが，試験には何度受けても合格できなかった．そのような馮夢龍は，一方で当時盛んになりつつあった出版界に顔がきき，多くの書物の編纂出版に携わっている．科挙の参考書である『麟経指月』，戯曲集『墨憨斎定本伝奇』，蘇州地方の民間歌謡集『山歌』などがある．そもそも白話（俗語）で書き記された小説は，それまで知識人の目からは，価値の低いものと考えられていたのだが，馮夢龍は民衆の価値を発見することによっ

て，戯曲，小説，歌謡など，通俗文学に関心を寄せたのだと思われる．

凌濛初(りょうもしょ)は，呉興(ごこう)(浙江省)の人である．上海県丞(けんじょう)(副知事)になっている．凌濛初は，馮夢龍の「三言」に刺激され，「二拍」を編んだことを，序文において述べている．「二拍」の方に，どちらかといえば，新しく書き下ろされた作品が多く含まれている．

●油売りが花魁を独占すること 「三言二拍」のたくさんある作品の中から，一つだけ話をあげてみたい．よく知られる一篇『醒世恒言(せいせいこうげん)』巻3「売油郎独占花魁(おいらん)」(油売りが花魁を独占する)である．

図1 王美娘と秦重
[戯曲「占花魁」挿絵]

> 　南宋のはじめ頃，臨安(杭州)の色町に王美娘という花魁がいた．たいへんな売れっ子であったが，そんな高嶺の花の彼女にしがない油売りの秦重(しんじゅう)が，一目ぼれしてしまう．毎日少しずつお金を貯めていけば，いつか彼女に会えるではないかと，せっせと働き，秦重は彼女に会うためのお金をつくる．やっと彼女に会えることになったその晩，秦重が彼女の部屋で待っていると，美娘はほかの席で酔っぱらってすぐに寝てしまう．秦重はそれでも一晩中彼女を優しく介抱した．翌朝，秦重のうち明け話を聞いて，美娘は心を打たれる．美娘は，秦重ほどに真心から自分を思ってくれる人はいないことを知るが，その後会う手だてもないままに時が過ぎた．一年ほどたったある日，美娘がたちの悪いお客に連れられて遊びに出かけ，そのまま外に放り出されてしまった時，偶然秦重と再会し，秦重は彼女を助けて家まで送ってやる．美娘はその晩秦重を家に泊めて厚くもてなし，自分の貯めたお金で身請けしてほしいと頼む．かくして油売りの誠が天に通じ，二人は結婚し，幸せに暮らした．

しがない油売りの秦重は，その誠実さによって，高嶺(たかね)の花ともいえる彼女の心をとらえることができた．このような真の人間的価値が，高官や富商にではなく，一介の庶民の中に認められる．これほどまでに庶民を肯定的に描いた作品は，中国文学作品の中にも多くはない．なお，この物語は日本に伝わって，「紺屋高尾(こうやたかお)」の話になっている．

[大木 康]

📖 **参考文献**
[1] 抱甕老人編，千田九一・駒田信二訳『今古奇観』上・下，平凡社中国古典文学大系37，1970
[2] 大木 康『明末のはぐれ知識人―馮夢龍と蘇州文化』講談社選書メチエ，1995

隋唐演義と楊家将演義
——歴史と伝奇のはざま

　本項の主題である『隋唐演義』や『楊家将演義』のように，タイトルに「演義」のつく物語は，今では書物で流布していても，本来は寄席で口演された語り物，つまりわが国の講談または軍談にあたる．長大な歴史を有する中国文化にあって，この種の演し物の起源は宋代（960-1279），北宋の首都汴京（現・開封）また南宋の首都臨安（現・杭州）など，都市文化の栄えた商業の中心に集った人々に，娯楽として提供された話芸にあるとされ，時代をさかのぼっても唐に至るのがせいぜいといわれる．だが，つとに京都大学の宮崎市定教授（当時）が指摘されたごとく，すでに語り物の伝統はこれにさかのぼること1,000年，紀元前1世紀初に書かれた司馬遷『史記』（「荊軻伝」など）にもその存在が認められる．

●**説書**　こうした話芸には決まった作者はない．仏教の説教に由来する俗講（『西遊記』など），恋愛物（『白蛇伝』など）を扱う小説といった分類があるが，『隋唐演義』と『楊家将演義』は正史に基づいた話を大幅に脚色して明代につくられた歴史物で，『三国志演義』などとともに講史とよばれる部類に属する．この二つの物語は，わが国ではあまり一般になじみがないが，実は中国では知らぬ者がないほど人口に膾炙している．例えば『隋唐演義』（全百回）前半の主人公秦叔宝は，唐の太宗李世民が凌煙閣にその絵姿を描かせた二十四将の一人で，これまた豪傑で知られた尉遅敬徳とともに門神とされており，今日でも中国の（旧）正月にその絵姿が左右の門柱に貼られ，悪神の進入に睨みを利かす「年画」の主人公として，子どもにもなじみの英雄である（図1）．

●**『隋唐演義』**　物語は前半が，漢の滅亡後天下再統一を果たした父文帝を殺し，帝位を簒奪した隋の煬帝の遊蕩と悪政を語る．ただ煬帝，さらに朱貴児・薛冶児・袁紫煙など取り巻きの美女たちも，決して無道一辺倒に描かれてはおらず，風流君子の雅遊の趣きを呈する．これに隋朝の滅亡を告げる煬帝の凶夢が加わり，これまた講談として有名な『岳飛伝』の主人公岳飛もどきの，秦叔宝の青年時代の遍歴と，仲間の侠客単雄信らの『水滸伝』ばりの活躍が絡む．そしてそれと並行して，隋を滅ぼして唐王朝（618-907）を建ちあげる高祖（李淵）と次男の太宗（李世民）の話が進行する．太宗の地獄めぐり，また老齢の父に代わって北敵との戦に出陣する男装の烈女花木蘭その他，美男美女・名将軍師の話も欠けてはいない．

　後半に入ると，唐の御代も太平に慣れて，唐朝成立の過程で滅ぼされた魏公李密の霊が仇を報ずべく女の武照に生まれ変わり，第三代高宗の妃となって帝位を簒奪，中国唯一の女帝則天武后として「周」を称し国政を壟断する．だがこれも

専権が祟って権力を失い，中宗・睿宗を経て太子隆基が即位，玄宗となる．ただ玄宗も，治世の初めこそ政務に恪勤して「開元の治」を讃えられるが，歳とともに政事に倦んで高力士や楊国忠，安禄山らを近づけ，楊貴妃の色に溺れて天下は紊乱する．遂には一時国が倒れ，安禄山・史思明の乱と続いて玄宗は退位・幽閉されて，兵士達に迫られ，馬嵬で見殺しにした楊貴妃を偲びつつ寂しく死ぬ．それもいかにも道家風に，仙郷に派遣された宦官が，玄宗は煬帝の寵

図1 慰遅敬徳門神（左）と秦叔宝門神（右）の年画［印刷博物館蔵］

姫だった朱貴児の生まれ変わり，また楊貴妃は煬帝の生まれ変わり，「前世の宿縁を果たすためにかくなった」と，仙人に種を明かされて大尾となる．

●楊家将演義　『楊家将演義』（五十回物の回章小説の方は，明の熊大木編）の方はその200年後，北宋（960-1127）の世，南の呉越を滅ぼして中国統一を図る第二代太宗（趙匡義）は北漢を攻めた際，代州（現・山西省北部）の軍閥楊家の棟梁楊業を帰順させるのに成功する．これで宋は北漢を取り，さらに北の異民族国家遼と直接対決することになる．戦場では無敵と謳われた楊業も，宋国内の文武官僚の争いに巻き込まれては力を発揮することができず，将軍で国舅（皇帝の外戚）でもある潘仁美の裏切りにより，遼軍との必敗の戦いに追いやられ，壮絶な討死を遂げる（英雄を蛮族に討たせることはできぬので，楊業は軍から離れ一人で敵地を彷徨ううち偶然漢の李陵――武運拙く匈奴に敗れて囚われ，その敗戦を弁護した司馬遷が武帝の怒りを買い宮刑に処せられて『史記』を書くことになるあの李陵――の碑に行きあたり，墓石に頭を打ちつけて自殺を遂げる）．

楊業の死後，遺児の七兄弟と二姉妹，さらには妻の佘賽花や，孫の宗保とその嫁穆桂英までもが，今や祖国となった宋のために外敵に向って出征，大功を樹てる．だがまた次々と戦没もして，遂に一門が絶える．愛国一族の武勇の物語である．中華思想の権化中国人にとってこうした外敵排撃の話は大いに受けるところであって，同じ排外愛国物語『岳飛伝』と並んで，京劇（『四郎探母』『楊門女将』など）や地方劇の題材として盛んに取り上げられた．続編『万花楼演義』また『五虎平西・平南』も書かれ，こちらになると『封神演義』や『西遊記』同様に多くの妖怪や変化が登場，今日でも民衆の間で絶大な人気を誇っている．

［西本晃二］

金聖歎の文芸批評──評点式小説批評の完成

　文学作品に対し評点（文章の周囲につける批評の言葉と，見所を示す圏点）をつける行為は宋代に始まったといわれているが，明代（1368-1644）には，白話小説・戯曲など，俗文学の出版が盛んになり，これらにも評点がつけられるようになった．例えば『焚書』などの著作において俗文学の価値を認めたことで知られる李贄（字は卓吾）の名（ほとんどの場合は偽託だが）を冠した評点「李卓吾先生評」を付した小説は，『水滸伝』『三国志演義』『西遊記』など数多く出版され，小説および小説評点の普及に大きな影響を与えたと考えられている．
　その流れを受け，小説評点の完成形を成したのが，金聖歎（1608-61）である．

●**金聖歎略伝**　金聖歎は，蘇州の人．もとの名は采，後に人瑞と改める．聖歎は号である．自身の言（「序三」『第五才子書施耐庵水滸伝』）によると，10歳で郷塾に入ったが，翌年には病欠するようになり，病中に『水滸伝』を読んだことで，あらゆる書物を理解できるようになったという．20歳前後からは，扶乩という降霊術によって，泐法師という女仙を自在に自らにとりつかせ，長編の文章も流れるように書いたといわれている（合山究「明清の文人とオカルト趣味」『中華文人の生活』平凡社，1994）．
　彼はその後も官に就くことはなく，塾の教師として生計を立てる一方，『水滸伝』を皮切りに，さまざまな文学作品に評点を施す．ところが，清の順治18（1661）年，崩御した順治帝に哀悼を示すために孔子廟で行われた集会が，呉県の県令を弾劾する動乱となった事件，いわゆる「哭廟事件」に巻き込まれ，処刑された．
　主な著述として『第五才子書施耐庵水滸伝』『貫華堂第六才子書西廂記』『貫華堂選批唐才子詩』など，また没後に刊行されたものとして『天下才子必読書』『貫華堂才子書彙稿』『沈吟楼詩選』などがある．

●**六才子書と貫華堂刊『第五才子書施耐庵水滸伝』**　金聖歎は，『荘子』『離騒』『史記』，杜甫の詩，『水滸伝』『西廂記』を「六才子書」とし，高い評価を与えている．この中に戯曲である『西廂記』や小説である『水滸伝』があげられているのは，この二つの書を「天下の至文」と述べた李贄の「童心説」（『焚書』）など，俗文学の価値を認めはじめた当時の新しい思潮に影響を受けたものであろう．
　金聖歎が評点を施した作品の中で，後世への影響が最も大きいと考えられるのが『第五才子書施耐庵水滸伝』である．この本は，既存の『水滸伝』に評点をつけただけのものではなく，金聖歎自身が正文にもおおいに手を入れたもので，最も大きな改編は，120回本『水滸伝』の第72回以降を削除したことである．そして，底本の第1回を「楔子」とし，第2回を第1回，第3回を第2回……と1

回ずつ回数をずらしてゆき，最終回となる第70回に梁山泊の副首領盧俊義の夢の中で108人の好漢がすべて斬首されるという結末を付け加えた．後世，この改編の処置を「腰斬」とよんでいる．改編理由には諸説あるが，宋の官軍が宋江を首領とする梁山泊の賊に討たれること，そしてそれにもかかわらず朝廷が賊を招安（罪を赦し，帰順させること）することなど，底本の72回以降の内容に金聖歎は強く反対しており（巻2「宋史目」など），これらの内容を含む後半部分を削除したものと考えられる．

金聖歎本は腰斬されているものの，正文の頁数は120回本よりも増加している．1頁あたりの文字数を減らし，評の内容を充実させ，評の形式も経書や史書などの注釈に用いられる割注を主として採用するなど「正統な」書物に近いつくりにしたためである．

●**金聖歎評の内容** 金聖歎は序文（巻1「序三」）で「天下の文章で『水滸』の右に出るものは無い」と述べ，その理由として，登場人物が一人ひとり描き分けられている点をあげている．また，「『水滸』の文は精厳で，これを読めば一切の書を読む法を得られる」とも述べている．このように，金聖歎は『水滸伝』の文章を高く評価しており，正文につけた評点でも，人物描写・文章構成・文章表現などの優れた点を指摘したり説明したりするものが多い（ただし実際には自分が手直しした箇所を，自賛している場合も少なくない）．また，巻3「読第五才子書法」では，『水滸伝』にみられる多くの優れた文章技法を列挙し，それぞれ例をあげて紹介している．

登場人物の評価を行う評点も多く，梁山泊の首領宋江を，詐術にたけていながら誠実を装う人物であるとして特に厳しく批判している点が特徴的である．好漢たちの評価も「読第五才子書法」にまとめられており，とりわけ虎退治で名高い武松に対する評価が高い．

●**後世への影響** 金聖歎がつくった70回本は，後に『水滸伝』の通行本となり，徐々に100回本や120回本を淘汰していき，清末には，100回本や120回本の『水滸伝』は，日本では知られていたが，清国では幻の版本となっていた．

金聖歎評が小説に与えた影響は『水滸伝』だけにとどまらない．『三国志演義』では，「毛宗崗本」とよばれる版本が通行本となっているが，毛宗崗は金聖歎の影響を受けた人物であり，評点も金聖歎本を模したものになっている．さらにこの本には，偽造された金聖歎の序文まで掲載されている．また，『金瓶梅』も，金聖歎の影響を受けたとされる張竹坡が評点を施した版本が通行本となっており，金聖歎本がほかの小説にも大きな影響を与えたことがうかがえる． ［井上浩一］

📖 **参考文献**
[1] 高島俊男『水滸伝の世界』大修館書店，1987
[2] 中鉢雅量『中国小説史研究—水滸伝を中心として』汲古叢書，1996

清代の詩と詩論
——詩壇をにぎわした多様な流派

　1644年，清の軍隊が明の守将呉三桂に導かれ，山海関を越えた．それによって，清による中国の統治が始まり，1911年清王朝の滅亡まで，その歴史はおよそ268年に及んだ．この268年間は，中国の学術と伝統文化が全面的に栄え，この時期において集大成された．詩の領域にも，このような特徴が現れている．

●**王朝交替——遺民詩人と弐臣詩人**　清初の詩人たちは，その政治的立場からして，清王朝に協力しない遺民詩人と，明・清の二つの王朝に仕えたいわゆる「弐臣詩人」の二つのグループに分けることができる．前者は，顧炎武・黄宗羲・王夫之などを代表とする．三人はともに明末清初の大思想家・儒学者であるが，作詩にも長け，特に明末清初の激動の時代を題材とした作品は，作者の不屈の精神と天下を憂う気持ちを込めた力強い佳作が多い．

　後者は，「江左三大家」と称される銭謙益・呉偉業・龔鼎孳を代表とする．銭謙益（字は受之，号は牧斎）の詩文の造詣は高く，詩壇を数十年間導いた人物である．銭謙益の詩学思想は，「詩は志を言う」という儒家の伝統詩学観を中心とする．性情と学問の両方を重視する彼は明朝の前七子・後七子の模擬踏襲の遺風に反対し，詩を論じる際，詩の形式をみるより，まずは「有詩」であるか，「無詩」であるかを見極めるべきであると主張する．銭謙益のいう有詩とは，胸中に詩があり，それを抑えようにも抑えられず，そこから言に発して詩となすことである．銭謙益は，前七子・後七子が唱える「詩は必ず盛唐」との説にも異を唱え，常に宋元の詩人を推奨し，清朝の宋詩風の流行に大きく影響を及ぼした．

　銭謙益と比肩される呉偉業（号は梅村）も，時の詩壇の領袖たる人物である．彼は古詩，特に七言歌行に長じ，「初唐四傑」と白居易の影響を受け入れることでつくりあげた独自の詩風は，「梅村体」と称され，一世を風靡した．代表作には，「円円曲」と「聴女道士卞玉京弾琴歌」などがあり，美しい言葉と叙事詩的手法で王朝の興亡を嘆くこれらの作品は，「一代の詩史」であると高く評価される．

●**康熙朝（1662-1722）——宋詩ブームと神韻説**　康熙10（1672）年，呉之振は自ら編集した宋詩の選集『宋詩鈔』をたくさん携えて都に入り，友人たちに贈った．それによって都で宋詩のブームが起こった．汪琬，宋犖など大家の力添えもあり，宋詩を尊重する気風はたちまち全国へ広がった．宋詩の流行は明嘉靖・隆慶年間以来の宋詩軽視の気風を変えた．それにより，唐詩を手本とするか，宋詩を手本とするかについては，清の詩壇において，常に論争の焦点となり，この論争が清末まで続いた．

　康熙朝においては，「国朝六家」と称される6人の詩人，南施（閏章）北宋（琬），

南朱（彝尊）北王（士禎），南査（慎行），北趙（執信）が注目される．彼らの中で，当時の詩壇に最も影響を及ぼしたのは，「清代第一詩人」と称される王士禎（字は貽上，号は阮亭）である．銭謙益に次いで，盟主として数十年間詩壇を導き，著には『帯経堂集』『漁洋詩話』などがある．王士禎は唐の司空図の『詩品』の唱える「自然」「含蓄」と南宋詩人厳羽の「興趣説」を受容し，詩禅一致の境地から，詩に言外の意をもたせ，平淡清遠な詩境に余韻を響かせる詩風を主張した．王士禎の神韻説は詩壇を席巻し，多くの追随者が神韻派という流派をなし，詩壇の主流を長く占めていた．

●乾隆・嘉慶期——格調説，肌理説，性霊説　乾隆（1736-95）・嘉慶（1796-1820）年間，王士禎に次ぎ，詩壇の盟主になったのは，沈徳潜である．沈徳潜（字は確士，号は帰愚）著に『沈帰愚詩文集』がある．「格調説」とよばれる沈徳潜の詩論は，伝統的な格（律）と（声）調などの形式を用いて，儒家が重んじる『詩教』の「温柔敦厚」な「性情」を伝えることを唱える．沈徳潜の「格調説」は明朝の前七子・後七子の詩論から強く影響を受け，宋元の詩をしりぞけ，漢魏と盛唐の詩を模範とする．格調説の流行は，唐詩派が再び詩壇の主流に戻ったことを示した．

一方，この時期，宋詩風の勢いは衰えをみせたが，厲鶚，翁方綱など宋詩を標榜する詩人による理論と実践の模索によって，新たな発展を遂げた．特に翁方綱「肌理説」を唱え，系統的に宋詩の審美的特徴をまとめたうえで，学問を根柢として，考証により詩の内容を充実させることが重要であると主張する．翁方綱の詩学の主張は，後の宋詩運動に大きく影響を及ぼした．

同じ時期，唐詩風にも宋詩風にも影響されず，独自の詩論を立ち上げ，数多くの清新な作品を詩壇に送り出した袁枚も注目すべきである．袁枚（字は子才，号は簡斎）は著書に『小倉山房集』と『随園詩話』などがある．袁枚の詩論は明朝の公安派の「独抒性霊，不拘格套」（独り性霊を抒べ，格套に拘らず）の思想を受け入れ，詩法などの格式にとらわれず，詩人の性情や霊感を直接，詩に述べるべきであると主張し，唐詩や宋詩などを模倣することを強く批判した．袁枚は，詩風の近い趙翼・蒋士銓と合わせて，「乾隆三大家」と称される．

●道光から清末へ　道光（1821-50）・咸豊（1851-61）年間，宋詩運動が盛んになり，同治（1862-74）年間以降は宋詩を標榜する同光体が流行し，宋詩派が再び詩壇の主流を占めるようになった．一方，アヘン戦争以降，社会情勢が劇的に変化し，それに適応して，梁啓超などは，旧体詩の風格と新しい意境，新しい語句の結合で新体詩をつくり，詩界革命を起こすことを唱えた．新体詩の創作で最も成果をあげたのは，『人境廬詩草』を著した黄遵憲である．　　　　　　　　［郎　潔］

📖 参考文献
[1] 張健『清代詩学研究』北京大学出版社，1999

聊斎志異──怪異小説の極致

　『聊斎志異』は，二百数十編に及ぶ怪異をモチーフとして語られる短編からなる小説集．「聊斎」とは作者蒲松齢（1640-1715，図1）の斎号（書斎の名），「志異」とは「異を志す」という意味である．

●**作者について**　『聊斎志異』の作者蒲松齢は清初の文人である．字は留仙，号は柳泉．山東省淄川県（現・淄博市）の片田舎に生まれた．彼の出生4年後に明朝最後の皇帝崇禎帝が自ら縊死し，以後中国は二百数十年に及ぶ満洲族による清朝の支配下に入った．蒲松齢はその少年期を民族的規模による殺戮と恥辱の中に過ごした．

図1　蒲松齢
（清・朱湘麟画）［蒲松齢記念館蔵］

　父の蒲槃は，初め官途を志したが，中途であきらめて商売の道に入り，素封家とよばれるほどになっていった．息子蒲松齢の幼少期の学問の師はこの父親だった．松齢は，清朝体制の中での立身出世をめざして，科挙受験の道を選んだ．彼は極めて優秀で，県試・府試・院試と科挙の諸段階をいずれも首席で合格したが最後の関門である郷試にはなぜか最後まで合格できなかった．48歳で落第したときに彼は「責白髭文」（白髭を責むる文）を書き，落第を繰り返す自らの姿を，刈っても刈っても生えてくる白髭に喩えて自嘲的に描いている．また，妻の劉氏が，報われない苦闘を続ける夫を見るに見かねて「このような田舎住まいの中にも人生の楽しみはあるもの」と，夫に科挙の道をあきらめるように勧めたこともあった．

　『聊斎志異』の中には，作者のこのような苦難に満ちた人生経験の影が色濃く落ちている．彼は結局，郷試受験をあきらめたが，72歳のとき，貢生（地方で学識のある者を中央の大学に推挙して与える資格）に推され，その4年後の康熙54（1715）年正月22日，76歳の高齢で亡くなった．

●**『聊斎志異』の作品世界**　『聊斎志異』の巻頭に「聊斎自誌」と題する自序にあたる文が掲げられている．それによれば，作者蒲松齢は，過去の中国文学の流れの中で，空想の世界に思いを馳せて自らの願いを述べた戦国時代の屈原（前343-前277？）の「離騒」，現実の世界の中に鬼神の存在を明らかにしようとした東晋の干宝（？-371）の『捜神記』や劉義慶（403-444）の『幽明録』な

どを列挙して「自分の才能はこれらの先人に及ぶべくもないが，せめて鬼狐たちには理解してもらいたい，との思いを込めてこの書を書き上げた」と述べている．

『聊斎志異』に登場する「異」には，狐や鳥，また菊の花などの動植物と人間との濃密な交渉の物語，人間の常識を超えた純真無垢な心が引き起こす奇跡の話，また，異国から渡来した奇術のような摩訶不思議な技芸の話などきわめて多彩である．これらの話は，既存の説話の類に取材したものもあるが，それらも作者自身の体験に基づく科挙制度への批判，中国の旧い家族制度に内包される不条理や矛盾に対する風刺，混乱した現実社会を直視する勧善懲悪の価値観など，現実の問題に踏み込んだ姿勢がみられる．そして，全編を蔽っているのは強烈なロマンチシズムの香りである．

●『聊斎志異』の刊本と世評　『聊斎志異』は，作者の生存中にその身辺では手稿本が読まれて評判になっていた．やがて中央政府の高官で大詩人としても著名な王士禎が（号は漁洋山人，1634-1711）が読んで感動し，蒲松齢に会って多額の金を用意して刊行を奨めたが，蒲松齢はそれを断ったという．しかしこの人とはその後長期にわたり，きわめて厚い交友関係を結んだ．

蒲松齢の没後，好事家が競って『聊斎志異』を伝承し，やがて清の乾隆31（1766）年に初めて刊行された．これを「青柯亭本」（16巻）という．これを嚆矢として，「乾隆鋳雪斎写本」など何種類かのテキストが現れたが，近代になって新たに発見された作者の原稿も加えた『聊斎志異会校会注会評本』（12巻，1962，中華書局）『張友鶴輯校会評本』（1986，上海古籍出版社）などが刊行されている．ひとたび刊本が世に流れると，全国的に熱烈な愛読者が生まれ，"聊斎癖"［聊斎マニア］，"説聊斎癖"［聊斎志異を話題にする］などの語が生まれるほどの勢いであった．その一方で『聊斎志異』は基本的には文言で書かれているが，作者はその中に白話（当時の山東方言）を大胆にかつ効果的に駆使して作品に精彩を加えているが，このことは保守的な人からは「俗」であると非難された．また，清初の著名な学者紀昀（1724-1805）は，『聊斎志異』は，怪異を事実として伝える中国古来の「志怪」の伝統から外れた邪道で，「才子の筆」にすぎないと批判して，自ら『閲微草堂筆記』という志怪集を著した．

日本でも，明治以降"聊斎癖"と称すべき文人・作家が多く現れた．小金井きみ子（森鴎外の妹）・秋広秋郊・国木田独歩・蒲原有明・芥川龍之介・太宰治らがそれぞれ『聊斎志異』に魅せられて，翻訳や翻案を著している．また，戦後昭和27（1952）年には，柴田天馬により，初の全訳が出版された．　　　　［竹田 晃］

📖 **参考文献**

[1] 増田渉・松枝茂夫訳『聊斎志異』中国古典文学大系 第21・22巻，平凡社，1958-59
[2] 竹田 晃・黒田真美子編，黒田真美子訳注『聊斎志異』中国古典小説選9・10，明治書院，2009

紅楼夢——中国古典小説の最高峰

　『紅楼夢』は，18世紀半ば，清代乾隆年間（1736-95）の白話長篇章回小説である．全120回からなり，前80回のみが原作者の筆によるもので，後40回は別人による続作とされる．中国の古典文学を代表する長篇小説で，現在その研究は「紅学」の名でよばれ，一つの学問領域とみなされるほど活発である．作品は，貴公子賈宝玉と二大ヒロイン林黛玉（図1）・薛宝釵をめぐる恋愛模様および名門賈家の栄華と没落を主な筋とする．緻密な構成と読む者の共感をよぶ心理描写は多くの熱狂的な読者を獲得した（『紅楼夢』の愛読者を「紅迷」という）．特に女性描写は定評がある．

図1　紅楼夢のヒロイン林黛玉（改琦画）［『清彩絵紅楼仕女図』2009］

●**その作者**　作者は曹雪芹（1715?-63?）である．このことは，第1回冒頭に，この作品を章回小説に仕上げた人物として「曹雪芹」の名が記載されていること，またこの作品の古写本に付されている評（「脂硯斎評」と総称される）に，作者「雪芹」の名と，彼が未完のまま世を去ったことが記されていること，などからうかがえる．雪芹は名を霑という．雪芹は号の一つである．その生没年に関しては複数の説があるが，張宜泉「傷芹渓居士」題下小注に，「年未五旬而卒」［50歳前に死んだ］，とあることから，いずれにせよ彼は，50歳前に逝去したようである．前80回が雪芹の作である．彼が，いつ頃から『紅楼夢』の執筆にとりかかったのかは判然としない．しかし晩年は北京西郊の山村で困窮の中で執筆に没頭し，未完のまま世を去った．曹家は，代々南京の江寧織造を務める名家で，雪芹の祖父曹寅は康熙帝の寵臣であった．しかし雍正帝が即位すると，公金費消の罪に問われ曹家は没落した．この曹家が，『紅楼夢』の舞台・賈家のモデルであることは疑いないとされている．

　後半の40回は，雪芹の死後別人によって補われた続作であるが，それが何者によるのかは判然としない．張問陶「贈高蘭墅鶚同年」の詩題下自注に「伝奇紅楼夢八十回以後倶蘭墅所補」［伝奇『紅楼夢』八十回以後は倶に蘭墅の補うところ］とあることや，高鶚（蘭墅）が「紅楼外史」と号することなどから，高鶚を続作者とみることも多かったが，「所補」の「補」とは，実際どの程度のものなのか判然としないため，現在では，高鶚を「整理者」と位置づける見方もある．

●**成立——風月宝鑑問題**　「甲戌本」とよばれる古写本の第1回には，「雪芹に

はもともと『風月宝鑑(ふうげつほうかん)』の書があった」との評が付されている（評は雪芹の親近者が執筆したと考えられる）.「風月宝鑑」と題する書は現存しないが，これによれば雪芹作の『風月宝鑑』という書が実在していたことがわかる．しかし『紅楼夢』成立過程において，これをどう位置づけるかについては学説が分かれる．一つの見方では，『風月宝鑑』を現行本『紅楼夢』の雛型原稿とみなす．また別の見方では，『風月宝鑑』を『紅楼夢』とはまったく別個の小説と位置づけ，その内容の一部分が現行本に挿入されたのだとする．

　前者は，旧稿『風月宝鑑』が改訂されて現行本ができあがったとみるので,「一稿多改説」とよばれる．後者は，現行本の雛型原稿とそれとは別個の小説『風月宝鑑』との2書が合成して現行本ができあがったとみるので,「二書合成説」とよばれる．どちらが合理的な考えか，今なお定論がない．また「甲戌本」第1回本文には「風月宝鑑」以外にも,「石頭記」「情僧録」「紅楼夢」「金陵十二釵」の異名が記されており，これら五つの書名と成立過程をどう関連させるかについても，論者によって見解はさまざまある（ただし現存する版本のうち，使用された痕跡があるのは「紅楼夢」と「石頭記」のみ）．研究者のさらなる探求が続く．

●**作品の流行**　初めての刊行は乾隆56（1791）年，萃文書屋刊行の木活字本（「程甲本」）であるが，刊行以前から写本のかたちで読者を獲得していた．作者生前に，ごく親しい親近者の間で回覧されていたようである．古写本に付された評には脂硯斎(しけんさい)，畸笏(きこつ)，梅渓(ばいけい)，棠村(とうそん)，松斎(しょうさい)などの名が記されており，これらが最も初期の読者と考えられる．また怡親王弘暁(いしんおうこうぎょう)，永忠(えいちゅう)（康煕帝第14子の孫，三等輔国将軍）など高い社会階層の人物も写本時代の読者であったらしい．富察明義(ふさつめいぎ)（都統傅清(ととうふせい)の息子，孝賢純皇后(こうけんじゅん)の甥）という人物は，写本を読み「題紅楼夢」20首を残している．

　また「程甲本」に付された程偉元の序には，好事家がつくった『紅楼夢』の写本が，お寺の縁日で数十両で売られた，ともある．乾隆56（1791）年の「程甲本」刊行直前には，一部の読者の間ですでに熱狂的に読まれていたことがうかがえる．「程甲本」が刊行されると，これに基づいておびただしい数の版本が次々と刊行された．嘉慶年間にはすでに，北京ではどの家の机の上にも，必ず『紅楼夢』が置いてあった，というほどの流行ぶりだった．愛読者には熱狂的な女性読者もいて，『紅楼夢』を愛読するあまりに，正気を失ったり命を縮めてしまったりするような読者の記事も残されている．20世紀半ば以降の一時期には，『紅楼夢』の世界を，崩壊しつつあった封建階級の典型としてとらえる政治的な見方が広まったが，現在では，複数の専門誌が刊行されるなど，多様で活発な研究が展開されている．映画化やテレビドラマ化などもされ人々に広く愛されている．　　　　　　［船越達志］

📖 **参考文献**
［1］伊藤漱平『伊藤漱平著作集 紅楼夢編』1～3．汲古書院，2005～2008
［2］船越達志『『紅楼夢』成立の研究』汲古書院，2005

清末小説──日本起点の中国小説群

　清朝（1644-1911）末期に発表された小説を清末小説という．清朝末期とは1840年アヘン戦争から1911年辛亥革命までの時期をさす．さらに絞って1902年『新小説』の創刊を起点とする見方もある．改革家梁啓超が亡命先の日本横浜で創刊した中国最初の小説専門雑誌だ．

●**背景**　創作・翻訳の発表件数は，清末の1908年に最多を記録した．大量の作品が生産された原因の一つは，近代的な活版印刷技術の導入と発展である．新聞雑誌は，それまでにはなかった出版の新しい形態で，あるものは掲載後に単行本になった．『新小説』が日本で創刊されたことは，清末小説の拠点の一つが日本だったことを示している．上海，日本，北京という地域を結んで情報網がすでに構築されていた．日本と中国の関係は合弁会社にみることができる．1903年に上海商務印書館は，日本の金港堂と合弁会社になった．長尾雨山らが参加し共同で編纂した小学国文教科書は大きな成功を収め，同社が文芸分野にも活動を拡大する基礎となる．こうした出版社群が背後から小説を支えた．『新小説』と関係の深い広智書局が，続いて商務印書館が小説本を刊行する．1904年に小説林社が参入し，1908年より改良小説社が小説林社に取って代わる．さらに辛亥革命直前には，『月月小説』を発行した群学社が活躍する．1912年，ガリバー的存在の商務印書館から中華書局が分裂し，商務印書館の日中合弁を攻撃する．排外主義の高揚に直面した商務印書館は金港堂との合弁を解消した．逆境を逆手に取り合弁解消を記念して翻訳小説集の『説部叢書』を再版するなど企画力の強さを発揮した．

●**翻訳**　清末小説の特色の一つは，外国小説の翻訳が多いことだ．評論家阿英は『晩清小説史』（1937）において「翻訳は創作よりも多い」と書いた．1872年の『申報』には部分訳のスウィフト「談瀛小録」，アーヴィング「一睡七十年」，マリアット「乃蘇国奇聞」がある．また，同年『瀛寰瑣紀』には，リットン「昕夕閑談」が連載された．ただし，翻訳書は1902-06年に創作をわずかに上回るくらいで，全体としては創作が多い．だが，翻訳小説のもつ意味は，数の多寡ではない．1899年の林紓筆述，王寿昌口訳『巴黎茶花女遺事』（小デュマ作『椿姫』）および著者名不記『新訳包探案』（ドイルのシャーロック・ホームズもの）は，後の恋愛小説と探偵小説の流行を暗示する．梁啓超の雑誌『清議報』（1898年に横浜で創刊）には，漢訳柴四朗（郎）「佳人奇遇」，矢野龍溪「経国美談」の連載がある．同誌は中国に輸入され政治小説の嚆矢となった．当時，上海に成立しつつあったジャーナリズムの世界に身を投じたのは，文才がありながら科挙に合格で

きない人が多い．李伯元は，新聞『遊戯報』『世界繁華報』を創刊し，呉趼人は『采風報』を編集するなど娯楽主義の小新聞に関わっていた．読者層の増大，列強の圧力に屈する清朝政府に反対する政治的風潮が背景にある．

『新小説』創刊号に梁啓超は論文「小説と社会の関係を論じる」を掲載する．政治社会改良の手段として小説の効用を説き，その重要性を強調した．さらに「新中国未来記」を書いて自己の政治思想を宣伝した．ロシア虚無党を描いた嶺南羽衣女士の「東欧女豪傑」を掲載するなど，政治小説の本拠地となっている．

李伯元は『世界繁華報』に「官場現形記」を連載し話題になっていた．1903年，商務印書館は彼を招き『繍像小説』の編集を委ねる．李伯元「文明小史」「活地獄」，劉鉄雲「老残遊記」，連夢青「隣女語」など官吏批判と社会の現状を描いた作品が掲載される．同時期に『新小説』第8号（1903）から呉趼人「痛史」「二十年目睹之怪現状」の連載が始まった．1904年，曾孟樸，徐念慈らによって創設された小説林社が重視したのは，ドイルに代表される探偵小説だ．これに刺激された商務印書館は，1905年より林紓訳によるドイル作品を7種，ハガード著作を合計20種出版した．そのほか林紓によってディケンズ，スコット，アーヴィング，デフォーなどが翻訳紹介された．後の作家たちは，林訳小説で育った．翻訳全体の傾向は，ハガードの冒険小説，ドイル，ガボリオー，ル・キューらの探偵小説が量的にも多数を占めている．そういう情況では，魯迅・周作人兄弟が日本で自費出版した翻訳『域外小説集』は話題にならなかった．名妓賽金花をモデルに清末の社会を描こうとした曾孟樸の『孽海花』（1905）を経て，梁啓超流の政治小説は次第に衰退していく．それに代わったのは，当時の政治，社会の暗黒面を写実的に暴露する社会小説だった．『月月小説』（1906年創刊）を舞台にして呉趼人は「両晋演義」「光緒万年」「劫余灰」などを掲載する．そのかたわら，義和団事件（1900-01）を背景に男女の悲歓離合を描いた『恨海』（1906）を書き下ろす．のちに鴛鴦蝴蝶派文学の萌芽といわれる．『小説林』（1907年創刊）は，『新小説』に始まった小説の政治主義からの決別を表明した．曾孟樸の「孽海花」続編が書きつがれ，歴史物には陳鴻璧訳「蘇格蘭独立記」が掲載された．しかし，そのほかは娯楽を目的とした探偵，軍事，恋愛の翻訳小説が多い．

娯楽主義は，『小説時報』（1909年創刊），『小説月報』（1910年創刊）の2誌にも受け継がれ，1910年代も文芸界の主流を形成する．

●**評価** 中国学界の清末小説に対する評価は高くない．翻訳小説の代表者林紓がよい見本だ．外国語のできない翻訳家，守旧派の代表だと罵られている．シェイクスピア，イプセンの戯曲を林紓が勝手に小説化し文言で翻訳したと非難されたが，これは濡れ衣である．底本はラム姉弟本，クイラー＝クーチ本，ドレイコット・デル本だ．文学革命派による捏造にほかならないが，現在においても，冤罪であるという認識すらない．中国現代文学史上稀にみる冤罪事件である．　　［樽本照雄］

魯迅と周作人──近代中国の尊厳と恥辱

　魯迅（本名周樹人，1881-1936，図1）とその実弟である周作人（1885-1967，図2）は，清朝末期に生まれ，亡国と民族滅亡の危機の中で成長し，ともに日本に長期間留学し，そこで学び得た西洋の精神と思想をもって中国伝統文化とその精神を批判し改造しようとして苦闘した．1917年に始まる文学革命以後，兄は小説家・翻訳家・社会批評家，弟は文芸評論家・随筆家・翻訳家として中国新文学界の重鎮になった．兄魯迅は1930年代に左翼作家連盟の盟主として厳しい社会批判を展開し，没後毛沢東からその革命的精神を讃えられ，近代中国の聖人とまで宣揚されて，良知ある知識人のそして近現代中国の尊厳の象徴的存在となった．

　他方，弟周作人は大量の随筆を書き「生活の芸術」という新倫理思想を提唱し，また国共両党の思想統制を批判する自由主義文化人として存在感を高めたが，1937年以後の日本軍の北京占領期に傀儡政権に参与して文化漢奸（売国奴）となったために，近代中国文化の恥辱的存在として意識されることになった．

　現在の中国での評価はそのように極度に相反しているが，しかし，ともに伝統文化に深く根を下ろした近代精神の体現者として，中国が王朝体制の文化から近代文化へと自己変革した過程をよく象徴した存在であった．

●**新文学の創立者**　周氏兄弟は清朝末期に科挙受験の道を選ばず，設立間もない洋式軍学校に入学し，そこで外人教官から兄はドイツ語を弟は英語を学び，各種の西洋の学問と思想を知った．とりわけ厳復訳によるハクスリーの『天演論』（社会進化論）に衝撃を受け，伝統中国文化とはまったく異なる西洋思想に目覚めた．

　卒業後，兄弟は相次いで日本に長期留学し，世界最先端の文学と文学理論をそしてニーチェなどの思想を学び，魯迅は反清革命運動にも参与した．帰国後，辛亥革命（1911）による中華民国建国に際し，兄は中央政府教育部の課長として北京に赴き，弟は故郷で教育職を務めて建国に参与したが，中央政府はまもなく軍閥による暗黒統治に陥り，兄弟は希望を砕かれた．1917年に蔡元培が北京大学校長となって大改革をしたときに周作人も同大文科教授に招かれた．雑誌『新青年』を舞台に新文化運動を始めていた文科主任の陳独秀が胡適とともに文学革命を展開すると，兄弟もそれに呼応して，魯迅は封建文化の非人間性を告発した口語文体による初めての小説『狂人日記』を，周作人は人道主義に基づいた新しい文学のあり方を提示した評論『人間の文学』を発表し，ともに新文学の創立者となった．まもなく起きた五四運動の波の中で新文化運動は全国の知識青年に浸透し，社会文化の主流となり，口語文体と新文学が正統性を確立した．

●**作品と仕事** 魯迅の，奴隷的心性を告発した小説『阿Q正伝』は国民性の改造を呼びかけたものとして広く反響をよび，海外でも高く評価された．また社会の抑圧構造を最底辺の視点から明晰に描き出した小説『祝福』や深い自己省察をみせた小説『孤独者』など，また超現実的で鮮烈なイメージにあふれた散文詩集『野草』や児童期から辛亥革命前までを扱う回想的随筆集『朝花夕拾』

図1 魯迅（1925年）
[『魯迅全集』第4巻，学習研究社，1986]

図2 周作人（1936年）
[『周作人散文集』第7巻，広西師範大学出版社，2009]

などの名篇を残した．軍閥の弾圧を避けて南下し1927年に上海に定住してからは，国民党独裁の弾圧下で100余りの筆名を使って大量の厳しい社会批判を書き継ぎ，盟友の瞿秋白からその虚偽を許さぬ批判性としぶとい精神を讃えられた．晩年にまとめて5編を書き，以前に書いた3編と合わせて小説集としては10年ぶりに出版した『故事新編』は，中国の神話と伝説を土台にしつつ同時に執筆時の社会諷刺を多分に織り込み融合させた奇異な形式の小説集で，近代文学の枠を超えて新境地を開いたものとして高く評価されている．なかでも『鋳剣』の復讐劇の激烈さは強烈な印象を与え，日本文学にも影響を与えた．

一方，北京に残った周作人は，生涯で3,000篇の随筆を書き，明末文学の再評価や儒家の再解釈などで伝統文化の近代的転換を試み，神話学・社会人類学・民俗学・性心理学・童話論・日本学などの導入に先鞭をつけた．北京大学に日本文学科を創設したのも彼の功績である．戦後，文化漢奸として国民党政府から懲役10年の判決を受けたが，革命後の新中国では自宅蟄居となり，『ルキアノス対話集』などのローマ帝国時代のギリシァ文学や『古事記』『枕草子』『浮世風呂』などの日本古典文学の翻訳に従事した．1966年に文化大革命が始まると紅衛兵に虐待され，翌年，誰にも看取られずに病死した．

[尾崎文昭]

📖 参考文献

[1] 丸尾常喜『魯迅「人」「鬼」の葛藤』岩波書店，1993
[2] 周作人著，木山英雄編訳『日本談義集』東洋文庫，2002
[3] 木山英雄『周作人「対日協力」の顛末』岩波書店，2004

中華民国時期の小説——人と社会を映す鏡

　1910年代から1920年代にかけての文学革命とよばれる思想文化の解放運動は胡適の口語文の提唱に始まる．その重要な柱は儒教批判であった．この運動の中から，魯迅の『狂人日記』(1918)をはじめ，人間の解放と人間性の復権をめざす文学が誕生した（項目「魯迅と周作人」参照）．この時期，西欧の啓蒙思想と外国文学が果たした役割は大きい．1920年代後半から国民革命の挫折を背景に左翼作家連盟が結成され，結集した文学者たちは弾圧に抗いながら左翼文芸運動を展開する．1930年代は新聞・雑誌・映画などのメディアの飛躍的発達により，新文学の大衆化も進んだ．特に成熟をみせたのは長編小説と散文のジャンルである．日中戦争以降は，中国全土が政治的状況や文化的風土が異なる三つの地域（国民党政府統治下の国統区，日本軍占領下の淪陥区，共産党治下の抗日根拠地解放区）に分かれ，作家の生活と創作はそれぞれの現実に応じて異なる様相を呈している．

●**因習への反抗と人間性の回復**　1920年代は主に社会問題を通して人間の生を描く作品が次々と生まれた．人生派を標榜する文学研究会の作家，葉紹鈞の『倪煥之』はその集大成である．辛亥革命から十数年，希望に燃え理想を抱く青年小学教師が封建的因習の壁にぶつかり，幻滅と挫折を繰り返しながら病に倒れるまでを描く教養小説といえる．同じ文学研究会の謝冰心の短編『超人』は，厭世的でシニカルな青年が純粋無垢な少年との出会いを通して愛に目覚めるというナイーブな愛の哲学を展開した．同年代半ばには，人間と環境の関係に着目し，農村の風土や風俗を背景に人物の個性をより鮮明に描く郷土小説が生まれた．文学研究会の王魯彦や，郷村の風情を悲哀が漂う詩的文体に表現した異色の作家廃名がいる．

　一方，人間の個性や偽りのない情感を大胆，時に感傷的に表出したのは日本留学生が組織した創造社の作家たちである．青春期の憂鬱と煩悶を祖国の境遇に重ねた郁達夫の『沈淪』は，青年の自意識の赤裸々な描写と告白にも似た文体が当時の文壇に強い衝撃を与えた．

●**人間と社会の仕組みを描く物語**　1930年代，茅盾は長編小説『子夜』で当時の社会を揺さぶる大事件（世界大恐慌，農村経済の破綻，軍閥戦争，農民暴動）を背景に，激変する上海の社会の構造とその中で翻弄される人間を描き出した．また，巴金は1930年代から1940年代にかけて，長編『家』『春』『秋』からなる「激流三部作」を執筆した．特に『家』は四川の旧家に育った三兄弟それぞれの大家族制への反応（長男は非人間的な儒教道徳に屈し，二男は反抗，三男は新

思想に目覚め新たな世界へ旅立つ）を描いた自伝的小説で，当時の青年に大きな影響を与えた．このほか，上海には総合文芸雑誌『現代』を拠点に都会の風俗を描く新感覚派が登場する．施蟄存はフロイト流心理分析を，劉吶鷗はテンポの速い都市生活を切り取る映画のモンタージュ的手法を使い，感覚・直感・潜在意識など人間の非理性的部分を表現しようとした．

北京生まれの老舎はすでに1920年代から独特の諷刺とユーモアを『張さんの哲学』に発揮していたが，1930年代半ばの代表作『駱駝のシアンツ』でその作風を確立した．同作は農村から北京に流れてきた貧しい青年が人力車夫となり，懸命に努力すればするほど不幸に陥っていく姿を哀愁豊かに描いている．

上海文壇に対して，北京文壇の気鋭の作家沈従文は代表作『辺城』で故郷湖南省の川沿いの町を舞台に少女の清純な恋と周囲の人々の善意を描いた．その自然な文体と少数民族の風俗を背景にした優美な世界は，人間や人生を探索する文学に固有の美意識を体現している．

満洲事変に始まる日本の中国侵略が本格化する中，1935年頃に「東北作家」とよばれる一群の青年作家が誕生する．満洲国の建設により故郷を追われ上海に出た彼らは，失われた故郷への思いを込めて東北の現実と貧しい人々の抗日の闘いを描いた．代表作に，蕭軍『八月の郷村』と蕭紅の『生死場』がある．

●**戦争と小説の多元化** 1940年代の国統区重慶では，巴金の『寒夜』が職場や家庭の軋轢の中，肺結核に倒れ抗戦の勝利をみることなく死んでいく青年を描き，抗戦後期の重慶の重苦しい空気を写し出した．老舎は長編三部作『四世同堂』に着手し，日本軍占領下の北京の4世代が同居する旧家を舞台に，占領の中で破壊されていく庶民の生活とその憤りを故郷北京への愛惜を込めて描いている．

ほぼ同時期，老舎と対照的に知識人の生態を描いたのが，オックスフォード大学に学んだ銭鍾書の『囲城』である．伝統文化と現代文化の衝突，人生と運命についての議論，人間心理の駆け引きを通して，現代のインテリをアイロニカルに描いた現代版『儒林外史』といわれる．

淪陥区上海の張愛玲は日本占領下の閉塞した空気の中，通俗的にして洗練された，しかも崩壊へ向かう感覚をもつ異色の小説により読書界に新鮮な驚きを与えた．同じく日本占領下の北京で一躍人気作家となった梅娘と並び称される．

解放区延安では，文学芸術は人民に奉仕し，知識人は思想改造すべきと説く毛沢東『文芸講話』(1942) が，その後の文学芸術のテーゼとなる．それがめざす人民文学は，趙樹理の短編『小二黒結婚』が体現した．村の若い男女が封建的因習を乗り越えて愛を成就させる過程を，民間文学の発想と手法のもと，平明で清新な文体で描き，新しい民衆像を造型している．

［佐藤普美子］

参考文献
[1] 藤井省三『中国語圏文学史』東京大学出版会，2011

中華民国時期の詩と演劇
―― 新しい詩情と形式の探求

　新文学運動（文学革命）の中で伝統的旧詩への反逆を掲げた新詩は，理論と創作の源泉を外国文学に求め，主に欧米留学経験者により言語と形式面で洗練され成熟していく．1930 年代から 1940 年代にかけて，打ち続く戦争と激動する社会の中で危機に瀕した詩人たちは，状況と人間精神の関わりをさまざまな角度から表現しようとした．この時期，作者層の拡大に伴い，新詩の方法と作品も多様化し，抗戦詩を含めて 20 世紀で最も豊かな成果をあげている．

　一方，演劇では，従来の歌舞中心の伝統劇とは異なり，科白と主題を重んじる話劇（新劇）が誕生する．1930 年代には左翼演劇とともに西洋戯曲の影響を受けて成熟した近代劇も生まれたが，日中戦争以降は抗日をテーマとする抗戦劇が主流となる．1940 年代，「解放区」延安では民間の伝統的手法を用いた叙事詩や新歌劇が創作され，その後の文芸の規範となった．

●**新詩の誕生と新形式の探求**　清末からすでに黄遵憲らは口語詩を提唱したが，本格的な新詩は文学革命の中で誕生した．当時アメリカに留学していた胡適はパウンドらの英米の新詩運動（イマジズム）に啓発されて新詩を構想したが，その理念を実現したのは創造社郭沫若の『女神』である．ゲーテやホイットマンの影響のもと，口語で力強く情熱的に自我を歌いあげる詩篇はまさに五四新文化運動を貫く反逆と解放の精神を体現するものであった．

　アメリカで美術を学んだ聞一多は『女神』の時代精神を高く評価する一方，冗漫あるいは単なる警句になりがちな口語詩には音楽美，絵画美，建築美を備えた新しい形式が必要だと主張した．伝統的詩型律詩の考察や西欧の芸術論を通して新詩の理論的基礎を打ち立てると同時に，『死水』では口語の特質を生かした定型詩を実践する．アメリカ留学を経てイギリスに学んだ，新月派の徐志摩も形式感を生むリズムと想像力溢れる流麗な文字によって，文学言語としての口語の可能性を切り拓いた．1931 年，彼は飛行機事故で死亡，華やかなロマンスと文学サロンの貴公子という詩人像を残した．

　このほか，ドイツ文学を学んだ沈鐘社の馮至は沈鬱で細やかな情感と思弁性の強い抒情表現に特色をもつ．象徴詩の先駆けはパリで彫刻を学びフランス象徴詩の影響を受けた李金髪で，創造社の穆木天，王独清らも「朦朧」「暗示」を重んじる詩を探求した．こうした象徴詩派を理論的に補強したのはヨーロッパ遊学中，陶淵明の翻訳を通してヴァレリーの知遇を得た梁宗岱である．彼は主題や散文的要素を排除する純粋詩を提唱した．

●**輻輳する戦時の声**　国共内戦および日本の侵攻が激化する中，臧克家や蒲風ら

は苦難にあえぐ庶民の生活と彼らへの共感を素朴な言葉で表現した．これを「生活派」とよぶならば，対照的な「知性派」にはフランス留学で象徴派の影響を受けた戴望舒(ダイボウジョ)がいる．彼ははじめ，斬新なイメージを駆使するモダニズム派と目されたが，日中戦争以降は抗戦を訴える作風に転じた．同じく「知性派」の何其芳(ホウ)，卞之琳(ベンシリン)，李広田(リコウデン)は北京大学に学ぶ三人組で，合集『漢園集』は独自の世界観を表現している．なお卞之琳にはエリオットの詩論の影響がある．

日中戦争前夜に生まれた抗戦詩歌も決して一律ではない．絵画を学びにフランス留学した艾青は，帰国直後，左翼運動で逮捕され入獄．その後乳母へのオマージュ『大堰河(ダイエンホア)』を出版した．農民や大地をモチーフとする『北方』では透徹した悲哀の調べを完成させている．田間は抗戦開始後，延安に赴き街頭詩(かいとうし)(建物の壁や路傍の石などに書く抗日を訴える詩)運動を興し，短詩型の力強いリズムに，戦う者の鼓動を重ねた．

国民党統治区では胡風主編の雑誌『七月』に集う詩人たち(阿壠(アロウ)，牛漢(ギュウカン)，緑原(リョクゲン))の硬質な抒情が際立つ．特にスパイ容疑を受け監視されていた阿壠の詩からにじみ出る悲嘆は重層的だ．一方，後に「九葉派(キュウヨウハ)」とよばれる昆明(コンメイ)の西南総合大学に学んだ穆旦(ボクタン)，鄭敏(テイビン)，袁可嘉(エンカカ)らは観念と感情が有機的に融合する詩を模索した．なかでもビルマ戦線に従軍し生死の境をさまよった穆旦の，官能的思弁に貫かれた詩篇は傑出している．なお，当時西南聯合大学で教えていた馮至の『十四行集』は人間存在の意味を問う内省の詩として，戦時に異彩を放っている．

苦難に満ちた過去から現在までの歩みを叙事詩的長編として描こうとするのは「解放区」延安の文学の特徴である．陝北(センホク)民謡を用いた李季の長編叙事詩『王貴(ワングイ)と李香香(リシャンシャン)』は貧農の子が革命運動に加わり，父の敵の地主を倒して恋人と結ばれるまでを描き「民族形式の史詩」と讃えられた．

●**話劇の誕生と展開**　日本留学時，近代劇に魅了された田漢(デンカン)は，後に南国劇社を組織する．一方，《閻魔の趙(エンマ)》やオスカー・ワイルドの翻訳劇の上演が好評を博した洪深はハーバード大学で演劇学を専攻，復旦劇社を組織した．両者は中国近代演劇の先駆者であり，1930年代には夏衍(カエン)とともに左翼演劇，左翼映画に貢献した．また，西洋戯曲を学んだ曹禺はギリシャ悲劇の影響が色濃い《雷雨》に近親相姦など家庭崩壊をもたらす重いテーマを描き，文壇の注目を浴びる．続く《日の出》では大都会の社交界の化けをめぐる人間模様と葛藤を緊密な構成のもとに近代劇として完成させた．日中戦後は田漢，洪深，夏衍はもちろん，曹禺も《蛻変(ゼイヘン)》で作風を一変させ，多くの劇作家が抗戦演劇運動に身を投じ，各地で抗日劇団が組織され巡回公演が行われた．延安の魯迅芸術学院では集団創作の歌劇《白毛女(ハクモウジョ)》が，地主に迫害された貧農の娘が洞窟に隠れるうち白髪と化し，最後は解放軍に救い出されるという起伏に富む筋と民謡風歌曲により好評を博した．

[佐藤普美子]

自己表現する女性作家たち──価値観の模索

　古来，中国の女性たちは儒教の影響により，自己表現しないことを求められてきたといえる．清朝末期に西洋思想が伝わり，纏足の禁止や女子教育の必要性が叫ばれるようになると，秋瑾（1875-1907）などは革命運動に参加し，雑誌『中国女報』を発刊して女性の啓蒙に努めた．彼女の死後，同誌に掲載された『弾詞精衛石』には男女同権の主張が示されている．中国近現代文学史における女性作家たちは，長い謹慎の伝統から脱却して，1910年代末にその一歩を踏み出した後，日中戦争，国共内戦，建国後の批判運動，文化大革命，そして経済改革開放という，社会的にも個人的にも極限的な状況を何度も経験しながら，価値観の変化を受け止めつつ，自らをどう表現するかを追求し続けて今日に至っている．

●人を描く──1910年代〜　民国期になると，五四文化運動の影響を受けて，文学の分野では女性作家が女性や子どもに人間として平等の視線を注ぎ始めた．当初は謝冰心や凌叔華などのように高等教育を受けた上層階級の女性が多く，家という制度あるいは家庭をめぐる女性の運命などが中心テーマであったが，やがて丁玲などは女性の内面を探究する作品を書いた．謝冰心は博愛をテーマとして女性や子どもに目配りした『ふたつの家庭』『超人』のような小説や愛あふれる詩を書き，凌叔華は得意とする中国画にも通じる筆致で，『刺繍の枕』『酒の後』など，中国の伝統的な家庭における女性の心理のあやを描いた．一方，職業婦人だった母親のもとで育った丁玲は，『夢珂』『ソフィ女史の日記』などで独自の手法により内的欲求と自己矛盾に悩む女性の心理を描き，やがて左翼文学活動に参加して『水』『夜』のような集団を主人公とする作風に変わっていった．

●戦争と女性──1930年代〜　満洲事変頃から始まり，日中戦争によってピークに達した生活の非日常化と人々の緊張感は，地域によって微妙な違いがあった．日本の占領下に入った北京・上海および東北地方，共産党の支配する革命根拠地延安，それ以外の国民党支配区と，生活環境も生み出された文学も多様であった．

　紆余曲折を経て，革命の根拠地である延安に来た丁玲は，そこでもはびこる女性軽視すなわち理想と現実のギャップを問題化し，評論『三八節に感あり』や小説『霞村にいた頃』を書いた．上海では張愛玲が政治性のない，愛と生にこだわる男女の物語を矢継ぎ早に発表して，「奇異な花」と称された．上流家庭出身ながら孤独な生い立ちの彼女は人間観察や心理描写に容赦はなく，『金鎖記』『傾城の恋』などの小説群とエスプリの効いたエッセイの数々を書いて，占領下の上海市民を魅了したが，新中国成立後は香港を経て，アメリカに移住した．張愛玲とともに「南張北梅」と並び称された梅娘は北京で活躍し，『蟹』で大東亜文学賞

を受賞するなど日本とも深い関わりをもったため，戦後は不遇であった．またハルピン近郊で生まれ育った蕭紅は，植民地化された故郷満洲を描いた『生死場』で抗日戦開始前に魯迅に認められて作家になっていたが，国民党支配地域を流浪したあげく，香港で病気のため客死した．彼女の小説には弱い者に対する優しさがにじみ出ている．晩年には故郷を舞台にした『呼蘭河伝』や未完のままになった『馬伯楽』など長編を書いた．

●明と暗そして女性の叙述へ——1950年代～　新中国成立直後は楊沫の『青春の歌』など社会主義の明るい未来を信じて生きる女性を描く作品が書かれたが，やがて反右派闘争，文化大革命などの社会動乱を経て，1980年代になると，「女性」に焦点をあてて描く女性作家たちが現れた．それは新中国成立後に生まれ，下放体験をもつ人たちから始まる．農村体験に基づく『小鮑荘』から出発した王安憶は，その後も誠実に時代を描き続け，今日では出身地上海を描く作家としても知られる．長編『長恨歌』は戦前・戦後の上海を生きた女性を主人公にした作品であるが，一方では農村の変化にも注目し続け，両者の間で意志的に生きようとする女性を主人公にした『富萍』などの作品群もある．

残雪も王安憶とほぼ同世代だ．右派として批判された親をもち，成長期に過酷な経験をするが，創作に生きがいを見出す．夢の描写を中心とする，カフカやガルシア・マルケスらの魔術的リアリズムの手法などに触発された特異な表現方法で自らを開放し，その地域性を越えた不条理の世界が国内外の愛読者を獲得した．『蒼老たる浮雲』『黄泥街』や長編『突囲表演』などがある．詩人の翟永明は1986年に発表した組詩『女』により，中国女性詩の隆盛を強く印象づけ，「女性意識の覚醒」と評された．故郷四川省成都を拠点に詩作を続けて文学芸術愛好者らが集えるバーを経営し，インターネット上での詩の交流サイトを運営している．

彼女たちよりほんの少し遅く生まれた林白（1958-）は正規の試験による大学入学者だが，広西省の農村都市という中国の中でも規範力の弱い辺境の地で自己の感性と表現意欲を併行して発展させた．そのエキゾチシズムと非中央という立ち位置が女性による論述という時代の潮流と合流し，『たったひとりの戦争』のように身体も深層心理もひっくるめた自己表現を成功させた．

改革開放後の急速な経済発展の中で，従来とは異なる価値観に基づいた創作を行う女性作家が増えた．1973年生まれの衛慧は，『上海ベイビー』で社会よりはむしろ身体を含む個人の生活に焦点をあて，若い女性の愛欲生活を描いて話題になった．これらは性や性的傾向のタブーを破って自己表現できる時代の風潮を背景にしており，綿綿の『上海キャンディ』，陳染の『プライベート・ライフ』なども同様である．なお，『夫殺し』などフェミニズムの作風で知られる台湾の李昂も，中国語文化圏の「自己表現する女性作家」として忘れてはならないだろう．

［池上貞子］

メロドラマと武俠小説——大衆小説の展開

1900年代から1940年代に流行した中国大衆小説は,「鴛鴦蝴蝶派」と称される. それに含まれる範囲は, メロドラマ, 武俠小説, SF, 探偵小説, 歴史小説, 滑稽小説, 花柳界小説など多岐にわたるが, 寄り添い戯れ合ううつがいの「鴛鴦」と「蝴蝶」に象徴されるように, 最初にブームを起こしたジャンルはメロドラマであった. とりわけ清代の流行小説『紅楼夢』の流れを汲んだ悲恋の哀感と新時代の恋愛観を取り交ぜた扇情的な作品群は, 一世を風靡した.

一方, これと人気を二分した武俠小説は, 『水滸伝』や『三俠五義』など俠客を描いた小説を継承する, いわばチャンバラ時代劇である. 帝国列強の中国進出に遭遇し富国強兵が叫ばれた時代のもと, 中国武道精神の高揚や伝統武術の近代化を推進する活動を背景に発展した.

● **メロドラマの主な作家と作品** 鴛鴦蝴蝶派という名称を代表するジャンルとしてメロドラマが台頭する契機となったのは, 徐枕亜(1889-1937)の『玉梨魂』である. 清朝末期を舞台とし, 若き未亡人と青年教師が古い儒教道徳の桎梏に苦しみ, ついには結ばれ得ぬ悲恋を感傷的な美文調で描き,「哀情小説の祖」と称された. 民国時代のメロドラマは, 激動の時代に翻弄される男女の悲恋, 没落, 離別などを哀感と怨情をもって描きつつ, スキャンダラスな実話を題材にする黒幕小説や探偵小説などの趣向も取り込み, ドラマチックな物語展開を図っていく.

そうした民国期メロドラマの頂点に君臨したのは, 100部を超える多作を誇った張恨水(1895-1967)である. 伝統的な白話章回小説の形式は, 旧式小説とみなされたが, 『春明小史』『金粉世家』『啼笑姻縁』などの代表作を擁し, 堂々たる大河ロマンに世相を反映した群像劇を展開した.

● **武俠小説の主な作家と作品** 一方, 武俠小説の形成は, 短編の蓄積から始まった. 最初に「武俠小説」の名称を標榜したのは林紓の短編小説『傅眉史』(1915)であるが, 1920年代に入ると本格的長編武俠小説が登場し始める. その嚆矢となったのが, 平江不肖生こと向愷然(1890-1957)の『江湖奇俠伝』(1923, 図1)や『近代俠義英雄伝』(1923)である. 中国武術界が伝統武術の近代化を図るなか, 出版界でも武術指南書や武芸家

図1 平江不肖生『江湖奇俠伝』
中国武俠小説の開祖

の伝記が出版され，それらは武俠小説に格好の題材を提供した．

1920年代から1940年代にかけて武俠小説は，大衆小説のあらゆるジャンルを取り込み，多岐にわたる流派を形成していく．ファンタジーと合体した奇幻仙派の還珠楼主，武芸アクションを究めた党会技撃派の鄭証因，武俠に社会風刺を込めた社会反諷派の宮白羽，哀切な武俠メロドラマを展開する悲劇俠情派の王度廬，少数民族地区のエキゾチシズムとミステリを合体させた奇情推理派の朱貞木は，民国時期の「武俠五大家」と称された．

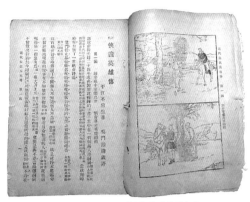

図2 平江不肖生『近代俠義英雄伝』
映画やドラマにも大きな影響を与えた

●**都市文学としての大衆小説** メロドラマも武俠小説も，その勃興の背景には北京，天津，上海など大都市の大衆娯楽メディアの活況とそれを享受する膨大な読者や観衆の存在があった．作品はおおむね雑誌や新聞に連載された後，単行本で出版された．鴛鴦蝴蝶派の勃興期に数々の作品を連載した代表的雑誌は『礼拝六』である．また，鴛鴦蝴蝶派の作家であり，ホームズやルパンを翻訳紹介した包天笑（1876-1973）は，編集者，ジャーナリストの役割の方が文壇への影響は大きく，『小説時報』『小説大観』『小説画報』など，数多くの小説雑誌の創刊や主筆を務め，大衆小説の普及に多大な功績を残した．さらに，人気を博した作品は，盛んに舞台化，映画化された．

●**隆盛と不遇そして再評価** メロドラマと武俠小説は，近代中国大衆小説の双璧として広く人気を博す反面，五四新文学運動以来，新時代思想の啓蒙や人民革命の推進を文学に託す純文学陣営からは，旧態依然とした通俗娯楽との批判を浴びた．1949年中華人民共和国成立後は，反右派闘争から文化大革命へ至る反革命思想粛清の中で，メロドラマと武俠小説は，退廃的あるいは封建主義の残滓，植民地時代のゆがんだ文学と糾弾され，大陸ではいったん途絶えた．しかし，香港や台湾でその流れは継承され，文化大革命終息後中国の改革開放が始まると，台湾の女流作家瓊瑤のメロドラマや，武俠小説では香港の金庸，梁羽生，台湾の古龍の作品とともに，それらを映像化した香港・台湾の映画やテレビドラマが大陸に流入し，1980年代には熱狂的なブームとなった．

[岡崎由美]

📖 **参考文献**
[1] 楊儀・張中良・中井政喜『二十世紀中国文学図誌』学術出版会，2009
[2] 岡崎由美『漂泊のヒーロー 中国武俠小説への道』大修館書店，2002

社会主義文学——新中国での建設と歩み

　1949年10月の中華人民共和国建国に前後して，全社会を掌握するために中国共産党は知識人の体制化に着手した．同時に国家統制出版システムなど文化界の再構築も進めた．一方，国民の文化レベル向上のために建国当初は文芸を含めた活字メディアは重視され，50年代を通じて漢字簡略化，識字教育も推進された．

●**文芸講話**　社会主義時代の文芸の中心理念は，建国以前の共産党根拠地，陝西省延安(えんあん)で形成されたものである．当時，全国から数千もの都市青年が期待を抱いてこの地方小都市にやって来たが，戦時下に生産と党の宣伝以外に創作の道は与えられず，党に批判的な若い文学者も現れた．1942年5月，知識人を集めた文芸座談会(もうたくとう)が開かれ，毛沢東が講話を行った．「延安文芸座談会における講話」(以下「文芸講話」)と題されたその内容は，「労働者・農民・兵士に奉仕する文芸」「向上よりもまず普及を」「社会の暗黒面の暴露ではなく，光明を描く」の3点に主として集約される．ここには，都市出身の若者たちにブルジョア的文学観を反省させ，農村の現実に注目させるという狙いもあったが，後にそうした背景は捨象され，特に建国後は共産党文芸創作の基本方針として教条化されるようになった．

●**「人民文学」の誕生**　「文芸講話」の精神を，最も早くに実作化したのは，趙樹理(ちょうじゅり)(1906-70)の『小二黒結婚』『李有才板話』(1943)とされる．共産党の指導により立ち上がる大衆を平易な文体で描く新傾向の作品群はこの後「人民文学」と称された．集団創作作品として発表された歌劇《白毛女》(1945)のほか，丁玲(ていれい)(1904-86)『太陽は桑乾河を照らす』(1948)，周立波(しゅうりっぱ)(1908-78)『暴風驟雨』(ろうしゃ)(1948)などの土地改革を描く長編小説や，北京に生きる庶民の生活を描いた老舎の戯曲《竜鬚溝》(1950)などがある．当時のソビエトに倣(なら)った重工業建設をめざす第一次5カ年計画(1953-58)と平行して，農業集団化が始まると，趙樹理『三里湾』(1955)，周立波『山郷巨変』(1955)，柳青(りゅうせい)『創業史』(1959)などが発表された．

●**社会主義文学システムの形成**　1949年7月，建国宣言に先立ち第1回中華全国文学芸術工作者代表大会が開催された．抗日戦争とそれに続く内戦期に国内外に散居していた824人もの文学者や芸術家たちが集まり，会議を通じて，文芸界初の統一組織である中国文学芸術界連合会(通称，文連)が成立した．その下部組織として，作家協会(発足時は中華全国文学工作者協会，1953年に改組して名称を変更)，音楽家協会などの個別団体が発足した．作家協会に所属する作家は，協会や所属機関から給与を受け取る文芸工作者(文芸関係の官僚)となり，出版・書店業全面国営化の進展に伴う変化(原稿料の低減と一律化，印税廃止など)の中で，組織に属さず自由に職業作家の活動を続けることは，事実上不可能となっ

た（廃止された印税制度は文化大革命終結後の1980年に復活した）．

●**建国後文芸界の新潮流**　少数民族の民間文学として，長編叙事詩『阿詩瑪』などが紹介され，モンゴル族のマラチンフ（瑪拉沁夫，1930-）などの少数民族作家も作品を発表し始めた．また，1950年代後半には新たな社会問題を取り上げ，「生活に関与する文学」を提唱する王蒙，劉賓雁，劉紹棠ら青年作家も現れた．

●**批判キャンペーンの連鎖——武訓伝批判，胡風批判から反右派闘争へ**　社会主義体制下に発表された作品の中には，「文芸講話」や時々の政策からの逸脱を指摘されるものもあったが，当初は文芸界の問題として扱われるのみだった．しかし1951年の「『武訓伝』批判」で大きな転換点を迎える．清末の民間教育家の半生を描いた孫瑜監督の映画《武訓伝》(1951)に対して，匿名ながら毛沢東が直接に批判文を寄せたことで大きな批判運動に発展したこの事件は，文芸批判が政治批判に転じる一つのパターンを形成した．その後のより深刻な批判キャンペーンの一つに胡風批判（1955）がある．著名な文芸評論家で，多くの文化人とも広く親交があった胡風は，党に対する意見書（「文芸問題に対する意見書」または「三十万言書」）を提出するが，後に一連の行動を「反革命」と断罪され，逮捕投獄された．連座して92名が逮捕され，計2,100人もの人が何らかのかたちで影響を受けたという（胡風自身は文化大革命終結後の1979年に釈放，1980年に名誉回復された）．胡風批判後，知識人の萎縮を懸念して"百花斉放・百家争鳴"政策（1956）が打ち出されると，社会には体制批判の言説が噴出した．その勢いを恐れた毛沢東は，党の政策を再び左傾化させ，体制批判者（革命に反対する右派分子）排除を企図した反右派闘争（1957）を起こした．1930年代に活躍した丁玲，陳企霞，馮雪峰らが最大の批判対象とされ，多くの知識人が巻き込まれた．前出の若手作家たちも右派とされて文芸界から追放され，それぞれ収容所や僻地の農場などへ送られた．

●**大躍進—調整期—文化大革命へ**　農工業の社会主義的改造を基本的に終えた後，飛躍的増産を目標に打ち出された大躍進政策（1958）は，3年続きの天災もあって失敗に終わり，主導した毛沢東は退陣，劉少奇による調整政策が行われた．これに対抗して発表された姚文元『評新編歴史劇「海瑞罷官」』（1965）は，呉晗の歴史劇《海瑞罷官》が毛沢東の大躍進政策推進を無謀と諫めて解任された彭徳懐を擁護したものだと批判し，毛沢東の復権そして文化大革命への端緒を開いた．文革派文芸政策においては，既存の作家や団体を「文芸講話」を実践してこなかったブルジョア文芸路線いわゆる"黒路線"とみなし，建国後からこれまでに提出されたほとんどの文芸上の主張や作品を"毒草"と批判し否定した．結局，文革の10年間は，別格の魯迅を除けば，長編作家の浩然と毛沢東夫人の江青によって再編された革命現代京劇やバレエ劇《白毛女》など8つの革命模範劇以外はすべて否定されることになり，文芸空白時期となってしまった．　　　　　　　　　　　［樫尾季美］

1980年以降の文学世界──規範からの離脱

　1980年代以後とは，実のところ1976年の文化大革命（以後文革と略称）収束後から現在までの時期を意味する．そのうち1989年の天安門事件までは通常「新時期」とよばれる．しかし1990年代までを含んでそうよぶ場合もある．一方，現在から振り返って，建国から鄧小平によって改革開放政策が開始された1978年までを前30年（そのうち文革開始前を前17年とよぶ），それ以後を後30年とよぶ場合もある．英語世界では普通「ポストマオ（毛沢東）」時期とよばれる．この項では，文学世界の特徴に基づいてさらにいくつかの時期に分けて述べる．

●**新時期前期**　この時期の開始を象徴するのは，1979年10月に開催された第四回中国文芸界連合会（作家協会を含む）代表大会であった．席上，文芸官僚のトップに復活した周揚はかつての作家批判運動のやり方を自己批判し，文芸民主と創作自由の気風に道を開いた．その後急速に文芸への政治的拘束が緩み，「新時期文学」と称される活気にあふれた文学状況が生まれ，批判され追放されていた作家たちも次々に名誉回復されて再登場した．

　作品テーマとしては，人道主義や愛情の肯定，文革期の悲惨な体験の告発，党政策の歴史的批判などが時代的特徴を示しているが，総じて文革以前の50年間の近代文学の歴史を反復し復習したという面がある．他方，文革中の地下文学を背景とする若い世代の朦朧詩派（北島，芒克，顧城など）の登場は文学の近代化に先鞭をつけた．演劇の高行健（項目「ノーベル賞作家」参照）もベケット風の戯曲を書いて衝撃を与えた．批判が撤回されて再登場した王蒙は他に先んじて欧米の新手法に学んだ小説を書き，同様の劉賓雁は汚職官僚批判のルポを書いて大反響をよんだ．一方，1940年代に登場した汪曾祺は，庶民の生活をそのまま肯定的に描いて隠れた影響を残した．また革命前の旧社会の市民を描いた鄧友梅などや，女性の社会的被抑圧を訴えた張潔も注目された．

●**1985年以後**　新しい世代の作家たちが大量に登場し，文学状況を一変させた．欧米の新技法を駆使した劉索拉や徐星の中国現代派，さらに最新の技法を試した馬原やザシダワや余華・蘇童・格非・洪峰・孫甘露らの実験小説派，一方南米のガルシア・マルケスにならって中国の民間文化に文学の活力を求めた韓少功や阿城や王安憶らの文学ルーツ探索派，原型的また土俗的世界を前衛的手法で描き出した残雪や莫言，リアリズムに新しい息吹を与えた劉恒や劉震雲らの新現実派，日常的市民生活を肯定的し反エリート意識を示した池莉や王朔の新写実派が特徴的流派となった．また張抗抗・張辛欣・諶容・鉄凝ら女性作家が輩出したのも他面の特徴を示している．

詩歌では，朦朧詩派のロマン主義とエリート性を批判して日常性・平易性を重んじた韓東や于堅などの第三代派が登場した．

●**天安門事件以後** 民主化運動が弾圧された天安門事件(1989)後，政治的抑圧が一時期高まったが，1992年に改革開放政策が再開されて世をあげての拝金主義になだれ込むと，文学への政治的抑圧は格段に弱まった．代わりに各種メディアや出版社による商業主義が顕著になり，文学状況も大きな影響を受けた．社会主義体制としての作家協会も激しいインフレに対応できず，文学雑誌の相当数が停刊あるいは商業誌への転換を余儀なくされ，作家も給与では生活を維持できなくなって苦しんだ．一方，先んじてテレビドラマの脚本を売る会社をつくった王朔もいた．また，作家協会に属さず自由独立を標榜した王小波も出て，民間文化が回復した．

このような文芸権力の相対的後退状況の中で，新しい特色をもった文学が登場した．商業主義に強い反発を示した張煒や張承志，旧文人伝統に親密性を示した賈平凹や陳忠実，新文学伝統と断絶すると宣言した朱文や韓東などの反抗的作家たち，革命イデオロギーを嘲笑した王小波，なかでもジェンダー意識に目覚めて女性の実存に切り込んだ林白や陳染や虹影の出現は画期的な意味をもった．

詩歌では，王家新と于堅の間でのエリート性をめぐる論争が注目を浴びた．

演劇では，演出家の林兆華や孟京輝らが意欲的で目覚ましい活躍をみせた．

●**世紀末から21世紀** 20世紀も終わりに近づくと，文学世界はまた大きく変化した．新しく登場した彼らは1970年以後の出生から，総じて"70後"また"80後"世代とよばれる．大都市の消費の退廃的生活におぼれる女性を描いた棉棉や衛慧，21世紀に入ると，"80後"のシニカルな韓寒や天才少女の張悦然，アニメ文化から出てきた郭敬明などが登場してベストセラー作家となった．インターネットの普及に応じてネット小説が膨大に書かれたが，なかにはレベルの高いものもあり，そこから登場した安妮宝貝などは単行本でも成功した．

現在の文学世界を大きくみれば，文学雑誌中心のいわゆる純文学を含む旧来の文学界，市場原理に従う流行作家の単行本世界，そして"80後"と"90後"を中心とするネット小説世界に，三分割されるようになっている．

21世紀に入って貧富の格差が拡大するとともに，社会正義を訴える左翼文学と演劇が復活し，純文学世界では社会底辺の立場からの底層叙述も広がった．

1985年前後に登場した作家たちの多くが1990年代以後は長編小説を書いて文壇の中心的存在となっている．莫言・王安憶・余華・賈平凹・劉震雲・閻連科らが高いレベルの作品を発表して文学的達成の豊かさを示した．また，史鉄生の精神性の高い作品や，アーライのチベット世界の物語も特筆に値する． ［尾崎文昭］

📖 参考文献
[1] 尾崎文昭編『「規範」からの離脱』山川出版社，2006
[2] 飯塚容・竹内良雄・渡辺新一編『コレクション 中国同時代小説』勉誠出版社，2012

ノーベル賞作家——高行健と莫言

1990年代,中国ではノーベル文学賞獲得に対する期待が高まった.世界で最も長い文学の伝統を有するにもかかわらず受賞者が一人も出ていないことは,中国人にとって痛恨の極みだったのである.

2000年に中国語で創作する作家として初めてノーベル賞を得たのは,当時すでにフランス国籍の高行健(こうこうけん)(図1)だった.台湾,香港および海外華人社会がこのニュースを熱狂的に受けとめたのと対照的に,中国本土での報道はきわめて冷淡で,国外に「逃亡」した作家の受賞に強い不満を示した.

一方,2012年に莫言(ばくげん)(図2)がこの賞を受けたときには,中国政府が全面的な支持と歓迎を示したが,これを体制派作家の受賞と否定的にとらえる論評もみられた.しかし,どちらの反応も文学的基準からは遠くかけ離れている.我々は何よりも,それぞれの作家の作品から正当な評価を下すべきだろう.

図1 高行健

●**高行健とその作品** 高行健は1940年,江西省贛州(かんしゅう)に生まれた.父親は銀行員,母親はもと女優.1962年に北京外国語学院フランス語科を卒業して出版社に勤務する.文化大革命中は批判対象となる危険を察知し,安徽省の山村で5年余りを過ごした.1975年に北京に戻り,1970年代末から西洋モダニズム文学の紹介と小説創作を開始する.初期の短篇小説『母』(1983)は,若くして溺死した最愛の母に捧げる作品.この小説で用いられた,人称代名詞の自由自在な運用によって叙述の視点を転換させる手法は,その後の小説や戯曲にも引き継がれる.1981年からは北京人民芸術劇院専属の劇作家となり,《非常信号》(1982),《バス停》(1983)で実験的演劇の端緒を開いた.しかし,《バス停》は「精神汚染排除キャンペーン」の攻撃対象となり,激しい批判を浴びる.創作の自由を失った彼は長江流域への旅に出た.この旅の経験は劇作《野人》(1985),そして後の長篇小説『霊山』(1990)に結実する.特に,『霊山』は北京からパリへと書き継がれ,7年がかりで完成した大作だった.中国西南の奥地を旅する男の見聞,体験,思考が,章ごとに人称を変える独特の文体で語られている.

ところで,高行健には絵画の才能もあり,その抽象的な水墨画は国内外で高い

評価を得ていた．彼は1987年に画家として招聘を受けてドイツに渡り，翌年からパリに移る．そして天安門事件を背景とする劇作《逃亡》（1990）を発表し，二度と中国に帰らない決意を示した．1997年にフランス国籍を取得．その後，自伝的長篇小説『ある男の聖書』（1999）を完成させている．やはり人称を錯綜させながら，中国で暮らした過去と海外を放浪する現在を描いた．

　高行健はノーベル賞受賞後も，新しい劇作，詩集，評論集，画集などを刊行．また，芸術的映画の製作にも取り組んでいる．

●**莫言とその作品**　莫言は1955年，山東省高密県（こうみつ）の農家に生まれた．7人の兄と姉をもつ末っ子で，貧困と飢餓の中で幼年時代を過ごしたという．文

図2　莫言

化大革命が始まった1966年，小学5年で学業を捨て農民となる．だが莫言少年は，いずれ農村を脱出したいと願っていた．1973年に綿花加工工場の臨時工となった後，1976年に人民解放軍への入隊を果たす．入隊後，新兵を訓練する政治教員を務めるかたわら，文学創作を始めた．1984年から1986年にかけて解放軍芸術学院で高等教育を受け，本格的な作家活動に入る．出世作は，ダム工事現場で大人たちから虐待を受ける少年を描く『透明な人参』（1985）だった．莫言の名声を決定的にしたのは，後に張芸謀（ちょうげいぼう）監督によって映画化された『赤い高粱（こうりゃん）』（1986）である．抗日戦争期の山東省高密県を舞台に，祖父母や両親の世代の生命力に満ちた歴史が語られる．続編4作と合わせ，長篇『赤い高粱家族』（1987）にまとめられた．

　その後，莫言が発表してきた長篇小説は10篇を超える．このうち，『天堂狂想歌（そうか）』（1988），『豊乳肥臀（ほうにゅうひでん）』（1995），『白檀（びゃくだん）の刑』（2001），『四十一炮（よんじゅういっぽう）』（2003），『転生夢現（てんせいむげん）』（2006），『蛙鳴（あめい）』（2009）などは農村物で，中国近現代史を背景に庶民の原始的エネルギーを描く．莫言の真骨頂を示す作品群といえるだろう．他方，『酒国（しゅこく）』（1992）は都会物の代表作，快楽に溺れる幹部の腐敗を探偵小説のパロディという形式で描いた．

　莫言はさらに中篇小説を20篇以上，短篇小説を80篇以上，発表してきた．文体は荒々しく，グロテスクな描写が多い一方，独特のユーモアとアイロニーに富む．このほか，莫言は散文・随筆，映画・演劇・テレビドラマの脚本も書いている．ノーベル賞は，これら旺盛な創作活動の延長線上にあった．　　　　［飯塚　容］

📖 **参考文献**
[1]　尾崎文昭編『「規範」からの離脱──中国同時代作家たちの探索』アジア理解講座，山川出版社，2006

中国の世界遺産 ⑤

蘇州園林（1997，2000年登録／文化遺産）

宋代から清代までの長きにわたり，さまざまな文人が思いを込めて設けた庭園がいまに伝わっている．写真上は，明時代正徳年間（1506-1521年）王献臣が仏寺を改装して建設した庭園・拙政園．写真下は北宋時代，蘇舜欽が整備した私家庭園・滄浪亭　　［荒木達雄］

6. 美　　　術

　中国の伝統的な美術といえば，まず書道と絵画があげられる．記された文字を見て，線の美しさや文字に現れた人間性を鑑賞する書は中国人の美意識を象徴するもので，書画が同源・同体・同一という発想，絵画でもモノクロームがメインとなる水墨画の存在も，書に対する美意識が大きかったからである．彫刻・工芸もその精巧さは図抜けたもので，前近代において，常に日本美術のあらゆるジャンルに新たな要素を提供し続けた．

　現代においては，圧倒的な経済力を背景にして，伝統美術の市場だけではなく，現代アートのマーケットでも，中国はさまざまな影響力を行使している．現代中国の嗜好を理解するためにも，ぜひ伝統的な美術を知っていただきたい．　　　　　　　　　　　　　　　　［板倉聖哲］

芸術，美術と書画――中国の場合

中国で「芸術」の意味内容については歴代で異なった解釈がみられるが，一般に，楽（音楽）や射，御（スポーツや馬の御し方），数術などをはじめとした技芸一般から，後には植栽，調理法などを含めた技術全般をさす言葉となったといってよい．しかし近代になって西洋で"fine art"といわれた概念が入ってくると，それが明治期の日本で「美術」や「芸術」といった言葉に翻訳され，中国に逆輸入されるかたちで使用されていった．しかしながら伝統中国でそれら"fine art"にあたる最も重要な概念は「書画」であった．

●「書画」の成立　中国では六朝時代には，実用的な文字や尺牘を芸術品として鑑賞・収蔵の対象とする文化が本格的に起こり，次の唐時代にはそれと，本来職人の特殊技能であった絵画を同一の価値基準から批評しようという動きが起こった．これは中国社会を特徴づける士人層の成熟と関係がある．宋時代に科挙官僚を中心とした士大夫層が社会の中心となると，官僚たちの実務的用途をもった書と，その日常の余技としてあった画が密接に結びつき，士大夫の不可欠の教養となっていったからである．

宋時代は同時に，書法において文人の精神を表現すると考えられた尚意書風が成立し，絵画も簡潔な筆線を用いて描く画（文人画）が士大夫の自己表現としての地位を獲得した．このことによって書と画はその根底において結びつき，「書画」こそが中国芸術の頂点に君臨する芸術ジャンルと認識されていく（図1）．これは「書画」が，文人が自ら嗜み鑑賞する対象として最も身近な工具を用いて楽しむことができる対象でもあったからであろう．

宋代における書画は士大夫の政治文化と密接な関係を結びながら発展していった．題画文学をはじめ，品第，著録，画論，書論などの著作が整備されていった

図1　蘇軾「黄州寒食詩巻」（北宋，1082）〔The collection of National Palace Museum〕

のも宋代である．また，盛んになった「古物」研究の成果を反映して，「金石」など青銅器や古器の研究，鑑賞も盛んになり，書画と結びついて士大夫の精神世界を形成した．元時代になると，本格的に書画一致が唱えられた．それは絵のなかに書（詩）があるという意味のほかに，絵自体を書の（かすれ［筆墨］を生かした）技法で描く，という意味を含んでいた．次の明時代には，玉器，陶磁器や金銀器，そして泉学とよばれる貨幣に関する鑑賞法も次第に整備されていき，曹昭『格古要論』（洪武 20（1387）年刊）などの，古物全体に及ぶ収蔵・鑑賞マニュアルのような書物も出版されていく．このなかで西洋芸術の中では絵画と並んで最も重要なジャンルを形成していた「彫刻」は，中国においては一貫してこの鑑賞体系に含まれ得なかったことは非常に重要である．

●**近代における芸術ジャンル：「書画」と古物の再編**　中国で彫刻といえば，文人の書斎を飾る竹彫や篆刻をさし，仏像はそこに含まれることはなかった．近代にいたるまで，各地に残された仏教石彫がほぼ完好な状態で残存し，近代になると欧米に向けて切り出されて美術館に収蔵されていったのは，このような中国文化における芸術ジャンルの変容と関係がある．例えば，唐代彫刻の最高峰ともいえる天龍山石窟は，20世紀以降その優美な造形感覚が彫刻作品として欧米で高い評価を得，さらには頭部を除いたトルソーや胸像といった西洋彫刻ジャンルの影響を受けて分割され（図2），欧米や日本に輸出されて富豪の邸宅や美術館を飾っていった．

図2　「菩薩像」（唐，天龍山石窟）［東京国立博物館蔵］

近代以降の日本では，書画は制度的に分割され，絵画は美術大学に，書法は教育系大学におかれていったことで，彫刻や工芸を含んだ近代の「美術」制度の中に再編されていった．中国では，中華民国をむかえ教育部長として活躍した蔡元培（1846-1940）や，ドイツに留学した滕固（1901-42）によって，大学の中に美術史講座を置く重要性が説かれ，また博物館制度が成立することによって職業として，学問としての美術史が成立した．その一方で伝統中国絵画は美術大学の中に『国画』と名前を変えて制度化され，彫刻や工芸は，西洋から輸入された新しい考古学と深い親近性を見出していった．ここに伝統的な書画・金石という枠組みが解体し，近代的な「芸術」としてのモノとしての再編がなされていったといってよいだろう．このような東アジアのモノをめぐる知の営みをいかに捉えるかは，これからも残された課題といえる．

［塚本麿充］

三希堂——乾隆帝を癒やした極小空間

　18世紀の世界で有数の帝国・清を率いた第6代高宗乾隆帝（1711-99，在位1735-96）が日頃の執政の疲れを癒したのは，意外なことに三希堂という小さな書斎であった．この部屋は，明と清朝の皇宮であり，現在では故宮とよばれる北京の紫禁城の北西に位置する養心殿の中にある．世界文化遺産の宮殿でも最大級の72万5,000m^{2}の広さを誇る紫禁城において，わずか8m^{2}ほどにすぎない．

　乾隆帝といえば，祖父の康熙帝を範とし，「康乾盛世」と並び称される繁栄を清朝にもたらし，「十全武功」といわれる10回の遠征を通して西蒙古の準部やイスラムの回部を含む清朝最大の版図を築いた．中国東北部出身の満洲族王朝にして，漢民族を統治し，チベット（西蔵）仏教を信仰する．いわゆる満・漢・蒙・蔵・回の主要5族からなる中華世界を率い，文化の面でも『四庫全書』の編纂を命じ，中国のあらゆる知を自らの管理下に置こうとした．

　何事においても規模の大きさと壮麗さを追求し，世界のすべてをその掌中に収めようとした乾隆帝は，なにゆえ小さな三希堂に籠ったのであろうか．

●**書画を愛する皇帝**　実は，乾隆帝の心をとらえていたのは，時に枯淡な味わいをもつ筆墨の書画であった．先代の雍正帝から皇帝の居宮となっていた養心殿内に三希堂が完成したのは，乾隆11（1746）年春のこと．乾隆帝は，書聖・王羲之（303?-361?）の甥にあたる王珣（350-401）筆「伯遠帖」（北京・故宮博物院蔵）を入手して，すでに手許にあった王羲之筆の「快雪時晴帖」（図1，台北・故宮博物院蔵）と七男の王献之（344-388）筆「中秋帖」（北京・故宮博物院蔵）を合わせて中国書法史上の三つの稀なる至宝，すなわち「三希」がそろったことを喜んだ．そして，重臣に謁見して上奏文書を決裁する東西の暖閣（床暖房の部屋）のうち，西暖閣の西側にある小部屋を改装して三希堂と名づけたのであった．

　名宝は流転する――．乾隆帝が特に愛玩した「快雪時晴帖」は，唐代から名品と知られ，南宋内府から金の章宗，賈似道，元の張金界奴らが所持し，清に入って康熙帝の手に入ったものである．政務の合間にただ一人，敬愛する祖父が収集した伝世の

図1　王羲之（原本，部分）「快雪時晴帖」［The collection of National Palace Museum］

墨跡を鑑賞するには，三希堂の狭さは心地良かったのかもしれない．行書の尺牘で「羲之頓首，快雪時晴」で始まる時候の挨拶に合わせて，乾隆帝は雪の降る時分には努めて鑑賞したという．

中国での書画の鑑賞の作法は，作品そのものに歴代の収集家や鑑賞者が自らの感慨を書き記す．「快雪時晴帖」は 15 開の冊頁本だが，王羲之の書とされるのはわずか 4 行 28 字の 1 紙のみ．そのほとんどは歴代収集家の跋文であり，元の趙孟頫や明の王穉登や文震亨など錚々たる文人たちが揮毫した．乾隆帝は書帖の上辺や左右に短冊を貼り込むなどして，83 歳の死の直前まで 70 数回も，彼らと時空を超えた共作を行った．

●極小空間の仕掛け　皇帝であるがゆえの孤独を紛らわすかのように，乾隆帝は狭隘な三希堂で書画を偏愛した．とはいえ，超人的感性をもつ乾隆帝のこと，三希堂のしつらえは一般的な書斎とその趣を大きく異にする（図 2）．

図 2　北京・紫禁城養心殿にある三希堂の室内

堂の北にある前室の西壁には，イタリア人宣教師カスティリオーネ（郎世寧）による「貼落」とよばれる貼り替え可能な画がある．遠近法を駆使して床の青と白のタイルがさらに続いていくかのように錯覚させる，だまし絵的な演出が施されているのである．堂内は，乾隆帝自らが揮毫した「三希堂」の扁額を掲げ，その下に皇帝専用の黄色の座榻を置く．そこで，目を引くのは東壁に掛けられた色とりどりの壁瓶である．11 点の極色彩の壁瓶はさまざまの吉祥文様で溢れ，狭小な空間を飾りたてた．乾隆帝にとって三希堂という空間は，ミクロ世界から新羅万象のマクロ世界を見通すミクロコスモスであったのかもしれない．

現在，北京と台北にある二つ故宮博物院の収蔵品は，この宮廷コレクションをもとにしている．戦後台湾に移った国民党政権が建設した台北の故宮博物院にも「三希堂」という喫茶室があるように，三希堂という名は中国の書画文物愛玩を象徴する響きをもつ．また，これまで日本でいく度となく開かれた故宮博物院展では，三希堂のしつらえが再現されており，日本習字教育財団が運営する観峰館（滋賀県東近江市）では，常設展示でその一部を参観することができる． ［呉 孟晋］

参考文献
[1]　樋口隆康監修『乾隆帝のコレクション』故宮博物院 15，NHK 出版，1999
[2]　東京国立博物館ほか編『北京故宮博物院 200 選』展図録，朝日新聞社ほか，2012

故宮博物院――なぜ二つあるのか

現在，北京と台北の2個所に存在する故宮博物院の収蔵品の大部分は，かつて清朝の皇帝コレクションに収められていた．このコレクションを完成させたのは第6代高宗乾隆帝（1711-99）である．彼にとって，美術品は単なる愛好の対象ではなく，清が中国歴代王朝の中で最長最大の時間（歴史）と空間（領土）を統べる理想的帝国であることを証明する

図1　北京にある紫禁城の午門

ためのものだった．そのため膨大な美術品は，皇帝の意図に沿って，北京の紫禁城の各殿の中に整然と配置され，用途に応じて出し入れされた（図1）．そのありさまは皇帝の命で編纂された収蔵目録である『石渠宝笈』などに記録されている．

しかし，清の国力の衰退とともにそのコレクションも崩壊していく．1860年，アロー号戦争に際して英国・仏国軍が皇帝の庭園である円明園で略奪を行ったのに始まり，1900年義和団事件後の8か国連合軍紫禁城占拠に伴う大規模な略奪など，清代末期には諸外国による皇帝コレクションの破壊と売却が急速に進められた．加えて規律の緩んだ宮廷内部からの美術品の流出も進み，北京の骨董市では紫禁城からの盗品が大量に売買された．さらにはラストエンペラーである溥儀（1906-67）自らも，退位後の資金獲得のため，祖先の集めた美術品を抵当に入れたり売却したりする始末だった．

●**故宮博物院の設立**　1911年の辛亥革命の後も溥儀は紫禁城にとどまることが許されていた．中華民国政府は当初，皇帝コレクションの政治的利用にさほど積

図2　台北にある故宮博物院［National Palace Museum］

極的でなく，清国の所有財産のうち，何が溥儀の私産なのかについては曖昧なまま据え置かれた．溥儀が紫禁城の美術品を勝手に売却できたのはこのためである．

しかし，欧米諸国の文化政策の影響を受けて，民国政府の間にも，かつての皇帝コレクションは新しい国家の文化的財産であり，それを保護するのは近代国家の義務であるとする意識が芽生え始めていた．1912年，旧都奉天・行宮熱河にあった皇帝コレクションへの処置として，北京に古物陳列所が設立されたが，その設立趣旨には，自国の美術品の歴史的価値を認め，これを保護・展示すべきであるという理念が明確に述べられている．

1924年の首都革命(北京政変)の結果，溥儀が紫禁城から強制的に退去させられると，清国の所有財産を公共財産と皇室私産に区別・整理した後，革命の成果として紫禁城を美術品とともに一般公開するために，清室善後委員会が組織される．1925年，辛亥革命の記念日である10月10日に紫禁城は故宮博物院として開放された．結果として紫禁城に残る皇帝コレクションはすべて公共財産として博物院の所蔵品となり，中華民国の国家国民の宝として顕彰されることになったのである．

●二つの故宮博物院へ　こうして誕生した故宮博物院であったが，その所蔵品にはさらなる流転が待ち受けていた．1931年，柳条湖事件が起きると，日中間の緊張は高まり，日本軍の北京侵攻が現実味を帯びてきた．1933年には情勢の変化を受けて，これまで紫禁城から出たことのない故宮博物院所蔵品の南方への避難が始まったのである．古物陳列所などと合わせておよそ2万箱もの美術品や古書籍などが上海へ輸送され，後に南京の故宮博物院分院に納められた．

しかし中国大陸の状況はさらに悪化していき，1937年の盧溝橋事件を経て日中の全面戦争が始まると，南京ももはや安全な土地ではなくなった．コレクションは再び西方へ疎開することを余儀なくされたのである．戦時下での大量輸送は困難を極め，故宮の職員は悪路や自然災害に加え，日本軍の攻撃や食糧不足にも苦しめられながら，ようやく四川省の奥地・峨眉山一帯にコレクションを避難させることに成功した．このような状況でありながら美術品にほとんど損害が出なかったのは奇跡的といえよう．

日中戦争終結後，故宮の所蔵品は再び南京に集められたが，これらが紫禁城に戻される前に国民党と共産党の内戦が勃発してしまう．国民党は，敗色が濃厚になった1948年，コレクションを台湾へ移送することを決定，優品を中心に南京にあった故宮所蔵品の5分の1ほどが海を渡ることになる．そして，1965年，これらを保管・展示するための故宮博物院が新たに台北に建設されたのである．一方，共産党は中華人民共和国を建国するとすぐに北京の故宮博物院を再開，南京に残ったコレクションを収容した．1960年代の文化大革命の危機を乗り越え，紫禁城は1987年に世界遺産に登録されている．現在，二つの故宮博物院に分蔵された美術品は，激動の中国近代史の生き証人ともいえるのである．　［植松瑞希］

上海博物館——外観は青銅器風

上海博物館は中国古代芸術博物館として知られ、北京故宮博物院、南京博物院と合わせて中国の三大博物館とよばれている。1952年、当時の南京西路旧租界の競馬場跡地に上海市立博物館が建設された。1959年、匯中ビルに移され、その後数回の移転が繰り返された。1992年、上海市政府が人民広場という一等地に新しい博物館の建設を決定し、時の館長で青銅器の専門家でもある馬承源(1927-2004)が関係者を率いて建設の準備をスタートした。1994年秋、上海博物館新館の主体部が完成し、人民広場に移転された。その後、青銅、陶磁、彫塑の三つの専門館は1995年の暮れに開館した。1996年秋、総延床面積3万9,600 m²の上海博物館は全館オープンし、一般公開されるようになった。11の専門館(部門別展示室)と三つの特別展示室は6億人民元(日本円にして当時で約80億円)に近く投入され、うち85%の資金は政府予算、残りは国内外の募金であった。

図1　上海博物館

本館は地下2階、地上5階建てで、内部は吹抜けになっている。館内所蔵する重要文物は12万件、うち青銅器、陶磁器、書法、絵画、玉牙器、竹木漆器、甲骨、璽印、銭幣、少数民族工芸など21の部類に分かれており、特に青銅器、陶磁器、書画が同館所蔵品の三大特色ともいわれている。

●**上海博物館の外観**　新館のユニークな建築設計は、建物自体が一つの芸術作品となっていることである。外観からも博物館の特徴がわかるように、鼎に代表される世界的に評価の高い青銅器コレクションを表現している。最上部に円盤を頂き、下部鼎の形状を模し、最上部には取っ手のような半円形の構造物が弧を上、弦を下に東西南北に設置されている。天井はガラス張りで、上から見れば漢代の鏡のように見える。まさに伝統的芸術と現代建築が融合している。設計をした邢同和は同済大学教授(上海)で上海現代建築設計集団の研究主任も兼ねており、2010年の世界博覧会、魯迅記念館など多くの建築設計も担当している。

所蔵品の特色を表す上海博物館のこのデザインは、当時館長を務めた馬承源の学識と無関係ではなかろう。馬承源は浙江鎮海の出身で、1952年に上海大夏(現・貨東師範大学)大学歴史科を卒業した。1954年、上海博物館に就職し、間もなく青銅研究部主任に任命され、1985年、同館館長に就任する。長年にわたって

青銅器，古文字，楚簡に携わり，『中国青銅器研究』『上海博物館蔵戦国楚竹書』『仰韶文化の彩陶』など，数多くの研究書を著した．1998年，フランスのレジオンドヌール勲章（名誉軍団国家勲章）を授与されている．

●**天円地方の宇宙観**　下層部が方形，上層部が円形の形状は，いわゆる天円地方（天は円，地は方）という古代中国の世界観，宇宙観を表している．同様のモチーフの建築物は，ほかに北京の天壇，地壇がよく知られている．天壇は天を祭る円形の建築物である．1998年にはユネスコの世界文化遺産にも登録された．一方，地壇は方形で，明清代の皇帝が地祇（地の神）に対して祭祀を行った祭壇を模していて，北京市東城区の安定門外に史跡がある．天壇が紫禁城の南東に築かれたのに対して，地壇は紫禁城の北東に築かれており，これは古代中国の天南地北説に符合する．このような建築物はさらに天陰地陽（天は陽，地は陰とみなす）という陰陽思想にも従っているという．皇帝が天壇で毎年冬至に天を祀る儀式を行うのに対し，地壇での祭祀は夏至に，五岳，五鎮，五陵，四海，四瀆，を祀っている．

中国の美術館や博物館建築は古代建築を模してつくられたものが多い．例えば南京博物院は遼代の寺院・宮殿建築を模したもので，北京故宮博物院はもとは宮殿・紫禁城だった建物を博物館にしている．また，中国国内で最大級の規模を有す中国美術館（北京東城区）は大理石の外壁の上に，紫禁城と同じ黄色の瓦屋根を頂くという折衷的な意匠である．

●**博物館の建築ブーム**　今，中国で博物館の建築ブームが起きている．経済発展により世界レベルを強く意識し始めたのだ．2003年以前，北京市の天安門広場東側に「中国歴史博物館」と「中国革命博物館」という別の博物館が設置されていたが，2003年合併して中国国家博物館と改編された．さらに拡張工事が行われ，2010年，総面積20万m^2近い世界最大級の博物館として再開館した．かつての中国革命博物館には1840年から1950年にかけての中国近代革命の資料が収蔵されており，また建国後の民衆教育のために制作されていた，いわゆる革命歴史画や，蝋人形などもある．

米国の新聞によれば，2011年だけで大小合わせて390個所の博物館が新規オープンしたという．2012年，上海では中国本土で初の公立現代美術博物館「上海当代芸術博物館」と中国最大の新芸術博物館を売りにする「中華芸術宮」とがほぼ同日に華々しくオープンした．中国では歴史や民族，科学，芸術，娯楽を一体化させた多目的博物館が多く，芸術品に特化した美術館というのは比較的新しい概念である．しかし一方で，全博物館が所蔵している文化財の5割が損傷，240万点以上もが腐食しているというニュースも報じられている．数だけではなく，質の担保も求められている．

［陸　偉榮］

中国美術収集——欧米美術館のコレクション

　ヨーロッパと中国の文化交流が始まったのは，早く漢朝—ローマ帝国の時代に遡るが，本格的にその文物がもたらされたのは，モンゴル帝国時代を待たなければならない．世界を席巻したモンゴル帝国の成立によって，青花磁器を中心とする中国製品はヨーロッパを魅了し，さらに次の明代には絢爛たる青花磁器やその代替品としての伊万里，漆芸なども輸入され，現在もリスボンのサントス宮殿，ベルリンのシャルロッテンブルク宮殿などの陶磁器の間を例としてそれらが王侯貴族の館を華麗に彩っているのを見ることができる．これらの工芸品は金銀細工による把手や蓋が付けられ，ヨーロッパの生活習慣に合わせた形式に変化させられているのも特徴である（図1）．中国美術は世界に輸出され，それらは現地の文化に合わせた改変が行われていったことが重要で，これらの作品を「ヨーロッパ古渡り」とよぶこともある．

図1 「青花牡丹唐草文瓢形瓶」（元）[トルコ・トプカプ宮殿博物館蔵]

　このような工芸品における活発な交流の一方，書画の交流が始まるのは比較的遅れ，ウィリアム・バトラー（1748-1822）のサインがある謝楚芳「乾坤生意図」（大英博物館蔵）が，1793年にマカートニーが清朝へ派遣された頃にもたらされた，最も早い時期の古渡りの美術作品であることが指摘されている．最初期の実用品から博物学的な標本，邸内装飾としての過程を経て，中国美術は次第に美術品としての価値から収集されるようになっていった．

●美術作品としての中国美術コレクション　さらに中国美術収集においては常に，中国産と非中国産との複雑な競合が行われてコレクションが形成されていったことも忘れてはならない．同じ中国美術といってもそこには華南地区や東南アジア，そして日本などの多地域の製品が混入しており，その中から多様な中国（東洋）美術イメージが紡ぎ出されていった．実際，19世紀において初めて欧米に現れ出た本格的な中国絵画は，すでに中国ではなく日本の大徳寺に伝世していた南宋時代の「五百羅漢図」（現在大徳寺のほか，ボストン美術館，フリア・ギャラリーに所蔵）であり，1894年にアーネスト・フェノロサ（1853-1908）によって展観されたことが近年明らかにされている．コレクションはその紹介者，伝来

地，製作地をはじめ，現在のナショナリティに基づく単純な「中国」観念では理解できない複雑な要素によって成り立ってきたのである．

近代以降の欧米における中国美術理解は，日本に伝来する中国美術とその歴史観の受容から始まった．アメリカにおける東洋美術収集の泰斗となった岡倉天心や，主に日本で収集にあたったドイツの東アジア美術館（ベルリン）のオットー・キュンメル（1844-1952）にはその影響が色濃い．しかし，義和団事件以降の清末の混乱によって，北京にいた貴族たちの収蔵品が売りに出されると，そのコレクションを目睹した欧米のコレクターたちによって日本伝来の中国美術コレクションがかなり偏った傾向にあることが自覚されていき，特にこの時期に処分された端方（1861-1911）のコレクションは，今までに世界の誰もが知らなかった本格的な中国美術コレクションとして，日本では内藤湖南や瀧精一といった美術史学者，そしてアメリカではチャールズ・フリア（1854-1919）などのコレクターに衝撃を与え，日本の中国美術観に依拠していた従来の歴史観を根底から変化させていった．その結果，アメリカの東海岸と日本の関西地区に，このような清朝の正統中国書画観に立脚した新しいコレクション群の形成がうながされていった．

図2　洛陽でのシックマン（1932年）

20世紀を迎えると，現在みられるような中国芸術の体系が完成し，西洋の芸術ジャンルの影響を受けた彫刻としての仏教彫像や，唐三彩などの明器類も含めた中国美術像が形成される．それらは1916年にロンドンで行われた中国芸術国際展覧会で総括的に展示された．一方アメリカでは，ローレンス・シックマン（図2，1907-88）など本格的に中国本土から学ぶ新しい世代が登場し，カンザス・シティにあるネルソン・アトキンス美術館にコレクション形成された．

第二次世界大戦後は，中国大陸出身のコレクターや学者たちがアメリカに渡ることで新しいコレクションが形成されていった．シャーマン・リー（1918-2008）は日本に伝来する中国美術に独自の価値を認めて積極的に収集し，クリーブランド美術館に東洋美術全体を見渡すことのできるコレクションを形成した．さらに華僑としてアメリカに渡った王季遷のコレクションや，クロフォートJr.のコレクションは，ウェン・フォン（方聞）を中心とするメトロポリタン美術館やプリンストン大学美術館に収蔵され，20世紀後半の中国美術コレクションや研究の趨勢を決定づけた．こうして中国美術コレクションは，中国と欧米社会の変化を反映しながら形成され，欧米社会とコミュニティの中で新しい生命を現在も紡いでいるのである．

［塚本麿充］

青銅器——起源・技術・変遷・思想

　青銅器とは、銅・鉛・錫の合金（青銅、Bronze）でつくられた金属製品のことである。私たちの最も身近な青銅製品としては十円硬貨がある。考古学では、先史時代から古代にかけての時期を、各時期に刃物として利用された素材の違いによって、石器時代・青銅器時代・鉄器時代に区分する考え方がある。青銅器を利器とした青銅器時代は、四大文明の揺籃として知られる古代文明世界はもちろん、文明化が達成されなかった地域を含め、世界各地の多くの人々が歴史上経験した時代である。

●**世界史上の中国青銅器**　各国の美術館に展示される中国古代青銅器の数々は、その青銅器文化の高度な発展を物語る。中国美術といえば、書画と陶磁器が一般には知られるが、青銅器はそれらに優るとも劣らない中国美術の柱の一つである。

　中国の青銅器文化は、他地域の青銅器文化と一線を画す異常な発展をみせた。四大文明として知られる古代文明世界では、中国世界を除き、青銅器は主に利器・日用容器・装飾などの実用品として製作された。エジプト文明と聞いて真っ先に思い浮かぶのがツタンカーメンの黄金マスクであるように、中国以外で文明を象徴する製品は、青銅器ではなく、金銀宝飾であった。これに対し、中国古代文明では、金銀宝飾ではなく、特殊な用途の青銅器が権力の象徴だったのである。中国古代において青銅器は、武器や日用容器よりも、むしろ祭祀儀礼のための非日用の容器として大量につくられ、著しい発達を遂げた。そしてそれらは、殷（前15–前11世紀）・西周（前11世紀–前771）・春秋戦国（前770–前221）時代、すなわち中国王朝権力の形成期を通じて、権力者たちの宗廟（先祖を祀る霊殿）や宮室に配され、彼らの死後にはその陵墓へと副葬されたのである。

●**金属と中国文明**　金属製品が形を成すには、金属の可塑性を利用した鍛造と、溶解性を利用した鋳造という二つの異なる方法がある。中国青銅器のほとんどは鋳造によって製作された。鋳造には、溶けた青銅を流し込んで製品の形をつくるための鋳型が不可欠である。中国青銅器の鋳型のほとんどは、粘土を焼いて形づくられた土製鋳型であった。器の完成形を事前に想定し、複雑な紋様や銘文を施した鋳型を、粘土を焼いて正確に組み上げる技術力は、先史時代を通じて磨き上げられた、高度な土器づくりの伝統が基礎となったと考えられる。

　もっとも、中国青銅器文化の高度な発展を先史時代の単純な延長としてとらえるなら、それは誤りである。先史時代の土器づくりは、基本的に地元の粘土を使い、聚落（群）内部に設けられた窯で焼き上げられた。一方、青銅器には、銅・鉛・錫という金属資源が必要だが、それはどこにでもあるものではない。中国大陸は、

総体としては資源が豊富だが,地域的偏りも顕著である.初期の王朝が都を置いた黄河中流域は,農耕面では肥沃であっても,金属資源には乏しい土地である.その権力者が必要とする青銅器を製品として手に入れるためには,支配域を広げ,異なる地域から各資源を安定的に確保し,専門的技能を備えた異なる職人集団を集め,生産に動員する必要があった.その前提条件となったのが強力な王権の存在である.東アジアで最も早い王朝国家が,ほかでもなく中国大陸に形成されたのは,そうした現実の要請と結びついたものであったとみるべきである.

●中国青銅器文化の展開　中国大陸各地で相次ぐ考古学的発見によれば,加工された銅片が前6500〜前2500年頃の遺跡から出土し,前3000年頃の遺跡からは鋳造された小刀も発見され,金属としての銅の利用が先史時代に始まっていたことが明らかとなっている.しかし,非日用の青銅製品(小型銅鈴など)が出現したのは,龍山(ロンシャン)文化によって代表される前2000年前後の新石器時代末期である.この時代,長城地帯から黄河流域を経て長江流域にまたがる地域内の各地では,都市化と社会の階層化が急速に進んだ.城壁で囲まれた巨大聚落や多量の精製土器・玉器などを副葬した大墓の中国各地での相次ぐ発見は,その証拠と考えられている.この時代に,続く青銅器時代の礎(いしずえ)が築かれたのである.

中国最古の通史である『史記』の著者司馬遷(しばせん)は黄帝から中国の歴史を説き起こしたが,現在,考古学的に発見された同時代史料(甲骨(こうこつ)文字)と文献記載との符合によって,歴史的に実在が公認されている最古の王朝は,殷王朝である.殷代後期の河南省安陽市の殷墟(いんきょ)遺跡(前13-前11世紀)では,宗廟・宮室の大型建築遺構とともに,王侯貴族の墓が多数発見されている.これらの墓の副葬品には,祭祀儀礼に用いられた各種の青銅製容器や青銅製楽器(青銅礼器(れいき)),儀式や副葬用につくられた青銅製武器が,数多く含まれる.

一方,殷墟遺跡の西南約200 kmに位置する河南省偃師(えんし)市の二里頭(にりとう)遺跡(前17-前15世紀)では,殷墟と同様の大型建築遺構とともに,青銅礼器や武器が出土し,古典文献で夏と記録される時期の,中国最古の都城址とする説が近年有力視されている.殷代以後へと続く中国特有の青銅器文化の発端は,この時期にまで遡る.二里頭遺跡からは,殷墟で多く発見される青銅器の器種のいくつかが,原始的な形態で出土する.王墓は未発見で不明な点も多いが,殷代以後の中国特有の青銅器文化の源流がこの時期にまで遡ることは確実である.

殷に続く周王朝(前11世紀-前256)の政治制度は,「封建制」という名で広く知られている.周王は諸侯に領地と人民を与え(封建),地方の統治を委ねた(ゆだ)のである.封建に際し,諸侯に与えられたのが青銅器であった.諸侯の側も周の様式に照らして独自に青銅器を鋳造し,封建の由緒や功績を銘文として鋳込み,宗廟に供え,墓に副葬した.こうして,周の青銅器文化は,器種や様式のみならず,それを用いる儀礼制度(礼制(れいせい))とともに,諸侯とその領地に移植され,周の

伝統を基礎とした各地の青銅器伝統をかたちづくったのである．

このように，中国青銅器は政治的特質を強くもつものであった．中国の代表的古典の一つで，春秋時代（前770-前453）の歴史を記した『春秋左氏伝』に，「国家の大事は祭祀と軍事にある」という言葉が見える（成公13年，伝）．春秋時代以前において，これら二つの分野で歴史的に重要な役割を果たしたものが青銅器だったのである．ところが，春秋時代末頃の人である孔子（前551頃-前479）が，周の伝統である「礼」の崩壊を嘆いたように，戦国時代（前453-前221）へと向かう歴史の中で，中国青銅器文化は次第に本来の政治的特質を失い，地域ごとに周の伝統から乖離した様式を新たな伝統としてかたちづくっていく．その中で，銘文は由緒や功績を記した記念文から，生産・保管のための単なる管理記録へと変わった．そしてさらに秦漢時代を通じ，技術的発展とそれを欲する社会階層の拡大によって，青銅器の生産の場は権力者の下から民間の手工業者にまで広がり，様式は単純化の一途をたどったのである．酒器は漆器や陶器に取って代わられ，武器も鉄器に変わった．

こうして政治・社会的役割を失い，歴史の表舞台から消えた青銅器であったが，唐末五代の混乱期を経て，秩序の再構築をめざす宋の皇帝は，夏殷周＝三代を模範に王朝儀礼の復活をめざし，また科挙官僚たちも儒教学説の実物資料としてそれを珍重し始める．古代の各種青銅礼器は，新たな技法で複製され，あるいは磁器にかたちを移し変えられた．中国青銅器文化はこうして再発見され，その伝統をつないだのである．

●青銅礼器の器種と変遷　青銅礼器には，棒状の足三つ（時に四つ）の上に鍋形（時に箱形）の容器が載ることを特徴とする「鼎」や，同じ三足器でも小ぶりで注ぎ口をもつ「爵」，袋状の三足をもち細長い筒型の注ぎ口を添えた「盉」，細長い高台（圏足）の上にラッパ状で縦長の容器部分が載る「觚」，低い高台の上に壺状の容器部分と短めのラッパ状の口をもつ「尊」，同じく高台をもつ容器でも横長で扁平な容器部分と蓋をもつ「簋」など，いくつかの代表的な器種がある．ここにあげた六つの器種のうち，鼎は動物の肉を煮炊きする鍋であり，爵は酒を温める片口の銚子，盉は酒を入れて注ぐための容器，觚は酒を飲む杯，尊は酒をいれる酒壺，簋は炊いた穀物を盛る容器で，いずれも祭祀儀礼に用いられる礼器である．青銅器の名称は，鼎・盉・簋のように自ら銘文中で名乗るものもあれば，爵・觚・尊のように自銘例はないが，後世の考証学者によって古典文献との照合により命名されたものもある．

青銅礼器の器種は，時代によって様相を変えた．上記の各器種の原型は，いずれも先史時代の土器の中に見出すことができるが，なかでも爵・盉・觚は，非日用と推測される入念なつくりの精製土器として，新石器時代末期に早くも登場している．二里頭遺跡でも，今日までの発見から見るかぎり，青銅礼器としては爵

が最も多く，鼎・盉などが若干見られるのみである．中国大陸において，青銅礼器が酒をめぐる儀礼と関連して出現したことを暗示している．

　こうした酒器を中心とする青銅器文化の伝統は，それに続く殷代，そして西周時代前半にまで継承される．一方で，殷代前期には新たな様相が加わっている．大型の鼎が出現し，殷代後期から西周時代にかけて，鼎は青銅器文化の中核の位置を占めるようになるのである．そして，西周時代後半から春秋時代にかけての時期には，それまでの酒器に取って代わり，簋や編鐘などの盛食器・楽器が大いに発展を遂げた．西周初期の周公の時代を理想とし，「復古」を提唱した孔子が，春秋時代にあって実際に向き合っていたものは，殷の伝統を色濃く継承した周公の時代の古い青銅器文化ではなく，盛食器・楽器を中心とした新しい青銅器文化であったと考えられるのである．

●**青銅器文化と中国思想**　中国青銅器文化の特質は，以上述べた青銅器文化の歴史的展開や，器種の変遷という側面だけではなく，それを取り巻く思想の中にも垣間見ることができる．

　祭祀に用いられる青銅礼器が争奪の対象となったことは，周の武王が殷を滅ぼした時，殷の宗廟の青銅器が諸侯に分配された例に見て取れる（周本紀）．ただし，それを単なる宝物の略奪・分配として理解するのは適当ではない（項目「盗掘」参照）．『春秋左氏伝』には，前606年，南方の新興国であった楚の荘王（在位前613-前591）率いる大軍が，黄河中流域の中原へと進攻した際，その地に君臨する周の定王（在位前606/607-前586）に対し，周王朝に伝わる九つの鼎の重さを尋ね，野心をたしなめられたという記事が見える（宣公3年，伝）．後に「鼎の軽重を問う」という故事成語を生んだこの出来事からは，春秋以前において，青銅器が単なる宝物ではなく，君主としての徳の有無と，天命を受けた者としての正統性という，目には見えない特異な思想を体現した象徴として認識されていたことが読み取れるのである．さらに，周王室の滅んだ後，秦の始皇帝（在位前221-前210）も天下統一後，九鼎の行方に強い関心を抱き続けていた（秦始皇本紀）．前漢時代においても文帝（前180-前157年在位）は九鼎を迎えようと試み，武帝（在位前141-前87）は青銅製の鼎を実際に手に入れ，喜びのあまり年号を元鼎に改元したという（『漢書』郊祀志，武帝紀）．

　近代に至っても，1943年の重慶で，日本との戦いの指揮を執る蔣介石に対し，その偉業をたたえて九鼎が鋳造献上されようとしたことがある．現代中国でも，胡錦濤政権下において内モンゴル，新疆，広西，寧夏，チベットの各民族自治区に対し，中央政府から「民族団結宝鼎」が寄贈され，各中心都市に据えつけられた．中国青銅器は，"鼎盛"［全盛］時代と自賛する今日の中国社会にあって，かたちを変えながらも権力の象徴もしくは国家の代名詞として，なおも特異な伝統を継承し続けているのである．

［吉開将人］

三星堆―――目が飛び出た仮面の意味

　前18世紀,中国では本格的な青銅器や都城をもつ王朝が誕生した.夏・殷(商)・周と続く中国古代の諸王朝は版図(領土)を拡大させていくが,直接支配が及ぶ範囲は最大でも中原とよばれる黄河流域や関中盆地を越えることはほとんどなかった.中原を取り巻く周辺では,王朝が政治・軍事の拠点を築いて一時的に進出した地域もあったが,基本的には各地の在地勢力が自律的に統治していたと考えられる.長江上流域の四川盆地西部(蜀)もまた,在地の集団が中原の王朝と一定の交渉をもちながら,独自の勢力圏と地方文化を形成した周辺地域の一つである.古代蜀の繁栄ぶりと個性豊かな文化の内容は長らくほとんど知られてこなかったが,1980年代に三星堆遺跡で相い次いだ重要な発見によって,ようやく実態に迫る突破口が開かれた.

●**古代蜀の都城址**　三星堆遺跡は四川省成都市の北約40 kmにある広漢市郊外に位置する.現在は一部しか残存していないものの,城壁は東西1,600〜2,100 m,南北2,000 mに渡って築かれており,その内側でもさらに城壁が近年発見された.四川盆地において比類のない大きさをもつ都市遺跡である.城壁内には大型建築遺構群,居住区,工房区などのほか,1986年に発掘された1号坑と2号坑がある.1号・2号坑はいずれも長方形の竪穴で,1.5 m前後の深さをもつ.ここからおびただしい数の青銅器・金器・玉器・象牙などの宗教や儀礼に関わる器物が出土した.巨大な遺跡規模,および四川盆地における宗教と政治の中心的機能の所在を暗示する上記の遺構は,三星堆遺跡が古代蜀の都城であったことを物語っている.同遺跡が城壁を伴う都城として使用された年代は諸説あるが,ほぼ殷時代(前16-前11世紀)に相当する.なお,考古学では,この時期の蜀文化のことを三星堆文化とよんでいる.

●**三星堆の異色の青銅器**　三星堆遺跡では中原や長江中・下流域から伝播したさまざまな種類の青銅器・玉器・土器が出土している.その一方で,特に1号・2号坑からは,高さ4 mに迫る神樹・人頭像・仮面といった,他地域に例のない異色の青銅器も数多く出土している.なかでも,2号坑から出土した3個の仮面は突出した目,左右両端を内巻きにした鼻,上部が外側へ延びた耳をもち,ひときわ特異な容貌を示している(図1).眉間には端部が巻かれた飾りをつけているか,そのための孔が用意されている.上記の特徴や飾りは,1号・2号坑で出土したほかの仮面と人頭像には見られない表現である.サイズの面でも,突目面とよばれるこれら3個の仮面はほかの仮面より格段に大きくつくられている.

●**突目鳥身の神と太陽信仰**　2号坑で出土した23個の仮面のうち,20個が人の

顔を表現したものであったが，造形と大きさの面で異彩を放つ3個の突目仮面は人を超えた存在「神」を表現したものであるといえる．同じ2号坑で出土した神樹の花には，突目仮面と同じ特徴の顔をもつ鳥がとまっている（図2）．これにより，突目の神は本来，鳥の体をもっていたことがわかる．花にとまる鳥の姿は，別の大型神樹の枝にも太陽形の円板装飾を伴って表現されている．この木を，中国最古の地理書『山海経（せんがいきょう）』などに記された，太陽を運ぶ10羽の「陽鳥」が宿る伝説の木「扶桑（ふそう）」か「若木（じゃくぼく）」にあてる説がある．

同説に従えば，花にとまる鳥は陽鳥になるが，仮面としては3個しか出土しなかった突目鳥身の神も陽鳥にあたるかどうかは即断できない．しかし，突目鳥身の神がとまっている花の形が大型神樹のそれと同じであることを踏まえれば，太陽信仰との関連を指摘することはできよう．ほかに，突目仮面は縦目をもつという伝説の蜀王「蚕叢（さんそう）」とみなす説もあるが，突目と縦目の対応関係を含めて議論の余地が残る．

●**三星堆の終焉**　西周時代（前11-前8世紀），蜀では三星堆文化に替わって成都を中心地とする十二橋文化が栄えた．1号・2号坑の設置は，この勢力交替と関連づけてとらえる説が支持を集めている．両坑の出土品は大部分が壊され，焼かれた状態で見つかった．仮面は天地を逆さにして，神樹にとまる陽鳥や突目鳥身の神像は翼を折ってから坑に放り込まれていた．三星堆文化は，同地の象徴的な神像や祭器が破壊されることで終焉を迎えたのであった．

［川村佳男］

図1　突目仮面［三星堆博物館蔵］

図2　突目鳥身の神像（3号神樹の一部）［三星堆博物館蔵］

📖 参考文献
[1]　四川省文物考古研究所編『三星堆祭祀坑』文物出版社，1999
[2]　徐朝龍『三星堆・中国古代文明の謎・史実としての「山海経」』大修館書店，1998
[3]　稲畑耕一郎・岡村秀典ほか監修『三星堆―中国5000年の謎・驚異の仮面王国』朝日新聞社・テレビ朝日，1998
[4]　鶴間和幸監修『よみがえる四川文明―三星堆と金沙遺跡の秘宝』共同通信社，2004

秦始皇帝の兵馬俑──色彩豊かな秦の地下軍団

　陝西省西安市臨潼区の秦始皇帝陵の東 1.5 km の地点から，1974 年，兵馬俑が発見された．兵馬俑とは等身大の兵士・馬をかたどった陶製の埴輪である．秦では武公（前 7 世紀）から殉葬が行われ，穆公の死に際しては 177 人が埋葬された．献公（前 4 世紀）の時に殉葬が廃止され，兵馬俑はその風習を人形に代えて継承したものである．兵馬俑坑は 1 号坑から 4 号坑までであり，合計約 8,000 体の俑が地下にあると考えられている（図 1）．発掘された俑には将軍や武将・弓兵・歩兵・御者や馬などさまざまな形態・階級のものがある．兵士俑は一つとして同じ顔はないが，純朴そうで頬がふっくらとしている咸陽周辺の秦の兵士，頬骨が高く精悍な顔立ちの西方（秦発祥の地）の兵士，丸顔で下顎の尖っている南方の巴蜀の兵士の三つに分類できる．東方の六国に備える秦の主力軍の構成を理解することができる．

●九つの色の謎が明らかに　兵馬俑といえば，黄土色の軍陣をイメージするが，1999 年，2 号坑の北東部分から彩色のよく残った跪射俑（ひざまづいて弓を射る兵士の俑）8 体が発見された（図 2）．その顔と手は白色の上に肌色が塗られ，髪とひげは黒，髷紐は赤，目は白・黒の彩色がほどこされていた．服装も鎧は黒色，鎧をつなぐ紐や襟元・ズボ

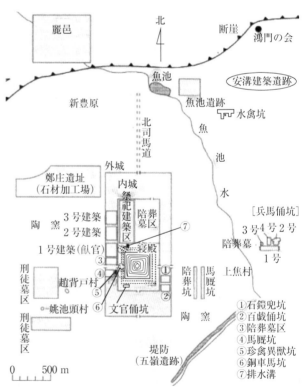

図 1　秦始皇帝陵と兵馬俑坑［鶴間和幸『始皇帝の地下帝国』（講談社，2001）掲載の図をもとに作成］

ンは赤，袖口は赤・緑，鎧の下の服は紫・黒・緑，靴下は白，靴は黒のように細かく色分けがなされている．

使われているのは赤・緑・藍・青・黄・紫・白・黒・茶の9色．その色彩の多くは天然鉱物顔料によるもので，赤色は硫化水銀（朱砂），白色はリン酸カルシウム（燐灰石），藍色はアズライト（藍銅鉱），緑色はマラカイト（孔雀石）からつくられた．ただし，漢紫（ハン・パープル）とよばれる紫色の材料は自然界では発見されていないケイ酸銅バリウムで，これは人工的に製造されたものと考えられる．

彩色にあたっては，まず，陶俑の表面に生漆を塗り，鹿膠などの動物性，桃膠などの植物性の膠を顔料に混ぜて，一層もしくは二層に重ねて塗られていた．彩色された俑は2,000年以上にわたって地下に埋められていたため，膠や漆がはがれ，もとの土の色がむき出しになってしまったのである．8,000体の軍陣のイメージは色彩豊かなものであった．

図2　色彩をほどこした兵馬俑［秦始皇帝陵博物院蔵］

●よみがえる始皇帝の宮廷生活　1999年以降，始皇帝陵周辺からは兵馬俑以外のさまざまな陶俑が発見されている．始皇帝陵の東南には百戯俑とよばれる皇帝のために雑伎をする集団の俑が見つかり，上半身裸の力士や片足を曲げて曲芸をするもの，突起のある鎧を身につけているものなどがある．陵の西南からは本物の馬と馬車とともに文官・御者の俑が出土した．皇帝の側で働く役人たちの姿である．さらに始皇帝陵の北に位置する魚池の東側からは池を模した溝の両岸に青銅の鶴や白鳥が配された水禽坑が発見され，そこには足を伸ばして楽器を弾いているもの，片手を上に挙げて楽器を奏でているような楽士俑が出土した．皇帝の宴を再現した坑である．これらの俑にも兵馬俑同様，彩色が残っているものがある．

始皇帝は自らの陵墓を築くにあたり，生前に生活していた世界をそのまま再現することをめざした．陵墓の周りには現実の色を再現した色鮮やかな1万体近くの兵士や馬・百戯・楽士・文官・御者を配したのである．始皇帝が埋葬されている墳丘の地下宮殿は未だ発掘されていない．『史記』によれば，地下部分の上には天文，下には水銀で多くの河や海を造り，また地上の地形を再現し，人魚の膏油で火を灯し久しく消えないようにしたという．始皇帝陵の地下宮殿はどのような色彩の世界であったのか，今後の調査に期待したい．

［村松弘一］

初伝期の仏像 ── 仏教文化受容の様相

　仏教の中国伝来は，後漢明帝（在位57-75）が夢の中で出会った金人が仏陀であると知り，求法のため西方に使者を送ったことに始まると伝えられる．この話は史実としては認められないが，明帝の異母弟，楚王英の崇仏に関する『後漢書』の記事は信憑性が高く，1世紀の漢帝室周辺には仏教信仰が存在したとみてよい．
　当時の中国に仏陀の像表現，もしくは礼拝対象としての仏像があったかは微妙なところである．インドでは菩提樹，傘蓋などの形象によって仏陀の存在を象徴的に表す時代が長く続き，ガンダーラおよびマトゥラーにおける仏像の誕生と流布は紀元1世紀を待たねばならなかった．これ以前に非公式に仏教が伝わっていた可能性も考慮すれば，中国にもインド同様，仏像出現の前段階に対応する時期があったとしても不思議ではない．楚王英は「黄老（黄帝と老子）の微言を誦し，浮図（仏）の仁祠を尚」んだというが，英が礼拝の対象としたのも，仏像ではなくストゥーパ（仏塔）の類だった可能性があろう．

図1　菩薩立像［藤井斉成会有鄰館蔵］

●**金銅仏と揺銭樹**　中国における独立した礼拝像の古例としては，京都・藤井有鄰館所蔵の菩薩立像（図1）やハーバード大学・フォッグ美術所蔵の如来坐像など，3〜4世紀の作とされるガンダーラ風の濃厚な金銅仏が著名だが，1〜2世紀に遡る品は知られない．とはいえインド亜大陸における仏像出現の影響は早々に東アジアに及び，遅くとも2世紀の中国で仏像の表現が行われていたことが，出土遺物からわかる．四川省を中心とする西南地方には最初期の遺品が集中しており，当地特有の副葬品である揺銭樹（図2）に表された仏像は，その代表格である．
　揺銭樹は「金のなる木」をかたどった品で，銭のついた銅製の樹木を台座に立てている．四川省重慶の豊都槽房溝9号墓では延光4（125）年銘の陶製の台座と仏像断片が出土しており，仏像を付した揺銭樹はこの頃には

図2　揺銭樹（部分，四川省綿陽市出土）［綿陽市博物館蔵］

制作されていたとみてよい．揺銭樹の台座や頂部には元来，西方の崑崙山に住むとされた不死の女仙・西王母が表されていたが，仏像はやや後れて，同じ位置に代入されるかのように登場する．この事実は仏教伝来の経緯を述べた文献（袁宏『後漢紀』）の「西方に神有り．其の名を仏と曰う」という一節を想起させ，仏を神仙の一種として受容した当時の仏教理解に対応している．仏と銭が副葬品上で同居するという現象も，当時の仏教信仰において富貴や不老不死といった現実的・享楽的な願目の成就が期待されていたことに由来するとみてよい．

●**墓中の仏像と神亭壺・銅鏡の仏**　四川にはほかにも初期仏教造像の遺品があり，楽山の麻浩崖墓など，光背を伴う坐仏を墓門上に浮彫する事例がみられる．西南地方の初期造像は，揺銭樹の仏像における髻の結い方や髭，麻浩崖墓の仏像の衣端を左手で握る形式や衣文構成など，ガンダーラ仏と共通する要素が多く，像容は西方からの影響をよく留めている．

長江の中下流域には，西南地方の諸作例に続く時期の遺品群が集中している．江蘇・浙江両省で多く出土する神亭壺（魂瓶）には，上部に神仙世界をかたどる多彩な装飾が付されている．古いものは3世紀の中葉に遡るが，第4四半期には禅定の姿の仏像を貼り付けたものが多く制作された．また湖北省で出土する3世紀の銅鏡にも，神仙を表す作例に混って，仏の図像が認められる．もともと神仙世界の造形化が

図3　神亭壺（部分，浙江省武義県出土）

前提としてあったところに，仏の姿が入り込むという過程がたどれる点は，揺銭樹などの場合と同様である．

中国初期仏教美術の特徴の第一は，遺物上における仏と神仙の図像の位置が，対置ないし互換される関係にある点である．この配置は楚王英の信仰形態にもみたような，仏と中国固有の神仙の間に類比関係を認める，当時の仏教受容の実態に照応している．第二はその大部分が，墓中の副葬品や墓内に仏の図像を表した作例という点である．当時の仏教が死者祭祀と関係をもち得たことは，中国史上例外に属する．南北朝時代以降には両者の間に明確な一線が引かれ，仏教的要素は墓葬美術からほぼ完全に姿を消すことになる．

［稲本泰生］

参考文献

[1] 曽布川寛・岡田健編『世界美術大全集 東洋編3 三国・南北朝』小学館，2000

石窟────敦煌莫高窟・龍門石窟・雲岡石窟

石窟寺院の造営はインドから中央アジアを経て中国に伝来した．本来は人里離れた静かな山林につくられ，僧侶の修行のための場所であった．やがて皇帝や貴族などの権力者による造営が盛んになると，都市近郊でも大規模な造営が行われるようになった．敦煌莫高窟・龍門石窟・雲岡石窟は，その規模や質などの点で重要であり，3大石窟とも称される．

図1 雲岡石窟第20洞［筆者撮影］

●敦煌莫高窟　敦煌市は甘粛省西端のオアシス都市である．周辺には8個所の石窟があるが，敦煌市南東17 kmの鳴沙山東麓にある莫高窟は最も規模が大きく，南北1,680 mにわたり合計734の窟龕が開かれた．この地は，禅の修行の中心だった．北涼あるいは北魏を最古とし，続いて西魏，北周，隋，唐，五代，北宋，西夏，元代にわたって造営がなされ，窟龕に遺る尊像は2,415体，壁画は4万5,000 m²余にものぼる．極端に乾燥した自然環境とさまざまな歴史的状況が幸いし，莫高窟には尊像や壁画が実に1,000年にわたって保存されている．

南北朝時代には，仏伝・本生・譬喩などの説話図が多く描かれた．例えば，北魏時代の第254窟の北壁に描かれたシビ王本生図は，釈尊が前世において菩薩として修行していた頃の物語を描く．鷹に追われた鳩を救おうとしたシビ王が，自らの肉を裂いて鷹に与えようと決意し，ついにその全身を与えてしまうという物語である．こうした，凄絶な自己犠牲を伴う菩薩の行いを描く壁画は，修行僧と衆生に対する教化を目的としている．

唐代には，浄土経典や法華経，維摩経などの内容が大画面に描かれた例が多い（経変）．第220窟は642年の年記があり，初唐期の代表作である．奥壁には塑像による五尊像が置かれ，南壁には大画面の阿弥陀浄土変，北壁には薬師浄土経変，東壁窟門両側の壁面には維摩詰経変が描かれている．維摩詰経変には，帳を上げた几帳の中で法論をたたかわす姿の維摩詰が座り，対する位置には，文殊菩薩が右手に如意を持ち，須弥座に座って維摩詰の問いに答える姿．その下方では大勢の家臣を率いた帝王が問答を聞く姿が描かれる．これらの迫力ある姿，真に迫る描写は，時代の求めるところだった．

●雲岡石窟　雲岡石窟は，北魏の都・平城（現・大同）にほど近い．北魏は，北方

の民族である鮮卑系の王朝だった．460年代に沙門統・曇曜の建議により開鑿されて以来の造営は，北魏の仏教文化のあり方を如実に伝えている．東西約2km，大型の窟は45を数え，造像の総数は約5,100体にも及ぶ．最初期の5窟は曇曜五窟といわれる．「露坐の大仏」として知られる第20洞の本尊（図1）は，力みなぎる充満した体躯に薄く密着する衣紋を刻み，甘粛や西域の塑像の様式に近い．開始時の雲岡では，涼州僧曇曜の指導下に涼州風の造像が行われたことがわかる．

しかしこうした造像の傾向は，470～480年代には変化した．この時期の造営中，特に完成度の高いのは第6洞である．天井まで14.4mの中心柱が彫り出され，中心柱四面，天井，壁に大小の仏龕・千仏・飛天などが隙間なく彫刻されている．この窟の釈迦像や菩薩像は，袈裟姿や天衣の着け方をアレンジし，まるで漢民族の衣をまとっているように見える．この時期，元来北方の民族であった北魏が諸制度，文化のあらゆる領域にわたって急速に漢民族化しており，仏像の変化もこれと期を一にしている．

●**龍門石窟**　493年から翌年にかけて，北魏は平城から洛陽へ遷都し，それに伴い石窟造像の拠点も龍門石窟に移動した．龍門石窟は，北魏洛陽城の南西20km，伊河両岸の伊闕山に位置する．元代の頃まで大小総数2,345もの窟龕を数えるが，北魏と隋唐時代が造像の中心である．

賓陽中洞は，北魏の510年代に完成したとみられる勅願窟である．如来，二比丘，二菩薩を中心にし，左右壁に如来立像と脇侍菩薩，前壁には維摩文殊対論，本生図，皇帝皇后行列図などの浮彫，床面にも水面上の蓮華を表すなど，統一的で，華麗な空間構成をなしている．その中尊は，面長，吊り上がった眉，三日月形に両端がもち上がった唇が特徴的で，高い精神性を感じさせる．また「中国式服制」が採用され，厚い衣を何枚も重ねて身体の起伏を感じさせない．さらに台座前面に衣を垂らして裳懸座をつくる．こうした姿の如来像は，法隆寺金堂釈迦三尊像といった飛鳥時代の仏像の源流を探るうえで，示唆に富む．

唐代の造像の代表は奉先寺洞だろう．西山中央部のやや南寄り，地上約20mの高さに開かれた龍門最大の大仏窟である．幅約30m，奥行き約40mの空間に，高さ17mの巨大な盧舎那仏像，左右に比丘，菩薩，神王，金剛力士を一体ずつという巨像群で構成される．大仏の台座に刻まれた造像記によれば，高宗の勅願で，672年に皇后武氏（則天武后）が化粧料2万貫を寄進し，675年に完成した．巨大な中尊は，張りのある明眸な表情である．衣は両肩を覆い，首元から胸部にかけて波紋が広がるようにして衣の襞が表されている．当時の中国人にとって，こうした姿は「インド風」に映ったようだ．盧舎那仏の坐す蓮華の台座には，花弁の一枚一枚に坐仏の姿がみえる．『華厳経』や『梵網経』に説かれる広大無辺の世界観を反映したもので，奈良・東大寺大仏などにも受け継がれた表現である．

［田中健一］

唐都の美——長安における繁栄

盛唐の詩人李白は，都長安の情景を次のように詠っている．「五陵の年少，金市の東．銀鞍白馬，春風を度る．落花踏み尽して何れの処にか遊ぶ．笑って入る，胡姫の酒肆の中」［都の貴公子たちは，白馬に銀鞍を置き，衣裳も美々しく郊外に出遊し，日暮れとともに街中へと騎首を返す．春明門をくぐり酒肆へと馬を急がせる．胡人の女性たちが西域の歌舞音曲で迎え，玉杯やガラスの杯に葡萄の美酒を注ぐ．］

図1　仕女図　永泰公主墓・前室東壁南側（唐）［陝西省歴史博物館蔵］

長安（現・西安）は人口100万人とも称された．唐の帝室李氏は，鮮卑系ないしはその混血だったとみられ，広大な版図（領土）に多様な民族を包含し，外来の異文化にも寛容な国際性豊かな時代だった．シルクロード東部を掌握したことによる対西方交通の盛況に加えて海上交易も活発化し，都の長安は世界の国々の人や文化で溢れ，国際色の豊かな美術も生まれた．真の世界帝国に相応しく，国粋主義でもなければ異文化一辺倒でもない，両者が融合した普遍的な美の芸術である．

●墓葬壁画　長安の位置する関中盆地には，唐帝室の陵墓が多く分布している．陵墓には，陶俑や三彩などの器物が置かれたほか，墓道から墓室に渡って壁画が描かれた．これらは，唐代の帝室や貴族の華やかな生活の様子を伝える点でも貴重である．唐代，都の宮廷や寺院を壁画が飾ったことは，文献から知られるが，墓葬壁画がそうした壁画の様子をうかがわせる．その一つ，永泰公主墓は，1960年に発掘された．永泰公主は，中宗李顕の第7女である．大足1（701）年17歳の時，祖母にあたる則天武后によって死に至らしめられ，則天武后の死後，父中宗によって，神龍2（706）年に乾陵に陪葬された．壁画は，墓道から青龍・白虎，武人による儀仗隊の隊列が続き，墓室の天頂には天象図，前室壁画には長押や貫などが表され，そこに女侍，男侍が描かれた．前室東壁の女侍図は，ガラスの杯や団扇，如意，払子などを手に持ち，思い思いの姿勢と表情でゆったりと歩む情景（図1）である．体つきはやや細身，髪形も軽やかで，正倉院の鳥毛立女

屏風や京都国立博物館の紅陶加彩女子などにみられる妖艶豊満な女性像とは異なっている．こうした壁画からは，宮廷の女性たちの流行の様子やその変化を読み取ることができる．

また，神龍2（706）年の章懐太子墓の墓道には，馬毬図，狩猟図が描かれている．馬毬はペルシアで起こり，その後中央アジアを通って中国に伝わった競技で，現在のポロである．この馬毬図は，約8mにわたって，20人余りの騎手や馬が疾走する様子が，躍動感をもって生き生きと描かれている．騎手はそれぞれ各色の細袖の袍をつけ，片手で手綱をさばき馬を駆る．その表情やさまざまの姿勢を取る馬の描写は精細である．馬毬は唐代貴族の間で流行し，都の宮城の中にも馬毬場がつくられたことが明らかになっている．

●**何家村・法門寺出土の金銀器**　わが国の正倉院に多くの金銀器が蔵されることからもうかがわれるように，唐代の宮廷文化にとって金銀器は特別な意味をもったようだ．それは，金銀器による食事が長生きのためによく，丹薬づくりに金銀が必要とされたこと，またシルクロードを通じて西方の金銀文化が影響したことなど，さまざま理由が考えられる．出土作例の中では，何家村や法門寺から出土した金銀器が代表的である．

何家村は西安の南郊に位置する．何家村からは金銀器270点をはじめ，板状銀塊類，多数のコイン，薬用鉱物，瑪瑙やガラスの器，宝石類など多くの文物が甕の中に収められた状態で出土している．これらは8世紀後半期のある時期，高官クラスの人物が身の回りの宝を集めて埋めたものと推定されている．金銀器は，唐草文様や連珠文，伸びやかな動植物の図案を伴う．地の部分も，整然とした魚々子で埋め尽くされており，極めて精巧な造作をみせる．

一方の法門寺は，西安から西におよそ120kmの場所にある．その寺塔（真身宝塔）の地下から，1987年に大量の宝物が発見された．咸通15（874）年正月4日，唐の皇帝懿宗とその息子僖宗などが寄進した宝物が埋納され，それ以来手つかずの状態だった．「中国の正倉院」ともいわれるゆえんである．法門寺は，釈迦の本当の舎利を蔵していると信じられており，この舎利は30年に一度塔の地宮から取り出されて長安で開帳され，唐代長安の人々の熱狂的な信仰を受けた．

●**宝慶寺石仏群**　長安の寺院の荘厳を伝える美術もみておこう．長安城の大明宮のすぐ南には，儀鳳2（677）年に仏舎利が発見されたという奇跡を記念して光宅寺が建てられた．中国で唯一の女帝則天武后は，ここに七宝台を建造している．その荘厳に用いられた石仏群が30余点現存する．宝慶寺石仏群とよばれ，唐代彫刻を代表する作品である．宝慶寺石仏群は，三尊形式と独尊形式の大きく二つに分類できるが，降魔印，施無畏印，施無畏印倚坐の如来像，独尊像としては十一面観音菩薩立像がある．これらは当時インドで流行していた仏像の姿をもとにしたとも考えられ，これも長安美術の国際性を示す一例である．　　［田中健一］

ソグド人の美術——東伝と変容

　ソグドは中央アジアのアム河（オクサス）とシル河（ヤクサルテス）の間を流れる，ザラフシャン河およびカシュカ河流域一帯の古名である．大部分が現在のウズベキスタン，一部がタジキスタンに属し，代表的な都市にサマルカンドがある．ソグド人はこの地に定住していたイラン系民族で，4〜9世紀における中国・イラン間の中央アジア全域における交易を支配し，東西交渉史に巨大な足跡を遺した．絹をはじめとする多様な奢侈品を扱った彼らは，文字どおりシルクロード貿易の担い手だった．ソグド人は3世紀の頃すでに，中国の西の玄関口である河西地区を拠点に商業活動に従事していた．彼らは中国で康，安，何，曹，史などの姓を名乗り，この地区で数代滞留した後，中国内地に居を移す者も多かった．新疆・クチャ近郊キジル石窟の仏教説話画では，登場人物の商人が白い帽子を被ったソグド人の姿で表されており，商人といえば彼らという認識が定着していたとみてよい．ただし敦煌莫高窟の北魏窟の説話画中には，守銭奴を思わせる人物をソグド商人として描く事例があり，そこに中国人がソグド人に抱いた悪印象が投影されているとの指摘がある．

●**壁画と石彫の作例**　これに対しソグド本土では豊かな資産を背景に高度な絵画芸術が開花し，4〜8世紀の遺品が現存する．主要な遺跡はアフラシアブ（サマルカンド）やペンジケントで，壁画は神殿，宮殿，邸宅などを飾っていた．その大部分は8世紀前半の作で，神々の姿，英雄物語や寓話，宴飲の様子などの画題を，ラピスラズリなどを用いた鮮烈な色彩で描いている．

　6世紀後半は中国に定住したソグド人の活躍が特に目立つ．北斉の治下では大臣となった安吐根などが輩出し，画壇には仏画をよくする曹仲達が出て，水から出たばかりのような異国的な像容表現は曹衣出水と形容された．山東省青州ではソグド人らしき商人の交易の場面などを線刻で表す石棺

図1　商旅駝運図（山東省青州市出土）[青州市博物館蔵]

図2　安伽墓　石門門額　拝火壇図（陝西省西安市出土，北周）[陝西省考古研究所『西安北周安伽墓』文物出版社，2003]

床の囲屏（573，図1）や，髭をたくわえたソグド人の姿を着衣上に表した仏像が出土しており，彼らの活動がはるか東に及んだことを示す．

20世紀末以降，陝西省西安の康業墓（571），安伽墓（579，図2），史君墓（580），山西省太原の虞弘墓（592）など華北でソグド人の墓が発見された．石榔や石棺床の囲屏といった葬具が相次いで出土し，表面には隊商，狩猟，楽舞の情景，特徴的な姿の神々や動物など，非常に国際色豊かな図像が浮彫ないし線刻で表されていた．葬具の形式や図像の内容から，彼らの風俗や死生観がかなり明瞭になった．

図3 山猫文盤 銀に鍍金（内蒙古自治区敖漢旗李家営子出土 ソグド 7〜8世紀）[内蒙古自治区博物館蔵]

●**ソグド人の宗教と美術工芸**　ソグド人の宗教は，中国で祆教とよばれたゾロアスター教である．安伽墓の石門上の門額には，その祭祀の様子が浮彫されている．中央が拝火壇で，3頭のラクダの上に炎が立ちのぼっている．その左右にマスクをつけ，手にした火箸を供物に向ける，半人半鳥の祭司がいる．ソグドにおけるゾロアスター教の葬制はイランのそれと様相を異にしていたものの，遺体を動物に食わせて骨だけにする点では同じだった．しかし中国在住ソグド人の墓では，中国北朝の葬制への同化が図られた．土葬が採用され，葬具の形式も北朝の事例を踏襲していた．一方で図像は年代が下るにつれ，主題から人物の衣装や調度品など細部にいたるまで，ソグド独自の要素を強めていったことがわかっている．

唐代の中国では女性の胡旋舞，男性の胡騰舞など，ソグド由来でソグド人の葬具にも表されていた舞踏が特に流行した．これらは人々の異国趣味を満足させたが，当時は「胡」の語がほぼソグドと同義だったことが解明されている．唐から輸入された正倉院宝物の漆胡瓶，伎楽面の酔胡王・酔胡従などもこの語を含む遺品で，彼らの活動は日本伝来の品にも痕跡をとどめているといえる．

ソグド人は商品の流通だけでなく生産面でも大きな役割を果たした．中国出土の銀器のうち，従来ササン朝とみられてきた品の多くが実はソグド製であること，唐代に流行した把手付きの金銀器の器形が，ソグド銀器に由来することなどが判明している（図3）．また機織に秀で，連珠円文を表す華麗な緯錦の製造技術も備えていたと考えられる．この技法・意匠の製品はササン朝や東ローマのものが著名だが，唐製とされる法隆寺所蔵の四騎獅子狩文錦なども，ソグド人工匠と接点をもつ品の可能性があろう．

[稲本泰生]

📖 **参考文献**

[1] 曽布川寛・吉田豊編『ソグド人の美術と言語』臨川書店，2011

王羲之──真作がないのに書聖

　中国の後漢末から六朝時代にかけて書は大きな発展を遂げた．公の石刻文字として隷書体が完成をみた後，実用の要求のもとに，楷・行・草という基本書体が整った．草書に秀でた張芝，楷書に工みな鍾繇ら，歴史に名を刻む書人の登場をはじめ，書論（書に関する論述）も発展をみた．特に東晋時代は，貴族文化が爛熟し，伝統的教養に重きを置く社会風潮の中で，書の表現性は洗練されて，芸術の域にまで高められた．その中心的役割を担ったのが王羲之である．

●**王羲之と書**　羲之（303-361，諸説あり）は字を逸少といい，官職名から右軍ともよばれた．琅邪臨沂（現・山東省）の出身である．早くに父（王曠）を亡くした羲之は，父の従兄で丞相となった王導のもとで育てられ，将来を嘱望された逸材であった．

　名門貴族の王氏は多くの能書を輩出した．羲之は叔父の王廙や，衛夫人に書を学び，晩年に及ぶにつれて精妙になったと伝わる．子の王献之も能書として知られ，父子を大王・小王，または並称して二王とよぶ．代表作は「蘭亭序」をはじめ，「喪乱帖」「孔侍中帖」などの行草書，「黄庭経」「東方朔画讃」などの小楷が伝わるが，すべてが後世の臨書（手本を傍らに置きまねて書いたもの）や双鉤塡墨（原本の上に紙をのせ，文字の輪郭をふち取り，中を墨でうめたもの）で真作はない．「書扇」や「換鵝」の故事で知られるように，在世当時から羲之の書を求める者は多く，古くから鑑賞の対象や学書の手本として尊ばれていたことがわかる．

●**王書愛好と評価**　王書愛好の風潮は南北朝時代から高まりをみせている．梁の武帝の時代には蒐集した王書を朱异・陶弘景らに鑑定させ，767巻という膨大な数に達したと記録がある．唐代では太宗が散在していた王書の蒐集に努めた．書に造詣が深かった太宗は，『晋書』編纂の際，自ら「王羲之伝」を執筆したほど羲之の書を酷愛した．その鑑定の任にあたった褚遂良の『右軍書目』には正書5巻40，行書58巻とあり，また張彦遠の『右軍書記』には465帖と記録されている．これを信じれば，唐代には数多くの羲之の真跡が残されていたことになる．太宗が最も珍重した「蘭亭序」は，皇帝崩御の際，昭陵に陪葬されたといわれ現存するものはすべて欧陽詢や虞世南による臨書，または馮承素ら搨書人による双鉤塡墨である．

　なお，羲之の書は書論でも論及の対象となっている．南朝の書論の集大成ともいうべき庾肩吾の『書品』では「王は，工夫においては張芝に及ばないが，天然においては彼をしのぐ．また天然において鍾繇に及ばないが，工夫においては彼

をしのぐ」と評し,天然（自然な巧妙さ）と工夫（人為的な巧妙さ）の観点から,双方が高いレベルでバランスが取れている点を評価する．これは羲之の書がなぜ良いかを説明した有名な一説である．唐代では李嗣真の『書後品』に「その正体……書の聖と謂うべきなり」とあり,羲之に対して,書聖の称号が使用されている．そもそも書聖の称号は特定の人物をさすものではなく,優れた書人に対する尊称であり,古くは皇象（または こうしょう）・張芝・鍾繇・索靖を評した例がある．太宗による羲之愛好とも相俟って,書聖＝王羲之とする見方はこの頃定着したと考えられる．

ところで,日本の奈良時代に編纂された『万葉集』には「羲之」「大王」（王羲之のこと）の語がみられる．これらは「てし」（手師）と読まれている．「手師」とは字の上手な人を意味し,これに羲之の名をあてて表音文字として使用されている．実際に正倉院の東大寺献物帳には「大小王真蹟帳一巻」「搨王羲之書法二十巻」などの記載があり,羲之の書は時代や国境を越えて尊重されてきたといえる．

●**蘭亭論争と王書の実像**　羲之は多くの書体に精通していたとされるが,残念ながら真跡は伝わらず,その実態は謎に包まれている．現存する臨書,摹本もどの程度真相を伝えているか不明なため,羲之の書や王書を中心とする法帖を学ぶことに対し,これまでも繰り返し議論されてきた．

最も話題となったのは郭沫若による蘭亭序偽作説である．郭氏は「蘭亭序」の文献資料としての信憑性に加え,当時出土した王羲之と同時代の墓誌銘との書きぶりが掛け離れていることを根拠に「蘭亭序」を偽作と結論づけた．この論文の発表を機に大きな議論が起こり,研究は促進されたものの,今なお結論を出すにはいたっていない．その後に出土した文字資料から判断すると,羲之の書は摹本や臨本にみられるほど完成されたものばかりではなく,素朴な書きぶりであったと見るむきが強い．

上記のように,羲之の書については謎の部分が多い．そもそも真跡の存在しない羲之がなぜ「書聖」なのか．これは羲之の真跡がまだ世の中に存在していたと考えられる時代の評価であり,このこと自体に疑問を挟む余地はないだろう．むしろその価値観が真跡の失われている現在にいたるまで,揺らぐことなく受け継がれ続けてきた事実が重要である．ここに書の歴史における王羲之の偉大さがあり,書の典型として不動の地位が示されている．そして,真跡が存在しないがゆえに神格化され,永遠に語り継がれる存在となっている． ［笠嶋忠幸・藤森大雅］

📖 **参考文献**

[1]　中田勇次郎『王羲之』講談社，1974
[2]　杉村邦彦「王羲之の生涯と書について」『書苑彷徨』第二集，二玄社，1986
[3]　魚住和晃『書聖 王羲之—その謎を解く』岩波書店，2013

顔真卿——その書，どこが上手いのか

　唐の太宗は弘文館（図書の校正や学問の教授を行う）を設置し，能書として著名であった虞世南・欧陽詢に命じて，書法の教授を担当させ，科挙制度においては，官吏採用の基準に書法を加えるなど，文教政策の一環として書を重視した．これにより伝統的で規範性のある文字を書けることが士大夫層の必須条件となり，書はおおいに栄えることになった．このような状況のもとに，書法の典型として位置づけられたのが「初唐の三大家」であり，彼らの書はやはり王羲之書法を基礎とするものであった．

　中唐期，安史の乱による政治的混乱に遭遇したものの，反対に文化は爛熟期を迎えた．書では篆・隷書の隆盛，狂草書の流行など，従来の王羲之書法の順守から，個性的表現の志向へと新たな展開があった．そうした時代に登場したのが顔真卿である．彼の個性的な書風は，後に「顔法」と称され，新たな表現法を確立し，後世に多大な影響を与えた．

●**顔真卿の生涯**　顔真卿（709-785）は盛唐から中唐期にかけて活躍した「唐の四大家」の一人である．字は清臣，官職名から平原，魯公ともいわれる．長安（現・陝西省西安）の出身だが，本籍は王羲之と同じ山東省である．顔之推，顔師古といった学者や能書を多く輩出した家系に生まれ，顔氏と姻戚関係を結んでいた殷氏も代々書に巧みであったという．

　顔真卿は幼くして父を失い，母方の殷氏によって育てられ，書の手ほどきを受けた．26歳で科挙に合格，エリート官僚としての道を歩むが，剛直と評される人格が災いして官界では順調にはいかなかった．宰相盧杞の画策により，李希烈の反乱を治めるために赴いた汝州で殺害されるが，最後まで剛直を貫いた人物としてその名声は現在にまで伝わっている．

●**書をめぐる評価**　顔真卿はもう一人の書聖と評されるように，書の歴史において唯一，王羲之と比肩される書人である．しかし，在世当時の評価は，後世にみるほど高くはなく，その後も南唐の李煜は「顔書楷法有るも佳処無し．」（顔真卿の書には楷書の筆法が備わっているが，佳いところはない）と酷評し，北宋時代に編纂された『淳化閣帖』には顔真卿の書が1点も収録されていないことからも明らかである．その書が注目されるのは北宋時代以降である．例えば欧陽脩は顔真卿の書に忠臣としての人間性が表れている点を評価し，蘇軾は詩の杜甫，文章の韓愈，画の呉道子とともに，書では顔真卿をあげ，その革新性を評価した．一方，米芾は顔真卿の行草書は高く評価するものの，楷書に対しては「醜怪悪札の祖」（醜く奇怪な字）と厳しい評価を与えている．歴代の評価は行草書に関して

高く，楷書に関しては賛否両論ある．このように評価が分かれるのは，書に対する考え方や基準が時とともに多様化するためである．顔真卿の書は宋代の「意を尚ぶ（とうとぶ）」という時代の風潮に適合し，また人格が書の表情にも表れて見えることや，そのスタイルの斬新さ，新しさという点で，後世にまで影響を与える典型となったようだ．

●**顔法とその特徴**　顔真卿は確かな真跡が存在し，その数も多いことから書風の変遷を辿ることが可能である．「王琳墓誌（おうりんぼし）」「郭虚己墓誌（かくきょこぼし）」「多宝搭碑（たほうとうひ）」は顔真卿の若書きの楷書で，初唐の楷書様式を踏まえた端正な書風である．しかし，晩年に及ぶにつれて，「顔勤礼碑（がんきんれいひ）」「顔氏家廟碑（がんしびょうひ）」のような個性の強い書風へと変化していったことがわかる．この個性的な書風を顔法という．なかでも特徴的な「蚕頭燕尾（さんとうえんび）」（起筆が蚕の頭のように丸く，払いが燕の尾のようにわれた点画のこと）の筆法は顔真卿自身が創始したものなのか，その出自は謎であるが，北朝の摩崖大字（まがいだいじ）がその先例であるとするのが有力である．行草書には「祭姪文稿（さいてつぶんこう）」「祭伯文稿（はくぶんこう）」「争座位文稿（そうざいぶんこう）」などの尺牘（せきとく）があり，王羲之書法を基盤に自己の胸懐を発散させた率意の書である．この書風形成の背景には同時期に活躍した張旭や懐素の影響も看過できない．

　顔法の形成にはさまざまな要素が複雑に影響しているが，その最も本質的な特徴といえば直筆蔵鋒（ちょくひつぞうほう）の用筆法にあると考えられる．これは，筆を垂直に立て，筆先を丸めるように起筆して筆先を露（あら）わにしないことであり，筆先が線の中央を通ることで重厚で肉感的な線質が表せる．これは顔氏の家学とする篆書の用筆法と共通するものであり，張旭が顔真卿に伝授したと伝わる「屋漏痕（おくろうこん）」「印々泥（いんいんでい）」にも通じると考えられる．後世，顔真卿の書を「顔筋柳骨（がんきんりゅうこつ）」（顔真卿の書は筋力ですぐれ，柳公権の書は骨力ですぐれる），「筆力遒婉（ひつりょくしゅうえん）」（筆使いから生じるつよくあでやかな趣）と評するのは，篆書に由来する安定した筆使いから生じる線の，引き締まった力強さを称讃したものである．また，結構法（字の整え方）では向勢に構え，文字内部の構造を広くする点も篆書との共通点を見出せる．つまり，家学である篆書の書法を楷書や行草書に応用したところに顔真卿の新しさと優れた点があるのだが，それに加え，技法を超越した精神性の表現を実現した点が顔真卿の地位を不動のものとしている．王羲之のような華やかで技巧的な書きぶりよりも，あえて飾らない質朴な表現を追求したところに顔真卿の上手さがあるといえよう．

［豎嶋忠幸・藤森人雅］

📖 **参考文献**
[1] 外山軍治『顔真卿―剛直の生涯』創元社，1964
[2] 杉村邦彦「顔真卿論」『書苑彷徨』第2集，二玄社，1986
[3] 中田勇次郎編『顔真卿書蹟集成』東京美術，1985

水墨画——その成立過程とは

　墨の濃淡でさまざまな対象を描き出す水墨画は，東洋絵画の最も特徴的な形式の一つである．しかし，その誕生は今から1,300年ほど前の唐代（618-907）であり，数千年にわたる中国絵画史の中ではむしろ後発といえる．また，モノトーンという特性が，画題の精神性と結びついている一方で，ある程度，色彩が併用されることも多い．

●**水墨画誕生以前の中国絵画——着色画と白画**　中国絵画においても，唐以前には彩色を用いる着色画が主流であった．また，素地に墨のみで描く絵画として，白画（近世以降は白描画と称される）があり，南朝の士夫画家や，唐代の呉道玄らの道釈人物画家によって描かれた．書とも共通する筆墨の素材美が重視されたと考えられるが，白画は墨線を主とする点が，墨面主体の水墨画とは造形理念を異にする．唐までの絵画史をつづり，水墨画の発生にも触れる晩唐（9世紀後半）張彦遠『歴代名画記』も，正統な画の基準は筆蹤があることとする伝統的な態度をとっている．

●**水墨画の発生——唐代の破墨・潑墨・樹石画**　水墨画と関わる最も初期の画家は，初唐（7世紀）末の殷仲容である．花鳥を描いて「墨色を用い五采を兼ぬるが如し」（『歴代名画記』巻9）と評された．初唐から盛唐（8世紀前半）にかけては，山や岩肌の質感を表すために墨を擦りつける破墨も始まった．山水画の皴法の源流であり，唐墓壁画や正倉院の「鳥毛立女屏風」の岩に実例を見ることができる．

　安史の乱（755-763）後の中唐（8世紀後半）になると，唐王朝の中央集権体制が弱まり，芸術にも従来とは異なる傾向が表れた．墨を撥ね散らかしてできた墨面に最低限の描写を加えて，山水や樹石を描き出す潑墨画（潑はそそぐの意）もその一例で，その代表者の王黙（王墨，王洽とも称する）は，酒に酔いながら，手足や髻まで使って描いたという．制作・鑑賞に想像力を活用したことは，水墨画が成立する重要な契機となった．中唐には，松などの樹木を岩とともに描く樹石画も流行し，韋偃，張璪らが，激しい筆墨によって奇抜な枝振りを表した．

●**その後の展開——山水画などへの影響**　墨と水の割合によって濃淡を自由にコントロールできる水墨技法は，広大な空間や光・大気の変化を描くのに適しており，唐末～五代（907-960）になると山水画に高度に取り入れられていく．南唐では董源（図1）と弟子の巨然が，水墨による粗放な筆致を効果的に用いて江南山水画を創始し，その夕暮を描いた「落照図」は「宛も反照の色有るがごとし」（北宋・沈括『夢渓筆談』巻17）と称された．華北では荊浩が，従来の筆線と新

来の水墨技法を融合し，華北山水画の伝統を開いた．その後も弟子の関仝，さらには北宋の李成，范寛らが，黄河流域の平原や高峻な山岳を写実的かつ象徴的に描き出し，郭熙がそれらを集大成することで，山水画の黄金時代が築かれた．このように，写実的な効果を求めた水墨山水画においては，彩色が完全に排除されたわけではなく，画中の建築，人物，あるいは山岳，樹木などにも，必要に応じて淡彩が施される例がむしろ多い．

五代の蜀においては，潑墨の流れをくみ衣服などに粗放な筆描を用いる，いわゆる逸格画の孫位，石恪，貫休らが活躍した．また，江南の徐熙は花鳥画に水墨技法を取り入れ，没骨（墨面や色面を使用する技法）画の端緒となった．

北宋後期の文同（1018-79）・蘇軾（1036-1101）らによる文人画の確立においても，書の延長で作画できる墨竹，墨梅が重要な画題となっていく．

禅林でも水墨の簡逸な表現が好まれ，南宋時代には牧谿，玉澗らの画僧が活躍する．極端に淡い墨を用いる智融の魍魎体，衣服を簡略な筆致で表す画院画家・梁楷の減筆体（図2）も行われた．

このように，唐代に端を発した水墨画は，宋代において文人や禅林の美意識とも関わり多彩な展開を遂げた．なお，水墨画の成立以降も，白描画，着色画は引き続き制作されるが，より古くからの形式という性格が強まり，故事を描く場合には，白描人物画や濃彩の青緑山水画が選択されることが多い．

［竹浪 遠］

図1　伝董源「寒林重汀図」（宋）［黒川古文化研究所蔵］

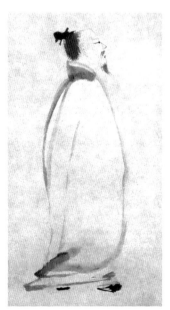

図2　梁楷「李白吟行図」（部分，南宋）［東京国立博物館蔵，Image: TNM Image Archives］

📖 参考文献

［1］米澤嘉圃「白描画から水墨画への展開」『水墨美術大系』第1巻，講談社，1975
［2］島田修二郎「逸品画風について」『中国絵画史研究』中央公論美術出版，1993（初出1951）
［3］小川裕充「唐宋山水画史におけるイマジネーション（上）（中）（下）」『国華』1034～1036号，1980
［4］竹浪遠『唐代の樹石画について』『唐宋山水画研究』中央公論美術出版，2015

范寛と郭熙――山水画の黄金時代

　中国人の山水愛好は南北朝時代に顕著となり，文学では謝霊運（385-433）らの山水詩を生む一方，絵画にも次第に描かれるようになった．劉宋の文人・宗炳（375-443）が老年に至って，かつて巡った山々を室内に描き，居ながらに心を遊ばせたことに由来する「臥遊」は，山水画の幕開けを告げる故事である．しかし，広大な空間そのものが主題となる山水画は，人物画とは異なり，唐以前には古拙な段階にとどまっていた．

●**盛唐の「山水の変」**　山水描写が大きく進展した最初の時期は盛唐（8世紀前半）である．呉道玄・李思訓・李昭道らによって，空間や大気の再現性が格段に向上し，「山水の変」（『歴代名画記』巻1）と称された．当時は，緑青や群青などの顔料を用いた青緑山水が主であったが，中唐（8世紀後半）になると潑墨画や樹石画が流行し，後の水墨山水画の基盤となった．

●**五代～北宋――華北・江南山水画の成立**　唐が滅び五代の分裂期に入ると，山水画は地域性に基づいて発展を遂げた．華北には荊浩とその弟子の関同が出て，太行山脈などの高峰を描き，山東出身の李成（919-967）は黄河下流域の広大な平原を描いた．一方，江南では董源と弟子の巨然によって，水郷風景を描く江南山水画が興った．北宋に入ると華北山水画風が優勢となり，中期の范寛，後期の郭熙の登場によってさらなる発達を遂げていく．

●**高遠による自然再現――范寛**　范寛は，華原（陝西省銅川市耀州区）の人で，性格が温厚で度量が大きかったことから「寛」と称された．北宋中期の天聖年間（1023-32）には，なお在世したこと以外，詳しい伝記は不明だが，黄土高原の地質に根差した断崖や，華山を範とした高遠山水によって画名を得た．現存作の「谿山行旅図」（図1）は，2mに及ぶ画面の中心に主山を大写し，見る者を圧倒する．雨点皴とよばれる短線の反復によって表された山肌の風化した質感，山頂に茂る灌木も黄土高原の地勢に基づいている．彼は雪の日でさえ山中で自然を凝視し構想を練ったと伝え

図1　范寛「谿山行旅図」（北宋）［The collection of National Palace Museum］

られ，その徹底した観察と卓越した構想力は，本図に如実に表れている．彼の画風は，北宋後期には李成画風とともに華北を東西に二分するほどに流布していた．

●**北宋山水画風の総合――郭熙** 李成と范寛の表現を統合し，北宋山水画の集大成を行ったのが郭熙である．都・開封に近い河陽温県（河南省）の出身で，李成に私淑し山水画を描いていたが，新法改革で知られる中興の名君・神宗（在位1067-85）に，老年になってから召し抱えられ，宮庁の障壁画を数多く制作し，士大夫からも高く評価された．

彼の山水画に関する所説は，息子で科挙官僚となった郭思が筆記した『林泉高致』によって現在に伝えられている．山水画が愛好される理由，構図法，墨法，四季天候の描き分けなど，さまざま

図2　郭熙「早春図」（北宋）[The collection of National Palace Museum]

な理念・技法が説かれており，それらの多くは，唯一の真跡である「早春図」（図2，1072）に反映されている．李成の精緻な淡墨技法を受け継ぎつつ，構図には范寛の高遠法を取り入れ，『林泉高致』において皇帝と臣下の関係に喩えられる主山と峰々を巡らせる．「早春」と自署するように，画面は春の夕刻の光に満ちており，入道雲を思わせる巨大な山形と相まって，写実性と幻想性が一体となっている．

以上，范寛らの画家たちによって地域性に根ざした山水画風が生み出され，それが北宋後期の郭熙によって総合されることで皇帝の治世をも象徴する絵画にまで上り詰めたのが，北宋山水画の道程であり，造形的にも社会的にも山水画の黄金時代と称すべき達成がなされたのである．

●**その後への影響**　范寛の画風は，北宋末南宋初の画院画家の李唐に発展的に受け継がれ，南宋院体山水画の基礎となった．また，郭熙の画風は，金から元に伝えられ，李郭派（李成・郭熙派）の流行をみる．明以降に主流となっていく南宗画論では，董源・巨然の江南山水画の平淡な画風が主流となるが，華北山水画の画家もそれに次いで重んじられた．「谿山行旅図」「早春図」は，ともに歴代の内府や収蔵家の手を経た後，乾隆帝のコレクションに入り，現在は故宮博物院の絵画を代表する二大作品となっている．　　　　　　　　　　　[竹浪　遠]

📖 参考文献
[1]　曽布川 寛「郭熙と早春図」『東洋史研究』35(4)，1977
[2]　小川裕充「五代・北宋の絵画」『世界美術大全集 東洋編5』小学館，1998

都を描いた絵画
──風俗画の最高傑作「清明上河図」

　一般に「清明上河図」といえば北宋の張択端によって描かれた「清明上河図」（北京・故宮博物院蔵）をさす（図1）．「清明上河図」は縦24.8cm，横528cmの一枚絹に，全面に美しい淡彩をもって描かれている．画巻はのどかな郊外の景より始まり，運河をわたる船や街の賑わいなどが克明に描かれ，美術史のみならず文化史一般を含む宋代史を考えるうえで最も重要な視覚資料の一つに数えられる．

●「清明上河図」の成り立ち　北宋では文献上，太祖，太宗，真宗の聖蹟を描いた「三朝訓鑑図」や玉清昭応宮の壁画，伝存作としては真宗の事績を描いた「景徳四図」（台北・故宮博物院）などの，細やかな人物表現に山水景を加えた表現が完成していたが，北京本「清明上河図」もこのような北宋期の人物山水図の伝統を継承して成立したものである．本図の制作目的については皇帝への訓戒説や失われた北宋開封の栄華への回顧説など多くの説があるが，徽宗朝には瑞祥を描いた絵画が盛んに制作され，さらにはそれらが国内外の臣下たちに見せられていた事績があるため，対となる「金明池争標図」とともに，その栄華を君臣がともに楽しみ，鑑賞し，宣示する絵画として制作された可能性が高いといえよう．

　張択端についての詳細な伝記は不明な点が多いが，北京本「清明上河図」につけられた金の張著の跋（大定26〈1186〉年）には，東武（山東省諸城）の出身で，のち「翰林」に入り，界画に巧みであった人物と記されている．また続く跋文には「当日翰林，画本を呈す，昇平の風物，正に伝ふるに堪ふ」（金・張公薬）とあり，また元の楊準の跋文（至正13〈1353〉年），および明の李東陽の跋文（正徳10〈1515〉年）の中で，本図にすでに失われてしまったものの，徽宗による瘦金体の五字題箋と双龍印があったとされる．これらから見れば「清明上河図」は北宋徽宗の大観年間（1107-10）に制作された後，徽宗即位の立役者でもある神宗の向皇后の兄弟である向宗回に下賜され，その家蔵目録である『向氏図画記』に「神品」と著録され，さらに北宋滅亡後，金に渡り，張著の跋するところとなったものといえよう．これらの跋文からの状況からも，「清明上河図」は徽宗のために描かれ，そして臣下に下賜・宣示された，皇帝の文物というべき作品であると考えられる．

●明清時代における流転　明代になると「清明上河図」は，開封が金軍によって陥落させられ国土を失い，江南に皇帝と臣民が遷居した後，すでに失われた北方の都である開封の賑わいを偲んで描かれたもの，という伝承さえも生まれていく（孫承沢『庚子銷夏記』巻八など）．また明時代には蘇州を拠点として大量の倣古品（「蘇州片」という）が制作されたが，「清明上河図」もまた多くの模本がつく

図1　張択端「清明上河図」(12世紀, 部分) [北京・故宮博物院蔵]

られ, 明代の美術市場ではヒット商品となった様子がうかがわれる. 現在も多くの美術館に無数の「清明上河図」が散在しており, そのうち何本かは日本にも伝来しており, 趙浙「清明上河図巻」(万暦5 (1577) 年, 林原美術館蔵) はその早い時期の傑作である. 日本近世における都市画巻も, このような明代における「清明上河図」模本の影響を受けたものとも考えられよう.

さらに「清明上河図巻」の構図は, 康熙帝の命を受けた宮廷画家・王翬らによる「康熙南巡図」(北京・故宮博物院蔵) へと継承され, 乾隆帝も陳枚, 孫祜, 金昆, 戴洪, 程志道らに命じて清院本「清明上河図」を制作させ (乾隆元〈1736〉年, 台北・故宮博物院蔵), 後に同じく宮廷画家である徐揚に「盛世滋生図 (姑蘇繁華図)」(乾隆24〈1759〉年, 遼寧省博物館) を描かせている. そして嘉慶4年 (1799), 畢沅の家財の中から, 張択端「清明上河図」(現在の北京本) は嘉慶帝のもとに献上され, 『石渠宝笈』三編「貯延春閣」に著録された.

●人々に最も愛された名画　清朝滅亡後, この張択端「清明上河図」は溥儀によって長春へと持ち出されたが, 中華人民共和国成立後, 遼寧省博物館の楊仁愷らによって再発見, 東北博物館の管理を経たのち, 1958年より故宮博物院の所蔵となった. 現在も中国を旅すれば, 食堂や包装紙など多くの場所に「清明上河図」が使われているのを目にすることができる. まさに, 中国で最も愛された名画といえよう.

2002年上海博物館で, 2004年遼寧省博物館で, 2007年香港芸術館で公開され, 2012年には日中国交正常化40周年を記念して東京国立博物館で初めて国外公開された.「清明上河図」を見る者は画面に吸い寄せられ, 巧みに描き分けられた一人ひとりの表情や仕草に夢中になり, 次から次へと画面を見進めていってしまう. そこにあるのは, 我々の日常生活への共感である. 描かれているのは, 士大夫たちが嫌悪した誰も実現できないような超越的な夢・幻の姿ではなく, 生きる世間に現れた日常の幸福そのものである. そのことが「清明上河図巻」が長く多くの人々を今も惹きつけて止まない魅力であろう.

[塚本麿充]

文人画——日本と中国の共通点と相違点

　文人画の意味を問うことは，中国の書画世界の意味を問うことに等しい．中国に成立した「士」の概念によって，人格の陶冶と社会的な統治が理念的に結びつくと，その価値に基づく芸術創作が重視されるようになり，絵画ではそれを文人画とよぶようになった．文人画は北宋時代から本格的に成立し，元時代に技法的理論的に完成した．文人画の大きな特色は，従来まで職人が担ってきた絵画の高い技術を否定することにより作者の人格こそが絵画の価値基準の中心となるべきという主張で，技術的には筆墨とよばれるかすれを生かした描法をとることで，そこに高い人格が表現されると考えたことにある．

　文人画の理念は，唐時代の王維などの文人に始まるとされるが，実際に明確に文人画表現の基礎となったのは蘇軾など北宋期の文人で，喬仲常「後赤壁図巻」（ネルソン・アトキンス美術館蔵）などからその一斑をうかがうことができる．また元代末期に活躍した元末四大家（黄公望，呉鎮，倪瓚，王蒙）の出現で中国文人画は完成にいたった．

　明時代になると蘇州を中心に呉門画派（呉派）が興り，沈周，文徴明らの文人画家が活躍したが（図1），彼らは官務の余技として書画を楽しむ「自娯」のためではなく，売文売画生活を送る職業文人へと変化していったことも忘れてはならない．彼らは表面的には自らの作品を売ることはしない代りに，あくまで親しい友人にその人格的な交流の証として，惜別や友情の記念に贈るという形式をとることもよく行われた．

図1　文嘉「琵琶行図」（部分，明）〔大阪市立美術館蔵〕

●**日本における文人画概念の流入**　このように理念上，文人画は高い人格と学問が結びつけた「士」の概念の成立を前提とする．例えば平安時代には素人の絵の代表例として「女絵」という概念があり，職業画家の作品としての「男絵」と区別されていたことや，初期の例としては，『源氏物語』須磨に光源氏が「描きすさびたまへる」絵巻の素晴らしさが描写されており，このような貴人の「てすさび」の称揚は，文人画概念とも近いといえる．しかし当時どのような絵画が存在したのかは遺品も少なく不明なことが多い．

　鎌倉時代になると多くの僧侶たちが宋や元に渡ったが，中国で一流文人たちとの交流は稀少であったようで，日本にこの時期の元末四大家に帰属し得る文人画はほとんど伝来していない．一方で中国における文人画概念とその技法が本格的

に受容されるのは，室町時代の禅僧たちであり，彼らのなかで詩書画に親しみ，それを親しい友人に贈りあう詩書画軸が流行した．これは元時代の文人文化のなかで流行した書斎図の伝統を継承するものである．

中国本来の「士」とはおよそ異質な僧侶たちが，このような初期の文人文化受容の担い手になったのは日本の顕著な特徴である．これは権力者と学者・絵師と学問制度と深い関係があり，このような流れのなかで，絵画と学問の関係が次第にはっきりと意識されるようになっていったように思われる．16世紀末頃からそれまで著されなかった絵画に関する薀蓄や画史が著されるようになり，教養ある画師という新しい類型が出現し始めるからである．

●東アジ文人の共通性と特殊性　日本において新しい支配層となった武家たちは自らを中国における士人層になぞらえ，その士大夫文化を積極的に継承しようとした．日本における初期南画の祇園南海（1676-1751）や柳沢淇園（1703-58）は武士階層の出身であり，また新しい教養層である．また彭城百川（1697-1752）などの売文売画生活を送る職業としての文人が輩出するに及び，池大雅（1723-76），与謝蕪村（1716-84）などの画師は文人化し，日本の文人画は大成された．彼らに共通するのは，明代文人画の描法である清冽な色彩と渇筆を大胆に画面に取り入れたことにあり，その後，浦上玉堂（1745-1820）や田能村竹田（1777-1835）などが現れ（図2），日本の文人画は職業画家の系譜である狩野派とは一線を画す表現と，その支援者を獲得した．

図2　田能村竹田「琵琶行図」（部分．江戸）［出光美術館蔵］

一方，中国では清朝の成立に伴って，それまで在野の抵抗勢力であった董其昌の文人画風が宮廷画風に取り入れられ，正統派とよばれるようになっていた．朝鮮王朝でも士人の自己表現として鄭敾（1676-1759）を嚆矢として姜世晃（1713-91）や，金弘道のように文人画風を宮廷画風に取り入れる人物が現れ，高い評価を受けるようになった．このような清朝の正統派画風の影響は日本ではあまり見ることができず，その受容は19世紀まで遅れる．また，日本特有の問題として，陶芸の問題がある．日本では比較的製作しやすい陶器の絵つけに文人たちが多く関与したが，このような現象はほかの地域ではあまり見ることができない．

文人文化は東アジアに共有された一種の理想の人間類型といえる．しかしそのテキストや理念が大方に共有されたのとは逆に，具体的な生活の様相やそこで生み出された形象は大きな違いがあった．それが文人画のもつ面白さであり，その普遍性と特殊性を深く考察する必要があるだろう．

［塚本麿充］

墨竹・墨梅——画題としての意味

　墨竹，墨梅は，水墨画の代表的な主題の一つであり，表現的には簡潔な作品も少なくない．しかし，そこには実に豊かなイメージが含まれている．

●**墨竹**　中国人は古代から身の回りの事物を鋭く観察し，自然の摂理や人生の指針を見出してきた．中国最古の詩集である『詩経』には，さまざまな動植物が詠われ，竹も登場する．「衛風・淇奥」の詩では「彼の淇奥を瞻れば，緑竹猗猗たり，匪たる君子有り」と，淇水の美しい竹（ただし本来は草の一種である萹竹をさす）を君子に喩えている．また，「小雅・斯干」の詩では「竹の苞きが如く，松の茂るが如く」とあり，後の吉祥につながる子孫繁栄のイメージがすでに表れている．『礼記』礼器篇にも「竹箭の筠（青皮）有るが如く，松柏の心（芯）有るが如し．二つの者天下の大端（めでたいもの）に居る．故に四時を貫きて柯を改め葉を易えず」とあり，松とともに寒さに耐えて緑を保つ植物として，吉祥と高節のイメージが与えられている．

　六朝時代には，阮籍，嵆康ら竹林七賢の清談の舞台となった．また，王羲之（303-361）の息子の王徽之（343-386）は，竹を愛好して「何ぞ一日も此の君無かるべけんや」（『晋書』巻80，王徽之伝）と述べ，「此君」は竹の代名詞となっている．ほかにも節がある，直立している，柔らかいが強いという竹の特性が高節に結びつけられるし，中が空洞であることから虚心坦懐のイメージも生まれた．竹管の緑色は琅玕（玉の一種）に，爽やかな葉擦は天然の音楽に喩えられる．

　このように，君子と結びつきの深い竹であるが，実は女性的なイメージも含んでいる．神話上の帝・舜が蒼梧の野に崩じた際，二妃が後を追って湘水にやって来て，竹に涙をそそいだので，斑竹（斑紋のある竹）が生じたという伝説（晋・張華『博物志』史補）は，詩によく詠み込まれる．

　絵画においても，六朝時代にはすでに描かれているが，墨竹の確立は北宋においてである．文同が大成し，蘇軾らの文人画家がこれを学んだ．元には李衎が細密な描写を善くする一方で，柯九思，呉鎮（図

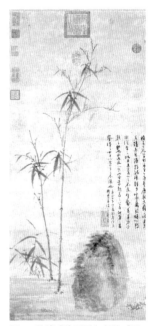

図1　呉鎮「竹石図」（元）〔The collection of National Palace Museum〕

1), 倪瓚らが簡逸な画風を追求し，その後も明の夏㫤，詹景鳳，清の鄭燮など文人画家を中心に描かれている．

●墨梅　梅は古代には，『詩経』「召南・摽有梅」の詩において実の成熟を婚期と結びつけているように，花よりも果実が重視されていたと考えられる．花の美しさが詠われるようになるのは，六朝時代以降で，ほかの花に先駆けて咲くことと香りの良さが注目され，雪や玉に喩えられる．女性のイメージも強く，女仙や漢代の宮女などが引合いに出される．柳宗元の作とされる伝奇小説「趙師雄酔憩梅花下」（『龍城録』巻上）は，隋の趙師雄が，美女に変じた羅浮山の梅の精とともに酒を飲み，気づくと梅の大樹のもとで寝ていたという筋である．

図2　王冕「墨梅図」（元）〔宮内庁三の丸尚蔵館蔵〕

宋代になると，梅の高潔なイメージは，隠逸詩人の林逋（968-1028．諡の和靖で知られる）によってさらに広がった．西湖（浙江省杭州）に浮かぶ孤山に隠棲し，梅を植え，鶴を飼い，城市に足を踏み入れないこと20年に及んだという（『宋史』巻457，林逋伝）．彼との結びつきが強く意識されるようになるとともに，「疎影横斜水清浅，暗香浮動月黄昏」（「山園小梅」）の句は特に知られ，月夜に漂う梅の香りが重要なイメージとなっていく．

絵画においては，唐代には花木モチーフとしてすでに描かれており，わが国のやまと絵にその描法をとどめている．墨梅の成立は北宋後期で，画僧・仲仁が，月夜の窓に映った梅の影を見て描いたのが始まりと伝えられる．宋代には簡潔な枝振りの楚々とした梅が好まれたが，元に入ると王冕（図2）によって無数の花をつけた豊麗な墨梅が成立し，明の劉世儒らへ受け継がれた．清には金農，李方膺ら揚州八怪によって個性的な表現が追求され，呉昌碩など近代画家に影響を与えている．

●歳寒三友　松竹梅の取り合わせは，南宋に「歳寒三友」の画題として定着し，ほどなく長寿や繁栄の吉祥文にもなり，陶磁，漆，染織などの工芸に表されるようになった．松も寒さに耐えることから君子の象徴とされ，唐代から画題となってきた樹木である．「歳寒」は，『論語』子罕篇の「歳寒くして，然る後に松柏の彫むに後るるを知る」（気候が寒くなって，はじめて松やヒノキが散らないことがわかる）に基づく．「三友」は同じく『論語』季氏篇において，孔子が有益な友の条件として直（正直）・諒（まこと）・多聞（もの知り）をあげた「益者三友」に由来する．また，後世の文人花卉画では，竹，梅を蘭，菊とともに描く場合もあり，これらは草木における「四君子」と称されている．

〔竹浪　遠〕

中国奇人伝──書画家編

　伝統中国においては，作者の人格が書画の重要な評価基準の一つであった．著名な書画家の中にはエキセントリックな行為で知られる人物も数多い．

●**米芾の蒐集熱**　米芾（1051-1107）は，高級官僚として務める傍ら，北宋を代表する書家・画家としても活躍し，当時一流の士大夫たちと親しく交わった．古今の美術品にも精通し，徽宗（在位 1100-25）の時代に書画学博士となって，宮廷文物の鑑識に携わった．

　一方，書画骨董への度を超した執着でも知られている．例えば，皇帝の御前で，ある名硯を借りて揮毫し

図1　米芾「草書四帖（元日帖）」（北宋）〔大阪市立美術館蔵〕

た時のこと，それがどうしても欲しくなった米芾は，一度臣下が使用したものをお返しするのは恐れ多いと言い張って，その場で賜ることに成功した．喜びのあまり踊り出し，墨で衣が汚れるのにも構わず，懐に抱いてそそくさと退出したという．また別の日，友人と舟遊びを楽しんでいた米芾は，王羲之の書を見せられて驚き，なんとかしてそれを譲ってもらおうとした．しかし相手もそう簡単にはうなずかない．すると突然，手に入らないなら生きていてもしかたないと騒ぎ，水に飛び込もうとしたのである．友人は慌てて承諾したらしい．まさに「米顚（変わり者の米）」とあだ名されるのにふさわしい逸話ではないだろうか．

●**倪瓚の潔癖性**　元末四大家の一人に数えられる文人画家・倪瓚（1301-74）もまた，清潔好きの奇人として有名である．江南の富豪の家に生まれ，前半生までは仕官することもなく，自邸の清閟閣を書画骨董で満たして悠々自適の生活を楽しんでいた．くつろいだ服装で脇息にもたれる姿を写した同時代の肖像画が残っているが，両脇には塵を払うための箒を持った侍童と，手を洗うための水瓶・布を持った侍女が描かれている（図2）．

図2　仇英「倪瓚像」（部分，明）〔The collection of National Palace Museum〕

図3 徐渭「花卉雑画巻」（部分，明）［東京国立博物館蔵，Image: TNM Image Archives］

倪瓚は，身の回りのものすべてが清浄でなければならないとして，庭の梧桐や石まで毎日水で拭わせたり，厠の下に白い鵝鳥の毛を敷き詰め，用が済むたびに取り替えさせたという．その性癖をよく伝える作品である．その後，壮年を過ぎた倪瓚は，元末の混乱の中で家産を失い，放浪生活を送ることになる．潔癖性の彼にとっては意のままにならない苦しい日々であったろうが，山水図や竹石図の制作は続けられた．洪武5（1372）年に描かれた「容膝斎図」（台北・故宮博物院蔵）では，余計なモチーフは排除され，広い水面の中に数本の樹木と山石が，消えていくような淡い墨のぼかしと擦りつけるような焦墨で表される．倪瓚が胸中に抱き続けた清雅な情景を伝える晩年の傑作である．

●**徐渭の狂気** 経済が著しく発展した明代後期の江南地方では，科挙受験者が増加する一方で，厳しい受験戦争に破れ，文筆業や書画制作などで生計を立てる知識人の数も増加した．浙江省・山陰に生まれた徐渭（1521-93）もそのような文人書画家の一人である．立身出世を望みながらも受け入れられず，現実の生活苦にも悩まされた一生であった．家産は乏しく，科挙にはことごとく失敗し，兄や妻など家族も早くに喪っている．最大の不幸は，嘉靖44（1565）年，徐渭の文才を認めて重用してくれた胡宗憲（?-1565）の失脚と自殺だろう．この事件の後，徐渭は精神のバランスを崩したようで，錐で耳を刺すなど複数の自殺未遂を起こし，ついには後妻を殺害して7年もの間投獄されてしまう．徐渭が得意としたのは水墨による花卉雑画であった．「花卉雑画巻」（図3）は，酒を携えてやってきた甥に頼まれて，酒食30杯ほど飲んでから雷光のように描き上げたと自跋にある通り，逸気に満ちた作品で，紙面を自由自在に染める筆墨が見所である．このような筆墨法に画家の人格の反映を見て鑑賞するのも味わい深い．　　　　　［植松瑞希］

📖 参考文献
［1］ L. レダローゼ『米芾―人と芸術』二玄社，1987
［2］ 文人画粋編『黄公望・倪瓚・王蒙・呉鎮』3, 中央公論社，1979
［3］ 文人画粋編『徐渭・董其昌』5, 中央公論社，1978

唐寅——噂のたえない風流人

　唐寅（1470-1523）は蘇州を舞台に活躍した，明代の代表的な文人画家の一人である．現在の江蘇省，長江デルタ地帯に位置する蘇州は，明の太祖朱元璋（1328-98）と覇権を競った張士誠（1321-67）の本拠地であった．このため明初においては経済的・文化的な弾圧を受けたが，15世紀頃には産業が復興し，学問や芸術のうえでも主導的な立場を回復していた．

　唐寅が生まれたのは，文化都市・蘇州の中でも最も賑やかな繁華街，城内西北の閶門付近である．唐家は飲食業を営んでいたというが，幼い頃から聡明であった唐寅は進士を目指して科挙受験の道を選び，地元の名士・文林（1445-99），文徴明（1470-1559）父子などの知遇を得て，蘇州文人サークルでその名を知られた存在になっていく．弘治11（1498）年，29歳の時に南京で郷試を受け，見事首席（解元）で合格した．これは大変な名誉であり，時の人となった唐寅は，翌年，本試験である会試を受けるため，意気揚々と北京に向かった．しかしここで彼の運命は暗転する．一緒に受験した友人が試験官に賄賂を贈って問題の漏洩を受けたという嫌疑をかけられ，唐寅もこれに連座して投獄，有罪の判決が下されて，官途の望みを断たれてしまったのだ．

　むなしく故郷に戻った唐寅は，得意の絵画と詩文制作で生計を立てることになり，正徳2（1507）年頃には，閶門の北の桃花塢に，自宅兼アトリエとして桃花庵および夢墨亭を築く．「夢墨」という名は，彼が若い頃に友人と福建省の九鯉湖に旅した際，湖のほとりの神から墨1万丁を授かる夢を見たことに由来する．これは将来売文・売画生活を送ることになる予兆と解釈されたが，当時の唐寅は，自分は科挙に合格して進士となるのだからと，一笑に付した．しかし夢のお告げは現実となってしまったのである．夢墨亭の名をあえて選んだところに，立身出世の希望に満ちた青年時代と現在の境遇を比べる，唐寅の苦い思いを感じ取ることも可能だろう．

- **売画生活のための自己プロモーション**　「桃花塢裏桃花庵，桃花庵裏桃花仙．桃花仙人種桃樹．又摘桃花換酒銭．酒醒只在花前坐，酒酔還来花下眠．半醒半酔日復日，花落花開年復年．但願老死花酒間，不願鞠躬車馬前」（桃花塢には桃花庵があり，桃花庵には桃花仙がいる．桃花仙人は桃の木を植え，花を摘んでは酒銭に換える．酔いが醒めればただ花の前に座り，酔いが回れば花の下で眠る．酔ったり醒めたりを繰り返して日々が過ぎ，花が咲いたり散ったりするのを繰り返して年が過ぎていく．願わくば，花と酒を楽しんで一生を終えたいものだ．俗世の栄達のために汲々とするのはごめんである）

これは，唐寅が桃花塢での暮らしを詠った自作の「桃花庵歌」の一節だが，詩文の中には，都市の喧噪の中で悠々自適な生活を楽しむ，享楽的な脱俗の士としての自己イメージが表されている．

唐寅は絵画制作の際にも同様の自己イメージを画中に書き込んだ．例えば，「西洲話旧図」という作品に，桃花庵で語り合う自分と旧友の姿を描き，その上に次のような七言詩を書いている（図1）．

「酔舞狂歌五十年，花中行楽月中眠．漫労海内伝名字，誰信腰間没酒銭」（酒を飲んでは歌い踊って過ぎた50年．花の中に生き，月の下で眠ってきた．名声はむなしく世間に広まったが，懐には1文もないのを誰が信じるだろう）

ここで描かれているのは，詩中の放埒なイメージとは裏腹に，静謐な環境の中で謹厳に座す高士の姿であり，詩画のギャップが鑑賞者の想像力を刺激する面白味がある．

また，唐寅は自分の作品にしばしば「南京解元」印を捺している．「南京解元」の称号は彼の輝かしい過去とその後の痛々しい挫折をともに象徴するものといえよう．世間に背を向けた，花と酒を

図1　唐寅「西洲話旧図」（明）
[The collection of National Palace Museum]

愛する生活はこの挫折から始まったのである．このように唐寅は，自身の物語を作品に投影させながら，画家として成功していった．ここに職業画家にならざるを得なくなった科挙受験失敗者のしたたかな自己プロモーションをみることができる．

●エピソードの広まり　唐寅の死後も，その洒脱な遊蕩の士としてのエピソードは人気を集め，普及していく．明末の短編白話小説集『警世通言』や『今古奇観』には次のようなロマンスが収められる．科挙受験に挫折した唐寅は，蘇州で船遊びをしている際，ある美女に微笑みかけられた．彼女はある畠家の家の侍女であった．一目惚れした唐寅は名前を偽り，家庭教師としてその家にもぐり込み，主人の信用を得，見事妻とすることに成功した．後に本当の身分が明らかになると，主人は有名な唐寅先生と縁ができたと大変喜び，唐寅は大金を得てその女と幸せに暮らしたという．この話はもちろんフィクションではあるが，風流才子としての唐寅のキャラクターが後世まで広く愛されたことを物語っている．　　　［植松瑞希］

董其昌――大文人の素顔

　文人画家は，しばしば，詩文や制作の動機など鑑賞の助けとなるような文章（題跋）を画中に書き込んでいる．これらに注意しながら作品を見ていくと，「倣」とか「臨」などという字がよく登場することに気づくだろう．清時代以降の作品には特に多い．後には過去の有名画家の名前が続くことがほとんどである．これは某氏の画風によった，という意味であり，画家自らによる典拠説明ともいえる．頻出する「倣」や「臨」の字は，文人画において，古典学習がいかに重視されたかということを私たちに教えてくれる．

　董其昌（1555-1636）は，以後の文人画の古典主義の流れを決定づけた画家といえる．その文集には古画への詳細な分析が記され，その見識が絵画制作にも活かされている．例えば，彼は五代の画家・董源の樹法について，「その小樹は遠くから見れば樹木のように見えるが，実際は点綴によってかたどっているもので，北宋の米芾の源流と言える」と論じている．自作の「倣米家雲山図」への跋でも，「董源・巨然は墨で変幻自在な雲気を表現している．米芾・米友仁父子は董・巨を学んでいるが，作品にはやや簡略化が見られる」と述べており，古画の様式研究を踏まえて制作していることを，見る人に印象づける．さらに董其昌の画論には，文人がならうべき画家とそうでない画家を区別しようとする姿勢がみられる．特に，唐の王維を祖とし，董源を経て，黄公望・王蒙・倪瓚・呉鎮の元四大家に続く文人画家の正統な系譜を説く，いわゆる南北二宗論は後世に大きな影響を与えた．

●**その一生**　董其昌は，決して豊かな家の生まれではなかったが，郷里である松江の名士たちの知

図1　董其昌「青弁山図」（明）［クリーヴランド美術館蔵］

遇を得て勉学に励み，万暦17（1589）年には科挙に合格して進士となり，出世コースである翰林院（かんりんいん）に入ることができた．以後，一時は郷里で十数年にわたり悠々自適の生活を送るが，天啓年間に再び宮廷に戻り，南京礼部尚書（れいぶしょうしょ）にまでなった．明末の難しい政局を無事に乗り切って長寿をまっとうした，まずは成功した官僚人生ということができるだろう．

　官界での豊富な人脈のおかげで，董其昌は宮廷・在野を問わず，各地のコレクターと交流をもつことができた．彼の古画学習はこのような高官としての立場に支えられたものである．また逆に，書画家あるいは評論家・鑑定家としての名声が，人間関係を円滑にし，その官僚生活を安泰に導いたとも推測できる．

　ただその権力と財力は時には庶民の反感を買うこともあったようで，『図絵宝鑑続纂（ずほうかんぞくさん）』などの画史書に「法書名画を賞鑑するに，法眼と称すべし．字画ともに佳，名を千古に垂る」と称賛される大画家にはふさわしくない醜聞がいくつか知られている．有名なものとして，万暦44（1616）年，董家の横暴な振る舞いに怒った松江の民衆たちが屋敷を襲撃して家財を破壊したため，董其昌も避難をよぎなくされた焼き討ち事件があげられる．ただ，彼の画家としての旺盛な制作意欲はむしろこの時期にピークに達していて，「青弁山図（せいべんさんず）」（図1）を始めとする傑作の多くは，この前後に描かれている．混沌とした時代をしたたかに生き抜くバイタリティが，董其昌の魅力といえるかもしれない．

●**その作品**　董其昌は実際にはどのような絵画を描いたのだろうか．現代の美術史学者によって，その古典学習はしばしば「創造的模倣」と称されるが，それは作品上にどのように表れているのだろうか．

　董其昌の「青弁山図」は，画面下に水辺の樹林を置いて前景とし，それより上は画面を埋め尽くすように積み重なる主峰を描く．山の左端には，自跋（じばつ）にある張慎其なる人物のものと思われる書斎の姿がわずかにのぞく．青弁は呉興の弁山のことで，絵画化の先例としては王蒙の「青卞隠居図（せいべんいんきょず）」（上海博物館蔵）が知られている．董其昌もこの王蒙画を見ていたことがわかっている．董其昌「青弁山図」の自跋には「青弁図倣北苑筆」とあって，董其昌自身はこれを董源にならったものとするが，山の表現や書斎・樹木の配置などから，董其昌が王蒙「青卞隠居図」を参考にしたことは確実だろう．董源への言及は，王蒙のさらに源流を意識して制作したことの表明といえる．董其昌画と王蒙画を比べてみると，董其昌が，王蒙に見られる主峰の下から上への連続性を採用せず，画面中ほどの山体を突出させて，全体のバランスをあえて崩していることに気づく．奇妙にねじれた個々の岩塊には，はっきりした明暗がつけられ，形態が強調される．またその表面には，形や階調の異なる皴（しゅん）が何度も重ねられ，紙と墨の素材のもつ美しさが感じられる．董其昌の「創造的模倣」の本領は，このような幾何学的かつ人工的な，激しいエネルギーをもつ山水画に表れている．

［植松瑞希］

郎世寧——西洋風，中国風，画風の展開

　明代末期以降，イエズス会士の活発な布教活動に伴い，中国社会への西洋絵画の流入が顕著になる．万暦10（1582）年にマカオにやって来たマテオ・リッチ（1552-1610）は，油絵や銅版画によるキリストや聖母子像などを伝え，それを受けて，江南地方では部分的に西洋の透視遠近法や陰影法を取り入れた絵画がつくられるようになる．

　清朝最盛期の3皇帝の一人である康熙帝（1654-1722）は，西洋の学問・芸術に対する関心が高く，専門知識のある西洋人宣教師を多く宮廷に抱えていた．絵画の方面でも，銅版画の技術をもったマテオ・リッパ（1692-1745）の他，透視遠近法を得意にした中国人画家の焦秉貞や冷枚などが宮廷画家として活躍しており，康熙帝の御書を伴う「桐蔭仕女図屏風」（北京・故宮博物院蔵）など油彩画がつくられていたことも知られている．後に郎世寧という名で知られるようになるジュゼッペ・カスティリオーネ（1688-1766）が中国にやって来たのは，この康熙帝治世の末年である．

●**郎世寧と清の文化政策**　カスティリオーネはイタリアのミラノに生まれ，少年の頃から絵画工房で修行を積み，1707年にジェノヴァのイエズス会に入会し，画僧としての活動を始めた．画家としてのチャンスを求めたのか，理由は定かでないが，若きカスティリオーネは中国での宣教を志願し，1714年4月にリスボンを出発，翌年7月マカオから中国に入り，11月には北京に到着，イエズス会の勢力拡大のため，宮廷画家・郎世寧として清に仕えることになる．

　郎世寧が西洋人宮廷画家の筆頭として活躍したのは，雍正・乾隆年間である．中国におけるカトリック布教活動自体は，康熙末年，教理と中国の風習との共存を認めないローマ教皇の決定を受けて，徐々に低調になり，雍正帝（1678-1735）によって完全に禁止される．しかし専門技能をもつ西洋人は依然として宮廷で珍重され，それぞれの分野で精力的に活動した．

　雍正帝や乾隆帝（1711-99）は，郎世寧のような宮廷画家の仕事に高い関心をもち，時には事前に下絵を提出させるなどして，事細かに指示を下していた．例えば，雍正帝は郎世寧の犬の画について，悪くはないが尻尾の毛が短く体も小さすぎるのでもう一度描くようにと命令しているし，乾隆帝も郎世寧に「十駿図」制作を命ずるにあたって，背景なしの下絵を一度つくらせて，直接確認している．彼らにとって宮廷美術作品は単なる娯楽のためではなく，重要な文化政策の一環として生産されるべきものだった．このことは郎世寧の手がけた主題をみても明らかである．

　静物画や動物画は郎世寧が早くから得意としていた分野である．現存する中で

最も早い郎世寧款記の「聚瑞図」（台北・故宮博物院蔵）は，雍正帝即位に際して各地に現れた双穂の穀などの瑞兆（吉兆）を描いて，太平の世を言祝ぐものである．また，先に触れた「十駿図」は，乾隆8（1743）年にモンゴルの各部族から10頭の駿馬が献上されたことの記念に制作されている．乾隆帝の即位以降は，皇帝の肖像画も郎世寧に任されることが増えていく．例え

図1　郎世寧「嵩献英芝図」（清）［北京・故宮博物院蔵］

図2　郎世寧「白鶻図」（清）[The collection of National Palace Museum]

ば，画風から郎世寧筆と考えられる「乾隆帝大閲像」（北京・故宮博物院蔵）はヨーロッパの古典的な騎馬君主像の形式で表されており，皇帝の戦勝を祝う式典で使われたともいわれている．軍事的成功を内外に宣伝する作品としては他に，清軍のジュンガル平定の様子を描いた銅版画なども有名だが，これも郎世寧らの下絵をもとにパリで制作されたものである．郎世寧は50年にもわたって清の文化政策に多大な貢献を果たし，乾隆31（1766）年，ついに帰国することなく北京で没する．

●**中西融合**　雍正帝も乾隆帝も郎世寧を重用してはいたが，その西洋画風が全面的に採用されたわけではなかった．雍正年間の「聚瑞図」についていえば，油彩画の明暗法の使用が認められるものの，中国人の嫌う極端な影づけが避けられていることが指摘されているし，乾隆帝もしばしば「不要西洋気」という指示を郎世寧に下している．乾隆帝は積極的に西洋画法と中国伝統画法の融合をめざしていたようである．雍正帝の時代には「嵩献英芝図」（図1）のような，鳥と背景山水の双方にくっきりした陰影のつけられた花鳥図もあるが，乾隆16（1751）年の「白鶻図」（図2）では，あっさりした水墨主体の背景山水が中国人画家によって描かれ，郎世寧の鳥も，西洋画法ではあっても陰影が最小限に抑えられた，白色の美しさを重視する表現になっている．乾隆帝はしばしばこのような合作を命じている．中西を統合した宮廷絵画様式の確立をめざす皇帝の意向に沿って，郎世寧の画風も次第に変化していったのである．

［植松瑞希］

斉白石・呉昌碩——現在の評価

　斉白石と呉昌碩はともに伝統絵画において重要な画家で，生前・没後の時期によって評価は微妙に変わっている．呉昌碩（1844-1927）は中国の清朝末期から近代にかけて活躍した画家・書家・篆刻家で，清代最後の文人ともいわれた．呉昌碩は，詩・書・画・篆刻ともに精通するため，「四絶」と称賛され，中国近代で最も優れた芸術家と評価が高い．

●**最後の文人画家呉昌碩**　呉昌碩は浙江孝豊県（旧・安吉県）に生まれ，幼い時に父から読書の手ほどきを受けた．13歳の時から好んで刻印し，同じく父に刻印を学んだ．1860年，太平天国の乱が安吉に及ぶため，父と避難流浪する生活を始めた．後に県学官の勧めで郷試に応じ，秀才となる．この時から同里の人に詩法を習い，名家の書法・篆刻を学び，金石学を特に愛好するようになった．25歳になると幕僚（高級官僚の私設秘書）となり各地に仕え放浪した．また篆隷篆刻の法を学び，収蔵家として有名な呉大澂などとの交流により鑑賞眼を高めている．その後，上海の富裕層が呉昌碩の文人画を好んで買うようになり画名が高まった．1903年，丁仁（書画家，篆刻家，1879-1949）らと西冷印社を西湖湖畔に設立し初代社長となり，それ以降，上海を中心に活躍した．日本人とも深く交流があり，日本でも書家として知られる日下部鳴鶴，犬養毅などが自用印を注文しているという．

●**絵は50歳過ぎから**　呉昌碩は特に篆刻の評価が高く，はじめ浙派に学び，ついで鄧派（鄧石如・包世臣・呉熙載・趙之謙ら）の影響を受け，さらに石鼓文などの研究を通して独自の刻風を生み出した．

　書においては周代の石鼓文に基づき篆書に新様式を確立した．画上の書，跋文，硯銘などには行草書も多い．画は50歳を過ぎて著名な芸術家の任伯年から本格的に学んだが，明の徐渭や清初の八大山人・石濤らからも多くを吸収し，気品のある個性的な画風を確立した．また揚州八怪や趙之謙らも参考としている．梅，藤，菊，牡丹などの花卉画を得意とした．

　2013年春，杭州で行われた書画オークションに11点の呉昌碩の作品が出されて，なかには「国色天香」という1923年の作品が360万元（約6,700万円）の価格で落札され，話題をよんだ．1990年代から呉昌碩の作品はオークションでは5〜6万元程度だったが，今では1,000万元にのぼる作品もあるという．

●**斉白石の生い立ち**　一方，呉昌碩より20年後に生まれた斉白石は，呉昌碩と異なる道を歩んだ．斉白石（1863-1957）湖南省湘潭の生まれ，中国では「画家になった大工さん」としてよく知られている．文人画を志して，1919年から北

京で売画・篆刻によって生計を立てていた．ところが画家陳師曽（1876-1923）の勧めで，伝統的な画風を一変させて，日中連合絵画展に出品するとおおいに人気を博し，中国での評価も急に高くなった．1927年に国立北平芸術専門学校の国画教員となるが，日中戦争が勃発すると教職を辞めて自宅にこもり，日本敗戦まで外部と接触を避けたともいう．

図1 2010年に開催された北京「斉白石芸術国際フォーラム」の様子［筆者撮影］

1949年新中国が建国以後，斉白石は中央美術学院名誉教授・中国美術家協会主席などを歴任し，「人民芸術家」の称号を贈られた．しかし，文革中には，かつて日本占領下の北京で傀儡政権や日本人と関係があったことも暴露された．

文化大革命期に入ると，作品の「発財図」（国画，1927）などが批判された．しかし，画の跋にある「そろばんは金持ちになる道具」という言葉には，彼の飾らない人民画工の人柄がよく表れている．気取った文人士大夫が描く四君子（梅蘭竹菊）や三友図（松竹梅）よりも，蝦や蟹などの庶民的な画題を取り上げて，民衆の本音に近づき，多くの人々に親しまれた．

●近年の斉白石ブーム　斉白石は呉昌碩の芸術に心服していたともいわれている．2010年，「斉白石芸術国際フォーラム」が中国・北京国際飯店で行われた．盛大な会議であった．この中で，呉昌碩らの海上派は斉白石画風形成へ影響を与えたという興味深い発表があって，斉白石の絵画と海上派呉昌碩との関係にふれている．斉白石は呉昌碩に一度も会ったことがなかったが，海上派の真髄を得て成功したという．また，2016年にも北京・北京画院で開催された会議において須磨コレクション（京都国立博物館）と池部コレクション（早稲田大学），それぞれ日本の斉白石収蔵品が紹介されている．

中国近代で最も優れた芸術家呉昌碩という揺ぎない評価に対して，近年たび重なる斉白石への話題や学術的研究は，オークションでの金額にも表れている．2011年の北京翰海秋のオークションでは37件の1,000万元を超える落札があった中，斉白石の作品である「芭蕉書屋」は9,315万元であった．

斉白石の人気が急上昇している理由を考えると，やはり作品自体がわかりやすいところにあるだろう．

［陸 偉榮］

参考文献
[1] 『呉昌碩・斉白石』文人画粋編第10巻，中央公論社，1977
[2] 松村茂樹『呉昌碩研究』研文出版，2009

現代美術——市場とオークション

　ここ数年，美術市場の焦点は中国の現代美術である．1989年の天安門事件以後，多くの芸術家が市場を意識した商品価値の高い作品を制作してその環境が整ったため，1990年代に入ってから現代美術とオークションが本格的に始まった．

●**現代美術の生産と展示**　都市化が進む中国では，北京798などのように制作エリアを拡大させ，現代芸術の生産を可能にした（図1）．北京798は近代的な国営工場が建ち並ぶ地区で，近年の需要の変化から軍事工場としての役目を終え，その巨大な空きスペースをギャラリーやアトリエが集中する芸術地区として再生された．国内だけでなく日本や欧米のアーティストやギャラリーも参加している．こうした制作エリアはほかに上海芸術倉庫，杭州西岸国際芸術区，重慶坦克庫などがあり，大きな敷地は制作と同時に展示する空間にもなっている．

図1　現代美術の制作エリア「北京798」［著者撮影］

　盛んになった現代美術は大型展示会にも表れている．特に1990年代に始まった芸術北京（アートフェア）と上海芸術博覧会は定期的に開催され，最も芸術市場を活発させる直接要因とみられる．2006年に北京・全国農業展覧館新館で開催された芸術北京は世界12の国と地域から100社の画廊が出展され，来場者は2万人を記録した．また，イベントの売上げは総額2億元（約30億円）に達した．

　一方，1997年に始まった上海芸術博覧会（アートフェア）も，2007年までの来場者数が40万人にも達し，2007年の売上げは6,700万元にのぼった．

●**オークションの誕生**　近年，中国の美術オークションでは1億円を超える作品が相次ぎ，2000年代になってからは香港のオークションでは10億円を超える作品も現れた．国内初の美術オークションは1992年秋に深圳で行われた首届当代中国名家字画精品拍売会で，間もなく北京で「1992年北京国際芸術品拍売会」が大規模に行われ，以後，中国の美術オークションは膨脹の一途をたどる．市場は拡大し，美術の商品化，国際化がいっそう進んだ．中国国内では，1994年に栄宝斎（拍売有限公司）が北京に設立され，これまで少なくとも60回のオークションを開き，2万件あまりが落札されたという．北京の栄宝斎と肩を並べる"百年老店"［100年以上続く老舗］の上海朶雲軒も，1993年に拍売有限公司を設立し

ている.

　一方,国際オークションでは1993年に中国嘉徳国際拍売有限公司(北京),1994年に北京翰海芸術品拍売公司,太平洋国際拍売有限公司がそれぞれ発足した.嘉徳,翰海などは海外まで業務を拡大し,国外からも商品を調達している.

　香港では佳士得香港有限公司,香港蘇富比有限公司が知られている.クリスティーズは1973年に香港支部を設け,1994年に上海,1995年に北京に事務所を設けている.これに対して,世界2位のサザビーズは1973年に香港に事務所を設立,1986年に初めて絵画と宝石のオークションを行った.なお,香港サザビーズは,1994年に上海に事務所を設立している.

　1997年,「中華人民共和国オークション法」が施行された.2001年よりWTOに加盟した中国は,開放体制を加速させている.かつて世界の工場だった中国は,すでに消費大国に転じた.富裕層が多く生まれ,オークションには次第に投機的な要素も加わって,ますます加熱している.工場長から一般市民まで,高所得者の間では美術品を投資の対象に考える人が増えた.その一方で,偽作も氾濫し,特に書画市場が混乱する現象がみられる.

●**近年高額取引された作品**　1995年,文革時期の代表作「毛主席去安源」(毛主席安源に行く,劉春華作)が600万元の高値で落札された.炭鉱ストライキを指揮するために江西省・安源に赴く若き日の毛沢東を描いた油画で,文革初期には切手にもなっている.ところが,複数の作者が著作権を主張し,さらには中国革命博物館が作品の返還要求をしたため裁判沙汰になった.最終的には,作品は劉春華に帰属すると判決が下ったが,高額化した美術品をめぐる争いは,社会的に大きな関心をよんだ.国画では李可染の「万山紅遍」が,2007年の香港クリスティーズにおいて3,500万香港ドルの高値で落札されている.

　2007年,香港サザビーズで徐悲鴻(1895–1953)の「鞭を放せ」が7,200万香港ドルで落札された.同名の街頭演劇のクライマックスを絵画化したもので,徐悲鴻がシンガポールで抗日戦争の義捐金を募ったときの油画である.現代作家で「血縁シリーズ」(「全家福(大家族)」)で人気の高い中堅画家張暁剛(1958–)の「三人の同志」は,ニューヨークサザビーズの春季オークションで210万ドルの最高額で落札され,中国在住作家の本領をみせつけた.

　2012年,オークション全体の成約総額は1.9億元にのぼり,現代芸術オークションも5年ぶりに行われ,成約総額はおよそ500万元になった.北京保利では張暁剛,姜国芳(1951–)などの現代作家の作品が集められている.オークション会社として急成長した北京保利は米国にも進出し,3月にはニューヨークに事務所を設立した.日本ではすでに数年前から東京銀座に事務所を構えている.　　[陸 偉榮]

📖 **参考文献**
[1] 陸 偉榮「中国の美術オークション」(『東方』連載「新中国美術万華鏡」)東方書店,2009

正倉院宝物──屏風絵は中国から

　天皇のコレクションを御物というが，その内，まとまったかたちで現存する最古の例が正倉院御物である．毎秋，奈良国立博物館で公開され話題になるため，よくご存じであろう．

　奈良時代の聖武天皇（701-756，在位724-749）の死後，遺愛の品を東大寺の正倉院に献納したのが始まりとされるが，実際の状況は複雑である．天平勝宝8（756）年6月21日，聖武太上天皇の七七忌の忌日に光明皇太后（701-760）は天皇の冥福を祈念して遺愛の品など六百数十点，薬物60種を東大寺の本尊盧舎那仏に奉献した．それらの内容は『国家珍宝帳』『種々薬帳』によって知られる．7月26日には『屏風花氈等帳』に記載される屏風・花氈・線鞋・薫炉・箸・合子などが追納された．さらに2年後の天平宝字2（758）年6月1日に大小王真跡書1巻が献納された．後から見つかって追納された王羲之（307?-365?）・王献之（344-386）父子の書巻は聖武天皇が書の手本として生前愛蔵した名品である．さらに10月1日には光明皇太后が，父藤原不比等の追福のために不比等の真跡を屏風に仕立てたものを大仏に捧げた（『藤原公真跡屏風帳』）．これら5回に及ぶ奉献の後，東大寺の正倉に収蔵・保管され，その後，大仏開眼会などの法会で使用した仏具が加わり，また，天暦4（950）年には東大寺羂索院の倉庫から什器などが南倉に移されるなどして，いわゆる「正倉院宝物」が成立したのである．

　その内，絵画コレクションとして目を引くのが，『国家珍宝帳』の「御屏風壹佰畳」に多く含まれる屏風絵である．屏風を描いた画家名は明確に知られておらず，失われたものの中には「山水画屏風」1具両畳12扇，「子女画屏風」6扇の他，「大唐勤政楼前観楽図屏風」6扇・「大唐古様宮殿画屏風」2畳・「百済画屏風」6扇といった中・韓の宮殿・名所を描いた屏風なども含まれている．国籍については特定し難いところもあるが，例えば，「鳥毛立女屏風」（図1）は使用された日本産ヤマドリの羽毛や紙背に使用された反故文書から752〜756年頃の日本製と考えられている．

●中国の屏風画　屏風絵は日本・朝鮮半島で長く描き継がれてきたが，その起源は中国にある．唐時代以前の画壇は，伝世作品として屏風絵は伝わらなかったものの，大画面を中心に展開していたことが文献から知られる．

　近年，考古発掘が相次ぎ，地中から屏風やそれを模した屏風壁画が数多く見出された．屏風は棺を囲むように配置されており，また，盛唐以降，中唐・晩唐に大変流行した屏風壁画も置かれた棺の背後にしばしば描かれることから，屏風の代替とみなすことができる．なかでも，1989年に陝西省長安県南里王村で韋家

図1 「鳥毛立女屏風」(奈良)〔正倉院蔵〕

図2 韋家墓墓室西壁「屏風壁画 仕女図」(唐)〔陝西省博物館蔵〕

墓(盛唐〜中唐)の墓室西壁南側から出土した屏風壁画「仕女図」(図2)は大きな衝撃であった.六扇屏風の樹下美人図で,一扇ごと,樹下に婦女と侍者が一人ずつ描かれており,基本的な構成が「鳥毛立女屏風」と酷似していたのである.両者の酷似から,日本製であるこの正倉院の屏風は,長安で流行した屏風のかたちをそのまま伝えたものであったこと,また,墓内に描かれた屏風壁画は,死後も現世と同じ生活を望んだことから地上の現実世界で用いられた屏風を忠実に再現したことがわかる.画題としての樹下美人自体は源流がインドにまでさかのぼり,「聖性」を示したとされるが,聖武天皇にとっては,憧れの唐における同時代の典型的な仕女画として鑑賞されていたとみなすべきであろう.

また,正倉院宝物には,純粋な絵画ではないが花鳥モティーフをかたどった「鳥木石夾纈屏風」などがある.主題は瑞獣なども含まれることから吉祥を表しており,左右相称が意識されたその構図は正面・側面性が強調されている.そして,その類例も大陸,例えば,トゥルファン・アスターナから出土した,盛唐〜晩唐の制作とされる壁画「六扇花鳥図」などに求めることができよう.

8世紀以降,中国の画壇では,素材として着色画から水墨画へ,主題として人物を中心とする道釈・人物画から山水・花鳥画へと中心が移行していった.主たる表現メディアも不動産に付随する大画面(壁画)から動産(画軸・画巻)へと大きな変化が起こっている.現在に連なる伝統的な中国絵画の特徴が出そろうのはこの後のことで,文人画が中心となった明・清時代に至っては,文人画家たちが屏風に描くことはほとんどなくなったのである.

〔板倉聖哲〕

東山御物——200年前の南宋絵画

御物といっても天皇ではなく権力者の宝物をよぶ場合もある．東山御物とは室町時代，足利将軍家収集の唐物（中国美術）のことで，「東山」は現在の銀閣寺，八代将軍足利義政（1436-90）が営んだ東山山荘を意味している．

「東山（殿）御物」の初出は天正15（1587）年頃に成立した茶書『山上宗二記』の葉茶壺「松嶋」の記述とされ，絵画としては，長谷川等伯（1539-1610）の談話を記録した『等伯画説』に以下のような記述を見出すことができる．「東山殿に八百飾りこれあり．孫庇（日指）まで懸けらるるなり．一切の唐絵と云い，唐絵ならびに見事なるものは，皆東山殿ノ御物也．」つまり，

図1　徽宗（款）「桃鳩図」（北宋，1107年款）［個人蔵］

桃山時代，東山御物の唐絵は伝説化し，唐絵の頂点としての評価がすでに定着していたことを示している．ただし，義政よりも，3代足利義満（1358-1408）や6代足利義教（1394-1441）が主な部分を収集した．

●東山御物の内容　東山御物の内容を知る手がかりとなるのが（伝）能阿弥（1397-1471）撰『御物御画目録』（東京国立博物館蔵など）である．この書には，義満が収集した中国絵画コレクションが三幅対を基本にリスト化されている．三幅間の繋がりは必ずしもみえず，並べたときの印象を重視しており，その意味で展示の覚えのようなものと考えられる．ここに登場する中国画家は牧谿・玉澗らの画僧，夏珪・梁楷らの画院画家，張思恭・西金居士といった画史に登場しない仏画師（職業画家）に大別されよう．何より義満以来の所蔵であることを明記している点から，東山御物の中核は義満によって築き上げられたことになる．

能阿弥撰『室町殿行幸御飾記』（愛知・徳川美術館蔵）は永享9（1437）年10月21〜26日，後花園天皇（1419-70，在位1428-64）が義教邸に行幸した際の室礼の記録で，当時，最も重視されていた作品群が知られる．一方，現在日本に伝わる中国絵画の中にも，義満の「天山」「道有」朱文方印，義教の「雑華室印」白文方印，さらに義満の頃に善阿弥が管理する幕府の倉（善阿倉）にあったことを示す「善阿」朱文瓢印などの鑑蔵印を捺されたものが見出され，それらの文献と合わせると，現存する東山御物が特定できる．

●南宋絵画—宮廷絵画と禅宗画　現存が確認できる東山御物の唐絵の重要な部

分は,『御物御画目録』にみえるように,南宋時代の院体画（皇帝の絵画）と仏教絵画,特に禅余画（禅宗の絵画）である.室町将軍が同時代の明画ではなく過去の南宋画やそれに近い元画を熱狂的に収集したのは,単なる趣味の問題ではない.南宋時代には,室町時代と同様に禅宗が国家宗教的な役割を果たしており,文化構造のアナロジーが前提となって,南宋時代を憧憬する「アナクロニズム（時代錯誤）」現象が起こったと考えられる.

北宋・徽宗（款）「桃鳩図」（図1）と南宋・(伝) 徽宗「四季（夏秋冬景）山水図」（久遠寺,金地院）は「皇帝の絵画」として徽宗と義満を直に結びつけるという意味で,まさに義満コレクションの象徴的な存在といえよう.日本において現在に連なる徽宗画イメージの中核をなすのが「桃鳩図」であるが,画面左下方には義満の鑑蔵印である朱文長方印「天山」が捺され,能阿弥の孫の相阿弥の外題も附属している.また,「四季山水図」は『御物御画目録』「四幅」の「山水 徽宗皇帝」に

図2　牧谿「観音猿鶴図」のうち観音幅（南宋）［京都・大徳寺蔵］

相当するが,現在,この作品は徽宗の時代ではなく,南宋時代前期の作品とされ,南宋画院の山水人物画中,最優品の一とみなされる.

『御物御画目録』によって義満が収集したとわかる作品の中で,最も多いのが南宋末元初に活躍した禅画僧,牧谿法常の禅余画である.牧谿は蜀（四川省）の出身,禅の師は同じ蜀出身の高僧,無準師範（1178-1249）である.無準の会下には東福寺の開祖,聖一国師円爾ら,多くの日本僧がおり,牧谿は彼らの兄弟弟子に相当する.伝記は不明な部分が多く,蜀を出て杭州に出てきた時期も不明だが,その後,開創が五代にさかのぼる古い寺院,西湖湖畔にある六通寺を復興し住した.元時代初,至元年間（1264-93）に没したという.牧谿は「禅宗の絵画」ながら幅広いジャンルを手がけたのだが,東洋第一の名画と称される「観音猿鶴図」（図2）のほか,「羅漢図」（静嘉堂文庫美術館蔵）,「老子図」（岡山県立美術館蔵）,「瀟湘八景図」断簡といった牧谿自身の手になる作品はみな義満の時代からの収蔵品である.文人画が中心となった中国本土で牧谿画の評価は高かったとは言い難いが,鎌倉時代,特に東山御物以降の日本において牧谿が圧倒的な地位を占め続けたことの背景には南宋禅への憧憬があったはずである.　　［板倉聖哲］

切断される絵画——日本における鑑賞空間

　東山御物の管理にあたったのは誰なのか？　それは同朋衆という集団である．同朋（衆）とは将軍家に近侍し，主として殿中における雑用を担う集団のことで，彼らは半僧半俗，剃髪・帯刀の姿であったことが「六条八幡宮将軍参詣絵巻」（京都・六条八幡宮蔵），「十念寺縁起絵」（京都・十念寺蔵）から知られる．なかでも，会所の同朋衆は特殊な技芸をもって仕えており，三阿弥と総称される能阿弥（1397-1471）・芸阿弥（1431-85）・相阿弥（？-1525）は実際に収集・鑑定，展示・演出（室礼），修理指導にいたるまで行い，今でいう学芸員（キュレーター）の仕事はすべて彼らが担当していた．のみならず，当時を代表する画家としても知られ，知識人たちとも交渉をもったことが記録にみえる．能阿弥の代表作「花鳥図屏風」（図1）は，そのモティーフの多くが（伝）牧谿画によっており，制作者と鑑賞者の間に東山御物の鑑賞体験がコンセンサスとして機能していたことをうかがわせる作品である．

●**展示にあわせた改変**　この時代，中国絵画鑑賞法も同朋衆によって主導されたと考えられるが，一部の中国絵画は鑑賞空間に合わせて切断，接合，加筆された．原状を変更させるには成熟した感性が背景にあったはずである．室町時代に切断された代表的な例として，牧谿・玉澗の「瀟湘八景図巻」の画軸への改変があげられる．瀟湘八景は夕刻や夜にかけての時刻の中で微妙に揺れ動く光線や大気の変化を表したものだが，南宋・牧谿「瀟湘八景図」には劇的な明暗の対比をみせる「漁村夕照図」（図2），風雨が斜めに降り注ぐ劇的な構図の「遠浦帰帆図」（京都国立博物館蔵）から雲霞によって寺院や樹叢が隠現する「煙寺晩鐘図」（畠山記念館蔵），雁群が飛来する様を淡墨で描き出した「平沙落雁図」（出光美術館蔵）まで，一作品の中で大きな振幅をみせていた．義満はそれらを八図に分割し，八軸を並べて陳列した記録がある．また，南宋・玉澗「瀟湘八景図」は，『等伯画説』には義政によって切断されたとあるが，『室町殿行幸御飾記』にすでに画軸として掛けられたとあり，それ以前，こちらもおそらく義満の段階で八軸となっていたことがわかる．この玉澗の八景は牧谿画より一段と簡略な表現が好まれ，茶の世界でより高く評価されるようになった．そのうち，「山市晴巒図」（図3），「洞庭秋月図」（文化庁蔵），「遠浦帆帰図」（徳川美術館蔵）が現存するとされている．

●**東山表装**　この頃，画軸の表装に対しても一定の趣味・規則があったと考えられる．中国と日本では現在一般的な表具の方法が異なるが，風帯をもった日本表装の起源は宋時代の中国に求められる．南宋・林庭珪・周季常の「五百羅漢図」（京都・大徳寺蔵）の中の一図や元・（伝）任仁発「琴棋書画図」（東京国立博物館蔵）

図1 能阿弥「花鳥図屏風」(室町)［出光美術館蔵］

図2 牧谿「漁村夕照図」(南宋)［根津美術館蔵］

図3 玉澗「山市晴巒図」(南宋)［出光美術館蔵］

画幅には矢筈に画軸をかけて屋外で鑑賞する場面が描かれており，画中に描かれた画軸の表具には風帯をもった日本表装の原型を見出すことができる．この時期の唐絵には金襴（金糸で文様を表した金色に輝く絹織物）によって贅沢な表装がなされていたことが文献で確認されており，「東山表装」とよばれるように，おそらく多くの東山御物にも豪奢な金襴の表装がなされていたと推測される．

［板倉聖哲］

墨蹟──禅僧の書が日本で作品になるまで

　本来墨蹟とは，筆紙を用い墨で書かれた筆跡の総称である．しかし日本では主に禅僧の書を墨蹟とよび，古来より珍重してきた歴史がある．一方，中国では禅僧の書が省みられることはなく，遺墨の数は極めて少ない．このように日本では禅僧の書に対して独特な価値観を見出し，書の作品として鑑賞する習慣が生まれた．

●**禅宗と墨蹟の伝来**　禅宗とは，座禅宗の略で，仏陀（ブッダ）から数えて28番目の達磨を初祖とする仏教の一派である．中国には南朝の梁の時代に伝えられ，宋代に盛んになった．禅は思想的，学問的なものではなく座禅修道によってのみ悟りを体得することができ，禅家の師弟関係には「以心伝心」「不立文字」のように，言葉や文字によって伝えられるものではないという教えがある．これが詩や書画に託されることで，禅と書の関連は次第に深まっていった．

　宋代以降，禅宗の主流は臨済宗となり，さらにここから宗派が分かれていく．この頃，臨済宗の楊岐派に傑出した僧が現れたため，その法系の墨書が多く残っている．禅家では師弟の継承関係が重視されることから，参禅した諸師との師弟の継承関係を示す証拠品として請来したと考えられる．

　禅僧の書は禅の心を重んじることに意義がある．ゆえにその書きぶりは技法にとらわれない自在なものが多く，独特の趣を備えるものが大半である．たとえ師弟の間であってもまったく趣が異なる個性の強い書が多い．それに対し，中国の禅僧の書は，伝統的な書法に則ったものが多く，いずれにしても，禅僧の書は日中の別を問わず，書道史においては特殊な範疇に属するものである．入宋した禅僧が持ち帰った墨蹟には，蘇軾，黄庭堅の影響を感じさせるものがある．南北朝時代には元の趙孟頫，室町時代には明の祝允明，文徴明の書風を帯びた墨蹟が確認できる．これらが伝わることで大陸で流行していた書風が日本にもたらされていたのである．

●**茶文化と禅宗**　日本の茶の文化は鎌倉時代の入宋僧明庵栄西（えいさいとも）によって茶種が持ち帰られたことに始まる．その後，村田珠光，武野紹鴎，千利休を経て「侘び茶」が完成される．これらの茶人は禅宗とも深く関わりをもっており，珠光は一休宗純，紹鴎は古嶽宗亘や大林宗套，利休は春屋宗園らに参禅している．このような茶人と禅僧との交流を通じて茶道が禅宗の精神性と次第に結びついていくのである．

　侘び茶の大成者，千利休の『南方録』に，「其の文句の心をうやまい，筆者・道人・祖師の徳を賞翫（愛で，味わう）するなり」と茶道具の中で最も大切なも

のは掛物であり，その中でも墨蹟を第一に位置づけて言葉の意味と書き手の人徳を鑑賞したというのである．

また，山上宗二の『山上宗二記』に「禅宗墨跡を茶湯に用る事あり，是は珠光が一休和尚より圜悟の墨跡を得て是を一種に楽しむ」とあり，茶席に圜悟克勤（1063-1135）の墨蹟を鑑賞したことが記されている．このように茶席に墨蹟を掛け，その書いた人物の人徳を鑑賞するという．ちなみに，圜悟克勤の「与虎丘紹隆印可状」は桐筒の中に納められて薩摩・坊之津に流れ着いたことから「流れ圜悟」との呼び名がある（図1）．なお，和歌を書いた仮名が茶掛けとして鑑賞の対象となるのは，室町時代中期頃，紹鴎が藤原定家（1162-1241）の「小倉色紙」を入手して茶席の床に飾ったのが始まりといわれている．

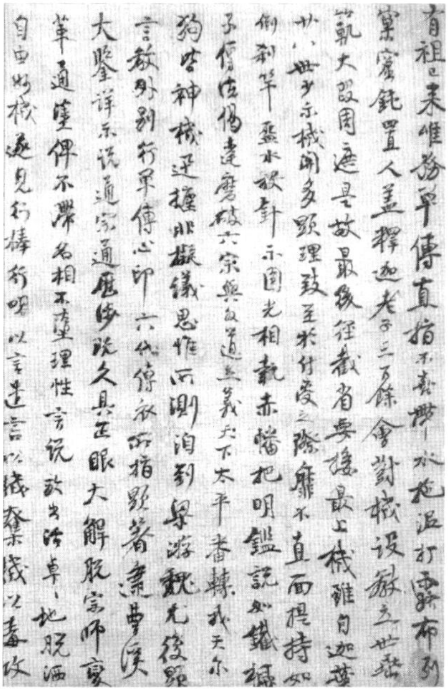

図1 圜悟克勤「印可状（流れ圜悟）」

●**墨蹟と鑑賞** 墨蹟にはさまざまな型式や種類がある．宗教的内容には印可状，法語，偈頌，疎，牓，尺牘があり，芸文的内容には画讃，序，題跋，銘，記などがある．これらは手習いのための手本でもなければ，鑑賞されることを想定して揮毫されたものでもない．一部の禅宗の師弟間を除いて墨蹟を尊重する理由はない．しかし禅が茶の文化と連なる中で，茶掛として禅僧の書を掛け，また珍重する習慣が生まれた．これにより墨蹟は，ほかの書の作品形式と同じ意義をもって，鑑賞の対象となっていった．そこでは書の技法の巧拙よりも，誰が書いたものかを重視する鑑賞法が主とされたことで，書に人の面影を感じることが優先されるようになった．

「書は人なり」という言葉があるように，書には端的に書き手の人柄が表れるという考え方がこの根底にある．床の間に掛けられた墨蹟の鑑賞を通じて古人の優れた人格に触れることで，自らの人格もこれに連なり，意識を高めようとする目的があったと思われる．

［笠嶋忠幸・藤森大雅］

参考文献
[1] 神田喜一郎『神田喜一郎全集』同朋舎，1987
[2] 中島晧象『書道史より見る禅林の墨蹟』思文閣出版，1990
[3] 寺山旦中，角井博『墨跡の鑑賞基礎知識』至文堂，2000

雪舟――中国で見たもの

　雪舟等楊（1420-1506?）といえば，少年時代に涙で鼠を描いたという伝説でも有名である．中国・明に渡り，最新の画風を学んだという国際的なイメージと日本水墨画の確立者というドメスティックなイメージ，両者は必ずしも合致しないが，日本美術史上，最も著名な水墨画家として位置づけられることに異論はあるまい．

●**雪舟自身の画から見る**　雪舟は1467年（明・成化3年，室町・応仁元年）応仁度の遣明使節に加わって入明して以来，足掛け3年にわたって中国大陸に滞在した．大内氏が主導する三つの船団の内，雪舟は3号船に乗船した．一行は北京に向かい，1468年元旦にはそろって北京・紫禁城で皇帝に参賀した．長く滞在したのは北京と寧波で，その足跡もこの2都市に集中している．滞在中，外国使節らしくさまざまな人物と交流しているが，彼が見た風景を想像させるのが鎮江・呉江・宝帯橋・紹興・寧波など江南の景を描いたいわゆる「唐土勝景図巻」である．これは数点現存しているが，その中で最優品の京都国立博物館蔵本は近年，雪舟真筆の可能性が指摘されている．ここに描かれた景観は，単に実景を写したのではなく，古画や絵図を参照しつつ制作したものと考えられる．

　雪舟が弟子の如水宗淵に画の技術を伝えたことを証するために描いた「破墨山水図」（図1）の自題には，北京滞在中，李在と長有声に画を学んだとあり，また，呆夫良心『天開図画楼記』によれば，北京にて，礼部尚書の姚夔の命で礼部院中堂の壁画を描いたという．成化朝（1464-87）では，祖父の宣徳帝以来，宮廷画院が盛行を極めていた．画を学んだという李在も宣徳画院の一員であるが，成化画院では，宣徳画院ですでに活躍していた石鋭・倪端らのほか，劉俊，李璈，殷偕，殷順，劉節，さらに弘治画院として位置づけられる林良，呂紀らが活躍していた．北京ではさまざまな地域から輩出された画院画家，彼らは当時最も巧みな技術をもっていたのだが，雪舟は彼らと直接交渉し得たことになろう．

●**文人画にも触れた可能性**　雪舟は帰国後，落款に「四明天童第一座」と記して

図1　室町・雪舟「破墨山水図」（1495）［東京国立博物館蔵．Image：TNM Image Archives］

図2 上：雪舟「唐土勝景図巻」（部分）［京都国立博物館蔵］，下：呉鎮「嘉禾八景図巻」（部分，元）［The collection of National Palace Museum］

図3 雪舟「天橋立図」（室町）［京都国立博物館蔵］

その経歴を誇っているが，寧波に到着して早々に太白山天童景徳寺に参じ，禅班第一座になった．また，寧波の著名な文人書画家，金湜は親日的で，雪舟は金湜を含む寧波の文人ネットワークと接したと考えられ，臨済宗聖一派の僧，季弘大叔（1421-87）の『蔗軒日録』を見ると，金子西の談話として，金湜の家の壁の左右に雪舟画「虎渓三笑図」「商山四皓図」が掛けられていたことを記録されている．金湜の画としては「老松図」（1458，東京国立博物館蔵），「双鉤風竹図」（北京・故宮博物院蔵），「双鉤風竹図」（香港・至楽楼蔵），「双鉤竹図」（大阪市立美術館蔵）などが現存し，序跋を記したものとして（伝）北宋・王巌叟「梅花図巻」（フリーア・ギャラリー蔵），元・銭選「浮玉山居図巻」（上海博物館蔵），元・呉鎮「嘉禾八景図巻」（図2）などがあることから，雪舟は日本では見ることができなかった文人画群にも触れ得たと推測される．

　雪舟は前述の「破墨山水図」（図1）自題では，当時の中国には学ぶべき画師がいないと語っているものの，現存作品を見れば，当時の宮廷画院の画風から多くを学んだことは否めない．同時代の室町画壇と比較すれば，入明時に描いた「四季山水図」四幅（東京国立博物館蔵），花鳥画の唯一の真跡「四季花鳥図屏風」（1483，京都国立博物館蔵）など，雪舟画にみられる明代絵画との親近性は明らかである．日本の実景を西湖の景観の型に擬えて描いた「天橋立図」（図3）などは，南宋絵画のみならず呉鎮画のような元時代後期の文人による真景図を想起させる．実際に雪舟が垣間見た明時代画壇は，後に「浙派」と「呉派」の二項対立で語られるようになる以前，その原型になるようなものをともに参照していたことがわかる．

［板倉聖哲］

来舶画人 ── 来日した中国画人

　江戸時代の鎖国に対する極めて閉鎖的なイメージは，近年，訂正されつつある．限られた交流の中で，長崎・対馬などが異国と接する「場」として重要な役割を果たしたのだが，長崎に訪れ，清時代の新たな様式を江戸の画家たちにもたらした中国画家たちは「来舶画人」と総称され，その後も，日本で本国以上の評価を得てきた．

●**沈南蘋画風の影響**　なかでも圧倒的な影響を与えたとされるのが雍正9（享保16〈1731〉）年に来日した沈南蘋（1682-1760）である．本名は沈銓，字は衡斎，南蘋は字．学者として著名な沈徳潜（1673-1769）の一族である．8代将軍徳川吉宗（1684-1751）はオランダ油彩画や洋書も求めたが，唐絵では明朝以前の名画を当初は求めていた．名画の入手困難に際して招聘されたのが沈南蘋で，1年10か月の滞在に過ぎなかったが，その画壇に与えた影響は小さくない．日本で定着した彼の絵画イメージの核になるのは「雪中遊兎図」（図1），「群禽花鳥図」（1749年，個人蔵）に代表されるような吉祥的な意味合いの濃彩の花鳥画で，その様式は当時の中国画壇において必ずしも最新の様式ではなく，宋画を想起させるような再現性の強いものであったと考えられる．

　明末，福建出身の肖像画家の曾鯨が西洋画的な陰影法を受け入れ，伝統的な画法の上にこれまでにない凹凸感を表しており，沈南蘋の陰影法もその流れの中に位置づけられよう．

　ただし，濃彩の傾向が強まるのは乾隆年間（1736-95）のことで，来日する前後は「老圃秋容図」（図2），「梅花双兎図」（1731年，静嘉堂文庫美術館蔵）のように，淡彩の作品が中心であったと考えられる．また，指墨の花鳥図や肖像画なども手がけていたことも現存作品から知られる．18世紀以降，日本では沈南蘋画風は長崎を経由して広範に伝播していったが，その過程で，当初のあっさりした淡彩画イメージが変容しつつ，幅広い沈南蘋イメージが形成されていったと考えられる．また，近年，改めて，沈南蘋の作品は日本ばかりでなく中国大陸にも多く伝存してきたことが確認された．その意味では，幅広いイメージも実際の幅広い画業が前提となっていたのである．

●**清代文人画の受容**　このほか，康熙59（1720）年以後六度ほど来日した伊孚九（諱は海，1698-1747?，江蘇省蘇州の人），雍正12（1734）年以後数回来日した費漢源（浙江省呉興の人），乾隆46（1781）年以後数度来日した張莘（字は秋穀，1744-1817以後?，仁和，浙江省杭州府の人），嘉慶9（1804）年以後，船主などとして数度来日した江稼圃（諱は大来，以後1804-15年頃活躍，江蘇

図1 沈南蘋「雪中遊兎図」(清)[泉屋博古館蔵]

図2 沈南蘋「老圃秋容図」(清)[静嘉堂文庫美術館 イメージアーカイブ/DNP artcom]

省揚州の人)は来舶四大家と呼ばれ,山水画・花鳥画を中心にそれぞれ清時代文人画風をもたらした.特に,張莘は清初の文人画家,惲寿平(1633-90)によって創始された淡彩花卉図の様式を本格的に日本にもたらす役割を果たした.

江戸時代の日本では,清時代の絵画が『芥子園画伝』『八種画譜』など版本・画譜類を通して広まったことが知られているが,来舶画人らがもたらした肉筆の画風は版画では得られない情報を補うものとして大きな役割を果たしたと理解される.

[板倉聖哲]

呉昌碩との交流——富岡鉄斎と橋本関雪

　清末から民国初期にかけて「中国最後の文人」と称されたのは呉昌碩（1844-1927）である．その名声は中国のみにとどまらず，当時の日本にも及んだ．

●**呉昌碩が与えた影響**　呉昌碩は，青銅器の銘文や石碑文を研究する金石学に通じ，その成果を書や画そして篆刻作品にいかした．清新にして華美に流れず気骨のある作風は，上海の新興の富裕層に絶大な人気を博した．呉は生涯，来日することはなかったが，大正11（1922）年に大阪高島屋で個展が開かれるなど，日本での人気は高かった．

　書壇で直接交流をもった河井荃廬や長尾雨山はもちろん，画壇にも呉昌碩を敬慕する画家は多かった．上海で呉に学んだ日本人画家・西晴雲や中国旅行を通して呉に私淑した洋画家の児島虎次郎のほか，奄美に暮らした孤高の画家・田中一村も若い時分に画集を通して呉の作品を臨模した．彫刻家の朝倉文夫は杭州の西泠印社にある呉の半身像を彫造した．

　とはいえ，画家たちの中でも呉とのつき合い方はさまざまである．日本画家でも富岡鉄斎（1837-1924）と橋本関雪（1883-1945）を例にとってみよう．二人とも京都を拠点にして，特定の流派や会派に与せず，中国故事に基づく作品を描き続けたからである．鉄斎は幕末に勤皇思想に傾倒し，江戸の南画の流れをくむ文人気質の画を描いたのに対して，その次の世代にあたる関雪は何度も中国を旅して中国趣味を反映した日本画を描いた．

●**富岡鉄斎の場合**　中国渡航の機会がなかった富岡鉄斎は，長子で京都帝国大学講師の富岡謙蔵（1873-1918）や長尾雨山を通して呉との親交を深めた．富岡家には，呉が謙蔵（号は桃華）に贈った桃と燕に篆書の聯を合わせた「桃花図・聯」（図1，1917）がある．

　また，「印癖」を自認するほど印を好んだ鉄斎の所用印には，呉が刻した朱文方印「東坡同日生」もあった．これは大正初めまで上海で暮ら

図1　呉昌碩「桃花図・聯」（近代）［京都国立博物館蔵］

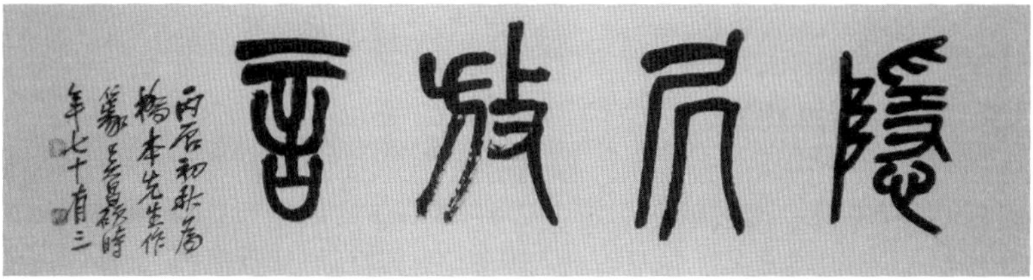

図2 呉昌碩「隠居放言」(近代, 1916)[白沙村荘橋本関雪記念館蔵]

し，呉と詩文の応酬をした雨山から贈られたものである．
　「東坡同日生」とは，鉄斎の誕生日が北宋時代の文人・蘇軾（号は東坡居士）と同じ12月19日であることをさす．鉄斎と呉はほぼ同世代の人であり，二人は蘇軾への憧れを通して文人文化を共有していた．大正年間に，雨山たちはしばしば蘇軾の誕生日を祝う「寿蘇会」や，蘇軾の赤壁遊から840年となる大正11 (1922) 年に「赤壁会」を主宰した．鉄斎は蘇軾にちなむ画を寄せ，呉も「寿蘇詞」など書作を贈って会の趣旨に賛同した．鉄斎の「前赤壁図」（清荒神清澄寺蔵）「赤壁四面図」（同）など一連の赤壁遊の作品は，文人周遊の境地に観る者をいざなったことであろう．

●**橋本関雪の場合**　一方の橋本関雪は現地でたびたび呉に面会していた．特に，関雪は父親で明石藩の儒学者だった橋本海関（1852-1935）の頃からのつき合いで，関雪の邸宅である京都・白沙村荘には呉の額字が残されている（図2, 1916）．関雪の作品にも蘇軾の赤壁遊を描いた屏風作品「後赤壁図」(1916, 西宮市大谷記念美術館蔵）がある．しかし，初期の代表作の「南国」(1914, 姫路市立美術館蔵）のように，エキゾチックな描写で中国風景を表したものが多く，呉の書画が直接，関雪の画風に影響を与えていた訳ではない．金農の「墨竹図」をはじめ，関雪が収集した中国書画には呉の題跋があるものが多かった．関雪は美術雑誌『アトリエ』に載せた「八大山人伝」(1926年2月号）でも呉の芸術にふれられているが，画よりも「文学」すなわち詩文を評価した．
　実際，関雪が胸襟を開いてつき合ったのは呉の弟子で篆刻家の銭痩鉄（1897-1967, 名は厓）である．銭は関雪ために印を制作し，大正14 (1925) 年には解衣社を結成，関雪や小杉放庵らのほか，呉や王一亭，曾熙と展覧会を開催した．
　遠きにありて友を想う鉄斎から，中国に出向いて同好の志と行動をともにする関雪まで――．呉との関わりを通して，大正，昭和初期の日本の画壇を眺めてみると，日本の画家たちの中国とのつき合い方が見えてくるのである．　[呉 孟晋]

📖 **参考文献**
[1] 松村茂樹「日本における呉昌碩の受容―大正・昭和編（二）」『中国近現代文化研究』11, 2010

吉祥文様──幸せへのあくなき欲求

中国人は古代から幸福を願うさまざまなモチーフを考案し，絵画や工芸の中で繰り返しそれを表してきた．このような吉祥文様には，龍や鳳凰などの想像上の瑞獣，寿老人や東方朔などの仙人，「吉」や「寿」などの文字の他に，現実の動植物も含まれている．これらは古典の裏づけや，それ自体の性質，名前の音などによって縁起の良い意味を与えられ，人々の生活を彩ってきたのである．

●**幸福のかたち，いろいろ** 吉祥文様が伝えるのは，不老長寿・子孫繁栄・富貴栄華など，万人に共通する幸福である．いくつか例をあげると，不老長寿を表すものに，西王母の宮殿に生えているという桃樹，前漢の劉安著『淮南子』に「鶴寿千歳」と載る鶴，あるいは晋の葛洪著『抱朴子』に「虎及び鹿兔，皆寿千歳，満寿五百歳の者，其の毛色白し」と記される白鹿などがある．また，子孫繁栄を意味する植物としては瓜があげられる．その由来は中国最古の詩集である『詩経』中の「緜緜瓜瓞」という句に遡ることができ，蔓が長く伸びて次々と実がなる瓜の性質に，子孫が絶えることなく続くイメージが重ねられている．同様に，漢の武帝の時代に西アジアからもたらされたと伝えられる外来種の葡萄も，蔓を長く伸ばす植物であり，多くの実をつけることから子孫繁栄の吉祥文様として用いられる．花の王と称される牡丹は，その艶麗な姿から特に唐代の園芸文化の中で流行し，絵画や工芸の中でも富裕の象徴として表されることが多い．華やかな美しさを誇る芙蓉も，名前の音が「富栄」と通ずることもあって，富貴栄華の意味をもつことで知られている．

美術作品の中に吉祥文様が表される時には，複数の意味が組み合わされることが多い．例えば，南宋時代に宮廷でつくられた「蜀葵遊猫図」（図1）には，5匹の猫の親子が描かれるが，そのうちの1匹の子猫の視線の先に蝶が飛んでいるのが見える．"猫"は70歳を意味する"耄"と，"蝶"は80歳を意味する"耋"と，それぞれ共通の音をもっており，いずれも不老長寿の象徴である．背景には萱草と蜀葵が配されているが，萱草は古くから男子誕生を願う花として親しまれており，太陽を向いて咲く葵もめでたい

図1 （伝）毛益「蜀葵遊猫図」（南宋）［大和文華館蔵］

植物とされている。このように,「蜀葵遊猫図」は,一見,裕福な家の庭園に遊ぶかわいらしいペットという現実の景をただ写したように見えるが,実は,人々の幸福を願う気持ちが小さな画面のあちこちに散りばめられた作品なのである.

●**意味の変容,重層化**　吉祥文様として使われる事物には,長い歴史の中で,意味の変容や重層化といった現象がみられることもある.例えば,現代の日本人にとって,蓮は何よりもまず仏教の花であるかもしれない.中国でも後漢の仏教伝来以降,泥の中から清らかな花を咲かせる蓮の神聖なイメージが普及していく.しかし,それより以前,古く戦国時代から,漢・六朝時代にかけて,蓮は光輝く天上の花,さらに太陽・月・星などの天体や天帝をも表す象徴的図柄の一部として,器物の装飾に用いられていたことが論じられている.

一方で,蓮は,『詩経』中の恋愛を詠う詩にも登場する.後世には,"蓮"（リェン）が"恋"と,別名である"荷花"の「荷」（ホアホア）が"和"や"合"（ホア）と,さらにその実である"蓮子"（リェンヅーフ）が"連子"（リェンヅ）と音が共通することなどから,幸せな結婚や子孫繁栄の寓意として人気のある吉祥文様となった.蓮は花と実が同時に成ることから,早く子宝に恵まれることの象徴でもある.赤ん坊やつがいの鴛鴦（えんおう）と組み合わされる蓮花はおおむねこのような意味で用いられている.また,水中にしっかりと根を張り,次々に葉や花が生い茂る繁殖力の高さから,蓮の群生は「本固枝栄」（ほんこしえい）,すなわち元（もと）がしっかりしているがゆえに隅々まで栄えることを象徴する.さらに北宋の周敦頤（1017-73）の「愛蓮説」に見られるように,蓮は文人士大夫（たいふ）にも愛された.泥から出ても泥に染まらず,茎を曲げずに真っすぐに伸びる姿に,君子の高潔さが見出されたのである.蓮はしばしば,高級官僚のシンボルでもある白鷺と組み合わされて描かれるが,これは「蓮」=「連」,「鷺」=「路」を踏まえた,「一路連科」（科挙の試験に次々と合格して出世する）の図柄である.

最後に,中国でしばしば描かれた人気の画題である「蓮池水禽」（れんちすいきん）を見る.知恩院所蔵の対幅（図2）では,花と実が同時に成る蓮の姿が子孫繁栄を,つがいで表される鴨や鷺が夫婦和合を,蓮と鷺の組合せが「一路連科」をそれぞれ示し,加えて「余」と音の通ずる魚が描かれて,蓮とともに「連年有余」（いつまでも裕福である）を寓意している.ここでも一つの画題に蓮の吉祥性が多層的に用いられているのである.　　　　　　　　　［植松瑞希］

図2　於子明「蓮池水禽図」左幅（南宋）［知恩院蔵,東京国立博物館 画像提供 Image : TNM Image Archives］

曜変天目──日本趣味の頂点

漆黒の釉薬に覆われた碗の内側に浮かぶ銀色の星のような斑点，その周りには青紫色の光彩が現れては消える．一碗のうちに宇宙を見るかのような茶碗，それが曜変天目である（図1）．曜変天目は，福建省北部の建窯で大量に生産された黒い釉薬のかかる茶碗「建盞」の一種であり，南宋時代（1127-79）に焼かれたとされている．「曜変」の名は，もともと「窯変」，すなわち陶磁器を焼成する窯内での不可測な変化をさす語に由来すると考えられ，星や輝きを意味する「曜」の字を与えて，美しい斑文をもつ特殊性を示したものであろう．

図1 「曜変天目」（建窯，南宋）[静嘉堂文庫美術館 イメージアーカイブ/DNP artcom]

曜変天目は謎に包まれた焼き物である．世界に3点のみ，いずれも日本に伝世する．産地の中国には1点も残されておらず，明代以来の歴代皇帝コレクションの宝庫である故宮博物院にも収められていない．歴代の古文献にも一切「曜変」の語は記録されておらず，中国でどのようによばれたかも明らかでない．また焼造方法も不明で，焼成中の偶然の効果ともいわれるが，きめ細かな素地土や精巧をきわめた高台削りなどの格別な仕上がりは，特別な器をつくることを期して調整したことを思わせる．

●**天目と団茶──宋代中国における天目の評価** そもそも「天目」は日本独特の呼称で，建盞にみられる口縁のすぐ下がくびれて底部に向かって漏斗状にすぼまる器形，そしてその形の黒い釉薬のかかった器をさし，宋～元時代に多くの日本の禅僧たちが訪れた古刹のある中国浙江省の天目山に由来するとされる．この天目の器形や黒い釉薬は，宋代の喫茶法である点茶法（碗に入れた茶の粉末に湯を注ぎ，かき混ぜて飲む方法）のために生まれたものだ．唐代には，煎茶法（沸騰する湯に茶を投じて煮出して飲む方法．宋代の茶では，帝室に献上された福建建安の御茶園・北苑および周辺に産する福建団茶が最も名高い．およそ団茶の最大の特徴は，その色彩にある．固形の団茶の表面は黒に近い紫や緑を呈していたが，粉末にしたときには雪のように白く，点てた茶も白く薄い牛乳のようだと当時の文人たちの詩文に描写されている．この乳白色の茶が最もよく映えるのが黒い建盞だったのである．宋代に流行した闘茶という遊戯は，茶の点て方の優劣（茶末と水がよく融合しているか）を競うものだが，茶の様子を見て勝敗の判定をするにも黒い建盞は有効であった．福建出身で宮廷用の製茶に深く関わった蔡襄の

『茶録』や，風流天子徽宗の『大観茶論』は，兎毫文（ウサギの毛のような筋模様）のある建盞を点茶に最適の器としている．そして曜変天目については，2009年に浙江省杭州で4分の3ほどを残す破片が発見されたが，その出土地点が南宋皇城に近接する区域で，なおかつ王朝の迎賓館の役割をもつ施設の跡と考えられることから，曜変天目が宮廷の周辺で評価され，使用された可能性が考えられる．

●喫茶法の変遷のなかで　点茶は宋代に新しく生まれた高雅な文化として隆盛を極めた．一方で北宋の蘇軾や黄庭堅などは唐代以来の素朴な煎茶に親しみをもち，南宋の楊万里は江南産の葉茶を粉に挽いて煎茶法で飲むことを詩に詠んでいる．南宋末から元代にかけて徐々に葉茶を粉にせずに用いる煎茶に変化し，明代16世紀後半には茶壺（急須）に茶葉を入れて湯を注ぎ，茶の成分を湯に滲出させて飲む泡茶法が完成する．この泡茶法では，茶のエキスが出た湯の色をも賞玩したため，白磁の盃が好まれた．また明初の洪武24（1391）年，宋元以来帝室に献上されていた福建団茶は民力を疲弊させるとして，その製造を止めさせる詔が出された．点茶法のために設計され，実用面から評価された建盞をはじめとする天目は，こうして点茶法の衰微とともに新たな喫茶法に適した小ぶりの白磁の茶碗にとって代わられ，無用のものとなった．

　一方の日本では，鎌倉時代に宋の禅宗文化とともに渡来した点茶の喫茶文化が隆盛し，室町時代には北山文化・東山文化の中で花開いた．曜変天目は，日本に伝世する数多くの建盞の優品とともに質の高い唐物の点茶用具を求める日本の要望に応じて，室町時代に明王朝との朝貢貿易などによりもたらされたものと考えられている．足利将軍家の書院飾りのためのマニュアル本『君台観左右帳記』に「曜変，建盞の内の無上也．世上になき物也．（中略）万疋の物也」と記されるように，極めて高い評価が与えられるに至った．

●近世～現代における曜変天目　曜変をはじめとする建盞など，いわゆる天目を用いた喫茶は，室町末期の侘び茶の台頭とともに日本でも廃れていくことになる．しかし天目は江戸時代以降も中国から伝わった本来の喫茶用の碗として重視され，室町幕府の故実を規範とした武家社会においては重要な荘厳具として価値を保ち続けた．後に国宝となる三つの曜変は，禅宗寺院である大徳寺龍光院，水戸徳川家と稲葉家という大名家にそれぞれ納まり，守り伝えられていった．

　近代に入ると，陶磁器を純粋な美術として鑑賞する「観賞陶器」の思潮が生まれる．曜変をはじめとするいわゆる天目も，茶道具ではなく，優れた宋時代の陶磁器＝宋磁の一種としてとらえられるようになり，曜変天目もその美しさ・神秘性をもって評価されるようになった．

　現代では日本はもとより，中国の陶芸作家たちによる曜変の再現研究も盛んに行われている．杭州出土の曜変が，多くの謎の解明に寄与することを期待したい．

[山田正樹]

青磁──単色(モノクローム)を求めて

青磁は白磁とともに中国を代表する焼き物である．最上質の青磁の美しさは，中国人が愛してやまない玉(軟玉や翡翠)や天空の青さにたとえられてきた．その色は灰色の素地にわずかな鉄分を含んだ釉薬を掛けて1,200℃以上の高温で焼き上げることで現れる．顔料の緑や青とは異なる，いわば鉄の分子と釉薬のガラス層の厚みが見せる色なのである．

図1 「青磁香炉」(南宋官窯，南宋)[静嘉堂文庫美術館 イメージアーカイブ/DNP artcom]

●**青磁の起源と歴史** 中国陶磁史の前半は，青磁がきわめられるまでの歴史であったといっても過言ではない．青磁は，前15世紀，殷代中期の江南に誕生した灰釉陶器(原始青磁)から発展し，後漢時代に技術的な完成をみた．後漢から南朝時代に浙江省北部を中心に生産された青磁を日本では「古越磁」とよび，墳墓に副葬する明器としてつくられたものが多い．唐時代，浙江北部の越窯で，実用性と美しさを兼ね備えた青磁がつくられる．生産の主流は実用的な飲食器などへ移行し，晩唐から北宋前期にかけて「秘色」とよばれる若草色の極めて上質な青磁が焼かれた．この越窯の秘色青磁は華北の製陶にも影響を与え，陝西の耀州窯は上質の青磁生産を志向する．北宋代にオリーブグリーンの釉色と片切り彫りで施文する作風を確立した耀州窯は，黄河中流域へと影響を広げた．その影響下に発した窯の一つである汝窯は，北宋後期に宮廷御用の天青色青磁を生産した．越窯の影響は海外へも及び，朝鮮半島の高麗王朝に青磁を誕生させ，12世紀には汝窯の意匠をもとり入れ「翡色」と称される青磁を完成させた．

汝窯が築きあげた宮廷用青磁の意匠と技術は，南宋の首都臨安府(杭州)におかれた官窯へ，そして浙江南部の龍泉窯へと受け継がれていく．華南最大の青磁生産地として発達した龍泉窯は，海外へも盛んに製品を輸出し，上質な粉青色(明るく失透した青緑色)青磁は日本で特に珍重され，「砧青磁」とよばれた．龍泉窯青磁は，元時代になると新たな支配層であるモンゴル人や西アジア系の人々の好みを反映して器形を大型化し，器面装飾を重視する傾向から貼花や刻花などの文様を多用するようになり，釉色も次第に緑色の濃いものへと変化した．元から明初期を境として，磁器の主役の座は，景徳鎮窯が白磁をベースに新たに開発した青花(染付)磁器が占めるようになる．明代を通じて景徳鎮窯が青花と五彩(赤絵)の技術を高度に発達させたのに対して龍泉窯は徐々に衰退し，清代前期を最後に陶磁生産の表舞台から姿を消した．日本では元末明初の緑色の龍泉窯青磁を，

日明貿易で活躍した天龍寺船にちなんで「天龍寺青磁」，明中期から清初の淡い青緑色のタイプを，それをもたらした中国人の名から「七官青磁」とよんでいる．

●**文人たちの青磁評価**　唐宋の名窯の青磁は，美しい釉色と緊張感あるフォルムをもち，彫文様を主体とする繊細な装飾が施されており，当時の社会をリードした文人たちの詩文や随筆の中にその名をとどめるものも少なくない．晩唐越窯の秘色青磁は，陸亀蒙（？-881）の詩「秘色越器」に「千峯翠色」と称えられた．汝窯青磁は周輝（1126-？）『清波雑志』に「近ごろ尤も得難し」と記され，貴重視された．

元から明初にかけて，文人たちの古器物鑑賞の中に宋代を中心とする陶磁器が登場するようになる．明初洪武20（1387）年の曹昭『格古要論』は，文人の鑑賞する古陶磁として五代後周の伝説的青磁「柴窯」を筆頭に汝窯・官窯・哥窯などの官窯系青磁をあげ，景徳鎮窯で元代に開発された青花磁器や五彩磁器ははなはだ俗であり文人の鑑賞対象ではないと断じている．明代後期には万暦19（1591）年の高濂『遵生八牋』に見られるように青磁に対する鑑賞内容が多様化・複雑化し，文人趣味に欠かせないアイテムとなった．官窯系青磁に特徴的な貫入（釉薬のヒビ）に注目して鑑定が行われ，しだいに貫入が鑑賞の重要な要素の一つになっていく．貫入は文人たちの愛する古陶磁を象徴する記号となり，しばしば絵画の中でも文人の傍らの花瓶や香炉などに表現されるようになった．

●**清代・青磁の復興**　景徳鎮官窯では明代から宋代青磁の模倣が行われたが，盛んになるのは清朝康煕年間（1662-1722）からである．特に雍正帝は官営工房での工芸品製作に強い興味をもち，宮廷から景徳鎮へ釉薬研究のための見本を送り，年希堯や唐英らの優れた督造官に汝窯や北宋・南宋の官窯，東窯，哥窯，鈞窯，龍泉窯など，文人に高く評価された古名窯の青磁の精巧な倣製品を焼造させた．また明代以来の文人たちの鑑識方法に学んだ乾隆帝は，皇室コレクションを整理する過程で，愛好する汝窯や宋官窯の青磁に御題詩を刻み付け，絵画のかたちで写実的に記録させている．

●**東アジア諸国における青磁**　中国の青磁は周辺諸国の陶磁生産に影響を与えた．前述の朝鮮半島の高麗に加え，ベトナムや「宋胡録」の名で知られるタイのシーサッチャナーライ窯（13-16世紀）では，龍泉窯青磁に影響を受けた青磁が生産されている．中国青磁に憧れながらも青磁焼成に至らなかった中世の日本や西アジアでは，越窯青磁を写した緑釉陶器や龍泉窯青磁を写した青緑釉陶器を生産している．日本では江戸初期に肥前で初めて青磁が焼成可能となり，以来，鍋島藩窯ほか各地で龍泉窯を範とする青磁がつくられている．20世紀に至り，杭州の南宋官窯址の調査が行われると，日本では青くない淡い黄色の「米色青磁」が高く評価されるようになった．これは中国における青磁に対する美意識の外にある青磁であり，侘び茶における珠光青磁や人形手，醬手といった朽葉色の青磁を賞玩してきた美意識がその根底にあるのではないだろうか．

［山田正樹］

染付——東アジアに広がる青花

青花とは，陶磁器の素地に青色の文様を表す装飾技法であり，その装飾を施した磁器をさす．釉薬をかける前の素地に顔料で絵付けする釉下彩技法の一種で，白磁の素地に酸化コバルトを主成分とする呉須とよばれる顔料で文様を筆描し，無色透明の釉薬をかけて高温で焼き上げると，文様は青く発色する．青花（qinghua）は中国語で「青い文様」を意味し，英語では「Blue and white」，日本では布に染料の藍で模様を染めた様子に似ることから「染付」とよばれている．

図1 「青花明妃出塞図壺」（景徳鎮窯，元）［出光美術館蔵］

●青花の起源か——唐代のコバルト彩「唐青花」

中国における筆を用いた陶磁器への絵付けは，非常に早く新石器時代の土器の段階から行われている．これは水分を吸収しやすい土器の素地に顔料で筆描して完成とするもので実用的な耐久性に欠ける．釉薬が施された陶磁器への絵付けは，三国時代（3世紀）の青磁鉄絵（青磁の釉下に鉄絵具で黒い文様を施したもの）に始まる．唐時代後期（9世紀）には，湖南省長沙窯で鉄絵（褐彩）や銅顔料を用いた緑彩の青磁が生産され，東南アジアや西アジア方面を中心に輸出された．コバルト顔料の使用は，8世紀頃の唐三彩に例があるが，釉下彩ではなく釉上から別種の釉薬で描く釉彩の一種と考えられている．

青花の起源として近年注目されたものに「唐青花」と称される青い絵文様の焼き物がある．白色の素地にコバルト顔料でイスラム風の菱花文を描いた破片の一群で，江蘇省揚州唐城遺跡から出土しているが，唐三彩に包括される低火度焼成の鉛釉藍彩陶とは異なり，高温焼成した青花白磁であるという．これらは碗の器形から晩唐（9世紀）のものと考えられており，同時代の類似した意匠のイスラム陶器との比較から，イスラム圏における需要に応じて生産された輸出品と推測され，その装飾技法・技術が次代に継承されることはなかったようである．

●青花磁器の完成と発展

唐末から宋代は青磁や白磁を中心としたモノクロームの焼き物の時代であり，その装飾技法は，釉色の美しさを強調するためのヘラによる彫り文様（刻花・割花）や大小のスタンプによる型押し文様（印花）が主流であった．一方で河北の磁州窯など庶民の日用器を生産した窯を中心に，白泥や鉄泥の化粧掛けと彫刻技法の組合せによって，白地に黒などくっきりとした絵文様を表す陶器も生産された．13世紀にはこの技法が簡略化され，釉下彩の鉄絵

となって磁州窯系諸窯や江西省吉州窯で生産されたほか，釉上に赤や緑の絵具で文様を描く五彩（赤絵）技法が登場し，鮮明かつカラフルな絵付けの焼き物の需要は高まっていったことがわかる．

　青磁や白磁を生産した江南の諸窯でも器面装飾重視の傾向は強まり，南宋時代に「砧青磁」と称される無文の粉青色青磁を生産した龍泉窯も，元時代には刻花・印花・貼花（貼付文様）に重きをおく翠緑色の天龍寺青磁を生産の中心に据えた．白磁を生産した景徳鎮窯においても，刻花から印花へ，ビーズを連ねた紐飾りのような貼花や鉄絵，酸化銅を顔料とした釉下彩の釉裏紅など，さまざまな技法の試行が積み重ねられた．そうしたなかで14世紀前半に生まれたのが青花磁器であった．西アジアから輸入したコバルト顔料を使った青花は，卓越した装飾効果により，たちまち景徳鎮窯製品の主流となり，国内はもとよりインド洋交易の輸出商品として中近東からアフリカまで運ばれている．青花の誕生は中国陶磁史上の画期となり，明清の華やかな絵付け磁器全盛の時代の基礎を築いた．

●**東アジア，そして世界に広がる青花**　ベトナムでは元時代の青花磁器の影響を受け，早くも14世紀中頃に青花の生産が始まり，15世紀には独自の作風を確立した．白化粧を施した半磁器質の素地や高台内に鉄錆を塗る「チョコレート・ボトム」が特徴で，中国青花に比べると温容な表情をそなえている．朝鮮半島でも朝鮮王朝時代初期の15世紀中頃に中国から技術が伝わり，京畿道広州の官窯において青花の生産が始まった．コバルト顔料が極めて貴重であったため，生産量は少なく，絵付けは都から派遣された宮廷画家（画員）によって行われたことが記録されている．また18世紀には，柔らかな乳白色の白磁に簡潔な筆遣いで草花を描いた抒情的な秋草手の様式が完成した．

　日本では，朝鮮半島からの渡来陶工により磁器焼成の技術とともに青花技法が伝えられ，江戸初期17世紀初頭の肥前有田において始まった．江戸後期18世紀後半には京都で，19世紀には尾張瀬戸で染付磁器の生産が始まり，そこから日本各地へ技術が伝播している．また，いわゆる大航海時代を経て，17世紀にオランダ東インド会社により東洋の磁器がヨーロッパへ輸入されると，熱狂的な需要を喚起した．低火度焼成の錫釉陶器を生産したオランダのデルフト窯では，青花のデザインをコピーした白釉藍彩陶が生産され，18世紀前半にはヨーロッパで初めて磁器焼成に成功したドイツ・ザクセンのマイセン窯で合成コバルト顔料を用いた青花磁器がつくられている．中国の白磁と西アジア産のコバルトから生まれた青花は，貿易陶磁として世界中に拡散・普及して磁器装飾のスタンダードとなり，いまや日常の器として定着したグローバルな焼き物といえるだろう．　［山田正樹］

📖 参考文献
[1]　弓場紀知『青花の道　中国陶磁が語る東西交流』日本放送出版協会，2008
[2]　三杉隆敏『世界・染付の旅』新潮社，1998

屈輪文——変容する渦巻き

　屈輪文とは，中国の漆器にみられる円い鈎形を組み合わせた連続文様に対する日本での名称である．主に宋代以降の堆朱や堆黒のような彫漆器に施され，黒や朱といった複数色の漆を塗り重ねた厚い層を斜めに彫り込むことにより，色彩の重なりが現れ，渦巻くような視覚効果を強調する．日本には屈輪文を彫った彫漆器が多くもたらされており，中世以来「くりくり」「ぐりぐり」「屈輪」「曲輪」「倶利」などと表記された．岡田譲によれば「曲線文様の視覚的感受による表示」，すなわちグリグリとした感じをそのまま表現した言葉と考えられ，「文様の反転し，屈曲する形式を意味する漢字が当てられるようになった」という．この文様を施した彫漆の作品自体を屈輪と称する例も見受けられる．現代中国では「如意文」「雲文」，あるいは「剔犀」の名でよばれる．漆の層を彫り込んだ文様の立体的な面白さと，色彩の重層的な美しさを味わうことができるため，日本では禅院の什器や茶の湯の道具の中で長く愛されてきた．それゆえに唐物を模倣した日本の中世の鎌倉彫や近世の彫漆器においても同様の装飾が施されていることがある．

●彫漆と屈輪文　屈輪文の古い例としては，東晋時代（5世紀）とされる発掘品の小さな堆黒合子が知られ，蓋表にハート形が三つ組み合わされ，側面には蕨手状の唐草文が彫り込まれている．またオーレル・スタインがミーラン遺跡（新疆ウイグル自治区）で発見した漆塗り皮製鎧小札（大英博物館蔵）は，唐代8～9世紀の遺物とされ，厚く塗り重ねた漆層に逆S字や勾玉形の文様が彫られており，これを屈輪文の一種とみなす説もある．しかし本格的な屈輪文の登場は，彫漆技法が完成したとされる宋代に始まるとみてよいだろう．

　宋代における屈輪文は，中国で「剔犀」，日本で「犀皮」とよばれる種類の彫漆器に多くみることができる．日本における犀皮は，宋代の用語をそのまま取り入れたもので，赤と黄の漆を交互に塗り重ね，最も表側の層を褐色にして，屈輪文を浅く彫り込んだ彫漆をさす（現代中国における犀皮は，上記とは異なる技法で，色漆をまだらに塗り重ねて研ぎ出しマーブル模様をつくる，変わり塗りの一種である）．宋代に屈輪文そのものがどのような名でよばれたかは不明だが，下って明代初期，洪武20年（1387）の曹昭『格古要論』には，彫漆器の文様として「剣環」「香草」の語があり，さらに隆慶年間（1567-72）に成立した黄平沙『髹飾録』では「剔犀」の項に「剣環」「縧環」「重圏」「回文」「雲鈎」などの文様を刻むとの記載がある．これらが屈輪文に相当すると考えられるが，屈輪の名のもとに複数の形式を包括する日本とは異なり，細かな特徴をとらえて文様を分類している様子がわかる．

図1 A型（ハート形）「屈輪文犀皮盆」（部分）〔徳川美術館蔵，©徳川美術館イメージアーカイブ/DNP artcom〕

●**屈輪文の種類**　前述の岡田は屈輪文をA型（ハート形）・B型（メガネ形）・C型（カラクサ形）の3形式に分類している．A型はハート形を基本に多様なバリエーションをもち，宋代に多い．B型はいわゆる如意頭形で器面を埋める意匠で，形の連想からメガネ形とよばれ，南宋から元代に流行した．C型は蔓唐草風で「香草文」ともいい，主に彫漆器の周縁部にみられる．A・B型が文様を浮彫り風にした陽刻であるのに対して，C型は陰刻で表現されることが多い．

●**屈輪文の起源と広がり**　屈輪文の原型については，青銅器にみられる饕餮文や雲気文，唐草文などとする諸説があるが，いずれにしても直接的には，唐代以来の唐草文や如意頭文，霊芝雲文といった吉祥的な文様が想定される．

考古学的発掘によって知られる屈輪文のある器物の最古の例は，江蘇省江陰夏港無名氏墓出土の「剔犀屈輪文合子」，河南省洛陽邙山壁画墓の「銀屈輪文梅瓶」および「銀屈輪文盃」（梅瓶の蓋か），四川省徳陽県孝泉鎮清真寺窖蔵出土の「銀屈輪文共蓋梅瓶」などがある．いずれも北宋末から南宋初期と考えられ，合子はカラクサ形，梅瓶はハート形に分類できる．紀年銘資料を伴う例としては，「紹熙改元」（1190）銘の金菊花形碗を共伴した四川省成都彭州窖蔵出土の「銀如意雲文梅瓶」があり，こちらはメガネ形となっている．屈輪文は原型を異にする3形式すべてが，およそ12世紀のうちに出そろう．

屈輪文は漆器のほか，上記のような銀器をはじめとする金属器や陶磁器，玉器にもみられる．南宋時代の江西吉州窯には，黒釉の上から黄釉でハート形屈輪文を描いた瓶や碗があり，屈輪風の唐草文を鉄絵で描いた作品も知られる．元代の福建徳化窯や安渓窯の白磁には，型押しでカラクサ形屈輪文を陽刻した合子が多くみられ，浙江の龍泉窯青磁にも，メガネ形屈輪文が型押しされた合子がある．玉器では，台北・故宮博物院所蔵の合子にメガネ形屈輪文が彫り込まれている．これら陶磁器・玉器の屈輪文は，その表現から，彫漆の影響を受けたものと考えられる．

〔山田正樹〕

📖 **参考文献**

[1] 岡田譲『東洋漆芸史の研究』中央公論美術出版，1978

文房四宝——それぞれの起源

　文房四宝とは，文人の書斎で用いる主要な文房具のことをいう．なかでも，筆・墨・硯・紙の4種をさす．文字を書く上で必須の道具であるだけでなく，書斎を彩る工芸品として賞翫の対象とされてきた．

●筆　筆は毛筆と硬筆に分けられる．西安・半坡遺跡の仰韶文化の遺跡で発掘された彩色陶器の表面には動物や幾何学模様が描かれており，河南省安陽県出土の殷代の陶器にも墨書，朱書されたものが見つかっている．以上から，新石器時代晩期には毛筆の雛形ができあがっていた可能性が高い．しかし，毛筆の実例は発見されておらず，硬筆が広く使用されていたと判断すべきであろう．

　古来より筆の起源は秦の蒙恬がつくったとされてきた．しかし，秦代以前の遺跡から筆が発見され，さらに遡ることになる．その最古の遺品は1953年，湖南省や河南省で出土した戦国時代の兎毫である（図1）．初期の筆は竹製の筆管で，軸先を割った中に穂を挟み，漆で固める構造である．その後は軸の空間に穂を収める構造へと改良され，後漢後期には

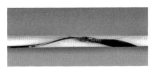

図1　毛筆（在家公山15号楚墓出土）[『中国文房四寶全集』3]

毛筆の材料に羊・鹿・狸なども使用される．また，長い穂を中心にその周りを短い毛で覆うといった技術的な進歩がみられるようになるほか，部分に制作者の名前を入れるなど，品質はもちろん装飾にまで工夫を凝らしている．

●墨　殷代の甲骨文字には刻る前に朱や墨で書写されたものが確認されていることから，すでに墨らしきものがあったと推測できる．1982年，湖北省江陵県の戦国時代後期の墓から粒状の墨が発見された．これが現存する最古の墨と考えられる（図2）．古い遺例にはそのほかにも秦代や漢代の墓から石硯や磨石とともに小片の墨が出土しており，当時の墨は現在のような固型墨（型を使用して固めたもの）ではなく丸い塊で，それを硯の上にのせ，磨石で潰すようにして使ったと推測される．魏晋南北朝時代に製墨技術が向上し，賈思勰の『斉民要術』には製墨に関する記載がある．また唐末から五代には製墨の名手が現れ，良墨が数多くつくられた．

●硯　硯は，墨を研ぐための道具で，漢代以前は「研」とよばれていた．硯の最古の遺品は湖北省の雲夢睡虎地11号墓から出土しており，硯の上

図2　硯・磨石・墨（湖北省江陵県鳳凰山168号墓出土）[『文物』1975年]

に粒状の墨をのせ，磨石で磨り潰して使用したと考えられる．1950年代には新石器時代の半坡遺跡から大量の彩色陶器とともに石製の研磨器も発見された．これは天然の顔料を研磨するための道具だと考えられている．出土品には陶器に黒や赤の模様や図案が描かれたものがあり，使用された顔料は石器で研いだ鉱物や植物の粉末であることが明らかとなっている．

また，陝西省臨潼県の姜寨文化の遺跡からは顔料の痕跡を残した石器が出土し，そこには蓋つきの石器が含まれていた．石器のくぼみから棒状の磨石と黒色の天然顔料も見つかっている．これら研磨器の形状は現在の硯と非常に似ており，これを硯の起源とするならば，今から約6,000年前の新石器時代に硯の原型が存在していたことになる．

●紙　紙の発明以前は獣骨，亀甲，竹，木，縑帛（薄く織った絹のこと）などが，文字を書き記す素材に使用されていた．しかし，縑帛は高価で，竹や木は携帯に不便であり，最も実用に適した紙が次第に普及していった．1933年に新疆ウイグル自治区のロプノールで前漢時代の紙が出土し，1957年には陝西省西安市郊外の前漢の墓から銅鏡や古銭のほか，多くの遺品とともに紙が発見された．「灞橋紙」と名づけられたこ

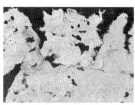

図3　肩水金関紙［『中国文房四寶全集』3］

の紙は植物の繊維でできており，制作年代は前漢の武帝期以前とされている．さらに甘粛省の居延や敦煌でも前漢時代の紙の残片が確認されている（図3）．

しかし文字が記されているものは非常に少なく，依然として政府の文書は簡牘や縑帛に書写されることが主流であったようである．その後，改良が重ねられ魏晋頃に紙は書写材料として広く使用されるようになる．紙の起源については，後漢の蔡倫が発明したとする説がある．しかし，上記のように近年の発掘調査によって前漢時代の紙の存在が明らかとなり，蔡倫は製紙法を改良した人物とするのが現在の見方である．

文房四宝の起源は古く，その中でも硯と墨が最も早く，次いで筆，紙の順に登場する．漢代には経済や文化の発展を背景に，利便性の追求によって文房四宝の改良が重ねられた．そして品質の改良とともに装飾にも工夫を凝らして工芸品としての価値を備えるようにもなった．また，文房四宝の発展は書の表現にも大きく影響している．その意味では文房四宝の歴史は書の歴史とも密接な関係があるといえる．

［笠嶋忠幸・藤森大雅］

参考文献
[1] 李楠主編『中国書法百科全書』11，北京燕山出版社，2010
[2] 『中国文房四寶全集』北京出版社，2008
[3] 任道斌・関乃平著，井垣清明訳『硯と文房諸宝』露満堂，2002

明代家具——その風格

明代後期に江南の蘇州で活躍した人気画家・仇英の「漢宮春暁図巻」（図1）は，華やかに着飾った仕女たちが思い思いに時を過ごす後宮の春の情景をつづった一巻である．現代の鑑賞者の視線は人物にのみ向かいがちだが，彼女たちの背景には実にさまざまな家具が描かれていることにも注意が必要だろう．波の画の衝立，化粧道具・食器・楽器・骨董などを載せる大小さまざまの

図1　仇英「漢宮春暁図巻」（部分，明）[The collection of National Palace Museum]

机，青白い石製の倚子，背もたれのない竹や木製の腰掛け，書架や鏡立て，大理石の板をはめ込んだ欄干の底部などが，仕女たちの周りを彩っている．衝立の枠，机，倚子は，黒や朱色の漆塗に金蒔絵の装飾が施され，脚は優美な曲線を描く．さらに倚子の座面には色鮮やかな織物も見える．このような描写に当時の人々の関心がうかがえる．

明代後半，市場経済の発展に伴い，嗜好品としての家具が商品として盛んに売り買いされるようになる．蘇州ではこの頃，紫檀や花梨といった高価な木材を使い，古法にならって彫刻を施した家具が非常に流行したという（図2）．木地の模様や質感を活かし，シンプルな造形と質朴で重厚な装飾を重視する明代家具の美意識は，現存作品にも確認できる．近隣の松江地方でも，16世紀中頃まではせいぜい銀杏木でつくっていたのが，蘇州の影響を受けて17世紀後半には名木製の家具がさほど裕福でない階層にまで広く浸透し，徽州の木工商なども多く出店を構えるようになった．

●**家具に熱中する文人たち**　張岱（1597-1689）の随筆『陶庵夢憶』は，彼の伯父・張葆生について次のように記す．万暦31（1603）年，淮陰（江蘇省）に立ち寄った葆生は，天然の「鉄梨木」の机を見つけた．滑らかで艶やかで，堅く潤いのある木地で，長さ4m弱，幅1mほどの大きさの，滅多に見られない名品だった．実は両淮巡撫の李三才もこれを欲しがっていたが，150両と値踏みしたため手に入れられなかった．葆生は200両を払い，早々に持ち去った．三才は悔しがって兵を派遣して取り戻そうとしたが，追いつけなかったという．当時の文人の家具への熱中ぶりが伝わってくる逸話である．

●**趣味の良し悪し**　同時期に多く出版された文人趣味の指南書の中にも，家具の選び方，配置についての記述が増えてくる．最も詳しい文震亨（1585-1620）『長物志』は，榻（寝台兼長椅子）・脇息・椅子・机・棚・厨子・寝台・箱・衝立・足置きなどの趣味について見解を述べる．文震亨が俗と批判しているのは，朱・黒漆に竹や樹木を彫って胡粉を埋めた榻や，5色の霊芝を載せた坐禅用の椅子など過剰な装飾のあるもの，細長

図2　黄花梨双螭紋翹頭案（明）［『明清家具』商務印書館，2002］

かったり角を丸めたりした机など流行の形式のもの，竹製や漆塗の書架などふさわしくない素材を使用しているものである．逆に天然木の屈曲をそのまま活かした脇息や，長さ50 cm前後，幅20 cm弱という定式に則った足置きを雅とする．総じて，今風で華美なものを嫌い，古式を重んじて，板の大きさや脚の数なども細かく規定している．

　雅俗の判定は家具の配置にも及び，書斎については，椅子は4脚，榻は1台，衝立は1枚のみ置くのが良く，小型の机ならいくつも置いて構わないなどと述べている．壁際に椅子を並べるのは良くなく，書架も数が多すぎると商店のようになるので注意すべきという．寝室に対しては，南向きに寝台をしつらえ，その後ろに小部屋を設け衣架などを収納し，前には小机と小棚を1台ずつ，腰掛けを2脚置き，清潔さと簡素さを重視して，決して絢爛豪華な閨のようにするべきでないと説く．物に対する執着をそのまま示さず，趣味の良さを演出するために，明代文人たちが細心の注意を払っているのがうかがえる．

　そのような中で，興味深いのは日本製品の人気である．『長物志』には，金具を四隅にはめ，金銀を象嵌したり地紋を施したりした小台，黒漆に金銀象嵌，精巧な飾りのついた蝶番や錠前のある小箱，机や棚，厨子など，日本から輸入された家具がしばしば登場する．この他，時の権力者・厳嵩（1480-1569）が失脚した後に没収された家財リストの中にも，数多くの日本の金地屏風が見られる．当時盛んになった日中文化交流を背景に，文人たちの趣味嗜好もより多彩になっていったのである．

［植松瑞希］

📖 **参考文献**
[1] 文震亨著，荒井健ほか訳注『長物志―明代文人の生活と意見』平凡社，1999〜2000
[2] 『中国美術全集11／工芸編／竹彫・木彫り／象牙・犀角／明清家具』京都書院，1996

庭園芸術——自然のミニチュア

　中国古代の帝王たちは広大な苑囿を有しており，古くは「霊台」とよばれる物見台を造営して鹿や白鳥，魚を放ち，民とともに楽しんだという西周・文王の事績に遡ることができる．このような巨大な自然庭園は歴代王朝に踏襲される．
　例えば，前漢・武帝（前141-前83）が長安に開いた上林苑は方300里に及び，中に山岳や大池があった．皇帝はそこに百獣を飼い，秋と冬に壮麗な狩猟を行ったという．上林苑には70以上の宮殿も築かれ，ただ自然を囲うだけの庭園ではなく，人工的なものであった様子がうかがえる．さらに，東晋・簡文帝（320-372）が宮廷庭園に遊んで「会心の処は遠いところにあるとは限らない」と述べたように，精神をくつろがせることができるよう，美的な洗練も図られていく．隋・煬帝（569-618）が洛陽に営んだ庭園も，大量の生花・造花で飾りつけられ，池中には仙山に見立てた築山を置く華美なものだった．
　造園の風は皇帝から王侯貴族，一般の文人士大夫へと広まっていく．山水愛好熱の高まった魏晋南北朝時代には，特に人為による自然景の再現が盛んに試みられた．有名な西晋の富豪・石崇の金谷園は，渓流のほとりに竹・柏や果樹が植えられ，池や洞窟もあって，訪れる人が丘を登ったり，水辺に座ったりしてくつろぐことのできる場所だったという．もっとささやかな例としては，仮住まいにも自分の愛する竹を植えて心をなぐさめたという東晋・王徽之（?-388?）の故事がある．その後も，さまざまな階層の人々の間で，境遇の許す範囲で，自身にとって心地よい庭園空間づくりが連綿と続けられていく．

●**中国庭園の諸相**　仮山（築山）は中国庭園に欠かせない存在である．初期の頃は盛土が主体であったが，北宋・徽宗（在位1100-25）の艮嶽造営を契機に，純粋に石だけを集めた仮山造りも盛んになる．各地から名石・奇石を集めて，山水画を描くように美しく組み合わせて仮山をつくる専門の職人も活躍した．明代後期の大文人・王世貞（1526-90）の庭園を描いた「小祇園図」（図1）中の仮山は，洞窟や小堂が設けられ，その間を通り抜けることができるよ

図1　銭穀「小祇園図」（明）［The collection of National Palace Museum］

うになっており，名山を旅する気分も味わえる，自然のミニチュアとしての庭園の機能をよく伝えている．湧き上がる雲のようにそびえ立つ，穴の多い優れた形の巨石は，単独の置物としても珍重された．

庭園の中には石の他にも希少な観賞用の動植物が配された．明・王世懋（おうせいぼう）（1536-88）『学圃雑疏（がくほざっそ）』では，1年のうちで最も早く花を咲かせる梅，果実も楽しめる桃，古来さまざまに品種改良が進められてきた牡丹（ぼたん），池に植えるのに適した蓮（はす）など，多様な園芸植物が紹介され，その産地や育て方が詳しく解説される．寿命が長く仙禽（せんきん）と称される鶴は庭園でよく飼われていた鳥で，首が細長く，足は痩せて，鳴き声が澄んでいるものが良いといわれている．

図2　蘇州の拙政園（せっせいえん）

大小さまざまの堂閣，技巧を凝らしたデザインの門環や古詩を書きつけた対聯（ついれん）で飾られた門，蓮華（れんげ）や宝珠（ほうじゅ）形に彫刻された欄干（らんかん），玉石を敷き詰めた小道など建築およびその装飾も見所の一つである．これらの配置は直線的にならないよう心がけられており，明・文震亨（ぶんしんこう）『長物志（ちょうぶつし）』や計成『園冶（えんや）』など造園の解説書は，門を入ったところは何かで遮るか，道を少し湾曲させるべきで，建物と建物をつなぐ回廊は長く曲がりくねるのが良いと説く．このような工夫には，一望のもとにすべてが見渡せるのはつまらない，限られた面積を大きく複雑に見せることが大切であるとする，中国の庭園美学が反映されている．

●庭園の記録　上海の豫園（よえん）や蘇州の拙政園（図2）など明清時代に築かれた有名庭園は，今日も観光名所としてその姿をとどめている．しかし，建設当初の構造をそのまま残すことはほとんどなく，いずれも所有者をたびたび変え，荒廃と再建を繰り返して現在に至っている．せっかく趣向を凝らし，富を費やして名園をつくり上げても，代が換わり家門が傾けば，庭園芸術は失われてしまう．そこで大切になるのが詩文と絵画である．例えば，拙政園を造営した明・王献臣（おうけんしん）は，当時の有名文人である文徴明（1470-1559）に庭園の31の名所を詳細に解説する記・詩・画の制作を依頼している．王献臣の庭は彼の死後数人の手を経て清代には二つに分割されてしまうが，文徴明の芸術によって不滅となったのである．

［植松瑞希］

📖 参考文献
[1]　杉村勇造『中国の庭―造園と建築の伝統』求龍堂，1966
[2]　クレイグ・クルナス『明代中国の庭園文化―みのりの場所／場所のみのり』青土社，2008

奇岩──石に世界をみる鑑賞法

　現代の中国に観光地として公開されている伝統庭園に行くと，奇妙な形をした巨石がいくつもそびえ立っているのを見ることができるだろう．このような石を愛好する趣味の歴史は古く，5～6世紀，南北朝時代にはすでに庭園に珍しい石を置いて鑑賞する習慣があった．

●**愛石趣味の歴史**　唐代になるとその風はさらに広まる．中唐の詩人・白居易（772-846）が，親交のあった宰相・牛僧孺（779-847）の愛石趣味について述べた「太湖石記」という文章がある．牛僧孺は地位に反して質素な暮らしを好んだが，石だけは別であった．部下たちは宰相の趣味を知って，各地からさまざまな石を送ってきたので，邸宅の庭は奇石でいっぱいになったらしい．牛僧孺をとらえた石の魅力について白居易はまず，「その状は一に非ず」という点をあげる．石にはさまざまな形があって，山か雲のように盛り上がるもの，直立した謹厳な姿が仙人に似るもの，磨き上げられた宝玉や鋭く尖った剣戟を思わせるものなどがあると述べ，続けて「三山五岳，百洞千壑」がねじ曲がり，凝縮して石の中に収まり，居ながらにして千仞の高さや万里の遠さを得ることができる点がすばらしいと説く．唐代の愛石家は石の中に一つの宇宙を見ていたのである．石は庭園の他に，机上に置けるような小盆の中でも鑑賞された．唐・章懐太子李賢（654-684）の墓の壁画には，召使いが小さな石と花が配された盆を捧げる様子が描かれている．これは，今日でいう盆栽が絵画の中に登場する早期の例である．

　北宋時代には著名な愛石家が何人も出るが，そのうちの一人に蘇軾（1037-1101）がいる．彼の詩文にはさまざまな石が登場する．例えば1093年，定州知事在任中に蘇軾が手に入れた石は「雪浪石」と名づけられた．蘇軾は水を張った白石の大盆にこれを置いて鑑賞し，その石のある部屋を「雪浪斎」とよんだという．この石は黒地に白い模様が走っていた．蘇軾はこれを，自分と同じ四川出身の画家孫位もしくは孫知微が，石の間に走る奔流を描いたようであると評価し，これを眺めながら故郷の山水に思いを馳せて楽しんだと述べている．

　このように庭園や書斎に奇石を飾る習慣は文人の嗜みとして定着していくが，それに淫する弊害も語られるようになった．有名なのは北宋の皇帝・徽宗（在位1100-25）の花石綱である．芸術を愛し自身も書画家として活動した徽宗は，江南地方から大量の名花・名石を集め，首都開封にある宮城の庭に贅を尽くした人工の山（艮岳）をつくった．多くの資金と労力をつぎ込んだ艮岳建設であったが，その栄光は永くは続かず，完成からわずか4年後，女真族の王朝である金によって開封は陥落，徽宗も捕虜として北に連れ去られ，艮岳の奇石は散逸してしまう．

こうして徽宗の花石綱は，北宋を衰亡に導いた一大浪費として人々の記憶に残ることになったのである．今も，蘇州留園の冠雲峰など，この花石綱の遺石と伝わる石が残っている．

●石譜と画石図　石の鑑賞の手引きに，石譜という書物も編纂された．例えば南宋の初め，杜綰が著した『雲林石譜』3巻は，100種類もの石をあげ，その性質と用途を説明している．太湖石の条を見ると，洞庭湖に産し，白や青，黒などの色を呈して固くて潤いのある石質を有し，風や浪によって生じた弾子窩という凹みがあることや，それに大縄をかけ，舟で引っ張って水中から引き上げる苦労，大きなものは庭園に置き，小さなものは書斎の机の上に置いて鑑賞すべしといったことが述べられている．他の条を見ると，最も多い硯に加え，仮山（庭園装飾用の人工山），仏像，器物，印材など，その性質に応じて石がさまざまに用いられていたこともわかる．明代の石譜，林有麟『素園石譜』になると，内容はさらに豊富になり，そのかたちを挿図として描くほか，過去の有名詩人の題詠を加えている．この時代の愛石趣味の興隆がうかがえるだろう．

　北京・故宮博物院には徽宗筆とされる「祥龍石図巻」が所蔵される．これは，「祥龍」の文字が浮き出た宮中の石を，徽宗が瑞祥として喜んで描き写し，御書を書き入れたものという．このような石への愛着を詩文と絵画で記録する画石図は，愛石趣味の広まりに伴って，文人画の主題として定着していく．明末の倪元璐（1593-1644）の「文石図」（図1）は変幻自在な筆墨の美しさも見所となっている．一方で，石の中に大山を見る賞石法は，絵画表現上での石と山の境界を曖昧にしていった．明末に活躍した呉彬は，画石図の名手であったが，同時に，空洞の多い，奇妙にねじ曲がった幻想的な山水景を描くことでも知られる．彼の描く山には，奇石の形態や質感の影響が指摘されており，明末の愛石趣味の流行が，山水図の歴史にも変化を生じさせたことを物語っている．

[植松瑞希]

図1　倪元璐「文石図」（明）［大阪市立美術館蔵］

民間美術——年画を中心に

　民間美術とは，一般庶民が日常生活の中で愛で楽しんできた美であり，権力者層や富裕層に好まれた正統美術である書画のような堅苦しさがない身近な美術である．それは，書画などの正統芸術の延長線上にあるものの，多くは生活世界の工芸などで展開され，今ではポピュラーアート化され，非常に卑俗なものとなっている．そして，その中には現世利益を象徴する吉祥イメージがふんだんに盛り込まれ，庶民の幸福感が投影されてきた．そのような民間美術の代表に年画がある．

　年画とは，中国の春節に戸口などに貼られる民間絵画である．毎年，春節前になると，中国の人々は家周りや部屋をきれいに掃除し，戸口などに貼られた年画を新しいものと貼り替える．年変わりに一新される年画は，まさに新年の風物詩といえる．とはいえ，近年，生活の近代化，西洋化に伴い，年画によって身近な空間を彩り，生活の安寧と一年の運気上昇を願う文化は，次第に退潮気味である．一方で，伝統アートとして鑑賞され，多くの年画コレクターによって収蔵されるようになった．

　年画は，本来，災禍と不幸を消除する神(門神)を門口に配したもので，辟邪，魔除けの一種といえる．もともとは肉筆の絵画であり，現在でも一枚一枚を描く筆描きもなされているが，多くは大量に制作できる木版画が主流となっている．

●**年画の産地**　その起源は今から3,000年以上も前の殷商時代に溯るともいわれるが，今の年画に連なる年画芸術が発展を遂げたのは明清時代とされる．特に清代には，現在でも著名な年画生産地が形成され，門神以外の絵画モチーフが数多く考案された．天津市の楊柳青年画，江蘇省の桃花塢年画，河北省の武強年画，山東省の楊家埠年画と高密年画，河南省の朱仙鎮年画，広東省の仏山年画，湖南省の灘頭年画，四川省の綿竹年画などが有名で，現在，国家級・省級の無形文化遺産に指定され，観光などの文化産業の資源ともなっている．そして，かつて一介の市井の職人にすぎなかった年画制作者たちは，芸術の担い手としての作家に変貌しつつある．

●**年画のモチーフ**　年画に描かれる題材は，非常に多岐にわたっている．古くは基本的なモチーフであった門神などの神や仏以外にも，歴史上の偉人，神話や伝奇，歴史故事，生活風俗，風景名勝，戯曲文学，花鳥魚虫など，多彩な伝統的モチーフを保持している．また，抗日戦争期には抗戦年画が，そして1949年以降の新中国成立後には，封建的モチーフを刷新する新年画運動が展開され，1980年代まで政治的なテーマを含んだプロパガンダ用の革命年画が制作された．それ

らは，今では中国の多くの人々が革命期を懐旧する，一つの伝統的モチーフになっている．そのように多様な題材をもつ年画に，頻繁に描かれるのが喜慶を表わした吉祥図である．

●**吉祥を生み出す技法**　吉祥図には，実に多様な題材が扱われている．その代表的なものが，魚と蓮が組み合わされた"連年有余(リェンニェンヨウユイ)"

図1　天津楊柳青年画の「連年有余」の基本構図

という吉祥図である．それは天津の楊柳青年画で最もメジャーなモチーフであり，ふくよかな子どもが，大きく誇張された魚を抱いた構図である．それは中国において幸福感が強力に喚起される画像である．外国人にとって，この構図がなぜありがたいのか，簡単には理解できないであろう．しかし中国人にとってはいたって日常的かつ常識的な構図である．この図像に描かれたふくよかな子どもは，子どもの健やかな育成と豊かさを象徴する．そして，その子どもが抱き上げる魚は，財があり余る幸せな状況を連想させるのである．

　魚の図像から喚起される魚という漢字の発音はyúである．それは，物やお金があり余ることを意味する"余（yú）"とまったくの同音であり，魚が有る，すなわち"有魚(ヨウユイ)"は"有余(ヨウユイ)"，すなわち「余りがある」に通じるのだ．さらに，これに「連なる」の意の"連（lián）(リェン)"と同音である"蓮（lián）(リェン)"の図像が組み合わされれば完璧で，蓮と魚のセットで"連年有余"［毎年，富みが有り余る］というありがたい成語になるのである．

　この蓮は，さらに別の類似音（諧音）によって，別の肯定的なイメージを喚起することが可能である．"蓮（lián）"は"廉（lián）(リェン)"と同音で，心が清らかで私欲がない清廉に通じている．さらに，蓮は別称が"荷（hé）(ホァ)"であり，それは"和（hè）(ホァ)"と諧音で，穏やかで和やか，仲が睦まじいという意味に通じているのである．蓮は種子を多く産するので，それ自体，子だくさんの象徴であり，また仏教の聖花としても肯定的なイメージをもたれている．このような多層的，重層的な幸福イメージが魚と結合されることにより，幸福感はさらに増幅されるのである．

　このような図像と文字とを結びつける吉祥図の技法は，他の民間美術にも通底している．それを学習し習得することが，文人や一般庶民の教養だった．絵を単なる美の表現物とするのではなく，絵から吉祥の文字を浮かび上がらせ，そこから吉祥の意味内容を読み取る技法は，現世利益を希求する庶民の世俗的，現実的な芸術観を表現しているのである．

［菅　豊］

漫画———中国動漫文化の展開

「ド，レ，ミ，ファ♯，ソ♯，ラ♯，ド，レ～～♪」この独特の浮遊感を聞くものに抱かせる全音音階のイントロが野天に響き渡ったとき，現在の中国社会における"動漫"(ドンマン)(中国語で動画＝アニメと漫画を合成した略語)文化，産業の隆盛はすでに約束されていたのかもしれない．

●『鉄腕アトム』の衝撃　1980年12月7日，中国中央電視台は《鉄臂阿童木》(ティエビィアアトォンムゥ)(『鉄腕アトム』の中国名)の放送を開始した．そのテーマ曲が「野天に響いた」というのは，まだテレビの普及率が低く，放送時間には街頭テレビが運び出されてくるような時代だったからである．鄧小平(トウショウヘイ)主導の改革開放政策が始まってやっと2年，科学技術の近代化への貢献が期待できるとの建て前を置き去りにして「阿童木」は文革を耐え抜いたあらゆる年齢層の中国人の視線を釘づけにしたのだった．そしてこの時の体験が，やがて"日本動漫"(リーベンドンマン)(日式動漫とも)の大流行に繋がり，さらには中国自身の動漫文化，産業の活性化をもたらすことになるのである．

●日本動漫の大流行　アニメ版の放送に呼応して漫画版の『鉄臂阿童木』も出版された．図1は，"連環画"(リェンホワンホア)(かつては"回回図(ホイホイトウ)"，"小児書(シアオアルシュウ)"ともよばれた)という前世紀初頭に誕生した中国漫画の体裁に組み直されたバージョンである．本来の"連環画"は1ページに1枚の絵とその下部の短い説明文によってストーリーを右開きに展開してゆく形式であったが，日本の左開きのコマ割り漫画を無理やり従来の体裁に改めたため，中国語版漫画『鉄腕アトム』は特異な格好で子どもたちの前に姿を現すことになった(それゆえ，冒頭部に「原文の習慣にしたがって右から左，上から下へ読むように」との指示が付いた)．しかし，やがて日本の漫画は"連環画"を駆逐し，さらにそれにアニメが加わって，1990年代を迎える頃には後に"八十後"(パァシィホォ)とよばれる子どもたちの心を完全に支配する存在となる．1989年

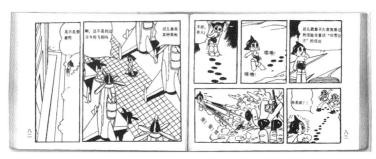

図1　『鉄臂阿童木』[科学普及出版社，1981]

に『機器猫(ジィティマオ)』のタイトルで出版された『ドラえもん』の爆発的流行（アニメ版の放送は1991年から）はそれを象徴する出来事であった．かくして中国における日本動漫の流行は1990年代の末に一つのピークを迎えることになる．

●**中国動漫産業の成長と原状**　もっとも，日本動漫の流行を支えたのは"盗版(ダオバン)"［海賊版］の横行であった．IT技術，機器が普及した現在では，漫画，アニメともに新作に対して瞬時に"漢化版(ハンホァバン)"［中国語化版］が作成され配信される状況が生まれている．2001年にWTOに加盟した中国は，それらへの対応が迫られることとなったが，一方で市場規模が巨大化し続ける（2014年には1,000億元を超えた）新興産業をみすみす日本を主とする外国勢力と盗版業界に委ねてしまう手はない．中国も1990年代半ば以降，国をあげて国産動漫産業の育成，振興に乗り出すことになったのである．全国の大学，高等教育機関における動画学科の設置（現在の在学者数は40万人規模），国産動画産業基地の建設（2004年開始），ゴールデンタイムの外国産アニメ放送禁止通知（2006年）などの施策はその一例である．図2は，初期の代表的施策の一つである1995年に開始された「5155プロジェクト」（2～3年以内に国産漫画の五つの出版拠点を整備し，15シリーズの漫画図書，5部の漫画雑誌を発行する）によって生まれた漫画雑誌『中国卡通(ヂョングゥオカァトン)』（旬刊，なおタイトル中の「卡通」とは英語のcartoonの音訳語で，"動漫"と同等の意味で用いられる）である．また，現在最も売れている漫画雑誌は『知音漫客(ヂーインマンクァ)』といわれているが（週刊，100万部程度），それらは主に街角の新聞スタンドで販売されており，書店の漫画コーナーは，依然として翻訳版の日本漫画の独擅場である．とはいえ，これらの施策は動漫人材の供給と国産動漫の質の向上をもたらすことになり，2014年には日本で出版される作品も現れるようになった．

図2　『中国卡通』［中国少年児童新聞出版総社，2015年4月下旬号］

●**巨大なる円環**　こうして，かつて『鉄腕アトム』が中国の大地に播いた種が三十数年の歳月を経て一つの実を結び，それを日本に送り届けることになった．一方で，その『鉄腕アトム』の誕生を巡っては，手塚治虫(てづかおさむ)が少年時代に《鉄扇公主(ヂュウ)》という中国人監督の手になったアジア最初の長編アニメ作品（1941制作）を観て感動したとのエピソードが伝えられていることを思い起こすとき，日本と中国の動漫文化を繋ぐ巨大な円環の存在に感じ入らざるを得ない．　　　　［遊佐 徹］

📖 **参考文献**
[1]　日下翠『漫画学のススメ』白帝社，2000
[2]　遠藤誉『中国動漫新人類—日本のアニメと漫画が中国を動かす』日経BP社，2008

盗掘の歴史――略奪をめぐる歴史的背景

　1990年代，華北の農村で流行した俗諺に「金持ちになりたいなら古墓を掘れ」というものがあった．当時，山西省で古代の墓の発掘調査に参加していた筆者は，盗掘坑が次々と見つかり，タバコの吸殻など，盗掘者の「遺物」が生々しく残されていることに驚かされた．盗掘は洋の東西を問わず存在するが，中国ではそれが独特な政治・社会・経済・文化的意味をもつ．

●**王朝交代と盗掘**　正史の編纂に象徴されるように，歴代王朝は自らを正統王朝と位置づけ，権力奪取を正当化することに腐心した．その先例が，儒者が正統を語る以前の時代にも確認できる．周の武王が殷王の紂を滅ぼしたとき，紂は殷の玉器を身にまとって焼身自殺したが，殷の青銅器（項目「青銅器」参照）や玉器は武王のものとなり，祖先を祀る宗廟の青銅器は諸侯に分配されたという（『史記』周本紀）．一方で，殷の宗廟の所在地とされる殷墟遺跡（安陽小屯）とその周辺では，王陵の推定墓（侯家荘大墓）など，多くの大墓が発掘されているが，ほとんどが西周初期に盗掘を受けている．前王朝の遺産の継承は，おそらく盗掘によっても行われたのである．盗掘を免れた殷墟の大墓（婦好墓）の副葬品を見ると，殷代より前の時期の玉器が含まれている．王朝交代の際の盗掘による前王朝の遺産の継承は，殷王朝がすでに行っていたのだろう．

　王朝交代時の盗掘の盛行は，それを阻止して保護することが新政権の正統性を示す根拠となるという，逆説的な現象をも生み出した．項羽は秦都咸陽を占領すると始皇帝陵を盗掘したが（『史記』高祖本紀・『漢書』楚元王伝劉向条），劉邦は項羽を滅ぼした後，始皇帝・陳渉（陳勝）などの墓に墓守を置いて保護したという（高祖本紀）．ラストエンペラー溥儀を退位させた中華民国政府が紫禁城の清朝宝物とともに清朝陵墓の保護を約束したのも，その同例である．しかし結局，溥儀は紫禁城から追い出されて宝物は国有化（故宮博物院），陵墓も盗掘され（清東陵西太后墓），溥儀は中華民国を見限り，満洲の故地の陵墓や宝物は，日本の協力の下で保護されることになった．中国史においては，盗掘も保護も，単に宝物に目がくらんだ略奪だけでなく，権力をめぐる正統性の主張という問題と切り離すことができないのである．

●**「礼」と盗掘**　中国史に残虐な話はつきものだが，春秋末期に楚から呉に亡命した伍子胥（伍員）が楚の平王の墓をあばき，父と兄の復讐を果たしたという故事は（『史記』伍子胥列伝），「死者に鞭打つ」の典故として，知る人も多いだろう．これも中国特有の盗掘の類型に属するものであるが，そこには祖先の祀りを重視する伝統思想，すなわち儒者のいうところの「礼」の思想との関連がみて取れる．

本来やってはいけないことをやるから，伍子胥の恨みは晴らされたのである．漢初の刑法である「盗律」に，墓の盗掘は死刑という規定がみえる（『二年律令』）．漢律は秦律を基礎に整備されたものであるから（『漢書』刑法志），秦代にも同様な規定があったとみるべきである．漢律にみえるその他の盗罪が，ことの大小によって刑罰の軽重を規定しているのに対し，盗掘は一律死刑となっている．盗掘が「礼」に背く行為として加重評価されたためだろう．

●「略奪」としての盗掘　価値に目がくらんだ盗掘がなかったわけではない．ただし，中国では宝物としてだけでなく，経済的価値から盗掘が行われた例も少なくない．経済的価値といっても貴金属ではなく，銅目当ての盗掘である．他地域の古代文明と異なり，中国古代においては，金銀器よりも青銅器が発達し，武器などの実用品にも青銅が用いられた．また，近世に銀が貨幣の基本となるまで，銅はそのほとんど唯一の素材であった．前述の項羽による始皇帝陵の盗掘に際しては，棺をおさめた椁も銅目当てで略奪されたという（『水経注』渭水篇）．中国では歴史上繰り返し銅不足が起き，史書には副葬された銅銭目当てで盗掘がなされた例も記録されている（『続資治通鑑長編』太平興国7年条）．

　もちろん宝物的価値を見込んだ盗掘も盛んであった．宋代には，士大夫の間に古典文化への関心が高まり，皇帝のコレクション癖とも相まって，青銅器や石碑の学問（金石学）が大いに発達した．その裏で文化財収集ブームが起きたのである．北宋の徽宗勅命により，宮中所蔵の青銅器図録として，『博古図』が編纂されたのは，その象徴である．同時代には呂大臨が『考古図』という図録を編纂し，宮中秘蔵のものから民間の収蔵家のものまで青銅器を中心とする器物を収め，収集地を含めて記録し，考証を加えている．器型や銘文からみて殷代青銅器と思われる複数の青銅器が（「商兄癸尊」ほか），殷墟遺跡からほど近い，鄴の地で収集されていることが確認できる．収集ブームを背景に，この時期すでに殷墟周辺で盗掘が始まっていたようである．

　清朝の崩壊は中国文物の海外流出をうながし，欧米の東洋美術市場では，日本美術に代わって中国美術への関心が高まった．海外マーケットの活況を背景に盗掘ブームも起きたが，これを規制しようとする中華民国政府の努力は，失敗を繰り返した．中華人民共和国の成立後，東西冷戦は文物保護政策に意外な効果を発揮したが，改革開放政策の下で，再び海外マーケットと繋がった中国各地では，冒頭で述べたように，盗掘ブームが再燃したのである．近年では，富裕層の成長で，国内マーケット向けに盗掘が行われるようになり，かつて海外に流出した文物を買い戻す，祖国回帰の現象も起きている．

［吉開将人］

📖 参考文献
[1]　張臨生著，服部匡延編訳「墓の宝は盗みを招く」小島麗逸編『アジア墳墓考』勁草書房，1994
[2]　原田淑人「盗掘」『東亜古文化説苑』原田淑人先生米寿記念会，1973

真贋のはざま——複製，倣古，代筆

中国芸術の最大の特徴の一つに，偽物の多さがある．これは中国では早い時期から士大夫を中心として作家の人格を尊び，作家名のある作品が尊ばれていたこと，そして明時代には大規模な美術市場が成立し，その愛好者が社会に広がったという背景と関係がある．偽物といってもいろいろな種類があり，その意義を一概に定義することは難しい．

●**複製としての作品**　例えば名家の作品は多くの人々の望むところであったため，輪郭を写し取ってその中を細線で埋めていく双鉤塡墨（そうこうてんぼく）とよばれる技法による複製がつくられた．「喪乱帖（そうらんちょう）」（前田育徳会）など，現在に伝わる王羲之（おうぎし）の作品は，拓本を除いてほとんどはこの双鉤塡墨による複製であるが，真筆は太宗が溺愛したあまり培葬し残っていないため，複製でありながらも非常に重要な作品ということができる．また臨本（りんぽん）とよばれるものがあり，これは書画創作の学習のために写したものである．写したといっても，その作者が後に有名になった場合，その作風形成の重要な史料となる場合も多い．例えば，

図1　谷文晁「青緑山水図」（江戸）［個人蔵］

北宋の米芾（べいふつ）は王羲之，王献之を愛慕してその作品を多く写したが，現在王献之と伝わる「中秋帖」（北京・故宮博物院蔵）は，米芾による臨本であるとの意見が根強く存在している．また，この臨本は，必ず原本があることが重要で，原本が失われてしまった場合，精巧な臨本は原本と同等かそれ以上の価値をもつこともある．

●**倣古**　理想の社会を古代に置く中国の伝統思想の中では，芸術創作にあたっても「古を倣（なら）う」ことが尊ばれた．その過程で，はじめは作者が意図的に擬古風に描いた作品が，作者の個性を離れて，古代の作者の作品として独り歩きしたものがある．例えば，南宋絵画のスタイルを濃厚に継承した元〜明初の浙派の作品は，往々にして南宋絵画として取引され，同様に藍瑛（らんえい），王翬（おうき）など倣古に優れた画人の作品は，落款が入れ替えられ，近年にいたるまで古代の画家の作品として通用していた．

●**代筆と工房作**　宮廷絵画の場合，一人で描くことはまれで，工房による多人数での制作がなされていた．また文人画の場合も弟子たちが代筆をしていたという記録がある．例えば，明代の沈周（しんしゅう）は代筆とわかっていても自らの落款（らっかん）を入れたと

図2 仇英(款)「青緑山水図巻」(部分,明)[永青文庫蔵]

伝えられており,文徴明の場合,朱朗,居節,文嘉といった有力な代筆者の存在が知られている.これらは必ずしもオリジナルであることが重要なのではなく,作者の人格が伝わる絵画ならばそれで鑑賞し得るという,中国絵画の鑑賞法と関係があるもので,近代にいたっても,画は弟子が書き,得意とする書は自分で書いたとされる呉昌碩のような例もある.

●**意図的な偽作** 明時代の蘇州で製作された蘇州片,河南造,清朝の宮廷絵画を中心に製作された後門造などは,偽作の生産地としてよく知られている.これらは偽作ではあるが,まったく価値のないものと考えるのは間違いである.実際,日本の谷文晁の「青緑山水図」に見られる濃厚な顔料と金泥の組合せは,日本に伝来した蘇州片から学んだものと考えられ(図1),偽物も社会的なコンテキストの中において再評価することが必要であろう.

●**過去への挑戦** 近代になると,張大千らが多くの古画を模写してその経験から多くの偽作をなした.しかしそれらは,過去への挑戦という積極的な一面をもっており,創作と臨倣という行為が密接に結びついていた中国芸術ならではの現象ということもできる.

　以上,さまざまな贋作の意味内容を考えてきたが,それでは現代にいたり,科学的な鑑定が万能であるかといっても,そうとも言い切れない.なぜならそれは,眼前の一時の真偽を決するにすぎないのであり,その作品が伝来し,社会の中で生きてきた歴史は,真贋の問題とはまったく別の場所にあるからである.例えば,18世紀までの狩野派が集積した膨大な模本類には多くの中国絵画が含まれているが,そのうちの大部分は,正統な中国絵画史からみれば,ニセモノであると判断できる.しかし20世紀になって本格的に故宮博物院の作品が見られるようになる以前は,これらの作品こそが日本美術を生み出す土壌となったのであり,本物よりも重要なニセモノ作品ということができる.中国絵画史に複数の歴史観が併存しているという事実は,今後,さらに非常に重要な意味をもっていくに違いない.

　日本やその周辺地域を含めた中国美術受容には地域差があり,名品の価値基準も異なっている.むしろどの作品を名品と認め,伝存していくかということが人文学としての美術史全体の課題なのであり,真贋の議論もその観点から慎重に進めていく必要があるだろう.

[塚本麿充]

宋の四大家――書のルネサンス

　書の歴史では唐代（618-907）は「法」（規範）を尚ぶ時代といわれる．特に初唐から盛唐期は太宗の王羲之愛好の影響もあって，羲之書法を基盤とした精緻な技法，高い規範性の備わる書が展開した．宋代は「意」（心）を尚ぶ時代といわれ唐代とは異なる書の文化が展開した．この流れは中唐の顔真卿の書作品や張懐瓘の書論にすでに看取されるが，北宋時代（960-1126）に活躍した書人によって集約される．まさに「書のルネサンス」というべき時代に活躍したのが蔡襄（一説には蔡京），蘇軾，黄庭堅，米芾であり，彼らを総称して「宋の四大家」とよぶ．自身の内面や人間性の発露を重んじ，新たな書風を創始したことから革新派の書に位置づけられている．政治家，詩人，画家など，多方面にわたって活躍した，いわゆる文人である．彼らはさまざまな境遇に身を置き，時代に翻弄されながらも，自らの「意」を書に託し個性豊かな表現に成功した．

●蔡襄　蔡襄（1012-67），字は君謨．福建省の生まれ．天聖 8 (1030) 年に進士に及第し，各官を歴任した後，欧陽脩の推挙により諫院（天子への諫言を職務とする）の長官に任命され，「慶暦の治」とよばれる時代を築いた．茶人として知られ，『茶録』『荔枝賦』の著述を残している．

　書は，各体を広く学び一家を成した．唐代の名家をはじめ，二王などの魏晋の書を学び，蘇軾は「宋代第一」と賛えている．他の三家に比べると最も晋唐の書の正統性を継承している．その反面，新たな書風を創始したとは言い難い．代表作には「万安橋碑」「顔真卿自書告身跋」などがある．

●蘇軾　蘇軾（1036-1101），字は子瞻，号は東坡居士など．四川省の眉山の生まれ．父の蘇洵，弟の蘇轍とともに「唐宋八大家」に数えられる．嘉祐 2 (1057) 年の進士．官僚の道を歩むも，新法党と旧法党の権力党争に巻き込まれ，不遇な一生を過ごした．

　詩は宋代第一と称され，代表的なものに「赤壁賦」があり，『蘇文忠公全集』がある．書は，はじめ王羲之や唐代の小楷を学び，後に顔真卿や楊凝式などを学んだ．代表作は「黄州寒食詩巻」(1082 頃)，「李太白仙詩巻」(1093) といった行草書や，楷書の「宸奎閣碑」(1091) などがある．自身の書については「我が書 意もて造りたれば本より法無し」と言い，技法にとらわれない個性的な書を残し，革新派を代表する書人に位置づけられる．また，書は人格の表出であるという理論を展開し，当時の書壇に多大な影響を及ぼした．

●黄庭堅　黄庭堅（1045-1105），字は魯直，号は山谷，涪翁など．江蘇省の分寧の人．治平 3 (1066) 年の進士．後に秘書省校書郎となり『神宗実録』の編纂

に携わった.蘇軾と同じく新法党と旧法党の権力党争に巻き込まれ,政治家としては不遇のうちに没した.

元豊元年(1078)に蘇軾に師事し「蘇門四学士」の一人に数えられる.宋代を代表する詩人でもあり,彼の詩は「江西体」とよばれ,『豫章黄先生文集』30巻ほか,後人がまとめた題跋も残っている.禅学に造詣が深く,彼の書論にもその影響が表れている.書の代表作には,蘇軾の書に跋を付した「黄州寒食詩巻跋」や,晩年の「李太白憶旧遊詩巻」(1094),「松風閣詩巻」(1102)などがある.草書を善くし,顔真卿,張旭,懐素を学んだ.「草書は科斗篆隷と法を同じくす」とその筆法を悟り,何事にもとらわれない書風を特徴とする.蘇軾と同じく革新派の代表に位置づけられる.

図1 黄庭堅「李太白憶旧遊詩巻」(部分,北宋)[The collection of National Palace Museum]

図2 米芾「蜀素帖」(部分,北宋)[The collection of National Palace Museum]

●米芾 米芾(1051-1107),字は元章,号は海岳など.湖北省の襄陽の人.晋人の書を蔵し,「宝晋斎」とも号した.奇行の逸話が多く米顛,米痴ともいわれた.科挙を経ずして官に就いた異色の経歴を持ち主で,芸術方面にその才能を発揮し,墨の点描を用いた「米法山水」が有名である.

書では王羲之を尊重し,魏晋の書の「平淡」を理想に掲げた.若い頃の書は「集古字」といわれたが,晩年には何を学んだかわからないと評されるほど我がものとした.ある時,米芾が名品を借りて複製づくりをしたところ,判別できなかった持ち主が複製を持ち帰ったという逸話は,彼の徹底した学書態度も物語る.代表作は「蜀素帖」(1088),「苕渓詩巻」(1088)のほか,「草書四帖」などの尺牘も多く残っている.また,自らも書画の収集にも力を注ぎ,それらを石に刻して「宝晋斎帖」をつくった.さらに鑑別にも長じ,真偽の鑑定や伝来,表具の形式などを詳細にまとめた『書史』を著している.蘇軾,黄庭堅に比べ,古法追及に力を注いだのが米芾である.

[笠嶋忠幸・藤森大雅]

帖学派と碑学派——書の理想を求めて

　帖学は唐代以後に始まり清朝中期頃まで主流であった．碑学が興ると一時衰退するものの，長い歴史と伝統に裏づけられた書の文化の象徴そのものである．一方の碑学は清朝（1644-1911）の乾隆期以後に盛行した考証学や金石学といった実証的学問を背景に発展し，書に新たな価値観と美意識を提供した．

●**帖学と碑学**　帖学の「帖」は法帖（鑑賞用の書蹟）を意味し，規範となる書蹟を木や石に刻し，拓本して採って手本や鑑賞用に装幀したものである．つまり帖学とは法帖の源流や優劣，書跡の真偽や文字内容を研究する学問をさす．また，二王（王羲之・王献之）をはじめとする法書を学ぶことをいう．また，二王の書法を学んだ欧陽詢，虞世南らの唐代の碑版を学ぶこと，さらには晋人の気風を得た米芾，趙孟頫，董其昌を学ぶことを含む場合もある．このような学書法をとる立場を帖学派とよぶ．

　碑学の「碑」は碑碣（長方形が碑，上部が円形のものを碣という）をさし，石碑の源流，時代，体裁，文学的内容，拓本の真偽や書写の特徴などを考証する学問をさす．漢〜南北朝時代に石に刻まれた文字や甲骨文，金文，簡牘類を対象に古法追究を理念とする立場を碑学派とよぶ．

　帖学派，碑学派は特定の流派や集団をさす言葉でなければ相互に対立する言葉でもない．もとより中国の書道の歴史においては帖学派が大勢を占めているため，帖学派という呼称は存在しなかった．碑学派の登場によって生じた概念であり，道光年間（1821-50）頃の文献に確認される．

●**帖学派の系譜——伝統の継承**　清朝では実証に基づく考証学を基礎に精緻な書の鑑賞が行われた．宋末に端を発する書画録が帖学の盛行とともに大きく発達する．代表的なものに孫承澤『庚子銷夏記』，高士奇『江村銷夏録』，卞永誉『式古堂書画彙考』などがあり，彼らは書人としても名を馳せた．また帖学派の書論には馮班『鈍吟書要』，揚賓『大瓢偶筆』，王澍『論書賸語』などがある．帖学派の書論の共通点は理想を魏晋時代の古風な書とすることであり，伝統に根ざした学問的背景がある．

　帖学派を代表する書人には明末清初期の王鐸（図1），傅山らがおり，長条幅に連綿を多用した行草書作品が有名である．王鐸は二王を中心に学び，その臨書作品が多数残っている．傅山は帖学派に属する書人ではあるが，金石にも注目し秦漢時代の篆隷書や金文も習っている．そのほか雍正期には董其昌風の作品を残した沈荃や姜宸英らの書名が高く，乾隆期には張照，王文治，劉墉，梁同書らが著名である．清朝後半の帖学は碑学の理論の影響を受け，姿を変えながらも継続

していった.

●**碑学派の系譜——古法の追求**　碑学派は，帖学派が拠り所とする法帖が繰返し翻刻される過程で本来の姿が失われていると指摘した．一方で石や金属に加工された文字は書かれた当初の姿を留めていると主張し，そこに書の正統性があると訴えた．

その扇動的役割をはたしたのが阮元の『南北書派論』『北碑南帖論』である．阮元は中国の書の流れを南朝と北朝の系統に分け，相互に影響なく発達したと論じ，その根本にあるべき隷意（隷書の筆法）が南朝の法帖

図 1　王鐸「臨王羲之・王献之帖」（清）〔個人蔵〕

図 2　趙之謙「楷書五言聯」（明）〔個人蔵〕

にはなく北朝の碑碣にのみ伝わると述べた．現在では，その論に誤りも指摘されるが，後世に与えた影響は大きい．

その後，包世臣が『芸舟双楫』で阮元の説を推し進め，「気満」を理想の美に掲げ，その実践として「逆入平出」の用筆法を説いた．また，康有為は『広芸舟双楫』で，南北の碑碣に文字の共通性を指摘し，南北で派を分けられないと主張し阮元説に批判を加えた．さらに，南北の碑に備わる特色に「十美」をあげ，南碑の特色を兼備する点から北碑を重視した．

篆隷体が流行した乾隆，嘉慶期を代表する書人は鄧石如である．彼の書と篆刻は後世に多大な影響を及ぼし，特に篆刻では「鄧派」を形成した．続く呉譲之は包世臣に師事し，篆隷や篆刻に洗練された作品を残した．道光，咸豊期以後は楊沂孫，張裕釗，徐三庚，趙之謙，楊峴，呉昌碩らが新たな展開を試みた．特に趙之謙（図 2）は包世臣の唱えた「逆入平出」の用筆論に独自の解釈を加えて「北魏書」と評される独自の様式を築いた．

●**碑帖兼習——伝統と古法のハイブリッド**　碑学隆盛の間にあっても帖学が軽視されたわけではなかった．碑と帖を兼習したとされる何紹基，楊守敬，沈曾植のほか，碑学派に分類される多くの書人が法帖をも併せて学んでいた．清朝後期は決して碑学一辺倒だったわけではなく，碑学の中に帖学，帖学の中に碑学をとり入れるようなかたちで複雑に展開していたのが実情であろう．

〔笠嶋忠幸・藤森大雅〕

千字文——手本中の手本

　千字文は古代の中国より伝わる識字教材の一種である．その歴史は古く，東アジアに広がり日本へも伝わった．

　毛筆を使用していた時代，文字の学習は書の学習そのものであった．識字教材でありながら書を学ぶ手本としても機能していたといえる．したがって歴代の優れた書き手による千字文は書の名品としての付加価値が生まれ，書作品として現在まで伝わっている．

●**千字文の内容と成立**　千字文は「天地玄黄，宇宙洪荒」から「謂語助者，焉哉乎也」までの四言古詩の韻文250句，全1,000字からなっており，一字の重複もない整然とした美文である（図1）．経書などの幅広い故事を引き，形式と内容を兼ね備えた教科書としておおいに利用されてきた．同様の性格のものに，前漢末期に史游がつくったとされる「急就篇」があるが，千字文成立後はその実用性の高さから広く普及した．千字文の成立については古来より諸説あり一定しない．一説には，魏の鍾繇が晋の武帝に千字文をたてまつり，後に失われ，刻石も破損したため弁別できなくなった．東晋時代，勅命により王羲之がその文を書写したものの，文意や音韻が乱れていたために行われず，その後，梁の武帝が周興嗣（?-521）に命じてつくらせたものが後世に伝わったといわれる．

　周興嗣は梁の武帝の命を受け，一晩で千字文を完成させたが，その苦労のために髪の毛が真っ白になったという逸話が残る．これを信じれば，5世紀後半から6世紀初め頃には成立していたことになる．

●**書の名品としての千字文**　最も有名なものは，隋の智永（生卒年不詳）の「真草千字文」である．智永は王羲之7世の子孫で当時から書名が高く，彼の書を求めるものが集まるあまり，門のしきみが壊れ，鉄の板で保護したという逸話が残っている．「真草千字文」に智永の書名はみえないが，その書きぶりと書名の高さから確かな作と判断され

図1　『千字文（落書）』[正倉院蔵]

る．「真」は楷書，「草」は草書のことで，各字を楷書と草書の2種類の書体で並書するため，草書学習にも最適である．智永は30年にわたってこれを書写し，その中でも出来の良い800本を各地の寺院に寄進したという．そのうちの1本と思われる真蹟本（京都・小川本）が日本に伝来し，その巻末にはもと中国書法家協会主席の啓功の跋文が付されている．また，拓本では宋代に真蹟本からつくったとされる「関中本」（図2）が著名であるが，原石はすでに亡失し，重刻が陝西省博物館にある．また，「真草千字文」の最古の写本と目される「貞観十五年」（641）の款記を有する残巻がパリ国立図書館にある．智永の「真草千字文」は千字文の普及拡大に極めて大きな役割を果たしたといえるだろう．

図2　関中本智永『真草千字文』（部分）
［東京国立博物館蔵．Image: TNM Image Archives］

　このほか，唐代には欧陽詢「行書千字文」，褚遂良「楷書千字文」，孫過庭「草書千字文」，懐素「草書千字文」などがあり，唐代以後には徽宗「楷書千字文」，夢瑛「篆書千字文」，董其昌「楷書千字文」，祝允明「草書千字文」，鮮于枢「章草千字文」など，枚挙に暇がない．日本でも池大雅，貫名菘翁，中林梧竹，日下部鳴鶴などの名家の手になる千字文がある．もとはお手本であった千字文が，後に書作品の題材にも使用されるようになった．

●**日本に伝わった千字文**　『日本書紀』には，4世紀末（応神天皇16）に王仁が百済から『論語』と千字文を請来したという主旨の記述が確認できる．しかし千字文の成立年代と一致しない．平城宮遺跡出土の霊亀2（716）年の木簡に千字文の一節が書かれており，『東大寺献物帳』の天平勝宝8（756）年6月21日の項に「真草千字文，二百三行」とある．これらから，千字文が8世紀にはわが国に請来されていたと考えられる．この当時は一部の官吏や貴族階級の手本として普及し限定的であった．平安時代には文字や語句の内容を理解するために注釈が付けられた千字文が登場し始め，さらに普及したことが推測される．『禁秘抄』の芸能に「歌謡，文学，書道」とみえ，手習いが教養として重要な位置を占めるようになったことも千字文の普及に大きく寄与していると思われる．また千字文は明治後半頃まで学校教育の場でも使用され続けてきた．

［笠嶋忠幸・藤森大雅］

📖 参考文献
［1］尾形裕康『我国における千字文の教育史的研究』校倉書房，1966
［2］小川環樹「千字文について」『書道全集』第5巻，平凡社，1977

蝋人形――見世物と政治的身体

　蝋人形のことを中国語では"蝋像（人）"とよぶ．したがって蝋人形館は，中国では蝋像館となる．「杜莎夫人蝋像館」とは蝋人形館の代名詞的存在ともいえるマダム・タッソー蝋人形館（1835年，ロンドンに現在のかたちで開館）の漢字表記名（杜莎＝タッソー）で，2002年に香港に分館を開館して以降，中国に四つの分館を展開している．そこを訪れる人々は，「いままさに話題になっている人物を常に展示のなかに加えてゆくという基本原則」（R. D. オールティック『ロンドンの見世物』Ⅱ第24章「蝋人形と肉体芸術」国書刊行会，1990）によって立ち並ぶお馴染みのスター，アスリート，セレブたちとの束の間の交流を楽しむことになるだろう．

●**現代中国の蝋人形館**　実は，国外から娯楽産業としての進出が図られる以前にも，すでに中国にはいくつかの蝋人形館が存在していたことがわかっている．1990年に北京の地壇公園にオープンした北京蝋像館はその最も初期の施設の一つである．ただし，その展示内容は我々がよく知る蝋人形館とは随分異なるものであった．居並ぶ56体の蝋像が，炎帝，黄帝といった太古の神々や文化英雄に始まり始皇帝以下，中国の各時代を代表する歴史人物や民族英雄によって占められてたのである．つまり，そこでは，普通我々が蝋人形を眺め，蝋人形館を楽しむ際に念頭に置く重要な評価基準（本人に「似ている／似ていない」）はほとんど機能しないわけである．どうしてこのような人選となったのであろうか．その答えは，開設にあたって重視された娯楽性よりも教育機能に配慮するというポリシーに求めることができる．生々しい質感をもって立ち並ぶ神代の昔以来の歴史人物や民族英雄を観客に延々と眺めさせる（やっと彼らが見知った顔に出会うのは，やがて展示時代が近代まで下り，孫文や魯迅が登場する頃のことであろう）ことで中華民族の偉大な歴史と文化を理解させ（歴史教育機能），民族的自尊心と愛国心を強めさせよう（政治教育機能）というのが，この蝋人形館開設の目的であった．中国最初の蝋人形館は，観客の期待に応えることをめざす施設ではなく，観客に期待する組織として生まれたのだった．

　こうした中国の蝋人形館の機能はその後も維持され続けることになった．1994年開館の北京十三陵明皇蝋像館は明代史の再現という点で前者の，1998年に天安門広場に面して建つ中国革命博物館内に開設された中国偉人蝋像館は孫文，毛沢東から鄧小平，江沢民にいたるまでの近現代中国革命史上の偉人と中国共産党の指導者に特化した人選という点で後者の典型である．

●**中国における蝋人形のデビュー**　以上は，現代中国における蝋像，蝋像館事情

であるが，中国における蝋人形のデビューの歴史は，清朝末期にまでさかのぼり得る．記録によれば，蝋人形はまず上海の租界に人体の内部構造をリアルに再現した医学研究用解剖模型としてもたらされ，その後，大衆の好奇心をおおいに刺激して見世物と化すものまで現れたという（臥読生『上海雑志』巻5「蝋人館」1905）．そもそも医学研究用解剖模型は，西洋で蝋人形が誕生するにあたっての主要な起源の一つとみなされている存在である．マダム・タッソーの師匠であるクルチウスも医師にして解剖模型の製作者であった．

●**西洋で中国人の蝋人形を眺めた中国人**　西洋の蝋人形の起源としては，さらに「フューネラル・エフィジー」とよばれる王族の生前の姿の保存・公開や著名人，大事件のリアルなコピー・再現の歴史が指摘されている．1990年代に中国に生まれた蝋人形館はその系譜に連なるものといえるだろう．ただし，中国国内という限定を取り除くと，1990年代の到来を待つことなくそうした蝋人形を眺める経験をもった中国人を多数見出せることになる．清朝末期にヨーロッパへ渡航した中国人の実に多くが蝋人形館を訪れていたのである．ロンドンのマダム・タッソー蝋人形館はもちろんその筆頭にあげられる．1868年に訪問した在野の改革派知識人である王韜や外交官の志剛をはじめとしてロンドンに赴いた中国人たちは，そこで「各国の君主皇妃，古今著名の公卿将帥，英傑名士」（志剛『初使泰西記』湖南人民出版社，1981）の生き写しの姿に感動したことをそれぞれ紀行文や滞在日記に克明に書き残している．

　ところで，そうした記録にはさらに彼らを驚かせた出来事が書き留められている．それは，彼らの眼に蝋人形と化した同胞の姿が飛び込んできたことである．展示されていた中国人とは1840〜42年にかけて英国と清朝との間で戦われたアヘン戦争の清朝側の責任者であった林則徐である．林の蝋人形は1844年には展示の列に加えられていたというから上述の基本原則が蝋人形をまだ知らない中国人の身体にまですでに及んでいたことになる．その後も，マダム・タッソー蝋人形館は同治帝や李鴻章そして孫文などを展示し，それらはやはり中国人によって眺められている．また，1882年に開館したパリのグレヴァン蝋人形館が西太后を展示にしていたことからフランスと清朝との間に外交問題が発生したという記録も残っている．

　遠く西洋の地で蝋人形として立つ中国人とは，近代において圧倒的な力を背景に世界を支配しつつあった文明的他者によって解釈され，眺められる対象であった．それを解釈され，眺められる側の中国人がさらに眺めるという重層化した構図には，単なる蝋人形を巡るエピソードの域を超えた「近代」という時代を読み解く重要なヒントが隠されているといえるだろう．

［遊佐 徹］

📖 **参考文献**
[1]　遊佐 徹『蝋人形・銅像・肖像画—近代中国人の身体と政治』白帝社，2011

中国の世界遺産 ⑥

敦煌莫高窟（1987年登録／文化遺産）

鳴沙山東側の断崖に掘られた石窟群．前秦王朝建元2（366）年から約1,000年にわたってつくられ，唐代にはすでに1,000以上の窟があったとされる．今に残るものは492窟．仏像や壁画，経典を主とする書物など，宗教的，芸術的に貴重なものが多く残されていた．所在地は，甘粛省敦煌市近郊　　　　　　　　　　　　［荒木達雄］

7. 芸　　　能

　中国の芸能といえば，京劇，昆劇などの演劇を思い浮かべる人も多いかと思われる．しかし，中国における真に演劇らしい演劇の誕生は，13世紀頃，元の時代の雑劇を待たなければならない．これは長い中国の歴史を考えると，比較的新しいことに属する．だが，それ以前，中国には芸能はなかったのかといえば，もちろんそんなことはない．宮廷で行われた高級な雅楽から，民間の歌謡，さらには各種の語り物や雑技など，多様な芸能が行われていたのである．そして演劇の成立後も，語り物，音楽，歌謡，雑技などは，並行して行われ，常に人々の娯楽となっていたのである．

　演劇一つをとっても，中国における方言，言語の複雑さを背景に，地方ごとにさまざまな演劇があり，また各地にそれぞれの特色をもった語り物芸能が行われている．

　本章では，これら長い時間と広大な空間を軸として，中国におけるさまざまな芸能の世界をのぞいてみることにしたい．現代の映画やテレビドラマなどについてもみてみよう．
　　　　　　　　　　　　　　　　　　　　　　　　　　　　［大木 康］

楽・律・音楽理論──音の成り立ちと楽の思想

　樂（楽）という漢字は，甲骨文字では🎵のような形をしており，楽器の象形だと考えられている．ゆえに「楽＝がく」の原義は「音楽」であった．「らく＝たのしい」という意味は後になって加わったものである．音楽の「楽」と楽しいの「楽」については，儒教教典『礼記』の「楽記」に「楽は楽なり」という有名な言葉がある．「音楽の楽とは楽しむということだ」という意味である．

●**儒教思想との関わり**　ところがこの続きには，「君子は其の道を得るを楽しみ，小人は其の欲を得るを楽しむ」（君子は人の道を知ることを楽しみとし，小人は欲求を満たすことを楽しみとする）とある．音楽を単なる感覚的欲求を満たすためだけのものとせず，音楽を通じて美しいものに触れ，人としての道を知ることが推奨されている．このように，古代中国における「楽」は，音楽そのもの以外にも，儒教思想との関連が重視されていた．これが礼楽思想で，社会秩序の基礎である礼節と人の心を和らげる音楽とが，並んで大切にされていたのである．

●**十二律呂と五声七声**　思想とは別に，純粋な楽理の基礎となるのが，「十二律呂」と「五声・七声」の二つの柱からなる音の体系である．十二律呂は絶対音高を表し，西洋音楽では「音名」にあたる．伝説では崑崙山の竹で長さ9寸の笛をつくり，これを第一音「黄鍾」としたという．そこからその長さを3分の1ずつ増減（$9, 9 \times \frac{2}{3} = 6, 6 \times \frac{4}{3} = 8 \cdots\cdots$，を繰り返す）して，1オクターブ内の12の半音を求めた（これを三分損益という）．そうして得られる12の音を低→高の順に配列すると，次のようになる．

　黄鍾・大呂・太簇・夾鍾・姑洗・仲呂・蕤賓・林鍾・夷則・南呂・無射・応鍾
この内奇数番目が「律」，偶数番目が「呂」で，合わせて十二律呂である．

　一方，相対的音程を表すのが五声・七声（五音・七音ともいう）で，西洋音楽では「階名」にあたる．本来は，宮・商・角・徴・羽（ド・レ・ミ・ソ・ラに相当）の「五声」であったが，かなり古い時代に「ファ♯」に相当する変徴とシに相当する変宮とが加えられて，宮・商・角・変徴・徴・羽・変宮（ド・レ・ミ・ファ♯・ソ・ラ・シに相当）の「七声」となった．「変」は半音低いことを示す．

●**中国の調──宮調の命名法**　中国古典の調を「宮調」という．絶対音高のどの高さに主音があるかで調が決まるという点では，中国の宮調も西洋音楽の調と同様なのだが，その命名法はやや異なる．西洋音階が「ハ長調・イ短調」のようによばれるのに対して，中国の宮調は「均」と「調式」の二段構えで定められる．「均」とはどの音が主音かを問わず，七声の第一音「宮」が十二律呂のどの高さ

にあるかを示す概念である．黄鍾均から応鍾均まで 12 の「均」が存在する．そしてその「均」の内のどの音を主音とするか（つまり七声どの音から音階を始めるか）で調式が決まる．つまり，「何均の何調式」なのかによって宮調は命名されるのである．

例えば，七声の第一音「宮」を「黄鍾」に置くと，残りの6つの音も自ずと定まり，「黄鍾均」という音のグループができる．この均に属する宮調は，何調式であろうと必ず「黄鍾○」という名称をもつ．そして七声のどの音を音階の主音とするかにより調の名前が決まる．今の西洋音楽には長調と短調（中国風にいえばド調式とラ調式）しかないのに対して，中国の宮調では「宮」から「変宮」まで，七声のいずれを主音としてもよい．「黄鍾均の宮調式」なら「黄鍾宮」，「黄鍾均の徴調式」なら「黄鍾徴」のようになるわけである．

十二律呂　黄　大　太　夾　姑　仲　蕤　林　夷　南　無　応　黄　大　太　夾　姑　仲　蕤　林
（黄鍾宮）　宮　　商　角　變徴　徴　羽　變宮　宮
（黄鍾徴）　　　　　　　　　　徴　羽　變宮　宮　商　角　變徴

西洋音階を仮にこの方式で表すならば，ハ長調は「ハ均ド調式」，イ短調は「ハ均ラ調式」ということになろう．もっとも，主音の「徴」が「林鍾」にあるから単純に「林鍾徴」とよぶ，という西洋音階に近い表記法も，場合によって用いられることはあるのだが．

いずれにせよ，12 の律呂にそれぞれ七声の調式があるのだから，理論上合計84調が成立することになる．しかし実際にはそのすべてが用いられたわけではなく，例えば唐代の燕楽（俗楽）では 28 調が用いられたことが知られている．

●雅楽音階と俗楽音階　上述の「ド・レ・ミ・ファ♯……」の宮調式は実は雅楽系の音階で，儀式音楽はもちろん，純粋に音楽学的な議論では常にこれが用いられる．しかし一方では，西洋音楽と同じ「ド・レ・ミ・ファ……」の音階も存在し，俗楽系を中心とした広いジャンルの音楽に実際に用いられている．興味深いのは俗楽の調名で，雅楽調が「何均何調式」と，調名がそのまま音程配置を表す整然とした命名であるのに対して，俗楽調ではいろいろな事情からさまざまな呼び方が混在している．例えば一つの調に別名がある，「大食（石）調」「歇指調」など西域音楽由来の外来語に漢字をあてた調名がある，大石調より半音高い調を「高大石調」という，などである．また唐代の律は宋代よりも2度（2律）ほど高かったため，唐代からの習慣に合わせて宋代以降もわざと2度高い呼び名でよぶ習慣もあった．このように，中国古典の宮調名（音階名）は雅楽調と俗楽調で方式が違うことを常に意識しておく必要がある．　　　　　　　　［明木茂夫］

📖 **参考文献**
[1] 劉 東昇・袁 荃猷編著，明木茂夫訳『中国音楽史図鑑』科学出版社東京，2016

楽器――世界で類い稀な多種と歴史

　古代中国は，世界にも類い稀な多種の楽器を有していた．それは，楽の理念を異種融合の「和」としたからだ．その結果，金属製と石製の鐘や磬，竹製の縦笛と横笛の篪にパンフルート簫（後世の排簫），絲製の弦鳴楽器には25弦で柱を立てる瑟と7弦で柱なしの琴，土製のオカリナ塤と匏製の笙や竽（大笙），そして儀式や舞楽に不可欠の革製太鼓類と木製祝と敔の8種の素材が雅楽器として選ばれた．これらを「八音」といい，楽器の総称ともなった．

　雅楽の旨である合奏を実現するため，木と革以外の6類は調律を要するので，早くにオクターブや12音律，そして音階の観念ができていた．中国雅楽は古曲を伝えないが，この八音を使うことを必須条件とした．楽器は楽理と楽譜を生む．不可視の音を可視化するものは楽器で，メロディを鳴らす指位でその曲の音階や旋法を知り，手法譜は楽器に基づいているからだ．音楽文化の高さは，「和」の理念から出発して，優秀な科学技術によって形成された．

●**楽器の発展**　中国はより機能的な楽器を求めて改革をしてきた．横吹の篪は両掌で下から支える持ち方を，両手を交差させて両親指だけで支え，指が自由に動くようにし，指孔も増やして，一方の節を抜き横「笛（篴）」となった．パンフルート「簫」の衰退した宋代からは縦笛を「簫（洞簫）」，横笛を「笛」と分ける．塤は指孔を1孔から増やして低音の6指孔雅楽気鳴楽器とした．笙類は，当初ひさごに竹を前後2列に差し込み，竹膜のリードだったが，ふくべと竹膜は破損しやすいので，漢代までに木製漆の台と金属リードに変わった．このように，素材の八音分類も崩れるが，「八音」の名目は，そのまま受け継がれた．複数の指孔を押さえて和音を出せ，吸っても途切れず，音程が安定している笙類はチューニングの役割もした．先秦の弦鳴楽器は，俗楽器の小瑟「箏」，ハープをねかせた「臥箜篌」や打弦楽器の「筑」もコト類だった．

●**紀元後流行の楽器とその変遷**　①弦鳴楽器：25弦瑟は前後の9弦が同音調弦で，左右の指で高音部のメロディラインの音量を上げるため同音を同時に弾いていたようだ．箏の方は，戦国秦（前221-前206）に発祥したとして「秦箏」ともいう．5弦から紀元後12，13，16，21などと弦数を増やし，かつ瑟柱より高い柱なので音量も増幅し，柱の外側を左指で押せるから一弦複音となった．これで先秦コトの瑟は衰退し，華やかな箏と左手技巧の琴が流行する．シルクロードの往来が盛んになると，胡楽器が入ってきた．ハープ「箜篌」や琵琶が代表的である．箜篌は可動式柱の箏に比べて効率も悪く音量も小さいので，宋以後伝わらなくなった．コト類と違い固定柱で一弦多音，棹を抱え，しかも撥弾する弦鳴楽器

の総称「琵琶」が登場する．やがてバンジョー形の4弦13柱「阮咸」（秦漢子ともいい，後の阮），4弦4柱梨型で棹の先が曲がっている「曲頸琵琶」，5弦5柱の「直頸五絃琵琶」（唐代で失伝）の3種に分けられる（すべて正倉院所蔵）．主流の曲頸琵琶の4柱は次第に「相」として6相に増やした．かつその下にフレット「品」を24も並べていき，3オクターブ余に音域を広げた．同時に唐代から右手の指弾も始まり，棹を徐々に直立させ左手が自由に移動できるようにした．

「三弦」は元代頃に現れ，蛇皮の胴に，長い無柱の棹で自由に音が取れる．音域も広いので徐々に琵琶に代わり，語り物の伴奏にもよく使われる．唐代の8世紀には箏を竹桴で擦る「軋箏」が生まれるが失伝し，朝鮮半島に「牙箏」として伝わっている．胡弓の伝来は，11世紀の2弦の「奚琴」に始まる．竹片から，やがて弓を馬尾にして「胡琴」とよばれた．13世紀以後おおいに流行し，胴は蛇皮や木などを張り，特に劇唱の伴奏として横笛に代わるようになった．中国語の抑揚がそのまま出せ，しかも吹奏よりも楽で，移調も弦の留め金をずらすだけだからだ．打弦楽器のもとは紀元前の筑だが，明代に揚琴が伝わり器楽のほかに，語り物「琴書」類の主伴奏となる．中国の弦は古来絹糸だが，近代，より強いナイロンやスチール弦も使われる．

②気鳴楽器：早期の胡楽器には角笛「胡角」があり，軍楽でも用いられたが，重要なのは篳篥であろう．豊かな音量と大きなダブルリードで中国語の声調をそのまま模倣できることから，隋唐宋の3代，合奏や歌の主旋律を奏でた（日本雅楽も踏襲した）．宋代に本体が竹から木製に変わって「管子」となり，歌の伴奏も主として音域の広い横笛に代わった．そしてリード楽器の中心は金元代に伝来した音域の広いチャルメラ「嗩呐」になる．ちなみに「笛」は，宋代から明確に縦吹を「（洞）簫」と称し横吹だけを「笛」と分ける．

③革鳴・体鳴楽器：中国の太鼓類は桴で打つのが主だが，西域から手で打つのも入ってきた．ゴング，シンバル類の金属体鳴楽器も伝来し，舞楽や劇楽などで重要な役割を果たす．紀元前の太鼓は鋲打ちが主だったが，胡楽器の「羯鼓」などは締太鼓で音高を変えられるので，調律した羯鼓の独奏曲だけで100もあった（『羯鼓録』850年頃）．玄宗は羯鼓で指揮をしたとあり，日本の唐楽も習っている．中国の劇楽には「鑼鼓」と総称される太鼓類と大小のゴングやシンバルがあり，その劇楽の指揮が「鼓師」である．また，雅楽の石製くの字「磬」は仏楽ではまったく異なる銅製鉢形の法器をさす．木製体鳴楽器には木魚があり，拍子木の梆子を使う劇種は北方で最も流行している．このように中国は今日まで，その種類の豊かさを誇っているのである．

［吉川良和］

参考文献
[1] 林謙三『東アジア楽器考』カワイ楽器，1973
[2] 楽声編『中国楽器大典』民族出版社，2002

琴——文人に愛された楽器

現在は「古琴(こきん)」という．わが国のコト「箏(そう)」とは，柱を立てないこと，総体に黒漆を施すこと，琴面前方に勘所を表す13の「徽(き)」をつけることなどが異なる（図1）．さらに柱を使わず開放弦でオクターブ以上の差をつけて調弦するので，同じ太さの弦だと高音はかなりの張力を必要とし切れかねないし，低音はゆるめすぎて音が出ない可能性がある．そこで第4の特徴が，各弦の太さが異なることだ．中国に早くから絹糸(きぬいと)を撚(よ)って太さに差をつける技術があったから，琴が生まれたのである．

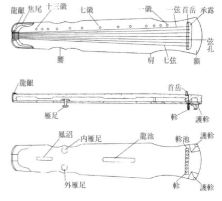

図1 中国の琴と各部位の名称

●琴と琴楽の形成　現存最古の琴は前433年銘文の曽侯乙墓(そうこういつぼ)10弦の琴だが，戦国末期までに7弦として定まった．当初，琴面に凹凸があったから，開放弦だけの弾法しかなかったろうが，前2世紀の馬王堆漢墓(まおうたいかんぼ)琴は平板な漆塗りした琴面を，左指でこすった跡がある．出土した戦国琴からも，左手で弦を押さえ音程を取ることが進み，弦数は減っても音域は広がったと推断できる．漢代に飛躍的な進歩を遂げた．合奏を主とする雅楽とは異なる独奏のジャンル「雅琴」を生み出し，琴に関する書物も多く著された（『漢書・芸文志』78年頃）．また，宮廷琴家は1,000曲を弾けなければ名人でないと豪語し，1世紀の桓譚『琴道』にいう「琴は禁なり．邪欲を禁ずる」など，少し前の劉向(りゅうきょう)，揚雄(ようゆう)などの琴楽美学とともに，聖人君子の楽器として修養の精神性が強調されて，『風俗通義』（220年以前）では「楽の統」とみなされた．孔子が琴を弾いたという『史記』（前104-前91）の伝説も，漢代の琴崇拝をよく表している．3世紀前半までに，「徽」がつけられ（朱然墓の絵），調弦された琴は，弦名と徽の位置が交わるところで音高が決定するので，琴譜がつくられる基礎ができた．これ以後，形態的にはほとんど変化なく，唐代にはすでに古楽器とされ，君子のたしなみとして教養人に広まった．漢代以後，六朝時代に琴楽が盛んになり，8世紀中葉の唐の玄宗時代までには「琴碁書画」という熟語ができたように，四芸の一つと考えられるようになった．バイオリンに提琴(ていきん)，アコーディオンに手風琴(てふうきん)などと「琴」の字をつけ，往時は楽器屋を「琴行」とよんでいたように，中国音楽文化を代表す

る琴楽は近年欧米でも人気があり，世界遺産に認定された．ただし日本や朝鮮半島の人々には歓迎されなかったようだが，声調のない両国の言葉に合う，柱を立てる「箏」類コトに「和琴」や「伽倻琴」と誤って「琴」としているのも，中国琴楽理念への尊崇の表れであろう．

●**琴楽の技巧と特徴** 琴は左手で弦を押さえ左右することで，抑揚ある中国語を模倣できることは中国人の音感にマッチしている．雅楽は禁じているが，俗琴は左手技巧をたえず発展させてきた．大小のビブラート，上下のポルタメント，ハーモニックス，弦を打つ，押さえたままでの左右こすり，衣擦れの弦音でリズムを取る等々，実に多彩である．開放弦の音に別の弦で弾いたり，弾いた後，押さえた弦を放して開放弦の音を発したりして，オクターブ上下の音で呼応させるなど，音高の跳躍奏法も多用する．右手も，内外双方に弾く．さらに箏や琵琶と影響し合って複雑化し，時には琵琶のようだというような批判も受け，琴楽の発展は，技巧化と雅味美学保持との調整の歴史であった．

●**琴曲に関して** 古くは戦国期の琴家兪伯牙の《高山流水》などが有名で，深く理解した鍾子期が死んだ時に兪が琴を打ち壊した佳話は，後世よき友を「知音」とよぶ語源にもなっている．2世紀蔡邕の撰とされる『琴操』(2世紀)には，50曲近くに解説があるが，具体的な曲調は未詳である．3世紀の嵆康は，当時《広陵散》の伝承者として有名だったが刑死したため名曲の失伝として「広陵散絶ゆ」という諺を残したが，同名の古譜が明代から伝わる．現存最古の琴譜『碣石調幽蘭譜』には，前文に6世紀丘明よりの伝譜とある．全譜がわが国に伝わり，20世紀に復元された．ちなみに，『琴操』の「猗蘭操」についての解説に，孔子が不遇であった時にひっそりと咲く蘭をめでたという同じ心情を，5世紀鮑照が「幽蘭」詩に詠ったので，「猗蘭操」は「幽蘭」と合わさり，後世混同を招くことになる．隋唐代は『胡笳』など胡楽の影響を受けた曲が流行したが，宋代には今日の記譜法と，郭楚望，毛敏仲ら浙派によって美学を具現化した琴曲がつくられ，明初の著名な朱権撰『神奇秘譜』(1425)に収められている．多数の琴譜が出版された明代には，古典を歌う琴歌派と器楽の浙派琴曲派に分かれたが，曲調の中に聖人の雅意があるとした琴曲派が優勢であった．

●**日本の琴楽** 7世紀前半の唐琴が伝わり，『源氏物語』などに琴の記事はあるが700年ほどのブランクがあって，江戸の儒者によって一時再興された．それは，聖人の楽に憧れた儒者や中国趣味の文人の好奇心から，偶然来朝した心越禅師らに習い，荻生徂徠がわが国に残っていた『碣石調幽蘭譜』を解読したり，『琴学大意抄』(1722)を著すなどしてさらに広まったが，明治以降，振るわなくなった．

[吉川良和]

📖 **参考文献**

[1] 吉川良和『中国音楽と芸能』創文社，2003

楽譜——音を可視化した記号

見えない音を可視化する楽譜は，楽器にあてた指の位置で音高を定め，指の移動などの弾法を記すのが自然だろう．中国の楽譜も手法譜が主流である．『韓非子』に載せるのもそうで，楽師が妙音を自分のコトで音を探りながら記譜している．

●**弦鳴楽器の記譜** まず調弦法を冒頭に示す．柱を立てる瑟や箏は多く第1弦からの弦名と臨時記号で弾法を表す．柱のない琴はまず7弦の弦名と左指で押さえる位置を13の徽（勘所）の番号で記す．この徽は三国期にはすでに琴面につけられており，これによって音高を示す基礎ができた．次に左右の具体的な弾法名がつけられる．3世紀の嵆康の『琴賦』に数語みえるが，500年以降の『用手法』など（我が国に伝承していた）約100譜字がまとまって説かれている．右手の弾法では人差し指を外に弾くのを「挑」，中指などを手前に弾くのを「打」（後世の「拘」），数弦続けて弾くのを「歴」，二弦同時に弾くのを「撮」など

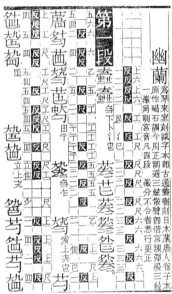

図1 『碣石調幽蘭譜』（楊宗稷撰『琴学叢書』(1910)巻二十四所収）右行から工尺譜，第一拍「板(反)」，発音弦と左指弾法，減字譜

と命名し，左指のポルタメントでは，音を上げるのを「抑上（後の綽）」，下げるのを「退下（後の注）」，ビブラートの大小を「猱」「吟」などとした．現存最古の700年頃の写本『碣石調幽蘭譜』は弾法を言葉で説明する文章譜になっているが，宋代以降は，左右の指の位置と弾法譜字の一部を組み合わせて1文字にし，それに臨時記号をつけた「減字譜」が広まり，はるかに簡略となって現在に至っている．現存琴譜は700部近くもあり，曲は3,000を超えるという（査阜西説）．琴は聖人の楽器という考えから，正史にも琴譜が記され，その出版は他楽器と異なり，各流派が他との差別化を図る意識があった．琵琶類は，まず弦と柱が交わる所に名をつける．4弦4柱なら16と開放弦の4つの名を合わせた20の「指位譜」の文字がつけられ，それに弾法の臨時記号を加えて示した．

●**気鳴楽器譜の記譜** やはり指位譜で，指孔に名前をつけて譜字とした．篳篥では，すべて閉じた筒音の「合」から全開の「五」まで，前7孔と裏2孔を加えた

9孔名に筒音を入れて10文字で示した．ただ篳篥のリードは大きく同じ孔から複数音高出るので，『中原音韻』(1321)に「まずフシを明らかにしてのち，譜を識るべし」とあるように，わが雅楽と同じく，先にメロディを習得してから楽器を手にする．篳篥は中国語のアクセントを摸倣でき，そのために，篳篥譜はそのまま歌唱譜ともなった．宋代より，歌の伴奏は主に音域の広い横笛がするようになっても篳篥譜字のままで，それが後に音階譜の「工尺譜」として受け継がれてゆく．その譜字は合ソ，四ラ，一シ，上ド，尺レ，工ミ，凡ファか♯ファ，六ソ，五ラ，乙シのごとく，音階を漢字一文字で表し，その尺と工をとって工尺譜とした．ただし，ドの上が移動し標準音高のどれにあたるか，調名を明記するようになった段階で，指位譜は音階譜に移行していった．

リズムは4分の4なら「×●○●」とリズムを表す．「×」または「`」は強拍の「板」で，後の「●」や「○」は弱拍の「眼」とし，リズムを「板眼」とよぶ．20世紀になって，日本から長音階の7音を１２３……／と数字にして，♯と♭をつける「簡譜」が入って横書きとした．また各数字の上下の点でオクターブの上下を表す．小節を区切り，リズムはソミが各1拍ならば「５３」，2音で1拍は「５３」，半拍は「５３」，付点音符なら「５・３」，各音二拍は「５—３—」，休符は「０」というように表記する．そしてハ調なら，楽譜の冒頭に１＝Ｃと明記する．メロディがわかりやすいので，現在でも，民族楽器の演奏に簡譜が最も広く使われている．雅楽譜は多種の楽器の合奏なので，琴譜以外のメロディを，洋楽のハとかホのように標準音高を示す黄鐘，姑洗の1字「黄」「姑」で表した．その初めは標準音高に調律された鐘を打つことで音高名，すなわち鐘律名を譜字としたと考えられるから，やはり奏法譜に属するだろう．

●打楽器の記譜　初めは，儒教の教典『礼記』に太鼓に「□」，柄付きの太鼓には「○」と，記号を使ったものとされる．後に，仏楽でも記号を譜字として，二つを同時に打つときは記号を組み合わせた．だが，数種のドラや太鼓が一度に鳴らされるような楽曲が増えると記号の組合せが複雑となる．そこで，各打楽器や複数組み合わせた音色の擬音を1字で表して，例えば京劇の鑼鼓譜のように「八大倉」と漢字をあてて記す．リズム表記は簡譜と同じである．

中国では音の高低を清濁という観念でとらえていたので，五線譜のような高低表記はグラフ状にした元代の雅楽律名譜『韶舞九成楽補』など，ごく少数である．唐代までには各ジャンルの楽譜が通行していた．西洋の総譜ではない各パートごとの日本の雅楽譜や複雑な奏法譜である琴譜に中国の楽譜の特徴がよく出ている．複雑なリズム譜以外は，歌譜も楽器の指位譜を借りて表していた．不完全ではあったが，決して単なる個人的メモではなく，敦煌と東大寺に残っていた琵琶譜が共通することでもわかるとおり，普遍性があり他の場所でも当時の楽家なら，ある程度曲の再現が図れるものだった．

[吉川良和]

歌曲——詩と音楽の関わり

　中国古典文学の重要な要素である楽府・唐詩・宋詞・散曲などは，みな当時の音楽との関わりの中で，形成されていったものである．音楽に合わせてつくられたか，音楽が後からつけられたかの違いはあっても，それらは「歌われたもの」という意味において「歌曲」といっても差支えない．それゆえに，それぞれがどのように音楽と結びついていたのかを考えてみたい．

●詩と音楽の根源的な関わりを示す『詩経』　最古の中国古典歌曲集とも位置づけられる『詩経』は，国風160篇，小雅80篇，大雅31篇，頌40篇の合わせて311篇からなり，形式はほとんど四言の4行詩であり，歌唱に適した反復形式が多くみられる．その内容は集団で歌唱された民謡，宴席で奏された歌，祝いの歌，諷諫の歌，祭祀の歌などがある．その形式からも内容からも『詩経』に収められたものが，実際に音楽に合わせて「歌われた」ものであったこと，また「歌わせる」ことを意図して作成されたものであったことが看取される．

●音楽とは切り離せない楽府　楽府とは音楽にのせて歌われるものの汎称として使われるが，その名は前漢武帝期（在位前141-前87）の宮廷音楽を司る官署上林楽府にちなんだものである．楽府は漢代から六朝に盛んにつくられた．唐代にもなお当時の音楽に合わせて歌われることを企図してつくられた李白や王維などの楽府作品が残されている．

　唐代中期には，諷諭のための「新楽府」が元稹・白居易らによってつくられ，従来の題材のものを「古楽府」として区別した．文学研究においては，「楽府」は「詞」とは異なるものとして論じられてきた．しかし宋代の詞の別集が『東坡楽府』『順庵楽府』などと命名され，元代の散曲の総集も『楽府新編陽春白雪』などと題されていて，楽府という語が歌曲の総称のように解釈されてきたのもまた事実である．

●歌われる詩　詩が厳格に韻を踏み，平仄にこだわるのも，もともと音楽に合わせてつくられたものだったからだろう．五言詩と音楽の結びつきについては，その成立過程において，前漢王朝の宴席で音楽に合わせるべく後宮の女性たちによってつくられた娯楽的色彩の強い文芸であったことが指摘されている（柳川順子『漢代五言詩歌史の研究』創文社，2013）．そして，七言詩もまた六朝時代からすでに音楽と結びついていたともいわれている（銭志熙「論漢魏六朝七言詩歌的源流及其与音楽的関係」『中華文史論叢』2013-1）．それゆえに，近体詩が成熟した唐代においても，詩は潜在的に歌われる可能性を秘めていた．自作の詩が梨園の楽人に歌われるか否かでその知名度を競った王昌齢・高適・王渙之の逸

話（『集異記』巻二）は有名である．

安史の乱（755-763）の後，宮廷楽人が零落して地方へと拡散し，地方でも音楽文化の水準が高くなると，地方官僚として赴任している者も，その地でつくった詩を楽人の奏楽に合わせて妓女に歌わせた．夔州（四川省）でつくられた劉禹錫の「竹枝詞」は，形式的には七言絶句の連作であるが，明らかに歌わせることを企図していた．それゆえ詞の萌芽ともとらえられる．

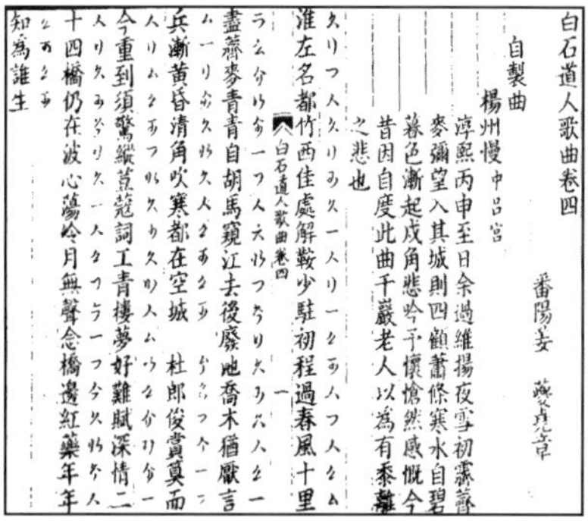
白石道人歌曲巻四
自製曲　番陽姜　夔堯章
揚州慢 中呂宮
淳熙丙申至日余過維揚夜雪初霽薺麥彌望入其城則四顧蕭條寒水自碧暮色漸起戍角悲吟予懐愴然感慨今昔因自度此曲千巖老人以為有黍離之悲也
淮左名都竹西佳處解鞍少駐初程過春風十里盡薺麥青青自胡馬窺江去後廢池喬木猶厭言兵漸黄昏清角吹寒都在空城　杜郎俊賞算而今重到須驚縦荳蔻詞工青樓夢好難賦深情二十四橋仍在波心蕩冷月無聲念橋邊紅藥年年知為誰生

図1 『白石道人歌曲』にみえる楽譜つき詞
［『中国音楽史図鑑』人民音楽出版社，1988］

●詞と散曲　五代から北宋にかけて開花する詞は，唐代中期以降の音楽と結びついて醸成されていったものである．楽譜付きの詞である南宋の姜夔の『白石道人歌曲』（図1）が音楽と詞の関わりを明示している．詞は「歌わせる」ことを意図して曲につけることから「填詞」とよばれたり，音楽に合わせるので「曲子詞」とよばれたり，音楽に合わせて長短不揃いになることから「長短句」とよばれたりした．「詩」にも歌わせることを企図したものがあったが，「詞」において表現されたのは，「詩」では表現しにくい，繊弱な感傷を極めた境地であった．その「詞」も，南宋末には衰退したが，金末元初に北中国において歌辞文芸の「散曲」が新たに現れた．散曲は，金元時代に流行した演劇である雑劇にも歌曲として用いられた．言葉の面では詞よりも口語的かつ通俗的であり，音楽の面では伝統的な曲以外に金人や元人によってもたらされた北方民族の音楽や当時の俗謡を使っている．形式的には，宋詞の1曲が前後二つの部分に分かれているのに対し，単一曲であり，ほとんど毎句押韻し，メロディに乗らない襯字を自由に加えられた．

しかし「詞」と「散曲」は実際には，截然と交代を遂げたわけではなく，元代の江南においても詞がなお伝承され歌われてもいたのである（中原健二『宋詞と言葉』汲古書院，2009）．散曲も，元代中期以降徐々に高尚になり，明・清代には古典化してしまいさらなる発展を遂げることはなかった．

「歌曲」という視点で中国文学史を概観すれば，『詩経』にみえるように，詩は本来音楽に合わせて歌われる「歌曲」だった．音楽と離れることは生命力を失い形骸化に繋がるのである．それゆえ「楽府」から「詞」，「詞」から「散曲」という，文学史上の主要な転換は，ともに当世の音楽に合わせるものが登場すると，それ以前のものは古典化し衰退するという道をたどったのである．　［中 純子］

📖参考文献

［1］ 小南一郎『詩経—歌の原始』岩波書店，2012
［2］ 村上哲見『宋詞』筑摩書房，1973

民間歌謡──為政者を怖れさせる民の歌

　中国では「歌謡」という言葉は，「民歌・民謡・児歌・童謡の総称」（『漢語大詞典』）と解説されている．古来，歌謡はどのようなものとしてとらえられてきたのか．

●『詩経』の中の民間歌謡　そもそも歌謡は，中国最古の詩集『詩経』国風に「心の憂い，我は歌い且つ謡わん」（魏風・園有桃）とあり，その毛伝（注釈）に，「曲の楽と合わせるを歌と曰い，徒だ歌うを謡と曰う」と説明されている．『詩経』の国風とは15の地方の特色をそなえた歌謡を収めたものである．国風の歌謡は内容としては恋愛の情を歌うものが多いが，故郷を思う行役の歌や，一族の繁栄を願う祝頌の歌，生活の艱難を訴える歌などもある．そこには赤裸々な民情が表われており，形式的には四言の4行詩が，少しずつ言葉を換えて韻を転じて歌い重ねられていく．

　地方民謡が重視された理由として，前漢（前206-後8）の歴史書『漢書』「藝文志」に，「故に古に采詩の官有り，王たる者の風俗を観，得失を知り，自ら正しきを考うる所以なり」とあるように，民間歌謡の内容から世の中が治まっているか否かを見極めることができるという認識があった．これは後々為政者にとって民間歌謡が軽視できないものとなる端緒である．

●童謡と詩妖──民衆の体制批判と予言　歌謡は，民間で誰ともなく歌い始められ，比喩や象徴的な表現によって，暴君の悪政を告発するものとされ，『漢書』「五行志」には，「君　炕陽（民に恩澤を与えず，困窮させる）にして暴虐，臣　刑を畏れて口を柑せば，則ち怨謗の気　謳謠に発す，故に詩妖有り」（謳謠は歌謡と同じ）といい，また，無心な者が口ずさむからこそ，そこに真実が現れるとの考えを背景にして「童」を冠して「童謡」という言葉も歌謡と同じように用いられている．これらは告発だけではなく，予言的な要素も含みもつ．例えば「桂樹　華あるも実らず，黄爵　その顛に巣くう」（「五行志」）の前句は漢の成帝には後継者がいないことを示し，後句は王莽が漢王朝を簒奪することを予言するものとなった．このような作者不明の不可思議な言葉には妖なる魔力があると思われ，「詩妖」ともいわれた．なお上古から明代までの歌謡を輯録した専書として，清の杜文瀾が編纂した『古謠諺』全100巻がある．そこにはその制作背景や流伝の経緯も記されている．

　また実のところ歌謡は，権力の横暴に対抗する知識人が匿名で体制と対峙するためにつくって流行らせたともいえる．これは古代だけのことではなく，現代にもなお引き継がれていることは岡益巳『現代中国と流行り謡』（御茶の水書房，

1995）に詳しい．

●**民間歌謡の収集**　民間歌謡は「謡」としての力のほかに，もちろん純粋に民の「歌」としての魅力をもつ．各地方にはそれぞれに号子・山歌・小調などの民歌が存在する．号子とは，労働の際に歌われるリズム感のあるもの．山歌とは，その地に伝わる即興性に富む地方歌．小調とは，郷村に伝わる抒情的で素朴な小曲である．各地方の民歌の存在は，中国音楽の芸術的な魅力を高めるためにも必要なものであった．

　それが後世に収集の対象ともなっていく．地方民歌収集の初期のものとして，明代17世紀初頭に編纂刊行された馮夢龍の『山歌』10巻があげられる．これは蘇州地方の民間歌謡を集めたものであり，民間歌謡研究に不可欠な資料である．しかしこのテキストは長らく失われていた．それが注目を集めるようになるのは，20世紀の歌謡に対する関心の高まりの中でであった．20世紀初頭，各地方の民歌の存在は，口語文学の構成要素の一つとして，礼教の束縛に対する抵抗の表われとして，また中国音楽の芸術的な魅力を高めるためにも重視された．

　歌謡収集の動きが始まったのは，1918年北京大学の蔡元培のよびかけでつくられた北京大学歌謡徴収所から発展して，1920年に結成された歌謡研究会によってである．その機関誌である『歌謡週刊』は，歌謡の収集と研究をその目的とした専門誌である．その中で周作人は，西洋的な民俗学的見地からの歌謡研究を提唱した．歌謡叢書としては，顧頡剛の『呉歌甲集』や『孟姜女故事的歌曲甲集』があり，先述の馮夢龍『山歌』10巻に最初に校点をつけて校訂本（1935）を出したのも顧頡剛である．歌謡を体系的に論じたものとしては，1929年からの清華大学での歌謡の講義をまとめた朱自清の『中国歌謡』などがある．その歌謡の編纂は，舒蘭編『中国地方歌謡集成』（1989，勃海堂）全65巻などに結実した．

●**民間歌謡を活用した為政者**　上記の歌謡の収集とは別に，労働者の歌謡が，無産階級の徹底した革命精神を謳歌するものとして注目されるようになっていく．これらは「新民歌」と称されて，旧来の民間歌曲に，いわば替え歌のようにして，新たな歌詞を付したものが多数を占めた．それは抗日戦争の時に民衆の士気を高めるものともなった．1939年には延安の魯迅芸術学院に民歌研究会が発足し，1941年には中国民間音楽研究会に拡大され，解放区で音楽関係者が民歌や民間曲調を収集，研究し，それらを加工して，革命歌曲を創作していったのであった．例えば陝北の秧歌調「騎白馬」をもとにしてつくられた新民歌「東方紅」は，共産党の領袖毛沢東を讃える歌として再生したのである．　　　　　　［中　純子］

📖 **参考文献**
[1]　大木 康『馮夢龍「山歌」の研究―中国明代の通俗歌謡』勁草書房，2003
[2]　串田久治『王朝滅亡の予言歌―古代中国の童謡』あじあブックス，2009

近現代の西洋音楽——民族化の道のり

　豊富な音楽伝統を誇る中国も近代以降は西洋音楽の影響を強く受けるようになり，上海などの開港地では，欧米の軍楽隊や教会の讃美歌を通じてドレミの旋律が広まった．20世紀前半には，日本や欧米に留学した中国人によって西洋式の音楽教育が始まった．

●**唱歌由来の教材**　清末の留学ブームで来日し，日本の唱歌教育に啓発された人々が音楽教育の先駆となった．上海出身の沈心工（1870-1947）は1902年，東京で音楽講習会を組織して唱歌を学び，帰国後，唱歌の旋律に中国語の詞をつけて歌集を出版した．平易な旋律に，民主・愛国などの啓蒙思想を盛り込んだこれらの歌は，小学校の音楽教材として用いられ「学堂楽歌」とよばれた．また李叔同（1880-1942）は1906年，東京で『音楽小雑誌』を創刊し，歌のピアノ伴奏まで作曲する優れた才能をみせた．李叔同のつくった《送別》（原曲は日本の「旅愁」）は，今日でも中高年を中心によく知られている．

●**芸術教育の提唱**　辛亥革命後の学制改革により，音楽はすべての小・中学校で必修科目となり，教員養成の必要性が高まった．中国近代音楽の父とよばれる蕭友梅（1884-1940）も日本留学経験者で，後にライプツィヒ大学で音楽学の博士号を得た．1921年，蕭友梅は，北京大学校長として「美育」（芸術教育）を提唱していた蔡元培（1868-1940）に招かれ，北京大学附属音楽伝習所を設立した．それまで芸人の仕事とみなされてきた音楽は，高等教育における学問の一領域として位置づけられたのである．伝習所ではピアノやバイオリンの教授だけでなく，中国伝統音楽の保存・発展も謳われたが，その背景には，音楽を人格の陶冶や社会の安定に寄与するものとみる礼楽思想の影響がある．

●**音楽学校の設立**　1927年，蕭友梅は上海に国立音楽院を創立した（29年に国立音楽専科学校と改称．現・上海音楽学院）．租界（項目「上海」参照）に暮らす外国人音楽家を教師として招き，欧州の音楽学校のカリキュラムにならった専門性の高い教育を推進した．ロシア革命を逃れて上海にやって来た芸術家や，工部局交響楽団（共同租界の市営オーケストラ）の奏者らによる熱心な指導は，中国人演奏家の育成に大きく貢献した．

　作曲理論の指導も重視され，米国イェール大学で学んだ黄自（1904-38）が多くの人材を育てた．黄自の弟子には後に上海音楽学院の院長を務めた賀緑汀（1903-2006）などがいる．賀緑汀は，日本と中国を往来し若手作曲家の発掘に努めたアレクサンダー・チェレプニンに認められ，1934年に上海で開催された「中国風ピアノ作品コンクール」で一等賞を得た．受賞作《牧童短笛》は「チェレプ

ニン・コレクション」(楽譜集)の一つとして欧米でも紹介されている.

　賀緑汀ら専門教育を受けた人々は,モダン文化の繁栄した1930年代の上海で映画音楽の作曲・演奏にも携わり,新しい娯楽の隆盛を支えた.しかし日中戦争期(1937-45)に至って「抗日」「愛国」が文化界の最大テーマとなり,大衆動員の手段としての芸術が強調されるようになると,西洋音楽を忠実に学ぶ人々は時に「学院派」「洋化主義者」との批判にさらされた.

●**民族化の嵐**　1940年代,上海などの都市部ではレコード・ラジオなどのメディアや,ダンスホールなどの娯楽場を通じて西洋音楽が普及していたが,農村では民謡や戯曲音楽が主流だった.左翼活動家は文芸の大衆化を掲げ,農民や労働者にとって理解しやすい音楽をめざした結果,西洋音楽をそのまま取り入れるのではなく,民謡の旋律などを活かして創作する「民族化」の道を歩み始める.

　日中戦争期に農村を根拠地とした中国共産党は,農民の好む音楽を題材にした創作を奨励し,1949年,中華人民共和国が建国されると,すべての音楽家に同様の作風を求めるようになった.西洋音楽の作曲法や演奏法は「技術」にすぎないとされ,革命的・民族的な「思想」を表現することに重点が置かれた.建国前後にはソ連式の革命群衆歌曲も盛んにつくられたが,中国が国際的に孤立していく中で,外国人音楽家に学ぶ機会も失われた.さらに文化大革命期(1966-76)には,西洋芸術全般がブルジョア個人主義の産物とされ,ピアノやバイオリンを弾くこと自体が禁じられた.実績ある演奏家や教育者が批判を受け自殺したり,楽譜が没収され作品が失われた例などが多数みられる.文革前に国際的な評価を得ていた演奏家,例えばピアニストのフゥ・ツォン(傅聡,1934-)は,反右派闘争を機に国外亡命の道を選び,文革終了後まで20年間も帰国できなかった.

　文革中は江青の指導で革命現代京劇・革命バレエの創作が進められ,ピアノ協奏曲《黄河》のような,民族性を強調した独特の作品が生まれた.これらは毛沢東や共産党の指導を礼賛するプロパガンダ作品であるが,ほかに表現の場を失った音楽家たちが命がけでつくったものであり,独自の芸術的価値をもっている.

●**現代の状況**　改革・開放が始まって音楽界にも自由が戻り,外国留学や国際コンクールへの参加も可能になった.作曲家のタン・ドゥン(譚盾),ピアニストのユィンディー・リィ(李雲迪)やラン・ラン(郎朗)などは,優れた感性と表現力で世界的に高い評価を得ている.都市部ではピアノを習う子どもも増え,今後活躍する人材の増加が期待される.もともと自己主張が強く表現力豊かな民族であることに加え,民族的な作風や表現法に対するこだわりも依然として強い.中国における西洋音楽は,日本のそれとは異なる独自の道を歩んでいるといえよう.　[榎本泰子]

📖 **参考文献**
[1] 榎本泰子『楽人の都・上海—近代中国における西洋音楽の受容』研文出版,1998
[2] 石田一志『モダニズム変奏曲—東アジアの近現代音楽史』朔北社,2005

近現代ポピュラー音楽史
── メディアとの関わり

　古来の流行り歌と異なり，近現代の流行歌とはレコード，ラジオなどのメディアによって，特定の歌手の特定の歌声，歌い回しがそのまま流通する新しい事態であった．そして，中国流行歌の父とされるのが，黎錦暉である．黎錦暉は，言語学者で国語制定に関わった黎錦熙を兄にもち，彼自身も児童向け雑誌『小朋友』の編集者として国語普及のための楽曲を同誌上に発表する．さらに歌舞団を組織して，国語の児童歌曲や歌舞劇を創作していく．そのような活動の中で生まれレコード化されたのが，《毛毛雨》（1927）などのラブソングである．黎錦暉の歌舞団からは，娘の黎明暉をはじめ，王人美，黎莉莉，周璇らのスター歌手兼女優や，聶耳のような作曲家を輩出した．

　中国の流行歌は映画とも密接な関係をもった．特に映画がトーキーの時代に入る 1930 年代半ば以降は，ほとんどの映画で主題歌や挿入歌が使われた．特に左翼の文化人たちは積極的に映画の中に歌を取り入れようとし，王人美が同名映画の中で歌った《漁光曲》（任光作曲）や周璇が映画《馬路天使》（街角の天使）の中で歌った《四季歌》《天涯歌女》（ともに賀緑汀作曲）は人口に膾炙している．現在の中国国歌である《義勇軍進行曲》（聶耳作曲）も，映画《風雲児女》（嵐の中の若者たち）で使われた楽曲である．

　日中戦争期の上海でも流行歌は発展し，黎錦光，陳歌辛，姚敏，梁楽音らの作曲家も活躍する．彼らは上海に来た日本人作曲家・服部良一とも交流した．中国人女優として満洲映画協会からデビューした李香蘭（本名・山口淑子）も上海で《夜来香》などの楽曲を録音している．だが，上海で活躍した中国人音楽家や歌手たちの多くは日本の敗戦，そして 1949 年の中華人民共和国成立とともに香港へ移住することとなった．

●**香港の状況**　香港の国語（標準語）流行歌の屋台骨を支えたのが，上海から移住した姚敏とその妹の歌手，姚莉だった．作詞家の陳蝶衣も多くの楽曲で彼らを支えた．一方，広東語の流行歌も，広東の伝統音楽をもとにしたものや，国語流行歌に広東語の歌詞をあてたものなどが生まれてはいたが，それが大きく発展するのは 1970 年代のサミュエル・ホイ（許冠傑）の登場を待たなければならない．1960 年代香港では，英語で歌うロックグループが登場していた．そのうちの一つ，蓮花楽隊出身の許冠傑は，兄・マイケル・ホイ（許冠文）が初監督・主演した映画《鬼馬双星》（Mr.Boo！ギャンブル大将）に出演すると同時に主題歌を提供し，その親しみやすいメロディと，香港の多くの住民にとってわかりやすい広東語の口語体の歌詞によって大ヒットとなり，以後許兄弟の映画には許冠傑の主題歌・

挿入歌は欠かせないものとなった．広東語流行歌はさらに発展し，1990 年代はじめには香港四大天王とよばれる男性歌手が登場し，女性歌手ではアニタ・ムイ（梅艷芳）なども登場する．アイドル歌謡シーン以外でも，近年ではオルタナティブロック・シーンなどでさまざまなバンドが出現している．

●**台湾の状況**　日本の植民地下の台湾でも，1930 年代に台湾語流行歌が興隆し，純純，愛愛らのスター歌手も誕生した．日本の敗戦後，国民党に接収された台湾では，台湾語と国語流行歌が併存したが，特に台湾語流行歌においては，かつての台湾語流行歌にはなかった日本風味のメロディが多くみられるようになった．なかでも特徴的なのは「日歌台唱」ともよばれる，日本の流行歌の台湾語カバーが頻繁につくられたことで，それは国民党政権の戒厳令下にあって，中国大陸的伝統とは別の選択肢を求める台湾人の志向と捉えることができる．台湾語流行歌の作曲家としては洪一峰，文夏らの名があげられる．一方国語流行歌の世界では，周藍萍が活躍し，《緑島小夜曲》などの楽曲を残したあと香港へ移り，香港の映画音楽界で活躍した．歌手ではテレサ・テン（鄧麗君）の登場は重要である．鄧麗君は，その後香港や日本でも活躍し，中国大陸でもその歌声は親しまれた．作曲家では鄧麗君の多くの楽曲を手がけた左宏元，韓国華僑の劉家昌らが登場した．1970 年代には校園民歌（キャンパスフォーク）ブームが起きる．民主化運動のうねりの中，1980 年代末にデビューした黒名単工作室は政治性の強い台湾語によるロックを生み出した．

　原住民の権利も次第に見つめられ，音楽の世界で活躍する人も少なくない．近年では張恵妹が原住民のアイデンティティを前面に打ち出した活動を行っている．今日の台湾ではロックやＲ＆Ｂ色を全面に打ち出した音楽家も多いが，その中の一人ジェイ・チョウ（周杰倫）らに顕著なのが，「中国風」と称される中国風味の音楽を取り入れた創作活動である．

●**中国ロック**　さて，中国大陸では社会主義体制のもと，ポピュラー音楽の自由な発展が阻害されてきた．改革開放政策後，西洋や台湾・香港のポピュラー音楽も次第に影響を及ぼしていくが，中国ロックの発展も顕著だった．アンダーグラウンドな音楽として若者に流通していったロックは，崔健がその道を切り開き，唐朝，黒豹らがその後に続き，1990 年代半ばには台湾のレーベルと契約する音楽家も続出し，市民権を得た．今日ではアーティストの艾未未の片腕としても知られる左小祖咒をはじめ，さまざまな音楽家がアンダーグラウンド・シーンで活躍している．一方，近年のメインストリームの音楽シーンでは，テレビのオーディション番組が人気を博し，歌手を輩出するようになっている．インターネットを通じて人気を博す楽曲や歌手も近年では珍しくなくなった．　　　　　［西村正男］

📖 **参考文献**
[1] 貴志俊彦『東アジア流行歌アワー―越境する音 交錯する音楽人』岩波現代全書，2013

蘇州の弾詞——江南の伝統芸能

　弾詞とは，中国の明清時代に誕生し，現在も南方で広く流行する民間芸能の一つ．一人から二，三人で琵琶・三弦・洋琴などの楽器の伴奏とともに，男女の恋物語などを弾き語りする．中国各地に弾詞は存在するが，蘇州方言で演じる蘇州弾詞が最も有名であり，弾詞といえば蘇州弾詞をさすことも多い．また，歌唱パートのない語りのみの「評話」とよばれる芸能と合わせて「評弾」ともよばれる．

●**弾詞の歴史**　弾詞の起源については，①宋代（960-1279）の陶真という芸能に七言句の唱詞があり，語り方が弾詞と似ていることから，陶真から生まれたとする説，②元明時代に流行した詞話は散文と韻文を交えた芸能で，韻文は七言句の詩讃体であったことから，詞話から誕生したとする説，③明代（1368-1644）では，「詞話を弾唱する」（徐渭『徐文長佚稿』）などの記載がみられることから，これを縮めて弾詞となったとする説，などの諸説があり，いまだはっきりしない．また，明の田汝成が書いた『西湖遊覧志余』という書物には，嘉靖（1522-66）年間の杭州において8月の観潮の時期になると弾詞や魚鼓などの雑伎が上演され，たいへん賑やかであったと記されており，これが上演されている弾詞の最も古い記録となるが，具体的にどのようなものであったのかは不明である．清代（1636-1912）になると，弾詞は江蘇，浙江地方でますます発展したことから，北方では弾詞を「南詞」とよびならわすようになる．

　今日，弾詞は多く弦楽器を伴奏に用いており（図1），流行する地域や使用される方言音，歌のメロディの違いによって，蘇州弾詞，揚州弾詞，啓海弾詞（江蘇南通地区），長沙弾詞（湖南長沙地区）などよび名からすぐに弾詞とわかるものと，弾詞と形態が基本的に同じである蘇州文書，四明南詞（浙江寧波地区），平湖調（浙江紹興地区），木魚書（広東）などに分かれている．中でも蘇州方言を用いる蘇州弾詞は，三弦や琵琶を伴奏に，優雅な旋律と細やかな描写を特色とし，弾詞の代表格とされる．今から200年ほど前，王周士とよばれる伝説的な蘇州弾詞の名人が活躍し，それより少し後の，嘉慶（1796-1820），道光（1821-50）年間になると，「前四家」とよばれる

図1　弾詞《潘金蓮》を熱唱する袁小良師と王瑾師　[山本恭子撮影]

陳遇乾，毛菖佩，兪秀山，陸士珍，咸豊，同治（1862-75）年間になると，「後四家」とよばれる馬如飛，姚士璋，趙湘洲，王石泉が芸壇に名を轟かせる．中でも長篇弾詞《玉蜻蜓》《白蛇伝》を得意とした兪秀山，《珍珠塔》を大成した馬如飛はそれぞれ歌い回しを工夫して流派を形成し，現在の20を超える流派は，みなこれらを基礎として発展したものである．

●**弾詞の上演形態と語りの技術**　弾詞では，"説"[語り]，"噱"[笑わせどころ，落ち]，"弾"[楽器を演奏]，"唱"[歌唱]の基本的な上演技法があり，これら4つの技法が融合することで，より高度な芸術へと発展できたと考えられる．また，弾詞の物語は，「二人の才子佳人が花園でこっそりと結婚の約束を交わし，災難に遭った才子は科挙の試験にトップで合格し，勅命で婚礼を挙げて大団円」というワンパターンなものが多く，独特な歌と語り口，そして物語中の「情」と「理」を巡る葛藤の処理にこそ芸術的な特色があるともいえる．

　弾詞の唱詞は，普通，七字句から構成され，呉方言または中州韻（河南方言を基礎とする音韻）で脚韻を踏んでいる．通常，弾詞では，語りの方が主で，歌唱の方が従であるが，広東の木魚書のように，唱詞の比重が大きいものもある．弾詞の上演形式については，一人で上演する"単檔"，二人で上演する"双檔"，三人で演じる"三個檔"などいくつかの形式があるが，現代では双檔が多く，かつ男女のペアが主流である．

●**弾詞の演目と脚本**　清代において，風紀を乱すという理由で何度か弾詞の脚本を破棄する禁令が出されたにもかかわらず，400種類を下らない作品が流通していた．現存最古の弾詞の脚本としては，乾隆34（1769）年に脱稿した『新編東調大双蝴蝶』，乾隆35（1770）年に蘇州の雲龍閣から刊行された『新編東調雷峰塔白蛇伝』などがある．嘉慶年間に入ると，前四家の台頭と歩調を合わせるように，呉方言を多く含む代言体の弾詞脚本が蘇州を中心に大量に刊行されるが，道光後期以降は禁書や動乱の影響を受け，上海で石印本や活字本の弾詞が出版される時代へと移行していく．読書用の弾詞は，もっぱら共通語の「官話」で書かれている国音弾詞と，呉語を中心に書かれている土音弾詞とに大別される．伝統的な物語は長篇大作が多く，題材は男女の情愛，家庭内の紛争，冤罪の裁判物などが主で，《三笑》《玉蜻蜓》《描金鳳》《白蛇伝》《珍珠塔》《落金扇》《双珠鳳》などが伝わっている．また，中華人民共和国成立後には，《秦香蓮》《梁祝》《王魁負桂英》《林則徐》など小説や戯曲を改編した新しい歴史物がつくられている．同時に伝統的な作品を整理して中篇や短篇に改作したものに，《老地保》(《描金鳳》の一段)，《三約牡丹亭》(《三笑》の一段)，《庵堂認母》(《玉蜻蜓》の一段)などがある．

[上田 望]

📖 **参考文献**
[1] 木越 治編『講談と評弾―伝統話芸の比較研究』八木書店，2010

広東の木魚書——語り・メロディ・版本

　広東の別名を「粤」という．粤語すなわち広東語は，中国の七大方言の一つで，広東省から，西の広西チワン族自治区にかけて広く分布する．香港とマカオに挟まれた海に流れ込む大河，珠江をさかのぼると，網の目のように三角州地域が広がり，広州のあたりから東江，北江，西江と分かれ，かなり奥までさかのぼることができる．木魚書とは，この珠江三角州地域に広く分布する粤語による語り物のことである．

●**大量の木版本の流通とヨーロッパに残る早期の版本**　清朝半ばから中華民国時代にかけて，この地域では独特な表紙をもつ木版刷りの木魚書版本が大量に出版された．広州の書肆のほか，広州の東南50 kmの東莞では康熙年間の版本が出版され，道光以降には広州の西南40 kmの仏山市禅城地区の作品が増える．刷りに用いる版木は大変固く，書肆から書肆へ譲渡されて，ついには広州に集まっていく様子が，前の書肆名の削り残しが版木に散見されることからわかる．

　大量の物語のうち外来のものは，『再生縁』『十朋祭江（荊釵記）』『雷峯塔白蛇記』『金絲胡蝶』など呉語圏の弾詞由来のもの，『背解紅羅』『呼家後代』『雪梅記』など湖南省以北の鼓詞，『観音出世』『洛陽橋記』『夜送寒衣』といった仏教唱導本の宝巻，『琵琶記』『西廂記』『三娘汲水（白兎記）』『閨諫瑞蘭（拝月亭）』『陳世美三官堂』などの雑劇や伝奇，さらには白話小説由来の『三国志』『水滸伝』『二度梅』『紅楼夢』『西遊記』そして唐宋建国を描いた多くの民間の物語がみられる．また，『沈香太子』『十五貫』のように，題名と人物設定は他地域と同様ながらストーリーが異なるものもある．

　広東独自の物語としては，『第八才子花箋記』の影響が国内外で最も大きい．パリ国家図書館に康熙52（1713）年序のある版本があり，1824年にはトーマス（Thomas, P.P）が英訳してヨーロッパの文壇で注目され，後に仏・独・露など各国語で出版されて，ゲーテも英訳版を読んだことを1827年の日記に記している．また，珠江三角州から少しそれる台山地区では，この『第八才子花箋記』だけを農作業の合間に車座になって合唱することから，この物語の特別な位置づけが想像できる．内容は青年梁亦滄と深窓の令嬢劉玉卿・楊淑姫の二人がいくたの曲折を経て

図1　1972年まで続いた香港五桂堂の版本．機械版という特殊な機械で印刷されたため左端に従来の版心があり，下方に"□□堂机板"とみえる．"机板"とは"機板"の俗字．□□とした部分には五桂堂とは異なる書肆名があったものを，削って印刷発行したとわかる

結ばれるいわゆる才子佳人もので，自然な恋愛感情と封建礼教との葛藤が読者を引きつける．「第八才子」のよび名は，明朝万暦時代の批評家金聖嘆が『荘子』『離騒』『史記』，杜甫の詩，『水滸伝』『西廂記』を六才子書と評したことにならったもので，第八才子の後『第九才子二荷花史』『第十才子金鎖鴛鴦』『第十一才子雁翎媒』と木魚書オリジナルの才子ものが現れる．

広東独自の物語はほかにも『玉葵宝扇』『日辺紅杏』『金葉菊』『梅李争花』『女媧鏡』『陰陽宝扇』『拗砕霊芝』，また長編シリーズで『慈雲走国』『慈銀走国』『銀合走国』『蘇娘娘走国』などがあり，このうち『女媧鏡』と『慈雲走国』は後に木魚書から章回小説に改編された．

版本をみて，奇妙なことに気づく．人々はこれらを「木魚書」とよぶが，版本の随所に「南音」「龍舟」とあり，どこにも「木魚」とは記されていないのである．

●メロディを推測する──南音・龍舟の発生と粤曲・粤劇　20世紀の末まで，農村には素朴な木魚が歌える人がいた．さらに前には，都市部の労働者も余暇時間に口ずさんだという．メロディは素朴で自由度が高く，長い演目にも耐えられる．盲目の説書芸人もいた．母体となるこれらの木魚と並行して，南音が発達する．

乾隆の頃，珠江三角州流域の妓楼には外来の楊州幇・潮州幇と広州幇があり，ここで外来のメロディと融合して南音が生まれた．南音は木魚に比べてメロディの格式が厳格で，かつ，同じ頃順徳地区の土着の寿ぎ唄である龍舟歌の脚韻も影響したのか，4句1セットのうち第二句と第四句の双方で粤語による韻をきちんと踏むことが求められる．これは作品本文の文字使いにも影響して，従来の木魚を南音や龍舟に改編した短編作品が大量に現れるようになったほか，文人南音とよばれる『客途秋恨』，何恵群『嘆五更』，招子庸『粤謳』，著名な南音芸人鍾徳の芸をもとにした『今夢曲』など，より洗練されたメロディを売りにした作品が現れ，20世紀には白駒栄《客途秋恨》がラジオや映画などの媒体を通じて一世を風靡した．これらは粤曲として流通し，広東の地方戯である粤劇が20世紀になって北方語ではなく粤語で上演するよう変化するのに大きく影響した．

南音の発達によって，地水南音，楊州南音といったメロディが理論化され，梅花腔（乙反腔）という凄惨な印象の独特なメロディも顕在化した．活躍の場を広げた南音と粤曲は従来の木版本として出版されるほか，新聞・雑誌などのメディアにも掲載され，また時事的な内容の創作もなされた．日清戦争を報じる『国民嘆更』，米国移住者の苦労を歌った『金山客嘆五更』『華工訴恨』など．一方で一般の人々は当事者から視聴者に変わり，従来の木魚のメロディや来歴を知らぬ人が増えたうえ，南音・粤曲も全盛期を過ぎるとメロディの把握が困難になっていった．こうして珠江三角州に残された味わい深い素朴な版本は，かつて存在した農村のメロディの証として結晶のように残されたのである．

[稲葉明子]

雑技——宮廷の芸能から民間の娯楽へ

雑技とは，曲芸・奇術・話芸・舞踏など各種芸能の総称である．古くは角抵戯，百戯などと称された．現在雑技と歌舞，歌劇，話劇とは区別されるが，隋唐期までは分化しておらず，隋代には音楽的な芸能が諸芸能の代表とみなされ散楽と総称された．元代には雑把戯とよばれた．

●**宮廷芸人の時代** 芸能を鑑賞する風習は古く，その起源は定かではない．漢代以前は角抵とよばれる格闘技や夏育扛鼎（石臼や大甕などを軽々とあやつる力技）などが広く行われていたらしい．漢代には各地の芸能の融合や西域文化の流入もあって，百戯は大いに発展し，王朝もこれを奨励した．『漢書』「武帝本紀」には武帝が長安の平楽館にて角抵戯を行わせたとある．これは，唐代の顔師古の説明によればさまざまな芸能の総称，つまり雑技であった．この時期には魚龍曼延など，大がかりな舞台装置を要する幻術も発展した．

後漢末から六朝時代までの間，百戯は主に民間において発展した．北朝では騎馬民族由来の馬戯（馬に乗って行う曲芸）が行われ，南朝では大型幻術が流行した．隋が南北朝を統一した後，煬帝は芸人を集め六品以下の官職を与えて楽戸を編成し，太常寺という役所の管轄下に置いた．『隋書』「音楽志」には参内した異民族をもてなす場で百戯が行われたとある．夏育扛鼎，走縄（綱渡り）（図1），竿木（立てた竿の上に人が乗る）などの曲芸のほか，戯場内に水をめぐらせ，亀・魚などに扮した人々の中から鯨が登場し，一瞬にして黄龍に化ける黄龍変という大型幻術も行われ，異民族を大いに驚かせたという．

図1　明代の本『三才図会』に見える「高絙（綱渡り）図」

図2　「信西古楽図」に見える剣の曲芸

唐代も多くの芸人は朝廷の管理下にあり，教坊という朝廷の機関に所属した．玄宗皇帝は祭礼や皇族の記念日に長安や洛陽で行事を催す際，教坊の芸人に大規

模な歌舞の隊列を組ませたり，芸を披露させたりした．このような場で筋斗（とんぼ返り），竿木などで名を成した芸人がいたことが『教坊記』に記されている．このほか，傀儡戯（人形を使った劇）や動物の調教，西域由来の胡旋（大きな木の球の上で舞い踊る）なども流行したが，安史の乱を境に朝廷の舞楽の規模は縮小し，芸人は民間や辺境の軍隊などに流出した．

●**民間芸能の隆盛** 宋朝が南北を統一すると，商業の発達に伴う都市の発展により，民間の芸人の活躍の場が拡大した．大都市には瓦舎・瓦肆とよばれる遊楽施設が設けられ，芸能が演じられた．寺院や道観の祭日にも芸人が集まった．芸人は社とよばれる組合をつくり，相互に協力した．宮廷の祝祭日には朝廷の芸人集団である左右軍も百戯を演じた．

大都市の芸能については北宋の都・開封の記録『東京夢華録』や南宋の都・臨安の様子を記した『夢粱録』，『武林旧事』に詳しい．芸能の発展に伴い専門も細分化され，舞踏，雑劇などが百戯から分離していった．『東京夢華録』には，筋骨（力技），上索（綱渡り），踢弄（皿や壺などを使った曲芸），弄虫蟻（虫，鳥獣を調教して操る），商謎（なぞなぞ），合生（即興で歌をつくり，歌う），叫果子（物売りの口上）などさまざまな見せ物と，それぞれに専門の芸人がいたことが記されており，当時の活況がうかがえる．烟火（花火）をつかった芸が現れたのもこの時期である．この後，北方遊牧騎馬民族の建てた遼朝，金朝の進攻によって宋は衰退し，南へ逃れることになるが，この際，中原の芸人が多く北方へ連れ去られたという．

元王朝が全土を支配すると，教坊の規模は小さくなり，朝廷の抱える芸人の数は大幅に減った．芸人は民間で活動したり，隆盛期にあった雑劇の団体に加わったりした．明朝，清朝の時代も宮廷の百戯の規模は非常に小さかった．芸人は民間で祝日や寺院・道観の祭日などの機会に芸を売った．清代初期には民間での芸能活動に関する禁令が発せられたが，中期以降は徐々に取締りも弱まり，北京の天橋，天津の三不管，南京の夫子廟などが地域の芸能の中心となった．清末民国初には，一部の芸人団体が海外へ公演に出たり，海外の奇術・魔術が中国で演じられたりするなど，海外の芸能との交流・融合が進んだ．この時期，民間の企業が上海の楼外楼，天津の歓楽場，武漢の新世界，蘇州の玄妙観などに西洋式の大型遊楽場を設けるようになった．日中戦争，国共内戦の時期には従軍して芸を披露する芸人も多くいた．

1950年，中央政府がこの多種多様な芸能の総称を雑技とすると正式に定め，まず中華雑技団が結成され，各省市でも雑技団が結成された．現在，北京，上海などの大都市では常設の雑技用の劇場で公演が行われており，上海の上海雑技団，雲峰雑技団，北京で公演を行う成都市雑技団，徳陽市雑技団，四川遂寧雑技団などは特に有名で，人気を博している．

［荒木達雄］

中国演劇の歴史——滑稽諷諫から舞台芸術へ

　中国における演劇の発生は，10世紀の宋代まで待たなければならない．しかしながら，演劇的要素をもつ芸能は先秦時代からすでに行われていた．

●**前史——先秦漢魏南北朝**　古くは西周末，王侯貴族を楽しませることを職掌とした芸人が存在した．彼らは俳優，優人と称され，楚の荘王（在位前614-前591）に仕えた優孟，秦の始皇帝（在位 前259-前210），2世胡亥（在位 前210-前207）に仕えた優旃の「優」がそれである．優孟は宰相に扮して主君を笑わせ，優旃は諫言を込めた笑いで主君を改心させた．もっぱら歌舞を供した倡優と合わせて優倡と称された．漢代には《東海黄公》という角觝戯が行われた（晋・葛洪〈284-363〉『西京雑記』巻3）．六朝時代，主人公が明確に打ち出された《代面（大面）》《踏搖娘》などの歌舞が演じられた．

●**準備期——唐**　唐代には武徳年間（618-626）に宮廷楽舞の教習を司る官署「内教坊」が，玄宗（在位712-756）の開元2（714）年に胡楽，俗楽と散楽を習得するための左右「教坊」が，長安と洛陽に設置された．また先天元（712）年には「梨園」が設置され，清商楽が胡楽化した法曲を玄宗自ら教えた．これとは異なり，前代の優の演技が様式化して参軍戯が生まれた．参軍戯は後趙の明帝石勒（在位 319-333）の時，官絹を詐取した参軍を懲戒したことに始まるとも，魏晋南北朝の優戯（滑稽戯）《弄周延》に秀でていた李仙鶴（生没年不詳）に，韶州同正参軍の官銜をたまわったことから，後人に参軍戯とよばれるようになったともされる．参軍と蒼鶻の二人が登場する笑劇であり，宮廷から民間まで幅広く流行した．安史の乱（755-763）を経て貴族社会が崩壊すると，寺廟の廟会において，在家信者を対象に仏教経典の講釈である俗講が行われたほかに，宮廷の教坊を離れた梨園弟子が芸能を披露し，民間の趣向にかなった内容へと洗練させていった．

●**発生期——宋・金**　宋の雑劇は参軍戯が成長してできあがったもので，参軍戯における2種類の役柄が分化して4,5種類に増え，滑稽な歌とせりふの応酬に終始する笑劇であった（宋・呉自牧〈生没年不詳〉『夢梁録』巻20「妓楽」）．北方の金では院本と称する芝居が行われたが，雑劇と実質的な差異はなかったとされる．南宋の雑劇280種（宋・周密〈1232-98〉『武林旧事』巻10「官本雑劇段数」），金の院本700余種（元・陶宗儀〈1329-1412?〉『輟耕録』巻25「国朝院本名目」）の題目は記録されるが，当時の脚本はまったく伝わらない．

　宋・金から元末にかけて諸宮調とよばれる語り物が流行する．宮調とは音調のことで，同一の宮調に属する何曲かの曲調を列ねて套数（組曲）をつくり，さ

らにいくつかの套数を重ねて全篇を構成するので諸宮調という．北宋中期に沢州（現・山西省晋城市）の孔三伝（生没年不詳）によって創始されたといわれ（宋・王灼〈1081-1162?〉『碧鶏漫志』），唐の元稹（779-831）の伝奇小説『鴬鴬伝』に取材し，金の章宗（在位 1189-1208）期に董解元（生没年不詳）によってつくられたとされる《董解元西廂記》のみが完全なかたちで伝わる．《劉知遠諸宮調》は残本であり，《天宝遺事諸宮調》は一部分が『雍熙楽府』などに収録される．元の王実甫（1260?-1336?）《西廂記》雑劇が《董解元西廂記》の劇化であるように，諸宮調は元明の戯曲と題材を同じくするものが多いだけでなく，形式も共通しており，元雑劇の母胎の一つになったと考えられる．

このほか，温州（現・浙江省温州市）に温州雑劇，または永嘉雑劇とよばれる演劇が南宋に存在した．南宋末に書かれた闕名《張協状元》（『永楽大典』所収）は唯一の脚本であり，南方系の曲調を用いているので，南戯，戯文とよばれる．

●成熟期──元　元の雑劇は首都の大都（現・北京）を中心に急速に発展した．北方系の曲調を中心とする歌劇ともいうべき演劇である．単なる笑劇であった宋の雑劇，金の院本が，本格的な歌劇へと変容したのである．「漢文，唐詩，宋詞，元曲」という言葉があるように，元の雑劇は元曲ともよばれて，この時代の代表的な文学とされる．

元雑劇興隆の要因の第一は，科挙試験の廃止である．科挙の廃止により仕進の途をとざされた人たちの一部は雑劇の制作に従事して，糊口を凌がざるをえなかった．これら雑劇の作者を才人，才人の組織した同業者組合を書会という．第二は，蒙古族支配による倫理観の転換である．儒教中心の国家体制が崩壊し，中国人は儒教倫理に拘束されることなく，自由な表現の機会を手に入れた．第三は，蒙古族が音曲を好んだことである．かくして北宋に勃興した雑劇は破壊を免れ，前進の一途をたどった．

元の大徳年間（1297-1307）前後になると，雑劇の中心が北方から南方の杭州に移り，以後の作品は南方の人々によって書かれた．南宋遠征軍の将領，幕僚に江南の風土を楽しんで北に帰らなかった者がいたほか，南宋平定後に地方官として派遣された北人の中に南方に定住する者がいたことなど，北人の南方への移住が，雑劇の南方への進出をうながす原因となった．

至元16（1279）年に南宋が平定されたが，蒙古人の漢民族に対する態度は過酷ではなく，南宋以来の読書人的雰囲気は温存されたままであった．南方の読書人は北方からもたらされた俗間の演芸および作者の才人を蔑み，また江南の人々は北方系の曲調に馴染めなかった．延祐2（1315）年には科挙が復活されたことから，雑劇は急激に衰退していくこととなる．

南戯については，杭州でつくられた《小孫屠》《宦門子弟錯立身》が伝存するにとどまるが，次の明代には勢力を挽回する．

●**発展期——明** 明代になると,南戯の系統をひいた南方の曲調を用いた演劇が盛行する.その端緒を開くのが《琵琶記》である.作者の高明(1305?-80?)は,元末の至正5(1345)年の進士である.作者名を明らかにできる点で,書会に属する無名の才人の手になる従来の作品とは異なる.《琵琶記》の出現と相前後して,いわゆる「拝,劉,荊,殺」の四大戯文が脚光を浴びる.元の施恵(生没年不詳)《拝月亭幽閨記》,闕名《劉智遠白兎記》,元の柯敬仲(生没年不詳)《荊釵記》,明の徐畖(生没年不詳)《殺狗記》である.

ところが,《琵琶記》,四大戯文の登場以降,現存作品に関する限り,しばらくの間,演劇界は低迷期を迎える.上演内容の制約,違反者への罰則制定,さらに現職官吏と官妓との交渉禁止,蘇州一帯の富豪たちの北京への強制移住による江南経済の疲弊が影響したためである.当時,南戯系統の曲調は各地に伝播して,昆山(現・江蘇省昆山市)で創始された昆山腔(昆劇),海塩(今の浙江省嘉興市海塩県)の海塩腔,余姚(現・浙江省寧波市)の余姚腔,弋陽(現・江西省上饒市)の弋陽腔といった土地ごとの声腔が生み出されていた.

嘉靖年間(1522-66)に至ると,弋陽腔は広範囲に流行し,歌とせりふの間に朗誦的な滾調とよぶ歌詞を加えた弋陽腔系諸腔へと分化していく.

同じ頃,昆劇も内容が一新される.魏良輔(1489-1566)が「清柔にして婉折」な歌唱方式「水磨調」を創始したのである.昆劇は当初,蘇州界隈で清唱用として行われていたが,昆山出身の梁辰魚(1521?-80)が,この新声を用いた戯曲『浣紗記』を制作したことにより状況は一転する.西施と范蠡を主人公とし,春秋時代の呉越の興亡が描かれていること,歌詞が昆劇のメロディと調和したことから好評を博したのであって,演劇界の沈滞を打ち破り,活況を呈す.昆劇は海塩腔を凌駕して各地に広まり,17世紀末には首都北京にも進出したとされる.

当時の作品は,屠隆(1543-1605)の《彩毫記》,湯顕祖(1550-1616)の《牡丹亭還魂記》をはじめとする「玉茗堂四夢」,沈璟(1553-1610)の《義俠記》,葉憲祖(1566-1641)の《鸞鎞記》,呉炳(1595-1648)の《西園記》をはじめとする「粲花斎五種曲」,阮大鋮(1587-1646)の《燕子箋》など,枚挙に暇がない.

南曲が盛んになると,歌詞のあり方についていくつかの主張が現れる.呉江派の沈璟は,格律の厳守を主張して曲譜『南曲全譜』を編纂した.臨川派の湯顕祖は,格律の弊害を主張し,曲意を重んじた.沈璟は格律に拘泥したため筆致は拙劣で,湯顕祖の措辞は巧緻であったが,格律にとらわれなかったため俳優が舌を嚙むこともしばしばであったという.沈璟の主張は演劇界で一定の勢力を保ったけれども,格律の指示があまりに煩瑣であったため,実際の運用は容易ではなかった.そのため,理念上は沈璟の主張に沿いながらも,結果的に逸脱するものも少なくない.

元雑劇の作者が下層の知識人や俳優であったのとは様相を一変し,明代の劇作

家には一流の文学者たちが名を連ね，戯曲の文学としての地位が向上したことが明らかである．例えば，屠隆は万暦5（1577）年，湯顕祖は万暦11（1583）年，沈璟は万暦2（1574）年，葉憲祖は万暦47（1619）年，呉炳は万暦47年，阮大鋮は万暦44（1616）年の進士合格者であり，官職を歴任した．四大奇書『三国志演義』『水滸伝』『西遊記』『金瓶梅』の作者に擬定される羅貫中（14世紀頃），施耐庵（14世紀頃），呉承恩（1500あるいは1504-82?），蘭陵笑笑生（生没年不詳）の場合，詳細な伝記が伝わらないか，下級官吏であり，小説との違いも明白である．

　かくして，歌詞はもちろんのこと，せりふにも文言が用いられ，はなはだしくは四六駢儷文さえ用いられる．また，実際の上演を鑑賞するだけではなく，読曲として書斎で読まれることもしばしばで，出版業の盛行と相まって，精緻な版画を施した脚本が数多く出版された．

●**完成期──清**　続く清代においては，康熙27（1688）年に唐の玄宗と楊貴妃（719-756）のロマンスを描いた洪昇（1645-1704）《長生殿》が，康熙38（1699）年に明末清初の混乱の中，文人侯方域（1618-54）と南京の名妓李香君（生没年不詳）の純粋な恋情を描いた孔尚任（1648-1718）《桃花扇》がつくられ，それぞれ好評を博するが，この両作品を最後に，昆劇は衰退の一途をたどる．

　この頃から，南曲のように固定の旋律の組合せによって構成された曲牌連套体（聯曲体）だけではなく，ある曲調をもとに速度，リズム，旋律上の変化を加えてつくったさまざまな板式（板眼，拍子）をつなぎ合わせて構成された板式変化体（板腔体）が行われるようになった．これは弋陽腔系諸腔が，昆劇などの声腔の特質を摂取した結果である．こうした新興の声腔を乱弾とよぶ．

　乾隆年間（1736-95）になると，両淮地域の専売塩務関係庁における饗宴の用に供する戯班のうち，知識人階層が正統とみなした昆劇を雅部，それ以外の乱弾諸腔を花部とよび区別した．北京では高腔，秦腔，徽調が優位に立ち，以後の形勢を決定づける．新興の声腔の中では，梆子腔と皮黄腔が最も発展する．梆子腔は西秦腔と各地の音楽が結びついてできた声腔で，多くの支流を生み出した．皮黄腔は道光年間（1821-50），安徽の高朗亭（1774-1827）によって北京にもたらされた二簧腔を用いていた徽班が，西皮腔を併用することによってできた声腔で，いわゆる京劇のことである．

　道光20（1840）年，アヘン戦争の勃発により江南は荒廃し，昆劇も著しく衰退する．かわって同治6（1867）年，京劇が上海に伝わり，「海派」京劇として発展していく．以後，北京では梅蘭芳（1894-1961），上海では周信芳（1895-1975）らの名優を輩出し，今日に伝わる．昆劇については，1921年8月に蘇州昆劇伝習所が設立され，伝承と俳優育成に努めた．

［根ヶ山　徹］

仮面劇——中国のお神楽

　中国では村落の守護神である社の神を祭る儀礼が古くから行われ，巫師は神が憑依した状態を仮面の扮装と舞踏および神託の歌唱によって表現した．巫歌，神歌，儺舞，儺戯などの中国のお神楽はここを源流としている．また，巫が神を招き降ろす時に仮面を依り代としたことから，のちに呪術性を失った象徴的な祭祀儀礼は仮面舞劇へと転化していった．元代（1271-1368）以降，商業の発達などに伴ってさらに脱宗教化が進むと，仮面を用いる意義も失われ，雑劇や伝奇など物語の内容に重点を置いた本格的な娯楽演劇が盛行する．そのため中国では長らく仮面劇の存在が知られてこなかったが，1980年代後半より雲貴高原，チベット高原や，黄土高原，揚子江中・下流域などの辺鄙な地区で仮面を装着する儺舞や儺戯の報告が相次ぎ，中国内外の注目を集めている．

●**祭祀儀礼の歴史的変遷と演劇の発生**　人はなぜ祭りを行うのであろうか．古来，中国で祭りを執り行う目的は，①福を招く祈福儀礼，②災いを除く攘災儀礼，③孤魂を鎮撫する鎮魂儀礼の3タイプに分類することができる．こうした祭祀儀礼は以下に述べる歴史的な展開により，呪術性をもつものと呪術性を失ったものとに分化し，その過程でお神楽や仮面劇などの民俗芸能が誕生する．

　古代の社＝土地神の祭りについては，『詩経』などの先秦の文献から，社廟の祭祀において神と巫との応対やその対歌があったことが示唆されている．社祭はその後も，秘儀性，呪術性を保ちながら，六朝時代（222-589）以後は巫のほかに道士や僧侶もこれに関与するようになるものの，唐（618-907），五代十国（907-960）の時代まで連綿と継承されていく．

　ところが宋代（960-1279）になると，商業的環境の中で社祭での豊穣儀礼の色彩が薄まって農事とは関係のない神も祭られるようになり，また祭祀圏が広域化することで巫術儀礼の世俗化が進行する．それに伴い巫の歌舞（対歌・対舞）は次第に芸能色を帯び，南宋（1127-1279）の末期には掛け合いを主体とした参軍戯が誕生する．参軍戯では呪術的制約を受ける主役は自由にせりふを語ることができなかったが，元代になると仮面または塗面した俳優が役柄を演ずる院本の形式を生み出し，舞踊と科白を備えた慶祝劇へと発展していった．

　一方，鎮魂の儀礼は，鎮めるべき対象である孤魂という観念の発生から始まる．孤魂とは古代の冠婚葬祭に対応した生命循環からはずれ，空中を彷徨う戦死者や横死者たちの霊魂のことである．こうした孤魂は村落に災いをなすものと考えられていたため，孤魂を救済する祭祀儀礼が必要となってくる．中国戦国時代（前403-前221）の歌謡『楚辞』の「国殤」では，巫が歌をうたって鎮魂の儀礼を執

り行っていることが読み取れる．孤魂を鎮める儀礼自体は動乱の六朝時代を経てますます活発になるが，演劇発生の上で重要な鍵を握る孤魂祭祀が制度的に確立するのは宋代になってからである．宋代に入ると商業活動に重きを置く市場地を背景に，黄籙斎や水陸道場など大がかりな孤魂祭祀が僧侶や道士の手によって執り行われるようになる．鎮撫される対象も，村落の戦いなどのために犠牲となった若者の英霊だけでなく，国難に殉じた著名な歴史上の人物や自殺した婦女の冤魂にまで拡大される．こうした鎮魂儀礼は祭祀儀礼が演劇へと発展するための内発的動機づけとなり，そこから関羽など非業の死を遂げた英雄を祭る英雄鎮魂劇，恨みを抱いて死んだ女性の孤魂救済を目的の一つとする目連戯などの新しい演劇の形式が産声をあげることになる．

● 追儺系舞劇（儺舞・儺戯）と仮面劇

古代においては，巫が黄金の四つ目をもつ獰猛な武神方相氏の姿に扮する，鬼やらいの祭祀儀礼が行われていた．この追儺儀礼は言うまでもなく災いを除く攘災儀礼であり，漢代を経て唐代まで盛んに行われていたが，宮廷などで行われていたものは舞踊化が進み，優美な儀礼に変化している．また，方相氏の扮装は次第にほかの民間諸神や仏教神によって取って代わられる．しかし，唐・宋時代

図1　雲南省澄江県小屯村にのみ伝承される珍しい儺戯「関索戯」［筆者撮影］

においても農村では仮面と武器を用いる勇壮な追儺が行われていたようであり，力比べを見せ場とする角觝戯へと転化していったものもあった．こうした追儺系の仮面舞踏・武技は，もともと追儺が駆邪逐疫を目的としていることから物語性に乏しいが，宋代以降は農村の社会環境によって発展段階に差があるものの，鎮魂儀礼から発生した歌唱や複雑な悲劇的物語を吸収しつつ，仮面を着けて演じる儺舞・儺戯へと転化していく．

今日伝わる儺舞・儺戯としては，郷儺の武技から発展した豊富な英雄物語の演目をもつ貴州省安順の地戯が早くから注目され，張芸謀監督の映画《単騎，千里を走る》でも幻の民俗芸能として紹介されるなど有名である．また，《花関索・鮑三娘》の演目で知られる江西省万載県などの儺舞，同じく化関索の物語に特化した雲南省澄江県のみに伝わる関索戯など，中国各地に仮面劇が継承されていることが明らかとなり，無形文化遺産ブームの追い風にも乗って中国演劇の活きる化石として脚光を浴びている．

［上田 望］

📖 参考文献

[1] 田仲一成『中国巫系演劇研究』東京大学出版会，1993

元の雑劇――生彩あふれる人間ドラマ

　元の雑劇は，中国の演劇の中で，まとまった数の脚本が伝わる最も古いものである．元以前にも演劇が上演されていたことは記録に残っており，例えば，孟元老『東京夢華録』(1147年自序) によれば，北宋の都開封の演芸場では，ほかの芸能とともに劇が上演されていた．また宋代の墳墓には，劇団の俳優たちのレリーフを見ることができる．演劇的要素を含むものに範囲を広げるなら，古代の宗教儀礼や宮廷の道化など，さらに歴史を遡ることができるだろう．しかし元以前については脚本が伝わらないため，その具体的な内容を知ることはできない．

　元の雑劇に至ると，30種の元刊本と，100種を収める『元曲選』(編纂は明代) が今日まで伝わっており，数多くの作品を読むことができる．しかも，雑劇は元代を代表する清新な文学ジャンルである．作品中に有名な歴史的人物から市井の人々までが登場するという多様性，人物たちが自らの言葉をせりふとして語ることによる真に迫った人物造型は，戯曲というジャンル独特の魅力を放ってやまない．

●**形式上のルール**　元の雑劇は形式上厳しいルールがある．すべて歌曲に関わるものなので，まず劇中の歌曲について説明しよう．中国の伝統演劇には，うた・せりふ・しぐさが含まれている．うたが重要な要素の一つであり一種の歌劇といえよう．ただし，歌曲は作品ごとに新たにつくるわけではない．既成のメロディがたくさんあり，劇作家はそれらの曲に合わせて作詞をするかたわら，せりふやト書きをつくるのである．歌曲の並べ方は決まっていて，「套数」とよばれる組曲を構成する．一つの套数に属する歌曲は同一の宮調 (西洋音楽のハ長調・ト短調などの調にあたるもの．ただし音階は西洋音楽とは異なる) で通し，同じ部の韻を用いる (押韻の規則は唐詩に比べるとゆるい) のがルールである．歌曲は，弦楽器・管楽器・打楽器による少人数の伴奏に合わせてうたわれた．

　雑劇では，一つの作品はこの套数を四つ連ねた形式をとる．後に一つの套数を「折」とよぶようになったため，「一本四折」といわれる．つまり，一つの作品は第1折から第4折までの四つの場面からなるというのがルールである．ただし，4折で収まらない場合には補助的な場面として楔子を加えることができる．

　次に「一人独唱」というルールがある．俳優のうち歌唱することができるのは原則として主役にあたる一人だけである．男性の主役を正末，女性の主役を正旦という．ただし，折が変われば歌唱する人物は交替してもかまわない．役柄にはほかに，浄 (敵役)，丑 (道化役)，外末 (男性の脇役)，老旦 (女性の老け役)，外旦，貼旦 (いずれも女性の脇役) などがある．俳優は，各自の力量や特徴によっ

て劇団内での役柄が決まっていたと考えられる.

●**元代のテキスト──元刊本**　現在に伝わる最も古いテキストは『古今雑劇三十種』(元末頃,『元刊雑劇三十種』ともよばれる)であり,「元刊本」と略称される.貴重なテキストであるが,せりふが大幅に省略されているうえに当て字や略字が大量に含まれていて非常に読みにくい.本来一つの書物として出版されたのではなく,観劇の手引きを寄せ集めてつくられたものと推測されている.近年,「元刊雑劇の研究」シリーズ(赤松紀彦ほか編,汲古書院)が刊行され,すでに「三奪槊」「気英布」「西蜀夢」「単刀会」(以上,シリーズ1),「貶夜郎」「介子推」(以上,シリーズ2),「范張鶏黍」(シリーズ3)を,詳しい解説・校訂・注釈が加えられた日本語訳で読むことができる.

●**100種を収める『元曲選』**　その他のテキストはすべて明代以降の刊行である.その代表は万暦年間に臧懋循が編纂した『元曲選』(1615-16年,『元人百種曲』ともいう)であり,100の作品を収めていて元曲を概観することができる.臧懋循は当時流行していた南曲の作家が元曲を模範として参照できるように,この選集を刊行した.

日本語訳には,「西廂記」「救風塵」「竇娥冤」「鉄拐李」「合汗衫」「酷寒亭」「金銭記」(以上,田中謙二編『戯曲集 上』中国古典文学大系,1970),「梧桐雨」「貨郎旦」「魔合羅」(以上,『青木正児全集』第4巻,春秋社,1973),「殺狗勧夫」「救風塵」「城南柳」「老生児」「魔合羅」(池田大伍訳・田中謙二補注『元曲五種』東洋文庫,1975)がある.

●**元の雑劇の特徴**　作家と作品の目録としては元の鍾嗣成による『録鬼簿』があるが,伝記的記述は極めて簡単で作家の具体的な経歴などを知ることはできない.これは,詩文とは異なり,作家が社会的に高い地位になかったことを示している.劇作家は「才人」とよばれ,書会という同業者グループに属していたと考えられており,一種の職人として位置づけられていたのであろう.

白話(口語体)文学である元の雑劇は当時にあっては正統の文学ではなかった.しかし,だからこそ社会の中のさまざまな人々が生き生きと表現されているともいえる.作品を読むとあたかも舞台を見るかのように登場人物たちが目に浮かぶだろう.皇帝から社会の底辺で苦しむ人々まで,元の雑劇はあらゆる種類の人々のドラマを悲喜こもごも余すところなく描き出している.また,三国劇や水滸劇などもあり,白話小説との関わりも深い.例えば元雑劇「李逵負荊」においては,『水滸伝』では暴れん坊で粗野な登場人物である黒旋風李逵が,散りゆく桃の花びらの美しさに感動するなど,小説にはみられない意外な一面が表現されているのもおもしろい.

[廣瀬玲子]

📖 **参考文献**

[1] 田中謙二編『ことばと文学』汲古選書,1993

元の戯曲──関漢卿

　元代には雑劇とよばれる演劇が盛んになり（項目「元の雑劇」参照），多くの劇作家が現れた．なかでも初期の作家である関漢卿は，作品が最も多く，影響が最も大きい点でその代表とされる．経歴について確かなことは不明だが，おそらく金末の生まれで，出身地については大都（北京）の人，解州（山西省）の人，あるいは祁州（河北省）の人という説がある．主たる活動の場所は大都であった．解州は塩の産地として有名であり，山西商人は強大な力をもっていた．一方で近年，山西南部の各地で金・元代の演劇に関する多くの出土文物が発見された．新たな首都に商人が進出するに伴い，山西の雑劇が大都にもたらされたと考えられ，関漢卿の出身地を解州とする説も有力となっている．

　作品の題目が伝わるものは60以上に上るが，現存する作品は18種である（ただし作品によっては異論もある）．内容は愛情劇・裁判劇・英雄劇などにわたるが，特に元代社会の現実とその中で生きる市井の人々のリアルな表現は，元の戯曲の精華といえよう．また，賢明で機知に富んだ女性を主人公とした作品が多いことも特徴である．

　そのおもしろさは翻訳でも十分味わえるので，日本語訳のある作品を紹介しよう．雑劇が4折から構成されることを確認するため，「竇娥冤（とうがえん）」は折ごとにあらすじを示すことにする（ただし最初にプロローグとして楔子（せっし）がつく）．

●冤罪を晴らし真実を明らかにする裁判劇──「竇娥冤」　貧乏書生の竇天章は借金が返済できず，金貸しの蔡婆さんの息子の嫁に7歳の娘の端雲（たんうん）を差し出して科挙受験のために旅立つ（楔子）．それから13年，竇端雲は竇娥と名を改め，17歳で婚礼をあげたが間もなく夫が亡くなった（この時20歳）．蔡婆さんは賽盧医（さいろい）（やぶ医者）に借金の取り立てに行って殺されそうになり，張じいさんとその息子に助けられる．親子は恩を着せて自分たちを蔡婆と竇娥の婿にしろといって押しかけてくる（第1折）．張の息子はなかなか自

図1　処刑される竇娥
［古本戯曲叢刊四集所収『古今名劇合選』商務印書館，1958］

分になびかない竇娥を女房にするために病気になった蔡婆さんを毒殺しようとし,賽盧医から毒薬を買う.そして竇娥に蔡婆さんのためにスープをつくらせ,途中で張の息子が毒を入れるが,これを張じいさんが飲んで死んでしまう.息子は竇娥に,自分の女房にならなければ殺人犯として訴えると脅すが,竇娥は訴えられる方を選ぶ.拷問が蔡婆さんに及ぶのを恐れた竇娥は自白をし,義父殺しの罪で死刑判決が下る(第2折).竇娥は処刑前に,自分が無実であれば,首を切られたとき血は一滴も地面に落ちずに旗ざおに吊した白絹を染めるだろう,真夏だが雪が死体を覆うだろう,3年間旱魃(かんばつ)が続くだろう,と予言し,すべてその通りになる(第3折).それから3年後のこと.竇天章は一度で科挙に合格し検察庁長官にまで出世していた.ある夜,過去の事件の書類を点検していると,端雲の亡霊が現れて無実を訴える.竇天章が当時の関係者をよんで再び審理を行うと,娘の亡霊もそこに現れ,自白は強要されたものであったと述べる.竇天章は冤罪(えんざい)と判断して端雲には浄土に生まれ変われるよう供養することを約束し,張の息子には死刑,賽盧医には無期労役の判決を下す(第4折).

●**計略によって妹分を苦境から救う妓女──「救風塵(きゅうふうじん)」** この作品を簡単に説明しよう.主人公は汴梁(べんりょう)(開封)の妓女趙盼児.妹分の宋引章は科挙の受験生安秀実と婚約していたが,金に目がくらんで裕福な周舎と結婚する.やがて周舎は本性を現して引章を虐待する.それを知った趙盼児は計略によって引章を救い出し,引章はめでたく誠実な安秀実と一緒になって終わる.趙盼児が,宋引章と別れさせるために周舎を誘惑して離縁状を書かせたり,はめられたと気づいた周舎が離縁状を取り返そうとするのを見越して偽物とすり替えたり,計略や機転をはたらかせる場面は実に痛快である.

●**躍動する人物表現と緊密な構成** ほかにも三国時代などを舞台とする歴史劇がある.「単刀会(たんとうかい)」では,英雄関羽が罠と知りつつ魯粛(ろしゅく)の招きに応じて知勇を示し,「西蜀夢(せいしょくむ)」では,諸葛亮が星を見て関羽と張飛(ちょうひ)の死を知り,劉備(りゅうび)の夢には張飛の霊が現れて先立った悲しみを述べ,敵に復讐してくれるよう頼む.

　以上のように,元の戯曲の代表としての関漢卿の作品には,人間の強さや弱さ,賢さや愚かさ,喜びや悲しみが,類型化を伴いつつもリアルに描き出されている.題材は既成の物語や歴史上の事件から選ばれることが多かったが,それを4折という枠の中でどのように展開させるかは,劇作家の構成力にかかっていた.形式上の制約を逆手に取り,凝縮したかたちでさまざまな人間関係や社会の諸相を表現した元の戯曲は,極めてフィクション性の高いジャンルであるといえよう.

[廣瀬玲子]

📖 参考文献
[1] 岩城秀夫『中国古劇溯源─出土文物・稀覯書』朋友書店,2011
[2] 田中謙二編,吉川幸次郎ほか訳『戯曲集 上』(中国古典文学大系)平凡社,1970

南戯と伝奇──宋元から明へ

　中国の伝統演劇はすべて音楽（楽器の演奏および俳優による歌唱）を伴い，北方音楽を基調とする北曲と南方音楽を基調とする南曲という二つの系統がある．北曲は7音音階，南曲は5音音階を用いる．北曲を代表するのが元の雑劇であるが（項目「元の雑劇」参照），歴史的には南曲の方が古い可能性もあり，「宋元の南戯」から「明の伝奇」へと展開した．宋元から明の嘉靖年間（1522-66）頃までは「南戯」，それ以降は「伝奇」とよばれることが多いが，伝奇も南戯の一種である（唐の「伝奇」は小説をさすので注意が必要である）．また，宋元の南戯は「戯文」ともいう．

　嘉靖年間が一つの区切りになるのは，魏良輔（ぎょうほ）（生没年不詳）が従来の南曲を洗練して新たに優美な調べをつくり出したからである．これが崑腔（崑山腔・崑曲）であり，大いに流行した．魏良輔の成果を受け継いだ梁辰魚（りょうしんぎょ）（1519?-91?）の『浣紗記（かんさき）』は，最も早い時期の崑腔伝奇であり，崑腔の隆盛にも寄与した．

●**南戯の形式**　元の雑劇に比べると南戯の形式は制約が少ない．雑劇は4折から構成されるのが原則だが，南戯には長さについての決まりがない．したがって，40齣（せき）や50齣に及ぶ長篇が多い（「折」ではなく「齣」で数える）．また，主役に限らず，どの登場人物も歌唱することができ，二人がかけ合いで歌う場面をつくることもできるし，1齣のうちで宮調を変えることもできる．

　このように自由度が大きいことにより，南戯では複雑な展開が可能になった．例えば，離ればなれになって会うことのない夫婦や恋人の様子を交互に描くことができる．また，伝統演劇の最後は大団円で終わるのが常套だが，その結末に行き着くまでにさまざまな困難を乗り越えるという設定のものが多い．

●**宋元の南戯**　現存している南戯の作品のうち最も古いものは南宋の「張協状元（ちょうきょうじょうげん）」である．南宋においては温州（浙江省）が都の杭州（浙江省）と並んで演劇の盛んな土地であった．その演劇は温州雑劇あるいは永嘉（えいか）雑劇（元の雑劇とは異なる）とよばれ，「張協状元」はその脚本と考えられる．元代の南戯として伝存しているのは「小孫屠（しょうそんと）」「宦門子弟錯立身（かんもんしていさくりっしん）」の2種でやはり『永楽大典』に「戯文」として収められている．3種とも明代の作品に比べると言語・内容は卑俗である．

●**『琵琶記』と四大南戯**　次いで元末明初の南戯のうち作品が伝わるものが，『琵琶記』および「荊・劉・拝・殺」と並び称される『荊釵（けいさ）記』『（劉知遠）白兎記』『拝月亭（記）』『殺狗（さっく）記』の4種である．いずれも宋元南戯の目録にそれらしい題名が載っているが，現在伝わっている版本はそれらを改変したものと考えられる．

『琵琶記』の作者の高明（字は則誠）は温州の人で，元末の進士である．明代には一流の知識人が戯曲を書くようになるが，その起点として注目される．『琵琶記』は全42齣で，後漢の蔡邕と趙五娘を主人公とする．蔡邕が科挙受験のために上京し，残された妻の趙五娘は夫の両親に仕えるが，折しも飢饉に見舞われて食べるものがない．五娘はわずかな米の飯を夫の両親に食べさせて自分は糠を食べるが，両親に，隠れておかずを食べているのではないかと疑われる．趙五娘の独白を引用しよう．「お菜は買いたけれども，なんとしてもお金がございませぬ．それを意外や，いかいお腹立ちにて，わたしがかくれて食べているように申されます．ぬかなどをいただいていることはご存知ありませぬが，それをお知らせしようとも思いませぬ．たとえどのようにお怨みなされようとも，このこと打ちあくるつもりはございません．ああ，このぬかどうしてものどを通りませぬ」（第21幕）．何を食べているのか見極めようとやって来た両親に趙五娘は「父母よ，怪しみたもうな，きみが子の糟糠の妻なれや」と述べ，父は「よめごや，そなたをうらんだはあやまり，悲しいことよの」と真相に驚く．やがてその両親も亡くなり，琵琶を弾きつつ夫を訪ねていくと夫は宰相の家に婿入りしている．五娘と再会した後，蔡邕は二人の妻とともに帰郷し，一門は朝廷から顕彰されて終わる．都の蔡邕と郷里の趙五娘を交替で対比的に描いて劇的効果を高めている．

　『荊釵記』は婚約中の王十朋と銭玉蓮がさまざまな危機を乗り越えて団円する劇である．『(劉知遠)白兎記』は五代後漢の高祖劉知遠とその妻李三娘の物語である．『拝月亭（記）』は関漢卿による元曲《拝月亭》（題名が同じなので注意）を改編したもので，戦乱の中ではぐれた兄と妹が団円するまでの劇である．『殺狗記』のストーリーは元曲《殺狗勧夫》と同じで，仲の悪い兄弟を兄嫁が計略を用いて仲直りさせる劇であるが，成立の前後は定かではない．

●**明の伝奇へ――文学としての洗練**　このようにみてくると，儒教道徳を踏まえ，女性が家庭において期待されていた役割を強調する作品が多いことがわかるだろう．これは明初の特徴であり，中期以降は才子佳人の恋愛劇が目立つようになる．また，歴史劇・英雄劇・神仙劇などもある．南戯・伝奇の作家は古典の教養を身につけていたため，修辞を凝らした歌詞や洗練された表現を盛り込む傾向が強く，内容も優美で典雅なものが志向された．そして，そのような内容にうってつけの音楽として盛んに用いられたのが，冒頭に述べた昆腔であった．上演される場は，村祭り，士大夫の家庭や宴会，市場地の演芸場や妓院などで，状況に応じてふさわしい演目や脚本が選ばれた．

［廣瀬玲子］

📖 **参考文献**
[1]　青木正児訳編，田中謙二ほか訳『戯曲集』（中国古典文学全集）平凡社，1959
[2]　田仲一成『中国演劇史』東京大学出版会，1998

明の戯曲——湯顕祖

　明代には南方の音楽を伴う演劇が盛んになった（項目「南戯と伝奇」参照）．伝奇・南曲・南戯などとよばれるこのジャンルを代表する劇作家が，湯顕祖（1550-1616）で，没年がウィリアム・シェイクスピアと同じであることから「中国のシェイクスピア」とも称される．湯顕祖は，臨川（江西省）の人．字は義仍，号は海若または若士，1583年の進士である．

　幼少より詩文の才能をあらわし，13歳で父が臨川へ招いた羅汝芳に学んだ．羅汝芳（号は近渓）は陽明学左派である泰州学派の代表的人物である．李贄（号は卓吾）の思想にも共感し，古文辞派を批判して公安派に与した．同時代の先端的な思想・文化を体現した人物であり，詩文において型にはまらない独創性を重んじたことは，戯曲における情の重視と通底する．

　湯顕祖には「玉茗堂四夢」あるいは「臨川四夢」と総称される4種の戯曲がある．この呼び名からもわかるように，いずれの作品においても夢が重要な役割を果たしている．なかでも明の戯曲の最高傑作とされるのが『牡丹亭還魂記』（『牡丹亭』または『還魂記』ともいう）である．

●**夢で出会った人に恋して生死を超える**　『牡丹亭還魂記』は全55齣の長篇戯曲である．主人公は良家の令嬢である杜麗娘と若い書生の柳夢梅であるが，作品の前半では二人が実際に出会う場面はなく，それぞれの場が交互に配置される．ある日，杜麗娘はうたた寝の夢の中で柳の枝を手にした若者に出会い，二人は花の咲き乱れる庭園で結ばれる．麗娘は名前も知らず実在するかどうかもわからないその若者に恋して病の床につき，自らの肖像画を残してこの世を去る．両親は娘を墓に葬り，祠を建てて新しい任地へと旅立つ．

　3年後，柳夢梅は旅の途中で病に倒れたところを人に助けられ，たまたまその祠で療養することになり，庭で肖像画を拾う．それを部屋に掛けておくと，若い女が夜な夜な通ってくる．これが杜麗娘の幽霊である．冥土で裁きを受けて再生を許された麗娘は，夢梅に対し，かつて夢で出会ったこと，今の自分は幽霊であることを打ち明け，墓を開いて生き返らせてほしいと頼む．夢梅はその

図1　うたた寝をして夢を見る杜麗娘
　［『湯顕祖集』三，上海人民出版社，1973］

願いを叶え，二人は都へ向かう．柳夢梅は科挙を受験した後，麗娘の父親に事情を説明しに行くが信じてもらえず，墓をあばいた罪で捕まってしまう．ところが科挙の合格発表の結果，柳夢梅は状元及第（一番で合格）を果たしており，誤解も解けて二人はめでたく結婚する．

●**情は夢を生じる**　次に，同じく「玉茗堂四夢」の中から『南柯記』と『邯鄲記』をまとめて紹介しよう．『南柯記』は唐の小説「南柯太守伝」，『邯鄲記』は唐の小説「枕中記」（謡曲《邯鄲》の典拠でもある）に基づき，いずれも主人公（男性）が自分の波瀾万丈の一生を夢に見て，目覚めて後にある種の悟りに至るという物語である．

『南柯記』では，主人公の淳于棼が夢の中で，槐安国の王に婿として迎えられるが，目覚めてみると槐安国は庭の槐の木の根元にある蟻の巣であることがわかる．最後には禅僧の導きにより，ちっぽけな虫けらの国も人間世界も同じように空であることを悟るという仏教的色彩の濃い作品である．

『邯鄲記』は道教の色彩が強く，主人公の盧生は夢で栄耀栄華を極めた後，人生のはかなさを知って仙人になる．いずれも，情から夢が生まれ，その夢から醒めることで現実もまたもう一つの夢であることを思い知るという劇である．湯顕祖も自らの劇作について，「情に因りて夢を成し，夢に因りて戯を成す」（情が夢を生み出し，夢が芝居を生み出す）と述べている．

●**明の戯曲の特徴**　湯顕祖を代表例としてみてきたように，明の戯曲は元とは異なり，一流の知識人によってつくられるようになった．長篇のドラマを展開させる構成力とともに韻文である曲辞（歌詞）の美しさが問われる劇作は，詩文によって育くんだ才能を縦横に発揮できる新たな分野であった．また，湯顕祖の活動時期とも重なる万暦年間（1573-1620）は，陽明学などの影響により，文学においても規範にとらわれない真情の表現を評価する考え方が広まった．俳優の歌唱によって登場人物の思いを存分に表現できる戯曲は，そのような思想を具体化する格好のジャンルだったといえよう．

長篇形式によって複雑な展開が可能になり，上演のみならず読書の対象にもなったため，知識人の趣味に合った優雅で洗練された作品が多い．そのような劇にぴったりの音楽が，この頃盛んになってきた崑山腔の調べであり，それを用いた崑劇であった（項目「崑劇の誕生」参照）．

『牡丹亭還魂記』で杜麗娘が部屋でうたた寝をして夢を見るくだりは，崑劇の《遊園》《驚夢》という演目として今日でも人気を博している．2008年から2010年にかけて，歌舞伎役者の坂東玉三郎が本場蘇州崑劇院の俳優にまじって崑劇「牡丹亭」の杜麗娘を見事に演じたことは特筆すべき快挙である．

［廣瀬玲子］

📖 **参考文献**

[1] 田中謙二編，岩城秀夫訳『戯曲集 下』中国古典文学大系，平凡社，1971

昆劇の誕生──元末に生まれたメロディ

　昆劇は，元末に昆山（現・江蘇省昆山市）に生まれた声腔の一つで，それが歌われる演劇をも意味する（図1）．昆山腔，昆腔，昆曲ともよばれる．

　昆劇の鼻祖は元末明初の昆山千墩の人，顧堅（生没年不詳）である（明・張丑〈1577-1643〉『真迹日録』巻二）．顧堅と交遊のあった顧瑛（1310-69）は，声伎に伝唱させたという．

●**明初の演劇界**　明初，高明（1305?-80?）の《琵琶記》をはじめとし，施恵（生没年不詳）《拝月亭幽閨記》，闕名《劉智遠白兎記》，柯敬仲（生没年不詳）《荊釵記》，徐畋（生没年不詳）《殺狗記》のいわゆる四大戯文が脚光を浴びる．いずれも南戯の系統をひいた南方の曲調を用いた演劇である．南戯系統の曲調は各地に伝播し，上述の昆劇（昆山腔）以外にも，海塩（現・浙江省嘉興市海塩県）の海塩腔，余姚（現・浙江省寧波市）の余姚腔，弋陽（現・江西省上饒市）の弋陽腔といった土地ごとの声腔が生み出されていた．

　ところが，上演内容の制約，官吏と官妓との交渉禁止，蘇州一帯の富豪たちの北京への強制移住による江南経済の疲弊が影響し，演劇は低迷期を迎える．

●**昆劇の誕生と隆盛**　嘉靖年間（1522-66）にいたると，弋陽腔は広範囲に流行し，歌とせりふの間に朗誦的な滚調とよぶ歌詞を加えた弋陽腔系諸腔へと分化していく．同じ頃，昆劇も魏良輔（1489-1566）によって内容が刷新される．魏良輔は，豫章（現・江西省南昌市）の人で，北曲に長じた清唱家であった．彼は故郷で盛行する海塩腔に満足せず，太倉南関（元代は昆山の所轄地）に寄寓していた時，呉中で流行していた昆劇に出会い，彼は伝来の昆劇を基礎として，海塩・余姚などの声腔の長所を生かしつつ，北曲の唱法を取り入れた新しい声腔を模索し，また伴奏楽器も一新した．かくして，「清柔にして婉折」（明・顧起元〈1565-1628〉『客座贅語』巻九「戯劇」）と評される新たな歌唱方式「水磨調」を生み出したのである．なお，魏良輔は後人に「立昆の宗」，「曲聖」と称される．

　崑劇は当初，誕生地に近い蘇州界隈で，清唱用として行われていた．間もなくこの新声に魅せられた，同じ崑山出身の梁辰魚（1521?-80）が，昆劇のメロディを用いた戯曲《浣紗記》を制作した．西施と范蠡を主人公とし，春秋時代の呉越の興亡を描いたこの作品は，内容と歌詞が昆劇のメロディと調和したことから好評を博し，注目を浴びるようになった．これにより，演劇界は盛況を呈したばかりか，戯曲制作も活性化し，南曲は最盛期を迎えることとなる．なかでも昆劇は他を圧倒して各地に広まり，17世紀末には首都北京にも進出したとされる．

　周知のごとく中国の演劇は歌劇であり，歌詞はメロディに乗せて歌われ，間に

せりふを挟むという形式である．メロディに合わせるため，歌詞には厳密な規則（格律）があった．

南曲の盛行に伴い，歌詞についていくつかの主張が現れる．呉江派の沈璟（1553-1610）は，格律の厳守を主張して曲譜『南曲全譜』を編纂し，格律の典範を示した．臨川派の湯顕祖（1550-1616）は，格律にとらわれる弊害を主張して曲意を重視した．双

図1　崑劇　女主人公（旦）と侍女（貼）による共演
［写真：AGE FOTOSTOCK/アフロ］

方の相容れない主張について，沈璟は格律に拘泥したが筆致は拙劣であった．湯顕祖は格律にとらわれず，措辞は織物に巧みな仙女に匹敵するほどであった．しかしながら内容は晦渋を極め，俳優が舌を嚙むこともしばしばであった，と評される（明・王驥徳〈1540-1623〉『曲律』巻第4「雑論第39下」）．沈璟の主張は一定の勢力を保ったが，実際の戯曲製作に応用した際，少なからぬ困難を伴い，結果的に『南曲全譜』に必ずしも合致しない例が数多く見受けられる．

明末に製作された戯曲作品の数は厖大な数に上り，先の湯顕祖の《牡丹亭還魂記》などの名作が制作される．続く清代においては，康熙27（1688）年に唐の玄宗（在位712-756）と楊貴妃（719-756）のロマンスを描いた洪昇（1645-1704）《長生殿》が，康熙38（1699）年に明末清初の混乱の中，文人侯方域（1618-54）と南京の名妓李香君（生没年不詳）の純粋な恋情を描いた孔尚任（1648-1718）《桃花扇》がつくられたのを最後に，崑劇は衰退の一途をたどることになる．

●花部の勃興と崑劇の衰退　この頃から，崑劇だけではなく，崑劇などの声腔の特質を摂取した新興の声腔が生まれる．乾隆年間（1736-95）には，崑劇は歌詞とせりふの理解に困難を伴うことから倦まれ，知識人からは軽視されていた乱弾諸腔が台頭し始めたためである．さらに北京では高腔，秦腔，徽調が優位に立ち，以後の演劇界の形勢を決定づけるに到る．かくして崑劇は活力を失い，京劇がそれに代わる勢力となっていく．

なお，衰退した崑劇の伝承と俳優育成のため，張紫東（1881-1951）・貝晋眉（1887-1968）・徐鏡清（1891-1939）らの俳優が1921年8月に蘇州崑劇伝習所を設立し，2001年にユネスコの世界無形文化遺産に登録された． ［根ヶ山徹］

劇場と舞台——箱と装置の変遷

中国の観劇空間としての劇場・舞台についての記録は，先秦時代（351-394）にさかのぼることができる．

●**古代の劇場・舞台** 劇場・舞台の最も古い名称は「宛丘」「霊台」である．宛丘とは中央が低く四周が高い広場のことで，演者は中央で，観客は四方から囲んで演技を観た（『詩経』「国風・陳風」）．霊台は地面から突出した高台であり，芸能専用ではなかったが，演技の場でもあった（『詩経』「大雅・霊台」）．室内の場合，巫覡の歌舞による神事が行われた（『尚書』「商書・伊訓」）．

劇場・舞台について具体的な記述がみられるのは，漢代に百戯を観るために修築された「観」についてである．前漢には広大な面積を誇っていたようであり（唐・李泰〈618-652〉『括地志』清・顧祖禹〈1631-92〉『読史方輿紀要』巻53所引），後漢では常設の角觝戯専用の劇場が存在した（後漢・張衡〈78-139〉『西京賦』〈『文選』巻2〉）．

隋代には戯場という名称でよばれた．毎年正月の各国の朝貢の際には，端門外，建国門内に戯場を列ねたとの記録が残される（『隋書』巻15「音楽志」）．

唐代，戯場が設けられたのは寺廟であった．長安の戯場の多くは慈恩寺に集まり，小さいものは青龍寺，それに次ぐものは薦福寺・永寿寺にあったとされる（宋・銭易〈968-1026〉『南部新書』戊巻）．小屋掛けの客席がつくられ，演技専用の舞台がつくられるのもこの時期である．敦煌の壁画「浄土変」によれば，舞台の周囲に低い欄干がめぐらされている．

●**宋・元の劇場・舞台** この形式は，宋代では露台，勾欄に継承される．露台は臨時に設えられた露天の舞台のことで，梅堯臣（1002-60）「莫登楼」詩（『宛陵集』巻51）には，腰鼓を打ち鳴らしながら《六么》《樑州》曲を演じるさまが詠まれている．一方，勾欄は常設の商業劇場を意味する．都市部においては瓦子（瓦舎）と名づけられた盛り場に，勾欄とよばれる演芸場が整備されてきた．戯曲の成熟に伴い，観劇の場も十全なものに整備されてきたのである．瓦子とは，観客の集散を瓦に擬えて，砕けた瓦が集まったり，また散り散りになったりするようであることから名づけられた．

都市の賑わいを丹念に記録した繁盛記によれば，北宋の都汴京（現・河南省開封市）には，大小の勾欄が五十余座あり，規模の大きいものは数千人を収容することができたとされる（宋・孟元老〈生没年不詳〉『東京夢華録』巻2「東角楼街巷」）．南宋の都臨安（現・浙江省杭州市）については，城内外に17個所を下らない瓦舎が存在したとされ（宋・呉自牧〈生没年不詳〉『夢梁録』巻19「瓦舎」），

図1 「光緒年間茶園演劇図」[北京・首都博物館蔵]

そのうち北瓦には勾欄が13座あったとされる（宋・周密〈1232-98〉『武林旧事』巻6「瓦子勾欄」）．

　勾欄は元代にも存在した．元の杜仁傑（1201?-82）の散曲《荘家不識勾欄》（五煞）には，「二百銭とられて中に入り，門を通って桟敷に上がると，舞台を幾重にも取り巻いて客が座る．上を見ると鐘楼のようで，下は人の渦，囃子方の女性幾人かは台の上．迎神賽社でもあるまいに，太鼓・銅鑼の音は止まない」と，勾欄の様子が活写されている．

　舞台の形態はこの時期から変容し，観客が四方から観るかたちが，前台（舞台）と後台（楽屋）に区分され，間を幔幕で仕切って鬼門道（役者の登退場口）がつくられるようになった．農村では，廟祭のために屋根のついた舞亭がつくられ，後に演劇のための廟台へと発展していった．

　山西省には，宋の舞亭（万栄県後土廟），金の露台（高平市二郎廟），元の戯台（万栄県太村）など，当時の戯曲文物が多く遺されている．

●**明・清の劇場・舞台**　明・清の舞台・劇場は基本的には宋・元の形態の延長である．勾欄が衰退した代わりに，戯園が発達し，酒館や茶園と称して観客と同一フロアで芝居を見せるかたちに変化していった（図1）．個人の邸宅では，蘇州怡園の藕香榭，網師園の濯纓水閣，拙政園の鴛鴦館などは，演出，音響効果を考慮して設けられている．商工業者の親睦のための北京湖広会館，社旗山陝会館などの同郷会館にも，娯楽に供するため戯楼が併設された．

　清末の同治13（1874）年には上海に西洋式の劇場である蘭心戯院が建築され，光緒34（1908）年には京劇俳優の潘月樵たちが伝統劇では初めての近代形式の新舞台を上海に，1914年には京劇俳優の揚小楼が第一舞台を北京につくった．

[根ヶ山 徹]

📖 **参考文献**
[1]　廖奔『中国古代劇場史』中州古籍出版社，1997

俳優——宮廷道化師から舞台俳優へ

　古代中国では滑稽な演技で王侯貴族を楽しませることを職掌とした芸人のことを「俳優」とよんだ．「優人」とも称され，『史記』巻126「滑稽列伝」にみえる優孟（生没年不詳），優旃（生没年不詳）の「優」もそれであり，歌舞を供した倡優と合わせて優伶と称された．

●**漢魏六朝の俳優**　漢代にも滑稽な演技を供する優人・倡優が存在した．とりわけ宮廷の優伶は盛んで，芸に秀でた者は「黄門名倡」（『漢書』巻22「礼楽志」）・「黄門工倡」（桓譚〈前23-後56〉『新論』巻16）とよばれた．貴族豪門では蓄優の風が起り，多数の女倡を列ねて歌舞を供させたり（『後漢書』巻64「盧植列伝」），皇帝と女楽を争う外戚すら現れた（『漢書』巻22「礼楽志」）．後の家楽の濫觴である．

　六朝時代（222-589），演劇として主人公が明確に打ち出され，それにまつわる物語が演じられた．《代面（大面）》《踏揺娘》などである．常非月（生没年不詳）「詠談容娘」詩（『全唐詩』巻203）によれば，踏揺娘はしぐさと歌舞を交えた芸能として唐代にも行われていた．

●**唐代の俳優**　唐代には武徳年間（618-626）に宮廷楽舞の教習を司る官署「内教坊」が，開元2（714）年に胡楽，俗楽と散楽を習得するための左右「教坊」が設置された．また先天元（712）年には「梨園」が設置された．坐部伎の子弟300を皇帝梨園弟子と称し，宮女数百人も梨園弟子となって，宜春北院に居住した（『新唐書』巻22「礼楽志」）．「梨園」の語は後に戯班（劇団），あるいは芝居を上演する場所をさすようになり，「梨園弟子」は広く俳優を意味するようになった．

　歌舞戯とは異なり，唐代には参軍戯が盛行した．参軍戯は参軍と蒼鶻の二人が登場する笑劇であり，宮廷から民間まで幅広く流行した．

●**宋・元の俳優**　宋の雑劇は唐代の参軍戯が成長してできあがったものと考えてよい．参軍戯における参軍と蒼鶻という2種類の役柄が分化して，4，5種類に増えている．呉自牧（生没年不詳）『夢梁録』巻20「妓楽」によれば，主役の末泥，その相方である引戯に加えて参軍と蒼鶻から変化した道化を担当する副浄と副末，さらには装孤という役柄が加えられて演じられた．滑稽な歌とせりふの応酬に終始する笑劇であった．

　宋代は民間の商業劇場が形成され始めた時期である．瓦子（瓦舎）と名づけられた盛り場に「勾欄」とよばれる劇場が数多く存在した．4，5人で上演した雑劇の俳優は，おそらく戯班に所属していたものと思われる．家族で構成された戯

班もあり，一家5人で，諧謔を主とする芸を鬻ぎ，「雑劇者」とよばれるものもいた（宋・周南〈1159-1213〉『山房集』巻4「劉先生伝」）．流浪芸人は「路岐」と呼ばれ空き地で芸を披露した（宋・周密〈1232-98〉『武林旧事』巻6「瓦子勾欄」）．

元雑劇の上演場所は宮廷，民間，家楽であり，宋代同様に「路岐」とよばれたほか，「伶人」「楽人」とも称された．上演場所は都市の勾欄と郷村の廟台であった．元の夏庭芝（1300?-75?）『青楼集』には，元の大都，金陵，維揚，武昌および山東，江浙，湖広などの地の歌妓，芸人の事跡が記録される．雑劇俳優のうち女優は121人を数える．元の勾欄の様子を活写した杜仁傑（1201?-82）の散曲《荘家不識勾欄》にも，女優の登場が描かれている．山西省洪洞県広

図1 「山西省洪洞県広勝寺明応王廟正殿壁画」

勝寺明応王廟正殿には忠都秀一座の上演を記念した壁画が残されている．壁画の上部に「大行散楽忠都秀在此作場」，末尾に「泰定元年（1324）四月日」の文字が見られる．囃子方も含めて11人の座員は，服装も多様で，役柄の揃った芝居の行われていたことをうかがわせる．雑劇の脚本には扮装についての言及は皆無であり，舞台での俳優の様子を知るうえで貴重な資料である（図1）．

●**明・清の俳優** 明代の俳優は「戯文子弟」と称され，声腔に応じて「海塩子弟」「弋陽子弟」「昆山子弟」などともよばれた．家楽には女の童伎で組織される家班女楽，男の家班優童，プロの家班梨園の3種の形態があり，家班女楽が盛行した．李開先（1502-68），銭岱（1541-1622），呉琨（生没年不詳），阮大鋮（?-1646）などは，いずれも家楽を蓄えた．

清代，家楽に代わり，職業集団としての戯班が中心になってきた．清初は姑蘇班，全蘇班などの昆班が活躍していたが，乾隆年間（1736-95）になると，両淮地域の専売塩務関係庁において，巡察する皇帝や高官の慰安，自らの公私の饗宴の用に供する戯班を備えるようになった．そこでは，昆劇を「雅部」，それ以外の乱弾諸腔を「花部」とよび区別した．やがて知識人からは軽視されていた花部が台頭し始め，乾隆末年には昆劇，乱弾の俳優からなる花部戯班の集秀揚部が結成され，雅部と花部の勢力争いが始まった．道光年間（1821-50），二簧腔を用いていた徽班が西皮腔を併用して完成した京劇も，専業の俳優たちが担った．

〔根ヶ山徹〕

京劇の誕生――清代から段階的に成立

　中国を代表する伝統演劇である京劇は，段階的に誕生した．京劇の歴史的上限は18世紀末の徽班進京期までさかのぼるが，京劇の形成期は19世紀前半の徽漢合流期で，「京劇」という劇種名が定着するのは20世紀半ばである．

●**前史**　清代に入ると，中国各地で地方劇が急速に発達した．首都である北京には地方出身の役人や商人が多く居住した．彼らは出身地の地方劇をひいきにしたため，さまざまな地方劇が北京に進出して人気を博した．清朝の歴代皇帝も，民情を知るための教材として，また娯楽として宮廷内で演劇を上演させた．南方起源の典雅な地方劇である「崑弋二腔」（崑曲すなわち後の崑劇と，弋陽腔の文人系演目の総称）は「雅部」と称され，正統派の文人演劇として上流階層に愛好された．それ以外の通俗的な地方劇（弋陽腔の武劇系演目を含む）は「花部」あるいは「乱弾」と称され，中流層や庶民層の間で人気を博した．

●**徽班進京――京劇の萌芽期**　乾隆55（1790）年，乾隆帝の80歳の祝典が北京の町をあげて盛大に行われた．これに合わせ各地から有力劇団が北京によばれ，祝賀公演を行った．それらの中でも，安徽省系の地方劇徽調の女形・高朗亭の一座は，俳優の訓練が行き届いており，演目も豊富で，絶大な人気を博した．

　明清期には安徽系の商人や役人が全国的なネットワークをつくっていた．徽班（徽調の劇団）は各地で巡業を積み重ね，さまざまな芸能の要素を吸収した．高朗亭の一座三慶班の北京での成功に続いて，四喜班・春台班・和春班など他の徽班も相次いで北京進出に成功し，その人気は旧来の崑弋二腔を圧倒した．

　通説では，1790年の高朗亭の北京進出（徽班進京）をもって京劇の起源とする．1990年には中国で演劇祭「京劇二百年祭」が開催された．ただし当時の徽調は，音楽の節回しや俳優の芸の風格など，後の京劇とはかなり違う演劇であったと推定される．

●**徽漢合流――京劇の形成期**　地方劇の俳優が生活のため，あるいは自分の芸域を広げるため，他の地方劇も学んで兼演することは，中国では普通である．北京に進出した徽班も観衆の人気を得るため，他の地方劇の俳優を受け入れたり，他の地方劇の人気演目や芸風を取り入れた．

　湖北省の地方劇・漢調（別名，楚調，漢戯．現在の漢劇の前身）は，徽調と並ぶ有力な地方劇で，以前から北京に進出していた．道光8（1828）年以後，漢調の俳優たちが，すでに北京で人気を博していた徽班に相次いで参入するようになった．安徽派（名優に程長庚など）と湖北派（名優に米応先や余三勝など）の芸風が融合し，また崑曲や梆子腔など他の地方劇の要素も吸収して，道光20

年（1840）頃に京劇の基本形がつくられた．

京劇は通俗的な花部の劇種の一つとされたが，その演目は豊富で，文と武，雅と俗にまたがり，俳優の歌や立ち回りなどの芸も洗練されていた．京劇の音楽も，通俗的な皮黄(ひおう)（穏やかな二黄調と，激越な西皮調の総称）の節回しを主とするが，優雅な崑曲や通俗的な梆子腔など他の地方劇の音楽も吸収し，徽調時代から伝承してきた吹腔・四平調・高撥子などの劇音楽も使うなど，緩急自在の妙に富んでいた．京劇の演目も，英雄の歴史劇や，才子佳人の恋愛劇，庶民を主人公とする喜劇，戦闘の立ち回りを見せる武劇など多彩で豊富であった．京劇の役者が脚本を書き下ろした芝居もあれば，他の地方劇から移植した演目もあった．雅と俗にまたがる京劇は，市民層だけでなく，咸豊帝(かんぽうてい)や西太后(せいたいこう)など清朝の貴顕層をも魅了した．市場地の興業演劇としてだけではなく，貴顕層の社交の場でもある堂会や，清朝の宮廷でも上演された．

●**京劇の完成期**　清末までは，男女の同席を忌避する儒教道徳の影響もあり，京劇俳優は男性に限られ（女性役は女形が演じた）．市中の劇場に足を運ぶ観客も男性が主体だった．

民国期に入ると，封建社会の枠組みがゆるみ，若者や婦女子も京劇の劇場に足を運ぶようになった．旦の梅蘭芳(メイランファン)や老生の周信芳(ヂョウシンファン)ら，当時の若手ないし中堅の名優たちは，新しい観客層の期待に応えるため，また賤業視されていた自分たちの社会的地位の向上を図るため，大胆な京劇改革を次々に行った．社会問題を提起する新演目の創作や，伴奏楽器の追加と改良，歌の節回しや演技の型の再創作，衣装や化粧法の再デザイン，検場（日本の後見・黒衣にあたる）の廃止など，さまざまな近代化を試みた．また本格的な京劇女優の舞台進出も民国期から始まる（新中国では，女性の役は女優に一本化された）．

今日の京劇俳優が受け継ぐ京劇の流派は，例えば梅蘭芳の「梅派」や程硯秋の「程派」のように，民国期に名を成した名優の芸風が大半を占める．新中国の建国後も京劇改革は進められたが，社会主義思想の影響で京劇のスターシステムが排除され，新流派の創造はなくなった．この意味で民国期，特に1930〜40年代は，今日に直結する京劇の誕生期であった．

●**京劇という名称の固定化**　京劇の旧称は多い．清代から民国期にかけては，時代や文脈ごとに「乱弾(らんだん)」「簧調(こうちょう)」「京簧(けいこう)」「京二簧(けいにこう)」「皮簧(皮黄)(ひこう(ひこう))」「二簧(二黄)(にこう(にこう))」「大戯(たいぎ)」「京戯(けいぎ)」「京劇(けいげき)」「平劇(へいげき)（北京が北平と改称されていた時期の呼称）」「国劇（京劇と崑劇などを合わせた呼称）」など，さまざまな名称でよばれた．

「京劇」という呼称に一本化されたのは1949年の新中国成立後である（台湾では政治的理由でその後も「平劇」「国劇」と称した）．なお日本語では昭和中期まで京劇は「けいげき」と読んだが，文革中の革命現代京劇を境に「きょうげき」という読み方が普及した．

［加藤 徹］

近代の名優たち──伝統劇から映画へ

「近代」に含まれる年代の範囲については諸説があるが，本項ではアヘン戦争期から国共内戦期（1840-1949）までに活躍した名優を取り上げる．

近代中国の名優は，清末までは京劇や昆劇など伝統劇の舞台俳優に限られた．民国期（1912-49）に入ると話劇（近代的なセリフ劇）俳優，次いで映画俳優や俳優兼歌手の活躍が目立つようになる．封建的な男尊女卑の気風が強かった清末民初まで，女優は芸者を兼業させられることが多く（妓戯兼営），本格的な女優が育ちにくかったが，1920年頃から舞台女優や映画女優の活躍もめざましくなる．

以下，主な名優を時代順に紹介する．

●**同光十三絶**　清代の絵師・沈蓉圃が光緒年間に描いた，同治・光緒年間に北京で活躍した京劇・昆劇の13人の名優をさして同光十三絶という（図1）．女形も含めて全員男性である．生没年や全盛期は相前後するものの，絵の中ではあたかも同時代人のように描かれている．

図1　同光十三絶　老生は⑥程長庚（扮装は《群英会》の魯粛），⑩盧勝奎（《戦北原》の諸葛孔明），②張勝奎（《一捧雪》の莫成），⑬楊月楼（《四郎探母》の楊延輝）．武生は⑫譚鑫培（《悪虎村》の黄天覇）．小生は⑦徐小香（《群英会》の周瑜）．旦は③梅巧玲（《雁門関》の蕭太后），⑧時小福（《桑園会》の羅敷），⑤余紫雲（《彩楼配》の王宝釧），⑪朱蓮芬（《玉簪記》の陳妙常）．老旦は①郝蘭田（《行路訓子》の康氏）．丑は④劉趕三（《探親家》の郷下媽媽），⑨楊鳴玉（《思志誠》の閔天亮）である

13人の内訳は，老生（髭をつけた男性役）が4人，旦（女性役）が4人，丑（道化役）が2人，武生（立ち回り役）・小生（髭のない若い男性）・老旦（老女役）が1人ずつである．

顔に隈取を描いた「浄」の俳優が漏れているなど，13人の人選に問題はあるものの，この絵は非常に有名になり同光十三絶は清末の名優の代名詞となった．

●**譚鑫培**　譚鑫培（1847-1917，図2）は，湖北派の京劇名優・譚志道の息子で，同光十三絶の一人．立ち回りと歌の両方を得意とする「文武老生」の名優で，甲高い歌声（京劇は高音を尊ぶ）から「譚叫天」ともよばれ人気を博した．西太后も譚鑫

培の熱心なファンであった．魯迅も小説「社戯」(邦題は「宮芝居」など)で譚鑫培の芝居を観に行った回想を書いている．中国最初の映画作品(白黒, 無声)は1905年に譚鑫培が京劇《定軍山》を演ずる姿を撮影した記録映画であった．

●**梅蘭芳** 梅蘭芳(1894-1961, 図3)は，京劇の女形で，同光十三絶の一人・梅巧玲の孫．演技や衣装，化粧の改良，新しい演目の創作など京劇の改革にも努め，「梅派」の芸風を創始した．また日本，アメリカ，ソ連で京劇公演を成功させ，世界的名声を博した最初の中国人俳優となった．周恩来とも親交をもち，新中国では中国京劇院の初代院長，訪日京劇団団長など要職を歴任．代表作は《貴妃酔酒》《覇王別姫》ほか多数．

図2 譚鑫培

●**欧陽予倩** 欧陽予倩(1889-1962, 図4)は，京劇・話劇・映画の俳優兼演出家．少年期から京劇を好み，日本留学中の1907年，東京で結成された中国最初の話劇団「春柳社」による《黒奴籲天録》(「アンクルトムの小屋」の脚色作品)舞台上演に参加，話劇の創始者の一人となる．1916年，京劇のプロ俳優兼演出家となる．1925年から映画の俳優兼脚本家としても活躍．1931年「中国左翼作家連盟」に加入．旧劇の改革や俳優養成学校，研究所の創設など多方面で成果をあげた．新中国では中国文学芸術界聯合会副主席，中央戯劇学院院長など要職を歴任．

図3 梅蘭芳

●**周璇** 周璇(1918-57, 図5)は，1930〜40年代にかけて活躍した映画女優兼歌手．「民国四大美女」の一人．主演映画《馬路天使》(1937 邦訳題は「街角の天使」)の劇中歌《天涯歌女》《四季歌》や，映画《三星伴月》(1937)の挿入曲《何日君再来》などを歌って大ヒットし，映画界と歌謡界の双方で成功した．1957年，上海で病死．

図4 欧陽予倩

●**趙丹** 趙丹(1915-80, 図6)は中国映画の男優．1932年から話劇と映画の俳優となり，上海を中心に活躍．《馬路天使》(1937),《烏鴉与麻雀》(1949),《武訓伝》(1950),《林則徐》(1958)など主演映画多数．文革中は，元映画女優の江青(毛沢東夫人)の過去を知っていたため，投獄され暴力を受けたが，友人であった日本の女優・高峰秀子夫妻が海外から趙丹の消息を問い続けたおかげで迫害死を免れた(高峰秀子『いっぴきの虫』)．文革後に名誉回復．1980年に癌で死去．遺言の中で，中国共産党の文芸界への介入を戒める言葉を残した． 〔加藤徹〕

図5 周璇

図6 趙丹

地方劇——愛郷心を育む舞台芸術

　地方劇（中国語では"地方戯（ディーファンシィ）"）には狭義と広義の意味がある．狭義は「一地方に分布する芝居」，広義は「中国の伝統演劇」（中国語の"戯曲（シィチュイ）"）と同義である．本項では後者の意味で，全国的な影響力をもつ京劇や昆劇も含めて解説する．現存する地方劇は数百種に上るが，以下の共通する特徴をもつ．

●**地方劇の特徴**　地方劇は，音楽劇であり，歌や打楽器を多用する．楽曲は既存の腔調（こうちょう）（固定化した伝統的な節回し）を使い回し，西洋のオペラのような書き下ろしの新曲は少ない．地方劇の個性は，劇音楽のメロディや使用楽器の音色，セリフの訛（なま）りや発声法など，聴覚面で強く現れる．衣装のデザインや化粧法，演技や立ち回りの型，小道具，舞台装置などの視覚面では，異なる地方劇同士でも共通する部分が多い．舞台や劇場も異なる地方劇で使い回す．京劇専用や昆劇専用の舞台建築は存在しない（これらの点は歌舞伎や能楽と違う）．舞台写真だけで劇種を見分けることは困難だが，音を聞けばどの地方劇か判別できる．

　一人の俳優が自己の芸域を広げるため，複数の地方劇を学び兼演するケースも多い．京劇の名優・梅蘭芳（メイランファン）も昆劇を学び，しばしば昆劇の名優と共演した．

　地方劇は一地方一劇種とは限らない．例えば，北京には京劇と，1950年代に成立した北京曲劇がある．京劇はいわば外来の劇種で，京劇の古雅なセリフ（韻白）は北京語ではないため，京劇通でないと聞いてわからない．北京曲劇の歌やセリフは土着の北京語なので，耳で聞いてすべてわかる．ある地域に雅俗の風格を異にする複数の地方劇が併存するのは，中国社会の常態である．

●**地方劇の名称**　地方劇の旧名は「〜腔（こう）」「〜調（ちょう）」など劇音楽の主要腔調の種類を示す呼称を，そのまま劇種全体の呼称として流用するケースが多かった．例えば昆劇は，江蘇省崑山地域の節回しという意味の「崑山腔」「崑腔」「崑調」や，崑山腔による戯曲という意味の「崑曲」ともよばれた．本来，演劇の一要素たる腔調音楽と演劇全体をさす呼称は区別すべきである．今日では地方劇の名称は「一字の地域名＋劇」が多い．ただし陝西省の「秦腔」のように腔調名を劇種名とする地方劇も依然として残っている．

●**地方劇の歴史**　中国史上，最初の本格的な演劇は宋元期に誕生したが，当時からすでに北曲（元の雑劇の別称），南曲など地方差が存在した．明代には多くの地方劇が存在した．文人の魏良輔（ぎりょうほ）（1489-1566）は，元末明初からあった崑山腔を土台に，弋陽腔（よくようこう）や海塩腔など他の地方劇音楽も取り入れ，崑曲（現在の昆劇）をつくりあげた．崑曲の劇音楽は優美で，脚本も文学作品として洗練されていたため，全国の文人層の支持を得た．陝西・山西一帯の農民の地方劇「梆子腔（ほうしこう）」は，

明末の農民反乱を機に各地に広まった．

　清代に入り，各地で地方劇が急速に発展した．農村部では宗族社会の再編が進み，都市部では同郷の商人や官吏のネットワークが発達した．観衆の愛郷心と団結心を高める効果のある地方劇は，農村部の祭礼や，商人や士人の会館，貴顕層の邸宅，市場地の茶楼など，さまざまな場で上演された．都市部に進出した地方劇団は，歴代の皇帝の死去に伴う国喪期や風紀粛正の禁演令が下されるたびに，地方へ退転し，禁令がゆるむとまた都市部に進出した．清代社会のダイナミックな動きは地方劇の流伝と相互交流を促進し，京劇など新しい劇種が生まれた．

　民国期に入ると，封建的な社会体制の枠がゆるみ，地方劇の勃興に拍車をかけた．農村部の語り物の芸に起源をもつ河北省の評劇や浙江省の越劇など，新しい地方劇が誕生し，大衆の人気を得た．1930年代頃には京劇（北京の北平改称後は平劇）や昆劇を中国文化を代表する国劇に格上げする動きもみられた．

　新中国の建国後は，中国共産党の文芸政策のもと，地方劇は人民文芸の精華であるという観点から，旧来の地方劇の整理統合や，新しい地方劇の創生などが行われた．

　その後，地方劇は文化大革命による中断や，近年は映画やテレビなど新しい娯楽メディアとの競争など，試練の時代を経て現在に至っている．ユネスコの無形文化遺産に指定された京劇（指定は2010年）や昆劇（同2001年），広東・香港の粤劇（同2009年）のように国際的な知名度を誇る地方劇もある一方，観客数の減少や後継者不足に悩む地方劇も多い．

● **地方劇の分類**　数百に上る地方劇は，音楽の声腔（歌のメロディや歌唱法など，俳優の音楽的演技の総称）によって四つに分かれる（四大声腔）．

　①崑腔系：今日の昆劇．風格は優美で典雅．
　②高腔系：元明以来の弋陽腔の系統である高腔を使う地方劇．
　③梆子腔系：梆子（ナツメの木でつくった拍子木）を叩いて拍子をとる陝西・山西地方の農民の謡いを起源とする地方劇．風格は通俗的で激越．
　④皮黄腔系：南方系のゆるやかな二黄と西北系の激しい西皮の二つを主要腔調とする地方劇．風格は雅俗共賞．京劇や徽劇，漢劇，粤劇など多数．

　歌詞の韻文形式に着目すると，崑腔と高腔は優雅な「曲牌体」「楽曲系」で，歌詞は長短さまざまな詞句が入り交じった定型詩である．梆子腔と皮黄腔は通俗的な「斉言体」「詩賛系」で，歌詞の各行の長さは一定で，創作も容易である．

　近現代の地方劇の新作では，伝統的な四大声腔の枠組みにおさまらぬ演目も多い．

● **五大地方劇**　北京の京劇，浙江省の越劇，安徽省の黄梅戯，河北省の評劇，河南省の豫劇は，一地方の枠を越えて全国的な人気を得た地方劇であるため，「中国五大戯曲劇種」とよばれることもある．

〔加藤　徹〕

現代演劇（話劇）――誕生から今日まで

　話劇とは会話とそれに基づく自然な身体動作を基礎とする演劇で，日本の新劇に相当する．話劇は本来は中国に存在しなかったが，20世紀に入って外国演劇の影響で誕生した．

　現代演劇という用語には，話劇とほぼ同じ意味の狭義の用法と，現代に存在するあらゆる演劇という広義の用法の二つがあるが，京劇など伝統演劇は別項で扱われるので，ここでは話劇に絞って記述する．

●**話劇の誕生**　20世紀初頭は中国人日本留学の一つのピークだったが，芝居好きの留学生は新派などにふれて春柳社を結成し，1907年に東京で《黒奴籲天録》（「アンクルトムの小屋」脚色）を上演し大成功を収めた．その反響が上海に伝わり，過渡的な演劇である文明戯（早期話劇）が生まれた．1914年頃に全盛期を迎えたが，まもなく衰退した．文明戯の堕落に反発する演劇人と『新青年』の新文化運動が結びつき，1919年の五四運動以後話劇が確立していく．1924年の戯劇協社《若奥様の扇》（オスカー・ワイルド『ウィンダミア卿夫人の扇』翻案）は，男女共演，演出制，写実的舞台装置，国語（標準語）の使用などに基づいて個性をもった人物を描き出し公演を成功させ，話劇確立の指標とされる．

●**民国期の話劇**　これ以後話劇は，知識階層の演劇として成長していく．1920年代末から30年代にかけて，プロレタリア演劇運動が勃興した．一方では国民党政権による相対的安定の中で，中国旅行劇団のような職業話劇団も成立する．劇作家として田漢，郭沫若，夏衍などが現れ，なかでも曹禺の《雷雨》(1934)，《日の出》(1936)などは鮮明な個性を備えた人物とその人物が織りなす劇的内容で観客から強く歓迎され，多くの劇団で上演され，話劇の確立・発展に貢献した．1935年には国立演劇学校である国立劇専も創立された．

　1937年に抗日戦争が勃発すると，初期には，演劇人は演劇隊をつくり中国各地で短い街頭劇などを巡演した．1938年以降抗戦長期化が明らかになると，演劇人の視点は戦争下の現実に向かい，中国社会の問題点を掘り下げた多幕物の名作が多数現れた．戦争の影響で映画製作・輸入が弱まったこともあり，演劇は重慶や上海を中心に大いに栄え，郭沫若《屈原》(1942)などが登場する．1920，30年代のさまざまな演劇潮流は，戦争という空前の民族的危機の前に，現実を直接描くリアリズムに収斂されていった．

　中国共産党の根拠地延安では，抗日戦争勃発後都市部から大量の青年が入り，彼らの求めで1940年から曹禺などが大型名作劇を盛んに上演したが，農民には受け入れがたかった．この傾向などを是正するため，1942年開催の文芸座談会

で毛沢東が講話を行い，文芸の労農兵への奉仕，知識人の思想改造と政治基準の優先が強調された．これを整理し論文化したのが『文芸講話』である．座談会以後，当地の民謡をもとにした秧歌劇や新歌劇《白毛女》(1945) などが生まれた．

●**中華人民共和国建国後文化大革命終結までの話劇**　中華人民共和国建国直後の中国芸術界は，延安など解放区（共産党支配地区）の経験が正統とされた．各省に最低一つの話劇団がつくられ，話劇は著しく普及した．中央，上海戯劇学院など国立演劇大学もつくられ，ソ連に学び，スタニスラフスキー・システムの導入も進んだ．話劇団の多くは軍隊の文工団が独立したもので，『文芸講話』絶対化と相まって，共産党の政治宣伝の道具傾向が強まった．たび重なる批判運動もそれに拍車をかけた．1957年の反右派闘争は，その最も規模の大きいものである．

一方で，1950年代後半には話劇を中国の文化風土に適応させる話劇の民族化追求も始まった．演出家の焦菊隠はスタニスラフスキー・システム導入と話劇民族化の双方に大きな功績があり，1958年初演の老舎《茶館》(北京人民芸術劇院)はその代表作とされる．

しかし，1963年頃から中国では思想引き締めが再び進み階級性が絶対化され，話劇を活性化させようとする試みは圧殺されていった．1966年からの文化大革命はこの傾向を極端にまで進め，話劇に極めて不利な影響を与えた．1949年から文革終結までの話劇作品の中で今日も上演されるのは，《茶館》を除くと一部の児童劇，歴史劇にすぎない．

●**改革開放期の話劇**　文革終結後の1979年前後に話劇は思想の解放を訴えて大いに観客を引きつけたが，政治宣伝の道具傾向を脱しきれず，テレビ普及などの影響もあり，まもなく観客離れが進んだ．1980年代に入って，話劇の危機克服のため新しい動きが起きた．一つは，ベケットなど西洋前衛演劇に学び話劇という演劇形態自体の克服・破壊をめざす小劇場運動である．高行健ほか作《絶対信号》(1982，北京人芸) に始まる一連の林兆華演出作品は，その代表である．

もう一つは，曹禺など現実直視の作風を今日に復活させようとする話劇再生の動きである．李龍雲《小井胡同》(1983) などで，錦雲《犬だんなの涅槃》(1986) もこの範囲に入る．

1990年代には新しい演出家として《思凡》(1993) の孟京輝，《ゼロの記録》(1995) の牟森などが現れ，実験演劇をより推し進めた．しかし21世紀に入ると，進行する市場経済の中で孟京輝は商業主義に傾き，牟森は沈黙した．21世紀初年代には，2005年成立の戯逍堂など商業演劇を追求する民間劇団も現れた．これらの民間劇団は経済発展の中で出現した若い富裕層の生活にマッチした演劇を上演し，彼らから歓迎されている．一方で，北京人民芸術劇院，中国国家話劇院，上海話劇芸術センターなど国立劇団も健在ぶりを発揮している．しかし，北京，上海以外の都市では衰弱が著しい．

［瀬戸 宏］

映画——中国社会を映しだす鏡

　新中国成立後，映画は政治に奉仕する芸術とみなされた．作家の個性を含めた娯楽芸術としての価値が再評価されたのは文革終了後である．1990年代には市場経済化の中で映画産業も国有体制から独立採算の企業体へと再編され，2010年代に入ると中国は製作本数でも興行収入でも世界有数の映画大国となった．

●**中国映画の萌芽期**　中国で最初の映画上映については諸説あるが1897年頃とみられる．当初は"電光影戯（ディエングアンインシィ）""活動影戯（ホオドォンインシィ）"など呼称もさまざまで，現在使われている"電影（ディエンイン）"という語が，映画の呼称として定着したのは1920年代である．中国人による製作については1905年に北京で京劇《定軍山》を撮影したのを嚆矢とするのが長く定説であったが，近年疑問視されている．より継続的な映画製作の契機は，《難夫難妻（ナンフウナンチィ）》(1913)の鄭正秋・張石川，《荘子試妻（チョアンヅーシーチィ）》(1914)の黎民偉（れいみんい）など，上海や香港で萌芽期を支えるキーパーソンが登場したことにある．

●**市場の拡大とジャンルの多様化**　1920年代には中国映画の年間製作本数も100本を超え市場は飛躍的に拡大した．実際の殺人事件に題材をとった長編《閻瑞生（グゥアルジウヅゥジィ）》(1921)，社会倫理を説いたメロドラマ《孤児救祖記》(1923)などの話題作が生まれ，ジャンルも多様化した．なかでも，《火焼紅蓮寺》(1928-31)に代表される武侠オカルト映画は，1928〜31年に上海で撮影された400本近くの映画の60％強を占めたとされる．流行の背景には，北伐に続く上海クーデターで現実に失望した大衆が超常的な力の存在に慰めを見出したことがある．

●**映画の都，上海**　1930年代には明星，天一，聯華（ミィンシン，ティエンイィ，リエンホア）といった大手映画会社が鼎立し海外市場を開拓，上海は東洋のハリウッドと称された．ナショナリズムが高まる中，帝国主義や階級差別を批判する映画も登場し，検閲による修正や改ざんを受けながらも大衆の支持を得る．ベテラン鄭正秋の《姉妹花（ヅーメイホア）》(1933)のほか，孫瑜（すんゆ）《おもちゃ》(1933)，呉永剛《女神》(1934)，蔡楚生《漁光曲》(1934)，沈西苓（せいれい）《十字路（じゅうじろ）》(1937)，袁牧之《街角の天使（えんぼくし）》(1937)など若手監督による名作が次々に生まれ，胡蝶，阮玲玉，周璇，金焔，趙丹（ちょうたん）といった大スターが人気を博した．中国映画の開花には，《歌女紅牡丹（ゾアニュイホンムウダン）》(1931)に始まる有声映画技術の発達や，雑誌，レコード，ラジオ放送など周辺メディアとの相乗効果も大きく作用した．後に国歌となる義勇軍進行曲（ぎゆうぐんしんこうきょく）も，もとは映画《嵐の中の若者たち》(1935)の主題歌として登場し，抗日歌曲として親しまれた経緯がある．

●**戦火の中で**　日中戦争の全面化により映画産業の中心だった上海も打撃を受け，映画人も各地へ離散した．映画市場も分断されたが，製作は各地で続けられた．中国最初の長編アニメ《鉄扇公主（てっせんこうしゅ）》(1941)も戦時下の上海で製作されている．

1945年中国が勝利し離散していた映画人が上海に再結集すると，社会派作品を得意とする崑崙公司では《春の河，東へ流る》(1947)や《からすとすずめ》(1949)，文芸を得意とする文華公司では《奥様万歳》(1947)《田舎町の春》(1948)など，内戦の緊張下でも質の高い作品が製作され，戦乱に疲弊した人々に歓迎された．

●**社会主義下の新体制**　1949年に中華人民共和国が成立すると，米国映画は制限され，映画産業はソ連をモデルに国有化に向けて再編された．新体制のもとで《橋》(1949)，《白毛女》(1950)，《私の一生》(1950)などが製作されたが，映画人もまた毛沢東「文芸講話」の方針をいかに実践するかを模索していた．それだけに孫瑜《武訓伝》(1951)が階級闘争を唯一の評価軸として批判されたことは映画界を震撼させた．新中国で初のカラー映画《梁山泊与祝英台》(1954)や文芸映画《祝福》(1956)などが製作されたものの，反右派闘争では呂班，呉永剛，石揮などの映画人が批判され，大躍進期は製作本数や上映回数ばかりが重視された．周恩来や夏衍が再三にわたって活性化をうながし，ようやく1959年《林商店》《青春の歌》などの建国10周年記念献礼映画が銀幕を賑わせ，《紅色娘子軍》(1961)，《舞台の姉妹》(1965)などの話題作が続いた．

●**文革期から新時期へ**　だが，文化大革命が始まると，建国後17年間に製作された600本以上の劇映画が「毒草」と誹謗中傷され上映禁止となった．批判を免れたのは数本で，作家の個性は否定され，集団創作が主流となった．江青の役者としての過去を知る映画人には特に厳しい迫害が加えられ，鄭君里，応雲衛など多くの才能が失われた．文革期に製作されたのは「三突出」とよばれる英雄の表現形式に則った《智取威虎山》(1970)など革命模範劇の映画版や，政治的に安全な映画のリメイク，《春苗》(1976)など走資派を批判する映画などで年産平均10本にも満たなかった．こうしたことから文革期は一種の断絶期ととらえられがちだが，近年では「政治第一，芸術第二」の原則を文革前から文革後へと有機的に繋いだ一時期だという見方もある．

毛沢東の死と四人組の逮捕後，上映禁止となっていた映画が再上映され外国映画の交流上映がされると，娯楽に飢えた人々が殺到した．なかでも日中友好平和条約が締結された1978年の日本映画祭は大きな反響をよび，高倉健ブームが起きた．改革開放のもと，1979年に外国と共同制作するための映画機関も設置され，日中国交10周年記念合作映画《未完の対局》(1982)や中伊英合作の《ラストエンペラー》(1987)などが製作された．この新時期を代表するのは《天雲山物語》(1980)《人，中年に至る》(1982)など文革期を感傷的に振り返る「傷痕映画」である．

●**冷戦期，香港・台湾の映画**　抗戦期と内戦期を通じて中国大陸から資金と人材が流れ込んだ香港は上海に代わる映画製作の拠点となった．

広東語映画では男装の麗人任剣輝による粤劇もの，關徳興演じる「黄飛鴻」シリーズ，陳寶珠と蕭芳芳の青春映画など娯楽作はもちろん，教育面を重視した

中聯の文芸映画や諷刺コメディなども人気が高かった．北京語映画では電懋（国泰機構）とショウ・ブラザーズの二大会社が競い合い，豊富な資金力と南洋での配給網を背景に，絢爛たる作品と李麗華，白光，林黛，葛蘭，陳厚，王羽らのスターを陸続と生みだした．

1960年代半ば，空前のヒットとなった「黄梅調」時代劇《梁山泊と祝英台》（1963）の李翰祥，武俠映画に独自の美学を持ち込んだ胡金銓ら香港北京語映画界育ちの気鋭の監督が台湾に拠点を移し台湾映画界に刺激を与えた．一定の生産量があった低予算の台湾語映画は駆逐される一方，停滞していた台湾製の北京語映画は洗練され歴史時代劇や武俠映画，文芸ロマンスなどで海外に市場を広げた．

1970年代はじめテレビの普及により映画人気には次第に影が差すが，その中で香港映画界の二枚看板となったのが李小龍のカンフー映画と，許冠文の広東語コメディ（「Mr.BOO！」シリーズ）であった．李小龍は香港映画を世界に知らしめたが，夭折し，粗製乱造によって衰退したカンフー映画に新たな息吹を吹き込んだのは，カンフーにコメディの要素を加えた成龍の活躍である．

●**ニューウェーブ**　香港ニューウェーブ（新浪潮）は1970年代後半，海外留学を経てテレビで経験を積んだ梁普智，厳浩，徐克，許鞍華ら若手監督が，現実に目を向けた題材と個性的な技法で映画界に新風を吹き込んだことに端を発する．その衝撃は，台湾の侯孝賢や楊徳昌にも影響を与え台湾ニューシネマ（新電影）の誕生に繋がった．1980年代，台湾映画が現代史や郷土小説を題材にリアリズムを志向したのとは対照的に，香港映画は香港ノワールやワイヤーワークなど虚構性豊かなスタイルを確立し，呉宇森や王家衛などの監督や，周潤發，李連杰，梁朝偉，張曼玉，林青霞，張国榮らの俳優は世界各地に活動の場を広げた．

中国でも1980年代前半に都市部と農村部の双方で上映施設の整備が加速し，映画消費は「精神汚染批判」を受けつつも拡大した．増産体制の中で起用されたのが北京電影学院出身で紅衛兵世代（「第五世代」とも称される）の陳凱歌，田壮壮，張芸謀らである．彼らは《黄色い大地》（1984），《盗馬賊》（1985），《紅いコーリャン》（1987）などセンチメンタリズムを廃した斬新な表現で中国ニューウェーブ（新潮）と称され，国際的に高く評価された．1980年代後半には謝晋《芙蓉鎮》（1986），呉天明《古井戸》（1987）などベテラン監督の新作も内外の話題を集め，俳優では鞏俐が中国映画の国際的アイコンとなった．

●**市場経済化による急激な変化**　「南巡講話」後に拍車がかかった市場経済化の勢いは映画界にも及び，1993年には半世紀近く続いた国家による一元的な配給権が輸入映画を除いて各地方配給機関に委譲され，チケットの価格も自由化された．1995年からは年間10本の外国映画の輸入が始まり，1998年公開の《タイタニック》は記録的ヒットとなった．市場を重視する娯楽路線の中で《さらば，わが愛／覇王別姫》（1993）など香港や台湾との合作，香港のナンセンスコメディ

を代表する周星馳(チョウシンチー)ブーム,テレビ界出身の馮小剛(フォン・シアオガン)監督による"賀歳片"(ホアスゥイピェン)[お正月映画]のヒットなどが目立った.一方,張元(ヂャンユエン),婁燁(ロウ・イエ),賈樟柯(ジアヂャンクァ),王兵(ワンビン)ら青少年期に天安門事件を経験した世代(「第六世代」ともよばれる)は業界再編の中で就業機会を失し,自主製作に活路を求めた.商業主義とは一線を画し,政治的タブーや社会的弱者に関心を寄せた彼らの作品は国際的に高い関心をよんだ.しかし,天安門事件後の政治的な引き締めもあり,国策を謳う「主旋律」映画が重視され,文革を描いた《青い凧》(1993),《活きる》(1993)や自主製作の《媽媽》(1990),《一瞬の夢》(1997)などは上映禁止となった.

●**グローバル化と多様化** 娯楽の多様化やVCD・DVD海賊版の影響で,観客数や製作本数は1990年代を通じて減少したが,2001年末WTO加盟により外資の参入が許可された興行界では全国の映画館が"院線"(ユエンシェン)とよばれる30数社の配給興行チェーンに統合され,最新設備のシネコン建設などインフラ整備が進んだ.国家による作品の買い切り制度がなくなり競争原理にさらされた国営スタジオは1990年代末に始まった国有企業改革のもとで集団(グループ企業)化を進めるなどして体制を強化.2002年施行の新たな映画管理条例によって民間資本の参入が進み,2000年代には《HERO 英雄》(2002)など国際競争力をもった大作を製作する傾向が強まった.1990年代以来の影視(映画界・テレビ界)合流に加え,香港との経済貿易緊密化協定(2004)や台湾との両岸経済協力枠組協定(2010)によってテレビ界や香港・台湾との合作交流もさらに活発化した.落ち込み続けた興行収入も2000年代には増加に転じ2012年には世界第2位に成長,中国企業による外国映画への投資も増え,中国版を別途製作した《アイアンマン3》(2013)など「純ハリウッド製」と見紛う合作映画も多い.巨大な映画市場を前に,ハリウッド映画も自主的に中国の検閲に配慮する傾向がある.国内では2000年代に入っても,日中戦争を独自の視点で描いた《鬼が来た!》(2000,姜文(ジアン・ウェン)),《天安門,恋人たち》(2006),反右派闘争を描いた《無言歌》(むごんか)(2010),現代中国の格差と腐敗を描いた《罪の手ざわり》(2013)などが実質的な上映禁止にあっている.香港や台湾の映画人の中には,陳果(フルーツ・チャン)や魏徳聖(ウェイ・ダーション)など,商業映画志向でありながら,巨大市場で"封殺"(フォンシャア)されることを覚悟で「主旋律」とは異なる「本土」路線を選択する監督もいる.中国語圏の映画界はグローバル化と同時に,ジャンル的にも政治的にも多様化が進行している. [三澤真美恵]

📖 **参考文献**
[1] 黄 建業・黄 仁總編輯『世界回顧:図説華語電影』文建会,2000
[2] 沈 芸『中国電影産業史』中国電影出版社,2005
[3] 黄 徳泉『中国早期電影史事考証』中国電影出版社,2012
[4] 東京国立近代美術館フィルムセンター編「中国映画の回顧1922〜1952」『フィルムセンター』84,1985
[5] 日本貿易振興機構「中国映画市場調査」『調査レポート』2015

テレビドラマ──経済成長とともに開花

　中国のテレビドラマ制作本数は世界で一番多い（2014年は年間約1万5,983回）．
●**中国のテレビドラマの起源**　1958年6月15日，中国史上初のテレビドラマ《一口菜餅子》（イィコウツァイビィンヅー）は同年5月1日に開局した中国初のテレビ局，北京テレビ局（現・中央テレビ局）で生放送された．中国共産党を謳歌する《一口菜餅子》はまだ舞台劇の色が濃かったが，舞台の外のシーンを挿入したり，話の展開によってカメラのアングルを変えたりすることから，「中国テレビドラマ史のマイルストーン」と称してよかろう．当時，テレビ局は国家財政に依存した共産党と政府の宣伝機関にすぎず，テレビドラマの成長も緩慢であった．文化大革命（1966-76）が始まると，テレビドラマの制作が事実上中止された．
●**改革開放とテレビ産業の市場化**　1978年から実施した改革開放は中国のテレビ産業の転換点となった．1979年1月28日に，上海テレビ局は中国初のコマーシャル（「参桂補酒」（シェンクゥイブゥジウ）90秒）を流し，テレビ局の資金は財政支出から市場調達へとシフトし始めた．テレビドラマを含む放送番組の製作は従来は国や地方のテレビ局に独占されていたが，1980年代後半からは，ラジオ・映画・テレビドラマの管理部門である国家広播電影電視総局（現・国家新聞出版広電総局）の許可さえあれば民間企業によるテレビドラマの制作も可能になった．テレビドラマ制作は潤沢な資金に恵まれ，年間生産量は急増した．
　また，1987年中国は，日本を抜き，世界一のテレビ生産大国となった．テレビおよびテレビ人口の急増は，その後中国のテレビドラマ産業の急成長の背景となった．
●**テレビドラマの萌芽期（1980年代）**　1981年に，中国広播電影電視部（現・国家新聞出版広電総局）により中国初のテレビドラマ大賞「飛天賞」（フェイテンシャン）が創設され，1983年には，専門家の意見と視聴者の投票に基づいたテレビドラマ大賞「金鷹賞」（ジンインシャン）が創設された．飛天賞と金鷹賞は前年度に放送されたテレビドラマから優秀作品を毎年選出している（2005年より隔年になった）．その受賞作を振り返ると，1980年代前半は，人々が助け合うあたたかい社会を謳歌する《有一個青年》（ヨウイィグァチンニエン）（1981受賞）や，下放された知識青年を主人公とする《蹉跎歳月》（ツゥオトゥオスイユエ）（1983受賞），《今夜有暴風雪》（ジンイエヨウバオフォンシュエ）（1985受賞）など，イデオロギー色の濃い作品が目立った．1980年代後半になると，中国四大名著からドラマ化された《紅楼夢》（ホンロウモン）（1987受賞），《西遊記》（シイヨウジィ）（1987受賞）が大ヒットし，中国のドラマ制作に娯楽性の要素がより強まった．
●**テレビドラマの成熟期（1990年代）**　1990年代に入ると，テレビ産業の市場化などを背景に，中国のテレビドラマが多様化，成熟化の時期を迎えた．作品の

イデオロギー色が全般的に薄くなり，市場経済から生まれた新しい価値観を反映したテレビドラマが登場した．例えば，1991年の金鷹賞受賞作《公関小姐》は香港と大陸の合弁ホテルを舞台にし，豊かな生活に憧れ，華僑の愛人になって外国に行こうとする大陸のホテル職員の拝金主義的な価値観を大胆に描いた．

また，テレビの普及率の急上昇を背景に，全国で大ヒットした話題作が相次ぎ登場した．例えば，1990年に《渇望》が放送された後，登場人物たちの倫理観を巡る議論が全国で繰り広げられるなど，その大流行が社会現象にまでなった．その後，コメディ《編集部的故事》(1991)，作家王朔の作品からドラマ化されたラブストーリー《過把瘾》(1994)，初代中国人移民のニューヨーク奮闘物語《北京人在紐約》(1994)，農村部に残された知識青年の子どもが上海に行って実の親を探すストーリー《孽債》(1995) など，内容やスタイルが大きく異なる作品が相次ぎ大流行した．1998年に，台湾の女流作家瓊瑶の作品をドラマ化した《還珠格格》が放送されると，中国大陸だけでなく，台湾，香港，東南アジアでブームを引き起こした．中国のテレビドラマ産業が全盛期を迎えようとした．

●**2000年以降のテレビドラマ**　2001年のWTO加盟を背景に中国経済がさらなる急成長を遂げ，2005年以降は不動産市場のバブル化が表面化し，貧富の差がさらに拡大した．2000年以降のドラマの中では，《中国式離婚》(2004)，《奮闘》(2007)，《蝸居》(2009) といった貧富の差，汚職などの社会問題を描いた作品が反響をよんだ．

中国のテレビドラマ産業は，経済発展を背景に，投資規模や製作水準がいっそう高まった．テレビドラマ年間制作本数は，2000年代半ばに世界一となった．《新三国演義》(2010) を代表とした時代劇は相次ぎテレビドラマ史上の最高投資金額を更新した．2012年に放送された宮廷物語《甄嬛伝》は翌年に米国で短縮版が上映され，中国のテレビドラマが欧米先進国市場への進出を果たした．

その一方で，競争が激しくなる中，テレビ局や製作会社にとっていかに視聴率を高めるかが重要な課題となった．視聴率重視の戦略のもとでは，嫁姑トラブルや不倫など，主要消費者である女性視聴者が好きそうな素材を選んだり，劇的なサスペンスで視聴者の心を掴もうとしたりする傾向がみられる．さらに，ヒット作が現れると，同じジャンルの作品，ひいては模倣作が間もなく大量に出回る現象が目立った．

●**テレビドラマの審査**　中国では，映画やドラマの放送は国家新聞出版広電総局による審査許可制度が取られている．放送するまで当局の指導に基づいて作品を添削することが少なくない．暴力，性的シーン，未成年に配慮した内容のほか，まだ統制の強い分野を描く作品は共産党の方針に一致しなければ一部削除されるか全体が放送禁止になる可能性がある．ただ，作品のジャンルや価値観の多様化に対する制限は緩和されつつある．

［侯　蘇寒］

中国の世界遺産 ⑦

昆劇（2009年登録／無形文化遺産）

南京昆劇院にて．
（上）《林冲宝剣記》
（下）《白蛇伝》

元代後期，昆山（現江蘇省蘇州市の一部）で現地方言の音韻を利用した音楽，歌唱（昆山腔）が発展した．これを用いた演劇（歌劇）が昆劇で，明代に発展し，多くの作品がつくられ，地方劇の代表的存在となった．現在，浙江，江蘇，北京，上海，湖南に昆劇院があり，後進の育成を行っている　　　　　　　　　　　　　　　　［荒木達雄］

8. 生　　　　活

　ある文化を理解しようとすることは，その文化集団の人々を理解しようとすることと切り離すことができないはずで，文字などによる表象文化にだけ興味をもち，今を生きているその集団の人々に興味をもたないというのはおかしなことだ．

　本章では，現在の中国人の実生活に比較的共通してみられる行動文化を紹介している．各項目は曖昧ながら「しきたり」「観念と感覚」「生活諸相」とにグループ分けしてあるが，それらの項目選択が周到だとはなかなか言いがたい．この領域ではうんちくを傾け始めると際限なく広がっていくのである．

　編者としては，読者が自らの生活文化と較べつつ，類似点や相違点を楽しんでほしいと希望する．楽しむことが肝腎で，楽しいと感じれば古来の表象文化を鑑賞しても，また一味違ってくるのではなかろうか．現代の中華圏の映画を観て，ああなるほどと膝を打つこともあるに違いない．

[尾崎文昭・木村英樹]

名前のつけ方――子どもの幸福を願って

　現在の中国の人々は，普通，"大名（ダァミン）""小名（シァオミン）"というそれぞれ二つの名前をもっている．歴史的には，諱（いみな）や字（あざな）など複数の呼称があったが，今日では，幼児のとき，多くの場合新生児のお披露目にあたる"満月（マンユエ）"までにつけられる，上の世代によばれる際の呼称である"小名"［幼名］と，戸籍に登録される正規の名称である"大名"の二とおりになっている．

　かつては，命名の際に，一族のなかでの世代を示す漢字を用いる"字輩（ツーベイ）"が広く採用されていた．これは，同じ一族の同世代の男性が，名前が2文字であれば，そのうちの1文字を，名前が1文字であれば篇や旁などの漢字の部位を共有する仕組みである（図1）．"字輩"は，名門の一族であれば，数世代分を合わせると意味を成すように一族の名簿である族譜などに記載された詩や詞に従うものや，族長の決定によるものなどがある．

　こうした伝統的な命名システムと組み合わせるかたちで，あるいはそれとは別に，縁起の良い言葉を命名することもしばしばみられる．男性であれば，"福（フゥ）""貴（グゥイ）""俊（ジュン）"といった富や権力，才能や出世を想起させる漢字を組み合わせる，女性であれば封建的な女性らしさをイメージさせる"娟（ジュエン）""兰（ラン）""雪（シュエ）"などの字が用いられる．

●**名前と流行**　命名には，何かの力にあやかりたいという心情や，その名前が本人の何かしらの性質や将来を表すものとしてとらえられるという傾向がみられる．先にみた縁起の良い名前を与えるという行為もその一端であろう．先に生まれた子どもが夭折（ようせつ）した場合や，生まれた子どもが病弱であれば，名前を用いた運命の操作が行われることがあるが，それもこの発想と通底している．

　近現代中国は，激変の歴史の中にあったが，子どもへの命名もまた，この過程を反映することとなった．農村部では，電気や汽車の普及に伴い，その文明的な力にあやかろうと，子どもに"电灯（ディエンダン）"や"火车（ホゥオチョア）"という名前を与えることもみられた．これは，新規で神秘的な，そして先進的なものへの憧憬といってよいだろう．

　中華人民共和国成立以降では，"建国（ジェンクゥオ）""建设（ジェンショア）""建军（ジェンジュイン）""国庆（グゥオチン）"など国家建設に関わる名前が流行した．急速な社会主義化が進み，文化大革命の熱狂を迎える頃には，"先锋（シェンフォン）""卫革（ウェイグァ）""永革（ヨングァ）""爱兵（アイビン）""爱东（アイドン）""红军（ホンジュン）""进军（ジンジュイン）""反帝（ファンディー）"などの名前が流行り，1966年の，毛沢東と，紅衛兵であった宋彬彬（そうひんひん）とのやり取りが広く報道されるに至って，若者の中にはより「革命」的な名前へと改名する者も少なくなかった．その結果，日本に比べて姓の種類が少ない漢民族にあっては，多くの同姓同名を生みだした．改革開放政策の時期に入り，革命的熱狂が退潮して

以降，社会主義を反映する名前の命名は急激に減少したが，近年でも，北京オリンピックや上海万博などの際には，それら国家的イベントにちなんだ命名がみられた．北京オリンピックの例でいえば，2008年に生まれた子どもを"奥運宝宝"（"宝宝"は幼児を意味する）とよぶが，この年にはオリンピックから一字取りして，"奥冠""奥生""博奥"など，「奥」の字を用いる命名が多くみられた（実際，この年は出産ブームとなり，オリンピックにちなんだ新生児用グッズも多数登場した）．この社会現象も，国家的イベントの喜ばしい雰囲気にあやかろうとする父母の心情の表われといえるであろう．

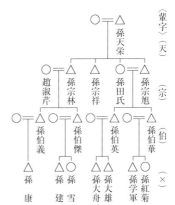

図1 "字輩"と変化 （天）（宗）（伯）が輩字で，（×）はこの世代から統一の輩字がないことを示している．（『ハンドブック 現代中国』第四版，愛知大学現代中国学部，あるむ，2013）

●「計画生育」がもたらした命名の変化　1980年代に普及した"計画生育"［一人っ子政策］の結果，多くの家庭では，子どもが一人となっている．その結果，一人しかいない貴重な子どもに対しての関心が高まるなかで，子どもの命名法にも，変化が生じている．一時期"迷信"として否定されていた，周易や八字，十二支，姓名学が再び意識されるようになり，新生児の出生年月日（年干・年支，月干・月支，日干・日支，時干・時支）から導き出した生辰八字を補う名前を考案する，占いに詳しい人物に相談するなどはこの代表的な例であろう．また，識字状況の改善により，発音が同じで縁起の良い単語を連想させる命名"諧音"や，五行（木・火・土・金・水）のすべての要素が篇や旁に含まれるような非常に凝った命名も流行っている．

　近年では，一人っ子同士が結婚，出産する時期に入ったことから，両親の姓をどのように継承するかが問題となっている．姓はその人物のアイデンティティと関わり，変更することがないという前提がある一方で，"絶戸"［家系の断絶］を避けるための方法として，一部の人々のあいだでは，呼称のレベルで父方の姓と母方の姓を合わせて"双姓"［2字からなる姓］とする，生まれてくる子どもに母方の姓に由来する字を選ぶなどの工夫もみられる．

　身近な人物と名前が重複する"重名"や，同音の言葉が良くない，コンピュータに入力しづらいなどの理由から，改名を希望する場合は，派出所へ変更手続きを申請することができる．ただし，変更許可が下るとも限らず，手続きが煩雑なことから，日常生活での呼称を変えるなどの手段で対応することもしばしばみられる．

　いずれにせよ，伝統的な命名法に拘束されていた過去に比べて，現在の中国における命名法は，多様になっている．

［田村和彦］

出産と幼児期のお祝い
──命の誕生とその固着

　父系出自原理によって社会を構成してきた漢民族のあいだでは，男子を出産することは，極めて大きな慶事であった．

●**人生の幕開け──出産**　出産が近づくと，母方の祖母らを中心に，出産の準備が始められる．祝いの品には，赤く染めた鶏卵，黒砂糖（中国語では"紅糖"），棗が用意される．これらの品は，妊婦の滋養のためであるとともに，赤い色が吉事（"紅事"）を示している．また，棗はその発音「zǎo」が「早い」と諧音関係にあるため，「順調に」「早く」生まれることを暗示する．

　かつて，農村部では分娩が近づくと，村の"接生婆"といわれる取りあげ婆をよび，家で湯を沸かし，男性を外に出して待機した．この時，"开門"とよばれる，家中の窓や扉を開け放つことがみられたが，これは，産道を開き，出産が順調となることを期待した慣習であった．現在では，産気づくとすぐに病院や，"妇幼保健院"とよばれる産婦人科と小児科を合わせた医療施設に入院して出産するため，こうした慣習はほとんどなくなった．

　また，1949年以降，中国共産党の方針に基づいて，男女の平等が繰り返し喧伝され，性別による新生児の間引きが禁止されたことで，性別による不均衡は改善されてきており，かつての農村でみられた"溺女"という出産後の間引きの慣習は廃れた．その一方，農村部では，法的には禁止されているものの，妊娠期間中，エコー診断により性別がわかった段階で，女児であれば堕胎するといった傾向もみられる．これは，現在の科学技術が生んだ新たな状況であり，今日でも，農村部ではしばしば"女人也后继人"［女性も後継者］などのスローガンがみられることは，こうした事情を背景としている．

　産後の休暇は，各地方政府により規定されているが，安定した"単位"［職場］に職をもつ女性が正規の手続きを経て出産した場合，日本に比べて優れた休暇や配慮を得ることができる傾向にある（図1）．

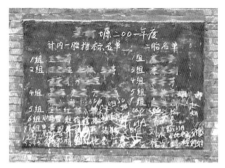

図1　陝西省農村の二人目出産許可の掲示［筆者撮影，2001年］

●**産後の儀礼**　出産後の儀礼には，大きく分けて"洗三""做滿月""过百岁"の三つがある．

"洗三"は，"三朝(サンチャオ)"ともよばれ，出産後3日目に行われ，これが近親者への新生児のお披露目となっている．"洗三"行事の中心は，新生児の身体を湯で洗い清めたり，湯に浸した植物で撫でることにあり，このことで新生児は母体と切り離されたことを示す．近親者たちは，卵のほか，菓子や副食，子ども用の衣服や布などを持参する．その後，お祝いに来た近親者たちと会食するが，北方では麺類を食べることが一般的であり，これを"洗三面(シィサンミエン)"とよぶ．

　"做満月"は，新生児が無事1か月を迎えたことを祝う行事であり，近隣の人々や友人に新生児をお披露目する，出産後最も重要な行事である．男児であれば30日目，女児であれば29日目に行われることが多い．この行事の中心は，新生児の頭の上を卵で撫でて，頭の産毛を，一部を残して剃り落すことにある．その後，後述する"坐月子(ヅゥオユェヅー)"を終えた母と新生児は，産後初めて部屋の外に出て，慶賀客からの祝福を受ける．招かれた客たちは，赤く染めた鶏やアヒルの卵，黒砂糖などと，各地の儀礼で用いられる品々を準備，贈答し，新生児と母に「富に恵まれますように」「将来，出世しますように」など縁起の良い言葉を次々にかけてゆく．最後に，"満月酒(マンユェジウ)"という酒宴を開いて，慶賀客をもてなし，みなで新生児の将来を祝う．

　"坐月子"とは，出産を終えた女性が約1か月，さまざまな禁忌の中で生活し，産後の身体を回復する期間をさす．この期間は，地域により禁忌の内容に差異があるが，栄養価の高い食事の摂取と，風を体にあてないこと，身体を物理的にも象徴的にも冷やさないことに関心が向けられる点で共通している．この期間，母となった女性は，ほとんどベッドから降りることもなく，室内で暮らすことになるが，禁忌を守ることで，更年期障害や，出産後の身体の変調から母体が守られると広く信じられている．

　"过百岁"は，新生児の出生後，100日に行われる儀式で，この日を最初の誕生日とし，100歳まで長生きするように，という願いが込められている．新生児と，一族の年長者とが接見し，長寿を期待するが，このときに会う年長者は健康で高齢であればあるほど良いとされる．

　この行事に際して，母方の祖母から"长命锁(チャンミィンスゥオ)"とよばれる銀製の錠前が子どもに送られることもある（図2）．これは，新

図2　长命锁［筆者撮影，2013年］

生児の命を長く繋ぎ止めることを願う品である．このほか，新生児が男児であれば虎を，女児であれば睡蓮をデザインした靴と帽子が贈られることもある．

［田村和彦］

学歴のもつ意味——出世するための通行証

　古今東西，学歴は人間の能力をはかる基準として用いられ，非常に重要視されてきた．昔の中国の例だと，科挙(かきょ)制度があげられる．科挙は隋唐から清朝までの間に文武官吏などを選考するための制度であり，"秀才(シウツァイ)，挙人(ジュイロェン)，進士(ジンシー)，探花(タンホア)，榜眼(バンイェン)，状元(ヂュアンユエン)"のようにランクづけられ，進士に合格してはじめて，官吏になる資格が得られる．最終的には，"殿試(ディェンシー)"[皇帝が自ら出題する]で1位になった人は"状元"となる．"状元"ともなれば，その人の出世だけでなく，その一族を含め，ありとあらゆる面において保障されるわけである．現在でも全国大学統一入試において各省・直轄市で1位となった人は"高考状元(ガオカオヂュアンユエン)"[大学受験の状元]といわれ，ちやほやされる．

●**学歴偏重は昔も今も変わらない**　中国における学問を重視する伝統はなにも科挙試験のある時代に始まったわけではなく，それより1,000年も前にすでに学問の神様である孔子が活躍していた．このように学問を重視する伝統は代々引き継がれ，最もそれを反映しているものとして，北宋の著名な学者である汪洙(ワンヂゥ)が書いた"神童詩(シントォンシー)"があげられよう．中には"万般皆下品，惟有読書高(ワンバンジエシアピン，ウェイヨウドゥシュウガオ)"．[世の中はすべて低俗なものであり，学問こそが一番品のあることである]という表現があり，今日でも多大な影響を残している．

　1912年に成立した中華民国においても，学歴重視の風潮は変わらなかった．実際に1948年の中華民国の閣僚の多くは欧米の大学で博士学位をとった留学組によって占められていたという．例えば外務大臣はロンドン大学の経済学博士，法務大臣はパリ大学の法学博士，文部大臣はベルリン大学の博士号の持ち主といった具合である．

　中華人民共和国(1949)になってから，労働者階級が国の主人公となり，知識人が一時期"臭老九(チョウラオジウ)"[社会的な地位において最下位]として批判される時期もあったが，そうした時代においても，学歴は出世や生活の質を変える手段の一つであった．文化大革命中，毛沢東(もうたくとう)の呼びかけに応じて農村へ下放された都会の知識青年の一部は，農村から脱出し，もっと良い仕事を手にするために大学の推薦入学制度を利用していた．改革開放(1978)以降，大学入学は推薦によるのではなく，全国統一試験に変わり，それによって，こうした学歴偏重の風潮はさらに拡大した．今の中国はこれまでにない高学歴社会になり，出世のためには大学以上の学歴を手に入れることが必須条件となった．もっと言えば，何をするにしても学歴が要求されるようになったのである．

●**いろいろな場面で必要とされる学歴**　就職のときは当然学歴が要求される．企

業が人を採用するとき，学歴について，一定の基準が設けられており，それに達していなければ能力があっても申し込む資格すらない．たとえ基準に達したとしても，より高い学歴もしくはより有名大学卒の人が優先して採用される可能性がある．企業だけでなく，国家公務員試験においても同じである．学歴＝才能といわんばかりである．

結婚するときも男性には高学歴が要求される．学歴が高ければ，高い地位やポジションにいる確率が高く，地位やポジションが高ければ当然収入も多いので，女性からみれば魅力的である．

また，幹部に登用されるときも学歴がものをいう．学歴が高ければ高いほど昇進しやすい．逆に高学歴でない人がたとえ幹部になったとしても，在職しながら，さらに修士や博士号を取るために大学院に通う人は少なくない．現に中国の国家幹部（中高位の国家公務員）や企業の幹部の中には，幹部になってから修士や博士の学位を取得した人が数多くいる．

このように，大卒は当たり前になってきた中国では人々は激しい競争に勝ち残るために修士，博士へとより高学歴を求めようと励み，また同じ大学でも，より有名な大学に入るために，より有名な小学校，中学校，高校を目指す．実際に中国の北京大学や清華大学のような超一流大学は受験生のあこがれの的であり，目標でもある．この二つの大学に合格さえすれば将来は保障されたも同然である．たとえ，このような大学と縁がなくても，それにあやかろうと，毎年多くの中学生，高校生，そして社会人が列をなして押しかけてくるため，キャンパスはいつも見学者でにぎわっている．

●**競争に勝ち抜くために**　一方，より良い学歴を求めるため，もう一つの選択として，多くの若者が海外留学を選ぶ．中国の大学や海外の大学に同時に合格した場合，奨学金などがもらえる大学を選ぶ．また中国の一流大学に合格できなければ，海外の二流，三流の大学を選ぶ人も少なくない．彼らは海外の大学で修士や博士の学位を取り，あたかも"海龟"［ウミガメ］のごとく"海归"［海外帰国組］となって，故郷に錦を飾り，出世街道をまっしぐらに突っ走るのである．

また親たちも子どもの教育のために金を惜しまない．小学校から中学校までの9年間は義務教育で，学費は必要ではないが，良い高校，良い大学に受かるための塾や補習なら金に糸目をつけない．今"不能让孩子输在起跑线上"［スタートラインに立つ時点で負け組になってはいけない］ということばがあるように，小学校に入る前の幼稚園の段階から，親たちが子どもに外国語やピアノなどいろいろな習い事をさせているのである．

このように，中国では学歴の役割がますます重要となり，その重要性も再認識されるようになった．いろいろな原因や制限により，正規の大学に入れない場合でも，さまざまな方法で学歴が得られる環境が整備されつつある．　　　［楊凱栄］

就活——経済成長低速下での800万人の大激戦

2009年に一冊の本が北京で出版され，大きな反響をよび，たちまちベストセラーとなった（『蟻族——大学毕业生聚居村实录』(パリィンホウ)（廉思ほか，広西師範大学，2009）邦訳では『蟻族(ありぞく)』勉誠出版，2010）．この本で取り上げられ，書名にもなった"蟻族"はその年の流行語にもなり，大きな社会問題として世間から注目されるようになった．"蟻族"とは，大学を卒業しても満足な仕事に就けず，北京郊外の廉価なアパートを集団で借りて住む若者たちのことを，まるで群居する蟻のようだとみなしてつけた名である．彼らは"８０后(パーリンホウ)"や"９０后(ジウリンホウ)"（1980年後と90年後に生まれた世代）とよばれる，一人っ子政策実施後に生まれた世代で，憧れと夢を抱いて職探しに上京したにもかかわらず，定職に就くことができず，よって北京の戸籍も得られず，故郷にも後戻りできず，結果，アルバイトや低賃金の短期契約で食いつなぎつつ就活を続けるしかない．

●**大学改革** "蟻族"が生まれた背景には，1999年に始まる大学定員拡大政策がある．中国の高等教育は1950年代にスタートしたが，1990年代半ばまでは，主に政府や国有企業の幹部職員を育成するエリート教育であり，大学での諸経費はすべて国家が負担し，さらに生活補助費が支給され，卒業したら国家の統一配分によって尊敬を受ける政府機関の職に就く．全国統一大学入試という難関を乗り越えるということは，終身雇用のいわゆる"铁饭碗(ティエファンワン)"［割れない鉄でできた茶碗，永遠に安定した職］を手に入れるエリートコースの登竜門であった．しかし，市場経済の導入によって，国家が経費負担する制度はもはや維持できなくなった．

1993年に中央政府による「中国教育改革と発展綱要」が発表され，「授業料徴収制度を暫次に実行する」ことになり，さらにそれと平行して統一配分による就職保障制も廃止し，就職先選択の自由にスタートを切った．この大学改革は1997年に全面的に実施された．一方，1999年から，失業率を下げ，内需拡大を図るために，大学の募集定員を年々拡大する政策がとられ（2012年に拡大停止），2003年の大学卒業生はそれまでの約2倍に増加して212万人となり，2009年には610万人，2015年には749万人（当初の約7.5倍）にまで達した．これにより労働市場の需要以上に増え続けた卒業生は，卒業時点での就職内定率が約30%ほどまでに低下するという就職大氷河期に直面した．

就職難の理由は，大学卒業生の短期間の急増，進学率上昇による学力の低下などがまずあげられるが，大卒生のエリート意識と現実の職場ポストとのズレ，経済拡大率の鈍化による一般企業初任給の低下・低迷，"８０后"世代の精神的脆弱さ，戸籍制度による就職の規制なども大きく影響を及ぼしている．

●**就活の流れ** 中国では新年度は9月始まりで，大学生の就職活動は4年生に入る前の夏休み中に始まる．近年高学歴（修士号・博士号）を求める企業も増えているなか，大学院入試の準備と就職活動の二本立てというハードなスケジュールで就活に臨む学生が多い．"応届生"（インジエション）（新卒）向けの就職情報サイトや，大学の就職指導センターの校内掲示，就職求人スレッド，また先生や先輩などから情報を集め，企業が大学で開く就職説明会に参加したりして，希望する企業を選んで，自分の履歴書（ちなみに，中国では履歴書は決まった様式はなく，応募者は各自で自由作成する）や各種資格証明書などを送付して応募するか，就職説明会で直接手渡す．書類選考を経て，面接試験を受け，最終面接を突破した学生は内定をもらい，企業・学生・大学の三者間で就業協議書が締結されることで学生の就職が決まる．応募時の企業選択の基準は多様化しているが，最近の調査では，収入と福利，企業の規模と知名度，所在地（大都市かどうか，北京・上海・広州が特に人気）が断然トップ3となっている．仕事の内容，企業の潜在力や将来性，企業環境と文化なども選択の重要基準になっている．親の面倒をみるために故郷と企業所在地との距離を考慮する大学生も多い．

　また，日本と違って，中国では，企業は学生を選択する際に，入社後即戦力として働けるように，大学での専攻を重視して選考する傾向がある．中国の大学では部活はほぼ皆無で，専攻と大学4年間の成績，取得した資格（語学，パソコン能力など）が最も重要なポイントとなる．よって大学入試時の専攻選びは大きな意味をもち，自分の興味や関心よりも就職に有利かどうかの判断が優先される．

　2012年に発表された人気企業ランキングでは，中国移動通信，P＆G，百度（バイドゥ），グーグル，華為技術（ファーウェイ），聯想集団（レノボグループ），中国石油天然気集団，中国銀行と，国有企業が多い．福利の充実，雇用の安定，給与の高さや年金の優勢，都市戸籍の取得しやすさなどが理由である．近年では，手厚い福利と安定という面から公務員や軍隊にも人気が集まる．しかし，優位の就職先はコネで決まることが多いともいわれる．

●**戸籍制度と就職** 中国では国民は農村と都市という戸籍に分けて登録されており，自由に変更することができない．この戸籍制度は旧ソ連の社会主義システムを取り入れたもので，国民の自由移動を制限することで社会の安定を図る目的があった．しかし，経済の発展に伴い，都市と農村の経済格差と教育条件・福利厚生の格差が拡大するなか，この戸籍分別は差別的な身分制度に変質している．

　この制度では，学生は大学入学時に学校の所在都市に戸籍を移されてその都市の暫時居住人口になり，卒業後，都市で就職できればそこに正式に戸籍が移される．もと農村戸籍の学生は，就職できなければ戸籍は再び出身地に戻される．最近では，学生に就活の猶予を与えるべく，卒業後2年間は大学で戸籍を保留する措置が取られている．

［李　維涛］

婚活──中国結婚事情

結婚は人生最大の賭けである．どのような相手と結婚するかで人生が変わる．結婚するなら自分に合った（自分にふさわしい）相手と結婚したいと思う．

親にとっても子どもの結婚は重大事である．一人っ子政策により子どもは一人である．家の将来は子ども一人の肩にかかっている．子どもが結婚するかしないか，どのような相手と結婚するかで家の将来が左右される．中国の親は孫の面倒をみたいという気持ちが強く，子どもの結婚相手と良い関係を築けるか否かで老後の生活も変わる．親は子どもに自分たちが気に入る（子どもにも自分たちの家にもふさわしい）相手と結婚してほしいと望み，子どももそれを意識する．

●三つの「つり合い」 結婚に関して，中国では三つの「つり合い」が重視される．第一は性格や価値観のつり合いである．家族として共同生活を送り，ともに人生を歩むのであるから，相性がよく価値観も一致する相手がよい．

第二は「男らしさ」と「女らしさ」のつり合いである．中国の結婚において，男らしさとは「高身長・高学歴・高収入」で「頼りがいがある」ということである（近年は経済力重視だが，高身長を必須とする女性も多い）．また，女らしさとは「容姿端麗」で「家のことをしっかり管理できる」ということである．"郎才女貌"［男は才能，女は美貌］ともいう．高収入の男性と容姿端麗な女性はつり合いがよいが，低収入の男性と高収入の女性はつり合いが悪い．"吃软饭"［妻に食わせてもらっている夫］といわれ，無能扱いされる．

第三は社会的な「格」のつり合いである．中国社会では学歴・職業・収入・地位・家柄などによる「格」が重視される．女性は自分より格上の男性，男性は自分と同格あるいは格下の女性との結婚を望む．個人の「格」とともに家の「格」も重視される．"门当户对"［縁組で家柄がつり合っている］ということばもある．親も子どもに自分たちの家にふさわしい家柄の相手と結婚することを求める．農村部に住む男性はそれだけで結婚に不利である．

●一人っ子世代の結婚難 一人っ子世代の若者は受験だけでなく，結婚でも厳しい競争にさらされている．結婚適齢期（女性は30歳まで，男性はもう少し上）を過ぎても独身でいる男女を表す"剩男剩女"という言葉もある．

男性の結婚難は主に「結婚したくても結婚できない」という問題である．一人っ子政策により生じた男女比の不均衡が（特に農村部において）男余りの状況を生み出している．また，結婚のためには男性側が新居や車を購入しなければならず，その経済的負担は相当なものである．結婚のために借金をする"婚奴"も少なくない．女性の学歴や収入が上がれば男性に求める条件も厳しくなる．男性にとっ

て結婚の条件をクリアすることは難しくなる一方である.

　一方，女性の結婚難は「適齢期の間に良い結婚相手が見つからない」という面がある．女性の婚期は男性より短い．社会に出ると日々の仕事に忙殺され，出会いの場も少ない．男性に対する要求も高いから，「自分にふさわしい相手が見つかるまでは結婚しない」と言っているうちに婚期を逃すことも多い．

　結婚難の一方で「結婚しない」若者も増えている．安定した収入があり，現状の生活スタイルに満足している若者は，結婚により生活が大きく変化することに不安を覚え，すぐに結婚することにこだわらない，あるいは結婚自体を強く望まないことも多い．

●**親による婚活**　適齢期の若者が結婚できない・結婚しない状況に焦っているのが親である．適齢期の子どもをもつ親は，子どものために（ひいては家と自分たちのために）熱心に結婚相手を探す．親が結婚相談所に行って子どもの結婚について相談するのは当然で，子どもに関する情報（年齢，身長，学歴，職業，車や新居の有無など）を書いた紙を持った親が公園などに集まり，情報の交換や見合いの相談をする"父母相亲"［父母お見合い］も盛んである．親にとっては「親と話をすればどのような家庭かがわかる」ということもある．

　親が結婚紹介所から紹介された相手と会って子どもと見合いをさせるかどうかを決めたり，婚活イベントに親が同伴したりすることも多い．これは「自分たちの婿・嫁になるかもしれない人」「自分の舅・姑になるかもしれない人」と直接話をするチャンスという面もあるが，結婚後に親が干渉してくるという印象を与える原因にもなる．男性の場合はマザコンで頼りない（姑と対立したときに妻の味方をしてくれない）という印象を与え，女性側が引いてしまうこともある．

●**「ふさわしい人」探しの旅**　結婚しない若者が増えているとはいえ，結婚に対する人々の関心は高い．"世纪佳缘"［世紀の良縁］，"百合网"［生涯の伴侶ネット］，"珍爱网"［大切に愛すネット］などの婚活サイトには多数の登録者がおり，インターネットで結婚相手募集の広告を出す人も多い．広告の常套句"非诚勿扰"［誠実なおつき合いができる方以外はご遠慮下さい］をタイトルとした映画やテレビのお見合い番組もブームになった．

　結婚相談所からの情報，親からの情報，インターネットの情報と，若者の周囲には結婚相手探しのための情報が溢れている．情報をもとに自分の条件に合う人を選び，実際に会って自分にふさわしい相手かどうかを見て，だめなら同じ条件で，あるいは少し条件を変えて別の人を探す．どこにいるかわからない「自分にふさわしい人」（親にとっては「子どもにも自分たちの家にもふさわしい人」）を探し求める旅が現代の婚活である．

［井上　優］

📖 **参考文献**
[1] 愛知大学現代中国学部編『ハンドブック現代中国』第四版，あるむ，2013

成人・結婚の儀式——大人になる機会

出生後、"过百岁"まで多様な行事がみられる中国だが、その後、年齢に基づいた行事はほとんどみられない。これは、いつ、あるいは、何をもって大人とみなすのかという社会的な認知と深く結びついている。

●**大人と子どもの区分** かつては、大人と子どもを隔てる基準として、男性の冠礼、女性の笄礼があったが、現在ではすでに消滅している。日本ではよく知られた成人式も紹介され

図1　ホテルでの成人記念、「満月」、「周岁」記念パーティの掲示[筆者撮影, 2007年]

たが、一般的な大人への通過儀礼とはなっていない。最近、レストランなどで、20歳になったことを親族や友人とで祝う宴会を催す事例がみられるが、これは私的な行事である（図1）。青年に関する記念日としては、"五四青年节"（ウッスーチンニエンジエ）（5月4日）があるが、これは五四運動の主体となった青年を記念する日であり、14歳以上の人々が半日休暇となるのみである。年齢区分という意味では、中国共産主義青年団は、満14歳から28歳を青年と定め、入団にあたって宣誓や国歌斉唱からなる儀礼があるが、国民すべてを対象としたものではないため、これも社会で共有された成人の基準とはいえない。"居民身份证"（ジュイミンシェンフェンチョン）[IDカード]は16歳に申請することが一般的だが、社会生活のうえでは、バスの運賃などのように、大人と子どもを、年齢ではなく身長で区分するなど、成人と子どもの区分は複雑である。

年齢階梯（かいてい）的な認識の弱い社会において、両者の区分は婚姻を基準とすることがあり、中国もこのタイプにあたる。

●**婚姻の儀式** 中国では現在、男性は満22歳以上、女性は満20歳以上で婚姻可能となる。かつては、婚姻関係を結ぶ両家のあいだで、"纳采"（ナァツァイ）"问名"（ウェンミン）"纳吉"（ナァジィ）"纳征"（ナァチョン）"请期"（チンチィ）"亲迎"（チンイン）（リウリィ）のいわゆる"六礼"に代表される、贈答と訪問が繰り返されながら婚姻が進められた（図2）。

中国人民共和国成立後は、婚姻の

図2　西北部農村の結婚式[筆者撮影, 2000年]

儀式が簡略化され，新郎側の結納品，新婦側の花嫁代償も簡易化された．もともと，婚姻関係の社会的公表として人前結婚式を行ってきた中国は，婚姻の登録，"結婚証"（ジエホンヂョン）の公開，婚姻が合法的であることを確認する"証婚人"（ヂョンホゥンレン）の宣言を伴う儀式を中心とする結婚式へと速やかに移行した．

文化大革命の時期には，部屋の一室で茶などが準備されるだけの簡素な儀式で，毛沢東（もうたくとう）の写真を準備し，それを婚姻の証人とする，"毛主席语录"（マオヂュウシィユイルゥ）に宣誓がなされる，"东方红"（ドンファンホン）が歌われるなどした．

「父母の命，仲人の言」といわれ，"问名"で生年月日時間から二人の相性が占われたように，かつての婚姻が新郎，新婦の意思以外の場所で決められ「封建的な」制度であったことに対して，1949年以降の中国では，旧思想から解放された若者による，"自由恋愛"（ヅーヨウリェンアイ）を経た婚姻が推奨された．その結果，職場の上司や親族の紹介を通じて知り合う場合でも，婚姻の当事者たちは"自由恋愛"であることを強調することとなった．現在では，結婚が決まると，若者たちの父母が結婚式のおよその計画と段取りを相談し，新郎新婦それぞれの生年，月，日，時間を基にした陰陽五行の8文字，すなわち"八字"（バァヅー）を照合し，式の日程を決める．現在は受診率が急落したが，この時期，婚前健康検査を受け，結婚式のスタイルと式場の決定，婚姻写真の撮影，新居の内装工事の準備を進める．この時期に，先述の"証婚人"を依頼する．"証婚人"は，中華民国期に，西欧社会の婚姻における牧師の役割に相当する存在として誕生した慣習だが，今日では，新婦の親族によって要請された新婦の職場の上司がこれを務めることが多い．

結婚式当日には，新郎が新婦を迎えに行き，その父母と儀礼的贈答を行う．新婦の実家を出発し，新郎宅で父母との挨拶を済ますと，現在の中国都市部では，会場をレストランなどに移し，司会者の号令に従って結婚式が開始され，"証婚人"による婚姻の合法性が確認された後，結婚指輪の交換が行われることもある．代表者による挨拶と祝辞，新郎新婦の感謝の言葉に続いて，旧来の"交杯酒"（ジアオベイジウ）や流行のケーキカットなどへと進む．そして，新郎新婦による，酒宴に招かれた人々への"敬酒"（ジンジウ）が行われ，この，酒をついで回る行為によって，新たな夫婦は双方の親族に認知されてゆくことになる．結婚式の酒宴が終了すると，新居の寝室において"闹洞房"（ナオドンファン）とよばれるやり取りがある．"闹洞房"の内容は，地域や時期により大きく異なるが，総じて，日常的にはみられない，新郎新婦を羞恥させる内容を伴うことが多い．

儀礼の式次第は伝統中国にくらべて大幅に簡略化され，当日の披露宴のみで終了することが多いが，"问名"が復活する，奢侈化（しゃしか）するなど，一度は否定された要素が再びみられるようになっている．また，新婚旅行，チャペルでの挙式，ウエディングドレスの人気，ブライダル産業の隆盛，婚姻記念写真の普及など，大きな変化も表われている．

［田村和彦］

健康保険——国民皆保険への歩み

　1952年に発足した中国の公的医療保険制度は，国有企業の職員・労働者とその親族を対象とする労働保険医療制度と，政府機関の職員とその親族を対象とする公費医療制度とで構成され，ともにすべて公費負担であった．後に軍人（特に傷痍軍人）や大学生へと，被保険者の範囲が拡大した．1990年代に市場経済体制の確立によって自営業者・外資系企業勤務者・自由職業者などの新職種人口が出現し，被保険者の範囲がさらに広がった．同時に大幅な制度改革がなされた．2003年になって，長きにわたって放置されてきた農村住民に対し新たな医療保障制度が設けられ，これによってようやく国民皆保険へ向かって歩み出すことになった．

●**社会主義下の健保**　1952年に始動した労働保険医療制度は年金や労災と一体化した制度で，当初中華全国総工会が各企業の拠出金を集計管理していたが，文化大革命の混乱の後，各企業が会計単位とされた．ただ保障内容はもっとも基本的なものに限られていた．1980年代後半から市場経済が漸次導入されると，多くの国営企業は赤字に陥り，リストラや倒産を余儀なくされ，老齢年金と医療費の負担を支えきれなくなった．同時に，失業労働者の保護も必要となり，市場経済に適した制度設計が試行され，最終的に1998年に旧来の制度が廃止された．

　政府機関の職員対象の公費医療制度は国家および各級地域政府の予算でそのレベルの衛生部が管理し，比較的手厚い保障をした．

　農村居住者には土地を与えるからと保障制度はつくられなかったが，集団（後に人民公社）内の相互扶助制度として合作医療や，生活手段のない弱者に対しての"五保"[食事，衣類，燃料，教育，葬儀の保障]が実施された．1985年の人民公社の解体と請負式生産責任制の導入に伴い，この五保制度はその機能を喪失し，2003年以後に新しい各種制度が普及し始めるまで長い間空白であった．

●**完全公費から分担制度へ**　労働保険医療制度の改革は，1988年に完全公費から政府・企業・個人の三者で費用を分担する試行で始まった．模索と試行の段階を経て，1998年に，全国の都市部の企業に勤務する職員・労働者のすべてが強制加入する新しい「城鎮職工（都市部従業員）基本医療保険制度」に置き換わった．

　企業は賃金総額の6％に相当する保険料を，個人は前年平均賃金の2％を保険料として納付し，個人納付分は，企業納付分のうちの30％と合わせて個人の医療保険口座に預金され，企業納付分の70％は市などの"地級"[省と県の間]で医療保険基金としてプールし管理運用されるが，国家予算からの補助も受ける．

　個人が医療を利用する場合，通常の外来診療の費用は個人口座から還付されるが，使い切れば残りは自己負担となる．入院治療や重い慢性疾病治療などは医療

保険基金から還付されるが，医療費の額により門前払いと頭打ちがある．年平均賃金の10%前後で始まり，4倍前後で打ち切られ，残りは自己負担となる．そのために「高額医療費用互助制度」が設けられたが，任意であって保険料を追加する必要がある．余裕のある企業は上乗せの「企業補充医療保険」を設けることができる．

　また，これに付随して，1994年に生育保険が特別に設けられた．企業は賃金総額の0.8%前後を納付し，従業員の出産，中絶（一人っ子政策のため），関連疾病などでかかる諸費用を全額負担することになった．

　政府機関の職員対象の「公費医療制度」は順次上記「基本医療保険制度」に編入され，2012年にはかなりの地域で移行を完了した．新制度へ移行するに際し，従来より条件が悪化することがないように補助制度が設けられた．また新制度実施以前に定年退職した公務員や退役軍人・戦傷軍人などは新制度によらずに，公費医療を維持するなど，医療保険制度の改革はきわめて多様で重層的なものであった．

　新制度の下で，伝統的に医薬一体の体制が見直され，医療機関と医薬メーカーの癒着（ゆちゃく）を断ち切るべく，その決算と管理を分離し監督する方針が打ち出された．しかし，伝統的に形成されてきた体質の改革は大きな難題である．

　また，この制度は市レベルで基金をプールするため，各地区の経済状況により差が出ることになり，集計で赤字となった省が2013年に19もあった．地域枠を超える流動労働者の医療保険も大きな課題として浮上しつつある．

　従業員およびその家族としては登録できない高齢者や学生児童や非従業者などの都市住民のために，2007年，任意加入で政府補助が入った「都市部住民基本医療保険制度」が設けられた．しかし任意であるため実際は普及していないという．

●**農村医療保険の現状**　従来から農村地域における医者と医療設備の極端な不足は深刻な問題であり，農村居住者は都市の病院を利用することを余儀なくされた．医療保険制度がなかったため彼らの病院の利用は完全自費になる．"小病挨，大病拖，重病才往医院抬"［小病は我慢，大病は様子をみながら引き延ばし，重病になってから病院に担ぎ込まれる］というのが，長い間，農村の厳しい現実であった．農村貧困人口の約7割は，高額の医療費の自己負担に起因するといわれている．

　2003年に「新型農村合作医療制度」が開始されたが，極小額でしかなく普及しなかった．次第に財政支援が強化されて2009年には制度が安定し普及が広がった．しかし，スタートして十余年が経っても，都市との経済格差が拡大しつつあるなか，総人口の約5割を占める農村地域の現状が大きく変わることはなかった．低収入人口が6割という国情に合う医療保険制度の改革は道程が険しく遠い．

　このほか，低所得者や重病患者を対象に，農村部では2003年に，都市部では2005年に医療扶助制度が設けられ，2007年には農村にも生活保護制度が適用された．

［李　維涛］

定年と年金──社会主義からの離脱と模索

　中国における定年と老齢年金の制度は，旧ソ連をモデルに，1951年に「中華人民共和国労働保険条例」の発布を起点に発足した．1966〜76年の文化大革命中はほぼ機能せずに停滞し，その後回復と調整を経て，1993年と97年に制度そのものが見直されて国情に合う制度へとシフトし，現在に至っている．

●**定年**　1978年に法律で定められた現行規定では，特別な場合を除き，企業労働者は男性満60歳・女性満50歳を定年退職年齢とする．重労働職場の場合は同55歳と45歳．事務職・公務員（中国では全国の行政職はすべて国家公務員，国営企業の事務職も公務員）は男性満60歳・女性満55歳．大学教員は事情に応じて数年の延長が可能で，高級官僚や人民代表にはまた別の規定がある．

　2015年に，老齢年金基金の運営や総労働人口の調整のために，22年から漸次定年延長措置を取るという新しい方針が決定された．

●**社会主義下の老齢年金「養老保険」**　社会主義下では，医療保険や労災保険と一体化した労働保険の一部として設計された「城鎮企業職工（都市部企業従業員）養老保険」と「機関事業単位（政府機関職員）養老保険」が設けられていたが，当時人口の約8割を占める農村人口に対しては土地を配給するからとして制度が設けられず，集団内での相互扶助制度に任せていた．1982年になって，任意加入で積立方式の農村年金制度が一部地域で試行され始めた．

　都市部企業従業員対象の養老保険は，保険料はすべて企業が負担し，管理も支払いも企業と労働組合が責任をもつことになっていた．しかし企業負担が大きく，市場経済には適しなかった．一方，政府機関職員対象の養老保険は，都市部企業従業員養老保険に比べて安定し給付率も高いという特徴をもっていた．

●**新型養老保険制度**　都市部企業従業員養老保険の方は，それまでの企業単位の社会主義的年金制度に対し，1986年からの先行試行を経て，1991年の改革で，個人と企業と政府の三者で経費負担する方式が全国に適用され，積立方式の個人口座と賦課方式で基金にプールする分別管理方式の導入も決定され，後者は地方政府が管理する社会保険へと転換した．しかしバランスが崩れたために1997年に再度改革を行い，現行の「企業職工（企業従業員）基本養老保険制度」が成立した．それは基礎年金「基本養老保険」（日本の厚生年金保険にあたる），企業上積み年金「企業補充養老保険」，個人口座「個人貯蓄性養老保険」および個人年金「商業年金保険」という重層的な構造をもつ．基礎年金は一般企業の従業員や自営業者などを対象に，地方政府が管理する．企業は保険料として賃金総額の20％を，従業員は自己の賃金の8％を納付する．個人口座には，そのうち従業員の前年度

平均月収の11％にあたる額を積み立てる（2006年から8％）．給付を受けるために必要な最低加入期間は15年である．年金額は基礎年金として前年度の地区平均賃金の20％に加えて個人口座に積み立てた額の120分の1の金額が（ともに2006年から再調整されてやや複雑な計算方式で減額）毎月給付される．企業上積年金は，企業各自で設立した保険で，保険料額は当該地域の経済水準によって各自で設定する．個人年金は任意加入で，基礎年金を補充する位置づけである．

政府機関職員対象の養老保険の方は，2014年に基礎年金に職業年金を上積みするかたちに改変され，機関が賃金総額の8％を個人が賃金の4％を拠出することになった．これで，企業従業員基本養老保険と同じ構造となって，「城鎮職工養老保険」の一部として統合化された．

●未富先老—農村年金制度の現実　1979年から実施された一人っ子政策によってもたらされた人口構造の歪みによって中国は猛スピードで少子高齢化社会に突入した．1999年に，60歳以上の人口が10％を超えて高齢化社会を迎え始め，2010年にそれが13.26％となり，2012年では要介護高齢者は0.36億人，慢性疾患を抱える高齢者は0.97億人，独居老人は0.99億人に上った．さらにまた1-2-4問題（一人っ子が両親や両祖父母の面倒をみる）も大きな社会問題となった．

先進国に比べて一人あたりのGDPが低い水準で高齢化社会に入った中国の状況は"未富先老"「豊かにならぬうちに高齢化社会となる」と表現されて大きな社会問題となっているが，農村部ではこれに加えて，少子化や労働人口の移動（都市への出稼ぎ）によって農村の過疎化が進み，働き手のいない家庭の扶養機能は弱体化し，老齢年金問題が大きな課題として焦点化されるようになった．政府はその対策として，1996年に「老人権益保障法」を発布し，子女による老人の扶養義務の履行を拒否してはならないと明文で定め，もはやもう道義的な問題としてではなく法的責任として求めるようになった．さらに，扶養の義務には，医療の提供や介護も含めることが具体的に記されている．

1982年から試行された任意加入で積立方式の農村年金制度は，1992年に改革が試みられた．個人積立に郷鎮企業と郷鎮政府が補助し，県レベルで管理し，60歳以上から積立金の120分の1を毎月給付するというものであったが，問題が多く出て，一時解消して商業年金保険に任せる案が出されたが決定にはいたらなかった．2009年から中央財政が基礎年金を保障する任意加入の「新型農村社会養老保険」の試行が始まり，2020年までに全国に普及する計画になっている．

都市部の16歳以上の非就業者に対して，2011年に任意加入の「城鎮居民（都市部住民）社会養老保険」がそれにならって設けられ，さらに「城郷居民社会養老保険」（日本の国民年金保険にあたる）として農村部の養老保険との統合が進められている．

［李　維涛］

寿礼――長寿の祝い

　長寿は人類始まって以来の普遍的な願いであろう．中国においてそれはことさら強く，例えば秦の始皇帝が不老不死を追い求めたことはよく知られている．また儒教においては年長者に敬意を払うべきとされており，早くは『礼記(らいき)』（前1世紀頃）をはじめとする文献にも敬老養生についてたびたび説かれている．

　「寿」という言葉は，日本ではおめでたいこと一般に使うが，中国では長生きの祝いに限られる．寿礼，すなわち長寿のお祝いといえば，日本では61歳の還暦(かんれき)に始まり，70歳の古稀(こき)，77歳の喜寿(きじゅ)，80歳の傘寿(さんじゅ)，88歳の米寿(べいじゅ)，90歳の卒寿(そつじゅ)，99歳の白寿(はくじゅ)……と続く．

図1　誕生日の寿桃
中にはさらに小さな桃の饅頭が入っている

　例えば古稀であれば，杜甫(とほ)が「人生七十古来稀なり」と詩に詠んだところに由来するといわれている．現在よりも寿命がずっと短かった頃，長生きはまさに類い稀な，言祝(ことほ)ぐべきことであった．よって，天寿をまっとうして逝くのはむしろ慶すべきで，また縁起の悪い表現を避けるという意図も込めて，棺桶あるいは棺桶に使う木を"寿木(ショウムゥ)"，死者に着せる服を"寿衣(ショウイィ)"といった．

●**中国における長寿の祝い**　日本では多数ある長寿の祝いであるが，中国において一般的に知られているのは，還暦を意味する"花甲"と前述の古稀くらいで，日本のように年齢を細かく区切って祝うということはない．しかも，"花甲"も古稀も，少なくとも現在では取り立てて盛大に祝うわけではないし，老人からも以前に行ったという話はほとんど聞かない．文献には出ていても，どれだけ一般の人たちのあいだに普及していたかは疑わしい．むしろよく耳にするのは，60歳を超えた人には一律に特権が与えられたという話である．例えば広東省(ホアジア)の事例では，かつて宗族の祖先祭祀の際，60歳以上の男性には通常の倍の豚肉と饅頭(モンじゅう)が配られたという．今日では祭祀の後に，60歳以上の住民みなが参加できる「敬老」の食事会が村のレストランで開催されている．

●**誕生日のお祝い**　このように特定の年齢での賀寿は一般に行われていないが，

年配の人たちの誕生日は大いに祝われる．とりわけ大勢の人が集まるのは，その家で最上位世代の人の誕生日である．つまり，子からみて両親と祖父母の3代で暮らしているとすれば，盛大に祝うのは祖父母の誕生日であり，両親のものではない．宴はたいていはレストランで催し，囲むのは中華料理であって，少なくとも現在までのところ，洋食や日本料理であることはない．

お祝いに訪れるのは，祝われる本人の子どもとその配偶者，孫に加え，兄弟とその子と孫らであることが多い．中国は父系社会であるから，従来，誕生日を祝われたのは主として男性であり，かつ祝い手の中心は父系のメンバーであった．しかし，現在では女性も対象となるし，参加者の範囲もずっと拡大している．「封建思想」の打破はこんなところで実現されたといえるかもしれない．

祝いの席では，赤い袋に入れたお祝い金を渡す．地域の経済状況にもよるが，大きな都市では100元が相場といったところである．これ以外には，特に祝言のたぐいを述べたり，挨拶を行ったりすることはなく，普段の宴会と同じように食事が進んでゆく．なお，宴会の費用は祝われる側がこの祝い金から出す．日本では祝う側がごちそうするのが普通であるが，中国ではこれに限らず，祝われる側がホストとなって支払いをもつのが一般的である．

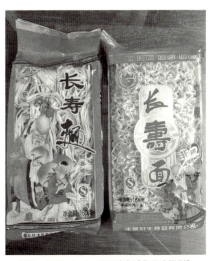

図2　市販されている長寿麺［葉馥玲撮影］

●寿桃と長寿麺　老人を祝う食事会によく食べられるものが，長寿の縁起物とされている"寿桃"と"長寿麺"である．"寿桃"は長生を願った漢の武帝が女仙・西王母から仙桃を与えられたという故事に由来する．もっとも桃は年中あるわけではないので，桃をかたどった饅頭を食するのが一般的となったのである（図1）．麺を食べるのも広くみられる習慣である．長く伸びる麺のごとく寿命が続くようにという願いが込められており，また「綿々と続く」という意味の「綿」と「麺」が同音だからという説もある．誕生日祝いの宴で身分証を提示すれば，この長寿麺をサービスしてくれるレストランもある．乾麺のかたちで市販もされている（図2）．

このように，日本と同様に中国でも長寿は人々の願いであり，また老人は敬われるべき存在である．ただし，バスや地下鉄などでお年寄りに席を譲る光景は，中国でのほうがずっと頻繁に目にする．

［川口幸大］

葬礼と埋葬──現代中国における人生の閉じ方

漢民族のあいだでは多少の差異はあるものの，葬礼はある程度共通している．その一方で，遺体の処理方法には，多様な様式があった．仏教の流行した時代には，火葬も取り入れられたが，近世期に再び儒教的な規範が重視されるようになると，土葬が主流となった．また，日本と比べて移動性の高い中国の人々は，故郷以外の場所で客死した際にも遺体を故郷に送り返し埋葬する，埋葬の

図1　上海の公共墓地［筆者撮影，2001年］

準備が整うまで遺体を保存するという慣習を保持していた．前者は，“落叶归根"[ルオイエグゥイゲン]［葉は落ちて根に還る］と表現される．

中華民国時代になると，都市部では近代衛生観念の普及により，埋葬されずに放置された遺体の処理と，血縁や職縁，同郷縁などの関係性によらない人たちのために，共同の墓地が提唱された．しかし，相次ぐ戦乱の時期にあってこれらの改革は十分に定着することなく1949年を迎えた．

●**葬儀改革**　中華人民共和国時期になると，1950年代より"殡葬改革"[ビンツァンガイグァ]［葬儀改革フォンジエンミィシン］が実施された．この改革運動は，社会主義精神に則り，"封建迷信"を排除し，科学的文明的な葬儀を創造することを目的としている．具体的には，遺体処理の方法を土葬から火葬へと変更することで無神論的立場を表明し，衛生的かつ経済的な方法を選択することを迫る，「あの世」や霊魂の存在を想起させまた奢侈に流れる従来の葬礼から故人が生前どのように社会に貢献したかを顕彰する"追悼会"[ヂュイダオホゥイ]へと変更する，生産に寄与しない大小の墓地が耕作地を蚕食し農業の集団化・機械化を妨げている状況を改善し，耕作可能な土地を浪費しないよう集体的な公共墓地を設けるという，三つの方向性をもっていた．この運動の初期には，毛沢東ら共産党の高級幹部が火葬同意書に署名する，周恩来が郷里にある一族の墓地を平坦化するなどの行為が宣伝される穏やかな運動の側面をもっていたが，文化大革命の時期には，伝統的な葬礼が打破すべき"四旧"［旧思想，旧文化，旧風俗，旧習慣］の一つに数えられ，"移风易俗"[イィフォンイィスゥ]の代表的な運動として，急激に進められた．その結果，埋葬後数年で墳墓を取り壊す，火葬場を各地に建設して火葬実施の条件を整える，すでに完成していた墓地を果樹園化し生産性を付与するなど

の行為がみられた. 同時に, 辺区政府時代から進められていた, 旧来の葬儀に必要とされた葬儀に関するさまざまな物品や, 風水師や道士らの活動が一掃された. 現在でも, 地方都市においては文化大革命時期に建てられた"殯儀館"[火葬場と葬儀会場が一体となった施設]が多いことは, こうした事情による.

図2 農村の葬儀（土葬）にみられる"灵坛"[筆者撮影, 2001年]

改革開放政策の時期を迎えると, 火葬率が低下し, 再び各地に違法墓地が大量につくられるなど, 旧習慣への揺り戻しがみられた. 急激な社会主義化の過程で普及したいくつかの政策は文化大革命終了後, 廃止されていったが, "殯葬改革"は, 1980年代に, 以前の政治運動による手法から法律による指導, 管理へと変更しながら, 維持発展されることとなった. 条件の整った沿岸部の都市では, 火葬が義務化され, 都市住民の多くが属する"単位"[職場]が葬儀に関与し, 葬儀の会場が手狭な集合住宅の一室から火葬施設を備えた専門のセレモニーセンターである"殯儀館"へと移行することで, 火葬率がほぼ100％となり, "追悼会"形式の葬儀が一般化している. 近年, "殯儀館"では遺族への精神的慰撫が強調され, 多様なサービスが用意されるに至った. また, 民間でもグリーフケアの組織が形成されるなど, 死者の位置づけに関して従来とは異なる動向もみられる. 墓地についても, 年限を決めて遺骨を安置するほか, 経済性墓地とよばれる購入可能な公共墓地が設置され, 遺骨を土葬するほか, ロッカー式墓地も設けられている（図1）. そのほか, 少数ではあるが, 低所得者を中心に, 葬儀改革の理念に従って, 海や河, 芝生への散骨を選ぶ者もいる.

●**農村と都市の差異** 一方で, 人民公社が徐々に解体し, 土地問題が深刻でなかった農村地域, 特に内陸部の農村では, 火葬の条件が整わなかったこともあり, この時期の改革から取り残された. その結果, これらの地域では, 現在でも旧来の葬礼を簡略に再編成した葬儀を行い, 土葬による埋葬が認められている事例もみられる（図2）. この場合, 埋葬地は, 自身の所属する村落の公益性墓地であり, 墓地購入の費用はかからない. また, 少数民族には, それぞれの慣習に基づいて火葬が免除される例もある. このように, 中国においては, 都市と農村という区分に基づいて, 人生の最後の儀礼である葬儀という領域でも大きな差異が生まれることとなった.

[田村和彦]

📖 **参考文献**

[1] ジェイムズ・L・ワトソンほか編, 西脇常記ほか訳『中国の死の儀礼』平凡社, 1994

死後のイメージ──たましいの行方と葬儀

　中国人による伝統的な「死」の定義と「死後」のイメージについて，まずその基本形を述べておこう．『礼記』郊特牲篇に「魂気は天に帰し，形魄は地に帰す」とあるが，人という存在は「魂」と「魄」という二つの要素からなると考えられた．魂も魄も，日本語では「たましい」と訓読みするが，強いて近代的な言葉使いで分類するなら，前者は「魂気」という熟語からも察せられるように，どちらかといえば精神に対応し，後者は「形魄」という熟語からも察せられるように，どちらかといえば肉体に対応する．

●魂と魄の分離，鬼としての暮らし　人が生きている時には，魂と魄がしかるべく結びついているが，両者の繋がりが断ち切れてしまうことによって人に死が訪れ，魂は天へ漂い去り，魄は地へ沈み去るとされた．言い換えれば，人の「精神」は死によって「肉体」を失っても（そして地中に埋葬された「肉体」が朽ち果てても），少なくともただちに滅びることはないと考えられたのであり，そこで今度は，死後における「精神」の暮らしぶりについて，相応の説明が求められることになった．まず，魂ばかりの姿となって浮遊する死者は，例外なく"鬼"として生者たちに影響を及ぼす．より正確にいえば，そもそも中国語における鬼とは，死後を生きる人々の魂のことにほかならない．そして鬼たちは，生者から祭祀を受け，供物を献げられなければ生者に祟りをもたらすとされた一方で，絶えざる祭祀の対象となった場合には，「祖先」として子孫に恵みを与えたり，「神」として広く生者たちを護ったりするとされたのである（項目「"鬼"という感覚」参照）．

●儒教・仏教・道教の語った死後の世界　中国に興った儒教と道教，および中国に渡来した仏教はいずれも，「死」の定義と「死後」のイメージについて，以上のような基本形を適宜取り込みながら，それぞれの特色を発揮し，人が死後に置かれる境遇に関して，また生者が死という大事や，死者という存在に対処するための方法に関して，説明を与える言葉を成長させていった．

　儒教では，遺体の処置と埋葬，および遺族による服喪が「喪礼」として，祖先に対する定期的な祭祀が「祭礼」として高度に体系化され，冠礼（成年儀礼）・昏礼（婚礼）と合わせて「四礼」を構成することになった．早い段階では，祭礼に際して子孫の一人が「尸」の役割を担当し，そこに祖先の魂が憑依するものとされたが，やがて魂の依り代として位牌が用いられるようになった．「祖先の魂が普段どのように暮らしているのか」そして「祖先の魂がどのように祭礼の場へやってくるのか」といった問題については，南宋の朱熹（1130-1200）が，それらを朱子学の語る「気」の世界観に大きく引き寄せ，画期的といえる説明を提示

した．朱熹は人の死を，個々の人物を成り立たせていた気が拡散してしまうことと定義する一方で，死後も気はすぐに散り尽くすのではなく，ゆっくりと拡散過程をたどるものと考えた．その間に子孫が祖先を慕って祭礼を行えば，拡散途上の気はそれに感応し，一時的に再結集して位牌に宿るというのである．

　道教（その源流となった神仙思想や，道教の要素を取り入れた民間信仰を含めて）では，死後に仙人となって昇天する「尸解仙」の考え方が当初の主流だったが，晋の葛洪（283-343）が著した『抱朴子』では，むしろ不老不死の身体を得た「天仙」や「地仙」が，尸解仙より上位に置かれるようになった．とはいえ，死に対する関心や死後に対する想像が道教から失われたわけではない．例えば，泰山は死者の魂が集まる場所として，長く畏怖の対象であり続けたし，仏教の影響を受けて地獄に関する信仰も盛んになった．

　人の死後における暮らしについて，最も豊富な語りを人々に提供したのは仏教であろうか．仏教では死後における目標として，「浄土」に生まれ変わること（往生）が唱えられた一方で，生前に悪事を重ねた者は，地獄など苦痛に満ちた世界へ転生しなければならないとされ，それぞれの世界についての精彩あふれる描写が，死後に関する中国人のイメージに大きな衝撃をもたらした．

●葬儀のあらましと，その画一性　ジェイムズ・L・ワトソンは，16世紀以後の中国における葬儀について，その内容が『礼記』や朱熹に由来する古典的規範に基づくこと，具体的には，①「哭」（泣き声を上げる）などの表現によって死を公告する，②喪に服する者が，白衣や白靴などを身に付ける，③遺体に儀礼的な沐浴をさせる，④死者に食物や金品を送り届ける，⑤位牌を準備し設置する，⑥儀礼の一部として，儀礼専門職に金銭を支払う，⑦遺体に伴い，魂を鎮める音楽を演奏する，⑧遺体を納棺し密閉する，⑨遺体を納めた棺を，共同体から排除する，という9つの要素が求められたことを指摘する．こうした基本構造に含まれない要素，例えば土葬するか火葬するかといった問題については，多様な選択が許されたが，基本構造の遵守ということでは，地域差や階級差などを超える高い画一性がみられたという．ワトソンの考察によれば，そもそも儀礼の規格統一こそ，画一的な中国文化の創造と保持にとって中心的なものであった．すなわち中国人は，定められた儀礼の手順に従うことを通して，文化が画一化される過程に参与したのであり，言い換えれば「中国人であること」とは，人生に関わる儀式には「正しい方法」があるという考えを受容することにほかならなかったのである．

[水口拓寿]

📖 参考文献
[1] 大形 徹『不老不死―仙人の誕生と神仙術』講談社現代新書，1992
[2] ジェイムズ・L・ワトソン，エヴリン・S・ロウスキ編，西脇常記・神田一世・長尾佳代子訳『中国の死の儀礼』平凡社，1994

親戚とのつき合い──序列化されるウチとソト

　長く父系の大家族制をとってきた中国人社会では，同じ親戚でも父系と母系，男性と女性の間には明確な区別が設けられ，さらに年功序列が強く意識されている．中国人にとって，親戚とは同じ先祖から枝分かれした集団，いわば一本の大樹のようなものであり，一族は枝葉の子孫が生い茂ることを願い，また根元に近い人ほど尊び，敬う傾向が強い（項目「宗族・親戚」参照）．

図1　内戚へ挨拶をする新郎新婦　[筆者撮影]

●**二つの親戚──内親と外戚**　親戚という言葉は，血縁関係に基づく父方の"内親"[内戚]と婚姻関係に基づく母方の"外戚"を含む．両者に対する差異の感覚は，現在一般的に用いられる親戚の呼称にもよく反映されている．例えば父方の祖父母は"爺爺"，"奶奶"というが，母方の祖父母は"外公"・"外婆"という．また，同じいとこでも，父親の兄弟の子を"堂兄"，"堂弟"，"堂姐"，"堂妹"とよぶのに対し，父親の姉妹の子あるいは母親の兄弟姉妹の子は"表兄"，"表弟"，"表姐"，"表妹"とよぶ．「外」や「表」という文字がつくと遠い親戚とみなされ，あらゆる場面において内戚よりも優先順位が低くなる．

　このように内と外に区別される中国人の親戚関係は，とても複雑である．日本語では同じ「親戚のおじさん」でも，父親の兄なら"伯"，弟なら"叔"，姉妹の夫なら"姑父"とよび，これが母親の兄弟なら"舅"，姉妹の夫なら"姨父"とよぶ．もし父親が長男で弟が4人いれば，年齢の大きい方から"大叔"，"二叔"，"三叔"，"小叔"と順序を明らかにして呼ばなければならない．こうして一人ひとりが異なる名称で互いの上下関係を把握し，親戚という集団の中で自分にふさわしい役割を担うことになる．もちろん，複雑な親戚関係と膨大な呼称を覚えるのは難しい．これは幼少期からの訓練の賜物といえる．中国では親戚と顔を合わせるたびに，親が子どもに「こんにちは」と挨拶を促すだけでなく，"伯母"[父の兄の妻]なら"伯母"，"姨父"なら"姨父"と呼ぶように徹底的に教え込み，その都度関係性が確認，承認されるのである．

●**親戚の集まり**　親戚たちは毎年春節や清明節，中秋節などの年中行事に集まることが原則として義務づけられている．正当な理由なしにこれを拒むことは，

単に義理を欠くだけでなく,「家」という観念に対する倫理違反ですらある. 一般的に, 親戚が集まる場所は一族の最高齢者の家であり, それが無理な場合は, 一族の有力者の家である. また, 遠方の親戚は, 移動可能な範囲内で最高齢者あるいは有力者の家に集う. 行事当日から2日目にかけて集合するのは内戚であり, 外戚がやって来るのは大抵それ以降である. これは外戚にあたる親戚が, 行事当日にまず自分たちの一族の集まりに内戚として参加するためで, 内戚との関係が外戚よりも優先されることを意味する. 親戚同士が集まると, 昔話や近況報告, 家族の話題などに花を咲かせる. こうした場で女性たちが独り身の若者を捕まえて結婚を急かし, 新婚夫婦に早く子どもを産むよう諭す光景は日本と変わらない.

最近ではこうしたプライベートに踏み込んでくる親戚を疎んじる若者も多い. 2012年の春節時にインターネット上で話題をよんだ"亲戚聚会发言大纲"(チンチィジュイホゥイファアイェンダァガァン)というフローチャート図では,「もう結婚した?」「恋人はいる?」といった質問にYESかNOで答えていくと, 結局最後は気まずい状況に陥る若者の苦悩が皮肉られている. とはいえ, 親戚一同が集まって新年を祝い, "清明節"(チンミィン)に墓参りをし, そして家族団らんを象徴する中秋の名月を愛でる, これは現在も多くの中国人が思い描く幸福のかたちである.

●ともに喜び, ともに悲しむ　季節の行事以外にも, 親戚たちは一族の冠婚葬祭にも集まる. ただし, 結婚式では新郎側と新婦側の参列者数が同程度になるよう調整されるため, 実際にすべての親戚が集まるということは難しい. だが葬儀は事情が許す限り親戚全員が駆けつける. 大勢の親戚で盛大な葬儀を行うことは, 故人への最高の供養であり, 一族の勢力を周囲に誇示するチャンスでもある. 季節の行事とは違い, 結婚式や葬式といった人生の儀式においては, 内戚と外戚が同じ時間に集まり, 参列するのが普通である. とはいえ, やはり内戚は外戚よりも優先される. 例えば, 婚礼でより新郎新婦に近い席に座るのは内戚であり, 若い両人が先に酒を注ぐのも内戚である (図1). また, 農村の葬式では参列者が列をなして村を練り歩くことが多いが, 先頭で遺影を掲げる家族の後ろに内戚, 外戚の順で続き, また遺影に土下座をする際もこの順番は守られる.

冠婚葬祭で唯一内戚と外戚の優先関係が曖昧になるのは, 祝儀や香典の金額である. 一般的に, 祝儀は偶数, 香典は奇数と決まっており, 祝儀なら中国の発音上,"6"は「順調」を, "8"は"发"(ファア)[金もちになる]を, "9"は"久"(ジウ)[末永く]を連想させることから縁起が良いとされる. だが金額自体は, 必ずしも最も優先される内戚の年長者が最も多く出さなければならないわけではなく, 相手とのつき合いの深さや贈る側の経済力などが考慮される.

また, 中国では社会的な成功者は内戚, 外戚にかかわらず一族の大黒柱として頼りにされる. 親戚から援助を受ける際も, 親戚内の序列以上に, いかに普段から良いつき合いを積み重ねているかという点が重要になってくる.　[西村真志葉]

近隣とのつき合い
──やっぱり難かしい隣人関係

　中国にも「遠い親類より近くの隣人」という諺がある．中国で人々は近隣住民とどうつき合っているのか，これは隣国である日本にとっても，興味深いテーマだろう．

●**ブラブラ歩きという行動様式**　中国人の生活には，食後にブラブラ歩く習慣が定着している．これは"溜達"（リゥダァ）とよばれ，近隣住民のつき合いを理解するうえで大切な行動様式である．例えば，昼下がりには商店の軒先や道端に人々が集まり，日向ぼっこをしながらお喋りを始める．趣味で鳥を飼う人なら鳥籠を持って出かけ，同じく鳥を飼う人との交流を楽しむ．または戸外に机と椅子をもち出して将棋に熱をあげる．日が暮れれば，もっと大勢の人が自宅付近の公園や広場に集まってくる．最近は犬の飼い主同士が立ち話をする姿が目立つ．大音量の音楽を流して踊る女性たちもいる．

図1　串門（チュワンメン）の様子［筆者撮影］

　人々は一緒に井戸端会議や共通の趣味を楽しむうちに，コミュニティを形成してゆく．これは自宅から徒歩圏内で生まれた地縁に基づくコミュニティであり，近隣住民のつき合いを育む交流の場である．さらに，このつき合いは"串門"に発展する場合が多い．"串門"は親族・友人宅を訪問して会話を楽しむことで，人々は近隣住民の関係をより一層深めていくのだ．

●**村のつき合い・街のつき合い**　村の近所づき合いは何世代も続き，また隣人同士が血縁関係にある場合が多く，それを維持するためのつき合いが欠かせない．上記の"串門"以外にも，特定の生産過程で近所に応援を頼み，祝い事があれば料理から皿洗いまで手伝ってもらう．村社会において，頼りにしてきた隣人に応えることは，次回自分も近所の助けを借りられることを意味する．つき合いは今後の生活への保障であり，子や孫が村で生きていくための基盤づくりなのである．こうした近所づき合いは，村民の自治組織である村民委員会によってとりまとめられるケースが多い．一方，都市部にも居民委員会がある．居民委員会は村民委員会のように住民の生産を組織することはまれだが，近所同士の喧嘩を仲裁したり，問題のある住民を注意したり，近隣住民間の潤滑油となっている．

●**実は仲の悪いお隣同士？**　こうしてみると，中国では近所づき合いが盛んなように思われる．だが，いつの時代も隣同士の関係は難しい．例えば日本人は"鬼（グイ）

子"，韓国人は"棒子（バンヅー）"など，中国では近隣諸国の人々に対する蔑称が定着しているが，中国国内でも南部の人は北部の人を粗野だと見下し，北部の人は南部の人を狡猾だと警戒する．同じ北京市でも，旧市街地に暮らす市民は，門頭溝（もんとうこう）区の人を格下にみる．その門頭溝区の人も河北省の人を"臭板子（チョウバンヅー）"と蔑視する．そして，どの地域をみても，隣人同士のいざこざは日常茶飯事である．中国には「仲の良い隣人は宝」という諺があるが，これは仲の良い隣人同士はまれだという意味なのかもしれない．中国には近隣のつき合いを育む社会の仕組みや行動様式があるのに，なぜ隣人同士は仲が悪いものだという考えが生まれるのだろうか．

●**新しい隣人と孤独な老人**　その背景に関連する社会問題として，貧富差の拡大と流動人口の増加がある．昔から中国人は結婚する両家の経済力や社会的地位は同程度であるべきとしてきたが，この考えはそのまま隣人関係にも適応されている．つまり近所づき合いは，家と家のつり合いがとれているからこそ生じ得るのである．だが拡大し続ける貧富の格差は，近所づき合いをより複雑に，難しくしている．さらに2億を超える人口が，中西部から東沿海部へ，村から街へ流動し，地元住民との摩擦と治安の悪化を引き起こしている．実際，中国で悪く言われがちな河南省や安徽省などは，いずれも出稼ぎ人口の多い省でもある．

　また，人口の流動化は独居老人の増加も招いた．現在，中国全土で最も高齢化が進む都市は流動人口の最も多い上海であり，2010年の時点で独居老人が8.5万人，2050年までに30万人を超えるといわれている．2011年，中国政府は「中国老齢事業発展『十二五』計画」を公布し，独居老人問題の解消へ向けて各種政策を掲げたが，その中で近隣住民と地域が担うべき役割についても大きく紙幅を割いている．貧富差の拡大と人口流動化が著しい現代中国においては，一人っ子政策により崩壊しつつある大家族制度の受け皿となるべき近所づき合いが，政府の介入なしには機能するのも難しい現状がみてとれよう．

●**村民・居民委員会は近所づき合いを守れるか**　そんななか，期待されているのが，各地の村民・居民委員会である．現在，一部の居民委員会は"鄰居节（リンジュジェ）"［隣祭り］と称して近隣住民を集め，各種演目を鑑賞し，食事をする場を設けている．四川省綿陽の"隣居節"は2015年に11回目を数え，400世帯を超える住民が街道沿いでともに飲み食いし，交流を深めたという．

　また，上海では"翻牌制度（ファンパイヂードゥ）"という試みも始まっている．これは独居老人宅の玄関先に裏表色の違うカードをぶら下げ，老人に毎日カードをひっくり返すように依頼する．もしカードが前日と同じ色ならば，居民委員会が訪問して様子を伺うのだという．こうした試みからどんなつき合いが生まれるのか，今後の動きが注目される．

［西村真志葉］

📖 **参考文献**

[1] 彭 亮『上海高齢独居老人研究』華東師範大学博士学位論文，44-80，2011

先達・友人とのつき合い
——中国社会を生き抜くスキル

　中国人は理想的な友人関係を「信」という文字で表現する．これは信頼に足る関係，信じ合える関係をさしているが，単に相手を裏切らないという以上の意味がある．それは，相手が力になってくれると信じて頼ることができる，また相手から頼られれば同じように応える用意がある，ということである．困ったときの真の友という言葉のとおり，中国人の友情は頼り頼られる中で育まれ，試される．つまり，友人の数が多いことは中国人社会における生活の保証であり，人生のコマを有利に進め得る力でもある．一般的な友人関係と重なる部分の多い先達との関係も同様で，その交流にはしばしば処世術の要素が含まれる．

●**いろいろな友人と先達**　一言に友人といっても，実際の関係性は一様ではない．特に人間関係の構築に世渡りの要素が含まれる中国では，顔見知り程度でも友人とみなす傾向がある．よって，同じ友人でもつき合いに序列がつけられることになる．例えば，親しい友人は"哥们"や"姐们"とカテゴリ化され，特に固い絆で結ばれた親友は互いに"铁哥们"と名乗る．血の繋がらない友人を"哥"［兄］や"姐"［姉］と称することで，肉親同様に親しい関係であると互いに認識するのである．同様の現象は教師を中心とした師弟関係などにもみられる．"一日為師，一生為父"［一日教えを乞うた師は生涯の父］という言葉が今なお生きている中国では，男性教師の配偶者は"师母"よばれ，女性教師の配偶者は自分の父親よりも年上なら"师伯"，年下なら"师叔"とよばれる．また同じ教師に師事した先輩・後輩も"师兄"，"师姐"，"师弟"，"师妹"と互いを位置づける．いずれも一人の教師を中心とする同門出身者が疑似的な家族関係を構築し，卒業後も相互利益関係を保持するわけだが，"叔"［父の弟］にしろ"伯"［父の兄］にしろ，必ず身内の中でも優先順位の高い内戚の呼称が用いられることに注意したい（項目「親戚とのつき合い」参照）．

　また，実際に友人と肉親同様の関係性を社会的に構築する場合もある．俗に"结拜兄弟"や"结拜姐妹"とよばれる義兄弟関係がそれで，『三国志演義』で劉備と関羽，張飛が結んだ兄弟の契として知られる．この兄弟の契は現存し，昔は厳粛な結拝儀式を行っていたが，現在は簡略化されて，両親立会のもと誓書にサインしたり，血液入りの酒を飲んだり，あるいは口頭で誓いを立てるだけの場合もある．正式に義兄弟になると，相手の家族を肉親同様に大切にすることになる．

●**親しき仲にも礼儀あり**　友人や先達という名目の繋がりは，維持されてこそ処世術的な効力を発揮する．その関係性を維持する手段として最も一般的なのが会食である．内戚の呼称が適用される仲ならば，自宅で食事をともにすることが多

い．対等的な友人は互いの家を行き来するが，先達を家に招くのは非礼にあたり，あくまで目下の者が先達の家を訪問する．また外食の場合は，割り勘にするのではなく，誰か一人が全額支払う．支払の際レジの前ではしばしば押し問答が起きるが，多くの場合パフォーマンスに過ぎない．おごられた側は日を改めて会食の場を設け，全額負担する．こうして会食が繰り返され，持ちつ持たれつの関係性が構築されてゆくのである．ただし，相手が遠方から来た友人や経済力が自分より劣る友人であれば，支払いは自分が受け持つのが自然である．相手が年上の友人や先達であれば，支払いは相手に任せるのが礼儀でもある．とはいえ，日を改めてお返しをするという意識が，友人の間で共有されるのが一般的である．

図1　中秋節を祝うショートメッセージ［王京撮影］

　日頃，恩を受けることが多い側は，普段から相手のために進んで心を砕く．また，中秋節になれば月餅を贈って感謝の気持ちを示し，春節時には新年の挨拶に訪問する．さらにあらゆる年中行事のたびに，祝福のメッセージをSMSや"微博"［チャットのブログ，ミニ・ブログ］，"QQ"［無料通話・チャットアプリ］で送る（図1）．特に結拝兄弟・姉妹の間では，以上のような相互関係の再確認作業は定式化している．もちろん中国にも「友達だから遠慮は無用」という考えはあるが，良い友情が持続するための前提はやはり「親しき仲にも礼儀あり」なのである．

●**冠婚葬祭での役目**　「私が弔おう」――これは身内のない友人が死んだとき，孔子が発した言葉とされる．冠婚葬祭はいうまでもなく親族でとり行われるものだが，適当な親族がいない場合，友人が代行しても何ら不思議ではない．そもそも親族がいる場合でも，友人は冠婚葬祭の執行役に回ることが多い．例えば結婚式で，友人は野外での写真撮影に付き添ったり，結婚式場の受付係になったり，爆竹や風船で派手な音を演出したりと忙しい．また，"闹洞房"は結婚式の最高潮であると同時に，友人たちの最大の見せ場でもある．これは初夜を迎える部屋で友人たちが新郎新婦を冷やかし，悪ふざけに興じる伝統である．

　一方葬儀においては，友人が積極的に何かするという場面は少ない．だが，宴会の席で死者の思い出を語るのは友人であり，また，友人が亡骸の前で夜通し踊るトゥチャ族の伝統的な葬儀などもある．もちろん式の進行に関わらない友人たちも，式場に集うだけで意味をもつ．それは単に喜びをともにし，悲しみを分かち合うだけではない．冠婚葬祭に集まる友人が多ければ多いほど，新郎新婦や死者の人徳や，人生におけるサバイバル能力の高さが証明されるのである．

［西村真志葉］

もてなし──礼儀の邦の最上級の礼節

　中国人自身が考える中国人の美徳の一つに"好客"[ハオクァ][客を歓待する]がある．この美徳に基づくもてなしは，現代中国において非常に重視される礼節として息づいている．

●**もてなしの基本**　礼節として意識されるもてなしは，一種の行動規範となっている．客を上位に置き尊重するというのがその基本的な原則で

図1　宴会での乾杯［筆者撮影］

ある．まず"東道主"[ドンダオヂュウ][もてなす側の主]は会場の入口まで客を出迎えると，"主賓"[ヂュウビン][もてなされる側の主]を上座にあたる東側あるいは入口正面の席[かみざ]まで案内し，他のメンバーを紹介する．その際"主賓"と面識のない有力者を隣に陪席[ばいせき]させることがある．人間関係の序列が重視される中国では，社会的地位の高い者がもてなす側に名を連ねていること自体にもてなしの意味があるのである．次に"東道主"は"主賓"に伺いを立てながら，お茶や酒の種類，メイン料理を決める．前菜が運ばれると，"主賓"に敬意を表して乾杯の音頭を取る（図1）．料理は最初に"主賓"に箸をつけさせ，一番良い部位も"主賓"に譲る．食事中も"主賓"の食器が空にならないように気を配る．特に酒席においてはいかに客を気持ち良く酔わせるか，"東道主"の手腕が問われる．そして最後は店の出口まで客に付き添い，その姿が見えなくなるまで見送る．

　主に"主賓"の接待に尽力する"東道主"は，その他の多くの実務を，自分の正面に座る"助理"[ヂュウリイ][助手]に任せる．"助理"は随時"東道主"から出される指示に対応し，また"主賓"以下の客を両隣に座らせて接待を行うことになる．

●**ウチへ招き入れるということ**　自宅で客をもてなす際も，基本的な流れは変わらない．ただし，自宅での接客はよりアットホームな雰囲気が強調される．例えば，まず客は食堂とは別室に通されお茶を振る舞われるが，この時在宅中の家族は全員同席し，"東道主"にあたる主が一人ひとり紹介する．特に未成年の子どもには，親戚の呼称[シュウシュウ]を用いて客を"叔叔"[おじさん]，"阿姨"[アアイィ][おばさん]などとよばせる（項目「親戚とのつき合い」参照）．食事中も，家族は客の家族について話を弾ませ，会話が途切れないよう協力する．そして，もてなす側ももてなされる側もプライベートな情報を適度に共有してゆく．もしも途中席を外してよい家族がいるとすれば，それは子どもと料理をつくる女性だけである．特に農村

部や少数民族の宴会において女性は完全に裏方に回る．女性たちはタイミングよく前菜・酒・主菜・主食の順に料理を運び，主食の前後に"東道主"とは異なるテーブルで食事をとる．その際，"主賓"側の女性も裏方仕事を手伝い，女性と子どもだけのテーブルにつくことが多い．もてなす側の女性は"助理"同様，自分の隣に客の女性を座らせて，お互いの家族談義に花を咲かせる．そしていずれの場合も最後は家族総出で見送り，見送られることになる．

家に招かれるということは，家族の輪に招き入れられることに等しい．客は自宅でくつろぐように，まさに言葉通り「アットホーム」に迎えられるのである．

●もてなされる側の心得　もてなしが礼節である以上，もてなされる側にも守るべき行動規範が存在する．特に"主賓"は随所で"東道主"を尊重することが求められる．先の例でいうと，"主賓"が上座に座るのはあくまで"東道主"の配慮を尊重するためであり，場合によっては"東道主"に上座を譲るパフォーマンスを挟む．注文時も"東道主"の年齢や出身地などを考慮して意見する．食事中は適度に箸を休め"東道主"に食事の時間を与える．一般的に料理は少し残して十分であることを示すべきだが，"東道主"に器に入れてもらった料理は食べ終えなければならない．"東道主"に注がれた酒も同様に必ず飲み干す．そして最後に見送られる際も，"主賓"は"東道主"が早く休めるようにその場からすばやく離れるように心がける．

また上記以外にも，"東道主"が序列に準じて"主賓"側の人間に一人ずつ順番に盃を捧げ，酒を飲み干す"敬酒"という習慣があるが，"東道主"の"敬酒"が一通り終わった後で，"主賓"も"東道主"側に対して同様の行為を行う．一部の地域では，酒やお茶を入れてもらう際に"叩手礼"〔親指，人差指および中指を揃えてテーブルを数回叩く〕を返す習慣もある．

そして重要なのは，客側がいずれ"東道主"を"主賓"としてもてなす意思を示す，あるいは"東道主"に何かしらの利益を返す機会を設けることだろう．中国人との感情は招き招かれる中で芽生え，相互利益を通じて深まる．もてなしが一度で終わらないからこそ，中国人社会で礼節として生きているともいえよう．

●臨機応変に　本項で紹介したのはあくまで典型的な例であり，実際のもてなしは状況に応じて変化する．例えば"東道主"の方が社会的地位が高い場合，"主賓"を緊張させないように，"東道主"自ら上座に座り，その左右に"主賓"と"副賓"を座らせる．気心の知れた仲間内の会食ならば支払いを受けもつ者が"東道主"となるが，誰が"主賓"か明確にされないままみなで楽しむ．料理自慢の主であれば"東道主"自ら厨房に立つこともある．また国際的なルールに従うことを「文明的」と考える中国人は多く，"主賓"が外国人の場合は酔い潰れるまで酒を勧めることは少なく，プライベートな詮索も控えられる．中国人のもてなしは，もてなす側，もてなされる側の人間に即して変容していくのである．　　　　〔西村真志葉〕

面会のルール――企業人・官僚の場合

　王朝時代においては，官（役人）と面会しようとすれば，煩雑な手順を踏まなければならず，面会当日も，慇懃ともとれる儀礼的な応酬をしなければならなかった．この点は特に外国人の目を引いたようで，明代であればイタリア人宣教師マテオ・リッチの『中国キリスト教布教史』に，清代であれば英国人宣教師 W. G. ウォルシュの『清国作法指南』などにも，役人を訪問する際の細かな作法が記されている．名刺の様式から，着ていくべき服装，会った時の"拱手"や"作揖"などの挨拶の仕方，応接室での座順，会話の進め方，お茶の飲み方，そして辞去のタイミングなど，心得ておくべきマナーが数多く存在した．辞去のタイミングの一例をあげれば，主人から"随便請茶"とお茶を勧められたら，辞去せよとの合図であった．

　さすがに今日では，党中央や国務院などの"領導幹部"との面会を別にすれば，このようなことはない．それでも，王朝時代において「官」との面会は一大イベントであり，最も手の込んだ訪問儀礼の原型がそこにある，ということは知っておいてよいであろう．

　さて，本項でいう面会のルールとは，企業人が官僚や相手企業の担当者らと会う場合を想定しているので，ここではそうした情況に限って述べていきたい．ビジネスマンとしての面会のルールは，基本的には世界共通であるが，中国ならではの慣習もある．共通のルールとしては，事前にアポイントを取る，当日は時間に遅刻しないように少し早めに行く，名刺の交換，話の内容や相手の情況を判断して退出のタイミングを計る，などがあげられる．

●**中国独特の面会の慣習**　その一方で，現地駐在員が共通して感じる日本との差異に，中国人ビジネスマンの計画性のなさというのがある．例えば，日本では面会のアポイントメントは通常は早いほどよく，1か月前から取るのも珍しくないが，中国人にとって1か月も先のことなど，その時になってみなければわからない，という感覚のようだ．たとえアポイントを取れたとしても，その後，連絡がとれず，当日になってひょっこり現れる，なんてことがある．

　1週間前にアポイントを取ったとしても，当日行ったら不在だった，などということもよくある．特に役人の場合，予定していた日に中央から視察団が来たりすれば，その接待で忙しくなる．こうした無駄足を防ぐためには，約束の前日なり当日に電話やメールなどで確認をしておくのがよい．メールによるやり取りは中国でも活用されているが，必ず返事を書くといったマナーは必ずしも徹底していない．こうしたアポイントの不確実性は中国人ビジネスマンにとっても困るこ

とが多く，その結果，アポなしで当日にやって来る，などということもある．

こうした慣習の背後には，あまりに日々の変化が激しいという現実もあるが，根底には，日本人のように前もってスケジュールを立て，計画的に動く，という習慣が伝統的にないようにみえる．逆に言えば，日本人は他の社会と比べ，個人としても組織としても非常に計画的に動く，ということでもある．

このほか，初対面の場合，手土産を持って行った方がよいのは言うまでもない．というのも，相手方も手土産を用意していることが多いからだ．ひと昔前は酒や電子製品などが人気があったが，現在は洋菓子など日本製の菓子折で十分である．個人的に渡すなら，三色ボールペンなど，日本製の文具もよい．渡すタイミングは面会の終わりの方がベターであろう．

●**面会後の会食について** もう一つ，中国的な慣習として，面会に行った場合，時間帯によってはその後，食事に誘われることが多いことである．これには社交辞令で誘う場合もあり，「次回にいたしましょう」と断ってもそれほど問題ではない．というのも，彼らも前もってレストランの予約をしているわけではなく，客側が会食に同意した段階で店の手配をするからである．

こうした会食に出る場合は，気をつけなければならない．というのも，彼らは食事をご馳走し，酒を飲ませて本音をしゃべらせ，相手がどんな人間であるか，本心はどうであるか，などを観察しているからである．とりわけ中国人は伝統的に，泥酔することを子どもっぽいと嫌うので，酔った勢いでの発言や行動は大いに慎む必要がある．なお，こうした会食では政治や近現代史の話は避けた方が無難である．また，全体の様子がわかるまでは，他者の悪口や噂も禁物だ．裏でどう繋がっているか，わからないからである．それよりも，ビジネスとは関係のない，文化的・社会的な話題をもっていた方が会話も弾む．特に中国人ビジネスマンが好む話題は，金儲けの話で，バブルの頃の成功話や没落話なども聞きたがるようである．

逆にこちら側が会食に招待する場合，相手側の誰をどこの席に座らせるか，といった席順には気を配る必要がある．なお，日本人の場合，食事をご馳走になったら，翌日なり後日，再会した際に必ず「先日はご馳走になりました」と礼を言うのがマナーであるが，中国ではこうした習慣がない．なので，たとえ招待した相手が礼を言わなかったからといっても，気にとめる必要はないし，こちら側が招待されても，礼を言う必要はない．

［西澤治彦］

参考文献

[1] リッチ, M.・セメード, A. 著，川名公平訳，矢沢利彦訳注『中国キリスト教布教史』大航海時代叢書，1982-1983
[2] ウォルシュ, W. G. 著，田口一郎訳『清国作法指南─外国人のための中国生活案内』東洋文庫，2010

宴会の作法──主人・主客・陪客の役割

中国においてフォーマルな宴会では，事前に招待状を送付することが多いので，招待状を受け取ったら，贅を尽くした宴会となることを予測して，相応の対応が求められる．伝統的には，上客は予定の開始時間よりもあえて遅れて行ったものであるが，現在では上客，陪客とも時間より少し前に集まるようになっている．

●着席の儀礼　中国の宴会における最大の儀礼は，着席の際にとり行われる席の譲り合いである．高級なレストランでは，待合室があり，全員が揃ったところで食卓に移動する．このようにしないと，到着順に席に着いてしまい，着席の際の儀礼ができなくなるからである．

客たるもの，宴会場に入ったら，どの卓のどの席が上座かを瞬時に判断する必要がある．基本的には「尊者南面」であるが，間取りの関係で南面できない場合は，入り口や調理場の戸口に衝立をおいて南側とみなす．卓が複数ある場合，東西に並ぶ場合は東側が，南北にも並ぶ場合は北側が上卓となる．言い換えると，入り口や衝立から一番，遠い卓が第一卓，その卓の北側の席が第一位の上座となる（図1）．

招待客の誰が主客かは，顔ぶれを見ればわかるわけであるが，主客といえども，決してすぐには上座に座らず，第二位や第三位の客に上座を勧める．もちろん，これはあくまで儀礼的な応酬であって，譲られたからといって座ってはならない．数分間のやり取りを経て，最終的にはしかるべき人が上座に座る．甲乙つけがたいような場合は，時に主人側が助け船を出すことがある．したがって，席の譲り合いをするのは主客と上客同士に限られる．その間，陪客は立ったまま上客らの

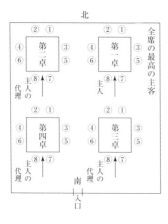
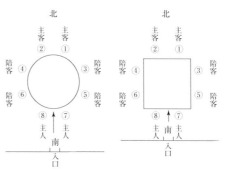

図1　八仙卓および円卓における座順
［書籍文物流通会中国料理部編『増補 中国料理の手引き』書籍文物流通会，1964］

儀礼を見ている．上客の席が決まったところで，はじめて陪客らが近くの席に座る．なお，同年代の友人の集まりなど上下関係が明確でない場合，一番遠い場所から来た人を上座に座らせることもある．

　卓が複数ある場合，日本人が行う宴会だと，第一卓にすべての上客が集められるが，中国では第二卓の上座に第二位の客，第三卓の上座に第三位の客が座るようにアレンジすることが多い．この場合，第二卓以下の下座には主人代理が着席し，その卓の接待役を務める．もっとも，このような大規模な宴会となると，席の譲り合いも面倒なことになるので，事前に卓上に名札を置くことが多い．日本人がホストとなる場合は，こうした中国の習慣に配慮して上客および主人代理の席を配置しないと，第二卓以下の客を侮辱することになりかねない．

●**乾杯と料理の食べ方**　最初の乾杯や料理の食べ始めも重要で，陪客としては主客に対して出しゃばらないようにする必要がある．最初の乾杯は全員で行うが，途中からは互いに名前を呼び合っての一対一の乾杯となる．ただし，この場合でも最初は全員が主客に乾杯を求めるなど，主客の面子を立てなければならない．料理が運ばれてくるたびに主人が乾杯をうながすこともある．飲めない人は盃に軽く口をつけるだけでいい．

　料理を食べきると，量が足りなかったと思われ，追加注文されるので，少量を残すようにする．料理が残っていると，ウェイターも皿を置いていくので，最後，卓上は皿で一杯となる．もし料理の出が悪いときは，主人（および陪客）は，料理を取るのを控えめにする．通常，魚料理が出たところで，一通りの料理が出終わったサインとなる．ここで"湯"[タン][スープ]とご飯が出される．

　フォーマルな宴会の場合，主人（および陪客）は，主客の食べるスピードに合わせるようにする．先に陪客らが箸を置き，主人が箸を置いたところで，主客も箸を置く．したがって，主客としても周りの食べるスピードを見ながら，合わせていく必要がある．主客が先に食べ終えてしまうと，陪客も箸を置かないとならないからである．

●**食事の終え方**　先に食べ終えた者は，「横箸」[おうちょ]といって，碗の上に箸を置き，食べ終えた意思表示をすることがある．友人同士の会食であれば，横箸をしたうえで主客に挨拶をして先に席を立つこともあるが，フォーマルな宴会では許されない．食事が終わると，主客から主人に対するお礼の言葉が述べられる．このとき，陪客も一緒に礼を述べる．最後，"来！乾！"[ライガン]（フォーマルな場）"来！門前清！"[メンチエンチン]（インフォーマルな場）といって，みなで残りの酒を飲み干すこともある．

　このように，中国の宴会では，主人，主客，陪客という役柄があり，それぞれの客はその立場に応じて気を配らなければならない．特に陪客の立場は両義的で，客ではあるが，時に主人側に立って主客の接待に回らなければならないこともある．

[西澤治彦]

官とのつき合い──伝統とその変遷

　隋唐時代に始まる科挙試験の伝統がある中国においては，歴史的に「官」のもつ意味には特異なものがあり，近代以降の日本における「官僚」とは比較にならない権力をもっていた．王朝時代までの「官」には，役人の意味のほか，国家に属する者もさした．"官辨"〔グヮンパン〕［国営］，"官兵"〔グヮンピン〕［政府の兵士］，"官窰"〔グヮンヤオ〕［景徳鎮など国営の陶磁器製造所］などがその例である．このほか，"官場"〔グヮンチャン〕［官界］，"官方"〔グヮンホア〕［政府当局］，"官風"〔グヮンフォン〕［役人風］，"官話"〔グヮンホア〕［官僚の話す言葉から転じて共通語］など，「官」のつく熟語は多い．また，役所を"衙門"〔ヤーメン〕，役所の下級官吏を"衙吏"〔ヤァリィ〕といった．中華民国期までは，お上や国家を"公家"〔ゴンジア〕，役人を"公家人"〔ゴンジアロォン〕とも呼んでいた．これに対立する概念は"私人"〔スーロェン〕である．

　加えて，広大な国土ゆえに，「官」の世界も重層的な構造をなしていた．伝統的には，科挙によって選ばれた「官」は，行政組織の階層のうち，県レベルまでしか派遣されなかった．「知県」〔ちけん〕とよばれたこの地位は，今日の「県長」に相当する．それ以下は郷紳層とよばれた地元の有力者が農民との間に入り，上位組織との調整にあたっていた．

●**中国革命以降の官の再編**　中国共産党はこうした伝統的な統治機構を根本的に変えた．すなわち，地主層を階級闘争にかけることによって事実上，解体し，党組織を県レベルの下の郷鎮や，さらには村レベルまで張り巡らせた．郷鎮レベルにも共産党委員会を組織したほか，村レベルにも共産党委員会支部をつくり，支部書記をおいた．その結果，革命以降，「官」には（共産党や政府系統の）「幹部」の意味が付加された．「官」と「民」との関係という観点からみれば，社会主義革命は，「官」の権限を末端の農村部まで拡大したともいえる．これは中国史上，画期的なことであったが，徹底したトップダウンの構造は，機構の縦割りをつくりだし，しかも下から異議を唱えることを許さなかった．それが裏目に出てしまったのが，大躍進や文化大革命の悲劇であった．

　ややこしいのは，中国共産党中央委員会をトップとして，省・市・県・郷鎮・村の各レベルに組織された党委員会のほか，国務院をトップとする，人民政府の系統も，省・県・郷鎮・村の各レベルに組織されている．すなわち，省レベルであれば，省党委員会書記と，省人民政府の長である省長が，県，郷鎮レベルも同様で，末端の村レベルであれば，党支部書記と村民委員会の長である村長とがいる，という双頭体制となっている．

　両者の関係であるが，公式には，中国を代表する唯一の統治組織は政府ということになっており，党は政府を指導する立場にあるとされている．指導するわけ

であるから，事実上は，党系統の方が優位に立っている．国務院総理よりは，党総書記の方が上ということになる．もっとも，党系統と政府系統との間に大きな矛盾はない．というのも，政府系統の幹部は共産党員でもあるからである．

●**幹部の重層性**　さて，実際に外国人が「官」とつき合うといっても，社会主義政権下の中国においては，政府系統および党系統の幹部とのつき合い，ということになる．「幹部」という語彙は日本語から逆輸入されたものであるが，日本語のそれとは違った意味をもつようになった．中国語の"幹部"(ガンブゥ)を広義に定義するなら，政府機関，党組織，軍隊，その他の諸団体などの公職についている人々のうち，指導の骨格となる人々をさすが，中国人であれば誰が幹部で誰が幹部でないかを明確に区別することができる．軍隊でいえば"排長"(パイヂャン)［小隊長］以上，大学でいえば学長や"系主任"(シィヂュウレェン)［学部長］および党委員会書記や委員以上，農村部でいうと村民委員会の委員や党支部書記以上が幹部に相当する．行政職の場合，改革開放前までの幹部は24級のランクに分けられ，ランクに応じて給与も決められていた．このうち13級以上を高級幹部，12〜18級を中級幹部，郷鎮レベル以下の幹部や工場長や工場の党委員会書記などを基層幹部と分類していた．現在では，国家級（1〜2級幹部），省部級（3〜4級幹部），庁局（5〜6級幹部），県処級（7〜8級幹部），郷科級（9〜10級幹部）と分類されている．このうち5級幹部以上が高級幹部と呼ばれる．

●**関係の重要姓**　このように中国における「官」や「幹部」は重層的なヒエラルキーを成しており，彼らとつき合うには，その地位に応じて相応の対応が求められる．なかでも国家幹部に分類される税務署，税関，公安などの幹部との関係は重要である．これ以外となると，企業の駐在員が実際につき合うことになるのは，市政府や県レベル以下の幹部ということになろう．その場合にも，特に"面子"(ミェンツー)は重要で，例えば，村レベルの宴会で村長を上座に座らせて党支部書記をないがしろにしては，上位の者の面子を村人の前で潰す行為に等しい．

　日本と異なり，中国人にとって「官」あるいは「幹部」とのつき合いで重要なのは，折をみての贈答や宴会の接待であろう．かつてほどおおっぴらにはできなくなってきているが，それでも宴会の接待は重要である．これらによって維持されている人間関係を中国語では"関係"(グゥンシィ)とよび，中国社会を生き抜いていくうえでの重要な政治的資産となっている．こうした関係がないと，いざというときに便宜を図ってもらえないだけでなく，むしろひどい目に会うことすらある．中国にいる限り，外国人といえどもこうした社会システムから自由になることは難しい．反日デモの際，暴徒による被害を免れた，とある日系企業の現地駐在員が，「我々は地方政府との良好な関係を維持している」と発言したことがあったが，これは換言すれば，地方幹部に対する定期的な「投資」をしている，ということでもある．

［西澤治彦］

宗族・親戚——古代から現在まで

　宗族研究の歴史に大きな足跡を遺した牧野巽は,「宗族」と「家族」が異なる概念であることをめぐって,以下のように注意をうながした.宗族は「父系の親族」として定義される集団であり,父系制度をとる中国において,それはおのずから同姓の親族集団ということになるのに対し,家族は「居所を同じくし,財産を同じくして,日常の生活を共同にしている人々の集団」として定義される.中国社会は,家族の範囲を超えた宗族の団結が席巻する社会だが,宗族と家族は歴史を通じてあくまで併存し,ともに拡大強化してきたのであって,一方が他方に変化するものではなかった.

●**古代の宗族と宋代以後の宗族**　中国における宗族の歴史は,古代のそれと宋代以後のそれに分けて考えなくてはならない.宗族という親族集団は古代から存在していたとされ,『儀礼』や『礼記』などに,「宗法」すなわち宗族を営んでゆくための規定に関する記載が見られる.これらの文献に記された宗法は,後世の人々から「古宗法」とよばれるようになった.宗族とよばれる親族集団は,時代を大きく下った宋代にも続々と結成され,引き続く元代・明代において高度に発達したが,より正確に表現するならば,宋代に現れた新興の士人層が,社会不安や階層の流動性に伴う親族集団の没落を,族人の団結によって乗り切ろうとした際に,彼ら自身の属した親族集団を古代にあったとされる宗族になぞらえて,その整備に励んだのであり,また古代の宗族制度を復興するという名目のもとで,彼ら自身が「宗法」と称したものを構築していったのである.こうした動きを理論面や実践面で牽引した士人として,北宋の范仲淹（989-1052）,欧陽修（1007-72）,張載（1020-77）,程顥（1032-85）,程頤（1033-1107）,蘇軾（1036-1101）や,南宋の朱熹（1130-1200）などがいる.

●**宋代以後における宗族の特徴**　ひと口に宗族や宗法といっても,それらの内実には古代と宋代以後の間で少なからぬ違いがある.牧野のまとめるところに従いながら列挙すれば,①古代の宗族では「宗子」すなわち嫡長男が族長を務めたとされるが,宋代以後では実際に能力をもつ者が族長に選ばれ,その地位は宗族内部を移動した.②古代の宗族では祖先祭祀の範囲が,士人層であれば父母までに限られたとされるが,宋代以後では4代前の祖先や,さらに遠い祖先にまで拡大し,単に同姓だというのみの者が,血縁のないことを意識しつつも,共通の遠祖と称する者を祭祀することさえ行われるようになった.こうした趨勢は,宋代以後の宗族が大規模化を志向したことと表裏一体を成すものである.③宋代以後の宗族は,一族共通の祖先を祭祀するために「祠堂」とよばれる施設を建設し,ま

た祭祀費・自治費・族人の教育費のために,「族産」とよばれる共有財産を設定した. ④宋代以後の宗族は「族譜」の製作を好んだ. これは, 祖先を明らかにするというよりも,「現存の族人がいかなる系譜関係にあるか」を示すことに重点が置かれた文献であり, そこには族規や族訓が掲げられる場合もあった. ⑤宋代以後の宗族は強力に自治・自衛を行った. 族内の犯罪や紛争は, まず族内での解決に務め, 異姓との利害対立にあたっては,「械闘」とよばれる私闘を行った. ⑥宋代以後における以上のような宗族制度は, 国家が制定したものではなく, むしろ祖先祭祀の範囲が古宗法を超えるほどに拡大されたように, 国家の礼制にそぐわない部分を有していた.

●**朱熹の『家礼』** 宋代には, 以上のような特徴をもって宗族が復興しただけでなく, 宗族のあり方が必ずしも古宗法のとおりにいかなくなったことに対応するため,「私礼」とよばれる文献が士人たちによって執筆された. これは, 宗族内部で行われる冠礼(成年礼)・昏礼(婚礼)・喪礼(服喪と埋葬)・祭礼(祖先祭祀)について規定するという形式を取りながら, 間接的に親族集団の組織原理や構成制度を述べるものである. その最も代表的なものは朱熹による『家礼』(『朱子家礼』や『文公家礼』などともよばれる)であり, 現在では朱熹の著作であることが定説になったといってよい同書は, 明代の丘濬(1418-95)による『文公家礼儀節』などさまざまな注釈書を生みながら, 中国のみならず朝鮮半島やベトナムの親族集団に対しても絶大な権威性をもつにいたった.

●**異姓の親戚たち** 中国社会に生きる人々にとって, 宗族内部のつき合いだけが親族関係のすべてであったわけではない. 自身と姓を同じくしない親戚たち, すなわち配偶者や母の父系親族もまた, 彼らに対して影響力を有する存在であり続けた(本来, 中国語の「親戚」は父系で繋がらない者をさす). その象徴的な例は, 皇帝の外戚という位置にあって強大な権力を握った者たちであろうが, なかでも前漢の元帝(在位, 前49-前33)の外戚であった王莽や, 北周の宣帝(在位, 578-579)の外戚であった楊堅(隋の文帝)は, ついには現王朝を廃して自ら帝位に就き, それぞれ新朝と隋朝を開いた(王莽・在位, 9-23, 楊堅・在位, 581-604). 近年では, 中国社会の親族関係において父系で繋がらない者がもち得た影響力について, より広い視野から研究が進められている.

●**宗族の現在** 中国大陸では中華人民共和国成立後, 宗族制度が長年抑圧された. しかし改革開放政策の下で1980年代から復権に向かい, 族譜の再製作も盛んとなった.

[水口拓寿]

参考文献
[1] 牧野巽『牧野巽著作集』第3巻「近世中国宗族研究」御茶の水書房, 1980 (原刊は『近世中国宗族研究』日光書院, 1949)
[2] 植野弘子『台湾漢民族の姻戚』風響社, 2000

"自己人"——人間関係をはかる物差し

　中国語には"自己人"[身内]という言い方がある．その反対語は"外人"[赤の他人]である．何が身内かというのは難しい．というのは身内にも一種の序列が存在するからであり，家族→親戚→友人→知人といったように，同じ身内でも，知人よりも友人，友人よりも親戚，親戚よりも家族のようなヒエラルキーがある．
●**身内ならあたり前**　それでは身内と赤の他人とはどう違うだろうか．最も身内である家族や親戚は喜怒哀楽をともに分かち合える人であり，そして，同じ身内である友人や知人は飾らずに気楽に話ができる人，気が合う人，信用できる人である．中国人は「自らの愛情や友情を特定の人にしか注がない，それ以外の人に対してはあまり見向きしない」という特徴があるとよくいわれる．そうした気持ちは家族や親戚はもちろんのこと，友人，知人に対しても同じである．身内なら，どんな願いや頼みごとでもかなえてあげようと頑張る．"为朋友可以上刀山下火海，两肋插刀"[友だちのためになら，刃物の山であろうと，火の海であろうと犠牲をも惜しまない]の一句に象徴されるように，身内のためならひと肌脱ぐのはあたり前である．そして"你的困难就是我的困难"[あなたの困難は私の困難]のように，身内の困難を自分の困難とみなし，どんなことをしてでも手をさしのべる覚悟がある．したがって，身内とみなされた人のために何かをしてあげ，感謝されても，"都是自己人，干吗那么客气啊"[身内じゃないか，そんなに遠慮はいりませんよ]，"都是自己人，应该的"[身内だからあたり前じゃないですか]のようなことを言う．身内同士なら，原則などいらない，何をしても，また何をされても許し合える仲なのである．
　一方，"非友即敌"[友でなければ，すなわち敵]ということばがあり，「身内には優しく，赤の他人には厳しい」の喩えとされる．つまり"是自己人，什么都好说；不是自己人，一切按规矩来"[身内であれば，どんなことでも融通が利くが，身内でなければ，すべてルールに則って行う]．身内と他人とは違う態度で対応し，身内には満面の笑みで応対し，一生懸命に便宜を図ろうとするが，他人には無愛想な態度で臨み，頼まれても門前払いを食わせることもあり，「けんもほろろ」といった具合である．
　しかし，身内と赤の他人の関係はまったく変わらないものではない．今日の敵は明日の友ではないが，今までは赤の他人であったが，1回つき合ったら，2回目からは知人となり，つき合っていくうちに友人となり，身内となる．中国語の諺に"一回生，二回熟"[1回目は他人だが，2回目は知己]とあるのはまさにこのことを言い表している．

したがって，中国人にとってことの成敗は相手を身内にすることができるかどうかに大きく関わる．そのためにはコミュニケーションが大切である．初対面の人にタバコを勧めたり，酒席で酒を勧めるのも相手を身内に取り込むための手段である．身内にしてしまえば，ことはすべてうまく運ぶのである．

●**身内の輪によって生まれる連帯感**　こうした身内，仲間意識は生活の隅々まで浸透し，中国人のDNAの一部に組み込まれているといっても過言ではない．中国では家族企業が多いのもその一例である．他人は信用できないので，家族同士なら，血縁で結ばれているので，固まれば向かうところ敵なしである．海外に親戚や華僑の友人をもつと，その人たちのつてで海外へ移住したりするのも身内だから信用でき，頼って行くのである．そして，先輩華僑の世話で，仕事や商売をする．そして成功したあかつきには，国内にいる親戚，友人を海外に呼び寄せ，その世話をする．こうして，親戚，友人，知人の輪が広がっていき，華僑というアイデンティティでつながり，身内という絆で結ばれ，強大な力を発揮する．このような身内意識を保つために，毎年1回世界華僑大会が行われているほどである．

　海外の華僑だけでなく，故郷を離れ，よその土地で暮らす同郷同士もまた同じである．すでに出稼ぎに行っている親戚や知人を頼って，都会に行く農民工たちも，身内ということで先輩から後輩に仕事を紹介し，住居をシェアする．すべてはこの身内の連帯感から生まれるものである．中国人同士では初対面でもよく相手の出身を尋ねる．同じ出身地だとわかると，親近感が湧き，たちまち打ち解けて身内として扱う．いわゆる同郷である．近年中国国内だけでなく，海外でも同郷会の設立や開催が盛んなのも身内意識から生まれたものであろう．

　中国では相手に挨拶をするとき，相手を親族呼称で呼ぶことで親しみを示すのもそうした意識の表れであるかもしれない．中国語で相手の名前を呼ぶのも挨拶として成立するが，庶民の間では目上の人に対して，親族呼称で呼ぶと喜ばれる．それはほかでもなく，身内という意識によるものであろう（項目「挨拶表現」参照）．相手が年配の方で，男性なら"爷爷"［おじいさん］，女性なら"奶奶"［おばあさん］とよぶと，親近感がわき，相手も喜ぶ．つまり，相手の年齢や性別に応じて，"阿姨"［おばさん］，"叔叔"［おじさん］，"大哥"［お兄さん］，"大姐"［お姉さん］のように呼べば，"你好"よりも親しみがあり，何か頼み事があってもことがスムーズに進むのである．中国語にはさらに"称兄道弟"［「兄」とよび「弟」と呼ぶ］ということばがあり，「兄弟のようにつき合う」ということを意味する．こうした表現や言い回しは結局他人を身内に転換するための装置ともいえよう．中国人にとって，身内か他人かは単なる人間関係を示す物差しであるだけでなく，実生活において自分に利益をもたらすか否かの大事な問題でもある．

［張　麗群］

"出身"——人間を区別する階級身分

　『大辞泉』（小学館）によれば，日本語の「出身」とは「その土地・身分などの生まれであること，その学校・団体などから出ていること」とある．一方『現代漢和辞典』（小学館）によれば，中国語の"出身"とは「個人の過去の経歴または家庭の経済的な状況による身分を表す」とあり，動詞と名詞の用法がある．日本語と中国語は同じ「出身」という漢字を使いながら，内実はやや異なる．

　以下「出身」ということばを中国語の意味で使う．例えば，"他出身于富贵家庭"[彼は金持ちの家に生まれている]，"他是干部家庭出身"[彼は国家公務員家庭の出身である]のような表現が中国人の普段の会話によく出てくる．これは"出身"が中国人にとっていかに重要であるかを物語っている．

●**出身で人を区別する伝統**　そもそも中国には人を"出身"[身分，階級区分]で人を区分する伝統があった．早くも2,000年前の春秋戦国の時代，すでに職業を"士农工商"[士農工商]のように分けていた．元の時代になると，さらに細かく"三教九流"[宗教，流派を含めてのさまざまな職業や身分をランクづけるための区分]のように分け，その後も"出身"に対する区分が行われていた．そして，貧しい身分や階級の人はどんなに頑張っても，その階級から脱出することはできなかった．

　ところが，科挙（官史登用試験）の導入に伴い，いわゆる"出身"の悪い人にも出世のチャンスが巡ってきた．宋の時代から貧富の差や出身の良し悪しに関係なく，科挙の試験を受けて合格すれば，出世の道が開かれ，出身を変えることができたのである．科挙は出世のための登竜門の一つであった．明や清朝の"进士"[本試験に合格した人]の中には半分近くの人は"寒门出身"[身分階級の低い，貧しい家庭の生まれ]であったといわれている．

●**文化大革命における出身の逆転**　中華民国の誕生（1912）から中華人民共和国の成立（1949）までの間は，資本家，地主，知識人などのいわゆる"出身"の良い人がかなり重要なポストで活躍していた．しかし新中国になってからは，資本家や地主が排除され，経済的に身分の低い労働者などが主人公となった．特に文化大革命の10年間は，知識人までも排除され，完全に労働者や農民などが支配的な立場に立った．"出身"を"红五类"[労働者，軍人，幹部，貧農，下層中農]と"黑九类"[地主，富農，反動派，悪質分子，右派，裏切者，スパイ，走資派，知識人]に分類し，何をするにも"出身"が問われた．労働者家庭の生まれ，農民家庭の生まれかそれとも資本家家庭の生まれかがその人の将来を左右する決定的な要因となる．入学から，入隊，就職，昇進，結婚に至るまで，いわば揺りか

ごから墓場まで，すべてが"出身"によって決まるといっても過言ではなかった．当時，多くの若者が"紅五类"の出身であるために，入隊，就職，昇進で優遇されると同時に，能力や才能がありながら，"出身"が"黑九类"というだけで差別され，せっかく恵まれたチャンスにありつけなかった若者も少なくなかった．

文革初期，資本家や地主はもちろんのこと，それまで指導的地位にあった国の幹部や指導者の多くも打倒されてしまった．大学教授などの知識人も紅衛兵の吊るし上げに遭い，知識があればあるほど反革命的とみなされ，"黑九类"の中でも，"臭老九"〔チョウラオジウ〕〔鼻つまみの九番目〕とよばれ，社会的身分として一番低い地位に追いやられた．いわゆる知識無用論が叫ばれ，"出身"が最も重要視されていた時期であった．親が英雄ならば，その子どもが立派な人間であり，親が反革命分子ならば，その子どもははばか者であるという当時のスローガンが"出身"の重要性を物語っている．

●出身が再びものを言う時代へ　文化大革命の終息に伴い，1978年に全国統一試験が実施されると同時に，これまで"紅五类"にしか許されなかった推薦入学制度が廃止され，"黑九类"であるがゆえに，大学に入学できなかった若者にも大学の門戸が開かれ，実力で入学試験に合格すれば大学に入れるようになった．出身の良し悪しではなく，実力で自分の夢を実現することができ，自分の人生を変えることができるようになったのである．世は出身ではなく，知識が運命を変えるという時代に入った．

とはいえ，改革開放するにつれ，1995年からはそれまで無料だった大学の学費が有料となり，貧しい農村の家庭に生まれた学生にとっては大きな負担となった．近年中国社会においては，貧富の格差が生まれ，昔ほどではないが，再び"出身"つまりどんな家庭に生まれたかが重要になり，人生を左右する要因となりつつある．最近よく使われる"官二代"〔グヮンアルダイ〕〔幹部の子ども〕，"富二代"〔フゥアルダイ〕〔金持ちの子ども〕，"星二代"〔シィンアルダイ〕〔有名人の子ども〕，"穷二代"〔チオンアルダイ〕〔貧乏人の子ども〕ということばが示すように，良い家庭に生まれた子どもは親の七光りだけで立派な生活が送れるのである．幹部家庭の生まれの子どもは出世しやすく，たとえ出世しなくても留学や就職などで便宜を図られることがある．また金持ちの子どもは金にものをいわせ，留学や起業なども簡単にできる．有名人の子どもも知名度が高く，経済的に恵まれているため，何をする際にも，うまくことが進む．結局，貧乏人の子どもは親の七光りがないうえ，経済的にも恵まれないので，自分の実力で道を切り開かなければならない．これらの社会現象はいずれも「"出身"論」が今日でも根強く残っていることを裏づけるものとなる．

近年，中国政府はこのような問題を重視し，こうした弊害を克服すべく，誰もが実力で自分の夢を実現できる"中国梦"〔チョングゥオモン〕〔チャイナドリーム〕の実現目標を掲げ，事態の改善に向け努力している．

〔張　麗群〕

プライバシーの境界──中国人の領域感覚

　日本人と中国人の行動様式を考える際のキーワードに「領域感覚」がある．日本人は「自分」の領域と「相手」の領域の存在を常に感じながら行動する．これに対し，中国人は（親しい間柄であれば）相手との間に心理的な境界を設けず「我々」の領域をつくろうとする．そのため，日本人には中国人の行動はしばしば「こちらの領域」に踏み込んでくるように見え，中国人には日本人の行動は「よそよそしい」と映る．
　【例】夫婦でラーメンを食べている．夫は肉が好きである．
　　妻：（自分のチャーシューを夫にあげようと思い）これ，食べる？
　　夫：うん．
　　妻：はい．（と言って，夫の丼にチャーシューを入れる．）
　これは日本人には普通の会話である．「食べる？」で相手の意向を確認し，「はい」で相手の領域に入ることを伝える．夫婦間でも「自分」の領域と「相手」の領域が意識される．一方，中国人の感覚では上記の会話は夫婦らしくない．夫婦の間には「我々」の領域があるだけであり，肉好きの夫にチャーシューをあげるくらいのことで伺いは立てない．何も言わずに夫の丼に入れる．これは日本人には「勝手に入れてくる」と映り，「これあげる，くらいは言ってほしい」という気持ちになる．

●**立ち入った質問**　「我々」の領域をつくるための基本は会話をすることである．中国人は家族や友人といるときはもちろん，知らない間柄でも「場を同じくしている」と思えば会話をする．会話を続けるために，日本人の感覚では「立ち入った質問」をしてくることも多い．
　【例1】中国で列車に乗ると，向かいの座席の乗客が話しかけてくる．「給料はいくら？」「結婚は？」「子どもは？」と聞かれることもある．これらは日本人には立ち入った質問だが，（少なくともある世代までの）中国人の感覚では無難な話題である．会話の話題がすぐに見つからないときに，誰にとっても問題になる事柄を取り上げて話を続けるのである．
　【例2】次の文章は中国人留学生を友人にもつ日本人女子学生の作文である．
　　　知り合って間もない頃，よく彼女に「今（今夜）時間ある？」と誘われた．最初は誘いを断らないようにしていたが，時間がなくて断らないといけないときもある．「ごめん，今日はちょっとやることがある」と言うと，彼女は必ず「やることって？」と聞いてくる．え？と思いつつ，「明日テストがあるから勉強しないと」と言うと，また「何のテスト？」と聞いてくる．

この中国人学生は日本人学生が言ったことを受けて会話を続けているだけである．それが日本人学生には「何か言うと追求してくる」ように見える．
　【例3】中国人と結婚した日本人男性が夫婦で選挙の投票に出かけた．投票を終えると妻が「誰に投票した？」と聞いてくる．日本人の夫にとっては個人の信条に立ち入った質問であり回答に困るが，中国人の妻にしてみれば，単純に自分たちが行ったことを話題にして会話をしようとしただけである（もっとも，このあたりの感覚は日本人も中国人も個人差が大きい）．

●**共感できること・気になること**　「我々」という感覚を強化するには，会話の話題は「互いに共感できる事柄」「誰にでも聞けるわけではない事柄」がよい．
　【例1】子どもの受験は日本では取扱い注意の事項であり，相手が親しい友人でも自分からは話題にしないことが多い．中国人は（個人や世代にもよるが）相手が親しい友人であれば，子どもの受験のことも話題にする．親として共感し合える部分が多いからである．合格発表の時期には合否を聞いたりもする．合格なら「良かったね！」となり，不合格でも「残念．でも来年もあるから！」となる．
　【例2】日本人学生は友人に授業や試験の成績を聞くことはあまりないが，中国人学生にとっては普通のことである．友人よりも自分の方が点数が低い理由を教員に聞いてきたりもする．人の成績は誰でも気になるが誰にでも聞けるものではない．それが聞けるというのは友人であることの証である．

●**「個人」の事柄と「我々」の事柄**　中国人は「夫婦は一心同体」という意識が強く，親子の関係も日本より密である．他人であれば「個人」の事柄となることが夫婦や親子の間では「我々」の事柄となることも多い．例えば，自宅に届いた夫の人間ドックの結果を妻が開封して見るのは，中国人の感覚では当然である．健康に関する情報は個人情報という感覚があっても，「夫の健康は（夫個人の問題ではなく）夫婦の問題」という感覚の方が勝る．日本人も後者の感覚は理解できるが，本人の許可なく開封することはしない（勝手に開封されるのは抵抗がある）という人も多い．また，親が子どもの進学や結婚に対して干渉する度合いは日本よりも中国の方が強いが，これも親と子は「我々」の関係にあるという感覚に基づく．子どもへの干渉は子どもに対する愛情の証である．
　「我々」という感覚は「私」と「公」の区別にも関わる．公的な立場を利用して身内や知人に便宜を図る（身内や知人がそうしてくれることを期待して頼る）ことは日本でも中国でもあるが，中国人の方が公私混同の意識が弱いことが多い．相手は自分を頼っており，それに応えないのは「我々」の関係を損ねる．「我々」であるから「相手のため」も「自分のため」も同じという感覚もある．　［井上 優］

📖 **参考文献**
[1] 井上 優『相席で黙っていられるか―日中言語行動比較論』岩波書店，2013
[2] 園田茂人『中国人の心理と行動』NHKブックス，2001

ジェンダー──20世紀初頭から現代まで

　国家の中でジェンダーを統合する，という視点でみると，女子教育と女子労働をどう整序するかが，まず象徴的に問われる問題となる．中国で近代女子教育制度の導入が求められるようになるのは，20世紀初頭，梁啓超の『変法通議』や雑誌『新青年』などを中心として，女子教育の必要が強く求められるようになった頃からである．それ以前の女子教育は「女四書」と一括されるような女訓書が中心で，"三从之义"に象徴されるように，男性に盲従するような女性像が一般的であった．"女性无才便是徳"［女性は無知であることこそ徳］ということばがこれを象徴している．1900年代に入ると，近代女子教育の考え方が広がりをみせた．現代中国語の"賢妻良母"［良妻賢母］という用法は，四字熟語としては中国に伝統的にあったものではなく，日本経由で導入され，用語法としては1920年代頃に定着し，しかも進歩派からは否定的な用語として流通するようになる．
　近代女子教育は，より良い次世代のためには，母親が教育を受けていなければならないという意味で，儒教的な伝統とは明らかに異なる面をもつ．それを儒教的な用語を使いながら導入した点は，東アジアの近代女子教育の特徴といえる．
　一方，中国固有の問題としては，纏足をあげることができる．足を縛って小さくする習慣で，良家の女性が結婚する際には不可欠とされた時期も長かった．女性の空間的移動を制限する差別的な慣行である．唐末以降に流行し，清代にも何度か禁令が出されたが廃絶できず，最終的には清末民初に先に述べた女子教育との関係で纏足解放運動が広がり，新中国で完全に消滅する．

●**新中国成立**　中国共産党は女性運動を懐の中に取り込むかたちで運動を展開した．階級闘争がまず優先され，それによって性差別の問題は解消される，という立場である．ただ一方で，ジェンダー固有の問題にも目を向けた．"童养媳"［嫁姑の対立を避けるために，結婚相手にする女性を幼い頃から育てる］や親の決める結婚といった封建的な婚姻習慣を一掃するために，1950年に婚姻法を制定．その普及活動の中で，望まない結婚を強いられていた多くの女性が離婚を申し立てた．
　女子労働の観点からみると，社会主義女性解放論は，女性の労働への参加が男女平等への最善の策と考える．新中国成立以降は，この考え方に基づいて農業・工業を問わず，女性が労働力として投入された．それは一方で，資本主義のように男性を基幹労働者として，主婦に子どもの世話を任せるシステムとは異なり，男性の稼ぎのみでは生活できないような水準にしながら，共働きを奨励し，新社会の建設に役立てようとしたと考えることもできる．労働力の再生産を主婦に依存しないために，"単位"［職場］ごとに託児所を設けるといった政策は，社会主

義による女性労働の動員を経験した社会では共通のものである．

　1958年の大躍進から1966〜76年の文化大革命へと続く毛沢東主導の継続革命路線の中では，農地の集団化，工場などの国有化が推進されるが，この時期に女性も労働力として強力に動員されることとなった．毛沢東の有名な「女性は天の半分を支えている」ということばに象徴されるように，男にできることは女にもできるという考え方が求められた．男女の区別がない人民服もその象徴である．

　またジェンダーの観点から特筆すべきなのは，この時期に男性の家事参加が進んだ点である．当時の都市部の知識人中心に，男性が料理をすることは広く行われるようになり，調査の残っている文革後のデータでみても，男性の家事時間が女性の3分の2程度あるなど，1980年代では世界的にも先進的な一面をもつ．

●**改革開放後**　1979年から一人っ子政策がとられ，1980年には婚姻法を改正して，結婚年齢を大幅に引き上げる晩婚政策をとった（男性22歳，女性20歳）．この時期に子育てをした層が2010年代半ばには，祖父母となっているが，その子ども世代も一人っ子であるため，孫一人に祖父母が4人おり，退職して，息子・娘世代に代わって，家事育児を担う主体となっている．逆に介護の問題が生じると，孫一人が祖父母4人を支えねばならず，高齢社会の進展への危機感から，一人っ子政策自体が見直され，2016年についに撤廃されることとなった．

　文革までの社会主義体制下の労働市場は，"吃大鍋飯"［親方五星紅旗］といわれるように，余剰人員を多く抱えつつ，貧しさを分かち合うかたちで機能した．これに対して，第11期三中全会（1978）以降の改革開放政策の中で，市場経済の論理が持ち込まれるようになると，託児所は職場にとっては単なるコストとみなされて閉鎖され，家事育児を抱える女性は労働者として使いづらいといった観点から，女性が主要なリストラの対象となった．"下崗女工"問題と呼ばれるものである．

　また都市部の共働き層が，仕事と家事の負担に苦しむことから，二人で働くよりも，一人はサポートに回るべき（二保一），女性は家に帰るべき（妇女回家），日本のような中断再就職型就労が望ましい（阶段性就业），女性が35歳を過ぎると再就職が難しくなるという「35歳問題」といった議論が1980年代以降2000年代に入っても繰り返し提起されるようになった．経済発展に伴って，一部に専業主婦が生まれたのも事実である．しかし，中国最大の女性団体である，中華全国婦女連合会は「妇女回家」などの議論に対して一貫して反対している．

　また女性の退職年齢が男性よりも5年早く55歳とされていることに対して，「恩恵か，差別か」も長年議論されている．フェミニズムの文脈からは差別と判断されうる事象だが，中国では当の女性の側から「早く年金をもらえる恩恵」という意見がある一方で，婦女連合会は差別ではないかと問題提起をしている．

〔瀬地山 角〕

セクシャリティ——抑圧と解放の歴史

　セクシャリティは「性現象」あるいは「性的欲望」と訳されることが多かったが，近年では「性をめぐる観念と欲望の集合」という解釈が主流である．中国では1910年代に「性」「性欲」という言葉が日本経由で入り，近代の性研究が始まったが，それまでは性に関する事柄には「色」「肉」「欲」あるいは「肉交」「交合」など直接の性行為を表すことばが使われ，性の言説は長い間，食欲と並ぶ人間の本能のレベルにとどまっていた．そして1990年代にセクシャリティの中国語訳として「性存在」「性相（ディスクール）」ということばが登場し，性研究からセクシャリティ研究へと発展をみせている．

●**生殖を目的とするセクシャリティ**　孝の教えを柱とする儒教では跡継ぎの男子がいないことは最大の不孝であるため，前近代ではセクシャリティは生殖を目的とするものに限定して容認された．蓄妾制（ちくしょうせい）が快楽としての性を提供しながらも1949年の中華人民共和国成立までおよそ3,000年にわたり存続できたのはこうした名目があったからである．近代に入ると性に関する認識に大きな変化が生じ，恋愛と結婚と性の「三位一体説」が知識人の間で支持されるようになった．しかし性欲は恋愛の下位に置かれ，優良な種族の存続という優生学の影響を強く受けて，快楽よりも生殖に重きを置いたものだった．これに反旗を翻し，産児制限と晩産によって性欲から生殖をできる限り遠ざけようとしたのが，中国で最初の性学者と称される張競生（ちょうきょうせい）である．性交には女性をオーガズムに導くことが大切で，セックスによって中国人の身体を男らしく，また女らしく改造すべきだと主張したのである．だが，張が一般から募集した赤裸々な性の体験談を載せた『性史』(1926) は『金瓶梅（きんぺいばい）』(16世紀末) に勝る淫書だとして進歩的知識人からも批判を浴びてしまった．張競生が再評価されるのはそれから半世紀後，1979年に一人っ子政策が実施され全国規模で避妊が奨励されるようになってからのことである．

●**禁欲主義**　中国では，中華人民共和国成立後に性的禁欲主義がいっそう強化され，基礎的な性教育書『性的知識』(1956) でさえ，性を語ること自体が問題とされたのであろう，批判されて姿を消してしまう．実態としては，共産党や解放軍の高級幹部には随行看護婦や文藝工作隊女優などがあてがわれていたと暴露する小説や映画があるように，男性＝権力による性の放縦は1949年以前の延安時期からみられる．しかし一般の人々の場合は，未婚の男女の合意に基づく性行為さえも男性側に強姦罪が適用され，妻が離婚原因に夫のED（勃起不全）や性的不一致をあげればブルジョワ思想だと逆に批判されるほどであった．こうした国家によるセクシャリティの統制が徹底して行われた結果，性に関する情報の空白

時期を体験した人々は，文革直後の中国映画《廬山之恋》(1980)に恋人同士のキスシーンが登場すると騒然となったという．調査によれば，最初の性体験の相手が現在の配偶者だと答えたのが都市部では約8割，農村部では9割であり（『中国当代性文明―中国両万例「性文明」調査報告』1995），大学生を対象にした調査では，性的愛撫の経験がある者が約3割，性交の経験がある者は1割にも満たなかった（『中国当代大学生的性観念与性行為』2000）．中国教育部が学生結婚を解禁したのは2005年のことである．

図1　第1回ゲイ＆レズビアン映画祭上映作品

●セクシャル・マイノリティ　中国における（広義の）同性愛の歴史を概観すれば，日本などアジア諸国と同じように，子を残し家父長制を揺るがさない範囲内であれば，おおらかな性文化が花開いていた．男性同性愛は"断袖之歓"などとよばれ，明の『金瓶梅』や清の『紅楼夢』などの文学作品でも異性愛と変わらぬ快楽の一つとして描かれている．今日の中国に根強く残っている同性愛者に対する強い差別と偏見は，1949年以降の禁欲的な性教育と文革時期の暴力的な性抑圧によるところが大きく，1997年の刑法改正まで"流氓［ごろつきやチンピラ］罪"の類推解釈により犯罪者扱いされ，2001年の「中国精神障害分類と診断標準」の改定まで同性愛は病的疾患とみなされていた．

　文化界に目を向けると，2001年に第1回ゲイ＆レズビアン映画祭（後に北京クィア映画展と改名）が北京で開催され，作家の王小波がシナリオを書いた中国初の男性同性愛映画《東宮西宮》（インペリアル・パレス，監督：張元，1996），人気のネット小説から生まれた《藍宇》（情熱の嵐，監督：関錦鵬，2001），中国初のレズビアン映画《今年夏天》（残夏，監督・脚本：李玉，2000）など（図1）が中国国内で初めて上映された．クィアの中国語"酷児"は台湾クィア作家の紀大偉らが1994年に雑誌『島嶼辺縁』で「酷児Queer」特集を組んだ際に使ったのが最初だとされている．欧米では二十数年間の同性愛解放運動の蓄積のうえにクィア運動が展開されたが，中国や台湾ではこれらがほぼ同時並行する形で受容されており，文学の分野でも中国で初めてのクィア作家崔子恩が登場するなど，ゲイ，レズビアン，トランスジェンダー，さらには異性愛者も巻き込み，性の揺らぎや流動性，多様性を重視するクィア運動へと広がりをみせている．　　　　［白水紀子］

📖 **参考文献**

[1]　邱 海濤著，納村公子訳『中国五千年 性の文化史』集英社，2000
[2]　黄 英哲他『台湾セクシャル・マイノリティ文学』第1～4巻，作品社，2008，2009

チャイニーズネス──中国人の一体感

　「中国とは何か」という問いにすぐに答えるのは難しい．それは，地理的に区切られた空間，政治権力の統治範囲，文化・文明の波及圏にまたがりながら，しかし，そのどれ一つとも完全には重ならないからである．さらに時間の推移とともに，「中国」の意味内容が変化していることも，定義の難しさに拍車をかける．
　人は他者との出会いの中で，自分とは何者であるか，自分の帰属する集団が他の集団とどう違うのかを意識し始める．中国人の自己認識（および他者認識）が尖鋭化するのは，例えば北方異族との衝突であったり，天竺からの仏教の渡来であったり，異質な他者との出会いにおいてである．その中でも今日的な「中国」意識の形成にとって最も重要なきっかけとなったのは，19世紀後半の西洋文明との接触である．これについては，梁啓超（1873-1929）の一節が参考になる．
　「われわれが最も慚愧に堪えないのは，わが国には国名がないという一事である．通常は諸夏とか漢人とか唐人とかよぶが，みな王朝名である．外国人は，震旦とか支那とかよぶが，みな自ら命名したものではない．夏・漢・唐などでわが歴史の名とすると国民尊重の趣旨に合わず，震旦・支那などでわが歴史の名とすると名は主人に従うとの公理に外れる」（「中国史叙論」1901）．
　ここでは，ことばとしては古くからある「中国」が，近代国家の名称としてふさわしいかとの問いかけがある．同時代の日本人が，「中国」を避けてもっぱら「支那」の語を用いたのも，歴史的背景としては梁の疑問と同源だが，やがてそれは「満蒙」などを「中国」から切り分けるという別の文脈を形成していった．

●**文化としての中国**　ここでは人の集団を軸に，便宜的に三つの概念で「中国」を整理してみよう．まず，①国家の構成員・法的主体（国民）という意味での「中国人」が存在する．これは中国国籍をもつ人々の集合体である．次に，②歴史や文化を共有し「われわれ」意識をもつ人々の集合体がある．その核となるのは，共通の文字（漢字）である．「文化中国」（cultural China）の担い手ともいえる．最後に，③中国に住む各民族（ethnic group）の総称である．漢族に55の少数民族を加えた「中華民族」がこれに該当する．その発案者は上に触れた梁啓超だが，孫文にならって「国族」と言い換えてもよい．
　複雑なのは，この三者がどれも重ならないどころか，大きなズレをもつことである．例えば，海外の華人は，中国国籍はもたないが，漢字文化を共有するという点では「中国人」であるといえる．こうした①と②のズレは，大陸中国とは異なる政治体制下にある台湾・香港・マカオの人々のアイデンティティにも観察される．さらに，中国領土内に居住するモンゴル人，チベット人，ウイグル人は必

ずしも漢字文化に同化・融合しているわけではない．独自の文字や言語文化を育み，一部には高度な自治や分離・独立を求める人々も現れている．多民族国家としての悩みを，中国もまた①②③のズレというかたちで抱えているのである．

●**漢字の役割**　チャイニーズネスを取り上げる場合，通常は②の「文化中国」をさす．その主体となるのは，今日漢族と称される主流民族である．ただし，漢族といってもその内部偏差は思いのほか大きく，客家など独自のアイデンティティを有する下位集団もある．漢族内部では，特にことばの差は甚だしく，それは地域性と結びついて，広東人，四川人，上海人，東北人，あるいは閩南人，潮州人といった「われわれ」意識を形成してきた．標準語の普及により方言差も縮減しつつあるとはいえ，テレビや映画の画面に標準語の字幕がつくように，意思疎通に事欠く事例は今でも少なくない．ヨーロッパであれば「国民語」となり得たかもしれない各地の方言の隔たりにもかかわらず，中国文化の共属意識や一体感を育んできたものは何か．端的にいえば，それは種族や地域を越えた文字文化の均質性であろう．六国を滅ぼした秦の始皇帝の文字統一（「書同文」）によって，はじめて漢＝中国（Han-China）のかたちが出現したともいえる．もちろん，文字の統一だけではない．文字によって記された正典の伝承（経学），文化の再生産システムとしての科挙官僚制，さらには外来宗教（仏教やイスラーム）の土着化などを経て，中国文化の厚みと活力がもたらされた．

　習俗の面からみれば，冠婚葬祭の儀礼（特に祖先祭祀）や父系血縁集団（宗族）の発達が，チャイニーズネスの核心をなしていったといえよう．箸を使う食文化もこれに加えてもいいかもしれない．これらの文化的特徴は，漢字の流通範囲の拡大とともに，中国のみならず，朝鮮・日本・沖縄・ベトナムなど東アジア文化圏にまで広がっていった．

●**華僑・華人**　チャイニーズネスが国家の輪郭と外延を同じくしないことの最たる例は，海外に移住した中国人，すなわち華僑・華人・華裔などとよばれる人々の存在である．ここ数世紀にわたり，同族や同郷のつてを頼って東南アジアや南北アメリカに渡った中国人は，現地での少数派としての生存戦略から，出身地ごとの会館や公所などの互助組織を発達させ，チャイナタウン（唐人街）を各地に生んだ．かれらはホスト社会と摩擦を生じたり，排斥運動に遭ったりすることもあったが，世代を重ねるにつれて，同化や通婚により現地化してゆく人々も少なくなかった．とはいえ，血縁関係や故郷とのつながりがそれで切れるわけではなく，むしろ成功者になればなるほど，父祖の地への回帰（"落葉帰根"）の念を強める傾向すらあった．習俗や儀礼に加えて，映画・歌謡など大衆文化の面でも，「文化中国」は海外で生き延びた．華僑・華人が育んできたチャイニーズネスは，大国化する中国の影響を受けて，今やグローバルな規模で文化の受け皿になりつつあるといっても過言でない．

［村田雄二郎］

"鬼" という感覚──おにとは異なるもの

　中国文化における"鬼(キ)"は，日本の「おに」とはまったく別物であるから注意を要する．むしろ日本語でいう「幽霊」に近いものであり，死者たちの一部が鬼と称されて，恐怖と憐憫(れんびん)の対象となるのである．鬼を忌避するあまり，儀礼の場や日常生活の中では，しばしば鬼という語を用いることすら憚(はばか)られ，"好兄弟"［良き兄弟］などという言い換えが用いられる．

●ストレンジャー，アウトサイダーとしての鬼　彼らは"陰間(インジェン)"［死者の世界］に住み，個体を識別できるような名前をもたず，人の目に見えるような姿ももたないのが一般的であるとされる．日本の「おに」は，ポジティブな意味において「強く猛々しい」というイメージを抱かれる場合があるが，鬼に対する中国人のイメージはまったくネガティブであり，時として陰間から"陽間(ヤンジェン)"［生者の世界］にやって来て，人に危害を加えるばかりのストレンジャー，アウトサイダーとして意識される．旧暦7月15日を中心とする中元節には，陽間と陰間を隔てる扉が開き，各親族集団にとっての祖先だけでなく，おびただしい数の鬼もまた，陰間から陽間へ押しよせてくるとされる．そこでこの時期には祖先祭祀だけでなく，鬼たちを憐れみ，また鬼たちが人々を害するのを防ぐために，彼らに施しを与える儀礼も行われるが，祖先祭祀では一族の祠堂(しどう)で供物が献げられるのに対し，鬼の供養は屋外や路上でなされるという違いが，鬼のストレンジャー性，アウトサイダー性を象徴的に物語っているといえる．

　また祖先や，中国人の信仰世界を構成するもう一群の超人的存在である神々とは違い，鬼と人の関係は互酬的でない．鬼は施しをくれない者に災いを与えるが，施しを受けたからといって，返報として人に庇護や利益を与えることはないのである．唐代の詩人・李賀はその没後に「鬼才」の最たる者と称され，また近現代の中国語における反日的語彙として，"日本鬼子(リーベングイズ)"がよく知られているけれども，これらの語に込められた「鬼」の感覚を，日本の「おに」に即してとらえようとするのは的確を欠く．

●鬼と祖先と神の動態的な関係　鬼は例外なく死者であるが，それをいうなら祖先も死者の一群であるし（存命中の父母や祖父母などを，祖先とはよばない），神々もその多くは，人が死後に神として祀られるようになった者たちである．鬼と祖先と神の3者にこのような共通点があるのは，祖先も神の多くも，実は鬼から変化した存在（あるいは，鬼の中でも特別な者たち）として，中国人の信仰世界に位置づけられるからにほかならない．

　人は誰でも，死ぬと鬼にならなければならない．そして彼らの中で，子孫から

定期的な祭祀を受けることができた者は，一族の祖先（親族集団にとってのインサイダー）という地位を得ることになるし，生前に格別の功績や霊異があったために，親族集団の枠を超えて広く崇敬を集め，廟や祠などに祀られるようになった者は，中国人社会における神（社会にとってのインサイダー）の地位を得る．言い換えれば，子孫を残さずに

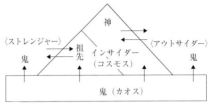

図 1　鬼の変化の動態的モデル
［渡邊欣雄『漢民族の宗教―社会人類学的研究』第一書房，1991］

死んだり，異常死や怨みを抱きながらの死を遂げたりしたゆえに，祖先や神として祀られる機会（インサイダーたるべき者として個体識別される機会）を与えられなかった者が，いわば人々による選抜から取り残されて，アウトサイダーたる鬼のカテゴリーに甘んじるのである．

現時点では鬼として恐れられる者であっても，いつの日か何らかの理由により，祖先や神として祀られる機会を得るかもしれないし，逆に現時点で祖先や神として崇められている者でも，やがて子孫が絶えたり，人々に顧みられなくなったりするときがくれば，鬼の地位へ転落してしまうことを避けられない．例えば，結婚せずに死んだ女性は，そのままでは鬼として扱われるが，存命あるいは死後の男性と"冥婚"［死後の結婚］とよばれる儀式を行い，その亡妻となったことにすれば，「嫁ぎ先」の家に位牌が置かれ，その家の祖先として祀られる資格を追贈される．鬼と祖先と神の関係は，あくまで動態的なのである．さらにいえば，孔子のように，孔氏一族にとって祖先であると同時に，広く中国人社会において神とされる者もあるし，また有応公廟（日本でいう「無縁仏」を祀る施設）などに合祀された戦死者のように，神と認識する人もいれば鬼と認識する人もいるという，いわばグレーゾーンに位置する者もある．

●「鬼月」としての旧暦7月　中元節が含まれる旧暦7月は「鬼月」ともよばれる．これは先述のように，鬼が大挙して陽間を訪れる月間であるとされるからである．この月には鬼に危害を加えることを避けるために，「水遊びをしてはならない」「夜中に口笛を吹いたり，洗濯物を干したりしてはならない」「鬼という語の使用を，ほかの月よりも慎重に避けなければならない」などのさまざまな禁忌がある．今日ではこの月に出産することを避けるために，帝王切開などの方法により，分娩時期を人工的に操作する者が目立つようになり，一つの社会問題となっている．

［水口拓寿］

📖 参考文献
[1]　渡邊欣雄『漢民族の宗教―社会人類学的研究』第一書房，1991
[2]　松本浩一『宋代の道教と民間信仰』汲古書院，2006

行儀という感覚——集団内の序列秩序

　近年，多くの中国人観光客が海外に出るようになり，その行儀の悪さが注目され批判を浴びて，中国国内でも問題視されるようなった．
●**民間礼儀形式未発達の事情**　中国には古来「礼儀の邦」という雅称があるが，その礼儀は基本的には執政者が自己の権力の正当性を強化する手段であって，皇帝の天を祭る儀式から宮廷内での日常的礼儀まで，みな王権の維持に直接関係している．文人官僚には生活上の事細かなマナーが決められていたが，それは結局民間の社会生活とは無縁のものであり，いわゆる「礼は庶人に下らず」であった．民間での礼儀形式は統治階層のそれとは別に社会共同体の規範に従う．例えば宗族的礼儀・宗教的礼儀，あるいは少数民族における規範はみな異なった内容を有する．総じていえば，中国の民間での礼儀は基本的には宗族や宗教の儀式の特定の状況に限られており，少数民族に較べて漢民族では日常生活での礼儀形式はあまり発達しなかったといえる．
　それは以下の要素によるものと思われる．①中国社会は歴史的に高度に流動的であった．戦乱や飢饉が主要な原因となって社会流動性が常態となり，安定した礼儀秩序が育ちにくかった．同時に，異民族を含む王朝交替は礼儀の急変を招くことがあり，それは民間にも影響を与えた．②貧困が礼儀意識の欠乏を招いた．中国の歴史上，豊かな生活を維持できる地区は限られており，江南などの豊かな地区でも流民や流賊の侵害に遭うことが少なくなく，大部分の地区で安定した礼儀形態を保つことが難しかった．③宗教意識の欠乏．漢民族地区では明示的な宗教で統一されることはなく，民間信仰が主であったが，来世よりは現世に関心を集中させた．これは近世以後の中国で儒学が盛行し仏教道教を圧倒したことと相互に因果となった．その結果，民間において生活礼儀の感覚が発達できなかった．
　20世紀に入った後は，中国社会はずっと高度な流動状態にあった．近代社会を形成しようとした五四時期の新文化運動は，伝統的な宗族制度と儒教道徳に対して徹底的な批判を展開し，知識層を中心として旧来の礼儀形式を一律に否定した．1949年に近代的国家を建国してからも，伝統的儀礼は封建的文化の糟（かす）だと批判され，民間宗教形式も徹底的に否定された．1966年に始まった文化大革命のときにそれは極限に達した．人々は階級闘争に参加することを強制され，激しいときは暴力までもが合理化された．こうして日常生活における礼儀やマナーの効能は蔑視され無視されることとなった．
●**近年の事情**　改革と開放政策が展開されて後は，国家イデオロギーは生産と科学技術に集中し，拝金主義の横行を招き，その結果人々の精神生活は貧弱となり，

礼儀教育の問題も軽視された．現在，物質的豊かさでは改善をみたが，良好な公共マナーはいまだ幅広くは形成されておらず，社会問題として意識されるに至った．

近20年の社会変動により大量の農村人口が都会に流入したが，彼らは都市の生活様式にはなかなか慣れることができず，マナーに関する社会問題はすぐには改善が難しい．そのような状況下において，一般には寛容な態度がとられている．他方，中国人が日常生活でより重視するのは，困難や危険に遭っている人に手を差し出すとか，老人や子どもの面倒をみるとかの人間関係の中での実質的行為である．よって，明瞭に他人の権利を侵害する利己的行為，あるいはちょっとした摩擦から暴力事件に至るような事例については厳しい態度をとる． ［孫歌］

図1　小学生の挙手動作［百度図片］

●**行儀の感覚**　日本語の「行儀」にそのまま置き換えることのできる中国語はなく，状況に応じて複数の訳語を使い分けることになる．日本語の行儀は広義の礼儀の一部で，人の立ち居振舞いが社会通念に合致していることを行儀が良いとみなすが，中国で広汎に受容された社会倫理では，礼儀という面，すなわち人と人との関係でのあるべき態度と所作については重視してきたが，立ち居振舞いそのものに対する美意識は全国的な共通性が成立してこなかったと思われる．

家庭内での子どもへのしつけという点では，5，6歳くらいになれば多種多様な親族呼称を覚えて，正しい呼称を使って挨拶できるようにすることが重要視される．それができれば行儀正しいということになる．また年長者の前では敬意をはらい勝手に動かずに控えるということもしつけられる．父系と母系とに明瞭に分別され，かつ世代と年齢により序列化された秩序を尊重しそれに従うと表明することになるからである．大人の場合，例えば酒席でしつこく席の譲り合いをしなければ，また，同席者に酒を勧めることなく自分で勝手に酒を飲んだりしたら，行儀が悪いとみなされるだろう．つまりは，小社会内での序列の秩序を尊重し，それぞれの人に適度の敬意を示すことが行儀が良いこととみなされるのである．

要は小社会内での人間関係の安定化のために行儀の規範が規定されているということだ．ただ，その規範力が内向きであるだけに，集団外に対しては共有の規範が不明瞭で拘束力が働きにくくなる．日本でも「旅の恥はかきすて」にしたり，電車内の座席を争うときなどで同様の現象が起きる．結局は，小共同体意識弱体化後の近代的で広汎な社会意識の成熟度という問題になる．

それでも，近代化さらに社会主義化の中で全国的な同質性が高められていて，特に小中学校などでは，授業開始の礼や挙手の所作などは全国性が成立している．また，近年の大都市では公共マナーがそれなりに普及しつつある． ［尾崎文昭］

時間感覚と空間感覚──世界のとらえ方と言葉

　言語学者スティーヴン・レヴィンソンは，ある物体の水平方向の位置を示すのに用いる三つの指示枠を提示した．同じく言語学者の井上京子のことばを借りれば，それは左右によって空間を切り分ける「相対的指示枠」，東西南北のように絶対動かない方向軸を枠とする「絶対的指示枠」，言及する対象となるもの自体に備わった性質を枠とする「固有的指示枠」（レヴィンソンは「男の子はトラックの前にいる」という例をあげている．トラックには固有の前，後ろがあり，それを利用する）の三つである（井上京子『もし「右」や「左」がなかったら─言語人類学への招待』大修館書店，1998）．

●**中国人の空間感覚**　北京出身者は道案内をするのに東西南北（中国語では"东南西北"ドンナンシィベイのように東から時計回りにいう）を用いる傾向が強いことで知られる．北京の街は南北，東西の道が碁盤の目状に並び，方角がわかりやすいからである．北京で道を尋ねたら，例えば次のような答えが返ってくる．"从前边ツォンチェンビェン的十字路口往北拐ダシーツールウコウワンベイグワイ，到了第一个路口再往西拐ダオルァディーイィガァルウコウヅァイワンシィグワイ，往前走一百米ワンチェンヅォウイィバイミィ，路南边就是ルウナンビェンジウシー"[前方の十字路を北へ曲がり，一つめの角を西へ曲がって100m行くと南側にあります]．北京出身者は地理的空間に対しては「絶対的指示枠」を使う傾向が強いということなのであろう．

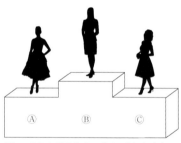

図1　AさんはBさんの右？ それとも左？

　図のような絵をある北京出身者に見せたら，「現場にいる当事者の立脚点から考える傾向」のある日本語と同様「AさんはBさんの左にいる」ともいうし，参照点となるBさんにとってのどちら側かと考えて「AさんはBさんの右にいる」ともいう．さらに「AさんはBさんの東/南/西/北にいる」というのも自然だと答えてくれた．その後さらに複数の北京出身者に確認したが，「AさんはBさんの左にいる」としかいわない人や左右どちらも使うという人がいる一方で，「AさんはBさんの右にいる」としかいわない人や東西南北が使えるという人はいなかった．

　話しことばで身の回りの空間（部屋の中など）の物体の位置を示すのに東西南北を用いることには出身地の別を問わず違和感を抱く人が多いが，書きことばではこうした例に事欠かない．北京大学中国語学研究センターが提供するCCLコーパス（中国語の文を幅広く収集したデータベース）の中にも"冯永祥坐在长方フォンヨンシィアンヅゥオヅァイチャンファン桌的北边的尾端"[馮永祥は長方形のテーブルの北側の端のところに座っていた]ヅゥオドァベイビェンドァウェイドワン

のような例がみられる．

●**空間から時間へ**　空間を表す語彙が時間を表す語彙に転化するのはさまざまな言語においてみられることだが，中国語も例外ではない．空間を表す"上"[上]，"下"[下]を例にみてみる．発話時点を基準としてそれより前の時間には"上"を，それより後の時間には"下"を用いることがある．「先週の土曜日」は"上个星期六/上周六"といい，「来週の土曜日」は"下个星期六/下周六"という．"上"と"下"はこのように時間軸上の時点をさすのに使うだけでなく，一つの単位としてとらえられる時間を2分割してその前半と後半をさすのにも用いられる．正午を境に1日を2分割し，その前半を"上午"[午前]，後半を"下午"[午後]というのがその一例である．

●**中国人の時間感覚**　一日の時間の区切り方　"上午"は夜中の12時から正午12時まで，"下午"は正午12時から夜中の12時までの時間帯をさす．分割する対象の単位時間が24時間であることから，この区切り方を仮に24時間制とよんでおく．前述のCCLコーパスでは"上午二点四十一分"[午前2時41分]などという例も散見される．その一方で，中国語母語話者に"下午＿点"[午後＿時]の「＿」に数字を入れてもらうと"下午六点"あたりが境目のようで，"下午七点"となると自分ではいわない．通常は"晚上七点"[夜7時]というと答える人が多い．"下午六点"については"傍晚六点"[夕方6時]の方がよい，という感覚をもつ人もいる．『現代汉语词典　第6版』によれば"下午"は「正午12時から夜中の12時までの時間帯をさすが，一般には正午12時から日没までの時間もさす」と説明されている．

前述のCCLコーパスをみると，確かに24時間制の言い方は新聞報道や史実を叙述した文章，天気予報などに用いられているのがわかる．話しことばではむしろ12時間制（上述の24時間制に対して仮にこうよんでおく）を用い，"上午"は朝6時から正午12時まで，"下午"は正午12時から午後6時までの時間帯をさして用いられ，"上午"の始まりが何時からか，"下午"の終わりが何時までか，というのは人によって異なるとみるべきであろう．

1日という単位の時間は「日没」を境に2分割することもある．1日を「昼間」と「夜」の対立としてとらえるのである．中国語では通常"白天"[昼間，日中]と"晚上"[夜，晩]が対にして用いられる．人が起きて活動する時間帯を"白天"だととらえれば，人が寝ている時間帯を意味する"夜里"[夜中]と対にして用いられるのもまた自然である．"白天"においては空に太陽があって明るい．このことに着目するなら，自然の光が乏しく暗いことに着目する"黑夜"[暗い夜]と対にして用いることもできる．

［島津幸子］

📖 **参考文献**

[1] 木村英樹『中国語はじめの一歩』筑摩書房，1996

季節感——花鳥風月と食べ物

　ひとくちに季節感といっても，中国は広大で地域ごとに季節の様態は大きく違っているから，それはそれぞれの地域ごとに異なっているというしかない．四季が鮮明に意識される黄河や長江流域に対し，広東地方では高湿度と降雨の半年が意識されるし，北方や西方乾燥地帯では春秋の期間が非常に短い．

　中国の伝統文化では，春秋という語は一年や歳月あるいは年齢という意味をもつが，黄河や長江流域では，季節の変化を意識させる春秋に季節感の重点があったと思われる．とりわけ厳しい寒さを越えて迎える春は花々が次々と咲き，当然にも喜びの感情をもって詩歌でうたわれることが多かった．同時にまた，年月の推移の意識に自己の加齢の意識が伴い，感傷的にうたわれることも少なくない．秋は菊花や紅葉を愛で収穫を喜ぶ表現もあるが，"蕭殺(スウシャア)"などと形容されるように，むしろ落葉や寒風に生命力の衰えを意識して寂寥感や悲哀感がうたわれた．

　ただ，近世以後，四季で詩歌を分類したり，書物の巻立てにしたりする習慣は一般化しなかった．理智と意志を重んじる思想が広がったためであろう．

●**二十四節気**　古代の中国文化を形成してきた黄河流域では，太陽の位置により一年を分節し，農作業の目安をつける二十四節気がその基本的な季節感を示している．成立してすでに2,500年ほどにもなる．日本でも，その中の春分・夏至・立秋・秋分・冬至などは日常的に使われているし，近年では天気予報で啓蟄(けいちつ)・穀(こく)雨(う)・大暑(たいしょ)・霜降(そうこう)・大雪(たいせつ)・大寒(たいかん)などもよく言及されるようになった．むろん，中国のほかの地方や日本では，あてはまる時期が大なり小なりずれることになる．

　現代中国における季節感を考える場合，二十四節気を含む年中行事によることが主要であるように思われるが，年中行事は他項目に譲り，本項では主として自然現象つまり花鳥風月にまつわる現代の季節感について記すことにする．

●**春**　厳しい寒さに耐えた後に春を迎える喜びを花に象徴させることは洋の東西を問わないが，中国では華やかに目立つ花に迎春花（オウバイ）や報春花（プリムラ・マラコイデス）と名づけることにも現れている．最早期の臘梅(ろうばい)から，連翹(れんぎょう)，梅，白木蓮，紫木蓮，桃，杏，梨と続く開花は人の心を騒がす．水辺の柳の芽吹きにも心が躍る．しかしこれが広東なら，大きく広がった裸の枝に真っ赤でぼってりとした花がたくさん連なって咲く木綿花が春の景色となる．

●**晩春初夏**　4月5日前後の清明節の墓参りと郊外への遠足"踏青(タァチン)"が季節の区切りをつけるが，その後に柳絮(りゅうじょ)が訪れる．柳やポプラの類の花穂から飛び立つ種綿毛が，時には牡丹雪のように一面に舞い立って美しい．しかし道行く人の眼や鼻に飛び込んできてわずらわしい．女性はスカーフですっぽりと顔を覆って防備

する．車は視界不良で徐行を余儀なくされ，道端にたまったら厄介者扱い．

　この頃，北方ではライラックに海棠の花が咲き，ニセアカシヤの花の香りが漂う．南方ではジャスミンの香り．一面の菜の花も．洛陽では牡丹祭，浙江天台と貴州百里ではツツジ祭が開催される．この時期の黄砂もまた風物詩である．

　新茶の到来も季節感をうながす．広東では荔枝の季節．長江では春の代名詞にもなる魚がある．清明節までの刀魚（エツ）や，鱗を楽しむ端午節までの鰣魚（シャッド，現在捕獲禁止）．どちらも時期を過ぎれば価値が大幅に下落する．しかし，現在はどちらもほとんど姿を消したという．

●夏　端午節（6月上旬頃）に粽を食べ雄黄酒を飲むのは全国的．南方では龍船競争が繰り広げられる．華北では麦刈りの季節になる．クルミが実り，水蜜桃が香る．"布穀鳥"［カッコウ鳥］のもの悲しい鳴き声が昼夜響く．

　毎年6月7〜8日の全国統一大学入試も季節もの．この頃，福建には台風が来る．長江下流域では梅雨になる．洪水も来る．そして卒業式になる．

　真夏になれば，人々は暑気払いに緑豆粥あるいは緑豆スープを食べる．西瓜売り小屋がいたる所に立ち，街中に西瓜の皮が散らかる．東北地方では三伏という暑い盛りにはギョウザを食べて体力をつける．三大ストーブと称される南京・武漢・重慶などでは，夜は道路に長椅子を出してその上で寝る人も多い．

●秋　"天高気爽"とか"金秋"というように，かつて北方の9月の青空は澄み切って光に輝いていたが，現在はもう滅多に見ることができない．しかし新学年に入ると全国が活気にあふれる．大学ではクラスになじんだ頃に中秋節となり，皆で公園に繰り出して月見て乾杯となる．この頃市場には各種各様の月餅が山と積まれ，贈り物にする．

　10月1日の国慶節前後は大型連休となり，結婚式のピーク．この頃各地で賞菊祭が開催される．広西桂林ではキンモクセイの香りが町中に満ちあふれる．

　江南の秋の便りは"大閘蟹"［上海蟹］，蘇州陽澄湖産が有名で高価，偽物が大量に出回る．"九雌十雄"といわれて，10月はメス11月はオス蟹がお勧め．

　10月中旬になれば北部や西部では木枯らし"西北風"が吹き始める．北京などでは時に最低気温が摂氏3度ほどにまで下がるが，暖房はまだまだで，やっと11月15日から．しかし淮河以南では基本的に暖房はなし，冬の室内は北方よりかえって寒い．この頃になると，焼き芋売りや焼き栗売りの屋台が街々を回る．

●冬　立冬（11月7日前後）も過ぎれば，北方では落葉樹はさっぱりと枝だけとなり，常緑樹も土埃をかぶって春までは一面土色の世界となる．

　冬至から81日で春になると，一九から九九まで待ちわびる「九九数え歌」が広く親しまれている．ハルピンの国際氷雪祭など北方各地で氷祭りが開かれる．

　"臘月初八"（1月上旬頃）からは春節の準備に入るが，これ以後は項目「年中行事」を参照していただこう．

［尾崎文昭］

干支の感覚——循環的歴史観

　干支と書いて日本では「えと」と読み，通常は子年や丑年など十二支で年を表すことにだけ使っている．しかし，干支は実は複雑なものである．
　そもそも干支は 3,500 年ほど前の中国に起源をもっており，天干地支といって，宇宙（時間と空間）を表現するものとして思案され，年月日時の表記法として，また方位や角度などを表記するものとして広く使われた．戦国時代（前 4 ～前 3 世紀）に，中国文化の根底を成す陰陽五行の思想と結合し，天地自然，人体をも含め，万物の生成・消滅，性質，相互依存関係を規定する概念にまで昇華され，中国人の生活の隅々にまで浸透し，現在もなお深く息づいている．
　干支の考え方が生まれてから，漢字とともに東アジア地域に広く普及し，当時の普遍的文明の基本的概念として，朝鮮半島や日本列島も深くその影響を受けた．
●**干支と陰陽五行**　干支は文字どおり，「干」と「支」を合わせた呼称で，干は十天干，甲・乙・丙・丁・戊・己・庚・辛・壬・癸のことで，支は十二地支，子・丑・寅・卯・辰・巳・午・未・申・酉・戌・亥のことである．十干と十二支を，順に組み合わせると，甲子，乙丑，丙寅，丁卯……となり，総組合せは 60 種となる．古代中国では，年をこの干支の組合せを使って表記する方法を取っていたが，一周で 60 年となる．この 60 年に一周する時間の感覚は，端的に中国人の循環的歴史観を形成した．現在，日本でいう還暦という考え方もこれに由来する．さらに，干支に陰陽（相対しながら相互依存する性質で万物の生成・消滅を司る機能をもつ）と五行（木，火，土，金，水の五物質の相剋相生の性質）を配合することによって，時空の中に生ずる万物の相剋相生という関係性，さらに個人の運命・吉凶，人間同士の相性判断の基準にまで適用されてきた．
　五行の，木→火→土→金→水→木と循環的に相生し，木→土→水→火→金→木と循環的に相剋する関係性を，干支と配合させて，甲＝木の陽，乙＝木の陰，丙＝火の陽，丁＝火の陰，戊＝土の陽，己＝土の陰，庚＝金の陽，辛＝金の陰，壬＝水の陽，癸＝水の陰にあてはめ，干支によって表された時間にもその関係性が賦与されることになる．人間が生まれて来た時刻（年月日時）の干支表記によって，その人の性質，運命，ほかの人間との相関性について判断することが可能になる．この生年月日時は中国では"八字"（バァヅー）（年月日時それぞれの干支表記 4 組計 8 字）といい，昔からこれに基づいて名づけと結婚相手の選択などを決めてきた．例えば，生まれつき五行の要素のバランスが悪い場合，それを修正するために，五行の相剋相生の性質を利用し，「水」が多い人は，名前に，水と相剋関係にある「火」を含んでいる漢字（「火」「炎」「焰」を使い，余分の「水」を消す．逆

に水が不足する場合，「水」を含んでいる漢字（「海」「浩」「淼」）を使い，水を足す．結婚相手を選択する場合，昔から結納儀式の一つとして男女双方の"八字"を付き合わせてその相性を専門家に見てもらう風習があった．"八字"が相生する場合は相性が良く，相剋する場合は相性が良くないとされた．相性が悪いと，場合によっては，相手の運勢を圧制し短命にすることになるという．例えば，子年生まれの人は，午・未と相剋関係にあって相性が悪く，丑・申・辰と相生関係にあって相性が良いという．

●**日本の干支と中国の干支**　十二支でイメージされている動物について，中国のそれを日本と比べると，一つ違いがある．十二番目の亥は，中国では"猪"と解して，「ブタ」を意味する．日本では「イノシシ」となっているが，「イノシシ」は中国語では"野猪（イエチュウ）"という．画像や塑像での十二支でも，豚の像が使われる．特に丁亥の年は，唐代貞観の盛世時に"金銖年（ジンヂュウニエン）"といわれたことにちなみ，またその後もこの年にめでたいことがたびたび起ったとされて"金猪年（ヂンヂュウニエン）"（同音）とよばれるようになり，この年生まれの子は福運に富むとして歓迎される．日本で丙午（ひのえうま）の年の女児が嫌がられて出産が減るのと逆の現象になる．

図1　金猪の縁起もの［百度図片］

また，十二支の中では，唯一実在しない想像上の動物がある．五番目の辰こと龍である．龍は中国では往古から中華民族のトーテムとされ，民族精神を象徴するシンボルである．水神に起因すると考えられており，天と人を相関させる存在で，降雨を自由にする．封建時代においては，皇帝が龍の化身で，天の使者とされてきた．皇帝の礼服や皇宮には五つ爪の龍が描かれるが，これは皇帝だけに許されたもので，皇族などの場合は四つ爪になる．西洋のドラゴンとはまったく異なった概念であって混同してはならない．

現在では，漢民族は"龍的伝人（ロンティチュアンレン）"［龍の子孫］と自称しているように，龍は道徳的に優れ，才能が満ち溢れ，立派だというイメージがもたれており，男の子の名前によく使われる．それで辰の年には出生数が増えることがある．また，男の子の出世を"登龍門（デゥンロンメン）"といい，それを願う親心は"望子成龍（ワンヅーチョンロン）"［子が龍になることを望む］と表現される．

［李　維濤］

色の感覚——良い色と悪い色

　色彩が伴う感覚は文化によって千差万別である．歴史的な変遷はあるが，おおむね現代日本では赤と，それに白を合わせた紅白がおめでたいハレの色，反対に黒は喪服や鯨幕（くじらまく）に用いられ，弔事（ちょうじ）の色とされている．中国においては，赤がおめでたいのは日本と共通しているが，その他の色のイメージは，日本とは大きく異なっている．

●慶弔の色——赤と白　中国において，縁起の良い色は何といっても赤である．おめでたい出来事，すなわち慶事（けいじ）のことを"紅事（ホンシー）"ということからもそれは明らかだろう．旧暦の正月に吉兆の語句を書いて玄関に張る紙（"対聯（ドゥイリェン）"）は赤（図1），新年や店舗の開店祝いなどに鳴らす爆竹も赤，結婚式に花嫁が着ることの多い"旗袍（チィパオ）"［いわゆるチャイナドレス］も赤，そうした席で渡すご祝儀やお年玉を入れる袋も"紅包（ホンバオ）"といって赤と，おめ

図1　春節前の市場で売られる対聯

でたい場はまさに赤一色である．ただし，"紅包"は隠語的に賄賂（わいろ）の意味としても使われるから，注意が必要だ．

　また，赤は共産党や革命を象徴する色でもある．例えば毛沢東（もうたくとう）の生家や革命の根拠地などを訪れる旅行を"紅色旅遊（ホンスァリュィヨウ）"と呼び，政府の働きかけもあって，まさに近年"紅了（ホンルァ）"［ブレイク］している．

　このように赤は縁起がよくまた力強い色であるため，子どもの誕生日に赤い下着を送ることを習慣とする地域もある．また大人でも，赤い下着の着用率は，日本に比べて圧倒的に高い．なお，証明写真の背景は，かつては赤が一般的であったが，最近では青や白も増えてきている．

　一方，弔事の色は絶対的に白であり，"白事（パイシー）"といえば葬式のことである．死者が出た家の壁には白い布を掲げてそれを示し，遺族は帽子から服そして靴に至るまで白を身につけ，死者のために白い紙銭を燃やすというように，葬式は白一色である．最近では欧米や日本の影響もあって都市部の若い人たちは結婚式で白いウエディングドレスを着ることもあるが，年配の人たちはやはり良くは思っていないという．

　また共産党の赤に対して，白には反動的な意味があり，"白軍（パイジュィン）"といえば国民党軍のこと．このほか，"白費（パイフェイ）"は［無駄遣い］，"白説（パイシュオ）"は［言っても無駄］と

いうように,白にはことごとくマイナスの語感が伴う.しかし,肌の白い女性がもてはやされるのは日本と同じであり,最近ではモテる女性の条件に"白富美",すなわち［肌が白い］［金持ちである］［美しい］があげられている.「白」と「美」はともかく,女性にも裕福さが求められているところに日中のジェンダー観の違いが現れていて興味深い.また,"白馬王子"が女性にとっての理想の男性を意味するのは日本と同じである.

●**対極的な価値をもつ色——黄色** 良いイメージと悪いイメージの両方をあわせもった色,それが黄色である.良い方でいうと,例えば黄河と黄土に表されるように,黄色は中国において特別な意味をもつ色である.すなわち,黄色い川と黄色い土のもとで中華文明は育まれたのだ.そもそも中国文化の世界観を大きく規定する五行思想において,黄色は土の色であり,方位は中央をさす.まさに黄色こそ万物の根幹となる色なのである.ここから黄色は皇帝のシンボルカラーにもなった.漢民族の祖先とされるのが黄帝であり,後に黄色は皇帝しか使うことのできない禁色とされた."黄袍"とは［皇帝が着る服］,"黄屋"は［皇帝が乗る車］のことである.

一方で,ネガティブなイメージとしては,黄には「だめになる」あるいは「つぶれる」という意味がある."黄了"といえば,［おじゃんになった］ということである.だから,結婚式に黄色の物を贈るのは良くないとされる.さらに,黄は腐敗したものや,いやらしいものを意味し,"黄色片"とは［ポルノ映画］,"掃黄"とは［風俗やポルノ商品の取締り］のことである.この意味での黄色は,ちょうど日本語の「ピンク」,英語の「ブルー」に相当しよう.

●**意外な用法——緑色** 緑は,中国でも自然やエコロジーを連想させる色である.例えば"緑色食品"といえば,［環境にも配慮した安全安心な食品］のことで,その正式な認定制度もあるし,企業名にも使われている(図2).

図2 「緑色食品」のロゴが入ったキクラゲ

その一方で,日本では想像もつかないような使われ方がある."緑帽子",すなわち［緑色の帽子］とは,妻を寝取られた男性が被るもので,そうした男性をあざける言葉なのである.かつて妓楼の経営者が被るものとされていたからとか,人目でもはばからずに交尾をする亀の頭が緑色だからとか,由来には諸説ある.いずれにしても,中国で緑色の帽子を被ったり,人に贈ったりしてはいけないというわけだ.

［川口幸大］

📖 **参考文献**
[1] 呉川「色彩語に見る中国人の色彩感覚と文化的意味」『現代中国事情』16, 47-59, 2007
[2] 路玉昌「中国の色彩文化Ⅰ—皇帝専用の黄色と,紫色の意味的・歴史的変遷について」『吉備国際大学社会学部研究紀要』18, 109-116, 2008

美女の基準——時代とともに変わる美意識

　中国歴史の中で美女の基準はずっと変わらないわけではない．西洋と比べてその点は特に際立っている．西洋ではギリシャ時代の彫刻にみられる女神像や，16世紀の西欧絵画に描かれた貴族の女性は今でも美の基準であるが，中国では例えば唐代や明代の絵画に描かれた美人は現代の美意識とほとんど共通点はない．
　もっとも人体の彫刻芸術があまり発達していなかったせいもあって，古代中国の美女についての視覚的な資料は少ない．文字資料に頼らざるを得ないため，外見的な特徴をとらえるのは難しい．

●**豊満が女性美に**　美女についての描写は『詩経』に遡る．前9世紀から前7世紀までの詩歌が収録されているから，当時，どのような外見が好まれていたかをある程度知ることができる．ただし，詩歌様式の制限もあって，描写は必ずしも写実的ではないし，印象的な表現や比喩的な表現は比較的に多い．『詩経』の「衛風」「碩人」に「歯は瓠犀のごとし」という詩句がある．「瓠犀」はひさごの種で，この比喩から歯並びが良くて白い歯が美しいとされていることがわかる．
　漢代以降になると，具体性のある描写が増えるようになった．とりわけ，六朝になると，どのような外見が美しいか，体の部位に即して詳細に描かれるようになった．「明眸皓歯」「玉顔蛾眉」「柳腰丹唇」「延頸秀項」などの熟語からみられるように，その時代に美女の基準には多くの条件が含まれている．肌が白くて，唇が赤い．眉毛が細長く緩やかに曲がり，歯が白くて歯並びが良い．なで肩で，首筋が長く，腰が細くて，髪の毛が豊かである．身長は高すぎでもなく低すぎでもない．太りすぎてはいけないし，痩せすぎも良くない．目については印象的にしか語られていないが，「明眸」という言葉から察すると，ぱっちりとした目が好まれていたであろう．
　唐代になると，大きな変化が起きた．すらりとした体型よりも，ふっくらした体が美女の条件となった．文人画家が描いた帛画の仕女にしろ，墓の壁画に出てくる女官にしろ，肥満が女性美として強調されている（図1）．楊貴妃は「四大美人」の一人だが，その美しさの一つはふくよかな肉体である．豊満礼賛の理由として，異民族文化の影響があげられる．隋と唐の成立には多くの北方民族の将校たちが貢献した．安禄山や哥舒翰に代表されるように，唐には「蕃将」とよばれる少数民族出身の将校が多い．唐王朝が樹立した後，彼らは家族とともに都市部に入り，あるいは騎馬民族の部下をつ

図1 「宮楽図」(唐)
［The collection of National Palace Museum］

れて南方に移住した．騎馬民族の人たちは狩猟と牧畜を生業として，穀物よりも肉類を多く食べていた．遊牧生活をしている間には，生産力の制約で食物の摂取が限られていたが，高官として都市部に定住すると，生活条件が大きく改善した．肉類を主食とする習慣は変わらないが，摂取量は前に比べて大きく増えたであろう．そうした食生活の急激な変化が肥満をもたらした原因と考えられる．文化の好みは常に上層階級から下級階層の方へと一方的に広がっていく．貴族の女性が肥満な体型をしているのを見て，庶民も真似をしたがり，あるいは羨望の目で見ていたのは想像に難くない．肥満が女性美とされたのはそのためであろう．ただ，肥満ブームは長続きはしなかった．宋になると，また，すらりとした体型に戻った．

●**多様な化粧法** 唐代におけるもう一つの変化は文化の爛熟とともに美意識が多様化したことである．頰を紅で真っ赤に化粧したり（図2），額の中央と頰に涙の跡のようなシミを顔につけたり（図3），花びらを顔に描いたりしていた（図4）．「涙粧(るいしょう)」の起源は古く後漢の末年に遡るが，唐になって復活したのみならず，広く流行するようになった．

図2 「弈棋仕女図」（唐）[新疆ウイグル自治区博物館蔵]

纏足(てんそく)が女性美とされたのは注目すべき変化である．この習慣がいつ始まったかはまだ特定できていない．南宋の頃すでに現れ，習俗として盛んになったのは明代だといわれている．纏足の流行は美意識を大きく変えた．女性美への注目は足の形や感触に集約され，体型や身長は相対的に重要度が低下した．幼いときから足がきつく縛られているため，体の発育が阻まれ，身長は伸びにくくなる．その結果，体の大きさが平均化し，美を見分ける差異を身長から見出しにくい．一方，小さい足のために，体重もある程度以上は増えない．宋以降になると，肥満礼賛がなくなり，スリムな体型が美しいとされたのはそこにも理由があった．

図3 「供養人壁画」（唐）[敦煌莫高窟61窟]

近代に入ってから欧米の美意識がそのままもち込まれ，美女の基準も目立って西洋化した．いまも「柳眉」「杏眼(きょうがん)」（つぶらな目）「桜桃(小)嘴」（小さい口）といった言葉はあるが，それはあくまでも慣習的に，修辞的に使われているだけで，現実の中でそういったかたちや特徴のある目鼻をもつ女性が美しいとされているわけではない．逆に彫が深く，二重瞼で，鼻が高いといった特徴をもつ女性タレントの方が人気が高い．人々は無意識のうちに西洋人風の顔を美の基準にしているのかもしれない． ［張 競］

図4 梅花粧を施した女性（唐）[新疆ウイグル自治区博物館蔵]

自慢──自己アピールの手段

　『大辞泉』（小学館）によると，「自慢」とは「自分で，自分に関係の深い事物を褒めて，他人に誇ること」であり，中国語に訳すと，"炫耀，顕耀，夸耀，顕摆，自吹自擂，吹牛"などの表現に相当する．人間なら，誰しもが何かを自慢するときがある．自慢はどの国でもみられる普遍的な現象であろう．ただし国によって，自慢の仕方や自慢する対象が異なる．日本では，一般に人前で自慢するのはどちらかといえば，はばかられることであるが，中国では，場合によっては自己アピールの一つになる．なぜなら中国のような競争社会で勝ち残るためには自慢が必要だからである．人前で自分の長所をみせ，自己アピールするのは相手に認めてもらいたい気持ちの表れであり，自分で積極的に表現しなければ相手がわかってくれないからである．そのためにはパフォーマンスが必要である．日本では自慢とみられがちなパフォーマンスを中国人は堂々とした態度でこなす場合がある．すなわち自慢は自己アピールともいえる行為であり，あながちマイナスイメージでとらえられないのも首肯できる．以下，中国でありがちな自慢といわれる現象を紹介しておこう．

●血縁の自慢　「血縁」とは言うまでもなく，血縁関係をもつ家族や親戚のことをさすが，実際に血縁関係があるかどうかも証明できない先祖，または同じ苗字から生まれる血縁関係などをさすこともある．血縁による自慢は階層と関係なく，昔から行われてきた．身近に自慢できるような家族や親族がいれば，それを自慢の種にするが，それがなければ，少し遠い親戚，それもなければ，もっと遠い先祖，または同じ苗字から推測して，おそらく先祖であろう有名な人をもち出して自慢する．一説によれば，漢の皇帝劉邦は臣下を前に，自分は竜を飼い馴らせる夏王朝劉累の子孫だと自慢し，唐の皇帝太宗李世民は，自分は『道徳経』を書いた老子李耳の子孫だと自慢し，さらに屈原や陶淵明などの有名人も先祖らしきものをもち出して自慢していたという．このような先祖を自慢する風潮は根強く残っている．

　今でも苗字が孔子と同じだけで，自分が孔子の末裔であると言うのはこの類である．実際に筆者の知っている人の中にも何人もそういう人がいる．なにせ，2,700年前のことだから，事実かどうか確認のしようがない．このように，同じ苗字というだけで，自分が孔子の末裔であるというのはまさに自慢話以外の何ものでもない．

●「知り合い」の自慢　知り合いとは知人，友人，仲間，同窓生，教師と学生などの関係である．知人，友人に偉い人がいると，それを自慢するが，同窓生に出

世した人がいるというのも自慢の一つである．さらに師弟関係についても同じであり，どの先生に師事したか，またどんな学生を育てたか，どれほど有名であるか，すべて自慢の種になる．中国には"名師出高徒"[優れた師匠からは立派な弟子が出る]ということばがあるように，教師，師匠が自分の学生，弟子を，また学生や弟子が自分の先生，師匠をお互いに自慢することが自己アピールにつながるわけである．

●**名刺に示す自慢**　名刺も自慢の道具である．名刺に示す自慢とは名刺に名前，職業などのほかに，肩書きおよび経歴と関係のあることをたくさん羅列し，自分がどれだけ偉いかを相手に示すことである．例えば，名刺に〜董事長，〜会長，〜書記，〜理事，〜主任などのような，これまで歴任してきた肩書きをすべて印刷することもある．

●**故郷の自慢**　故郷も当然自慢できる．故郷の名産や名物だけにとどまらず，同じ故郷から出ている有名人も自慢のネタになる．湖南省の人は「毛沢東」を自慢し，四川省の人は「鄧小平」を自慢するが，浙江省紹興の人は「魯迅」を自慢する．

●**その他の自慢**　家も自慢できる．特に近年，中国では住宅条件が改善され，大都会だけでなく，地方の都市にも高層ビルが林立している．金持ちだけでなく，公務員や一般のサラリーマンもより広く，より個性的な高級マンションを買い求める．そして新築のマンションを買うと，友人，知人を自宅に招いて，各部屋を案内し，内装から，家具や飾り物まで紹介しながら，自慢する人も少なくない．

　また，宴席においても，よく自慢する．中国人はお客さんを食事に招待するのが好きである．昔は自宅に招待したものであるが，現在はレストランが圧倒的に多い．相手を最高の料理でもてなそうとする気持ちは招待するスタイルが違っても，変わらない．宴席でしきりにお客さんに酒や料理を勧めるが，そのときにひと言を添えるのも決して忘れない．例えば，酒については"这是市面上买不到的最好的茅台酒"[これは市場に出回っていない最高級のマオタイ酒]であるとか，料理については"这个鱼很珍贵，一斤要好几百块"[これは非常に珍しい魚で，500gだけで何百元もするよ]といった具合である．さらに，食事をしながら，自慢話に花を咲かせ，子どもが同席していれば，食事の余興として，子どもに歌，楽器，さらに漢詩の朗読などを大勢の前で披露させたりして，その場を盛り上げる．

　最近携帯の"微信"[チャットアプリ]や"微博"[ミニブログ]を使って，旅行先の写真や食べ物の写真などをアップし，友人に近況を報告する人が増えているが，見方によっては自慢と受け取られてもしかたのないものもある．　　［張　麗群］

📖**参考文献**
[1]　古　敏編著『大话中国人』九州出版社，2004

贅沢と節約——時代とともに変化する生活意識

　贅沢とは何か，その定義は難しい．なぜなら時代によって異なるうえに，人々の考え方も違うからである．例えば，金持ちからみれば，1回の食事で，一般庶民の何か月もの生活費を使っても特に贅沢ではないと思うのに，庶民からみれば，それはとてつもない贅沢になる．

●清朝の贅沢と節約　ところが，どうみてもこれは贅沢以外の何ものでもないと誰もが認める常識をはるかに超えた例が，中国の長い歴史の中においては，少なからずあった．例えば，清朝の西太后は67才の誕生日を祝うために，3万両の白銀をつぎ込んだという．さらに軍艦建設の資金を流用し，頤和園まで建設したという話はつとに有名である．そのほかに彼女は1回の食事につき，たくさんの料理を用意させていたともいわれ，この世のありとあらゆる贅沢を尽くしたといっても過言ではなかろう．このような最高権力者だけでなく，その最高権力者に仕えた官僚たちも贅沢な生活をしていた．乾隆帝に仕えていた官僚の和珅は不正な蓄財をしていたといわれ，彼は在職中北京や承徳にたくさんの住居をもち，北京に構えた"恭王府"は四合院の傑作といわれる．なんでも，彼の死後，皇帝の命令による調査の結果，その財産は清朝の十数年の財政収入にも匹敵することが明らかになったという．

　清末ではこうした贅沢を尽くした輩がいる一方，節約をモットーに一生を貫いた人もいた．清末の軍人であり，政治家である曽国藩がその一人である．彼は清末の「両江総督」の官位にありながら，衣食住は質素だったという．家訓として兄弟や子どもたちに「わが家風は晴耕雨読．謹んで一点も官僚の気風に染まるべからず．外出は車で出かけるべからず．柴刈り，糞拾いなど怠るべからず」などと説いている．

●毛沢東時代の節約　1949年に中華人民共和国が成立し，その後政府は一貫して，国民に節約を励行し，浪費に反対すること，節約は美徳であることを呼びかけていた．新しい国づくりですべてを一から始めるため，どんなものでも大切に使わなければならない時代であった．当時巷で伝わっていた有名な話として，一国の総理であった周恩来が身につけていたシャツや靴下にはつぎはぎがあったという話がある．庶民の間でも節約のため，服は破れていても捨てずにあてつぎをし，セーターも毛糸が切れたりすると，それをほぐして，きれいに洗ってから，編み直したりして着たものである．極めつきは当時流行していた"假領子"［つけ襟，フェイクシャツ］というものであった．下着の上にそれをつけて，その上にセーターとか上着などを着れば，シャツと同じ効果がありながら，値段の高い

シャツを買わなくてすむ．いずれも生活の知恵といえよう．物資が困窮を極めていた時代であったため，人々は贅沢したくてもできず，しかたなく貧困な生活を強いられた面もあったが，それでも，「汚職と浪費は最大の犯罪である」ということばがあるように，観念的に浪費（贅沢）は汚職と同じ扱いである．1978年の改革開放まで，中国の国民は基本的に節約が美徳であるという観念のもとで生活をしていた．

●**改革開放後の価値観の変化**　しかし，改革開放政策を取るようになってから，中国経済がすさまじい発展を成し遂げると同時に，人々の生活だけでなく，消費意識も変わった．国が豊かになるにつれて，それまで客観的な原因で抑えられていた消費意欲が爆発し，贅沢なものを求めるようになった．近年，国民所得がさらに伸び，一部の富裕層の間では，高級車，高級マンション，高級ブランド品などの生活に用いる贅沢品から，株，美術品，骨董品といった投機的なものまで，ありとあらゆるものが飛ぶように売れていく．日中通信社によると，いまや中国人は世界最大の贅沢品の消費者であり，世界の贅沢品の4分の1が中国人によって購入されているという．中国の有名な映画監督，馮小剛（フォンシアオガァン）の《大腕》[お金持ち]という映画の中に"只买贵的，不买对的"というセリフが出てくるが，「自分にぴったりの品物よりも，高い品物を買う」という悪い風潮が一部の金持ちの間に存在する．このような贅沢志向の中で，史上最高価格のものが次から次へと誕生した．「黄鶴楼（こうかくろう）」という銘柄のタバコは1箱1,969人民元（約3万8千円）もするし，「五糧液（ごりょうえき）」という銘柄の"白酒（バイジウ）"には500mlで15万円の値がついていたという．

　そしてついには，江蘇省に中国一の贅沢村「華西村（かせいそん）」まで誕生した．2010年の統計ではこの村の村民一人あたりの貯蓄は600〜2,000万元あり，どの家も豪華な3階建ての一戸建であり，村には五つ星のホテルまで建設されたという．この村は改革開放の成功例として，メディアにも取り上げられ，毎日多くの見学者でにぎわっているという．

　このような贅沢志向の消費マインドは，中国人がもつメンツを重んじる，見栄を張る，競って他人と比較するという特徴と切っても切れない関係にあるといってよい．中国人はメンツを重んじ，他人に見せびらかすための消費傾向があるといわれている．つまり，個性的なものよりも，人より良いものを手に入れ，他人との差をつけることによって，メンツを保つことに価値を見出すという消費心理をもっているのである．

　近年，このような風潮は富裕層のみならず，一部の公務員や国の幹部にまで広がり，公費による飲食や高級車の購入など，贅沢志向がますますエスカレートしている．こうした事態を踏まえ，政府は公費による高額な飲食や高級車の購入などを禁止する通達を出し，党幹部や国民に節約回帰を呼びかけている．　[張　麗群]

年中行事──千数百年の歴史をもつ日常風俗

　年中行事はその民族の歴史・文化・宗教に根差し，特に暦と深く関わり，重要な時間の節目であると考えられる．また年中行事の多くは，神，自然，先祖，英雄の祭りに起源するものが多い．そこに，人々の超自然的存在に対する畏怖の念，感謝の意，また豊作祈願や家族団欒などさまざまな願いと想いが込められている．
　その文明が黄河流域に発祥し，農耕が基本であった中国の場合，道教，儒教，仏教を文化的背景としつつも，特に農事に関わる行事が多い．古代の天子は農事を重視し，民に役を課す際には時期に配慮するべきだとされていた．
　また中国の場合，天子が天を祭ることによってその支配の正当性を天下に示すという意味で，暦をその権威の中核に置いた．そしてその暦に従って遂行される行事が歴史的に形成され，官から民へと広がっていった．これら主に漢民族に起源をもつ行事が，現在中国の代表的な伝統年中行事になっている一方，少数民族の人々は，これらの行事と平行して，それぞれ自民族の行事を行う．

●**二つの暦**　現在の中国で使用されている暦は"公暦"ゴンリィ［西暦］を基本とするが，同時に"農暦"［旧暦，太陰太陽暦］も使っており，カレンダーにも新聞の日付にもそれが表記されている．一般的に，官庁，企業，公共施設など公的世界の活動はすべて西暦で進められる一方，伝統的な行事の多くは旧暦に従っている．
　旧暦は月の満ち欠けを基準とするからひと月の日数は30日か29日になる．それで西暦とは12か月で約11日の差が出る．これを調整するために4年に一度閏月うるうづきを設ける．年の始まりの春節は新月の日とされているから，西暦元日からは半月〜1か月半ほど遅れてきて，西暦では定まった日にはならない．

●**二十四節気と農事**　太陽の位置によって1太陽年を12の節気と12の中気に分け，その季節の特徴を表す名前をつけたものが二十四節気である．3,000年来，中国中心部の農事はこの二十四節気を目安として行われてきた．
　（春）立春→雨水→啓蟄→春分→清明→穀雨▶（夏）立夏→小満→芒種→夏至→小暑→大暑▶（秋）立秋→処暑→白露→秋分→寒露→霜降▶（冬）立冬→小雪→大雪→冬至→小寒→大寒
　日本では春分と秋分が祝日になっているが，中国では清明だけが法定休日となっている．年中行事では立春と冬至も重視される．

●**四大伝統行事**　主な年中の行事を時間順にして並べると，以下のとおりである．春節，立春，元宵節，二月二，清明節，端午節，七夕，中元，中秋節，重陽節，冬至，臘八，小年，除夕．なかでも，春節，清明節，端午節，中秋節は，漢民族の最も重要な四大伝統行事であるとされている．

①春節（2月上旬頃）：一年で最も重要な行事．遠くからでも帰郷して一家団欒する．除夕（旧暦12月30日）に，家の守り神の"門神"画像を玄関の扉に飾り，縁起の良い言葉を書いた対聯をその脇柱に貼り，夕方先祖の墓参りをして，夜は家族そろってご馳走を食べながら中央テレビ局の《春節聯歓晩会》を観て過ごす．12時に，爆竹を鳴らし花火を打ち上げ，餃子（南方稲作地域は餅）を食べる．また"守歳"といって，子の刻（23〜1時）が終わるまで寝ずに起きている習慣がある．

②清明節（4月4〜6日の間）："掃墓節"ともいう．先祖の墓掃除をしてお参りをする日である．また，ちょうど春先にあたり，郊外を散策して青き草を踏むという意味で，"踏青節"ともいわれる．江南では蓬団子を食べる習慣がある．

③端午節（旧暦5月5日，6月前半頃）：戦国時代の楚国の不遇の宰相屈原が国の行く末に絶望して川に身を投げたとき，人々が彼を魚から守ろうと粽を川に投げ入れたことが始まりだといわれている．この日には粽を食べる．また，屈原を救おうと舟を出したことによって，各地でペーロン競争"賽龍舟"が行われる．ちょうど炎暑により疫病が流行りやすい時期で，五毒（蠍，蛇，蜈蚣，蝦蟇，蟾蜍）を払うために，五色の糸を飾りつけた香嚢を身に着ける風習がある．

④中秋節（旧暦8月15日，9月後半頃）：一年で一番の満月に供え物をし，月見をしながら月餅を食べる．丸い月にちなんだ一家団欒の日でもある．

●その他の行事　旧暦正月15日は元宵節といって，提灯祭の日．提灯に書かれたなぞなぞを楽しみ，願い事を書いて孔明灯を天に放ち，元宵とよばれる餡入り白玉団子を食べる．七夕の日（8月後半頃）は最近では中国式バレンタインデーにもなっている．旧暦9月9日の重陽節には，家族そろって呉茱萸を身に着け，高台に登って景色を眺めたり，菊の花見をしたり，菊入りのお酒を飲んで長寿を祈願したりする．この日はまた，敬老の日でもある．冬至には，家族そろって先祖を祭り，北方では餃子を，南方では白玉団子を食べる．旧暦12月8日"臘月初八"（1月前半頃）は正月行事の始めにあたり，豆類やドライフルーツなどを入れて煮込んだお粥"臘八粥"を食べる．旧暦12月23日には，竈の神様を祭る．この日は竈の神様が天上に行き，天帝にその家の一年の行いと出来事を報告すると考えられており，悪い報告ができないように，画像の竈の神様の唇に，"関東糖"という粘る飴を塗る習慣がある．大晦日にまた戻ってくることになっている．

さらに近年では，舶来の"情人節"（バレンタインデー）や"聖誕節"（クリスマス）を祝う習慣が若者の間に普及してきた．また，6月の全国統一大学入試や9月の新学年の開始も年中行事となっている．

以上漢民族の行事のほかに，チワン族の歌垣，チベット族の望果節（チベット暦で），モンゴル族のナーダム，ダイ族の水掛け祭り，ウイグル族と回族のクルバーン祭り（イスラム教暦で）など，少数民族それぞれの行事がある．　　　　［李　維濤］

祝日と記念日
——社会主義的価値観から文化伝統へ

　日本の場合，ほぼ毎月のように祝日が定められ，年間で計15日あるが，中国ではやや少なく，法律では年間で春節（3休日）, 国慶節（3休日）ほかの5祝日計11休日が定められている（2007年改定）．しかし，実際には政府の指示により前後の土日と振り替えにして，元日3連休，春節7連休，清明節3連休，労働節3連休，端午節3連休，中秋節3連休，国慶節7連休を取る規定になっている．

●**一部の国民だけの休日**　日本にはない制度として，一部の国民だけが休日になる日もある．婦女節（3月8日）は女性のみ半日，青年節（5月4日）は14〜28歳の青年のみ半日，児童節（6月1日）は14歳以下の若者のみ一日，中国人民解放軍創立記念日（8月1日）は現役軍人のみ半日，休みを認めることになっている．

●**伝統行事が祝日へ**　2007年の祝休日法の改定（2008年施行）では，清明節・端午節・中秋節という，春節と並んで漢民族の四大伝統祭日であった日を休日に採用したことが大きな特徴であった．これら旧暦で祝う伝統的な行事はこれまで民間社会ではきわめて大事にされてきたにもかかわらず，西暦を基本とした社会主義文化では祝日としては認めてこなかった．改定前は新増3祝日以外の4祝日だけで，元日1日，春節3日（7連休），労働節3日（7連休），国慶節3日（7連休）であった．1999年以前では同祝日で各1日，3日，1日，2日だけの休日であった．もっとも，1990年代では各事業所では独自に振り替え連休を設定していた．

　これらの伝統行事を法定休日というかたちで定めた背景には，習近平共産党主席が「中華民族の偉大なる復興」という「中国の夢」の追求を政権の基本スローガンに掲げているように，民族文化を復興して行こうとする中国共産党と政府の思惑があるように思われる．

●**休日でない記念日**　9月10日は教師節（教師の日）である．中国では遠き周の時代から，師は，君・父と並んで，尊ばれるべき対象とされてきた．唐の代表的な文人である韓愈は「師説」を著し，その中で「師とは道を伝え業を授け惑いを解く所以なり」と師がいかに重要かと説いているが，そのような師に対して，「生くれば則ち謹んで養い，死すれば則ち敬い祭る，此れ師を尊ぶの道なり」（『呂氏春秋・尊師』）とあるように，中国では長い歴史の中で師を尊重する風気が篤かった．中華民国成立後の国民党統治期には教師節の設定が提案されたが，法律で定めるには至らなかった．中華人民共和国建国後の1966年に文化大革命が勃発し，知識人は"臭老九"（元朝の身分制度で，官，吏，僧，道，医，工，匠，娼，儒，丐と，知識人（儒）は娼婦よりも社会的地位が低く，九番目に位置づけられたこ

とに由来したという）とよばれて激しい抑圧の対象となり，多くの知識人が職を追われ，なかには命を落とした者も数多くいた．1976年に文化大革命が終息後，これを反省して「尊師重教」というスローガンが打ち出され，教育の重要性が再び強調され，それに伴って知識人の復権も時代的に要請された過程で1985年に9月10日が教師節

図1　2014年国慶節連休を示すカレンダー［百度图片］

と定められた．近年，国学ブームが盛んになっている中，教師節を古代の偉大な教育家孔子の誕生日だった9月28日に改めようとする意見がもち上がり，話題となった（台湾では教師節は9月28日である）．

そのほかに，広く一般的に知られている記念日としては，7月1日の共産党創立記念・香港返還記念日に，10月10日の辛亥革命記念日があり，またマルクス，レーニン，孫文，毛沢東，魯迅の生誕記念日・逝去記念日がある．これらの記念日には，近代国家が建立される過程でさまざまなかたちでその建立に関与し，大きな影響を及ぼした偉人を讃えるという趣旨がある．

●**日本関係の記念日**　中国の数多くの記念日の中に，日本に関係する記念日が四つある．

①七七事変記念日（7月7日）：七七事変，または盧溝橋事変とよばれ，1937年7月7日に起きた日中戦争勃発のきっかけとなった事件を記念する日である．

②中国人民抗日戦争勝利記念日（9月3日）：以前は「九三抗戦勝利記念日」とよんでいたが，2014年に改称された．台湾と中国本土では，降伏文書調印翌日の9月3日を対日戦勝記念日としているのに対して，香港では，玉音放送による降伏宣言が発表された8月15日を戦勝記念日としている．中国本土では，近年，日本の影響により8月15日を重視するようになってきている．

③九一八記念日（9月18日）：1931年に起きた満洲事変を記念する日である．事件が勃発した翌年に満洲国が創立され，以後14年間にわたって，東北三省は日本の占領下に置かれ，中国が半植民地国家に陥った国恥記念日でもあった．

④南京大屠殺死難者国家公祭日（12月13日）：南京大虐殺犠牲者国家追悼日．1937年12月から翌1月にかけて発生した南京攻防戦を巡る一連の旧日本軍による大戦争犯罪を糾弾し，犠牲者を追悼する記念日として2014年に制定された．

［李　維濤］

民俗・民族の祭り
——迫害を乗り越える民族アイデンティティ

2015年現在，中国の国指定無形文化遺産は1,517項目に上る．そのうち約100項目が各民族の祭りで，いずれも民俗のカテゴリに分類される中国の代表的な文化事象である．

●**漢族の祭り"廟会"** 国際共産主義運動が宗教を禁じていたこともあり，1949年の建国以来，特に1950年代後半以降，中国政府は国内の宗教活動を厳しく排除してきた．信仰

図1　弥勒菩薩に焼香する参拝客［筆者撮影］

と密接に関係する祭りも禁止され，再開されたのは，信仰の自由を認める基本政策が発表された1982年以降のことである．

現在では，どこの漢族の村にも観音や弥勒菩薩などを祀る廟があり，"廟会"とよばれる祭りが開かれる（図1）．ほとんどの"廟会"は参拝客が焼香するだけのものだが，ある村の神様が霊験豊かだという噂が立てば，参拝客や行商の数も増え，臨時の市が立つようになる．また，各地のパフォーマンス集団も駆けつけて祭りを盛り上げる．宗教的要素と世俗的な経済・娯楽活動が大胆に混ざり合うところに"廟会"の特色がある．こうした"廟会"が開かれるのは年に1度だけとは限らない．北京の老人たちは，昔は毎月1・2・9・10のつく日は"隆福寺"で，3のつく日は"土地廟"で，5・6のつく日は"白塔寺"で，7・8のつく日は"護国寺"で"廟会"があったと語る．また龍神であれば，天候次第で雨乞い目的の"廟会"が随時開かれる．よくある雨乞いに，村人が龍神の像を掲げてねり歩いたり，村外れまで連れ出して鞭で叩くことがある．このように神像や付属品を持ち出して廟の外で行う祭事を"賽会"というが，これも"廟会"の一種とされる．

●**水と火の祭り** 中国の祭りの大半は，自然崇拝に端を発している．例えばタイ族は水を命の源ととらえ，水に浄化や魔除け，豊穣の効能を見いだす．その"潑水節"［水かけ祭］の多くはすでに観光化しているが，雲南省景洪市の一部の村では，今でも祭り前日には寺院の仏像を洗い，翌日寺に小枝を挿した砂山をつくり，水をかけながら読経する．その後人々は水を掛け合い，雨の恵みと五穀豊穣を祈るのである．漢族の地域でも水神祭りは盛んである．なかでも龍は雨を司る神として信仰を集め，河北省范庄鎮で農暦2月1日から行われる"龍牌会"では，毎年1万人強の参拝客が訪れ，6,000人前後の農民パフォーマーが雑技を披

露する．また火も水と同様に，魔除けや繁栄を期待される崇拝対象である．イ族の新年"火把節"〔松明祭り〕の期間中，人々はご馳走をつくって火の神を迎えたり，宗教者による祭事を行ったり，松明で田畑を照らして邪気を払ったりする（羅，2012）．大きな祭り会場は美男美女コンテストやレスリングなどの催し物でにぎわう．夜には積み上げられた松明の周りで，一問一答形式の歌やダンスも繰り広げられる（羅，2012）．

●若者の愛を育む祭り　"火把節"では，青年たちが意中の娘を取り囲んで踊り，歌い，そして暗がりで愛を語る．つまり"火把節"は若者たちの愛を育む祭りでもあるのだが，南の地域にはこれに通じる祭りがいくつかある．例えばチワン族は農暦3月3日などに"歌圩"〔歌垣〕を行う．"歌圩"の形式はさまざまだが，基本的には若い男女がそれぞれ4人前後で1組になり，川べりや木陰などで出会い，求愛の歌を掛け合う．意気投合すれば，自らを証明する物を交換し，日を改めて個別に会い，最終的に仲人を介して婚約を結ぶことになる（陸暁芹「歌圩是什麼―文人学者視野中的"歌圩"概念及民間表述」『広西民族研究』4，2005）．

　また，ミャオ族の"姉妹節"〔姉妹祭り〕も，美しく着飾った娘と青年が湖畔で踊り，意中の相手を見つける趣旨の祭りである．別れ際，娘が青年に手渡す包には，"姉妹飯"とよばれる色鮮やかに染められた餅米のご飯と，娘の気持ちを伝える土産物が入っている．後日青年はそれに応えるかたちで娘に贈り物をし，相思相愛であれば正式なつき合いを始めるのである．

●女の祭り，男の祭り　中国の祭りには，その主体の性別が明確な祭りもある．女性が主体となる代表的な祭りには，子宝を願う"廟会"がある．例えば河南省淮陽県では農暦2月2日から"人祖廟会"が開かれるが，参拝客の約9割は女性であり，焼香したり，"子孫窰"という石を撫でたり，お礼参りの女性が燃やす竿を奪い合う．また女媧の人類創造の功績を吟じながら花籠を担いで踊る"担経挑"というパフォーマンスも，女性間で伝承されるという（楊利慧『女媧的神話與信仰』中国社会科学出版社，1997）．

　一方，武力を競い合うモンゴル族のナーダムなどは，男性の祭りといえよう．ナーダムは1921年からモンゴル国で行われている民族の祭典だが，内モンゴルでも1990年から伝統的なスポーツ競技大会として開催されている．ナーダムはモンゴル語で娯楽を意味し，主な競技種目は「男の三つの娯楽」とよばれる相撲，アーチェリーおよび競馬である．最近一部のナーダムでは女性も相撲に参加できるようになったが，基本的に参加選手は男性で構成され，彼らは誇り高き牧羊民としての屈強な肉体と技量，そして勇気を競い合う．2006年に国の無形文化遺産に指定されてからは競技種目も増え，国際大会まで開かれている．〔西村真志葉〕

📖 参考文献
[1] 羅 安平「涼山火把節―伝承與変遷」『民族文学研究』4，49-58，2012

貨幣——通貨の変遷にみる中国史

中国最古の貨幣としては，殷墟（殷王朝の遺構，河南省安陽）から発掘された貝貨が有名である．交易の発達を背景に，西周・春秋戦国時代には布幣（鋤形青銅貨），刀幣（小刀形青銅貨），蟻鼻銭などの金属貨幣も使用されるに至った．

前3世紀に秦の始皇帝が中国を統一すると，それまで地域ごとに異なっていた貨幣も，秦およびその影響下の地域で以前から使用されていた半両銭に統一された．半両銭は方孔円銭（円形で中央に正方形の孔のある貨幣）で，その形態は清朝末期に至るまで続き，周辺諸国の貨幣にも影響を及ぼした．8世紀に発行された日本最古の貨幣（和同開珎）も唐の開元通宝を模したものである．

●銭貨鋳造の最盛期　北宋になると，四川地区を中心に商業が繁栄し，交易も拡大したため，携帯に不便な硬貨に代わって，世界最古の紙幣（交子）が発行された．これは当初，成都の富商により発行管理されていたが，11世紀前半には政府の管轄となった．北宋では鋳造技術が高度に発達し，鋳銭も盛んに行われた．宋代の銭貨の鋳造量は清朝と並んで中国史上における銭貨鋳造の最盛期といわれている．

北宋が滅び南宋になると，銅銭の国外流出や原料の制約により銅銭が不足したため，南宋政府は財政面で紙幣（会子）に依存せざるを得ない状況に陥り，会子は銅銭に替わる主な流通貨幣となった．

●紙幣制度の確立と崩壊　13世紀に金・南宋を滅ぼした元は，歴代王朝の主要通貨であった銭貨の使用を禁止し，紙幣（鈔）を唯一の合法的通貨とする紙幣専一政策を導入した．紙幣の発行運営システムも確立され，当初は安定した流通が続いたが，元王朝の支配力の低下と相まって，紙幣の濫発により価値が暴落し，紙幣専一制度は元末には破綻した．

明では法定通貨として紙幣（宝鈔）と銅銭が併用されたが，主要通貨である宝鈔は濫発により価値が下落し，嘉靖帝期（1522-66）には使用停止となった．折しも海外からスペインやメキシコ，日本などの銀貨（洋銀）が大量に流入し，次第に通貨として銀が使用されるようになった．万暦帝期（1572-1620）には銀による納税制度（一条鞭法）が採用され，銀は事実上，通貨として主導的な地位を確立した．また補助貨幣として銅銭が再び鋳造使用されるに至った．ただし，明代には銀貨の鋳造は行われなかったため，銀を通貨として使用する際には銀貨ではなく，銀錠（馬蹄銀，銀両，テール）という銀塊が用いられた．銀錠は，銀の重量がそのまま価値として認められる秤量貨幣で，単位は重量単位と同じ「両」である．輸入銀貨（洋銀）も銀錠と同じく，秤量貨幣として扱われた．

●**銀本位制の確立** 清では，18世紀後半からチベットや台湾，福建などの各地で，地方政府による銀貨が発行された．また19世紀末には，張之洞の提言により対外決済用の計数貨幣として，中国で最初の正式な洋式銀貨（銀元）が広東で発行された．当時最も影響力のあったメキシコドル1ドルとほぼ等しい量目（重さ0.724庫平両＝約27グラム）につくられた．光緒年間に発行されたため，この銀元の正式名称は光緒元宝であるが，龍の図像から「龍洋」とも称される．後に湖北，江南，四川などでも発行された．

●**管理通貨制度への移行** 1910年には銀元は正式に本位貨幣に定められ，翌年には統一的な計数貨幣として大清銀幣が発行された．また辛亥革命後の1914年に発布された国幣条例では，それまでの銀元を回収して袁世凱の頭部を模した銀貨（袁像銀貨，俗称大袁頭）に改鋳することが規定され，全国に流通した．

1927年に国民党政府による北伐が終了し，統一政府が成立すると，袁像銀貨の鋳造は禁止され，代わって孫文の頭部を模した銀貨が鋳造された．これは裏面にジャンク船をデザインしていたため「船洋」（孫像銀貨）ともよばれる．1933年には秤量貨幣の銀錠（銀両）を廃止し，計数貨幣の銀元に改めることとなり，銀元が中華民国の統一的な貨幣単位とされた．

1929年の世界大恐慌を経て，1934年に米国が銀の備蓄を開始すると，銀の国際価格が大幅に上昇した．銀本位制を採用していた国民政府は，銀の国外流出を阻止すべく，1935年に幣制改革を断行し，銀本位制の停止と管理通貨制度への移行を定めた．これにより，それまでの雑多な通貨は，政府系の4銀行（中央・中国・交通・中国農民銀行）の発行する法定紙幣（法幣）に統一された．これは銀との兌換が保障されていない不換紙幣で，その価値は銀の国有化と英国ポンド（後に米ドル）との固定相場制の採用により維持された．

その後，日中戦争の激化により，法幣の価値は下落を続け，国民政府は1948年に幣制改革を実行し，金円券を発行した．これにより政府は民間の金や外貨の強制的兌換に成功したが，国共内戦の戦費を捻出するために，正貨準備の裏づけのないまま増発を続けた結果，悪性インフレを招き，民間経済は混乱した．

●**共産党政権下の貨幣制度** 1949年，中華人民共和国の国家銀行として中国人民銀行が成立すると，それ以前に地方銀行や国民党政府によって発行された貨幣は回収され，人民元（RMB）が唯一の合法的貨幣となった．補助単位は角，分（2007年流通停止）で，1元＝10角＝100分である．これまでに5版が発行され，それぞれに図像は異なるが，最新版では全紙幣に毛沢東の肖像が使用されている．

なお，外貨管理目的で1979年より外国人向けに発行された外貨兌換券（Foreign Exchange Certificate：FEC）は1995年に撤廃された．　　　　　　　　［大野公賀］

📖 **参考文献**
［1］中国人民銀行『中国歴代貨幣』編纂組編『中国歴代貨幣』図冊，新華社出版，1982

服装の歴史——漢服とチャイナドレス

　中国の服装と聞いて，多くの人がまず連想するのは"旗袍"[チャイナドレス]ではないだろうか．"旗袍"を中国の伝統衣裳と思っている人も少なくないだろう．しかし，"旗袍"の原型は清朝満洲族の服装に由来しており，中国の服装史に占める期間は決して長くない．中国で伝統的に着用されてきたのは，むしろ清朝以前の服装（漢服）で，それは周朝の頃から明朝の滅亡まで基本的に変化していない．

●**伝統衣装の基本形**　伝統的な服飾の基本形が完成したのは，秦の統一以前のことである．後世に大きな影響を及ぼした冕服制度も，この時代に確立された．冕服とは皇帝や官僚らが祭祀活動に着用する礼服のことで，襟のある上着（衣）とスカート状の下衣（裳）を着て帯を結び，冠（冕冠）を被るのが基本スタイルである．冕冠の着用は皇帝および卿大夫以上の官人に限られており，冠の上に綖とよばれる長方形の木板をのせ，その前後の端には玉飾り（旒）を垂らした．旒の数や冕服の文様，履物（舄）の色は，着用者の身分や儀式の種類に応じて，細かく規定されていた．

　官僚や有力者が日常的に着用したのは，「衣」と「裳」を繋げて一枚に仕立てた深衣（袍衣）で，女性は襦（腰までの短い「衣」）と裙（スカート）を好んだ．

●**シルクロードおよび異民族の影響**　秦漢時代になると，絹織物の生産量が大幅に増え，中流以上の階級では絹製の衣類や履物が流行した．また，古代ペルシアの連珠や珍獣，葡萄唐草などの文様が広く用いられるなど，シルクロードの影響が強くなる．この時代の衣服や履物は，形や色の面で男女の区別が少なく，上下の繋がった深衣が流行した．官人は衣服や履物のほかに，冠や頭巾，佩綬（官職を表す組紐）を重んじた．一方，女性は髪型に凝り，精緻で美しい髪飾りを好んで用いた．

　続く魏晋南北朝は相対的に戦争が多く，王朝が頻繁に交替し，南北間の移住や民族の雑居が進んだ．その結果，民族間の交流や融合が盛んになり，漢民族の服装にも影響を及ぼした．例えば北方民族の日常着であった褲褶（「衣」と「袴」）や裲襠（ベスト）は，動きやすさから，後に漢民族の軍服となった．一方，政治や戦争への反感から，文人や上流階級の間では，ゆったりとした大袖の長い上着（衫）に広い帯を結んだ服装が流行した．

●**国力の充実と衣装の多様化**　隋唐時代には国力が充実し，外国や異民族との交流が活発化し，また絹織物産業が発展した．その結果，唐代の服装はそれまでとは比較にならないほど華やかで目新しく，種類も豊富であった．服飾の制度も整備され，また社会全体の風潮が奢侈の傾向にあり，男女ともに衣類の色や文様が

多様化した．唐代の男性は，職業にかかわらず一様に，丸襟の上着（袍衫）や6枚の黒い革で縫った履（六合鞋），一枚布の被り物（幞頭）を好んで着用したが，これらはいずれも漢民族と北方民族の服装が融合したものである．女性の服装にもシルクロードの影響がみられる．髪型や髪飾りもおおいに発展した．

宋代には，隋唐以前の伝統的な冠服の回復が重視され，衣服改革がたびたび実行された．旧制を完全に遵守することは不可能であったが，宋代の服装は後世の旧制回復の際におおいに参考にされた．

●**王朝の変遷と衣装への影響**　その後，遼・金・西夏・モンゴル族など異民族の王朝を経て，再び漢民族の明王朝が成立した．明朝では北方遊牧民族の影響が除去され，唐宋の制度に基づいて独自の制度が打ち立てられた．服装についても同様で，官服は等級別に厳しく規定された．しかし，女性の比甲（袖なしの長い羽織り物）のように，もともとは遊牧民族の服装でありながら，漢民族の間で流行し，漢民族の服装の一部となったものも多い．

清になると，男性には支配者である満洲族の髪型（辮髪）や服装が強制され，それまでの漢民族の伝統的な服装は次第に消滅した．官服は袍，褂（中国式の単衣），袷，衫，ズボンを主としていた．袖は従来の大きなゆったりした形から筒式の細い形に改められ，前の打合せや帯を結ぶスタイルからボタンに変わった．様式的には漢民族の冕服とは完全に異なっていたが，縫い取りや刺繍に用いた文様は漢民族のデザインを踏襲したものであった．女性は当初，漢民族と満洲族の各民族の服装や髪形を守っていたが，次第に融合していった．ただし，靴については完全に異なっており，満洲族は纏足をせず，底が木のヒールの高い靴を履いたが，漢民族は基本的に纏足をし，弓鞋とよばれる長さ10 cm 程の纏足専用の小さな靴を履いた．

●**西洋風と中国風の融合**　辛亥革命の後，服装は一変した．その背景として，清朝末期以降の西洋文化・思想の流入が指摘される．辮髪や纏足は廃止され，中国式と西洋式を結合した服装が一般化した．男性は職業や状況に応じて，"長袍"と"馬褂"，中国式ズボン，"瓜皮帽"［半球形のお椀帽子］，布靴という中国スタイルや，背広に革靴，礼帽という西洋式スタイル，あるいは両者の融合スタイル，学生服に改良を加えた"中山服"（中華民国の正装，人民服）などを着用した．

女性は基本的に短い袷とスカート，あるいは新式に改良した"旗袍"を着用したが，丈の長さや袖・襟の形などの様式や色合い，素材は絶えず変化した．また，1930 年代にはパーマが伝わり，都市の女性を中心に流行した．

近現代について詳細は「現代ファッション文化」の項目を参照のこと．

［大野公賀］

📖 **参考文献**

[1] 華梅著，施潔民訳『中国服装史—五千年の歴史を検証する』白帝社，2003

現代ファッション文化
——チャイナドレスから漢服へ

1911年の辛亥革命によって清王朝が倒され，翌年中華民国が成立．その後中国人のファッションにも変化が起きた．男性は辮髪を切り落とし，背広を着るようになり，女性はスーツや現代風にアレンジした"旗袍"［チャイナドレス］（図1）を着るようになった．『良友』や『北洋画報』，『玲瓏』など1920～30年代の流行雑誌をめくれば，若い女性の間で"旗袍"がいかに流行っていたかがわかる．

●「紺色」の時代　1949年，中華人民共和国の成立以来，特に文化大革命に入ってから，ファッションの主流は大衆化，政治化の傾向が強くなった．中華民国時代の洋装がブルジョア階級のシンボルとして忌み嫌われたので，庶民の服装はグレーや紺色が多く，鮮やかな色や派手なデザインが次第に見えなくなった（図2）．毛沢東や周恩来ら共産党のリーダーも好んで着用した"中山服"（人民服ともいう）は1950～60年代中国の最も統一した服装であり，文化大革命の終了まで中国人男性のシンボルであった．同時に女性の間ではレーニン服やソ連風のワンピースが流行った．文革中は，若い紅衛兵の間で人民解放軍の緑の軍服を着ることが流行り，天安門広場が一時軍服の若者で埋まった風景も見られた．

●共和国初のファッションショー

1978年改革開放以来，若い人は外国の映画やテレビドラマからラッパズボンを見つけ，ハイヒールと合わせて着こなした．女性のロングヘアが多くなり，男性の長髪（いわゆるロンゲ）も見られるようになった．1980年，上海で建国以来初めてのファッションショーが開催され，全国にセンセーションを巻き起こした．その

図1　旗袍
［『老月份牌』上海画報出版社，1997］

図2　紺色の上着
［張競琼，曹喆『看得見的中国服装史』中華書局，2012］

後，上海をはじめ全国各地の服装は文革時代と打って変わって，多様化し，個性的になってきて，旗袍も復活した。

●**文化シャツ**　1991年頃より「文化シャツ」は北京で流行り始め，やがて全国に広がった。文化シャツとは画像や文字などがプリントされたTシャツのことで，ユーモアや皮肉のニュアンスを入れたものが注目される。文化シャツに書き込んでいる文字には，"真累"［マジで疲れた］，"一事無成"［何事も成し遂げなかった］，"拉家帯口"［所帯持ち］，"天生我才没有用"（李白の詩「天生我才必有用」を捩って，［才能があるのに機会に恵まれないこと］をいう）などがある。社会通念への挑戦などのメッセージが読み取れ，特に若い人に愛用された。

●**唐装**　21世紀に入り，中国のファッションがますます多元的なものに発展している。中国が世界にオリジナルブランドを発信し始め，中国スタイルのファッションも注目されるようになる。2013年，習近平国家主席がロシアとアフリカ諸国を歴訪した際，ファーストレディが身に着けていた国産ブランド「EXCEPTION」［例外］がメディアの注目を集めた。

　2001年に上海で開かれたアジア太平洋経済協力会議（APEC）首脳会議では，全首脳がカラフルな"唐装"［チャイナスーツ］で登場し，"唐装"ブームに火をつけた。以前はごく一部の人が正式な場所で着ていた"唐装"が，普通の場合にも着られるようになった。上海だけではなく，北京や広州などの都会でも"唐装"の人気が急上昇し，「春節は何を着る？　唐装だ。お土産は何を出す？　唐装だ」という広告を打ち出した衣料品店も現れた。レトロ情緒に満ちていて，詰め襟に紐ボタンの"唐装"は若者の目にはニューウエーブにも映り，結婚披露宴の装いとしても利用される。

●**漢服**　満洲族起源の"旗袍"や"唐装"と異なり，中国では古代から明末清初まで漢民族の伝統的民族服飾である漢服が着られていた（図3）。袖口が広くて長く，襟を右前で交差させる漢服はゆったりした雰囲気を感じさせる。清朝では満洲民族の衣服と辮髪が強制され，以来漢服はほとんど見られなくなった。現在では中国の伝統文化が再評価されるなか，文化的アイデンティティを求めている人々の間で漢服もブームになりつつある。漢服の愛好者たちがインターネットを利用して漢服の販売または購入をしたり，インフォメーションを交換したりしている。

［張　欣］

図3　漢服
［KINGBRICKS NOW, 2013年4月17日］

玉——崇拝と象徴

古来「玉」は，はかり知れない価値があるものとして，中国の人々に憧れられ貴ばれてきた．玉には「軟玉」と「硬玉」がある．鉱物学では，軟玉（ネフライト：nephrite）は閃石類に，硬玉（ジェダイト：jadeite）は輝石類に分類される．殷・周時代から用いられてきた中国の古玉は主に軟玉で，和田玉（新疆），藍田玉（陝西），独山玉（河南），岫岩玉（遼寧）などがある．硬玉の主要な産地はミャンマーで，中国人がこれを盛んに輸入して用いるようになったのは清時代以降である．日本では翡翠とよばれるが，厳密には硬玉が翡翠である．翡翠玉器の代表「翠玉白菜」（図1）もミャンマー原石である．翡翠はもともと川蟬のことで，羽の美しい色合いから玉を連想した呼称であろう．玉は，

図1 「翠玉白菜」[The collection of National Palace Museum]

原石が生成する過程で混じる鉱物成分と比率により，さまざまな色を呈する．中国人は，色によって白玉，青白玉，碧玉，青玉，墨玉，黄玉などと名づけてよぶ．

●**和田玉** 最も珍重される中国古玉が和田玉である．崑崙山から産する軟玉で，ことに白玉が貴ばれる．古名は「于闐玉」．于闐とは「玉を産する国」の意味で，漢・唐時代にはシルクロード南線の重要な国の一つであった．今は新疆ウイグル自治区・和田市にある．玉門関を通って中原にもたらされる和田玉は，西王母が住む崑崙山の神聖と光沢や色の美しさから，「玉の王」とよばれ，歴代の帝王に愛された．

●**玉の象徴性** 中国の玉器製作は新石器時代に始まった．原石の材質や色あいによっていろいろな形につくり，用途もさまざまである．Ｃ字形の玦，への字形の珩，円盤状の瑗など．祭祀用の礼器，装身用の道具，文房用具，などなど．玉器には，材質の自然美と造型や装飾による工芸美がある．しかし，中国人が真に玉を愛し尊重した理由は，その外見美よりも玉が内包する象徴性にある．

玉は天地神霊に通ずる神秘的な力をもつ．古代中国では，天地四方を祭るとき「六器」（6種の玉器）を用いた．天は「蒼璧」，地は「黄琮」，東は「青圭」，南は「赤璋」，西は「白琥」，北は「玄璜」．「璧」「琮」「圭」「璋」「琥」「璜」は，それぞれ異なる形の玉器である．蒼璧は空色のドーナツ型．黄琮は黄色い円柱．青圭は底辺が四角の青い尖塔．赤璋は圭を縦に分割した赤い器．白琥は白い虎の形．玄璜は黒い璧を縦半分に割った形の器である．

『源氏物語』は日本古典文学の至宝とされるが，対する中国古典の至宝は『紅

楼夢』(清・曹雪芹)である．この作品は「玉」をめぐって話が展開する．いにしえの神話により天の一角が破れたため，女神・女媧が石を鍛じて破れを繕った．その時に余った一片の石塊が玉に化して人間界に降り，主人公賈宝玉一族の栄枯盛衰の末を見届けた後，天上に帰って石に戻る．玉は人間の運命を左右する力を持っていたのである．

玉はまた呪力をもつ．体につける佩玉は邪気を祓い，玉を粉にして飲めば仙人になることができるという．この世と同じくあの世でも富貴栄華を享受できるようにと，古代中国の貴人は死者の体に玉衣をつけ，口に琀玉を含ませ，手に握玉を握らせたのである．

また，玉は身分を象徴する．古代中国で諸侯を分封するとき，証として「六瑞」とよばれる玉器を賜わる．王・公・侯・伯・子・男など，爵位ごとに形と大きさ，装飾文様が異なる．玉帯は，腰に飾る装身具として帝王・高級官僚しか用いることができなかった．玉は君子の徳の象徴でもある．『説文解字』(漢・許慎)は玉に五徳があると記す．君子は玉をもって徳とする．君子の徳は玉のように温和潤沢．君子は常に玉を身につけ，理由なくして身から離さない，という．

さらに玉は，美の代名詞でもある．『長恨歌』(唐・白居易)の「玉容寂寞として涙欄干なり」．楊貴妃の美貌を「玉容」と形容する．類似の用法が多い．「玉女」「玉顔」「玉肌」「玉山」「玉樹」「玉姿」「玉質」「金玉良縁」「小家碧玉」など．

多くの象徴性をもつ玉は「無価の宝」である．黄金に価値あり，玉に価値なし．これは，金額で表しがたい無形の価値があるという意味である．

●玉の故事と格言　「和氏璧」．春秋戦国時代，楚人の卞和が山中で素晴らしい玉の原石を手に入れた．楚の厲王に献じようとしたが，厲王はただの石だと言って卞和を罰し，左足を切断した．厲王が亡くなり武王が後を継いだので，卞和は新しい王にこの石を献じようと申し出たが，武王は残りの右足を切断した．悲嘆にくれる卞和は，武王の後を継いだ文王に見出される．文王はその石を名匠に彫琢させて最高の玉器をつくりあげた．これがすなわち，秦の昭王が自領の15の城と交換したいといった「連城の璧」であり，「完璧」の語源にもなる「和氏璧」である．「玉石混淆」とは，玉石鑑別の難しさから生まれた熟語．「玉琢かざれば，器をなさず」とは，よい原石も磨かなければ玉にならない．「瑕は瑜を掩さず，瑜は瑕を掩さず」とは，瑜とは玉の輝き．ありのままが良い．「他山の石を以て玉を攻むべし」とは，他人の言行を自分の戒めとする．「切磋琢磨」とは，学問で自分を磨きあげることである．玉器工匠の経験から生まれた数々の寓話・格言は中国人の人生哲学となる．

いずれにせよ，中国の人々は玉に魅せられてきた．玉への憧憬や崇拝はやがて青磁や白磁など磁器の誕生へと繋がった．容易に得がたい「玉」の美を人工でつくりだそうとしたのである．　　　　　　　　　　　　　　　　　　　　［彭丹］

コミュニケーションの道具――手紙から微へ

　人間同士が互いに考えや気持ちを伝え，連絡を取り合うためコミュニケーションをする．手紙は古くからコミュニケーションの道具として利用される．"烽火連三月,家書抵萬金"［烽火三月に連なり，家書萬金に抵る］．杜甫「春望」が言ったのは戦乱中家族間で交わされた手紙のありがたさである．近代郵便制度の発達により手紙による情報伝達がさらに快速になるが，電話やFAX，携帯電話や電子メールなど，新たな通信手段も普及している．

●**携帯電話の普及**　現代の生活空間はますます閉鎖的になり，日常のやり取りは時間と空間に大きく左右される．仕事のストレスも人々を疲れさせ，みな気軽にコミュニケーションをとる方法を期待する．携帯電話はそういう期待に応えた現代生活における重要なコミュニケーションの道具である．時間・空間の妨げを受

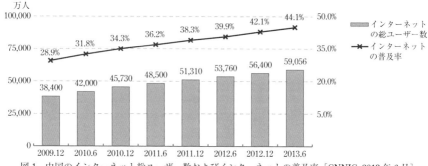

図1　中国のインターネット総ユーザー数およびインターネットの普及率［CNNIC, 2013年6月］

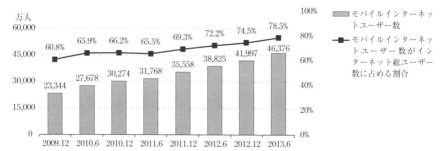

図2　中国モバイルインターネットユーザー数およびインターネット総ユーザー数に占める割合［CNNIC, 2013年6月］

けず，いつでもどこでも自由にメッセージを伝えられる携帯電話が中国の人々の生活に巨大な影響を与え，中国人のコミュニケーションのスタイルを変えていく．

中国ネットワークインフォメーションセンター（CNNIC）が中国インターネット利用状況をまとめたレポート『第32期中国インターネット発展状況統計報告』によると，中国のインターネット総ユーザー数は2013年6月末時点で5億9,056万人になり（図1），中国モバイルインターネットユーザー数は4億6,376万人を占めている（図2）．中国がデジタルの大国，携帯電話の大国になりつつある．

●携帯SMS　ショートメッセージサービス（以下，SMS），中国語では"短信"(ドワンシン)は最もポピュラーなコミュニケーションの手段になった．例えば伝統的「拝年」（年始のお祝い，挨拶）活動が本来大規模な社交活動であったが，近年携帯メールでの"拝年"(バイニェン)が流行っている．人々が携帯電話を通して互いに"拝年"するため，春節になるとSMSの送受信量は激増する．また視聴者がテレビのオーディション番組に参加し，SMSで投票し優勝者を選出することも話題になった．最も有名なのは2005年湖南省衛星テレビ局の番組《2005超級女声》（略称，"超女"(チャオニュイ)）の最終決勝戦で，この番組の最高視聴率は19％を超え（5％を超えれば人気番組の列に入れる），特記される社会現象になった．

●「微」の時代　ここ数年，ソーシャル・ネットワーキング・サービス（SNS，中国語では"社交網絡"(ショアジアオワンルオ)）の発展が著しく，コミュニケーションの道具も日に日に進化していく．中国のITサービスは外国のそれを模倣しながらデザインや機能性を中国人ユーザーに最適化し，独自のサービスを提供している．中国版Twitterの"微博"(ウェイボォ)，中国版Facebookの"人人網"(ロェンロェンワン)，中国版YouTubeの"優酷網"(ヨウクゥワン)などが大きく成功している．

最も影響力を強め，飛躍的発展を遂げたのが短文投稿サイト"微博"である．「微」は「マイクロ」を意味し，「博」は「ブログ」を意味する"博客"(ボオクア)の先頭文字を取り，ミニブログともいわれる．140文字以内で情報を配信する"微博"はTwitter同様，メールやブログなどのネットツールの長所を取り入れ，顔が見える個人をベースとしながら集団的な交流も可能，速報性もあり，数億のユーザーをバーチャルな世界で結びつけた．この比較的自由にものが言えるネット空間は人々の貴重な意見表明と情報交換の場になっている．

最近では"微信"［チャットアプリWeChat］など新たなサービスも急速にユーザーを増やしている．"微信"は友達同士のメッセージを基本としたコミュニケーションツールであり，ボイスメール，動画，画像，文字による即時通信が可能で，グループチャットにも対応している．

広州の雑誌『新週間』が2012年12月に実施した中国版「今年の漢字」では「微」が1位に選ばれた．"微博"や"微信"に象徴されるように，コミュニケーションの道具も「微」の時代に入っている． ［張　欣］

住文化──暮らしの秩序

　住まいの様式は，気候や環境などの条件に一定程度規定されると同時に，同じ自然条件の地域においても異なる住宅様式がみられることからもわかるように，住まう人々の意味づけによって形成される側面もある．この意味で，住宅は，単なる生存のための空間ではなく，そこに住む人々の秩序のあり方を投影した，モノと人の交渉のあり方がよく観察できる対象の一つといえる．

図1　窰洞内部の正庁（正面に遺影が置かれている）
［筆者撮影，2000年］

●**住まいの秩序─公／私的空間**　中国の家屋の立地には，風水思想が大きく影響を与えているが，ここでは，それ以外の基本を取り上げてみたい．中国の家屋は，日本の伝統的な家屋と比べ，左右対称性と均等性という特色があり，これは，庶民の家屋から皇帝の居城にまで見られることから，この空間秩序を中国における住文化の基本ということができる．

　最も簡易な，三つの部屋から構成される三間屋住宅を例に取ると，建築物の中央は，"庁"や"正庁""堂屋"などとよぶ，来客の対応や家族が昼間集う用途の部屋を配置する．この部屋は，一種の客間兼居間といってよいだろう．かつては，この場所に世代深度の浅い祖先の位牌が置かれ，各種の神明が祀られたことから，祭日には儀礼の場所ともなった（図1）．現在では，テレビが置かれ，家族が集う場所になっている．この，"庁"の両側には，寝室である"房"という部屋を配置する．これは，一夫婦とその未婚の子女が暮らす部屋であり，家族以外は容易に立ち入ることはない．こうした建築様式を，パブリックな一つの部屋「明」と，プライベートな二つの部屋「暗」という意味で，"一明両暗"様式とよぶ．この空間秩序は，三合院や四合院といった中国を代表する伝統的家屋建築の基礎ともなっている（図2）．

　中国の理想的な家族のあり方として，しばしば，"四世同堂"，すなわち4世代の人々が同居する大家族という言葉が用いられるが，世代深度が深くなり，家族の構成員が増加すると，初めに左右，その後は前方へと，翼のように広がった"房"を建て増ししてゆくが，これを"护龙"という．順調に一族が増えてゆくことで，ちょうど下向きのコの字状の部屋群が形づくられることになる．この部屋に囲ま

れた空間"庭"は，一族の共有空間であり，雑談や麻雀，収穫した穀物の乾燥，季節によっては睡眠，食事の空間ともなる．

さらに一族が増えれば，その前方に新たな"一明両暗"から始まる"房"を拡大していくことで，増加する家族構成員に対応することができる．この空間秩序に則れば，屋敷地が大きく，部屋数が多いことは，その一族が繁栄していることを示すことになる．ただし，実際には，伝統中国においても，大家族での居住は稀であり，一般的な家族規模は決して大きくなかったと考えられている．

四合院など，中庭を新しい建物で2分割する場合には，中庭中央に置く部屋を"正庁"とし，後方の部屋を"堂"とする．この場合は，"正庁"までをパブリックな空間とし，後方をプライ

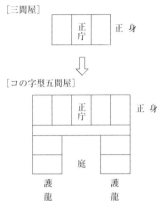

図2 "一明両暗"と"房"の増加
[末成道男「社会結合の特質」橋本萬太郎編『漢民族と中国社会』山川出版社，1983]

ベートな空間とする．この空間構成の原理は，紫禁城にみられる"前庭后宮"の思想と通底する．このように，左右の対称性と，それぞれの個別の部屋における均質性に配慮された部屋づくりが，中国の住文化の特徴となっている．

●**間取りと人間関係**　この各部屋の均衡性という特徴は，そこに住まう人々の人間関係を反映している．このことは，日本の伝統的な民家と比べるとわかりやすい．日本の伝統家屋は，家長とその妻，家督相続予定者，それ以外の人々，使用人など，その人物と家との関わりによって使用する部屋が異なる．換言すれば，あてがわれる部屋が社会的地位を表している．それに対して，中国の伝統家屋は，"厅"とよばれる公共空間を除いて，それぞれが住まう部屋である"房"はほぼ同じもので，部屋の配置されている方位で優先順位はあるものの，部屋そのものには，社会的地位による差異は設けられない．これは，漢民族の社会の構成原理が，父系出自に基づいて編成されることに起因する．父親の気を受け継ぐ男系子孫たちは，等しく同質なのであって，同一の気を継承する以上，相続にあたっても，兄弟間では均分な相続が志向され，同時に老人の扶養においても平等の義務を負う．その一方で，女性はこの平等原理から排除されていた．

漢民族が貫徹する兄弟間の平等という原理は，家屋の配置という空間構成の規則にもよく示されているのである．

[田村和彦]

📖 **参考文献**
[1] 瀬川昌久「中国人の居住空間」曽 士才ほか編『暮らしがわかるアジア読本 中国』河出書房新社，1995

伝統的住宅の構造——地域ごとの特色

広大な中国には，実に多様な伝統的住宅構造がみられる．内モンゴル自治区のパオ，華北の四合院，黄土高原の窰洞，西南地域の三合院とそれに類似した様式（"一顆印""三房一照壁"など），華南の一部でみられる"囲龍屋""土楼"，同じく南部の少数民族地域で見られる"吊脚楼"や高床式住居などがその代表的なものである（図1）．

図1　各地の特徴的住居［月館敏栄「中国 中庭のある住まい——南の三合院，北の四合院」藤井 明・畑 聡一編『東アジア・東南アジアの住文化』放送大学教育振興会，2003］

●**四合院と三合院**　四合院は，その名のとおり四方を部屋で囲まれ，内部に中庭を設ける家屋である．"坐北朝南"すなわち南向きに建てることを理想とし，北側の正面の部屋を"正房"，その左右の部屋を"耳房"とよぶ．中庭を取り囲む左右の部屋を"厢房"，"正房"の向かいの部屋を"倒坐房"とよぶ．門は，家屋の中心線を外して設けられるが，これは魔除けの意味ももつ．この建築様式は，中国各地にみられ，地域ごとに，日照を得る（防ぐ），風通しを良くするなどの必要からさまざまな工夫がみられる．特徴としては，中庭の共有など内部においては開放的であり，外部に対しては窓を設けないなど閉鎖的な点があがる．

四合院から一面の部屋を取り除くと，三合院となる．中国西南部の三合院は，"正庁"と"厢房"は，採光と通気性を考慮した2階建てのつくりが多い．雲南省昆明周辺でみられる，"一顆印"様式の民居は，漢族や彝族によって建てられており，その方形かつ重厚な様子が印鑑のようであることから，この名がある．同じく雲南省の大理や麗江には，"三房一照壁"様式の民居が多数つくられている．麗江は納西族，大理は白族の居住地として著名であり，この特色ある民居はこれらの人々によって建築，居住されてきた．"正房"と"厢房"によってコの字型に囲まれた狭い中庭"天井"をもつことは，"一顆印"様式と共通するが，部屋をつくらない"正房"の正面側には，装飾を施された壁が設けられる．このことで，採光や通気性が向上しているという特徴がある．

●**各地の特徴的な家屋**　"窰洞"は陝西省，山西省，甘粛省など黄土高原の広が

る地域に分布する家屋で，厚い黄土を横方向に掘削したものである（図2）．内部には，木材や石材による支柱は用いず，横穴の上部をアーチ型にすることで強度を確保している．"窰洞"の様式は，靠崖式，下沈式，地上式の3種類に大別できる．靠崖式とは，崖など黄土の勾配を利用して直接横穴を掘ることで形成する"窰洞"であり，下沈式と地上式は平坦

図2　陝西省中部の窰洞入口［筆者撮影，2000年］

地であっても"窰洞"をつくることが可能であるように工夫された住居である．"窰洞"を形成することが困難な場所にまでこの住居が建設される理由は，その機能性にある．"窰洞"は通気性が低いものの，厚い黄土に囲まれていることから，この地域特有の夏季の強烈な日差しを遮り，冬季の冷気から生活を守る「冬暖夏涼」という特質がある．また，木材の乏しい黄土高原において，内部に支柱などを必要としない点も優れている．

"囲龍"［囲龍］屋は，客家らの人々によって築かれる特徴的な伝統家屋群である．この家屋群は，中心部分に"正庁"を配置し，その周囲を方形の房を連ねて取り囲むことで，半円形の外周を形成する．その様子があたかも龍が"正庁"を取り巻いているように見えることから，この名がある．半円の正面には，池が造成されて，背山臨水の形態とすることが多い．周囲を取り囲む"房"が完全な円となると，著名な土楼に類似する．"土楼"は，福建省南東地区の山岳地帯などにつくられている伝統的環状集合住宅である．多くの場合，この集合住宅は，一族によって居有され，高さは3階から5階建てにもなり，多くの家族を収容できるが，入口は1個所しかない．内部には居住者共有の井戸や食糧貯蔵庫，家畜部屋を備えており，かつては円の中心に祀堂を配置していた．これらの特徴から，中国南部に進出した人々が，防衛と団結のためにこの特殊な住宅を形成したと考えられている．これらの土楼のうち，福建省のものが2008年に世界遺産に登録されたことで，さらに名声を高めることとなった．

こうした民居は，中国各地で経済成長を成し遂げ，再開発が進む中で減少しつつあるが，近年では文化資源として広く喧伝され，保護や観光の対象となっている．

［田村和彦］

📖 **参考文献**
[1] 栗原伸治「第3章 村の住空間」深尾葉子・井口淳子・栗原伸治編『黄土高原の村―音・空間・社会―』古今書院，2000
[2] 藤井 明・畑 聡一編『東アジア・東南アジアの住文化』放送大学教育振興会，2003

現代の集合住宅——都市生活の事情

　都市に人々が集中すると，これらの人々に住居を提供する必要が生じ，都市という限られた面積の中に建てられるその新たな住居は，従来の住居とは異なることが多い．中国では，清末以降，上海などの新興都市において，"里弄"(リィロン)とよばれる民居の様式が出現した．特に，1930年代以降建てられた"里弄"は，近代化の中で出現した新しい家庭像を想定した立体型の住居形態であり，今日の集合住宅の先駆ともいえるものである．

図1　共有スペースを私的に利用する様子
[筆者撮影，2010年]

●社会主義下における集合住宅形成　中華人民共和国建国当時，避難民の流入などによって人口が急激に増加した上海では，"棚戸"(ポンホウ)や"筒屋"(ジェンウッ)という簡素な長屋に住む人々も少なくなかった．このため，1950年代になると，新たな政府のもと，都市に集住し，劣悪な居住環境にある労働者階級のための住宅問題解決が早急に進められた．こうした集合住宅は，新たに作成された都市計画上，工業区に隣接する地域から建設が着手され，模範的な労働者から順に，この新式住居を与えていった．これらの住宅は，職場である"単位"(ダンウェイ)から福利の一環としてあてがわれるものであり，生産と政治と生活とが一体化した時代をよく表現する，社会主義国家としての，均一かつ経済的な集合住宅様式の誕生であった．この新式集合住宅は，旧ソ連の建築基準に影響を受け，家族構成に従って居間と寝室の面積（居住面積）が算出されるなど，人々の健康的な暮らしを実現するための配慮が施された．その一方で，大量の住居を人々に供給する必要から，与えられる部屋数は1世帯あたり1～2部屋であった．また，この集合住宅には，水廻りの施設は世帯ごとに設置されておらず，洗面所やトイレ，入口，台所は，数世帯共同で使用した．数世帯の共有部分をもつこの特徴的な住宅は，"団結戸"(ワンジェホウ)とよばれた．こうした住居は，1980年代頃まで，都市に暮らす家族の最も一般的な居住形態となっていた．

　他方で，建国期から1990年代にかけて，より簡素な"筒子楼"(トンヅーロウ)という集合住宅も建築されている．"筒子楼"は，3～6階建ての兵舎のような集合住宅であるが，

エレベーターはなく，建物の端に階段が設置されている．個人にあてがわれる部分は，方形の狭隘な部屋(客間，寝室を兼ねる)のみであり，トイレや水場は各フロアに一つないしは建物外部に設置された1個所のみであることが多い．調理や洗濯，物置には，しばしば，共有スペースである廊下や階段がこれにあてられた．この住宅様式は，プライバシー保護という視点では著しく不足が認

図2　南京郊外の高級住宅
[筆者撮影，2012年]

められるものの，共同生活ならではの独特のコミュニケーション形態を育んでいた．"筒子楼"は，独身者住宅や教職員宿舎として分配されることが多かったが，人口増加と住宅事情の悪化により，夫婦や核家族で住まうことも少なくなかった．近年，経済発展と再開発が進む中で，「21世紀までこの劣悪な住居環境を残さない」というスローガンのもと，急速に姿を消した．

共有部分をもつ長屋的な庶民の民居に対して，私たちのイメージするマンションに近い集合住宅は，"単元楼"という．"単元楼"は，内部に厨房，トイレとシャワーが一体化した水場を備え，"独門独戸"すなわち，各家が独自の入口をもつことから，各自の部屋のドアの内側で生活がある程度完結する，独立性の高い住居となっている．

●**改革開放と不動産ブーム**　上述の中国特有の集合住宅は，基本的に"単位"による供給制であったが，1980年代になると改革開放政策のもと，一部で部屋の売買が認められるようになり，1990年代には活況を呈し始めた(ただし，土地は国有であるため，その使用権の売買となり，使用権は現行では70年間に定められている)．"単位"が福利事業の一環として職員に支給あるいは廉価で売却した住居を"公房"というのに対して，商業用に建設されたマンションを"商品房"といい，これらの登場によって，不動産取引に関する市場が急激に拡大することとなった．

この結果，従来の家族規模に応じて支給される部屋に比べて，その経済力に応じて，住居の大きさを選択することができるようになり，ライフスタイルも多様化した．近年特に子ども部屋や二つ目のバスルームを設けることが多い．夫婦とその子ども1人であれば"両室一庁"(二つの個室と一つのリビング)程度から"三室一庁"，使用人の部屋も含めて"四室両庁"以上という間取りもみられるようになった．また，インフラの整備や自家用車の普及に伴い，郊外で"独院"[一戸建て住宅]，"別墅"[別荘]も購入されるようになっている．

[田村和彦]

家具に凝る——モノに込めるさまざまな思い

　中国の民居は，都市では集合住宅形式が一般的であり，新築の場合，各部屋は内装なしの状態で購入することが多い．中国の居住環境づくりとは，部屋の内装をデザインするところから始まるといってよい．部屋の内装に，巨額の費用を掛けることからもわかるように，タイルの素材にこだわるものから，西欧の王宮を模したものまでさまざまな工夫を凝らす（図1）．外部の環境を変えることはできないが，手に入れた自分の空間である住居

図1　高級住宅内の調度品に凝った寝室
［筆者撮影．2012 年］

には理想を反映させたいという心情の表れなのかもしれない．

●**伝統的家具**　部屋の内装と同じく，家具もまた大きな関心の対象となっている．ベッドは，神農の発明ともいわれ，古くから中国社会に根づいてきた．一般には硬質の木材を用い，吉祥を意味する，手の込んだ彫刻を施すこともある．睡眠のために身を横たえたり，腰かけたり，さらには食事の場所としても用いられた床榻のようなベッドから，四隅に柱を立て蚊帳を取りつけやすくした"架子床"，さらに足を乗せる台をつけた"拔步床"などのバリエーションを生み出している．

　中国の机といえば，丸い机"圓桌"を想起するが，実際に円卓の登場は遅く，歴史上は長卓，"方桌"という方形の机が一般的であったといわれる．方形の机の使用は，移動を前提とする机の用法，および平座から椅子座への変化とも関係していると考えられ，現在でも，神明や祖先に祭祀を行う場面では，円卓ではなく，"供桌"という"方桌"が用いられる．また，円卓は，その意図するところが平等性にあるとすれば，席次と序列を重んじた秩序社会においては，容易には普及しなかったのかもしれない（西澤治彦『中国食事文化の研究—食をめぐる家族と社会の歴史人類学』風響社，2009）．一般家庭で用いられる"方桌"は，一辺に2人ずつがつくことで8人が同時に利用できることから，"八仙桌"の別称がある．

　腰をかける家具としては，椅子と"凳子"［腰かけ］の使用が一般的である．両者の違いは，背もたれの有無にある．椅子が主に腰かけのみに使われるのに対して，"凳子"は頻繁に持ち運ばれ，夕涼みや踏み台としてなど用途が広い．

●**モノと想い——嫁入り道具，三種の神器，家電**　家庭内に配置された家具は，すべてが同様の価値をもっているわけではないことにも注意が必要である．例え

ば，結婚に際して準備された品などが，その家族の重要な家具となる．嫁入りのときに持参した"衣柜"［衣装箪笥］，"板柜"［木製の箱，衣服や貴重品を入れる］は，家族の記憶とともに大切に使用されることがある（図2）．また，新婚夫婦が生活のために購入した得がたい家具を"三大件"というが，これは時代によって異なっている．1970年代までは，自転車，腕時計，ミシンであり，これらにラジオを足して"三转一响"［三つの回るものと一つの音の出るもの］とよびならわした．合わせて"三十六条腿"すなわち，箪笥や机など合わせて9点購入し，その脚が合計36本になることが理想とされた（岩間一弘・朱珉「変わりゆく結婚事情と結婚生活」『上海：都市生活の現代史』風響社，2012）．

図2　4代前の女性が嫁入りした際に持参した箪笥［筆者撮影，2000年］

1980年代になると，都市部であれば電化製品が普及し，"三大件"はテレビ，冷蔵庫，洗濯機にとって代わった．1990年代には，エアコン，ビデオデッキ，ステレオセット，パソコン，VCD（ビデオCD）デッキ，携帯電話などへ変化し，最近では，マンション，自家用車となっている．また，婚姻時に友人から送られた品々に特別な意味を見出すことも多い．これらの品々としては，1950年代から1960年代初頭には洗面器具や台所用品，鏡が，文化大革命中は毛沢東の肖像や画集が流行した．

　家具がモノとして人との相互交渉の中で位置づけられ意味をもつ以上，こうして新たに家庭内に登場したモノが，人々の日常生活に受容されてゆく過程に目を配る必要がある．洗濯機を事例とすると，農村部では，洗濯機を納屋など屋内に収納し，使用のたびに排水に便利な場所へと移動して使用する事例もみられる．これは，貴重な家電である洗濯機を野晒しにしない工夫である．都市では，日本の住宅と違って，脱衣場が住宅間取りに設けられることがないので，この移動に不便な大型家電を住居のどこに設置するかが問題となる．多くの家庭では，ベランダが選ばれており，その理由は洗濯物を干す際に移動を少なくするため，排水しやすいためと説明されるが，この場所はかつて洗濯板で衣服を洗った場所である．この場合，直射日光を受けないようにシートで覆うなどの工夫がみられる．次によく見かけるのは，"卫生間"すなわち，トイレと浴室が一体化した部屋に配置されるケースで，これはかつてシャワーの水をトイレに直接排水していた習慣を踏まえた排水経路の重視の結果である．いずれにせよ，新たに生活に取り入れられた家具・家電もまた旧来の身体の用法に影響を受けている点を指摘できる．

［田村和彦］

トイレ──さまざまな工夫と変化

トイレは，排泄という目的こそ世界のどこでも共通であろうが，それを用いるための身体技法や配置などはそれぞれの社会で異なっている．それゆえ，社会の壁を越境する人々が増える中で，使用した紙を流す，流さないといったトイレの用法もまた問題となるのである．

●**各地のトイレと工夫** 広大な中国では，西北部のような人口密度の低い地域でみられる，屋外で用を足し，常設のトイレが稀である例から，西南中国部のように船のように木をくり抜きトイレとする様式まで，多様なトイレがある．中国の多くの地域でみられるのは，便器にまたがる和式と同様のトイレである．農村部では，土に穴を掘り2枚の板を渡した，ゴミ捨て場と共有する様式や，豚小屋と一体化させる様式など，排泄物を有効に活用する工夫がみられ，これら肥料の価値が高かった時期には"肥水不流外人田"ということばも生まれた（高橋正明『トイレ・環境・まちづくり─中国と日本の場合』晃洋書房，2005）．ただし，プラスチックやビニールの普及によるゴミ・排泄物分別の困難および化学肥料の普及により，有用物としての地位は低下している．

1950年代頃までは，尻を拭くのもトウモロコシの芯や土塊，石などが用いられたが，現在では紙の使用が一般的である．

都市部では，トイレが共有される集合住宅が多く，多くのバリエーションを生み出した．最も簡易なものとしては，桶やバケツが置かれる，あるいは半分程度地中に埋められた様式のものであり，トイレのない長屋や，夜間の用便に使用されていた"马桶"［移動式便器］，"尿壺"［尿瓶や痰壺として使用］との連続性がある．形状が簡易で，合理的なトイレとしては，地面に一筋の溝を掘りタイルやセメントで覆い，その溝をまたぐかたちで使用する形式がよく知られている（図1）．大都市では姿を消しつつあるが，地方都市の住宅共有トイレ，学校や職場，街の公共トイレなど，多くの人が利用する場所では，現在でも使用されている例が少なくない．こうしたトイレでは，溝の上流部に水を流すだけでそれぞれの排泄物を流すことができるため，効率的であるばかりでなく，順番を待つ人，左右で用を足す人々の間で会話やタバコ，新聞のやり取りができるなど，コミュニケーションを図るうえでも利点がある．一方で，通路に対し

図1 新中国の託児所の"厠所"［武田雅哉『中国乙類図像漫遊記』大修館書店，2009］

て向き合うかたちで用を足す形式もある．この場合，レンガやコンクリート，ステンレスでつくられた，1人分の便器にしゃがむこととなる．個人で便器を独占できるこの形式には，大きく分けて ① 汲み取り式，② 傍らに常備したバケツの水による水洗，③ 上部水槽によるコード式水洗があり，水洗の場合は，溝式のような管理者による一括水洗ではなく，使用者各自で水洗を行う必要がある．

　これらのトイレには，仕切り板が設置されている場合があるが，板があっても1m前後と低いこと，正面のドアや鍵が取り外されている場合が多いことから，非常に開放的な空間となっていた．空間内部が開放的であった一方で，男女の別は明確に分けられており，後のトイレのモデルの一つとなった「公共トイレ建設実施」運動（1943〜）でも，男女の別とそれぞれの様式の差異が示されており，現在でも家庭用のトイレを除いて，男女兼用のトイレは極めて少ない．

●**トイレの変化**　香港において，1980年代以前の一般的なレストランでは，トイレとキッチンは同じ水廻りということで同一の空間に配置されており，衛生度合いが低かったが，米国のファストフード店マクドナルドの進出により，清潔でより衛生的なトイレが普及したことが知られている（J. ワトソン「香港のマクドナルド」，J. ワトソン編『マクドナルドはグローバルか』新曜社，2003）．1990年代以降の中国大陸でも，同様の変化が進んでいる．居住形態の変化により，集合住宅共有のトイレは急速に姿を消し，代わって，浴室と一体になった便器が普及した．この形式では，便器が多少低くつくられており，シャワーで使用した水が自動的に便器に流れ込み排出される仕組みになっている．水廻りの便宜性に考慮したつくりだが，狭い住宅の場合は，便器をまたいでシャワーを使用しなければならない不便さがある．現在では，新式住宅や水洗トイレの普及に伴い，便座のある洋式トイレが急増している．部屋の間取りからみれば，洋式のトイレは浴室と合わせて"卫生间（ウェイションジェン）"とよばれる空間に設置される．富裕層の住宅では，内装の際に温水洗浄便座を取りつける事例も人気となっている．トイレの変化と並んで，浴槽の流行もみられたが，こちらは完全に定着することはなく，一部では再びシャワーによる洗浄へと回帰している．

図2　一般住宅のトイレ．シャワーとトイレが同室に置かれる［著者撮影，2011年］

　トイレの変化からは，効率性，衛生性など合理的な動機づけとともに，よりモダンな生活を求める心情や，文化的，歴史的拘束と工夫の中で選択的に受容する様子がみて取れる．

［田村和彦］

📖 **参考文献**

[1]　武田雅哉『中国乙類図像漫遊記』大修館書店，2009

茶——薬用から嗜好へ

「China」は「秦」の名が音変したことに由来するとされているが、「茶：Cha」の発音に関わるという説もある。茶は伝説の聖王神農が飲み始めたという。神農は薬草を見分けるため毎日百草を舐め、日に72回中毒を起こしたが、そのたびに"荼"［茶］を用いて解毒したという。茶の始まりは薬用だったのである。日常飲用としての喫茶が文献に登場するのは、『僮約』（前漢・王褒）である。ただし、最初の喫茶は巴蜀（四川省）で始まり、茶の葉を煮てその中に葱、生姜、棗などを加えたスープのようなものであった。

●『茶経』 漢から両晋南北朝を経て、茶は巴蜀から中原に広がる。『旧唐書』（五代後晋・劉昫）に「茶は食物なり、米塩に異なることなし」とある。760年、文人陸鴻漸（陸羽、図1）が『茶経』を著す。安史の乱中に書かれた『茶経』は、茶の産地、採摘、製法、飲用法、茶道具などを述べ喫茶法を確立した。檟、蔎、茗、荈など「ちゃ」を表す漢字も、この時「茶」の字に定着した。現代日本でも陸羽は「茶祖」とよばれている。

●喫茶法 陸羽の喫茶は煎茶法である。茶の葉を蒸して臼で搗き、餅状に固めて乾燥する。飲む時は乾燥した餅茶（団茶ともいう）を必要な分だけ削って粉末に碾く。粉末茶を釜に入れ水で煎じて飲むために煎茶と名づけられる。葉茶に湯を注ぎ浸出したエキスを飲む江戸時代の煎茶道とは異なる。763年、安史の乱が平定されると陸羽の煎茶法が流行する。

図1　春木南溟「陸羽像」（部分）

『封氏聞見記』（唐・封演）は「茶道大行」と述べ、詩僧釈皎然は「孰か知る、茶道の爾真を全うすることを」（飲茶歌誚崔石使君）と詠った。煎茶法では茶の色が浅黄色なので、茶碗はきれいに色を映し出す越州窯青磁が尊ばれた。宋代に入ると喫茶は庶民に普及し、作法も唐代の煎茶法から点茶法に変わる。点茶法は餅茶を粉末にした抹茶を使うが、茶をじかに茶碗に入れてから湯を注ぎ、それをかき混ぜる。道具は、初め金属の匙を用いていたが、後に茶筅が現れた。茶碗に入れた抹茶を茶筅で点てる日本の茶の湯の原型である。煎茶法では茶の色が浅黄だが、点茶法では白い（『茶録』宋・蔡襄、『大観茶論』宋・徽宗帝趙佶）。茶の白をよく映し出すので黒釉茶碗が好まれ、天目茶碗が流行する。宋代の喫茶は贅

沢な遊芸でもあった．水質や茶の品種，点茶の技法を争う闘茶が日本にも伝わり鎌倉室町時代に盛んに行われた．複雑な製法による究極の宮中専用の龍鳳茶も現れた．だが，奢侈な製茶法は民力を疲弊させるとして，明の太祖朱元璋が禁止した．そのこともあり，明代に入ると餅茶は次第に廃れる．葉茶を用いる泡茶法が普及し，今日の中国喫茶主流へと繋がっていく．

　泡茶法とは，茶壺（急須）に湯を注ぎ，茶葉を湯中に投じる．蓋をしてしばらく待つ．それから茶碗に注ぐという簡便な方法である（『茶疏』明・許次紓）．泡茶法では茶の色が緑のため，茶碗は白磁や染付が良く，小ぶりの方が香りがこもって良いとされた．また，必ず茶壺が用いられるために宜興の紫砂茶壺が脚光を浴びるようになった．今日の茶館で使われる蓋・碗・茶托がセットになる蓋碗茶碗は清代に出現したものである．現代中国でよく見られる「工夫茶」も一種の泡茶法だが，清代中期から現れ，主に広東・福建・台湾地域で流行した．『随園食単』（清・袁枚）にその作法が初めて登場するが，この時「工夫茶」の名はなかった．中国茶は水を重んじ，茶人は佳い水を求めて山野に出かける．『紅楼夢』（清・曹雪芹）にも，満開の梅の花びらに積もる雪を集めて青磁鉢に入れ，地下に埋めること5年，その溶け水を用いて茶を入れる場面がある．

●**茶と淡泊**　茶の起原である巴蜀は道教の発祥地でもある．道教の神仙思想や養生観では茶は「玉液」とよばれ不老長寿の仙人の飲み物とされた．「五碗は肌骨清し，六碗にて仙霊に通ず，七碗は吃すること得られず，唯両腋に習習として清風の生ずるを覚ゆ」（「走筆謝孟諫議寄新茶」唐・盧仝）．6杯も飲めば仙人になるという．茶は眠気を覚ます効用があるため，座禅に必要な飲み物として寺院にも欠かせない．宋代の寺院はよく盛大な茶会を催した．その名残りは今日の京都建仁寺，鎌倉建長寺などの四頭茶会にみられる．茶は淡泊の象徴でもあり，濃厚な酒に対照して古来から詩人に詠まれた．

●**茶の種類**　茶の樹は現在，原産地の雲南省や四川省以外にも，中国南部に広く栽培されるようになった．産地として浙江省の龍井茶，四川省の蒙頂茶などが有名である．中国茶は製茶法の違いにより，非発酵茶の緑茶・黄茶・黒茶，発酵茶の白茶・紅茶，半発酵茶の青茶の6種がある．緑茶の製法が最も古く，新鮮な茶葉を加熱する殺青，加熱された茶葉を揉む揉捻，水分を取り茶葉の形を整える乾燥の工程が唐代に始まった．この製法は日本にも宋代の頃に伝わった．

　黄茶，黒茶は緑茶の系統に属するが，黄茶は黄色に仕上げるために悶黄，黒茶は黒く仕上げるために渥堆の工程がある．白茶と紅茶は殺青がなく，茶葉を萎らせる萎凋，紅茶はさらに発酵の工程を経る．青茶は緑茶と紅茶の製法を総合したもので，萎凋と殺青の過程がある．日本で好まれる烏龍茶は青茶に属する．6種のほかには花茶がある．茉莉花や金木犀などの花を加えて香りを楽しむ．ちなみに黄茶，黒茶，白茶は中国独特の茶である．

〔彭丹〕

酒──由来・伝説・作法

　世界最古の酒が中国で発見された．2004 年，河南省の賈湖遺跡から出土した前 7000 年頃の陶器片の残留物を分析した結果，米，蜂蜜，果物などを原料とする醸造酒の成分が検出されたという．現在，考古学の定説となっている．

●酒の起源　中国古代の伝説では，杜康と儀狄という二人の酒祖がいた．杜康の名は，「何を以て憂いを解かん，唯杜康あるのみ」という曹操の詩で知られる．日本の酒づくり職人を「杜氏」とよぶ由来である．儀狄は夏王朝の創始者大禹ゆかりの人とされ，『呂氏春秋』（秦・呂不韋）と『戦国策』（戦国時代成立）に「儀狄作酒」の記述がある．この時代，酒造技術が飛躍的に進歩したとみられる．殷王朝の青銅器には「爵」「尊」「罍」など酒器が多く，酒がよく飲まれたことがわかる．周王朝になると酒造管理の官職「酒正」（『周礼』）が設けられ，酒づくりの麹が文字記録に初めて登場する．『論語』にも酒への言及があり，孔子が生きた春秋戦国時代には飲酒の習慣が広がったものとみられる．

●酒の種類　中国最古の酒は "黄酒" である．6 世紀に成立した中国の農書『斉民要術』（北魏・賈思勰）に "黄酒" の製造法が記載されている．穀物（米，粟，黍など）を主な原料とする醸造酒の総称でアルコール濃度は 14〜18 度ほど．地域によって穀物の種類が異なり色は必ずしも黄色でない．代表的な "黄酒" は魯迅の生まれ故郷紹興（浙江省）産の紹興酒である．長期熟成した "黄酒" は "老酒" とよばれる．

　中国葡萄酒（ワイン）の起源は漢代である．前 138 年，武帝の使節として西域に派遣された張騫が，西域葡萄の種と醸造技術を持ち帰り，これをもとにワインの醸造を始めた．当初は贅沢品で皇帝・貴族の専用だったが，唐代に入ると各地に葡萄園がつくられて醸造量も増えた．唐の名宰相魏徴が手づくりワインを「翠濤」「醽醁」と名づけ，太宗帝に献じた逸話がある．「葡萄美酒夜光の杯」（唐・王翰・「涼州詞」）はワインを謳った名詩である．「啤酒」［ビール］は清代末期にヨーロッパから伝わったが，古代中国にもこれに近い酒があった．「醴」という．蘖（もやしの類）を用いて一夜のうちにできる酒だが，味の薄いことが嫌われ，製法も消えてしまった（漢・許慎『説文解字』，明・宋応星『天工開物』）．中国の啤酒で古いのは 1900 年にロシア人が始めた「哈爾浜啤酒」だが，ドイツ人が 1903 年に始めた「青島啤酒」が，現在ではトップブランドになっている．"白酒" は中国伝統的な蒸留酒であり，高粱を主な原料とするので，高粱酒ともよばれる．色は白ではなく無色透明であり，強い芳香がある．種類が多く，貴州産茅台酒，四川産瀘州老窖が代表である．昔はアルコール度数が 50 度以上だったが，近年，嗜好の変化や制限により，38〜45 度程に濃度を下げたものが多い．"白酒"

は古く"焼酒"とよばれ，唐代文献にすでにその名が見られるが，広く普及したのは元・明以降である．ちなみに，唐詩には"白酒"を飲む場面もある．しかし唐代の"白酒"は現代の"白酒"と違い，蒸留酒でなく醸造酒だった．「白」は原料に使う糯米の色と酒の色の白からきて，日本の濁酒に近いものであろう．ほかにも，林檎や柑橘などの果物を用いる果酒，生薬を用いる薬酒がある．ことに中国の薬酒は歴史が長く，五加皮酒，陳皮酒が有名である．

●**酒の効用** 酒は本来，祭祀のとき天地神霊祖先に捧げるもので，神力と薬効があるとされた．中国最古の医書『黄帝内経』（秦漢時代成立）は酒の薬効を論じ，『傷寒論』（後漢・張仲景），『本草綱目』（明・李時珍）などの医書は薬酒の処方を数多く記載している．東洋医学に酒は欠くことができない．酒の別名に「忘憂物」「掃愁帚」「歓伯」などがある．憂いを忘れる，憂愁を一掃する，歓びをもたらす意味だ．晋代，竹林の七賢は俗事の悩みから逃れるため竹林にこもって酒を楽しみ，人世転変に悩む心をまぎらすためにも酒の力を借りた．李白，杜甫，蘇軾などの名詩名句には，酒に関わるものが多い．それにしても「百年三万六千日，一日須らく三百杯を傾く」（『襄陽歌』）と詠う李白は，まるでアルコール中毒者のように思えるが，そうではなかった．当時の酒は"黄酒"も葡萄酒もアルコール濃度が低く，「水酒」とよばれるようなものが多かったようだ．北宋の学者政治家沈括は，漢代の製法でつくられた酒はわずかに匂いのみと評した（『夢渓筆談』）．ともあれ，中国の文学は酒から離れることができない．

図1　雪村周継「竹林七賢図屏風」（右隻）〔重要文化財，畠山記念館蔵〕

●**酒徳** 飲んでも酔わないのが，中国人の尊ぶ「酒徳」である．大禹は儀狄の酒があまりにも美味で人を惑わすので，「後世必ずや酒により亡国あらん」と，儀狄を疎むようになった．大禹の予言は殷王朝の滅亡で的中する．殷の紂王は「酒を以って池となし，肉を以って林となす」生活に溺れ亡国を招いた．殷を滅亡に追い込んだ周王朝は厳しい戒酒令を出す．酒は祭祀のときだけ，飲んでも酔うなかれ．酒を遠ざけた大禹には「有徳の君王」，酒に溺れた紂王には「無徳の君王」の名が残った．孔子曰く「酒は量なし，乱に及ばず」．

●**酒礼** 『春秋左氏伝』荘公22年に「酒以成礼」という言葉がある．飲酒と礼儀は対である．醸造技術が未発達の時代，酒は貴重品であった．天地神霊祖先に捧げる酒は「敬」の心をもって，長幼・尊卑・親疎の順に飲まれた．年少者から年長者への順に屠蘇酒を飲むのは，長老の残寿を深慮した正月限りの作法である．なお，現代中国にみられる無理強い「乾杯」は通俗作法で，中国古来の酒礼精神に適うとはいえない．

〔彭　丹〕

飲酒——酒はコミュニケーションのためにある

酒が料理の味を引き立て，またコミュニケーションを円滑にするためのツールであるのは多くの文化に共通しているが，どのような酒をどんなときにどう飲むかにはそれぞれに特色がある．中国の場合は，どちらかというとコミュニケーションの方に重きが置かれていて，酒は味そのものを楽しむというよりは，仲間とわいわいやったり，宴会を盛り上げたりするために飲

図1 結婚式での酒宴の様子

まれるといってよい．そのため，夕食どきに飲食店に入っても酒類は頼まずにしっかりと食事をとっている人の方が多いし，家庭の日常的な食卓においても酒を伴う機会は日本よりもずっと少ない．酒好きな人であれば，友人たちから食事に誘われても，誰もみな酒を頼まないので，がっかりしてしまうこともあるかもしれない．

最近では日本の居酒屋チェーンも中国に進出しているが，例えば和民が「居酒屋」ではなくて，「居食屋」と名乗っているところにもそれが現れていよう．日本人からみると，中国において酒は特別なときに飲むものという趣が強いのである．

●酒の飲み方　中国において多くの人が酒を飲むことになるのは宴席である．これは結婚式のように大規模なものから，催しや会議の後の宴会，親睦のための食事会まで多岐に及ぶ．こうした席で飲まれるのは，たいてい"白酒"（麦，米，高粱などを原料とした蒸留酒，焼酎と同種）である．重要なのは，このような場において酒は自らが美味しく飲むためにあるものではなく，相手を称えたり，感謝の意を述べたりするためにあるということである．

宴が進むうちに，必ずホストが各テーブルを回って乾杯をうながすので，自分のテーブルに来た際にはみなで立ち上がってそれに応える必要がある．また自分たちから進んで，ホストやほかのテーブルを回って乾杯に行くこともある．いずれも，お互いに歓迎や感謝の意を述べ合うのである．また，テーブルに座って食事をしているときにも，決して自分一人のペースで飲んではいけない．飲むときには，特定の誰か，あるいはテーブルの全員に乾杯をうながし，そして乾杯をしてから飲む．とりわけ"白酒"についていえば，こうした乾杯のとき以外に手をつける人はほとんどいない．

かなり気心の知れた人たちとの食事の際にはさすがにここまで気をつかう必要はなく，ある程度は自分のペースで飲んでもよいが，それでも食事中に何度かは自ら乾杯を申し出るのがマナーである．もちろん手酌は厳禁だし，ほかの人の杯

の空き具合を気にかけ，少なくなれば酌をしなければならない．やはり酒はコミュニケーションを図るためのものと肝に銘じておこう．

●**酒とゲーム――"罰杯"** 宴席以外で酒を飲む場所といえばバーであり，中国語では"酒吧"という．ただし，高級ホテルやごく一部の店を除けば，バーは落ち着いた静かな場所ではなく，大音量で音楽が流れていたり，カラオケが歌われていたりするのが普通である．よって，グラスを傾けながら，

図2　バーのテーブルの上に置かれたビールとサイコロ

しんみり，じっくり語り合いたいのであれば，一般的なバーはそぐわない．

　バーでの酒の飲み方として，よく見られるのがちょっとしたゲームをして負けた者が飲む"罰杯"である．例えば，じゃんけんゲームがある．これは，みなでじゃんけんをして，勝った者から抜けていき，最後まで負けて残った者，あるいは途中で勝ち負けを見誤ったり，リズムに乗って手を出せなかったりした者が飲まねばならないというルールがある．そのほかにポピュラーなのは，"色子"すなわちサイコロのゲームである．これは小さな壺に五つのサイコロを入れて他人に見えないように振り，全員の合計で存在すると思われる目の個数を推測して順に言っていくというものである．ポイントは，前の人よりも大きな個数を言わなければならないというところにある．例えば，ある人が「五が四つ」と言えば，次の人は「五が五つ」，あるいは一気に「五が十二個」などと言ってもよい．ただし，サイコロの数には限りがあるので，言われた個数が大きくなればなるほど実際にはそれに足りない可能性が高まってくるから，その数は「ない」と確信できた参加者はみなの壺を空けさせることができる．もし合計して本当になければ，その直前に言った人が飲み，あった場合は空けさせた人が飲まねばならない．人数が多ければ多いほど駆け引きも複雑になるし，酔いも回って判断も鈍ってくるから，それがまた盛り上がるのである．

　なお，こうしたときに飲むのはたいていビールである．一杯ずつではなく，瓶または缶をダースで注文して，その場でお金を払い，どんどん空けていくのが一般的である．また二次会というものは普通ないが，飲んだ後には屋台などで粥や麺などを食べて帰ることが多い．

●**新しい傾向** 最近の傾向としては，"白酒"やビールのほかに，ワインやウイスキーなどの洋酒，日本酒なども飲まれるようになっていることがあげられる．例えば宴席には"白酒"ではなく，ブランデーが出されることもある．いずれにしても，"酒逢知己千杯少，話不投機半句多"［気の合った者との酒ならば1,000杯でも少ないが，話が合わない者とは半句でも多い］と諺が示すように，酒は良好なコミュニケーションあってのものだということを忘れずに．　　　　［川口幸大］

食事の作法——日常のマナーとタブー

中国語には日本語の「いただきます」や「ごちそうさま」に相当する常用挨拶はない．そもそも日常的な食事の場で，礼儀作法を気にする中国人は多くない．そんな中国人の食事マナーは，礼儀の邦らしからぬと皮肉られることが多いが，礼儀の邦には礼儀の邦なりの作法が存在するのも，また事実である．

図1　家族で囲む食卓［筆者撮影］

●**食器の取扱い方**　一般的な中国人家庭では，食事時になるとテーブルに大皿料理が並び，座席ごとに箸や茶碗，取り皿などの食器が置かれる．この時，日本では箸が横を向くが，中国では縦向きになる．諸説あるが，これはテーブル中央の大皿料理に箸を伸ばすと，箸が自然と縦向きになるため，初めからそのように置いてある方が便利だからということらしい．

図2　海上で暮らす"蛋家"［施愛東撮影］

また，日本の家庭では家族がそれぞれ自分専用の箸を使うが，中国では大人も子どもも同じ長箸を使う．茶碗などの食器も，他人と共用することを嫌うのはチベット族など一部の少数民族だけで，普通の漢族は家族全員同じものを使う．子どもには扱いにくそうにみえても，中国では必ずしも指の腹に茶碗の高台を乗せて持たなければならないわけではなく，また日本でいう犬食いも厳格に禁じられていないので，大きな問題はない．大切なのは，この結果，家族がそろって同じテーブルを囲み，同じ皿の食事を食べる，ということだろう．中国人にとって，それは大団円という幸福の一つのかたちである（図1）．

●**常識としての作法**　中国にも「振り箸」のような箸使いのタブーが存在する．だが，日本に比べて種類は少なく，「かき箸」や「ねぶり箸」など，多くの所作がタブーとして認識されていない．ただし，大勢で大皿料理をつつくので，皿から自分の好きなものだけを探って取り出す「こじ箸」は嫌われる．ご飯に箸を突き立てたり，箸で茶碗を叩くことも，死人やホームレスを連想させることから嫌

われる．さらに"蜑家(ダンジア)"のような海上生活者や一部の漁村では，船の転覆を連想させることから，茶碗や箸などの食器を伏せて置くことを禁じられている（図2）．

マナーほどの強制力はないが，日々の食卓で繰り返され，多くの中国人が自然に体得している常識的な作法もある．例えば，最初に大皿料理に手をつけるのは年長者であり，たとえ幼い子どもであってもそれを待たなければならない．また，自分の席から離れた皿にまで箸を伸ばすべきではなく，各自が目の前の料理をつまみつつ，互いを気遣いながら，取り分け合って食べる．特に目上の者が目下の者に料理を取り分けるのは一種の慈しみの行為であり，取り分けてもらった目下の者は残さず食べなければならない．もちろん，直箸(じか)で料理を取り分けるため，衛生面から嫌がる人がいないわけではないが，同じ食器で同じ料理を囲むことに家庭の幸せのかたちを見出す中国人にとって，尊重されるべき作法とされている．

さらに，会話を楽しむことや，ほかの家族の食べるスピードに合わせて食べること，先に食べ終わっても一番目上の人が食べ終わるまで席を立たないことなど，いずれもマナーとよぶには当たり前すぎる常識的な作法である．

●文化という名のルールとタブー　特定の地域や民族の間では，一般的なマナーとはやや異なる文化上のルールとタブーが受け継がれている．例えばイスラム教を信仰する少数民族が，食事中に不浄とされる左手を使わず，食前と食後に手を洗うことは有名である．そのうち，キルギス族は手で食べ物を撫でたり，鼻で匂いを嗅ぐことも禁じている．またウズベク族やカザフ族は，食事中に帽子を脱ぐことを禁じ，手元に帽子がなければ髪に草をさして帽子の代わりにするという．

一方，シャーマン教を信仰するモンゴル族の間では火が崇拝されており，火にかけた鍋の肉をナイフで刺すような行為は禁じられている．さらにモンゴル族には，骨が刺さらないように魚を食べる際は喋ってはいけない，という面白いルールもある．同じく火を崇拝することで知られるイ族は，日々の食事を必ず火の傍(かたわら)でとるというしきたりがある．また，イ族の日常生活にはタブーが多く，例えば食後にスプーンを茶碗の縁に立てかけることを忌み嫌うが，これは死者への食事の供え方だからである．同じ理由から，チャン族なども空になった茶碗に箸を横に渡すことを固く禁じている．

このようにいずれの少数民族の食卓にも，独特なルールが存在する．もしも一つだけ共通するものがあるとすれば，それは目上の者を敬うということだろう．老人を上座に座らせ，老人が食べ始めるまでほかの者は箸をとらず，料理の希少な部位や美味な部位を老人に譲る．こうした作法はすべての少数民族と漢族の食卓に共通する暗黙のルールである．

その所作ゆえに無作法にみえる中国人だが，実際は中国という礼儀の邦にふさわしい人間関係のマナーを守り，実践しているのであり，それは日常食の作法にも表れているといえるだろう．

［西村真志葉］

日常食──外食やテイクアウトで簡単に

　中華料理というと，大皿料理が円卓にいくつも並んでいるイメージがある．ここでは，このイメージにあてはまらない普段の食事の様子をみていこう．

●**朝食はつくらない？**　中国の居住区では，毎朝公園や路上で朝市が開かれる．市場では野菜や肉などの食材だけでなく，朝食を販売する屋台も多く，パンや牛乳はもちろん，"茶蛋"〔チャアダン〕［茶葉で色をつけた煮卵］や

図1　抜麺［筆者撮影］

豆乳，"油条"〔ヨウティアオ〕［揚げパン］や"芝麻球"〔ヂーマーチウ〕［ゴマ団子］，ワンタン，"豆腐脳"〔ドウフゥナオ〕［おぼろ豆腐］，肉まんなど，その土地で愛されてきた品々が売られている．一般的に，中国人はこのような朝食を朝市で購入し，その場であるいは自宅や職場で食べる．あるいはより衛生的なレストランで朝食メニューを頼む．朝から自炊する家庭は都市部に行くほど少なくなり，つくったとしてもほとんどが粥やゆで麺，副菜に至っては漬物だけか，前日の残り物を温める程度にすぎない．

●**簡単に，しっかりと**　中国人の定番の昼食といえば，まず"盒飯"〔ホマフィン〕が思い浮かぶ．これはおかずを数品選んで一つの容器に詰め，別の容器に詰めたご飯とともに購入するテイクアウト料理をさす．どこか日本の弁当を彷彿とさせるが，都市部ではすでに主食と副菜が同じ容器に盛りつけられた「弁当」がことばとしても普及しつつあり，"盒飯"とはあくまで別物である．学校や職場の食堂では，自前の容器を手にした人々が列をなす．日本の丼〔どんぶり〕もの同様，この容器に主食と副菜を入れて食べるのが一般的である．また，ラーメンや餃子〔ぎょうざ〕のような一品料理も人気がある．近年，"成都小吃"〔チョンドゥシアオチー〕や"清真"〔チンヂェン〕の看板を掲げた一品料理の店が都市部を中心に増えており，ここで提供されるビーフンや"羊肉湯"〔ヤンロウタァン〕［羊肉のスペアリブ入りスープ］などは，全国的な定番メニューとなりつつある．また外資系のファストフード店も，割高ながら若者と家族連れを中心に人気を集めている．

●**日常食としての一品料理**　中国人にとって食事とは，穀物全般からなる主食と，それ以外からつくられる副菜があってこそのものである．日常食であっても主食だけあるいは副食だけ食べることは少なく，一品ですます場合でも，それはあくまで主食と副食を兼ねたものとして認識されている．例えば同じ餃子でも中国の

餃子は日本のものより皮が分厚く，たっぷりの具を包んで茹でてある．また，肉まんなども大ぶりで，肉や卵，野菜といった具が重たいほど詰まっている．このような一品料理を食べつけている中国人には，日本人が餃子などの一品料理をおかずにラーメンやチャーハンを食べると聞くと，とても驚く．主食に主食がセットになっているようで，感覚的に理解しづらいのである．

●**地方色豊かな主食たち**　中国人の日常食に欠かせない主食だが，地方によって違いがある．昔から淮河を境目に，その北では麦と黍が，南では米が栽培されていたため，現在でも北部と南部ではそれぞれ粉ものと米が好まれる傾向にある．特に北部で食される粉物は種類が豊富で，麺類だけみても，ラーメンや刀削麺，手延べ麺，ゆるめの生地を箸で棒状に削ぎながら茹でる"揆麺"（図1），ところてんの要領で麺生地を押し出す"河撈麺"など，例をあげればきりがない．また，たとえ同じ北の地域で食される粉ものであっても，地方色豊かである．蘭州の牛肉ラーメンや山東省の"煎餅"〔中華タコス〕，固く焼いたパン生地に肉を挟んだ西安の"肉挟饃"，座布団ほどの大きさにもなるウィグル族のナンなど，粉ものは今でも地域に根づき，その土地の人々に愛され続けている．「天下の粉物は山西にあり」と謳われる山西省では，黍の生地を蒸した"黄饃饃"や小麦粉生地を猫の耳状に成形して茹でた"猫耳朶"など，毎日趣向を凝らした粉ものが主食にされる．

一方，米を主食にする南部の人々は，同じ粉ものでも米粉でつくったものを好む傾向にある．特に米粉の麺は人気が高く，そもそも南部で「粉」とはライスヌードルを意味する．牛肉とビーフンを一緒に炒めた江西省の"南昌炒粉"や，ビーフンのスープ表面を鶏肉の油で覆った雲南省の"過橋米線"，米粉製の平麺である広州の"沙河粉"など，南部には北部とは異なる麺文化が定着している．もちろん麺類以外にも南部にも小麦粉や米粉からなるさまざまな粉ものが存在する．だが，上海の"小龍包"にしろ，寧波由来の"湯圓"という餡入り団子にしろ，それは主食というよりは点心である．

●**インスタント食品の普及**　中国でもインスタント食品は普及している．冷凍の餃子や"湯圓"，ワンタン，スパムなど，その種類は少なくない．すり潰した餅米と胡麻を煮つめた"黒芝麻糊"なども粉末状で個包装されて売られており，お湯を注ぐだけという手軽さから人気があり，定番の朝食になっている．

また，スーパーに行けば各種インスタントラーメンが棚に並び，日本と台湾の食品会社による製品が特に人気を集めている．実は日本と台湾のインスタントラーメンは，中国人のラーメンに対する認識を変えつつある．そもそもラーメンの本場は中国だが，多くの中国人は麺を啜るだけでその汁まで飲む習慣はない．だが日台の会社が販売するインスタントラーメンはスープまで楽しめる味つけになっており，塩分量の表示もある．ラーメンのスープを飲むという習慣は，健康への影響が問題視されつつも，確実に中国人の間に広がりつつある．〔西村真志葉〕

基本調味料——独自性，地方色，ユニークな組合せ

　素材の味を大切にする日本料理にとって，調味料は素材の引立て役にとどまることが多い．一方，中国人は素材を豊かで複雑な味わいへ変化させるところに料理の妙味があると考える．このような考え方の違いによるのだろうか，中国料理の調味料は日本料理よりも種類が多い．

●**開門七件事**　薪・米・油・塩・醬油・酢・茶は，中国人の生活必需品"開門七件事（カイメンチージェンシ）"とよばれる．このうち，油，塩，醬油，酢は日本でも馴染み深い調味料だが，多少の違いも存在する．例えば，日本で酢といえば透明色の穀物酢や褐色の米酢を思い浮かべる．こうした酢を中国では"白酢（バイツゥ）"とよぶが，これは中国人に"米酢（ミィツゥ）"の名で親しまれる酢が黒色を呈した米黒酢だからである．糯米（もちごめ）を主原料とする"香酢（シアンツゥ）"や，高粱（コーリャン）や籾殻（もみがら），糠（ぬか）を原料とする"陳酢（チンツゥ）"は，さらに色が黒い．つまり中国で酢といえば黒酢なのだが，黒酢という中国語はない．むしろ酢は黒くて当然なのであり，この既成概念にあてはまらない酢を"白酢"とよぶのである．これは日本人が酢は透明なものと考え，この常識にあてはまらない酢を黒酢とよぶのと同じだろう．酢以外では，中国の醬油も色が濃い．濃口醬油に相当する"老抽（ラオチョウ）"に至っては，たまり醬油以上の黒さである．

　中国の油には，大豆油や菜種油，ひまわり油，胡麻油，オリーブオイル，落花生油（らっかせい），サフラン油，胡桃油（くるみ），亜麻仁油（あまに），綿実油（めんじつ）などさまざまな種類がある．一般的に炒め物には菜種油，冷菜にはゴマ油，伝統菓子にはラードなどと料理によって使い分けられるが，同じ炒め物でも，東北では大豆油が，山東省では落花生油が好んで使われるなど地方差も大きい．

●**中国料理の独特な風味**　同じ食材を使っても，中国料理には日本料理にはない風味が加わる．この風味は中国山椒（さんしょう）やニンニク，生姜，長ネギ，唐辛子などで香りづけされた香味油から生じることが多い．煮込み料理では，八角（はっかく）や陳皮，ナツメグ，クローブなどの香辛料がそれぞれの風味を主張する．市場では各種香辛料が量り売りされ，スーパーでも煮込み料理1回分の香辛料の詰合せが売られている．また，粉末状の八角や陳皮，シナモン，クローブ，ウイキョウなどを調合した総合スパイス，"五香粉（ウシアンフェン）"が普及している．五香粉の「五」は「色んな」という意味合いにすぎず，中に入っている香辛料は5種類だけとは限らない．"十三香（シーサンシアン）"という総合スパイスもあるが，こちらもビャクシやモッコウなど20種類以上の香辛料が入っている．香辛料は目的別に個々に使われることも多く，例えばニクズクやクミン，陳皮などは臭い消しの定番である．また，モッコウはスープの深みを増し，シナモンは甘味に膨らみをもたせる．その一方で，素材自体の風味を弱め，調味

料の味を染み込ませる八角や，調味料同士の調和を取るシナモンなどは，あまり単独では使われない．

●**調味料のおかしな使い方**　中国では，日本でお馴染みの食材と調味料が不思議な組合せをする場合がある．例えば，日本で一般的にトマトにかける調味料といえば塩だが，中国では好んで砂糖がかけられる．また，里芋は皮のまま茹で，皮をむきながら砂糖にまぶして食べる．レンコンもオレンジジュースや氷砂糖で甘く煮ることが多い．道端では飴がけにされた山芋が売られ，おぼろ豆腐の屋台では醤油やラー油以外にも，黒蜜や生姜汁入りのシロップをかけることもできる．中秋節に贈る月餅(げっぺい)には甘い餡(あん)の中に塩味の卵の黄身が入ったものもあり，冬場には温めて炭酸の抜けた生姜入りコーラが飲まれることもある．

図1　軒先で乾燥させた唐辛子
［筆者撮影］

ちなみに，こうした食材と調味料の不思議な組合せを上手くとらえた日本企業に，キユーピーがある．キユーピーは一般的なマヨネーズのほかに中国で甘いマヨネーズも販売しており，近年ではこれを果物にかける食べ方が普及している．

●**調味料か食材か**　中国料理には，一見食材に近い調味料も存在する．例えば豆腐を塩水中で発酵させた"腐乳(フッロウ)"は中国を代表する発酵食品だが，中国ではそのまま食べるだけでなく，空芯菜(くうしんさい)と一緒に炒めたり，スペアリブと煮込んだりもする．煮大豆を発酵させた"豆豉(ドウチー)"と呼ばれる浜納豆も，同様に肉や野菜と炒められ，煮込まれる．スープ出汁の原料として有名な金華ハムや干し海老も，炒め物などではあくまで風味づけの調味料として扱われる．砕いた糯米を食材にまぶして蒸し上げる"粉蒸(フェンヂョン)"料理では，糯米は調味料として独特な食感と甘味を素材に加える．さらに赤唐辛子や青唐辛子などに至っては，中国人自身，食材か調味料か即答に悩むだろう．

●**地方色を決定づける調味料**　さて，広い中国には異なる味つけの地方料理が存在するが，これは各地で好まれる調味料が異なるということでもある．例えば四川料理の最大のもち味は舌を刺すような刺激であり，この性格を決定づける調味料は唐辛子に加えて中国山椒と陣皮である．唐辛子を基本調味料とするのは貴州や湖南，湖北などの人々である．東北や山東省ではニンニクと長ネギが好まれ，生のニンニクをかじりながら餃子(ぎょうざ)を食べる光景もよく見かけられる．砂糖の甘味を好むのは上海や江蘇省の人々であり，酸味が特徴の山西料理には酢が欠かせない．全般的に味つけが濃い中国で最も薄味といわれる広東料理だが，同じ広東省でも潮州の農村地域では料理に大量のラードを使う．日本人の舌にはやや脂っこく感じる中国料理の中でも，かなり脂っこいといえるかもしれない．

［西村真志葉］

近世伝来の食材
――中国が人口超大国になり得た理由

　広大な土地と長い歴史を誇る中国は食材も豊かだ．そのうちどれが外来種かを区別することは，中国の交易史，そして歴史上中国の国境がどのように変容したかを理解することに等しい．例えば，胡麻（ごま）は中国西南部の雲貴（うんき）高原が原産地とされる一方で，前漢時代の外交官張騫（ちょうけん）が西域諸国から持ち帰ったとされる．これは胡麻伝来当時の「中国」が，雲貴高原を含まなかったためである．ここでは中国が現在の国境をほぼ確定した明朝時代以降，伝来したとされる食材をみていこう．

●**胡から番へ，番から洋へ**　中国の食材はその名称から外来種かどうかを判断できることが多い．"波斯"（ボスー）［ペルシャ］から伝来した"波菜"（ボツァイ）［ホウレンソウ］や"埃及"（アイジィ）［エジプト］から導入した"埃及帝王菜"（アイジィディーワンツァイ）［モロヘイヤ］などがそうだが，なかには伝来した時代までもその名に刻む食材もある．

　例えば，先にあげた胡麻の「胡」という文字には，少数民族や国外から伝来したものという意味がある．この文字から始まる食材には，胡麻以外にも"胡蘿蔔"（ホウルオボ）［ニンジン］や"胡豆"（ホウドウ）［ソラマメ］，"胡瓜"（ホウグワ）［キュウリ］，"胡蒜"（ホウスワン）［ニンニクの旧称］，"胡芹"（ホウチン）［クレソン］，"胡椒"（ホウジアオ）［コショウ］などがあるが，いずれも漢から魏晋南北朝時代にかけて，西域から伝わったという説が有力である．

　一方，明朝時代を中心に国外から伝来した食材には，しばしば「番」や「蕃」の文字がつけられる．"番麦"（ファンマイ）［トウモロコシの旧称］や"番瓜"（ファングワ）［カボチャの旧称］，"番荔枝"（ファンリィヂー）［バンレイシ］，"番石榴"（ファンシーリウ）［グアバ］などがそうだが，これは番や蕃という文字が，胡と同様，国外から伝来したものを意味するためである．唐辛子も，明朝時代の『草花譜』（そうかふ）や『遵生八箋』（じゅんせいはっせん）では"番椒"（ファンジアオ）とよばれ，もともとは観賞用の舶来品であったことが記されている．

　また，「洋」の文字がつく食材は，清王朝時代以降に伝来した食材が多い．"洋白菜"（ヤンバイツァイ）［キャベツ］，"洋花菜"（ヤンホアツァイ）［カリフラワー］，"洋葱"（ヤンツォン）［玉ネギ］，"洋莓"（ヤンメイ）［イチゴ］，"洋茹"（ヤングー）［マッシュルーム］などがその代表といえるだろう．

●**閉ざされた港を超えて**　明朝時代の中国では海禁政策，つまり事実上の鎖国政策がとられていたが，外来種が中国に伝来する道は閉ざされていなかった．明朝時代の宦官鄭和などは，大航海時代に先立って七度の航海に挑み，はるかアフリカにまでたどり着いている．この鄭和が東南アジアから持ち帰ったとして有名なのが，苦瓜（にがうり）である．一説によると，今や中華料理を代表する食材である燕の巣やフカヒレまでも，鄭和の航海によって中国へもたらされたという．

　また，1580 年にはイエズス会の宣教師がマカオに到着し，1601 年に明皇帝に謁見（えっけん）しているが，彼らは西洋の科学技術だけでなく，"蕃茄"（ファンチエ）［トマト］も中国へ

伝えたとされる．さらに中国南部の沿岸地域では，事実上ポルトガルやオランダなどの植民地状態になった地域もあった．そのうち1642年から20年間オランダの統治下にあった台湾では，"荷蘭薯"［オランダイモ］という名でジャガイモが栽培され，これが後に中国大陸部へ伝わったという．ただし，広東省潮汕の方言でジャガイモは"干筒"ともよばれ，これがマレー語のKengtangに由来するという説もあることから，その伝来経路は複数あったと考える方が自然だろう．

図1　ジャガイモの植え付け［筆者撮影］

●**人口超大国の土台**　鎖国政策をとる明朝政府によって貿易は朝貢貿易に限られていたが，実際は民間貿易も，かなり活発だった．四川省や甘粛省などの内陸部では，隆慶5（1571）年に西北遊牧民族との民間貿易が解

図2　保存食用に乾燥させるトウモロコシ［筆者撮影］

禁になる以前から，物々交換を行う市が頻繁に催されていた．また東南アジア海域では多数の中国人が海商として活躍していた．そのうち，福州の海商陳振龍はフィリピンからサツマイモを持ち帰り，一族で普及に努めたことで知られる．これにより多くの中国人が飢饉から命を救われたことから，清朝時代，福州に陳振龍の祠が立てられ，陳一族の物語は『金薯伝習録』としてまとめられた．

　これはサツマイモに限った話ではない．民間貿易を通じて伝来したトウモロコシやカボチャ，ジャガイモは，生産性が高く，主食穀物の代用品として食べられる（図1，2）．これらは度重なる戦乱や天災に喘ぐ明朝時代の人々にとって，文字どおり命の糧となった．もしもこうした食材が伝来していなければ，明朝時代初期には7,000万人未満だった中国人口が，清朝時代に4億人を超え，その後わずか200年足らずで13億人にまで膨れ上がることも，難しかっただろう．近世伝来の食材は，人口超大国中国を支える土台をつくったのである．　　　　［西村真志葉］

📖 **参考文献**
[1] 全 太錦『明蒙隆慶和議前後辺疆社会的変遷—大同和豊州灘之間的交流為中心』北京師範大学修士学位論文，2003
[2] 冷 東　明清潮州海商與区域社会『東北師大学報』1, 13-20, 東北師範大学，2003

肉と魚——食文化を担う豚・羊・鯉・太刀魚

　食肉消費量からいえば，中国は世界一よく肉を食べる国である．一方，1人あたりの魚介類消費量は多くないが，それでも中国は世界最大の水産物生産国であり，世界水産総生産の3分の1を担う．世界の工場中国は，同時に世界の食料庫なのだ．

●**肉の王様——豚肉**　現在，世界の約半数の食用豚が中国で飼養されている．中国の養豚の歴史は古く，新

図1　山で飼育されるヤギ［筆者撮影］

石器時代の遺跡から埋葬品らしき豚の化石が出土している（徐旺生「中国新石器時代北方的養豚業」『養豚科学』5，2010）．また家という漢字を見れば，不動産である家屋の屋根と動産である豚が象られている．まさに「豚は家の中の宝，その糞は畑の宝」という諺どおり，豚は旧中国人社会において貴重な家畜であり，富の象徴でもあった．世界一よく肉を食べる中国で最も多く食べられているのも，豚肉である．その消費量は1980年の統計時で全肉類消費量の9割に迫り，現在でも6割強を誇っている．近年では輸入が増えたことで牛肉の価格が豚肉並みに抑えられ，牛肉消費量が増えている．だが中国料理にはもともと豚肉を使ったものが多い．街中のレストランに行けば，"紅焼肉"や"東坡肘子""魚香肉絲""梅菜扣肉"など豊富な豚肉メニューが並び，家庭でも餃子や野菜炒めなどにして日常的に食される．しかも内臓や皮，耳，骨などあらゆる部位が食材となる豚は，13億人の胃袋を支えているといっても過言ではない．

●**穢れとの戦い**　一方，中国でもイスラム教を信仰する少数民族は豚肉を口にしない．豚を不浄とみなすイスラム教徒は豚肉を食べないだけでなく，豚肉料理に使われた調理器具にすら触れようとせず，豚由来の日用品や装飾品を避ける．また，一部の回族は，干支が豚を意味する亥ならば，"亥"に通じる"黒"の字を用いて，自らを"黒年"生まれとする．回族以外にも，イスラム教を信仰する10の少数民族が豚肉を禁じており，豚肉を巡る食習慣の違いは漢族との火種にもなっている．そんなイスラム教徒向けのレストランには"清真"という看板が掲げられ，豚肉料理を出さない店だとひと目でわかるようになっている．現在では少数民族学生への配慮から，全国の大学内にも"清真"の学生食堂が完備されている．"清真"料理のメインは羊肉（ヤギ肉を含む）である．なかでも"手抓羊

肉"［羊肉のスペアリブの水煮］（手掴みで食べる）が最も有名な清真料理だろう．

●**愛され続ける羊肉**　イスラム系少数民族をはじめ，多くの少数民族に愛されているのも羊肉である．例えば，モンゴル族にとって羊は生活の糧であり，特に"全羊席"（チュエンヤンシィ）は最も高貴なモンゴル料理とみなされ，盛大な祝い事や宴会には欠かせない．もちろん漢族にも羊肉は好まれ，モンゴル族の統治時代に広まった"涮羊肉"（シュワンヤンロウ）［羊のしゃぶしゃぶ］はかなり定着している．そもそも「羊」という文字が使われた漢字には，美や善のように良い意味のものが多く，羊料理は古くから漢族の祭事や宮廷料理にも用いられてきた．その代表的なものが"羊羹"（ヤンゲン）である．羹は肉汁を意味し，"羊羹"とはすなわち羊のスープをさす．この"羊羹"から発展してできた西安の羊肉料理が"羊肉泡饃"（ヤンロウパオモォ）である．これは羊肉入りスープに，小麦粉のパンをふやかして食べるもので，国の無形文化遺産にも指定されている．

●**四大養殖魚と鯉**　次に魚に目を向けてみよう．中国で生産される水産品の大半は養殖魚で，コイ科の淡水魚が圧倒的に多い．特にハクレン，コクレン，ソウギョ，アオウオは四大養殖魚とよばれる．実は数字だけ見ると，鯉の生産高はコクレンを超える．だが唐王朝時代に約300年間，民間人による鯉の養殖や販売，食用が禁じられたため，四大養殖魚になりそこねてしまった．これは天下をとった李氏が，李と同じ読みをする鯉を皇族のシンボルとみなし，禁令を敷いたからだとされる．現在でも鯉は四大養殖魚と同様によく食べられる魚でありながら，特殊な文化的地位を築いている．かつて孔子の息子が生まれた時，魯の昭公が鯉を下賜し，孔子が息子を鯉と名づけたように，それは非常にめでたい象徴物でもあるのだ．春節時には，どこの農村でも鯉を抱いた子どもの絵を飾る．これは"魚"（ユィ）の読み方が"余"（ユィ）という字に通じることから，魚があり余る福を象徴するためである．だがこのとき描かれる魚は鯉であり，四大養殖魚ではないのである．

●**南の川魚と北の海魚**　このように文化的象徴物ともいえる魚だが，日常的に食されるのは，沿岸部と長江地域以南の地域で，例えばソウギョを甘酢で煮た"西湖醋魚"（シィホウツゥユィ），鯉やライギョの切り身を香辛料入りの水と油で茹でた"水煮魚片"（シュイヂュウユィピェン），ハクレンの頭を香辛料で蒸した"剁椒魚頭"（ドゥオジアオユィトウ）など，有名な魚料理は南方や西部の郷土料理が多い．また南には生魚を食べる漁村もある．一方，北の沿岸部は，海魚を好む傾向にある．餃子店に行けばサワラの餃子が人気を集め，屋台ではイカ焼きが売られ，市場にはイシモチやカレイなどの鮮魚が並ぶ．だが，一歩内陸部へ足を踏み入れると，新鮮な魚が入手困難となる．そこで重宝されるのが冷凍太刀魚（チィタオユィ）の切り身である．現在，冷凍太刀魚は内陸部の農村でも手軽に購入でき，春節に魚を食べて縁起を担ぎたいと願う北方人の強い味方となっている．

［西村真志葉］

📖 **参考文献**

[1]　陳 瓊，王 済民「我国肉類消費現状與未来発展趨勢 上」『中国食物與栄養』6, 2013.

医食同源——中国が生んだ養生思想

図1 神農

「医食同源」は近年日本で使われるようになった用語だが、中国の「薬食同源」からきたものであるという説が多い。中国の古代伝説では、医薬の道を拓いた聖王神農は、五穀を栽培した農業の神様でもある（図1）。医薬と五穀が相通ずるという古代中国人の考え方がもとにある。中国の伝統医学「中医学」の薬は日本では「漢方」とよばれるが、主に動植物や鉱物を用いるため、その多くは薬であると同時に、食物でもある。食物と薬の間に区別がない、というのが「薬食同源」の思想である。周王朝の礼儀制度などを述べた『周礼』は、王の日常飲食を管理する役職を「食医」とよぶ。「食」と「医」の語を連ねるところに「薬食同源」の考え方が表れている。ちなみに、同書には「五穀をもって病を養う」食事療法が記されている。

●「薬食同源」の展開　秦漢時代に成立した中国最古の医書『黄帝内経』は「薬食同源」の考え方をさらに展開する。肝臓は青色であるため、甘味がよい。粳米、牛肉、棗、葵は甘味に属す。心臓は赤色であるため、酸味がよい。小豆、犬肉、李、韮は酸味に属す。肺臓は白色であるため苦味がよい。麦、羊肉、杏、薤（ラッキョウ）は苦味に属す。脾臓は黄色で鹹味がよい。大豆、豚肉、粟、藿が鹹味に属す。腎臓は黒いので辛味がよい。黄黍、鶏肉、桃、葱は辛味に属す、という。ここでは人体の五臓（肝・心・肺・脾・腎）に、それぞれ五味（甘・酸・苦・咸・辛）、五穀（粳米、小豆、麦、大豆、黄黍）、五果（棗、李、杏、粟、桃）、五畜（牛、犬、羊、豚、鶏）、五菜（葵、韮、薤、藿、葱）をあててその効用を述べる。さらに、五穀で五臓を養い、五果で五臓の働きを助け、五畜で五臓の機能を補い、五菜で五臓を充実させるとも述べる。五穀や五菜などは時代や地域によって変わることがあるが、「薬食同源」の考え方はここで確立される。ちなみに、「五」の数はこの時代に盛んだった陰陽五行説に関わる。

●食療　『黄帝内経』と同時期に成立した『山海経』は草・木・魚・鳥・獣など動植物の薬効を詳しく記す。心痛が治る草茘、精神を爽快にする文茎など。中国本草学の起源たる『神農本草経』（漢時代成立）にも薬食兼用の素材が多く登場し、大棗、生姜、牡蠣、赤小豆、杏核（杏の実）、龍眼などがあげられる。『金匱要略』（後漢・張仲景）に多くの方剤が記載され、例えば、現在でも使われる処方に「甘麦大棗湯」がある。甘草、小麦、棗の煎じ汁は情緒不安定を緩和する効用

があるとされ，小麦や棗は日常食材である．

　また「当帰生姜羊肉湯」もある．羊肉，生姜，当帰を煮込むこの料理は婦人科系の病気に利くとされる．羊肉も生姜も日常食材である．唐代になると，薬王・孫思邈が登場する．「医者はすべからく，病の根源や性質をよく知り，そのうえで，まず食を以て治療し，それでもよくならないときに初めて薬を使うべし」と述べ，『備急千金要方』に「食治」，『千金翼方』に「養老食療」を設けた．孫思邈によって食事を治療の手段とする「食療」（食餌療法）が専門学となった．弟子の孟詵が著した『食療本草』は食物や養生の知識を紹介し，中国最初の食療専門書である．宋王朝の勅撰医薬書『太平聖恵方』（北宋・王懐隠編集）にも「食治門」があり，薬食併用の処方が多く記載されている．

●薬膳　「薬膳」はもともと伝統医学上の食療とはやや異なるが，近年中国でも日本でも流行の風潮にある．元王朝の宮廷医・忽思慧が著した『飲膳正要』は薬膳の原典とされ，江戸の本草学に多大な影響を与えた．『本草綱目』（明・李時珍），『随園食単』（清・袁枚）など明，清時代の書物にも豊富な「薬膳処方」が記されている．薬膳は副作用が少なく日常的に摂りやすいため，多くの人に好まれた．中医薬には薬膳に使われる薬材が500種以上もあるといわれ，よく見られるのは甘草，胡桃，棗，蓮子（ハスノミ），枸杞，薏苡仁（ハトムギ）などである．それぞれ臓腑への作用も異なるし，適合する季節や体質も異なる．2種か3種を組み合わせて使うことが多い．また，相反する組合せを避けるべしとある．

　中国では日常に意識することがないほど，薬膳の考え方が人々の生活に溶け込んでいる．例えば，家庭でごく普通に食べる朝の粥に，棗，薏苡仁，胡桃などを入れたりする．粥は『黄帝内経』をはじめ，『傷寒雑病論』『太平聖恵方』などでも薬として使われている．道元が南宋から日本に帰るとき，曹洞の禅とともに「粥」作法も持ち帰り，今でも永平寺（福井県）の朝食では「粥有十利」と唱えながら粥が食べられている．「茶」もその始まりは薬用で，『太平聖恵方』では「薬茶諸方」がある．中国人はさりげなく菊花や枸杞を茶に入れて飲む．「酒」も同様．「此れを春酒と為し，以て眉寿を介く」と『詩経・七月』は詠う．6世紀に成立した『斉民要術』（北魏・賈思勰）に「浸薬酒法」があり，「五茄木皮酒」「胡椒酒」がみられる．各家で枸杞や人参などを漬け込んだ薬酒をつくるのもならわしである．

　食生沽が豊かになった現代，中国や日本の高級飯店に「薬膳料理」がしばしば登場する．それらのメニューのなかに「冬虫夏草」がある．冬に蛾の幼虫に寄生し，幼虫を養分にして夏に地面から生えるというキノコの一種で，不老不死の妙薬として珍重された．野生の東北人参も貴重である．ちなみに，日本の食卓にも「薬食同源」がある．大葉は紫蘇の葉で風邪にも効く．山芋は六味地黄丸の主成分である．ともあれ，高価な料理や日常食卓の違いはあっても，古代中国に生まれた「薬食同源」の養生思想に変わりはない．

[彭　丹]

各地の特色料理——広い国土に多様な料理

広大な中国の国土には地域による諸条件の違いがあり，気温の差も大きく，季節感の有無も異なっている．沿海部と内陸，低湿地，高原・山岳地帯，砂漠などすべてが含まれ，さらに古くから開けていた文化都市もあれば，辺境の地・未開だった地もある．異民族の侵入や交流が多かった地もある．こうした自然や歴史の差が，その風土から生まれる食生活に大きく影響するのは当然で，「食」は背景となるその地と結びつけて語られるべきである．

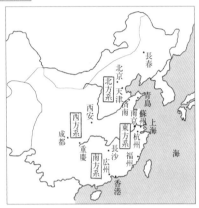

図1 中国略図

●**古くからあった南北の対比** 例えば，「南船北馬(なんせんほくば)」「北麺南飯(ほくめんなんはん)」など，古来中国では北方と南方を比較対照する言葉がよくある．北方は乾燥地帯で交通手段は馬が主，麺とは小麦粉を主とする穀類の粉食をさす．対して，南方は水に恵まれて水運が発達し，米が採れて米食が多い，といった比較だ．

ただこの北方とは黄河の流域，南方とは長江流域，江蘇以南のいわゆる江南地域をさす．華東を中心とした現在の言い方とは異なる．南北対比は多くの分野でみられ，清代末までの北京あたりの北方人が「魚米之郷」とも称される風光明媚な江南地方をしのんだ事実は，食の面からでもうかがえる．

●**地方風味，菜系(さいけい)** 「地方風味」とはその地域の特色をもつ料理のこと．「菜系」とはその地方の歴史文化・産物や調理の特徴を総合してみる伝統的な料理の系列である．"粤菜(ユエツァイ)"といえば粤は広東の古称・別称だから広東料理，"川菜(チュアンツァイ)"は四川料理で分け方やまとめ方により八大菜とか十六大菜などと，中国料理の中で代表となる菜系がかつてはよくあげられていた．地名がつくので理解しやすく，伝統を重んじる心情にも合うのだが，難をいえば個々の地域が局所的で，広い地方色を把握しにくい．昔から栄えた地には何系統も集中し，一方では無視される地域もある（例えば江南地方には多く，西や北の先端は閑散とする）といった偏った結果になる．

●**東西南北に分けた四大地方** 細かな伝統菜系にこだわってきた中国料理界も，近年では外国人にとっても理解しやすい国土を全体的に大別する東西南北の区分法が増えてきた．

ただ，日本人はふつう，よく知っている都市で区別するので，北は北京料理，東は上海料理と決めつける人も多い．わかりやすくはあるのだが，北京は首都，上海は国際都市として特殊な性格や周辺と異なる特色もある．伝統的な菜系の見方では，北方の代表は"魯菜"（ルウツァイ）（山東料理），東方は"淮揚菜"（ホワイヤンツァイ）（揚州とその周辺地域の料理）であった．理解しやすいのは四大地方に大別して気候や産物等の共通点をとらえ，その上で地方風味の特色を個々にみていくことだろう．

●北方系　東北三省（遼寧省（リョウネイ），吉林省（キツリン），黒龍江省（コクリュウコウ）），天津市，北京市，山東省，河北省，山西省などを含む華北地方だ．冬季寒冷，乾燥したこの地帯の食の特色は「油重味濃」．味噌や醤油の鹹味（カン）がまさり"甜"［甘］味は少ない．甘い料理や点心もあり，特に塩辛いというのではないが，総体的に普通の調味に砂糖をあまり加えず，鹹味調味料が主となる習慣だ．葱（ねぎ）・ニンニク・生姜・ニラといった香味野菜の多用も特徴的で，耐寒の働きもある．

穀類の生産では米は不向き，小麦・大豆・緑豆・高粱（コーリャン）などは中国有数の産地で，小麦粉を代表とする粉食や豆類・雑穀類の加工品が多い．これらの飼料で育つ良質の豚・羊・禽類の料理も多い．沿海部の遼寧省・山東省は海産物もあるが，内陸部は淡水の魚介が中心．黄河の鯉，黒龍江のチョウザメは珍重されていた．

北京に限定すると多面的な特色がある．初めて国都になった元代はモンゴル族，清代は満洲族の王朝だったから，粗削りな北方異民族・遊牧民族からの影響がある．一方，優雅な宮廷料理の精緻な調理，淡泊な味もあるが，清朝の乾隆帝の「南巡」（江南の視察巡幸）が何回も行われたのは，江南の料理に魅せられたからといわれ，宮廷風味に導入された．地方から人が集まり，高官の任地移動の多い都は，地方から入った料理も多く，北京には四川や広東などよその地方料理もある．

北京にある高級料理店に山東料理が多く，北方系の長は"魯菜"（シャオチー）といわれてきたのは，華北の中で早くから文化が開け，産物に恵まれ，山東出身の料理人が北京の業界を占めていたからで，強火を使って炒める"爆炒"（バオチャオ）の技法ももとは山東料理由来で今は北京料理とされている．最も北京らしい食は街角で食べられるような"小吃"（シャオチー）［軽食］の分野で，各種の"餅"（ビン）・"包子"（パオヅ）・饅頭（まんじゅう）・餃子（ぎょうず）（特に水餃子）であり，素朴で野趣のある羊や内臓料理であろう．

●東方系　現在は上海料理が代表とされていることが多いが，歴史的には新しい．本来，華東地方，つまり長江下流域の江南地方の料理をさす．江蘇・浙江両省，それに安徽省．古来「江浙みのれば天下足る」「上に天堂有り，下に蘇杭有り」と，その豊かさと美しさが讃えられてきた．古く呉越（ごえつ）の史話でも知られる蘇州・杭州・紹興，また揚州・南京・鎮江（ちんこう）・無錫（むしゃく）などの都市が集中する．代表する菜系が"淮揚菜"とされてきたのは，江南の米などの産物を北方に運ぶ水路の中継点であり，特に清代に大富豪の塩商人が集中した揚州の繁栄によるものであろう．これらの都市にはそれぞれの名菜が残る．

海に近く，大河長江や北へと伸びる淮河もあり，湖沼・運河も多い．中国大陸の中心はとりわけ気候が温和で四季分明，「魚米之郷」と称され，水陸の産物に恵まれている．タケノコ・ジュンサイ・緑茶・蟹(かに)・蝦(えび)と並べていくと，日本料理の素材かともみえる季節の名産品がある．醸造も盛んで紹興の酒，鎮江の酢，諸所にある醤油(しょうゆ)．肉類加工品も"火腿(ホォトイ)"[中国ハム]は金華，"硝肉(シアオロォンパオ)"[塩漬け豚肉]は鎮江，"板鴨(バンヤァ)"[丸ごと平たくしたアヒル]は南京，と一級品である．

全体として素材の持ち味を生かし，刺激の少ない淡泊な調理と米飯に合う醤油味の濃く甘辛い煮物("紅焼(ホォンシャオ)")とが共存する．"滬菜(ホウツァイ)"[上海料理]は，北京の場合と同様，街頭の"小籠包(シアオロォンパオ)"や，青菜飯と甘辛味の肉のセットのような，庶民的な軽食に本来の特色がある．

●**西方系** 西方に奥深く続く国土なので，どの辺をさすかといえば，古来四川省の料理が代表とされてきた．長江下流の東方系に対し長江を遡った上流，山に囲まれた大盆地で，周囲を高い山に囲まれ，他郷から入るのは困難だが，それだけに戦禍を受けることも少なかった．北風が山に遮られ冬は比較的暖かいが，夏は高温・湿潤，蒸し暑さが厳しい．それだけに農産物や漢方生薬になる特産物が多い．海産物こそ乾燥食品に頼るとしても，穀物・野菜・淡水産の魚介・肉類も豊かで「天府之国」という．麻(マァ)・辣(ラァ)，つまり山椒のしびれるような刺激と，唐辛子の辛さは四川の味の象徴でもある．"辣椒(ラァシャオ)"(現地では"海椒(ハイシャオ)")とよぶ唐辛子が大航海以降普及するまでは，蜀椒や川椒ともいう名産の山椒が古来好まれた．ただそれだけでなく香辛料や香味野菜を駆使して複雑に組み合わせた調味こそが，四川料理の特色といえる．唐辛子も種類が多いうえに生のもの・干したもの・漬けたもの，または加工品のラー油(辣油(らーゆ))，辛味みそ(豆瓣醤(とうばんじゃん))などを料理によって使い分け，さらに葱や生姜・ニンニク・胡麻などの薬味と組み合わせる．まったく辛みのない淡泊な料理も存在し，「百菜百味」とよばれるゆえんである．

雲南省は，米・茶といった重要食品の原産地とみられ，多種の少数民族が住むことでも知られる．四川同様，麻辣味の料理もあるが，おだやかで滋味豊かな味つけが多い．天然のきのこ類が豊富であり，浙江省金華と並び称される宣威の"火腿(ホォトイ)"[ハム]も非常に良質である．

●**南方系** 中国の中でも特に「食在広州」と並々でない食の意欲で知られる"粤菜"(広東料理)が代表．華南一帯は気温が高く雨量も多く，米は二毛作，沿海地帯でもあって海産物が豊か，トロピカルフルーツも豊富．東南アジア諸地方とも海路の往復が古くからあり，燕の巣や魚翅(ふかひれ)などの高級乾物，香料でもある漢方の生薬類などの流通にも重要な場所であった．鎖国政策がとられた清時代に，広州は唯一の開かれた貿易港で，西欧からの調理技術や物資も流入していた．ウスターソースやマヨネーズ，オーブン調理，製菓技術(パイやプディングなど)もなじみ深い存在だ．広東料理のレパートリーの多彩さは海鮮・野菜・南国的な素材

表1　各地方の名称と分類・代表料理

四大地方	伝統的名称	場　所	特色・代表料理の例
北	東北の料理	東北三省	満州・満族の住む地方だった．餑餑（満語で粉食点心の総称），薬用人参など生薬
	京　菜	北　京	北京烤鴨，涮羊肉，辣白菜（宮廷風味）
	魯　菜	山東省	華北地方の代表．葱焼海参，烏魚蛋湯
	晋　菜	山西省	小麦粉・そば粉などの粉食，点心，麺
東	滬　菜	上　海	小龍包，生煎饅頭，上海ガニ
	淮揚菜	揚州と周辺地	煮干絲，獅子頭
			南京・無錫・鎮江など各地に個々の名菜がある
	杭　菜	杭　州	龍井蝦仁，西湖醋魚，東坡肉
	徽　菜	安徽省	江蘇・浙江に接し，やや内陸で古風な濃味，紅焼甲魚
西	川　菜	四川省	麻辣味が目立つが，調味・香辛料・薬味の配合で多くの「味型」がある 回鍋肉，麻婆豆腐，開水白菜
	滇　菜	雲南省	豊富な生薬やキノコ類．少数民族が多いので各特色がある．雲南汽鍋，過橋米線
	(湘菜)	湖南省	西・南・東方に囲まれた地域で西方には入れないこともある．湿気が多いので保存肉の加工品　蜜汁火腿，臘味合蒸
南	粤　菜	広東省	豊かな食材，多彩な料理で突出した存在．水産物・西欧からの影響も多い．焼乳猪，蒸冬瓜盅，叉焼肉，飲茶点心
	(潮菜)	潮州地方	広東の福建寄りの沿海地方　海鮮料理
	(東江菜)	東江・梅江地方	広東の一部．晋代末から南下移住してきた北方人．客家の多い地域　北方風の味．保存食に特色．塩焗鶏，梅菜扣肉
	閩　菜	福建省	仏跳墻，魚丸湯
	(台菜)	台　湾	カラスミ，肉粽，鹹蜆仔

に事欠かないだけでなく，食を通して長寿をはかる意欲が特に強く，いわゆるゲテモノ（蛇や猫など），野味（"果子狸"＝ハクビシンなど野生動物）の料理もある．

　この広東や福建の華南一帯は，海外に進出した華僑の多くの出身地だったので，外国になじんだ料理も目につく．また，飲茶発生の地であり，点心も多彩である．"閩菜"［福建料理］は広東と自然の条件では近いが，やや保守的で昔風の純朴味がある．"紅糟"［紅麹］や魚醤の味，木槌で豚肉を米粉と叩き混ぜてのばす肉燕皮やビーフンも特産品である．新鮮な魚や貝の料理も名高い．烏龍茶の名産地，安渓や武夷山もあり，すべての面で海を隔てた台湾への影響は大きい．

　"台菜"［台湾料理］は福建人を祖とする本省人の食，外省人がもたらした中国各地の料理，日本統括時代の名残などがあり，日本とも共通する島国らしい小魚など親しみやすい食材がある．気取らない小皿料理に特色がある．

　香港はもともと広東の一部だったが，中国への返還までの間，自由貿易港として華々しく発展．基底は広東料理だが，先端を切って世界中に洗練された料理を発信した．日本の中国料理界もその影響を大きく受けている．　　　　［木村春子］

満漢全席——清朝，中華民国時代，現代

満漢全席といえば，一般に中国料理の粋(すい)を尽くした最高級の宴席という印象をもたれているが，その歴史を簡単に述べたい．

●満漢全席の起源　満漢全席の起源は清朝にある．清は満洲族による征服王朝であり，宮廷や官府（役所）には満洲族と漢族がおり，満州族向けの料理を「満席」，漢族向けの料理を「漢席」といった．清朝宮廷の厨房の決まりごとを記した『光禄寺則例(ろくじそくれい)』に，「満席」「漢席」それぞれに属する料理の名称と材料が記してある．

やがて満洲族と漢族の交流が深まるにつれ，両者の食文化も混交する．満・漢二つの「席」を合わせた「満漢席」という言葉が文献に現れるのは18世紀，乾隆帝の時代になってからで，当時の二つの書物，李斗の『揚州画舫録(ようしゅうがぼうろく)』(1764)と袁枚(えんばい)の『随園食単(ずいえんしょくたん)』(1786年以降)に登場する．『揚州画舫録』には，乾隆帝が揚州に行幸(みゆき)した際，地元の有力者が献上した宴席の献立が載っている．これは皇帝ではなく，随行した人々のために整えた宴席の献立で，満・漢両方の料理を含む百数十品の品目からなり，"所謂満漢席也"(スゥオウェイマンハンシィイエ)［いわゆる満漢席である］という一文で締めくくっている．『随園食単』は，文人として知られる著者が料理法を書き集めたもので，そのうちの"戒落套"(ジェレオタオ)［型に嵌まることを忌む］という一節に，官僚が食べた宴会料理の名称として，「満漢席」の称があることが記されている．いずれの書物を見ても，文脈からして，「満漢席」という言葉が当時新しく流行りだしたことが察せられるから，名称のうえからすると，満漢席の起源は18世紀半ば頃といえる．

●清末以降の満漢全席　「満漢席」はその後も各地の役所で行われ，また名称に「全」の一字が付け加わって，「満漢全席」とよばれるようになった．注意すべきことは，この名称を用いたのは役所の宴席であって，宮廷の宴席ではないことである．清末のジャーナリスト李伯元の小説『官場現形記(かんじょうげんけい)』(1906)は，同治年間から光緒年間の中国を舞台にして腐敗した官界を描いたものだが，その第18回に，官僚の送別会として「満漢全席」ということばが使われている．第29回では，南京の色街で開いた宴会を「満漢酒席」とよんでいる．この「満漢酒席」という名称は，満洲国時代に東北地方の役所でも流行した．「北京民族飯店菜譜」に載っている「満漢酒席」の献立は，全85品の大がかりなものである．一方，清末の広洲や香港では「大漢全席」と称する宴会が行われた．李鴻章が香港を訪れたとき，地元の役所がこの宴席を開いてもてなしたという．中華民国時代にも満漢全席は盛んに行われ，規模の大小によって，「大満漢」「小満漢」の区別を立てるようになった．　第二次世界大戦中は下火になったが，戦後復興期の香港，広東

台湾などで再び流行し，時々のはやりすたりを経て今日に至っている．中国本土でも文化大革命の終わった頃から，北京の"仿膳飯荘(ファンシャンファンジュアン)"などで満漢全席と称する料理を供するようになった．

●**日本との関わり**　意外なことに，戦後の満漢全席の歴史には，日本も深く関わっている．1965年，料理研究家・中山時子の紹介により，香港の"金龍酒家(ジンロンジウジア)"で満漢全席が行われた旨が呉正格の『満族食俗與清宮御膳』に記されている．林苟歩(ほ)の『満漢全席紀略』には，1970年に香港の"大同酒家(ダァトォンジウジア)"で富士国際観光団のために行われた満漢全席と1978年に北京の"仿膳飯荘"で富士貿易株式会社のために行われた満漢全席との献立が載っている．1978年12月には，香港の"国賓大酒楼(グゥオビンダァジウロウ)"で日本のテレビ局が取材のために満漢全席の宴を催した．この時代，日本人がメディアを通じて満漢全席に興味を抱いたことは，邱永漢(きゅうえいかん)，陳舜臣(ちんしゅんしん)らの著作からもうかがわれる．

改革開放政策以降の中国では，1993年に，杭州の料理人胡忠英(こちゅうえい)が"南方大酒家(ナンファンダァジウジア)"で満漢全席を整えて，全国の話題になった．これは筆者が主催した宴席で，一昼夜にわたり142品の料理を賞味した．昼の部は南宋の料理を主として"仿宋御宴(ユィイェン)"と称し，地元の食材や調理法を生かしたものであった．

●**儀礼と献立**　満漢全席はもともと官僚の宴会だったから，席次，挨拶などさまざまな決まりごとがあった．中華民国以来の満漢全席でも，そうしたものを趣向として再現する場合があった．

清末以来，満漢全席と称された宴席の献立を見ると，その構成はおおむねこんなふうである．まず"看果(カングゥオ)"［見るだけの飾り料理］，"乾果(ガングゥオ)"［干した果物］，"鮮果(シェングゥオ)"［生の果物］，"蜜饯(ミィジェン)"［蜜漬けや砂糖漬けの果物］などからはじまって，大皿小皿の前菜が出たあと，主菜と点心が代わる代わる供され，締めくくりには米などの主食とそれを食べるための簡単なおかずや漬け物が出る．料理の品目は全体でおよそ70品から百数十品にも上り，二日，三日に分けて食べ続ける場合もある．

主菜には「山八珍」「海八珍」などとよばれる貴重な食材が用いられる．「八珍」の内訳は資料によって一定でないが，熊の掌，駱駝のコブあるいは足，猿の脳，燕の巣，穿山甲(せんざんこう)，ハクビシン，フカヒレ，干し鮑(あわび)，海参(なまこ)，魚の浮袋，魚の唇，鱘魚(ぎょ)，山椒魚などが含まれる．また満漢全席というからには満洲族の好んだ子豚や家鴨(ひる)の丸焼き，満洲語で"餑餑(ボォボ)"といわれた点心などが欠かせない．さらに，"関東貨(グゥアンドンホゥオ)"といわれる東北地方の食材がしばしば用いられる．これは　部「八珍」と重なるが，例えば熊の掌，ヘラジカの鼻，鹿の尾，鹿のアキレス腱，ノロジカ，猴頭（ヤマブシタケ），海参，人参，飛龍鳥，"蛤什蟆(ハァシーマァ)"［山蛙(やまがえる)の輸卵管］，チョウザメなどである．しかしながら，こうした食材の一部は現在使うことができないため，カンガルーや鰐(わに)など海外の珍しい食材で代用したり，異なる材料でもどき料理をつくるといった工夫がなされている．

［南條竹則］

清真菜——中国のイスラム料理

　56の民族があり、55の少数民族（2010年第6回全国人口普査より）が住む中国には、イスラム教を信じる人々も少なくない。
　西部の新疆ウイグル自治区や寧夏回族自治区では住民の多くをイスラム教徒が占めるが、こうした地域以外でも大都市には必ずモスクがあり、イスラム教徒の多く住む場所がある。北京宣武区の"牛街"とよばれる界隈などは、その一例である。
　イスラム教徒はイスラムの戒律に従った

図1　清真屋台（合肥）[甕由己夫撮影]

食生活を営んでいる。酒、煙草、豚肉は禁じられ、鱗のない（例えば鰻やタウナギのような）魚も食べてはいけない。獣肉では牛や羊をよく食べ、鶏、家鴨、鵞鳥などの家禽も食材にする。主食は米や小麦粉食品である。こうしたイスラム料理を中国語で"清真菜"という。中国へ行くと、清真菜は意外なほど身近にある。例えば、手延べ拉麺として有名な"牛肉麺"は中国のいたる所で見かけるが、経営者はたいていイスラム教徒である。じゅうじゅうと煙を立てて焼く"羊肉串"[羊の串焼き]も街角でお馴染みの食べ物だが、これも一種の清真菜だ。焼肉、炒め物、スープといった羊料理に大きな西域風のパンを供するウイグル料理店は各都市にある（図1）。
　これらはいわば西部の料理であるが、中国には唐代からイスラム教徒が住んでいるため、その食文化は西部に限らず、各地の伝統料理の一画を形成している。
●**清真の点心・小吃**　その一例として点心があげられよう。イスラム教徒は酒を飲まないため、お茶をたしなみ、"点心・小吃"の類を発達させた。これらの材料には、もちろん、豚肉や豚の脂を使わない。例えば、北京の小吃では、西太后が好んだことで知られる"豌豆黄"[豌豆を主原料とした羊羹風の点心]、"糖巻果"[山芋と棗に小麦粉を混ぜて揚げたものに飴をからめ、西瓜の種、桃の種、青梅などをまぶす]、"糖耳朶"[麻花に飴をからめたようなもの]などが清真系の点心である。
　"門釘肉餅"もそうだ。これは牛肉と葱を餡にして生地につつみ、円形にして煎ったものだ。形が宮殿の門の飾り釘を思わせるので、この名がある。かつては胡同の小さな店や屋台などでよく売っていた。北京の屋台は少なくなったが、こうした小吃は小吃専門店や「三来順」（東来順、西来順、南来順の3店をいう）のような清真料理店に行けば、味わうことができる。

●**清真菜の夜市**　河南省の開封では街の中心にある鼓楼広場に夜市（屋台街）が立ち，名物となっている．夕方からたくさんの屋台が集まって来て，たいそうにぎやかであるが，その大半は白い帽子を被ったイスラム教徒の店だ．

図2　髪絲百葉（長沙）
［甕由己夫撮影］

　有名な鶏料理"桶子鶏"をはじめ，羊の足を煮込んだ料理や，羊のスープに太打ちの麺を入れた"燴麺"，サツマイモでつくるペースト状の甘い点心"紅薯泥"などの各種小吃を味わえる．

　シルクロードの起点に位置する西安の鼓楼小吃街には，清真菜の料理屋や小吃店が軒を連ねている．"饃"といわれるパンを千切り，羊肉と春雨のスープに入れて煮る"羊肉泡饃"，特製の汁で煮て味つけした羊肉を饃に挟んだ"肉夾饃"，スープ入りの包子"灌湯包子"，各種麺類，"抓飯"［ピラフ］，甘い物など，その種類の多さは驚くほどである．

●**清真菜の名店**　ひとくちに清真菜と言っても，軽食や簡単な家庭料理もあれば，精巧な高級料理もある．高級料理店では，イスラムの戒律が許す範囲で，中国式に洗練された料理を味わうことができる．

　例えば，北京の"鴻賓楼"は清代から続く老舗で，もともと天津にあったが，周恩来が首都へ招いた．ここでは羊や牛の内臓料理，家鴨料理などを繊細な味つけで食べさせる．"水晶羊頭"［羊の頭の冷菜］"紅焼蹄筋"［牛のアキレス腱の煮込み］"紅焼牛尾"［牛の尾の煮込み］"独羊眼"［羊の目玉を柔らかく煮込んだもの］"芫爆散丹"［香菜で香りをつけた羊のセンマイの炒め］など数々の名菜を供する．

　南京の"馬祥興"も清代からの名店だが，中華民国時代，国民党の幹部たちが通ったことで知られる．羊料理もあるが，家鴨の膵臓を炒める"美人肝"や"松鼠鱖魚"［鱖魚という川魚の丸揚げ］"蛋焼売"［卵入り焼売］"鳳尾蝦"［海老料理］など江南風の料理を看板にしている．

　湖南省長沙の老舗"李合盛"は牛肉料理で有名だが，その名菜の一つに"牛中三傑"がある．これは"髪絲百葉"［牛の胃を髪の毛のように細く切り，筍と一緒に調理したもの］（図2），"紅焼蹄筋"や"牛脳髄"［牛の脳を薄切りにして，筍，椎茸などと煮たもの］の三つで，劇作家の田漢が愛したといわれる．

●**飲酒のタブーについて**　イスラム教徒は酒，煙草を禁じられているため，清真料理店では基本的に酒を出さない．酒をくれといって叱られた話を昔はよく聞かされた．

　しかし，現在この点は一律ではなく，禁酒の戒律を厳格に守る店と各種の酒を供する店とがある．利用者はそのことに注意して，清真菜を楽しく味わいたいものである．

［南條竹則］

ゲテモノ食い──なぜそれを食べるのか

　中国は世界有数の美食大国である．中国人の食への強いこだわりは，異文化圏の人々の目に，いわゆる「ゲテモノ」とも映る料理を生み出した．

●**厳選された珍味"八珍"**　古くから中国人は美味で滋養のある食材や稀少な珍味8種を"八珍"と総称し，珍重してきた．清朝の満漢全席では四つの食材カテゴリすべてに"八珍"が定められ，計32種類にまで膨れ上がった．これがいわゆる"四八珍"で，日本でも有名な熊の掌や燕の巣以外にも，駱駝の瘤や豹の胎盤などが含まれる．この"四八珍"にはゲテモノとよぶべき珍味も多い．その代表格は何といっても猿の脳みそだろう．これは猿にテーブルの孔から頭を出させ，カナヅチなどで頭蓋骨を割ってスープを注いだ後，猿が生きているうちに新鮮な脳みそをすするというものである．

●**鮮度の追求の果て**　新鮮さを求めるがゆえに生まれたゲテモノ料理には，ほかにも"三吱爾"という鼠の踊り食いがある．"吱爾"とは子鼠の鳴き声のことで，料理名を直訳すれば「チュウチュウチュウ」となる．つまり生後すぐ皿に載せられた鼠が，箸で挟まれた時，タレにつけられた時，そして最後に噛み砕かれる瞬間，合計3回「チュウ」と鳴くという意味である．アヒルを熱い鉄板の上で歩かせ，焼きあがった水かきを切り落して食べる"烤鴨掌"や，生きたロバから肉を削いで調理する"活叫驢"がある．また鶏の羽を素早くむしり，肛門から内臓を抜いて調味料をつめ，生きたまま干物にする"風乾鶏"も，ここに並べてよいだろう．

●**伝説化する八珍**　このような珍味は，もちろん日常食ではない．食文化が頂点に達した清朝時代に『四庫全書』の総編集を担った紀昀のような知識人でさえ，その一部の"八珍"について見たことがない，食べ方を知らないと記している（紀昀『閲微草堂筆記』）．現存するレシピも少なく，そもそもその食材が何をさしているのか，実在したのかどうかさえ不明なものも多い．"八珍"に代表されるゲテモノ料理は，半ば伝説化しているのだ．民国以降も，8種の珍味を"八珍"とよぶ習慣自体は残ったが，どれもゲテモノとはいいがたく，上記の猿の脳みそも民国時代以降の"八珍"としては，あくまで形が脳みそに似た食用茸だとされる．1989年の「野生動物保護法」施行後は，多くの動物が保護対象となり，また残酷な調理法自体が好まれなくなった．"烤鴨掌"や"風乾鶏"などの現存する"八珍"は，一般的な食材を珍味風にアレンジしたものにすぎない．

●**現代のゲテモノ食い**　とはいえ，現代中国にもグロテスクな食べ物は存在する．例えば孵化途中のヒヨコ入りの"毛鶏蛋"という有精卵は，南京"小吃"［軽食］として有名である．また，定番の屋台料理に羊肉の串焼きがあるが，稀にコオロ

ギや蚕，ムカデなどの変わり種も売られる（図1）．少数民族の間ではより頻繁に昆虫が食べられている．特にタイ族やムーラオ族は，蟻やハナグモなどを食べることで知られる．虫以外にも，貴州のトン族やミャオ族は牛や羊の胃から取り出した未消化物を，雲南省のペー族は豚の生皮を食べる．こうした少数民族の食文化と肩を並べられる漢族のゲテモノ料理は，蛇スープなどで知られる広州料理だろう．「空を飛ぶものなら飛行機以外，4本足のものは椅子以外何でも食べる」という有名なフレーズは，食に貪欲な広州人を皮肉ったものである．

図1　いろいろな串焼き・串揚げ［王京撮影］

●**ゲテモノ食いの謎を解く鍵**　ゲテモノ料理をとりまく環境は，年々厳しさを増している．1998年以降，国際動物保護団体は熊の胆汁を採取する中国を批判し続けている．2011年には米国で"皮蛋（ピィダン）"が「世界で最も気持ち悪い食べ物」に選ばれ，翌年には広州料理がブラジル人サッカー選手に酷評された．食が文化事象である以上，異文化圏から安易に批判することはできないが，中国は国際社会から価値観の修正を迫られることとなった．

また，2003年のSARS流行を契機に，広州のゲテモノ市場は閉鎖に追い込まれ，その多くが闇市化した．メディアでは連日ゲテモノ料理の衛生状態や栄養素の問題が取り上げられ，SARSの終息宣言後も定期的に報道されている．ゲテモノは栄養がなく有害だと説くことで，ある種の啓蒙を図っているわけだが，実はここから，中国でゲテモノ食いが絶えない文化的基盤が見てとれる．それは「食補」や「病は口から」といった中国医学の観点や民間思想である．結局，規制後も鼠料理がなくならないのは，昔から鼠が腎臓によく，頻尿の特効薬と信じられてきたためなのだ．また"毛鶏蛋（マオジィダン）"は美容に，蚕は高血圧に効き，蠍（さそり）に至っては癌にも効く万能薬とされる．広州では今なお多くの人が，ゲテモノに滋養強壮やデトックス効果があり，野生動物ならば汚染されていないと信じている．食材に効能を見出す中国人にとって，薬と食材の区別は曖昧である．将来，中国からゲテモノ食いが消えるとすれば，それはゲテモノにまつわる迷信が科学的に否定され，周知されたときなのだろう．

［西村真志葉］

📖 **参考文献**
[1] 紀昀著，邵海清ほか訳「姑妄聴之一」『閲微草堂筆記』第15巻　上海古籍出版社，2012
[2] 任万平「"満漢全席"：披上歴史文化面紗的烏托邦」『博覧群書』1，光明日報社，2014
[3] 羅艾樺ほか「広州"食野"何以有禁不止」『人民日報』2013年2月9日

中国医学——漢方・鍼灸・推拿

　中国医学には健康維持，体調管理，疾病予防，疾病治療を目的として漢方，鍼灸，推拿（按摩），気功などの伝統的な治療法がある．これらの治療法は，人と自然を一つの統一体としてとらえ，また人体を五臓を中心とした一つの統一体としてみる統一体観が基本となっている．

●**五臓を中心とした統一体観**　中国医学では人をみる場合，五臓を中心とした統一体観が基本となっている．また気と血がめぐる通路のことを経絡といい，臓腑や器官・組織・筋肉・皮膚などをつなぎ，体のいたるところを連絡させる働きをもっているとされている．経絡は臓腑とも直結しているため，臓腑の変調による病理信号は経絡系統を通じて経穴（ツボ）の反応としても現れやすい．さらに中国医学では心身一如の考え方が基本となっており，精神状態や感情の変化と五臓との間に密接な関係があると考えられている．

●**中国医学と西洋医学の相違点**　中国医学では人体の統一体観に基づいて臓腑間の関係性や臓腑と組織・器官との関係性が重視されている．例えば，肝は「目，筋，爪，涙，怒」といったキーワードと関係が深いとされており，眼精疲労，肩こり，爪の変形，ドライアイ，イライラ感，怒りっぽい（性格）などは，肝の変調と連動して起こりやすい症状とされている．また腎は「脳，耳，骨，歯，腰，髪，尿」といったキーワードと関係が深いとされており，子どもの成長・発育の異常や老化現象は腎の変調によるものとされている．例えば，物忘れ，耳が遠くなる，骨がもろくなる，歯が弱くなる，足腰が弱くなる，白髪や抜け毛が気になる，尿もれなどは，腎の変調と連動して高齢者に多くみられやすい症状である．腎の変調を調えることによって老化の予防，老化現象によって出現する症状の緩和が図られている．中国医学と西洋医学とでは解剖学的には内臓の名称がほぼ同じとなっている．これは江戸期の杉田玄白らがオランダ語医学書 *Tafel Anatomie* を和訳して『解体新書』として刊行するにあたり，小浜藩の奥医師であり中国医学に精通していた杉田が中国医学の内臓の名称を用いたためであると考えられる．実は，中国医学にも古典文献の中に各臓器について詳細な解剖学的記述が見られるが，中国医学は解剖学的な角度からではなく，人と自然を一つの統一体としてとらえ，そして人体を「五臓を中心とした統一体」としてみる独自の統一体観を基本として，臓腑間の生理的な関係性や臓腑と組織・器官との生理的な関係性を重視した医学体系を構築したのである．一方，西洋医学は人体を解剖学的視点からとらえ，内臓についても解剖学を基礎として臓器ごとの生理機能を重視する医学体系となっている．このように中国医学と西洋医学とでは内臓の名称は同じであるが，

人体のとらえ方には大きな違いがある．中国医学の代表的な治療法としては以下のものがある．

●**漢方治療**　漢方薬は中国医学に共通する診断システム（弁証）を使って得られた診断結果（証）に基づいて処方される．一人ひとりの「証」（病因，病理，体質を含む）に合わせて治療を行うのが特徴である．例えば，複数の高血圧症の患者がいたとしても，高血圧症という病名を治すのではなく，一人ひとりの証に合わせてテーラーメイドの治療を行うのが原則となっている．上記のことから自分に効いた漢方薬を同じ病名の人に薦めることが誤った行為であることがわかる．証に合わない漢方薬を服用すると不快な反応や副作用がでる可能性が高くなるのである．

　漢方薬の効き方については，一般的な感冒やインフルエンザの初期などの急性病に適切に用いた場合は副作用もなく即効性があるが，慢性病の治療に用いた場合は遅効性のものが多く，副作用を伴う場合もある．一般的に漢方薬には副作用がなく長期服用するものだといった誤解があるようだが，証に合わない漢方薬を服用すると胃腸障害などが起こったりする．漢方薬の主な副作用としては発熱，じんましん，動悸，不眠，むくみ，血圧の上昇などがあり，ごく稀ではあるが間質性肺炎などの重篤な副作用の事例も報告されている．

●**鍼灸治療**　鍼灸治療はツボを刺激して経絡に働きかけ，運動器系疾患や整形外科疾患を治療したり，経絡と臓腑のつながりを利用して臓腑や気血などの変調を整えることにより内科疾患や女性科疾患，男性科疾患，小児疾患などの治療に用いられている．WHO（世界保健機関）は1996年に鍼治療で治療効果があることが認められる49の疾患を発表している．

●**按摩・推拿療法**　中国の明代以前は按摩，または按蹻，導引などとよばれていたものが，明代以降に「推拿」とよばれるようになった．按摩の按は「おさえる」，摩は「なでる」という意味があり，推拿の推は「おす」，拿は「つかむ」という意味がある．推拿療法は徒手療法の一つであり，現在中国では主として寝ちがい，頸椎の痛み，五十肩，腰痛，腰椎椎間板ヘルニア，斜頚など多くの筋肉，軟部組織の損傷の治療に用いられている．また小児疾患を対象とした小児推拿も広く普及している．

●**刮痧療法**　「痧」というのは，体内の微小循環が悪くなったために生じる病理産物（毒素）のことである．この毒素は気血の流れを悪くしたり，体の代謝を悪くして種々の病を引き起こすと考えられている．刮痧療法は「かっさ板」という道具を使って皮膚をこすり，この毒素を毛細血管から絞り出すことによって経絡気血の通りを良くし，微小循環を改善する治療法である．現在の中国では健康維持，疾病予防を目的として，また美容を目的として民間にも広く用いられているだけでなく，医療刮痧として一部の病院内でも活用されている．　　　　［兵頭　明］

気功と健康・医療──ヘルスプロモーション

　中国では古来より健康維持，体調管理，疾病予防，疾病治療を目的として養生気功が行われてきた．古代の気功としては，1974年に湖南省長沙の馬王堆三号墓（前漢初期）から出土した「導引図」が有名であり，図の中では多くの異なる導引のポーズが描かれている（図1）．また華陀が考案したとされている「五禽戯」も有名であり，虎，鹿，熊，猿，鳥の5種の動物の動きになぞらえて考案されたものである．古代の気功は吐納，導引，按蹻，行気といった名称でよばれ悠久なる歴史を有しているが，気功という名称が使われ出したのは実は1954年に劉貴珍が中国唐山市に気功療養所を立ち上げたのが初めてとされている．「気功療法」という名称もその時に初めて用いられた．

●**気功の流派**　気功の流派については，その目的，方法，理論および伝承体系の違いに基づき，中国では代表的なものとして六大流派に分類されている．①疾病の予防や治療，保健養生を目的とする医家気功（新気功療法，六字訣，五行掌など），②養気を主とし「修斉治平」（修身，斉家，治国，平天下の略）を目的とした儒家気功（坐忘法など），③内丹術を特徴とし養生長寿を目的とした道家気功（周天功など），④精神解脱，心霊浄化の修練により「涅槃」の境地に達することを目的とした仏家気功（禅定など），⑤身体強健，攻撃防御を目的とした武術気功（太極拳，八卦掌，形意拳など），⑥歴代の民間の中で伝承されてきた民間気功の六つである．現在の中国ではこれらを「医・儒・道・釈・武・芸」の六大気功流派としている．

●**医家気功について**　医家気功には悠久なる歴史があり，医学経典の一つとされている『黄帝内経』で紹介されている「導引按蹻」が最も早期の医家気功だとすると，すでに2,000年以上の歴史があることになる．中国では一般的に医家気功は先秦に起源を発し，漢代に発展し，隋唐五代の時代に成熟し，北宋南宋金元の時代に隆盛の時期を迎えたとされている．医家気功の大きな特徴としては臓腑，経絡，精気神といった中国医学の理論に導かれて気功の功法の選択，応用，研究が行われていることである．もう一つの特徴は治療や養生，健康回復のニーズに基づき儒家・道家・仏家・武家といった諸家の功法の長所を吸収していることであろう．医家気功法の種類は多いが，五禽戯，六字訣，八段錦，易筋経が最も代表的なものとされており，現在の中国ではこの四つの医家気功法を「健身気功」と認定している．

●**気功の分類**　気功は大きく硬気功と軟気功に分類されている．硬気功はいわゆる武術系に用いられている気功のことであり，外敵からの自己防御や攻撃を目的

としたものである．また，軟気功には外気功と内気功がある．外気功は気功師など特別な鍛錬を積んだ熟練者が，患者の治療を目的として用いられており，内気功は自身の自然治癒力を強化することにより健康増進や体調管理，自己治療法として用いられている．どちらも自身の内気を鍛錬することでは共通しているが，鍛錬する目的が違うということである．

図1　1974年に湖南省長沙・馬王堆三号墓から出土した導引図復元図　44人の老若男女が描かれており，44の異なる導引のポーズが描かれている．それぞれの動作にはそれぞれの養生効果があるとみなされている．男女の比率は半々となっている．馬王堆三号墓は当時の丞相であった利蒼の子どもの墓とされており，前168年に葬られたとされている

さらに内気功の鍛錬法には，静功（せいこう）と動功（どうこう）の二つがある．静功には座って行う座式，立って行う立式，横になって行う臥式（が）があり，これらの静的な姿勢をベースとして姿勢の鍛錬（調身（ちょうしん）），呼吸の鍛錬（調息（ちょうそく）），意念の鍛錬（調心（ちょうしん））を行い，体質の強化，疾病の治療を目的として行われている．動功は体の運動をベースとして動作の鍛錬（調身），呼吸の鍛錬（調息），意念の鍛錬（調心）を行うものであり，さらに自己按摩や叩打法などを用いることにより全身の気血の流れを良くして内臓を調節し，筋骨を強くし，体質の強化を目的として行われている．調身，調息，調心の三つを合わせて「三調（さんちょう）」とされているが，静功，動功はともに調身，調息，調心をバラバラに行うのではなく，これらを一体化させた「三調合一（ごういつ）」ができるようになることが理想形とされている．また静功と動功は，眠る前に動功を行い，その後に静功を行うといったように組み合わせて行われる場合もある．

気功療法の適応疾患は中国では1950年代は20種ほど，1960年代は60種，1970年代以降になると気功療法が迅速に普及したため治療できる適応疾患も大幅に増加し，近年の統計では120種を超えている．

ただし急性伝染病，急性中毒，外傷，出血，ショック，重度の器質性疾患などは適応外とされている．また統合失調症（きょうそうしょう），狂躁症，抑うつ症などの精神疾患などは気功療法の禁忌症とされていることも知っておく必要がある． 　　　　［兵頭　明］

参考文献
[1]　劉 天君主編『中医気功学』中国中医薬出版社，2005
[2]　馬 斉人著，浅川 要監訳『中国気功学』東洋学術出版社，1990
[3]　張 震寰主編，顧 平旦執行主編『中華気功大典』団結出版社，1995

趣味——"花鳥魚虫"文化を中心に

　現在の中国では，実に多様な趣味が楽しまれている．著しい経済発展とグローバル化の影響を受けて，国外から多くの趣味文化が来入し，それは多様化の一途をたどっている．そういった状況の中，中国の伝統趣味もいまだ廃れてはいない．むしろ経済発展に伴って，伝統趣味は再活性化しているといっても過言ではない．そのような再活性化している伝統趣味の代表的なものに，小動植物の愛玩趣味がある．

●**花鳥魚虫文化**　中国では，盆栽や飼い鳥，観賞魚など，小型で手軽な栽培・飼育文化である"花鳥魚虫"（ホアニアオユイチョン）文化を発達させてきた．花鳥魚虫文化は，単なる園芸栽培，ペット飼育ではない．それは花，鳥，魚，虫などの小動植物を愛玩し，その栽培・飼育を通して，そこに自然を観賞し体感する文化である．それはまた，動植物を育てるという行為のみならず，栽培・飼育に関わる多くの工芸的道具類を発達させ，さらに絵画や彫塑類，文芸作品のモチーフとなることにより，芸術文化にも大きな影響を及ぼしてきた．それは，中国漢人の精神文化の発露といっても過言ではない．

　花鳥魚虫文化の形成に際して，皇帝や貴族などの支配者層，富裕層，また文人らの知識人層が担った役割は大きい．しかし開花した文化の精緻を極め，現在まで継承させたのは庶民層，特に都市民の貢献なくしてあり得なかった．"花鳥魚虫"文化は，消費文化を謳歌する都市の人々とともに発展してきたのである．「花」は草木木本問わず，花を鑑賞する花卉や観葉植物などをさし示す．この「花」の栽培文化のうち，最も体系化されているのが盆景（盆栽）文化である．「鳥」は，さえずりを楽しんだり，容姿を観賞したり，また，闘わせて楽しんだりする．「魚」は，金魚に代表される観賞魚．「虫」は，キリギリスやスズムシ，クサヒバリなど鳴き声を楽しむものから，コオロギのように闘わせて楽しむものなど，これもまた多彩である．

●**闘コオロギ**　闘（とう）コオロギは「秋興（しゅうきょう）」ともよばれ，中国の秋の風物詩となっている．2匹の雄コオロギを闘わせ，勝敗を競う趣味文化で，時には賭博の対象ともなってきた．闘コオロギの歴史は，唐代開元天宝年間（8世紀前半）にまで遡るとされるが，実際に確たる史料で裏づけられるのは，12世紀以降の南宋の時代に入ってからである．南宋の宰相・賈似道（かじどう）は，闘コオロギに関する当時の技術，知識を総覧した『促織経（そくしききょう）』（促織とはコオロギの古称）を編んだ．これにはコオロギの生態から捕捉法，飼育法，戦闘法，品種・形態・色による見分け方などが，多岐にわたって記載されており，南宋の時代にすでに高水準の闘コオロギ文化が

形成されていたことが理解できる．

　上海や北京，天津などの都市部では，立秋から白露にかけて相当数の"虫迷"［コオロギ・マニア］が，闘コオロギに興じている（図1）．現在のコオロギの有名産地は山東省や河北省であるが，都市において"虫迷"たちがコオロギを入手するのは，そのような産地からコオロギ行商が集まる花鳥魚虫市場である．花鳥魚虫

図1　上海の闘コオロギ［筆者撮影］

市場は，その名の通り盆栽，切り花などから金魚，観賞鳥までところ狭しと並べられた，いわゆるペット市場である．中国の都市部には，花鳥魚虫市場は必ずあるといってよい．闘コオロギの闘いの舞台は，路地裏や自宅，また蟋蟀研究会や蟋蟀協会といった公認団体が主催する地方大会など．有名企業がスポンサーとなるような全国大会も，現在では開催されている．

　闘コオロギは，微に入り細を穿つ極微さにその特徴がある．わずか数センチのツヅレサセコオロギ（Velarifictorus micado）を，百数十種類の品質に分類し，1グラムに満たない体重を約30段階に区切る階級制が採用されている．

　中国の代表的な愛玩鳥に画眉鳥（Garrulax canorus）がある．画眉鳥は全国的に飼育されており，その美しい鳴き声が楽しまれている．北京や上海などの都市部には，鳥の愛好家たちが集まる公園や茶館がある．そういう場所には，養鳥を愛好する老人たちが早朝から画眉鳥などの鳥の入った鳥かごを携え，集まって来る．彼らは所々の木々にぶら下げ，鳴き声を賞玩し，また愛好家同士で閑談する．この散策を"遛鳥"といい，情趣ある都市文化として楽しまれている．画眉鳥はまた，中国南部で闘鳥にも用いられている．

●芸術とつながる花鳥魚虫文化　花鳥魚虫の飼育や栽培には，実に多様な道具が用いられている．それらの道具は，飼育・栽培する対象と同じく"花鳥魚虫"市場で売られている．コオロギを飼育する陶製容器の蟋蟀盆，コオロギの寝床の鈴房，水入れの水碗，給餌用皿の飯板，画眉鳥の鳥籠など，さまざまな道具がそれぞれの動植物を育てるためには不可欠である．

　道具には装飾が施され，一種の工芸品として扱われる．特に蟋蟀盆の古いものになると，骨董品として破格の値段がついたりもする．道具の美術工芸品としての価値は，愛好家たちの世界を越えて，一般の美術品愛好家たちにも伝わり，骨董市などの店先でも売買されている．動物や植物を育てないものの，"花鳥魚虫"文化に関する道具を熱心に収集するコレクターもいるほどである．その外延は，美術工芸文化と密接につながっている．

［菅　豊］

公園——集い楽しむ憩いの場

　中国の公園は，"城市公園"[都市内部の公園]と，各地の国家森林公園に代表される"国家公園"[national park の訳語]とに，分類できる．このうち，生活に深く関係する公園は，前者の城市公園である．城市公園は，20世紀の初めに中国に導入され，その後，各地に普及した．

　特に，中華人民共和国成立後は，機能的な都市計画に基づく都市形成がすすめられたが，その中で公園の設置が重視され，旧来の官僚や名家の庭園などが接収され，急速に公園化されていった．城市公園は，園林局などに管理され，市や区など行政単位ごとにランクされる総合公園，動物園や体育公園，児童公園，陵や歴史旧跡などを中心とする専門公園，植物の鑑賞を中心とする花園に分類されている．これらはいずれも，集合住宅居住者がほとんどを占める都市の生活における休息の場として，また，科学技術や文化に関する啓蒙活動や都市緑化率の向上を目的として設置されたもので，テンポの速い都市の生活における貴重な憩いの空間として役立っている．近年，各地の城市公園では，公園の無料開放が進んでおり，多くの市民の休息の場となっているが，日本の公園と大きく異なるのは，そこで展開される実に多種多様な活動である．

●**公園に集う人々**　朝夕には，老人，中年の男女を中心に，太極拳を練るグループや，扇子を用いたダンス，社交ダンスで身体を動かし，汗を流す人々を目にすることができる．扇子ダンスや集団ダンス，歌謡には女性が多く，個人で練習をする人もいれば，毎朝気の合う人々でグループをつくっていることも多い．近年では，"广场舞"とよばれる，音楽に合わせた集団ダンスもよくみられる．

　日が少し高くなると，南方では，各人が自慢の鳥を籠ごと持参し木に吊るし，皆でその鳴き声を鑑賞する．西北部では，のど自慢の人物が地方劇の劇中歌を歌い，その声が良ければ観衆が賞金をかけ出す光景を目にすることができるだろう（図1）．そのほか，水で石畳に書を書く人，中国将棋，囲碁に興じる人，"空竹"とよばれるディアボロに似た独楽を操る人，凧をあげる人，子ども用遊具で遊ぶ幼児，卓球やバドミントンを楽しむ人々，読書に勤しむ人や雑談にふける人など，思い思いの趣味を楽しむ人々にあふれる公共の空間が現れることに

図1　公園で地方劇の一節を歌う[筆者撮影，2012年]

なる．また，天気の良い日には，結婚の記念写真である"婚紗照"を撮るためにやってくる，ウェディングドレス姿の女性を見かけることも多い．

春節や灯節などの祭日になると，展覧会や特別な活動が企画されることも，"城市公園"の特徴であろう．大道芸の上演といった専門性が高いものから，大衆参加型の娯楽である"秧歌"踊りや太鼓演奏グループまで，各種の上演が催される．祭日のこうした出し物は，かつて"庙会"とよばれる寺院，道観で行われていた縁日の行事が，社会主義化以降，その一部を新たに登場した公共空間である公園へと舞台を移したこととも関係があると考えられる．

●健康の希求　中国では，規模の大きい正式な公園でなくとも，広い歩道やマンション群の中の小スペースでも，上記の運動を楽しむ人々がみられる．近年では，コミュニティ内のわずかなスペースにも"健身器具"という設備が設置され，さまざまなストレッチや簡単な運動ができる工夫がなされている（図2）．代表的な健身器具としては，足踏みペダルのような腿と腰を動かす器具や，ブランコに座りながらゆっくり足で棒を突き放す器具などがある．

図2　公園の健身器具［筆者撮影．2012年］

この運動器具は，1995年から始まった国策である"全民健身計画"と関係がある．中華人民共和国では，スポーツは国威発揚を目的とし，優れた選手の育成に力を注いでいたが，改革開放時期以降，生活形態の変化に伴う若者の肥満，高脂血症，糖尿病などの生活習慣病が社会問題化されてきた．これを背景に，政府はすべての人々が健康で幸福となることを，社会主義精神文明建設の重要な目標と定め，国民の体質向上と，健康レベルの向上を意図し，その施策の一環として共有空間に多くの運動施設を配置し，今日の景観が生み出されることとなった．計画当初に想定した主要な利用者は児童と若者であったが，公園や広場で自主的娯楽活動を展開してきた老人たちが，これらの器具を利用しないわけはない．こうして，健身器具は，老人たちの健康維持のための道具として，高い人気を得るに至った．

特別な器具がなくともできる，健康維持のための伝統的な運動も健在である．散歩をしながら掌の中に収めた二つのボール"健身球"を回して指先を動かし脳を活性化させる，手を左右に振りながら後ろ向きに歩くことで普段使わない筋肉を使って体を鍛えるなどの伝統的な健康維持のための活動などがそれにあたる．

［田村和彦］

ゲームと賭け──合法的な娯楽と非合法な賭博

　中国の刑法では賭博が禁じられている．現在，賭博は香港とマカオでのみ合法であり，大陸部で行われる公営くじ以外の賭博はすべて違法である．その一方で，わずかな金品を賭ける非営利的な娯楽行為は賭博にあたらないともされる．ここでは時に線引きが曖昧なゲームと賭けの世界をみていく．

●**東洋のラスベガス**　マカオカジノの基盤は，1849年以降マカオを統治し，賭博を容認してきたポルトガル政府と，香港・広州・マカオで活躍した富商らによって築かれたとされる．19世紀後半，マカオはすでに賭博場や妓楼，アヘン館などが立ち並ぶ娯楽都市として知られていた．一時はポルトガル政府も賭博を禁じたが，1961年には特殊な娯楽として経済成長政策に盛り込んでいる．この翌年に設立されたのがマカオ旅行娯楽会社であり，約40年間マカオのカジノ経営を独占した．

　1999年のマカオ返還後，カジノ経営権の国際入札および分与が行われた．こうして経営権を落札したギャラクシー・エンターテインメント，SJM，ウィン・リゾーツと，3社から経営権を分与されたラスベガス・サンズ，MGMミラージュ，香港メルコ／豪PBL社がカジノ事業に着手した．現在マカオのカジノ数は35を超え，その売上はラスベガスの約4倍に上る．マカオカジノで最もメジャーなのが，バンカーとプレーヤーのどちらの手札が9に近いかを予想するバカラである．また，サイコロ三つの出目の合計数や，偶数か奇数かなどを当てる"大小"(ダァシァオ)も人気がある．

●**動物たちの戦い**　マカオで人気の賭けには，ドッグレースもある．もともとは英国商人が1920年代に上海へもち込んだものだが，1930年代には廃れ，マカオ初のレース場も同時期に5年で閉鎖している．マカオで再開されたのは1963年のことである．ドッグレースは，6匹のグレイハウンドにトラックコース内柵のレールを走る兎の模型を追いかけさせ，その着順を当てる．犬券は馬券と同様，単勝式や複勝式などの賭け方を選ぶことができる．競馬は日本統治時代に台湾へもち込まれたものの，戦局の悪化により1942年には消失した．一方，英国植民地時代に始まった香港競馬は160年以上続いている．マカオ競馬の歴史はさらに古いとされるが，経営不振が続き，現在でもマイナーである．だが，香港とマカオの競馬はハンディキャップ制を採用しており，時に波乱を含む展開をみせる面白さがある．ところで，中国で勝利を競う生き物には，ほかにも鶏，羊，コオロギなどがいる．いずれも一対一形式で戦うもので，昔は観戦者が金銭を賭ける賭博だった．現存するものも多いが，文化財として保護されていたり，観光資源として見世物化していたり，表向きは賭博と一線を画している．

●**いろいろな公営くじ** 1870年代，当時スペイン領だったフィリピンの公営くじ"呂宋票"（リュイソンピアオ）が，厳しい賭博禁止令をかいくぐり，中国東部沿岸部で高い収益を上げていた．1878年には干ばつ被災者支援のための民間慈善事業として大義を得た"義賑"（イィヂェン）のような国産の公営くじも生まれ，1899年には中国初の政府承認の公営くじ"江南義賑彩票"（ジアンナンイィヂェンツァイピアオ）も発行されている．1911年には再び厳しい禁止令が敷かれたが（劉力『晚清彩票述論—19世纪70年代～辛亥革命前』四川大学博士学位論文，32-79，137-189，2007），民国時代以降は，政府主導の下，"江南義賑彩票"をモデルとした公営くじが多数発行されるようになった．さらに"航空公路建設奨券"（ハンコンフォンルゥジェンショヂアンチュエン）のように売上げをインフラ整備に役立てる試みも生まれ，こうした流れは現在の公営くじにも引き継がれている．

現在，中国では一般的な宝くじ以外にも，ロトやスクラッチ，ナンバーズなどさまざまな公営くじが発行されている．また，縁起の良い数字が書かれた宝くじは高値で取引され，コレクターズアイテムとしての人気も高い．

●**大人の娯楽としてのゲーム** 日本では子どもの遊びとみられがちなトランプだが，中国では大人の娯楽でもある．特に4人が2チームに分かれ，2組108枚のトランプを使って行う"托拉機"（トゥオラァジィ）［大富豪］は人気があり，暇な人が4人集まればかなりの確率でこれで遊び始める．

中国将棋は遊戯人口最大のボードゲームで，盤面に描かれた縦9本・横10本の線の交点に，片面のみ字が書かれた円盤型の駒を7種16枚ずつ並べる．

図1 公園でトランプに興じる人々
［筆者撮影］

日本将棋と似ているが，中国将棋には手駒の観念がなく50手ルールを採用しているため，引き分けの確率が高くなる．また，麻雀（まーじゃん）は日本でも普及しているが，中国麻雀には独特なルールが多い．例えば81種類の役があり，それぞれに1点から88点までの点がつき，足し算で得点を計算する．また，フリテンの概念がなく，捨てた牌の現物でもロンができる．こうした点から，中国麻雀を日本の麻雀とは別物ととらえる人は多い．以上にあげたゲームはどれも国民的な娯楽であり，いたるところで行われている．

近年てはインターネットが普及し，オンライン対戦を楽しむ人も増えている．だが，オンラインゲームは将棋や麻雀にとどまらず，キャンブルを擬似体験できるサイトや，ゲーム内の仮想通貨を現金に換金できるサイトまで出現するようになり，社会問題になっている．こうしたサイトは賭博場に相当するとして，2010年以降政府は摘発に力を入れている．

［西村真志葉］

📖 **参考文献**
[1] 馮百鳴「民国黄河水災救済賞券述探」『史学月刊』10，62-67，2010

子どもの遊び
——受け継がれ，変容し，消えゆくもの

路地裏で，顔を真っ赤にしてベーゴマやメンコ，ビー玉弾きに奮闘する少年たち．その横を別の少年たちが群れをなして駆け抜けてゆく．彼らが夢中になっているのはかくれんぼか，ケイドロか．少年たちの叫び声が遠ざかると，今度は愛らしい歌声が響きわたる．歌いながらゴム跳びを続ける少女たちの傍らでは，小さな女の子が砂や石を料理に見立てて母親の真似をしてい

図1　ゴム跳びを楽しむ少女
［瀬田充子撮影］

る．どこか懐かしいこの情景は，かつての中国で見られた日常風景である（図1）．

●**遊び≒教育**　最古の教育書ともいわれる『礼記』「学記」は，君子の学問は遊びや休息の中でも行われるべきとしている．『論語』「陽貨」は一日中食べて寝るだけの人を諫めて，囲碁や将棋でもして遊ぶ方がましだと述べている．また幼児教育について，『幼訓』は子どもが自ら遊びを習得すること智力が身につくとし，陽明学で有名な王陽明はその『訓蒙大意示教読劉伯頌等』の中で子どもを若木に例え，その天性に沿ってのびのび育てるべきとしているが，王本人も幼少期には私塾を抜け出し戦争ごっこばかりしていたという逸話がある．中国の伝統的な文人社会には，勉学を妨げる遊びを敵視する人もいたが，その一方で，遊びと学問は決して相容れないものではなく，特に幼児期においては教育の基礎と見なす思想もあったのである．

●**古代の外遊び**　以上で是非が論じられている遊びは，主に琴や囲碁のような芸事のことだが，古い文献はさらに豊かな遊びの様子も伝えている．例えば諸葛亮が幼帝劉禅の教材として献上したことで知られる『韓非子』「外儲説左上」には，「土をご飯に，泥をスープに，木を肉の塊に見立てて」ままごとで遊ぶ子どもが登場する．『韓非子』は戦国時代に書かれたものといわれており，前500年ほどから子どもたちが今と同じようにままごとをしていたとすれば，とても感慨深い．また唐詩『小児詩五十韻』は竹馬や蝉採りなど数多くの遊びに触れ，『紅楼夢』第62回では薛蟠の妾香菱たちが草相撲に興じる姿が描かれている．さらに各時代の歳時記も，四季の移ろいとともに変化してゆく遊びの様子を記録している．例えば『荊楚歳時記』は，唐宋時代，清明節になると郊外に竹製のブランコが設置され，宮中から庶民までこぞって楽しんだと伝え，また『燕京歳時記』は10月を過ぎると孔雀や鶴などを象った凧が空に舞う清朝時代の情景を描いている．

こうした遊びは，今日に至るまでその姿を変えていない．

●**現代の外遊び**　現在，中国の街角では歩道に小さなテーブルと椅子を設置し，中国将棋やトランプ，麻雀などを楽しむ人々を見ることができる．また公園に行けば，中国ゴマに興じる老人たちもいる．より子ども向けのゲームとしては，日本でもダイヤモンドゲームとして知られる"跳棋"や，江戸時代の知恵の板にも似た"七巧板"というタングラムがある．

体を使う遊びでは，片方の膝を抱え，片足立ちで押し相撲をする"闘脚"や，布を立方体の形に縫い合わせてつくったお手玉でドッジボールを行う"打沙包"などが男の子に好まれている．お手玉を使う遊びには，ほかにも"跳房子"がある．"跳房子"のルールは日本の石蹴りとほぼ同じで，中国では女の子が好む遊びである．また先がY字になった棒で鉄の輪を押して走る"推鉄環"や，バトミントンのシャトルの先が銅銭型になったものを地面に落とさないように蹴り続ける"踢毽"［羽根蹴り］などは，男女を問わず子どもが夢中になる遊びである．また人気の集団遊びには，"老鷹抓小鶏"やハンカチ落としなどがある．このうち"老鷹抓小鶏"は，めんどり役の子どもの後ろにヒヨコ役の子どもたちが1列につながり，鷹役の鬼に一番後ろのヒヨコが捕まらないように逃げ回るもので，日本ではその列の動きからイモムシ鬼などともよばれている．

●**消える遊び場**　近年，こうした遊びを取り囲む環境の悪化が指摘されている．まず，多くの子どもたちは小学生のときから学校では朝晩の自主学習と授業，放課後は塾通いや習い事，家でも膨大な宿題に追われており，その結果，友達と外遊びを楽しむ時間が大幅に減っている．自然の遊び場に恵まれた地方，特に農村ほどこの傾向は強く，これは農民の子どもが立身出世するには勉強して良い大学を出るしかない，という意識が根強いためでもある．

一方，都会では子どもが自由に遊べるだけの安全で広い土地が少なくなっている．例えば人口が密集する北京市西城区などでは，学校のグランドでさえ学生1人あたり1 m^{2}しか確保できておらず，これは小学生なら5.3から6.3 m^2，中学生は7～10 m^{2}という国の基準に達していない（蒋昕捷，樊未晨「北京東直門中学副校长―学生還要在馬路上跑半年」『中国青年報』2005年6月17日）．しかも一人っ子政策によって子ども自体が減少しており，さらに子どもが興奮しすぎることを案じて集団遊びを禁じるよう教育機関に注文をつける過干渉な親も珍しくはない．もちろん，こうした現状を変えようと，国は小・中学生の負担の軽減を目指す談話や意見書を発表している．一部の小・中学校でも昔遊びを授業に取り入れ始めている．だが大気汚染により戸外活動が制限されていることもあり，今を生きる中国の子どもたちが勉強の息抜きにする主な遊びは，テレビゲームとパソコンゲームになってしまっているのが現状だといえよう．

［西村真志葉］

中国の世界遺産⑧
南京の雲錦（2000年登録／無形文化遺産）

雲錦製龍袍（南京雲錦博物館蔵）

絹織物の一種で，色彩や文様の多様さで知られる．南京の朝廷直営工場でつくられたものがその始まりで，多くは金銀の糸を使用する．皇帝の衣服にも多く用いられた．写真（上）は南京博物院の雲錦の機織り機．上と下の二人が協力して作業している　　　　　　　　　　　［荒木達雄］

付　　　録

【付録1】中国の自然・文化的な遺産一覧
【付録2】写真で見る中国文化紀行
【付録3】中国歴史地図

【付録1】中国の自然・文化的な遺産一覧

［荒木達雄］

＊2017年2月現在，ユネスコの条約に則り，保護対象として認定されているものをとり上げた．

世界遺産―自然遺産 (10件)

名　　称	所在地	登録年
九寨溝	四川省アバ・チベット族チャン族自治州	1992
黄　龍	四川省アバ・チベット族チャン族自治州	1992
武陵源	湖南省張家界	1992
三江併流	雲南省	2003
四川のジャイアントパンダ保護区	四川省	2006
中国南方カルスト	雲南省石林，貴州省荔波，重慶市武隆	2007
三清山	江西省上饒	2008
中国丹霞	貴州省赤水，湖南省崀山，広東省丹霞山，福建省泰寧，江西省龍虎山，浙江省江朗山	2010
澄江の化石出土地域	雲南省玉渓	2012
新疆の天山	新疆ウイグル自治区	2013

世界遺産―文化遺産 (33件)

名　　称	所在地	登録年
万里の長城	遼寧省，河北省，北京市，山西省，陝西省，寧夏回族自治区，甘粛省	1987
北京と瀋陽の明・清王朝皇宮	北京市，遼寧省瀋陽	1987
莫高窟	甘粛省敦煌	1987
秦始皇帝陵及び兵馬俑坑	陝西省西安	1987
周口店の北京原人遺跡	北京市	1987
承徳避暑山荘と外八廟	河北省承徳	1994
三孔（孔廟，孔林，孔府）	山東省曲阜	1994
武当山古建築	湖北省十堰	1994
ラサのポタラ宮の歴史的遺跡群	チベット自治区	1994
廬　山	江西省九江	1996
麗江古城	雲南省麗江	1997
平遥古城	山西省晋中	1997

【付録 1】 中国の自然・文化的な遺産一覧

名　称	所在地	登録年
蘇州古典園林	江蘇省蘇州	1997/2000
頤和園	北京市	1998
天　壇	北京市	1998
大足大仏	重慶市	1999
青城山と都江堰	四川省都江堰	2000
安徽南部の古村落	安徽省	2000
龍門石窟	河南省洛陽	2000
明・清王朝の皇帝墓群	湖北省荊門，河北省 北京市，江蘇省南京 遼寧省瀋陽，遼寧省撫順	2000 2003 2004 追加登録
雲崗石窟	山西省大同	2000
高句麗前期の都城と古墳	遼寧省，吉林省	2004
マカオ歴史地区	マカオ特別行政区	2005
殷　墟	河南省安陽	2006
開平楼閣と村落	広東省江門	2007
福建土楼	福建省	2008
五台山	山西省	2009
「天地の中央」にある登封の史跡群	河南省鄭州	2010
杭州西湖の文化的景観	浙江省杭州	2011
上都遺跡	内モンゴル自治区	2012
紅河ハニ棚田群の文化的景観	雲南省紅河ハニ族イ族自治州	2013
シルクロード：長安―天山回廊の交易路網	河南省・陝西省・甘粛省・青海省・寧夏回族自治区・新疆ウイグル自治区（陸路）・浙江省・福建省（海路）	2014
大運河	河南省・安徽省・江蘇省・浙江省・北京市・天津市・河北省・三東省	2019

世界遺産―複合遺産 (4件)

名　称	所在地	登録年
泰　山	山東省泰安	1987
黄　山	安徽省	1990
峨眉山と楽山大仏	四川省	1996
武夷山	福建省，江西省	1999

無形文化遺産 (38件)

名　　称	登録年
昆　劇	2001
古琴とその音楽	2003
伝統的長歌民謡オルティンドー　＊モンゴルと共通	2005
新疆におけるウイグル族のムカム	2005
ケサルの叙事詩の伝統	2009
チベット劇	2009
ドラゴンボート祭り	2009
トン族の大歌	2009
マナス	2009
モンゴル人の歌唱芸術・ホーミー	2009
花　児	2009
西安鼓楽	2009
宣紙の手すき術	2009
中国の印象彫刻技術	2009
中国の活版印刷技術	2009
中国の書道	2009
中国の切り紙	2009
中国の養蚕・絹織物の技術	2009
中国の朝鮮族の農民舞踊	2009
南　音	2009
南京雲錦の技術	2009
熱貢芸術	2009
木造建築における中国伝統建築の技術	2009
龍泉青磁の伝統焼成技術	2009
媽祖信仰と習慣	2009
粤　劇	2009
中国の木造アーチ橋建造における伝統的な意匠と芸術	2009
羌族の新年の祭り	2009
チャン族の伝統的織物技術：紡績，染色，製織，刺繍	2009

名　　称	登録年
京　劇	2010
中国伝統医学の鍼灸術	2010
中国の木版印刷	2010
メシュレプ	2010
中国ジャンク船の水密隔壁技術	2010
中国の影絵芝居	2011
ホジェン族のイマカンの語り部	2011
福建操り人形師の次世代訓練の戦略	2012
中国珠算	2013

世界の記憶（9件）

名　　称	登録年
伝統音楽のサウンド・アーカイブ	1997
清の内閣大学士の記録－西洋文化の中国への浸透	1999
古代ナシ族のトンパ文字文献	2003
清朝科挙の金榜（合格者名簿）	2005
清朝様式雷のアーカイブ	2007
『本草綱目』	2011
『黄帝内経』	2011
元朝のチベットに関する 1304-1367 の公的記録	2013
僑批・銀信：海外華人からの書簡と送金記録	2013

【付録2】写真で見る中国文化紀行

　中国の広大な国土には，たくさんの文化的景観や歴史的遺産が存在する．筆者がかつて歩き，今も訪れて見ることのできる名所・旧跡などを抜粋して紹介する．

[竹田　晃]

＊写真は一部を除いて著者による撮影．
＊写真の説明は『地球の歩き方・中国』(第30版，ダイヤモンド社，2016)も参考にした．

●北京市

1　天安門

正面に毛沢東の肖像画が掲げられている．この門の前面，東西に延びる長安街を隔てて，南北880m，東西500mに及ぶ広大な広場がある．この一大空間は，1949年10月1日の中華人民共和国創立の式典が行われたのを始めとし，以後国家的な大きな行事が行われる中国のシンボル的な存在である．

2　頤和園の石舫

頤和園は，清朝の乾隆帝が，母親の西太后の長寿を祝って造成した広大な庭園と宮殿．軍事費削減で軍艦が造れなかったので，西太后はその憂さ晴らしに園内の昆明池の岸に石の船を造らせた．

3　円明園

清朝の離宮として栄華を誇ったが，1860年，アロー号戦争の折，英仏連合軍により焼き討ち・破壊され，現在は廃墟として保存されている．写真は西洋建築物の廃墟．

4　万里の長城

秦の始皇帝が前3世紀，中国北西部の異民族の侵入に備えて築かせた東西総延長約2万kmに及ぶ土壁．甘粛省には漢代の長城が部分的に残っているが，現在の長城はほとんどが明代に築かれたもの．長城の所どころに観光用に整備された場所があるが，この北京に近い八達嶺が最も有名．

5 京劇

京劇は中国北部に伝えられた古典劇で，18世紀以降に北京を中心に洗練された．写真は，前門飯店梨園劇場で上演されていたもの．

6 故宮

紫禁城とも呼ばれる．15世紀初めに建築が始められた明・清歴代皇帝の広大な居城．現在は，故宮博物院としてその遺構と重要文化財の数々が公開されている．写真は，1994年元旦に故宮太和殿前で催された特別イベント．

● 山東省
7 青島の風景（青島市）

膠州湾東岸にある青島市は，第一次世界大戦でドイツ軍に占領され，以降ドイツの租借地となった．現在もドイツ風の別荘地が残され，異国情緒を感じさせる．

8 海を望む蓬莱閣（蓬莱市）

蓬莱閣は，黄海に突出した蓬莱市の岬の突端にあり，秦の始皇帝が訪れたとされる．また，西王母にまつわる伝説も伝えられる．

9 泰山山麓の岱廟（泰安市）

泰山は，中国五岳の一つ．東岳とも呼ばれる．泰山では古代より皇帝の封禅の儀式が行われた．山麓に泰山の神を祀る岱廟がある．

10 孔子廟（曲阜市）

孔子誕生の地．孔廟・孔府（屋敷）・孔林（孔家代々の墓所）がある．写真は孔廟の主要な建造物の大成殿．

●河南省

11　鄭州付近を流れる黄河（鄭州市）

鄭州市の北西30kmに設けられている黄河游覧区から見た黄河.

12　中国文字博物館（安陽市）

殷代に用いられた甲骨文字は，亀の甲羅や獣骨に刻まれ，漢字の原形を示し，占いに用いられた．20世紀初頭，この安陽市付近の殷墟から多数発掘され，漢字研究に新時代をもたらした．写真左は，その発掘現場．

13　中岳廟（登封市）

中国五岳の一つ，嵩山（中岳とも呼ばれる）の神を祀る廟．背景にわずかに見えるのが嵩山．

14　龍門石窟の仏像（洛陽市南郊外）

敦煌の莫高窟・大同の雲崗石窟に並ぶ中国三大石窟の一つ．5世紀末，北魏の時代から開削が始められ，伊河の両岸の岩壁に，数千年に及ぶ洞が掘られ，その中におびただしい数の仏像が遺されている．

●山西省

15　雲崗石窟（大同市）

洛陽の龍門石窟・敦煌の莫高窟に並ぶ中国三大石窟の一つ．5世紀後半から北朝皇帝の意思で開削が始められ，東西1kmに及ぶ山壁に53窟があり，その中に5万1,000体に及ぶ仏像が遺されている．

16　九龍壁（大同市）

北京故宮内の九龍壁・北京北海公園にある九龍壁と並ぶ中国三大九龍壁の一つ．14世紀末，明代に建てられた．長さ45.5m，高さ8m，厚さ2m，さまざまな色の瑠璃瓦で飾られている．

17 懸空寺（渾源県）

6世紀. 北魏末期に建てられた仏教寺院. 切り立つ崖に宙吊りになっているような奇観を呈する.

18 五台山の白塔（北東部）

五台山を中心とする仏教の聖地に五台山風景名勝区のシンボルとされる塔院等の白塔. 五台山には, 日本からも多くの仏僧が留学した.

19 中国票号博物館（平遥市）

1823年に創業された中国最古の金融機関（銀行）.「日昇昌」と称した. 当時全国的に活動していた「晋商」（山西省の商人）人, 雷履泰（写真〈人形〉の人物）が創始した.

20 壺口（臨汾市）

陝西省と山西省の省境を南下する黄河の滝. 滝壺に「母親河」（母なる黄河）と刻まれた標石がある. 以前, 中国の人民幣のデザインにこの滝の図柄が用いられた.

21 鸛鵲楼（永済市）

南下してきた黄河がほぼ直角に向きを東に変える地点を見下ろす景勝の地に建てられた楼閣. 唐の王之煥（688-742）の「登鸛鵲楼」の詩で特に有名. 現在の楼は復元されたもの.

●上海市
22 上海外灘

上海は, 第二次世界大戦以前から, 欧米列強や日本による租界が設けられた国際都市. 現在は近代化された中国を象徴する近代的大都市. 写真中央は,

近年開発がめざましい浦東地区の高さ468mの東方明珠塔（展望台付きのテレビ塔）．写真下は，旧市街の夜景．

● 江蘇省
23　南京長江大橋（江蘇省南京市）

1968年，南京市を流れる長江に架けられた橋．上段が道路（長さ4,589m），下段が線路（6,772m）となっている．着工当初は，当時のソ連技術者の協力を得ていたが，その後，中ソ対立の情勢の中で，ソ連技術者が引きあげ，以後中国が自力でつくりあげたことを誇りとしている．

24　蘇州の楓橋（蘇州郊外）

唐の張継の「楓橋夜泊」の詩で有名．

25　鑑真和上の坐像（揚州市）

奈良の唐招提寺金堂にある坐像を模したものが，大明寺の鑑真和上記念堂内に安置されている．

26　水郷同里（呉江市）

蘇州の南西約20kmに位置する．古来富豪が住居を設け，その邸宅と町の中を流れる美しい水路と岸辺の町並みが，近年，新しい観光地となっている．

● 浙江省
27　西湖（杭州市）

周囲約15km，面積5.6km の西湖は，周辺の山々と相まって，中国随一の風光明媚な景観を呈し，古来文人墨客の游覧の地であった．山にはいくつかの塔（写真は保俶塔）があり，有名な雷峰塔も近年復元されている．唐の白居易と宋の蘇軾がここに地方官として赴任した時に築いた堤が，白堤・蘇堤と称して現存する．

28 魯迅の故居・百草園（紹興市）と三味書屋

魯迅（1881-1936）の故郷には，魯迅の故家（百草園には幼少期の魯迅が愛した裏庭）があり，近隣には彼が通った書塾三味書屋・魯迅記念館がある．

29 紹興市の街並み

市内を縦横に流れる水路沿いの家々．

30 蘭亭の鵞池（紹興市）

蘭亭は紹興市の南西12kmにある庭園．書聖と崇められる晋の王羲之（304-379）が，353年にここで書いた草書の「蘭亭序」は特に有名．鵞池の碑は，鵞鳥を愛した王羲之が「鵞」の字を，息子の献之が「池」の字を書いて石碑に刻んだもの．園内には「曲水の宴」の跡もある．

31 天台山の国清寺（天台県）

6世紀に智顗が天台宗の教義を確立して建立した寺院．天台宗の祖庭とされる名刹．

●安徽省
32 黄山（黄山市）

安徽省南部の景観を誇る名岳．72の峰があり，松・岩・霧の3要素が織りなす山景は，古来，文人・墨客に愛され，南画（山水画）そのままの絶景が見られる．黄山は一つの名称ではなく，大小の群峯の総称．

●湖北省
33 黄鶴楼（武漢市）

武漢市の，漢江と長江の合流点を見下ろす高台にある楼閣．唐の孟浩然（689-740）の「送孟浩然之広陵」の詩で有名．黄鶴に乗って昇天したという仙人伝説も伝えられる．現在の楼は，1958年に再建されたもので，高さ50.4m，5階建て．

34 赤壁（赤壁市）

武漢市の南西約100km，赤壁市の南西約100kmにある長江の赤壁．後漢の建安13（208）年，曹操が天下統一を狙って長江南岸の呉軍討伐を図ったが，諸葛孔明の指揮下にあった呉・蜀連合軍の計略にはまって惨敗を喫した水戦の跡．

35 古代楽器演奏（武漢市）

1975年，湖北省隋州市の曽候乙墓から発掘された古代楽器（12編鐘）が所蔵されている湖北省博物館での演奏．12編鐘は大小12音階を奏でる1セットの打楽器．演奏はレプリカを使って行われている．

36 岳陽楼（岳陽市）

唐代に建設され，洞庭湖に面した風光明媚な地にある．杜甫（712-770）の詩「登岳陽楼」や，宋の范仲淹（989-1052）の「岳陽楼記」などでも有名．

●福建省

37 武夷山九曲渓筏下り（武夷山風景区）

武夷山山間の渓流を竹製の筏で10km近くを下る．ここは，宋の大学者・朱熹（1130-1200）ゆかりの地で，流の岸辺には，朱熹の開いた書塾があり，九曲渓の九つの曲り角の岸壁には，朱熹の詩が刻まれている．

38 客家の土楼（南靖県）

この地方に居住する客家族独特の集合住宅．いくつかが現存している．写真は土楼の中庭から撮影したもの．

●広西チワン族自治区
39 桂林の漓江下り（桂林市）

桂林から陽朔までの約5時間のクルージングは両岸にさまざまな形の山・岩が続く清流を行く．

●遼寧省
40 瀋陽駅駅舎（瀋陽市）

旧満洲国時代の奉天駅舎がそのまま使われている．

●陝西省
41 秦始皇帝兵馬俑博物館（韓城市）

秦の始皇帝の陵墓を守衛するために造られた素焼きの兵士の群像．1974年に初めて発掘され，現在なお発掘が続けられている．

42 諸葛孔明の衣冠塚（眉県）

三国時代の諸葛孔明の終焉の地，五丈原にある．

43 司馬遷祠（韓城市）

『史記』を著した司馬遷（前145？-前86？）の墓所．彼の出身地龍門と黄河を距てた対岸の高みにある．

●甘粛省
44 蘭州の羊皮筏（蘭州市）

蘭州市を流れる黄河の渡し舟として用いる羊の皮に空気を詰め，浮き袋にした筏．

45 炳霊寺石窟（叡市）

5世紀に建立された寺院．周辺には黄河上流の切り立つ岩山が林立し，廬の小説「遊仙窟」の舞台とも言われる．2kmにわたる岩壁に183の石窟が刻まれている．4世紀初頭，五胡十六国の時代に開削が始まったとされる．

46 麦積山遺跡（天水市南部）

敦煌莫高窟・洛陽龍門石窟・大同雲崗石窟と並ぶ中国四大石窟の一つ．4世紀，北魏時代から開削・造営が始まったと推定される仏教寺院の跡．1952年に発見され，194の石窟が現存し，中には三尊阿弥陀仏その他多くの仏像・彩色の人物像などが保存されている．この石窟の名称は，麦藁の束を積み重ねたような山全体の形に由来する．

47 敦煌莫高窟の飛天図（敦煌市）

敦煌は前漢（前3世紀）以来，東西交通の要地として栄えた地．この砂漠のオアシスに六朝から唐末・五代にかけて大石窟が造営され，多数の古写本・壁画等が収められていた．20世紀初め，偶然発掘されて，中国の歴史・文化研究の重要な資料となった．写真は敦煌の中心的な石窟である莫高窟第158窟の飛天図．

48 玉門関（玉門市）

ゴビ砂漠の中に設けられた漢代の関所跡．敦煌の北西80kmの場所にあり，約10mの城壁が残っている．西域の地に向かう西端の関所で，多くの詩人の詩にも歌われている．

●新疆ウイグル自治区
49 ウイグル族の舞踊（トルファン市）

砂漠の中のオアシス都市に伝えられているウイグル族の民族舞踊．

50 交河故城（阿爾郷）

6世紀初頭，高昌国の王城址．現存する遺跡は，唐代以降のものと思われ，東山300mの間に，寺院・居住地・墓地等の遺構が確認されている．

51 キジル千仏洞（阿克苏地区拝城県）

山壁に227の窟が開削され，菱形模様の本生故事画，正倉院に伝えられる「螺鈿紫檀五弦琵琶」を描いた壁画の洞などが見られる．当地出身の鳩摩羅什（344-413）がここを拠点とし，仏典の漢訳・布教を行った．現在はここに研究所が設けられ，鳩摩羅什の銅像が建てられている．

52 砂漠の中のウイグル族

中国最西端の都市カシュガルに向かう砂漠の街道脇で営むウイグル族のレストラン．麺類を売る．この辺りは中国の中の「イスラム世界」．

●四川省
53 峨眉山（成都市南西）

中国仏教四大名山の一つ．標高3,099m．古来仏教・道教の聖地とされているが，詩にも多く歌われている．唐の李白（701-762）の「峨眉山月歌」が特に有名．

54 三星堆遺跡（広漢市）

1997年にこの長江上流の三星堆で，新石器時代末期から中国夏王朝，殷王朝初期の物と思われる遺跡が発掘された．出土品は，これまで中国文明の祖といわれてきた黄河上流の文明とはまったく異なる長江文明が存在していたことが確認された．写真は，発掘現場近くに設けられた三星堆博物館所蔵の銅面具．

55 成都パンダ繁育研究基地（成都市）

自然環境に近い条件でパンダの飼育・繁殖を行う研究機関.

56 三峡下りの船旅

長江の中流を下る. 写真の三峡（瞿塘峡, 巫峡, 西陵峡）の辺りは流れも速く, 古来船旅の難所とされた. 周辺の山々は天下の絶景とされる. 唐の李白の「早発白帝城」の詩でも有名. 写真は三峡ダム完成直前の1997年8月に撮影したもの.

●雲南省
57 石林のイ族（イ族自治県）

昆明市の南東約100kmにある中国南部カルスト群「石林風景名勝区」. 後期古生代の地殻変動によって海から隆起した石灰質のおびただしい数の岩山が奇観を呈する.

58 崇聖寺の三塔（大理市）

唐の開元年間（713-741）に建立された三つの塔は池に映る影を伴って美観を呈する. この寺院は, 唐宋時代に南詔国と大理国の王室の菩提寺だった. 現在, 寺は失われ, 三塔のみ残る.

59 玉龍雪山（麗江市）

麗江市の北方約15kmにある山. 標高4,680m. 夏も冠雪している姿が美しい.

【付録3】中国歴史地図

● 春秋時代（前8－前5世紀）

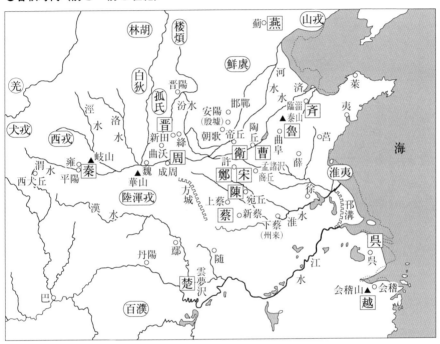

●戦国時代（前5－前3世紀）

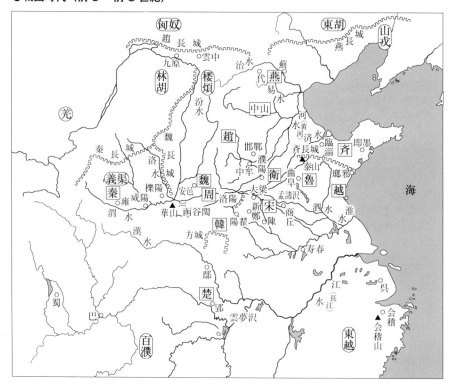

●前漢時代(前2－前1世紀)

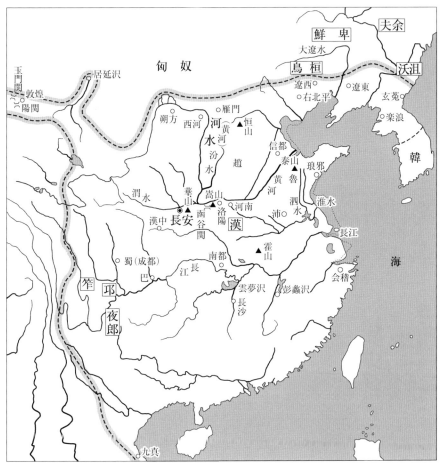

●三国時代（3世紀）

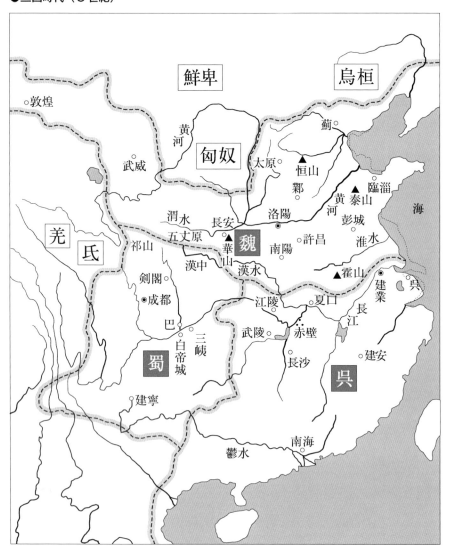

【付録3】中国歴史地図

●南北朝時代(5-6世紀)

＊本地図は5世紀中頃を示す

●唐時代（7世紀）

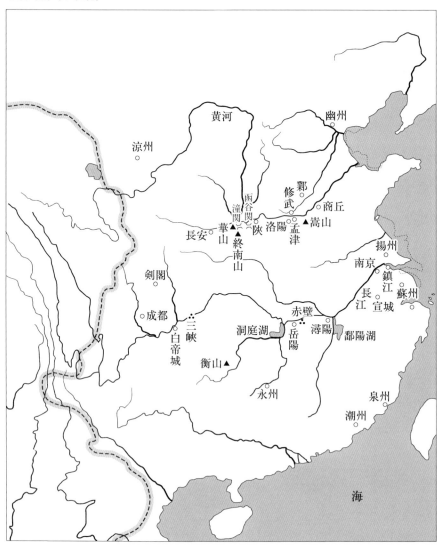

【付録3】中国歴史地図

●金・南宋時代（12－13世紀）

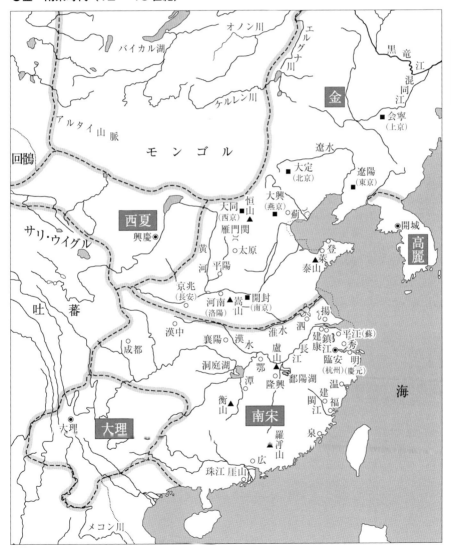

参考図書

*ここに掲載された文献の改訂情報は，各執筆者が実際に参照したものであり，最新版でないこともある．
*シリーズ書籍のうち，2017年2月現在，刊行継続中のものは最新巻数を（ ）書きで示した．

◆中国文化全体にわたるもの（刊行年順）

『中国文化叢書』全10巻，大修館書店，1967-71
『研文選書』1〜（125）巻，研文出版，1978-
『東方選書』1〜（48）巻，東方書店，1979-
『汲古選書』1〜（74）巻，汲古書院，1992-
溝口雄三他編『アジアから考える』全7巻，東京大学出版会，1993-94
中西進他編『日中文化交流史叢書』全10巻，大修館書店，1995-98
『アジア学叢書』1〜（311）巻，大空社，1996-
『中国学芸叢書』1〜17，創文社，1996-2016
『あじあブックス』1〜（78）巻，大修館書店，1998-
『アジア遊学』1〜（204），勉誠出版，1999-
『図説・中国文化百華』全18巻，農山漁村文化協会，2002-2009
小島毅監修『東アジア海域に漕ぎだす』全6巻，東京大学出版会，2013-14
尾崎雄二郎編集代表『中国文化大事典』大修館書店，2013
湯浅邦弘編『テーマで読み解く中国の文化』ミネルヴァ書房，2016
武田雅哉他編著『中国文化55のキーワード』ミネルヴァ書房，2016
『ゼミナール中国文化 カラー版』全10巻，グローバル科学文化出版，2016

◆1章 歴史（五十音順）

J・ジェルネ著，栗本一男訳『中国近世の百万都市—モンゴル襲来前夜の杭州』平凡社，1990
愛知大学現代中国学部編『ハンドブック 現代中国』第4版，あるむ，2003-13
新宮学『北京遷都の研究—近世中国の首都移転』汲古書院，2004
家近亮子『蒋介石の外交戦略と日中戦争』岩波書店，2012
石井仁『曹操—魏の武帝』新人物文庫，2010
伊藤清司『中国の神話・伝説』東方書店，1996
井上裕正『清代アヘン政策史の研究』東洋史研究叢刊63，新装版，京都大学学術出版会，2004
伊原弘『中国開封の生活と歳時—描かれた宋代の都市生活』山川出版社，1991
梅原郁編『中国近世の都市と文化』京都大学人文科学研究所，1984
尾形勇他『中華文明の誕生』世界の歴史2，中公文庫，2009
岡村秀典『中国文明—農業と礼制の考古学』京都大学学術出版会，2008
岡村秀典『夏王朝—中国文明の原像』講談社学術文庫，2007
川本芳昭『中華の崩壊と拡大—魏晋南北朝』中国の歴史5，講談社，2005
寒山碧著，伊藤潔訳編『鄧小平伝』中公新書，1988
菊池秀明『太平天国にみる異文化受容』世界史リブレット65，山川出版社，2003

菊池秀明『金田から南京へ―太平天国初期史研究』汲古叢書 106, 汲古書院, 2013
氣賀澤保規『絢爛たる世界帝国―隋唐時代』中国の歴史 6, 講談社, 2005
呉自牧著, 梅原郁訳注『夢粱録―南宋臨安繁昌記』1・2・3, 東洋文庫, 2000
島田虔次他編『アジア歴史研究入門』1－5 巻, 別巻, 同朋舎, 1983－87
白石典之『チンギス・カン―"蒼き狼"の実像』中公新書, 2006
杉山正明『遊牧民から見た世界史』増補版, 日経ビジネス人文庫, 2011
孫文著, 深町英夫編訳『孫文革命文集』岩波文庫, 2011
高島俊男『三国志きらめく群像』ちくま文庫, 2000
竹村則行『楊貴妃文学史研究』研文出版, 2003
檀上寛『明の太祖朱元璋』中国歴代人物選第 9 巻, 白帝社, 1994
竺沙雅章監修『中国歴史人物選』白帝社, 1994
竺沙雅章監修『中国史―古代』アジアの歴史と文化 1, 同朋舎, 1994
鶴間和幸『ファーストエンペラーの遺産―秦漢帝国』中国の歴史 3, 講談社, 2004
礪波護他『中国歴史研究入門』名古屋大学出版会, 2006
永田英正編『中国史―古代』アジアの歴史と文化 1, 同朋舎, 1994
新村容子『アヘン貿易論争―イギリスと中国』汲古叢書 26, 汲古書院, 2000
西嶋定生『秦漢帝国―中国古代帝国の興亡』講談社学術文庫, 1997
西順蔵編『毛澤東思想の形成と発展』原典中国近代思想史第 5 冊, 岩波書店, 1976
布目潮渢『つくられた暴君と明君―隋の煬帝と唐の太宗』清水新書, 1984
布目潮渢『「貞観政要」の政治学』同時代ライブラリー, 1997
野村浩一『毛沢東』人類の知的遺産 76, 講談社, 1978
平凡社編『アジア歴史事典』全 10 巻, 新装復刊版, 平凡社, 1984－
朴漢済編著, 吉田光男訳『中国歴史地図』, 平凡社, 2009
宮崎市定著, 佐伯富他編『科挙』宮崎市定全集 15, 岩波書店, 1993
宮崎市定『隋の煬帝』改版, 中公文庫 BIBLIO, 2003
宮本一夫『神話から歴史へ―神話時代　夏王朝』中国の歴史 1, 講談社, 2005
村上哲見『科挙の話―試験制度と文人官僚』講談社学術文庫, 2000
孟元老著, 梅原郁他訳注『東京夢華録―宋代の都市と生活』東洋文庫, 1996
茂木敏夫『変容する近代東アジアの国際秩序』世界史リブレット 41, 山川出版社, 1997
矢吹晋『鄧小平』講談社学術文庫, 2003
山根幸夫編『中国史研究入門』上・下, 増補改訂版, 山川出版社, 1991－95（初版 1983）

◆2章　地理

生田美智子編『満州の中のロシア―境界の流動性と人的ネットワーク』成文社, 2012
和泉新編『現代中国地名事典』学習研究社, 1981
上田信『森と緑の中国史―エコロジカル・ヒストリーの試み』岩波書店, 1999
上田信『大河失調―直面する環境リスク』叢書中国の問題群 9, 岩波書店, 2009
榎本泰子『上海―多国籍都市の百年』中公新書, 2009
植民地文化学会『「満州国」とは何だったのか―日中共同研究』小学館, 2008
村上哲見『蘇州・杭州物語―天に天堂 地に蘇杭』中国の都城 4, 集英社, 1987

◆3章　思想

A・チャン著，志野好伸他訳『中国思想史』知泉書館，2010
J・A・アドラー著，伊吹敦他訳『中国の宗教』春秋社，2005
井ノ口哲也『入門 中国思想史』勁草書房，2012
宇野精一他編『講座東洋思想』全10巻，東京大学出版会，1967-67
川口幸大他編『現代中国の宗教―信仰と社会をめぐる民族誌』昭和堂，2013
小南一郎編『学問のかたち―もう一つの中国思想史』汲古書院，2014
小長谷有紀他編『中国における社会主義的近代化―宗教・消費・エスニシティ』勉誠出版，2010-
小林正美『中国の道教』創文社，1998
坂出祥伸責任編集『「道教」の大事典―道教の世界を読む』愛蔵保存版，新人物往来社，1994
『シリーズ　道教の世界』全5巻，春秋社，2002-2003
『新アジア仏教史』全15巻，佼成出版社，2010-2011
『新編原典中国近代思想史』全7巻，岩波書店，2010-2011
任継愈主編，丘山新他訳『定本 中国仏教史』全3巻，柏書房，1992-
高崎直道他編『シリーズ・東アジア仏教』全5巻，春秋社，1995-1997
田中良昭編『禅学研究入門』第2版，大東出版社，2006
『中国の人と思想』全12巻，集英社，1984-85
土田健次郎『儒教入門』東京大学出版会，2011
戸川芳郎他『儒教史』山川出版社，1987
長尾雅人他編『岩波講座東洋思想』全16巻，岩波書店，1988-90
中村元『広説　佛教語大辞典』縮刷版，東京書籍，2010
野口鐵郎他編『道教事典』初版2刷，平河出版社，1996
野口鐵郎編集代表『講座道教』全5巻，雄山閣出版，1999-2001
橋本高勝編『中国思想の流れ』上・中・下，晃洋書房，1996-2006
日原利国編『中国思想辞典』研文出版，1984
日原利国編『中国思想史』上・下，ぺりかん社，1987
堀池信夫編『知のユーラシア』明治書院，2011
溝口雄三他編『中国思想文化事典』東京大学出版会，2001
湯浅邦弘編著『概説 中国思想史』ミネルヴァ書房，2010
横手裕『道教の歴史』山川出版社，2015
渡邊欣雄著『漢民族の宗教―社会人類学的研究』第一書房，1991

◆4章　言語

相原茂他『中国語入門Q&A101』新版，大修館書店，2003
相原茂『「感謝」と「謝罪」―はじめて聞く日中"異文化"の話』講談社，2007
相原茂『中国語の学び方』東方書店，1999
伊地智善継監修『諺語のはなし―中国のことわざ』基本中国語学双書7，光生館，1991
井上優『相席で黙っていられるか―日中言語行動比較論』岩波書店，2013
大西克也他編著『アジアと漢字文化』放送大学教育振興会，2009
温端政著，相原茂他編訳『歇後語のはなし―中国のことば遊び』基本中国語学双書5，光生館，1989

木村英樹『中国語はじめの一歩』ちくま新書，1996
木村英樹『中国語文法の意味とかたち―「虚」的意味の形態化と構造化に関する研究』白帝社，2012
河野六郎『文字論』三省堂，1994
中川正之『漢語からみえる世界と世間―日本語と中国語はどこでずれるか』岩波現代文庫，2013
中西千香『Eメールの中国語』白水社，2012

◆5章　文学

飯塚容他編『コレクション中国同時代小説』勉誠出版，2012
石川忠久編『漢詩鑑賞事典』講談社学術文庫，2009
市川宏他編『現代中国文学選集』全12巻，別巻，徳間書店，1987-89
岩城秀夫『中国文学概論』朋友書店，1995
内山知也『漢籍解題事典』明治書院，2013
宇野精一他編『全釈漢文大系』全33巻，集英社，1973-1980
大阪市立大学中国文学研究室編『中国の八大小説―中国近世小説の世界』平凡社，1965
小野忍他編『現代中国文学』全12巻，河出書房新社，1970-71
桂五十郎『漢籍解題』名著刊行会，1982（1970，1974）
九州大学中国文学会編『わかりやすくおもしろい中国文学講義』中国書店，2002
興膳宏編『中国文学を学ぶ人のために』世界思想社，1991
小南一郎『中国の神話と物語り』岩波書店，1984
下定雅弘他編『杜甫全詩訳注』全4冊，講談社学術文庫，2016
『シリーズ　キーワードで読む中国古典』全5巻，法政大学出版局，2015-16
『新書漢文大系』明治書院，1996
『新釈漢文大系』全120巻・別巻，明治書院，1960-
『新編漢文選』明治書院，1996
竹田晃他編『中国古典小説選』全12巻，明治書院，2005-2009
『中国古典新書』全100巻，明徳出版社，1967-1984
『中国古典文学大系』全60巻，平凡社，1967-75
『中国古典入門叢書』全15巻，日中出版，1984-97
『中国古典新書』続編全29巻，明徳出版社，1985-2006
藤堂明保編『中国の古典』全33巻，学習研究社，1981-1986
前野直彬編『中国文学史』第24刷，東京大学出版会，1998
前野直彬『唐詩鑑賞辞典』東京堂出版，1970
松浦友久編『唐詩解釈辞典―校注』大修館書店，1987-2001
丸山昇他編『中国現代文学事典』東京堂出版，1985
村上哲見『宋詞』中国詩文選21，筑摩書房，1973
吉川幸次郎他監修『中国文明選』全15巻，朝日新聞社，1971-76
吉川幸次郎監修『新訂中国古典選』全38巻，朝日新聞社，1978-79
吉川幸次郎他編集・校閲『中国詩人選集』全16巻別巻1冊・総索引，岩波書店，1957-59
李攀竜編，前野直彬注解『唐詩選』上・中・下，岩波文庫，2000
魯迅著，中島長文訳注『中国小説史略』全2巻，平凡社東洋文庫，1997
魯迅著，相浦杲他編『魯迅全集』全20巻，学習研究社，1984-86

◆6章　美術

磯部彰編『清朝宮廷演劇文化の研究』勉誠出版，2014
伊原弘編『「清明上河図」をよむ』勉誠出版，2003
王凱『中国絵画の源流』秀作社出版，2014
王其鈞著，恩田重直監訳『図説 民居 イラストで見る中国の伝統住居』東方書店，2012
王伯敏著，遠藤光一訳『中国絵画史事典』雄山閣出版，1996
角井博監修『中国書道史　決定版』芸術新聞社，2009
菅野智明『近代中国の書文化』筑波大学出版会，2009
久野美樹『中国の仏教美術―後漢代から元代まで』世界美術双書6，東信堂，1999
クレイグ・クルナス著，中野美代子訳『明代中国の庭園文化―みのりの場所・場所のみのり』アジア遊学201，青土社，2008
『呉昌碩・斉白石』文人画粋編第10巻，中央公論社，1977
後藤裕也他編訳『中国古典名劇選』東方書店，2016
小林斗盦著『篆書千字文』二玄社，2000
小松謙『中國古典演劇研究』汲古書院，2000
鈴木洋保・弓野隆之・菅野智明編『中国書人名鑑』二玄社，2007
島田修二郎『中国絵画史研究』島田修二郎著作集2，中央公論美術出版，1993（1951）
杉村勇造『画人　斉白石』求龍堂，1967
『世界美術大全集』東洋編全18巻のうち1-9巻，小学館，1997-2000
田辺尚雄著，植村幸生校注『東洋音楽史』東洋文庫856，平凡社，2014
中国中央電視台編，岩谷貴久子他訳『中国絵画の精髄―国宝に秘められた二十五の物語』科学出版社東京，2014
張競編著，孫玄齢他著『現代中国の文化』現代中国叢書4，明石書店，2005
張臨生他編，西村康彦他監訳『故宮の至宝―台北故宮博物院・北京故宮博物院』上・下，日本放送出版協会，1993
陳廷祐著，張華峰他訳『書道芸術』見て読む中国，東方書店，2006
鶴間和幸監修『よみがえる四川文明―三星堆と金沙遺跡の秘宝展』共同通信社，2004
西林昭一『書の文化史』上・中・下，二玄社，1991-1999
比田井南谷『中国書道史事典 普及版』天来書院，2008
樋田直人『中国の年画―祈りと吉祥の版画』あじあブックス32，大修館書店，2001
藤井勝彦写真・文『中国の世界遺産』楽学ブックス海外5，JTBパブリッシング，2012
三山陵『フルカラーで楽しむ　中国年画の小宇宙―庶民の伝統藝術』，勉誠出版，2013
松村茂樹『呉昌碩研究』研文出版，2009
米澤嘉圃他『白描画から水墨画への展開』水墨美術大系第1巻，講談社，1975
陸偉榮『中国近代美術史論』明石書店，2010
綿引滔天編『甲骨字典』二玄社，2016
楊新他著，関野喜久子訳『図説「清明上河図」』科学出版社，2015

◆7章　芸能

青木正児訳編，田中謙二他訳『戯曲集』中国古典文学全集33巻，平凡社，1959

石田一志『モダニズム変奏曲—東アジアの近現代音楽史』朔北社，2005
榎本泰子『楽人の都・上海—近代中国における西洋音楽の受容』研文出版，1998
大木康『馮夢龍『山歌』の研究—中国明代の通俗歌謡』勁草書房，2003
川原秀城編『中国の音楽文化—三千年の歴史と理論』アジア遊学201, 勉誠出版，2016
串田久治『王朝滅亡の予言歌—古代中国の童謡』大修館書店，2009
小南一郎『詩経—歌の原始』書物誕生　あたらしい古典入門，岩波書店，2012
近藤春雄『中国学芸大事典』大修館書店，1978
徐城北著，陳栄祥他訳『京劇の世界』見て読む中国，東方書店，2006
田仲一成『中国演劇史』東京大学出版会，1998
田中謙二編，吉川幸次郎他訳『戯曲集』上・下（『中国古典文学大系』52・53巻，平凡社，1970·71）
田仲一成『中国演劇史』東京大学出版会，1998
劉東昇他編著，明木茂夫監訳『中国音楽史図鑑』国書刊行会，2016
魯大鳴『京劇への招待』ショトルライブラリー，小学館，2002

◆8章　生活

J. ニーダム『中国の科学と文明　新版』全8巻，思索社，1991 - 91
石原邦雄他編『現代中国家族の多面性』弘文堂，2013
石原邦雄編『現代中国家族の変容と適応戦略』ナカニシヤ出版，2004
王仁湘著，鈴木博訳『中国飲食文化』青土社，2001
王其鈞著，押川雄孝他訳『図説 民居—イラストで見る中国の伝統住居』科学出版社東京，2012
川口幸大他『現代中国の宗教—信仰と社会をめぐる民族誌』東北アジア研究専書，昭和堂，2013
韓敏編『中国社会における文化変容の諸相—グローカル化の視点から』国立民族学博物館論集3, 風響社，2015
周達生著，石毛直道監修『中国』世界の食文化2, 農山漁村文化協会，2004
瀬川昌久『中国社会の人類学—親族・家族からの展望』世界思想社，2004
瀬川昌久編『近現代中国における民族認識の人類学』東北アジア研究専書，昭和堂，2012
田中静一他編著『中国食品事典』書籍文物流通会，1970 - 74
張競『中華料理の文化史』ちくま新書124, 筑摩書房，1997
杜石然他編著，川原秀城他訳『中国科学技術史』東京大学出版会，1997
中山時子他監修『新中国料理大全』全5巻，小学館，1997

事　項　索　引

* 「五十音見出し語索引」は xix 頁参照．見出し語の掲載頁は太字で示した．
* 本文中の記載に沿って，書名には『　』，詩題（物語名含む）と画題には「　」，曲名と演目名（映画名含む）には《　》をつけて示した．

21か条要求　68
6-3-3制　206
80後　564
90後　564

■A〜Z

QQ　272, 585
SARS（Severe Acute Respiratory Syndrome）　679
SMS（social networking service）　585, 641
VO構造　236
VS構造　239
WTO（The World Trade Organization）　485, 680

■あ

挨　拶　260, 272, 569, 575, 580, 590
「哀時命」　274
『赤い高粱』　395
『阿Q正伝』　381
握　玉　639
アジア号　103
遊　び　31, **254**, 258, 273, 332, 347, **690**
『アドナイノア』　156
亜熱帯モンスーン　84
アフラシアブ　422
アヘン館　688
アヘン戦争　60, 104, 113, 114, 154, 158, 160
阿房宮　21
「天橋立図」　459

『阿弥陀経』　340
『蛙鳴』　395
蟻　族　564
『ある男の聖書』　395
安伽墓　423
按　蹻　681, 682
安　渓　670
安　源　449
「暗香」　327
安史の乱　78, 98, 118, 295, 344, 426, 522, 652
安内攘外　70
按　摩　680
安禄山の乱　40, 78, 298, 620
依　韻　306, 325
『家』　382
イエズス会　154, 156, 158, 171, 444, 664
家の教会　155
『異苑』　338
医家気功　682
医　学　168, **178**, 230, 490, 668
育　児　603
「憶昔」　41
緯　書　124
『囲城』　383
医食同源　**668**
椅　子　4, 447, 582, 648
イスラム教　151, **152**, 659, 666, 676
イ　族　87, 631, 659
一条鞭法　632
逸格画　429

事項索引

一国二制度　75, 114, 117
一世一元制　52
『渭南文集』　330
《犬だんなの涅槃》　549
位　牌　578
「諱の弁」　308
遺民詩人　372
医　療　117, 141, 154, 178, 231, 560, 570, 572, **682**
医療扶助制度　571
医療保険　570
色　143, 231, 252, 296, 401, 414, 422, 428, 434, 466, 468, 470, **618**
祝い金　575
頤和園　624
陰　間　608
殷　墟　16, 408, 632
「隠居放言」　461
印刷術　176
「飲酒」　287
飲　酒　**656**
韻　書　312
インスタント食品　661
姻　族　575
陰　宅　224
インターネット　641
院　本　522, 526
韻　目　323
陰　陽　128, 176, 178, 181, **182**
陰陽五行　133, 192, 227, 616, 668
ウイグル族　152, 472, 475, 638, 661
ウェイボー（微博）　272, 585, 623, 641
ウェディングドレス　686
『雨月物語』　366
ウズベク族　152, 659
「烏台詩案」　326
『尉繚子』　131, 227
占　い　3, 145, 172, 180, 182, **222**, **224**, 240, 559

瓜　464
龍鳳茶（ウーロン茶）　653
雲岡石窟　418
運動器具　686
雲夢睡虎地11号墓　474
映　画　107, 112, 115, 389, 395, 514, 544, **550**, 554, 604
永嘉雑劇　523
永嘉の四霊　329
永嘉の乱　32
『瀛寰志略』　158
営　気　179
永州八記　301
「詠談容娘」（容娘を詠談す）　540
永貞の革新　300
栄宝斎　448
永楽宮　141
『永楽大典』　199, 523
駅　90
衛　気　177
易　124, 202, 222
『易』　180, 137, 180, 212
『易経』　156, 293
易筋経　682
易姓革命　189
エスキモー語　237
粤海関　113
粤　曲　519
粤　劇　519, 547, 551
越　劇　547
粤　語　112, 518
越　城　106
越　人　90, 112
『閲微草堂筆記』　375
干　支　65, **616**, 666
『淮南子』　90, 122, 130, 464
エベレスト山　82, 84
瑷　638
延　安　164, 383, 384, 386, 390

事項索引

延安整風運動　72
燕雲十六州　98
鴛鴦蝴蝶派　465, 379, 388
宴　会　22, 43, 265, 364, 568, 575, **590**
燕　楽　501
「艶歌羅敷行」　337
『円機活法』　318
縁組み　566
『燕京歳時記』　690
『冤魂記』　341
怨　詩　312
偃師商城　16
「煙寺晩鐘図」　454
宴　席　284, 332, 656
炎　帝　14, 496
塩鉄専売　25
煙　粉　353
「遠浦帰帆図」　454
洹北商城　16
円明園　402
『園冶』　479
「遠遊」　282
『宛陵集』　538
押　韻　323
「鴬鴬伝」　349
皇　象　425
往　生　579
「王昭君変文」　351
横　箸　591
「鴬啼序」　332
王田制　29
王道政治　132, 189
黄土高原　87
王孟韋柳　300
『大鏡』　318
『奥の細道』　297, 299
オランダ　116, 156, 460, 471, 664
オルタナティブロック　515
オルドス　21, 86

おわん帽　635
音楽理論　**500**
温州雑劇　523
温水洗浄便座　650
音　声　244, 270, 274
陰陽寮　174
音　訳　251
オンラインゲーム　689

■か

卦　212, 222
雅　280
解衣社　463
諧　音　483, 273
海　河　92, 100
改革開放政策　74, 165, 250, 513, 393, 484, 515, 675
外貨兌換券　633
会　館　140, 546, 607
外気功　683
回帰年　174
海禁政策　664
夏育扛鼎　520
海源閣　201
開元の治　369
『海国図志』　61, 158, 160
会　試　64
会　子　632
『芥子園画伝』　461
華夷思想（中華思想）　160, 189
楷　書　240, 424, 426, 492, 496
海　商　665
会　舎　560, 584, 586, 589, 591
改正朔　175
開成石経　241
「快雪時晴帖」　400
匯　中　404
外　朝　9
蓋天説　172

械 闘　595
『海島算経』　170
飼い鳥　684
開封（汴京）　48，93，108，110，352，521
解 剖　178
回 民　101
革命論　156，165
傀 儡　352
傀儡戯　521
外来語　**250**，501
外来種　664
「薤露」　336
カイロ宣言　71
家 屋　642
顔文字　273
華 界　101
科 学　161，163
雅 楽　500，502，504，506
何家村　421
「嘉禾八景図巻」　459
花関索　527
「花関索伝」　359
書き言葉　270，272，612
「花卉雑画巻」　438
カギュ派　144
科 挙　9，**10**，42，44，65，108，206，208，210，306，324，326，346，374，440，562，598，607
華 僑　113，597，607，670
家 具　**476**，**648**
楽　202，**500**
岳王廟　46
『学記』　690
楽 戸　520
『格古要論』　469，472
霍 山　88
学 制　**206**
学生結婚　605
格 致　161

格調説　373
角 抵　520
角觝戯　522，538
郭店楚（墓竹）簡　131，183
学 堂　211
「岳飛伝」　47，368
楽 譜　**506**
格 物　189，229
格物窮理　228
『学圃雑疏』　479
革命現代京劇　391
革命史観　69，70
革命年画　482
革命模範劇　551
「岳陽楼に登る」（登岳陽楼）　291，299
格 律　537
獲 麟　27
学 歴　**562**，564，566
賭 け　**688**
課 芸　211
何恵群　519
カザフ族　152，659
華 山　88
仮 山　478
家産官僚制　9
家 事　603
瓦 肆　521
雅 詞　326
「夏日」　314
カジノ　117，688
和氏璧　639
瓦 舎　521，538，541
哥舒翰　620
華 人　113，115，394，607
「佳人奇遇」　378
瓦 子　352，538，541
花信風　316
『風』　153
花石綱　480

事項索引

火　葬　112, 576, 578
家　族　3, 44, 151, 188, 193, 217, 224,
　　262, 304, 594, 596
尸　578
花鳥魚虫　684
「花鳥図屏風」　454
楽　器　336, 409, 415, 500, **502**, 504, 506,
　　516, 532, 546
カッコウ　615
学校教育　**206**
刮　痧　681
合作医療　570
『括地志』　538
家　電　648
河南造　489
河南竜山文化　15
狩野派　434, 489
画眉鳥　685
花　部　541, 542
楽　府　284, 336, 336, 508
雅　部　525, 541, 542
歌舞戯　540
貨　幣　19, 20, **632**
下　放　387
賈宝玉　376
華北山水画　429, 430
華北平原　82, 98
河姆渡遺跡　12
竃の神様　627
紙　456, 474
上　座　586
仮面劇　**526**
鴨　465, 674
火　薬　176
歌　謡　30, 86, 212, 280, 284, 336, 366,
　　510
『華陽国史』　6
荷葉杯　313
カラオケ　656

カラ・キタイ（西遼）　51
「花梨木製卓」　477
『家礼』　215, 219, 595
画　論　398
観　141, 538
官　**592**
漢　易　184
感　覚　192, **194**, 258, 264, 383, 600, 608,
　　610, **612**, **614**, **616**, **618**
官　学　210
「漢宮春暁図巻」　476
珞　玉　639
汗血馬　25
邗　溝　92
函谷関　22, 83, 92
換骨奪胎　293, 324
『還魂記』　534
冠婚葬祭　581, 585
《浣紗記》　524, 536
簡　策　170
関索戯　527
寒山寺　109, 332
漢　詩　284, **318**, **320**, **322**
『管子』　128, 183
漢　字　16, 19, **240**, **242**, **244**, 606
感　謝　83, 265, 569
『漢書』　27, 88, 128, 136, 180, 202, 486,
　　504, 520, 540
観賞魚　684
『官場現形記』　367, 674
監　生　11, 209
『観世良言』　62
菅　草　464
漢　族　2, 34, 62, 86, 98, 112, 654, 606,
　　658, 674
簡体字　206, 241
ガンダーラ　416
邯鄲故城　19
感嘆詞　266

「邯鄲の夢」 349
間　諜　227
関　帝　140
関東軍　60, 102
簡　牘　19, 243
広　東　112, **518**
広東語　114, 248, 514
広東システム　60, 116
広州十三行　60
官二代（グワンアルダイ）　599
感　応　579
「観音猿鶴図」　453
観音菩薩　142, 362
乾　杯　586, 591, 656
『韓非子』　19, 122, 128, 177, 504, 690
幹　部　593, 598
「感諷五首」　309
漢　服　634, 637
顔　法　426
漢　方　178, 668, 680
竿　木　520
韓　門　298, 307
「宦門子弟錯立身」　532
『雁門集』　355
『寒夜』　383
堪　輿　224
咸　陽　21, 22, 118, 245, 486
慣用表現　260
翰林学士　44, 302
「寒林重汀図」　429
冠　礼　578, 595
関隴集団　36
甘露の変　304
官　話　592
気　178, **182**, 187, 224, 230, 578
鬼　339, 578, **608**, 690
義　132, 188
気一元論　183
戯　園　539

羲　和　122
『幾何原本』　171
奇　岩　**480**
偽　経　143
義兄弟　584
戯　曲　198, 348, 366, 370, 384, 520, 532,
　　　530, **534**, 538, 546
起居注　6
「帰去来の辞」（帰去来辞）　287
気穴（ツボ）　178
鬼　月　609
気　候　12, 82, **84**, 96, 183, 642, 672
気　功　**230**, 680, **682**, 682
鬼　才　307, 308, 608
気質の性　191
徽　州　476
キジル石窟　340, 422
『帰真総義』　153
季節感　**612**
季節風　84
気　爽　85
帰　蔵　222
基層幹部　593
基礎年金　572
吉祥図　483
喫　茶　119, 401, 466, 652
吉祥文様　401, **464**
契　丹　36, 42, 47, 98
吉　兆　338, 445, 403, 581, 618
紀伝体　6
砧青磁　468, 471
記念日　568, **628**
《鬼馬双星》　514
騎馬民族　3, 94, 520, 620
徽　班　541
戯　班　540
羈縻州　9, 37
戯　文　523, 532
亀　卜　223

事　項　索　引　　　729

基本医療保険　571
基本調味料　**662**
義務教育　207, 563
鬼門道　539
『客座贅語』　536
《客途秋恨》　519
弓　鞋　635
「九歌」　97, 274
《義勇軍進行曲》　514, 550
求賢令　31
汲古閣　201
九寨溝　95
「九思」　274
『九章算術』　170
『髹飾録』　472
宮体詩　**290**
『窮達以時』　131
『旧唐書』　40
「九歎」　274
宮　調　500, 522, 532
「己酉の歳九月九日」（己酉歳九月九日）　287
九品官人法　8, 10
「救風塵」　529, 531
「九弁」　274
旧法党　326
牛魔王　362
窮　理　228
キュウリ（胡瓜）　664
渠　35, 92
鄴　30
珋　638
教　育　124, 134, 152, 154, 202, 206, 208, **210**, 232, 380, 494, 496, 512, 562, 564, 602, 604, 690
教育権回収運動　155
恭王府　624
叫果子　521
行　気　682
行　儀　264, 266, **610**

郷挙里選　10, 29
京　劇　525, 537, 541, **542**, 544, 546, 548
ギョウザ（餃子）　660, 667
姜寨遺跡　12
姜寨文化　475
共産主義　70, 74, 164, 232, 258, 233, 403, 568
郷　試　446
教師節　628
狭　斜　348
仰韶文化　12, 474
『狂人日記』　380, 382
教相判釈　143
共通語　99, 114, **248**, 514
匈　奴　3, 21, 24, 32, 351
強迫教育　207
教　坊　520, 540
「京自り奉先県に赴く詠懐五百字」（自京赴奉先県詠懐五百字）　313
竟陵王の八友　306
竟陵派　357
共和制　66, 160
克　14, 122
挙　業　208
「玉階怨」
曲子詞　332
《玉蜻蜓》　517
『玉台新詠』　290
曲　阜　126
曲　譜　524, 537
「玉茗堂四夢」　524
『玉梨魂』　388
『曲律』　537
玉　13, 468, **638**
玉階怨　296
玉石混淆　639
玉　容　639
居敬窮理　**228**
《漁光曲》　514, 551

居　士　146
挙　子　208
御史台　44
挙　人　11
「漁村夕照図」　454
漁　父　274
居民委員会　582
魚龍曼延　520
『儀礼』　133, 192, 213, 214, 218, 594
キリスト教　4, 38, 62, 116, 134, 151, **154**, 163, 232, 588
肌理説　373
キルギス族　659
妓　楼　618, 688
義和団事件　79, 101, 154, 379, 402, 407
「樹を種うる莫れ」(莫種樹)　309
琴　302, 336, 502, 506, 690
錦衣衛　365
金円券　633
金鷹賞　554
金華ハム　663
禁　忌　168, 294, 561, 609, 682
金　魚　684
『金匱要略』　668
禁　軍　43, 360
銀　元　633
勤工倹学　74
金港堂　378
『今古奇観』　366
筋　骨　521
『金史』　354
銀字児　353
「錦瑟」　311
『琴瑟考古図』　335
銀雀山漢墓竹簡　131
銀　錠　632
『金薯伝習録』　665
「昕夕閑談」　378
金石学　324, 446, 462, 492

金石文　198
『近代侠義英雄伝』　388
近体詩　298, 322, 506
近代思想　**158**, **160**
『欽定詞譜』　332
均田制　33, 36
『琴賦』　506
金　文　3, 17, 182, 192, 241, 494
『金粉世家』　388
『金瓶梅』　358, 362, 364, 604
均輸法　25
鈞　窯　469
禁欲主義　604
金　襴　455
銀　両　632
気　176, 187, 224, 230, 578
徽　504, 506
夔　123
クィア　605
空印の案　53
空　間　**612**
偶像破壊運動　62
「与虎丘紹隆印可状」　457
苦吟派　307
九　九　170
虞弘墓　423
日下部鳴鶴　446
「孔雀東南に飛ぶ」　337
屈　原　275, 548, 627
屈輪文犀皮盆　473
『旧唐書』　346, 652
工夫茶　653
供　物　423, 578, 608
公羊学　27, 28, 60, 160
『公羊伝』　125, 133, 213, 217
屈輪文　**472**
クリルタイ　51
裙　634
「群禽花鳥図」　460

事項索引

郡県制　4, 8, 19, 20, 24
訓詁注疏　133
君　主　4, 10, 18, 20, 30, 42, 52, 88, 156, 160, 188, 196, 214, **216**, 282
君　臣　132, 188
『君台観左右帳記』　447
軍　閥　66, 70
卦　182, 212, 222
奚　98
羿　122
形意拳　682
「形影神」　287
閨怨詩　290, 310
経　学　44, 125, 133, 195, 203, 294, 607
荊軻伝　368
『倪煥之』　382
景教（ネストリウス派キリスト教）　38, 154
経　穴　178
敬　語　261
京杭大運河　93
「経国美談」　378
経済改革開放　386
経済特区　75
《荊釵記》　524, 532, 536
「谿山行旅図」　430
「繋辞伝」　185, 212, 222
京師大学堂　65
京師図書館　205
敬酒（ジンヂウ）　587
迎春花　316, 614
経　書　28, 125, 133
《霓裳羽衣曲》　304
敬称辞　261
経世致用　160
『警世通言』　366
経籍志　202
『荊楚歳時記』　690
経堂教育　153
競　馬　404, 630, 688

経　脈　178
芸文志　128, 202
滎陽の戦い　23
経　絡　680
桂柳語　249
劇　場　521, **538**, 541, 543, 546
『華厳経』　419
玦　638
血　縁　597, 607, 622
《孽海花》　379
『月月小説』　379
結　婚　**568**, 569, 581, 585, 566, 603
歇指調　501
結縄文字　198
『磧石調幽蘭譜』　505, 506
月　旦　342
月　餅　585, 615, 627
ゲテモノ　**678**
ゲーム　236, 252, 363, 656, **688**, 690
ゲルク　144
ケレイト部　51
建安の七子　306
玄　学　133, 183
祆教（ゾロアスター教）　4, 38, 423
『元曲選』　528
健　康　168, 219, 337, 560, **570**, **682**
言語類型論　238
兼　愛　302
元雑劇　523, 529
元詩四大家　355
現実主義　**194**
『源氏物語』　434, 502, 638
黔　首　20
犬　戎　18
謙　譲　268
元宵節　626
現象文　239
健身気功　682
遣隋使　318

謙　遜　268
『現代』　383
『現代仏教』　147
現代話劇　**548**
『現代漢語詞典』　253
現代美術　405，**448**
『建中実録』　348
建長寺　653
遣唐使　318
『剣南詩稿』　330
建仁寺　653
減筆体　429
玄武門の変　36，77
元末四大家　434，438
玄妙観　141
賢　良　10
語　彙　4，143，157，162，**236**，241，248，
　　270，274，366，613
胡惟庸の獄　53，54
灸　212，223
孝　**192**，215，216，218
公案小説　365
公安派　357，373，532
絳雲楼　201
公営くじ　688
紅衛兵　73，155，381，552，599
公　園　**686**
校園民歌　515
黄　河　2，12，16，34，82，**86**，92，96，110，
　　346，409，412，430，614
黄海海戦　64
講　学　210
紅　学　376
高額医療費用互助制度　571
広雅書院　205
紅河ハニ棚田群の文化的景観　94
黄河文明　12，16，86
行　気　230
硬気功　682

『洪吉童伝』　361
高級幹部　593
孔　教　134，232
『孝経』　131，133，193
公共トイレ　650
康業墓　423
黄巾の乱　30，52，138
高句麗遠征　34，37
高句麗の都城と古墳　95
侯景の乱　33
鴻　溝　92
高崗・饒漱石事件　74
『江湖奇侠伝』　388
江湖詩人　329，335
甲骨文字　3，16，19，198，240，408，474，
　　500
黄　砂　83，85，87，98，615
江左三大家　372
恒　山　88
衡　山　88
郊　祀　133，214
講　史　352，359
交　子　632
号　子　511
孔子改制　65
公私混同　601
皇史宬　204
孔子像　**124**，134
後七子　356，372
孔子廟　232
工尺譜　507
杭　州　48，93，**110**，**112**
広　州　**112**，116
校讎学　202
「黄州寒食詩巻」　398，490
杭州西湖の文化的景観　94
公　所　607
高　昌　36
考証学　133，160，492

事項索引

『絳帖平』 334
「浩初上人と同に山を看み京華の親故に寄す」
　（与浩初上人同山看山寄京華親故）　313
光緒元宝　633
校書郎　204
甲申政変　64
香辛料　662, 667
「合生」　352, 521
江西詩派　324, 328
江西体　493
「江雪」　300
黄琮　638
閣皁山　141
光宅寺　421
興中会　66
黄帝　14, 178, 214
『黄帝内経』　174, 176, 178, 655, 668
香典　581
行動規範　586
口頭言語　244
「高唐賦」　312
黄土高原　82, 87, 644
江南　87, 92, 96
江南山水画　428, 430
「江南春」　341
江南図書館　205
抗日戦争　68, 70, 390, 395, 449, 482, 511
黄梅調　552
公費医療　570
弘文館　204, 426
黄埔軍　66, 70, 113
高密年画　482
公民宗教　135
後門造　489
鴻門の会　22
勾欄　538, 541
公理　187
「蒿里」　336
「蒿里行」　312

黄龍　95
黄龍変　520
高齢化　583, 603
黄老道　137, 138
黄老派　129
『紅楼夢』　362, **376**, 388, 605, 638, 653, 690
『光禄寺則例』　674
江淮文化　107
古越蔵書楼　205
コオロギ　684
五岳　**88**, 404
胡楽器　502
古楽府　**336**, 508
『後漢書』　138, 142, 173, 416, 540
古稀　574
語気助詞/副詞　271
故宮（博物院）　54, 99, 205, 400, 400, **402**, 404, 486
虎丘　109
五経　194, 208
五行　125, 131, 179, 181, **182**, 192, 227, 231, 243, 559
「古鏡記」　344
『五経正義』　212
『五行大義』　184
五経　138, 194, 208, **212**, 216, 274, 292
五経博士　24
五行掌　682
五行説　184, 243
古玉　638
五禽戯　231, 682
『古今図書集成』　59, 204
克殷　17
国画　399
国学熱　233
国劇　543, 547
『国語』　8
「崔児を哭す」（哭崔児）　313

『国粋学報』 162
告代祭天 216
国恥日 68
「哭晁卿衡」(晁卿衡を哭す) 289
嚳　帝 14
黒　帝 14, 124
哭廟事件 370
国民政府 70, 118, 232, 632
国民党 66, 70, 87, 386, 403
国務院 592
黒名単工作室 515
国有企業 553, 564, 570
国立劇専 548
『穀梁伝』 213
胡敬徳 140
呉江派 524, 537
『五虎平西・平南』 369
孤　魂 526
五言詩 284, 508
『古今小説』 366
『古今図書集成』 204
五言律詩 322, 329
孤　山 111
五山文学 318, 327
鼓　詞 518
『呉子』 227
五四運動 66, **68**, 72, 380, 386, 548, 568
「孤児行」 336
「古詩十九首」 285, 290, 309
伍子胥変文 351
『故事新編』 381
故事成語 137, **276**, 411
「悟真篇」 231
五四事件 68
五四運動 66, **68**, 380, 386, 389, 548, 568
五　声 500
戸　籍 33, 105, 558, 564
胡　旋 423, 521
五　臓 177, 680

呉楚七国の乱 54
古太極図 181
五台山 360
古体詩 322
『五代史記』 6
『五代史平話』 353
古代文化 12, 14, 16, 107
呉中四傑 109, 344, 356
戸調制 30
国家幹部 593
国家公務員 563
国家森林公園 686
『国家珍宝帳』 450
克己復礼 132, 188
国　教 24, 29, 33, 133, 134, 137, 138, 144, 232, 280
国共合作 66, 70
国共内戦 70, 72, 74, 155, 384, 386, 521, 544, 633
滑稽戯 522
国慶節 615, 628
五　帝 14, 123
古典籍保護 205
琴 302, 336, **504**, 506, 516
《梧桐雨》 41
胡騰舞 423
五　徳 243, 639
五徳終始説 243
ことば遊び **254**
五斗米道 32, 138
ことわざ **276**
呉　派 434
小　話 258
「五百羅漢図」 406, 454
胡風批判 391
五服制 214
古物陳列所 403
古　文 28, 133, 295, 300, 405
古文運動 295, 324

事項索引

呉方言　517
胡　麻　660, 664, 672
コミュニケーション　264, **640**
コミュニティ　686
コミンテルン　70
米　100, 352, 656, 660, 662, 670, 676
顧　命　217
『御物御画目録』　452
虎門寨追加条約　61
娯　楽　176, 351, 379, 490, 513, 539, 686
孤立語　238
「五柳先生伝」　286
五糧液　625
五倫五常　132, 188
魂　578
紺　色　636
婚　姻　17, 272, 568, 602
『恨海』　379
艮　岳　480
婚活　**566**
昆(崑)曲　536, 546
昆(崑)劇　535, **536**, 541, 543, 544, 546
渾　厚　333
昆山腔　524, 535, 536
渾天説　172
婚　礼　337, 517, 581, 595
昏　礼　578, 595
崑崙山　224, 417, 500

■さ

痧　681
蔵寒二古　437
菜　系　670
祭　祀　16, **214**, 578, 608
歳時記　690
宰　相　6, 9, 40, 44, 46, 53, 78, 288, 303
才　人　523, 529
財　神　140
「釵頭鳳」　331

『西遊記』　353, 358, **362**, 364, 370
祭　礼　132, 141, 215, 280, 578, 595
「採蓮曲」　320
差役法　45
魚　13, 177, 247, 304, 465, 478, 483, 590, 659, **666**
サキャ派　144
朔望月　174
酒　215, 220, 236, 246, 251, 286, 304, 332, 410, 439, 440, 561, 569, 586, **654**
鎖　国　460, 664
左拾遺　302, 348
座　順　588
沙　僧　362
雑　家　131
作家協会　390, 392
雑　技　**520**, 630
《殺狗記》　524, 532, 536
雑　劇　522, **528**, 530, 532, 540
「雑詩十二首」　314
雑把戯　520
冊　命　217
『左伝』　182, 223
左伝紀事本末　6
さ　び　**314**
作　法　221, 401, **590**, 652, **658**
坐忘法　682
サムエ　144
左翼作家連盟　380, 382
茶陵派　356
衫　634
山陰三山　328, 331
三　昇　???
三　袁　357
「山園小梅」　316
『山歌』　366, 509
散　楽　520
『算学啓蒙』　171
算　学　170

三　官　140
三希堂　59, **400**
『三俠五義』　388
三　峡　83, 87, 297, 299, 312
三　教　132, 138, 151
散　曲　509, 539, 541
参　軍　522, 540, 522, 526, 540
三間屋　642
三言二拍　**366**
三　皇　14, 123
三綱五常　132, 161, 188, 190
三皇五帝　20
三国干渉　102
『三国志演義』　30, 87, 352, **358**, 353, 362, 364, 368, 370, 584
「三国志玉璽伝」　359
『三国志平話』　353
散　骨　577
斬　衰　214
『三字経』　208
暫時居住人口　565
三自原則　155
「山市晴巒図」　454
三舟の才　318
三種の神器　198, 648
三省六部制　36
山水画　430
山水詩　97, 289, 300, 355, 430
山水の変　430
山水文学　288
三世説　161, 341
三星堆　**412**
「山西の村に遊ぶ」(遊山西村)　331
蚕　叢　413
『三体詩』　295
算　籌　170
山　長　211
三調合一　683
三長制　33

山東懸案解決に関する条約　68
山東権益　68
山東竜山文化　13
サントス宮殿　406
三年の喪　214
三分損益　500
『山房集』　541
山　脈　82, 84, 87, 97
三民主義　66, 233
「楼門五三桐」　319
「山有扶蘇」　273
三　楊　356
『三略』　227
死　**214**, **578**
尸　218
『詩』　15, 192, 212
『緇衣』　131
『機器猫』　485
市　隠　109
次　韻　325
90後(ジウリンホウ)　564
ジェンダー　393, **602**, 619
「慈恩寺南池秋荷詠」　315
『爾雅』　88
志　怪　**338**, **340**, 342, 344, 348, 375
尸解仙　579
時　間　111, 270, 291, 402, 588, **612**
『史記』　6, 14, 16, 18, 20, **26**, 96, 124, 128, 136, 187, 242, 368, 370, 408, 415, 486, 504, 540, 283
磁　器　470, 639
《四季歌》　542
「四騎獅子狩文錦」　423
鱖　魚　614
『詩経』　86, 97, 212, 280, 284, 292, 312, 436, 508, 510, 526, 538, 620
紫禁城(故宮)　54, 99, 101, 204, 400, 402, 404
四君子　316, 447

史君墓　423
『詞源』　333, 334
『四元玉鑑』　171
四元術　171
詩　語　**312**, 319, 323
四合院　642, 644
始皇帝陵（驪山陵）　20, 94
之　国　54
地　獄　340, 351, 579
自己人　**596**
『四庫全書』　5, 58, 111, 199, 203, 204, 400
紫砂茶壺　653
「施氏食獅史」　244
『資治通鑑』　18, 208, 487
『詩集伝』　280
『四十二章経』　142
『徙戎論』　32
『四書直解』　156
四　書　208, **212**, 229
四書五経　133, 156, **212**
獅子林　109
士　人　225, 348, 398, 435, 547, 594
弐臣詩人　372
『死水』　384
『資政新篇』　63
「至誠張主管」　352
姿勢動詞　236
『四世同堂』　383
四川のジャイアントパンダ保護区　94
四川盆地　82, 85, 87, 118, 412
四川料理　119, 663
自然崇拝　630
自然法　196
思想改造　164
『氏族志』　37
氏族制　16, 18, 51, 124
四大家　355, 426, 434, 438, 442, 460, **492**
四大奇書　358, 362, 364
四大戯文　536

四大古都　106
四大南戯　532
士大夫　5, 9, 43, 45, 189, 328
「七諫」　274
七官青磁　469
紫竹林　101
七言詩　284, 441, 508
七言絶句　322, 329, 509
七七事変記念日　629
七実三虚　359
七　声　500
七　雄　19
『七略』　131, 202, 204
瑟　502, 506
『史通』　203
漆　器　59, 404, 472
しつけ　611
祠　堂　221, 594, 608
児童節　628
『支那人の古典とその生活』　194
支　那　194, 606
「児に示す」（示児）　331
「始寧の墅に過る」（過始寧墅）　289
詞　牌　332
字　輩　262
『司馬法』　227
詩　賦　202
四部分類　203
《思凡》　549
自　慢　258, **622**, 686
市民宗教　135
『時務報』　159
四面楚歌　23, 276
下関条約　64, 102
『子夜』　382
ジャイアントパンダ　94
釈　迦　127, 351, 362, 419, 421
社会主義　72, 75, 105, 140, 145, 147, 164,
　　　　191, 206, 259, **390**, 393, 515, 551, 558,

570, 572, 590, 602, 611, 628, 686
社会的身分　599
社会流動性　610
社会倫理　550, 611
若　木　413
釈　明　**266**
『蔗軒日録』　458
社交辞令　265, 588
謝　罪　**266**, 269
シャーマン教　659
『ジャーミー・アッタワーリーフ（集史）』
　51
シャルロッテンブルク宮殿　406
洒　落　258
上　海　**104**, 514
上海蟹　615
上海クーデター　70
上海芸術博覧会　448
上海語　248
上海博物館　**404**
上海万博　105
上海モダン　104
上海話劇芸術センター　549
繻　634
主一無適　228
十一期三中全会　603
『周易』　222, 247
就　活　**564**
祝　儀　581, 618
宗　教　4, 28, 34, 62, 118, 132, 134, 138,
　　140, 142, 147, 150, 192, 338, 412, 610,
　　630
宗教結社　58, 64, 232
集　句　325
祝　言　575
集賢殿　204
習　合　150
自由港　114, 116
秋高気爽　85

集合住宅　**646**
修己治人　132, 189
秀　才　11
十三経　133
十三公行　113
集　史　51
修　士　563, 565
『十七史商榷』　7
就　職　565, 598
柔　然　33
十全武功　400
『繡像小説』　379
住宅様式　646
『十竹斎書画譜』　199
十二橋文化　413
十二支　559, 616
十二律呂　500
『周髀算経』　172
「秋風の辞」（秋風辞）　285
『十部算経』　170
住文化　**642**, 644
重文軽武政策　43
『十問』　230
「秋夜」　314
史　游　494
十　翼　223
『十四行集』　385
自由恋愛　569
儒　家　17, 21, 124, 128, 132, 134, 136,
　　188, 682
儒　学　5, 58, 65, 88, 132, 134, 233, 294,
　　372, 610
酒　館　539
珠璣巷伝説　113
儒　教　28, 88, **132**, **134**, 138, 150, 188,
　　190, 214, 216, 218, **232**, 280, 292, 578,
　　610
『儒教の知恵』　195
塾　206, 208, 370, 563, 690

熟　語　276
祝　日　502, 626, **628**
『祝福』　381
受験勉強　**208**
『酒国』　395
珠　算　171
朱子学　11, 52, 120, 126, 139, 153, 156, 160, 187, 211, 225, 228, 578
『朱子家礼』　595
寿　星　140
樹石画　428, 430
朱仙鎮年画　482
寿蘇会　463
酒池肉林　17
『述異記』　338
十　家　128
十　干　184, 616
述古堂　201
出　産　240, 259, 274, 559, **560**
出　身　**598**
術　数　184
首都革命（北京政変）　403
酒　徳　655
主　賓　586
手法譜　502, 506
趣　味　59, 288, 357, 454, 462, 466, 477, 480, 535, **684**
受命改制思想　174
『周礼』　29, 34, 88, 133, 170, 213, 222
『儒林外史』　343
酒　礼　655
寿　礼　**574**
舜　14, 351, 436
循環的歴史観　616
遵義会議　72
『荀子』　19, 128, 182, 292
「舜子至孝変文」　351
『春秋』　124, 18, 27, 124, 133, 212, 292
春秋公羊学　27, 28

春秋五覇　18, 226
『春秋左氏伝』　28, 298, 338, 408
『春秋繁露』　184
春　節　140, 580, 585, 626, 628, 667, 686
「春望」　299
皴　法　428
『春明小史』　388
「春夜」　319, 326
「春夜徒弟と桃李園に宴するの序」（春夜宴従弟桃花園序）　297
春柳社　548
『書』　14, 192, 212
詩　余　332
書　院　204, **210**
頌　280
鈔　632
証　681
詩　妖　510
正一道　139
正一派　141
「招隠士」　274
商　鞅　130
縦横家　131
嫦　娥　123
章回小説　362
帖学派　**494**
『貞観政要』　37
貞観の治　36
『傷寒論』　176, 655
将　棋　258, 582, 686, 689
「小祇園図」　478
小　吃　676, 678
湘　軍　63
象形文字　240
上京会寧府　98
状　元　108, 562
松　江　335, 442, 476
紹興酒　654
紹興の和議　46, 328

事項索引

城隍廟　141
「招魂」　274
上　座　590
上　索　521
城子崖遺跡　13
城市公園　686
少子高齢化社会　573
『小二黒結婚』　383, 390
『小児詩五十韻』　690
精　舎　210
『尚書』　9, 189, 216
「瀟湘八景図」　453, 454
『尚書大伝』　14
将進酒　296
象　数　184
少数民族　2, 95, 122, 147, 153, 249, 354, 383, 389, 391, 404, 586, 606, 644, 678
《小井胡同》　549
上清派　138
小　説　339, 352, **382**
『小説画報』　389
『小説月報』　379
『小説時報』　379, 389
『小説大観』　389
『小説林』　379
正倉院　420, 423, **450**, 501
醸造酒　654
踵　息　230
「小孫屠」　532
招　待　589, 590
「焦仲卿の妻」　337
小　調　511
省　長　592
上　帝　62, 186
小　篆　20
浄　土　147, 288, 418, 538, 579
上党戦役　74
情人節（チンレンジエ）　627
小氷期　85

「商謎」　521, 352
『小朋友』　514
『正法華経』　340
商務印書館　378
省略表現　272
蒸留酒　655, 656
「商旅駝運図」　422
上林楽府　508
『証類本草』　169
唱和詩　306
書　画　5, 59, 109, 141, **398**, 400, 404, 406, 434, 438, 446, 456, 482
女　媧　14, 631, 639
書　会　523, 529
書画一致　399
書記言語　244
諸宮調　522
『書経』　186, 189
ジョーク　**258**
燭影斧声　43
食　材　246, 660, **664**, 666, 674, 676, 678
植民地　102, 114, 116, 513, 629, 661
『食療本草』　669
食　事　218, 220, 260, 560, 586, 590, 622, **658**
食事（餌）療法　668, 669
食　補　679
食　養　177, 669
『初刻拍案驚奇』　366
女子教育　602
『書史』　492
諸子百家　127, **128**, 132, 159, 163, 202, 240, 245
諸子百家　**128**, 132
「初出関旅亭夜坐懐王大校書」（初めて関を出で旅亭に夜坐して王大校を懐う）　315
『女神』　384
女真族　37, 98, 108, 328, 330, 333, 354, 480

除　夕　626
「蜀葵遊猫図」　464
初唐の三大家　426
初任給　564
書　法　10, 398, 400, 404, 426, 446, 456,
　　492
書面語　272
書　物　21, 59, 128, 136, 176, **198**, 200,
　　202, 204, 212, 282
胥　吏　9
序　列　186, 202, 580, 611
書　論　334, 398, 424, 492, 494
ショーロンポー（小籠包）　661
『事林広記』　48
四　礼　578
時　令　184
士礼居　201
『士礼居蔵書題跋記』　201
『四郎探母』　369
四六駢儷　293, 301
白猫黒猫論　74
詩　論　**292**, **356**, **372**
詩　話　293, 324
詞　話　364, 516
信　132, 188
仁　132, 188
讖　緯　28
「沈隠侯の夜夜の曲に擬す」（擬沈隠侯夜夜曲）
　　288
神韻説　372
「沈園二首」　331
辛亥革命　2, 66, 69, 104, 162, 250, 402,
　　512, 633, 635
新楽府　302, 508
進化論　159, 162
新感覚派　383
人間仏教　149
新気功療法　682
『清議報』　378

鍼　灸　178, 680
新教育運動　206
新疆の天山　94
新疆行政区画　58
仁義礼智信　190
シンクレティズム　150
秦瓊秦叔宝　140
新月派　384
『清国作法指南』　588
新左派　165
進　士　11, 65, 108, 492
新　詩　384
壬子癸丑学制　206
新時期文学　392
清室善後委員会　403
「任氏伝」　348
神　樹　412
『新修本草』　169
新儒家　134
壬戌学制　206
『晋書』　10, 176, 424
『新小説』　378
新　声　336
新生活運動　232
『新青年』　68, 163, 380, 548
親　戚　**580**, 584, **594**, 596
『真迹日録』　536
神仙思想　25, 137, 138, 579, 653
『神仙伝』　339
親　族　218, 261, 597, 609, 611
人　治　**196**
「秦中吟」　302
「新中国未来記」　379
清朝考証学　133
神亭壺　417
『新唐書』　40, 346
人頭像　412
新年画運動　482
神　農　14, 168, 652, 668

『神農本草経』 168, 668
「清平調詞」 317
真　武　140
新舞台　539
新文化運動（文学革命）　68, 380, 384, 610
新文学　380
新法政策　44
新法党　45, 326, 492
清末小説　**378**
新民歌　511
新民学会　72
新民主主義論　164
『新民叢報』　159
人民解放軍創立記念日　628
人民元　72, 404, 623, 633
人民広場　404
人民文学　390
『新訳包探案』　378
瀋　陽　**102**
真理基準論争　165
秦嶺山脈　96
神　話　14, **122**, 282, 338, 482, 630
詞　**332**, 509
詩　202, **294**, **324**, **328**, **356**, 372, **384**
酢　662
『随園食単』　653, 669, 674
『酔翁談録』　360
推恩令　24
衰　荷　314
「酔吟商小品」　335
睡虎地秦（墓竹）簡　19, 131, 184
『水滸伝』　72, 353, 358, 360, 362, 364, 370, 388
『隋書』　34, 202, 538
「水調歌頭」　332
『隋唐演義』　368
推　拿　680
水墨画　394, **428**, 436, 458
水墨山水　430

垂簾聴政　45
『随煬帝艶史』　34
数　学　8, 158, **170**
「嵩献英芝図」　444
嵩　山　88
数　術　202
『数書九章』　171
数量表現　239
硯　474
ストア哲学　156
墨　198, 456, 474
スローガン　**274**
勢　227
筮　223
性悪説　132, 191
西安事件　70
西　域　25, 37, 142, 250, 336, 340, 419, 518, 664
生　育　11, 208, 571
西王母　417
西　夏　51, 86
青海西蔵　82
西　学　158, 160
清華大学　563
生活保護制度　571
生活礼儀　610
「青花牡丹唐草文瓢形瓶」　406
「青花明妃出塞図壺」　470
『清議報』　159
『正教真詮』　153
清　空　333
青　圭　638
『西京雑記』　522
『西京賦』　538
西　湖　49, 94, 110, 303, 459
声　腔　536
静　功　683
靖康の変　43, 46
西崑体　324

事項索引

青山白化　225
正　史　6, 486
青　磁　**468**, 470, 639
製紙技術　176
「青磁香炉」　468
『性自命出』　131
「西洲話旧図」　441
『西廂記』　349, 370
青城山　141
生　殖　604
清　真　660, 666
聖　人　126, 188, 194, 228
成　人　54, 232, **568**
精神汚染　394, 552
清真菜　**676**
清真寺　152
成人式　568
『清真大学』　153
『精神分析入門』　162
整斉厳粛　228
『醒世恒言』　366
筮　占　223
性善説　132, 156, 190
性　相　604
青　蔵　96
性存在　604
贅　沢　56, 204, 302, **624**
清　談　137
聖誕節（ションダンジエ）　627
青　帝　14
成　都　31, **118**
青銅器　13, 17, 404, **408**, 486
制度局　65
靖難の役　53, 54
西南総合大学　385
『青年雑誌』　68
青年節　628
西皮腔　525, 541, 547
青苗法　44

整風運動　164, 191
「清平調詞」　317
「青弁山図」　442
『斉民要術』　654, 669
生命観　**192**
「清明上河図」　48, 352, 432
清明節　219, 580, 614, 626, 628, 690
西洋音楽　**512**
西洋近代思想　**158**
性理学　209
『性理字訓』　208
成立宗教　150
西遼（カラ・キタイ）　51
「青緑山水図」　429, 430, 488
西泠印社　446, 462
性霊説　357
『青楼集』　541
世界遺産　80, **94**, 120, 141, 234, 278, 396,
　　　　　403, 498, 505, 556, 692, **694**
世界革命　165
『世界繁華報』　378
世界無形文化遺産　537
石　湖　329
赤　璋　638
「惜誓」　274
石　濤　446
赤眉の乱　29
「石壁精舎還湖中」（石壁精舎より湖中に還る）
　　　　　289
赤壁会　463
「赤壁の賦」　326, 333, 490
セクシャリティ　**604**
『世説新語』　312, **342**
石棺床　422
『石渠宝笈』　402, 433
石　窟　95, 399, **418**, 422
雪月花　304
「石湖仙」　335
石鼓文　446

「説渾話」 352
説書俑 337
拙政園 109, 479
浙西詞派 334
接　待 228, 586, 588, 590, 593
《絶対信号》 549
「雪中遊兎図」 460
浙東学派 52
節度使 40, 98, 299, 310
浙　派 488
『説部叢書』 378
薛宝釵 376
『説文解字』 182, 243, 244, 639, 654
節　約 274, **624**
説話人 352
『世本』 14
《ゼロの記録》 549
『山海経』 122, 413, 668
宣教師 58, 62, 117, 146, 154, 156, 158, 177, 401, 444, 588, 660, 664
『千金翼方』 669
『宣験記』 341, 342
『全元詩』 355
『戦国策』 18, 654
『戦国縦横家書』 26
全国統一試験 562
洗骨葬 113
前四史 6
前七子 356, 372
千字文 208, **494**
禅　宗 139, 456
「宣州の謝朓楼にて校書叔雲を餞別る」（宣州謝朓楼餞別校書叔雲） 289
蟾　蜍 123
禅　定 682
「戦城南」 284, 336
全真教 139, 141
『全相三国志平話』 358
煎茶法 466, 652

先天図 181
銭塘江 49, 92
『全唐詩』 351, 540
仙　人 139, 296, 346, 454, 480, 533, 579
先　王 188
鮮　卑 33, 34, 354, 419, 420
先富論 75
箏 502, 504, 506
『禅門日誦』 164
『禅門仏事』 146
「贈荷花」 315
《荘家勾欄を識ず》（荘家不識勾欄） 539, 541
葬　儀 217, 218, 269, 574, 577, 581, 585
『創業史』 390
痩金体 432
双鈎顛墨 488
相剋説 184
相剋相生 616
蒼　鶻 522, 540
『荘子』 19, 123, 128, 136, 180, 182, 187, 200, 230, 293, 370
『宋史』 47
葬　式 149, 581, 618
『宋詩鈔』 372
蔵　室 204
「早春図」 431
『宋書』 288
相　勝 184
走　縄 520
藏　象 177
増乗開方法 171
蔵書家 198, **200**, 205
『蔵書紀事詩』 200
「草書四帖」 438
『捜神記』 338, 346, 374
相生説 184
喪　葬 213, 217, 218, 221
創造社 382, 384
宗　族 192, **594**, 607, 610

事項索引

奏定学堂章程　206
宋の四大家　**492**
宋　版　199, 200
造反有理　164
宗　廟　28, 133, 219
臓　腑　178
喪　服　217, 219, 618
蒼　壁　638
宗　法　17, 594
宋明理学　156
双　名　262
喪　礼　219, **576**, 595
『滄浪詩話』　293
滄浪亭　109
疏　影　327
租　界　61, 101, 104, 512
楚　簡　19, 131, 183, 405
『測円海鏡』　171
俗　楽　501
族　規　595
仄起式　323
俗　曲　365
族　訓　595
俗講僧　350
族　産　595
『促織経』　684
『続書譜』　334
ソグド　40, 98, **422**
族　譜　595
『楚辞』　97, 122, 208, **282**, 284, 338, 526
『楚辞章句』　282
蘇　州　**108**, 476, **516**
蘇州昆劇伝習所　537, 325
蘇州片　489
「蘇小小の歌」　301
祖　先　32, 188, 218, 578, 607, 608
俗　講　368
蘇　堤　110
『楚帛書』　184

ソビエト社会主義共和国連邦　66, 70
祖　廟　150
染　付　**470**
『素問』　178
蘇門四学士　327
蘇門六君子　327
ゾロアスター教（祆教）　4, 38, 423
算　盤　171
孫行者　362
尊　孔　232
『存在と時間』　162
『孫子』　26, 130, 182, 226
『孫子算経』　170
『孫子兵法』　131
尊者南面　590
村民委員会　582, 592

■た

第一次世界大戦　68, 71, 159, 163
『太一生水』　131
大運河　34, 48, 91, **92**, 98, 100, 108, 110
大宛（フェルガナ）　25
大衍の数　222
太　楽　336
大　学　189, 213, 564, 615
『大学』　156, 160, 229
『大楽議』　335
台閣体　356
大家族制度　580, 583
『大観茶論』　467, 652
大気汚染　85, 105, 691
太　極　181, 222
太極拳　230, 682
太極図　180, 185
大興城　35
第五世代　552
太　湖　92
太湖石　480
泰　山　88, 141, 579

泰山府君　339, 341
『太史公書』　27
大食調　501
大衆路線　275
「大招」　274
太常寺　520
大　喪　217
太史令　26
『大宋宣和遺事』　353, 360
胎　息　230
タイ族　630, 679
《大地の歌》(Des Lied von Erde)　321
大　都　50, 93, 523
大東亜文学賞　386
『大唐三蔵取経詩話』　353
大徳寺　406, 453
第二革命　66
第二次アヘン戦争（アロー戦争）　61, 64,
　　114, 154, 158, 160, 402
第二次国共合作　70
第二次世界大戦　71, 104, 114, 117, 407,
　　674
第二次天安門事件　69, 75
『第八才子花箋記』　518
『太平聖恵方』　669
『太平清領書』　138
太平天国　**62**, 154, 164
太平道　138
大北城　19
松明祭り　631
「代面」（大面）　522, 540
「大目乾連冥間救母変文」　351
大躍進　73, 74, 165, 391, 551, 592, 603
『太陽は桑乾河を照らす』　390
第六世代　553
台湾ニューシネマ（新電影）　552
朶雲軒　448
道　**180**
宝くじ　689

拓跋部　33
拓　本　198, 488, 494, 496
タクラマカン砂漠　82, 84
『大戴礼記』　14
太刀魚　667
棚　田　94
七　夕　626
他人行儀　265
タブー　17, 166, 387, 658, 676
『陀羅尼経』　119
タリム盆地　84
大袁頭　633
『探求の道』　153
断橋残雪　111
『嘆五更』　519
端午節　615, 626, 628
弾　詞　**516**, 518
誕生日　55, 462, 560, 575, 618, 622, 629
ダンス　686
淡水魚　667
団　茶　466, 652
「断腸」　304
灘頭年画　482
端　方　407
智　132, 188
『知音漫客』　485
『中国卡通』　485
地　戯　527
「竹枝」　332
「竹枝詞」　509
蓄妾制　604
「竹石図」　436
竹林の七賢　137, 342, 436, 655
地　形　**82**, 84, 87, 96, 224
治　国　189, 196, 682
「池上楼に登る」（登池上楼）　281
地　仙　579
「治宅」　314
旗袍（チーパオ）　634, 636

事 項 索 引

チベット高原　82, 85, 86
チベット族　2, 86, 95, 351, 627, 658
チベット仏教　59, **144**
地方劇　542, **546**
粽　627
茶　466, **652**
チャイナタウン　607
チャイナドレス　634, 636
チャイニーズネス　**606**
茶　園　466, 539
《茶館》　119
『茶経』　652
着色画　428
『茶疏』　653
チャットアプリ　641
チャーハン（炒飯）　246, 661
『茶録』　467, 652
チャン族　659
中華思想（華夷思想）　160, 189, 369
酎金律　24
忠　君　232
中　原　82, 107, 412
中元節　608
忠　孝　189
中国（伝統）医学　174, 178, **680**, 668
中国偉人蝋像館　496
中国革命同盟会　66, 70
中国共産党　66, 69, 191, 592
中国基督教協会　155
中国芸術国際展覧会　407
中国語　**236**, **238**, **244**, **272**
中国国家話劇院　549
中国残留孤児　103
中国史叙論　606
『中国思想を考える』　195
中国将棋　691
『中国人の論理学』　194
中国人民抗日戦争勝利記念日　629
中国天主教愛国会　155

中国道教協会　141
中国ニューウェーブ（新潮）　552
『中国の笛』（Die chinesische Flöte）　320
『中国文芸論』　156
中国民間音楽研究会　511
中国四大料理　119
籌　算　170
中山服　635
『中州楽府』　354
『中州集』　354
中秋帖　400
中秋節　580, 585, 615, 626, 628
『忠臣水滸伝』　361
中層幹部　593
中体西用　206, 250
中　唐　176, 300, 308, 312, 324, 426
中東鉄道　102
中都大興府　98
『中庸』　156, 180
蝶　464
長　安　**38**, 92, 420
張　園　101
趙王城　19
「張義潮変文」　351
『張協状元』　523, 532
張金界奴　400
重玄派　138
長　江　12, 82, **86**, 92
朝貢貿易　467, 665
「長恨歌」　41, 305, 387, 639
長沙走馬楼呉簡　31
弔　事　618
調　式　500
張之洞　206
潮州語　249
『長春真人西遊記』　362
『超人』　382, 384
長　征　72, 74
『長生殿』　41, 525, 537

張　楚　21
長短句　332
「迢迢たり牽牛星」(迢迢牽牛星)　290
『長物志』　477, 479
「長平の箭頭の歌」(長平箭頭歌)　308
『朝野僉載』　346
重陽節　626
「貼落」　401
陟岵　281
『直斎書録解題』　200
『直指算法統宗』　171
猪悟能　363
直轄市　24, 96, 98, 100, 118
チワン族　113, 249, 518, 631
「沈痾自哀文」　335
陳橋の変　42
鎮　江　93
陳師曽　447
《珍珠塔》　517
「陳商に贈る」(贈陳商)　308
「枕中記」　348
『沈淪』　382
対　句　11, 209, 275, 276, 293
追　儺　527
『通史』　203
通州　100
『通俗三国志』　358
ツゥルプ寺　145
通　典　6
「早に白帝城を発す」(早発白帝城)　296
燕の巣　664
ツボ(気穴)　178
梅　雨　84, 615
鶴　111, 414, 464, 479
『鉄扇公主』　485
『鉄臂阿童木』　484
庭園芸術　**478**
帝　王　**14**, 27, 37, 89, 106, 129, 168, 282, 478, 638

『帝王世紀』　14
鄭州商城　16
『啼笑姻縁』　388
丁　仁　446
鄭　箋　280
定　年　571, **572**
踢　弄　521
出稼ぎ　104, 573, 583, 597
笛　502
鉄琴銅剣楼　201
『輟耕録』　522
『鉄腕アトム』　484
手土産　589
テレビドラマ　389, **554**
天　127, 125, 133, 189, 192, **214**, 214, 216
天安門事件　69, 115, 393, 394, 448, 553
天一閣　201
天　演　187
『天演論』　158, 162
天　界　282, 363
《天涯歌女》　514
天蓋説　172
天　官　140
天干地支　616
伝　奇　**344, 346, 348**, 353, **532**, 534
天京事変　63
天元術　171
『天工開物』　654
天后宮　100
篆　刻　446
天　山　82, 84, 94, 452
填　詞　332
殿　試　11
天師道　32, 138
『天主実義』　156
点　心　660, 671, 676, 689
天人合一　133, 189
天人相関　133, 184
天　津　63, 68, 91, **100**, 482

事 項 索 引　　　749

天津民俗博物館　100
『転生夢現』　395
伝　説　**14**，50，122，142，168，282，412，
　　458，652
天　仙　579
纏　足　63，386，602，621，635
天台山　34，346
天　壇　28，214，404
天地開闢　122
点茶法　446，652
天朝田畝制度　63
点鉄成金　293，324
『天堂狂想歌』　395
伝統思想　**156**
伝統的住宅構造　**644**
祭　祀　12，16，28，88，132，192，**214**，216，
　　220，336，405
『天方性理』　153
『天宝曲史』　41
天　命　125，173，186，189
「天問」　274
天文暦法　**172**
天　理　**186**，187，186，189
典礼問題　154
トイレ　104，**650**
档　案　204
『陶庵夢憶』　476
統一体　680
統一配分　564
導　引　231，681，682
道　家　128，132，**136**，138，180，183，187
《董解元西廂記》　523
《東海黄公》　522
桃花塢年画　482
「寶娥冤」　529，530
道家気功　682
東岳大帝　89
「登岳陽楼」(岳陽楼に登る)　291
「桃花源記」　317，346

「桃花図・聯」　460
《桃花扇》　525，537
唐辛子　664
道　教　88，132，134，137，**138**，**140**，150，
　　156，188，203，232，578
同郷会館　539
『唐虞之道』　131
盗　掘　**486**
『東京夢華録』　48，352，520，528，538
桃源郷　317
道　姑　141
動　功　683
同光十三絶　544
同光体　373
『東西文化及其哲学』　159
唐三彩　470
唐　詩　293，294，315，320，325，355，356，
　　373，508，523
陶寺遺跡　13
杜　氏　654
童　試　11，209
道　士　141
陶磁器　59，399，404，406，466，468，470，
　　592
『唐詩三百首』　295
『唐詩選』　295
党支部書記　592
陶寺文化　13
唐写本　198
『唐書』　346
道　場　141，527
刀削麺　661
童心説　370
『銅人明堂之図』　177
同性愛　605
灯　節　686
唐　装　637
『道蔵』　140
唐宋八大家　295，300，327，490

東大寺　419, 450, 497, 507
『唐代の詩』(Poésies de l'Époque des Thang)　280, 320
闘　茶　466, 652
トゥチャ族　585
冬虫夏草　669
「洞庭秋月図」　454
闇洞房　585
『道徳経』　622
「唐土勝景図巻」　458
唐の四大家　426
「東坡」　327
『東坡志林』　352
刀　幣　632
東方紅　511
同朋衆　454
東北工程　95
動　漫　484
『透明な人参』　395
トウモロコシ　660
「東門行」　336
『憧約』　652
「桃夭」　281
童　謡　510
踏揺娘　522, 540
盗　律　486
登竜門　598, 564
峒　獠　112
東林書院　57, 211
『読史方輿紀要』　538
特色料理　**670**
『読書敏求記』　201
独　善　302
徳　治　132, 196
特別行政区　96, 114, 116
都江堰　118
吐故納新　230
土　司　9
『都城紀勝』　353

図書館　59, 72, 111, 156, 201, **204**, 320, 350, 366, 518
都市緑化　686
図　讖　29
土　葬　576
土着化　154
読　曲　525
独居老人　583
ドッグレース　688
読　経　232, 630
突　厥　98
突目仮面　412
吐　納　682
賭　博　684, 688
濁　酒　655
吐谷渾　35
『ドラえもん』　485
トランプ　689, 691
取りあげ婆　560
「鳥木石夾纈屏風」　451
「鳥毛立女屏風」　420
度量衡　20, 196
土　楼　278, 644
敦煌莫高窟　350, 418, 422
トン族　679
屯田制　31

■な

内気功　683
内　丹　231, 682
内　朝　9
ナイマン部　51
儺　戯　526
ナシ族　87
哪吒太子　363
ナーダム　631
儺　舞　526
名　前　**262, 558**
ナン　661

事項索引　　751

南　音　519
南越国　112
南　戯　523, **532**, 534
軟気功　682
南　曲　532, 534, 536
『南曲全譜』　524, 537
南　京　52, 91, 99, **106**
南京官話（マンダリン）　99
南京京師体制　54
南京条約　114
南京大虐殺犠牲者国家追悼日　629
南京博物院　404
南　郊　215
南宗画　431
南巡講話　75, 163, 165, 552
南船北馬　**90**
『南総里見八犬伝』　361
南宋の三大家　328
南張北梅　386
『南唐書』　330
『南部新書』　308, 538
南北二宗論　442
肉　246, 604, **666**
二簧腔　541
『二刻拍案驚奇』　366
二十四節気　316, 614, 626
『廿二史考異』　7
「二十年目睹之怪現状」　379
二十八宿　363, 174
『日書』　192
日常食　659, **660**
日露戦争　102
日清戦争　**64**, 102, 158, 161
日中行動対照論　266
日中戦争　70, 87, 104, 386, 403, 513
二　拍　366
日本鬼子（リーベンクイズ）　608
『入蜀記』　330
『如意君伝』　365

二里岡文化　16
二里頭遺跡　13, 14, 16, 408
『人間の文学』　380
任伯年　446
ニンマ派　144
寧夏回族自治区　676, 688
ネストリウス派キリスト教（景教）　4, 38, 154
年　画　368, 482
年　金　564, **572**
年功序列　580
年中行事　580, 585, 614, **626**
「念奴嬌・赤壁懐古」　333
年齢区分　568
農村年金制度　573
農民運動講習所　113
農民工　105
罵り表現　264
ノーベル賞作家　**394**
「老圃秋容図」　460

■は

貝　貨　632
「梅花双兎図」　460
「拝火壇図」　422
陪　客　590
『拝月亭記』　532
《拝月亭幽閨記》　524, 536
佩　綬　634
杯酒釈兵権　43
陪　席　586
パイチュウ（白酒）　654
「梅妃伝」　41
『佩文韻府』　312
配　侑　215
俳　優　522, **540**
バイリンガル　248, 269
馬　嵬　40
馬　褂　635

事項索引

バカラ 688
馬戯 520
魄 578
白雲観 141
伯遠帖 400
白画 428
『白玉詩書』(Le Livre de Jade) 320
「白鵲図」 444
博士 438, 562, 565
白磁 470
《白蛇伝》 517
白酒(パイチュウ) 656
帛書 198
「陌上桑」 337
曝書亭 201
『白石道人歌曲』 334
爆竹 585
白堤 110
白帝 14
白馬寺 340
白描画 428
『博物志』 88, 338, 436
《白毛女》 385, 390, 549
白鹿 464
白鹿洞書院 210
白話 69, 362, 375
白話小説 343, **352**, 359, 360, 441, 529
箸 586, 590, 658
《馬路天使》 514
蓮 314, 465
《バス停》 394
八王の乱 32
八音 502
八字 559, 569
80後(バーリンホウ) 564
八大山人 446, 463
八段錦 231, 682
発音 50, 99, 180, 241, 244, 248, 252, 263, 272, 483

八卦 184, 222
莫角山遺跡 13
客家 62, 112, 249, 607, 644
莫高窟 350
八股文 11, 209, 211
『八種画譜』 461
八千巻楼 201
潑墨画 428, 430
馬蹄銀 632
「陪鄭公秋晩北池臨眺」(鄭公陪して秋晩の北池に臨眺す) 315
罵倒語 264
話し言葉 270, 272, 612
羽根蹴り 691
『母』 394
花部 525
破墨 428
「破墨山水図」 458
パリ講和会議 68, 71
『巴黎茶花女遺事』 378
バルチック艦隊 102
ハルビン **102**
反右派闘争 72, 74, 387, 389, 391, 513, 551
挽歌 286
『万花楼演義』 369
反キリスト教運動 155
盤古 122
万国公法 187
『晩清小説史』 378
ハンディキャップ制 688
晩唐体 329
『般若経』 340
半坡遺跡 12, 474
万里の長城 56, 94
半両銭 20
「悲歌」 312
碑学派 **492**
東突厥 35, 36
東山御物 **452**, 454

事項索引

『備急千金要方』 669
皮黄 543
比甲 635
ビール（啤酒） 654
《非常信号》 394
秘色 468
微信 272, 623, 641
翡翠 638
淝水の戦い 32, 288
ピータン（皮蛋） 679
筆箪 503, 506
筆算 171
筆墨 434
飛天賞 554
一人っ子政策 259, 559, 583, 691
「美について」(Von der Shönheit) 313
避妊 604
微博（ウェイボー） 641
ビーフン（米粉） 660
百戯 520, 538
百色蜂起 74
百団大戦 74
『白檀の刑』 395
白蓮教 58, 160
『百家姓』 208
百花斉放 72
百科全書派 156
百家争鳴 72
白琥 638
白虎観会議 29
『白虎通義』（『白虎通』） 14, 88
廟会 686
平起式 323
標語 **274**
表語文字 243
平仄 322
屏風壁画 450
病理 680
評劇 547

評弾 516
廟号 28, 52
廟算 227
廟台 539, 541
皕宋楼 201
批林批孔 233
卑猥語 264
《琵琶記》 524, 532, 536
「琵琶行図」 434
琵琶 503, 506
閩南語 248
賓陽中洞 419
賦 292
ファストフード 660
ファッション **636**
武夷山 141, 670
『風』 153
「楓橋夜泊」 109
風骨 295
風刺 258, 375, 389
『封氏聞見記』 652
風水 **224**, 231, 575, 642
『風俗通義』 88, 504
風林火山 226
フカヒレ 664
賦課方式 572
武俠 115, **388**, 552
武強年画 482
『武経七書』 227
複合語 246
副作用 105, 168, 669, 680
服装 3, 101, 228, 414, 541, **634**, 636
扶乱 370
父系 14, 192, 560, 575, 580, 592, 607, 611
『武経総要』 175
巫覡 538
武侯祠 119
巫師 526

753

事 項 索 引

藤　袴　317
武術気功　682
婦女節　628
婦女連合会　603
扶　桑　122, 413
舞　台　107, 388, 520, 522, **538**, 544
普通語　3
仏　教　33, 38, 132, 134, 137, 138, **142**, 144, **146**, 151, 187, 188, 191, 203, 232, 578
仏家気功　682
仏山年画　482
仏　性　191
仏　像　399, **416**, 419, 421, 423, 630
舞　亭　539
葡　萄　420, 464, 654
武当山　141
扶　南　31
『傅眉史』　388
『武備志』　227
「婦病行」　336
布　幣　632
府兵制　37
富裕層　625
芙　蓉　464
ブライダル産業　569
プライバシー　**600**, 647
不落夫家　113
プラグマティズム　159
フランクフルト学派　163, 166
フランス実存主義　162, 166
『武林旧事』　522, 539, 541
不老長寿　335, 464, 653
不老不死　139, 177, 287, 417, 579
ブログ　641
プロテスタンティズム　162
『文淵閣書目』　204
文学革命（新文化運動）　69, 380, 384
文学研究会　382

文学ルーツ探索派　392
文化シャツ　637
文化大革命　73, 74, 105, 155, 162, 166, 233, 262, 381, 386, 389, 391, 392, 403, 513, 547, 551, 554, 592, 598, 603, 610, 636
文化熱　162
文芸講話　390, 551, 549
文芸政策　547
『文公家礼』　595
『焚書』　370
焚書坑儒　21, 108
文人画　398, 429, **434**, 434, 440
文人官僚　610
『文心雕龍』　285, 293
「文石図」　481
「文の賦」（文賦）　292
墳　墓　468, 528, 576
文　法　238, 263, 270, 277
文房四宝　**474**
文明戯　548
「文明小史」　379
文瀾閣　111
兵陰陽　227
兵権謀　227
兵戸制　30
「兵車行」　298
『萍州可談』　175
平準法　25
兵　書　202, 227
平水韻　323
餅　茶　652
平天下　189, 682
兵馬俑　**414**
兵　法　**226**
米法山水　491
平　話　353, 358, 362
辟　邪　482
北　京　38, 55, 91, **98**, 448

事項索引

北京オリンピック　105, 198
北京曲劇　546
北京十三陵明皇蝋像館　496
北京人芸　549
北京人民芸術劇院　549
北京政変（首都革命）　403
北京大学　65, 68, 563, 205
北京電影学院　552
北京図書館　205
北京蝋像館　496
ペー族　679
「蛇を捕る者の説」(捕蛇者説)　293
ベルサイユ条約　68
ベルリン東アジア美術館　407
弁(辯)　129
冕　冠　634
便　器　650
汴京(開封)　108, 110, 352, 368
ペンジケント　422
『辺城』　383
弁　証　681
辮　髪　635, 637
冕　服　634
変　文　**350**
駢　文　301
駢儷体　295
ホイ族　666
放　翁　330
法　家　24, 130, 132, 180, 189, 196
宝　巻　365, 518
方　技　202
封　建　8, 17, 20, 22, 409
『宝釧記』　361
方孔円銭　632
包山楚簡　19
茅　山　89, 141
報春花　614
『封神演義』　369
方　正　10

封　禅　25, 88, 215
奉先寺洞　419
方相氏　527
法　治　131, 137, 189, **196**
泡茶法　466, 653
奉天会戦　102
法道具主義　196
彭頭山遺跡　12
『豊乳肥臀』　395
旁　譜　335
法　幣　633
『抱朴子』　138, 231, 464, 579
訪問儀礼　588
法門寺　421
法隆寺　419, 423
「卜居」　274
『墨子』　128, 184
墨　蹟　**456**
卜　筮　192, 223, 225
卜　占　241
墨　竹　429, **436**
墨　梅　429, **436**
北　伐　33, 53, 66, 70, 113, 328, 358, 550, 633
北　平　99
北平図書館　205
北洋海軍　64
北洋政府　232
北虜南倭　56
母　系　580, 611
『法華経』　340
保　険　**570**, 572
「補江総白猿伝」　332, 344, 346
「菩薩像」　399, 416
戊戌変法　**64**, 159, 160
ポスト構造主義　163
「捕蛇者説」(蛇を捕る者の説)　301
ポタラ宮　95
牡　丹　317, 464

《牡丹亭還魂記》 524, 534, 537
墓　地　576
墨　家　129, 136
渤海湾　100
北　曲　532, 546
『法句教』　340
ポツダム宣言　71
ポーツマス条約　103
墓　碑　193
ポピュラー音楽　**514**
ポルトガル　116, 664
本　紀　26
盆　景　684
香　港　61, **114**, 514
香港ニューウェーブ（新浪潮）　552
香港四大天王　515
盆　栽　480, 684
本生（説話）図　418
本然の性　191
本　草　**168**, 176, 668
『本草経集注』　169
『本草綱目』　169, 655, 669
『本草品彙精要』　169
『梵網経』　419

■ま

埋　葬　109, 218, 225, 414, **576**, 578
マイノリティ　605
馬王堆漢墓帛書（馬王堆帛書）　26, 131, 136, 184, 504
マカオ　66, 95, **116**, 444, 606, 688
麻浩崖墓　417
麻　雀　689, 691
媽　祖　100, 140, 150
『街角の天使』　514
抹　茶　466, 652
祭　**630**
マトゥラー　416
マナー　275, 588, 610, 658

マニ教（摩尼教）　4, 38
マルクス主義　69, 155, 159, 163
漫　画　**484**
満漢全席　**674**, 678
『満漢全席紀略』　675
慢　詞　333
満洲事変　103, 386
満洲族　66, 674
『満族食俗與清宮御膳』　675
身内意識　597
水かけ祭り　630
南満洲鉄道　103
ミニブログ　641
ミャオ族　631, 679
民　歌　284, 511
民間歌謡　482, **510**
民間宗教　38, 610
民間信仰　88, **150**
民間美術　**482**
民間貿易　665
民主化運動　115, 164, 393, 515
民主主義　66, 134, 164
民主と科学　159
民　俗　97, 150, 511, **630**
民　族　4, 46, 67, 95, 122, 198, **630**, 658
民族識別工作　2
民本主義　189
無為自然　187
無極図　181
『夢渓筆談』　176, 428, 655
無形文化遺産　630, 667
無　錫　93, 671
「無題」　310
ムーラオ族　679
『夢梁録』　538, 541
『室町殿行幸御飾記』　452
『名医別録』　169
名　家　129, 130, 137, 200, 446, 488, 492, 497, 686

冥　界　88, 336, 338, 341
銘　柄　247
冥　婚　609
名　刺　588
名実一致　194
『冥祥記』　341
迷　信　70, 147, 150, 225, 679
名　分　189
梅雨（メイユィ）　85, 615
メトロポリタン美術館　407
メール　**272**, 588, 641
メロドラマ　**388**
麺　246, 561, 575, 656, 660, 670, 676
面　会　**588**
綿竹年画　482
面　子　265, 591, 593
裳　634
『孟子』　19, 126, 128, 156, 182, 186, 189, 190, 213, 216, 302
『毛詩』　212, 292
『毛詩正義』　280
毛　鈔　201
毛沢東思想（主義）　72, 164
毛　伝　272, 510
《毛毛雨》　514
魍魎体　429
朦朧詩派　392
木魚書　516, **518**
木　版　119, 198, 242, 482, 518
目連戯　527
目録学　**202**
茂　才　10
文　字　16, 19, 20, 69, 270, 274
木　簡　176, 198, 497
没骨画　429
もてなし　286, 367, 561, **586**, 676
モバイル　641
木綿花　614
「桃鳩図」　452

モンゴル族　50, 86, 328, 631, 659, 667
『モンゴル秘史』（元朝秘史）　51
モンスーン　84
門　神　140, 368, 482
『文選』　33, 200, 538
門閥貴族　294

■や
薬　酒　655, 669
薬食同源　668
薬　膳　669
《野人》　394
野生動物保護法　678
『野草』　381
屋　台　615, 623, 655, 660, 667, 676, 678
「山猫文盤」　423
「夜夜の曲」　288
『結摩詰経』　340
「維摩詰経変文」　351
郵　90
有応公廟　609
優生学　604
『遊仙窟』　346
雄弁術　277
遊牧民　3, 38, 51, 85, 96, 98, 635, 661, 665
『幽明録』　338, 340, 342, 374
邑制国家　3, 16, 18
釉　薬　446, 470
『喩世明言』　366
夜　市　677, 689
用　韻　306, 325
『陽貨』　690
『楊家演義』　368
楊家埠年画　482
陽　間　608
『楊輝算法』　171
洋　銀　632
『幼訓』　690
幼児期　208, **560**, 690

「拗相公」 352
『揚州画舫録』 674
揚州八怪 437, 446
養　生 139, 141, 179, 653, 668, 682
養心殿 400
揚子江 87, 524, 667
『養性延命録』 231
「揺銭樹」 416
陽　宅 224
幼稚園 253, 563
陽　鳥 413
窰洞（ヤオドォン） 644
養　豚 666
楊文会 146
「曜変天目」 **466**
洋務運動 158, 160, 250
陽明学 57, 133, 211, 535, 690
『楊門女将』 369
楊柳青年画 482
養老食療 669
豫　園 479
浴　槽 651
四人組 74, 252
嫁入り道具 648
『四十一炮』 395
四大発明 **176**, 198
四大養殖魚 667

■ら

《雷雨》 385, 548
『礼記』 14, 88, 133, 192, 213, 214, 218, 292, 301, 436, 500, 507, 578, 594, 690
来舶画人 **460**
雷峰夕照 111
老酒（ラオチュウ） 654
『駱駝のシアンツ』 383
洛　陽 34, 302
落葉帰根 607
鑼　鼓 503

ラサのポタラ宮 95
羅針盤 176
ラップ語 237
ラーメン（拉麺） 246, 661
ラモチェ寺 144
藍玉の獄 53
乱　弾 541, 542
鸞　堂 232
蘭 317
蘭心戯院 539
蘭雪堂 199
「蘭亭序」 424
「李娃伝」 349
理一分殊 187
『李衛公問対』 227
梨　園 522, 540
李郭派 431
「李賀集の序」 308
理気二元論 183
六　経 130
六　芸 202
六字訣 682
六朝志怪 **338**, **340**
『六韜』 131, 227
『六徳』 131
六　部 9, 55
六　諭 211
離合動詞 236
リス族 87
「離騒」 274, 282, 317, 326, 338, 374
「李太白憶旧遊詩巻」 492
律　詩 298, 304, 322, 384
六　国 18, 20
「李白吟行図」 429
リベラリズム 163
龍 28, 134, 224, 263, 464, 617, 633, 645, 661
留　園 109
龍　王 363

事　項　索　引

留　学　70, 158, 164, 206, 248, 380, 384,
　　510, 546, 562
『龍筋鳳髄判』　346
龍虎山　141
竜山文化　13
龍　舟　519
竜州蜂起　74
柳　絮　614
柳条湖事件　103, 403
《劉智遠白兎記》　524, 532, 536
龍鳳胎　263
龍　脈　224
龍門碣石　96
龍門石窟　418
呂　500
領域感覚　600
『凌雲集』　318
『両京新記』　38
両江総督　624
『聊斎志異』　339, 374
梁山泊　360, 371
良渚文化　13
遼東半島　64
料　理　119, **246**, 575, 582, 670, 678
料理動詞　237
《緑島小夜曲》　515
『呂氏春秋』　230, 654
里　弄　646
臨　安　49, 353, 368, 521
臨時大総統　66
『林泉高致』　431
臨川派　524, 537
林黛玉　376
林訳小説　379
倫　69, 72, 127, 166, 182, 188, **190**,
　　192, 196, 212, 581, 611
「臨路の歌」（臨路歌）　297
類義語　237
涙　粧　621

盧舎那仏　419
ルール　528, **570**, **572**, **588**, 658, 689
礼　132, 188, 202
霊　怪　353
礼　楽　188, 233
礼儀の邦　610, 658
霊　渠　92
霊　魂　214, 218, 576
『霊山』　394
隷　書　20, 241
「麗人行」　298
『霊枢』　176
礼　節　500, 586
礼　治　196
『礼拝六』　389
霊宝派　138
歴史決議　73
暦　数　170
暦　占　172
『歴代名画記』　428, 430
暦　法　172
レス（黄土）　83
『列異伝』　338
『列子』　137
列　伝　26
レーニン服　636
連　山　222
『聯珠詩格』　318
連城の壁　639
錬（煉）丹術　138, 175, 177
「蓮池水禽図」　465
『老学庵筆記』　330
「老残遊記」　379
『老子』　131, 136, 180, 182, 293
老人権益保障法　573
老荘思想　188, 293
弄虫蟻　521
労働節　628
労働保険医療　570

蝋人形　497, **496**
労農扶助　66
浪　費　625
老齢年金　572
路　岐　541
六十四卦　222
六　瑞　639
盧溝橋事件　403
廬　山　141
ロシア革命　66, 69, 159
魯迅記念館　404
魯迅芸術学院　385
蓮花楽隊　514
六　家　128
ロッカー式墓地　577
六　器　638
『録鬼簿』　529
『論語』　125, 132, 156, 180, 182, 186, 188, 190, 212, 214, 218, 233, 292, 308, 338, 690
『論衡』　175

『論語集注』　189
「論詩三十首」　354
『倫敦被難記』　66

■わ

淮　河　92, 96, 661
淮海戦役　74
和　韻　325
ワイン　654, 656
和諧社会　165
《若奥様の扇》　548
倭　冠　56
和田玉　638
和同開珎　632
「和陶詩」　326
わ　び　**314**
和文漢読法　159
話　本　353
『王貴と李香香』　385
ワンタン（雲呑）　660
ワンピース　636

人 名 索 引

＊別名や別称は（　）をつけて示した．
＊皇帝や王，君主名には統治した王朝名や国名を〈　〉をつけて示した．

■あ

アーヴィング，ジョン　378
阿英　378
秋広秋郊　375
芥川龍之介　375
朝倉文夫　462
足利義教　452
足利義満　452
阿世格　153
アッディーン，ラシード　51
アティシャ　144
アニタ・ムイ（梅艶芳）　515
阿倍仲麻呂　297
アーライ　393
阿瓏　385
アロン，レーモン　163
安重根　102
安世高　142，340
安禄山　40，78，298，369
イェスゲイ　50
韋偃　428
韋応物　300，315
郁達夫　382
池大雅　435
韋述　38
伊川（程頤）　185，228
市河寛斎　331
一休宗純　456
伊藤博文　102
犬養毅　67，446
伊孚九　460

イプセン，ヘンリック　379
尹喜（関尹子）　136
殷仲容　428
尹文　130
魏徳聖　553
上田秋成　366
ウェーバー，マックス　9，166
ウォルシュ，W. ギルバート　588
ヴォルフ，クリスチャン　157
王家衛　552
于吉（干吉）　138
ウスマーン　152
尉遅敬徳　368
宇文泰　295
浦上玉堂　435
惲寿平　461
衛慧　387，393
衛青　24
永泰公主　420
衛夫人　424
永楽帝（朱棣）〈明〉　**54**，99
慧遠　288
圜悟（圜悟克勤）　457
袁紹　30
袁世凱　64，66，68，70，134，163，232，633
袁枚　106，355，373，653，669，674
袁牧之　550
閻連科　393
王安憶　387，392
王安石　44，106，300，324，326，352
王維　299，300，434，442，508
王廙　424

王懿栄　16
王　逸　282
王一亭　463
応雲衛　551
王　炎　331
王　琰　341
王稼祥　164
王渙之　508
王　翬　433, 488
王徽之　436, 478
王羲之　37, 138, 288, 400, 424, 426, 436,
　　438, 450, 488, 494
王沂孫　333
翁　巻　329
王献之　288, 400, 450, 488, 494
王献臣　479
王　曠　424
王　艮　211
王実甫　349
王士禎　375, 373
王　充　177, 187
王　粛　124, 215
王叔文　300
王守仁（王陽明）　185, 187, 191, 229
王　珣　400
応　劭　88
王昭君　351
王小波　393, 605
王昌齢　508
王人美　514
王世貞　478
王世懋　479
王岱輿　153
王　鐸　492
王治心　155
王犀登　401
汪兆銘　70
王重陽（王嚞）　139, 141
王　韜　161, 497

王　導　424
王度廬　389
王　冕　437
翁方綱　373
王鳴盛　7
王　蒙　391, 392, 434, 442
王　莽　28, 510, 595
王　黙（王墨、王洽）　428
王茂元　310
欧陽紇　344
欧陽脩　6, 300, 324, 326, 426, 490, 594
欧陽詢　345, 424, 426, 492, 495
王陽明（王守仁）　187, 191, 229, 357, 690
欧陽予倩　545
王魯彦　382
大田蜀山人　319
大伴家持　347
岡倉天心　407
オゴデイ〈モンゴル帝国〉　51
小野妹子　35
オルジェイトゥ〈イル・カン国〉　50
オン・カン　51
温庭筠　313

■か

艾　青　385
懐　素　427
夏　衍　385, 548, 551
何其芳　385
柯九思　436
岳　雲　46
郭　熙　429, **430**
霍去病　25
郭敬明　393
郭　思　431
郭　象　187
郭嵩燾　161
岳　飛　**46**
郭沫若　384, 425, 548

人名索引

夏 珪　452
柯敬仲　524, 536
嘉慶帝〈清〉　58
華国鋒　75
賈 至　295
賈思勰　474, 669
賈似道　400, 678
加地伸行　195
何紹基　493
カスティリオーネ, ジュゼッペ（郎世寧）
　　59, 401, **444**
嘉靖帝〈明〉　632
華 陀　682
夏 景　436
葛 洪　139, 339, 579
夏庭芝　541
賈 島　307, 319, 329
金谷治　195
賈平凹　393
カミュ, アルベール　162
花木蘭　368
賀緑汀　512, 514
河井荃廬　462
関尹（関尹喜, 関尹子）　130
関 羽　30, 358, 529, 584
顔延之　288
桓 温　312
顔回（顔淵）　124, 132
韓 寒　393
関漢卿　530, 533
干吉（于吉）　138
貫 休　429
桓公〈斉〉　18
顔師古　7, 426, 520
顔子推　341
還珠楼主　389
韓少功　392
韓 信　22
顔真卿　**426**, 490

韓世忠　46
桓 譚　124, 540
桓 団　129
カント, イマヌエル　156, 159
関 仝　429, 430
蒲原有明　375
簡文帝（蕭綱）〈南朝梁〉　290, 314, 478
干 宝　338, 374
韓 愈　208, 295, 299, 300, **306**, 308, 426,
　　628
紀 昀　59, 375, 678
祇園南海　435
魏華存　138
魏 源　61, 158
季弘大叔　458
徽宗〈北宋〉　45, 46, 48, 93, 360, 432, 438,
　　453, 467, 478, 480
紀大偉　605
吉師老　351
儀 狄　654
仇 英　476
丘 濬　595
丘（邱）処機　139, 141, 362
牛僧孺　310, 480
宮白羽　389
キュンメル, オットー　407
姜 夔　332, **334**, 509
姜世晃　435
竟陵王　306
玉 澗　429, 454
魚玄機　311
許 劭　342
許 慎　182, 242
許真君（許遜）　140
巨 然　428, 430, 442
魏良輔　524, 536
金 焔　550
禽滑釐　130
欣欣子　364

金聖歎(嘆) 109, **370**, 519
欽宗〈北宋〉 46
キーン,ドナルド 266
金 農 437, 463
胡金銓 552
金 庸 115, 389
孔穎達 280
串田久治 195
虞世南 424, 426, 492
屈 原 283, 317, 338, 374, 625
国木田独歩 375
クビライ・カン(フビライ)〈モンゴル帝国・元〉
　 50, 90, 98
クプレ,フィリップ 156
鳩摩羅什 340
グラネ,マルセル 280
クラブント 321
クルチウス 497
関徳興 551
ゲルポ,クンチョク 144
倪元璐 481
荊 浩 428, 430
嵇 康 436, 505, 506
倪 瓚 434, 436, 438, 442
恵 施 129, 137, 200
計 成 479
瓊 瑤 389
ゲバラ,チェ 165
厳 羽 293
元 結 295
阮孝緒 203
元好問 **354**
玄奘(三蔵法師) 362
元 稹 299, 304, 349, 508, 521
厳 嵩 477
阮 籍 436
玄宗(李隆基)〈唐〉 **40**, 77, 89, 93, 125,
　 204, 296, 298, 305, 369, 503, 520, 522,
　 537

阮大鋮 524, 541
献帝〈後漢〉 30, 358
元帝〈前漢〉 595
権徳輿 295
厳 復 158, 162, 380
建文帝〈明〉 53, 54
乾隆帝〈清〉 **58**, 201, 204, 400, 402, 431,
　 433, 444, 469, 540, 671, 674
阮玲玉 550
呉偉業 372
洪一峰 515
項 羽 **22**, 277, 486
江 永 126
高 鶚 376
江稼圃 460
洪熙帝〈明〉 55
康熙帝〈清〉 58, 312, 376, 400, 433, 444
康 巨 340
黄虞稷 203
高 啓 356
寇謙之 33, 138
孝公〈秦〉 20
高行健 392, 394, 549
黄公望 434, 442
孔三伝 523
孔 子 8, 19, 27, 28, 65, **124**, 129, 132,
　 134, 136, 156, 180, 185, 186, 188, 190,
　 213, 228, 233, 243, 280, 292, 301, 338,
　 342, 562, 585, 609, 622, 629, 667
黄 自 512
洪秀全 62, 154
黄遵憲 384
洪 昇 41, 525, 537
孔尚任 525, 537
后 稷 17
光緒帝〈清〉 65
洪 深 385
洪仁玕 63
江 青 73, 391, 513, 551

人　名　索　引

高　適　296, 299, 508
高祖〈漢〉　8, 14, 284
高祖〈隋〉　34
高祖〈唐〉　**36**
高宗（康王趙構）〈南宋〉　46, 328
高宗〈唐〉　89
江　総　345
孝宗〈南宋〉　47, 328
公孫述　29
公孫龍　129
江沢民　75, 496
黄庭堅　293, 316, 324, 327, 490
黄丕烈　201
光武帝〈後漢〉　**28**, 88, 173
洪武帝（朱元璋）〈明〉　52, 54
孝文帝〈北魏〉　33
侯方域　525, 537
皇甫湜　307
洪　邁　294
光明皇太后　450
高　明　524, 533, 536
康有為　65, 126, 134, 158, 161, 232, 493
高力士　40, 78, 369
闔閭〈呉〉　108, 226
項　梁　22
高朗亭　525
伍　員　351
顧　瑛　536
呉永剛　550
胡亥（二世皇帝）〈秦〉　21, 522
顧愷之　288
古嶽宗亘　456
小金井きみ子　375
顧起元　536
胡錦濤　75, 95, 165
呉敬梓　343
顧頡剛　511
顧　堅　536
呉趼人　379

呉　広　21
古公亶父　17
呉　琨　541
伍子胥　108
呉自牧　522, 538, 541
児島虎次郎　462
呉承恩　362
呉譲之　493
呉昌碩　437, **446**, **462**, 489, 495
小杉放庵　463
呉正格　675
呉世美　41
胡　適　68, 127, 159, 163, 211, 380, 382
顧祖禹　538
胡宗憲　439
呉大澂　446
ゴーチェ, ジュディット　320
胡忠英　675
胡　蝶　550
呉　鎮　434, 436, 442, 458
呉天明　552
呉道玄　426, 428, 430
胡登洲　153
陳寶珠　551
後花園天皇　452
呉　彬　481
胡　風　385, 391
呉文英　333
呉　炳　524
胡耀邦　75
呉雷川　155
古　龍　389
厳仏調　340
鞏　俐　552

■さ

蔡　愔　340
蔡元培　69, 232, 380, 511, 512
崔子恩　605

崔　述　126
蔡　襄　490
蔡楚生　550
載　湉　79
蔡　倫　176, 198, 475
彭城百川　435
嵯峨天皇　318
サキャパンディタ　144
索　靖　425
左宏元　515
ザシダワ　392
左宗棠　64
薩都剌　**354**
サミュエル・ホイ（許冠傑）　514
サルトル, ジャン＝ポール　162
残　雪　387, 392
三　曹　338
山東京伝　361
三茅真君　141
ジアン・ウエン（姜文）　553
シェイクスピア, ウィリアム　379
ジェイ・チョウ（周杰倫）　515
李連杰　552
竺法蘭　340
施　恵　524, 536
志　剛　497
始皇帝（嬴政）〈秦〉　4, 8, 14, **20**, 22, 88, 112, 130, 133, 139, 215, 243, 284, 411, **414**, 486, 496, 522, 574, 607, 632
子　思　130
史思明　369
支　讖　340
施耐庵　361, 362, 370
シックマン, ローレンス　407
史鉄生　393
司馬光　18, 225
司馬相如　118
司馬承禎　89
司馬遷　3, 6, **26**, 96, 126, 136, 187, 242, 368
柴田天馬　375
司馬談　26
司馬貞　14
司馬遼太郎　267
謝　安　288
謝　玄　288
謝　晋　552
ジャッキー・チェン（成龍）　112, 552
謝冰心　382, 386
謝霊運　**288**, 430
張恵妹　515
朱　异　424
朱彝尊　201, 334
史有為　250
周恩来　74, 624, 677
秋　瑾　386
習近平　75, 165
周　公　180, 188
周興嗣　494
周公旦　17, 126
周作人　**380**, 511
周樹人　380
周信芳　525
周　璇　514, 545, 550
周敦頤　181, 185, 465
周　南　541
周必大　328
周邦彦　333, 334
周　密　333, 522, 539, 541
周藍萍　515
朱熹（朱子）　133, 139, 181, 183, 185, 189, 210, 213, 219, 221, 225, 281, 328, 578, 594
祝允明　109, 456, 497
粛　順　79
叔　斉　27
朱元璋（太祖）〈明〉　**52**, 440, 653
朱自清　511

人名索引

朱貞木　389
朱德熙　236
シュトラウス，レオ　163
シュミット，カール　163
春屋宗園　456
荀　子　129，131，132，187，190，193
純　純　515
順　宗　300
順治帝（世祖）〈清〉　370
徐　渭　439，446，514
蕭穎士　295
商　鞅　20
蕭　何　23，198
向凱然　388
蒋介石　70，72，104，127，232
章懐太子　421
章学誠　203
焦菊隠　549
蕭　吉　184
蕭　軍　383
鄭　玄　88，180，215，222，280
蕭綱（簡文帝）〈南朝梁〉　290
蕭　紅　383，387
襄公〈宋〉　18
姜国芳　449
聶　耳　514
常志美　153
招子庸　519
葉昌熾　200
笑笑生　364
葉　適　329
章宗〈金〉　400
章宗祥　68
章帝〈後漢〉　20
蕭統（昭明太子）〈南朝梁〉　33，293
鍾　德　519
蕭德藻　328，334
常非月　540
焦秉貞　444

章炳麟　159，162
攝摩騰　340
聖武天皇　347，450
蕭友梅　512
鍾　繇　424，494
諸葛亮（諸葛孔明）　31，106，119，352，358，529，690
徐　璣　329
徐　熙　429
徐　崍　524，536
徐鏡清　537
徐継畲　158
徐光啓　171
徐爾穀　205
徐志摩　384
徐　照　329
如水宗淵　458
蕭芳芳　551
徐　達　53，54
ジョチ　51
徐枕亜　388
徐禎卿　109
徐悲鴻　449
徐宝謙　155
徐　揚　433
支婁迦讖　142
子　路　124
沈隠侯（沈約）　290
沈　璟　524，537
秦　檜　**46**，328，330
沈家煊　238
沈　括　176，428，655
秦　観　327
辛棄疾　328，333，334
沈既済　348
任　光　514
沈　周　109，434，488
沈従文　383
秦淑宝　368

沈心工　512
沈西苓　550
神宗〈北宋〉　44, 326, 431, 432
真宗〈北宋〉　88, 432
仁宗〈元〉　11
仁宗〈北宋〉　324
慎到　129
沈徳潜　295, 373, 460
沈南蘋　460
任昉　338
沈約（沈隠侯）　290
スウィフト，ジョナサン　378
鄒衍　129, 183
左小祖咒　515
菅原道真　319
杉田玄白　680
スノウ，エドガー　257
スペンサー，ハーバート　158
成王〈周〉　17
西施　536
誠静怡　155
世宗（柴栄）〈後周〉　42
西太后　65, 78, 497, 543, 545, 624, 676
西伯　17
斉白石　**446**
石恪　429
石揮　551
石崇　478
雪舟　**458**
薛濤　311
薛福成　161
銭易　308, 538
宣王〈周〉　18
詹景鳳　437
銭謙益　200, 372
銭鍾書　383
銭曾　201
銭痩鉄　463
銭岱　541

銭大昕　7
宣帝〈前漢〉　89
宣帝〈北周〉　595
宣統帝（溥儀）〈清〉　66, 79, 101, 198, 402
宣徳帝〈明〉　55
千利休　456
単雄信　368
相阿弥　454
曹寅　376
荘王〈楚〉　18, 522
曾熙　463
曾鞏　324
宋玉　312
曹禺　385, 548
宋鈃　130
宋江　371
桑弘羊　25
臧克家　384
曾国藩　63, 64, 160, 624
宗子　594
荘子（荘周）　129, 130, 136, 138, 166, 180
曹昭　469, 472
曹植　306, 338
曹汝霖　68
曹雪芹　376
曹操（武帝）〈魏〉　**30**, 32, 138, 284, 306, 312, 338, 352, 358, 654
曹丕　30, 306, 338
宗弼　47
宗炳　288, 430
宗保　369
臧懋循　529
曾孟樸　379
宋濂　52
楚王英〈後漢〉　142, 416
則天武后（武照）　76, 298, 346, 368, 419, 420
蘇綽　295
蘇洵　326, 492

蘇舜欽　109, 324
蘇　軾〈蘇東坡〉　44, 110, 217, 300, 319, 324,
　　326, 332, 332, 334, 352, 426, 429, 434,
　　436, 462, 480, 490, 594
蘇　轍　44, 326
蘇　童　392
孫　位　429, 480
孫　権　**30**, 358
孫思邈　231, 669
孫知微　480
孫中山　66
ソンツェン・ガンポ〈吐蕃〉　37, 144
孫　臏　130
孫　文　**66**, 70, 113, 232, 496, 606, 629,
　　633
孫　瑜　391, 551

■た

太　虚　146
太公望　227
戴　震　171, 181, 185, 187, 191
太祖〈明〉　50, **52**, 89, 211
太宗〈趙光義〉〈宋〉　11, 42
太宗〈李世民〉〈唐〉　**36**, 345, 346
太武帝〈北魏〉　32, 138
戴望舒　385
大林宗套　456
瀧精一　407
滝沢馬琴　361
武野紹鴎　456
太宰治　375
妲　己　17
田中一村　462
谷文晁　489
田能村竹田　435
ダライラマ　145
撻　懶　46
段玉裁　171
譚鑫培　544

譚嗣同　158, 163
智　永　494
周星馳　553
チャガタイ　51
姜　文　553
智　融　429
仲　仁　437
紂〈帝辛〉〈殷〉　17, 223, 655
張愛玲　383, 386
張　説　295
張　炎　333, 334
張　華　88, 338
張懷瓘　490
張　角　138
張学良　70, 102
張　鑑　334
張　儀　129
張義潮　351
趙匡胤（太祖）〈宋〉　**42**
張暁剛　449
張競生　604
張　旭　427
張居正　156
張芸謀　395, 552
張　憲　47
張彥遠　424, 428
張元済　201
趙元任　244
張　騫　24, 250, 654, 660, 664
趙　高　21
晁　衡　297
張　衡　312, 538
趙光義（太宗）〈北宋〉　42
張恨水　388
張　載　594
張作霖　102
張　芝　424
張　鎰　334
趙之謙　446, 493

趙師秀 329
趙紫宸 155
張士誠 440
張紫東 537
張之洞 203, 205, 206, 211, 633
趙樹理 383, 390
張　俊 46
趙紫陽 75, 115
張承志 393
張如心 164
張　莘 460
張　籍 307
張石川 550
張　璪 428
張　岱 476
張大千 489
張択端 48, 352, 432
趙　丹 545, 550
張竹坡 364, 371
張　中 153
張仲景 655, 668
張道陵(張陵) 141
張　飛 30, 531, 584
趙　普 42
趙樸初 148
晁補之 327
趙孟頫 90, 401, 456, 492
張問陶 376
周潤發 552
張　耒 327
張　良 22
張陵(張道陵) 138, 141
張　魯 138
褚遂良 424
陳凱歌 552
陳歌辛 514
陳　起 329
チンギス・カン(テムジン)〈モンゴル帝国〉
　　50, 139

陳　鴻 41
陳師道 324, 327
陳　寿 30, 358
陳　勝 21
陳振孫 200
陳子昂 295
陳　染 387
陳蝶衣 514
陳独秀 68, 72, 159, 163, 380
陳　平 22
陳　明 135
陳与義 324, 328
崔　健 515
ツォンカパ 145
津田左右吉 195
程頤(伊川) 185, 228, 594
程偉元 377
鄭観応 159, 161
鄭君里 551
程硯秋 543
ディケンズ, チャールズ 379
程顥(明道) 185, 594
鄭　樵 203
鄭　燮 437
鄭証因 389
鄭正秋 550
鄭　斁 435
ティソン・デツェン〈吐蕃〉 144
程端礼 209
程長庚 542
丁　玲 386, 390
鄭　和 55, 664
翟永明 387
手塚治虫 485
デフォー, ダニエル 379
デュマ 378
テレサ・テン(鄧麗君) 332, 515
田　漢 385, 548, 677
田壮壮 552

人 名 索 引

田騑　129
ドイル，アーサー・コナン　378
湯〈商〉　15, 16
唐寅　109, **440**
唐琬　331
陶淵明（陶潜）　286, 314, 317, 326, 384
董解元　523
董其昌　435, **442**, 492, 495
唐君毅　135
董源　428, 430, 442
道元　669
湯顕祖　524, 534, 537
陶弘景　138, 169, 424
鄧小平　73, **74**, 105, 148, 165, 167, 392, 484, 496
鄧析　130
鄧石如　493
陶潜（陶淵明）　338, 346
唐僧　362
陶宗儀　522
同治帝　497
董仲舒　24, 27, 28, 133, 184, 187
頭山満　67
トゥルナン　144
独孤及　295
徳宗（李适）〈唐〉　348
杜康　654
杜仁傑　539, 541
杜審言　298
ドニ，エルベ・サン　280, 320
トニー・レオン（梁朝偉）　552
杜文瀾　510
杜甫　41, 118, 296, **298**, 307, 313, 315, 319, 324, 328, 354, 370, 406, 517, 574, 655
杜牧　295, 308
富岡謙蔵　462
富岡鉄斎　462
杜明師　288

杜預　298
トラッドギル，ピーター　237
屠隆　524
トルイ　51
曇曜　419

■な

内藤湖南　407
長尾雨山　462
南條文雄　146
西晴雲　462
ニーダム，ジョセフ　176
ニーチェ，フリードリヒ　166
任卓宣　164
ヌルハチ〈清〉　57, 102
寧宗〈南宋〉　328
能阿弥　452, 454

■は

梅堯臣　324, 538
梅娘　386
貝晋眉　537
ハイデガー，マルティン　162
廃名　382
梅蘭芳　543, 545, 546
ハガード，ヘンリー・ライダー　379
巴金　262, 382
白夷　27
白起　309
白居易（白楽天）　41, 49, 110, 295, 299, **302**, 307, 313, 318, 324, 349, 372, 480, 508, 639
薄熙来　165
白駒栄　519
莫言　392, **394**
白光　552
白行簡　349
パクシ，カルマ　145
ハクスリー，トマス・ヘンリー　158

人 名 索 引

パクパ　144
白　樸　41
橋本海関　463
橋本関雪　462
橋本萬太郎　2
馬承源　404
パッテン, クリストファー　114
服部良一　514
バトラー, ウィリアム　406
バルタン　50
バルト, ロラン　163
范　寛　429, **430**
潘月樵　539
班　固　6, 88, 133, 202
盤　庚　16
潘仁美　369
范成大　328, 330, 334
范　増　22
范仲淹　594
坂東玉三郎　535
范　蠡　536
万暦帝〈明〉　632
費漢源　460
畢　昇　174, 199
ピョートル大帝〈ロシア〉　157
フィリップ4世〈フランス〉　50
フリードリッヒ2世〈プロイセン〉　157
馮玉祥　74
馮　至　384
馮承素　424
馮夢龍　109, 366, 511
フェノロサ, アーネスト　406
武王〈周〉　17, 180, 411, 486, 639
溥儀（宣統帝）〈清〉　66, 79, 101, 198, 402, 433, 486
苻　堅　288
フーコー, ミシェル　167
夫差〈呉〉　18, 109
傅　山　492

武士蒦　76
武　墨　77
武　松　360, 364
武照（則天武后）　368
藤原定家　457
藤原公任　318
藤原道長　318
傅　聡　513
傅増湘　201
フッサール, エトムント　163
武帝（劉徹）〈前漢〉　10, **24**, 26, 88, 112, 130, 215, 250, 285, 336, 411, 464, 475, 478, 506, 575, 654
武帝〈梁〉　33, 424, 494
武帝（劉裕）〈南朝宋〉　342
武　丁　16
フビライ・カン（クビライ）〈モンゴル帝国・元〉　50, 90, 98
フリア, チャールズ　407
林青霞　552
ブルース・リー（李小龍）　552
フルーツ・チャン（陳果）　553
フロイト, ジークムント　162
聞一多　280, 384
文王〈周〉　17, 180, 184, 216, 223, 478, 639
文　嘉　489
文　夏　515
文公〈晋〉　18
文震亨　401, 477, 479
文徴明　109, 124, 434, 440, 456, 479, 489
文帝〈魏〉　10, 30, 338
文帝（煬帝）〈隋〉　**34**, 36, 595
文　同　429, 436
文　林　440
平王〈周〉　18
米応先　542
平帝〈前漢〉　28, 125
米　芾　426, 438, 442, 488, 490, 492
米友仁　442

ヘーゲル，ゲオルク・ヴィルヘルム・フリードリヒ　156, 195
ベトケ，ハンス　320
ベラー，ロバート　135
ヘルダー，ヨハン・ゴットフリート　156
卞之琳　385
ホアムゥラン〈花木蘭〉　368
茅　盾　382
包世臣　493
牟宗三　135
包天笑　389
穆公〈秦〉　18
墨子〈墨翟〉　19, 128, 163
穆　旦　385
北　島　392
蒲寿庚　152
蒲松齢　374
蒲　槃　374
ポーロ，マルコ　49, 110
ホンタイジ〈清〉　57, 102

■ま

マイケル・ホイ〈許冠文〉　514, 552
マカートニー，ジョージ　406
マギー・チャン〈張曼玉〉　552
牧野巽　594
マダム・タッソー　497
松尾芭蕉　297, 299
マーラー，グスタフ　321
マルクス，カール　162
宮崎滔天　67
明庵栄西　456
陸奥宗光　64
ムハンマド　152
村田珠光　456
明帝〈劉荘〉〈後漢〉　142, 340, 416
明帝〈北周〉　34
明道〈程顥〉　185, 594
梅蘭芳　525, 543, 545, 546

綿　綿　387
孟京輝　549
孟元老　48, 528, 538
毛　亨　280
孟　郊　307
孟浩然　300, 315
孟子〈孟軻〉　129, 132, 156, 183, 186, 190, 193, 218
毛　晋　201
孟　詵　669
毛宗崗　359, 371
毛沢東　71, **72**, 74, 127, **164**, 232, 257, 333, 380, 390, 449, 490, 496, 511, 513, 549, 551, 563, 569, 603, 623, 633
蒙　恬　474
毛　綸　359
目　連　351
牧　谿　429, 452, 454, 453
モリソン，ロバート　154
文武天皇　347

■や

柳沢淇園　435
山口淑子　514
山上宗二　457
山上憶良　347
任剣輝　551
維祇難　340
幽王〈周〉　18
優　旃　522, 540
尤　袤　328
優　孟　522, 540
庾肩吾　424
姚　燮　458
楊貴妃〈楊玉環〉　40, 77, 296, 298, 305, 317, 369, 525, 537, 620
楊　業　369
楊　堅　34, 595
葉憲祖　524

容閎　117
姚合　329
楊国忠　40, 78, 369
楊朱（楊子）　128, 131, 136, 163, 262
楊守敬　493
葉紹鈞　382
楊昌済　72
揚小楼　539
葉青　164
雍正帝〈清〉　58, 160, 376, 400, 444, 469
煬帝〈隋〉　**34**, 36, 92, 108, 368, 478, 520
楊万里　328, 330, 334, 467
姚敏　514
姚文元　391
楊沫　387
陽明（王守仁）　185, 229
揚雄　118
姚莉　514
余華　392
横山光輝　359
与謝蕪村　435
佘三勝　542
吉川英治　359
吉川幸次郎　195

■ら

ライプニッツ，ゴットフリート　157
羅貫中　358, 361, 362
ラシード・アッディーン　51
羅汝芳　211
藍瑛　488
李淵（太宗，高祖）〈唐〉　35, 36, 76, 368
李華　295
李賀　307, **308**, 608
李開先　541
李可染　449
李衎　436

李翰祥　552
李季　385
李金髪　384
陸羽　652
陸機　292
陸九淵　210
陸游　328, **330**
リクール，ポール　163
李顕〈唐〉　76
李賢　76, 480
李昂　387
李香君　525, 537
李鴻章　64, 497
李広田　385
李香蘭　514
李広利　25
李贄（李卓吾）　361, 370
李思訓　430
李嗣真　424
李時珍　169, 669
リー，シャーマン　407
李叔同　512
李商隠　**310**, 324
李昭道　430
李成　429, 430
李清照　333
李世民（太宗）〈唐〉　36, 43, 227, 368, 622
李泰　538
李大釗　68, 72, 159, 163
李卓吾（李贄）　361, 370
李鷹　327
リチャード，ティモシー　154
リッチ，マテオ（利瑪竇）　154, 156, 177, 444, 588
リッパ，マテオ　444
李杜　295
李斗　674

人 名 索 引

李　唐　431
李徳裕　310
李　白　**296**, 298, 317, 320, 322, 356, 420, 428, 508, 637, 655
李伯元　378, 674
李方膺　437
李　密　368
劉禹錫　300, 304, 509
柳　永　332
劉　鶚　16
劉家昌　515
劉　基　52
劉義慶　338, 340, 342, 374
劉義真　288
劉貴珍　230, 682
劉　向　131, 202, 204
劉　勰　293
劉　歆　131, 202, 204
劉敬淑　338
劉孝標（劉峻）　343
柳　告　300
劉峻（劉孝標）　343
劉春華　449
劉少奇　73, 164
劉世儒　437
劉　禅　690
柳宗元　295, **300**, 304, 313, 437
劉　智　153
劉知幾　203
劉鉄雲　379
劉吶鷗　383
劉　備　**30**, 119, 352, 584
劉賓雁　391, 392
劉邦（高祖）〈前漢〉　**22**, 25, 42, 126, 198, 277, 284, 622
劉裕（武帝）〈南朝宋〉　32, 288, 342
劉　伶　342

李隆基（玄宗）〈唐〉　369
梁羽生　389
梁　楷　429, 452
梁啓超　65, 159, 162, 373, 378, 602, 606
梁弘志　332
梁　粛　295
凌叔華　386
梁辰魚　524
梁宗岱　384
梁漱溟　159
梁廷柟　158
凌濛初　366
梁楽音　514
呂大防　38
呂洞賓　139, 141
李龍雲　549
李　陵　26, 369
李麗華　552
林苛歩　675
林　紓　378, 388
林則徐　60, 158, 160, 491, 497, 545
林兆華　549
林　白　387
林　彪　73, 233
林逋（林和靖）　111, 316, 437
ルイ9世（フランス）　50
ルッジェリ，ミケーレ　156
黎錦暉　514
黎錦熙　514
黎錦光　514
令狐楚　310
冷　牧　444
黎民偉　550
黎明暉　514
黎莉莉　514
レヴィ＝ストロース　163
レスリー・チャン（張国榮）　552

列禦寇（列子） 130, 136
斐 燁 553
老子（李耳／老聃） 36, 126, 130, 136, 138, 156, 162, 166, 180, 620
老 舎 383, 390, 392, 549
郎世寧（ジュゼッペ・カスティリオーネ） 401, **444**
盧俊義 371
魯昭公 667
魯 迅 68, 379, **380**, 385, 387, 490, 496, 543, 629, 654
盧 仝 653
呂 班 551

■わ

和 珅 624
ワシントン, ジョージ 158
ワッカース, サアド 152
ワトソン, ジェイムズ・L 579
ワン・ビン（王兵） 553

中国文化事典

平成29年4月20日　発　　行
令和6年4月25日　第4刷発行

編　者　中国文化事典編集委員会
　　　　（編集委員長　竹田　晃）

発行者　池　田　和　博

発行所　丸善出版株式会社
　　　　〒101-0051　東京都千代田区神田神保町二丁目17番
　　　　編集：電話（03）3512-3264／FAX（03）3512-3272
　　　　営業：電話（03）3512-3256／FAX（03）3512-3270
　　　　https://www.maruzen-publishing.co.jp

Ⓒ Akira Takeda, 2017

組版／株式会社 日本制作センター
印刷・製本／大日本印刷株式会社

ISBN 978-4-621-30117-3　C0522　Printed in Japan

JCOPY 〈（一社）出版者著作権管理機構 委託出版物〉
本書の無断複写は著作権法上での例外を除き禁じられています．複写される場合は，そのつど事前に，（一社）出版者著作権管理機構（電話03-5244-5088，FAX03-5244-5089，e-mail：info@jcopy.or.jp）の許諾を得てください．

中国の主な王朝・時代

夏	前 2070？～前 1600	北朝	386 ～ 581
殷（商）	前 1600 ～前 1027	北魏	386 ～ 534
周	前 1027 ～前 256	東魏	534 ～ 550
西周	前 1027 ～前 771	西魏	535 ～ 577
東周	前 770 ～前 249	北斉	550 ～ 577
春秋時代	**前 722 ～前 468**	北周	557 ～ 581
戦国時代	**前 403 ～前 221**	隋	589 ～ 618
秦	前 221 ～前 206	唐	618 ～ 907
漢（前漢）	前 202 ～後 8	**五代**	**907 ～ 960**
新	8 ～ 23	後梁	907 ～ 923
後漢	25 ～ 220	後唐	923 ～ 936
三国時代	**220 ～ 265**	後晋	936 ～ 946
魏	220 ～ 265	後漢	947 ～ 950
蜀	221 ～ 263	後周	951 ～ 960
呉	222 ～ 280	宋（北宋）	960 ～ 1126
晋・南北朝時代	**222 ～ 589**	南宋	1127 ～ 1279
晋（西晋）	265 ～ 316	金	1115 ～ 1234
南朝	317 ～ 420	元	1271 ～ 1368
東晋	420 ～ 589	明	1368 ～ 1644
宋	420 ～ 479	清	1644 ～ 1911
斉	479 ～ 502	中華民国	1912 ～
梁	502 ～ 557	中華人民共和国	1949 ～
陳	557 ～ 589		

＊ 王朝の年代については異説もあるので本書の解説においては必ずしも統一していない